Zu diesem Buch

«Richard Zoozmanns ‹Zitatenschatz der Weltliteratur›, der im Jahre 1910 zum erstenmal erschien und dann in rascher Folge bis zum Zweiten Weltkrieg sieben Auflagen erlebte, hat noch nichts von seiner Popularität verloren. Seit langem drängt man deshalb von vielen Seiten auf eine Neuausgabe des handlichen und volkstümlichen Nachschlagewerkes ...
Die vorliegende Neuauflage des ‹Zitatenschatzes› greift weitgehend auf die sechste, noch von Richard Zoozmann selbst bearbeitete Ausgabe zurück. Nur solche Zitate und Aussprüche, die uns für die heutige Generation vergessen und veraltet erscheinen, haben wir nicht mehr aufgenommen; ebenso verfuhren wir bei Zitaten, deren Geltungsbereich zu stark landschaftlich bedingt ist. Dafür haben wir uns jedoch bemüht, das Nachschlagewerk bis auf die jüngste Zeit zu komplettieren, wobei wir es für richtig erachteten, auch den Tonfilm und die moderne Operette zu berücksichtigen, soweit Texte und Schlager daraus zitatenähnlichen Charakter angenommen haben und im Volksbewußtsein haftengeblieben sind.»

Aus dem Vorwort von Dr. Otto A. Kielmeyer

Zitatenschatz der Weltliteratur

begründet von
Richard Zoozmann

überarbeitet von
Dr. Otto A. Kielmeyer

rororo

Rowohlt

Neuausgabe
29.–36. Tausend November 1997

Veröffentlicht im Rowohlt Taschenbuch Verlag GmbH,
Reinbek bei Hamburg, März 1984
Unveränderter Nachdruck der unter dem Titel:
Zoozmann «Zitatenschatz der Weltliteratur»
im Verlag Praktisches Wissen, F. W. Peters, Berlin,
erschienenen 12. Auflage

Umschlaggestaltung Guido Klütsch
Gesamtherstellung Clausen & Bosse, Leck
Printed in Germany
1990-ISBN 3 499 16528 7

Vorwort

Richard Zoozmanns «Zitatenschatz der Weltliteratur», der im Jahre 1910 zum erstenmal erschien und dann in rascher Folge bis zum Zweiten Weltkrieg sieben Auflagen erlebte, hat noch nichts von seiner Popularität verloren. Seit langem drängt man deshalb von vielen Seiten auf eine Neuausgabe des handlichen und volkstümlichen Nachschlagewerkes. Freilich konnte es dabei nicht mit einem unveränderten Abdruck der letzten Ausgabe getan sein, denn einmal hatte der verdienstvolle Fortsetzer des Zoozmannschen Werkes, Karl Quenzel, unter dem Druck einer intoleranten Geisteshaltung leider «manche Zitate und Aussprüche, die im neuen Deutschland als Zeitwidrigkeiten gewirkt hätten», streichen müssen. Vieles Wertvolle und Lebendige wurde damit künstlich der Vergessenheit preisgegeben. Zum andern ist in den beiden verflossenen Dezennien mancherlei Neues an Zitaten und Aussprüchen hinzugekommen, was bei einer Neuausgabe hineingearbeitet werden mußte.

Die vorliegende Neuauflage des «Zitatenschatzes» greift also wieder weitgehend auf die sechste, noch von Richard Zoozmann selbst bearbeitete Ausgabe zurück. Nur solche Zitate und Aussprüche, die uns für die heutige Generation vergessen und veraltet erschienen, haben wir nicht mehr aufgenommen; ebenso verfuhren wir bei Zitaten, deren Geltungsbereich zu stark landschaftlich bedingt ist. Dafür haben wir uns jedoch bemüht, das Nachschlagewerk bis auf die jüngste Zeit zu komplettieren, wobei wir es für richtig erachteten, auch den Tonfilm und die moderne Operette zu berücksichtigen, soweit Texte und Schlager daraus zitatenähnlichen Charakter angenommen haben und im Volksbewußtsein haftengeblieben sind.

Bei allem Bemühen, vielseitigsten Ansprüchen des Benutzers gerecht zu werden, bleiben wir uns – ebenso wie Richard Zoozmann und Karl Quenzel – bewußt, daß unsere Neubearbeitung und Weiterführung des «Zitatenschatzes der Weltliteratur» keine letzte Vollständigkeit und Gültigkeit besitzen kann. Wir werden daher jederzeit allen Freunden dieses alten und bewährten Nachschlagewerkes für kritische und mehrende Hinweise dankbar sein; wir folgen auch darin nur dem stets empfänglichen und aufgeschlossenen Geiste des Initiators Zoozmann.

Bei der Sichtung des Materials unterstützten uns der junge Germanist stud. phil. Jürgen Sinn aus Berlin sowie die Redaktion des Verlages Praktisches Wissen durch wertvolle Anregungen. Ihnen sei bei dieser Gelegenheit aufrichtig gedankt.

DR. OTTO A. KIELMEYER

A

A. E. I. O. U. – Alles Erdreich ist Österreich untertan.

Wahlspruch Kaiser Friedrichs III. (1415 bis 1493), siehe Näheres unter *Amor*, *Austria*, *Austriae* und *Österreich*. Auch: Allein Evangelium · Ist Ohn Verlust.

Ich bin das *A* und das O, der Anfang und das Ende.

Alpha (= A) ist der erste, Omega (= O) der letzte Buchstabe des griechischen Alphabets; »A und O« bedeutet daher Anfang und Ende. Off. Joh. 1, 8

Und seid von Herzen froh! · Das ist das *A* und O.

Goethe, Gesellige Lieder: Frech und froh

Von *A* bis Z – Von Anfang bis zu Ende. Sprichwörtlich

Wer *A* sagt, muß auch B sagen.

Sprichwort

Noch im großen *A* sein (noch im Anfang sein). Sprichwörtlich

In *Aachen* gekrönt, in Rom verhöhnt.

Altes Sprichwort, auf die Kämpfe zwischen Kaiser und Papst anspielend

Wo ein *Aas* ist, da sammeln sich die Adler (oder Geier).

Matth. 24, 28; Luk. 17, 37

Ab nach Kassel.

Kassel war zur Zeit der nordamerik. Freiheitskämpfe (1775 bis 1783) der Sammelplatz für hessische und andere Landeskinder, die durch ihre Fürsten als Soldaten nach England verkauft wurden. (Vgl. Seumes Leben.)

Drücken wir das *Abbild* der Ewigkeit auf unser Leben!

Friedr. Nietzsche, Also sprach Zarathustra

Abbitte ist die beste Buße.

Sprichwort

Einen *abblitzen* lassen

(ihm kein Gehör schenken oder etwas versagen). Sprichwörtl. Redensart

Wer sich nicht *abbürsten* läßt, den muß man abstreicheln. Sprichwort

Hinter dem U kommt gleich das Weh, · Das ist die Ordnung im *Abc*.

Kapuziner in Schiller, Wallensteins Lager, 8. Auftritt

Bedenkt in Wohl und Weh · Dies goldne *Abc*.

Goethe, Gesellige Lieder: Frech und froh

Abc-Schütze. Sprichwörtlich; aus der Zeit der „fahrenden Schüler" (15. u. 16. Jahrhundert). Heute zur Bezeichnung kleiner Schuljungen gebraucht.

Abdera und *Abderiten*. Sprichwörtlich. Im Altertum galt die griechische Stadt Abdera für besonders töricht. In Deutschland durch Wielands „Geschichte der Abderiten" geläufig.

Abend wird es wieder: · Über Wald und Feld · Säuselt Frieden nieder, · Und es ruht die Welt.

Hoffmann v. Fallersleben: Abendlied

Abend wird's, des Tages Stimmen schweigen. Körner, Die Eichen

Bleibe bei uns, denn es will *Abend* werden, und der Tag hat sich geneiget. Luk. 24, 29

Am *Abend* wird man klug · Für den vergangenen Tag, · Doch niemals klug genug · Für den, der kommen mag.

Rückert, Vierzeilen 2. Hndrt. Nr. 73

Da ward aus *Abend* und Morgen der erste Tag. 1. Mos. 1, 5

Der *Abend* des Lebens gibt mir geheimnisvolle Weisheit, · Und künftige Ereignisse werfen ihre Schatten voraus.

Thomas Campell, Lochiels Warnung

Du weißt nicht, was der späte *Abend bringt*.

Gellius, Attische Nächte 1, 22, 4 und 19, 11, 1

Ein guter *Abend* kommt heran, · Wenn ich den ganzen Tag getan.
Goethe, Epigrammatisch: Lebensgenuß

Es ist noch nicht aller Tage *Abend.*
Sprichwort nach Livius 39, 26, 9 „Nondum omnium dierum solem occidisse".

O wie wohl ist mir am *Abend*, mir am Abend, · Wenn zur Ruh die Glocke läutet, Glocke läutet: Bimbam, bimbam, bimbam!
Kanon, Musik v. Karl Schulz (1784–1850)

Man soll den Tag nicht vor dem *Abend* loben.
Altes Sprichwort, z. B. auch Schiller, Wallensteins Tod 5, 4

Und dennoch sagt der viel, der „*Abend*" sagt.
Hugo v. Hofmannsthal, Ballade des äußeren Lebens (1879–1929)

Je später der *Abend*, je schöner die Leute (Gäste). Scherzhafte Redensart

Freude wird jedesmal dein *Abendbrot* sein, wenn du den Tag nützlich zugebracht hast.
Thomas a Kempis, Die Nachfolge Christi 1, Hauptstück 25

Fröhlich sei mein *Abendessen*!
Don Juan in Mozarts gleichnamiger Oper 2, 5 (1787), Text von da Ponte

Wann aber schlägt die *Abendfeierstunde* ... · Dann schüttelt · Von euch die Sorgen, frei erhebt das Haupt. Chamisso, Nachhall

Sei der Tag drückend, sei der Tag lang, · Endlich doch tönet der *Abendgesang*. Engl. Kirchenlied

Des Himmels Wolken tauten · Der Erde Frieden zu, · Bei *Abendglockenlauten* · Ging die Natur zur Ruh. Fr. Rückert, Abendlied

Abendglöcklein tönt von ferne.
Lied aus Offenbachs Singspiel: Die Verlobung bei der Laterne

Der Untergang des *Abendlandes.*
Titel eines bekannten Werkes von Oswald Spengler (1918–1922)

Das *Abendmahl* auf etwas nehmen können.
Sprichwörtliche Beteuerung (aus den Gottesurteilen des Mittelalters)

Abendrede und Morgenrede kommen selten überein. Sprichwort

Abends werden die Faulen fleißig.
Sprichwörtlich

Goldne *Abendsonne*, · Wie bist du so schön, · Nie kann ohne Wonne · Deinen Glanz ich sehn!
Anna Barbara Urner (1788)

Es blüht ein Blümchen irgendwo, · In einem stillen Tal, · Das schmeichelt Aug und Herz so froh · Wie *Abendsonnenstrahl.*
G. A. Bürger, Das Blümchen Wunderhold

O du mein holder *Abendstern.*
Wolfram in Wagner, Tannhäuser 3

Guter Mond, du gehst so stille · Durch die (oder: in den) *Abendwolken* hin. Volkslied um 1780

Aber, Wenn und Gar · Sind des Teufels War'. Alter Reimspruch

Kein Mensch ist ohne *Aber* (oder: Jede Sache hat ihr Aber).
Sprichwörtl. Redensart

Ihr füttert die Pferde mit Wenn und mit *Aber*, · Der Mann, der das Wenn und das Aber erdacht, · Hat sicher aus Häckerling Gold schon gemacht.
Bürger, Der Kaiser und der Abt

Still mit dem *Aber*! Die Aber kosten Überlegung.
Orsina in Lessing, Emilia Galotti, 4, 3

Der *Aberglaub'*, in dem wir aufgewachsen, · Verliert, auch wenn wir ihn erkennen, darum · Doch seine Macht nicht über uns.
Tempelherr in Lessing, Nathan d. W. 4, 4

Der *Aberglaube* traut den Sinnen bald zuviel, bald zuwenig.
Lessing, Theolog. Streitschriften: Das Testament Johannis

Der *Aberglaube* ist die Poesie des Lebens; deswegen schadet's dem Dichter nicht, abergläubisch zu sein. Goethe, Maximen u. Reflex. 3

Der *Aberglaube* ist ein Kind der Furcht, der Schwachheit und der Unwissenheit. Friedr. der Große (1789)

Der *Aberglaube* macht die Gottheit zum Götzen, und der Götzendiener ist um so gefährlicher, weil er ein Schwärmer ist.
Herder, Palmblätter (1810) 4, 1

Ein jeder *Aberglaube* versetzt uns in das Heidentum.
Justus von Liebig, Chemische Briefe

Der *Aberglauben* schlimmster ist, den seinen · Für den erträglichern zu halten.
Tempelherr in Lessing, Nathan d. W. 4, 4

Der Tod ist das Ende aller Dinge des menschlichen Lebens, nur des *Aberglaubens* nicht.
Plutarch, Moral. Abhdlgn.: Vom Aberglauben (Kaltwasser)

Einen *abfallen* lassen.
Sprichwörtl. Redensart

Dreimal umgezogen ist so gut wie einmal *abgebrannt.*
Nach Benj. Franklin, Way to wealth (1757)

Besser *abgeführt,* als angeführt.
Sprichwort

Wie er räuspert und wie er spuckt, · Das habt ihr ihm glücklich *abgeguckt.*
Erster Jäger in Schiller, Wallensteins Lager, 6. Auftr.

Wer sich auch die tollen Hörner *abgelaufen* hat, behält doch meist die Stubben. Sprichwort

Abgemacht! Sela!
Sprichwörtl. nach den Psalmen und Habakuk

Gänzlich *abgeneigt,* siehe unter *Sultan*

Ein *abgenötigter* Widerruf bringt den Verstand in Verzweiflung.
Goethe, Sprüche in Prosa: Über Naturwissenschaft 2

Abgeredet vor der Zeit · Gibt nachher keinen Streit. Sprichwort

Die *Abgeschiednen* betracht' ich gern, · Stünd' ihr Verdienst auch noch so fern; · Doch mit den edlen lebendigen Neuen · Mag ich wetteifernd mich lieber freuen.
Goethe, Epigrammatisch: Den Besten

Abgeschloßne Händel gelten.
Chamisso, Böser Markt

Nichts *Abgeschmackters* find' ich auf der Welt, · Als einen Teufel, der verzweifelt.
Mephisto in Goethe, Faust 3372/73

Seid Glühwein oder brunnenkühles Wasser, nur nicht *abgestandenes* Naß, das jeden anekelt, seid keine Philister.
Börne, Kritiken 26: Der ewige Jude

Wär's *abgetan,* wenn es getan, dann wär's · Am besten schnell getan.
Macbeth in Shakespeare, Macbeth 1, 7 (Tieck). Vgl. Dantes Hölle 26, 10–12: Wär's abgetan, man fände sich darein, · Ja, wär's vorbei schon, weil es doch muß kommen.

Was mit wenigem *abgetan* werden kann, muß nicht mit vielem getan werden.
(Quod fieri potest per pauca, non debet fieri per plura.)
Matthias Claudius: Ernst u. Kurzweil usw.

Na, trinken wir noch einen! nur zum *Abgewöhnen.*
Scherzhafte Redensart

Es ist schwer, einem Schweine etwas Schlechtes *abzugewöhnen.*
Engl. Sprichwort

Am farbigen *Abglanz* haben wir das Leben. Faust in Goethe, Faust 4727

Im *Abgrund* wohnt die Wahrheit.
Schiller, Sprüche d. Konfuzius 2

Der Feind hat uns zum *Abgrund* hingetrieben; · Es ziemt sich mehr, von selbst hineinzuspringen, · Als zu erwarten seinen letzten Stoß.
Brutus in Shakespeare, Cäsar 5, 5 (Schlegel)

Wo der *Abgunst* feindlich Gift am Herzen sitzt, · Da schafft es zwiefach harte Qual dem Krankenden.

Äschylus, Agamemnon 792/93

Abhängigkeit ist heiser, wagt nicht, laut zu reden.

(Bondage is hoarse and may not speak aloud.)
Julia in Shakespeare, Romeo und Julia 2, 2 (Schlegel)

Freiwillige *Abhängigkeit* ist der schönste Zustand, und wie wäre der möglich ohne Liebe?

Goethe, Maximen u. Reflex. 5

Abhängigkeiten? Ja! Durch Liebe, aber nicht durch Furcht.

Gerhart Hauptmann, Aufzeichnungen

Die, welche sie liebt, *härtet* die Gottheit *ab*, prüft und übt sie.

Seneca, Abhandlungen: Von der Vorsehung (Moser)

Abiit, excessit, evasit, erupit.

(Er [nämlich Catilina] ist davongegangen, hat sich aus dem Staube gemacht, ist entkommen, hat einen Ausgang gefunden.)
Cicero, in Catilinam 2, 1

Jemand *abkanzeln*, ihm Vorwürfe machen (gleichsam von der Kanzel herunter).

Sprichwörtl. Redensart (auch Erster Jäger in Schiller, Wallensteins Lager, 6. Auftr.)

Ablaß nach Rom tragen (Überflüssiges tun). Sprichwörtl. Redensart

Viele, die über *Ablaßkrämerei* in der katholischen Kirche lachen, üben sie doch täglich selbst. Wie mancher Mann von schlechtem Herzen glaubt sich mit dem Himmel ausgesöhnt, wenn er Almosen gibt.

G. Chr. Lichtenberg, Verm. Schriften (1800–1806) 2, 2. Bemerk. verm. Inhalts, Nr. 3. Moral. Bemerk.

Sich die tollen Hörner *ablaufen*.

Sprichwörtl. Redensart (vgl. auch unter *abgelaufen*)

Alles was wir treiben und tun, ist ein *Abmüden;* wohl dem, der nicht müde wird.

Goethe, Maximen u. Reflex. 3

Abnehmen und Sterben.

Sprichwörtl. Redensart nach 1. Mos. 2, 8

De *l'abondance* du cœur la bouche parle.

(Wes das Herz voll ist, des geht der Mund über.) Matth. 12, 34 und Luk. 2, 45

In *Abrahams* Schoß eingehen.

Sprichwörtlich nach Lukas 16, 22. (Siehe auch Schiller, Wallensteins Lager, 8. Auftr., Kapuzinerpredigt.)

Das ist wider die *Abrede*.

Odoardo in Lessing, Emilia Galotti 4, 7. Ferdinand in Schiller, Kabale und Liebe 2, 3. Mohr in Schiller, Fiesko 2, 9

Wir dürfen nicht vergessen, daß nur das Schwert das Schwert in der Scheide hält und daß unter solchen Umständen für uns *Abrüstung* Krieg ist, der Krieg, den wir gern vermeiden wollen.

Moltke am 14. April 1874 im Reichstage

Mein Sohn *Absalom!*

Nach 2. Sam. 18, 32

Haare wie *Absalom* haben.

Nach 2. Sam. 18, 9

Und wär' er so dick wie *Absalons* Zopf.

Schiller, Wallensteins Lager 8, Kapuzinerpredigt

Großer *Absatz* (Umsatz), kleiner Nutzen!

Werbeschlagwort von Warenhäusern

Abschaum der Menschheit,

siehe unter *Auswurf*

Abscheulicher! wo eilst du hin? Was hast du vor in wildem Grimme?

(Ah, perfido!)
Lenore in Beethovens Oper Fidelio 1 (1806 u. 1814)

Abscheuliches Mädchen, verlasse das Haus! Busch, Herr u. Frau Knopp

Als ich *Abschied* nahm, als ich Abschied nahm, · Waren Kisten und Kasten schwer; · Als ich wiederkam, als ich wiederkam, · War alles leer. Rückert, Aus d. Jugendzeit

Man schreibt nicht so ausführlich, · Wenn man den *Abschied* gibt.

Heine, Neuer Frühling Nr. 34

Morgen muß ich fort von hier · Und muß *Abschied* nehmen.

Des Knaben Wunderhorn: Lebewohl

Zum *Abschiednehmen* just das rechte Wetter. · Grau wie der Himmel steht vor mir die Welt.

Scheffel, Trompeter von Säckingen, Lieder jung Werners, Stück 14

Bitter und süß ist der *Abschiedskuß* an der Lippe des Freundes.

Herder, Blumenlese aus morgenländ. Dichtern, Nr. 2, Das Rosental (4. Abschied)

Kurz *abschlagen* ist eine Freundschaft erweisen. Sprichwort

Freundlich *abschlagen* ist besser, als unwillig geben. Sprichwort

Briller par son *absence*,

siehe unter *Abwesenheit*

So fühlt man die *Absicht*, und man ist verstimmt.

Wird gewöhnlich falsch zitiert: »Man merkt die *Absicht*, und man wird verstimmt.«

Tasso in Goethe, Torquato Tasso 2, 1

Ich halte den *Absolutismus* für eine unmögliche Sache.

Bismarck am 29. November 1881 im Reichstage

Rede niemals von deiner *Abstammung*, denn die Abstammung eines Jünglings ist das, was er erreicht.

Arabischer Sinnspruch

Man behält immer die Spuren seiner *Abstammung*.

(On garde toujours la marque de ses origines.)

Ernest Renan, Das Leben Jesu (1863)

Sustine et *abstine!*

(Leide und meide.)

Spruch des Epiktet (geb. um 50 v. Chr.) bei Aulus Gellius, Noct. attic. 17, 19, 6

Das *Absurde*, mit Geschmack dargestellt, erregt Widerwillen und Bewunderung.

Goethe, Maximen u. Reflex. 3

Wenn der *Abt* zum Glase greift, so greifen die Mönche zum Kruge.

Sprichwort

Wir lassen uns *abtrotzen* durch Gewalt, · Was wir der Güte weigerten!

Von der Flüe in Schiller, Wilhelm Tell 2, 2

Eine *abtrünnige* und ungehorsame Art. Psalm 78, 8

Er läßt die *Abtrünnigen* bleiben in der Dürre. Psalm 68, 7

Alles zählen und *abwägen*.

Sirach 42, 7

(Vgl. auch unter *Stimmen*)

Abusus optimi pessimus.

(Der Mißbrauch des Besten ist der schlimmste.)

Sprichwörtlich (mehrfach bei Schopenhauer)

Abwarten und Tee trinken.

Redensart

Je mehr es *abwärts* geht, je reicher wird das Leben.

Rückert, Weisheit des Brahmanen (1839) 5 Nr. 52.

Abwechslung ohne Zerstreuung wäre für Lehre und Leben der schönste Wahlspruch.

Goethe, Wahlverwandtschaften 2, 7

Abwechslung ist mein Wahlspruch.

(Diversité, c'est ma devise.)

Lafontaine, le Pâté d'Anguille 4

Abwechslung ergötzt.

(Variatio delectat.)

Nach Euripides u. a.; siehe *Variatio*

Die *Abwesenden* haben immer unrecht.

Casanova, Memoiren, Bd. 11 (Buhl, Berlin 1850/51)

Abwesenheit tötet den Liebenden oder die Liebe.

Quitard, Prov. sur les femmes (1861), p. 211

Glänzten durch ihre *Abwesenheit*.

(Brillaient par leur absence.)

Chenier, Tibère I, 1. Vgl. Tacitus, Annales III

Seine Hand von einem *abziehen*.

4. Mos. 14, 33

J'accuse (Ich klage an)!

Überschrift des offenen Briefes (in der »Aurore« vom 13. Januar 1898) an den Präsidenten der Französischen Republik, mit dem Emile Zola in den Prozeß gegen den unschuldig wegen Spionage angeklagten Hauptmann Dreyfus erfolgreich eingriff.

Ach, wenn es doch immer so blieb'.

Kotzebue: Trost beim Scheiden (Wir sitzen so fröhlich beisammen)

Ach, wie ist's möglich dann, · Daß ich dich lassen kann.

Thüring. Volkslied, Melodie von Fr. Kükken 1827

Mit *Ach* und Krach (Mit Müh' und Not). Sprichwörtl. Redensart

Was soll das *Ach* und Weh?

Joh. Rud. Wyß d. Jüngere, Schweizer Heimweh

Half ihm doch kein Weh und *Ach*.

Goethe, Lieder: Heidenröslein

Der getreue *Achates* (der Begleiter des Äneas).

(Fidus *Achates*.) Vergil, Äneis 6, 158

Der gierige *Acheron* läßt seine Beute nicht.

(Et l'avare *Achéron* ne lâche pas sa proie.)
Racine, Phèdre 2, 5

Die *Achillesferse*.

Sprichwörtlich nach der bekannten Mythe

Singe den Zorn, o Göttin, des Peleiaden *Achilleus!*

Homer, Ilias (Anfang: übers. v. Voß)

Die ganze Welt, sie dreht sich drum, · Das Geld, das ist die *Achse!*

Wolfg. Müller, Der Bankier (siehe auch unter *Taxe*)

Etwas auf die leichte *Achsel* nehmen.

Sprichwörtlich nach Ferre sinu laxo.
Horaz, Satiren 2, 3, 172

Jemand über die *Achsel* ansehen.

Sprichwörtl. Redensart (schon in Brants Narrenschiff 1494)

Achte jedes Mannes Vaterland, aber das deinige liebe.

Karl Hediger in Gottfried Keller, Fähnlein der sieben Aufrechten

Wer seinen Durst mit *Achteln* labt,

siehe unter *Rausch*

Er ist der richtige *Achtelreiter*

(hat krumme Beine, daß er auf einem Faß reiten kann). Schlesische Redensart

Achten die Menschen sich selbst, so achten sie gewöhnlich auch die fremde Persönlichkeit.

Smiles, Der Charakter, 6. Kap.: Die Selbstbeherrschung

Wer seine Mitmenschen *achtet*, wird selbst *geachtet*. Talmud

Durch *Achtsamkeit* blüht unser Glück am besten, · Nur von der Sicherheit kommt Unglück her!

Christ. Wernicke, Überschriffte Oder Epigrammata (1701)

Lügen, Trügen ist ein Pflug, · Der hat *Ackerleute* genug.

Aus Freidanks Bescheidenheit (um 1200)

Siehe, ein *Ackermann* wartet auf die köstliche Frucht der Erde und ist geduldig darüber, bis sie empfange den Frühregen und den Spätregen. Jak. 5, 7

Acu tetigisti. (Du hast den Nagel auf den Kopf getroffen.)

Plautus, Rudens 5, 2

Adam, wo bist du? 1. Mos. 3, 9

Adam und Eva haben's Lieben erdacht, · Ich und mein Schätzle haben's auch so gemacht.

Des Knaben Wunderhorn, Tanzreime

Als *Adam* hackt' und Eva spann, · Wo war damals der Edelmann?

Als sich an Kaiser Maximilians des Ersten Hof diese Reime an der Wand geschrieben fanden, schrieb der Kaiser darunter: Ich bin ein Mann, wie ein ander Mann, · Nur daß mir Gott der Ehren gann (gönnte).
Zinkgref, Apophth. 1

Do *Adam* reute und Eva spann, wo was do en Edelmann?

Agricola, Sprichwörter

Auch im Englischen:
(When *Adam* delv'd and Eve span, · Who was then gentleman?)
John Ball, engl. Prediger.
Vgl. ein ähnliches franz. Sprichwort unter *Berthe*

Der alte *Adam*. Sprichwörtlich
Aus Luthers Katechismus, 4. Hauptstück, Abs. 4, und in Luthers Summarien zu den Psalmen, Ps. 29. Vgl. auch Epheser 4, 22, wo die Wendung »der alte Mensch« vorkommt, und Röm. 6, 6, Kol. 3, 9, woher die Redensart »den alten Adam ausziehen« stammt (hebr. ādām = Mensch).

Es legte *Adam* sich im Paradiese schlafen; · Da ward aus ihm das Weib geschaffen. · Du armer Vater Adam du! · Dein erster Schlaf war deine letzte Ruh'.
Matthias Claudius, Aus dem Englischen

Nach *Adam* Riese.
Sprichwörtlich: Adam Riese (auch Ries, Rys und Ryse geschrieben) gab 1523 ein Rechenbuch heraus; er starb 1559 als Bergbeamter zu Annaberg (siehe auch unter *Riese*).

Adams Erbteil ist die Not.
Fernando in Calderón, Der standhafte Prinz 3, 8 (Schlegel)

Adebar, der Storch.
Nach Reineke Fuchs, dem Tierepos (um 1200)

Adel, Tüchtigkeit et cetera · Ist ohne Mittel nicht die Bohne wert.
Horaz, Satiren 2, 5 15/16 (Jul. Kipper)

Adel ist auch in der sittlichen Welt. Gemeine Naturen · Zahlen mit dem, was sie tun, edle mit dem, was sie sind.
Schiller, Votivtafeln: Unterschied der Stände

Der *Adel* sieht sich als einen Obelisken an, dessen Spitze der Fürst und dessen Postament das Volk bildet.
Börne, Fragmente und Aphorismen 287

In der Not allein · Bewährt sich der *Adel* großer Seelen.
Kalaf in Schiller, Turandot 1, 1

Man leugnete stets, und man leugnet mit Recht, · Daß je sich der *Adel* erlerne.
Goethe, Ballade vom vertriebenen und zurückkehrenden Grafen

Mangel ist ein hartes Los! · Mein *Adel* machte mich nicht satt.
Polynices in Schiller, Szenen aus den Phönizierinnen des Euripides.

Ich kann in einem Tag tausend *adeln* und zu Rittern machen; aber so mächtig bin ich nicht, daß ich in tausend Jahren einen Gelehrten machen könnte.
Kaiser Sigismund bei Zinkgref, Apophth. 1

Als falsch ist derer Meinung anzusehn, · Die glauben wollen, daß des *Adels* Sphäre · Allein der Reichtum wäre. Dante, Kanzone 3 (Zoozmann)

Wer einen will zur *Ader* lassen, · Der muß ihn auch verbinden können. Sprichwort

Er hat ihn tüchtig zur *Ader* gelassen (ihm viel Geld abgenommen).
Sprichwörtl. Redensart

Es ist keine gute *Ader* an ihm.
Sprichwort

Adhuc sub judice lis est.
(Bis jetzt hängt der Streit noch vor dem Richter.) Horaz, ars poetica v. 78
Vgl. dazu auch das im Deutschen gebräuchliche Zitat: »Darüber sind sich die Gelehrten noch nicht einig.«

Nur wer ein *Adler*, sei von Adel!
Herwegh, Ged. eines Lebendigen: An den König v. Preußen

Glaubst du, dieser *Adler* sei dir geschenkt?
Kaspar im Freischütz, Text von Kind. Musik von Weber (1821)

Der *Adler* fliegt allein, der Rabe scharenweise; · Gesellschaft braucht der Tor, und Einsamkeit der Weise.
Rückert, Weish. des Brahmanen 16. 1, 5

Der *Adler* erzeugt einen Adler · Die Eule gebiert eine Eule.
Russ. Sprichwort

Ein *Adler* hebet sich von selbst der Sonne zu; · Sein ungelernter Flug erhält sich ohne Ruh'.
Lessing, Fragment: An den Herrn Marpurg

Edel sein ist gar viel mehr, · Als *adlig* sein von Eltern her.
Sprichwörtlich

Nil *admirari.*
(Nichts anstaunen!)
Horaz, Epist. 1, 6, 1 (Voß)

Einen *Adonis*
nennt man einen schönen jungen Mann, nach Theokrit 1, 109 u. 15, 127, Bion, Vergil, Ovid u. a.

Frei bis zur *Adria.*
Eine Verheißung f. ein freies Italien von Napoleon III. (3. Mai 1859)

Un *adverty* en vaut deux.
(Ein Gewarnter ist zweie wert.)
Alter franz. Spruch

Der *Affe* gar possierlich ist, · Zumal wenn er vom Apfel frißt.
Alter Fibelvers, zur Bezeichnung gereimter Ungereimtheiten. Siehe auch bei Wilhelm Busch, Naturgeschichtliches Alphabet.

Wenn ein *Affe* hineinsieht (in den Spiegel), kann kein Apostel heraussehen.
Lichtenberg, Über Physiognomik wider die Physiognomen

Hier is ja 'ne *Affenhitze.*
Berl. Redensart

Echte Natur ist niemals, *Affektation* hingegen überall lächerlich.
F. H. Jacobi, Auserlesener Briefwechsel (10. Nov. 1779)

Das *Affektieren* irgendeiner Eigenschaft, das Sichbrüsten damit ist ein Selbstgeständnis, daß man sie nicht hat.
Schopenhauer, Parerga u. Paralip. 1. Bd.: Aphorismen zur Lebensweisheit, Kap. 5: Paränesen und Maximen C. 30

Einen *Affen* haben. (Einen Rausch haben.)

Ein Wald voll *Affen.*

Affenähnliche Beweglichkeit; danach *affenartige* Geschwindigkeit usw. Sprichwörtl. Redensarten

Afflavit deus et dissipati sunt.
(Gott blies und sie [die Armada] verschwand.)
Nach der Inschrift: »Flavit Jehova, et dissipati sunt«, einer Denkmünze zur Erinnerung an den Untergang der Armada (1588 von den Niederländischen Staaten geprägt). Vgl. Schillers Gedicht »Die unüberwindliche Flotte« unter *Armada.*

Was gibt es Neues aus *Afrika?*
(Quid novi ex *Africa?*)
Nach Aristoteles, Hist. animal. 8, 28

Afrika fängt bei den Pyrenäen an.
Spanisch
Danach gebildet: Der Balkan fängt hinter Wien an

Unsre *Afrikaner.*
Für Männer, die in den deutschen Kolonien tätig waren. Zuerst in der Zeitung »Post« gebraucht (in den achtziger Jahren).

Es gibt auch *Afterkünstler*, Dilettanten und Spekulanten: jene beiden treiben die Kunst um des Vergnügens, diese um des Nutzens willen. Goethe, Maximen u. Reflex. 3

O *Ägir*, Herr der Fluten, · Dem Nix und Neck sich beugt.
Lied vom Fürsten Eulenburg, komponiert unter Anlehnung an die Wacht am Rhein v. Kaiser Wilhelm II. Das Lied wurde viel bespöttelt und wurde unter dem Titel »Der Sang an Ägir« zum Symbol für fürstlichen Dilettantismus und wilhelminischen Geist.

L'agresseur, c'est l'autre. (Angreifer, das ist der andere.)
Ironische Definition von George Clemenceau (1919)

Es wird schrecklich über *Ägypten* regnen.
Sprichwörtlich nach 2. Mos. 9, 18

Sich nach *Ägyptens* Fleischtöpfen zurücksehnen.
Sprichwörtlich nach 2. Mos. 16, 3 (vgl. 4. Mos. 11, 5)

Ägyptische Finsternis.
Sprichwörtlich nach 2. Mos. 10, 22

Mit der *Ahle* soll man nicht Quark essen. Sprichwort

Das nenn' ich einen Edelmann! · Sein Ur-, Ur-, Ur-, Ur-Älter*ahn* · War älter einen Tag als unser aller *Ahn.* Lessing, Sinngedichte Nr. 23

Das muß *geahndet* werden!
Sprichwörtl. Redensart

Überall geht ein frühes *Ahnen* dem spätern Wissen voraus.
A. v. Humboldt, Kosmos 2. Bd.

Ein Spiegel ist besser als eine ganze Reihe *Ahnenbilder*. Wolfg. Menzel

Die *Ahnung* ist des Herzens Licht.
Karl Immermann, Schriften (1835–1843), Gedichte

Ahnungsgrauend, todesmutig · Bricht der große Morgen an.
Körner, Leier u. Schwert: Bundeslied vor der Schlacht

Du *ahnungsvoller* Engel du!
Faust in Goethe, Faust 3494

Boot *ahoi!* Ruf a. d. Seemannssprache

Windet zum Kranze die goldenen *Ähren*.
Schiller, Das eleusische Fest (vgl. Rückerts Erntelied)

Ajax fiel durch Ajax' Kraft.
Schiller, Das Siegesfest

Aide-toi, le ciel *t'aidera!*
(Hilf dir, und der Himmel wird dir helfen.)
Lafontaine, Fables 6, 18

Da gab's ein Gerede, man weiß nicht wie, · Das nennt man eine *Akademie*. Goethe, Parabolisch: Séance

Es ist, um auf die *Akazien* (auch: auf die Bäume) zu klettern.
Volksmund

Seine *Aktien* steigen (oder fallen).
Sprichwörtlich

Alpdrücken haben (von Alb, einem Dämon oder elbischen Wesen).
Sprichwörtl. Redensart

Süß ist *albernes* Tun zur Zeit.
(Dulce est desipere in loco.)
Horaz, Oden 4, 12, 28 (Voß)

Am *Albertstag* (24. April) versteckt ihre Socken · Die Krähe im Roggen.
Bauernregel

Perfides *Albion*.
Nach einem Gedicht des Marquis de Ximenès (1726–1817): Attaquons dans ses camps la perfide Albion! Vgl. Heine, Lutetia 1, Paris, 27. Juli 1840.

Ich war ein *Alchimist*. · Ich dachte Tag und Stunden · Auf eine neue Kunst, des Todes frei zu sein. · Doch was ich stets gesucht, das hab' ich nicht gefunden, · Und was ich nicht gesucht, das stellt sich selber ein.
Grabschrift von Chr. v. Hoffmannswaldau

Alea jacta est.
(Der Würfel ist gefallen.)
Als Cäsar 49 v. Chr. den Rubikon überschritt, wodurch der Bürgerkrieg entfesselt wurde, soll er dies nach Plutarch ausgerufen haben. (Andere Fassungen: »Jacta *alea* est« und »Jacta *alea* esto!«) Danach gebildet Huttens Wahlspruch »Ich hab's gewagt!«

Wenn ich nicht *Alexander* wäre, möchte ich wohl Diogenes sein.
Alexander der Große bei Diogenes Laert. 6, 2 Nr. 6; Plutarch, Alex. 14

An *Alexis* send' ich dich, · Er wird, Rose, dich nun pflegen.
Tiedge, Die Sendung der Rose

Aliena vitia in oculis habemus, a tergo nostra sunt!
(Fremde Fehler sehen wir, die unsrigen aber nicht.) Seneca, De ira 2, 28, 6

All eine Straße müssen wir.
(Omnes eodem cogimur.)
Horaz, Oden 2, 3, 25 (Voß)

All is but toys!
(Alles ist Tand nur!)
Macbeth in Shakespeare, Macbeth 1, 3

He was a man, take him for *all* in all, · I shall not look upon his like again.
(Er war ein Mann, nehmt alles nur in allem, · Ich werde nimmer seinesgleichen sehn.)
Hamlet in Shakespeare, Hamlet 1, 2

All uns decket einmal Nacht. · *Alle* wir gehen einmal Pfade des Todes.
Horaz, Oden 1, 28, 15/6

Alle Vögel sind schon da, · Alle Vögel alle.
Hoffmann von Fallersleben, Frühlings Ankunft (1835)

Und so sind *alle*, einer wie der andere.
Terzky in Schiller, Wallensteins Tod 3, 7

So machen sie's *alle* (Frauen nämlich).
(Cosi fan tutte.)
Titel einer Oper v. Mozart (1790)

Was *alle* trifft, erträgt man leicht.
Ramler, Fabellese 5. Buch Nr. 14: Der Hirsch, der sich über sein Schicksal beklagt

Denn nicht *alle* kehren wieder.
Schiller, Das Siegesfest

Alle für einen und einer für alle!
Schweizer Wahlspruch

Wenn *alle* Leute unrecht haben, so haben sie recht.
Pierre Claude Nivelle de la Chaussée, La Gouvernante 1, 3

Alle Menschen sind Lügner.
(Omnis homo mendax.)
Psalm 116, 11 u. Röm. 3, 4

Mir wird von *alledem* so dumm, · Als ging mir ein Mühlrad im Kopf herum.
Schüler in Goethe, Faust 1946/47

Ich bin *allein* auf weiter Flur!
Uhland, Schäfers Sonntagslied

Die Tugend wohnt in keinem Mann *allein*; · Die Kunst hat nie ein Mensch allein besessen.
Meister in Goethe, Künstlers Apoth.

Der Starke ist am mächtigsten *allein*. Tell in Schiller, Wilhelm Tell 1, 3

Wähl dir die, der du sagst: · Du nur gefällst mir *allein*.
Ovid, Liebeskunst 1, 42

All unser Übel kommt daher, daß wir nicht *allein* sein können.
Schopenhauer, Aphorismen zur Lebensweisheit Kap. 5: Paränesen und Maximen B. 9

Allein ist besser als mit Schlechten im Verein, · Mit Guten im Verein ist besser als allein.
Rückert, Weisheit des Brahmanen 16. Buch 5 (1839)

Bleib nicht *allein!* Denn in der Wüste trat · Der Satansengel selbst zum Herrn des Himmels.
Thibaut in Schiller, Die Jungfrau von Orleans, Prolog 2. Auftr.

Wer sich der Einsamkeit ergibt, · Ach, der ist bald *allein*.
Goethe, Aus Wilhelm Meister: Harfenspieler

Zu erfinden, zu beschließen, · Bleibe, Künstler, oft *allein!*
Goethe, Künstlerlied

Es ist nicht gut, daß der Mensch *allein* sei. 1. Mos. 2, 18

Es ist nicht gut, daß der Mensch *allein* sei und besonders nicht, daß er allein arbeite; vielmehr bedarf er der Teilnahme und Anregung, wenn etwas gelingen soll.
Eckermann, Gespräche mit Goethe, 7. März 1830

Nur wer viel *allein* ist, lernt gut denken.
Waldemar Bonsels, Menschenwege

Die *Alleinherrschaft* ist nötig zum Heile der Welt!
Aus Dantes Monarchie. Vgl. auch Homers Ilias 2, 204 ff.

Ein Fürst erlangt am meisten Ruhm bei seinen Bürgern, wenn er die *Alleinherrschaft* in eine Volksherrschaft verwandelt.
Solon bei Plutarch, Gastmahl der sieben Weisen § 7

Wie kann auch die *Alleinherrschaft* etwas Gutes sein, die tun kann, was ihr beliebt, ohne Verantwortlichkeit? Herodot 3, 80 (F. Lange)

Allemal derjenige, welcher.
Hähnchen in L. Angely »Fest der Handwerker« 2, 11

Allerchristlichster König.
(Roi très chrétien.)
Soll Chlodwig nach seinem Übertritt zum Christentum (496) von Papst Anastasius genannt worden sein.

Allerheiligen bringt den Nachsommer. Bauernregel

Das *Allerheiligste*.
Sprichwörtlich, oft in übertragenem Sinne nach 2. Mos. 26, 33, 34 und Ebr. 9, 3

Allermanns Freund – allermanns Narr. Sprichwort

Untröstlich ist's noch *allerwärts,* · Doch sah ich manches Auge flammen, · Und klopfen hört ich manches Herz. Uhland, Am 18. Okt. 1816

Der *Allerweltsfreund,* glaubt es, · Ist keines Menschen Freund.
K. Egm. v. Ebert, Gedichte 1845

Alles auf der Welt hat sein zweites Gesicht, die Natur, die Kultur, die Religion, die Kunst, die Politik, die Liebe, alles, alles. Wer das nicht weiß, ist glücklich, ich weiß es.
Hermann Löns (1866–1914), Das zweite Gesicht

Alles (ein jegliches) hat seine Zeit.
(Vgl. auch unter *Ding.*) Pred. Sal. 3, 1

Alles ist eitel.
Pred. Salomo 1, 2 u. 8, 10
Hebr. »Hakaul hewol«; die lateinische Übersetzung »Vanitas vanitatum et omnia vanitas«.

Alles besiegt Amor.
(Omnia vincit Amor.)
Virgil, Eklogen 10, 69

Für *alles* werde alles frisch gewagt.
Mortimer in Schiller, Maria Stuart 3,6

Wer *alles* werden will, wird nie vollkommen werden.
Ramler, Fabellese 6. Buch Nr. 9: Der Fuchs, der Spürhund und der Luchs

Wo *alles* liebt, kann Karl allein nicht hassen.
Domingo in Schiller, Don Carlos 1, 1

Alles in allem.
(Summa summarum.)
Plautus, Truculentus 1, 1

Alles ist in allem.
Lichtenberg, Bemerk. über physikal. Gegenstände 2: Über das Studium der Naturlehre

Alles ist hin. (Siehe unter *Augustin.*)
Volkstümliche Redensart

Alles ist verloren, nur die Ehre nicht.
Franz I. nach der Schlacht bei Pavia (1525) im Briefe an seine Mutter

Alles muß verrungeniert (ruiniert) werden.
Aus der Posse »Berlin wie es weint und lacht« von David Kalisch. Auch von Scheffel verwendet in dem Gedicht: König Krok: »Was Bildung, Kunst und Eleganz«, wo der Kehrreim lautet: »Alles muß verrungenieret sein.«

Alles gerettet!
Landsteiner, Polizeipräsident von Wien, beim Brande des Ringtheaters am 8. Dez. 1881 in einer Meldung an Erzherzog Albrecht. In Wahrheit kamen fast alle Besucher in den Flammen um.

Alles schon dagewesen.
Nach Ben Akiba in Karl Gutzkow, Uriel Acosta, 4, 2

Alles schweige! · Jeder neige · Ernsten Tönen nun sein Ohr! . . .
Anfang des »Landesvaters«, in den Deutschen Bundesliedern (Jena 1817)

Alles, was in seiner Art gut ist, ist liebenswürdig. Dantes Gastmahl, 1, 12

Alles, was ist, ist vernünftig.
Vgl. Hegel, Grundlinien der Philosophie des Rechts (1821), Vorrede

Du bist der unbedeutenden Sprache der Galanterie zu wenig gewohnt... Nichts klingt in dieser Sprache wie *alles,* und alles ist in ihr soviel wie nichts.
Claudie in Lessing, Em. Galotti 2, 6

An Gottes Segen ist *alles* gelegen.
Sprichwörtlich

Zwar weiß ich viel, doch möcht' ich *alles* wissen.
Wagner in Goethe, Faust 601

Allezeit treu bereit für des Reiches Herrlichkeit.
Wahlspruch des Generalfeldmarschalls Graf Helmuth v. Moltke

Allgemach kommt zuerst ans Ziel.
Sprichwort

Es ist nichts so *allgemein* · Als falsche Worte in gutem Schein.
Sprichwörtlich

Allgemeine Begriffe und großer Dünkel sind immer auf dem Wege, entsetzliches Unheil anzurichten.
Goethe, Maximen u. Reflex. 1

Es kostet nichts, die *allgemeine* Schönheit · Zu sein, als die gemeine sein für alle!
Elisabeth in Schiller, Maria Stuart 3, 4

Je höher du wirst aufwärts gehn, · Dein Blick wird immer *allgemeiner;* · Stets einen größern Teil wirst du vom Ganzen sehn, · Doch alles einzelne immer kleiner.
Rückert, Vierzeilen 1. Hundert Nr. 33 (1837–39)

Sein alter *Alliierter* (Gott) hat Wort gehalten.
Friedrich d. Große zu Zieten im Lager bei Bunzelwitz (Aug. 1761)

Die Knie gebeugt vor dem großen *Alliierten,*
sagte danach Kaiser Wilhelm II. am 20. Juni 1903

Allmacht der Liebe hat mich geführet.
Elvira in Mozarts Oper Don Juan 2, 5 Finale (1787 zuerst in Prag). Vgl. Dantes Hölle 2, 72

Wer kann der *Allmacht* Grenzen setzen? Olga in Schiller, Demetrius 2, 1

Wie groß ist des *Allmächtigen* Güte!
Gellert, Geistliche Oden und Lieder: Die Güte Gottes (1757)

Allons enfants de la patrie!
Anfang der Marseillaise, von Rouget de Lisle gedichtet zu Straßburg in der Nacht vom 24./25. April 1792

Man wird des Guten und auch des Besten, wenn es *alltäglich* zu sein beginnt, bald satt.
Lessing, Theolog. Streitschriften: Das Testament Johannis

Allwissend bin ich nicht; doch viel ist mir bewußt!
Mephistopheles in Goethe, Faust 1582

Oh, eines Pulses Dauer nur *Allwissenheit!*
König in Schiller, Don Carlos 3, 2

Allzeit fröhlich ist gefährlich, · Allzeit traurig ist beschwerlich, · Allzeit glücklich ist betrüglich, · Eins ums andere ist vergnüglich.
Markgraf Karl von Burgau bei J. von Radowitz, Die Devisen des späteren Mittelalters 1850 S. 69

Allzu fein ist eitel Schein. Sprichwort

Allzu gemein macht dich klein.
Sprichwort

Der Handwerker, der's *allzu gut* will machen, · Verdirbt aus Ehrgeiz die Geschicklichkeit.
Pembroke in Shakespeare, König Johann 4, 2

Allzu scharf macht schartig.
Sprichwort

Allzu straff gespannt zerspringt der Bogen.
Rudenz in Schiller, Wilhelm Tell 3, 3

Allzuviel ist ungesund.
Schon bei den alten Griechen als Devise Solons v. Athen gebräuchlich. Vgl. unter *nimis.* Sprichwort

Auf da *Alm,* da gibt's ka Sünd!
Aus einem oberbayr. Jodlerlied

Almosen, das vom Herzen kommt, · Dem Geber wie dem Nehmer frommt. Sprichwort

Almosengeben heißt sündigen, · Willst du es laut verkündigen.
Aus dem Talmud

Alpha und Omega, soviel wie alles in allem, Anfang und Ende.
Siehe unter A und O

Das größte ist das *Alphabet,* · Denn alle Weisheit steckt darin. · Aber nur der erkennt den Sinn, · Der's recht zusammenzusetzen versteht.
Geibel, Juniuslieder, Spr. 1

Also sprach Zarathustra.
Titel einer Schrift von Nietzsche (1882-85)

Philosophie des »*Als ob*«.
Von dem Philosophen Hans Vaihinger (1852–1934) geprägter Begriff

Alt wird man wohl, wer aber klug?
Mephistopheles in Goethe, Faust 7712

Bedenkt: der Teufel, der ist *alt,* · So werdet alt, ihn zu verstehen!
Mephistopheles in Goethe, Faust 6817–18

Eben, wenn man *alt* ist, muß man zeigen, daß man noch Lust zu leben hat.
Vater Märten in Goethe, Was wir bringen, Vorspiel 3. Auftritt

Jeder ist so *alt*, wie er sich fühlt.
Redensart

Ich bin zu *alt*, um nur zu spielen, · Zu jung, um ohne Wunsch zu sein.
Faust in Goethe, Faust 1546–47

Man meint immer, man müsse *alt* werden, um gescheit zu sein; im Grunde aber hat man bei zunehmenden Jahren zu tun, sich so klug zu erhalten, als man gewesen ist.
Eckermann, Gespräche mit Goethe, Donnerstag, den 17. Februar 1831

Keine Kunst ist's, *alt* zu werden; · Es ist Kunst, es zu ertragen.
Goethe, Zahme Xenien 1

Wenn man *alt* ist, muß man mehr tun, als da man jung war.
Goethe, Maximen u. Reflex. 1

Sorge macht *alt* vor der Zeit.
Sprichwörtlich nach Sir. 30, 26

Nichts macht schneller *alt* als der immer vorschwebende Gedanke, daß man *älter* wird.
Lichtenberg, Nachtrag zu den Nachrichten und Bemerkungen über sich selbst

Manet *alta* mente repostum.
(Bleibt [ihr, der Juno] tief in die Seele gesenkt.) Vergil, Äneis 1, 26 u. 27
Gemeint ist das Urteil des Paris, der Venus für die Schönere erklärte.

Das *Alte* klappert, das Neue klingt.
Sprichwörtlich

Das *Alte* stürzt, es ändert sich die Zeit, · Und neues Leben blüht aus den Ruinen.
Attinghausen in Schiller, Wilhelm Tell 4, 2

Das *Alte* wird nie alt, es wird nur alt das Neue.
Rückert, Weisheit des Brahmanen 20. Buch, 22 (1837–1839)

Zu neuen Flammen *alte* Liebe, · Zu neuem Kampf die *alten* Hiebe, · In Lust und Weh ein Manneswort.
Anastasius Grün, Spaziergänge eines Wiener Poeten: Einem jungen Freunde

Zu *altem* Weine neue Lieder!
J. H. Voß, Oden und Lieder 5. Buch Nr. 26: Sängerlohn

Am guten *Alten* · In Treuen halten, · Am kräftigen Neuen · Sich stärken und freuen · Wird niemand gereuen.
Geibel, Spätherbstblätter: Sprüche Nr. 31

Die *alten* Formen stürzen ein.
Schiller, Der Antritt des neuen Jahrhunderts

Es ist das Vorrecht der *Alten* (der Griechen und Römer), keine Sache weder zuviel noch zuwenig zu tun.
Lessing, Laokoon: Vorrede

Die *Alten* (die Griechen und Römer) sind die einzigen *Alten*, die nie *alt* werden.
C. J. Weber, Demokritos 1. Kap. 24

Die *Alten* werden zweimal Kinder.
Sprichwörtlich

Ihr Kinder, lernet jetzt genug! · Ihr lernt nichts mehr in *alten* Tagen.
Pfeffel, Die zween Hunde

Lieber seine *alten* Kleider flicken, als neue borgen.
Persisches Sprichwort

Wenn *Alten* schlecht ansteht, was schön an Jungen gilt, · Wie noch viel schlechter, was man selbst an Jungen schilt!
Rückert, Weisheit des Brahmanen 16. Buch Nr. 47

Wie die *Alten* sungen, so zwitschern die Jungen.
Sprichwort

Alter gibt Erfahrung.
(Senis venit usus ab annis.)
Ovid, Metamorph. 6, 29

Alter gesellet sich gern der Jugend, Jugend zum Alter; · Aber am liebsten bewegt Gleiches dem Gleichen sich zu.
Goethe, Aus dem Nachlaß

Alter schützt vor Torheit nicht.
Sprichwörtlich

Das *Alter* ist ein höflich Mann, · Einmal übers andre klopft er an; · Aber nun sagt niemand: Herein! · Und vor der Türe will er nicht sein. · Da klinkt er auf, tritt ein so schnell, · Und nun heißt's, er sei ein grober Gesell.

Goethe, Epigrammatisch: Das Alter

Das *Alter* ist nicht trübe, weil darin unsere Freuden, sondern weil unsere Hoffnungen aufhören.

Jean Paul, Titan 2

Das *Alter* macht nicht kindisch, wie man spricht, · Es findet uns nur noch als wahre Kinder.

Lustige Person in Goethe, Faust 212–13, Vorspiel auf dem Theater

Das *Alter* naht, doch immerwährend lern' ich viel.

Äschylus, Fragment 331

Das *Alter* nimmt dir nichts, was es dir nicht erstattet.

Rückert, Weish. des Brahmanen 9. Buch Nr. 83 (1837–1839)

Das *Alter* verklärt oder versteinert.

Marie von Ebner-Eschenbach, Aphorismen (1893)

Ein junges *Alter* ist gut, eine alte Jugend taugt nichts. Sprichwörtlich

Feigherzig und geschwätzig ist das *Alter*.

Cajetan (Chor) in Schiller, Die Braut von Messina 755

Im *Alter* versteht man besser, die Unglücksfälle zu verhüten, in der Jugend, sie zu ertragen.

Schopenhauer, Parerga und Paralip. 1. Bd.: Aphorismen zur Lebensweisheit Kap. 6: Vom Unterschiede der Lebensalter (Fußnote)

Was man in der Jugend wünscht, hat man im *Alter* die Fülle.

Goethe, Dichtung und Wahrheit 2: Titelspruch

»Was man in der Jugend wünscht, hat man im *Alter* genug«, · So sagen die Reichbegabten mit Fug; · Wir aber, minderen Pfundes Verwalter, · Was wir jung hatten, wünschen wir im Alter.

Grillparzer, Die Begehrenden

Das gefährliche *Alter*.

Titel eines 1910 erschienenen Buches der dänischen Schriftstellerin Karin Michaelis. Gemeint ist die Zeit zwischen 40 und 50 Jahren, die nach Ansicht der Verfasserin bei vielen Frauen besonders gefährlich ist.

Dem *Alter* nicht, der Jugend sei's geklagt, · Wenn uns das Alter nicht behagt.

Lessing, Sinngedichte. Anhang: Auf das Alter

Zunehmen an *Alter* und Weisheit.

Redensart nach Luk. 2, 52

Im *Alter* gibt es keinen schöneren Trost, als daß man die ganze Kraft seiner Jugend Werken einverleibt hat, die nicht mit*altern*.

Schopenhauer, Parerga und Paralip. 1. Bd.: Aphorismen zur Lebensweisheit Kap. 4: Von dem, was einer vorstellt

Alter s. auch unter *Psalmisten*

Alter ego.

(Ein zweites Ich.)

Der Stoiker Zeno, 340 v. Chr., bezeichnet mit diesen Worten den Freund

Altera pars Petri.

(Zweiter Teil des Petrus, d. h. Urteilsvermögen.)

Nach dem 2. Buche: »de judicio« (über das Urteil) von »Sententiarum libri 6« des Petrus Lombardus († 1164)

Ehre den *älteren* Menschen verleihn die unsterblichen Götter.

Homer, Ilias 23, 788 (Voß)

Quod tibi fieri non vis, *alteri* ne feceris!

(Was du nicht willst, daß man dir tu, das füg auch keinem *andern* zu!) s. d. Kaiser Alexander Severus

Alterius non sit, qui suus esse potest.

(Einem andern gehöre nicht, wer sein eigner Herr sein kann.)

Wahlspruch des Paracelsus

Denn im Unglück *altern* die armen Sterblichen frühe.

Penelope in Homer, Odyssee 19, 360 (Voß)

Wähle doch das Weib · Sich einen *Ältern* stets! So fügt sie sich ihm an, · So herrscht sie ewig gleich in seiner Brust.

Herzog in Shakespeare, Was ihr wollt 2, 4 (Schlegel)

Wenn sich der Jüngere zum bösen Wege neigt, · Trifft Schuld den *Ältern*, der es sieht und dazu schweigt.

Rückert, Weisheit des Brahmanen 16. Buch 2 Nr. 13 (1837–1839)

Die Tragödie des *Alters* beruht nicht darin, daß man alt ist, sondern daß man jung ist.

Oscar Wilde, Das Bildnis des Dorian Gray 19

Das aber ist des *Alters* Schöne, · Daß es die Saiten reiner stimmt, · Daß es der Lust die grellen Töne, · Dem Schmerz den herbsten Stachel nimmt. Ferd. v. Saar, Gedicht: Alter

Zu den kraftvollsten, reinsten und schönsten Stimmen, die aus grauem *Altertum* zu uns herübergekommen sind, gehören die Bücher des Alten Testaments.

W. v. Humboldt, Briefe an eine Freundin 1. Abt. 35. Brief

Was der Teufel nicht mag erdichten, · Das muß ein *altes* Weib verrichten.

Rollenhagen, Froschmeuseler 2. Buch, 2. Teil, 8. Kap. 21/2

Die Dornen, die Disteln, die stechen gar sehr, · Doch stechen die *Altjungfernzungen* noch mehr.

Geibel, Jugendgedichte 4

Altklug · Nie Frucht trug. Sprichwort

Altum Silentium.

(Tiefes Stillschweigen.)

Vergil, Äneis 10, 63

I *am* not, what I am.

(Ich bin nicht, was ich bin.)

Jago in Shakespeare, Othello 1, 1

Amabilis insania.

(Liebenswürdiger Wahnsinn.)

Horaz, Oden 3, 4, 5

Amadis von Gallien.

(Durch Cervantes' »Don Quijote« zum Urtyp eines phantastischen Ritterromans gestempelt)

Amantes, amentes.

(Verliebt, verdreht.)

Titel eines Lustspiels von Gabriel Rollenhagen (1609)

Terenz, Andria 1, 3 steht: Inceptio est amentium, haud amantium (Beginnen von Verdrehten ist's nicht von Verliebten). Schon Plautus sagt (Merc. Prolog 81): Amens amansque (verdreht und verliebt).

Amantium irae amoris integratio est.

(Die Streitigkeiten der Liebenden erneuen die Liebe.) Terenz, Andria 3, 3

Amare et sapere vix Deo conceditur.

(Lieben und vernünftig sein ist kaum einem Gotte möglich.)

P. Syrus, 17. Sent.

Si vis *amari*, *ama*.

(Willst du geliebt werden, so liebe.)

Seneca, Episteln 9

Wie ganz anders war es da, · Da man deine Tempel noch bekränzte, · Venus *Amathusia!*

Schiller, Die Götter Griechenlands

Diesem *Amboß* vergleich ich das Land, den Hammer dem Herrscher, · Und dem Volke das Blech, das in der Mitte sich krümmt.

Goethe, Epigramme 14

Auf des Glückes großer Waage · Steht die Zunge selten ein; · Du mußt steigen oder sinken, · Du mußt herrschen und gewinnen, · Oder dienen und verlieren, · Leiden oder triumphieren, · *Amboß* oder Hammer sein.

Goethe, Kophtisches Lied (Ein anderes)

Sei nicht *Amboß* deinem Leid, · Nein, sei deines Leides Hammer.

Herm. Marggraff bei Sacher-Masoch, Feuill.-Ztg. 1, 20 S. 6

Ihr müßt auf meinem Blatt nicht *Ambra* suchen, · Die Muse backt euch keine Bisamkuchen, · Ich tisch euch auf, nach alter deutscher Weise, · Für starke Männer starke Speise.

Christian Wernicke, Überschriften (1677)

Nektar und *Ambrosia* (Göttertrank und Götterspeise).
Nach Homer Od. 5, 93 (199–201)

Will Gott die *Ameis* verderben, · Läßt er sie Flügel erwerben.
Sprichwort

Wer einer *Ameise* Gewicht Gutes vollbracht, wird's froh erschauen, · Und wer einer Ameise Gewicht Böses beging, wird's sehen mit Grauen. Koran, Sure 91

Ameisen haben auch eine Galle.
Sprichwort

Dem armen Herzen bringt das kleinste Glück Beklemmung, · Wie dem *Ameisenhaus* ein Tautropf Überschwemmung.
Rückert, Weisheit des Brahmanen 16, 10

Das ist so sicher wie (das) *Amen* in der Kirche! Sprichwörtl. Redensart

Ja und *amen* zu etwas sagen.
Nach Offbg. Joh. 22, 20

Amerika, du hast es besser · Als unser Kontinent, das alte, · Hast keine verfallenen Schlösser · Und keine Basalte. Goethe, Zahme Xenien 6

Manchmal kommt mir in den Sinn, · Nach *Amerika* zu segeln, · Nach dem großen Freiheitsstall, · Der bewohnt von Gleichheitsflegeln.
Heine, Romanzero: »Jetzt wohin?«

L'*ami* du genre humain, n'est point du tout mon fait.
(Der Freund der ganzen Welt ist nicht der meine.)
Molière, Misanthrope 1, 1 (1666)

Donec eris felix, multos numerabis *amicos*, · Tempora si fuerint nubila, solus eris.
(Sitzest dem Glück du im Schoß, wirst Freunde du zählen in Menge, · Hat sich dein Himmel umwölkt, bist du sicher allein.) Ovid, Tristia 1, 9, 5, 6

Amicus esse unum animum in duobus corporibus.
(Ein Freund sei eine Seele in zwei Körpern.) Aristoteles

Amicus certus in re incerta cernitur.
(Den sichern Freund erkennt man in unsicherer Sache.)
Ennius, † 169 v. Chr. wird zitiert in Cicero, Laelius 17, 64

Amicus est tamquam alter idem.
(Ein Freund ist gleichsam ein anderes Ich [alter ego].) Cicero, Laelius 21, 80

Amicus Plato, sed magis amica veritas.
(Plato ist mein Freund, doch mehr Freund ist mir die Wahrheit.)
Ammonius, »Leben des Aristoteles«

Soyons *amis*, Cinna!
(Laß uns Freunde sein, Cinna!)
P. Corneille, Cinna 5, 3 (1640)

Nul n'aura de l'esprit, hors nous et nos *amis!*
(Keiner soll Geist haben als wir und unsere Freunde!)
Molière, Les femmes savantes 3, 2 (1672)

Wie klingen sie lieblich, wie klingen sie süß · Die Märchen der alten *Amme!* H. Heine, Deutschland 14

Denn aus Gemeinem ist der Mensch gemacht · Und die Gewohnheit nennt er seine *Amme.*
Wallenstein in Schiller, Wallensteins Tod 1, 4

Die beste *Amme* ersetzt keine Mutter. Sprichwort

Schlafende *Amme*, schreiendes Kind. Sprichwort

Amor ist ein von den Dichtern verzogenes Kind.
S. Butler, Hudibras, 4. Gesang

Amor bleibt ein Schalk, und wer ihm vertraut, ist betrogen!
Goethe, Elegien 1

Doch *Amor* kommt mit Blick und Feuer, · Der ganze Kursus war vollbracht.
Goethe, Parabolisch: Amor und Psyche

En! *Amor* Electis, Injustis Ordinat Ultor. Sic Fredericus ego rex mea jura rego.

(Sieh! Liebe waltet über dem Erkorenen, der Rächer über den Ungerechten. So führe ich, Friedrich der König, mein Recht.)
Als ein Feind Friedrichs des Schönen auf die Wand des Burghofes die Buchstaben A. E. I. O. V. (Aller Erst Ist Österreich Verdorben) angeschrieben hatte, ließ der König die Schrift entfernen und als Antwort darauf an einem Schrank obige Worte als Auslegung des Vokalscherzes anbringen. (Vgl. auch unter *Austria* und *Österreich*)

Bändiger der Herzen, *Amor!*

Joh. Gottfried Herder, Stimmen der Völker 1. Buch 2 Nr. 9 Die Sorge

Amore, more, ore, re · Junguntur amicitiae.

(Durch Liebe, Sitte, Tat und Mund · Geschlossen wird der Freundschaftsbund.)
Örtel, Auswahl der schönsten Denk- und Sittensprüche (1842)

Dépit *amoureux*.

(Verliebter Trotz)
Nach Molières Komödie »Le dépit amoureux« (1656)

On revient toujours à ses premiers *amours*.

(Man kehrt immer zu seiner ersten Liebe zurück.)
Nach Charl. Guill. Etiennes Oper Joconde 3, 1 (1814). Musik von Isouard

Einen *Amphitryon*

nennen wir einen gefälligen Gastgeber nach des Plautus Amphitruo 3, 3, 13. Danach das französische:

L'*amphitryon* où l'on dîne.

(Amphitryon, bei dem man speist) nach Jean Rotrou (1636) und Molière (1668)

Ich hab' hier bloß ein *Amt* und keine Meinung.

Wrangel in Schiller, Wallensteins Tod 1, 5

Sie taten Ihre Schuldigkeit. Ich weiß · Den Mann von seinem *Amt* zu unterscheiden.

Wallenstein in Schiller, Piccolomini 2, 7

Was deines *Amtes* nicht ist, da laß deinen Vorwitz. Jesus Sirach 3, 24

Sorgt ihr für euch; ich tu, was meines *Amts*.

Fronvogt in Schiller, Wilhelm Tell 1, 3

Tut, was euers *Amts* ist!

Elisabeth in Schiller, Maria Stuart 4, 11

Schon Wieland . . . pflegte gewöhnlich zu sagen: Man könnte die Leute wohl *amüsieren*, wenn sie nur *amüsabel* wären.

Eckermann, Gespräche mit Goethe, 24. Sept. 1827

Erst haben wir ihn reich gemacht, · Nun sollen wir ihn *amüsieren*.

Faust in Goethe, Faust 6191/92

Der Zweck des Staates ist *Anarchie*.

Wird dem französischen Sozialisten Proudhon zugeschrieben; ähnlich äußerte sich Fichte.

Anathema sit!

(Der sei verflucht!) 1. Kor. 16, 22

Die beste *Anbetung*, Prinz, ist dankende Freude.

Aridäus in Lessing, Philotas 3 (1759), Szene 3

Es ist kein schönrer *Anblick* in der Welt, · Als einen Fürsten sehn, der klug regiert.

Antonio in Goethe, Torquato Tasso 1, 4

Anch' io sono pittore!

(Auch ich bin ein Maler!)
Soll Correggio vor Raffaels »Heiliger Cäcilie« ausgerufen haben

Des Herzens *Andacht* hebt sich frei zu Gott, · Das Wort ist tot, der Glaube macht lebendig.

Melvil in Schiller, Maria Stuart 5, 7

Wenn ihr eure *Andacht* verrichtet, so denkt euch die Gottheit als gegenwärtig. Sprüche des Konfuzius

Mit *Andacht* lies, und dich wird jedes Buch erbauen; · Mit Andacht schau, und du wirst lauter Wunder schauen. · Mit Andacht sprich nur, und man hört dir zu *andächtig*, · Mit Andacht bist du stark, und ohn Andacht ohnmächtig.

Rückert, Weisheit des Brahmanen 10, 64

Oft ist der Weiber *Andachtglut* · Nichts weiter als verliebtes Blut.
Fr. v. Sallet, Epigrammatisches und Lehrhaftes Nr. 19

Begreifst du aber, · Wie viel *andächtig* schwärmen leichter, als · Gut handeln ist? Wie gern der schlaffste Mensch · Andächtig schwärmt, um nur – ist es zu Zeiten · Sich schon der Absicht deutlich nicht bewußt, · Um nur gut handeln nicht zu dürfen?
Nathan in Lessing, Nathan d. W. 1, 2

Vor zwei Monaten gestorben, und noch nicht vergessen. So ist Hoffnung da, daß das *Andenken* eines großen Mannes sein Leben ein halbes Jahr überleben kann.
Hamlet zu Ophelia in Shakespeare, Hamlet 3, 2 (Schlegel)

Ander Städtchen, · Ander Mädchen. Sprichwort
Vgl. Schlippenbachs Lied: Nun leb wohl, du kleine Gasse (im Kommersbuch) und ähnlich in Goethes Soldatentrost (in den epigramm. Dichtungen) und unter *Brot.*

Ich danke dir, Gott, daß ich nicht bin wie *andere* Leute. Luk. 18, 11

Einer wie der *andere.*
Nach 1. Kor. 3, 8

Legt mich auf die *andere* Seite, denn auf dieser bin ich schon geröstet.
(Volvedme del otro lado que de este ya estoy tostado.) Der heilige Lorenz (?)

Das eine tun und das *andere* nicht lassen. Nach Matth. 23, 23

Du sollst keine *anderen* Götter haben neben mir. 2. Mos. 20, 3

Ein *anderer* Mann erfreut sich anderer Werke.
Homer, Odyssee 14, 228 (Voß)

Ich war ein *anderer* Mensch geworden, und also mußten mir die Gegenstände auch *anders* erscheinen.
Goethe an Schiller, Stäfa, den 4. Oktober 1797

Ein *anderes* rät mir · Lust, ein anderes Sinn. · Das Bessere seh ich und lob ich, · Schlechterem folget das Herz.
Ovid, Verwandlungen 7; 19/21 (Voß). Vgl. unter *Bessere* und unter *Video*

Ein *andermal* von euren Taten!
Pfeffel, Die Tabakspfeife

Ich zahle dir in einem *andern* Leben. Schiller, Resignation

Was du nicht willst, daß man dir tu, · Das füg auch keinem *andern* zu. – Auch sagt man:
Was du nicht willst, daß dir geschicht, Das tu auch keinem *andern* nicht. Vgl. unter *alteri.*
Sprichwörtlich nach Tobias 4, 16

Man liebt sich nicht nur in *andern,* sondern haßt sich auch in andern.
Lichtenberg, Beobachtungen über den Menschen. Bemerkungen 4

Den Ort verändern · Heißt nur ein Elend mit dem *andern* tauschen.
Königin in Shakespeare, Cymbeline 1, 6

So *ändern* jene nur die Luft, nicht ihren Sinn, · Die übers Meer sich zu entrinnen trachten.
Horaz, Briefe 1, 11, 27 (Wieland)

Je nun, man trägt, was man nicht *ändern* kann.
Ignaz Brüll, Das goldene Kreuz (1875) (Vgl.: Non, si queam · Mutare. Nunc, quam non queo, animo, aequo fero.
Nein, wenn ich's *ändern* könnte. Nun, da ich's nicht kann, trag ich's mit Gleichmut. Terenz, Ad. 4, 7, 19f. Micios Antwort auf Demeas Frage, ob ihm das Geschehene gefalle.)

Denn wie die Tage sich *ändern,* die Gott vom Himmel uns sendet, · *Ändert* sich auch das Herz der erdebewohnenden Menschen.
Homer, Odyssee 18, 135/36

Ändern und bessern ist zweierlei.
Sprichwörtlich

Wir haben das alles *geändert.*
(Nous avons changé tout cela.)
Molière, Le médecin malgré lui 2, 6

Ehe man eine Hand umwendet, sind unsere Zustände und Wünsche *anders*, als wir vorausdachten.

Eckermann, Gespräche mit Goethe, 6. November 1830

Es kommt oft *anders*, als man denkt.

Redensart

Scherzhaft: Denn erstens kommt es *anders*, und zweitens, als man denkt.

Vor Tische las man's *anders*.

Tiefenbach in Schiller, Piccolomini 4, 7

Anders, · Begreif ich wohl, als sonst in Menschenköpfen · Malt sich in diesem Kopf die Welt.

König in Schiller, Don Carlos 3, 10

Ja, Bauer! Das ist ganz was *anders!*

Ramler, Fabellese 1. Buch Nr. 45: Der Junker und der Bauer

Aber es geht in der Welt so zu: · Ein *anders* ist des Schulzen Kuh.

Rollenhagen, Froschmeuseler 1. Buch 2. Teil 5. Kap. 98/99

In meinem Frankreich war's doch *anders!*

Königin in Schiller, Don Carlos 1, 6

Hier stehe ich. · Ich kann nicht *anders*, Gott helfe mir, Amen!

Luther vor dem Reichstage (18. April 1521). Nach neueren Forschungen hat Luther aber nur die damals übliche Formel gebraucht: »Gott helfe mir, Amen.«

Wie ganz *anders*, anders war es da!

Schiller, Die Götter Griechenlands

Wärst du an meiner Stelle, du würdest *anders* denken.

(Tu si hic sis, aliter sentias.)

Terenz, Andria 2, 1

Verfolgung der *Andersdenkenden* ist überall das Monopol der Geistlichkeit.

Heine, Reisebilder 2: Engl. Fragm. 11: Die Emanzipation

Man verdirbt einen Jüngling am sichersten, wenn man ihn verleitet, den Gleichdenkenden höher zu achten als den *Andersdenkenden*.

Friedr. Nietzsche

Es lebt ein *andersdenkendes* Geschlecht.

Attinghausen in Schiller, Wilhelm Tell 2, 1

Niemals tritt er (Cicero) einer Sache bei, · Wenn *andre* sie erdacht.

Brutus in Shakespeare, Cäsar 2, 1 (Schlegel)

Und was du tust, sagt erst der *andre* Tag, · War es zum Schaden oder Frommen.

Goethe, Gedichte: Ilmenau

Wer sich an *andre* hält, · Dem wankt die Welt. · Wer auf sich selber ruht, · Steht gut.

Paul Heyse (ins Stammbuch der Burschenschaft Arminia)

Durch diese hohle Gasse muß er kommen, · Es führt kein *andrer Weg* nach Küßnacht.

Tell in Schiller, Wilhelm Tell 4, 3

Unmöglich können wir das Betragen *andrer* mit Strenge prüfen, wenn wir nicht selbst zuerst unsre Pflicht erfüllen.

Demosthenes, Staatsreden 6; 2. olynthische Rede (Jacobs)

Indem wir für das Wohl *andrer* streben, fördern wir das eigene.

Plato bei Smiles, Der Charakter. 8. Kap.: Die Gemütsruhe

Ein *andres* Antlitz, eh sie geschehen, ein *anderes* zeigt die vollbrachte Tat.

Cajetan in Schiller, Die Braut von Messina 3, 5 2006/07

Jetzt sei mutig, *Äneas*, jetzt mit festem Herzen. Vergil, Äneis 6, 261

Still war's, und jedes Ohr hing an *Äneens* Munde.

Vergil, Äneis 2, 1 (Schiller)

Eine *Anekdote* darf nie zu Fuße gehen, sie muß sich zu Pferde setzen und im Galopp davoneilen.

L. Börne, Aus meinem Tagebuche 13, Soden, den 25. Mai

Eine Sammlung von *Anekdoten* und Maximen ist für den Weltmann der größte Schatz, wenn er die ersten

an schicklichen Orten ins Gespräch einzustreuen, der letzten sich im treffenden Falle zu erinnern weiß.
Goethe, Maximen u. Reflexionen 3

Fordre kein lautes *Anerkennen!* Könne was, und man wird dich kennen. Paul Heyse, Spruchbüchlein

Anerkennung ist das Brot der Geister. Lindaus Gegenwart 11, 282

Des Guten *Anerkennung* ehrt dich selbst, · Es macht dich gut, das Schöne macht die Seele · Dir schön, wie jenem, der es bringt, es trägt.
L. Schefer, Laienbrevier, Juni 10

Was bald *anfällt, fällt* bald *ab,* · Und junge Lieb ist fahrende Hab.
Fischart, Dichtungen 3, 285 (Kurz)

Aller *Anfang* ist schwer. Sprichwort

Aller *Anfang* ist schwer – nur Müßiggang, aller Laster Anfang nicht. Sprichwörtlich

Aller *Anfang* ist schwer, sagte der Spitzbube – da stahl er zuerst einen Amboß. Sprichwörtl. Redensart

Aller *Anfang* ist schwer, am schwersten der Anfang der Wirtschaft.
Der Vater in Goethe, Hermann und Dorothea 2 (Terpsichore) 22

Anfang und Ende sind wohl unter sich verwandt, · Doch ist der Anfang blind, das Ende hat's erkannt.
Rückert, Weisheit des Brahmanen 16 (4) Nr. 24

Wie der *Anfang*, so das Ende!
Nach Hieronymus Epist. 69. 9. »Quale principium talis et clausula«

Das ist der *Anfang* vom Ende!
(C'est le commencement de la fin.)
Talleyrand in den 100 Tagen (nach Shakespeare, Sommernachtstraum, Prolog)

Der einen *Anfang* nie gewann, · Doch allen Anfang machen kann (Gott).
Walther v. d. Vogelweide: Versagtes Lob

Der *Anfang* ist die Hälfte des Ganzen. Aristoteles, Polit. 5, 4

Guter *Anfang* ist halbe Arbeit.
Sprichwörtlich

Nimm dir auch zu Herzen das alte wahre Wort: · Nicht zu *Anfang* erkennst du immer das Ende.
Aratbanos bei Herodot 7, 51 (F. Lange)

Anfang, bedenk das Ende!
Wahlspruch des Kurfürsten Georg Wilhelm von Brandenburg

Mit Gott der *Anfang.*
Aratus Phainom. Vgl. Ab Jove principium. Vergil, Ekl. 3, 60

Anfang sonder (ohne) Ende
siehe unter *Ewigkeit*

Ein *Anfang* ist kein Meisterstück, · Doch guter Anfang halbes Glück.
Anastasius Grün, Bilder und Gestalten: Gute Lehren

Ein richtiger *Anfang* · Macht ein' richtigen Ausgang.
Fischart, Dichtungen 3, 214 (Kurz)

Wer im *Anfang* oft gewann, · Ward zuletzt ein Bettelmann.
Italienisches Sprichwort

Im *Anfang* war das Wort.
Ev. Joh. 1, 1

Anfangs wollt' ich fast verzagen. · Und ich glaubt', ich trüg' es nie; Und ich hab' es doch getragen – Aber fragt mich nur nicht: wie?
Heine, Buch der Lieder

Beisammen sind wir, *fanget an!*
Mephistopheles in Goethe, Faust 1446

Fanget an!
Richard Wagner, Meistersinger 1

Ein guter Mann bleibt immer *Anfänger.*
(Bonus vir semper tiro!)
Sprichwort nach Martial, Epigr. 12, 51. Vgl. Goethe, Maximen und Reflexionen 3

Wer niemals *anfängt*, bringt nie was zustande. Sprichwörtlich

Wer nicht *anfängt*, endet nicht.
Sprichwörtlich

Frisch *angefangen* ist schon halb getan. · Was säumst du? Wag es auf der Stelle, weise zu sein.
Horaz, Briefe 1, 2, 40 (Wieland)

Wachet und betet, daß ihr nicht in *Anfechtung* fallet!
Matth. 26, 41 (vgl. Mark. 14, 38)

Jede *Anfechtung* verschönert den Menschen.
Sören Kierkegaard (E. Jonas, Nordische Diamanten Nr. 143)

Der *Anführer* eines großen Heeres kann besiegt werden; aber den festen Entschluß eines einzigen kannst du nicht wankend machen.
Sprüche des Konfuzius

Angeber und Zwischenträger sind das erbärmlichste Gesindel, das Gottes Erdboden trägt.
Benedix, Die Dienstboten 12. Auftr.

Ein *Angebinde* geben. Alte Redensart
Noch im 16. Jahrhundert war es Sitte, Kranken, Wöchnerinnen, Kindern Geschenke an den Arm zu binden.

Wie sie kurz *angebunden* war, · Das ist nun zum Entzücken gar!
Faust in Goethe, Faust 2617/18

Angedenken an das Gute · Hält uns immer frisch bei Mute. Angedenken an das Schöne · Ist das Heil der Erdensöhne. · Angedenken an das Liebe, · Glücklich! wenn's lebendig bliebe. · Angedenken an das eine · Bleibt das Beste, was ich meine.
Goethe, Epigrammatisch: Angedenken

Sie hat mich *angeführt*, dir wird sie's auch so machen.
Siebel in Goethe, Faust 2110

Gut *angegriffen*, gut verteidigt.
Sprichwörtlich

Was einem *angehört*, wird man nicht los, und wenn man es wegwürfe.
Goethe, Maximen und Reflexionen 4

Müßt Euer Glück nicht auf die Jüngste setzen; · die *Angejahrten* wissen Euch zu schätzen.
Mephistopheles in Goethe, Faust 6361/62

Der angebornen Farbe der Entschließung · Wird des Gedankens Blässe *angekränkelt*.
Hamlet in Shakespeare, Hamlet 3, 1, vgl. unter *Gedankens*

Zwischen Tür und *Angel* schweben (stehen). Sprichwörtl. Redensart

Man muß nicht eine *Angelegenheit* aus dem machen, was keine ist.
Balthasar Gracián, Handorakel (1637) Schopenhauer

Die Welt aus den *Angeln* heben.
Nach Archimedes, siehe unter *Welt*

Der das Nützliche · So mit dem *Angenehmen* zu verbinden weiß, · Daß er den Leser im Ergötzen bessert. · Vereinigt alle Stimmen.
Horaz, Briefe 2, 3, 343/44 (Wieland)

Das *Angenehme* mit dem Nützlichen verbinden.
Aus vorstehendem gebildete Redensart, vgl. unter *Utile*

Du bist in deiner *angenehmen* Laune, · Ich will dich nicht drin stören.
König Karl VII. in Schiller, Die Jungfrau von Orleans 1, 2

Gut *angeschrieben* sein.
Nach Ebr. 12, 23

Von *Angesicht* zu Angesicht reden.
Nach 2. Mos. 33, 11

Vor Gottes *Angesicht* · Taugt grobe Hoffahrt nicht. Abraham a Santa Clara

Des Menschen *Angesicht*, Stimm' und Wort · Ist ein teuer Schatz und edler Hort.
Rollenhagen, Froschmeuseler 1. Buch 1. Teil 7. Kap. 39/40

Du hast mich mächtig *angezogen*, · An meiner Sphäre lang gesogen.
Erdgeist in Goethe, Faust 483/84

Stets geschäftig, · Etwas heftig, · Aber immer lebensfroh, · Gar nicht spröde, · Auch nicht blöde, · Seht: so war Mama *Angot!*
Aus Mamsell Angot, Operette v. Charles Lecocq (1872)

Greif an mit Gott! · Dem Nächsten muß man helfen.
Kuoni in Schiller, Wilhelm Tell 1, 1

Vor diesem Tiere hüte dich! · *Greift* man es *an*, so wehrt es sich.
La Ménagerie, franz. Volkslied

Angst und bange werden.
Redensart nach Hesekiel 30, 16

Auf *Angst* und Schweiß · Folgt Ruh und Preis.
Abraham a Santa Clara

Die Mehrheit dieses Reichstages ist ein *Angstprodukt* der Wähler.
Eugen Richter am 9. März 1887

Animo perturbatus es.
(Du bist verrückt, mein Kind . . .)
Lat.-deutsches Scherzwort

Ich hatte gleich so'n *Animus* – (Ahnung).
Berliner Redensart

Anke von Tharau ös, de mi geföllt, · Se ös min Lewen, min Goet on min Gölt.
Simon Dach, Der Palmbaum (1638). Vgl. unter *Ännchen.*

Freund und *Anker* kennet man, · Wenn sie Hilf in Not getan.
Abraham a Santa Clara

Auf, Matrosen, die *Anker* gelichtet, · Segel gespannt, den Kompaß gerichtet!
Wilh. Gerhard, Maskenkalender: Matrose

Anklagen ist mein Amt und meine Sendung; · Es ist mein Herz, was gern beim Lob verweilt.
Questenberg in Schiller, Piccolomini 2, 7

Ohne eine an Gefühlen, Entschlüssen, Gesinnungen reiche und dabei zart und fein gebildete Seele vernimmt man den *Anklang* nicht, der aus dem andern in uns hinüber tönt.
W. v. Humboldt, Briefe an eine Freundin 1. Abt. 43

Sich jemand *anlachen.*
(Ein Liebesverhältnis anfangen.)
Berliner Redensart

Oh, wie mich vor allem Bezirk des Erdreichs · Jener Ort *anlacht!*
Horaz, Oden 2, 6, 13 (Voß)

Der dich *anlacht*, der reißt dich hin (nieder): Das ist dieser Welt Weis und Sinn.
Rollenhagen, Froschmeuseler 1. Buch 2. Teil 2. Kap. 129/30

Die Menschen sind in ihren *Anlagen* alle gleich, nur die Verhältnisse machen den Unterschied.
Lichtenberg, Fragmentar. Bemerkungen über physikalische Gegenstände 2: Über das Studium der Naturlehre überhaupt

Selten kommt eine *Anleihe* lachend heim.
(Selde cometh lone lahynde home.)
Altengl. Sprichwort

Anlocken die Kundschaft tut nur das Schild.
(L'enseigne fait la chalandise.)
Lafontaine, Fabeln 7, 15

Wo *Anmaßung* mir wohlgefällt · An Kindern: denen gehört die Welt.
Goethe, Sprüche in Reimen: Sprichwörtlich

Die Weisheit gibt der *Anmut* Stärke, · Die Anmut gibt der Weisheit Glanz.
Bodenstedt, Aus dem Nachlasse des Mirza Schaffy 3, Buch Nr. 56

Daß Weisheit nach der *Anmut* strebt, · Hat man auf Erden oft erlebt; · Doch daß die Anmut gern ihr Ohr · Der Weisheit leiht, kommt seltner vor.
Fr. Bodenstedt, Mirza Schaffy: Verm. Gedichte und Sprüche 46

Anmut bringen wir ins Leben; · Leget Anmut in das Geben. · Leget Anmut ins Empfangen, · Lieblich ist's, den Wunsch erlangen. · Und in stiller Tage Schranken · Höchst anmutig sei das Danken.
Die Grazien in Goethe, Faust 5299–5304

Ännchen von Tharau ist's, die mir gefällt.

Simon Dach (1638, nach Herders Übertragung). Siehe unter *Anke*.

Wer von mir nichts *annehmen* will, wenn er's bedarf und ich's habe, der will mir auch nichts geben, wenn er's hat und ich's bedarf.

Paul Werner in Lessing, Minna von Barnhelm 3, 7

Von *Anno* eins her oder *Anno* dazumal.

Von Anno eins her sagen wir, um etwas Längstvergangenes zu kennzeichnen. Damit will gesagt sein: im ersten Jahr der Schöpfung. In Österreich pflegt man zu sagen:

Vor *Anno* neune,

was neueren Ursprungs ist und wohl auf das Elementarereignis Bezug nimmt, denn man sagt auch:

Anno neun, als der große Schnee ist gefallen,

so wie in Königsberg im Schwang ist:

Anno ent, als de grote Wind wär,

oder auch nur:

Anno Wind.

In Königsberg wütete nämlich am 3. November 1801 ein fürchterlicher Sturm. Auch sagt man:

Anno Tobak,

um auf die längstvergangene Zeit hinzuweisen, wo der Tabak bekannt wurde. Drastisch drücken sich die Franzosen aus: »Du temps qu'on se mouchait sur la manche«, die Zeit, wo man sich die Nase noch am Rockärmel abwischte.

Anon, Sir anon!

(Gleich, Herr, gleich!)

Shakespeare, Heinrich IV., 1, 2, 4

Ihr sucht die Menschen zu benennen · Und glaubt, am Namen sie zu kennen. · Wer tiefer sieht, gesteht sich frei, · Es ist was *Anonymes* dabei.

Goethe, Sprüche in Reimen: Sprichwörtlich

Auf gute *Anrede* folgt guter Bescheid. Sprichwörtlich

Eine gute *Anrede* ans Heer ist eine halb gewonnene Schlacht.

Sprichwörtlich

Um Gedanken und *Anschauungen* ist es den Leuten auch gar nicht zu tun. Sie sind zufrieden, wenn sie nur Worte haben, womit sie verkehren.

Eckermann, Gespräche mit Goethe, 16. Dezember 1828

Nicht jeder *Anschlag* ist ein Lockvogel. Sprichwort

Anschlag, der nicht Fortgang hat, · Ist ein Wagen ohne Rad.

Logau, Sinngedichte: Rat ohne Tat

An neuem Tuch und menschlichen *Anschlägen* geht viel ein.

Deckeninschrift an der Königsberger Börse

Wem Farb' und Kleid ein *Ansehn* geben, · Der hat Verstand, so dumm er ist.

Gellert, Fabeln: Der Zeisig

Es gilt kein *Ansehn* der Person.

Sprichwörtlich nach 2. Chron. 19, 7 und Kol. 3, 25

Die *Ansicht* eines Weisen · Und den Rat eines Greisen · Soll man nicht von sich weisen. Sprichwort

Wahrhaft lernen wir dann, daß Gott die Person nicht *ansieht*, · Sondern in allerlei Volk ist, wer ihn fürchtet und recht tut, · Angenehm dem Vergelter.

Der Vater in Voß, Luise, 1. Idylle 409/11. Vgl. auch: Ap. 10, 34; Röm. 2, 11; 1. Petr. 1, 17

Man hat nur an so viel Freude und Glück *Anspruch*, als man selbst gewährt.

Feuchtersleben, Aphorismen: Leben

Wer *Ansprüche* macht, beweist eben dadurch, daß er keine zu machen hat.

Seume (1806/07), Apokryphen Nr. 263

Nur wer *Ansprüche* macht, fühlt sich zurückgesetzt: · Wer nebenaus tritt, ist zuerst nicht noch zuletzt.
Rückert, Weisheit des Brahmanen 16, 19

Schrecklich sind die *Anspruchslosen;* die nichts fordern, gewähren auch nichts. Peter Hille, Aphorismen

Mit dem *Anstand,* den er hatte.
Schiller, Nadowess. Totenklage

Auf Vernunft gegründeter *Anstand* lehrt Mäßigung im Übermaß der Freude; im Unglück aber edlen männlichen Schmerz.
Spruch des Konfuzius

Stein des *Anstoßes.*
Nach Jes. 8, 14. Auch im Neuen Testament wiederholt zu finden

Es gibt Steine des *Anstoßes,* über die ein jeder Wanderer stolpern muß.
Goethe, Maximen und Reflexionen 6

Einen *Antaeus*
nennen wir jemand, dessen Kraft durch die Berührung mit dem heimatlichen Boden immer wieder neu gestärkt wird. Nach Apollodor 2, 5, 11; Lucan 4, 598–616 u. Philostrat. Ikon. 2, 21. (Herkules konnte den Riesen Antaeus nur dadurch besiegen, daß er ihn vom Erdboden emporhob und in der Luft erwürgte.)

Wenn die Menschen recht schlecht werden, haben sie keinen *Anteil* mehr als die Schadenfreude.
Goethe, Maximen und Reflexionen 3

Wo der *Anteil* sich verliert, verliert sich auch das Gedächtnis.
Goethe, Maximen und Reflexionen 3

Wo nichts mehr zu enträtseln bleibt, hört unser *Anteil* auf.
Feuchtersleben, Aphorismen: Leben

Der Mensch begreift niemals, wie *anthropomorphisch* er ist.
Goethe, Maximen und Reflexionen 3

Der *Antichrist.*
Als Bezeichnung des Satans, steht 1. Johannes 2, 18 und noch öfter.
Das griechische Wort »ἀντίχριστος« übersetzt Luther mit »Widerchrist«, anfänglich mit »End(e)christ«. »Der Antichrist« ist auch der Titel einer größeren Schrift Friedrich Nietzsches (1888), die scharfe Kritik am Christentum übt.

Wir sind vielleicht zu *antik* gewesen, · Nun wollen wir es moderner lesen. Goethe, Zahme Xenien

Zwar sind auch wir von Herzen unanständig, · Doch das *Antike* find' ich zu lebendig.
Mephistopheles in Goethe, Faust 7086/87

Du hast nun die *Antipathie!*
Faust zu Margarete in Goethe, Faust 3501

Der *Antisemitismus* ist eine Schmach des Jahrhunderts.
Nach Kaiser Friedrich III.

Das *Antlitz* über jemand leuchten lassen.
Nach Mos. 2, 25: »Der Herr lasse sein Antlitz über dir leuchten und sei dir gnädig.«

Sein *Antlitz* verhüllen.
Sprichwörtl. Redensart nach 1. Kön. 19, 13

Ein andres *Antlitz,* eh sie geschehen. siehe unter *andres*

Anton, steck den Degen ein.
Titel einer Posse David Kalischs, die 1859 in Berlin aufgeführt wurde und als Anspielung auf den damals gegen Österreich rüstenden Napoleon III. galt. – Auch wird behauptet, daß dieser Ausdruck schon früher bei den Studenten in Halle üblich war. (Da hieß es aber: »Anton, steck den Degen tief.«)

Kannst du mir dies (oder: so etwas) *antun?* Sprichwörtl. Redensart
(Vgl. 1. Mos. 12, 18; Luk. 2. 48)

Über diese *Antwort* des Kandidaten Jobses · Geschah allgemeines Schütteln des Kopfes.
Kortum, Jobsiade 1, 19 (1784)

Eine beschämende *Antwort* gehört auf eine vorwitzige Frage.
Engel, Der Philosoph für die Welt 1. Stück: Die Göttinnen

Eine lakonische *Antwort.*
Bezieht sich auf die Lakonier (Lakedämonier), die zu einer knappen Redeweise erzogen wurden.

Keine *Antwort* ist auch eine *Antwort.* Sprichwörtlich

Und ein Narr wartet auf *Antwort.*
Heine, Die Nordsee 2, 7

Wenn du eine weise *Antwort* verlangst, · Mußt du weise fragen!
Goethe, Invektiven: Herr Schöne

Du fragst sehr gut, Sokrates, und mir macht es Freude, denen, die gut fragen, zu *antworten.*
Schleiermacher, Platons Werke (1818) 2, 250: Protagoras 318

Ein anderes ist: auf etwas *antworten,* ein anderes: etwas beantworten. Lessing, Eine Duplik

Ein Regent soll sich vor nichts fleißiger hüten als vor dem geschwinden *Antworten.*
Kurfürst Friedrich der Weise von Sachsen bei Zinkgref, Apophth. 1, S. 101

Viel lieber ist mir doch ein Tuer als ein Sager, · Ein *Antwortgeber* auch als ein vorlauter Frager.
Rückert, Weisheit des Brahmanen 16, 38

Es ist nicht genug zu wissen: man muß auch *anwenden;* es ist nicht genug zu wollen: man muß auch tun. Goethe, Maximen und Reflexionen 6

Jede *Anziehung* ist wechselseitig.
Goethe, Wahlverwandtschaften 2, 7

Hab' ich die Kraft dich *anzuziehn* besessen, · So hatt' ich dich zu halten keine Kraft.
Faust in Goethe, Faust 624/25

Laß ab, mich *anzuziehn,* · So hab' ich, dir zu folgen, keine Macht.
Helena in Shakespeare, Sommernachtstraum 2, 1

Es kann die Spur von meinen Erdetagen · Nicht in *Äonen* untergehn.
Faust in Goethe, Faust 11 583/84

Apage, Satana(s)!
(Hebe dich weg, Satan!)
Matth. 4, 10 und a. a. O.

Der *Apfel* fällt nicht weit vom Stamm. Sprichwort

Ein fauler *Apfel* steckt hundert gesunde an. Sprichwort

In den sauern *Apfel* beißen.
Sprichwörtl. Redensart

Im schönsten *Apfel* sitzt der Wurm. Sprichwort

Güldne *Äpfel* auf (in) silbernen Schalen. Spr. Sal. 25, 11
Auch als Büchertitel verwendet, so von L. Harms und J. A. Pfeffel

Über Rosen läßt sich dichten, · In die *Äpfel* muß man beißen.
Gärtner in Goethe, Faust 5168–69

Meines Lebens schönster Traum · Hängt an diesem *Apfelbaum.*
Wilh. Busch, Max und Moritz (1865)

Durch diesen *Apfelbiß* · Ist uns der Tod gewiß.
Abraham a Santa Clara, Totenkapelle 1710

Jenes *Apfels* · Leichtsinnig augenblicklicher Genuß · Hat aller Welt unendlich Weh verschuldet.
Eugenie in Goethe, Die natürliche Tochter 4, 2

Aber aus den goldnen Saiten · Lockt *Apoll* die Harmonie.
Schiller, Das eleusische Fest

Dann wirst du mir groß wie *Apollo* erscheinen.
(Eris mihi magnus *Apollo.*)
Vergil, Eklogen 3, 104
Wird bei Fragen angewandt, deren Beantwortung unwahrscheinlich ist.

So rettete mich *Apollo.*
(Sic me servavit *Apollo.*)
Horaz, Satiren 1, 9, 78

Nicht allen Revolutionen gehen Zeichen und Warnungen vorher; es gibt auch eine politische *Apoplexie.*
B. Börne, Fragmente und Aphorismen 171

Es ist nicht jeder ein *Apostel,* der hingeht in alle Welt. Sprichwort

Apostel nennt man große Krüge, · Darin gehet Wein und Bier zur

Gnüge. · Auf den Dörfern und sonst beim Schmaus · Trinken die durstigen Burschen daraus.

Kortum, Jobsiade 1, 19 (1784)

Mein Pflaster schlägt bei dir nicht an, deins nicht bei mir, in unsers Vaters *Apotheke* sind viel Rezepte.

Goethe an Lavater, den 4. Oktober 1782

Wie in der *Apotheke* so teuer (und) *Apotheker*-Rechnung.

Sprichwörtl. Redensarten

Wackrer *Apotheker*, dein Trank wirkt schnell.

(O true *apothecary!* Thy drugs are quick.) Romeo in Shakespeare, Romeo u. Julia 5, 3 (Schlegel)

Der *Appetit* kommt beim Essen.

(L'*appétit* vient en mangeant.) Die Fortsetzung heißt: la soif s'en va en buvant. (Der Durst schwindet beim Trinken.) Rabelais, Gargantua 1, Kap. 5

Hab' *Appetit* auch ohne das.

Faust zu Mephistopheles in Goethe, Faust 2653

Was hilft's, nach dem *Applaus* der Welt · Mit vorgebundner Maske schielen? – · Da der allein nie aus der Rolle fällt, · Der immer wagt, sich selbst zu spielen.

Paul Heyse, Spruchbüchlein

Après nous le déluge!

(Nach uns die Sintflut.)
Marquise von Pompadour (1757)

Jemand in den *April* schicken.

Redensart

Am ersten (und letzten) *April* · Schickt man die Narren, wohin man will. Redensart

Dürrer *April* · Ist des Bauern Will.

Bauernregel

Aprilschnee ist · Besser als Schafmist. Bauernregel

Quamvis sint sub *aqua*, sub aqua maledicere temptant.

(Unter dem Wasser noch tönt ihr Gequak und Gequarr und Gekeife.)
Ovid, Metamorphosen 6, 376

Gebt mir *Aquavit!*

Amme in Shakespeare, Romeo u. Julia 3, 2

Aequam memento rebus in arduis · Servare mentem.

(Bedenke stets, dir im Unglück Gleichmut zu bewahren.) Horaz, Oden 2, 3, 1

Ex *aequo* et bono.

(Nach Recht und Billigkeit.)
Sallust, Jugurtha 35, 7

Ein Mann ohne *Ar* und Halm.

Nach Reichskanzler Graf von Caprivi im Reichstag (17. Februar 1893)

Arabien, mein Heimatland.

Arabiens einsam Kind.

Fatimes Arie aus Webers Oper Oberon (1826) 3, 1 und 2, 2

Alle Wohlgerüche *Arabiens* würden diese kleine Hand nicht wohlriechend machen.

Lady Macbeth in Shakespeare, Macbeth 5, 1 (Tieck)

Die schönen Tage in *Aranjuez* · Sind nun zu Ende.

(Meist wird falsch zitiert: ... von Aranjuez sind nun vorüber.)
Domingo in Schiller, Don Carlos 1, 1

Arbeit adelt. Sprichwörtlich

Arbeit! Arbeit! Segensquelle, · Arbeit ist das Zauberwort, · Arbeit ist des Glückes Seele, · Arbeit ist des Friedens Hort! ... · Nur die Arbeit kann erretten, · Nur die Arbeit sprengt die Ketten, · Arbeit macht die Völker frei!

Heinr. Seidel, Hymne der Arbeit

Arbeit ist des Blutes Balsam, · Arbeit ist der Tugend Quell.

Herder, Cid 3, Nr. 48

Arbeit ist des Bürgers Zierde, · Segen ist der Mühe Preis; · Ehrt den König seine Würde, · Ehret uns der Hände Fleiß.

Schiller, Lied von der Glocke

Arbeit macht das Leben süß, · Macht es nie zur Last, · Der nur hat Bekümmernis, · Der die Arbeit haßt.

Gottl. Wilh. Burmann, Lob der Arbeitsamkeit in den »Kleinen Liedern für kleine Jünglinge« (1777)

Arbeit schändet nicht.

Hesiod, Werke und Tage 309

Arbeit und Sparen macht reiche Knechte.

Rollenhagen, Froschmeuseler 2. Buch 2. Teil 7. Kap. 76.

Arbeit und Fleiß, das sind die Flügel, · So führen über Strom und Hügel.

Joh. Fischart, Glückhafft Schiff v. Zürich

Bei der *Arbeit* magst du singen, · Das verleiht der Arbeit Schwingen; · Singen doch nie Arbeit sei, · Sohlen trägt sie dann von Blei.

Anastasius Grün, Sprüche u. Spruchartiges

Arbeit und Genuß · Sind Zwillingsbrüder, eins im anderen lebend.

Apelles in Adolf Wilbrandt, D. Meister von Palmyra (1890) 1, 4

Der Müßiggang, nicht die *Arbeit* ist der Fluch der Menschen.

Smiles, Der Charakter 4. Kap.: Die Arbeit.

Die *Arbeit*, dieser Fluch, womit Gott das menschliche Geschlecht segnete, gibt uns wahres und dauerhaftes Vergnügen.

Möser, Patriotische Phantasien 1. Teil 1: Schreiben an meinen Herrn Schwiegervater (gegen Ende)

Segen der *Arbeit*, wärst du Gottes Fluch, · Wie müßte dann sein Segen sein.

J. B. Selkirk bei Smiles, Der Charakter 4. Kap.: Die Arbeit

Das Recht auf *Arbeit* (Le droit au travail).

Charles Fourier, Théorie des quatre mouvements (1808)

Die unabhängige *Arbeit* besiegt alles.

(Labor omnia vincit improbus.)

Vergil, Georgica 1, 145

Die Welt ist wie ein Kram, hat Waren ganze Haufen; · Um *Arbeit* stehn sie feil und sind durch Fleiß zu kaufen.

Logau, Sinngedichte: Arbeit u. Fleiß

Immer an der *Arbeit!*

Voltaires Wahlspruch

Nach getaner *Arbeit* ist gut ruhen.

Sprichwörtlich

Soviel *Arbeit* um ein Leichentuch?

Platen, Gedichte: Romanzen u. Jugendlieder 7 (AH 2, 62)

Tages *Arbeit*, abends Gäste! · Saure Wochen, frohe Feste!

Goethe, Balladen: Der Schatzgräber 13, 8

Welche Gegend auf Erden ist nicht erfüllt durch unsere *Arbeit?*

(Quae regio in terris nostri non plena laboris?) Vergil, Äneis 1, 460

Wenn alle Tage im Jahre gefeiert würden, · So würde Spiel so lästig sein wie *Arbeit*.

Prinz Heinrich in Shakespeare, Heinrich IV. 1. Teil 1, 2 (Schlegel)

Wenn gute Reden sie begleiten, · Dann fließt die *Arbeit* munter fort.

Schiller, Das Lied von der Glocke

Warum suchst du die Ruhe, da du zur *Arbeit* geboren bist?

(Quid quaeris quietem, quum natus sis ad laborem?)

Thomas a Kempis, Nachfolge Christi 2, 10, 1

Nur in der *Arbeit* wohnt der Frieden, · Und in der Mühe wohnt die Ruh! Theodor Fontane, Gedichte (1875)

So eine *Arbeit* wird eigentlich nie fertig, man muß sie für fertig erklären, wenn man nach Zeit und Umständen das mögliche getan hat.

Goethe über die Umarbeitung seiner Iphigenie (16. März 1787)

Wer die *Arbeit* kennt und sich nicht drückt, · Der ist verrückt!

Berliner Scherzreim

Das ist der *Arbeit* heiliger Krieg! · Mit uns das Volk! Mit uns der Sieg! Max Kegel, Sozialisten-Marsch

Arbeite brav und leb genau!
Bürger, Der Raubgraf

Angenehm sind die erledigten *Arbeiten.*
(Jucundi acti labores.)
Cicero, de finibus 2, 32, 105

Nicht zu *arbeiten* ist schlimmer als sich zu überarbeiten.
Charles Lamb bei Smiles, Der Charakter 4. Kap.: Die Arbeit

So jemand nicht will *arbeiten,* der soll auch nicht essen. 2. Thess. 3, 10

Arbeiter im Weinberge (des Herrn).
Matth. 20, auch 21, 28 (Jes. 5, 7)

Ein *Arbeiter* ist seines Lohnes wert.
Luk. 10, 7 u. 1. Tim. 5, 18

Der dumpfe Massenschritt der *Arbeiterbataillone.*
Ferd. Lassalle, Herr Bastiat-Schulze-Delitzsch (1864)

Die *Arbeiterfrage* ist zunächst eine wirtschaftliche Frage. · Der Arbeiter verlangt mit Recht einen erhöhten Anteil an dem Ertrag der Arbeit gegenüber dem Kapital.
Aus Artikel »Arbeiterfrage« von Hitze im Staatslexikon (Herder 1909).

Wer nicht *arbeitet,* soll nicht nur nicht essen, sondern braucht auch nicht zu lieben.
Gottfr. Keller, Der grüne Heinrich

Du bist ein *arbeitsamer Mensch!*
Duett in Lortzings Oper »Der Waffenschmied« 2 (1846)

Arbeitstage · Voll rüstiger Plage · Sind die besten · Von allen Festen.
Frida Schanz, Spruchstrophen

Et in *Arcadia* ego.
(Auch ich war in Arkadien.)
Maler Schidone, † 1615, auf einem einen Totenkopf darstellenden Gemälde. Siehe auch unter *Arkadia* und *Arkadien.*

Architektur ist gefrorne Musik.
A. Schopenhauer, Die Welt als Wille und Vorstellung (1819)

Die *Architektur* ist die erstarrte Musik.
Fr. W. Jos. v. Schelling, Vorlesungen über Philosophie der Kunst (1802/03)

Was ist so *arg,* das nicht, um sich genugzutun, · Ein Weib die Stirne hat zu wagen? Wieland, Oberon 6, 86

Das *Arge* freilich regt die Furcht gewaltig auf.
Sophokles, Antigone 243 (Donner)

Tugend ist Schönheit: doch der reizend *Arge* · Gleicht einem glänzend übertünchten Sarge.
Antonio in Shakespeare, Was ihr wollt 3, 4 (Schlegel)

Und die *Arge* liebt das Neue.
Schiller, Das Siegesfest

Die ganze Welt liegt im *argen.*
1. Joh. 5, 19

Der *Ärger* gleicht · 'nem überhitzgen Pferd, das, gebt ihr Freiheit, · Am eignen Feuer ermüdet.
Norfolk in Shakespeare, König Heinrich VIII. 1, 1 (Tieck)

Aus *Ärger* katholisch werden.
Sprichwörtlich
Ursprung unbekannt. Heine meint in einem Briefe, dieser Spruch hätte eine »verflucht tiefe Bedeutung«. Vgl. unter *Katholisch* bei Ludw. Tieck, Prinz Zerbino 1799, 309/10.

Mensch, *ärgere* dir nich!
Berliner Redensart

Große starke Seelen sind selten *ärgerlich,* desto mehr aber schwache Männer und fast alle Weiber.
K. Jul. Weber, Demokritos (1832–40), Der Zorn

Weh dem Menschen, durch welchen *Ärgernis* kommt. Matth. 18, 7

Kommt doch das *Ärgernis* von oben.
Kapuzinerpredigt; Schiller, Wallensteins Lager 8

Den Juden ein *Ärgernis* und den Griechen eine Torheit. 1. Kor. 1, 23

Fels des *Ärgernisses*. Nach Jesaja 8, 14

Arges im Schilde führen.
Sprichwörtlich
Aus der Ritterzeit, als die Schilde mit Wahlsprüchen geschmückt waren

Voll von Feinden ist die Welt, · *Arglist* hat auf allen Pfaden, · Fromme Unschuld zu verraten, · Ihr betrüglich Netz gestellt.
Beatrice in Schiller, Die Braut von Messina 1080/83.

Arglos über dem Tod gaukelt die Freude dahin.
Geibel, Distichen vom Strande der See, 3. Tag Nr. 5

Der *ärgste* Feind ist in uns selber.
Sprichwörtlich

Sei nicht ungeduldig, wenn man deine *Argumente* nicht gelten läßt.
Goethe, Maximen u. Reflexionen 6

Mit *Argusaugen* hüten. Sprichwörtlich
Argus war von Juno als Wächter bestellt, um die von ihr in eine Kuh verwandelte Jo zu hüten. Die Sage dichtet ihm tausend Augen an.

Den *Argwohn* kannst du leicht betrüben; · Sprich wahr, so wird er sich selbst belügen.
Wilh. Müller, Epigramme, Nr. 49

Krieg ist ewig zwischen List und *Argwohn*, · Nur zwischen Glauben und Vertrauen ist Friede.
Wallenstein in Schiller, Wallensteins Tod 3, 18

Laß *Argwohn*, willst du nicht in Angst und Kummer schweben, · Denn Furcht und Argwohn sind ein steter Tod im Leben.
Cato, Disticha bei Opitz (Amsterdam 1946) 1, 329 4. Buch Nr. 43

War doch · Der *Argwohn* stets der zweiten Ehe Frucht!
Hippolyt in Schiller, Phädra 2, 5

Ein schöner Glaube beglückt und bessert und stellt wieder her, und ein schlimmer *Argwohn* verderbt alles.
Theod. Fontane, Unwiederbringlich (1892) Kap. 9

Die Liebe ist des *Argwohns* Schmied.
(Amore è di sospetti fabbro.)
Silvio Pellico, Francesca da Rimini

Wer durch des *Argwohns* Brille schaut, · Sieht Raupen selbst im Sauerkraut. Wilhelm Busch

Wir sind *argwöhnisch*, wir Menschenkinder auf Erden.
Homer, Odyssee 3, 307 (Voß)

Der *Ariadnefaden*.
Um im Labyrinth den Rückweg zu finden, benutzte Theseus den Fadenknäuel der ihn liebenden Ariadne. Sinnbildlich für ein Mittel, aus einer Verwirrung herauszukommen. Auch als *Leitfaden* für ein Handbuch bei irgendeinem Studium gebraucht.

Arion war der Töne Meister, · Die Zither lebt' in seiner Hand.
A. W. Schlegel, Gedichte (1811) 1, 171

Einen *Aristarch*
nennen wir einen würdigen Kunstrichter, nach dem Namen des berühmten Grammatikers und Kritikers, der ungefähr 150 v. Chr. lebte

Wem *Aristides* seine Rechte reicht, · Ist losgesprochen vom Areopag.
J. G. Seume, Miltiades 1, 1

Auch du warst in *Arkadia*.
Wieland. Am Schluß von Pervonte

Auch ich war in *Arkadien* geboren!
Schiller, Gedichte: Resignation (vgl. unter Arcadia)

Als ich einst Prinz war von *Arkadien*.
Arie aus Offenbachs Operette: Orpheus in der Unterwelt

Arm in Arm mit dir, · So fordr' ich mein Jahrhundert in die Schranken. Carlos in Schiller, Don Carlos 1, 9

Mir fehlt der *Arm*, wenn mir die Waffe fehlt.
Tell in Schiller, Wilhelm Tell 3, 1

Mein *Arm* wird stark und groß mein Mut; · Gib, Vater, mir ein Schwert!
Friedr. Leop. Graf zu Stolberg, Gedichte: Lied eines deutschen Knaben

Mein schönes Fräulein, darf ich (im Urfaust: ich's) wagen, · Meinen *Arm* und Geleit Ihr anzutragen?
Goethe, Faust 2605/06

Arm wie Hiob.
Sprichwörtlich nach Hiob 17, 6

Arm wie eine Kirchenmaus.
Sprichwörtlich

Arm oder reich, · Der Tod macht alle gleich. Sprichwörtlich

Arm und reich, · Vor Gott sind alle gleich. Sprichwörtlich

Arm am Beutel, krank am Herzen.
Goethe, Der Schatzgräber

Selig sind, die da geistlich *arm* sind, denn das Himmelreich ist ihr.
Matth. 5, 3

Arm ist, wer den Tod wünscht, · *Ärmer*, wer ihn fürchtet. Sprichwort

Arma amens capio; nec sat rationis in armis.
(Sinnlos bewaffn' ich mich. · Bewaffnet, was beginnen? [Schiller])
Vergil, Äneis 2, 314

Arma viri, ferte arma; vocat lux ultima victos. · Nunquam omnes hodie moriemur inulti.
(Oh, Waffen, Waffen her, der letzte Tag bricht an – · Nicht ungerochen stirbt, wer männlich fechten kann. [Schiller])
Vergil, Äneis 2, 668, 670

Gott der Allmächtige blies, · Und die *Armada* flog nach allen Winden.
Schiller, Die unüberwindliche Flotte. Vgl. unter *Afflavit*.

Der *Arme* ist von Gott geprüft, · Ist angerührt von Gott, · Drum seht ihn fast für heilig an · Und hütet euch vor Spott! Joh. Gabr. Seidl

Der *Arme* kennt seine Verwandten besser als der Reiche. Sprichwörtlich

Der *Arme* soll sparsam sein, der Reiche soll ausgeben.
Paul Ernst (1866–1933), Erdachte Gespräche

Allwärts liegt der *Arme* am Boden.
(Pauper ubique jacet.)
Ovid, Fasten 1, 218

Arme Leute schenken gern.
Marie v. Ebner-Eschenbach, Aphorismen (1893)

Der sogenannte *arme* Mann.
Graf Fr. v. Ballestrem im Reichstag (5. Juli 1879).

Eine Kammer ist leichter mobil zu machen als eine *Armee*.
Bismarck im Preuß. Abgeordnetenhause den 3. Dez. 1850

Ich fühle eine *Armee* in meiner Faust.
Karl Moor in Schiller, Die Räuber 2, 3

Zur großen *Armee* abgehen (für sterben). Sprichwörtl. Redensart

Kann ich *Armeen* aus der Erde stampfen? · Wächst mir ein Kornfeld in der flachen Hand?
Karl VII. in Schiller, Die Jungfrau von Orleans 1, 3. Nach einem Worte des Pompejus

Etwas aus dem *Ärmel* schütteln (mühelos tun). Auch:
Man kann sich nichts aus dem *Ärmel* schütteln. Sprichwörtl. Redensart

Jemand über den *Ärmel* einladen.
(d. h. so, daß man eine Absage erwarten muß) Sprichwörtlich

Nur in den *Armen* ist Heil, und nicht in der Laune des Kampfes.
Homer, Ilias 15, 741 (Voß)

In den *Armen* liegen sich beide · Und weinen für (in den meisten Ausgaben: vor) Schmerzen und Freude. Schiller, Die Bürgschaft

Wir *armen*, armen Mädchen, · Sind gar so übel dran.
Maria in Lortzings Oper »Der Waffenschmied« 3, 1 (1846)

Du gibst den *Armen* heut dein Brot, · Der Arme kann dir's morgen geben.
Joh. Benj. Michaelis, Die Biene und die Taube (Schluß)

Die Reichen haben die Medizin, die *Armen* die Gesundheit.
Sprichwörtlich

Der Reichen Überdruß · Wär' der *Armen* Überfluß.
Fischart, Dichtungen 3, 332 (Kurz)

Wer sich des *Armen* erbarmt, der leihet dem Herrn.
Sprüche Salomonis 19, 17

Ein Vater der *Armen*. Hiob 29, 16

Wer den *Armen* ein Leid tut oder strenger ist als nötig, der ist wie der Reiche, der nicht ins Himmelreich kommt.
Th. Fontane, Cécile, 14. Kap.

Der Branntwein ist das Getränk des berühmten *armen* Mannes.
Bismarck im Reichstag den 28. März 1881

Ein wenig Licht ins graue Heute · Bringt die Musik der *armen* Leute.
Heinrich Seidel, Die Musik der armen Leute

Ein Grieche betrügt zehn Juden, ein *Armenier* zehn Griechen.
Orientalisches Sprichwort

Es gibt was aus der *Armenkasse!* (Schläge.)
Drohung im Berliner Volksmund

Armenvater. Nach Hiob 29, 16

Was willst du *armer* Teufel geben?
Faust in Goethe, Faust 1675

Da steh ich nun, ich *armer* Tor! · Und bin so klug als wie zuvor.
Faust in Goethe, Faust 358/59

Man glaubt die Wahrheit nicht, wenn sie ein *Armer* spricht, · Und selbst die Lüge glaubt man einem reichen Wicht.
Rückert, Weisheit des Brahmanen 16, 3 Nr. 8

Was hat man dir, du *armes* Kind, getan? Goethe, Mignon

Wenn *Armide* hassenswert erscheint, · Versöhnt ihr Reiz und ihre Liebe bald.
Prinzessin in Goethe, Torquato Tasso, 2. 1

Armut des Geistes Gott erfreut, · Armut und nicht *Armseligkeit*.
Matthias Claudius, Ein gülden Abc

Armut treibt zur Arbeit.
Sprichwörtlich

Armut soll man zeigen und Reichtum verschweigen. Sprichwörtlich

Armut ist verhaßt, Reichtum oft ohne Last. Sprichwörtlich

Armut ist die größte Plage, · Reichtum ist das höchste Gut!
Goethe, Der Schatzgräber

Fröhliche *Armut* ist großer Reichtum ohne Gut.
Freidanks Bescheidenheit (um 1200)

Armut ist ein großer Glanz aus Innen.
Rainer Maria Rilke, Das Stundenbuch

Armut schändet nicht, aber sie drückt. Sprichwörtlich

Armut ist die einzige Last, die schwerer wird, je mehr Geliebte daran tragen.
Jean Paul, Siebenkäs 3. Bdch. 10. Kap.

Armut selbst macht stolz, die unverdiente.
Goethe, Hermann u. Dorothea 4 (Klio) 241

Da trieb die verwegene *Armut*, · Verse zu machen mich an.
(Paupertas impulit audax, · Ut versus facerem.) Horaz, Briefe 2, 2, 51/2 (Voß)

Die *Armut* und die Hoffnung sind Mutter und Tochter. · Indem man sich mit der Tochter unterhält, vergißt man die andere.
Jean Paul (ungedruckter Nachlaß), Aphorismen

In dieser *Armut* welche Fülle!
Faust in Goethe, Faust 2693

Die große *Armut* in der Stadt kommt von der großen Powerteh her! Fritz Reuter, Ut mine Stromtid

Eine ehrenhafte *Armut* ist einem erträumten Reichtum vorzuziehen.
Wissarion Bjelinski (1810–1848)

Es ist ein *Armutszeugnis*, wenn man nur von seinem Reichtum zu reden weiß. Fliegende Blätter Nr. 2335

Arroganz, die Karikatur des Stolzes.
Feuchtersleben, Aphorismen: Leben

Ars longa, vita aeterna.
(Die Kunst ist lang, das Leben ewig.)
Inschrift der Aula in Königsberg, dagegen: Ars longa, vita brevis (Seneca, de brev. vitae 1) oder in Goethescher Fassung: Ach Gott! Die Kunst ist lang! · Und kurz ist unser Leben, Faust 1, 558/59.

Art läßt von der Art nicht, · Der Speck will von der Schwart nicht.
Rollenhagen, Froschmeuseler 1. Buch 2. Teil 25. Kap. 63/64.

Dies ist die *Art*, mit Hexen umzugehn.
Mephistopheles in Goethe, Faust 2517

Und das ist just die *Art*, wie man Geschichte schreibt.
(Et voilà justement comme on écrit l'histoire.)
Voltaire in der Komödie Charlot 1, 7 (1767)

Es ist ein großer Ruhm, der erste in der *Art* zu sein.
Balthasar Gracián, Handorakel (1637) Schopenhauer.

L'art pour *l'art*.
(Die Kunst für die Kunst.)
Victor Cousin (1863)

L'art pour les *artistes*.
(Die Kunst für die Künstler.)
Aus vorigem gebildetes Schlagwort

Groß willst du und auch *artig* sein? · Marull, was artig ist, ist klein.
Lessing, Sinngedichte Nr. 6

Artillerie der Geistlichkeit
hat Kaiser Josef II. die Kirchenglocken genannt

Es liegt in ihr (der Theologie) so viel verborgenes Gift, · Und von der *Arzenei* ist's kaum zu unterscheiden.
Mephistopheles in Goethe, Faust 1986/87

Alles zu retten, muß alles gewagt werden. Ein verzweifeltes Übel will eine verwegene *Arznei*.
Fiesko in Schiller, Fiesko 4, 6

Die *Arznei* macht kranke, die Mathematik traurige und die Theologie sündhafte Leute.
Luther bei Zinkgref, Ap. 1, S. 177

Es ist *Arznei*, nicht Gift, was ich dir reiche.
Nathan in Lessing, Nathan der Weise 1, 2

Was *Arzneien* nicht heilen, heilt das Messer; was das Messer nicht heilt, heilt das Brennen! Was aber Brennen nicht heilt, muß als unheilbar angesehen werden.
Vgl. unter Quase medicamente non *sanant*, was auch als Motto zu Schillers Räubern dient. Hippokrates, Aphorismen

Hilf dir zuvor selber, ehe du andere *arzneiest*. Sirach 18, 20

Arzt, hilf dir selber.
Sprichwörtlich nach Sirach 18, 20

Der beste *Arzt* ist oft der schlechteste Patient. Sprichwörtlich

Wenn das Schicksal kommt, ist der *Arzt* ein Narr. Persisches Sprichwort

Der *Arzt* sieht den Menschen in seiner ganzen Schwäche, der Advokat in seiner ganzen Schlechtigkeit und der Priester in seiner ganzen Dummheit.
Schopenhauer, Parerga u. Paralip, 2. Bd. Kap. 26: Psychologische Bemerkungen § 357

Die *Ärzte* sind unseres Herrgotts Flicker.
Luther bei Zinkgref, Apophth, 1, S. 175

Die Starken (Gesunden) bedürfen des *Arztes* nicht, sondern die Kranken. Matth. 9, 12

Uns bleibt ein Erdenrest · Zu tragen peinlich! · Und wär' er von *Asbest*, · Er ist nicht reinlich.
Die vollendeteren Engel in Faust 11954/57

In Sack und *Asche* trauern.
Dan. 9, 3 u. Esther 4, 1, 3. S. auch Luk. 10, 13.
Matth. 11, 21, in Sack u. *Asche* Buße tun.

Die *Asche* eines Toten muß man nicht aufwühlen. Sprichwort

Die *Asche* ist von edlem Stamme, · Ihre Mutter war die himmlische Flamme; · Doch, weil sich in ihr kein Funken regt, · Wird sie billig vom Herde gefegt.
Rückert, Erbauliches und Beschauliches aus dem Morgenlande (1837), Vierzeilensprüche

Ein *Aschenbrödel* oder *Aschenputtel*
nennen wir ein von seiner Mutter zurückgesetztes Mädchen, nach dem bekannten deutschen Märchen

Das geht (ja) ins *Aschgraue* (ist unerhört).
Steigerung der ungewissen Farbe durch Asche wie Schneeweiß, Feuerrot, Pechschwarz

Es taugt nun freilich nicht, · Wenn Fürsten Geier unter *Äsern* sind; · Doch, sind die *Äser* unter Geiern, taugt's · Noch zehnmal weniger.
Derwisch in Lessing, Nathan der Weise 1, 3

Asinus ad Lyram.
(Der Esel beim Lauteschlagen.)
Terenz, Varro 3, 16, 13

Asinus in tegulis.
(Der Esel auf dem Dache.)
Petronius 63

Im schwarzen Walfisch zu *Askalon*.
V. v. Scheffel, Gaudeamus: Altassyrisch (1854)

O spottet nicht der traurigen *Asketen*, · Daß sie den Leib mit scharfen Leiden plagen, · Die süßen Erdenfreuden sich versagen, · Die flüchtigen, nur allzu schnell verwehten!
N. Lenau: Die Asketen (AH 1, 190)

Asmodeus, höllischer Geist, erscheine mir!
Rafael in Aubers Oper: Des Teufels Anteil 1 (1813)

Der böse Geist *Asmodi*. Nach Tob. 3, 8

Per *aspera* ad astra.
(Über rauhe Wege zu den Sternen empor.)
Wohl nach Seneca, Rasender Herkules 437

Und mein Stamm sind jene *Asra*, · Welche sterben, wenn sie lieben.
Heine, Romanzero: Der Asra

Nous avons tous *assez* de force pour supporter les maux d'autrui.
(Wir haben alle Kraft *genug*, um andrer Mißgeschick zu ertragen.)
La Rochefoucauld, Maximen 10

Sich einen *Ast* (Buckel) lachen.
Volkstümliche Redensart

Überflüssige *Äste* · Haun wir hinweg, damit der Fruchtzweig lebe.
Gärtner in Shakespeare, König Richard II. 3, 5 (Schlegel)

Sic itur ad *astra*.
(So erlangt man unsterblichen Ruhm.)
Vergil, Än. 9, 641

Ein *Asyl* für jeden Kummer ist das Gebet. Chrysostomus, Contra Anon 7, 7

Atheismus ist Selbstmord der Seele.
(L'athéisme est le suicide de l'âme.)
Petit-Senn, Geistesfunken u. Gedankensplitter (1865) (Zimmermann)

Natur und Geist – so spricht man nicht zu Christen. · Deshalb verbrennt man *Atheisten*, · Weil solche Reden höchst gefährlich sind.
Kanzler in Goethe, Faust 4897/99

Eulen nach *Athen* tragen.
(Etwas Überflüssiges tun.)
Nach Aristophanes u. Cicero. (Die Eule war das Wappentier der Göttin Athene und war auf den Münzen der Stadt zu sehen.)

Herr, gedenke der *Athener!*
König Darius nach Herodot 5, 106

Endlos unter mir sah ich den *Äther*, · Über mir endlos.
Schiller, Der Spaziergang

Ich unglückseliger *Atlas!* eine Welt, · Die ganze Welt der Schmerzen muß ich tragen!
Heine, Buch der Lieder: Die Heimkehr 26

Frei *atmen* macht das Leben nicht allein.

Iphigenie in Goethe, Iphigenie auf Tauris 1, 2

Es freue sich, · Wer da *atmet* im rosichten Licht.

Schiller: Der Taucher (1797)

Auch das Schöne muß sterben.

Schiller, Nänie

Auch du, mein Brutus?

Cäsar in Shakespeare, Julius Cäsar 3, 1 so oder »auch du, mein Sohn Brutus?« gewöhnlich zitiert; bei Schlegel steht: »Brutus, auch du?«

Auch eine schöne Gegend

(oder: Och ne scheene Jejend).
Ad. Glaßbrenner in seinen Schriften: »Berlin, wie es ist und – trinkt.«
Bekannter wurde dieser Ausspruch durch Heine, der in seinem »Tannhäuser« sagt: »Zu Hamburg sah ich Altona, · Ist *auch* eine schöne Gegend.« Auch anderwärts benutzte er diese Phrase.
Vielleicht ist Tieck in seinem Gestiefelten Kater (1797) 3, 5 das Vorbild hierzu, wo der König sagt:
Auch eine hübsche Gegend. Wir haben doch schon eine Menge schöner Gegenden gesehen.

Wahrlich, du bist *auch* einer von denen (denn deine Sprache verrät dich).

Matth. 26, 73. Vischers Roman »Auch Einer« betitelt sich danach

Auch ich war ein Jüngling mit lockigem Haar.

Lortzings Oper Der Waffenschmied, 3, 13

Audacter calumniare, semper aliquid haeret.

(Kühn verleumde, etwas bleibt immer hängen.)
Nach Plutarch, über den Schmeichler, Kap. 24

Audax omnia perpeti · Gens humana ruit per vetitum nefas.

(In der Tollkühnheit, alles zu erdulden, stürzt der Mensch in verbotenen Frevel.)
Horaz, Oden 1, 3, 25–26

Audiatur et altera pars.

(Auch die andere Partei werde gehört.)
Seneca, Medea 2, 2. 199/200; ähnlich bei Äschylus, Die Eumeniden 428 und Euripides, Die Herakliden 179 bis 180; in der Verdeutschung: Eines Mannes Rede · Ist keines Mannes Rede: · Man soll sie billig hören beede. (In den Gerichtsstuben vieler alter Rathäuser.)

Er weidet mich auf einer grünen *Aue* und führet mich zum frischen Wasser.

Psalm 23, 2

Auf, auf ihr Brüder, und seid stark! · Der Abschiedstag ist da!

Schubart, Kaplied (1787)

Auf denn – nach Valencia!

P. A. Wolff, Preziosa 4, 12
Ähnlich lautet eine Stelle in Herders »Cid«, Gesang 51:
»*Auf* ins Feld! · Es geht zum Siege, Krieger, gen Valencia!«

Jemand *aufbieten* oder ihm ein Aufgebot halten (stark zurechtweisen).

Sprichwörtl. Redensart

Die Gabe aller Gaben · Stirbt nicht und muß *auferstehn.*

Matthias Claudius, Der Vater

Auferstehn, ja auferstehn wirst du, · Mein Staub nach kurzer Ruh, · Unsterblich Leben · Wird, der dich schuf, dir geben, · Halleluja!

Klopstock, Geistl. Lieder

Ich bin die *Auferstehung* und das Leben. · Wer an mich glaubet, der wird leben, ob er gleich stürbe.

Joh. 11, 25

Sie feiern die *Auferstehung* des Herrn, · Denn sie sind selber auferstanden · Aus niedriger Häuser dumpfen Gemächern.

Faust in Goethe, Faust 921/23

Ein Volk, das mit Lust und Liebe die Ewigkeit seines Volkstums auffaßt, kann zu allen Zeiten sein Wiedergeburtsfest und seinen *Auferstehungstag* feiern.

Jahn, Deutsches Volkstum: Einl.

Daß ewig freud uns *auferwachs* · Nach dem Ellent, das wünscht

Hans Sachs.
(Häufig so u. ähnlich wiederkehrender Schlußreim in seinen Gedichten)

Den Geist *aufgeben* (für sterben).
Klagelieder Jeremiä 2, 12

Ein *aufgeblasener* Mensch. Redensart

Der ist besorgt und *aufgehoben*, · Der Graf wird seine Diener loben.
(Meist zitiert »Der Herr wird« usw.)
Schiller, Gang nach d. Eisenhammer (1797)

Doch welche Lust kann *aufgedrungne* Liebe sein?
Sophokles, Ödipus auf Kolonos 775

Aufgelöst in diesem Augenblick · Sind aller Ordnung, aller Pflichten Bande, · Und keines Mannes Treu ist zu vertrauen.
Rudolf der Harras in Schiller, Wilhelm Tell 4, 3.

Wird man wo gut *aufgenommen*, · Muß man ja nicht zweimal kommen. Viarda in P. A. Wolff, Preziosa 2, 1

In einem *aufgeräumten* Zimmer ist auch die Seele *aufgeräumt*.
E. Freiherr von Feuchtersleben, Zur Diätetik d. Seele

Kein Klang der *aufgeregten* Zeit · Drang noch in diese Einsamkeit.
Theodor Storm, Abseits

Der Mensch hat den Königsvorzug, mit hohem Haupte *aufgerichtet* weit umherzuschauen.
Herder, Ideen zur Geschichte der Menschheit 1. Teil 4. Buch 4., vgl. Ovid Met. 1, 84/86.

Aufgeschoben ist nicht aufgehoben.
(Quod differtur, non aufertur.)
Das lateinische Wort geht zurück auf den jüngeren Arnobius, Comm. in Ps. 36

Aufgewärmter Kohl!
Bezeichnung der breiten Wiederholung oft vorgebrachter Dinge. Der Ausdruck wird von Juvenal 7, 154 (Occidit miseros crambe repetita magistros) abgeleitet. Die Übersetzung dieses Verses lautet: Immer wieder *aufgewärmter* Kohl tötet die armen Schullehrer.
Vgl. Wilhelm Busch: Wofür sie besonders schwärmt, · Wenn er wieder *aufgewärmt*. In Max und Moritz.

Was man nicht *aufgibt*, hat man nie verloren.
Elisabeth in Schiller, Maria Stuart 2, 5

Wärst net *aufigstiegen*, wärst net abigfallen!
Wiener Redensart: Hättst du dich damit nicht abgegeben, so wäre dir nichts passiert

Aufkläricht.
Bezeichnung nach Heinrich Leo (1799 bis 1878), dem Schöpfer des Wortes vom skrofulosen Gesindel, siehe unter *skrofuloses*.

Die Zeit, in der wir leben, verlangt Licht und *Aufklärung*.
Kronprinz Friedr. Wilhelm bei d. Einweihung des Logengebäudes in Berlin (20. 1. 1885).

Die Menge auf etwas *aufmerksam* machen, heißt: dem gesunden Menschenverstand auf die Spur helfen.
Lessing, Beweis des Geistes und die Kraft

Aufmerksamkeit, mein Sohn, ist, was ich dir empfehle; · Bei dem, wobei du bist, zu sein mit ganzer Seele.
Rückert, Weisheit des Brahmanen 4, 37

Lehre tut viel, aber *Aufmunterung* tut alles.
Goethe an F. A. Oeser, Frankfurt a. M. d. 9. Nov. 1768

Aufopferung eigener Interessen ist ein Talent, das den Priestern der Liebe ebensosehr abgeht, wie den sündigen Laien.
Heine, Reisebilder 4: Englische Fragmente 9

Kann unsere Liebe anders bestehen als durch *Aufopferungen*, durch Nicht-alles-Verlangen?
Beethoven an seine Unsterbliche Geliebte 6., 7. Juli 1801

Das Fähnlein der sieben *Aufrechten*
Titel einer Erzählung aus Gottfr. Keller, Züricher Novellen (1878)

Aufregung ist kein Programm.
Thomas G. Masaryk (1850–1937)

Aufrichtig zu sein, kann ich versprechen, unparteiisch zu sein aber nicht. Goethe, Maximen u. Reflex. 3

Aufrichtigkeit ist die Quelle aller Genialität, und die Menschen wären geistreicher, wenn sie sittlicher wären. L. Börne, Verm. Aufsätze (1844)

Niemals fehlten solche Wasserfarben · Dem *Aufruhr*, seine Sache zu bemalen.
König Heinrich in Shakespeare, König Heinrich IV. 1. Teil 5, 1.

Nichts *aufschieben*, denn das früher Getane bringt früher und länger Zinsen. Sprichwörtlich

Aufschub bringt oft Gefahr.
Sprichwort

Das größte Gegenmittel gegen den Zorn ist der *Aufschub*.
Seneca, De ira 3, 12

Der *Aufschub* ist der Dieb der Zeit.
Young, Nachtgedanken 1, 339 (J. A. Ebert)

Will der Herr Graf ein Tänzchen wagen, · So mag er's sagen, · Ich *spiel* ihm *auf*.
Figaro bei Mozart, Figaros Hochzeit, auch Motto bei Heine, Reisebilder 3. Hans von Bülow benutzte diese Melodie zu einem Vorspiel in seinem 1. Konzert in der Berliner Philharmonie nach seinem Zusammenstoß mit dem Intendanten der Kgl. Oper, dem Grafen Hochberg.

Mit den Hühnern *aufstehn* ist gesund. Sprichwort

Seine milde Hand *auftun*.
Nach 5. Mos. 18, 11 und Luthers Benedicite, Katechismus v. 1529 (s. auch Ps. 145, 16).

Ein großer *Aufwand*, schmählich! ist vertan.
Mephistoph. in Goethe, Faust 11 837

Das ist ein *Aufwaschen!*
(Etwas anderes gleich mit abmachen.)
Redensart

Nicht *aufzufallen*, ist das erste Gesetz des guten Tones.
Jul. Langbehn, Rembrandt als Erzieher (1889)

Ein Bund Stroh *aufzuheben*, muß man keine Maschine in Bewegung setzen.
Lessing, Hamburg. Dramaturgie 94. Stück

Wer das Falsche verteidigen will, hat alle Ursache, leise *aufzutreten* und sich zu einer feinen Lebensart zu bekennen. Wer das Recht auf seiner Seite fühlt, muß derb auftreten. Ein höfliches Recht will gar nichts heißen.
Goethe, Sprüche in Prosa: Über Naturwissenschaft 5

Wohltaten lassen sich nicht *aufzwingen*. Sprichwort

Des Dichters *Aug*, im holden Wahnsinn rollend, · Blitzt auf zum Himmel, blitzt zur Erd hinab.
Shakespeare, »Sommernachtstraum« 5, 1. Ähnlich bei Horaz (Oden 3, 4): Amabilis insania = liebenswürdiger Wahnsinn, und Wieland: Wie lieblich um meinen entfesselten Busen · Der holde Wahnsinn spielt. Oberon 1, 1.

Mit einem heitern, einem nassen *Aug*.
(With one auspicious and one dropping eye.) Shakespeare, Hamlet 1, 2

Wie den *Augapfel* behüten
ist nach 5. Mos. 32, 10 gebildet.

Das *Auge* des Gesetzes wacht.
Schiller, Das Lied von der Glocke

Das *Auge* des Herrn.
Aristoteles, Oekonom. 1, 6

Auge um Auge, Zahn um Zahn.
2. Mos. 21, 24; Matth. 5, 38

Ein Dorn im *Auge* sein,
nach 4. Mos. 33, 55

Da bleibt kein *Auge* trocken.
J. D. Falk im Taschenb. f. Freunde des Scherzes, 1799, S. 259.

Es paßt wie die Faust aufs *Auge* (gar nicht). Sprichwörtl. Redensart

Wär' nicht das *Auge* sonnenhaft, · Die Sonne könnt' es nie erblicken; · Läg' nicht in uns des Gottes eigne Kraft, · Wie könnt uns Göttliches entzücken? Goethe, Zahme Xenien 3

Den Daumen aufs *Auge* setzen.
Bei den Ringkämpfen in alter Zeit setzte der Sieger dem Besiegten den Daumen aufs Auge.

Mit einem blauen *Auge* davonkommen.
(Nur mit einer Beule der Gefahr entrinnen) Sprichwörtlich

Aller *Augen* warten auf dich, und du gibst ihnen ihre Speise zu seiner Zeit. Psalm 145, 15

Du, Herr, hilfst dem elenden Volke und demütigst die stolzen *Augen.* 2. Sam. 22, 28

(Sich) die *Augen* ausweinen. Klagel. Jeremiä 2, 11

Die *Augen* halte zu, und deinen Beutel offen; · Ein solcher Kund ist es, auf den die Krämer hoffen.
Rückert, Weisheit des Brahmanen 16. Buch 3, Nr. 52 (1837–39)

Die *Augen* gingen ihm über, · Sooft er trank daraus.
Die *Augen* täten ihm sinken, · Trank nie einen Tropfen mehr.
Goethe, Der König in Thule

Sie haben *Augen* und sehen nicht, sie haben Ohren und hören nicht. Psalm 115, 5/6

Mit sehenden *Augen* nicht sehen.
Nach Matth. 13, 13. Psalm 115, 5, siehe unter *blind* bei Schiller

Die Ohren der Leute sind ungläubiger als ihre *Augen.* Herodot 1, 8

Ein Mensch siehet, was vor *Augen* ist, der Herr aber siehet das Herz an. 1. Sam. 16, 7

Ha! Daß wir nicht unmittelbar mit den Augen malen! Auf dem langen Wege aus dem Auge durch den Arm in den Pinsel, wieviel geht da verloren . . .
Lessing, Emilia Galotti 1, 4

Hütet eure *Augen* · Offenbar und taugen (geheim). · Laßt sie gute Sitte sehen · Und die böse übergehen!
Walther v. d. Vogelweide Nr. 168: Jugendlehren

Zwei *Augen* hat die Seel: eines schauet in die Zeit, · Das andere richtet sich hin in die Ewigkeit.
Angelus Silesius (Scheffler), Cherub. Wandersmann 3, 227

In den *Augen* liegt das Herz.
Lied von Franz v. Kobell, Die Sprache der Augen (1846)

Man soll ebensowenig nach den *Augen* als nach den Fingern heiraten.
[d. h. man soll weder auf Schönheit noch auf Vermögen sehen].
Plutarch, Ehevorschriften § 24

Vier *Augen* sehen mehr als zwei.
Sprichwörtlich

Das Licht ist für alle *Augen;* aber nicht alle Augen sind für das Licht.
Feuchtersleben, Aphorismen: Leben

Um ihrer schönen *Augen* willen.
(Pour leurs beaux yeux.)
Molière, Les précieuses ridicules 15 (1659)

Zieh deiner *Augen* Fransenvorhang auf!
Prospero in Shakespeare, Sturm 1, 2 (Schlegel)

Ein einziger *Augenblick* kann alles umgestalten. Wieland, Oberon 7, 75

Entflohener *Augenblick* kommt nicht zurück. Sprichwörtlich

Den versäumten *Augenblick* bringt kein Wunsch zurück. Sprichwörtlich

Was glänzt, ist für den *Augenblick* geboren. Dichter in Goethe, Faust 73

Doch der den *Augenblick* ergreift, · Das ist der rechte Mann.
Mephisto in Goethe, Faust 2017/18

Am Stirnhaar laßt den *Augenblick* uns fassen!
König in Shakespeare, Ende gut, alles gut 5, 3 (Tieck)

So selten kommt der *Augenblick* im Leben, · Der wahrhaft wichtig ist und groß.
Illo in Schiller, Piccolomini 2, 6

Aus den Wolken muß es fallen, · Aus der Götter Schoß das Glück, · Und der mächtigste von allen · Herrschern ist der *Augenblick.*
Schiller, Die Gunst des Augenblicks

Die Zeit bringt Rat. Erwartet's in Geduld. · Man muß dem *Augenblick* auch was vertrauen.
Reding in Schiller, Wilhelm Tell 2, 2

Frage nicht, was das Geschick · Morgen will beschließen; · Unser ist der *Augenblick,* · Laß uns den genießen!
Rückert: Erbauliches und Beschauliches: Der Augenblick

Ein *Augenblick,* gelebt im Paradiese, · Wird nicht zu teuer mit dem Tod gebüßt.
Carlos in Schiller, Don Carlos 1, 5

Ergreift den *Augenblick!* Kommt ihm zuvor!
Mortimer in Schiller, Maria Stuart 4, 4

Sorgt immer für den *Augenblick,* · Und Gott laßt für die Zukunft sorgen.
Chr. M. Wieland, Neueste Gedichte: Ein Wintermärchen 1

Der *Augenblick* ist kostbar, wie · Das Leben eines Menschen!
Marquis in Schiller, Don Carlos 4, 21

Mir ahnet ein unglücksvoller *Augenblick.*
Marquis in Schiller, Don Carlos 1, 2

Werd' ich zum *Augenblicke* sagen: · Verweile doch! du bist so schön! · Dann magst du mich in Fesseln schlagen, · Dann will ich gern zugrunde gehn!
Faust in Goethe, Faust 1699–1702

Es gibt im Menschenleben *Augenblicke,* · Wo er dem Weltgeist näher ist als sonst. · Und eine Frage frei hat an das Schicksal.
Wallenstein in Schiller, Wallensteins Tod 2, 3.

Das Wunder ist des *Augenblicks* Geschöpf.
Gerichtsrat in Goethe, Die natürliche Tochter 4, 2

Augendienerei. Nach Eph. 4, 26

Zu des Verstandes und Witzes Umgehung · Ist nichts geschickter als *Augenverdrehung.*
Bodenstedt, Mirza-Schaffy, Lieder und Sprüche der Weisheit Nr. 31

Den *Augiasstall* säubern.
(Gründliches Beseitigen alter Übelstände, nach einer der zwölf Arbeiten des Herkules. Augias war ein griech. König, dessen Rinderställe lange nicht ausgemistet waren, und die H. an einem Tage reinigte.)

Ein *Augur* (Haruspex) muß das Lachen bezwingen, wenn er den andern sieht.
Nach Cato (vgl. Cicero, De divin. 2, 24, 51. De nat. deorum 1, 26, 71)

August reift die Beere, · September hat die Ehre. Italien. Sprichwort

Nasser *August* macht nicht teure Kost. Bauernregel

Der *August* · Gibt den Gust (Geschmack dem Obst). Bauernregel

Der Sonne im *August* ist nicht zu trauen. Bauernregel

Unsinn, *Auguste,* · Heiraten mußte!
schrieb Theobald Nöthig 1869 ins Fremdenbuch auf der Bastei unter die Verse: Unter diesen grünen Bäumen · Möcht' mein Dasein ich verträumen. Auguste **.

O (Ach) du lieber *Augustin,* alles is hin. · Stock is hin, Rock is hin, Madl ist hin, · Geld is hin, · O du lieber Augustin, alles is hin.
Auch in anderer Fassung: Ach du lieber *Augustin,* alles ist weg. · Stock ist weg, Rock ist weg, Augustin liegt im Dreck, Ach du lieber Augustin, alles ist weg.
Wiener Gassenhauer

Augusto felicior, Trajano melior.
(Glücklicher als *Augustus,* besser als Trajan!)
Eutropius, Römische Geschichte 8, 2

Aura popularis.
(Die unbestimmte, unzuverlässige Gunst des großen Haufens.)
Cicero, De harusp. responso 20, 43

Aurea mediocritas.
(Goldene Mitte.) Horaz, Oden 2, 10, 5

Auri sacra fames!

(Fluchwürdiger Hunger nach Gold.)
Vergil, Äneis 3, 57. Vgl. Dante, Läuterb. 22. 40/42:
Wohin noch, frevler Golddurst, läßt du eilen · Der Sterblichen Begier?

Aurora Musis amica.

(Morgenstunde hat Gold im Munde.)
Sprichwörtlich

Je weniger *Ausbildung*, je mehr Einbildung. Sprichwort

Ausbildung verhindert Einbildung.

Sprichwörtl. Redensart

Ausdauer ist eine Tochter der Kraft, Hartnäckigkeit eine Tochter der Schwäche, nämlich – der Verstandesschwäche.

Marie v. Ebner-Eschenbach, Aphorismen (1893)

Courage ist gut, aber *Ausdauer* ist besser. Ausdauer, das ist die Hauptsache.

Th. Fontane, Der Stechlin 4. Kap.

Drum sind wir (Menschen) ein hartes Geschlecht, *ausdauernd* zur Arbeit.

Ovid, Verwandlungen 1, 414 (Voß)

Dunkelheit und Undeutlichkeit des *Ausdrucks* ist allemal und überall ein sehr schlimmes Zeichen.

Schopenhauer, Parerga und Paralip. 2. Bd. Kap. 23: Über Schriftstellerei und Stil § 283

Denn *ausduldenden* Mut verlieh den Menschen das Schicksal.

Homer, Ilias 24, 49 (Voß)

Das *auserwählte* Volk.

Nach Psalm 105, 43 u. 2. Makk. 5, 19

Hört von meiner *Auserwählten*, · Höret an mein schönstes Lied!

Bürger, Das hohe Lied von der Einzigen

Du hast es eingerührt (eingebrockt), du mußt es auch ganz *ausessen*.

Phormio in Terenz, Phormio 2, 2
Danach unser Sprichwort:
Was sich einer eingebrockt hat, muß er *ausessen*.

Ein witziger Einfall wirkt besser als ein hitziger *Ausfall*.

Fliegende Blätter (Nr. 2340)

Ausflücht in Menge findest du leicht: du bist ein Weib.

Andromache in Euripides, Andromache 1, 2, 85 (Minckwitz)

Wenn der Rat eines Toren einmal gut ist, so muß ihn ein gescheiter Mann *ausführen*.

Der Prinz in Lessing, Emilia Galotti 3, 1

Der *Ausgang* gibt den Taten ihre Titel.

Treufreund in Goethe, Die Vögel (nach Aristophanes)

Der Ausgang rechtfertigt das Vollbrachte.

(Exitus acta probat)
Ovid, Heroiden 2, 25

Hattest du darum recht, weil dir der *Ausgang* recht gibt?

Odoardo in Lessing, Emilia Galotti 2, 4

Wo so ein Köpfchen keinen *Ausgang* sieht, · Stellt er sich gleich das Ende vor.

Mephistopheles in Goethe, Faust, 3368/69

Ach, aus dieses Tales Gründen, · Die der kalte Nebel drückt, · Könnt ich doch den *Ausgang* finden! · Ach, wie fühlt' ich mich beglückt!

Schiller, Sehnsucht

Oh, du *Ausgeburt* der Hölle! · Soll das ganze Haus ersaufen?

Goethe, Der Zauberlehrling

Das ist nur eures Hirnes *Ausgeburt*.

Königin in Shakespeare, Hamlet 3, 4 (Schlegel)

Ihrer viele wissen viel, · Von der Weisheit sind sie weit entfernt. · Andre Leute sind euch ein Spiel; · Sich selbst hat niemand *ausgelernt*.

Goethe, Sprüche in Reimen: Sprichwörtlich

Wer *ausgelernt* sein will, der muß im Grabe liegen.

Christoph Lehmann, Polit. Blumengarten (1662)

Ausgelitten hast du – ausgerungen.
Karl Ernst Freiherr v. Reitzenstein, Lotte bei Werthers Grab (im Teutsch. Merkur 1775)

Was jedermann für *ausgemacht* hält, verdient am meisten untersucht zu werden.
Lichtenberg, Bemerkungen verm. Inhalts 1: Philosophische Bem.

Was man von der Minute *ausgeschlagen*, · Gibt keine Ewigkeit zurück.
Schiller, Resignation

Wohl *ausgesonnen*, Pater Lamormain.
Wallenstein in Schiller, Piccolomini 2, 7

Jedes *ausgesprochene* Wort erregt den Gegensinn.
Goethe, Maximen u. Reflexionen 5

Ein *ausgesprochenes* Wort ist fürchterlich, wenn es das auf einmal ausspricht, was sich das Herz lange erlaubt hat.
Goethe, Wahlverwandtschaften 1, 16

Ausgestritten, ausgerungen · Ist der lange, schwere Streit.
Schiller, Das Siegesfest

Ist man noch im Werden, so halte man sich zu den *Ausgezeichneten*.
Balthasar Gracián, Handorakel (1637) Schopenhauer

Trag's *ausharrenden* Sinns, weit Härteres hast du getragen.
Ovid, Tristien 5, 11, 7

Was die Schickung schickt, ertrage, · Wer *ausharret*, wird gekrönt.
Herder, Die wiedergefundenen Söhne

Wer *ausharrt*, dem gelingt's (der siegt).
Sprichwörtlich

Überfluß kommt eher zu grauen Haaren, aber *Auskommen* lebt länger.
Nerissa in Shakespeare, Der Kaufmann von Venedig 1, 2 (Schlegel)

Das *Ausländische* hat immer einen gewissen vornehmen Anstrich für uns.
Bismarck in der preußischen Zweiten Kammer, d. 15. Nov. 1849

Im *Auslegen* seid frisch und munter! · Legt ihr's nicht aus, so legt was unter.
Goethe, Zahme Xenien 2

Ausnahmen bestätigen die Regel.
Französischen Ursprungs: L'exception confirme la règle.

Was du hast in deinem Haus, · Das *plaudere* nicht vor andern *aus!*
Sprichwort

Etwas *ausposaunen*.
Nach Matth. 6, 2

Eine gute *Ausrede* ist drei Batzen wert.
(Oft auch zitiert: ... einen Taler wert.)
Sprichwort

Der *Aussätzige* mag sich jucken, unsere Haut ist gesund.
Hamlet in Shakespeare, Hamlet 3, 2 (Schlegel)

Auch eine geringe Macht kann als Zugabe den größten *Ausschlag* geben.
Demosthenes, Staatsreden: 2. Olynthische Rede

Der Mai ist gekommen, · Die Bäume *schlagen aus!*
Em. Geibel, Lieder (1835–41) Nr. 32

Die Welt ist *außen* lieblich, ist weiß und grün und rot, · Doch innen schwarz von Farbe, und finster wie der Tod.
Walther von der Vogelweide: Einst und jetzt

Schlecht *außen*, kostbar innen.
Posthumus in Shakespeare, Cymbeline 5, 1

Außen blank, innen Stank.
(Dazu auch: *Außen* hui!, innen pfui!)
Sprichwörtlich

Was wär' ein Gott, der nur von *außen* stieße?
Goethe, Gott u. Welt. Prooemion 2

Von *außen* kommt dem Menschen nie sein Glück.
L. Schefer, Laienbrevier, Mai 7

Was nicht im Menschen ist, kommt auch nicht von *außen* in ihn hinein.
W. v. Humboldt, Briefe an eine Freundin 1. Abt. 88. Brief.

Nichts ist drinnen, nichts ist draußen; · Denn, was innen, das ist *außen.* Goethe, Gott u. Welt: Epirrhema

Ich suche in mir den Gott, den ich *außer* mir überall finde. Kepler

Trachte, daß dein *Äußeres* werde · Glänzend und dein Inn're rein; · Jede Miene und Gebärde, · Jedes Wort ein Edelstein. · Um zu sein der Herr der Erde, · Gatte Wesenheit zum Schein.

Chinesische Spruchlieder (Rückert)

Nicht glücklich kann ich preisen, · Die *außerhalb* des Volkes stehn.

Maikow bei Erw. Bauer, Russische Dichtungen 1890, S. 220

Die schöne Seele kennt kein süßer Glück · Als *außerhalb* verwirklicht auch zu sehn · Das Edle, Schöne, das sie in sich trägt.

Anastasius Grün, Zeitklänge: Prolog zu der für den Schiller-Denkmalsfonds in Wien veranstalteten Akademie

Das *Außerordentliche* geschieht nicht auf glattem, gewöhnlichem Wege.

Goethe, Wahlverwandtschaften 1, 15

Das *Äußerste* liegt der Leidenschaft zu allernächst.

Goethe, Wahlverwandtschaften 1, 16

Kommt, laßt uns *ausspazieren,* · Zu hören durch den Wald · Die Vögel musizieren, · Daß Berg und Tal erschallt.

Martin Opitz, Poet. Wälder 5 (1644)

Jemand *ausstechen.*

(Aus dem Sattel stechen, heben.)
Aus den mittelalterlichen Turnierspielen herkommende Redensart.

Enthusiasmus vergleich ich gern · Der *Auster,* meine lieben Herrn, · Die, wenn ihr sie nicht frisch genoßt, · Wahrhaftig ist eine schlechte Kost.

Goethe, Epigrammatisch: Frisches Ei, gutes Ei

Das ist die Sonne von *Austerlitz!*

(Voilà le soleil d'Austerlitz!)
rief Napoleon I. am Morgen des 7. Sept. 1812 an der Moskwa seinen Soldaten zu, womit er ihnen den Sieg der »Dreikaiserschlacht« (Austerlitz, 2. Dez. 1805) in Erinnerung bringen wollte.

Austria Erit In Orbe Ultima.

(Österreich wird bis zum Weltende bestehen.)
Bekanntes Wortspiel mit AEIOU: auch:

Austria Et Imperium Optime Unita.

(Österreich u. d. Reich bestens vereint.)
Vgl. über diese Vokalscherze unter A. E. I. O. U. und bei Österreich. Eine andere Auslegung findet man unter *Amor.*

Austriae Est Imperare Orbi Universo.

(Alles Erdreich Ist Österreich Untertan, oder: Aller Erst Ist Österreich Verderben.)
Felix *Austria* s. unter *Bella*

Sich die Augen *ausweinen.*

Sprichwörtl. Redensart nach Klagelieder Jeremiä 2, 11 (vgl. Baruch 2/18).

Auswurf der Menschheit

(oder Abschaum).
Nach purgamenta huius mundi der Vulgata 1. Kor. 4, 13 (Luther: Ein Fluch der Welt)

Aut Caesar, aut nihil.

(Entweder Cäsar oder nichts.)
Devise des Cesare Borgia, † 1507

Alle *Autodidakten* leiden an Einseitigkeit und Überschätzung.

K. J. Webers Demokritos: Einfluß der Erziehung, Fortsetzung

Autodidakten übertreiben immer.

Th. Fontane, Der Stechlin, 2. Kapitel gegen Ende

Es ist kein *Autor* so gering und klein, · Der nicht dächt', etwas zu Rechts zu sein.

W. Hauff, Gedichte: Schriftsteller

Meister *Autor.*

Titel einer Erzählung von Wilhelm Raabe

Autorität, nicht Majorität!

(Im Erfurter Parlament sagte Friedrich Julius Stahl am 15. April 1850, auf 1848 hinweisend: »Sie hatten den Spruch vergessen, sie zu bannen, oder vielmehr, dieser Spruch stand nicht in Ihrem Lexikon, denn dieser Spruch heißt: Autorität. Da wollen Sie die Gewässer besprechen mit einem Zauberspruche Ihres Systems: Majorität, Majorität.«)

Vgl. Näheres unter *Stimmen*

Autoritätenglaube.

Geprägt nach Bismarcks Worten im Reichstag: »... Ich bin ein Mann, der an Autoritäten glaubt und sich ihnen da, wo ich nicht notwendig auf mein eigenes Urteil verwiesen bin, gern unterordnet (21. 2. 1879).

Avaritia prima scelerum mater.

(Geiz ist die Mutter [eine Wurzel] aller Übel.) Nach 1. Timotheus 6, 10

Ave, imperator, morituri te salutant!

(Heil dir, Kaiser, die dem Tode Geweihten begrüßen dich!)
Gladiatorengruß an Kaiser Claudius; vgl. Sueton, Claudius 21. Ähnlich bei K. Gerok, »Palmblätter«, Ave, Caesar ... Heil, Christe, dir! Dich grüßen, die da sterben! (Vgl. auch: *Blutige* Witze.)

Leicht geht es hinab zum *Avernus.*

(Facilis descensus Averni.)

Vergil Äneis 16, 126 (Voß)

Süßer Schwan von *Avon* oder: Holder *Avon*schwan.

(Sweet swan of Avon.)

Ben Jonson, Shakespeare-Gedicht

Die *Axt* an die Wurzel legen –

nach Matth. 3, 10

Die *Axt* im Haus erspart den Zimmermann.

Tell in Schiller, Wilhelm Tell 3, 1

Ihr seid auch Männer, wisset eure *Axt* · Zu führen, und dem Mutigen hilft Gott.

Getrud in Schiller, Wilhelm Tell 1, 2

Am Walde hätte nicht die *Axt* so leichtes Spiel, · Hätt' ihr der Wald nicht selbst geliefert ihren Stiel.

Rückert, Weisheit des Brahmanen 16, 12

Ay, every inch a king!

(Ja, jeder Zoll ein König!)

Shakespeare, König Lear 4, 6

B

Babel

wird als Stadt der Sünde von Jeremias erwähnt.

Bei den Wassern *Babels* saßen · Wir und weinten.

Heine, Romanzero; Jehuda ben Halevy Ps. 137, 1.

Die *babylonische* Verwirrung

nach 1. Mos. 11, 9, wo von dem Turmbau erzählt wird und wie der Herr »verwirrt hatte aller Länder Sprache«

Ohne Ceres und *Bacchus* bleibt Venus kalt.

(Wo Hunger und Durst, schwindet die Liebe.)
(Sine Cerere et Libero friget Venus.)

Terenz, Komödien: Eunuch 4, 5

Vivat *Bacchus,* Bacchus lebe!

Christian Friedrich Bretzner, Operntext: Entführung aus dem Serail in der von Mozart komponierten Umarbeitung Stephanis d. J.

Der *Bacchus* ist ein braver Mann, · Das kann ich euch versichern; · Mehr als Apoll, der Leiermann, · Mit seinen Notenbüchern.

Bürgers Lied: Herr Bacchus

Trink ihn aus, den Trank der Labe, · Und vergiß den großen Schmerz! · Wundervoll ist *Bacchus*' Gabe, · Balsam fürs zerrißne Herz.

Schiller, Das Siegesfest

Zu *Bacharach* am Rheine · Wohnt eine Zauberin, · Die war so schön und feine · Und riß viel Herzen hin. Cl. Brentano, Lore Lay 1799

Jenseit des *Baches* (oder: des Waldes) wohnen auch Leute.
Sprichwörtlich

Ich hört' ein *Bächlein* rauschen.
Wilh. Müller, Wohin?

Die *Backen* (den Mund) vollnehmen. Sprichwörtlich

Backen und Brauen gerät nicht immer. Sprichwörtlich

Die auf den *Backofen* geschobene Schwester

nennt man in Holstein und in Mecklenburg scherzhaft die ältere noch unverlobte Schwester, wenn sich die jüngere schon verlobt hat; vgl. Fritz Reuters Dörchläuchting 3.

Und mit der Axt hab ich ihm 's *Bad* gesegnet.
Schiller, Wilhelm Tell 1, 1

Gesegn euch das verdiente heiße *Bad!* Mephisto in Goethe, Faust 11739

Das Kind mit dem *Bade* ausschütten. Sprichwörtl. Redensart

Was ist der Teufel? Er ist ein *Bader*, denn er richtet manchem ein grobes Bad zu.
Abraham a Santa Clara

Was aber die Gesundheit betrifft, so gehören die *Badereisen* zum Teil auch zu den Moden der Ärzte.
W. v. Humboldt, Briefe an eine Freundin 72. Br., Tegel, d. 12. Juni 1827

Den *Badetag* soll man halten wie den Sonntag. Sprichwort

Wer den Herrn fürchtet, · Der gehet auf rechter *Bahn.* Spr. Sal. 14, 2

Ein jeglicher versucht sein Glück, · Doch schmal nur ist die *Bahn* zum Rennen. Schiller, Das Spiel des Lebens

Das Recht läßt sich in europäischen Streitigkeiten, wo ein kompetenter Gerichtshof nicht besteht, nur durch die *Bajonette* geltend machen.
Bismarck im Abgeordnetenhause den 22. Jan. 1864

Auf *Bajonette* kann man sich stützen, doch nicht darauf sitzen.
(Las *basonetas* son buenas para todo, menos para sentarse sobre ellas.)
Geflügeltes Wort aus Spanien

Bald gras' ich am Neckar, bald gras' ich am Rhein, · Bald hab' ich ein Schätzle, bald bin ich allein.
Das Ringlein. Wunderborn

Ach wie *bald* (ach wie bald) · schwindet Schönheit und Gestalt!
Wilh. Hauff, Reiters Morgengesang

Was du tust, das tue *bald.*
Evang. Joh. 13, 27

Warte nur, *balde* · Ruhest du auch.
Goethes Nachtlied

Stirbt der Fuchs, so gilt der *Balg.*
Sprichwort (auch Gesellschaftsspiel, vgl. Goethes Gedicht »Nach Mittage saßen wir«).

Du Heuchler, ziehe am ersten den *Balken* aus deinem Auge; danach besiehe, wie du den Splitter aus deines Bruders Auge ziehest.
Matth. 7, 5

Er lügt, daß sich die *Balken* biegen.
Sprichwörtl. Redensart

Trifft dich des Schicksals Schlag, so mach es wie der *Ball:* · Je stärker man ihn schlägt, je höher fliegt er all.
Fr. Rückert, Weisheit des Brahmanen 16, 40.

Sind doch des Menschen *Bälle* in der Götter Hand.
Plautus, Komödien: Kriegsgefangene 1, 20 (Köpke)

Ich wär' ein Kätzlein lieber und schrie miau · Als einer von den Vers-*Balladenkrämern.*
Percy in Shakespeare, König Heinrich IV. 1. Teil 3, 1

Ballhornisieren, verballhornen
nennen wir ein Verbessern, das eigentlich ein Verbösern ist. – Johann Ballhorn, Buchdrucker in Lübeck, druckte im Jahre 1586 eine verschlechterte Ausgabe des Buches »Lübeckische Statuta«.

Wundervoll ist Bacchus' Gabe, · *Balsam* fürs zerrißne Herz.
Schiller, Das Siegesfest

Banausen
nennt man Menschen die keine höheren Interessen haben. Der Ausdruck kommt aus dem Griechischen und bezeichnet dort einen Handwerker, der sein Gewerbe ohne Sklaven betrieb, was bedeutete, daß ihm die Arbeit für den Lebensunterhalt keine Zeit für geistige Dinge ließ.

Wer will was Lebendigs erkennen und beschreiben, · Sucht erst den Geist herauszutreiben. · Dann hat er die Teile in seiner Hand, · Fehlt, leider! nur das geistige *Band.*
Mephistopheles in Goethe, Faust 1936/39

Es lösen sich alle *Bande* frommer Scheu. Schiller, Lied von der Glocke

Bange machen gilt nicht. Redensart

Ohne *Bangen* süß Verlangen.
Liebestod aus Richard Wagners Tristan und Isolde 3

Ach, nun wird mir immer *bänger!* · Welche Miene! welche Blicke!
Goethe, Der Zauberlehrling

Auf dieser *Bank* von Stein will ich mich setzen.
Tell in Schiller, Wilhelm Tell 4, 3
(Wegen des ungebräuchlichen Dativs häufig zitiert: Auf diese Bank ...)

Denn *Bank* an Bank gedränget sitzen, · Es brechen fast der Bühne Stützen, · Herbeigeströmt von fern und nah · Der Griechen Völker wartend da.
Schiller, Die Kraniche des Ibykus

Auf die lange *Bank* schieben.
Früher gab es in den Gerichtsstuben keine Schränke oder Regale; die Akten wurden auf die Bank hingelegt, die ziemlich lang sein mußte.

Auf der *Bank* der Spötter sitzen.
Nach Psalm 1, 1: Noch sitzt, da die Spötter sitzen.

In dem Augenblick, wo die Liebe ihr alles gibt, macht sie zugleich *bankerott.* Hebbels Tagebücher

Gute *Bankettierer*, gute *Bankerottierer.* Sprichwort

Wer legt auf ihn so schweren *Bann?*
Der Eremit in Webers Oper: Der Freischütz 3, 3 (Text von Fr. Kind. 1821)

Es wimmeln Kameraden, · Wo rechte *Banner* wehn.
Eichendorff, Frühlingsmarsch 1857

Wie *Banquos* Geist erscheinen.
Nach einer Szene des Shakespeareschen Dramas »Macbeth«, wo der Titelheld bei einem Mahle den Geist des durch ihn ermordeten Königs zu sehen wähnt.

Bar Geld lacht. Sprichwörtl. Redensart

Hier gelt' ich als *Barbar*, denn hier versteht mich ja niemand.
Ovid, Tristien 5, 10, 37

Worin besteht die *Barbarei* anders als darin, daß man das Vortreffliche nicht anerkennt?
Eckermann, Gespräche mit Goethe d. 22. März 1831

Der alte *Barbarossa*, · Der Kaiser Friederich.
Barbarossa von Fr. Rückert 1817

Jemand über den Löffel *barbieren* (übervorteilen).
Früher steckten zuweilen die Barbiere alten Bauern mit verschrumpften Gesichtern einen Löffel in die Backen, um die Haut straffer zu haben.
Sprichwörtlich

Einen *Bären* aufbinden
oder auch aufbrummen.
Sprichwörtl. Redensart

(Man soll nie) das *Bärenfell* verkaufen, bevor man den Bären erlegt hat.
(Il ne faut jamais) vendre la peau de l'ours qu'on ne l'ait mis par terre.
Lafontaine, Fabeln 5, 20

Bärenführer.
Scherzhaft in der Studentensprache für Hofmeister, Prinzenerzieher (den Bärenführer machen heißt auch: Verwandten, die auf Besuch weilen, die Sehenswürdigkeiten einer Stadt zeigen).

Auf der *Bärenhaut* liegen.
Bezeichnung der Ruhe nach der Jagd bei den alten Deutschen (vgl. das Lied im

Kommersbuche: »Auf Deutschlands hohen Schulen« von Kunitz u. Ruer). Auch der Ausdruck *Bärenhäuter*, ein Mann, dessen Umgangsformen ziemlich derb sind, stammt vielleicht von den alten Deutschen her, die mit Bärenfellen bekleidet waren (s. auch unter *eins*).

Wer *barfuß* geht, soll keine Dornen säen. Niederländ. Sprichwort

Wer *barfuß* geht, den drücken die Schuh nicht. Sprichwort

Besser *barfuß* als in geborgten Schuhen. Sprichwort

Hoch ist der Doppelgewinn zu schätzen: · *Barmherzig* sein und sich zugleich ergetzen.
Nereus in Goethe, Faust 8402/03

Eines andern Pein empfinden, heißet nicht *barmherzig* sein; · Recht barmherzig sein will heißen: wenden eines andern Pein.
Logau, Sinngedichte: Erbarmen und Barmherzigkeit

Barmherziger Samariter.
Nach Luk. 10, 33 u. 37

Selig sind die *Barmherzigen*, denn sie werden *Barmherzigkeit* erlangen.
Matth. 5, 7

Der Sieg soll nie ohne Übung der *Barmherzigkeit* sein.
Kaiser Karl V. bei Zinkgref, Apophth. 1, S. 75

Der Mensch fängt erst beim *Baron* an.
Fürst Alfred Windischgrätz nach Hebbels Tagebüchern

Mit Gunst! Ist dies nicht allzu *barsch?* Bürger, Der Vogel Urselbst

Es ist und bleibt die deutsche Art, · Zu streiten um des Kaisers *Bart*.
Daniel Sanders

Zankt, wenn ihr sitzt beim Weine, · Nicht um des Kaisers *Bart*.
E. Geibel, Von des Kaisers Bart

Einem um den *Bart* gehen (ihm schmeicheln). Sprichwort

Die Sache (Witz, Erzählung) hat einen *Bart*.
Redewendung für etwas Altes, Allbekanntes

Er weiß, wo *Bartel* den Most holt.
Nach Heyne, Deutsches Wörterbuch, durch Umformung aus der jüdischen Gaunersprache bartel = Brecheisen und mos = Geld

Wie sich *Bartholomäus* (24. August) hält, · So ist der ganze Herbst bestellt. Bauernregel

Ein *Basiliskenblick*
soll nach Plinius (29, 19. 66) für Menschen tödlich sein.

Basiliskeneier brüten.
Nach Jesaja 59, 5

Bassermannsche Gestalten.
Der Abgeordnete Bassermann gab am 18. Nov. 1848 im Frankfurter Parlament Bericht über die Berliner Zustände und erwähnte, daß er sah »Gestalten die Straßen bevölkern, die er nicht schildern wolle«. Vgl. auch: *Zilletypen*.

Wenn das Gewölbe widerschallt, · Fühlt man erst recht des *Basses* Grundgewalt.
Siebel in Goethe, Faust 2085/86

Der ganze *Bau*, vom Bau, zum Bau gehören.
Redensarten a. d. Fest der Handwerker von L. Angely

Ein voller *Bauch* studiert nicht gern.
(Plenus venter non studet libenter [lat.], Il ventre pieno non ha orecchio [ital.])
Sprichwort

Fauler *Bauch*. Nach Tit. 1, 12

Die Kreter sind immer Lügner, böse Tiere und faule *Bäuche*.
Das Wort stammt von Epimanides aus Kreta (um 590 v. Chr.)

Dem *Bauche* dienen.
Sprichwörtlich nach Römer 16, 18 u. Phil. 3, 19

Bauen ist ein süßes Armmachen.
(Building is a sweet impoveristing.)
Sprichwort

Wer will *bauen* an der Straßen, · Muß die Leute reden lassen.

Sprichwort

Beim *Bauen* · Muß man schauen, · Um sich nicht zu verhauen, · Sonst kommt man in des Elends Klauen.

Abraham a Santa Clara

Wir hatten *gebauet* · Ein stattliches Haus · Und drin auf Gott vertrauet · Trotz Wetter, Sturm und Graus.

Aug. Dan. v. Binzer, Lied bei der Auflösung der Burschenschaft (1819)

Wer klug ist, *baut* nicht auf den Sand.

P. Fleming, Gedichte (1642); Die güldne Freiheit (vgl. Matth. 7, 24/27)

Der kluge Mann *baut* vor.

Gertrud in Schiller, Wilhelm Tell 1, 2

Was die Hände *bauten*, können Hände stürzen.

Tell in Schiller, Wilhelm Tell 1, 3

Hat der *Bauer* Geld, · Hat es die ganze Welt.

Sprichwort

Der *Bauer* ist auch ein Mensch – sozusagen.

Erster Arkebusier in Schiller, Wallensteins Lager, 10. Auftr.

Der *Bauer* ist kein Spielzeug.

Chamisso, Das Riesenspielzeug

Sind auch schwarz des *Bauern* Hände, · Weißbrot ißt er bis ans Ende.

Serbisches Volkslied

Salbt den *Bauern*, er wird euch stechen, stecht den Bauern, er wird euch salben!

Französisches Sprichwort

Des *Bauern* Handschlag, edler Herr, ist auch · Ein Manneswort!

Melchthal in Schiller, Wilhelm Tell 4, 2

Wer einen *Bauern* betrügen will, muß einen Bauern mitbringen.

Sprichwort

Der *Bauern* Arbeit ist am fröhlichsten und voller Hoffnung.

Luther, Tischreden Nr. 2395

Oh, wie selig wären die *Bauern*, wenn sie ihr Gutes erkennten!

Luther, Tischreden Nr. 2395
siehe auch unter *Bur*

Das *Bauernleben* ist das allerseligste Leben, denn es wächst ihnen alles (in die Hand), die andern Stände müssen das Ihre kaufen.

Herzog Friedrich der Weise (Zinkgref, Apophth. 1, S. 98).

O *Bauerstand*, o Bauerstand, · Du liebster mir von allen!

Max v. Schenkendorf, Der Bauerstand

Baufällig und alt · Kommt bald in Todes Gewalt.

Abraham a Santa Clara, Totenkapelle 1710

Der *Baum* der Erkenntnis.

Nach 1. Mos. 2, 9

Grau, teurer Freund, ist alle Theorie, · Und grün des Lebens goldner *Baum*.

Mephistopheles in Goethe, Faust 2038/39

Ein *Baum* fällt nicht von einem Streich.

Sprichwort

Es ist dafür gesorgt, daß die *Bäume* nicht in den Himmel wachsen.

Sprichwort; auch bei Goethe, Dichtung und Wahrheit als Motto des dritten Teils

Er kann *Bäume* ausreißen.

Sprichwort

Das is, um auf die *Bäume* (Böme) zu klettern.

Berliner Redensart

Die Herren dieser Art blendt oft zu vieles Licht, · Sie sehn den Wald vor lauter *Bäumen* nicht.

Wieland, Musarion 2, 142/43

Ich habe nie verlangt, · Daß allen *Bäumen* eine Rinde wachse.

Saladin in Lessing, Nathan der Weise 4, 4.

Solche Leute wachsen nicht auf (den) *Bäumen*.

Alte Redensart

Schon bei Oswald von Wolkenstein (1367 bis 1445) heißt es: Es wird ein solcher Mann · Auf Bäumen nicht geboren; bei Luther (Schriften, Jena 1578, 6, 165b): Dann ja die Kerle, die dazu tüchtig sind, nicht auf den bäumen wachßen, und bei Th. Fontane sagt Frau Jenny Treibel (Kap. 12): Denn die Treibels wachsen nicht auf den Bäumen und können nicht von jedem, der vorbeigeht, heruntergeschüttelt werden.

In *Bausch* und Bogen.

Sprichwörtl. Redensart (von der Leipziger Messe herrührend)

To *be* or not to be siehe unter *Sein.*

Ein guter deutscher ehrlicher *Beamter*, der lacht gar nicht, bevor er sich umsieht, ob es seine Behörde etwa merkt.

M. G. Saphir (1832: Neueste Schriften: Nachtschatten)

Ein anderes ist: auf etwas antworten, ein anderes: etwas *beantworten.*

Lessing, Eine Duplik 1778

Beati possidentes!

(Glücklich die Besitzenden!)
Horaz, Oden 4, 9, 45

Non possidentem multa vocaveris · Recte *beatum.*

(Nicht den, der viel besitzt, wirst du mit Recht glücklich nennen.)
Horaz, Oden 4, 9, 45

Beatus ille homo qui sedet in sua domo.

Eichendorff, Wanderlied der Prager Studenten: »Nach Süden nun sich lenken« und: Aus dem Leben eines Taugenichts.

Beatus ille qui procul negotiis.

(Glücklich ist, wer fern den Geschäften.)
Horaz, Epoden 2, 1

Du *bebst* vor allem, was nicht trifft, · Und was du nie verlierst, das mußt du stets beweinen.

Faust in Goethe, Faust 650/51

Im *Becher* ertrinken mehr als im Meer. Sprichwort

Winket dir der Wein im *Becher*, · Greife zu und trinke frisch, · Aber nicht mit jedem Zecher · Setze dich an einen Tisch.

Inschrift auf einem alten Schaff in Gnadenwalde

Ich mag es gerne leiden, · Wenn auch der *Becher* überschäumt.

König Philipp II. in Schiller, Don Carlos 3, 10

Bekränzt mit Laub den lieben, vollen *Becher* · Und trinkt ihn fröhlich leer!

Matthias Claudius, Rheinweinlied (1776)

Becherrand und Lippen, · Zwei Korallenklippen, · Wo auch die gescheitern · Schiffer gerne scheitern.

Rückert, Östliche Rosen: Die zwei Mächte

Den schlechten Mann muß man verachten. · Der nie *bedacht*, was er vollbringt.

Schiller, Das Lied von der Glocke

Was du tun willst, tue mit *Bedacht* · Und den Ausgang zuvor betracht!

Rollenhagen, Froschmeuseler 2, 3 1. Kap. 71/72

Gut ist *Bedachtsamkeit* und weise die Vorsicht.

Krösus zu Kambyses bei Herodot 3, 36
F. Lange

Vieles wünscht sich der Mensch und doch *bedarf* er nur wenig.

Goethe, Hermann und Dorothea 5 (Polyhymnia) 13

Wen die Götter lieben, · Den führen sie zur Stelle, wo man sein *bedarf.*

Elpenor in Goethe, Elpenor 1, 4

Mensch, was du tust, *bedenk* das End, · Das wird die höchst Weisheit genennt.

(Nach: Quidquid agis, prudenter agas et respice finem.) Hans Sachs (1557)

Bedenke das Ende. Jes. Sir. 7, 40

Wer lange *bedenkt*, der wählt nicht immer das Beste.

Hermann in Goethe, Hermann und Dorothea 4 (Euterpe) 105

Bedenkt es wohl. Man übereile nichts.

Sapieha in Schiller, Demetrius 3, 303

Ich weiß nicht, was soll es *bedeuten*, · Daß ich so traurig bin?

Heine, Buch der Lieder: Die Heimkehr Nr. 2

Wie machen wir's, daß alles frisch und neu · Und mit *Bedeutung* auch gefällig sei?

Direktor in Goethe, Faust: Vorspiel, 47/48

Da ergreift ihn der Worte *Bedeutung*. Schiller, Der Graf von Habsburg

Mancher will wie ein Fürst *bedient* sein und wie ein Handwerker bezahlen. Fliegende Blätter Nr. 2354

Gut ist man nur *bedient*, wenn man sich selbst bedient.

(On n'est jamais si bien servi que par soi-même.)

Etienne, Brueys et Palaprat, 1807, 2. Szene

Wer *Bedingung* früh erfährt, gelangt bequem zur Freiheit; wem Bedingung sich spät aufdringt, gewinnt nur bittere Freiheit.

Goethe, Maximen und Reflex. 7

I would it were *bedtime*, Hal, and all well.

(Ich wollte, es wäre Schlafenszeit, Heinz, und alles gut.)

Falstaff in Shakespeare, Heinrich IV., 1, 5, 1

Verminderung der *Bedürfnisse* sollte wohl das sein, was man der Jugend durchaus einzuschärfen und wozu man sie zu stärken suchen müßte. Je weniger Bedürfnisse, desto glücklicher, ist eine alte, aber sehr verkannte Wahrheit.

Lichtenberg, Verm. Schriften 2: Bem. verm. Inh. 6: Pädagog. Bem.

Bedürft ihr meiner zu bestimmter Tat, · Dann ruft den Tell, es soll an mir nicht fehlen.

Tell in Schiller, Wilhelm Tell 1, 3

Eines Mannes Rede · Ist keines Mannes Rede, · Man soll sie billig hören *beede*.

Inschrift in verschiedenen deutschen Rathäusern, so z. B. in Frankfurt a. M., und in Goethes Dichtung und Wahrheit, Buch 1; vgl. auch: *Audiatur* et altera pars.

Den Teufel durch *Beelzebub* austreiben. Matth. 12, 24 u. 27 u. sonst.

Der Name *Beethoven* ist heilig in der Kunst!

Franz Liszt im Vorwort zu den Klavierpartituren des Meisters

Dein Wunsch ist mir *Befehl!*

Aus Vergil, Äneis 1, 76ff. entstanden?

Wer *befehlen* soll, · Muß im Befehlen Seligkeit empfinden.

Faust in Goethe, Faust 10 252/53

Beförderung geht euch nach Empfehl und Gunst.

Jago in Shakespeare, Othello 1, 1

Nie sollst du mich *befragen*, · Noch Wissens Sorge tragen.

Lohengrin in Wagner, Lohengrin 1, 3

Wenn sich die Völker selbst *befrein*, · Da kann die Wohlfahrt nicht gedeihn.

Schiller, Das Lied von der Glocke

Denn ich war ein braver Soldat im *Befreiungskriege* der Menschheit.

Heine, Reisebilder, Reise von München nach Genua 31. Vgl. auch unter *Freiheitskriege*.

Mehr als *befreundet*, weniger als Freund.

Hamlet in Shakespeare, Hamlet 1, 2

Traun, viele heut *befreundet*, sind uns morgen feind.

Sophokles, Aias 1359 (Donner)

Sucht nur die Menschen zu verwirren, · Sie zu *befriedigen* ist schwer.

Direktor in Goethe, Faust, Vorspiel 131/32

Befriedigung, die ich nach außen träumte, · Kam nun von innen selber in mein Dach. · Das Leben rächt ja stets, was es versäumte: · Ich hole meine Jugendjahre nach.

Grillparzer, Gedichte: Ruhe

Legen wir unsrer *Begabung* keinen Zwang auf; es würde immer nur plump herauskommen.

Nach Lafontaine, Fabeln 4, 5: L'Ane et le petit Chien

Die großen *Begebenheiten* in der Welt werden nicht gemacht, sondern finden sich.

Lichtenberg, Verm. Schriften 2: Bemerkungen 8: Literar. Bemerkungen

Begehret nicht mit Haß und Neid, · Die Gnaden Gottes andern zu entziehen. · Er ist, der allen gern verleiht; Begehrt von ihm, so ist auch euch verliehen!

Rückert, Erbauliches und Beschauliches aus dem Morgenlande: Vierzeilensprüche Nr. 21

Die *Begehrlichkeit* kennt keine Schranke, nur Steigerung.

Seneca, Abhandlungen, übers. v. Moser (1828), S. 207

Begeisterung, die Himmelstochter.

Marquis in Schiller, Don Carlos 5, 4296

Begeisterung ist keine Heringsware, · Die man einpökelt auf einige Jahre.

Goethe, Epigr.: Frisches Ei, gutes Ei

Begeisterung ist alles! Gib einem Menschen alle Gaben der Erde, und nimm ihm die Fähigkeit der Begeisterung, und du verdammst ihn zum ewigen Tod.

Adolf Wildbrandt, Fridolins heimliche Ehe (1877)

Begeisterung ist ein Feuer, das die Innenwelt in Fluß erhält, aber Vernunft muß ihr die Gußform richten, in die sich das geschmolzene Metall ergießt, sonst verfließt alles gehalt- und gestaltlos.

Otto v. Leixner, Aus meinem Zettelkasten (1896), Nr. 1. Beiträge zur Menschenkenntnis

Begier macht blind, und Wünsche trügen.

Ramler, Fabellese 4. Buch Nr. 23; Der Mann und das Vögelein

So tauml' ich von *Begierde* zu Genuß, · Und im Genuß verschmacht' ich nach Begierde.

Faust in Goethe, Faust 3249/50

Wer stets *begierdelos*, der schaut · Die Geistigkeit des Alls; · Wer in *Begierden* lebt, schaut nur · Die Außenheit des Alls.

Aus dem Taoteh-king des chinesischen Dichterphilosophen Lao-tse (um 600 v. Chr. geboren)

Den größten Reichtum hat, wer arm ist an *Begierden.*

(Summae opes inopia cupiditatum.) ·
Seneca, Briefe 29

Wolfram von Eschenbach, *beginne!*

Edelknaben in Wagner, Tannhäuser 2, 4

Wer langsam trinkt, *begießt* sich nicht.

Volkstümlich

Wehr im *Beginne* dem Übel; zu spät wird Heilung bereitet, · Wenn es Stärke gewann durch zu langen Verzug.

Ovid, Remedien 92

Der ist *beglückt*, der sein darf, was er ist.

Hagedorn, Die Glückseligkeit

Beglückt, wer Treue rein im Busen trägt.

Faust in Goethe, Faust 1724

Sie hätten sich sollen *begnügen.*

Rückert, Refrain des Gedichts: Bestrafte Ungenügsamkeit

Jawohl, es sagt mancher Kaffee, der sich mit Zichorie *begnügen* muß.

Wilh. Raabe, Prinzessin Fisch (1883)

Klein *begonnen*, groß gewonnen, ist ein altes gutes Sprichwort.

Philipp in Benedix, Die Dienstboten, 1. Auftr.

Ach, sie haben · Einen guten Mann *begraben;* · Und mir war er mehr.

Matth. Claudius; Bei dem Grabe meines Vaters (1775)

Wer nicht mehr liebt und nicht mehr irrt, · Der lasse sich *begraben.*

Goethe, Epigrammatisches

Wenn du aber gar nichts hast, · Ach so lasse dich *begraben* – · Denn ein Recht zum Leben, Lump, · Haben nur, die etwas haben.

H. Heine, Romanzero: Lazarus 1

Was ist das für eine Zeit, wo man die *Begrabenen* beneiden muß!

Goethe, Maximen u. Reflex. 7 Nr. 61

Ein ehrliches *Begräbnis.*

Nach 1. Mos. 23, 6; Sir. 38, 16; 2. Makk. 4, 49

Ein *Begräbnis* erster Klasse.

Bismarck bei seiner Verabschiedung

Das *begreife* ein anderer als ich.

Van Bett in Lortzings Oper Zar und Zimmermann 2, 12. Heute in der Fassung: Das *begreife* wer kann.

Ich habe mich eifrig bemüht, der Menschen Tun weder zu belachen noch zu beweinen, noch zu verabscheuen, sondern es zu *begreifen.*

(Sedulo curavi, humanas actiones non ridere, non lugere neque detestari, sed intelligere.)

Spinoza, Tractatus politicus cap. 1, 4

Du gleichst dem Geist, den du *begreifst,* · Nicht mir!

Geist in Goethe, Faust 512/13

Kraft und Dauer wohnen · Nur in *Begrenzungen.*

Chr. D. Grabbe, Don Juan u. Faust 3, 2

Doch ein *Begriff* muß bei dem Worte sein.

Schüler in Goethe, Faust 1993

Denn eben wo *Begriffe* fehlen, · Da stellt ein Wort zur rechten Zeit sich ein.

Mephistopheles in Goethe, Faust 1995/96

Nur nicht gleich das Schwert gewetzt · Und das Beil geschliffen! · Was ihr niemals überschätzt, · Habt ihr nie *begriffen.*

Paul Heyse, Spruchbüchlein (1885 S. 151): Kritik

Ein Tag macht den *Begüterten* zum Bettler.

Jokaste in Schiller, Phönizierinnen

Ein wackerer Mann verdient ein *begütertes* Mädchen.

Goethe, Hermann und Dorothea 2 (Terpsichore) 171

Behagen schaut nicht vorwärts, nicht zurück, · Und so verewigt sich der Augenblick!

Goethe, An Grafen Paar

Mit wenig Witz und viel *Behagen* · Dreht jeder sich im engen Zirkeltanz.

Mephistopheles in Goethe, Faust 2162/63

Mit urkräftigem *Behagen.*

Faust in Goethe, Faust 536

Mich ergreift, ich weiß nicht wie, · Himmlisches Behagen.

Tischlied von Goethe (1802)

Wer sich *behaglich* fühlt zu Haus, · Der rennt nicht in die Welt hinaus; · Weltunzufriedenheit beweisen · Die vielen Weltentdeckungsreisen.

Rückert, Unbefriedigung

Jeder Meister *behält* ein Stück für sich. Sprichwörtlich

Behalte, was du hast.

Sprichwörtl. Redensart nach 1. Mos. 33, 9

Zwar nehmen ist recht gut, doch besser ist's, *behalten.*

Haltefest in Goethe, Faust 10342

Behandelt jeden Menschen nach seinem Verdienst, und wer ist vor Schlägen sicher?

Hamlet in Shakespeare, Hamlet 2, 2. Vgl. auch unter *desert*

Beharre, wo du stehst!

Goethe, Sprüche in Prosa: Über Naturwissenschaft 4, Nr. 4

Besäße der Mensch die *Beharrlichkeit,* so wäre ihm fast nichts unmöglich. Chinesischer Spruch

Jedem redlichen Bemühn · Sei *Beharrlichkeit* verliehn.

Goethe, Zahme Xenien 4

Nur *Beharrung* führt zum Ziel, · Nur die Fülle führt zur Klarheit, · Und im Abgrund wohnt die Wahrheit. Schiller, Sprüche des Konfuzius 2

Willst du, daß wir mit hinein · In das Haus dich bauen, · Laß es dir gefallen, Stein, · Daß wir dich *behauen*.
Rückert, Vierzeilen 1. Hundert Nr. 43

Behauptung ist nicht Beweis.
Herzog in Shakespeare, Othello 1, 3

Wer sein selbst Meister ist und sich *beherrschen* kann, · Dem ist die weite Welt und alles untertan.
Paul Fleming, Teutsche Poemata (1693). An sich

Die Hauptsache ist, daß man lerne, sich selbst zu *beherrschen*.
Eckermann, Gespräche mit Goethe, Sonntag, d. 21. März 1830

Er lebt! er ist da! es *behielt* ihn nicht! Schiller, Der Taucher

Behüet dich Gott! es wär zu schön gewesen; · Behüet dich Gott! es hat nicht sollen sein!
Scheffel, Der Trompeter von Säckingen, Stück 14

Behutsamkeit · Gewinnt den Streit.
Abraham a Santa Clara (Etwas für alle, 1699)

Doch wer so oft zu *beichten* hat, · Der muß auch oftmals fehlen.
Logau, Sinngedichte (1654, Aurelia)

Wer wohl *beichtet*, · Sein Herz erleichtet. Sprichwort

Der schreiende *Beifall* der Menge...
Fichte, Reden an die deutsche Nation

Ein Mächtiger, der mit dem Schwächern spricht, · Verlangt nur *Beifall*, Wahrheit nicht.
Ramler, Fabellese: Der junge Hahn und der Storch

Beifall läßt sich, wie Gegenliebe, wünschen, nicht erzwingen.
Goethes Brief an Phil. Seidel (27. 10. 1787)

Ein schartig *Beil* verdirbt alles.
Sprichwörtlich

Jemand ein *Bein* stellen.
Sprichwörtlich

Mark und *Bein* durchdringend.
Nach Ebräer 4, 12

Stein und *Bein* schwören. Sprichwort
Stein geht auf den als Altar dienenden Sarkophag eines Heiligen, *Bein* auf die darin verwahrten Reliquien zurück.
Heyne, Deutsches Wörterbuch

Sich kein *Bein* ausreißen.
(Wenig Wert auf eine Sache legen, sich nicht darum besonders bemühen.) Das Gegenteil heißt: Sich die *Beine* um etwas ablaufen. Sprichwörtl. Redensarten

Das ist doch *Bein* von meinem Bein und Fleisch von meinem Fleisch.
1. Mos. 2, 23

Hals- und *Beinbruch!*
Jägerglückwunsch bei Aufbruch zur Jagd

Das ist noch lange kein *Beinbruch*.
Redensart

Die *Beine* unter den Arm nehmen (eilen) oder sie nach etwas ablaufen. Sprichwörtlich

Das hat noch lange *Beine*. Redensart

Einem *Beine* machen. Redensart
(Siehe auch unter *Gehirn*)

Beinah – bringt keine Mücke um.
Sprichwörtlich

Mit einem *Beinahe* muß man sich nie zufriedengeben.
(On ne doit jamais se contenter d'un à peu près.) Französisches Sprichwort

Beisammen sind wir, fanget an.
Mephistopheles in Goethe, Faust 1446

Sie konnten *beisammen* nicht kommen, · Das Wasser war viel zu tief.
Die beiden Königskinder (ähnlich im Wunderhorn)

Wir sitzen so fröhlich *beisammen*.
Siehe unter *fröhlich* bei Kotzebue

Beispiel nützt zehnmal mehr als Vorschrift.
(Example will aveil ten times more than precept.)
James Fox, Rede über Ausgaben für Kasernen (8. April 1796)

Das *Beispiel* ist einer der erfolgreichsten Lehrer, obgleich es wortlos lehrt.

(Example is one of the most potent of instructors, though it teaches without a tongue.)

Sam. Smiles, Selbsthilfe (1860) K. 12 (Dobbert)

Sag etwas Gutes, und ich folge gern · Dem edlen *Beispiel.*

Don Manuel in Schiller, Die Braut von Messina 468/69

Gebt euern Kindern schöne Namen, · Darin ein *Beispiel* nachzuahmen, · Ein Muster vorzuhalten sei. · Sie werden leichter es vollbringen, · Auch guten Namen zu erringen; · Denn Gutes wohnt dem Schönen bei!

Rückert, Erbauliches und Beschauliches a. d. Morgenlande

Gutes *Beispiel* ist dem Schlechten zu nichts nutz. Persisches Sprichwort

Geliebte! nicht erretten konnt' ich dich! · So will ich dir ein männlich *Beispiel* geben.

Mortimer in Schiller, Maria Stuart 4, 4

Ein edles *Beispiel* macht die schweren Taten leicht.

Neoterpe in Goethe, Paläophron u. Neoterpe

Durch Tugend und *Beispiel!*

(Virtute et exemplo!)

Wahlspruch Kaiser Josephs II.

Böse *Beispiele* verderben gute Sitten. 1. Kor. 15, 33

Einander *beizustehn* ist Bruderpflicht.

Ramler, Fabellese: Das Pferd und der Esel

Nur indem man sich über das *Bekannte* völlig verständigt hat, kann man miteinander zum Unbekannten fortschreiten.

Goethe, Wahlverwandtschaften 1, 4

Was tut man nicht, um die *Bekanntschaft* eines großen Mannes zu gewinnen!

Papagei in Goethe, Die Vögel (nach Aristophanes)

Meinest du, daß ich Gefallen habe am Tode des Gottlosen, spricht der Herr, und nicht vielmehr, daß er sich *bekehre* von seinem Wesen und lebe? Hesek. 18, 23

Farbe *bekennen.*

(Seine wahre Meinung sagen.)

Aus dem Kartenspiele entlehntes Sprichwort

Wohl mit jedem *Bekenntnis* verträgt ein frommes Gemüt sich; · Aber das fromme Gemüt hängt vom Bekenntnis nicht ab.

Geibel, Gedichte: Kleinigkeiten 20

Bekenntnisse einer schönen Seele.

Goethe, Überschr. d. 6. Buches von Wilh. Meisters Lehrjahren

Ich kann nichts tun als dich *beklagen,* weil ich zu schwach zu helfen bin.

Schikaneder, Die Zauberflöte, Musik von Mozart. Tamino im 1. Akt.

Manch Urteil ist ja längst beschlossen, · Eh des *Beklagten* Wort geflossen.

Anastasius Grün, Pfaff vom Kahlenberg: Ein Festspiel

Diese traurige Welt *bekleidet* · Den, der schon bekleidet ist · Und entblößt den Entblößten.

Calderón, Das große Welttheater

Frag' ich mein *beklommnes* Herz.

Rosinens Kavatine in Rossinis Oper: Der Barbier von Sevilla 1, 2 (1816)

Sich selbst *bekriegen* ist der schwerste Krieg.

Fortsetzung siehe unter *besiegen*

Wie glücklich würde mancher leben, wenn er sich um anderer Leute Sachen so wenig *bekümmerte* als um seine eigenen.

Lichtenberg, Verm. Schriften 2, 4: Beobachtungen über den Menschen

Mit dem *Belagerungszustand* kann jeder Esel regieren. Cavour

Wenn alles wieder sich *belebet,* · Der Erde frisches Grün erblüht.
Heimweh von Frédéric Bérat (1800 bis 1855, deutsch von Adalbert Koller, französische Volksweise vom Dichter)

O glücklich der, den Ihr *belehrt!*
Schüler in Goethe, Faust, 1981

Der *Beleidiger* verzeiht nie.
Sprichwörtlich

Eigentümlich ist menschlicher Gemütsart, *Beleidigte* zu hassen.
Tacitus, Agricola Kap. 42 (Walsch)

Man darf eine *Beleidigung* erst vergessen, wenn man sie verziehen hat.
Fliegende Blätter, Nr. 2361

Um wahrhaft *beliebt* zu sein, darf man weder zu klug noch zu dumm tun. Sprichw. Redensart

Bella gerant alii! tu felix Austria, nube! · Nam quae Mars aliis, dat tibi regna Venus!
(Kriege laß führen die andern! Du, glückliches Österreich, freie! Mehrer des Reiches ist Mars anderen, Venus ist dir's!) Fälschlich dem Matthias Corvinus zugeschrieben, † 1490.

Hunde, die *bellen,* beißen nicht.
Sprichwort

Den Mond *anbellen.* Sprichwörtlich

Und seines *Bellens* lauter Schall · Beweist nur, daß wir reiten.
Goethes Gedicht: Kläffer

Bellum omnium contra (in) omnes.
(Krieg aller gegen alle.)
Th. Hobbes, de cive 1, 12, Leviathan. Kap. 18 (1668).

Ach *Belmonte,* ach mein Leben!
Quartett in Mozarts Oper: Die Entführung a. d. Serail 2 (Schluß)

Gute *Belohnung* macht willige Arbeiter. Sprichwort

Wenn sich jemand selbst *belügen* will, so gelingt es ihm sehr bald.
Franzos, Die Juden von Barnow (4. Auflage 1886) S. 81

Bemerke, höre, schweige. Urteile wenig, frage viel.
Platen, Lebensregeln 37

Bemooster Bursche zieh' ich aus!
G. Schwab, Lied eines abziehenden Burschen (1814)

Mit heißem *Bemühn.*
Nach Goethe, Faust 357

Wer immer strebend sich *bemüht,* · Den können wir erlösen.
Engel in Goethe, Faust 11936/37

Bene qui latuit bene vixit.
(Gut lebte, wer im verborgenen gelebt hat.) Ovid, Tristia 3, 4. 25

De mortuis nil nisi *bene.*
(Von Toten soll man nur Gutes reden.) Nach Diogenes Laertius 1, 3; der weise Chilon.

Quod deus *bene* vertat.
(Was Gott gut wenden [verhüten] möge.) Dtsch.-lat. Sprichwort, vgl. unter *deus.*

Das Größte will man nicht erreichen, · Man *beneidet* nur seinesgleichen; · Der schlimmste Neidhart ist in der Welt · Der jeden für seinesgleichen hält.
Goethe, Epigrammatisch: Égalité

Benjamin
nennen wir ein Lieblingskind nach 1. Mos. 42, wo Jakobs jüngster Sohn so benannt ist

Das muß ich *beniesen,*
sagt man, wenn man bei einer Behauptung oder bei einem ausgesprochenen Wunsch niesen muß. Ein alter Volksaberglaube sagt, daß die Behauptung dann wahr ist oder der Wunsch in Erfüllung geht. Schon im Homer in einer Szene zwischen Telemach und Penelope wird dies Beniesen erwähnt. Odyssee 17, 545: Siehst du nicht, wie mein Sohn mir alle Worte beniest hat? Auch Xenophon, Anabasis 3, 2, 9.

Was die Menschen können für sich *benutzen,* · Das pflegen sie für ihre Zwecke zuzustutzen. Daniel Sanders

Der beste *Beobachter* und der tiefste Denker ist immer der mildeste Richter.
H. Thom. Buckle, Gesch. der Zivilis. (1858–61) Kap. 4

Drum, werter Herr, *beratet* Euch in Zeiten! Marthe in Goethe, Faust 3095

Rechter Hand, linker Hand, · Beides vertauscht! · Straße, ich merk' es wohl, · Du bist *berauscht!*
H. v. Mühler, Grad aus dem Wirtshaus

Es gibt Männer, welche die *Beredsamkeit* weiblicher Zungen übertreffen, aber kein Mann besitzt die Beredsamkeit weiblicher Augen.
C. J. Weber, Demokritos 19: Die Weiber (2. Forts.)

Die wahre *Beredsamkeit* besteht darin, das zu sagen, was zur Sache gehört, und eben nur das.
La Rochefoucauld, Maximen 988

Wo es das Eigene galt, zeigte sich jeder *beredt.* Ovid, Fasten 4, 112

Mache dich, mein Geist, *bereit!*
Kirchenlied von J. B. Freystein (1671 bis 1718), auch scherzhaft

Wir sind *erzbereit!*
(Nous sommes archiprêts!)
Kriegsminister Lebœuf, 15. Juli 1870

In *Bereitschaft* oder: *bereit* sein ist alles.
(The readiness is all.)
Shakespeare, Hamlet 5, 2

Das sollst du am Kreuze *bereuen!*
Schiller, Die Bürgschaft

Nichts *bereuen* ist aller Weisheit Anfang.
Börne, Fragmente u. Aphorismen Nr. 202

Wir begehen manche Sünde nur, um sie *bereuen* zu können.
Hebbels Tagebücher

Nur wer *bereut*, dem wird verziehn im Leben. Dantes Hölle 27, 118

Es geht gut, der *Berg* ist überschritten!
(Cela va bien, la montagne est passé!)
Friedrichs II. letzte Worte, den 17. August 1786.
Nach alter Redensart: Über den Berg kommen oder über dem Berge sein.

Wenn der *Berg* nicht zum Propheten kommen will, muß der Prophet zum Berge gehen.
Ausspruch Mohammeds

Den schreckt der *Berg* nicht, der darauf geboren.
Tell in Schiller, Wilhelm Tell 3, 1

Bergab geh sachte! Alte Wanderregel

Berg und Tal kommen nicht zusammen, aber die Menschen.
Sprichwort

Wie komme ich am besten den *Berg* hinan? · Steig nur hinauf und denk nicht dran!
Friedr. Nietzsche, Aufwärts

Mit langem Schritt und krummem Knie · Kommst du *bergan* und weißt nicht wie! Alte Bergsteigerregel

Bergauf – sachte! · Bergab – achte! · Gradaus – trachte!
Spruch im Berliner Rathaus, Erdgeschoß

Ich bin der Knab vom *Berge!*
Uhland, Das Knaben Berglied

Die Haare stehen zu *Berge.*
Sprichwörtlich nach Hiob 4, 15 (vgl. unter *Haare*)

Hinter dem *Berge* halten.

Hinter dem *Berge* wohnen auch Leute.

Über alle *Berge* sein.
Sprichwörtl. Redensarten

Berge versetzen
siehe unter *Glaube*

Da droben auf jenem *Berge* · Da steht ein goldnes Haus, · Da schaun wohl alle Frühmorgen · Drei schöne Jungfrauen heraus.
Müllers Abschied (Wunderhorn), Volkslied

Berge kreißen, doch sieh: heraus kriecht ein winziges Mäuslein.
(Nach Luther: Die Berge gehen schwanger und wird eine Maus draus.)
(Parturiunt montes, nascetur ridiculus mus.) Horaz, Ars poet. 139

Auf die *Berge* will ich steigen.
Heine, Prolog zu der Harzreise

Auf den *Bergen* ist Freiheit! · Der Hauch der Grüfte · Steigt nicht hinauf in die reinen Lüfte; · Die Welt ist vollkommen überall, · wo der Mensch nicht hinkommt mit seiner Qual.

Chor in Schiller, Die Braut von Messina 2588/91.

Auf grünen *Bergen* wird geboren · Der Gott, der uns den Himmel bringt. Novalis, Der Wein

Es zog aus *Berlin* ein tapferer Held.

Ernst Moritz Arndt, Das Lied vom Schill

Ich kann dich ohne Gram verlassen, · Unruhiges *Berlin!* · Wer Lust hat, nicht sich selbst zu hassen, wird willig mit mir ziehn!

J. W. L. Gleim, Ged. an Lamprecht u. Uz (1743)

O *Berlin*, ich muß dich lassen, · O du wunderschöne Stadt!

Handwerksburschenabschied vom Liebchen. Volkslied (Melodie von K. Maria v. Weber).

Berlin bleibt Berlin.

Couplet von Walter Kollo (1878–1940), Text von H. Bender und F. Kersten.

Berlin bei Nacht.

Titel einer Posse v. Kalisch (1820–1872)

In *Berlin*, sagt er, · Mußt du fein, sagt er, · Und gescheit, sagt er, · Immer sein, sagt er.

K. v. Holtei, Die Wiener in Berlin

Über ein halbes Jahrhundert in *Berlin!*

Goethe zu Eckermann über Zelter an die Berliner

Was geschmacklos ist, manieriert und gesucht, das ging vom süßen *Berlin* aus ... · Doch werd' auch diese soldatische Stadt durch Lob und Gesänge verherrlicht, · Denn des Volkes Aufschwung, in heroischer Zeit, er ging vom großen Berlin aus!

Schmuhl in Platens verhängnisvoller Gabel

Das macht die *Berliner* Luft.

Aus der Operette »Berliner Luft« von Paul Lincke

Ja, wenn das *Berliner* Kammergericht nicht wäre.

Unverbürgtes Wort des Müllers von Sanssouci. Vgl. auch Andrieux (Le meunier de Sans-Souci 1797): Il y a des juges à Berlin unter *juges*.

Berliner Range.

Titel eines Werkes von Ernst Georgi

Man macht sich von den *Berlinern* eine falsche Vorstellung, man hält sie für übelgebildete, glatte, herzlose, verschrobene Menschen. Dieses ist das gerade Gegenteil. Sie sind die einfachsten, bescheidensten, herzlichsten Menschen, die mir je vorgekommen sind ... Für Gelehrte ist übrigens *Berlin* ein kleines Eldorado.

L. Börne über die Berliner

Von Dan bis gen *Berseba* (reichte Palästina). Nach Richter 20, 1

(Auch in Schillers Gedicht: Wunderseltsame Historia des berühmten Feldzuges usw., Anf.)

Berserkerwut.

Moderne Entlehnung aus nord. »berserkr«, was eigentlich Bärenkleid, dann einen in Bärenfell gekleideten Krieger bedeutet (altnord. »ber« = Bär, »serkr« = Kleid). Die ältere Edda (16,23 Simrock) spricht von »Berserkerschwärmen«.

Ce n'est plus le temps où *Berthe* filait.

(Die Zeiten sind vorbei, wo *Bertha* spann.) Sprichwort aus der franz. Schweiz, anspielend auf die burgund. Königin Bertha, Gemahlin Rudolfs II., die in Payerne am Genfer See um 950 eine Benediktinerabtei erbauen ließ und deren Andenken ihres häuslichen Wesens halber noch heute dort lebendig ist [auch in manchen Gegenden Deutschlands gebräuchlich]. Vgl. unter *Adam.*)

Die meisten Leute kennen nur einen *Beruf*, von dem sie – keinen, für den sie leben. Moritz Goldschmidt

Der wahre *Beruf* ist eine Stimme von innen.

Der Schweizer Erzähler Otto Wirz in »Gewalten eines Toren«

Der wahre *Beruf* des Menschen ist, · zu sich selbst zu kommen!

Hermann Hesse, Demian (1919)

'ist mein *Beruf*, Heinz! · 's ist einem Menschen nicht zu verargen, daß er in seinem *Berufe* arbeitet.

('t is my vocation, Hal: 't is no sin for a man to labour in his vocation.)

Falstaff in Shakespeare, König Heinrich IV. 1. Teil 1, 2

Viele sind *berufen*, aber wenige sind auserwählt. Matth. 16, 20 u. 22, 14

Man soll es nicht *berufen!*

Sprichwörtl. Redensart

Berühmt zu werden ist nicht schwer, · Man darf nur viel für kleine Geister schreiben.

Gellert, Fabeln: Der unsterbliche Autor

Ich erwachte eines Morgens und fand mich *berühmt*.

(I awoke one morning and found myself famous.)

Byron, Tagebuch, nach dem Erscheinen der ersten 2 Gesänge des Childe Harold 1812

Zu wenigen passen, ist ein nicht geringes Leiden, · Denn schwer ist, mit der Welt *Berührung* zu vermeiden.

Rückert, Weisheit des Brahmanen 4, 35

Ich *besaß* es doch einmal, · Was so köstlich ist!

Goethe, An den Mond (1786)

Beschäftigt, wie ich seh'? Ich will nicht stören.

Max in Schiller, Piccolomini 4, 83

Zur Beruhigung des Gemüts trägt angemessene *Beschäftigung* viel bei.

W. v. Humboldt, Briefe an eine Freundin, 33. Br.

Beschäftigung, die nie ermattet, · Die langsam schafft, doch nie zerstört, · Die zu dem Bau der Ewigkeiten · Zwar Sandkorn nur für Sandkorn reicht, · Doch von der großen Schuld der Zeiten · Minuten, Tage, Jahre streicht.

Schiller, Gedicht: Die Ideale

Auch die scheinbar niedrigste *Beschäftigung* kann durch den Geist, der sie belebt, geadelt werden.

Oskar v. Redwitz, Hymen (1885)

Wer seinen Freund *beschämt*, hat Menschenblut vergossen, · Das Blut, das sein Gesicht schamrötend überflossen.

Rückert, Weisheit des Brahmanen 16 (1837/39)

Wollest mit Freuden · Und wollest mit Leiden · Mich nicht überschütten! · Doch in der Mitten · Liegt holdes *Bescheiden*.

Mörike, Gebet; vgl. dazu Spr. Sal. 30, 8: Armut und Reichtum gib mir nicht usw.

Wer *bescheiden* ist, muß dulden, · Und wer frech ist, der muß leiden; · Also wirst du gleich verschulden, · Ob du frech seist, ob bescheiden.

Goethe, Epigrammatisch: Breit wie lang

Alle großen Männer sind *bescheiden*.

Lessing, Briefe, die neueste Literatur betreffend. Nr. 65

Wenn jemand *bescheiden* bleibt, nicht beim Lobe, sondern beim Tadel, dann ist er's.

Jean Paul, Hesperus (1795)

Nur die Lumpe sind *bescheiden*, Brave freuen sich der Tat.

Goethe, Ged.: Rechenschaft (1810)

Bescheidenheit ist der einzige Glanz, den man dem Ruhm hinzufügen darf.

Nach Duclos, Considérations sur les moeurs

Bescheidenheit ziemt dem Jüngling.

(Decet verecundum esse adulescentem.)

Plautus, Asinaria 5, 1, 6

Ziert *Bescheidenheit* den Jüngling, · Nicht verkenn er seinen Wert!

Graf in Grillparzer, Ahnfrau 1

Bescheidenheit bei mittelmäßigen Fähigkeiten ist bloße Ehrlichkeit: bei großen Talenten ist sie Heuchelei.

Schopenhauer, Parerga 2, Aphorismen 26

Bescheidenheit ist eine Zier, doch weiter kommt man ohne ihr.

Parodie der Grillparzerschen Verse

Bescheidenheit ist sein beschieden Teil. Famulus in Goethe, Faust 6659

Nun der *Bescheidenheit* genug!

Saladin in Lessing, Nathan der Weise 3, 5

Keiner *bescheidet* sich gern mit dem Teile, der ihm gebühret, · Und so habt ihr den Stoff immer und ewig zum Krieg.

Goethe, Vier Jahreszeiten Nr. 75

Was Gott *beschert*, bleibt unverwehrt! Philipp, Landgraf von Hessen

Genieße, was dir Gott *beschieden*, · Entbehre gern, was du nicht hast. · Ein jeder Stand hat seinen Frieden, · Ein jeder Stand hat seine Last.

Gellert, Zufriedenheit

Sich · *Beschränken* macht den Meister – und den Menschen.

L. Schefer, Laienbrevier, April 21

Derjenige, der sich mit Einsicht für *beschränkt* erklärt, ist der Vollkommenheit am nächsten.

Goethe, Sprüche in Prosa: Über Naturwissenschaft 5

Beschränkt und unerfahren, hält die Jugend · Sich für ein einzig auserwähltes Wesen, · Und alles über alle sich erlaubt.

Antonio in Goethes Torquato Tasso 2, 5

In der *Beschränkung* zeigt sich erst der Meister, · Und das Gesetz nur kann uns Freiheit geben.

Goethe, Epigrammatisch: Natur und Kunst

Fremde *Beschränkung* fesselt den Geist, die eigene lähmt ihn.

Börne, Gesammelte Schriften: Kritiken 16

Manches Herrliche der Welt · Ist in Krieg und Streit zerronnen; · Wer *beschützet* und erhält, · hat das schönste Los gewonnen.

Goethe, Gedichte zu Bildern

Was Große tun, *beschwatzen* gern die Kleinen.

Schiffshauptmann in Shakespeare, Was ihr wollt 1, 2

Kann er nicht jeden Schritt *beschwätzen*, · So ist der Schritt so gut als nicht geschehn.

Faust in Goethe, Faust 4151/52

Der, welcher wandelt diese Straße voll *Beschwerde*.

Figurierter Choral in Mozarts Zauberflöte (gegen Schluß)

Über die *Beschwerden* dieses Lebens · Schwatzt so mancher dumme Schnack.

A. d. Französ. des Pierre Gaveaux, Le petit Malelot (dtsch. v. C. Alex. Herklots, 1799). Goedecke Grundriß 1. Ausg. 2. Bd. S. 1093 zitiert: »Über ... Lebens · Klagt heutzutag so mancher arme Wicht.«

Beseligend war ihre Nähe, · Und alle Herzen wurden weit; · Doch eine Würde, eine Höhe · Entfernte die Vertraulichkeit.

Schiller, Gedichte: Das Mädchen aus der Fremde

In die Ecke, · *Besen!* Besen! · Seid's gewesen!

Goethe, Balladen: Der Zauberlehrling

Neue *Besen* kehren gut.

Freidank, Bescheidenheit Nr. 15

Die Hand, die samstags ihren *Besen* führt, · Wird sonntags dich am besten karessieren.

Erster Schüler in Goethe, Faust 844/45

Als ob er einen *Besenstiel* verschluckt hätte. Sprichwörtl. Redensart

Bis daß er steif wie'n *Besenstiel* · Am Marmortische lag.

J. V. v. Scheffel, Im schwarzen Walfisch

Verlangst du nicht nach einem *Besenstiele?*

Mephistopheles in Goethe, Faust 3835

Sich selbst bekriegen ist der schwerste Krieg, · Sich selbst *besiegen* ist der schönste Sieg.

Logau, Singgedichte

Du mußt siegen oder fallen: · *Besiegt* von einem, ist besiegt von allen!
Turandot in Schiller, Turandot 4, 4

Auch *Besiegte* faßt Wut bisweilen und Tapferkeit.
Tacitus, Agricola Kap. 37 (Walch)

Wehe den *Besiegten!*
(Vae victis!)
Brennus bei der Einnahme Roms im Jahre 390 v. Chr.

Besinnt sich der Bräutigam, besinnt sich auch die Braut.
Während der Kluge sich *besinnt,* besinnt sich auch der Dumme.
Sprichwörtlich

Besitz entscheidet alles in der Welt.
Chamisso, Tu es lieber nicht!

Nicht der *Besitz,* nur das Enthüllen, · Das leise Finden nur ist süß.
Tiedge, Urania 2

Besitz verlockt zur Sünde, und die Anhäufung von Reichtümern entsittlicht den Menschen; nur die einfache Arbeit gibt Glück und Zufriedenheit.
Graf Tolstoi

Du bist der *Besitz* aller, und du selbst besitzt alles.
Max Dauthendey (1867–1918)

Ich lieg' und *besitz':* – · Laßt mich schlafen!
Fafner in Wagners Siegfried 2

Sei im *Besitze,* und du wohnst im Recht, · Und heilig wird's die Menge dir bewahren.
Wallenstein in Schiller, Wallensteins Tod 1, 4

Viel besser, nie *besitzen,* als verlieren.
Kriemhild in Hebbel. Die Nibelungen 1, Der gehörnte Siegfried

Was du ererbt von deinen Vätern hast, · Erwirb es, um es zu *besitzen.*
Faust in Goethe, Faust 682/83

Die *Besitzenden* und die Habenichtse.
Diese Gegenüberstellung geht nach Büchmann (Hg. v. Dr. Roger Diener u. Josef Falkenberg, S. 262) auf Cervantes, Don Quijote (II, 20) zurück. – Die Bezeichnung »Habenichts« ist viel älter und reicht bis ins Mittelalter. Vgl. im Franz. den Kreuzfahrer Gauthier Senzaveir.

Was man nicht versteht, *besitzt* man nicht.
Goethe, Maximen u. Reflex. 2, Nr. 38

Wer *besitzt,* der lerne verlieren, · Wer im Glück ist, der lerne den Schmerz.
Chor in Schiller, Die Braut von Messina 2308/09

Ein *Besitztum* für immer!
(*Κτῆμα ἐς ἀεί!*)
Thukydides, B. 1, K. 22 (Müller

Das *Besondere* unterliegt ewig dem Allgemeinern; das Allgemeine hat ewig sich dem *Besondern* zu fügen.
Goethe, Maximen u. Reflex. 3, Nr. 34

Fürwahr! er dient euch auf *besondre* Weise.
Mephistopheles in Goethe, Faust 300

Wär' ich *besonnen,* hieß' ich nicht der Tell.
Tell in Schiller, Wilhelm Tell 3, 3

Am ersprießlichsten ist, um glücklich zu sein, · Der *besonnene* Sinn.
Sophokles, Antigone 1347/48 (Donner)

Daß aller Güter höchstes sei *Besonnenheit.*
Sophokles, Antigone 1050 (Donner)

Die höchste Krone des Helden ist die *Besonnenheit* mitten in Stürmen der Gegenwart.
Jean Paul, Dämmerungen (1809)

Der ist *besorgt* und aufgehoben.
Schiller, Der Gang nach dem Eisenhammer

Willst du *besser* sein als wir, · Lieber Freund, so wandre.
Goethe, Epigrammatisch, Perfektibilität

Ich bin *besser* als mein Ruf.
Maria in Schiller, Maria Stuart 3, 4

Besser spät als niemals.
(Potius sero, quam nunquam.)
Livius 4, 2, 11

Das sieht schon *besser* aus! · Man sieht doch wo und wie.
Schüler in Goethe, Faust 2037

Laßt uns *besser* werden; · Gleich wird's besser sein.
Overbeck, Trost für mancherlei Tränen (1781)

O hättest du vom Menschen *besser* stets gedacht, · Du hättest besser auch gehandelt.
Max in Schiller, Wallensteins Tod 2, 7

Ich könnte *besser* einen *Bessern* missen!
(I could have better spared a better man), Prinz Heinrich in Shakespeare, König Heinrich IV. 1. Teil 5, 4

Das *Bessere* ist der Feind des Guten.
Sprichwort

Das *bessere* Teil der Tapferkeit ist Vorsicht.
Shakespeare, König Heinrich IV. 1. Teil 5, 4

Meine *bessere* Hälfte (meine Frau).
(My better half.)
Nach Phil. Sidney, Arkadia (1580). Milton sagt: My dearer half (siehe unter *Hälfte*)

Das *Bessere* seh' ich und lob' ich, · Schlechterem folget das Herz.
Ovid, Metamorphosen 7, 20/21 (Voß)

Und kennst du *Besseres*, teile mir freundlich es mit, · Wenn nicht, benütze dies mit mir!
(Si quid novisti rectius istis, · Candidus imperti; si non, his utere mecum!)
Horaz, Episteln 1, 6, 67

Den *bessern* Gründen müssen gute weichen.
Brutus in Shakespeare, Cäsar 4, 3

Umändern kann sich niemand, *bessern* kann sich jeder.
Feuchtersleben, Aphorismen: Leben

Nichts *Bessers* weiß ich mir an Sonn- und Feiertagen · Als ein Gespräch von Krieg und Kriegsgeschrei.
Andrer Bürger in Goethe, Faust 860/61

Ein guter Mann wird stets das *Beßre* wählen.
Euripides, Iphig, in Aul. 587 (Schiller)

Oft büßt das Gute ein, wer *Beßres* sucht.
Albany in Shakespeare, König Lear 1, 4

Selten kommt was *Beßres*.
Zweiter Bürger in Shakespeare, König Richard III. 2, 3

Auf Erden nichts geschaffen ist, · Was hat *Bestand* für lange Frist.
Freidanks Bescheidenheit (um 1200)

Beständig ist kein Glück im Unbestand des Lebens · Als nach *Beständigem Beständigkeit* des Strebens.
Rückert, Weisheit des Brahmanen 16 (2), Nr. 67

Beständigkeit · Bricht Glückes Neid.
Abschatz, Poet. Übers. (1704) S. 189

Bestechung führt dich weiter nicht als Treu.
Wolsey in Shakespeare, König Heinrich VIII. 3, 2 (Tieck)

Das *Beste*, was du wissen kannst, · Darfst du den Buben doch nicht sagen.
Mephistopheles in Goethe, Faust 1840/41

Sicherlich, es muß das *Beste* · Irgendwo zu finden sein.
Hoffnung in Goethe, Faust 5439/40

Wenn es eine Freude ist, das Gute zu genießen, so ist es eine größere, das Bessere zu empfinden und in der Kunst ist das *Beste* gut genug.
Goethe, Ital. Reise 2, 3. März 1787

Für die Kinder (oder: die Jugend) ist das *Beste* grade gut genug!
Sprichwörtlich nach vorigem

Die *beste* aller (oder: der möglichen) Welten
nach Voltaires »Candide«: »Tout est pour le mieux dans le meilleur des mondes possibles.« Er verspottet damit einen Ausdruck in der »Theodicaea« (1, 8) des Philosophen Leibniz.

Der *Beste* wird immer ein Bester sein, · Auch wenn sich die Zeiten erneuen · Und nur wer selber kein echter Stein, · Hat die Feuer-Probe zu scheuen!
Börries von Münchhausen, Schloß in den Wiesen

Zwar sind sie an das *Beste* nicht gewöhnt, · Allein sie haben schrecklich viel gelesen.
Direktor in Goethe, Faust 45/46

Hoffen wir das *Beste*, lieber Leser.
Scherzhafte Redensart nach einer stehenden Redewendung in älteren Romanen

Was die *Besten* und nur die Besten unter den Zeitgenossen wünschen, das geschieht zwar auch, aber spät; denn da die Besten ihrer Zeit vorauseilen, so werden ihre Wünsche und Bedürfnisse erst die der Nachwelt. Doch was die Menge wünscht, geschieht bald.
Börne, Fragmente u. Aphorismen Nr. 24

Wer den *Besten* seiner Zeit genug · Getan, der hat gelebt für alle Zeiten.
Schiller, Wallensteins Lager: Prolog 48/49

Jemand zum *besten* haben.
(Das Beste als der ausgesetzte Preis beim Spiele; hier spottweise.)
Heyne, Wörterbuch

Wer sich den *Besten* glaubt, der hat sich selbst zum besten.
Rückert, Weisheit des Brahmanen 3 (1836/39)

Wer sich nicht selbst zum *besten* haben kann, der ist gewiß nicht von den Besten.
Goethe, Epigrammatisch: Meine Wahl

Alles zum *besten* kehren.
Nach Luthers Katechismus, Gebot 8 (1529)

Sein Haus *bestellen*. Nach Jes. 38, 1

*Best*gehaßter Mann.
Nach Bismarcks Rede im Preuß. Landtage v. 16. 1. 1874

Ein jeder wird *besteuert* nach Vermögen. Tell in Schiller, Wilhelm Tell 3, 1

Gib nur erst acht, die *Bestialität* · Wird sich gar herrlich offenbaren.
Mephistopheles in Goethe, Faust 2297/98

Du bist recht appetitlich oben anzuschauen, · Doch unten hin die *Bestie* macht mir Grauen.
Mephistopheles in Goethe, Faust 7146/47

Blonde *Bestie*.
Nietzsche, Zur Genealogie der Moral

Vielköpfige *Bestie*.
(Belua multorum capitum.)
Horaz, Epist. 1, 1, 76

La *Bête* humaine.
Titel eines Romanes v. Zola (1890)

Es ist *bestimmt* in Gottes Rat, · Daß man vom Liebsten, was man hat, · Muß scheiden.
Ernst Frh. v. Feuchtersleben. (Eigentlich lautet der Text: »Daß man, was man am liebsten hat, · Muß meiden.«) Siehe die Bemerkung unter *scheiden*.

Nichts ist der Menschheit so wichtig als ihre *Bestimmung* zu kennen: · Um zwölf Groschen Kurant wird sie bei mir jetzt verkauft.
Schiller, Xenien: Buchhändleranzeige

Wenn der *Bestohlne* nicht vermißt den Raub, · Sagt ihr's ihm nicht, so ist er nicht *bestohlen*.
(He that is robb'd, not wanting what is stolen, · Let him not know't, and he's not robb'd at all.)
Shakespeare, Othello 3, 3

Ich lass' einem jeden sein *Bestreben*, · Um auch nach meinem Sinn zu leben. Goethe, Zahme Xenien 4 Nr. 36

*Best*verleumdeter Mann
nannte sich O'Connell (1775–1847)

Langweiliger *Besuch* macht Zeit und Zimmer enger: · O Himmel, schütze mich vor jedem Müßiggänger.
Hagedorn, Epigramm. Gedichte: Wunsch

Seltner *Besuch* vermehrt die Freundschaft.
Arabisches Sprichwort

Gott segne den, der *Besuche* macht, und kurze Besuche.

Arabisches Sprichwort

Wer Pech angreift, (der) *besudelt* sich (damit). Jes. Sirach 13, 1

Bet und vertrau! Je größer die Not, je näher die Rettung!

J. H. Voß, Der 70. Geburtstag 39

Bete, als hülfe kein Arbeiten, arbeite, als hülfe kein *Beten*.

Sprichwörtlich

Fröhlich *beten*, herrlich wagen, · Gibt zur Kraft die Freudigkeit.

Jos. Frh. v. Eichendorff, Gebet 1810

Dem Himmel ist *beten* wollen auch beten.

Claudia in Lessing, Emilia Galotti 2, 6

Da hilft nun kein *Beten* mehr.

(Nay, that's past praying for.)
Falstaff in Shakespeare, König Heinrich IV. 1. Teil 2, 4 (Schlegel)

Was half, was half mein *Beten!* · Nun ist's nicht mehr vonnöten.

Bürger, Lenore

Verliere keine Zeit durch *Beten*.

(Nec tempora perde precando.)
Ovid, Metamorph. 11, 286

Beten ist in der Religion, was Denken in der Philosophie ist; der religiöse Sinn *betet*, wie das Denkorgan denkt. Novalis, Fragmente

Wenn du aber *betest* ...

Siehe unter *Kämmerlein*

Hast du zur Nacht *gebetet*, Desdemona?

(Have you prayed to-night, Desdemona?)
Othello in Shakespeare, Othello 5, 2

Und du, *Bethlehem* Ephrata, die du klein bist unter den Tausenden in Juda! Micha 5, 1

Ihr Kinderlein, kommet, o kommet doch all! · Zur Krippe her kommet in *Bethlehems* Stall.

Ch. v. Schmid, Die Kinder bei der Krippe

Das *Betragen* ist ein Spiegel, in welchem jeder sein Bild sieht.

Goethe, Maximen und Reflex. 5

Wer andere *betrogen* hat, · Wird dich gewiß betrügen, wenn's ihm dient.

Schefer, Laienbrevier, März 18

Man wird nie *betrogen*, man betrügt sich selbst. Goethe, Maximen u. Reflex. 6

Die Welt, die will *betrogen* sein.

Sebastian Brant, Narrenschiff (herausg. v. Zarncke) S. 65

Betrogene Betrüger.

Nathan in Lessing, Nathan der Weise 3, 7

Beherrsche diese Lüge! · *Betrogener*, betrüge.

Goethe, Westöstl. Diwan 4 (Tefkir Nameh) Nr. 21

Betrüglich sind die Güter dieser Erden.

Maria in Schiller, Maria Stuart 5, 6

Kind, was weinst du doch? Was rührt dein Herz mit *Betrübnis?*

Homer, Ilias 1, 362 (Voß)

Nur der *Betrug* entehrt, der Irrtum nie.

Lichtenberg, Auffrischung eines veralt. Gemäldes

Betrug war alles, Lug und Schein.

Siebel in Goethe, Faust 2333

Doch dünkt mich keine Sünde, den *betrügen*, · Der als ein falscher Spieler hofft zu siegen.

Diana in Shakespeare, Ende gut, alles gut 4, 2 (Tieck)

Die einzige Art zu *betrügen*, die zuweilen noch Erfolg hat, ist – offenherzig zu sein.

Börne, Fragmente u. Aphorismen Nr. 80

Gott wollen sie *betrügen* und die wahren Gläubigen; sich selbst betrügen sie und wissen es nicht.

Koran, Sure 2

Es ist unendlich schöner, sich zehnmal *betrügen* zu lassen, als einmal den Glauben an die Menschheit zu verlieren.

Heinr. Zschokke, Selbstbiographie

Will Rosine mich *betrügen,* · Muß sie schlau zu Werke gehn.

Doktor Bartolo im Barbier von Sevilla 2, 1 Nr. 11 Arie

Betrügen und betrogen werden; · Nichts ist gewöhnlicher auf Erden.

Joh. Gottfr. Seume, Gedichte: Verlangtes Gutachten

Nichts gibt ein größeres Vergnügen, · Als den *Betrüger* zu *betrügen.*

Ramler, Fabellese 4. Buch Nr. 87: Der Wolf und das Pferd (Schluß)

Die Kunst der Seher ist ein eitles Nichts, · *Betrüger* sind sie oder sind betrogen.

Isabella in Schiller, Die Braut von Messina 2372/73

Wenn auch des *Betrügers* Witz den Betrug nicht adelt, so adelt doch der Preis den *Betrüger.*

Fiesko in Schiller, Fiesko 3, 2

Oh, ich bin klug und weise, · Und mich *betrügt* man nicht.

Van Bett in Lortzing, Zar und Zimmermann 1, 4 u. 5

An *Betschwestern* · Erkenn ich alte Buhlerinnen ganz so sicher · Wie an den Scherben eingeschlagne Töpfe.

Don Juan in Chr. D. Grabbe, Don Juan u. Faust 3, 1.

Früh zu *Bett* und früh wieder auf · Macht gesund und reich im Kauf.

(Early to bed and early to rise makes a man healthy, wealthy and wise.)
Benj. Franklin, Der Weg zum Reichtum

Bettel · Hat langen Zettel!

Alter Spruch

Bettelei schmeckt wohl dem unverschämten Maul. Jes. Sir. 40, 32

Betteln ist besser als borgen.

Sprichwörtlich

Laß sie *betteln* gehn, wenn sie hungrig sind. Heine, Die Grenadiere

Zu *betteln* schäme ich mich.

Luk. 16, 3

Ein *Bettelsack* ist bodenlos.
An den *Bettelstab* kommen.

Sprichwörtlich

Lorbeerbaum und *Bettelstab.*

Titel eines Schauspiels von Karl v. Holtei

Wie man sich *bettet,* so liegt (oder: schläft) man. Sprichwörtlich

Nur *Bettler* wissen ihres Guts Betrag.

Julia in Shakespeare, Romeo und Julia 2, 6

Eine allzu reichliche Gabe lockt *Bettler* herbei, anstatt sie abzufertigen.

Goethe, Wahlverwandtschaften 1, 6

Kometen sieht man nicht, wenn *Bettler* sterben.

Calpurnia in Shakespeare, Jul. Cäsar 2, 2

Kommt ein *Bettler* auf den Gaul, · So wird er stolz wie König Saul.

Deutsches Sprichwort (Simrock)

Der wahre *Bettler* ist · Doch einzig und allein der wahre König!

Nathan in Lessing, Nathan der Weise 2, 9

Bettler sind Könige, und Könige sind Bettler.

Amalia in Schiller, Die Räuber 1, 3

Sich *beugen* ist keine Unehre, aber sich beugen lassen!

Spruch im Berliner Rathaus

Allen Gewalten · Zum Trotz sich erhalten, · Nimmer sich *beugen* . . .

Goethe, Gedichte: Sehnsucht

Wer die Folgen ängstlich zuvor erwägt, · Der *beugt* sich, wo die Gewalt sich regt.

A. v. Binzer, Stoßt an, 1817

Beunruhigungsbazillus.

Reichskanzler v. Caprivi im Dt. Reichstage, 27. Nov. 1891. Kultusminister von Zedlitz-Trützschler im Preuß. Abgeordnetenhause, 21. Jan. 1892

Arm am *Beutel,* krank am Herzen, · Schleppt' ich meine langen Tage.

Goethe, Gedichte: Der Schatzgräber

Wer den Daumen auf dem *Beutel* hat, hat die Macht.
Bismarck im Norddeutschen Reichstag, 16. April 1868

Tu Geld in deinen *Beutel!*
(Put money in thy purse!)
Jago in Shakespeare, Othello 1, 3

Ein schwerer *Beutel* · Macht leicht eitel. Abraham a Santa Clara

Schwer drückt ein voller *Beutel,* schwerer · Ein leerer.
Haug, Epigr. Spiele 3, 29

Ohne Not wird die *bewacht,* · die auf Untreu nie gedacht! · Nur vergebens wird bewacht, · Die auf Untreu hat gedacht.
Logau, Sinngedichte: Weiberhut

Sinnlos *bewaffn'* ich mich; · *Bewaffnet* was beginnen?
Vergil (Schillers Gedichte), Zerstörung v. Troja. Vgl. *Arma* amens capio

Gib mir einen Punkt, wo ich hintreten kann, und ich *bewege* die Erde! Archimedes

Und sie *bewegt* sich doch!
(Eppur si muove!)
Galilei, nachdem er zur Abschwörung seiner Lehre gezwungen worden war.

Wie der Sternenhimmel bin ich still und *bewegt.*
Hölderlin, Hyperion 2, 2

Bewegung heißt des Lebens Genius.
Jul. Hammer, Schau um dich usw. (1851), Inneres Glück

Was bedeutet die *Bewegung?*
Marianne v. Willemers (1784-1860). Gedicht in Goethes Buch Suleika des Westöstl. Diwans.

Himmel und Erde in *Bewegung* setzen.
Nach Haggai 2, 7 (vgl. 2, 22 u. Ebr. 12, 26).

Der *Bewegung* einen Schritt voraus sein.
In der Landtagssitzung vom 2. April 1848 äußerte sich Minister Arnim-Boytzenburg, daß es für die Regierung besser sei, den »Ereignissen um einen Schritt voranzugehen«

Einen Verlorenen zu *beweinen* ist auch männlich. Goethe, Egmont 2, 3

Du bebst vor allem, was nicht trifft, · Und was du nie verlierst, das mußt du stets *beweinen.*
Faust in Goethe, Faust 650/51

Ein Trost ist dennoch meinem Leid geblieben: · Ich gehe weinend, doch ich geh' *beweint.*
Griseldis in Fr. Halm, Griseldis 3, 4

Was zu *beweisen* war.
(Quod erat demonstrandum.)
Euklid, zirka 300 v. Chr., am Schlusse seiner Beweise

Wie groß die Schar der *Bewunderer,* so groß ist die der Neider.
Seneca, Abhandlungen (1829) S. 604 (Mohr)

Wir lieben immer die Menschen, die uns *bewundern,* aber nicht immer die, die wir bewundern.
La Rochefoucauld, Moralistes franç. S. 169 Nr. 294.

Bewundern ist und lieben eins beim Weib, · Der mehr *Bewunderte* ist mehr geliebt.
Jochai in Gutzkow, Uriel Acosta 1, 1

Bewundert viel und viel gescholten.
Helena in Goethe, Faust 8488

Bewunderung, die man erfährt, macht klein, Geringschätzung groß.
Gerhart Hauptmann (1862–1946), Aufzeichnungen

Bewußt siehe unter *Allwissend*

Genie ist *Bewußtsein* der Welt.
Hebbels Tagebücher

Mensch, *bezahle* deine Schulden!
Heine, Buch der Lieder: Die Heimkehr Nr. 38

Ich will *bezahlen,* wenn du König bist!
Marquis Posas Worte, wiedergegeben v. Carlos in Schiller, Don Carlos 1, 2

Was dir Menschen geben, mußt du *bezahlen* mit dem, was du hast, oder teurer mit dem, was du bist.
Börne, Vermischte Aufsätze 16: Über den Umgang mit Menschen

Wie die *Bezahlung*, so die Arbeit.
Sprichwörtlich

Bezwinge sich, wer meinen Schmerz gefühlt! Tell in Schiller, Wilhelm Tell 3, 3

Du großes Buch, du *Bibel* (Fels des Glaubens, sagt man), · Von Varianten voll und Doppelsinn, · Voll Weisheit und · voll sonderbarer Sprüche ...
Grabbe, Don Juan u. Faust 1, 2

Wie einer lieset in der *Bibel*, · So steht in seinem Haus der Giebel.
Luther bei Zinkgref, Apophth, 1. S. 179 (u. in J. Aurifabers Tischrede, Eisleben 1566, Bl. 626a)

Die *Bibel* ... Sie ist nicht etwa nur ein Volksbuch, sondern das Buch der Völker, weil sie die Schicksale eines Volkes zum Symbol aller übrigen aufstellt.
Goethe, Geschichte der Farbenlehre 2. Abt. 2. Abschnitt

Deshalb ist die *Bibel* ein ewig wirksames Buch, weil, solange die Welt steht, niemand auftreten und sagen wird: Ich begreife es im Ganzen und verstehe es im einzelnen. Wir aber sagen bescheiden: Im Ganzen ist es ehrwürdig und im einzelnen anwendbar.
Goethe, Maximen u. Reflex. 3

Auf der *Bidassoabrücke* · Brechen alte Wunden auf.
L. Uhland, Die Bidassoabrücke

Wer gar zu *bieder* ist, bleibt zwar ein redlich Mann, · Bleibt aber, wo er ist, kommt selten höher an.
Logau, Sinngedichte: Redlichkeit

Der Mann, der erst ein Schelm geworden, wird nie *bieder!* · Aus Wein wird Essig leicht, nie Wein aus Essig wieder.
Rückert, Weisheit des Brahmanen (16. Buch 1 Nr. 5).

Biedermaier, Biedermaierpoesie, Biedermaierzeit.
Bezeichnungen aus Ludw. Eichrodts und Adolf Kußmauls Biedermaiergedichten (Flieg. Blätter, 1855/57)

Ob du der Klügste seist: daran ist wenig gelegen, · Aber der *Biederste* sei, so wie bei Rate, zu Haus.
Goethe, Vier Jahreszeiten Nr. 89

Es muß *biegen* oder brechen.
Sprichwörtlich

Je prends mon *bien* où je le trouve.
(Ich nehme mein Eigentum, wo ich es finde.)
Soll von Molière stammen und lautet eigentlich: il m'est permis de reprendre mon bien où je le trouve, weil sich Cyrano von Bergerac einige Szenen von seinem Jugendfreunde Molière angeeignet hatte, die dieser dann mit obiger Begründung (in d. zweiten Fassung: reprendre) wieder in seine eigenen Stücke aufnahm. Im übrigen ist es wohl nur eine Übersetzung des alten Rechtssatzes: Ubi rem meam invenio ibi vindico, der auf L. 6 Dig. »De rei vindicatione« 1, 9 beruht: Ubi enim probavi rem meam esse, necesse habebit possessor restituere.

Der *Bien* muß.
Wilhelm Camphausen hat in den Düsseldorfer Monatsheften (1849) eine alte Anekdote illustriert von einem russischen Aufschneider, der erzählt, in seinem Vaterlande hätten die Bienen die Größe eines Schafes. Befragt, wie sie denn in die Bienenkörbe hineinkämen, antwortete er: »Der Bien muß!« Nach Lipperheide, Spruchwörterbuch (3. Aufl. Berlin 1934, S. 68) möglicherweise aus Offenbacher Lokalhumor entstanden.

»*Bienchen!*« spricht die Gärtnerin, · Die sie bei der Arbeit trifft: · »Manche Blume hat doch Gift. · Und du saugst aus allen Blumen?« · »Ja«, sagt sie zur Gärtnerin, · »Ja, das Gift laß ich darin.«
Ramler, Fabellese 1. Buch: Die Gärtnerin und die Biene

Aus der Blume, aus der die *Biene* Honig saugt, saugt die Spinne Gift.
Sprichwörtlich

Mein Herz war (ist) wie ein *Bienenhaus.*
Simrocks Gedicht »Weisel«, wurde später verändert, erweitert und komponiert von H. Seifert, G. Steffens u. a.

Sie sind voll Honig, die Blumen; · Aber die *Biene* nur findet die Süßigkeit aus.
Goethe, Der neue Pausias und sein Blumenmädchen

Hei, bayrisch *Bier*, ein guter Schluck, · Sollt mir gar köstlich munden! Uhland, Roland Schildträger

Ein starkes *Bier*, ein beizender Tobak, · Und meine Magd im Putz, das ist nun mein Geschmack.
Schüler in Goethe, Faust 830/31

Ist das *Bier* im Manne, · Ist der Verstand in der Kanne. Sprichwort

Das *Bier*, das nicht getrunken wird, hat seinen Beruf verfehlt.
Meyer-Breslau im Preuß. Abgeordnetenhause, 21. Jan. 1880

Bier auf Wein, das laß sein, · Wein auf Bier, das rat' ich dir.
Wartburg-Sprüche

Ich hab den ganzen Vormittag · Auf meiner Kneip' studiert! · Drum sei nun auch der Nachmittag · Dem *Bierstoff* dediziert!
Studentenlied (1820), Strophe 2 u. 3 von Joach. Periner (1794)

Es wird bei uns Deutschen mit wenig so viel Zeit totgeschlagen wie mit *Biertrinken.*
Bismarck im Deutschen Reichstage, 28. März 1881

Bieten und Wiederbieten macht den Kauf. Sprichwörtlich

Lasset uns Menschen machen, ein *Bild*, das uns gleich sei. 1. Mos. 1, 26

Rrr! ein ander *Bild!*
A. Glaßbrenner (Brennglas) in Berlin, wie es ist und – trinkt

Ihr *Bild* ist sie doch nicht selber.
Der Prinz in Lessing, Emilia Galotti 1, 3

Ein *Bild* ist alles nur, was denkt und lebt. Herbert Eulenberg, Cassandra

Gott schuf den Menschen ihm zum *Bilde*, zum Bilde Gottes schuf er ihn. 1. Mos. 1, 27

Was im Leben uns verdrießt, · Man im *Bilde* gern genießt.
Goethe, Motto zur Abteilung »Parabolisch«

Hand vom *Bilde!*
(Manum de tabula!)
Nach Apelles (308 v. Chr.)

Bilde, Künstler! rede nicht!
Goethe, Motto zur Abt. »Kunst«

In bunten *Bildern* wenig Klarheit, · Viel Irrtum und ein Fünkchen Wahrheit.
Lustige Person in Goethe, Faust 170/71

Es *bildet* ein Talent sich in der Stille. Leonore in Goethe, Tasso 1, 2

Dies *Bildnis* ist bezaubernd schön, · Wie noch kein Auge je gesehn!
Tamino in Mozart-Schikaneders Zauberflöte 1, 3

Der wahrhaften, auf sich selber ruhenden Größe gefallen nicht *Bildsäulen*, von der Mitwelt errichtet, oder der Beiname des Großen und der schreiende Beifall und die Lobpreisungen der Menge.
J. G. Fichte, Reden an die deutsche Nation (1808, Rede 13)

Das Leben ist die wahre Schule der *Bildung*, nicht das Buch.
Michael Enk

Bildung kann die Zucht verfeinern, aber nicht ersetzen.
Oswald Spengler, Untergang des Abendlandes

Bildung macht frei!
Wahlspruch des Buchhändlers Joseph Meyer (1796–1856)

Die *Bildung* ist für die Glücklichen eine Zierde, für die Unglücklichen eine Zuflucht.
Demokrit, Fragmente 180

Wenn *Bildung* frei macht, so will der Deutsche seine Bildung dazu auch so billig als möglich haben.
Wilhelm Raabe, Gutmanns Reisen (1892)

Bildungsfanatiker.
Wird bisweilen ein Mensch genannt, der dem Schul- bzw. Buchwissen zu großen Wert beimißt

Bildungsphilister.
Von Rudolf Haym stammendes Wort, das Friedrich Nietzsche populär machte durch seine Streitschrift »David Strauß, Der Bekenner und der Schriftsteller« (1873)

Bildungsprotz.
Scherzhafte oder abfällige Bezeichnung für einen Menschen, der mit seinem Schul- und Buchwissen prunkt

Ohne Wahl verteilt die Gaben, · Ohne *Billigkeit* das Glück.
Schiller, Das Siegesfest (1804)

Auf *Billigung* der Menschen muß man nicht rechnen. Sie errichten heute Ehrensäulen und brauchen morgen den Ostrazismus für den nämlichen Mann und für die nämliche Tat.
Seume, Spaziergang nach Syrakus: Einleitung

Ich *bin* nicht, was ich bin.
(I am not what I am.)
Jago in Shakespeare, Othello 1, 1

Drum prüfe, wer sich ewig *bindet*, · Ob sich das Herz zum Herzen findet! Schiller, Das Lied von der Glocke

Es löst der Mensch nicht, was der Himmel *bindet.*
Don Manuel in Schiller, Die Braut von Messina 1547

Die *Binschgauer* wollten wallfahrten gehn.
Tiroler Volkslied (Strophe 2 u. 3 aus neuerer Zeit, Melodie seit 1820)

Binsenwahrheiten aussprechen.
Sprichw. Redensart (vgl. Jugenderinnerungen eines alten Arztes, von Adolf Kußmaul, 1822–1902, Stuttgart 1903, wonach ein beschränkter Bauernjunge eine Art Binsenhalme zum Pfeifenreinigen an die Heidelberger Studenten verkaufte. Man nannte danach Binsenwahrheiten solche, die sogar der Binsenbub verstand).

Es gingen drei Jäger wohl auf die *Birsch.* Uhland, Der weiße Hirsch, 1811

Bis dat, qui cito dat.
(Doppelt gibt, wer gleich gibt.)
Inopi beneficium bis dat, qui dat celeriter.
Publilius Syrus, Sent. 320

Kaum hat mal einer ein *bissel* was, · Gleich gibt es welche, die ärgert das. Wilh. Busch, Fips, der Affe 8

Harte *Bissen* gibt es zu kauen.
Goethe, Sprüche in Reimen: Sprichwörtlich (siehe unter *Brei*)

Man soll den *Bissen* nicht größer machen, als der Mund ist.
Sprichwort

Gewährt mir die *Bitte*,
siehe unter *Bunde*

Man soll nicht *bitten*, wo man nichts nehmen kann. Sprichwörtlich

Bitter im Mund · Ist dem Herzen (Magen) gesund. Sprichwörtlich

Hier fühl' ich, daß ich *bitter* werde.
Carlos in Schiller, Don Carlos 1, 2

Du *bitterböser* Friederich
nennt man ein tierquälendes Kind nach dem *Struwwelpeter* (s. d.)

Bittet, so wird euch gegeben.
Matth. 7, 7, u. Luk. 11, 9

Durch Wermut wird das *Bittre* nicht versüßt.
Chamisso, Salas y Gomez: Die letzte Schiefertafel

Bittschriften! nichts als Bittschriften! siehe unter *Klagen*

If reasons were as plenty as *blackberries.*
(Wenn Gründe so gemein wie Brombeeren wären.)
Falstaff in Shakespeare, Heinrich IV. 1, 2, 4

Blamier mich nicht, mein schönes Kind, · Und grüß mich nicht unter den Linden; · Wenn wir nachher zu Hause sind, · Wird sich schon alles finden.
Heine, Buch der Lieder: Zur Heimkehr

Und es kommt der Gott der Esse... · Und er lehrt die Kunst der Zange · Und der *Blasebälge* Zug.
Schiller, Das eleusische Fest

Mein Gehirn · Treibt öfters wunderbare *Blasen* auf.
Carlos in Schiller, Don Carlos 2, 8

Das ist ja die Gustel von *Blasewitz*.
Der erste Jäger in Schiller, Wallensteins Lager 5 (Vgl. unter *Blitz*).

Du bist *blaß*, Luise?
Ferdinand in Schiller, Kabale und Liebe 1, 4

Die *Blaßgesichter* sind die Herren der Erde, und die Zeit der Rothäute ist noch nicht wiedergekommen.
J. F. Cooper, Der Letzte der Mohikaner

Bläst der Wind aus der Ecke?
Falstaff in Shakespeare, König Heinrich IV. 1. Teil 3, 3

Kein *Blatt* vor den Mund nehmen.
Eine freie, offene Rede führen. »Frisch (frei) von der Leber weg.« In Francisis »Sittenspiegel« kommt die Stelle vor: »Ehe die Komödianten die Masken erfanden, haben sie das Gesicht mit Feigenblättern verstellt und also ihre Stichelreden vorgebracht.«

Zwischen mich und mein Volk soll sich kein *Blatt* Papier drängen.
Fälschlich Friedrich Wilhelm IV. von Preußen zugeschriebene Stelle aus seiner Thronrede vom 11. April 1847; in Wirklichkeit sagte der König, er werde nicht zugeben, »daß sich zwischen unseren Herr Gott im Himmel und dieses Land ein beschriebenes Blatt, gleichsam als eine zweite Vorsehung, eindränge«.

Ein unbeschriebenes *Blatt*.
Nach Aristoteles De anima 3, 4, u. Alexander aus Aphrodisias

Wenn die *Blätter* fallen · In des Jahres Kreise, · Wenn zum Grabe wallen · Entnervte Greise...
Chor (Berengar) in Schiller, Braut von Messina 6, 4

Es rauscht im *Blätterwald* (der Presse).
Redensart

Blaubart.
Ein Mann, der mehrere Frauen nacheinander heiratet. Nach einer Sage, die französischen Ursprungs ist und eine geschichtliche Grundlage haben soll. Nach dieser Sage tötet der Ritter Raoul seine sechs Frauen wegen ihres Ungehorsams und ihrer Neugierde.

Er lügt das *Blaue* vom Himmel herunter.
Sprichwörtl. Redensart

Mancher schießt ins *Blaue* hinein und trifft das Schwarze.
Sprichwörtlich

Die *blaue* Blume (der Romantik).
In dem Roman »Heinrich von Ofterdingen« des Romantikers Novalis (1802) heißt es (1. Kap.): »... fern ab liegt mir alle Habsucht: aber die blaue Blume sehn' ich mich zu erblicken.« Vgl. Jakob Grimm, Deutsche Mythologie 1854, S. 1152.

Einen *blauen* Montag oder *Blaumontag* machen.
Ursprünglich wurde nur der letzte Montag im Fasching Blaumontag genannt; an diesem Tage wurde, was auch heute noch üblich ist, nicht gearbeitet. Den Namen erhielt er von der nahenden Fastenzeit, in der die Kirchen mit blauem Tuch behängt waren. Vgl. auch bei *Montag*.

Blaustrumpf = bas bleu, blue stocking
Im Hause der Engländerin Vesey in Bath soll sich in der zweiten Hälfte des vorigen Jahrhunderts eine Gesellschaft versammelt haben, die sich hauptsächlich mit Kunst und Wissenschaft beschäftigte. Der Hauptwortführer soll der Gelehrte Stillingfleet gewesen sein, der stets blaue Kniestrümpfe trug. Dieser Umstand soll dem niederländischen Admiral Boscawen zu einer spöttischen Bemerkung über die »Blaustrumpfgesellschaft« Anlaß gegeben haben. Auch wird behauptet, daß die anwesenden Damen stets blaue Strümpfe trugen. Zu Anfang des Jahrhunderts und bisweilen noch heute scherzhaft für ausschließlich geistig interessierte und schaffende Frauen gebraucht. Nach Heynes Wörterbuch in älterer Zeit Schimpfwort für blaue Strümpfe tragende Büttel und Schergen.

Es liegt einem etwas wie *Blei* im Magen oder in den Gliedern.
Sprichwörtl. Redensart

Hier bin ich und hier *bleibe* ich!
(J'y suis et j'y reste!)
soll Mac Mahon am 8. Sept. 1855 auf dem erstürmten Malakoff gesagt haben. Büchmann »Geflügelte Worte« (Hrg. v. Dr. Roger Diener und Josef Falkenberg, S. 319) hegt starken Zweifel.

Max, *bleibe* bei mir! Geh nicht von mir, Max!
Wallenstein in Schiller, Wallensteins Tod 3, 18

Bleibe im Lande und nähre dich redlich! Psalm 37, 3

Bleibe nicht am Boden heften! · Frisch gewagt und frisch hinaus!
Goethe, Wanderlied

Es kann ja nicht immer so *bleiben* · Hier unter dem wechselnden Mond! Kotzebue, Trost beim Scheiden
(Den Schluß siehe unter *fröhlich*)

Das Reich muß uns doch *bleiben*.
Luther, Kirchenlied: Ein feste Burg

Wir welle *bleiwe* wat wir sin.
Eine Stelle des Luxemburger Nationalliedes »Der Feuerwagen«. Bekannter wurde dieses Zitat durch Adolf von Nassau während seiner kurzen Regentschaft in Luxemburg, April 1889, der es in seiner Antrittsrede anwandte.

Die Person wird dahingerafft, die Sache *bleibt*.
(Eripitur persona, manet res.)
Lukrez 3, 57

Blendwerk der Hölle.
Don Cäsar in Schiller, Braut von Messina 3, 4 (vgl. Fiesko 5, 12: Spiegelfechterei der Hölle)

Ich kann den *Blick* nicht von euch wenden, · Ich muß euch anschaun immerdar.
Freiligrath, Die Auswanderer (1832)

Kann der *Blick* nicht überzeugen, · Überred't die Lippe nicht.
Berta in Grillparzer, Ahnfrau 2

Blick ich umher in diesem edlen Kreise, · Welch hoher Anblick macht mein Herz erglühn!
Wolfram in Wagner, Tannhäuser 2, 4

Einen *Blick*, geliebtes Leben! · Und ich bin belohnt genung.
Goethe, Mit einem gemalten Bande

Ein *Blick* von dir, ein Wort mehr unterhält · Als alle Weisheit dieser Welt. Faust in Goethe, Faust 3079/80

Blick in dein eigenes Herz
siehe unter *erkennen*

Das läßt tief *blicken!*
Adolf Sabor im Reichstage, 17. Dez. 1884

Bartigularist *Bliemchen* aus Dräsen.
Stehende Figur, von G. Schumann in zahlreichen Schriften verwendet. Sächsisch

Bliemchenkaffee (Blümchenkaffee).
Scherzhafte Bezeichnung für sehr dünnen Kaffee. Er wäre – heißt es – so dünn, daß man in der gefüllten Tasse die Blümchen des Tassengrundes sehen könne.
Sächsisch

Oh, du bist *blind* mit deinen sehenden Augen!
Illo in Schiller, Wallensteins Tod 2, 3 (nach Matth. 13, 3; Ps. 115, 5)

Seit ich ihn gesehen, · Glaub' ich *blind* zu sein; · Wo ich hin nur blicke, · Seh' ich ihn allein.
Chamisso, Frauenliebe und -leben 1

Die Menschen sind im ganzen Leben *blind*.
Die Sorge in Goethe, Faust 11497

Ein *blind* Huhn findet auch wohl ein Korn.
Rollenhagen, Froschmeuseler 1. Buch 2. Teil 14. Kap. 74

Blinde Hessen! Sprichwörtlich
Einige leiten diesen Ausdruck her von der Tapferkeit der Hessen im Kampfe, wo sie blindlings dreinschlugen, andere von der blinden Vertrauensseligkeit, mit der sie sich von ihrem »Landesvater« an die Engländer verkaufen ließen, um gegen die Nordamerikaner zu kämpfen.

Unter den *Blinden* ist der Einäugige König. Sprichwort

Wenn der *Blinde* den Blinden führt, so fallen beide in die Grube.
Sprichwörtlich nach Matth. 15, 34

O über die *Blinden*, die nicht sehen wollen!
Das Fräulein in Lessing, Minna von Barnhelm 5, 12

Die *Blinden* in Genua kennen meinen Tritt. Fiesko in Schiller, Fiesko 1, 9

Die *Blinden* sehen. Matth. 11, 5

Das sieht ein *Blinder*.
(Apparet id etiam caeco.)
Sprichwort (nach Livius 32, 34, 3)

Blinder Heide.
Nach Eph. 4, 17/18; vgl. Röm. 11, 25

Blinder Eifer schadet nur.
Lichtwer, Fabeln, 1. Buch, Nr. 21, Die Katzen und der Hausherr

Meine *Blindheit* gib mir wieder · Und den fröhlich dunklen Sinn.
Schiller, Gedichte: Kassandra

Mit *Blindheit* geschlagen.
Sprichw. Redensart. 1. Mos. 19, 11

Schelmenauge, *blinzle* nicht!
S. unter *Schelmenauge*

Es kommt wie der *Blitz* aus heiterm Himmel. Sprichwörtlich

Was? Der *Blitz!* · Das ist ja die Gustel von Blasewitz.
Erster Jäger in Schiller, Wallensteins Lager 5. Auftritt

Dem Himmel entriß er den *Blitz* und das Zepter den Herrschern.
An Franklins Bildsäule

Der *Blocksberg*, wie der deutsche Parnaß · Hat gar einen breiten Gipfel.
Ci-devant Genius der Zeit in Goethe, Faust 4317/18

Nur greift mir zu und seid nicht *blöde!*
Mephistopheles in Goethe, Faust 1764

Ein Mann, der liebt, darf nicht zu *blöde* sein, · Abschreckend stets ist zuviel *Blödigkeit*.
Bodenstedt, Lieder des Mirza-Schaffy: Vermischte Gedichte und Sprüche 16

Er geht drauf wie *Blücher* (unerschrocken). Sprichwörtl. Redensart

Blühe, liebes Veilchen, · Das ich selbst erzog, · Blühe noch ein Weilchen, · Werde schöner noch!
Christ. Ad. Overbeck, Der Knabe an ein Veilchen

Blühen und grünen. Nach Jes. 27, 6

Es blüht ein *Blümchen* irgendwo · In einem stillen Tal.
Bürger, Das Blümchen Wunderhold. Vgl. bei *Wunderhold*

Die *Blume* verblüht, · Die Frucht muß treiben.
Schiller, Das Lied von der Glocke

Die *Blume* ist hinweg aus meinem Leben.
Wallenstein in Schiller, Wallensteins Tod 5, 3

Du bist wie eine *Blume*, · So schön, so hold, so rein. Heine, Heimkehr 49

Durch die *Blume* (oder: verblümt) sprechen. Sprichwörtlich

Kleine *Blumen*, kleine Blätter.
Goethes Gedicht »Mit einem gemalten Bande« 1775

Wer hat die *Blumen* nur erdacht?
Wilh. Hey 1833

Der *Blumen* Rache.
Titel eines Gedichtes v. Freiligrath

Blumen, die der Lenz geboren.
Schiller, Der Jüngling am Bache

Blumen sind an jedem Weg zu finden, · Doch nicht jeder weiß den Kranz zu winden.
Anastasius Grün, Sprüche Nr. 2

Doch an *Blumen* fehlt's im Revier, · Sie (die Sonne, auch wird zitiert: man) nimmt geputzte Menschen dafür. Faust in Goethe, Faust 914/15

Willkommen, schöner Jüngling, · Du Wonne der Natur! · Mit deinem *Blumenkörbchen*, · Willkommen auf der Flur.
Schiller, An den Frühling (1782)

Ich kenn' ein *Blümlein* Wunderschön · Und trage danach Verlangen.

Goethe, Das Blümlein Wunderschön

Blut, sagt man, fordert Blut.

Macbeth in Schiller, Macbeth 3, 9

Blut ist ein ganz besondrer Saft.

Mephistopheles in Goethe, Faust 1740

Blut ist dicker als Wasser.

Altes Sprichwort (mehrmals angewandt von Kaiser Wilhelm II.)

Bis aufs *Blut.* Nach Hebr. 12, 4

Des Menschen Leben lebt im *Blut,* und wo · Bewegt das Blut sich wie im Jüngling so? · Das ist lebendig Blut in frischer Kraft, · Das neues Leben sich aus Leben schafft.

Bakkalaureus in Goethe, Faust 6776/79

Blut: »Sinnbild des Lebendigen«.

Oswald Spengler, Untergang des Abendlandes

Mit Reden und Schützenfesten und Liedern macht die Politik sich nicht, sie macht sich nur durch *Blut* und Eisen.

Bismarck am 28. Jan. 1886, einen Gedanken aufnehmend, den er in der Parlamentsrede v. 30. Sept. 1862 bereits einmal geäußert hatte

Es gibt das Herz, das *Blut* sich zu erkennen.

Stauffacher in Schiller, Wilhelm Tell 2, 2

Blut, du behältst dein Recht; · Schreibt »guter Engel!« auf des Teufels Hörner, · Drum ward's noch nicht sein Wappenschmuck.

Angelo in Shakespeare, Maß für Maß 2, 4

Blut- und Bodendichtung.

Sammelbegriff für im nationalsozialistischen Mythus von »*Blut* und Boden» verwurzelte Literatur

Ich habe nichts zu bieten als *Blut,* Schweiß und Tränen.

(I have nothing to offer but blood, toil, tears and sweat).
Winston Churchill in seiner Unterhausrede vom 13. 5. 1940

Nicht läßt von der Haut, · Bis *Blut* ihn geschwellt, der *Blutegel.*

(Non missura cutem nisi plena cruoris hirudo). Horaz, Ars poet. 476

Das ist ein fremder Tropfen in meinem *Blute.*

Egmont in Goethe, Egmont 2 am Ende

Mädchen sind wie Rosen, kaum entfaltet, · Ist ihre holde *Blüte* schon veraltet.

(Women are as roses, whose fair flower, · Being once display'd, doth fall that very hour.)
Herzog in Shakespeare, Was ihr wollt 2, 4

In meiner Sünden *Blüte* (hingerafft).

Geist in Shakespeare, Hamlet 1, 5 (vgl. 3, 3)

Alle *Blüten* müssen vergehn, daß Früchte beglücken; · Blüten und Frucht zugleich gebet ihr Musen allein. Goethe, Vier Jahreszeiten

Kehre wieder, · Holdes *Blütenalter* der Natur!

Schiller, Die Götter Griechenlands

Weil nicht alle *Blütenträume* reiften?

Goethes Gedicht, Prometheus (1774)

Blutgeld. Amos 5, 12; Matth. 27, 6

Dies *Blutgericht* soll ohne Beispiel sein. König in Schiller, Don Carlos 1, 6

Schmach bringt allein die Schuld und nicht das *Blutgerüst.*

Essex in Thomas Corneille, Graf Essex 4, 3

Wer dem Arbeiter seinen Lohn nicht gibt, der ist ein *Bluthund.*

Sirach 34, 37 (vgl. 2. Sam. 16, 7/8, wo David ein *Bluthund* genannt wird)

Was *blutig* anfing mit Verrat und Mord, · Das setzt sich auch durch *blutige* Taten fort.

Macbeth in Schiller, Macbeth 3, 5

Blutige Witze.

Sprichwörtl. Redensart für Kalauer Nach Karl Gerok, Palmblätter: »Ave Caesar, morituri te salutant«, wo es aber in bitterernstem Sinne gemeint ist: der Pöbel kürzt die Zeit mit blutigen Witzen.

Blutschuld. Hosea 4, 2

Den *Bock* zum Gärtner setzen.
Sprichwort

Einen *Bock* schießen.
Sprichwörtl. Redensart

Der *Bock* stößt eigensinnige Kinder (wenn sie unaufhörlich weinen).
Sprichwörtlich

Die *Böcke* zur Linken, (die Schafe zur Rechten). Nach Matth. 25, 32/33

Danach die Redensart:

Die *Böcke* von den Schafen sondern.

Einen ins *Bockshorn* jagen.
Sprichwörtl. Redensart

Wo du *Boden* findest, da streu auf den Boden was Gutes. Lavater

Der große Baum braucht überall viel *Boden;* · Und mehrere, zu nah gepflanzt, zerschlagen sich nur die Äste.

Nathan in G. E. Lessing, Nathan der Weise 2, 5

Vom Reiter über den *Bodensee*
sprechen wir bei einem großen Schrecken, den wir nach unbewußt überstandener Gefahr empfinden. Nach dem Gedicht von G. Schwab, Der Reiter und der Bodensee.

So guten *Bogen* gibt es nicht, · Der überspannt und nicht zerbricht.
Freidanks Bescheidenheit (um 1200)

Allzu straff gespannt zerspringt der *Bogen.*
Rudenz in Schiller, Wilhelm Tell 3, 3

Tief im *Böhmerwald,* da liegt mein Heimatort. Volkslied

Das sind mir *böhmische* Dörfer (ich verstehe davon durchaus nichts).

Sprichwörtl. Redensart, die sich auf die für deutsche Zungen unaussprechlichen Namen tschechischer Ortschaften beziehen soll (vgl. dazu unter *Potemkin*)

Nicht die *Bohne* wert.
Sprichwörtl. Redensart

Welch Lob verdient die *Bohne,* · Daß man im Liede rühmen soll · Die grobe Fastenspeise?

Walther v. d. Vogelweide: Das Bohnenlied. (Als Entgegnung auf den Vorwurf eines anderen Dichters, daß ein Gedicht Walthers nicht die *Bohne* wert sei.)

Das geht schon (noch) übers *Bohnenlied.*

Im Jahre 1522 verfaßte Nikolaus Manuel Deutsch in Bern eine beißende Satire wider Papst und Ablaßwesen. Es war ein Gedicht, das »Bohnenlied« hieß. Und die zitierte Redensart will eben sagen, daß dieses oder jenes selbst ein Bohnenlied übertreffe. Nach Heynes Wörterbuch ist Bohnenlied eine Liedart, die Ungehörigkeiten aller Art aufzählt. Vgl. dazu das Bohnenlied mit dem Refrain: Nun gang mir auß den bonen! Uhland, Nr. 235, Böhme, Nr. 362a. J. Kürschners Deutsche Nationalliteratur, Bd. 13, S. 147.

Mancher ist grob wie *Bohnenstroh* (oder dumm). Sprichwörtlich

Seht, da ist die Witwe *Bolte,* · Die das auch nicht gerne wollte.
Wilh. Busch, Max u. Moritz (1865)

Achtung! Die *Bombe* platzt!
(in Erwartung von irgend etwas)
Sprichwörtl. Redensart

Ein *Bombengeschäft machen – bombensicheren* Verdienst haben.
Sprichwörtl. Redensart

I stay here on my *bond.*

(Ich steh' hier auf meinen Schein.)
Shylock in Shakespeare, Der Kaufmann von Venedig 4, 1

Bondage is hoarse, siehe *Abhängigkeit*

Ein guter Servatius · Bringt einen guten *Bonifatius* (5. Juni).
Bauernregel

Mann über *Bord!*
Etwas über *Bord* werfen.
Aus der Seemannssprache

Wer eilet zu sei'm Verderb, · Der *borge* Geld und kauf ein Erb.

Rollenhagen, Froschmeuseler 1. Buch 2. Teil 14. Kap. 243/44

Borgen und Schmausen · Endet mit Grausen. Sprichwörtlich

Man muß nicht *borgen,* wenn man nicht wiederzugeben weiß.

Tellheim in Lessing, Minna v. Barnhelm 3, 7

Borgen ist · Viel besser nicht als betteln: so wie leihen, · Auf Wucher leihen, nicht viel besser ist · Als stehlen.
Al-Hafi in Lessing, Nathan der Weise 2, 9

Kein *Borger* sei und auch kein Verleiher nicht; · Sich und den Freund verliert das Darlehn oft, · Und borgen stumpft der Wirtschaft Spitze ab.
Polonius in Shakespeare, Hamlet 1, 3

Solang der Wirt nur weiter *borgt,* · Sind sie vergnügt und unbesorgt.
Mephistopheles in Goethe, Faust 2166/67

Saget nicht, daß ich verirrt bin! · Bin ich doch, wo mir's behagt. · *Borgt* der Wirt nicht, borgt die Wirtin, · Und am Ende borgt die Magd.
Trunkener in Goethe, Faust 5279/82

Zwischen Baum und *Borke* sitzen (unschlüssig sein). Sprichwörtlich

Wir alle sind so *borniert,* daß wir immer glauben, recht zu haben.
Goethe, Maximen u. Reflexionen 3

Je *bornierter* einer ist, je intoleranter ist er.
Prälat Dr. Engelbert L. Fischer, Der Großgeist (1908)

Es ist schimpflich, eine volle *Börse* zu leeren; es ist frech, eine Million zu veruntreuen; aber es ist namenlos groß, eine Krone zu stehlen.
Fiesko in Schiller, Fiesko 3, 2

O Gott, es war nicht *bös* gemeint.
Freiligrath, O lieb, solang du lieben kannst!

Der Schneeball und das *böse* Wort, · Sie wachsen, wie sie rollen, fort. · Eine Handvoll wirf zum Tor heraus, · Ein Berg wird's vor des Nachbars Haus.
Wilh. Müller, Epigramme 1. H. Nr. 71: Der Schneeball

Der *böse* Geist Asmodi.
Nach Tob. 3, 8

In müßiger Weile schafft der *böse* Geist.
Paulet in Schiller, Maria Stuart 1, 1

Ein Teil von jener Kraft, · Die stets das *Böse* will und stets das Gute schafft.
Mephistopheles in Goethe, Faust 1336/37

Das *Böse* ist des Menschen beste Kraft.
Friedr. Nietzsche, Also sprach Zarathustra

Böse Früchte trägt die böse Saat.
Chor in Schiller, Die Braut von Messina 957/58

Das Gute – dieser Satz steht fest – · Ist stets das *Böse,* was man läßt.
Wilh. Busch, Die fromme Helene (1872)

Das *Böse* lernt sich leicht, das Gute schwer. Chinesischer Spruch

Eine *böse* Sieben.
Ein zänkisches Weib. Man leitet es ab vom Vaterunser, dessen siebente Bitte ist: erlöse uns von dem Übel. Vielleicht jedoch stammt dieser Ausdruck von einem Kartenspiel dieses Namens her, das vor der Reformation in Brauch war und dessen Figuren nach dem Papst und andern Personen benannt waren. Für ein böses Weib wird er zum ersten Male gebraucht in Joh. Olorinus Variscus (Joh. Sommer) Ethographia Mundi (1608).

Wenn ich gewann der *Bösen* Huld, · So trag ich irgendeine Schuld.
Sprichwörtlich

Das eben ist der Fluch der *bösen* Tat, · Daß sie fortzeugend immer Böses muß gebären.
Oktavio in Schiller, Piccolomini 5, 1

An *bösen* Taten lernt sich fort die *böse* Tat.
Elektra in Sophokles, Elektra 621 (Donner)

Den *Bösen* sind sie los, die *Bösen* sind geblieben.
Mephistopheles in Goethe, Faust 2509

Oh, hüte dich vor allem *Bösen!*
Siehe unter *Pläsier*
Die *bösen* Buben s. unter *Buben* und unter *Korinth*

Allein – gewiß, ich war recht *bös* auf mich, · Daß ich auf Euch nicht *böser* werden konnte.
Margarete in Goethe, Faust 3177/78

Aus dir spricht mein *böser* Genius.
Alba zu Silva in Goethe, Egmont 4, 4
Böser Geist siehe unter *spekuliert*

Hab' ich den *Bösen* mich wert gemacht, · So hab' ich etwas *Böses* vollbracht.
Aus Freidanks Bescheidenheit (um 1200)

Böses Werk muß untergehen, · Rache folgt der Freveltat.
Schiller, Das Siegesfest

Böses Gewerbe bringt *bösen* Lohn.
Wachtmeister in Schiller, Wallensteins Lager, 10. Auftr.

Tue nichts *Böses*, so widerfährt dir nichts Böses. Jesus Sirach 7, 1

Böses muß mit *Bösem* enden, · An dem frevelnden Geschlecht · Rächet Zeus das Gastesrecht, · Wägend mit gerechten Händen.
Schiller, Das Siegesfest

Ein *böses* Unternehmen führt zu bösem Ziel.
Chrysothemis in Sophokles, Elektra 1026 (Donner)

Gleichwie Feuer nicht Feuer löscht, so kann *Böses* nicht Böses erstikken. Nur das Gute, wenn es auf das Böse stößt und von diesem nicht angesteckt wird, besiegt das Böse. Graf Leo Tolstoi

Ein *Bösewicht* gelangt zu keiner Größe.
Goethe, Westöstlicher Diwan: Buch der Betrachtungen (Fünf Dinge)

Er war von je ein *Bösewicht*, · Ihn traf des Himmels Strafgericht!
Fr. Kind, Der Freischütz, Oper von Weber 3, 5

Wo man singet, laß dich ruhig nieder · Ohne Furcht, was man im Lande glaubt: · Wo man singet, wird kein Mensch beraubt; *Bösewichter* (böse Menschen) haben keine Lieder.
Seume, Gedichte: Die Gesänge

Danach wird zitiert:
Wo man raucht, da kannst du ruhig harren; · *Böse* Menschen haben nie Zigarren. David Kalisch, Volkskalender des Kladderadatsch (1850).
Schon Luther läßt 1543 in der Vorrede zum Wittenbergschen Gesangbuch die Fraw Musica singen: Hie kan nicht sein ein *böser* mut, · Wo da singen Gesellen gut. Und Cervantes in »Don Quijote« II, 34: »Gnädige Frau, wo Musik ist, da kann nichts *Böses* sein.«

Die *Bosheit* sucht keine Gründe, nur Ursachen.
Elisabeth zu Lerse in Goethe, Götz von Berlichingen 5. Aufzug: Jaxthausen

Tugend will ermuntert sein, · *Bosheit* kann man schon allein.
Wilh. Busch, Plisch und Plum 7

Wer geboren in *bös'sten* Tagen, · Dem werden selbst die bösen behagen.
Goethe, Westöstl. Diwan: Buch der Sprüche

Durchforscht den Boden, sucht und grabt, · Bringt Wachstum auf Mechanik; · Wenn ihr dann keine Blumen habt, · Habt ihr doch eine *Botanik*.
Grillparzer, Sprüche u. Epigramme

Der hinkende *Bote* kommt hinterher. Sprichwörtlich

Niemand ja liebt den *Boten* unwillkommner Mär.
Der Wächter in Sophokles, Antigone 277 (Donner)

Botenpflicht ist sprechen.
Goethe, Schluß der Noten und Abhandlung zum Westöstlichen Diwan

Die *Botschaft* hör' ich wohl, allein mir fehlt der Glaube.
Faust in Goethe, Faust 765

Quod licet Jovi, non licet *bovi*,
siehe unter *licet*

Eine große *Bowle* Punsch · Es versteht sich: unverzückert, · Unversäuert, unverwässert · Haben sie bereits geschlückert.

Heine, Zwei Ritter

Boykottieren (englisch: to boycott)

geht auf Hauptmann Boycott zurück, über den die irische Landliga 1880 einen Bann aussprach, daß niemand für ihn arbeiten und mit ihm verkehren solle

Bramarbas.

Bezeichnung eines prahlenden Soldaten, in Deutschland erst durch Gottsched geläufig geworden, der dem von ihm herausgegebenen Lustspiele Holbergs »Jakob von Tyboe« den Titel gab »Bramarbas oder der großsprecherische Offizier« (1741). Wie Gottsched in der Vorrede ausführt, entnahm er den Ausdruck Bramarbas dem satirischen Gedicht »Cartell des Bramarbas an Don Quijote«, das Philander von der Linde in der »Unterredung von der deutschen Poesie« (Vermischte Gedichte 1710) mitteilt.

So ein *Bramarbas* und Eisenfresser.

Kapuziner in Schiller, Wallensteins Lager, 8. Auftr.

Jeder *Brand* hat seinen Rauch.

Seinen *Brand* (Durst) löschen.

Sprichwörtlich

In Staub mit allen Feinden *Brandenburgs!*

Schlußvers von Kleists Schauspiel »Prinz Friedrich von Homburg« (1810)

Jetzt schnell, eh' die *Brandung* wiederkehrt.

Schiller, Balladen: Der Taucher

Das ist des Landes nicht der *Brauch.*

Margarete in Goethe, Faust 2949, und Chamisso in seinem Gedicht: Der rechte Barbier

Es ist ein *Brauch* von alters her

(siehe unter *Likör*)

Brauch s. auch unter *interessiert*

Der Mensch *braucht* wenig, und an Leben reich · Ist die Natur.

Johanna in Schiller, Die Jungfrau von Orleans 5, 4

Der Mensch *braucht* wenig, und auch das nicht lang.

Young, Nachtgedanken

Mehr *braucht* man ja nicht, um glücklich zu sein.

Lenchen in Angely, Fest der Handwerker. In neuester Zeit über den Tonfilm abgewandelt in: »Was braucht man mehr (noch), um glücklich zu sein.«

Was man nicht *braucht,* ist mit einem Heller noch zu teuer bezahlt.

Cato bei Seneca, Briefe 94

Wer kauft, was er nicht *braucht,* muß, was er braucht, verkaufen.

Sprichwort

Was man nicht weiß, das eben *brauchte* man, · Und was man weiß, kann man nicht brauchen.

Faust in Goethe, Faust 1066/67

Braun, der Bär. Aus Reineke Fuchs

Brause, du Freiheitssang, · Brause wie Wogendrang · Aus Felsenbrust.

Deutsches Burschenlied von Karl Follen 1817 (Mel.: Heil dir im Siegerkranz)

Was fragen die *Brausewinde* nach dem Namen König?

Bootsmann in Shakespeare, Der Sturm 1, 1

Wer's Glück hat, führt die *Braut* heim.

Sprichwörtlich

Du wirst die *Braut* heimführen!

(Tu Phyllida solus habeto!)

Vergil, Eklogen 3, 107

Wie lieblich ist die Träne einer *Braut.*

Anfang eines alten Leierkastenliedes von Queva.

Lieblich in der *Bräute* Locken · Spielt der jungfräuliche Kranz.

Schiller, Lied von der Glocke

Brautglocken sind der Freundschaft Sterbeglocken.

Paul Heyse, Gesammelte Novellen in Versen 2: Schlechte Gesellschaft

Die gute Ehe ist ein ewiger *Brautstand.*

Th. Körner, Die Sühne, 6. Auftritt (Konrad)

Der *brave* Mann tut seine Pflicht · Und tat sie (ich verhehl' es nicht), · Eh' noch Weltweise waren.

Schiller, Die Weltweisen

Der *brave* Mann denkt an sich selbst zuletzt, · Vertrau auf Gott und rette den Bedrängten.
Tell in Schiller, Wilhelm Tell 1, 1

Hoch klingt das Lied vom *braven* Mann!
Aus Bürgers gleichnamigem Gedicht

Natürlich, wenn ein Gott sich erst sechs Tage plagt · Und selbst am Ende *bravo* sagt, · Da mußt es was Gescheites werden.
Mephistopheles in Goethe, Faust 2441/43

Wenn der Tor seinen *Brei* nur hat, · Was kümmert ihn dann Kirch' und Staat.
Aus Freidanks Bescheidenheit (um 1200)

Daß Glück ihm günstig sei, · Was hilft's dem Stöffel? · Denn regnet's *Brei*, · Fehlt ihm der Löffel.
Goethe, Sprüche in Reimen: Sprichwörtlich

Die Welt ist nicht aus *Brei* und Mus geschaffen, · Deswegen haltet euch nicht wie Schlaraffen; · Harte Bissen gibt es zu kauen; · Wir müssen erwürgen oder sie verdauen.
Goethe, Sprüche in Reimen: Sprichwörtlich

Da habt ihr in der *Breite* gleich gewonnen. Direktor in Goethe, Faust 93

Mußt ins *Breite* dich entfalten, · Soll sich dir die Welt gestalten.
Schiller, Sprüche des Konfuzius

In die *Brennesseln* setzen!
Volksmund

Des einen Haus *brennt*, und der andere wärmt sich daran.
Englisches Sprichwort

Was dich nicht *brennt*, das blase nicht! Sprichwort

Schon *brennt's* bei dem Nachbar Ukalegon.
(Jam proximus ardet Ucalegon.)
Vergil, Äneis 2, 311

Die Sache ist (riecht) *brenzlig*.
(von brennen, für gefährlich) auch: sengerig (von sengen). Redensart

In die *Bresche* treten.
Sprichwörtl. Redensart

Mancher hat ein *Brett* vorm Kopf (ist dumm). Volksmund

Sehn wir doch das Große aller Zeiten · Auf den *Brettern*, die die Welt bedeuten, · Sinnvoll still an uns vorübergehen.
Schiller, An die Freunde (vgl. unter *Gerüst* bei Goethe)

Die Welt mit *Brettern* vernagelt.
Joh. Olorinus Variscus (Joh. Sommer), Ethographia Mundi 1, 17 (1608)

Das geht wie 's *Brezelbacken* (sehr schnell).
Leipziger Redensart (in Berlin: wie 's Semmelbacken)

Brevis esse laboro, obscurus fio.
(Kurz zu sein strebe ich an und werde dunkel.) Horaz, Ars poetica v. 25

Brevity is the soul of wit.
(Kürze ist des Witzes Seele.)
Polonius in Shakespeare, Hamlet 2, 2

Ein *Brief* errötet nicht.
(Epistola non erubescit.)
Cicero, Ad. fam. 5, 12

Ich gebe dir *Brief* und Siegel darauf (sei fest überzeugt). Redensart

Briefe, die ihn nicht erreichten.
Titel eines 1903 erschienenen Buches von Elisabeth v. Heyking

Etwas durch eine *Brille* sehen (anders), durch eine gefärbte, rosenrote, schwarze, eine fremde Brille.
Sprichwörtl. Redensart

Tel *brille* au second rang, qui s'éclipse au premier.
(Oft glänzt im zweiten Rang, wer ganz erlischt im ersten.)
Voltaire, Henriade 1, 31 (1720)

Briller par son absence,
siehe unter *Abwesenheit*

Allerlei *Brimborium*.
Mephistopheles in Goethe, Faust 2650

Komm du hervor, du *Bringer* bittrer Schmerzen!
Tell in Schiller, Wilhelm Tell 4, 3

Wer vieles *bringt*, wird manchem etwas *bringen*.
Direktor in Goethe, Faust 97

Das Meer beherrsch, *Britannia*, · Land der Braven! · Und *Briten* werden nun und nimmer Sklaven.
(Rule, Britannia, rule the waves, · Britons never shall be slaves!)
Englische Volkshymne von James Thomson (1700/48)

Versteh' ich gleich nichts von lateinischen *Brocken*, · So weiß ich den Hund doch vom Ofen zu locken.
G. A. Bürger, Der Kaiser und der Abt

Wenn Gründe so gemein wären wie *Brombeeren*, siehe unter *blackberries*

Ich stabilisiere die Souveränität und setze die Krone fest wie einen Rocher von *bronze!*
Friedr. Wilhelm I. (25. April 1716)

Und begehrete sich zu sättigen von den *Brosamen*, die von des Reichen Tische fielen. Luk. 16, 21

Wes *Brot* ich esse, des Lied ich singe. Sprichwort

Der Mensch lebt nicht vom *Brot* allein.
Matth. 4, 4. Dort zitiert nach 5. Mos. 8, 3

Brot ist der Stab des Lebens.
(Bread is the staff of life.)
Jonathan Swift, Märchen von der Tonne

Jemand einen Stein oder Steine statt *Brot* geben. Nach Matth. 7, 9

Wer nie sein *Brot* mit Tränen aß, · Wer nie die kummervollen Nächte · Auf seinem Bette weinend saß, · Der kennt euch nicht, ihr himmlischen Mächte!
Goethe, Wilhelm Meisters Lehrjahre: Lied des Harfenspielers

Wenn nur *Brot* da wär' zum Essen! · Zähne würden sich schon finden.
Russisches Sprichwort

Das tägliche *Brot*.
Matth. 6, 11 (vierte Bitte)

Nein! Hier hat es keine Not: · Schwarze Mädchen, weißes *Brot!* · Morgen in ein ander Städtchen: · Schwarzes *Brot* und weiße Mädchen.
Goethe, Epigrammatisch: Soldatentrost

Brot und Zirkusspiele!
(Panem et circenses!) Juvenal 10, 81

Anders ist der Studierplan, den sich der *Brotgelehrte*, anders der, den sich der philosophische Kopf vorzeichnet.
Schiller, Was heißt und zu welchem Ende studiert man Universal-Geschichte (1789)

Den *Brotkorb* einem höher hängen.
Sprichwörtl. Redensart

Wozu die *Brücke* breiter als der Fluß?
Don Pedro in Shakespeare, Viel Lärm um nichts 1, 1

Die *Brücke* kommt. · Fritz! Fritz! wie wird dir's gehn!
Gellert, Der Bauer u. sein Sohn

Über diese *Brücke* gehe ich nicht! und: Wenn dies Wort eine *Brücke* wäre!
Sprichwörtlich (vielleicht durch vorstehende Gellertsche Fabel veranlaßt)

Dem Gegner (dem fliehenden Feinde) goldene *Brücken* bauen.
Sprichwörtlich

Wenn du's nicht warst, so war's dein *Bruder*.
(Si ce n'est toi, c'est ton frère.)
Lafontaine, Fables: le Loup et l'Agneau

Willst du nicht mein *Bruder* sein, · So schlag' ich dir den Schädel ein.
Findet sich in zwei Liedern des Jahres 1848 und erinnert an das Stichwort der Jakobiner (1792–1794): »La fraternité ou la mort!«

Ein *Bruder* ist ein Freund, den die Natur gegeben.
(Un frère est un ami donné par la nature.
Legouvé père, La Mort d'Abel

Bruder Jonathan
(Bezeichnung der Nordamerikaner).
Vgl. unter *Jonathan*

Brüder, lagert euch im Kreise, · Trinkt nach alter Väter Weise.

Burschen- u. Trinklied vor 1794, Verfasser unbekannt

Brüder, reicht die Hand zum Bunde.

Freimaurerlied von 1790 (Mozart 1791)

»Hier innen *Brüder* alle, · Da draußen Herr und Knecht!«

Uhland, Vaterländische Gedichte 15: Wanderung

Wir waren *Brüder*, Brüder durch · Ein edler Band, als die Natur es schmiedet.

Carlos in Schiller, Don Carlos 5, 4

Falsche *Brüder*. 2. Kor. 11, 26

Wir Menschen sind ja alle *Brüder*.

Christian Gottlob Otto, Im Kreise froher kluger Zecher (vor 1808)

Die *Bruderfehde* · Löst alle heiligen Bande der Natur.

Isabella in Schiller, Die Braut von Messina 53/54

Brüderlein fein, Brüderlein fein, · Zärtlich muß geschieden sein.

Raimund, Das Mädchen aus der Feenwelt oder Der Bauer als Millionär 2, 6. Meistens wird zitiert: Einmal muß geschieden sein.

Von feindlichen *Brüdern*

reden wir nach dem Untertitel von Schillers Braut von Messina (1803)

Wir wollen sein ein einzig Volk von *Brüdern*, · In keiner Not uns trennen und Gefahr!

Rösselmann in Schiller, Wilhelm Tell 2, 2

Ein edles *Brüderpaar*.

(Par nobile fratrum.)

Horaz, Satiren 2, 3, 243

Soll ich meines *Bruders* Hüter sein?

1. Mos. 4, 9

Die Sonne tönt nach alter Weise · In *Brudersphären* Wettgesang.

Raphael in Goethe, Faust 243/44

Die *Brühe* ist oft teurer als der Braten. Sprichwörtlich

Brüllend umwölkt mich der Dampf der Geschütze!

Th. Körners Gedicht: Gebet während der Schlacht

Der Teufel gehet umher wie ein *brüllender* Löwe und suchet, welchen er verschlinge. 1. Petri 5, 3

Gut *gebrüllt*, Löwe!

Demetrius in Shakespeare, Sommernachtstraum 5, 1

Jetz gang i ans *Brünnele*, trink aber net.

Die drei Röselein, Schwäb. Volkslied, 1824

Am *Brunnen* vor dem Tore · Da steht ein Lindenbaum.

Der Lindenbaum von Wilh. Müller 1822 (komp. von Schubert 1827)

O schöner *Brunnen*, der uns fließt!

Alle in Goethe, Faust 2292

Die Mädchen · Werden immer getadelt, die lange am *Brunnen* verweilen.

Goethe, Hermann und Dorothea (Erato) 104

Es ist ein *Brunnen*, der heißt Leid.

Richard Dehmel (1863–1920), Brunnenlied

Politische *Brunnenvergiftung* bei den Wahlen.

Bismarck, zuerst i. d. Nordd. Allg. Ztg. vom 18. Febr. 1880, dann im Deutschen Reichstage, 24. Jan. 1882. Bereits am 18. Febr. 1850 sprach er in der zweiten Kammer von der »moralischen *Brunnenvergiftung* durch die Presse«.

Wer in der *Brunst* steckt, ist wie ein brennendes Feuer. Sirach 23, 22

Sich an die *Brust* schlagen;

sprichwörtlich für Insichgehen. Luk. 18, 13; vgl. Nahum 2, 8

Dein Schicksal ruht in deiner eignen *Brust!*

Johanna in Schiller, Die Jungfrau von Orleans 3, 4

In deiner *Brust* sind deines Schicksals Sterne.

Illo in Schiller, Piccolomini 2, 6

Brustton der tiefsten Überzeugung.
Treitschke, »Fichte und die nationale Idee« (1870)

Der Mensch will *brutto* geliebt werden, nicht netto! Hebbels Tagebücher

Brutus, du schläfst. Erwach und sieh dich selbst!
Brutus in Shakespeare, Cäsar 2, 1

Brutus ist ein ehrenwerter Mann, · Das sind sie alle, alle ehrenwert.
Antonius in Shakespeare, Cäsar 3, 2

Auch du, mein Sohn *Brutus!*
soll Cäsar bei seiner Ermordung ausgerufen haben. Vgl. unter *auch*

Wo ein *Brutus* lebt, muß Cäsar sterben. · Geh du linkwärts, laß mich rechtwärts gehn.
Gedicht in Schiller, Die Räuber 4, 5

Es soll mich kitzeln, *Bube*, mit dir verdammt zu sein.
Wurm in Schiller, Kabale u. Liebe 5, 8

Bube, wenn du genossest, wo ich anbetete.
Ferdinand in Schiller, Kabale und Liebe 4, 3

Das Beste, was du wissen kannst, · Darfst du den *Buben* doch nicht sagen!
Mephistopheles in Goethe, Faust 1840/41

Wenn dich die bösen *Buben* locken, so folge (ihnen) nicht.
Spr. Salom. 1, 10

Sie haben ein *Bubenstück* über mich beschlossen: wenn er liegt, soll er nicht wieder aufstehen.
Psalm 41, 9

Es ist kein *Buch* so bös, es steckt was Gutes drin.
Zinkgref, Apophth. 1 S. 217 (nach Plinius dem Jüngeren, Br. 3, 5)

Ein gutes *Buch* ist mir ein wahrer Schatz: · In Nöten dient es als Versatz.
Haug, Epigrammatische Spiele 4. Buch Nr. 11

Ein *Buch*, das nicht wert ist, zweimal gelesen zu werden, ist auch nicht wert, daß man es einmal liest.
K. J. Weber, Demokritos 1. Kap. 21: Über Witz u. Scharfsinn (1. Forts.)

Ein Buch, das leben soll, muß seinen Schutzgeist haben.
Hagedorn, Poetische Werke 1. Teil: Lehrgedichte: Das Buch und der Leser (nach Martial, Epigr. 6, 60)

Ein *Buch* mit sieben Siegeln.
Nach Offenb. Joh. 5, 1

Das *Buch* des Lebens.
Nach Phil. 4, 3

Ich bin sehr für geliehene *Bücher*. Hat man selbst das *Buch*, glaubt man: ein andermal!
(nämlich: kannst du darin lesen – und tut's nicht.)
Theod. Gottl. von Hippel, Lebensläufe in aufsteig. Linie, Band 1 (1778–81)
Buch siehe auch unter *Kind*

So stand es im *Buche* des Schicksals!
(Sic erat in fatis!)
Ovid, Fasti lib. 1, 481

Durch Feld und *Buchenhallen*, · Bald singend, bald fröhlich still, · Recht lustig sei vor allen, · Wer's Reisen wählen will.
Reiselied, Jos. v. Eichendorff (1823)

Bücher haben ihre Schicksale.
(Habent sua fata libelli.)
Terentianus Maurus, Carmen heroicum v. 258

Bücher sind immer noch die wohlfeilsten Lehr- und Freudenmeister und der wahre Beistand hienieden für Millionen besserer Menschen.
K. J. Weber, Demokritos

Es gibt weder moralische noch unmoralische *Bücher*. Bücher sind gut oder schlecht geschrieben, nichts sonst.
Oscar Wilde (1854–1900), Das Bildnis des Dorian Gray

Einst war die Seltenheit der *Bücher* den Fortschritten der Wissenschaft

nachteilig, jetzt ist es deren Überzahl, die verwirrt und eigenes Denken verhindert.
K. J. Weber, Demokritos 2. Kap. 26

Viel *Büchermachens* ist kein Ende.
Pred. Sal. 12, 12

Eigentlich lernen wir nur von den *Büchern*, die wir nicht beurteilen können. Der Autor eines Buchs, das wir beurteilen könnten, müßte von uns lernen.
Goethe, Maximen und Reflex. 3 Nr. 114

Ein *Bücherschatz* ist wie ein geistiger Baum, der Bestand hat und seine köstlichsten Früchte spendet von Jahr zu Jahr, von Geschlecht zu Geschlecht. Th. Carlyle

Ein Volk, das ein wahres, volkstümliches *Bücherwesen* besitzt, ist Herr von einem unermeßlichen Schatze. Fr. Ludw. Jahn

Die kalte *Buchgelehrsamkeit*, die sich · Mit toten Zeichen ins Gehirn mir drückt.
Recha in Lessing, Nathan d. Weise 5, 6

Ein Buch ist gar ein schönes Ding, · Ein Gelehrter ist noch viel werter; · Doch beide vereinigt wiegen gering, · Das Ganze heißt: *Buchgelehrter*.
Grillparzer, Sprüche u. Epigramme

Dazu hat *Buchholtz* kein Geld.
Friedrich der Große, 18. Dez. 1766.
Buchholz war Hofetats-Rentmeister, später Kriegs- und Domänenrat sowie Tresorier des Königs. – Hiermit hängt auch die Berliner Redensart zusammen: Da kennen Se Buchholtzen schlecht!

Die *Büchse* der Pandora oder Pandorabüchse,
als etwas Unheilbergendes und -bringendes nach Hesiod (Werke u. Tage 94ff.). Auch Titel einer Tragödie von Frank Wedekind.

Der *Buchstabe* tötet, aber der Geist macht lebendig. 2. Korinther 3, 6

Mancher hat einen breiten *Buckel* (kann viel vertragen). Sprichwörtlich

Wie sollt' er seinen Rücken · Nach einem halben Hufeisen *bücken?*
Goethe, Legende vom Hufeisen

Bucketshop.
Eigentlich Eimerladen (Jargon der Chikagoer Weizenbörse), der keinen Weizen enthält, sondern nur Eimer mit Probeweizen, um Kunden zu Anzahlungen zu verlocken. So der Scheinbankier, der in Wirklichkeit kein Geschäft betreibt, sondern nur vortäuscht, um Anzahlungen von angelockten Kunden zu erlangen.

Der Mann, der dem Kaiser einen guten Tag wünscht, spricht freier und anständiger mit ihm als alle untertänigste *Bücklinge*.
Möser, patr. Phantasien 1, 127

Wer sich gern *bückt*, dem tut der Rücken nicht weh. Volksmund

Geld, holdes Geld! – Wie gerne *bück'* ich mich vor dir, du, vor dem sich die ganze Welt *bückt!*
Unruh (eine volle Börse aufhebend) in Bauernfelds Lustspiel: Bürgerlich und Romantisch 3, 7

Er hat die *Bude* zugemacht
(sein Geschäft aufgeben müssen).
Sprichwörtl. Redensart

Dir wird's auch noch einmal in die *Bude* regnen!
(Dir wird es noch schlecht gehen.)
Berliner Redensart

Hier die *Buden*, dort die Schänke!
Chor in Flotows Oper Martha 4, 2 (Text von W. Friedrich, 1847)

Der liebste *Buhle*, den ich han, der liegt beim Wirt im Keller.
Trinklied (1580) von Fischart (?)

Dem Hundestall soll nie die *Bühne* gleichen.
Parodie nach Schillers Gedicht: An Goethe

Die ganze Welt ist *Bühne* · Und alle Fraun und Männer bloße Spieler.
Jacques in Shakespeare, Wie es euch gefällt 2, 7

Ihr wißt, auf unsern deutschen *Bühnen* · Probiert ein jeder, was er mag.
Direktor in Goethe, Faust 231/32

John *Bull* als Bezeichnung des englischen Volkes.
Aus Arbuthnots Satire »History of John Bull« (1712)

Niemand kann vom Papst eine *Bulle* erhalten, daß er nie sterben solle.
(Nemo impetrare potest a papa bullam nunquam moriendi.)
Thomas a Kempis, De imitatione Christi

Doch mit des Geschickes Mächten · Ist kein ewger *Bund* zu flechten.
Schiller, Das Lied von der Glocke

Ich sei, gewährt mir die Bitte, · In euerm *Bunde* der Dritte.
Schiller, Gedichte: Die Bürgschaft

Sein *Bündel* schnüren (fortgehen).
Sprichwörtl. Redensart

Kein *Bündnis* ist mit dem Gezücht der Schlangen.
Elisabeth in Schiller, Maria Stuart 3, 4

Den Bundschuh aufwerfen.
(Die Fahne des Aufruhrs schwingen),
Th. Murner, Die Narrenbeschwerung (1512) Nr. 79 [Den Bundtschuch vffwerffen].

Der Bundschuh zieht landaus, landein: · Die Bauern wollen Menschen sein!
Hermann Kurz, Gedichte, Ostern 1525

Wie so bunt der Kram gewesen, · Musterkarte gibt's zu lesen.
Goethe, Überschriftsspruch zu den Vermischten Gedichten

Erst de Bur un dann de Hof.
Niedersächsisches Sprichwort

Gleiche *bürde* bricht niemand den rucken.
Alter Spruch

Ein' feste *Burg* ist unser Gott.
Martin Luther (1527 oder 1528)

Mein Haus ist meine *Burg*.
(My house is my castle.)
Nach dem Rechtsspruch des Sir Edward Coke (1551–1633)
Wir wollen auch, daz einem jegeleichen purger sein haus seine Veste sei.
Hamburger Stadtrecht von 1244

Nein, er gefällt mir nicht, der neue *Burgemeister*.
Bürger in Goethe, Faust 846

Bürgen · Soll man würgen.
Sprichwort

Aber ein Unverschämter läßt seinen *Bürgen* stecken.
Sir. 29, 19

Der wird als *Bürger* sich bewähren, · Der seine *Burg* zu schirmen weiß.
Uhland, Den Landständen

Wer ist das würdigste Glied des Staats? Ein wackerer *Bürger;* · Unter jeglicher Form bleibt er der edelste Stoff.
Goethe, Vier Jahreszeiten Nr. 78

Sanftere · Jahrhunderte verdrängen Philipps Zeiten; · Die bringen mildre Weisheit; *Bürgerglück* · Wird dann versöhnt mit Fürstengröße wandeln.
Marquis in Schiller, Don Carlos 3, 10

Ein jeder Bürger ist ein König unter einem *Bürgerkönig*.
(Tout citoyen est roi sous un roi citoyen.)
Ch. S. Favart, Die drei Sultaninnen 2, 3

Wo der *Bürgermeister* schenket Wein, · Die Fleischhauer im Rate sein, · Und der Bäcker wiegt das Brot, · Da leid't die Gemeinde große Not.
Inschrift am Gothaer Rathause

Den *Bürgermeister* ausgenommen!
Nach dem Gedicht »Die Ausnahme« von Andreas Wilcke (Berlin 1781, 86)

Ruhe ist die erste *Bürgerpflicht*.
Aus der Bekanntmachung des Ministers Graf von der Schulenburg-Kehnert in Berlin nach der Schlacht bei Jena 1806. Zugleich Titel eines Romans von Willibald Alexis.

Im deutschen *Bürgertum* liegt die edelste Kraft, die Führerschaft auf dem Gebiete idealer und praktischer Interessen.
Gustav Freytag, Bilder aus der deutschen Vergangenheit 4

Bacchus prunkt mit dem *Burgunder*, · Feuer fängt er auch wie Zunder.
Bierlied von A. Hopf

Buridans Esel.

Buridan, der im 14. Jahrhundert lebende französische Philosoph, soll das Gleichnis gebraucht haben, daß ein Esel, der in gleicher Entfernung von zwei Bündeln Heu stünde, verhungern müsse, da er, von jedem gleichmäßig angezogen, für keines sich entscheiden könne. Ein scherzhafter Zusatz lautet: Das kann auch nur einem Esel passieren! Aber schon Dante sagte: Der freie Mensch wird zwischen zweien Speisen, · Gleich-fern, gleich-lockend, hungern und vergehen, · Eh er den Vorzug einer wird erweisen. Paradies 4, 1/3. Auch Heine spielt darauf an: Mein Herz gleicht jenem grauen Freund, · Der zwischen zweien Bündeln Heu ...

Der *Bürokrat* tut seine Pflicht von neun bis eins. · Mehr tut er nicht.

M. West u. Ludw. Held: Der Obersteiger, Operette v. Karl Zeller, Akt 2 (1893)

Die *Bürokratie* ist es, an der wir alle kranken.

Bismarck in Friedrichsruh, 12. Dez. 1891

Beim heiligen *Bürokratius!*

Nach dem Lehrer Flemming in Otto Ernst (Schmidts) Lustspiel: Flachsmann als Erzieher 3, 10 (1901)

Kommt ein schlanker *Bursch* gegangen.

Ännchen in Webers Freischütz 2, 7

Ein flotter *Bursch*, was macht sich der daraus? Studentenlied

Die Philister sind uns gewogen meist, · Sie ahnen im Burschen, was Freiheit heißt. · Frei ist der *Bursch!*

Studentenlied von A. v. Binzer

Es zogen drei *Bursche* wohl über den Rhein.

Uhland, Der Wirtin Töchterlein, 1809

O alte *Burschenherrlichkeit!* · Wohin bist du verschwunden?

(Zitiert wird: entschwunden.)

Mit dem Kehrreim: O jerum, jerum, jerum, · O quae mutatio rerum! Studentenlied von Eugen Höfling; zuerst anonym im Berliner »Freimütigen« vom 9. August 1825.

Allein das rechte *Burschenherz* · Kann nimmermehr erkalten; · Im Ernste wird, wie hier im Scherz, · Der rechte Sinn stets walten.

Studentenlied von Eugen Höfling: »O alte Burschenherrlichkeit!«

Wie soll ich dich nennen, du hohes, rohes, edles, barbarisches, liebliches, unharmonisches, gesangvolles, zurückstoßendes und doch so mild erquickendes Leben der *Burschenjahre?*

Hauff, Phantasien im Bremer Ratskeller

Scharfe *Bürsten* kratzen die Wolle ab. Sprichwörtlich

Er säuft wie ein *Bürstenbinder.*

Sprichwörtl. Redensart

Wahrscheinlich volksetymologisch; s. Andresen über deutsche Volksetymologie, S. 142, u. Borchardt-Wustmann, S. 90 bis 91; auf burse-bursch-bürschte zurückzuführen. Noch heute landschaftlich und studentisch bürsten für stark trinken. Vgl. Uhlands Metzelsuppenlied: Es reimt sich trefflich: Wein und Schwein · Und paßt sich köstlich: Wurst und Durst, Bei Würst zu bürsten; und Uhlands Schenk von Limburg: Und gib mir eins zu bürsten.

Was kraucht dort in dem *Busch* herum? · Ich glaub', es ist Napolium.

Kutschkelied von H. A. Pistorius 1870, aufgebaut auf dem bereits 1813 gesungenen Zweizeiler: Was kriecht denn da im Busch herum? · Ich glaub', es ist Napolium. Büchmann (Hg. v. Dr. R. Diener u. J. Falkenberg S. 199).

Zieten aus dem *Busch.*

Diesen Beinamen erhielt Zieten 1774

Auf den *Busch* (oder Strauch) klopfen.

(Jemand aushorchen.)

Sprichwörtl. Redensart

Und er schlug sich seitwärts in die *Büsche.* Seume, Der Wilde (1801)

In Worten · Erleichtert sich der schwerbeladne *Busen.*

Marquis in Schiller, Don Carlos 1, 2

Du schaust mich an – du fragst mich, was dir fehle? · Ein *Busen*, und im Busen eine Seele.

Heine, Romanzero: Lazarus 7

Eine Schlange am *Busen* nähren.
Aus Äsops Fabeln (siehe Näheres unter *Schlange*)

Business as usual.
(Geschäfte wie üblich.)
Nach einem Ausspruch Winston Churchills auf dem Lord-Mayor-Festessen in London am 9. November 1914

Und fromme *Büßung* kauft den Zorn des Himmels ab.
Cajetan in Schiller, Braut von Messina 2637

Einem ist sie die hohe, die himmlische Göttin, dem andern · Eine tüchtige Kuh, die uns mit *Butter* versorgt.
Schiller, Wissenschaft

Sich nicht die *Butter* vom Brot nehmen lassen.
Sprichwörtlich

Etwas für ein *Butterbrot* hingeben.
Sprichwörtl. Redensart

Minister fallen wie *Butterbrote:* gewöhnlich auf die gute Seite.
Börne, Fragmente und Aphorismen Nr. 1

Der Kater hat nicht immer *Butterwoche,* er hat auch große Fasten.
Russ. Sprichwort

Tous les méchants sont *buveurs* d'eau.
(Alle bösen Menschen sind Wassertrinker.)
Le Comte de Ségur, Chanson

Zittre, *Byzanz!*
(Trema Bisanzio!)
Salvatore Cammarano, Belisar (komponiert von Donizetti) 2, 78

C

Ein Ritter vom hohen *C.*
Scherzhafte Redensart für einen Tenor

Ça, ça, geschmauset, · Laßt uns nicht rappelköpfisch sein · Wer nicht mit hauset, · Der bleibt daheim!
Jenenser Studentenlied 1781

Ça ira!
(Es wird schon gehen – sich machen!)
Kehrreim in französischen Revolutionsliedern, nach Benj. Franklin

Caelum, non animum mutant, qui trans mare currunt.
(Wer über See geht, der wechselt das Klima und nicht den Charakter.)
Horaz (nach Äschines) Epistel 1, 11, 27

Caesar non supra grammaticos.
(Der Kaiser steht nicht über den Grammatikern.)
Bezieht sich auf Kaiser Sigismund, der auf dem Konzil in Konstanz, nachdem er wegen eines grammatischen Fehlers vom Erzbischof Placentinus gerügt wurde, erwidert haben soll: Ego sum rex Romanus et supra grammaticam. (Ich bin römischer König und stehe über der Grammatik.)

Aut *Caesar* aut nihil.
(Entweder Cäsar oder nichts.)
Devise Cesare Borgias († 1507)

Du trägst *Cäsar* und sein Glück!
Nach Plutarch, Cäsar 38

Aber *Cäsar:* Nie zurück, · Fürchte nicht des Kieles Krachen! · Cäsar führst du und sein Glück!
Kinkel, Gedichte: Cäsar
Ähnlich: Vor ihm ebnet Poseidon das Meer, sanft gleitet des Schiffes · Kiel, das den *Cäsar* führt und sein allmächtiges Glück.
Schiller, Das Glück

Das war ein *Cäsar!* Wann kommt seinesgleichen?
Antonius in Shakespeare, Cäsar 3, 2 (Schlegel)

Kränzte doch *Cäsar* selbst nur aus Bedürfnis das Haupt!
(Er soll das Recht, stets einen Lorbeerkranz zu tragen, gern geübt haben, um sein kahles Haupt zu verbergen.)
Goethe, Elegien 2: Hermann u. Dorothea

Wenn *Cäsar* sagt: Tu das, so ist's vollbracht.

Antonius in Shakespeare, Cäsar 1, 2 (Schlegel)

Cäsarenwahnsinn.

Nach Johannes Scherr, Blücher (8. Buch, 1, Kap.), und Gustav Freytag, Die verlorene Handschrift (1864)

Calamity of so a long life,

siehe unter *Rücksicht*

Ad *Calendas* graecas.

Auf die griechischen »Kalenden« (die es gar nicht gibt) vertagt, d. h. soviel wie »niemals«. Nach Sueton, Augustus 87

Caliban

gilt als Typus eines rohen, ungeschlachten Menschen nach der gleichnamigen Person in Shakespeares Drama »Der Sturm«

Camill, schäme dich!

Karl Wilh. Ramler, Der Triumph

Canis a non *canendo.*

(Hund wird »canis« genannt, weil er nicht singt [»non canit«].) Dieses spöttische Wort geht zurück auf eine ähnliche Stelle bei Varro, De lingua latina 7, 32. Vgl. Lucus a non lucendo.

Sein *Capua* finden.

Nach den Quartieren, die Hannibal dort bezog und die seine Truppen entnervten (Florus II, 6, 21: Capua Hannibali Cannae); also sein Capua finden im Sinne von: durch Schwelgerei und Ausschweifung zugrunde gehen.

Capua der Geister

nannte Grillparzer Wien in seinem Gedichte »Der Abschied von Wien«: Schön bist du, doch gefährlich auch · Dem Schüler wie dem Meister, · Entnervend weht dein Sonnenhauch, · Du Capua der Geister.

In necessariis unitas, in dubiis libertas, in omnibus autem *caritas.*

(Im Notwendigen Einigkeit, im Zweifelhaften Freiheit, in allem aber Liebe.) Meuderlinus (1612-50, pseudon. Meldenius)

Carpe diem.

(Nütze den Tag.) Horaz, Oden 1, 11, 8

Me duce *carpe* viam.

(Mir stets folge du nach.)
Ovid, Metamorph. 8, 208

Casanova.

Bezeichnung für einen Schürzenjäger nach dem Italiener Giovanni Jacopo Casanova (1725–1798) und seinen galanten Erlebnissen.

My house is my *castle!*

siehe unter *Burg*

Catilina est aux portes, et l'on délibère.

(Catilina ist vor den Toren, und man berät.)
Goupile Péfelne korrumpierte in der konstituierenden Versammlung von 1789 diesen Ausspruch aus einer Zusammenziehung von: Hannibal ad portas (Hannibal ist vor den Toren) und Dum Roma deliberat, Saguntum perit (Während Rom berät, geht Sagunt zugrunde).

Catilinarische Existenzen.

Siehe unter *Katilinarische*

Cato esse, quam videri, bonus malebat.

(Cato wollte lieber gut sein als scheinen.)
Sallust, Catilina 45, 5

Streng wie *Cato* sein.

Sprichwörtl. Redensart nach dem seiner Sittenstrenge wegen berühmten alten Römer

Cause célèbre,

ein aufsehenerregender Prozeß, nach dem Titel der Sammlung Pitavals: Causes célèbres et intéressantes avec les jugements des cours souveraines qui les ont décidées (1734 ff).

Cautis pericula prodesse aliorum solent.

(Die Gefahren anderer pflegen Vorsichtigen von Nutzen zu sein.)
Phaedrus, Fab. 1, 30, 8

Caviare to the general.

(Kaviar für das Volk.)
Hamlet in Shakespeare, Hamlet 2, 2

Cedant arma togae, concedat laurea laudi.

(Es mögen die Waffen der Toga nachstehen, der Lorbeer der löblichen Tat.)
Cicero, De officiis I, 22, 27

Dat veniam corvis, vexat *censura* columbas.

(Nachsicht gewährt der Tadel den Raben und peinigt die Tauben.) Juvenal 2, 63

Dat *census* honores.

(Die Steuerklasse bringt Ehren.)
Ovid, Amores 3, 8, 55

Les *Cent*-jours.

(Die hundert Tage.)
So wird jene Periode der Regierung Napoleons I. genannt, die zwischen seiner Rückkehr aus Elba bis zu seinem Falle liegt (20. März bis 28. Juni 1815). Grabbe schrieb ein Drama »Napoleon oder die hundert Tage« (1830).

Cerberus.

Der Hund, der die Pforten der Hölle bewacht, geschildert von Hesiod, Theog. 311ff. u. Vergil, Äneis 6, 417ff.; im übertragenen Sinne: ein knurriger Pförtner.

Ohne *Ceres* und Bacchus erfriert die Venus.

(Sine Cerere et Libero friget Venus.)
Terenz, Eunuch 4, 5, 6

Pro aris et focis *certamen.*

(Kampf für den Altar und Herd.)
Cicero, De natura deorum 3, 40

Ceterum censeo Carthaginem esse delendam!

(Übrigens stimme ich dafür, daß Karthago zerstört werden muß!)
Der ältere Cato

Chacun à son goût.

(Jeder nach seinem Geschmack.)
Sprichwörtlich
Auch durch die »Fledermaus« von Joh. Strauß bekannt

Chamäleon

ein Tier, das seine Farbe schnell ändern kann, im übertrag. Sinne ein Mensch, bei dem Temperament und Ansichten rasch wechseln.

Treibt der *Champagner* das Blut erst im Kreise, · Dann wird's ein Leben, herrlich und frei!

Don Juan in L. da Ponte, Don Juan (komponiert v. Mozart) 1, 10

Ich will *Champagnerwein,* · und recht moussierend soll er sein!

Brander in Goethe, Faust 2268/69

Nous avons *changé* tout cela.

(Wir haben das alles geändert.)
Molière, Le médecin malgré lui, 2, 4
(Worte des Holzhauers Sganarelle, der, gezwungen, den Arzt zu spielen, die Lage von Leber und Herz falsch angibt.)

Il n'y a rien de *changé* en France, il n'y a qu'un Français de plus.

(Es hat sich nichts geändert in Frankreich, es gibt nur einen Franzosen mehr.)
Dem Grafen von Artois, später Karl X., König von Frankreich, bei seiner Regierungsübernahme für Ludwig XVIII. im Moniteurprogramm untergeschoben in etwas abweichender Fassung.

Ein *Charakter* ist ein vollständig gebildeter Wille. Novalis, Fragmente

Jeder bildet sich durch seinen sittlichen *Charakter* sein Glück.

Cornelius Nepos, Attikus Kap. 11

Es bildet ein Talent sich in der Stille, · Sich ein *Charakter* in dem Strom der Welt.

Leonore in Goethe, Tasso 1, 2

Kein Talent, doch ein *Charakter!*

Heine, Atta Troll 24

Charakterbild siehe unter *Partei*

Charity begins at home.

(Wohltun beginnt zu Hause [im nächsten Kreise]) Engl. Sprichwort

La *charte* sera désormais une vérité.

(Die Verfassung wird von jetzt an eine Wahrheit sein.)
Ludwig Philipp bei seinem Regierungsantritt

Aus der Scylla in die *Charybdis* geraten.

(Incidis in Scyllam, cupiens vitare Charybdim.)
Nach dem Alexanderlied Walthers von Châtillon (1178/82) 5, 301

Chassez le naturel, il revient au galop. siehe unter *naturel*

J'appelle un *chat* un chat et Rolet un fripon.

(Ich nenne eine Katze Katze und Rolet einen Schelm.) Boileau, Satires 1, 52

Chauvinismus.

Bezeichnung eines übertriebenen Nationalgefühls. Der Ausdruck stammt aus dem Lustspiel »La cocarde tricolore« der Brüder Cogniard, wo ein Soldat dieses Namens vorkommt (zuerst 1831 in Paris aufgeführt!). Doch schon vorher war Chauvin die Bezeichnung junger Soldaten auf Lithographien N. T. Charlets (1792–1845).

Cherchez la femme!

(Suchet die Frau!)
Alexander Dumas d. Ältere, Les Mohicans de Paris (1864); häufig zitiert: »Où est la femme?« Vgl. Juvenal, Sat. 6, 242f.

Chevalier sans peur et sans reproche.

(Ritter ohne Furcht und Tadel.)
Beiname des franz. Ritters Bayard (1476 bis 1524)

Willkommen, *Chevalier*, auf spanschem Boden!

Königin in Schiller, Don Carlos 1, 4

Chi va piano, va sano.

(Wer langsam geht, geht sicher.)
Ital. Sprichwort, vgl. Heine, Deutschland, Kap. 15 Schluß.

Chiesa libera in libero stato.

(Freie Kirche im freien Staate.)
Grundsatz des italienischen Staatsmannes Cavour

Ja, das Gold ist nur *Chimäre!*

Aus der Oper Robert der Teufel von Scribe u. Delavigne, Musik von Meyerbeer (1831)

Mich dünkt, ich hör' ein ganzes *Chor* · Von hunderttausend Narren sprechen.

Faust in Goethe, Faust 2575/76

Ich tue als ein guter *Christ* · Nicht mehr, als mir befohlen ist.

Sprichwörtlich

Ein toller *Christ!*

Sprichwörtl. Redensart
Soll von Christian von Braunschweig (1599 bis 1628) hergeleitet sein, da er der »tolle Christian« genannt wurde. Siehe auch in Eckermanns Gesprächen mit Goethe usw.: Goethe erzählte mir sodann einige Züge von Beaumarchais. »Er war ein toller Christ«, sagte er, »und Sie müssen seine Memoiren lesen« (Freitag, d. 10. April 1829).

Es ist so schwer, ein *Christ* zu sein! · Wenn aber zu des Heilands Lehren · Papst, Abt und Propst Exempel wären · Die Seelen hell, die Herzen rein: · Dann wär's so leicht, ein Christ zu sein!

Z. W. L. Gleim, Schwer und leicht (1781). Sämtl. Werke 1811–13. 2, 76

Es gehört kein Mut, kein Charakter, keine Anstrengung, kein Opfer dazu, *Christ* zu sein – Christentum und weltlicher Vorteil ist identisch –, wohl aber kein Christ zu sein.

Ludw. Feuerbach, Sämtl. Schriften (1845 bis 1866)

Du lieber, heilger frommer *Christ*, · Der für uns Kinder kommen ist.

Ernst Moritz Arndt 1810

Der *Christbaum* ist der schönste Baum, · Den wir auf Erden kennen.

Weihnachtslied von Joh. Karl

Die Juden, wenn sie gut, sind sie besser, wenn sie schlecht, sind sie schlimmer als die *Christen.*

Heine, Gedanken und Einfälle 2: Religion u. Philosophie

Ich will lieber mit einem aufrichtigen Türken als mit einem falschen *Christen* zu tun haben.

Erasmus von Rotterdam bei Zinkgref, Apophth. 1, S. 187/88. Den gleichen Gedankengang enthält bereits das »Neun-Felsen-Buch« des Rulman Merswin (Mystiker des 14. Jh.): »Gott, der hat ein Teil Juden und ein Teil Heiden in diesen Zeiten viel lieber denn viel Menschen, die Christennamen tragen und doch wider alle christliche Ordnung leben.«

Denn du hast kein *Christentum.*

Margarete in Goethe, Faust 3468

Es gibt keine Religion, die nicht *Christentum* wäre.

Novalis, Fragmente

Ist denn nicht das ganze *Christentum* · Aufs Judentum aufgebaut?

Klosterbruder in Lessing, Nathan der Weise 4, 7

Das *Christentum* ist eine Idee und als solche unzerstörbar und unsterblich wie jede Idee.

Heinr. Heine, Über Deutschland. Deutschland bis Luther

Ihr machet es mir zu toll · Mit eurem *christlichem* Leide; · Mein Herz ist noch freudevoll, · Darum bin ich ein Heide.

Rückert, Zahme Xenien 66

Ist der *Christtag* schön und klar, · Hofft man auf ein gutes Jahr.
Bauernregel

Er starb post *Christum* natum,
siehe unter *Datum*

Doch siehe, viele rufen: *Christus*, Christus, · Die einst ihm ferner stehn beim Weltgericht · Als viele, die da nimmer kannten Christus.
Dantes Paradies 19, 106/08

Wird *Christus* tausendmal zu Bethlehem geborn · Und nicht in dir; du bleibst verlorn.
Angelus Silesius (Joh. Scheffler), Cherub. Wandersmann (1675)

Den *Christus* in der Hand, · Die Hoffart und die Weltlust in den Herzen.
Paulet in Schiller, Maria Stuart 1, 1

Eine *Chronik* ist's von Tag zu Tag, · Nicht ein Bericht bei einem Frühstück.
Prospero in Shakespeare, Der Sturm 5, 1 (Schlegel)

Die Raupe schon, die *Chrysalide* deutet · Den künftigen bunten Schmetterling.
Mephistopheles in Goethe, Faust 6729/30

Cibi condimentum fames.
(Hunger ist der beste Koch.)
Cicero, de fin. II. 28, 90

Circe
(griechisch Kirke) nennen wir ein verführerisches Weib nach Homer, Odyssee 10, 210 ff.

Circulus vitiosus
(eig. falscher Kreis), wenn man eine Behauptung als Beweis anwendet

Cito mors ruit!
(Schnell reitet der Tod.)
Gedichtteil von Geibel

Sankt *Clemens* (23. Nov.) den Winter bringt. Bauernregel

Les grandes pensées viennent du *cœur*.
(Die großen Gedanken kommen aus dem Herzen.) Vauvenargues, Réflexions 87

Cogito, ergo sum.
(Ich denke, also bin ich.)
René Descartes, Princ. philos. I, 7

Ma vie est un *combat*.
(Mein Leben ist ein Kampf.)
Voltaire, Mahomet 2, 4 (vgl. Mein *Leben* ist ein Streit)

Et le *combat* cessa faute de *combattants*.
(Und endlich schwieg der Kampf, da es an Kämpfern fehlte.)
Pierre Corneille, Cid 4, 3 (1636)

Comme il faut.
(Wie es sein soll, wie sich's gehört); dieser Mann oder diese Sache ist comme il faut.
Sprichwörtl. Redensart

Compelle intrare.
(Nötige sie hereinzukommen.)
Lukas 14, 23 (Vulgata)

Compesce mentem.
(Beherrsche deinen Zorn.)
Horaz, Oden 1, 16, 22

Tout *comprendre* c'est tout pardonner.
(Alles verstehen heißt alles verzeihen.) Wird auf Frau von Staëls »Corinna« zurückgeführt. Vgl. aber Fontane, Frau Jenny Treibel, 7. Kap., wo das Wort George Sand zugeschrieben wird.

Littore quot *conchae*, tot sunt in amore dolores!
(Wieviel Muscheln am Strand, soviel Schmerzen bietet die Liebe!)
Ovid, ars amandi II, 519

Concordia discors.
(Zwieträchtige Eintracht.)
Horaz, Episteln 1, 12, 19; vgl. Ovid, Metam. I, 433: discors concordia

Concordia parvae res crescunt, discordia maximae dilabuntur.
(Durch Eintracht wachsen die kleinen Dinge, durch Zwietracht zerfällt oft das Größte.) Sallust, Jugurtha 10

Qui tacet *consentire* videtur.
(Wer schweigt, scheint beizustimmen.) Das kanon. Recht enthält im 6. Buch der »Decretalen« obigen Wahlspruch des Papstes Bonifazius VIII., † 1303.

Finden Sie, daß *Constanze* sich richtig verhält?
Titel der deutschen Fassung des englischen

Bühnenstückes »The Constant Wife and The Letter« (1927) von William Somerset Maugham

Consuetudo est altera natura.

(Die Gewohnheit ist eine zweite Natur.)
Nach Cicero, De finibus 5, 25, 74

Gravissimum est imperium *consuetudinis*.

(Groß ist die Macht der Gewohnheit.)
Lat.-deutsches Sprichwort

Videant *consules*, ne quid res publica detrimenti capiat.

(Mögen die Konsuln dafür sorgen, daß die Republik keinen Schaden leide.)
Cicero in Catilinam 1, 2 u. sonst.

Consummatum est.

(Es ist vollbracht.)
Joh. 19, 30 (Vulgata)

Contradictio in adjecto.

(Widerspruch in sich selbst, d. h. Widerspruch einer beigelegten Nebenbestimmung gegen den Hauptbegriff.)
Aus dem corp. jur. civ.

Dum vitant stulti vitia, in *contraria* currunt.

(Fehler vermeidet der Tor und rennt in entgegengesetzte.) Horaz, Sat. 1, 2, 24

Non cuivis homini contingit adire *Corinthum*.

(Nicht einem jeglichen wird es zuteil, nach Korinth zu gehen.)
Horaz, Episteln 1, 17, 36

Coronemus nos rosis antequam marescant!

(Lasset uns Kränze tragen von jungen Rosen, ehe sie welk werden.)
Vulgata (Weisheit 2, 8): vgl. unter *Lämpchen*.

Corpus delicti.

(Tatbestand: Beweisstück für ein Vergehen.) Prosper Farinacius, † 1618

Corriger la fortune.

(Das Glück verbessern [betrügen].)
Riccaut de la Marlinière in Lessing, Minna von Barnhelm 4, 2
Der Ausdruck findet sich zuerst bei Boileau (5. Satire, 1665): »Et corrigeant ainsi la fortune ennemie.« (Und so das feindliche Glück verbessernd.) Ursprung wohl: Terenz, Aldelphi, 4, 7, 21ff.

Ah, *Corydon*, Corydon, quae te dementia cepit.

(Ach, Corydon, Corydon! Welch ein Wahn hat dich ergriffen!)
Vergil, Eklogen 2, 69 (vgl. Bürger, Die Weiber von Weinsberg)

Cosi fan tutte.

(So machen es alle [Frauen].)
Titel einer Mozartschen Oper

Coué siehe unter *Methode*

Courage! Courage!

Chamisso, Kleidermacher-Mut

Schneider-*Courage*.

Titel eines Gedichtes v. Goethe

Couronnement de l'édifice.

(Die Krönung des Gebäudes.)
Camille Jordan, Vrai sens du vote national sur le consulat à vie (1802, S. 46)

Crambambuli, das ist der Titel · Des Tranks, der sich bei uns bewährt.

Nach Crescentius Koromandel (im Lahrer Kommersbuch 1745); ein Gedicht von 102 Strophen Länge!

Credo, quia absurdum.

(Ich glaube, weil es widersinnig ist.)
Tertullian, Über das Fleisch Christi 5, steht: »Und gestorben ist Gottes Sohn; es ist ganz glaubwürdig, weil es widersinnig ist usw.«

I love him not, nor fear him; there's my *creed*.

(Ich lieb' ihn nicht, fürcht' ihn nicht, das ist mein Glaubensbekenntnis.) [Tieck: Ich lieb' und fürcht' ihn nicht, das ist mein Kredo.]
Suffolk in Shakespeare, Heinrich VII., 2, 2

Ne sutor supra *crepidam*.

(Schuster, bleib bei deinem Leisten.)
Plinius, Natur. hist. 35, 10, 36, § 85

Crescentem sequitur cura pecuniam.

(Dem Wachsen des Geldes folgt die Sorge.)
Horaz, Oden 3, 16, 17

Allez, partez pour *Crète!*

siehe unter *Kreta*

Cri de douleur.

(Schmerzensschrei.)
Covour auf dem Friedenskongreß zu Paris 1856, als er sich über den Druck beschwerte, den Österreich auf Italien ausübte.

Le dernier *cri* siehe unter *Schrei*

La *critique* est aisée, et l'art est difficile.

(Die Kritik ist leicht, und die Kunst ist schwer.)

Phil. Néricault Destouches, Le glorieux 2, 5 (1732)

I must be *cruel*, only to be kind.

(Zur Grausamkeit zwingt bloße Liebe mich.)

Hamlet in Shakespeare, Hamlet 3, 4

Cui bono.

(Wozu? Wem nützt es, kommt es zugute?) Wird mehrmals bei Cicero als ein Wort des L. Cassius Longinus Ravilla (um 130 v. Chr.) zitiert.

Cui dolet, meminit.

(Wer Schmerz erlitten hat, erinnert seiner sich.) Cicero, pro Murena 42

Stat sua *cuique* dies.

(Jedem ist sein Tag bestimmt.)

Vergil, Äneis 10, 467

Cunctator

nach dem Diktator Q. Fabius Maximus (217 v. Chr.) von dem Ennius sang: Unus homo nobis cunctando restituit rem; noch heute für einen Zauderer gebraucht

The *cups*, · That cheer, but not inebriate, siehe unter *Schalen*

Cura pii dis sunt, et qui coluere, coluntur!

(Hold sind die Götter den Frommen und ehren die Ehrenden wieder!)

Ovid, Metam. 8, 724

Post equitem sedet atra *cura*.

(Hinter dem Reiter sitzt die schwarze Sorge.) Horaz, Oden 3, 1, 40

Vgl. Schiller, Siegesfest, Str. 13: Um das Roß des Reiters schweben, · Um das Schiff die Sorgen her.

Curriculum vitae.

(Lebenslauf.)

Nach Cicero, pro C. Rabirio § 30 (63 v. Chr.)

D

Da unten aber ist's fürchterlich.

Schiller, Der Taucher

Die Tauben, so unter *Dach* bleiben, · Sind vor dem Stoßvogel sicher.

Alter Spruch

Unter *Dach* und Fach kommen.

(fertig werden)

Einem aufs *Dach* steigen.

Sprichwörtl. Redensarten

Wahrhaftigkeit und Politik wohnen selten unter einem *Dach*.

Stefan Zweig, Marie Antoinette (1932)

Auf dem *Dache* sitzt ein Greis, · Der sich nicht zu helfen weiß.

Jul. Friedr. Hansen (1831–1904), Die Wassernot in Leipzig

Die Spatzen pfeifen's auf den *Dächern*. Sprichwörtlich

Auf den *Dächern* predigen.

Nach Matth. 10, 27

Dächten doch alle, wie ich und Ihr.

Trompeter in Schiller, Wallensteins Lager V. 82

Alles schon *dagewesen*,

siehe unter *Alles*

Daheim gütig, · Im Streit mütig.

Alter Spruch

Daheim bin ich König. Sprichwort

Dahin, dahin, · Möcht ich mit dir, o mein Geliebter, ziehn.

Goethe, Wilhelm Meister (Mignon)

Dahin ist es gekommen, Spanier!

Alba in Schiller, Don Carlos 5, 5

Sie (die Gutes tun um des Ruhmes willen) haben ihren Lohn *dahin*.

Matth. 6, 2

Es ist nichts *dahinter*.
Nach 2. Petri 2, 18

Ist kein *Dalberg* da?
Ruf des Herolds bei der Kaiserkrönung, zuerst 1452 erwähnt, worauf der anwesende Dalberg von dem neugekrönten Kaiser den Ritterschlag als erster Reichsritter erhielt.

Ach, daß es doch wie *damals* wär'! · Doch kommt die schöne Zeit nicht wieder her.
Kopisch, Die Heinzelmännchen

Damals haben wir so gewollt, · Und heute wollen wir anders.
Odowalsky in Schiller, Demetrius V. 405

Seinen Tag von *Damaskus* erleben.
Nach Apostelgesch. 9

Die *Dame*, die ich liebe, nenn' ich nicht, · Doch hab' ich ihre Farben mir erkoren.
Feodor Löwe, Die Fahnenwacht

Eine holde, edle *Dame*.
Kavatine des Pagen in Meyerbeers Hugenotten 1 (1836)

Die Kunst, *Dame* zu sein, · Ist nicht klein. · Die Sucht, es zu werden, · Ist meistens verloren. · Man kann sich als Dame gebärden, · Dame sein – ist angeboren! Max Gruber

Die *Damen* geben sich und ihren Putz zum besten · Und spielen ohne Gage mit.
Direktor in Goethe, Faust 119/120

Die *Damen* im schönen Kranz.
Schiller, Der Handschuh

Willkommen, süßer *Dämmerschein!*
Faust in Goethe, Faust 2687

*Damokles*schwert.
Sinnbild des in Gefahr Schwebens. Der ältere Dionys, Tyrann von Syrakus (405 bis 367), wurde von Damokles als der Glücklichste gepriesen. Jener lud ihn nun zu einem köstlichen Mahle, ließ jedoch über den Sitz des Gastes ein scharfes Schwert hängen, das an der Decke mit einem Pferdehaar befestigt war und somit jeden Augenblick herabfallen und den Sitzenden töten konnte. Damit wollte Dionys die Unzuverlässigkeit des von jenem gepriesenen Glückes bezeichnen.

Hans *Dampf* in allen Gassen.
Titel einer Erzählung von H. Zschokke

Das Faß der *Danaïden.*
Die Töchter des Danaus, die ihre Gatten ermordet hatten, waren in der Unterwelt verdammt, in ein leckes Faß Wasser zu schöpfen. Vgl. auch Dunois in Schillers Jungfrau von Orleans 1, 4: Sie . . . schöpft ins lecke Faß der *Danaïden.*

Quidquid id est, timeo *Danaos* et dona ferentes.
(Was es auch sei, die Griechen fürchte ich, auch wenn sie Geschenke geben.) Daher sprichwörtlich: *Danaergeschenk.*
Vergil, Äneis 2, 49

Tu l'as voulu, George *Dandin*, tu l'as voulu.
(Du hast es so haben wollen, George Dandin, du hast es so haben wollen.)
Nach Molière, George Dandin 1, 9, wo vous l'avez voulu steht.

Etwas ist faul im Staate *Dänemark.*
(Something is rotten in the state of Denmark.)
Marcellus in Shakespeare, Hamlet 1, 4

Knapp', sattle mir mein *Dänenroß*, · Daß ich mir Ruh' erreite.
Bürger, Gedichte

Ein *Daniel* kommt, ein wahrer Daniel.
Shylock in Shakespeare, Kaufmann von Venedig 4, 1

Dank vom Haus Österreich.
Buttler in Schiller, Wallensteins Tod 2, 6

Den *Dank*, Dame, begehr' ich nicht.
Schiller, Der Handschuh

Mein erst Gefühl sei Preis und *Dank!* · Erheb ihn, meine Seele, · Der Herr hört deinen Lobgesang, · Lobsing ihm, meine Seele!
Gellert, Morgengesang

Fahr hin! Ich hab' auf *Dank* ja nie gerechnet.
Wallenstein in Schiller, Wallensteins Tod 3, 7

In *Dank* verschlingt sich alles Sein.
Christian Morgenstern (1871–1914), Fußwaschung

Der ist nie recht *dankbar* gewesen, der aufhört, dankbar zu sein.

Kaiser Friedrich I. der Rotbart bei Zinkgref, Apophth. 1, S. 23

Gewöhne dich, da stets der Tod dir dräut, · *Dankbar* zu nehmen, was das Leben beut.

Fr. Bodenstedt, Mirza-Schaffy: Vermischte Ged. u. Sprüche 5

Ein einziger *dankbarer* Gedanke gen Himmel ist das vollkommenste Gebet!

Das Fräulein in Lessing, Minna von Barnhelm 2, 7

Dankbarkeit ist dünn gesät.

Sprichwörtlich

Was ist vergeßlicher als *Dankbarkeit?* König in Schiller, Don Carlos 3, 5

Danke Gott, wenn er dich preßt, · Und dank ihm, wenn er dich wieder entläßt.

Goethe, Westöstl. Diwan, Buch des Sängers: Talismane

Danket dem Herrn, denn er ist freundlich, und seine Güte währet ewiglich. Psalm 106, 1

Daran erkenn' ich den gelehrten Herrn! · Was ihr nicht tastet, steht euch meilenfern.

Mephistopheles in Goethe, Faust 4917/18

Daran erkenn' ich meine Pappenheimer.

Wallenstein in Schiller, Wallensteins Tod 3, 15

Wer in der Jugend spart, der *darbt* im Alter nicht.

Gellert, Fabeln 1. Buch: Das Testament

Wer nie *gedarbt*, ist ohne Freude reich.

Albr. v. Haller, Versuch schweizer. Gedichte. (Sehnsucht nach dem Vaterlande)

Darin bin ich dir über.

F. Reuter, Ut mine Stromtid Kap. 3

Darin bin ich komisch.

D. Kalisch, Der gebildete Hausknecht

Was *darüber* ist, das ist vom Übel.

Matth. 5, 37

Darum keine Feindschaft nicht.

L. Angely, Das Fest der Handwerker

Dasein ist Pflicht, und wär's ein Augenblick.

Faust in Goethe, Faust 9418

Der Kampf ums *Dasein*.

Nach dem Titel einer Schrift Darwins; der Ausdruck wurde aber schon von dem englischen Volkswirt Malthus angewendet. S. unter *Struggle*.

Süßes Leben! Schöne, freundliche Gewohnheit des *Daseins* und Wirkens! Egmont in Goethe, Egmont 5

Wenn zwei *dasselbe* tun, so ist es nicht dasselbe.

(Duo cum faciunt idem, non est idem.)

Sprichwörtlich nach Terenz

Er starb – post Christum natum – · Ich weiß nicht mehr das *Datum*.

Bürger, Neue weltliche hochdeutsche Reime, enthaltend Die Historiam der Prinzessin Europa

Den *Daumen* aufs Auge setzen.

Sprichwörtl. Redensart

Den *Daumen* jemand drücken (oder halten). Sprichwörtl. Redensart

Einen *Daumenlutscher*

nennt man ein Kind nach dem *Struwwelpeter* (siehe diesen).

David und Jonathan.

Nach 1. Sam. 18 (als Beispiel treuer Freundschaft), vgl. unter *Jonathan*

Mit dem Leben *davonkommen*.

Nach 2. Makk. 3, 38

Wir sind noch einmal *davongekommen*.

Titel der deutschen Fassung des amerikanischen Bühnenstückes »Skin of our Teeth« (1942) von Thornton Wilder

Warum stehen sie *davor?* · Ist nicht Türe da und Tor? · Kämen sie getrost herein, · Würden wohl empfangen sein.

Goethe, Gedichte zu Bildern: Wohnhaus

Davus bin ich, nicht Ödipus

(*Davus* sum, non Oedipus),
d. h., ich bin nicht so gewandt im Rätsellösen wie jener. Terenz, Andria 1, 2

Anno *dazumal.* Sprichwörtl. Redensart

Nichts ist bedeutender in jedem Zustand als die *Dazwischenkunft* eines Dritten.

Goethe, Wahlverwandtschaften 1, 1

Decies repetita placebit.

(Zum zehntenmal wiederholt wird es gefallen.) Horaz, Ars poëtica v. 365

Wer sich nicht nach der *Decke* streckt, · Dem bleiben die Füße unbedeckt.

Goethe, Sprüche in Reimen: Sprichwörtlich

Jeder Topf findet seinen *Deckel.*

Auch Titel eines Lustspieles »Jede Pott findt sienn Deckel« von Zinck

Sprichwort

Deficiente pecu, deficit omne, nia.

(Wo es gebricht an G E – mangelt auch alles – L D) Rabelais, Gargantua 3, 41

Ohn' Ursach sollen wir nie zucken unsern *Degen,* · Ohn' Ehre sollen wir ihn dann nicht niederlegen.

Logau, Sinngedichte: Das Schwert

Wenn einer dauhn *deiht,* wat hei deiht, · Dann kann hei nich mihr dauhn, as hei deiht.

Fritz Reuter. Motto der Läuschen und Rimels (Neue Folge 1858). Die Überschrift des sechzehnten Läuschens heißt: Wenn einer deiht, wat hei deiht . . ., wie auch Jochen Nüßler in der Stromtid öfter sagt, z. B. 2. Teil Kap. 26. Vgl. unter *Ledder* u. *schenk.*

Kannst du das Höchste nicht erreichen, · Sei nur der Erste von *deinesgleichen!*

Joh. G. Keil, Lyra u. Harfe (1834)

Was tu ich nicht um *deinetwillen?*

Margarete in Goethe, Faust 3514

Was man nicht *deklinieren* kann, · Das sieht man als ein Neutrum an.

Aus Karl Gottlob Zumpts latein. Grammatik (Berlin 1818)

Dum Roma *deliberat,* Saguntum perit.

(Während Rom überlegt, geht Sagunt zugrunde.) Livius 21, 7

Siehe unter *Catilina*

Amor ac *deliciae* generis humani.

(Liebe und Wonne des Menschengeschlechts) nennt Sueton (Tit. 1) den Kaiser Titus (79–81).

Deine Scher' in meinen Haaren, · Allerliebste *Delila!*

Goethe, Epigrammatisch: Unüberwindlich

Daß man mit der *Delikatesse* nicht weit reicht . . .

Eckermann, Gespräche mit Goethe, 4. Dez. 1823

In usum *Delphini.*

(Zum Gebrauch für den Dauphin.) So heißen die Ausgaben der alten Klassiker, die der Herzog von Montausier (als er 1668 zum Erzieher des Dauphin ernannt worden war) unter Weglassung der anstößigen Stellen »zum Gebrauche für den Dauphin«, den Sohn Ludwigs XIV., durch Bossuet und Huet bearbeiten ließ.

Könige wollen das Gute, · Die *Demagogen* desgleichen.

Goethe, Venezianische Epigramme 52

Quos deus perdere vult, *dementat* prius.

(Die Gott verderben will, verblendet er vorher.)
Nach Sophokles Antigone (v. Donner 622/24)

Ich *dementiere* mir!

Generalfeldmarschall v. Wrangel 1877, als er totgesagt worden war

Le *Demi-monde* (Halbwelt).

Titel eines Lustspiels von Alex. Dumas d. J. (1855)

Un denn wundern sick de Lüd noch, wo einer *Demokrat* warden kann. As wi inspunnt würden, wiren wit nich, als wi rute kemen, wiren wit all.

Fritz Reuter, Festungstid 10

Demokratie ist Diskussion.

Thomas G. Masaryk (1850–1937)

Es wird kein Haupt über Deutschland leuchten, das nicht mit einem vollen Tropfen *demokratischen* Öls gesalbt ist.

Uhland im Frankfurter Parlament 22. Januar 1849

Quod erat *demonstrandum* (Q. E. D.). *῞Οπερ ἔδει δεῖξαι*
(Was zu beweisen war.)
Euklid (um 300 v. Chr.), Schlußformel jeder Beweisführung.

Das ist die echte *Demut* nicht, · Daß man sich glaubt ein schlechter Wicht: · Die echte Demut der nur hegt, · Der echten Stolz im Busen trägt.
Fr. v. Sallet, Gedichte (1835): Epigrammatisches u. Lehrhaftes 9

Nimm dieses Kreuz: Es ist der Lohn · Der *Demut*, die sich selbst bezwungen.
Schiller, Der Kampf mit dem Drachen

Die *Demut* ehre du, und zu der Demut Ehren · Sei gegen Stolze stolz, um Demut sie zu lehren.
Rückert, Weisheit des Brahmanen 1.Buch Nr. 34

Wenn du mich *demütigest*, machst du mich groß. Psalm 18, 36

Demütigung beschleicht die Stolzen oft.
Hofmeisterin in Goethe, Die natürliche Tochter 2, 5

In gärend Drachengift hast du · Die Milch der frommen *Denkart* mir verwandelt.
Tell in Schiller, Wilhelm Tell 4, 3

Die alte *Denkart* tauscht kein Ehrenmann · Auf einem höhern Posten.
Euripides, Iphigenie in Aulis 345/46

Ich *denke* dein, wenn mir der Sonne Schimmer · Vom Meere strahlt!
Goethe, Nähe des Geliebten

Ich sage wenig, *denke* desto mehr.
Gloucester in Shakespeare, König Heinrich IV. 3. Teil 4, 1

Ich hab' es klug gemacht, · Ich habe nie über das *Denken* gedacht.
Goethe, Zahme Xenien 6

Alles Gescheite ist schon gedacht worden, man muß nur versuchen, es noch einmal zu *denken*.
Goethe, Maximen u. Reflex. 1 (vgl. »Nullum est iam dictum, quod non dictum sit prius«, Terentius, Eunuchus, Prologus v. 41.)

Wer kann was Dummes, wer was Kluges *denken*, · Das nicht die Vorwelt schon gedacht?
Mephistopheles in Goethe, Faust 6809/10

Sie haben mich gepeinigt, · Weil ich zu *denken* wagte, · Sie haben mich gesteinigt, · Weil ich mein *Denken* sagte. Lermontow

Man soll *Denken* lehren, nicht Gedachtes.
Corn. Gurlitt in der »Gegenwart« 38, 215

Man muß *denken* wie die wenigsten und reden wie die meisten.
Balthasar Graciáns Handorakel (1637), Schopenhauer

Der *denkende* Künstler ist noch eins soviel wert.
Der Prinz in Lessing, Emilia Galotti 1, 4

Der *Denker* denkt vom Hut zum Schuh, · Und ihm gerät in Blitzes Nu · Das Was, das Wie, das Beste.
Goethe, Gott u. Welt: Diogenes

Mögt euch drum immer wie ihr wollt gebärden: · Des Werkes Leben könnt ihr nicht gefährden. · Aufhalten könnt ihr's, nimmermehr vernichten: · Ein *Denkmal* wird die Nachwelt mir errichten.
Arthur Schopenhauer, Gedichte: Unverschämte Verse (1819)

Allen gehört, was du *denkst;* dein eigen ist nur, was du fühlest. · Soll er dein Eigentum sein, fühle den Gott, den du denkst.
Schiller, Votivtafeln 17: Das eigene Ideal

Denkst du daran, mein tapferer Lagienka?
Aus Holteis Singspiel: Der alte Feldherr

Der Cassius dort hat einen hohlen Blick; · Er *denkt* zuviel: Die Leute sind gefährlich.
Cäsar in Shakespeare, Cäsar 1, 2 (siehe auch unter *wohlbeleibt*)

Ergeht's euch wohl, so *denkt* an mich.
Goethe, Der Sänger

Aber das *denkt* wie ein Seifensieder.
Erster Jäger in Schiller, Wallensteins Lager, 11. Auftr.

Im Schatten kühler *Denkungsart.*
H. A. v. Thümmel (oder von Joh. Engelh. Voigts)

Sie machen ihre *Denkzettel* breit.
Matth. 23, 5

Der größte Lump im ganzen Land, · Das ist und bleibt der *Denunziant.*
Hoffmann von Fallersleben, Polit. Gedichte: Sprüche Nr. 17

Dépit amoureux (verliebter Trotz).
Nach Molières Komödie: Le dépit amoreux (1656)

Derjenige, welcher,
siehe unter *allemal*

Immer *derselbe.*
(Semper idem.)
Nach Cicero, Tusc. Disp. 3, 15, 31

J'ai ri, me voilà *désarmé.*
(Ich mußte lachen und bin nun entwaffnet.) Piron, La Métromanie 3, 7

Use every man after his *desert,* and who should 'scape whipping?
(Behandelt jeden Menschen nach seinem Verdienst, und wer ist vor Schlägen sicher.)
Hamlet in Shakespeare, Hamlet 2, 2

Gehe hin und tue *desgleichen.*
Evang. Lukas 10, 37 (Schluß der Erzählung v. barmherz. Samariter)

Jeden *Despoten* fordr' ich in meine Schranken.
Byron, Don Juan 9, 24 (Gildemeister)

Denn *Despotismus* ist der schwarze Punkt in allen Menschenherzen.
Weber, Demokritos: Der Staat u. seine Formen (Fortsetzung)

Despotismus jeder Art reizt zur Widersetzlichkeit. Moses Mendelssohn

Deum colit, qui novit.
(Wer Gott kennt, verehrt ihn.)
Seneca, Epistolae 95

Deus ex machina.
(Gott aus der Maschine.)
Plato, Kratylos S. 425
In dem antiken Drama erscheinen häufig die Götter am Schluß des Stückes, um die Handlung zu entscheiden, wobei zur Vortäuschung des Schwebens eine besondere Apparatur (Maschine) benutzt wurde.

Deus nobis haec otia fecit.
(Ein Gott hat uns diese Muße geschaffen.)
Vergil, Eklogen 1, 6

Quod avertat *deus.*
(Was Gott verhüte.) Vgl. unter *bene*

Eritis sicut *Deus,* scientes bonum et malum.
(Und ihr werdet sein wie Gott und wissen, was gut und böse ist.)
1. Buch Mos. 3, 5 und Goethe, Faust 2048

Est *deus* in nobis, agitante calescimus illo.
(In uns wohnet ein Gott, wir erglühn durch seine Bewegung) Ovid, Fasti 6, 5

Ein Kaiserwort · Soll man nicht drehn noch *deuteln.*
Bürger, Die Weiber von Weinsberg

Eines Kaisers Wort will sich nicht gebühren zu drehen oder zu *deuteln.*
Kaiser Konrad III. bei Zinkgref, Apophth. 1, S. 23

Menschen *deuten* oft nach ihrer Weise · Die Dinge, weit entfernt vom wahren Sinn.
Cicero in Shakespeare, Cäsar 1, 3

Deutlichkeit ist eine gehörige Verteilung von Licht und Schatten.
Goethe, Maximen u. Reflex. 2

Die größte *Deutlichkeit* war mir immer die größte Schönheit.
Lessing, Theologische Streitschriften: Das Testament Johannis

Deutsch sein heißt, eine Sache um ihrer selbst willen tun.
Nach Richard Wagner, Deutsche Kunst und Deutsche Politik (1867)

Der Rhein, · Und wär's nur um den Wein, · Der Rhein soll *deutsch* verbleiben. Herwegh, Rheinweinlied

Das einzge Mittel, *deutsch* zu bleiben, · Ist – deutsch zu sein.
Hamerling, Homunkulus

Mein geliebtes *Deutsch*.
Nach Faust in Goethe, Faust 1223

Oh, was ist die *deutsch* Sprak für ein arm Sprak! für ein plump Sprak!
Riccaut de la Marlinière in Lessing, Minna von Barnhelm 4, 2

Lernt *Deutsch*, ihr Jünglinge! Denn ihr seid *Deutsche*.
Herder, Sämtliche Werke: Zur Philosophie, 2. Abschn. 3. Kap.

Der *Deutsche* ist gelehrt, · Wenn er sein *Deutsch* versteht.
Goethe, Epigrammatisch: Nativität

Was *deutsch* und echt, wüßt' keiner mehr, · Lebt's nicht in deutscher Meister Ehr'.
Hans Sachs in Rich. Wagners Meistersinger, Schlußszene

Deutsche Freiheit, deutscher Gott, · Deutscher Glaube ohne Spott, · Deutsches Herz und deutscher Stahl · Sind vier Helden allzumal.
E. M. Arndt, Deutscher Trost

Deutsche Gemütlichkeit,
siehe unter *Gemütlichkeit*

Und jeder echte *deutsche* Mann soll Freund und Bruder heißen!
Matth. Claudius, entstanden aus »Mein Neujahrslied« (1773)

Unsre edle *deutsche* Sprache ist noch bei weitem nicht geworden, was sie sein könnte.
Herder, Sämtliche Werke: Zur Philosophie 2. Abschn. 2. Kap.

Alles muß der Mensch lernen, der auf Bildung Anspruch machen will: nur seine Sprache will der *Deutsche* nicht lernen, die soll ihm von selbst kommen.
E. M. Arndt, Über Volkshaß

Deutsche Hiebe. Schiller, Fiesko 5, 4

Deutsche Worte hör' ich wieder.
Hoffmann von Fallersleben, Gedichte: Heimkehr aus Frankreich

Deutsche Zucht geht über alles.
Walther v. d. Vogelweide: Deutschland voran!

Deutsche Treue, deutsches Hemde, · Die verschleißt man in der Fremde. Heine, Lazarus 3

Blond der Haare, Blau der Augen, · Macht den *Deutschen*, wie es heißt; · Besser zu Wahrzeichen taugen · Deutsches Herz und deutscher Geist. Johannes Scherr

Was dem Russen gesund ist, bringt dem *Deutschen* den Tod.
Russisches Sprichwort

Es liegt in der *deutschen* Natur, alles Ausländische in seiner Art zu würdigen und sich fremder Eigentümlichkeit zu bequemen.
Eckermann, Gespräche mit Goethe, Montag, 10. Jan. 1825

Die alten *Deutschen* tranken immer noch eins.
»Auf Deutschlands hohen Schulen« von Kunitz u. Ruer. Refrain eines Studentenliedes nach einer Stelle in Tacitus »Germania«. Auch als Refrain eines bekannten Liedes von Ludolf Waldmann. Vgl. unter *eins* und unter *Gerstensaft*.

Im *Deutschen* lügt man, wenn man höflich ist.
Bakkalaureus in Goethe, Faust 6771

Die *Deutschen* sind ehrliche Leute.
Wirt in Shakespeare, Die lustigen Weiber von Windsor 4, 5

Wir *Deutschen* fürchten Gott, aber sonst nichts in der Welt.
Bismarck im Deutschen Reichstage am 6. Februar 1888

Die *Deutschen* an die Front!
(The Germans to the front!)
Befehl des britischen Admirals Seymour an Kapitän v. Usedom, Führer der deutschen Abteilung, am 22. Juni 1900 bei dem Angriff auf das Fort Hsiku am Peiho.

So geh, du *deutscher* Bär! so geh!
Daja in Lessing, Nathan d. Weise 1, 6

Ich bin ein *deutsches* Mädchen! · Mein Aug' ist blau und sanft mein Blick. Klopstock, Oden: Vaterlandslied

Deutsches Herz, verzage nicht, · Tu, was dein Gewissen spricht, · Dieser Strahl des Himmelslichts: · Tue recht und fürchte nichts!
E. M. Arndt, Deutscher Trost

Deutsches Volk, du konntest fallen, · Aber sinken kannst du nicht!
Th. Körner, Leier u. Schwert: Was uns bleibt.
Deutsches Gemüt siehe unter *Gemüt* und *Gemütlichkeit*

Setzen wir *Deutschland* in den Sattel; reiten wird es schon können.
Bismarck im nordd. Reichstag am 11. März 1867

Ich habe nur ein Vaterland, das heißt *Deutschland.*
Freiherr vom Stein an den Grafen Münster am 1. Dezember 1812

Deutschland muß leben, und wenn wir sterben müssen.
Arbeiterdichter Heinrich Lersch, Soldatenabschied

Deutschland erwache!
Dietrich Eckart. Wurde zu einem Kampfruf des Nationalsozialismus.

Nur in der Menschen *Deutung* lebt die Tugend.
Aufidius in Shakespeare, Coriolan 4, 7

Dezember kalt mit Schnee, · Gibt Korn auf jeder Höh'. Bauernregel

Dezember lau und lind, · Der ganze Winter ein Kind.
Märkische Bauernregel

Der *Dezembermann.*
Der Mann des zweiten Dezembers wurde Napoleon III. genannt nach dem Datum seines 1852 erfolgten Staatsstreiches

Que *diable* allait-il faire dans cette gelère?
(Was, zum Teufel, hatte er auf jener Galeere zu suchen?)
Molière, Fourberies de Scapin 2, 11

Ein *Diadem* erkämpfen, ist groß, es wegwerfen, ist göttlich.
Fiesko in Schiller, Fiesko 2, 19

Kann's einen schönern *Diamant* im Leben · Als eine schöne Menschenseele geben? I. G. Seidl

Das Gemüt eines Liebenden ist wie ein *Diamant.*
Balthasar Gracián, Handorakel (1637) Schopenhauer

Du hast *Diamanten* und Perlen, · Hast alles, was Menschenbegehr, · Und hast die schönsten Augen – · Mein Liebchen, was willst du mehr?
Heine, Buch der Lieder: Die Heimkehr 64

Schwarze *Diamanten*
wurde als Bezeichnung für Steinkohlen von den Engländern in der ersten Hälfte des 19. Jahrhunderts zuerst gebraucht; auch Titel eines Romans von Maurus Jokai

Groß ist die *Diana* der Epheser.
Apostelgeschichte 19, 33, vgl. Goethes gleichnamiges Gedicht

Dic, cur hic?
(Sage, warum bist du hier?)
Philander v. Sittewald

Der kann nicht *dicht*halten
(nicht schweigen, von undichten Gefäßen entlehnt). Berliner Redensart

Wer das *Dichten* will verstehen, · Muß ins Land der Dichtung gehen; · Wer den *Dichter* will verstehen, · Muß in Dichters Lande gehen.
Goethe, Noten zum Westöstl. Diwan (Motto)

Leben heißt – dunkler Gewalten · Spuk bekämpfen in sich · *Dichten* – Gerichtstag halten · Über sein eignes Ich.
Henrik Ibsen, Gedichte: Ein Vers

Dichten ist ein Übermut.
Goethe, Westöstl. Diwan: Buch des Sängers

Dichter ist umsonst verschwiegen, · Dichten selbst ist schon Verrat.
Goethe, Westöstl. Diwan: Das Schenkenbuch

Weil ein Vers dir gelingt in einer gebildeten Sprache, · Die für dich *dichtet* und denkt, glaubst du schon *Dichter* zu sein?
Schiller, Votivtafeln: Dilettant

Die Welt durchaus ist lieblich anzuschaun, · Vorzüglich aber schön die Welt der *Dichter*.
Goethe, Westöstl. Diwan: Buch Suleika

Dichter wollen entweder uns nützen oder ergötzen.
(Aut prodesse volunt aut delectare poetae.) Horaz, Ars poëtica 333

Dichter lieben nicht zu schweigen, · ... Niemand beichtet gern in Prosa. Goethe, An die Günstigen

Ich bin ein deutscher *Dichter*, · Bekannt im deutschen Land; · Nennt man die besten Namen, · So wird auch der meine genannt.
Heine, Buch der Lieder: Die Heimkehr 15

Dichter gleichen Bären, · Die immer an eignen Pfoten zehren.
Goethe, Sprüche in Reimen: Sprichwörtlich

Der Freiheit Priester, der Vasall des Schönen, · So wird der *Dichter* in die Welt gesandt.
Herwegh, Sonette XX

Und singend einst und jubelnd · Durchs alte Erdenhaus · Zieht als der letzte *Dichter* · Der letzte Mensch hinaus.
Anastasius Grün, Der letzte Dichter

Der *Dichter* steht viel zu hoch, als daß er Partei machen sollte.
Goethe, Noten zum Westöstl. Diwan: Eingeschaltetes

Der *Dichter* steht auf einer höhern Warte · Als auf den Zinnen der Partei! Freiligrath, Aus Spanien

Das Volk der *Dichter* und Denker
siehe unter *Volk*

Der *Dichter* ist das Herz der Welt.
Eichendorff, An die Dichter

Ein wandernd Leben · Gefällt der freien *Dichterbrust*.
A. W. Schlegel, Gedichte: Arion

In den *Dichtern* träumt die Menschheit. Hebbels Tagebücher

Wenn des *Dichters* Mühle geht, · Halte sie nicht ein: · Denn wer einmal uns versteht, · Wird uns auch verzeihn.
Goethe, Westöstl. Diwan: Buch des Sängers

Worte sind des *Dichters* Waffen.
Goethe, Vermischte Gedichte: Deutscher Parnaß

Deutscher *Dichterwald*,
siehe unter *Gesang*

Wisset nur, daß *Dichterworte* · Um des Paradieses Pforte · Immer leise klopfend schweben, · Sich erbittend ewges Leben.
Goethe, Westöstl. Diwan: Buch des Sängers

Wer der *Dichtkunst* Stimme nicht vernimmt, · Ist ein Barbar, er sei auch, wer er sei.
Alfons in Goethe, Torquato Tasso 5, 1

Dem Golde gleicht der *Dichtkunst* hohe Gabe; · Es findet nicht in Massen sich der Segen, · Nur eingesprengt, verstreut auf dunkeln Wegen · Und ist oft eines Menschen beste Habe. Ferd. v. Saar, Talent

Dichtung und Wahrheit.
Nebentitel von Goethes Lebensbeschreibung (1811 ff.)

Der *Dichtung* Flamm' ist allezeit ein Fluch! Freiligrath, Bei Grabbes Tod

Der *Dichtung* Schleier aus der Hand der Wahrheit.
Goethe, Gedichte: Zueignung

Es war ein *dicker* Mann, folglich ein guter Mann, sagt Cervantes.
Heine, Reisebilder 1: Die Harzreise

Dico ego, tu *dicis*, sed denique dixit et ille, · *Dictaque* post toties non nisi *dicta* vides.
(Ich mein' dies, du das und ein dritter

meinte was andres, · Und wenn du alles nun nimmst, Meinungen sind es doch nur.)
Goethe, Überschriftverse zum polemischen Teil der Farbenlehre

Die ist es, oder keine sonst auf Erden!
Don Cäsar in Schiller, Die Braut von Messina 1542

Ein fauler *Dieb* schadet bei weitem nicht soviel als ein fahrlässiger Knecht.•
Luther bei Zinkgref, Apophth. 1, 176

Zum Raube lächeln heißt den *Dieb* bestehlen.
Doge in Shakespeare, Othello 1, 3

Wie ein *Dieb* in der Nacht kommen.
Nach 1. Thessal. 5, 2 (vgl. Matth. 24, 42–44, Luk. 12, 39 u. 2. Petri 3, 10)

Die kleinen *Diebe* hängt man, die großen läßt man laufen.
Sprichwörtlich

Privatdiebe fesselt man auf Lebenszeit im Kerker, öffentliche *Diebe* gehen in Gold und Purpur.
Cato der Ältere, Rede 70

Mit *Dieben* fängt man *Diebe*.
Sprichwörtlich

Dieberei ist die gemeinste Nahrung von der Welt.
Luther bei Zinkgref, Apophth. 1, S. 182

Eigentum ist *Diebstahl*.
(La propriété c'est le vol.)
Pierre Josef Proudhon (1840)

Trauernd tief saß Don *Diego*, · Keiner war wohl je so traurig.
Herder, Der Cid, Anfangsstrophe (1803/05)

Diem perdidi.
(Ich habe einen Tag verloren.)
Titus, † 81 n. Chr. Sueton, Titus 8

Ich *dien'*.
Wahlspruch des »schwarzen Prinzen« Eduard († 1376), nach dem des Königs Johann von Böhmen († 1346)

Dienen lerne beizeiten das Weib nach ihrer Bestimmung; · Denn durch Dienen allein gelangt sie endlich zum Herrschen, · Zu der verdienten Gewalt, die doch ihr im Hause gehöret.
Goethe, Hermann und Dorothea 7 (Erato) 114/16

Nur *dienend* ehrt der *Diener* seinen Herrn.
Rhamnes in Grillparzer, Sappho 1, 1

Der Fürst ist der erste *Diener* seines Staates.
Friedrich der Große, Mémoires de Brandebourg (1750) und öfters

Nimmer *Dienst*, nimmer Lohn.
Rollenhagen, Froschmeuseler, 20. Buch 1. Teil 20. Kap. 58

Dienstbare Geister
(für Dienstboten). Nach Hebräer 1, 14

Die *Dienstboten* sind die Herren.
Sprichwörtlich

Im *Dienste* deines Herrn berufe · Dich auf getane Dienste nicht! · Sei still und tu auf jeder Stufe · Von neuem immer deine Pflicht.
Rückert, Erbauliches und Beschauliches aus dem Morgenlande

Wozu der Lärm? Was steht dem Herrn zu *Diensten?*
Mephistopheles in Goethe, Faust 1322

Des *Dienstes* immer gleichgestellte Uhr. Max in Schiller, Piccolomini 1, 4

Dienstjahre sind keine Herrenjahre.
Sprichwort

Wer redlich *dient* und schweigt, der fordert viel.
L. Schefer, Laienbrevier, Okt. 20

Dies ater.
(Schwarzer, unglücklicher Tag.) In Erinnerung an die schwere Niederlage der Römer an der Allia (390 v. Chr.) wurde der dies ater (als bedenklicher Tag) eingeführt; es war der erste Tag nach den Kalenden, Nonen und Iden. An einem solchen Tage nahm man keine Amtshandlungen vor.

Dies diem docet.
(Ein Tag lehrt den andern.)
Nach Publilius Syrus (um 50 v. Chr)

Dies irae, dies illa · Solvet saeclum in favilla.

(Der Tag des Zornes, jener Tag wird die Welt in Asche auflösen.)
Thomas von Celano (13. Jh.). Vgl. Zephanja 1, 15

Oh, hätt' ich nimmer *diesen* Tag gesehn!

Gordon in Schiller, Wallensteins Tod 4, 2

Oh, muß ich *diesen* Tag des Jammers schauen!

Sorel in Schiller, Die Jungfrau von Orleans 1, 7

Teils *dieserhalb*, teils außerdem!

Wilh. Busch, Die fromme Helene

Nie ohne *dieses*.

Tischler Hähnchens Redensart aus Angelys Fest der Handwerker (1830)

Dieu et mon droit!

(Gott und mein Recht!)
Wappenspruch des Königs von England, seit Eduard I. († 1307)

Les *dieux* s'en vont.

(Die Götter gehen fort.)
Chateaubriand, Les Martyrs (1809)

Difficile est satiram non scribere.

(Es ist schwer, keine Satire zu schreiben.)
Juvenal, Satirae 1, 30

Maximum remedium irae *dilatio* est.

(Das größte Gegenmittel gegen den Zorn ist der Aufschub.)
Seneca, De ira 3, 12

Dilatorische Behandlung.

(aufschiebende Behandlung.)
Nach Bismarck (28. Juli 1870)

Der *Dilettant* verhält sich zur Kunst wie der Pfuscher zum Handwerk.

Goethe, Über den sog. Dilettantismus

Dilettant heißt der kuriose Mann, · Der findet sein Vergnügen dran, · Etwas zu machen, was er nicht kann.

Paul Heyse, Spruchbüchlein: Literatur und Kunst Nr. 11

Ein *Dilettant* hat es geschrieben, · Und Dilettanten spielen's auch, · Verzeiht, ihr Herrn, wenn ich verschwinde, · Mich dilettiert's, den Vorhang aufzuziehen.

Servibilis in Goethe, Faust 4217–20

Verfluchte *Dilettanten!*

Kapellmeister in Goethe, Faust 4364

Das ist aber eben das Wesen der *Dilettanten*, daß sie die Schwierigkeiten nicht kennen, die in einer Sache liegen, und daß sie immer etwas unternehmen wollen, wozu sie keine Kräfte haben.

Eckermann, Gespräche mit Goethe, Sonntag, den 21. Januar 1827

Diligitur nemo, nisi cui fortuna secunda est.

(Der nur wird geliebt, dem immer günstig das Glück ist.)
Ovid, ex Ponto lib. 2, 3, 23

Eine vierte *Dimension* ist den Geistern eigen.

Henry More, Enchiridium methaphysicum (1671), 28, § 7 (Zimmermann)

Dimidium facti, qui coepit habet.

(Frisch gewagt ist halb gewonnen.)
Horaz, Episteln 1, 2, 40

Alles *Ding* währt seine Zeit.

Sprichwort. Nach Pred. Sal. 3, 1. (Auch Refrain in dem P. Gerhardtschen Kirchenlied: »Sollt' ich meinem Gott nicht singen: Alles Ding währt seine Zeit, Gottes Lieb' in Ewigkeit«.)

Das *Ding* an sich,

im Gegensatz zur Erscheinung. Kant sagt an einer Hauptstelle der »Kritik der reinen Vernunft«: »Was die Dinge an sich sein mögen, weiß ich nicht und brauche es auch nicht zu wissen.«
(2. Aufl. S. 332f.)

Es ist · Ein stolzes *Ding*, die Lust verstehen und Herr · Der Freude sein.

Gerhart Hauptmann, Der arme Heinrich

So ein lieb *Ding* im Arm zu haben.

Siehe unter *Himmelsgaben*

Der *Dinge* warten, die da kommen sollen. Nach Luk. 21, 26

Viele *Dinge* sind's, · Die wir mit Heftigkeit ergreifen sollen; · Doch andre können nur durch Mäßigung · Und durch Entbehren unser eigen werden.

Prinzessin in Goethe, Torquato Tasso 2, 1

Dinge siehe auch unter *Mors*

Unter vielen schlimmen *Dingen* ist · Das schlimmste eine scharfe Zunge.

Agamemnon in Schiller, Iphigenie in Aulis 2, 2

Es geht nicht zu mit rechten *Dingen!*

Trompeter in Schiller, Wallensteins Lager 6. Auftritt: vgl. auch Schiller, Pegasus im Joche, und Margarete in Goethe, Faust 2894

Du fragst nach *Dingen*, Mädchen, die dir nicht geziemen.

Thibaut in Schiller, Jungfrau von Orleans, Prolog V. 294

So wälz' ich ohne Unterlaß, · Wie Sankt *Diogenes* mein Faß.

Goethe, Epigrammatisch: Genialisch Treiben

Diogenes der Weise aber kroch ins Faß · Und sprach: »Ja, ja, das kommt von das!«

Wilh. Busch, Münchner Bilderb. 350

Etwas mit der *Diogeneslaterne* suchen.

Diogenes soll bei Tage mit einer brennenden Laterne umhergegangen sein, um, wie er sagte, einen Menschen zu suchen

Als *Dionys* aufhörte, ein Tyrann zu sein, · Da ward er ein Schulmeisterlein.

Chr. Dan. Fr. Schubart, Epigramm, in dem er den Herzog Karl Eugen von Württemberg verspottete und dafür zehn Jahre auf der Festung Hohenasperg gefangen saß.

Zu *Dionys*, dem Tyrannen, schlich · Möros, den Dolch im Gewande.

Schiller, Die Bürgschaft

Mögen die Federn der *Diplomaten* nicht wieder verderben, was das Volk mit so großen Anstrengungen errungen.

Trinkspruch Blüchers nach der Schlacht bei Waterloo

Dira necessitas.

(Die grausame Notwendigkeit.)
Horaz, Oden 3, 24, 6

Einer *Dirne* schön Gesicht · Muß allgemein sein wie's Sonnenlicht.

Zweiter Jäger in Schiller, Wallensteins Lager 7

Discite justitiam moniti, et non temnere divos.

(Lernet gewarnt rechttun und nicht mißachten die Götter.)
Vergil, Äneis 6, 620

Diseur de bons mots, mauvais caractère!

(Witzbold, schlechter Charakter!)
Pascal, Pensées 26

Il est peu de *distance* de la roche Tarpéienne au Capitole.

(Es ist nur ein kurzer Weg vom Tarpejischen Felsen zum Kapitol.)
Mirabeau, den 22. Mai 1790

Disteln sind dem Esel lieber als Rosen. Sprichwort

Dornen und *Disteln.*

Nach 1. Mos. 3, 18

Die *Disteln* und die Dornen, die stechen also sehr, · Die falschen, falschen Zungen aber noch viel mehr.

Volkslied: Heimlicher Liebe Pein (Wunderhorn)

Nichts, ihr Herren, gegen die *Disziplin!*

Erster Kürassier in Schiller, Wallensteins Lager 11

Disziplin ist die ganze Seele der Armee. Moltke (1872)

Wat is *dit?* Wat sall dit? Un was bedüdt dit?

Mamsell Westphalen häufig in Fritz Reuters Franzosentid. So z. B. im Anfg. d. 8. Kap.

Divide et impera!

(Teile und herrsche!) Ludwig XI.

Dixi et salvavi animam meam!

(Ich habe gesprochen und meine Seele errettet.)
Nach Hesekiel 3, 19 u. 21. Vgl. bei *salvavi*

Do-ut-des-Politik.

(Ich gebe, damit du gebest.)
Sprichwörtlich nach Bismarck, der im Deutschen Reichstage am 17. Sept. 1878 sagte: In allen politischen Verhandlungen ist das *do* ut des eine Sache, die im Hintergrund steht, auch wenn man anstandshalber einstweilen nicht darüber spricht.

Docendo discitur.

(Durch Lehren wird gelernt.)
Seneca, Epistolae 7. Homines dum docent discunt

Documents humains.

(Menschliche Dokumente.)
Edmond de Goncourt (1876) in der Vorrede zu »Quelques créatures de ce temps«

Sollen dich die *Dohlen* nicht umschrein, · Mußt nicht Knopf auf dem Kirchturm sein.

Goethe, Zahme Xenien 5

Dir steckt der *Doktor* noch im Leibe.

Mephistopheles in Goethe, Faust 3277

Heiße Magister, heiße *Doktor* gar.

Faust in Goethe, Faust 360

Ein junger *Doktor* muß haben · Einen neuen Kirchhof zum Begraben.

G. Rollenhagen, Froschmeuseler (1695) 1, 1, 9

Einen *Doktor* meinesgleichen!

Bartolo in Rossinis Oper: Der Barbier von Sevilla 1, 2 (1816)

Ich bin der *Doktor* Eisenbart.

Studentenlied

Doktor, sind Sie des Teufels?

Heine, Nordsee (Seegespenst)

Doktrinär (doctrinaire).

Eigensinniger Verfechter von Theorien. »Doctrinaires« nannte man eine kleine Partei der Französischen Kammer während der Restaurationszeit. Vgl. dazu Büchmann (Hg. v. Dr. Diener und Falkenberg) S. 314/315.

Dolce far niente.

Süßes Nichtstun; illud jucundum nil agere bei Plinius d. J. 8, 9

Möros, den *Dolch* im Gewande.

Siehe unter *Dionys*

Nur reden will ich *Dolche*, keine brauchen.

Hamlet in Shakespeare, Hamlet 3, 2

Was wolltest du mit dem *Dolche*, sprich!

Schiller, Die Bürgschaft

Dolchstoßlegende

nennt man die Behauptung, die Heimat sei der kämpfenden Truppe in den Rücken gefallen. Nach dem 1. Weltkrieg entstanden. Vgl. Büchmann (Hg. v. Diener-Falkenberg) S. 307/308.

Der allmächtige *Dollar*.

(The almighty Dollar.)
Washington Irving in der Erzählung »The Creole village« (1836)

Das *Dollarland*

nennt man Amerika

Das sind die *Dollarprinzessen*, · Die Mädchen aus purem Gold!

Lied aus Leo Falls Operette: Die Dollarprinzessin (1908)

Dollarsegen

werden amerikanische Hilfsgelder und Darlehen genannt

Pro *domo*.

(Fürs eigene Haus.)
Ciceros gleichnamige Rede

Nun, edler *Don?*

Scherzhafte Redensart (nach verschiedenen spanischen Dramen). D n Carl [Karl], Diego, Juan, Quixote (Quijote), Rodrigo siehe unter den entsprechenden Namen.

An der schönen blauen *Donau*.

Kehrreim des Gedichtes »An der Donau« von Karl Beck (1817–79). Bekannt durch den gleichbenannten Walzer von Johann Strauß.

Donec eris felix, multos numerabis amicos, · Tempora si fuerint nubila, solus eris.

(Sitzest dem Glück du im Schoß, wirst Freunde du zählen in Menge, · Hat sich dein Himmel umwölkt, bist du sicher allein.)
Ovid, Tristia 1, 9, 5

Donna è mobile.
(Das Weib ist veränderlich.)
Verdi-Piave, Rigoletto, Vgl. Varium et mutabile semper Femina. Vergil, Aen. 4, 569–70.

Donner und Doria!
Gianettino in Schiller, Fiesko 1, 5

Sagt, wann ich euch treffen muß: · In *Donner*, Blitz oder Regenguß?
Erste Hexe in Shakespeare, Macbeth 1, 1 nach Schlegels Übersetzung. In Schillers Bearbeitung heißt die Stelle: Wann kommen wir drei uns wieder entgegen, · In Donner, in Blitzen oder in Regen?

Hurtig mit *Donnergepolter* entrollte der tückische Marmor.
Homer, Odyssee 11, 598 (Voß)

Es braust ein Ruf wie *Donnerhall*.
Max Schneckenburger, Die Wacht am Rhein. (Gedicht 1840, Komposition von Karl Wilhelm 1854.)

(Mit einer) *Donnerstimme*.
Offenbarung 6, 1

Willst du mit den Kinderhänden · In des Schicksals Speichen greifen? · Seines *Donnerwagens* Lauf · Hält kein sterblich Wesen auf.
Graf in Grillparzer, Die Ahnfrau 4

Donnerwetter, Parapluie!
P. A. Wolf, Preziosa 3, 3 u. 8

O daß es ewig bliebe! · Das *Doppelglück* der Töne wie der Liebe.
Goethe, Verm. Gedichte: Aussöhnung

Und sparet *doppelsinnige* Worte; · Wir passen nun ganz anders auf.
Bakkalaureus in Goethe, Faust 6739/40

Doppelt gibt, wer gleich gibt.
Sprichwort (nach: Bis dat qui cito dat.)

Doppelt hält (besser). Sprichwort

Auf dem *Dorf* ist gut predigen.
Sprichwörtlich

Soviel *Dörfer*, soviel Sitten.
Sprichwörtlich

Ich höre schon des *Dorfs* Getümmel, · Hier ist des Volkes wahrer Himmel, · Zufrieden jauchzet groß und klein; · Hier bin ich Mensch, hier darf ich's sein.
Faust in Goethe, Faust 937/40

Fahre wohl, *Doria*, schöner Stern!
Fiesko in Schiller, Fiesko 3, 5

Dorn im Auge. Nach 4. Mos. 33, 55

Keine Rose ohne *Dornen*.

Wer will die Rosen brechen, · Muß leiden, daß ihn *Dornen* stechen.
Sprichwörter

Andre mögen sich erquicken. · Ich muß leiden für und für, · Und wenn andre Rosen pflücken, · Brech' ich scharfe *Dornen* mir.
Rheinisches Volkslied bei Zuccalmaglio S. 85 Nr. 36

Dornen und Disteln.
Nach 1. Mos. 3, 18

Aus finstrer *Dornenhecken* · Die Eule rauscht hervor. · Tät rings mit Kreischen wecken · Der Raben heisren Chor.
Walter von Stolzing in Wagners Meistersingern von Nürnberg 1 (1868)

Jemand eine *Dornenkrone* flechten.
Nach Matth. 27, 29

O blöder Junge! Wärst du *dort*, · Wärst du doch dort geblieben!
Bürgers Gedicht: Robert (Schluß)

Je länger du *dort* bist, · Um so mehr bist du hier, · Je weiter du fort bist, · Um so näher bei mir.
Börries von Münchhausen, Über ein Grab hin

Dos est magna parentium · Virtus.
(Die Tugend der Eltern ist [für die Kinder] eine schätzbare Mitgift.)
Horaz, carm. 3, 34, 21/2

Doubt thou, the stars are fire, · Doubt that the sun does nove; · Doubt truth to be a liar; · But never doubt: I love.
(Zweifle an der Sonne Klarheit, · Zweifle an der Sterne Licht, · Zweifl', ob lügen kann die Wahrheit, · Nur an meiner Liebe nicht.)
Hamlets Gedicht, von Polonius vorgelesen in Shakespeare, Hamlet 2, 2.

Do-ut-des siehe unter *Do*

Ihr Wein ist *Drachengift.*

5. Mos. 32, 33

Drachengift siehe auch unter *Denkart*

Drachensaat (statt Drachen*zahn*saat)

nennt man eine Zwietrachtsstiftung oder Zwietrachtssaat nach Hygin, Fab. 178. Vgl. Ovid, Metam. 7, 120ff.

Drakonische Strenge.

Drakon war ein Gesetzgeber Athens, und seine Gesetze wiesen eine besondere Härte auf.

Ein guter Mensch in seinem dunklen *Drange* · Ist sich des rechten Weges wohl bewußt.

Der Herr in Goethe, Faust 328/29

Gekeilt in *drangvoll* fürchterliche Enge.

Hauptmann in Schiller, Wallensteins Tod 4, 10

Drauf, wackres Volk! Drauf! ruft die Freiheit, drauf!

Körner, Aufruf, 1813

Drauß ist alles so prächtig · Und es ist mir so wohl, · Wenn mei'm Schätzle bedächtig · A Sträußele i hol.

Im Mai, von Fr. Richter 1835

Draußen zuwenig oder zuviel, · Zu Hause nur ist Maß und Ziel.

Goethe, Sprüche in Reimen: Sprichwörtlich

Eine Sache *drehen*, wie man will.

Nach Sirach 19, 22

Der Herr Musikprofessor spricht: · Die *Drehorgeln*, die dulde man nicht! · Sie sind eine Plage und ein Skandal!

Heinr. Seidel, Gedichte: Die Musik der armen Leute

Aller guten Dinge sind *drei*.

Sprichwort

Nicht bis *drei* zählen können.

(Zur Bezeichnung großer Dummheit oder Schüchternheit.) Sprichwörtl. Redensart

Was *drey* wissen, das erfaren hundert.

Joh. Agricola, Dreyhundert Gemeyner Sprichwörter Nr. 195 (1529)

Es war die Art zu allen Zeiten, · Durch *drei* und eins und eins und drei · Irrtum statt Wahrheit zu verbreiten.

Mephistopheles in Goethe, Faust 2560/62

Dreieckiges Verhältnis.

Nach dem Schauspiel Hedda Gabler (2, 1) von Henrik Ibsen (1890)

Dreifach ist der Schritt der Zeit: · Zögernd kommt die Zukunft hergezogen, · Pfeilschnell ist das Jetzt entflogen, · Ewig still steht die Vergangenheit.

Schiller, Spruch des Konfuzius

Dreifach haben sie mir gezeigt, · Wenn das Leben uns nachtet: · Wie man's verraucht, verschläft, vergeigt · Und es *dreimal* verachtet.

Lenau, Die drei Zigeuner

Dreikönigsabend (6. Jan.) hell und klar · Verspricht ein gutes Weinerntjahr.

Bauernrege

Und eh das Herz mir *dreimal* schlug, · Da saßen sie zu Pferde.

Lenau, Die Heideschenke

Hat einer *dreißig* Jahr vorüber, · So ist er schon so gut wie tot.

Bakkalaureus in Goethe, Faust 6787/88

Schier *dreißig* Jahre bist du alt, · Hast manchen Sturm erlebt.

K. v. Holtei, Mantellied aus Lenore (1828)

Dreiundzwanzig Jahre! · Und nichts für die Unsterblichkeit getan!

Don Carlos in Schiller, Don Carlos 2, 2

Nun aber wollen wir sie *dreschen*.

Kaiser Wilhelm II. am 4. August 1914 am Schluß der Reichstagseröffnung im weißen Saale

Man soll nicht leeres Stroh *dreschen.*

Sprichwörtlich

Ich finde nicht die Spur · Von einem Geist, und alles ist *Dressur*.

Faust in Goethe, Faust 1172/73

In euerm Bunde der *Dritte*,

siehe unter *Bunde*

Das *Dritte* Reich siehe unter *Reich*

Wer lange *droht*, · Macht dich nicht tot. Sprichwort

Denke an König *Drosselbart!*
ruft man wohl heiratslustigen oder wählerischen Mädchen zu nach dem Vorgang in diesem bekannten Märchen, das auch in ähnlicher Form die französ. und ital. Literatur kennt.

Zur Hülle diene dir das Kleid, wohl auch zum Schmucke, · Nie zur Behinderung der Glieder, noch zum *Drucke*.
Rückert, Weisheit des Brahmanen 13, 54

Meinetwegen dürft ihr's *drucken* lassen.
Götz in Goethe, Götz von Berlichingen 4

Die Presse ist für mich *Druckerschwärze* auf Papier.
Fürst Bismarck am 6. Febr. 1888

Ein Ozean von *Druckerschwärze* und Papier.
sagte danach Kaiser Wilhelm II. am 20. Febr. 1891

Jeder weiß am besten, wo ihn der Schuh *drückt*. Sprichwort

Steig auf den Hügel, *Druidenschar!*
Chor aus Bellinis Oper Norma 1 (1831)

Drusus ließ in Deutschlands Forsten · Goldne Römeradler horsten.
Simrock, Drusus' Tod

Eine *Dryas* lebt in jenem Baum.
Schiller, Gedichte: Die Götter Griechenlands

Du, du liegst mir im Herzen, · Du, du liegst mir im Sinn.
Volkslied (1820)

Bist mit dem Teufel *du* und *du*, · Und willst dich vor der Flamme scheuen?
Mephisto in Goethe, Faust 2585/86

Dies bist *du*.
(Tat twam asi.) Buddha

Du bist mein, ich bin dein, · Des sollst du gewiß sein. · Du bist beschlossen · In meinem Herzen. · Verloren ist das Schlüsselein · Du mußt nun immer darinnen sein.
Mittelalt. Liebeslied von einem unbekannten Verfasser

Du bist sehr lange ausgeblieben, Freund.
Oktavio in Schiller, Die Piccolomini 4, 6

In *dubio* pro reo (im Zweifel für den Angeklagten).
Aus dem Corpus jur. civ.

Duck dich, Seel, es kommt ein Platzregen. Fischart, Gargantua S. 160

Der Festesrede Giebel · War *Duck* dich! Schweig dabei!
Uhland, Vaterländische Gedichte: 15. Wanderung (1834)

Duckt er da, folgt er uns eben auch.
Mephistopheles in Goethe, Faust 3527 (siehe unter *interessiert*)

Ducunt volentem fata, nolentem trahunt.
(Den Wollenden führen die Geschicke, den Nichtwollenden ziehen sie mit.)
Seneca, Epistolae 107

Der Himmel sieht aus wie ein *Dudelsack* (gewitterdrohend).
Volksmund

Was soll der *Dudelsack*, wenn der Bär tot ist? Sprichwort

Wir gehn nun, wo der *Dudelsack* in unsrer Schenke brummt.
Eine lustige Kantate von J. S. Bach

Ich glaub', es gibt Fälle, · Wo unvermeidlich sind die *Duelle*.
Heine, Letzte Gedichte: Duelle

Meine güldenen *Dukaten*, · Sagt, wo seid ihr hingeraten?
H. Heine, Romanzen 17

Du hast wohl ein *Dukatenmännchen* zu Hause?
Spitze Redensart zu einem, der ungewohnterweise viel Geld ausgibt.

Dulce est desipere in loco.
(Lieblich ist's, zur rechten Zeit ein Narr zu sein.) Horaz, Oden 4, 12, 28

Dulce et decorum est pro patria mori.
(Süß und geziemend ist's, fürs Vaterland zu sterben.) Horaz, Oden 3, 2, 13

Dulcinea
wird scherzhaft ein wenig ansprechendes Liebchen genannt nach Cervantes' »Don Quijote«, der seiner Erkorenen – einer drallen Bauernmagd – den Namen »Dulcinea von Toboso« beilegte.

Dulde, mein Herz! Du hast noch härtere Kränkung erduldet.
Homer, Odyssee 20, 18

Dulde, gedulde dich fein! · Über ein Stündlein · Ist deine Kammer voll Sonne.
Paul Heyse, Jugendgedichte

Wer am besten *dulden* kann, der kann am besten handeln.
Smiles, Der Charakter 12. Kap.: Die Schule der Erfahrung

Doch große Seelen *dulden* still.
Marquis in Schiller, Don Carlos 1, 4

Dulden, schweigen und lachen, · Hilft vielen bösen Sachen.
Alter Spruch

Duldet, was ihr dulden sollt, als beherzte Leute.
Gedicht: Heil dem Manne, der sich freut (Verfasser unbekannt)

Duldet mutig, Millionen! · Duldet für die beßre Welt!
Schiller, An die Freude

Duldsame Menschen sind die ungeduldigsten und geduldige die unduldsamsten.
Börne, Der Narr im Weißen Schwan 2

Dum Roma deliberat, Saguntum perit.
(Während Rom überlegt, geht Sagunt zugrunde.) Livius 21, 7

Dum spiro, spero.
(Solang' ich atme, hoffe ich.)
Lat. Sprichwort

Dum vitant stulti vitia, in contraria currunt.
(Fehler vermeidet der Tor und rennt in entgegengesetzte,) Horaz, Sat. 1, 2, 24

Der ist nicht so *dumm*, wie er aussieht, wird oft gesagt; aber mancher ist wirklich so dumm, wie er aussieht. Redensart

Wie vernünftige Menschen oft sehr *dumm* sind, so sind die *Dummen* manchmal sehr gescheit.
Heine, Vermischte Einfälle

Wer schweigt, ist *dumm*; drum sind das dümmste Vieh die Fische.
Lessing, An den Herrn Marpurg

Mancher ist mit dem *Dummbeutel* geschlagen.
(außerordentlich dumm) Volksmund

Dumme Gedanken hat jeder – nur der Weise verschweigt sie.
Wilhelm Busch, Spricker (aus Herm. Adolf und Otto Nöldekes Buschbuch, München 1909)

Es ist was Schreckliches um einen vorzüglichen Mann, auf den sich die *Dummen* was zugute tun.
Goethe, Maximen und Reflexionen

Da macht wieder jemand einmal einen *dummen* Streich.
Carlos in Goethe, Clavigo 2. Aufz.

Die *Dummen* werden nicht alle.

Die *Dummen* haben das meiste Glück. Sprichwörter

Dummerjan auch *Dummrian* (aus *dummer* Johann), ein rechter Dummerjan. Sprichwörtl. Redensart

Dumm ist nicht, wer etwas *Dummes* begeht, sondern wer seine *Dummheit* nachher nicht zu bedecken versteht.
Balthasar Gracián, Handorakel (1637) Schopenhauer

Wer kann was *Dummes*, wer was Kluges denken, · Das nicht die Vorwelt schon gedacht?
Mephisto in Goethe, Faust 6809–10

Ein Mann von Geist wird nicht allein nie etwas *Dummes* sagen, er wird auch nie etwas Dummes hören.
Börne, Fragmente und Aphorismen Nr. 200

Dummheit und Stolz · Wachsen auf einem Holz. Sprichwort

Für Görgen ist mir gar nicht bange, · Der kommt gewiß durch seine *Dummheit* fort!

Gellert, Fabeln 2; Der sterbende Vater

Die *Dummheit* drängt sich vor, um gesehen zu werden; die Klugheit steht zurück, um zu sehen.

Carmen Sylva

Mit der *Dummheit* kämpfen Götter selbst vergebens.

Talbot in Schiller, Jungfrau von Orleans 3, 6

Dummheit ist eine gute Gabe Gottes. Scherzhafte Redensart

In der *Dummheit* ist eine Zuversicht, worüber man rasend werden möchte.

F. H. Jacobi, Auserlesener Briefwechsel Nr. 114 vom 15. März 1781

Dummheit, erhabene Göttin, · Unsere Patronin.

Peter Hille, Hymnus an die Dummheit

Unergründlich ist nur die *Dummheit.*

Paul Ernst (1866–1933), Erdachte Gespräche (1923)

Ein *Dummkopf* bleibt ein Dummkopf nur · Für sich in Feld und Haus; · Doch wenn du ihn zum Einfluß bringst, · So wird ein Schurke draus.

Grillparzer, Sprüche u. Epigramme

Ein *Dummkopf* findet immer einen *Dümmern* siehe unter *sot*

Die *dümmsten* Bauern haben die größten Kartoffeln. Sprichwort

Schwer und *dumpfig,* · Eine Wetterwolke.

Schiller, In einer Bataille (später Die Schlacht genannt)

Gut *gedüngt* ist halb gewachsen.

Bauernregel

In welchem *Dunkel* der Sorgen?

Rezitativ in Mozarts Oper Don Juan 1, 2 (1787)

Wahrlich, keiner ist weise, · Der nicht das *Dunkel* kennt.

Hermann Hesse, Diesseits. Erzählungen (1907/08)

Dunkel sind die Wege, die das Schicksal geht. Euripides, Alcestis 792

Dunkel sind des Herren Wege.

Anastasius Grün, Gedichte: Zeitklänge. Nach bibl. Vorlage (?)

Herr, *dunkel* war der Rede Sinn.

Schiller, Der Gang nach dem Eisenhammer

Nichts ist so *dunkel,* einst wird's offenbar.

Gerhart Hauptmann, Der arme Heinrich, 1. Aufz. 8. Sz. (1902)

Wie klein das ist, was einer ist, · Wenn man's mit seinem *Dünkel* mißt.

Wilhelm Busch, Spricker (Nöldekes Buschbuch, München 1909)

Dunkelmänner.

Übersetzung von »obscuri viri«, nach dem Titel des satirischen Werkes »Epistolae obscurorum virorum« von Ulrich von Hutten. Auch Finsterlinge genannt.

Ja, hier (in Köln) hat einst die Klerisei · Ihr frommes Wesen getrieben; · Hier haben die *Dunkelmänner* geherrscht, · Die Ulrich von Hutten beschrieben.

Heine, Deutschland: Ein Wintermärchen

Im *dunkeln* tappen

Nach 5. Mos. 28, 29

Im *Dunkeln* ist gut munkeln.

Sprichwort

Es klagt im *Dunkeln* irgendwo, · Ich möchte wissen, was es ist.

Richard Dehmel (1863–1920), Stimme im Dunkeln

Dunkle Punkte am politischen Horizont.

Napoleon III., auch Bismarck in seiner Rede vom 11. Jan. 1887

Ein großer Fehler: daß man sich mehr *dünkt*, als man ist, und sich weniger schätzt, als man wert ist.
Goethe, Maximen u. Reflexionen 1

Wer sich nicht zu viel *dünkt*, ist viel mehr, als er glaubt.
Goethe, Maximen u. Reflexionen 2

Duo cum faciunt idem, non est idem.
(Wenn zwei dasselbe tun, so ist es doch nicht dasselbe.)
In Terenz, Adelphi 5, 3, lautet die Stelle: *Duo* quum idem faciunt, ... · Hoc licet impune facere huic, illi non licet. (Wenn zwei dasselbe tun, ... · So darf der eine es ungestraft tun, der andere nicht.)
Durchbohrendes Gefühl siehe unter *Gefühle.*

Durchhalten.
Hindenburg sagte Anfang Nov. 1914: »Wenn Deutschland und Österreich-Ungarn die stärkeren Nerven haben und durchhalten werden ..., so werden wir siegen.«

Durchlöcherter (und gepflügter) Rechtsboden.
Polit. Redensart seit 1848 durch Georg v. Vincke

Durchsüßet und geblümet sind die reinen Frauen.
Walther v. d. Vogelweide, Frauenpreis

Es ist ein schlimmes Ding, · Dann den Brunnen erst zu graben, wann der *Durst* den Schlund ergriff.
Plautus, Das Hausgespenst 375 (Köpke)

Mich plagt ein Dämon, *Durst* genannt, · Doch um ihn zu verscheuchen, · Nehm' ich mein Deckelglas zur Hand · Und lass' mir Rheinwein reichen.
Karl Müchler, Der Kritikaster und der Trinker (1802): Der Mann im Keller, Mel. v. Ludw. Fischer (1802)

Mein *Durst* ist groß, mein Glas ist klein.
Gleichnamiges Trinklied von Dr. W. Angerstein

Man spricht vom vielen Trinken stets, · Doch nie vom vielen *Durste.*
Scheffel, Gaudeamus: Lieder vom Rodenstein: Die drei Dörfer 1.
Vgl. Näheres unter *Trinken*

Es trinken tausend eher den Tod, · Als einer sterb in *Durstesnot.*
Aus Freidanks Bescheidenheit (um 1200)

Was ist das für ein *durstig* Jahr!
Uhland, Trinklied

Eine *durstige* Seele.
Redensart nach Psalm 107, 9

Durum: sed levius fit patientia · Quidquid corrigere est nefas!
(Es ist hart: Aber es wird leichter uns durch Geduld, · Was zu ändern ein Gott verbeut.) Horaz, Oden 1, 24, 19/20

Durch ein Vexierglas erscheinen verzerrt die Dinge dir alle: · Also ein *düsteres* Herz sieht eine *düstere* Welt.
Fr. Hebbel, Gedichte: Blick auf die Welt

E

East is East, and West is West and never the twain shall meet.
(Ost ist Ost, und West ist West, und niemals treffen sich die beiden.)
Rudyard Kipling (1865–1936), Ballade von Ost und West

Ebbe im Geldbeutel (kein Geld) haben. Sprichwörtl. Redensart

Selbst schöne Vorzüge werden verdunkelt, aufgehoben und vernichtet, wenn jenes unerläßlich geforderte *Ebenmaß* abgeht.
Goethe, Maximen u. Reflexionen 1

Ecce homo!
(Sehet, welch ein Mensch!) Joh. 19, 5

Mein Degen zerhackt wie eine Handsäge! *Ecce* signum!
Falstaff in Shakespeare, König Heinrich IV. 1. Teil 2, 4

Eure Ringe · Sind alle drei nicht *echt*. Der *echte* Ring · Vermutlich ging verloren.
Nathan in Lessing, Nathan der Weise 3, 7

Was glänzt, ist für den Augenblick geboren, · Das *Echte* bleibt der Nachwelt unverloren.
Dichter in Goethe, Faust 73/74

Nur *echter* Stein kann *echtes* Gold bewähren.
Arthur Schopenhauer, Gedichte: Der lydische Stein, eine Fabel (1830)

Echtes ehren, · Schlechtem wehren, · Schweres üben, · Schönes lieben!
Paul Heyse Spruchbüchlein: Wahlspruch

Einen treuen oder getreuen *Eckart* nennen wir einen sichern Warner und treuen Hüter nach der Wilkinasage (vgl. Goethes Ballade)

Willst du der getreue *Eckart* sein · Und jedermann vor Schaden warnen, · 's ist auch eine Rolle, sie trägt nichts ein, · Sie laufen dennoch nach den Garnen.
Goethe, Epigrammatisch: Vergebliche Mühe

Der Stein, den die Bauleute verworfen, ist zum *Eckstein* geworden.
Matth. 21, 42 u. Psalm 118, 22

Des Guten Grundstein, · Des Bösen *Eckstein*, · Der Besten Edelstein.
Joh. W. Süvern: Denkspruch auf Steins Denkmal. Auch bekannt in der Fassung: Alles Bösen Eckstein, · Alles Guten Grundstein, · Aller Deutschen Edelstein.

Écrasez l'infame (superstition).
(Zerschmettert den schändlichen Aberglauben.)
Voltaire im Briefwechsel mit befreundeten Freigeistern 1759–1768; zuerst im Briefe Friedrichs des Großen an Marquis d'Argens vom 2. Mai 1759.

Edel macht das Gemüt, nicht das Geblüt.
Sprichwort

Edel sei der Mensch, · Hilfreich und gut!
Goethe, Verm. Gedichte: Das Göttliche

Es ist keine Tugend, *edel* geboren werden, sondern sich edel machen.
Luther bei Zinkgref, Apophth. 1, S. 183

Du bist wie *Edelgesteine*, · Die man gefaßt in Gold!
Liebeslied von Heinrich VI., dem Sohne Barbarossas (um 1190)

Wenn der Bauer wird ein *Edelmann*, · So guckt er den Pflug mit Brillen an.
Wilh. Müller, Epigramme 2. Hdt. Nr. 85

Edite, bibite, collegiales! · Post multa saecula pocula nulla!
Jenenser Studentenlied 1818 (Anfangsverse s. unter *Ça, ça* geschmauset)

Darum ziemt es sich, · Daß *Edle* sich zu Edeln immer halten.
Cassius in Shakespeare, Julius Cäsar 1, 2

Der *Edle* hat Angst um andere, · Der Gemeine um sich selber.
Paul Ernst, Ein Weltbild in Sprüchen (1936)

Ein *edler* Mann wird durch ein gutes Wort der Frauen weit geführt.
Arkas in Goethe, Iphigenie 1, 2

Ein *edler* Mensch zieht *edle* Menschen an · Und weiß sie festzuhalten.
Leonore in Goethe, Torquato Tasso 1, 1

Ein *edler* Mensch kann einem engen Kreise · Nicht seine Bildung danken. Vaterland · Und Welt muß auf ihn wirken.
Alfons in Goethe, Torquato Tasso 1, 2

Je *edler* ist ein Ding, je mehr ist es gemein: · Das spüret man an Gott und seiner Sonne Schein.
Ang. Silesius, Cherub. Wandersmann (1675)

Ein *edler* Sinn liebt edlere Gestalten.
Schiller, Gedichte: Das Mädchen von Orleans

Ein *edles* Herz · Bekennt sich gern von der Vernunft besiegt.

Talbot in Schiller, Die Jungfrau von Orleans 2, 2

Efeu und ein zärtlich Gemüt · Heftet sich an und grünt und blüht. · Kann es weder Stamm noch Mauer finden, · Es muß verdorren, es muß verschwinden.

Goethe, Sprüche in Reimen: Sprichwörtlich

Unter Kameraden ist das ja ganz *egal.*

Reif-Reiflingen in Gustav v. Mosers Lustspiel Krieg im Frieden (1881)

Eine *Egeria*

nennen wir die geheime Ratgeberin eines Staatslenkers nach Livius 1, 19 u. 21

Der Teufel ist ein *Egoist* · Und tut nicht leicht um Gottes willen, · Was einem andern nützlich ist.

Faust in Goethe, Faust 1651/53

Was ist gezwungne *Eh'* als eine Hölle?

Suffolk in Shakespeare, König Heinrich VI. 1. Teil 5, 5

Übereilte *Eh'* tut selten gut.

Gloucester in Shakespeare, König Heinrich VI. 3. Teil 4, 1

Gezwungene *Ehe* tut selten gut · Und ist im Herzen höllische Glut.

Christoph Lehmann, Polit. Blumengarten (1662) 1, 18.

Das, was die Bande zweiter *Ehe* flicht, · Ist schnöde Sucht nach Vorteil, Liebe nicht.

Königin in Shakespeare, Hamlet 3, 2

Die Frische der Jugend ist die wahre Grundlage der *Ehe.*

W. v. Humboldt, Briefe an eine Freundin, 2. Abteilung, 35. Brief

Die gute *Ehe* ist ein ewger Brautstand.

Konrad in Körner, Die Sühne 6. Auftr.

Manche *Ehe* ist ein Zellengefängnis der Sorge. Peter Hille (1885–1904)

Selbst eine gute *Ehe* ist eine Bußzeit. Russisches Sprichwort

Gehst du in den Krieg, so bete einmal, gehst du zur See, zweimal, in die *Ehe* – dreimal.

Russisches Sprichwort

Ebenso abgeschmackt, wie eine Laute tönt, wenn die Saiten nicht zusammenstimmen, lautet es bei *Eheleuten,* wenn die Sitten nicht zusammenstimmen.

Abraham a Santa Clara

Jedes brave *eheliche* Verhältnis endet mit Freundschaft.

Marie von Ebner-Eschenbach (Deutsche Rundschau 1890, 1)

Einen Mann, der zum *Ehemann* paßt, den wollen die wenigsten Mädchen gern heiraten.

Moritz Goldschmidt

Narren verhalten sich zu *Ehemännern* wie Sardellen zu Heringen: der *Ehemann* ist der größte von beiden.

Narr in Shakespeare, Was ihr wollt 3, 1

Ehen werden im Himmel geschlossen. Sprichwort

Ehen werden im Himmel geschlossen, aber daß sie gut geraten, darauf wird noch nicht gesehen.

Marie von Ebner-Eschenbach, Aphorismen (1893)

Eine *eherne* Stirn haben.

Nach Jes. 48, 4

Der *Ehestand* heißt wohl deshalb der heilige, weil er so viele Märtyrer zählt. Fliegende Blätter (Nr. 2322)

Eheu fugaces, Postume, Postume · Labuntur anni.

(O weh, die Jahre, Postumus, Postumus,· Entgleiten flüchtig.)

Horaz, Oden 2, 14, 1 u. 2

Übers Leben geht noch die *Ehr'.*

Beide Jäger in Schiller, Wallensteins Lager, 11. Auftr.

Ehr' ist des Lebens einziger Gewinn; · Nehmt *Ehre* weg, so ist mein Leben hin.

Norfolk in Shakespeare, König Richard II. 1, 2

Die *Ehr'* ist nur ein unsichtbares Wesen · Und oft besitzt sie der, der sie nicht hat.

Jago in Shakespeare, Othello 4, 1

Wie selten kennt die *Ehrbegierde* · Das Glück, das sie zu wünschen pflegt!

Gellert, Fabeln 1. Buch: Das Füllen

Ehre und Geld gehen nicht in denselben Sack. Spanisches Sprichwort

Die *Ehre* ist das äußere Gewissen, und das Gewissen die innere Ehre.

Schopenhauer, Parerga u. Paralip. 1. Kap. 5: Paränesen u. Maximen A: Allgemeines

Die *Ehre* ist der Tugend Lohn.

Cicero, Brutus 81

Es kann die *Ehre* dieser Welt · Dir keine Ehre geben, · Was dich in Wahrheit hebt und hält, · Muß in dir selber leben.

Th. Fontane, Gedichte: Spruch

Ehre, dem Ehre gebühret.

Röm. 13, 7

Ehre sei Gott in der Höhe, und Friede auf Erden, und den Menschen ein Wohlgefallen! Lukas 2, 14

Ehre geht vor Geld und Gut.

Sprichwort

Ehre einlegen.

Nach 2. Mos. 14, 17, 18 u. Psalm 46, 11

Für *Ehre* und Wahrheit.

Inschrift des Zähringer Löwenordens, gestiftet 1812 vom Großherzog Karl Ludwig Friedrich.

In eurer Liebe sei eure *Ehre!* Wenig versteht sich das Weib sonst auf Ehre; aber das sei eure Ehre, immer mehr zu lieben als ihr geliebt werdet.

Friedrich Nietzsche: Also sprach Zarathustra

Mein Herz den Frauen, mein Leben dem König, Gott meine Seele, die *Ehre* für mich!

Devise des Dichters de la Motte-Fouqué: A dieu mon âme, · Ma vie au roi, · Mon cœur aux Dames · L'honneur pour moi! Inschrift (frz.) von Schilden

Nichtswürdig ist die Nation, die nicht · Ihr alles freudig setzt an ihre *Ehre.*

Dunois in Schiller, Jungfrau von Orleans 1, 5

Ehre ist die Mystik der Rechtlichkeit.

Friedr. v. Schlegel, Ideen 77 (Athenäum 3. Bd., 1. Stück)

Verlieren kann die *Ehre* nur, wer keine hat.

Publilius Syrus, Spruchverse Nr. 182

Alles ist verloren, nur die *Ehre* nicht!

(Tout est perdu, fors de l'honneur!)
Franz I., 24. 2. 1525

Ruhm muß erworben werden; die *Ehre* hingegen braucht nur nicht verloren zu werden.

Schopenhauer, Parerga u. Paralip. 2, 4: Von dem, was einer vorstellt

Jeder Künstler strebt nach *Ehre,* · Wünscht der einzige zu sein!

Arie aus Mozarts Oper: Der Schauspieldirektor

Wir lassen uns nichts schenken, Herr! Unsereins hat auch *Ehre* im Leibe. Mohr in Schiller, Fiesko 1, 9

Der *Ehre* kannst du wohl von andern leicht entbehren, · Wenn du dich selber nur zu halten weißt in *Ehren.*

Rückert, Weisheit des Brahmanen, 13. Buch Nr. 6

Du magst, wenn du die Welt nicht kannst entbehren, · Nach *Ehre* geizen, nicht nach *Ehren.*

Paul Heyse, Spruchbüchlein: Allenfalls

Wer nicht *ehren* kann, · Der kann nicht adeln. Goethe, Zahme Xenien 5

Lieber mit *Ehren* sterben, als in Schanden leben. Persisches Sprichwort

Gott segne jeden *Ehrenmann* · Und straf die Schmeichler! Amen!

Matth. Claudius: Lied nach dem Frieden

Mein Vater war ein dunkler *Ehrenmann.* Faust in Goethe, Faust 1034

Eines *Ehrenmannes* Wort ist lebendig. Persisches Sprichwort

Ehrenschulden, ein Wort, wo die Ehre furchtbar mißbraucht wird.
K. J. Weber, Demokritos: Der Ehrgeiz

Je kleinre Zahl, je größres *Ehrenteil.*
König Heinrich in Shakespeare, König Heinrich V. 4, 3

Ehrenworte kosten wenig.
Herder, Der Cid 4, 53

Ehret die Frauen, sie flechten und weben · Himmlische Rosen ins irdische Leben.
Schiller, Gedichte: Würde der Frauen

Die wahre *Ehrfurcht* geht niemals aus der Furcht hervor.
Marie v. Ebner-Eschenbach, Aphorismen (1893)

Wenn ich dies Wunder fassen will, · So steht mein Geist vor *Ehrfurcht* still! Gellert, Dies ist der Tag

Mein Sohn, das *Ehrgefühl* ist eine Umgestaltung · Vom allgemeinen Trieb des Lebens, Selbsterhaltung.
Rückert, Weisheit des Brahmanen 8, 25

Wie eingeschwunden schlecht gewebter *Ehrgeiz!* · Als dieser Körper einen Geist enthielt, · War ihm ein Königreich zu enge Schranke; · Nun sind zwei Schritte der gemeinsten Erde · Ihm Raum genug.
Prinz Heinrich in Shakespeare, König Heinrich IV. 1. Teil 5, 4

Der Handwerksmann, der's allzu gut will machen, · Verdirbt aus *Ehrgeiz* die Geschicklichkeit.
Pembroke in Shakespeare, König Johann 3, 2

Das eigentliche Wesen des *Ehrgeizes* ist nur der Schatten eines Traumes.
Güldenstern in Shakespeare, Hamlet 2, 2

Oh, man ist auch verzweifelt wenig, wenn man weiter nichts ist als *ehrlich.*
Franziska in Lessing, Minna von Barnhelm 3, 2

Keine Zeit ist so schlimm, daß man nicht *ehrlich* sein könnte.
Erster Bandit in Shakespeare, Timon von Athen 4, 3

Ganz *ehrlich* meint jeder es am Ende doch nur mit sich selbst und höchstens noch mit seinem Kinde.
Schopenhauer, Parerga u. Paralip.: Paränesen und Maximen B 9

Ehrlich währt am längsten.
Sprichwort

Ehrlich sein, heißt – wie es in dieser Welt hergeht –, ein Auserwählter unter Zehntausenden zu sein.
Hamlet in Shakespeare, Hamlet 2, 2

Die Vorsicht, glauben Sie mir, hält den *ehrlichen* Mann immer schadlos, und öfters schon im voraus.
Das Fräulein in Lessing, Minna von Barnhelm 4, 6

Nur das ist Schmach für Menschen edler Art, · Dem Tode vorzuziehn ein *ehrlos* Leben!
Sophokles, Elektra (Jordan)

Besser gutlos als *ehrlos.* Sprichwort

Die *Ehrsucht* ist ein frevelnd Götterweib. Euripides, Die Phönizierinnen

Weh dem, den aus der Seinen stillem Kreise · Des Ruhms, der *Ehrsucht* eitler Schatten lockt!
Sappho in Grillparzer, Sappho 1, 5

Das *Ei* des Kolumbus.
Sprichwörtl. Redensart nach der bekannten Anekdote

Jedem ein *Ei,* dem wackern (frommen) Schweppermann zwei.
Nach der Schlacht von Mühldorf (28. Sept. 1322) soll Ludwig der Bayer dies Wort gebraucht haben, als zum Mahle nur Eier vorhanden waren. Vgl. Uhlands Drama Ludwig der Bayer 3, 4.

Jedes legt noch schnell ein *Ei*, · Und dann kommt der Tod herbei.
Wilhelm Busch, Max und Moritz

Sich gleichen wie ein *Ei* dem andern. Redensart

Wie aus dem *Ei* geschält (in Berlin: gepellt). Redensart

Jemand wie ein rohes *Ei* behandeln. Redensart

Ein faules *Ei* · Verdirbt den ganzen Brei. Sprichwort

Das *Ei* will oft klüger sein als die Henne. Sprichwörtl. Redensart

Will das *Ei* · Die Henne meistern?
Prospero in Shakespeare, Sturm 1, 2

Das *Eiapopeia* ist lange schon aus.
H. Heine, Buch der Lieder, Heimkehr Nr. 40

Sie sang das alte Entsagungslied · Das *Eiapopeia* vom Himmel, · Womit man einlullt, wenn es greint, · Das Volk, den großen Lümmel.
Heinr. Heine, Deutschland: Ein Wintermärchen.

Es fällt keine *Eiche* · Vom ersten Streiche. Sprichwort

Viel *Eicheln* – viel Schnee.
Bauernregel

Vor den *Eichen* sollst du weichen, · Vor den Fichten sollst du flüchten, · Doch die Buchen sollst du suchen.
Alte Bauernregel (beim Gewitter)

Der *Eichwald* brauset, die Wolken ziehen.
Schiller, Des Mädchens Klage (1798); Mel. v. J. F. Reichardt (1810).

Um ein Königreich bricht man jeden *Eid*.
Eduard in Shakespeare, König Heinrich VI. 3. Teil 1, 2

Der Sünde schwören ist schon große Sünde! · Doch größre noch, sündgen *Eid* zu halten.
Salisbury in Shakespeare, König Heinrich VI. 2. Teil 5, 1

Nicht viele *Eide* sind Beweis von Treue, · Nein, nur ein einzger Schwur, wahrhaft gelobt.
Diana in Shakespeare, Ende gut, alles gut 4, 2

Flink wie eine *Eidechse*. Volksmund

Einesteils der *Eier* wegen, · Welche diese Tiere legen.
Wilh. Busch, Max und Moritz

Sich um ungelegte *Eier* kümmern.
Redensart

Er geht wie auf *Eiern* (vorsichtig).
Redensart

Vor allen Dingen keinen *Eifer!*
(Surtout pas de zèle!) Talleyrand

Blinder *Eifer* schadet nur!
Lichtwer, Fabeln 1. Buch, Nr. 21: Die Katzen und der Hausherr

Der *Eifer*, auch der gute, kann verraten.
Meier in Schiller, Wilhelm Tell 2, 2

Eifern mit Unverstand.
Nach Röm. 10, 2

Mehr liebt, wen *Eifersucht* entflammt; · Doch besser liebt, wer sie verdammt.
Haug, Epigramme 4, Nr. 21

In der *Eifersucht* liegt mehr Eigenliebe als Liebe. La Rochefoucauld

Eifersucht ist eine Leidenschaft, die mit *Eifer sucht*, was Leiden schafft.
Schleiermacher (?)

Eifersucht macht scharfsinnig und blind, · Sieht wie ein Schütz und trifft wie ein Kind.
E. Geibel, Juniuslieder

Eifersüchtig sind des Schicksals Mächte.
Wallenstein in Schiller, Wallensteins Tod 1, 7

Der Mensch hat nichts so *eigen*, · So wohl steht ihm nichts an, · Als daß er Treu erzeigen · Und Freundschaft halten kann.
Simon Dach (1652)

Ach, wenn du wärst mein *eigen!*
Ida Gräfin Hahn-Hahn nach dem Anfang eines Liedes aus dem 16. Jahrhundert

Den Luxus der *eigenen* Meinung haben.
Bismarck soll den Ausdruck zuerst am 17. Dez. 1873 im Abgeordnetenhause gebraucht haben

Wer etwas *Eigenes* haben will, verliert das Gemeinsame.
Thomas a Kempis, Die Nachfolge Christi 3, Hauptstück 13

Jedermann hat seine *Eigenheiten* und kann sie nicht loswerden; und doch geht mancher an seinen Eigenheiten, oft an den unschuldigsten, zugrunde.
Goethe, Maximen u. Reflexionen 2

Eigenheiten, die werden schon haften; · Kultiviere deine Eigenschaften!
Goethe, Sprüche in Reimen: Sprichwörtlich

Eigenlob stinkt, Freundeslob hinkt, Feindeslob klingt. Sprichwort

Man sagt: eitles *Eigenlob* stinkt. Das mag sein; was aber fremder und ungerechter Tadel für einen Geruch haben, dafür hat das Publikum keine Nase.
Goethe, Maximen u. Reflexionen 2

Eigennutz erwürget auch den Freund. Sprichwort

Aus *Eigennutz* entspringt die Dankbarkeit der meisten · Für einen Dienst, den wir geleistet oder leisten.
Rückert, Weisheit des Brahmanen 3, 29

Eigensinn ist die Macht der Ohnmacht, die Zähigkeit der Schwäche, die Kraft der Weichheit.
Hugo Reichenbach

Beharrlichkeit wird zuweilen mit *Eigensinn* verwechselt.
Nach Kotzebue, Neue Schauspiele 10, 282

Man muß sich nicht aus *Eigensinn* auf die schlechtere Seite stellen, wenn sich der Gegner bereits auf die bessere gestellt hat.
Balthasar Gracián, Handorakel (1637) Schopenhauer

Eigentum ist Diebstahl.
(La propriété c'est le vol.)
Pierre Jos. Proudhon (1840)

Ich nehme mein *Eigentum* wo ich es finde. Nach Molière, siehe unter *bien*

Der Schmerz ist ein *Eigentum*, wie das Glück und die Freude.
Hebbels Tagebücher

Sei gewiß, daß nichts dein *Eigentum* sei, was du nicht inwendig in dir hast.
Matthias Claudius, Sprüche des Pythagoreers Demophilus

Eigentümlichkeit ruft Eigentümlichkeit hervor.
Goethe, Maximen u. Reflexionen 1

Berechtigte *Eigentümlichkeiten.*
König Wilhelm I. (3. Okt. 1866)

Sehn wir den Größern tragen unsern Schmerz, · Kaum rührt das *eigne* Leid noch unser Herz.
Edgar in Shakespeare, König Lear 3, 6

Mußt dich an *eignem* Tun ergötzen! · Was andre tun, das wirst du schätzen, · Besonders keinen Menschen hassen · Und das übrige Gott überlassen. Goethe, Zahme Xenien 4

Ursprünglich *eignen* Sinn laß dir nicht rauben! · Woran die Menge glaubt, ist leicht zu glauben.
Goethe, Zahme Xenien 7 (4, 95)

Eigner Herd ist Goldes wert.
Sprichwort

Die Sonnen also scheinen uns nicht mehr, · Fortan muß *eignes* Feuer uns erleuchten.
Wallenstein in Schiller, Piccolomini 2, 2

Wir überrennen · Durch jähe *Eil'* das Ziel, nach dem wir rennen, · Und gehn's verlustig.
Norfolk in Shakespeare, König Heinrich VIII. 1, 1

»*Eile* mit Weile!« Das war selbst Kaiser Augustus' Devise.

Goethe, Hermann und Dorothea 5, 82 (vgl. Sueton, Augustus 25: Festina lente!, und Sophokles, Antigone 231)

Eilende Wolken, Segler der Lüfte, · Wer mit euch wanderte, mit euch schiffte!

Maria in Schiller, Maria Stuart 3, 1

Wie alles sich zum Ganzen webt, · Eins in dem andern wirkt und lebt! · Wie Himmelskräfte auf- und niedersteigen · Und sich die goldnen *Eimer* reichen!

Faust in Goethe, Faust 447/50

Wir sind *ein* Volk und *einig* wolln wir handeln.

Alle (Landleute) in Schiller, Wilhelm Tell 2, 2 (vgl. unter *einzig*)

Der *Einäugige* ist unter den Blinden König. Sprichwörtlich

Es gibt viele Menschen, die sich *einbilden*, was sie erfahren, das verstünden sie auch.

Goethe, Maximen u. Reflexionen 7

In Schwachen wirkt die *Einbildung* am stärksten.

Geist in Shakespeare, Hamlet 3, 4

Nichts hat der Mensch in sich so sehr zu bezähmen als seine *Einbildungskraft*, die beweglichste und zugleich die gefährlichste aller menschlichen Gemütsgaben.

Herder in der Vorrede zu den »Palmblättern« (1787)

Es ist nichts fürchterlicher als *Einbildungskraft* ohne Geschmack.

Goethe, Maximen u. Reflexionen 1

Einbläsereien sind des Teufels Redekunst.

Mephistopheles in Goethe, Faust 6400

Es gibt, die Religion sei, welche sie wolle, nur *einen* Gott, nur *eine* Tugend, nur *eine* Wahrheit, nur *ein* Glück. Du findest alles, wenn du der Stimme deines Herzens folgst.

Abr. Mendelssohn an seine Tochter Fanny (5. April 1819)

Wir glauben all an *einen* Gott.

Luther, Das deutsche Patrem (1524)

Was *einen* treffen kann, kann jeden treffen. Seneca, Abhandlungen

Einer allein ist nicht einmal gut im Paradiese. Ital. Sprichwort

Nur *einer* sei Herrscher.

Homer, Ilias 2, 204

Es weiß und rät es doch keiner, · Wie mir so wohl ist, so wohl! · Ach, wüßt es nur *einer*, nur einer, · Kein Mensch es sonst wissen soll!

Eichendorff, Die Stille

Einer für viele.

(Unus pro multis.)

Nach Vergil, Äneis 5, 814/15

Hier steht *einer*, der mich rächen wird!

Friedrich Wilhelm I. im Jahre 1736, auf den Kronprinzen hinweisend

Sie konnten's halten nach Belieben; · Von *einer* aber tut's mir weh!

Uhland, Wanderlieder 7: Abreise

Einerlei Gefühl, einerlei Wunsch, einerlei Hoffnung *einigt*.

Matthias Claudius, Von der Freundschaft

Wieder in die Wiege oder in den Sarg gelegt werden, ist im Grunde *einerlei*. Hebbels Tagebücher

Eines schickt sich nicht für alle! · Sehe jeder, wie er's treibe, · Sehe jeder, wo er bleibe, · Und wer steht, daß er nicht falle!

Goethe, Gedichte: Beherzigung

Durch das *Einfache* geht der Eingang zur Wahrheit.

Lichtenberg, Verm. Schriften 4: Bemerkungen über physik. Gegenstände 9: Über das Licht

Die *Einfachheit* des Geistes ist Dummheit, die des Herzens Unschuld.

Casanova, Memoiren (Buhl, Berlin 1850/51)

Der *Einfall* · War kindisch, aber göttlich schön! Vorbei · Sind diese Träume.

Carlos in Schiller, Don Carlos 1, 2

Einfälle sind keine Gedanken. · Der Gedanke kennt die Schranken · Der *Einfall* setzt sich drüber weg · Und kommt in der Ausführung nicht vom Fleck.

Grillparzer, Gedichte 3. Abt.

Einfälle sind besser als Ausfälle.

Sprichwörtlich

Mancher hat *Einfälle* wie ein altes Haus.

Sprichwörtlich

Daß doch die *Einfalt* immer recht behält.

Tempelherr in Lessing, Nathan der Weise 1, 5

Ach, daß die *Einfalt*, daß die Unschuld nie · Sich selbst und ihren heilgen Wert erkennt.

Faust in Goethe, Faust 3103/04

O heilige *Einfalt!*

(O sancta simplicitas!)
Hus auf dem Scheiterhaufen, als ein Bäuerlein noch ein paar Scheite Holz herbeitrug; von Zeitgenossen aber nicht bezeugt. Der Ausdruck findet sich schon bei Rufinus in der lat. Fortsetzung der Kirchengeschichte des Eusebius.

Die Klugen haben wahrhaftig lange nicht so viel Beweglichkeit in die Welt gebracht und so viel Glückliche drin gemacht wie die *Einfältigen.*

Wilh. Raabe, Stopfkuchen (1891)

Einförmigkeit wird in allem bald zuwider und erregt Ekel, Mannigfaltigkeit aber ergötzt.

Plutarch, Über die Erziehung der Kinder § 9

Unsern *Eingang* segne Gott, unsern Ausgang gleichermaßen.

Hartmann Schenk (1670)

Wir reden von einem *eingebildeten* Kranken.

nach Molières Lustspiel: Le Malade imaginaire (1673)

Der schlimmste Schritt ist, den man *eingesteht.*

Elisabeth in Schiller, Maria Stuart 2, 5

Es schwindelt mir, es brennt mein *Eingeweide.*

Goethe, Wilh. Meisters Lehrjahre 4, 11

Wie lang zerfleischt mit eigner Hand · Germanien seine *Eingeweide!* · Besiegt ein unbesiegtes Land · Sich selbst und seinen Ruhm zu schlauer Feinde Freude?

Joh. Peter Uz, Sämtl. poet. Werke (1772), Band 1, 38: Das bedrängte Deutschland

In deinem Lande sei *einheimisch* klug, · Im fremden bist du nicht gewandt genug.

Dryas in Goethe, Faust 7959/60

Einheit nur kann das Verderben hemmen, · Und die Einheit fliehn wir wie die Pest.

Seume, Gedicht »An das deutsche Volk im Jahre 1810«

Das Bewußtsein seiner *Einheit* war in dem deutschen Volke, wenn auch verhüllt, doch stets lebendig.

Bismarck

Seid *einig*, einig, einig!

Attinghausen in Schiller, Wilhelm Tell 4, 2

Einigkeit vortrefflicher Männer ist wohlgesinnter Frauen sehnlichster Wunsch.

Maria in Goethe, Götz von Berlichingen 1, 12 (für die Bühne bearbeitet)

Im Frieden und im Krieg · Behält *Einigkeit* den Sieg.

Rollenhagen, Froschmeuseler 3. Buch 1. Teil 17. Kap.

Die *Einkünfte* geben die Ehren und Freundschaft; nur der Arme liegt überall am Boden.

Ovid, Festkalender 1, 217/18 (Grau)

Alles auf *einmal* tun zu wollen, zerstört alles auf einmal.

Lichtenberg, Fragment. Bemerk. 2: Über das Studium der Naturlehre

Einmal gerettet ist's für tausend Male.

Mephistopheles in Goethe, Faust 10294

Einmal zweifeln macht mit eins entschlossen.
Othello in Shakespeare, Othello 3, 3

Man wird ja *einmal* nur geboren.
Lortzing, Der Waffenschmied 1, 2

Man lebt nur *einmal* in der Welt.
Carlos in Goethe, Clavigo 1, 1, auch in Lortzings Waffenschmied 1 (1846) als Refrain des vorigen Zitats

Man lebt nicht zweimal, und wie groß ist deren Zahl, · Die leben auf der Welt auch *einmal* nicht einmal.
Rückert, Weisheit des Brahmanen (1837–39)

Einmal ist keinmal.
Altes Sprichwort, auch: Rechtssprichwort (einmalige Übung begründet noch kein Gewohnheitsrecht)

Eins ist not! Lukas 10, 42

Eins, aber einen Löwen!
Äsop. Fabeln 240

Mann und Frau sind *eins*.
Nach 1. Mos. 2, 24

Eins soll der Mensch von Grund aus lernen, · In *einem* Stücke muß er reifen, · Und in der Nähe, in den Fernen, · In seiner Kunst das Beste greifen, · Dann kann er dreist mit Fug und Recht, · Sei's Handwerksmann, sei's Ackerknecht, · Sich stellen in der Bürger Reih'n, · Er wird ein Mann und Meister sein.
Fritz Reuter, Hanne Nüte

Es wohnen die alten Germanen · Zu beiden Seiten des Rheins, · Sie liegen auf Bärenhäuten · Und trinken immer noch *eins!*
Tacitus u. die alten Deutschen (A. Kunitz 1870, W. Ruer 1871). Vgl. unter *Gerstensaft*.

Einsam in die Wüste tragen · Muß ich mein gequältes Herz.
Schiller, Kassandra

Einsam bin ich nicht alleine.
P. A. Wolff, Preziosa, 2, 2, komp. von C. M. v. Weber

Einsam, in trüben Tagen.
Elsas Traum in R. Wagners Lohengrin 1 (1850)

Einsam steh ich und verlassen.
Manrico in Verdis Oper: Der Troubadour 1, 2 (1853)

Wer Höchstes sucht, geht immer eigne Bahn; · Das Beste haben Menschen nie gemeinsam. · Wer glücklich werden will, erst sei er *einsam!*
Robert Hamerling, Sinnen und Minnen S. 6

Und kann ich nur einmal · Recht *einsam* sein, · Dann bin ich nicht allein.
Goethe, Aus Wilhelm Meister: Harfenspieler

Hüte dich davor, *einsam* und müßig zu gehen!
Smiles, Der Charakter 4. Kap.: Die Arbeit

Der ist nicht *einsam*, der noch Schmerzen fühlet.
L. Tieck, Gedichte: Einsamkeit

Wer sich der *Einsamkeit* ergibt, · Ach, der ist bald allein.
Goethe, Wilh. Meisters Lehrjahre 2, 13

Die *Einsamkeit* ist not; doch sei nur nicht gemein, · So kannst du überall in einer Wüsten sein.
Ang. Silesius (Joh. Scheffler), Cherub. Wandersmann (1675)

Einsamkeit ist das Los aller hervorragenden Geister.
Schopenhauer, Parerga u. Paralip. 1, 5: Paränesen u. Maximen

Ein Hauptstudium der Jugend sollte sein, die *Einsamkeit* ertragen zu lernen, weil sie eine Quelle des Glückes und der Gemütsruhe ist.
Schopenhauer, Parerga u. Paralip. 1, 5: Paränesen u. Maximen.

Einsamkeit ist bitter.
Rob. Hamerling: Weltleben u. Einsamkeit

Einsamkeit des Himmels Pforte.
(Solitudo coeli janua.)
Inschrift am Trappistenkloster Ölenberg im Elsaß

Nur *Einsamkeit* ist Vollgenuß des Lebens, · Wo sind zwei Herzen, die sich ganz verstehn?

Platen, Gedichte: In Rousseaus Stube

Die *Einsamkeit* ist wie der Duft einer Giftpflanze, süß, aber betäubend und mit der Zeit geradezu verderblich, selbst für die stärksten Konstitutionen.

Friedr. Spielhagen, Problem. Naturen (1861–62)

Ich *schnitt*' es gern in alle Rinden *ein!*

Wilh. Müller, Die schöne Müllerin: Ungeduld

Einsicht verschafft das Gute, erhält es, mehrt es und macht rechten Gebrauch davon.

Plutarch, Trostschr. an Apollonius § 4

Die *Einsicht* in das Mögliche und Unmögliche ist es, die den Helden vom Abenteurer scheidet.

Th. Mommsen

Einst wird kommen der Tag, da die heilige Ilios hinsinkt.

Homer, Ilias 4 164/65, 6 448/49 (Voß)

Einstweilen bis den Bau der Welt · Philosophie zusammenhält, · Erhält sie (nämlich: die Natur) das Getriebe · Durch Hunger und durch Liebe.

Schiller, Gedichte: Die Weltweisen

Eintracht daheim, draußen Friede. (CONCORDIA · DOMI · FORIS · PAX)

Inschrift am Holstentore zu Lübeck

Eintracht ernährt, Zwietracht verzehrt.

Deutsches Sprichwort; ähnlich aber schon bei Theokrit, Sallust u. Diodor.

Zur *Eintracht*, zu herzinnigem Vereine · Versammle sie die liebende Gemeine.

Schiller, Lied von der Glocke Vers 394–95

Tretet ein, denn auch hier sind Götter!

(Introite, nam et hic dii sunt!)
Lessing, Nathan der Weise (Motto). Nach der Überlieferung stammt das Wort von Heraklit. Dieser soll, als er sich einmal in einem Backofen wärmte, seine Besucher gebeten haben, getrost einzutreten; denn auch hier seien Götter (griechisch: *ειναι γὰϱ ἐνταῦϑα ϑεούς*). Wenn bei Lessing hinter dem lateinischen Zitat »apud Gellium« zu lesen ist, so heißt das, daß er den Ausspruch bei Aulus Gellius gefunden habe.

Einem etwas *eintrichtern.*

Nach dem Nürnb. *Trichter* (s. diesen)

Jeder, sieht man ihn *einzeln*, ist leidlich klug und verständig; · Sind sie in corpore, gleich wird euch ein Dummkopf daraus.

Schiller, Gedichte: Gelehrte Gesellschaften

Ich schwör' auf keinen *einzeln* Mann; · Denn einer bin auch ich.

Uhland, Vaterländische Gedichte: 4. Gespräch (1816)

Beim Schiffbruch hilft der *einzelne* sich leichter.

Tell in Schiller, Wilhelm Tell 1, 3

Der *einzelne* schadet sich selber, · Der sich hingibt, wenn sich nicht alle zum Ganzen bestreben.

Goethe, Hermann und Dorothea 4 (Euterpe) 144/45

Ehret ihr immer das Ganze, ich kann nur *einzelne* achten, · Immer in *einzelnen* nur hab' ich das Ganze erblickt.

Schiller, Gedichte: Das Ehrwürdige

Wir wollen sein ein *einzig* (nicht: einig) Volk von Brüdern, · In keiner Not uns trennen und Gefahr.

Rösselmann in Schiller, Wilhelm Tell 2, 2

Der unglückliche Phönix! Ihm ward das harte Los, weder Geliebte noch Freunde zu haben; denn er ist der *einzige* seiner Art.

Lessing, Fabeln 1, Nr. 13: Der Phönix

Der *Einzige* und sein Eigentum.

Titel von Max Stirners Hauptwerk

Wenn dem Esel zu wohl ist, geht er aufs *Eis* tanzen. Sprichwort

Jemand aufs *Eis* (Glatteis) führen.

Redensart

Vom *Eise* befreit sind Strom und Bäche. Faust in Goethe, Faust 903

Der Gott, der *Eisen* wachsen ließ, · Der wollte keine Knechte!
E. M. Arndt, Vaterlandslied

Bleib, *Eisen*, Männern hold; · Laß Knechte Gold begehren.
E. M. Arndt, Lob des Eisens

Man soll das *Eisen* schmieden, solange es heiß ist. Sprichwort

Selbst das *Eisen* ziehet den Mann an. Homer, Odyssee 16, 294

Wo das *Eisen* wächst in der Berge Schacht, · Da entspringen der Erde Gebieter.
Chor in Schiller, Die Braut von Messina 226/27

Es ist die höchste *Eisenbahn!*
Berliner Redensart nach Glaßbrenners Heiratsantrag in der Niederwallstraße (1847)

Ich bin der Doktor *Eisenbart*, · Kurier' die Leut nach meiner Art.
Volkslied (Doktor Eisenbart lebte 1661 bis 1727)

Da ist er's gewesen, · Der Kehraus gemacht, · Mit *eisernem* Besen · Das Land rein gemacht.
E. M. Arndt, Lied vom Feldmarschall

Das wilde, *eiserne* Würfelspiel.
Schiller, Gedichte: Die Schlacht

Einen *eisernen* Willen (eiserne Faust, eiserne Stirn) haben.
Sprichwörtl. Redensart

Der irdene Topf muß mit dem *eisernen* nicht zusammenstoßen.
Nach Äsop

Es ist alles ganz *eitel!*
(Vanitas vanitatum, et omnia vanitas.) Prediger Salomonis 1, 2; 12, 8

Die *Eitelkeit* anderer geht uns nur dann wider den Geschmack, wenn sie wider unsre Eitelkeit geht.
Fr. Nietzsche, Jenseits von Gut und Böse, 176. Aphorismus.
La Rochefoucauld drückt diesen Gedanken so aus (Maxime 389): »Ce qui nous rend la vanité des autres insupportable, c'est qu'elle blesse la nôtre« (Was uns die Eitelkeit der anderen unerträglich macht, ist der Umstand, daß sie die unsrige verletzt).

Jahrmarkt der *Eitelkeit.*
(Engl. = Vanity Fair) J. Bunyen, Pilgerreise (1678). Auch der Titel eines Buches von Thackeray.

Wie verfährt die Natur, um Hohes und Niedres im Menschen · Zu verbinden? Sie stellt *Eitelkeit* zwischenhinein.
Goethe, Gedichte: Vier Jahreszeiten Nr. 66

Ekel macht nicht satt und Eigensinn nicht froh.
Lessing, An Herrn Marpurg

Das alte *Ekel.*
In Norddeutschland Schimpfwort

Laß die Moleküle rasen, · Was sie auch zusammenknobeln! · Laß das Tüfteln, laß das Hobeln, · Heilig halte die *Ekstasen.*
Christian Morgenstern (1871–1914)

Elb-Florenz
für Dresden, Herder nennt Dresden einmal »Deutsches Florenz«

Er benimmt sich wie ein *Elefant* im Porzellanladen. Redensart

Sei ruhig, freundlich *Element!*
Mephistopheles in Goethe, Faust 2300

Wer sie nicht kennte, · Die *Elemente*, · Ihre Kraft · Und Eigenschaft, · Wäre kein Meister · Über die Geister.
Faust in Goethe, Faust 1277/82

Denn die *Elemente* hassen · Das Gebild der Menschenhand.
Schiller, Lied von der Glocke V. 167–68

Vier *Elemente*,
Feuer, Wasser, Luft, Erde nennt Empedokles (440 v. Chr.) in seinem Lehrgedicht über die Natur.

Vier *Elemente*, · Innig gesellt, · Bilden das Leben, · Bauen die Welt.
Schiller, Punschlied

O Unvernunft des blinden *Elements!*

Der Fischer in Schiller, Wilhelm Tell 4, 1

Brich dem Hungrigen dein Brot, und die, so im *Elend* (Verbannung) sind, führe ins Haus. Jesajas 58, 7

Glänzendes *Elend.*

Goethe, Leiden des jungen Werthers 2. Buch: am 24. Dez. 1771, und schon von anderen vorher gebraucht

Du siehst mich lächelnd an, *Eleonore!*

Prinzessin in Goethe, Tasso 1, 1 (Anfang)

Wer mir Wein bringt, sehe mich freundlich an, · Sonst trübt sich der *Elfer* im Glase.

Goethe, Westöstl. Diwan: Dem Kellner

In *elfter* Stunde (nicht zwölfter).

Nach Matth. 20, 6, 9

Elite der Gesellschaft (oder Creme).

Sprichwörtl. Redensart; schon Lavater sprach 1768 von der *Elite* des ganzen Menschengeschlechts

Manchem wird die *Elle* länger als der Kram. Sprichwörtlich

Man mißt den Mann nicht nach der *Elle* aus, · Oft hat ein großer Geist ein kleines Haus.

Hans Aßmann Freiherr von Abschatz, Sprichwörter (1764)

Mit gleicher *Elle* messen.

Nach 3. Mos. 19, 35

Seiner Länge eine *Elle* zusetzen.

Nach Matth. 6, 27

Setz deinen Fuß auf *ellenhohe* Sokken, · Du bleibst doch immer, was du bist!

Mephistopheles in Goethe, Faust 1808/09

Ein *ellenlanger* Brief. Nach Sach. 5, 2

Diebisch wie eine *Elster.*

Sprichwörtlich

Der *Elster* wird wohl auch ein Ei gestohlen. Sprichwort

Mutlos beugt ein kühn gesinnter Mann sich oft, · Den das Bewußtsein *elterlicher* Schande beugt.

Euripides, Hippolyt 424

Was gibt es Süßres, als der *Eltern* Auge schaun?

Sophokles, König Ödipus (Donner) 999

Für wohlgeratene Kinder können *Eltern* nicht zuviel tun. Aber wenn sich ein blöder Vater für einen ausgearteten Sohn das Blut vom Herzen zapft, dann wird Liebe zur Torheit.

Lessing, Fabeln 1, 25: Der Pelikan

Wie die *Eltern* – so die Kinder.

Aus der Operette »Die keusche Susanne« (1910), Musik: Jean Gilbert, Text: Georg Okonkowski.

Der ist auch nicht von schlechten *Eltern.*

(Anerkennend von Leistungen im Guten und im Bösen) Redensart

An Kindern hängt voll Liebe jedes *Elternherz.*

Kreon in Euripides, Phönissen 965 (Minckwitz)

Elternliebe ist oft Affenliebe.

Sprichwörtl. Redensart

Zunächst der *Elternliebe* ist die Vaterlandsliebe der stärkste natürliche und moralische Instinkt, der im Menschen besteht.

Edm. Burke, Rede zur Anklage gegen Warren Hastings (1788)

Der *Elternschmerz* ist der tiefste.

Sprichwörtlich

Uns gaben die Götter auf Erden *Elysium.*

Goethe, Gedichte: Elysium (1772)

Embarras de(s) richesse(s).

(Verwirrender Überfluß.)
Titel einer Komödie des Abbé d'Allainval († 1753)

Im selben Maß du willst *empfangen,* mußt du geben; · Willst du ein ganzes Herz, so gib ein ganzes Leben! Fr. Rückert, Pantheon

Wie soll ich dich *empfangen,* · Und wie begegn' ich dir?
Paul Gerhardt (1653)

Sich englisch *empfehlen*
(polnisch oder französisch).
Sprichwörtl. Redensart (für: ohne Abschied zu nehmen fortgehen). Wohl zurückzuführen auf den Schluß von Schillers »Maria Stuart«, wo Kent sagt: »Der Lord [Leicester] läßt sich entschuldigen, er ist zu Schiff nach Frankreich.«

Jede herbe Not der Meinen · Schlug an mein *empfindend* Herz.
Schiller, Gedichte: Kassandra

Mein Sohn, oft ist von Unempfindlichkeit der Schein · Nur eine äußerste *Empfindlichkeit* allein.
Rückert, Weisheit des Brahmanen 7, 38
Empfindsam siehe unter *sentimental* (und *sentimental* journey).

So geht es den *Empfindsamen!* Die Liebe spielt ihnen immer die schlimmsten Streiche.
Marinelli in Lessing, Emilia Galotti 1, 6

L'empire c'est la paix.
(Das Kaiserreich ist der Friede.)
Prinz Louis Napoleon am 9. Okt. 1852

Zu Gott *emporzustreben,* · Ward eingepflanzt der Geist dem Leib.
Voß, Gedichte: Das Herbstgelag

Die *Emsigkeit* allzeit bestehet, · Da die Geschwindigkeit vergehet.
Fischart, Das philosophisch Ehzuchtbüchlin (1578)

Enakskinder
große, starke Leute nach 4. Mos. 13, 28 und öfter

Mach *End'*, o Herr, mach *Ende!*
Paul Gerhardt, Befiehl du deine Wege (1653)

Jede Straße führt ans *End'* der Welt. Tell in Schiller, Wilhelm Tell 4, 3

Wer weiß, wie nahe mir mein *Ende!*
Anfang eines Kirchenliedes von Aemilia Juliana, Gräfin von Schwarzburg-Rudolstadt (1637–1706)

Lieber ein *Ende* mit Schrecken als ein Schrecken ohne Ende!
Schill am 12. Mai 1809 auf dem Marktplatze zu Arneburg a. d. Elbe; nach Psalm 73, 19; ähnlich schon in der Ilias 15, 511 und Odyssee 12, 350

Am *Ende* hängen wir doch ab · Von Kreaturen, die wir machten.
Mephistopheles in Goethe, Faust 7003/04

Was du tust, so bedenke das *Ende!*
Vgl. *finem* Sirach 7, 40

Rühme niemand vor seinem *Ende.*
Sirach 11, 29

Vor dem *Ende* eines Menschen muß man sich wohl hüten, ihn glückselig zu nennen, man kann nur sagen, es geht ihm wohl.
Solon bei Herodot 1, 32

Ende gut, alles gut: das Ziel beut Kronen! · Wie auch der Lauf, das Ende wird ihn lohnen.
Helene in Shakespeare, Ende gut, alles gut 4, 4

Das *Ende* krönt das Werk.
(Finis coronat opus.) Ovid, Heroid. 2, 85

Das dicke *Ende* kommt nach
(das Schlimme folgt noch).
Sprichwörtlich

So knüpfen ans *fröhliche* Ende · Den fröhlichen Anfang wir an.
Kotzebue, Gedichte: Frohsinn

Noch keinen sah ich fröhlich *enden,* · Auf den mit immer vollen Händen · Die Götter ihre Gaben streun!
Schiller, Ring des Polykrates (1798)

Endlich allein! (Enfin seul!)
Nach dem bekannten Bilde des französischen Malers E. Toffaro

Endlich naht sich die Stunde.
Aus Mozarts Oper: Figaros Hochzeit 4, 11

Ach, warum, ihr Götter, ist unendlich · Alles, alles! – *endlich* unser Glück nur!
Epimeleia in Goethe, Pandora

Willst du ins Unendliche schreiten, · Geh nur im *Endlichen* nach allen Seiten!
Goethe, Sprüche in Reimen: Gott, Gemüt und Welt

Endlos unter mir seh ich den Äther, über mir endlos.

Schiller, Der Spaziergang

Endstation Sehnsucht.

Titel der deutschen Fassung des amerikanischen Bühnenstückes »A Streetcar Named Desire« (1947) von Tennessee Williams

Der *Endzweck* der Wissenschaft ist Wahrheit; der Endzweck der Künste hingegen ist Vergnügen.

Lessing, Laokoon

Meiner Idee nach ist Energie die erste und einzige Tugend des Menschen.

Wilh. v. Humboldt, Sittenverbesserung

Enfants terribles.

(Vorlaute Kinder, Schreckenskinder.)
P. Gavarnis gleichnamige Bilderfolge

L'enfer, c'est les autres.

(Die Hölle, das sind die andern.)
Jean-Paul Sartre, Huis-clos (Bei verschlossenen Türen, 1944)

Eng ist die Welt, und das Gehirn ist weit. · Leicht beieinander wohnen die Gedanken, · Doch hart im Raume stoßen sich die Sachen.

Wallenstein in Schiller, Wallensteins Tod 2, 2

Gekeilt in drangvoll fürchterliche *Enge*.

Hauptmann in Schiller, Wallensteins Tod 4, 10

Jemand in die Enge *treiben*.

Sprichwort

Ein *Engel* fliegt durchs Zimmer,

sagt man, wenn die Unterhaltung plötzlich stockt

Dies Kind, kein *Engel* ist so rein, · Laßt's Eurer Huld empfohlen sein!

Schiller, Der Gang nach dem Eisenhammer, V. 237

Dem Menschen ist · Ein Mensch noch immer lieber als ein *Engel*.

Nathan in Lessing, Nathan der Weise 1, 1

Jemands guter *Engel* sein.

Nach Tob. 5, 29

Des Menschen *Engel* ist die Zeit.

Oktavio in Schiller, Wallensteins Tod 5, 11

Von einem gefallenen *Engel*

reden wir nach Offenb. 12, 9. u. a. Bibelstellen.

Laß dich den guten *Engel* warnen · Und nicht vom bösen dich umgarnen.

Bürger, Der wilde Jäger

Trau keinem Freunde sonder Mängel, · Und lieb ein Mädchen, keinen *Engel*.

Lessing, Sinngedichte: In ein Stammbuch

Mit Menschen- und *Engelzungen* reden.

Nach 1. Kor. 13, 1

Im *engen* Kreis verengert sich der Sinn, · Es wächst der Mensch mit seinen größern Zwecken.

Schiller, Prolog zur Wallenstein-Trilogie, S. 59

An dem Eingang der Bahn liegt die Unendlichkeit offen, · Doch mit dem *engesten* Kreis höret der Weiseste auf.

Schiller, Gedichte: Menschliches Wirken

England expects that every man will do his duty.

Wird auch zitiert: »England expects every man to do his duty.«
(England erwartet, daß jedermann seine Pflicht tut [Dienst tun wird].)
Nelsons Tagesbefehl in der Schlacht bei Trafalgar, 25. 10. 1805.

England siehe auch unter *Frankreich*

Und lispeln *englisch*, wenn sie lügen.

Wagner in Goethe, Faust 1141

Weh dir, daß du ein *Enkel* bist!

Mephistopheles in Goethe, Faust 1977

Heimfalle die Sorge (um Einigung) unseren *Enkeln!*

(Maneat nostros ea cura nepotes.)
Vergil, Äneis 3, 505

Le secret d'*ennuyer* est celui de tout dire.

(Das Geheimnis zu langweilen besteht darin, alles zu sagen.)
Voltaire, Discours sur l'homme 6

Entbehren sollst du! sollst entbehren! · Das ist der ewige Gesang.

Faust in Goethe, Faust 1549/50

Damit du nichts *entbehrst*, war Catos weise Lehre: · *Entbehre!*
Voß, Gedichte

Eine *Ente*, Zeitungsente.
Falsche Nachricht
In Christian Reuters Schelmuffsky (1696) heißt es »eine artige Lüg-Ente«. Adam Lonicer erwähnt in seinem Kräuterbuch (1550) einen wunderbaren Baum in Schottland, auf dem Enten wachsen.

Enten können nichts als schnattern.
Sprichwörtlich

Entente cordiale.
(Herzliches Einverständnis.)
Guyzot nach Metternich

Doch dem war kaum das Wort *entfahren*, · Möcht er's im Busen gern bewahren.
Schiller, Die Kraniche des Ibykus V. 177

Mein Freund, so kurz von mir *entfernt*, · Und hast's Küssen verlernt?
Margarete in Goethe, Faust 4485/86

Entflieh mit mir und sei mein Weib!
H. Heine, Tragödie 1

Entfliehe, dieweil du es kannst, dem Verbrechen.
(Dum licet, effuge crimen.)
Ovid, Metamorphosen 7, 71 (Voß)

Sie meint, du seist *entflohn*, · Und halb und halb bist du es schon.
Mephistopheles in Goethe, Faust 3330/31

Gleich dem toten Schlag der Pendeluhr · Dient sie knechtisch dem Gesetz der Schwere – · Die *entgötterte* Natur.
Schiller, Die Götter Griechenlands

Prüft das Geschick dich, weiß es wohl warum: · Es wünschte dich *enthaltsam!* Folge stumm.
Goethe, Gedichte: Sprüche

Enthaltsamkeit ist das Vergnügen · An Sachen, welche wir nicht kriegen.
Wilhelm Busch, Der Haarbeutel (1878)

Das Beste, was wir von der Geschichte haben, ist der *Enthusiasmus*, den sie erregt.
Goethe, Maximen u. Reflexionen 1

Enthusiasmus vergleich ich gern,
siehe *Auster*

Ein *Enthusiast* sein ist das Liebenswürdigste, Edelste und Beste sein, was ein Sterblicher sein kann.
Wieland, Verm. Schriften

Da steh ich, ein *entlaubter* Stamm.
Wallenstein in Schiller, Wallensteins Tod 3, 13

Des freut sich das *entmenschte* Paar.
Schiller, Gedichte: Der Gang nach dem Eisenhammer

Entränn' er jetzo kraftlos meinen Händen, · Ich habe keinen zweiten zu versenden.
Tell in Schiller, Wilhelm Tell 4, 3

Wo nichts mehr zu *enträtseln* bleibt, hört unser Anteil auf.
Feuchtersleben, Aphorismen (Leben)

Jeder muß *entsagen* lernen, · Bis er dem Leben selbst entsagt.
Aug. v. Platen, Gedicht: Sich von den Menschen fernzuhalten

Aller Größe Keim, · Er heißt *Entsagung*. Th. Fontane, Gedichte (1875)

Wenige Menschen denken, und doch wollen alle *entscheiden*.
Friedrich der Große, Briefe

Wo eine · *Entscheidung* soll geschehen, da muß vieles · Sich glücklich treffen und zusammenfinden.
Illo in Schiller, Piccolomini 2, 6

Wer sich *entschließen* kann, besiegt den Schmerz.
Leonore in Goethe, Torquato Tasso 3, 2

Der angebornen Farbe der *Entschließung* · Wird des Gedankens Blässe angekränkelt.
Hamlet in Shakespeare, Hamlet 3, 1

Vertrauen zu dir selbst, *Entschlossenheit* · Ist deine Venus!
Illo in Schiller, Piccolomini 2, 6

Schneller *Entschluß* · Bringt oft Verdruß. Sprichwörtlich

Der Lord läßt sich · *Entschuldigen*; er ist zu Schiff nach Frankreich.
Kent in Schiller, Maria Stuart 5, 15

Wer sich *entschuldigt*, klagt sich an.
(Qui s'excuse s'accuse.)
Franz. Sprichwort, das zurückgeht auf Hieronymus (331–420), in dessen Ep. 4 ad virginem in exilium missam es heißt: Dum excusare credis, accusas.

Wer sich *entschuldigt*, eh man klaget, · Der gibt sich selbst zum Täter an.
Lichtwer, Fabeln 1, 13: Der Löwe und der Wolf

Öfters, wenn man einen Fehl *entschuldigt*, · Macht ihn noch schlimmer die *Entschuldigung*.
Pembroke in Shakespeare, König Johann 4, 2

Also daß sie keine *Entschuldigung* haben. Römerbrief 1, 20

Kalt wehten *Entsetzen* und Grausen sie an. Bürger, Lenore

Stellt euch mein *Entsetzen* für.
Lessing, Lieder: Der Tod

Wenn du nicht irrst, kommst du nicht zu Verstand, · Willst du *entstehn*, *entsteh* auf eigne Hand!
Mephistopheles in Goethe, Faust 7847/48

Denn alles was *entsteht*, · Ist wert, daß es zugrunde geht.
Mephistopheles in Goethe, Faust 1339/40

Zwischen *Entweder* und Oder führt noch manches Sträßlein.
Die Herzogin Hadwig in Scheffels Ekkehard Kap. 9

In der Welt ist es sehr selten mit dem *Entweder*-Oder getan.
Goethe, Leiden des jungen Werthers 1 (8. Aug.)

Im trüben ist gut fischen, aber auch: gut *entwischen*. Sprichwort

Entwischte Worte sind beleidigte Vertraute.
Domingo in Schiller, Don Carlos 2, 10

Auch aus *entwölkter* Höhe · Kann der zürnende Donner schlagen; · Darum in deinen fröhlichen Tagen · Fürchte des Unglücks tückische Nähe!
Chor in Schiller, Die Braut von Messina 2314/15

Was sind die Hoffnungen, was sind *Entwürfe?*
Chor in Schiller, Die Braut von Messina 1962

Der Dichtung, ja des Tonreichs schöne Träume · *Entzücken* uns in körperliche Räume.
Margarete in Goethe, Nachspiel zu Ifflands Hagestolzen 5. Gruppe

Entzwei und gebiete! Tüchtig Wort, · Verein und leite! Beßrer Hort.
Goethe, Sprüche in Reimen: Sprichwörtlich (vgl. auch *divide* et impera)

Les *envieux* mourront, mais non jamais l'*envie*.
(Die Neider sterben wohl, doch nimmermehr der Neid.)
Nach einem älteren Sprichwort (Quitard, Garnier) in Molières Tartuffe 5, 3

Ein *Epigramm*, ob es wohl gut sei? Kannst du's entscheiden? · Weiß man doch eben nicht stets, was er sich dachte, der Schalk.
Goethe, Venezianische Epigramme

Daß ich mit *Epigrammen* wieder spiele, · Ich, armer Willibald, · Das macht, wie ich an mehrerm fühle, · Das macht, ich werde alt.
Lessing, Sinngedichte 2, 32

Glaubt doch nur, *Epikur*, · Macht die klügsten Weisen.
J. Chr. Günther, Studentenlied (1746)

Epistula non erubescit.
(Ein Brief errötet nicht, oder: Papier ist geduldig.)
Epistulae s. unter *Dunkelmänner*

Von hier und heute geht eine neue *Epoche* der Weltgeschichte aus, und ihr könnt sagen, ihr seid dabeigewesen.
Goethe, Kampagne in Frankreich 19/9 (1792)

Eppur si muove!

(Und sie [die Erde] bewegt sich doch!) Soll Galilei, nachdem er zur Abschwörung seiner Theorie gezwungen worden war, gesagt haben.

Noli *equi* dentes inspicere donati.

(Einem geschenkten Gaul sieht man nicht ins Maul.)
Hieron., Comm. in ep. ad Eph. prolog.

Equo ne credite, Teucri!

(Trauet dem Pferde nicht, Trojaner!)
Vergil, Äneis 2, 48

Wo *Er* sitzt, ist immer unten!

Friedrich d. Gr. zu einem Leutnant, den er zur Tafel befohlen hatte. (Vgl. Bismarcks Ausspruch: Wo ich sitze, ist immer oben!)

Non sum qualis *eram*.

(Ich bin nicht derselbe, der ich war.)
Horaz, Oden 4, 1, 3

Mann des *Erbarmens*, stehst du noch immer da?

Lady in Schiller, Kabale und Liebe 4, 9

Der Gerechte *erbarmt* sich seines Viehes. Sprüche Salomonis 12, 10

Erbauen und sich *erbauen*.

Sprichwörtlich nach Apost. 20, 32; Kol. 2, 7; Jud. 20.

Von einem *Erbbegräbnis*

reden wir nach 1. Mos. 23, 4, 9, 20; 49, 30 u. 50, 13

Unrecht Gut folgt dem *Erbe* nicht.

Sprichwort

Unrecht Gut hat kurze Währ, · Der dritte *Erbe* sieht's nicht mehr.

Sprichwort

Es *erben* sich Gesetz' und Rechte · Wie eine ewge Krankheit fort.

Mephistopheles in Goethe, Faust 1972/73

Lachende *Erben*

(nach: Heredis fletus sub persona risus est, Das Weinen der Erben ist ein maskiertes Lachen.)
Publilius Syrus, Spruch 221

Der *Erben* Tränen sind ein verdecktes Lachen. Sprichwort

Sie tut wie die Prinzessin auf der *Erbse*.

(Ist ein sehr empfindliches [verzärteltes] Mädchen.)
Nach dem Märchen von Andersen

Denn du wirst heimgesucht werden mit Wetter und *Erdbeben*.

Nach Jes. 29, 6

Am *Erdboden* kleben.

Nach Psalm 44, 26

Du bist *Erde* und sollst zu Erde werden.

Nach 1. Mos. 3, 19, u. Sirach 40, 11 (siehe unter *Schweiße*)

Alles, was aus der *Erde* kommt, muß wieder zu Erde werden.

Sir. 40, 11. Vgl. Cicero, Tusc. 3, 25, 59: Reddenda terra est terrae

Die *Erde* ist (überall) des Herrn.

Psalm 24, 1

Die *Erde* sei dir leicht,

kommt zum ersten Male in des Euripides Drama »Alkestis« vor. Bei Ovid, Amor. 3, 9, 68 heißt es: »Et sit humus cineri non onerosa tuo.«

Raum für alle hat die *Erde!*

Schiller, Gedichte: Der Alpenjäger

Oh, wunderschön ist Gottes *Erde* · Und wert, darauf vergnügt zu sein. · Drum will ich, bis ich Asche werde, · Mich dieser schönen Erde freun.

L. H. C. Hölty, Oden und Lieder 2. Buch: Aufmunterung zur Freude

Ich fühle Mut, mich in die Welt zu wagen, · Der *Erde* Weh, der Erde Glück zu tragen.

Faust in Goethe, Faust 464/65

Wirklich ist es allerliebst · Auf der lieben *Erde*.

Goethe, Gesellige Lieder: Tischlied (1802)); Mel. v. Max Eberwein u. J. Fr. Reichardt

Die *Erde* hat mich wieder.

Faust in Goethe, Faust 784

Und es herrscht der *Erde* Gott, das Geld. Schiller, An die Freunde

Die *Erde* ist den Bedürfnissen der Menschen stets dienstfertig.

(Terra usus mortalium semper ancilla.)
Plinius, nat. hist. 2, 68 § 155

Erde gleißt auf *Erden* · In Gold und Pracht; · Erde wird Erde, · Bevor

es gedacht. · Erde türmt auf Erden · Schloß, Burg, Stein; · Erde spricht zur Erde: · Alles wird mein!
Th. Fontane, Gedichte (1875), nach einer engl. Grabschrift

In jedem Kleide werd' ich wohl die Pein · Des engen *Erdenlebens* fühlen.
Faust in Goethe, Faust 1544/45

Wie des Dampfes Säule weht, · Schwinden alle *Erdengrößen*, · Nur die Götter bleiben stet.
Schiller, Das Siegesfest

Einen *Erdenkloß*
nennen wir den Menschen
Nach 1. Mos. 2, 7

Dieser *Erdenkreis* · Gewährt noch Raum zu großen Taten.
Faust in Goethe, Faust 10181/82

Der *Erdenkreis* ist mir genug bekannt. · Nach drüben ist die Aussicht uns verrannt.
Faust in Goethe, Faust 11441/42

Unser *Erdenleben* ist nur eine kleine Strecke auf der ganzen Bahn unsrer Existenz.
Matthias Claudius, Ernst u. Kurzweil

Es kann die Spur von meinen *Erdetagen* · Nicht in Äonen untergehn.
Faust in Goethe, Faust 11583/84

Das *Erdetreiben*, wie's auch sei, · Ist immer doch nur Plackerei.
Proteus in Goethe, Faust 8313/14

Künstlers *Erdewallen*.
Titel eines kleinen Dramas von Goethe (1774)

Wie ein Märchen erscheint's; was frommt mir aber *Erdichtung?*
(Res similis fictae, sed quid mihi fingere prodest?)
Ovid, Metamorphosen 14, 935

Doch diesmal ist er von den Neusten; · Er wird sich grenzenlos *erdreusten*.
Mephistopheles in Goethe, Faust 6687/88

Große (künftige) *Ereignisse* werfen ihre Schatten voraus.
Th. Campbell, Lochiel Warning

Wer einen Krieg recht führen will, muß nicht den *Ereignissen* nachgehen, sondern den Ereignissen vorauseilen.
Demosthenes' Staatsreden (Jacobs 101)

Was du *ererbt* von deinen Vätern
Siehe unter *besitzen*

Erfahren muß man stets, *Erfahrung* wird nie enden, · Und endlich fehlt die Zeit, *Erfahrnes* anzuwenden.
Rückert, Weisheit des Brahmanen 15, 57

Erfahrung macht Hoffnung.
Wahlspruch von Goethes Mutter; vgl. Römer 5, 4

Erfahrung bleibt des Lebens Meisterin.
Eugenie in Goethe, Die natürliche Tochter 4, 2

Erfahrung ist fast immer eine Parodie auf die Idee.
Goethe, Schweizerreise (1797)

Jede *Erfahrung*, sie mag sonst sein, was sie will, ist auch ein schöpferischer Akt.
Oswald Spengler, Untergang des Abendlandes

Die wahre *Erfahrung* sei ganz eigentlich, wenn man *erfahre*, wie ein *Erfahrner* die *Erfahrung erfahrend erfahren* müsse.
Scherzhafte Erklärung der Erfahrung von Behrisch, dem Jugendfreunde Goethes, in dessen Werke: Aus meinem Leben, Dichtung und Wahrheit, 2, 7.

Was ist das *Erfinden?* Es ist der Abschluß des Gesuchten.
Goethe, Maximen u. Reflexionen 7

Selbst *erfinden* ist schön; doch glücklich von andern Gefundnes · Fröhlich erkannt und geschätzt, nennst du das weniger dein?
Goethe, Gedichte: Vier Jahreszeiten 46

Begraben ist in ewige Nacht · Der *Erfinder* großer Name zu oft.
Klopstock, Oden: Der Eislauf

Erfindung macht die Künstler groß · Und bei der Nachwelt unvergessen!

Gellert, Fabeln 1. Buch: Die Geschichte von dem Hute

Der *Erfolg* ist der Lehrer der Toren.

Siehe unter *Eventus* Livius 22, 39

Der *Erfolg* ruht in des Himmels Hand.

Diego in Schiller, Die Braut von Messina 2052

Am Mute hängt der *Erfolg*.

Theod. Fontane, Stine (1890)

Die Welt richtet nach dem *Erfolge* und nennt ihn Gottesgericht.

Herzog in Laube, Die Karlsschüler (letzter Auftritt)

Für die Menschen gibt es nichts Überzeugenderes als die *Erfolge*, willig beugen sie sich dem Glücke und dem Ruhm.

Leopold von Ranke, Zur Geschichte Deutschlands und Frankreichs im 19. Jahrhundert

Erfüllte Pflicht empfindet sich immer noch als Schuld, weil man sie nie ganz genug getan hat.

Goethe, Maximen u. Reflexionen 1

Denn die Sehnsucht ist dem Menschen oft lieber als die *Erfüllung*.

Rembrandt als Erzieher (Langbehn) S. 30: Winckelmann

Ganz in Vollkommenheit siehst du kein Ding *erglänzen!* · Warum? Damit dein Geist hab' etwas zu *ergänzen*.

Rückert, Weisheit des Brahmanen 15, 52

Ich hab' mich *ergeben* · Mit Herz und mit Hand.

H. F. Maßmann, Gelübde, Volksweise (1820).

Ergeben der Gebieterin.

Schiller, Der Gang nach d. Eisenhammer

Ergo bibamus!

(Also laßt uns trinken!)
Titel eines Liedes von Goethe, doch schon stehendes Wort des Papstes Martin IV. († 1285).

Euch zu gefallen war mein höchster Wunsch, · Euch zu *ergötzen* war mein letzter Zweck.

Tasso in Goethe, Torquato Tasso 1, 3

Nichts schafft hienieden dauerndes *Ergötzen*.

(Nulla quaggiù diletta e dura.)
Petrarca, Sonette und Kanzonen

Der *erhabene* Kopf hat andere Versuchungen als der gemeine.

Fiesko in Schiller, Fiesko 3, 2

Vom *Erhabenen* zum Lächerlichen ist nur ein Schritt.

(Du sublime au ridicule il n'y a qu'un pas!) sagte Napoleon I. auf der Flucht aus Rußland, Dezember 1812, mehrmals zu seinem Gesandten de Pradt in Warschau. Aber schon Marmontel († 1799) schrieb: En général, le ridicule touche au sublime, und Thomas Paine (The age of reason, 1794): »Wenn Schriftsteller u. Kritiker vom Erhabenen reden, so sehen sie es nicht, wie nah es ans Lächerliche grenzt.«

Es liebt die Welt, das Strahlende zu schwärzen · Und das *Erhabne* in den Staub zu ziehn.

Schiller, Gedichte: Das Mädchen von Orleans

Erhalten ist schwerer als erwerben.

Sprichwörtlich

Erhebt euch von der Erde, · Ihr Schläfer aus der Ruh'.

Max von Schenkendorf, Soldaten-Morgenlied

Wer wird nicht einen Klopstock loben? · Doch wird ihn jeder lesen? – Nein. · Wir wollen weniger *erhoben* · Und fleißiger gelesen sein.

Lessing, Gedichte: Sinngedichte Nr. 1

Wer sich selbst *erhöht*, der wird erniedrigt; und wer sich selbst erniedrigt, der wird erhöht.

Matth. 23, 12

Erholung tut Leib und Seele wohl.

Sprichwort

Die *Erholung* ist die Würze der Arbeit. Plutarch, Erziehung 9

Erholung reichet Müden jede Nacht genug, · Des echten Mannes wahre Feier ist die Tat. Goethe, Pandora

Die *Erinnerung* ist das einzige Paradies, woraus wir nicht vertrieben werden können.
Jean Paul, Die unsichtbare Loge 1, 13

Gedächtnis haben kalte Seelen; · Die fühlenden – *Erinnerung.*
Fr. Haug, Sinngedichte (1791)

Vom frischen Geiste fühl' ich mich durchdrungen; · Gestalten groß, groß die *Erinnerungen.*
Faust in Goethe, Faust 7189/90

Eripitur persona, manet res.
(Die Person vergeht, die Sache bleibt.)
Lucretius, De rerum natura 3, 58

Eripuitque Jovi fulmen viresque tonandi.
(Und sie entriß selbst Zeus den Blitz und die Gewalt des Donners.)
Manilius, Astronomia 104 (12 v. Chr.)

Erisapfel (Zankapfel).
Sprichwörtlich nach der bekannten Sage, wo die zur Hochzeit des Peleus und der Thetis nicht gebetene Eris, die Göttin der Zwietracht, einen Apfel in den Saal warf, mit der Aufschrift »der Schönsten«. Um den Besitz entstand nun ein Streit zwischen Hera, Athene und Aphrodite und daraus der Trojanische Krieg.

Wenn ihr's nicht fühlt, ihr werdet's nicht *erjagen.* Siehe unter *fühlt*

Man *erkältet* sich geschwinde · In Ermanglung eines Schals.
Heine, N. Ged. Angelique

Sie zu *erkämpfen,* hab' · Ich Riesenkraft; sie zu verlieren keine.
Carlos in Schiller, Don Carlos 1, 5

Erkenne dich selbst! (*Γνῶθι σεαυτόν*!)
Inschrift des Apollotempels in Delphi

Erkenne dich! Was soll das heißen? · Es heißt: Sei nur und sei auch nicht! · Es ist eben ein Spruch der lieben Weisen, · Der sich in der Kürze widerspricht.
Goethe, Sprüche in Reimen: Sprichwörtlich

Wieviel bist du von andern unterschieden? · *Erkenne* dich, leb mit der Welt in Frieden!
Goethe, Gedichte: Zueignung

Willst du dich selber *erkennen,* so sieh, wie die andern es treiben. · Willst du die andern verstehn, blick in dein eigenes Herz.
Schiller, Votivtafeln 19: Der Schlüssel

Ja, was man so *erkennen* heißt!
Faust in Goethe, Faust 588

Wer recht *erkennen* will, muß zuvor in richtiger Weise gezweifelt haben.
Aristoteles, Metaphysik 3

Inwendig lernt kein Mensch sein Innerstes · *Erkennen;* denn er mißt nach eignem Maß · Sich bald zu klein und leider oft zu groß. · Der Mensch *erkennt* sich nur im Menschen, nur · Das Leben lehret jeden, was er sei.
Antonio in Goethe, Torquato Tasso 2, 3

Es ist meine fürchterliche *Erkenntlichkeit.*
Ferdinand in Schiller, Kabale und Liebe 5, 8

Wenn Eigennutz den Dank gebeut, · So rechnet auf *Erkenntlichkeit.* Pfeffel, Poet. Versuche 2

Das ist das alte Lied und Leid, · Daß die *Erkenntnis* erst gedeiht, · Wenn Mut und Kraft verrauchen; · Die Jugend kann, das Alter weiß, · Du kaufst nur um des Lebens Preis · Die Kunst, das Leben recht zu brauchen. Geibel, Sprüche

Baum der *Erkenntnis.* 1. Mos. 2, 17

Auf der *Erkenntnis* beruht die Freiheit.
Feuchtersleben, Aphorismen (Leben)

Große *Erker* zieren ein Haus.
(Auch scherzhaft zur Entschuldigung für eine große Nase) Sprichwörtlich

Nicht immer · Ist, wer *erlag,* der kleinere Held.
Anast. Grün, D. Pfaff v. Kahlenberg (1850)

Erlaubt ist, was gefällt!

Tasso in Goethe, Torquato Tasso 2, 1. »Libito fe licito« Dantes Hölle 5, 55 (von hier nahm es Tasso in sein Schäferspiel Aminta, von wo es Goethe übernahm).

Erlaubt ist, was sich ziemt.

Prinzessin in Goethe, Torquato Tasso 2, 1

Was nicht verboten ist, ist *erlaubt.*

1. Jäger in Schiller, Wallensteins Lager, 6. Auftr.

Den wird man für *erlaucht* erkennen, · Der von dem Recht erleuchtet ist.

Uhland, Den Landständen

Nicht was wir *erleben,* sondern wie wir empfinden, was wir erleben, macht unser Schicksal aus.

Marie v. Ebner-Eschenbach

In der langen Zeit dieses Lebens muß man vieles *erleben* und erdulden, was man lieber nicht *erlebte.*

Solon (bei Herodot 1, 32)

Siehst, Vater, du den *Erlkönig* nicht? Den *Erlenkönig* mit Kron' und Schweif?

Goethe, Erlkönig

Ich weiß, daß mein *Erlöser* lebt.

Hiob 19, 25

Sing, unsterbliche Seele, der sündigen Menschen *Erlösung.*

Klopstock, Anfang des Messias (1748)

Wer zu der Tat *Ermunterung* gibt, · Hat selber sie mit ausgeübt.

Ramler, Fabellese 4. Buch Nr. 55: Der gefangene Trompeter

Ermuntre dich, mein schwacher Geist.

Johann Rist († 1667), Weihnachtslied

Wer sich selbst *erniedrigt,* der wird erhöhet.

Matth. 23, 12

Ernst ist das Leben, heiter ist die Kunst.

Schiller, Prolog zu Wallenstein

Ernst ist der Anblick der Notwendigkeit.

Wallenstein in Schiller, Wallensteins Tod 1, 4

So *ernst,* mein Freund? Ich kenne dich nicht mehr.

Gertrud in Schiller, Wilh. Tell 1, 2

Nur dem *Ernst,* den keine Mühe bleichet, · Rauscht der Wahrheit tief versteckter Born, · Nur des Meißels schwerem Schlag erweichet · Sich des Marmors sprödes Korn.

Schiller, Gedichte: Das Ideal und das Leben

Was kündigt dieser feierliche *Ernst* · Mir an?

Karl VII. in Schiller, Die Jungfrau von Orleans 1, 9

Zum Werke, das wir *ernst* bereiten, · Geziemt sich wohl ein *ernstes* Wort.

Schiller, Lied von der Glocke V. 9–10

Eine *ernste* Sache ist eine wahre Freude.

(Res severa verum gaudium.)

Seneca, Briefe 23

Ein *ernster* Gast stimmt nicht zum Hochzeitshaus.

Tell in Schiller, Wilhelm Tell 4, 3

Wenn ihr das Leben gar zu *ernsthaft* nehmt, was ist denn dran?

Egmont in Goethe, Egmont 2. Aufzug

Ein Tag der Gunst ist wie ein Tag der *Ernte:* · Man muß geschäftig sein, sobald sie reift.

Antonio in Goethe, Torquato Tasso 4, 4

Die blutge Saat gedieh zu blutger *Ernte.*

Chamisso, Das Mordtal

Wer Wind säet, wird Sturm *ernten.*

Nach Hosea 8, 7

Ernten, wo man nicht gesät hat.

Nach Luk. 19, 21/22; Matth. 25, 24

Wohl Keime wecken mag der Regen, · Der in die Scholle niederbricht; · Doch goldnes Korn und *Erntesegen* · Reift nur heran bei Sonnenlicht.

Fontane, Gedichte: Sprüche 6

Man säe nur, man *erntet* mit der Zeit.
Mephistopheles in Goethe, Faust 6605

Ein Tag, den alle Menschen feiern, · Er sei für mich ein *Erntetag*.
Bettler in Goethe, Faust 858/59

Nur der verdient sich Freiheit wie das Leben, · Der täglich sie *erobern* muß.
Faust in Goethe, Faust 11575/76

Moralische *Eroberungen*.
Nach dem Fürsten Felix Lichnowsky am 17. Mai 1847

Eines Mannes Tugend · *Erprobt* allein die Stunde der Gefahr.
Maria in Schiller, Maria Stuart 1, 7

Kommet her zu mir alle, die ihr mühselig und beladen seid, ich will euch *erquicken*. Matth. 11, 28

Erquickung hast du nicht gewonnen, · Wenn sie dir nicht aus eigner Seele quillt.
Faust in Goethe, Faust 568/69

Errare humanum est.
(Irren ist menschlich.)
Hieronymus »errasse humanum est«. Epist. 57. 1

Errare ... malo cum Platone, quam cum istis vera sentire.
(Lieber will ich mit Plato irren, als mit jenem das Wahre denken.)
Cicero, Tusc. Disp. 1, 17, 39

Was unerreichbar ist, das rührt uns nicht! · Doch was *erreichbar*, sei uns goldne Pflicht!
G. Keller, Gedichte

Du hast's *erreicht*, Oktavio!
Wallenstein in Schiller, Wallensteins Tod 3, 13

Erröten macht die Häßlichen so schön; · Und sollte Schöne nicht noch schöner machen?
Saladin in Lessing, Nathan der Weise 5, 7

Errötend folgt er ihren Spuren · Und ist von ihrem Gruß beglückt.
Schiller, Lied von der Glocke V. 70–71

Ein Brief *errötet* nicht.
Siehe unter *Epistula*

Dieweil darin *ersäufet* sind · All sündhaft Vieh und Menschenkind.
Aug. Kopisch, Gedichte: Historie von Noah (1824)

Ach! die *Erscheinung* war so riesengroß, · Daß ich mich recht als Zwerg empfinden sollte.
Faust in Goethe, Faust 612/13

Des Menschen Tätigkeit kann allzu leicht *erschlaffen*, · Er liebt sich bald die unbedingte Ruh'.
Der Herr in Goethe, Faust 340/41

Was mich noch gestern wollt' *erschlaffen*, · Ich schäm' mich des im Morgenrot.
Eichendorff, Geistliche Gedichte: Morgengebet

Und wer dir seine Brust *erschließt*, · O tu ihm, was du kannst, zulieb.
F. Freiligrath, O lieb, so lang du lieben kannst

Und will sich nimmer *erschöpfen* und leeren.
Schiller, Gedichte: Der Taucher

Ein *erschrockenes* und verzagtes Herz. Nach 1. Makk. 4, 32

Was man *erspart*, ist auch gewonnen.
Ch. Lehmann, Politischer Blumengarten 2. Sparsam Nr. 1

Erst das Geschäft und dann das Vergnügen. Bekannte Redensart

Erst wägen, dann wagen.
Wahlspruch Moltkes; vgl. Müller-Bohn, Graf Moltke, 4. Aufl., S. 475; auch Herzog Bogislav von Pommern führte den Spruch: »Ehe wigs, dann wags.«

Und mit *Erstaunen* und mit Grauen · Sehen's die Ritter und Edelfrauen. Schiller, Der Handschuh

Was stehst du so und blickst *erstaunt* hinaus?
Wagner in Goethe, Faust 1145

Erste Liebe.

Nach Offenbarung 2, 4. Auch in dem Kirchenliede »Fahre fort« von J. E. Schmidt (1669–1745) »Laß die erste Liebe nicht«.

Immer der *Erste* zu sein und vorzustreben vor andern.

Homer, Ilias 6, 208

Lieber der *Erste* hier als der Zweite in Rom! Plutarch, Cäsar 11

Sie ist die *erste* nicht!

Mephistopheles in Goethe, Faust, Trüber Tag

Die *Ersten* werden die Letzten, und die Letzten werden die Ersten sein. Matth. 19, 30

Der *ersten* Liebe goldne Zeit!

Schiller, Lied von der Glocke V. 75

Den *Ersten* im Staat gefallen ist schon ehrenwert.

(Principibus placuisse viris non ultima laus est.)

Horaz, Episteln 1, 17, 35 (Wieland)

Ach Gott! Wie doch mein *erster* war, · Find' ich nicht leicht auf dieser Welt den andern!

Marthe in Goethe, Faust 2992/93

Das *ertrage*, wem's gefällt.

Leporello in L. da Ponte, Don Juan 1, 1; komp. von Mozart

Ertragen muß man, was der Himmel sendet! · Unbilliges erträgt kein edles Herz.

Gertrud in Schiller, Wilhelm Tell 1, 2

Soll man *ertragen*, was unleidlich ist?

Stauffacher in Schiller, Wilhelm Tell 1, 3

Wem ein Geliebtes stirbt, dem ist es wie ein Traum, · Die ersten Tage kommt er zu sich selber kaum · Wie er's *ertragen* soll, kann er sich selbst nicht fragen; · Und wenn er sich besinnt, so hat er's schon ertragen.

Rückert, Weisheit des Brahmanen 6, 15

Der *Ertrinkende* klammert sich an einem Strohhalm fest.

Sprichwörtlich

Ich möchte *erwachen* beim Sonnenschein, · Und es müßte alles wie früher sein. Otto Reutter (1870–1931)

Erwägen! Erwägen! Ich *erwäge*, daß hier nichts zu erwägen ist.

Odoardo in Lessing, Emilia Galotti 5, 3

Nichts Besseres zu hoffen noch zu *erwarten* haben. Nach Sir. 41, 3/4

Das geht ja über mein *Erwarten* schön.

Oberon in Shakespeare, Ein Sommernachtstraum 3, 2

Erwirb es, um es zu besitzen.

Siehe unter *besitzen*

Wer nicht *erwirbt*, · Verdirbt.

Spruch im Berliner Rathause (Wappenspruch des Schlossers)

Ein tönendes *Erz* oder eine klingende Schelle. 1. Kor. 13, 1

Mit dreifachem *Erz* gepanzert.

(Aes triplex circa pectus.)

Horaz, Oden 1, 3, 9

In rauhes *Erz* sollst du die Glieder schnüren.

Johannas Monolog in Schiller, Jungfrau von Orleans 1

Was doch soll ich zuerst und was zuletzt dir *erzählen?*

Homer, Odyssee 9, 14

Wir sind *erzbereit.*

(Nous sommes archiprêts!)

Kriegsminister Lebœuf (15. 7. 1870)

Ein *Erzbösewicht.*

Nach den Sprüchen Sal. 24, 8

Der Erzieher verdient den Namen Vater mehr als der *Erzeuger*.

Talmud (3. Jh.)

... als *Erzieher* (Rembrandt, Luther usw. »als Erzieher«) für Büchertitel verwendet; zuerst von P. Merz: Goethe als Erzieher (1864). Als Lustspieltitel: »Flachsmann als Erzieher« von Otto Ernst (1901).

Die Zukunft habet ihr, ihr habt das Vaterland, · Ihr habt der Jugend Herz, *Erzieher*, in der Hand!

Rückert, Weisheit des Brahmanen 9, 90

Wer sich an seine eigene Kindheit nicht deutlich erinnert, ist ein schlechter *Erzieher*.

Marie v. Ebner-Eschenbach, Aphorismen (1893)

Weiber sind die ersten *Erzieherinnen* des menschlichen Geschlechtes.

Th. G. v. Hippel, Über die Ehe (1774) Kap. 3

Es ist ausgemacht, daß die schlechte *Erziehung* der Frauen viel mehr Unheil anrichtet als die der Männer. Fénélon, Töchtererziehung

Die *Erziehungsfrage* ist für die jetzige Gesellschaft eine Frage des Lebens oder des Todes.

Ernest Renan

Ob Fels und Eichen splittern, · Wir werden nicht *erzittern!*

E. Hinkel, Bundeslied (1815)

Wer nicht geschunden wird, wird nicht *erzogen!*

Griechisch. *ὁ μὴ δαρεὶς ἄνθρωπος οὐ παιδεύεται*. Die 422. Gnome der Monostichen (Motto zum ersten Teil von Goethes Dichtung u. Wahrheit 1811).

Man könnt' *erzogene* Kinder gebären, · Wenn die Eltern *erzogen* wären. Goethe, Zahme Xenien 4

Wenn der *Esel* auch eine Löwenhaut trägt, die Ohren gucken doch vor. Sprichwort

Wenn's dem *Esel* zu wohl wird, geht er aufs Eis (tanzen). Sprichwörtlich

Den *Esel* meint man, den Sack schlägt man. Sprichwort

Esel dulden stumm, · Allzu gut ist dumm. Sprichwort

Was von mir ein *Esel* spricht, · Das acht' ich nicht!

Gleim, Der Löwe und der Fuchs

Du kommst mir vor wie Saul, der Sohn Kis', der ausging, seines Vaters *Eselinnen* zu suchen, und ein Königreich fand.

Friedrich in Goethe, Wilh. Meisters Lehrjahre, 8. Buch, 10. Kap. nach 1. Samuel Kap. 9. u. 10

Eine *Eselsbrücke*

nennt der Volksmund eine Unterstützung (Übersetzung von fremdsprachlichen Werken) für Dumme oder Faule. Nach Joh. Buridans Compendium logicae (1350 geschrieben, 1499 zu Venedig gedruckt). Im Französischen bedeutet pont des ânes eine Schwierigkeit (z. B. den Pythagor. Lehrsatz), über die die Esel nicht wegkommen.

Es ist selten ein Buch ohne *Eselsohr*. Abraham a Santa Clara

Wär' *Eselstrab* auch nur von Dauer.

Lessing, Sinnged. 2, 43

Zitternd wie *Espenlaub*.

Sprichwörtl. Redensart

Wo die *Esse* raucht, fehlt's nicht an Freunden. Sprichwörtlich

Und es kommt der Gott der *Esse*, · Zeus' erfindungsreicher Sohn.

Schiller, Das eleusische Fest

Essen nimmt, Trinken gibt Enthusiasmus. Jean Paul

Nach dem *Essen* sollst du stehn, · Oder tausend Schritte gehn.

(Post coenam stabis seu passus mille meabis.)

Balthasar Schuppius, Regentenspiegel (1657); Regimen sanitatis Salernitanum von Lackner (1673)

Wir leben nicht, um zu *essen*, wir essen, um zu leben!

Nach Sokrates (469–399 v. Chr.)

Was werden wir *essen*, was werden wir trinken?

Matth. 6, 31 (vgl. auch 6, 25)

Zu *Essig* werden (mißraten)

und: Damit ist's *Essig*.

Sprichwörtl. Redensart

Propter nimium *Est* Est · Dominus meus mortuus est.

Wilh. Müller, Lieder des Lebens und der Liebe: Est! Est!

L'*état* c'est moi.

(Der Staat bin ich.)

Soll Ludwig XIV. gesagt haben. Nach der Revue Britannique (Mai 1851, 254) wäre die Königin Elisabeth von England die Urheberin des Wortes.

Dies Nichts ist mehr als *etwas.*
Laertes in Shakespeare, Hamlet 4, 5

Wer vieles bringt, wird manchem *etwas* bringen.
Direktor in Goethe, Faust 97

Prinz *Eugenius,* der edle Ritter.
Volkslied von 1717

Die *Eule* lobt den Tag nicht.
Sprichwort

Eulen nach Athen tragen.
Nach Aristophanes, auch bei Cicero z. B. Epist. ad Quint. frat. 2, 16, u. ad familiares 6, 3

O wieviel neue Feinde der Wahrheit! Mir blutet die Seele, · Seh' ich das *Eulengeschlecht,* das zu dem Lichte sich drängt.
Schiller, Falscher Studiertrieb

Eulenspiegeleien treiben, *Eulenspiegelstreiche* machen.
Lose Scherze nach den im bekannten Volksbuche »Eulenspiegel« verzeichneten Streichen (erster Druck 1515)

Wir möchten gerne wissen, · Ob sie vielleicht *europamüd',* · Von Weltschmerz so zerrissen?
Eichendorff, Die Auswanderer
Der erste, der das Wort »europamüde« gebrauchte, war Heine. Er sagt in den »Englischen Fragmenten« X (1828): ». . . so recht europamüde, wie ich mich damals manchmal fühlte.« E. Willkomm schrieb einen Roman »Die Europamüden« (1838).

Völker *Europas,* wahret eure heiligsten Güter! Kaiser Wilhelm II.

Europens übertünchte Höflichkeit.
Seume, Gedichte: Der Wilde
Vgl. unter *Höflichkeit*

Eurydike, teurer Schatten!
Aus Glucks Oper Orpheus und Eurydike 1 (1762)

Die das *Evangelium* verkündigen, sollen sich vom *Evangelio* nähren!
1. Kor. 9, 14

Eventus stultorum magister est.
(Der Erfolg ist der Lehrer der Toren.)
Livius 22, 39

Every inch a king.
(Jeder Zoll ein König!)
Lear in Shakespeare, König Lear 4, 6

Das *Ewge* regt sich fort in allen.
Goethe, Gedichte: Eins und alles

Ihr verfluchten Kerls, wollt ihr denn *ewig* leben.
Angeblich von Friedrich dem Großen bei Kunersdorf oder Kollin gesagt

Was einmal war, in allem Glanz und Schein, · Es regt sich dort; denn es will *ewig* sein.
Faust in Goethe, Faust 6431/32

O *Ewigkeit,* du Donnerwort, · O Schwert, das durch die Seele bohrt, · O Anfang sonder Ende!
J. Rist (1661)

Zwei Augen hat die Seel: eines schauet in die Zeit, · Das andre richtet sich hin in die *Ewigkeit.*
Ang. Silesius, Cherubinischer Wandersmann (1675)

Mensch, wie du deinen Geist schwingst über Ort und Zeit, · So kannst du jeden Blick (Augenblick) sein in der *Ewigkeit.*
Ang. Silesius (Joh. Scheffler), Cherubin. Wandersmann (1675)

Die *Ewigkeit?* Mein bester Herr, die ist sehr lang.
A. Adam, Der Postillon von Lonjumeau, 2, 8

Von *Ewigkeit* zu Ewigkeit.
Psalm 90, 2

Nach einer Prüfung kurzer Tage · Erwartet uns die *Ewigkeit.*
Gellert, Trost des ewigen Lebens (Kirchenlied)

Exegi monumentum aere perennius.
(Ein Denkmal habe ich mir gesetzt. dauernder als Erz.)
Horaz, Oden 3, 30, 1, und Puschkin, Gedichte: Exegi monumentum

Ein *Exempel* statuieren.
Aus der alten Gerichtssprache übernommene Redensart

Man hat *Exempel,* · Daß man den Mord liebt und den Mörder straft.
Deveroux in Schiller, Wallensteins Tod 5, 2

Man hat *Exempel* von Beispielen.
Schweizerische Redensart

Gute *Exempel,* halbe Predigt.
Sprichwort

Exempel siehe auch unter *Sprüch'*

Si dieu n'*existait* pas, il faudrait l'inventer.
(Und gäbe es keinen Gott, man müßte ihn erfinden.) Voltaire (1769) »Epître à l'auteur du nouveau livre des trois imposteurs« nach der Predigt Nr. 93 des Erzbischofs von Canterbury John Tillotson (1630/94).

Exitus acta probat.
(Der Ausgang rechtfertigt das Vollbrachte.) Ovid, Heroiden 2, 85

Exoriare aliquis nostris ex ossibus ultor.
(Ein Rächer möge aus meinen Gebeinen erstehen.) Vergil, Äneis 4, 625.
Der Große Kurfürst sagte diesen Vers, als er, vom Kaiser preisgegeben, am 29. Juni 1679 den Frieden von St. Germain-en-Laye unterzeichnen mußte. Ebenso der spanische General Diego Leon 1841 bei seiner Erschießung (vgl. Freiligraths Gedicht »Aus Spanien«).

Experience is by industry achieved.
(Erfahrung wird durch Fleiß und Müh erlangt.)
Antonio in Shakespeare, Die beiden Edeln von Verona 1, 3

Experto credite!
(Glaubet dem Erfahrenen.)
Vergil, Äneis 11, 283

Extratour.
Fürst Bernhard von Bülow (1849–1929) prägte diesen Ausdruck in der Reichstagsrede vom 18. Januar 1902 über die italienisch-französischen Abmachungen

Mancher will immer eine *Extrawurst* gebraten haben.
Sprichwörtl. Redensart

Er fällt immer von einem *Extrem* ins andere. Sprichwörtl. Redensart

Die *Extreme* berühren sich.
(Les extrêmes se touchent.)
Louis Sebastian Mercier: »Tableau de Paris« (Amst. 1782/88), Überschrift des 348. Kapitels im 4. Bande; ähnlich schon bei Labruyère (»Caractères«, 1687) und Pascal (»Pensées«, 1692).

In phantasiereichen Menschen liegen, wie in heißen Ländern oder auf Bergen, alle *Extreme* enger aneinander.
Jean Paul, Die unsichtbare Loge (1793) Teil 2

Zwei Menschen sind immer zwei *Extreme.* Hebbels Tagebücher

F

Etwas aus dem *Effeff* verstehen.
(Sehr gut)
Sprichwörtl. Redensart aus der Rechtssprache: ff Zeichen für die Digesten, aus einem verschnörkelten D entstanden (Heyne, Deutsches Wörterbuch).

Mit verändertem Namen spricht von dir die *Fabel.*
Heine, Englische Fragmente 11: Die Emanzipation der Katholiken. Vgl. Horaz, Satiren 1, 1, 70: Mutato nomine de te · fabula narratur. (Die Geschichte handelt von dir, nur ist der Name geändert.)

Schöne Wesen aus dem *Fabelland.*
Schiller, Die Götter Griechenlands

Faber est suae quisque Fortunae.
(Jeder ist seines Glückes Schmied.)
Nach Sallust, De republica ordinanda 1, 1, auf Appius Claudius (Konsul 307 v. Chr.) zurückzuführen.

Fable convenue.
(Herkömmliche Erdichtung.)
Voltaire, Jeannot et Colin

Fabrikware der Natur
nennt Schopenhauer den Durchschnitts-

professor (»Über die Universitätsphilosophie«) und den Kathederhelden (»Satz vom Grunde«, 5. Kap. § 34)

Alle Männer vom *Fach* sind sehr übel daran, daß ihnen nicht erlaubt ist, das Unnütze zu ignorieren.

Goethe, Sprüche in Prosa: Über Naturwissenschaft 2

Unter Dach und *Fach* bringen.

Redensart

Quid *faciemus* nos?

Siehe unter *Quid*

Facies Hippocratica.

(Hippokratisches Gesicht.)
Hippokrates († 370 v. Chr.) in seiner Schrift »Prognostikon«; ein die Anzeichen des Todes tragendes Gesicht, das er darin trefflich beschrieb.

Facilis descensus Averno.

(Das Hinabsteigen in die Unterwelt ist leicht.) Vergil, Äneis 6, 126

Eine *Fackel* seh' ich glühen, aber nicht in Hymens Hand.

Schiller, Gedichte: Kassandra

Factum fieri infectum non potest.

(Geschehne Dinge sind nicht mehr zu ändern.) Terenz, Phormio 5, 8, 45

Daß ein roter *Faden* durch das Ganze durchgeht

durchs Tauwerk der ganzen englischen Kriegsmarine nämlich.
Goethe, Wahlverwandtschaften 2, 2

Il y a *fagots* et fagots.

(Zwischen Holz und Holz ist ein Unterschied.)
Molière, Le médecin malgré lui 1, 6

Jede, auch die geringste *Fähigkeit* wird uns angeboren, und es gibt keine unbestimmte Fähigkeit.

Goethe, W. Meisters Wanderjahre

Immer bei der *Fahne* (Stange) bleiben. Redensart

Original, *fahr* hin in deiner Pracht!

Mephistopheles in Goethe, Faust 6807

Fahre wohl, Doria, schöner Stern.

Fiesko in Schiller, Fiesko 3, 5

Laß *fahren* dahin!

Luther, Ein feste Burg; Zweiter Kürassier in Schiller, Wallensteins Lager 9. Auftritt, und Bürger, Strophe 14 in der Ballade vom Bruder Graurock und der Pilgerin (1777)

Einen Nachen seh' ich schwanken, · Aber ach: der *Fährmann* fehlt.

Schiller, Gedichte: Sehnsucht

Ich bin das *Faktotum* der schönen Welt.

Figaro in Rossinis Oper: Der Barbier von Sevilla 1 (1816)

Du steigst durch seinen *Fall*. Oktavio, · Das will mir nicht gefallen.

Max in Schiller, Wallensteins Tod, 2, 7

Ein tiefer *Fall* führt oft zu höherm Glück.

Lucius in Shakespeare, Cymbeline 4, 2

Welch ein *Fall* war das! · Da fielet ihr und ich; wir alle fielen.

Antonius in Shakespeare, Julius Cäsar 3, 2

Hinter den großen Höhen · Folgt auch der tiefe, der donnernde *Fall*.

Chor in Schiller, Die Braut von Messina 238/39

Weg über meinen Nacken schreitet er, · Mein *Fall* muß ihm die Rettungsbrücke bauen.

Mortimer in Schiller, Maria Stuart 4, 4

Politik von *Fall* zu Fall

hat Graf. Jul. Andrassy über das Berliner Memorandum (Mai 1876) gesagt, später fälschlich als Grundsatz seiner Politik verallgemeinert

Wer hoch zu stehen wähnt, ist seinem *Falle* nah.

Wieland, Die Wasserkufe

Sehe jeder, wo er bleibe, · Und wer steht, daß er nicht *falle*.

Goethe, Gedichte: Beherzigung (Vgl. 1. Kor. 10, 12)

Man kann auch hinauf*fallen*. Und solche *Fälle* sind die tiefsten.

Peter Hille, Aphorismen

Fallen seh' ich Zweig' auf Zweige.
Der Graf in Grillparzer, Ahnfrau 1, 1

Auf gutes Land (guten Boden) *fallen.* Matth. 13, 8

Grausam ist's, · Den *Fallenden* zu drängen.
Cromwell in Shakespeare, König Heinrich VIII. 5, 2

Fallitur augurio spes bona saepe suo.
(Hoffen und Harren macht manchen zum Narren.) Ovid, Heroiden 16, 234

Wie ein *Fallstrick* wird er kommen über alle, die auf Erden wohnen (der Jüngste Tag). Luk. 21, 35

Wer da *fällt,* · Über den läuft alle Welt. Sprichwort

Es *fällt* auch das Pferd, das vier Beine hat.
(E cade anche cavallo, che ha quattro gambe.) Ital. Sprichwort

Falsch Gebild und Wort · Verändern Sinn und Ort!
Mephistopheles in Goethe, Faust 2313/14

Falsch ist das Geschlecht der Menschen.
Schiller, Gedichte: Hero und Leander, V. 107

Falsche Zunge.
Begriffsbildung aus Psalm 52, 6

Es ist so schwer, den *falschen* Weg zu meiden.
Mephistopheles in Goethe, Faust 1985

Falschheit regiert die ganze Welt.
Rollenhagen, Froschmeuseler 1, 1 6. Kap. 164

E bissele Lieb und e bissele Treu, · Und e bissele *Falschheit* is allweil derbei!
Schwäb. Volkslied, Volksweise 1832

Unselge *Falschheit!* Mutter alles Bösen.
Max in Schiller, Wallensteins Tod 2, 7

Ein *Falstaff.*
Ein dicker, genußsüchtiger und prahlerischer Mann nach der von Shakespeare geschaffenen Gestalt in »König Heinrich IV.« und in den »Lustigen Weibern von Windsor«

Fama crescit eundo.
(Das Gerücht wächst im Gehen.)
Vergil, Äneis 4, 175 steht: Viresque acquirit eundo. (Und Kräfte bekommt sie [die Fama] im Gehen.)

Die *Familie* ist die Quelle des Segens und Unsegens der Völker.
Luther, Tischreden (1566)

Eine feine *Familie.*
Ironische Redensart nach dem Berliner Komiker Martin Bendix.

Wo lebt sich's besser als im Schoße der *Familie?*
(Où peut-on être mieux qu'au sein de sa famille?)
J. F. Marmontel, Lucile, Szene 4

Alle glücklichen *Familien* gleichen einander, jede unglückliche *Familie* ist auf ihre eigene Art unglücklich.
Leo Tolstoi (1828–1910), Anna Karenina

Ach, was für ein Kreuz ist doch diese öde *Familiensimpelei!*
Oskar Wilde, Das Bildnis des Dorian Gray

I awoke one morning and found myself *famous.*
(Ich erwachte eines Morgens und fand mich berühmt.)
Schrieb Byron in sein Tagebuch nach dem Erscheinen der ersten zwei Gesänge des Childe Harold (1812).

Wenn die Vernunft ihre Stimme häufig gegen den *Fanatismus* erhebt, dann kann sie die künftige Generation vielleicht toleranter machen, als die gegenwärtige ist.
Friedrich der Große. Aus einem Briefe an Voltaire, ohne Datum.

Des *Fanatismus* rauher Henkerknecht.
Marquis in Schiller, Don Carlos 1, 2

Der angebornen *Farbe* der Entschließung · Wird des Gedankens Blässe angekränkelt.
Hamlet in Shakespeare, Hamlet 3, 1

Farbe bekennen. Sprichwörtlich

Fas est et ab hoste doceri.
(Recht ist's, auch vom Feinde zu lernen.)
Ovid, Metam. 4, 428 (Aristophanes, Die Vögel 376)

Solang der *Fasching* währt, verehren wir die Lüge, · Der Rolle treu, mit lächerlichem Ernst, · Den süßen Rausch des Haufens nicht zu stören.
Carlos in Schiller, Don Carlos 1, 9

Das schlägt dem *Faß* den Boden aus. Sprichwörtl. Redensart

Volles *Faß* hat keinen Klang.
Sprichwörtlich

Das *Faß* des Diogenes.
Siehe unter *Diogenes*

Ich weiß mich nicht zu *fassen*.
Zerline in L. da Ponte, Don Juan 1, 9; deutsch von Rochlitz; komponiert von Mozart

Ich kann's nicht *fassen*, nicht glauben!
Chamisso: Frauenliebe und -leben 3

Wer es *fassen* mag, der *fasse* es.
Matth. 19, 12

Das Schwerste klar und allen *faßlich* sagen, · Heißt aus gediegnem Golde Münzen schlagen.
Emanuel Geibel

In meinem Staate kann jeder nach seiner *Fasson* selig werden.
Friedrich der Große 1740; vgl. A. F. Büsching. »Charakter Friedrichs II.« (Halle 1788)

Weisere *Fassung* · Ziemet dem Alter.
Chor in Schiller, Die Braut von Messina 155/56

Ein wenig *Fasten* ist gesund!
Ludw. Heinr. Frhr. von Nicolay, Der Esel und die drei Herren, eine Fabel (1775)

Faul · Kriegt wenig ins Maul.
Alter Spruch

Faul wie die Sünde.
Sprichwörtl. Redensart

Etwas ist *faul* im Staate Dänemark (ursprünglich „Dänemarks")
Marcellus in Shakespeare, Hamlet 1, 4

Der *Faule* stirbt über seinen Wünschen. Salomo Spr. 21, 25

Faulenzen · Erweitert des Teufels Grenzen. Abraham a Santa Clara

Ein *fauler* Schade leidet kein Betasten.
Westmoreland in Shakespeare, König Heinrich IV., 2. Teil 4, 1

Dem *Faun*, wenn er die Patsche reicht, · Versagt die Schönste den Tanz nicht leicht.
Faunen in Goethe, Faust 5827/28

Eine *Faust* in der Tasche machen (leere Drohungen).
Sprichwörtl. Redensart

Sich ins *Fäustchen* lachen.
Sprichwörtlich

Favete linguis!
(Hütet die Zungen! = Schweigt!)
Horaz, Oden 3, 1, 2

Im *Februar* ist Schnee besser als Kot. Bauernregel

Ein *Fechtbruder* (wandernder Bettler). Sprichwörtl. Redensart

Mit Streichen, nicht mit Worten laß uns *fechten*.
Burgund in Schiller, Die Jungfrau von Orleans 2, 10

Nicht so vieles *Federlesen!* · Laß mich immer nur herein; · Denn ich bin ein Mensch gewesen, · Und das heißt ein Kämpfer sein.
Goethe, Westöstl. Diwan: Buch des Paradieses

Den Vogel erkennt man an den *Federn*. Sprichwort

Sich mit fremden *Federn* schmükken.
Sprichwörtl. Redensart nach Äsop, Fabeln: Die Dohle und die Eule

Die *Federn* der Diplomaten.
Siehe unter *Diplomaten*

Jeder *fege* vor seiner eigenen Tür!
Sprichwort

Sobald das Geld im Kasten klingt, · Die Seele aus dem *Fegfeuer* springt.
Nach Johann Tetzel (1455–1519) in der 27. These Luthers (1517), bei Hans Sachs in seinem Sang »Die Wittenbergisch Nachtigall« (1523) und anderwärts ebenso oder ähnlich

All *Fehd* hat nun ein Ende!
Nik. Decius († 1541), Allein Gott in der Höh sei Ehr

Nimm di nix vör, denn sleiht di nix *fehl!*
Der Konrektor in Reuters Dörchläuchting 4

Eine *Fehlbitte* tun. Nach Mark. 6, 26

Wohl dem, der frei von Schuld und *Fehle* · Bewahrt die kindlich reine Seele!
Schiller, Gedichte: Die Kraniche des Ibykus

Fehlen ist menschlich, vergeben göttlich. Sprichwörtlich

Wie konnt' ich sonst so tapfer schmälen, · Wenn tät ein armes Mägdlein *fehlen!*
Gretchen in Goethe, Faust 3577/78

Einen *Fehler* will meiden der Tor und rennt in den andern.
Horaz, Satiren 1, 2, 24 (Voß)

Niemand wird ohne *Fehler* geboren; der Beste ist der, den die kleinsten drücken.
Horaz, Satiren 1, 3, 68/69

Fremde *Fehler* haben wir vor Augen, unsre liegen uns im Rücken.
Seneca, Vom Zorn 2, 28, 6

Ich weiß, · Aus welchen *Fehlern* unsre Tugend keimt.
Saladin in Lessing, Nathan der Weise 4, 4

Das ist mehr als ein Verbrechen, das ist ein *Fehler.*
(C'est plus qu'un crime, c'est une faute.) Soll Polizeiminister Fouché (oder Talleyrand) nach der Hinrichtung des Herzogs von Enghien (20/21. 3. 1804) durch Napoleon I. gesagt haben. Nach Sainte-Beuve stammt das Wort von Boulay de la Meurthe (1761–1840).

Wer meine *Fehler* überträgt (d. h. erträgt), ist mein Herr, und wenn's mein Diener wäre.
Goethe, Sprüche in Prosa: Maximen und Reflexionen 3

Leblos, · *Fehlerlos.*
(Lifeless, · Faultless.)
Schottisches Sprichwort

Eines *Fehlers* wegen entsagt man keinem Mann.
Das Fräulein in Lessing, Minna von Barnhelm 3, 12

Wer kann merken, wie oft er *fehlet?* Verzeihe mir die verborgenen *Fehle!* Psalm 19, 13

Mir *fehlte* es doch nicht hier (im Kopfe)!
(J'avais pourtant quelque chose là!)
André Chénier auf dem Wege zum Schafott

Ach, des Lebens schönste *Feier* · Endigt auch den Lebensmai.
Schiller, Lied von der Glocke V. 98–99

Mit dem Tode ist's für immer *Feierabend.* Sprichwörtlich

Wenn solche Köpfe *feiern,* · Wieviel Verlust für meinen Staat!
König Philipp II. in Schiller, Don Carlos 3, 10

Der Erde schönster *Feiertag,* · Das ist die heilige Nacht.
Weihnachtslied von K. Schaeffer

Und morgen ist's *Feiertag.*
Das Gewitter, Gedicht von Gustav Schwab (1792–1850)

Auf viele *Feiertage* folgt selten ein guter Werktag.
Joh. Geiler von Kaisersberg (1520)

Wer ist so *feig,* der jetzt noch könnte zagen?
Melchthal in Schiller, Wilhelm Tell 4, 2

Ich mag · Nicht *feig* sein; mag nicht überreden.
Klosterbruder in Lessing, Nathan der Weise 4, 1

Es stirbt der *Feige* oftmals, eh' er stirbt.
Cäsar in Shakespeare, Julius Cäsar 2, 2

Feige Hunde sind mit dem Maul am freisten.
Dauphin in Shakespeare, König Heinrich V. 2, 4

Nur dem *Feigen* ist es Nacht.
Goethe, Gedichte: An die Erwählte

Ein *Feigenblatt* gebrauchen.
Nach 1. Mos. 3, 7

Feigherzige Vorsicht, fahre hin!
Melchthal in Schiller, Wilhelm Tell 1, 4

Es ist nichts so *fein* gesponnen, · Es kommt doch ans Licht der Sonnen.
Sprichwort

So nun deinen *Feind* hungert, so speise ihn, dürstet ihn, so tränke ihn.
Römer 12, 20

Teuer ist mir der Freund, doch auch den *Feind* kann ich nützen: · Zeigt mir den Freund, was ich kann, lehrt mich der Feind, was ich soll.
Schiller, Votivtafeln 32: Freund und Feind

Der alt böse *Feind*, · Mit Ernst er's jetzt meint.
Luther, Ein' feste Burg ist unser Gott

Ein jeder (so gebeut ihm die Natur) · Schreckt seinen *Feind* mit dem, worin er stark ist.
Horaz, Satiren 2, 1, 50/51 (Wieland)

Ein Narr ist, der seinen *Feind* verachtet.
Rollenhagen, Froschmeuseler 1, 1, 4. Kap. 79

Einem fliehenden *Feind* soll man goldene Brücken bauen.
Sprichwort

Ans Herz drück' ich den *Feind*, doch um ihn zu ersticken.
Racine, Britannicus 4, 3

Nie wird der *Feind* zum Freunde, selbst im Tode nicht.
Kreon in Sophokles, Antigone 522 (Donner)

Nützlich ist uns oft ein *Feind*: · Er dient, wenn er zu schaden meint.
Lichtwer, Fabeln 4, 28: Die Nachbarn

Oft ist der Mensch selbst sein größter *Feind*.
Cicero, ad Attic. 10, 12

Je mehr *Feind'*, je mehr Glück.
Georg von Frundsberg bei Zinkgref. Apophth. 1, S. 134

Viel *Feind'*, viel Ehr'!
Sprichwort

Recht ist's, auch vom *Feinde* zu lernen.
Ovid, Metamorphosen 4, 428

Feinde ringsum!
Karl Gottl. Cramer (1758–1817), Kriegslied (aus dem Roman »Hermann von Nordenschild« genannt Unstern, 1792)

List oder Kraft – was wäre *Feinden* nicht erlaubt?
Schiller, Die Zerstörung von Troja. Nach Vergil, Äneis 2, 390

Dich kann mein Mund nicht glücklich sprechen, · Solang des *Feindes* Auge wacht.
Schiller, Der Ring des Polykrates

Der Mann muß hinaus · Ins *feindliche* Leben.
Schiller, Lied von der Glocke V. 106–107

Von *feindlichen* Brüdern
reden wir nach dem Untertitel von Schillers Braut von Messina (1803)

Und ich will *Feindschaft* setzen zwischen dir und dem Weibe, und zwischen deinem Samen und ihrem Samen.
1. Mos. 3, 15

Dadrum keene *Feindschaft* nich!
Hähnchen in Angely, Fest der Handwerker (1830)

Wir denken *feiner*, reden feiner und – faseln feiner.
Lichtenberg, Über Physiognomik (Einl. zur 2. Aufl.)

Ein *feiner* Plan! Fein zugespitzt! Nur schade, · Zu fein geschärfet, daß die Spitze brach.
Burleigh in Schiller, Maria Stuart 4, 3

Was hab' ich denn meinem *Feinsliebchen* getan? · Es geht ja vorüber und schaut mich nicht an.
Untreue, schwäb. Volkslied

Wie Vollmond glänzte sein *feistes* Gesicht.
Bürger, Der Kaiser und der Abt

Nicht jedes *Feld* trägt jede Frucht.
Sprichwörtlich

Das *Feld* muß er behalten.
Luther: Ein' feste Burg (1521)

Das *Feld* behalten, gewinnen oder behaupten. Sprichwörtl. Redensart

Steh' ich im *Feld*, · Mein ist die Welt! Siehe unter *Musketier*

Das liegt noch in weitem *Felde*.
Sprichwörtl. Redensart

Ach, Luise, laß ... das ist ein zu weites *Feld*.
Der alte Briest in Th. Fontane, Effi Briest, 36. Kap.

Feldeinwärts flog ein Vögelein.
Herbstlied v. L. Tieck (1796)

So ist's, mein *Feldherr!*
Zweiter Kürassier in Schiller, Wallensteins Tod 3, 15

Der *Feldherr* wie der Fürst bedarf ein Herz von Erz.
Anastasius Grün, Gedichte: Bei Radetzkys Bestattung

Felix, heu nimium felix!
(Glücklich, ach, nur allzu glücklich!)
Vergil, Äneis 4, 657

Felix, qui potuit rerum cognoscere causas.
(Glücklich, wer die Ursachen der Dinge zu erkennen vermochte.)
Vergil, Georgica 2, 490

Felix, qui quod amat, defendere fortiter audet.
(Glücklich, wer, was er liebt, voll Mut zu verteidigen wagt.) Ovid, Amores 2, 5, 9

Felix Austria, nube!
Siehe unter *Bella*

Einem das *Fell* über die Ohren ziehen. Sprichwörtlich

Sich aus fremdem *Felle* Riemen schneiden. Sprichwörtlich

Vom *Fels* zum Meer!
Devise des preußischen Hausordens von Hohenzollern

Où est la *femme?* Siehe unter *Cherchez*

Blickte stundenlang, · Nach dem *Fenster* seiner Lieben, · Bis das Fenster klang.
Schiller, Gedichte: Ritter Toggenburg

Die *Fenster* auf! Die Herzen auf! Geschwinde!
Wilh. Müller, Frühlingseinzug (1815)

In den öden *Fensterhöhlen* · Wohnt das Grauen.
Schiller, Lied von der Glocke V. 214–215

Von *fern* her kommen wir gezogen · Und flehen um ein wirtlich Dach.
Schiller, Die Kraniche des Ibykus

Deswegen · Vergönn' ich Ihnen zehen Jahre Zeit, · *Fern* von Madrid darüber nachzudenken.
König Philipp II. in Schiller, Don Carlos 1, 6

Fern im Süd das schöne Spanien.
Geibel, Gedichte: Der Zigeunerbube

Keine *Ferne* darf uns kränken, · Denn uns hält ein treu Gedenken.
Geibel, Ada, Tagebuchblätter

Warum in die *Ferne* schweifen?
Siehe unter *Glück* (Goethe)

Die Gedanken jemandes von *ferne* verstehen. Nach Psalm 139, 2

Das sei *ferne* von mir!
Nach 1. Mos. 44, 17
S. auch 1. Mos. 18, 25; Joh. 24, 16

Gehe nie zu deinem *Ferscht* (Fürst), · Wenn du nicht gerufen werscht.
Ulk 1898 Nr. 31

Derselbe soll dir den Kopf zertreten, und du wirst ihn in die *Ferse* stechen.
Nach 1. Mos. 3, 15 (Anfang dieses Spruches siehe unter *Feindschaft*)

Wenn auf die *Fersen* nun der Fuß des holden Maien · Dem lahmen Winter tritt.
Capulet in Shakespeare, Romeo und Julia 1, 2

Fersengeld geben.

Bei Blumauer »Äneis« Strophe 1, aber »Aus Troja nahm er's Fersengeld«.
Alte Redensart für fliehen

Wer *fertig* ist, dem ist nichts recht zu machen; · Ein Werdender wird immer dankbar sein.

Lustige Person in Goethe, Faust 182/83

Ist das *Fest* vorbei – so lacht man des Heiligen. Italienisches Sprichwort

Kein tolleres Versehen kann sein, · Gibst einem ein *Fest* und lädst ihn nicht ein.

Goethe, Sprüche in Reimen: Sprichwörtlich

Fest gemauert in der Erden.

Schiller, Die Glocke V. 1

Du bist noch nicht der Mann, den Teufel *fest*zuhalten!

Mephistopheles in Goethe, Faust 1509

Es steht nichts *fest* auf Erden.

Tell in Schiller, Wilhelm Tell 4, 3

Drum haltet *fest* zusammen – fest und ewig.

Attinghausen in Schiller, Wilhelm Tell 4, 2

Ist es nicht ein wahres Himmelsgebäude, unsere Liebe – aber auch so *fest* wie die *Feste* des Himmels!

Beethoven an seine Unsterbliche Geliebte, 6./7. Juli 1801

Die *Feste* verkündigt seiner Hände Werk. Psalm 19, 2

(Vgl. *Himmel* bei Gellert und Beethoven)

Man muß die *Feste* feiern, wie sie fallen.

Sprichwörtl. Redensart. Büchmann (Hg. von Diener-Falkenberg) S. 212 leitet die Redensart von dem gleichlautenden Zitat aus Hermann Salingers Posse »Graupenmüller« (1865) ab.

Saure Wochen, frohe *Feste!*

Siehe Tages *Arbeit*

Festina lente!

(Eile mit Weile!)
Nach Sueton Lieblingswort des Kaisers Augustus († 14 n. Chr.)

Geputzt wie ein *Festochse* (auch Pfingstochse).

Sprichwörtlich nach den Umzügen der Schlächterinnung zu Pfingsten

Festtage sind Freßtage!

Sprichwörtl. Redensart

Post *festum* (*Κατόπιν ἑορτῆς*)

(Nach dem Fest, d. h. zu spät.)
Plato, Gorgias 1

Mit Gold ist jede *Festung* zu erobern. Alter Ausspruch

Fett schwimmt oben. Sprichwort

Fette Jahre und magere Jahre.

Nach 1. Mos. 41 (Pharaos Traum)

Wär' er nur *fetter!*

Cäsar in Shakespeare, Cäsar 1, 2

Ein *fettes* Kalb schlachten.

Siehe unter *Kalb*

Ins *Fettnäpfchen* treten (Anstoß erregen). Volksmund

Mancher ist noch *feucht* hinter den Ohren. Sprichwörtlich

Der genius loci Heidelbergs ist *feucht.*

Aus Scheffels Gaudeamus (1867). Widmung

Feuchtfröhlich.

Redensart aus Scheffels Lied auf Perkeo
Feudalismus siehe unter *Tendenz*

Kein *Feuer,* keine Kohle kann brennen so heiß · Als heimliche Liebe, von der niemand nichts weiß. Volkslied (um 1790)

Vom *Feuer* Feuer.

(Ab igne ignem.)
Cicero, De officiis 1, 16, 32

Feuer soll man nicht in Papier einhüllen. Chinesisches Sprichwort

Aus *Feuer* ward der Geist geschaffen, · Drum schenkt mir süßes Feuer ein!

E. M. Arndt, Das Feuerlied 1817

Anbete du das *Feuer* hundert Jahr'; · Dann fall hinein, dich frißt's mit Haut und Haar.

Goethe, Zahme Xenien 6

Denn seit das *Feuer* mir · So nahe kam, dünkt mich im Wasser sterben · Erquickung, Labsal, Rettung.

Recha in Lessing, Nathan der Weise 1, 2

Von *Feuereifer* reden wir nach
Hebr. 10, 27 (vgl. auch Psalm 79, 5)

So leuchten echte *Feuerherzen* · Am hellsten in der Nacht der Schmerzen.
Anastasius Grün, Pfaff vom Kahlenberg: Vorspiel

Wohltätig ist des *Feuers* Macht, · Wenn sie der Mensch bezähmt, bewacht.
Schiller, Lied von der Glocke V. 155–156

Eine *Feuertaufe*. Nach Matth. 3, 11

Während ein *Feuerwerk* abgebrannt wird, sieht niemand nach dem gestirnten Himmel.
Marie v. Ebner-Eschenbach, Aphorismen (1893)

Feuerzauber
aus Richard Wagners Walküre (1863)

Das *Feuilleton* ist die Unsterblichkeit eines Tages. Ludwig Speidel

Feurige Kohlen aufs Haupt sammeln! Nach Römer 12, 20

Fiat justitia et pereat mundus!
(Gerechtigkeit werde geübt, und sollte die Welt dabei zugrunde gehen!)
Wahlspruch Kaiser Ferdinands I., † 1564

Ein *Fichtenbaum* steht einsam · Im Norden auf kahler Höh'.
H. Heine, Lyrisches Intermezzo

Nehmet Holz vom *Fichtenstamme!*
Schiller, Lied von der Glocke V. 21

Und von ihrer Äxte Schlägen · Krachend stürzt der *Fichtenwald*.
Schiller, Das eleusische Fest V. 151/52

Fideles Gefängnis.
Siehe unter *Gefängnis*

Mich dünkt, die Alte spricht im *Fieber*. Faust in Goethe, Faust 2553

Das *Fiedeln*, Schreien, Kegelschieben · Ist mir ein gar verhaßter Klang. Wagner in Goethe, Faust 945/46

Keinen Reimer wird man finden, · Der sich nicht den besten hielte, · Keinen *Fiedler*, der nicht lieber · Eigne Melodien spielte.
Goethe, Westöstl. Diwan: Buch des Unmuts

Er macht eine gute (oder schlechte) *Figur*. Sprichwörtl. Redensart

Au demeurant le meilleur *fils* du monde.
(Sonst der beste Kerl von der Welt.)
Clément Marot (1531), vgl. Näheres unter *Kerl*

Fin-de-siècle.
(Jahrhundertende.)
Titel eines Lustspiels von F. de Jouvenot und H. Micard (1888)

Suchet, so werdet ihr *finden*.
Matth. 7, 7 u. Lukas 11, 9

Der Blick des Forschers fand · Nicht selten mehr, als er zu *finden* wünschte.
Tempelherr in Lessing, Nathan der Weise 2, 7

Man findet oftmals mehr, als man zu finden glaubt.
Corneille, Le Menteur 4, 1

Quidquid agis, prudenter agas et respice *finem*.
(Was du auch tust, tue es klug und bedenke das Ende.)
Verfasser unbekannt; Anklänge bei Äsop und Herodot.

Das ist der *Finger* Gottes.
2. Mos. 8, 19

Durch die *Finger* sehen
als Ausdruck der Nachsicht. 3. Mos. 20, 4

Lange *Finger* machen (stehlen).
Etwas aus den *Fingern* saugen.
Mit *Fingern* auf jemand zeigen.
Sprichwörtl. Redensarten

Wie ist es doch schön, wenn die *Finger* auf dich weisen und alles spricht: der ist es.
(At pulchrum est digito monstrari et diceri: hic est.) Persius, Satirae 1, 28

Finis Poloniae!
(Das Ende Polens!)
Angeblich Ausruf Kosciuszkos bei Maciejowice am 10. Oktober 1794, als er in Gefangenschaft geriet; von Kosciuszko in

einem Briefe an Graf Louis Philippe de Ségur vom 12. November 1803 in Abrede gestellt

Die Macht der *Finsternis.*

Nach Luk. 22, 53. Deutscher Titel von Tolstois Tragödie Vlast' t'my (1887)

Wer aber seinen Bruder hasset, der ist in *Finsternis* und wandelt in Finsternis und weiß nicht, wo er hingeht; denn die Finsternis hat seine Augen verblendet.

1. Johannis 2, 11

Ägyptische *Finsternis.*

Nach 2. Mos. 10, 22

Ich bin ein Teil des Teils, der anfangs alles war, · Ein Teil der *Finsternis,* die sich das Licht gebar.

Mephistopheles in Goethe, Faust 1349/50

Und seiner Hände Werk · Zeigt uns das *Firmament.* Haydn, Die Schöpfung

Der *Fisch* will dreimal schwimmen, · In Wasser, Schmalz und Wein.

Alter Spruch

Äß' lieber selbst 'nen guten *Fisch,* · Statt daß mich *Fische* fressen.

Uhland, König Karls Meerfahrt

Die Hindus der Wüste geloben, keine *Fische* zu essen.

Goethe, Maximen u. Reflexionen 2

Frische *Fische,* gute Fische.

Sprichwörtl. Redensart

Faule *Fische.*

(Vorspiegelungen; vgl. Matth. 13, 48.)
Redensart

Fische wollen schwimmen.

Nach Petronius, s. unter *Pisces*

Wer *fischen* will, scheue kein Wasser! Voß, Luise, 1. Gesang

Im trüben *fischen.* Sprichwörtlich

Fischerin, du kleine, · Schiffe nicht alleine · In das große Meer.

Wilh. Müller, Gedichte: Das flotte Herz (seinerzeit populär geworden durch Ludolf Waldmanns Gassenhauer, der diese Verse als Refrain benutzte, wo es heißt: Fahre nicht alleine, · Fahre nicht bei Sturmesbraus · Auf das wilde Meer hinaus!)

Du schönes *Fischermädchen,* · Treibe den Kahn ans Land.

H. Heine, Die Heimkehr 8

Ach, wüßtest du, wie's *Fischlein* ist · So wohlig auf dem Grund.

Goethe, Balladen: Der Fischer (1778)

Petri *Fischzug.*

Luk. 5, 1–11. Biblisch und sprichwörtlich

Fisimatenten (Ausflüchte oder Flausen) machen.

Alte Redensart (entstellt aus dem mittelniederdeutschen Wort visepetent = Albernheit).

O sage mir, · Wie heißt das Tier, · Das vieles kann vertragen, · Das wohl den größten Rachen hat · Und auch den größten Magen? . . . · Es heißet Haifisch auf dem Meer · Und *Fiskus* auf dem Lande.

Hoffmann v. Fallersleben, Naturwunder

In der *Fixigkeit* war ich dir über (nämlich beim Rechnen), aber in der Richtigkeit warst du mir über.

Entspekter Bräsig in Fritz Reuter, Ut mine Stromtid, Kap. 3

Fixigkeit ist keine Hexerei.

Redensart

Flachs bei Feuer · Ist nicht geheuer.
Wie der *Flachs,* so das Garn.

Sprichwörter

Flachsmann als Erzieher.

Titel eines Lustspiels von Otto Ernst

Stolz weht die *Flagge* Schwarz-Weiß-Rot · Von unsres Schiffes Mast.

Ehemaliges deutsches Flaggenlied von Robert Linderer, komp. von Richard Thiele

In *flagranti.*

(Auf frischer Tat.)
Codex Justin. (529 n. Chr.)

Keine *Flamme* ohne Rauch.

Sprichwort

Flamme empor!

Christ. Nonne, Verm. Gedichte u. Parabeln: Beim Feuer (1814), Mel.: Feinde ringsum von K. L. T. Gläser (1792)

Bist mit dem Teufel du und du, · Und willst dich vor der *Flamme* scheuen?
Mephistopheles in Goethe, Faust 2585/86

Lodernde *Flammen* schlagen zum Himmel!
Azucena in Verdis Oper: Der Troubadour 2 (1853).

Keine Gaukelkunst berückt · Das *Flammenauge*, das ins Innre blickt!
Melvil in Schiller, Maria Stuart 5, 7

Lebe wohl, mein *flandrisch* Mädchen!
Marquis von Châteauneuf in Lortzing, Zar und Zimmermann 2, 9

Nachbarin! Euer *Fläschchen!*
Margarete in Goethe, Faust 3834

Ich und mein *Fläschchen* sind immer beisammen.
Langbein, Der Zecher (1810)

Jede *Flasche* findet ihren Stöpsel.
Sprichwort

Das Herz auf dem rechten *Fleck* tragen. Sprichwörtl. Redensart

Was die Welt wirklich vom *Fleck* gebracht, · Hat immer nur einer für sich gemacht.
Cäsar-Flaischlen-Gedenkbuch, 27. Jan.

Flectere si nequeo superos, Acheronta movebo.
(Wenn ich die Götter nicht beugen kann, werde ich den Acheron bewegen.)
Vergil, Äneis 7, 312

Heraus mit Eurem *Flederwisch!* · Nur zugestoßen! Ich pariere.
Mephistopheles in Goethe, Faust 3706/07

Zum *Flegel* gehört der Schlegel.
Sprichwort

Die *Flegeljahre*
(die ersten Jünglingsjahre).
Nach dem bekannten Roman Jean Pauls, das Wort ist aber älteren Ursprungs.

Dort vergiß leises *Flehn*, süßes Wimmern.
Aus Mozarts Oper Figaros Hochzeit 1, 10

O *Fleisch*, Fleisch! wie bist du verfischt worden.
Mercutio in Shakespeare, Romeo und Julia 2, 4

Mann und Frau sind ein *Fleisch.*
Nach 1. Mos. 2, 23 u. Matth. 19, 5

Der Geist ist willig, aber das *Fleisch* ist schwach. Matth. 26, 41

Wer mein *Fleisch* isset und trinket mein Blut, der hat das ewige Leben.
Joh. 6, 54

Fleisch und Blut. Nach 1. Mos. 37, 27

Fleisch von meinem Fleisch und Bein von meinem Bein.
Nach 1. Mos. 2, 23

Nicht *Fleisch*, nicht Fisch.
(Weder das eine noch das andre, d. h. nichts Rechtes.)

O schmölze doch dies allzu feste *Fleisch!*
(O! that this too too solid flesh would melt!)
Hamlet in Shakespeare, Hamlet 1, 2

Wo das *Fleisch* verliert, · Wird der Geist geziert. Abraham a Santa Clara

Das *Fleisch* hat seinen eignen Geist.
F. Wedekind, Feuerwerk: Über Erotik

Den Weg alles *Fleisches* gehen (für sterben). Nach 1. Mos. 6, 12/13

Sich nach den *Fleischtöpfen* Ägyptens sehnen.
Nach 2. Mos. 16, 3 (vgl. 4. Mos. 11)

Der *Fleiß* verjagt, · Was Faule plagt. Abraham a Santa Clara

Im *Fleiß* kann dich die Biene meistern. Schiller, Gedichte: Die Künstler

Seines *Fleißes* darf sich jedermann rühmen.
Lessing, Hamb. Dramaturgie 101/04

Was da *fleugt* und kreucht
(später: was da kreucht und *fleugt*). Aus Walters Schützenlied in Schiller, Wilh. Tell 3, 1 (nach 1. Mos. 1, 26)

Wie duftet doch der *Flieder* · So mild, so stark und voll!

Hans Sachs in R. Wagner, Meistersinger von Nürnberg 2

Wenn der weiße *Flieder* wieder blüht.

Refrainanfang eines Schlagerliedes der zwanziger Jahre

Die *Fliege*, die nicht geklappt sein will, setzt sich am sichersten auf die Klappe selbst.

Lichtenberg, Bemerkungen vermischten Inhalts

Tausend *Fliegen* hatt' ich am Abend erschlagen; · Doch weckte mich eine beim frühsten Tagen.

Goethe: Sprichwörtlich

Mancher will *fliegen*, eh' er Federn hat. Sprichwort

Gib den Winden · Ein frisch, ein *fliegend* Blatt; · Es wird den Weg schon finden, · Den es zu *fliegen* hat! Freiligrath, Baurede für Rolandseck

Es *fliehen* nicht alle, die den Rükken wenden!

Christoph Lehmann, Polit. Blumengarten (1662) 1, Flucht Nr. 17

Mich *fliehen* alle Freuden.

Duett aus der Oper La Molinara von Paisiello, bekannt geworden durch Beethovens Variationen darüber

Wer *flieht*, kann später wohl noch siegen! · Ein toter Mann bleibt ewig liegen.

Samuel Butler, Hudibras 3, 3, 243

Alles *fließt* (*πάντα ῥεῖ*).

Hauptsatz des griech. Philosophen Heraklit (535–475). Doch stammt der Ausspruch in dieser Form nicht von ihm. Plato (Cratyl. 402A) und der sog. Pseudohippokrates (de victu I) überliefern als ein Wort Heraklits: *χωρεῖ πάντα* (alles ist in Bewegung).

Die *Flinte* ins Korn werfen.

Sprichwörtl. Redensart

Die *Flinte* kennt ihren Herrn nicht.

Sprichwort

Nach den *Flitterwochen* · Kommen die Zitterwochen. Sprichwort

Jemand einen *Floh* ins Ohr setzen.

Sprichwörtl. Redensart

Die *Flöhe* husten hören.

Sprichwörtlich von einem Überklugen gesagt

Wer mit Hunden zu Bett geht, steht mit *Flöhen* auf. Sprichwort

Der *Florian* (4. Mai) · Noch einen Schneehut setzen kann. Bauernregel

Flötengehen (verlorengehen).

Sprichwort. Umdeutschung des jiddischen pleite (Flucht) gehen.
(Vgl. Heyne, Deutsches Wörterbuch.)

Unglückselges *Flötenspiel!*

Ferdinand in Schiller, Kabale und Liebe 5, 3

Dir werde ich die *Flötentöne* schon beibringen! Redensart

Flott will ich leben und müßig gehn, · Alle Tage was Neues sehn.

Erster Jäger in Schiller, Wallensteins Lager V. 242

Sie kömmt – sie kömmt, des Mittags stolze *Flotte*.

Schiller, Gedichte: Die unüberwindliche Flotte

Das eben ist der *Fluch* der bösen Tat, · Daß sie, fortzeugend, immer Böses muß gebären.

Oktavio in Schiller, Die Piccolomini 5, 1

Versunken und vergessen! Das ist des Sängers *Fluch*.

Uhland, Des Sängers Fluch

Ist denn das Weib des Mannes ewger *Fluch?*

Judith in Gutzkow, Uriel Acosta 3, 7

Der *Fluch* fällt zurück auf den *Flucher*. Sprichwörtlich

Segnet, die euch *fluchen!*

Matth. 5, 44

Wie der alte Schiffer *flucht*, so flucht sein Sohn.

Abraham a Santa Clara

Sucht den ruhenden Pol in der Erscheinungen *Flucht.*
Schiller, Gedichte: Der Spaziergang V. 134

Flucht in die Öffentlichkeit.
Seit 1896 eine nach einem ähnlichen Ausdrucke des Staatssekretärs Marschall von Bieberstein vielgebrauchte Redensart.

Flüchtig leb' ich durchs Gedicht, · Durch des Arztes Kunst nur flüchtig; · Nur wenn man von Geistern spricht, · Denkt man mein noch und schimpft tüchtig!
Just. Kerner, Prognostikon

Das schrecklichste ist das: der *Flüchtling* darf · Nicht offen reden, wie er gerne möchte.
Polynices in Schiller, Szenen aus den Phönizierinnen des Euripides 376/77

Ich wollt', mir wüchsen *Flügel.*
Scheffels Wanderlied (1867)

Als ich noch im *Flügelkleide* · In die Mädchenschule ging, · Oh, wie hüpft' ich da vor Freude, · Wenn mich Lina froh empfing!
Lied aus dem 18. Jh., nach Mozarts Menuett aus dem Don Juan gesungen

Ach, zu des Geistes *Flügeln* wird so leicht · Kein körperlicher *Flügel* sich gesellen.
Faust in Goethe, Faust 1090/91

Auf *Flügeln* des Gesanges, · Herzliebchen, trag' ich dich fort.
H. Heine, Lyr. Interm. 9

In lächerlichem Zuge · Erblickt man Ochs und *Flügelpferd* am Pfluge ... · Phöbus' stolzes Roß muß sich dem Stier bequemen.
Schiller, Gedichte: Pegasus im Joche

Raum, ihr Herrn, dem *Flügelschlag* · Einer freien Seele!
Herwegh, Aus den Bergen

Das Schönste sucht er auf den *Fluren,* · Womit er seine Liebe schmückt.
Schiller, Lied von der Glocke V. 72–73

Es läuft kein *Fluß* den Berg hinan.
Sprichwort

Ein *Fluß* schwillt nicht an, ohne trübe zu werden. Franz. Sprichwort

Wenn der *Fluß* überschritten, ist der Heilige vergessen (den man vorher angerufen hat). Sprichwort

Alle *Flüsse* laufen ins Meer.
Sprichwort

Flut auf Fluten. Siehe unter *Geschichte*

Die hohe *Flut* ist's, die das schwere Schiff · Vom Strande hebt.
Illo in Schiller, Piccolomini 2, 6

Die wildesten *Fohlen* werden die besten Pferde. Sprichwort

Der ungeheuerste *Foliant* · Hat wie der dickste Kerl zuweilen noch Verstand. Hagedorn, Gedichte 1, 90

Lang schon auf die *Folter* spannten · Dich die alten *Folianten.*
Platen, Einladung in Schlichtegroll

Spanne mich nicht auf die *Folter!*
Sprichwörtl. Redensart

Food for powder.
(Kanonenfutter.)
Falstaff in Shakespeare, Heinrich IV. 1. Teil 4, 2

Fool of fortune.
(Narr des Glückes.)
Lear in Shakespeare, König Lear, 4, 6. Vgl. Timon von Athen 3, 6; Romeo und Julia 3, 1.
(Fortune's fool.)

Der wackre Schwabe *forcht* sich nit.
Uhland, Schwäbische Kunde

Wer viel *fordert,* bekommt viel.
Wer zuviel *fordert,* bekommt nichts.
Sprichwörter

Was aber ist deine Pflicht? Die *Forderung* des Tages.
Goethe, Maximen u. Reflexionen 1

Fordre niemand mein Schicksal zu hören!
K. v. Holtei, Liederspiel: Der alte Feldherr. Vgl. Th. Fontane, Stine 5. Kap.

Nichts beschränkt die freie Dichterkraft; · Doch Schönres find' ich nichts, wie lang ich wähle, · Als in der schönen *Form* – die schöne Seele.

Poesie in Schiller, Die Huldigung der Künste

Die Gesellschaft sucht nur die *Form*, nicht die *Formel* des Menschen. Moritz Goldschmidt

Nicht von dieser Welt sind diese *Formen*.

Mortimer in Schiller, Maria Stuart 1, 6

Forsan et haec olim meminisse juvabit.

(Einst wird auch dies vielleicht zur Erinnerungsfreude.)
Vergil, Äneis 1, 203; vgl. Homer, Odyssee 12, 212

Durch *Forschen* nur · Gewinnt man Vorsicht und Bedacht in allem Tun.

Sophokles, Ödipus auf Kolonos 115/16 (Donner)

Der Blick des *Forschers* fand · Nicht selten mehr, als er zu finden wünschte.

Tempelherr in Lessing, Nathan der Weise 2, 7

Ich schieß' den Hirsch im wilden *Forst*, · Im tiefen Wald das Reh.

Franz von Schober, Jägers Liebeslied, Siebenbürgisches Volkslied (1826), Melodie von Franz Schubert

Fort comme la mort.

(Stark wie der Tod; nach Hohelied 8, 6.)
Titel eines Romans von Guy de Maupassant (1889)

Fort ist fort, und was einmal · Dir ein Mächtiger nimmt, das hast du besessen. Goethe, Reineke Fuchs 8

Mach deine Rechnung mit dem Himmel, Vogt, · *Fort* mußt du, deine Uhr ist abgelaufen.

Tell in Schiller, Wilhelm Tell 4, 3

Fort eil' ich, nicht mit dir zu sterben. Siehe unter *Verderben*

Fortes fortuna adjuvat.

(Die Tapfren fördert das Glück.)
Antiphon in Terenz, Phormio 1, 4; vgl. Gertrud in Schiller, Wilhelm Tell 1, 2: Dem Mutigen hilft Gott!

Fortiter in re, suaviter in modo.

(Stark in der Tat, milde in der Art.)
Jesuitengeneral Aquaviva, † 1615

Ich glaube an den *Fortschritt*, ich glaube, die Menschheit ist zur Glückseligkeit bestimmt.

Heine, Deutschland 1: 1. Buch: Deutschland bis Luther

Der *Fortschritt* (im Parteisinne) ist, um landwirtschaftlich zu sprechen, eine sehr gute Vorfrucht des Sozialismus, als Bodenbereiter; er gedeiht dann vorzüglich!

Bismarck, am 9. Okt. 1878

Ich glaube, es ist eine weltbekannte Sache, daß in Berlin der *Fortschritt* regiert, ein *fortschrittlicher* Ring die Stadt beherrscht, der gar nicht zu durchbrechen ist.

Bismarck im Deutschen Reichstage am 4. März 1881

Fortuna caeca est.

(Das Glück ist blind.)
Stat. silv. 2, 6, 8. ähnl.: Cicero Lael. 25, 54: *Fortuna* non solum ipsa caeca est, sed eos etiam plerumque efficit caecos, quos complexa est.

Fortuna vitrea est, tum quum splendet, frangitur.

(Glück und Glas, wie bald bricht das.)
Publilius Syrus, Sent. 17

Fortuna lächelt, doch sie mag · Nur ungern voll beglücken: · Schenkt sie uns einen Sommertag, · So schenkt sie uns auch Mücken.

Wilhelm Busch in dem »Dank« bei Gelegenheit seines 70. Geburtstages

Dem Greifenden ist meist *Fortuna* hold. Greif in Goethe, Faust 7103

Wir sind nicht der Knopf auf *Fortunas* Mütze.

(On Fortune's cap we are not the very button!)
Güldenstern in Shakespeare, Hamlet 2, 2

La *Fortune* siehe unter *Corriger*

O *frage* nicht!
Rob. Prutz, Gedicht: Frage nicht

Am vielen *Fragen* erkennt man den Narren.

Fragen macht klug. Sprichwörter

Fragst du viel, so bist du schlecht beraten.
Goethe, Maskenzug russischer Nationen: Brautlied

Wer viel *fragt*, geht viel irre.
Sprichwort

Du kommst in so *fragwürdiger* Gestalt.
(In such a questionable shape.)
Hamlet in Shakespeare, Hamlet 1, 4

Frailty, thy name is woman!
(Schwachheit [oder Gebrechlichkeit], dein Nam' ist Weib!)
Hamlet in Shakespeare, Hamlet 1, 2 (vgl. unter *Gebrechlichkeit* u. *Schwachheit*)

Wohl taugt ihr, mit dem Schwerte dreinzuschlagen, · Der *Franke* nur weiß Zierliches zu sagen.
Isabeau in Schiller, Jungfrau von Orleans 2, 2

Frankfurt, die hochgelobte Stadt!
Wunderhorn

Frankreich marschiert an der Spitze der Zivilisation.
(La France marche à la tête de la civilisation.)
Aus der Proklamation des Königs Ludwig XVIII. vom 25. Okt. 1820. Wiederholt von Guizot in seiner »Histoire générale de la civilisation en Europe« (1928).

Zwischen *Frankreich* und dem Böhmerwald, · Da wachsen unsre Reben.
Lied von Hoffmann v. Fallersleben (1824)

Er lebt wie Gott in *Frankreich* (hat's sehr gut). Sprichwörtl. Redensart

Frankreich und England, deren Küsten selbst · Vor Neid erblassen bei des andern Glück ...
(France and England whose very shores look pale · With envy of each other's happiness.)
König Karl in Shakespeare, König Heinrich V. 5, 2

Zu Schiff nach *Frankreich*
Siehe unter *entschuldigen*

Frankreichs Politik ist zu Zeiten nicht sehr wählerisch in ihren Mitteln gewesen!
Bismarck 1890 in Poschingers Tischgesprächen 2, 307 u. 361

Auf, *Frankreichs* Volk! Auf, Volk der Braven! · Die Freiheit öffnet ihren Arm!
Die Parisienne (Volksgesang der Franzosen von 1830)

Franz heißt die Canaille?
Schweizer in Schiller, Räuber 1, 2

Und auch du, *Franz*?
Schiller, Die Schlacht

Ein echter deutscher Mann mag keinen *Franzen* leiden, · Doch ihre Weine trinkt er gern.
Brander in Goethe, Faust 2272/73

Zieh deiner Augen *Fransenvorhang* auf! Prospero in Shakespeare, Sturm 1, 2

Französisch Kauderwelsch verstehn wir nicht.
Herzogin in Shakespeare, König Richard II., 5, 2

Es kämpfe jeder seine Schlacht allein; · Denn ewig bleibt es wahr: *Französisch* Blut · Und englisch kann sich redlich nie vermischen.
Lionel in Schiller, Die Jungfrau von Orleans 2, 1

Jeder *französische* Soldat trägt den Marschallstab in seinem Tornister.
Siehe unter *Marschallstab*

Par nobile *fratrum*.
Siehe unter *Brüderpaar*

Wenn ein kluger Mann der *Frau* befiehlt, · Dann sei es um ein Großes gespielt; · Will die Frau dem Mann befehlen, · So muß sie das Große im Kleinen wählen.
Goethe, Sprichwörtlich

Mit Bitten herrscht die *Frau* und mit Befehl der Mann: · Die eine,

wenn sie will, der andere, wenn er kann.
Joh. Christian Rost, Das Vorspiel (gegen Gottsched gerichtet), 1. Abschn.

Eine dumme, einfältige *Frau* ist ein Segen des Himmels.
(Une sotte bête femme est une bénédiction du ciel.) Voltaire

Die *Frau* von dreißig Jahren.
(La femme de trente ans.)
Titel eines Romans von Honoré de Balzac (1799–1850)

Eine *Frau* ohne Bedeutung.
(A woman of no importance.)
Titel eines Theaterstücks von Oskar Wilde (1893)

Die *Frau* ist ein menschliches Wesen, das sich anzieht, schwatzt und sich auszieht. Voltaire

Eine *Frau*, ein Gewehr und einen Gaul darf man nicht ausleihen.
Persisches Sprichwort

Eine böse *Frau* macht dem Manne das Haus zur Hölle. Sprichwort

Die beste *Frau* ist die, von der man am wenigsten spricht.
Nach Thukydides 2, 45

Das ist gewiß! Die Magd, wo sie wird *Frau* im Haus, · Die schicket ihre Mägd' im ärgsten Regen aus.
Rückert, Weisheit des Brahmanen 16 (3), Nr. 37

Die *Frau* ist der wahre Gral.
Auguste Rodin, Die Kathedralen Frankreichs

Ich glaube, daß durch das Gefühl dem Geist einer *Frau* alles offenbar wird; nur bleibt es oft nicht darin haften.
Maupassant, Unser Herz, 1. Teil I

Ich bin eine anständge *Frau*.
Aus der Operette Die Lustige Witwe von Franz Lehár

Frau Sorge.
Titel eines Werkes von Hermann Sudermann

Willst du genau erfahren, was sich ziemt, · So frage nur bei edlen *Frauen* an.
Prinzessin in Goethe, Torquato Tasso 2, 1

Viel Kluges kam doch schon von *Frauen*.
Theseus in Euripides, Die Schutzflehenden 302

Tausend *Frauen* wiegt das Leben eines einzigen Mannes auf.
Iphigenie in Euripides, Iphigenie in Aulis 5, 5 (Minckwitz)

Weich und tränensüchtig ist der *Frauen* Herz.
Medea in Euripides, Medea 928

Frauen sind zu Tränen gar geneigt.
Aias in Sophokles, Aias 580 (Donner)

Mit *Frauen* soll man sich nie unterstehn zu scherzen.
Mephistopheles in Goethe, Faust 3160

Die reinen *Frauen* stehn im Leben · Wie Rosen in dem dunklen Laub.
Julius Rodenberg, Die reinen Frauen

Der *Frauen* Liebe nährt das Kind; · Den Knaben ziehn am besten Männer. Evadne in Goethe, Elpenor 1, 2

Ehret die *Frauen!* Sie flechten und weben · Himmlische Rosen ins irdische Leben, · Flechten der Liebe beglückendes Band.
Schiller, Gedichte: Würde der Frauen

Die *Frauen* sind silberne Schalen, in die wir goldene Äpfel legen.
Eckermann, Gespräche mit Goethe, den 22. Oktober 1828

Man kann nicht hoch genug von den *Frauen* denken, aber deshalb braucht man noch nicht falsch von ihnen zu denken.
Friedrich Nietzsche Nachlaß, 14. Bd., S. 235

Du gehst zu *Frauen?* Vergiß die Peitsche nicht! Siehe unter *Peitsche*

Frauen kommen, um zu sehen und um gesehen zu werden.
(Spectatum veniunt, veniunt spectentur ut ipsae.) Ovid, Liebeskunst 1, 99

Das ist die Art der *Frauen:* bis sie mit ihrem Putz in Gang kommen und fertig werden, dauert's ein Jahr.
Klitipho in Terenz. Heautontimorumenos 2, 1, 1/11

Oh, welch ein Wunder hat unser Herrgott in der *Frauen* Herz gelegt, wenn sie bloß von der richtigen Art sind!
Wilh. Raabe, Prinzessin Fisch (1883)

Nichts Süßeres auf diesem Rund · Als *Frauenhand* und Kindermund.
E. Ziel, Moderne Xenien: Die Gesellschaft

Es ist kein lieber Ding auf Erden · Denn *Frauenlieb,* wem sie kann werden.
Nach Luther, Randglosse zu Salomonis Sprüchen 31, 10

Kein andres Glück mag uns auf Erden · Als nur durch *Frauenliebe* werden; · Doch auch als tiefsten Elends Grund · Tu ich euch Frauenliebe kund.
Bhartrihari (Sanskrit, 1. Jh. v. Chr.). Übers. v. L. v. Schröder, 1892

Es ist keine List über *Frauenlist.*
Jesus Sirach 25, 18

Veränderlich ist *Frauensinn,* und nimmer gleicht er sich.
Schiller, Dido V. 821;
Vergil, Äneis 4, 69: Varium et mutabile semper · Femina

Es gibt gewisse Dinge, wo ein *Frauenzimmer* immer schärfer sieht als hundert Augen der Mannspersonen.
Theophan in Lessing, Der Freigeist 2, 3

Bei *Frauenzimmertalenten* . . . habe ich immer gefunden, daß sie mit der Ehe aufhörten. Ich habe Mädchen gekannt, die vortrefflich zeichneten, aber sobald sie *Frauen* und Mütter wurden, war es aus, sie hatten mit Kindern zu tun und nahmen keinen Griffel mehr in die Hand.
Eckermann, Gespräche mit Goethe am 18. Jan. 1825

Gern hab' ich die *Fraun* geküßt.
Aus der Operette Paganini von Franz Lehár. Das Lied wurde berühmt durch den Tenor Richard Tauber.

Mein schönes *Fräulein,* darf ich's wagen?
Siehe unter *Arm*

Bin weder *Fräulein,* weder schön, · Kann ungeleitet nach Hause gehn.
Margarete in Goethe, Faust 2607/08

Denk, Kind, um alles in der Welt! · Der Herr dich für ein *Fräulein* hält.
Martha in Goethe, Faust 2905/06

Als die Römer *frech* geworden, · Zogen sie nach Deutschlands Norden.
Die Teutoburger Schlacht von J. V. v. Scheffel (1846)

Frech wie Oskar.
Sprichwörtl. Redensart

»Wie bleibt man *frei?*« Wenn man den Tod verachtet.
Plutarch, Lakonische Denksprüche

Frei auf deutschem Boden walten · Laßt uns nach dem Brauch der Alten, · Seines Segens selbst uns freun!
H. v. Kleist, Germanias Aufruf an ihre Kinder

Frei will ich leben und also sterben, niemand berauben und niemand beerben.
Erster Kürassier in Schiller, Wallensteins Lager

Niemand ist mehr Sklave, als der sich für *frei* hält, ohne es zu sein. – Es darf sich einer nur für frei erklären, so fühlt er sich den Augenblick als bedingt. Wagt er es, sich für bedingt zu erklären, so fühlt er sich frei.
Goethe, Maximen u. Reflexionen 5

Niemand ist *frei,* der nicht über sich selbst Herr ist.
Matthias Claudius, Sprüche des Demophilus

Frei das Wort, frei der Gedanke!
Anast. Grün, Spaziergänge eines Wiener Poeten

Frei bis zur Adria.

Napoleon III. verhieß im Kriegsmanifest vom 3. Mai 1859 »ein freies Italien bis zum Adriatischen Meere«

Es sind nicht alle *frei*, die ihrer Ketten spotten.

Tempelherr in Lessing, Nathan der Weise 4, 4

Der Mensch ist *frei* geschaffen, ist frei, · Und würd' er in Ketten geboren; · Laßt euch nicht irren des Pöbels Geschrei, · Nicht den Mißbrauch rasender Toren. · Vor dem Sklaven, wenn er die Kette bricht, · Vor dem *freien* Menschen erzittert nicht!

Schiller, Gedichte: Die Worte des Glaubens

Frei schallt aus *freier* Brust das deutsche Lied. Chamisso: Nachhall

Freie Bahn für alle Tüchtigen!

Reichskanzler Bethmann-Hollweg am 28. September 1916 im Reichstage

Und *Freie* seid ihr nicht geworden, · Wenn ihr das Recht nicht festgestellt. Uhland, Am 18. Okt. 1816

Der eine fragt: Was kommt danach? · Der andere fragt nur: Ist es recht? · Und also unterscheidet sich · Der *Freie* von dem Knecht.

Theod. Storm, Gedichte

Freie Kirche im *freien* Staate.

Grundsatz des italienischen Ministers Cavour (1810/61)

Solch ein Gewimmel möcht' ich sehn, · Auf *freiem* Grund mit freiem Volke stehn.

Faust in Goethe, Faust 11579/80

Wie schön ist's im *Freien!*

Salis, Gedichte: Lied im Freien

Freien ist kein Pferdekauf.

Sprichwort

Zum Hängen und zum *Freien* · Muß niemand Rat verleihen.

Lessing, Epigramme Nr. 94

Für andere *frein* ist bedenklich.

Goethe, Hermann und Dorothea 6

Schämige *Freier*, dreiste Bräute. Viele *Freier*, keine Nehmer.

Sprichwörter

Ich bin ein *freier* Mann und singe · Mich wohl in keine Fürstengruft.

Georg Herwegh, Leicht Gepäck

Ein *freies* Leben führen wir, · Ein Leben voller Wonne.

Räuberchor in Schiller, Die Räuber 4, 5

Freigebig ist nicht, wer nur gibt, · Wo ihm kein Mangel droht; · Freigebig ist, wer Hunger hat · Und teilt mit dir sein Brot.

Rückert, Erbauliches und Beschauliches

Frei fühlt sich vom Besitz nur der *freigebige* Mann.

Rückert, Weisheit des Brahmanen 8. Buch Nr. 85 (1836/39)

Die *Freigebigkeit* erwirbt einem jeden Gunst, vorzüglich wenn sie von Demut begleitet wird.

Goethe, Maximen u. Reflexionen 2

Wo will der angebliche *Freigeist* seine Beweise hernehmen, daß es kein höchstes Wesen gebe?

Kant, Ges. Werke 2, 566

Wo keine Gerechtigkeit ist, ist keine *Freiheit*, und wo keine Freiheit ist, ist keine Gerechtigkeit.

Seume, Spaziergang nach Syrakus: Frankfurt

Das Menschengeschlecht kann ohne *Freiheit* nicht glücklich sein, diese politische Freiheit aber ist auf die Freiheit des Urteils begründet.

Dante, Über die Monarchie (Z.)

Man kann in wahrer *Freiheit* leben · Und doch nicht ungebunden sein.

Goethe, Gedichte: Wahrer Genuß

In *Freiheit* leben heißt erst leben.

Ramler, Fabellese 4. Buch 36: Die beiden Nachtigallen

In dir ein edler Sklave ist, · Dem du die *Freiheit* schuldig bist.

Matthias Claudius, Ein gülden Abc

Man muß, will man ein Glück genießen, · Die *Freiheit* zu behaupten wissen.

Gellert, Fabeln u. Erzählungen: Die Wachtel u. d. Hänfling (1746)

Freiheit und Gleichheit! hört man schallen.

Schiller, Das Lied von der Glocke V. 362

Freiheit, die ich meine, · Die mein Herz erfüllt . . .

Max v. Schenkendorf, Gedichte: Freiheit (1812)

Die *Freiheit* ist die ewige Jugend der Nationen.

(La libertad es la juventud eterna de las naciones.) Manuel Foy

Laß mich der neuen *Freiheit* genießen, · Laß mich ein Kind sein, sei es mit.

Maria in Schiller, Maria Stuart 3, 1

Die *Freiheit* ist eine Frucht, die in der Religion lebt.

(La libertad es un fruto que vive en la religión.)

Bernardo Lopez Garcia, Gedicht

Freiheit! Gleichheit! Brüderlichkeit!

(Liberté! Égalité! Fraternité!)
Diese Losung findet sich zum ersten Male in einem Beschluß des Klubs der Cordelliers (Juni 1791), der verlangte, daß die Nationalgarden auf der Brust ein Schild mit dieser Inschrift trügen. Später wandte der Wohlfahrtsausschuß die Formel mit Vorliebe an. Den Charakter einer amtlichen Devise erhielt sie erst unter der Zweiten Republik.

Der Gottheit zu gehorchen ist *Freiheit*. Seneca, Abhandlungen

Die Welt der *Freiheit* trägt der Mensch in seinem Innern · Und Tugend ist der Freiheit Götterkind. C. A. Tiedge, Urania 6 (1801)

Die *Freiheit* ist alt und der Despotismus ist neu. Frau v. Staël

Freiheit ist nur in dem Reich der Träume · Und das Schöne blüht nur im Gesang.

Schiller, Gedichte: Der Antritt des neuen Jahrhunderts

Die *Freiheit* ist ein Luxus, den sich nicht jedermann gestatten kann.

Bismarck

Es hebt die *Freiheit* siegend ihre Fahne.

Attinghausen in Schiller, Wilhelm Tell 4, 2

Der *Freiheit* Hauch weht mächtig durch die Welt, · Ein freies, frohes Leben uns wohlgefällt.

A. G. Methfessel, Gesang ausziehender Krieger (1813)

Haltet darum fest am Hasse, · Kämpfe redlich, deutsches Blut! · Für die *Freiheit* eine Gasse! · Dacht' ein Held im Todesmut.

Max v. Schenkendorf, Schills Geisterstimme (1809).
Vgl. auch Körners Aufruf Str. 1: »Der Freiheit eine Gasse.«

Der Unterschied zwischen *Freiheit* und *Freiheiten* ist so groß als zwischen Gott und Göttern.

Börne, Fragmente und Aphorismen

Wie wird verlorene *Freiheit* wiedergewonnen? Durch einen aus der Tiefe des Volkes kommenden Stoß und Sturm der sittlichen Kräfte.

C. F. Meyer, Die Versuchung des Pescara, 5. Kap.

Ausgehend von schrankenloser *Freiheit* ende ich mit unumschränktem Despotismus.

Fjodor Michailowitsch Dostojewskij (1821 bis 1881), Die Dämonen

Verlorner Posten in dem *Freiheitskriege*, · Hielt ich seit dreißig Jahren treulich aus. · Ich kämpfte ohne Hoffnung, daß ich siege, · Ich wußte, nie komm' ich gesund nach Haus. H. Heine, Enfant perdu

Der Knecht singt gern ein *Freiheitslied* · Des Abends in der Schenke.

Heinr. Heine, Gedichte aus dem Nachlaß: An einen polit. Dichter

Sie streiten sich, so heißt's, um *Freiheitsrechte!* · Genau besehn, sind's Knechte gegen Knechte.

Mephistopheles in Goethe, Faust 6262/63

Der ist nicht *fremd*, wer teilzunehmen weiß.
Gerichtsrat in Goethe, Die natürliche Tochter 4, 2

Kann uns zum Vaterland die *Fremde* werden?
Iphigenie in Goethe, Iphigenie 1, 2

Oh, schwer ist's, in der *Fremde* sterben unbeweint.
Montgomery in Schiller, Die Jungfrau von Orleans 2, 7

Das Mädchen aus der *Fremde*.
Schiller, Überschrift eines Gedichtes (1797)

Aus *fremdem* Leder ist leicht Riemen schneiden. Sprichwörtlich

Wo willst du, kühner *Fremdling*, hin?
Priester in Schikaneder, Die Zauberflöte 1, 8 (komp. von Mozart)

Ich sehe, daß ihr meiner nicht bedürft, · Ich bin ein *Fremdling* nur in diesem Hause.
Rudenz in Schiller, Wilhelm Tell 2, 1

Ein *Fremdling*, zu Menschen sich verirrt. Siehe unter *Mißverstand*

O Herr, er will mich *fressen!*
Tobias 6, 3

Ein *Fresser* wird nicht geboren, sondern erzogen. Sprichwort

Wie *freu* ich mich, wie freu ich mich.
Aus Nicolai, Die lustigen Weiber

Geh aus, mein Herz, und suche *Freud'* · In dieser lieben Sommerzeit. Paul Gerhardt, Sommergesang

Kein' *Freud'* ohne Leid.
Albert Friedrich, Markgraf von Brandenburg (Weidner, Apophth, 346)

Geteilte *Freud'* ist doppelt *Freude*, Geteilter Schmerz ist halber Schmerz. Tiedge, Urania 4. Gesang

Freud' muß Leid, Leid muß *Freude* haben.
Mephistopheles in Goethe, Faust 2923

Du tust mir kund den Weg zum Leben; vor dir ist *Freude* die Fülle und liebliches Wesen zu deiner Rechten ewiglich. Psalm 16, 11

Freude, schöner Götterfunken, Tochter aus Elysium!
Schiller, An die Freude (1785)

Die reinste *Freude* ist die Schadenfreude. Sprichwörtlich

Selbst durch die verriegelten Türen und vergitterten Fenster der Gefängnisse und Zuchthäuser sollte der Engel der *Freude* noch Einlaß finden.
Bischof Wilh. von Keppler, Mehr Freude 1909 S. 161

Freude war in Trojas Hallen.
Schiller, Gedichte: Kassandra

Freude hat mir Gott gegeben!
Schiller, Lied von der Glocke V. 382

So wilde *Freude* nimmt ein wildes Ende!
Bruder Lorenzo in Shakespeare, Romeo und Julia 2, 6

Kommt, ihr Mädchen, zur *Freude* geboren!
Menuett in Mozart, Don Juan 1, 3

Ich fragte die Welt, die alte, · Was sie als Bestes enthalte · In ihrem großen Gebäude? · Sie sagte: Des Herzens *Freude*.
Omar Chajjam (Bodenstedt)

Hab' ich doch meine *Freude* dran!
Mephistopheles in Goethe, Faust 3543

Freude, Mäßigkeit und Ruh', · Schließt dem Arzt die Türe zu.
Logau, Sinngedichte: Die beste Arznei (1654)

Kurz ist der Schmerz, und ewig ist die *Freude*.
Johanna in Schiller, Jungfrau von Orleans 5, 14

Mit der *Freude* zieht der Schmerz · Traulich durch die Zeiten. · Schwere Stürme, milde Weste, · Bange

Sorgen, frohe Feste · Wandeln sich zur Seiten.

Joh. Peter Hebel, Neujahrslied

Des Lebens ungemischte *Freude* · Ward keinem Irdischen zuteil.

(Meist zitiert: »keinem Sterblichen«.) Schiller, Gedichte: Der Ring des Polykrates

Mach andern *Freude!* Du wirst erfahren, daß Freude *freut.*

Fr. Th. Vischer, Lyrische Gänge (Sprüche)

Mit *Freuden* den Willen · Der Götter erfüllen.

Aus Glucks Oper Orpheus und Eurydike 1 (1762)

Mich fliehen alle *Freuden!*

Siehe unter *fliehen*

Wollest mit *Freuden* · Mich nicht überschütten! Siehe unter *Bescheiden*

Die mit Tränen säen, werden mit *Freuden* ernten. Psalm 126, 5

Tränensaat und *Freudenernte.*

Nach Psalm 126, 5

Wem wohl das Glück die schönste Palme beut? Wer *freudig* tut, sich des Getanen freut.

Goethe, Sprüche in Reimen: Sprichwörtlich

Freudig trete herein und froh entferne dich wieder! · Ziehst du als Wandrer vorbei, segne die Pfade dir Gott!

Goethe, Gedichte: Dornburger Inschrift; Übersetzung des über dem Eingang eines der Dornburg-Schlösser stehenden, am 11. Juli 1828 in Goethes Tagebuch eingetragenen Distichons: Gaudeat ingrediens laetetur et aede recendens; · His qui praetereunt, det bona cuncta Deus.

Die *Freudigkeit* ist die Mutter aller Tugenden.

Martin in Goethe, Götz von Berlichingen 1. Akt

Freudvoll · Und leidvoll, · Gedankenvoll sein.

Klärchen in Goethe, Egmont 3, 2

Freue dich nur mit mir! Es ist so traurig, sich allein zu *freuen!*

Das Fräulein in Lessing, Minna von Barnhelm 2, 3

Sich *freuen* wie ein Stint.

Diese Redensart stammt aus einem ernstgemeinten Gedichte des Predigers Schmidt aus Werneuchen, der im »Berliner Musen-Almanach für 1795« sang: »O sieh, wie alles weit und breit · An warmer Sonne minnt! · Vom Storche bis zum Spatz sich *freut,* · Vom Karpfen bis zum Stint!«

Freuet euch in dem Herrn allewege!

Phil. 4, 4

Freuet euch mit den Fröhlichen und weinet mit den Weinenden!

Röm. 12, 15

Ein *Freund* sei eine Seele in zwei Körpern.

(Amicum esse unum animum in duobus corporibus.) Nach Aristoteles

Zurück, du rettest den *Freund* nicht mehr! Schiler, Die Bürgschaft

Wer ihn nicht braucht, dem wird ein *Freund* nicht fehlen, · Und wer in Not versucht den falschen Freund, · Verwandelt ihn sogleich in einen Feind.

König in Shakespeare, Hamlet 3, 2

Wer jedes *Freund* sein will, ist niemands Freund.

Pfeffel, Das Chamäleon und die Vögel

Aller Menschen *Freund* ist nicht mein Freund. Siehe unter *ami*

Es soll keiner einen für seinen vertrauten *Freund* halten, er habe denn zuvor einen Scheffel Salz mit ihm gegessen.

Luther (Zinkgref, Apophth. 1, 184). (Nach Cicero, Lael. 19, 67. Multi modii salis simul edendi sunt, ut amicitiae munus expletum sit.)

Ein unbekannter *Freund* ist auch ein Freund.

Emilia in Lessing, Emilia Galotti 5, 7

Ein treuer *Freund* ist mit keinem Geld noch Gut zu bezahlen.

Jesus Sirach 6, 15

Mein *Freund* kannst du nicht weiter sein.

Schiller, Der Ring des Polykrates V. 93

Alten *Freund* für neuen wandeln – · Blüten heißt's für Frucht erhandeln. Logau, Sinngedichte: Freundschaft

Niemand ist uns ein näherer *Freund*, als wir uns selber sind.
Dante, Gastmahl 1, Kap. 2

Mehr als befreundet, weniger als *Freund*.
(A little more than kin, and less than kind.)
Hamlet in Shakespeare, Hamlet 1, 2

Es sollt' ein *Freund* des *Freundes* Schwächen tragen.
Cassius in Shakespeare, Cäsar 4, 3

Es macht · der *Freund* des *Freundes* Kummer zu dem seinen.
Menelaus in Schiller, Iphigenie in Aulis 2, 2

Gute *Freunde*, getreue Nachbarn und desgleichen.
Luthers Erklärung zur vierten Bitte des Vaterunsers: »Was heißt denn täglich Brot«, im Katechismus (1529).

Wozu hätten wir *Freunde* nötig, wenn wir sie nie nötig hätten?
Timon in Shakespeare, Timon von Athen 1, 2

Wenn zwei gute *Freunde* sind, · Die einander kennen, · Sonn' und Mond begegnen sich, · Ehe sie sich trennen.
Des Knaben Wunderhorn: Morgen muß ich weg von hier

Vertraue keinem *Freunde*, du habest ihn denn erkannt in der Not.
Jesus Sirach 6, 7
Vgl. Cave, amicum credas, nisi quem probaveris. Publ. Syrus 85

Freunde in der Not gehn hundert auf ein Lot. Sprichwort

Im Unglück erkennt man die *Freunde*.
Herder, Palmblätter 1, 63 (so auch Ennius ap. Cic. Lael, 17, 64: amicus certus in re incerta cernitur)

Während das Glück dir lacht, wirst *Freunde* du zählen in Menge; · Wenn sich der Himmel bewölkt, findest du bald dich allein.
(Donec eris felix, multos numerabis amicos: · Tempora si fuerint nubila, solus eris.)
Ovid, Tristien 1, 9, 5/6

Der *Freunde* Eifer ist's, der mich · Zugrunde richtet, nicht der Haß der Feinde.
Wallenstein in Schiller, Wallensteins Tod 3, 16

Ja, mein Guter, man hat von seinen *Freunden* zu leiden gehabt.
Eckermann, Gespräche mit Goethe, Montag, den 23. März 1829

Gott beschütze mich vor meinen *Freunden;* mit meinen Feinden will ich schon selbst fertig werden.
Nach Joh. Manlius, Loci communes 2, 246: Vor meinen Feinden kann ich mich selbst hüten, vor meinen Freunden aber nicht.

Wem der große Wurf gelungen, · Eines *Freundes* Freund zu sein, · Wer ein holdes Weib errungen, · Mische seinen Jubel ein!
Schiller, Gedichte: An die Freude

Kann etwas besser sein · Als stete *Freundestreue?*
Gudrun, Abenteuer 30, 1585 (Junghaus)

Wer mir Wein bringt, sehe mich *freundlich* an, · Sonst trübt sich der Elfer im Glase.
Goethe, Westöstl. Diwan: Das Schenkenbuch: Dem Kellner

Halte es mit jedermann *freundlich*, aber zum Ratgeber nimm unter Tausenden nur einen.
Jesus Sirach 6, 6

O brich den Faden nicht der *Freundschaft* rasch entzwei! · Wird er auch neu geknüpft, ein Knoten bleibt dabei.
Rückert, Weisheit des Brahmanen 16, 31

Gleichheit ist die Seele der *Freundschaft*.
Aristoteles, Ethik (v. Garve 2, 462). (Ähnl.: Iungit amicitias similitudo morum. Quint, decl. Similitudo 307.)

Die *Freundschaft*, die der Wein gemacht, · Wirkt, wie der Wein, nur eine Nacht.

Logau, Sinngedichte: Weinfreundschaft

Die älteste *Freundschaft* muß uns, wie die Weine die Jahre zählen, die lieblichste sein.

Cicero, Von der Freundschaft (Laelius 19, 67)

Der Mensch hat nichts so eigen, · So wohl steht ihm nichts an, · Als daß er Treu erzeigen · Und *Freundschaft* halten kann.

Simon Dach, Lied der Freundschaft

Freundschaft hält stand in allen Dingen, · Nur in der Liebe Dienst und Werbung nicht.

Claudio in Shakespeare, Viel Lärm um nichts 2, 1

Freundschaft ist Liebe ohne Flügel.

Franz. Sprichwort

Das nämliche wollen und das nämliche nicht wollen, das erst ist unwandelbare *Freundschaft*.

(Idem velle atque idem nolle, ea demum firma amicitia est.) Sallust, Catil. 20, 4

Des *freut* sich das entmenschte Paar.

Schiller, Gedichte: Der Gang nach dem Eisenhammer

Freut euch des Lebens, · Weil noch das Lämpchen glüht; · Pflücket die Rose, · Eh sie verblüht.

Lied von Johann Martin Usteri (1793) mit Nägelis Komposition (Berlin 1795); vgl. Weish. Sal. 2, 8

Denn ein Sinn, der einmal nur · Gebar den *Frevel*, mehr gebiert er Frevel noch.

Philoktet in Sophokles, Philoktet 1360/61 (Donner)

Kein Reich wird durch erdrückte Völker mächtig, · Vergeltung zeugt sich jede *Freveltat*.

Lingg, Völkerwanderung 2, 5

Kein *Frevler* noch entging der vergeltenden Rache.

Herodot 5, 56 (Lange)

Friede sei um diesen Grabstein her! · Sanfter Friede Gottes! Ach, sie haben · Einen guten Mann begraben, · Und mir war er mehr!

Matthias Claudius, Bei dem Grabe meines Vaters

Friede sei mit euch!

(Pax vobiscum!)

Lukas 24, 36. Joh. 20, V. 19, 21, 26

Friede sei mit dir!

Richter 6, 23. Dan. 10, 19

Bewaffneter *Friede*.

Vermutlich nach Logaus Sinngedicht »Gewaffneter Friede«.

Friede sei ihr erst Geläute!

Schiller, Lied von der Glocke V. 425

Kein *Friede*, kein Vergleich! Das, worüber gestritten wird, leidet keine Teilung: Die Freiheit ist oder ist nicht. Kein Kommen und Bleiben in der Gewalt, vor allem diesem steht ja der Tod – und wer sterben kann, wer will den zwingen?!

J. G. Fichte (1813 an die Studenten in Berlin, die in den Freiheitskrieg zogen)

Friede im Lande. Nach 1. Makk. 7, 50

Schön ist der *Friede!* Ein lieblicher Knabe · Liegt er gelagert am ruhigen Bach.

Einer aus dem Chor in Schiller, Braut von Messina 871/72

Friede macht Reichtum, Reichtum macht Übermut, Übermut bringt Krieg, Krieg bringt Armut, Armut macht Demut, Demut macht wieder *Frieden*.

Geiler v. Keysersberg bei Zinkgref (Apophth. 1, S. 164)

Er ruhe in *Frieden!*

(Requiescat in pace, abgek. R. I. P.)

Nach der Vulgata in Psalm 4, 9

Willst du *Frieden*, halt dich kriegsbereit.

(Si vis pacem, para bellum.)

Vgl. Vegetius, Epitome institutorum re milit. 3. prolog.; Publilius Syrus 465.

Ich will *Frieden* haben mit meinem Volke.

König Maximilian II. von Bayern im Jahre 1859

Hier bringen wir euch Krieg und *Frieden;* wählt, was ihr davon wollt.
(Hic vobis bellum et pacem portamus; utrum placet, sumite!)
Qu. Fabius als Abgesandter Roms in Karthago vor dem 2. Punischen Kriege (Livius 21, 18, 13)

Es kann der Frömmste nicht in *Frieden* bleiben. Siehe unter *Frömmste*

Wir tragen eben den *Frieden* wie ein Gewand, an dem wir vorn flikken, während es hinten reißt. – Der Stoff hält sich eben nicht.
Wilh. Raabe, Horacker (1876)

Genieße, was dir Gott beschieden, · Entbehre gern, was du nicht hast. · Ein jeder Stand hat seinen *Frieden,* · Ein jeder Stand hat seine Last.
Gellert, Geistliche Oden und Lieder: Zufriedenheit mit seinem Zustande

Das arme Herz, hienieden · Von manchem Sturm bewegt, · Find't nirgends wahren *Frieden,* · Als wo es nicht mehr schlägt.
v. Salis-Seewis, Gedichte: Das Grab

Weiche die Rüstung dem *Friedensgewand* und der löblichen Handlung der Lorbeer.
(Cedant arma togae, concedat laurea laudi.) Cicero, De officiis 1, 22, 77

Eine *Friedenspfeife* rauchen.
Friedensunterhandlungen, nach dem Brauche der Indianer in Nordamerika. Durch J. F. Cooper Zitat geworden.

Die *Friedensschalmei* blasen.
Redensart

Ein *Friedensschluß* erfüllt niemals alle Wünsche, wird niemals allen Berechtigungen gerecht.
Bismarck im Preußischen Herrenhaus, 22. Dezember 1866

Der bitterböse *Friederich.*
Nach dem Struwwelpeter

Dem *Friedlichen* gewährt man gern den Frieden.
Tell in Schiller, Wilhelm Tell 1, 4

Der erste wahre und höhere eigentliche Lebensgehalt kam durch *Friedrich* den Großen und die Taten des Siebenjährigen Krieges in die deutsche Poesie.
Goethe, Dichtung und Wahrheit 2, 7

Frisch, fromm, fröhlich, frei!
Jahn, Turnerwahlspruch

Frisch, Gesellen, seid zur Hand.
Schiller, Lied von der Glocke

Frisch gewagt, ist halb gewonnen.
Sprichwort

Frisch auf, mein Volk, die Flammenzeichen rauchen!
Körner, Leier und Schwert: Aufruf
Frisch auf siehe auch unter *Jagen*

Frisch und gesund! Nach Hiob 21, 23

Auf *frischer* Tat. Siehe In *flagranti*

Das *Frischgewagte* gerät nur.
Goethe, Hermann und Dorothea 4 (Euterpe) 247

Die *Frist* ist um.
Der Holländer in Wagner, Der fliegende Holländer 1, 2

Friß, Vogel, oder stirb!
Nach dem Titel der Schmähschrift auf Luther, Verfasser: Pfarrer Jos. Nikol. Weislinger (Straßburg 1717–22)

Zwischen heut und morgen · Liegt eine lange *Frist.* Siehe unter *heut*

Fritz, Fritz, wie wird dir's gehn!
Siehe unter *Brücke*

Nur der ist *froh,* der geben mag.
Bettler in Goethe, Faust 857

Ohne Lächeln kommt der Mensch. ohne Lächeln geht er; drei fliegende Minuten lang war er *froh.* Jean Paul

Laß uns sehn, wie *froh* die Götter sind.!
Goethe, Balladen: Die Braut von Korinth

Fröhlich sei mein Abendessen.
Don Juan in Mozarts gleichnamiger Oper (2, 5), Text von Da Ponte (1787 in Prag)

Seid *fröhlich* in Hoffnung, geduldig in Trübsal, haltet an am Gebet!
Römer 12, 12

Wir sitzen so *fröhlich* beisammen · Und haben einander so lieb.

Kotzebues Lied: Trost beim Scheiden (Es kann ja nicht immer so bleiben), komp. v. Himmel 1803

So knüpfen ans *fröhliche* Ende · Den *fröhlichen* Anfang wir an.

Schlußverse des vorstehenden Liedes

In deinen *fröhlichen* Tagen · Fürchte des Unglücks tückische Nähe!

Chor in Schiller, Die Braut von Messina 2305/06

Froh sein mit den *Fröhlichen.*

Siehe unter *freuet*

Was kann der Schöpfer lieber sehen als ein *fröhliches* Geschöpf?

Das Fräulein in Lessing, Minna von Barnhelm 2, 7

Vom Vater hab' ich die Statur, · Des Lebens ernstes Führen, · Von Mütterchen die *Frohnatur* · Und Lust zu fabulieren.

Goethe, Zahme Xenien 7

Wenn du fein *fromm* bist, · Will ich dir helfen.

Zerline in Mozart, Don Juan 2, 1 (1787)

Ach so *fromm*, ach so traut.

Lyonel in Flotows Oper Martha 3 (Text von W. Friedrich (1847)

Wenn du *fromm* bist, so bist du angenehm, bist du aber nicht fromm, so ruhet die Sünde vor der Tür. 1. Mos. 4, 7

Wolle *fromm*, denke frei, handle froh, trage frisch. Sprichwörtlich

Wie *fromm* er war, ein *Frömmler* war er nicht.

Chamisso, Ein Kölner Meister

Fromme Wünsche!

ist der Titel einer zu Antwerpen (1627) erschienenen Schrift des belgischen Jesuiten Hermann Hugo (1588–1639)

Wirst du die *frommen* Wahrheitswege gehen, · Dich selbst und andre trügst du nie. · Die *Frömmelei* läßt Falsches auch bestehen, · Deswegen hass' ich sie.

Goethe, Zahme Xenien 4

Es kann der *Frömmste* nicht im Frieden bleiben, · Wenn es dem bösen Nachbar nicht gefällt.

Tell in Schiller, Wilhelm Tell 4, 3

Frommt's, den Schleier aufzuheben?

Schiller, Gedichte: Kassandra

The Germans to the *front!*

Vgl. unter *Deutschen*

Drei Wochen war der *Frosch* so krank! · Jetzt raucht er wieder, Gott sei Dank!

Wilh. Busch, Münchner Bilderb. 325. Die beiden Enten und der Frosch

Sei kein *Frosch*,

sagt man zu jemandem, der zu etwas unentschlossen ist

Setz einen *Frosch* auf einen weißen Stuhl: · Er hüpft doch wieder in seinen Pfuhl.

Wilh. Müller, Epigramme, 2. H. Nr. 84. Nach Rollenhagens »Froschmeuseler«

Sich wie ein *Frosch* aufblasen.

Sprichwörtl. Redensart (nach der Fabel 1, 24 des Phädrus)

In *Froschpfuhl* all das Volk verbannt, · Das seinen Meister je verkannt.

Goethe, Verm. Gedichte: Hans Sachsens poet. Sendung

Was wir träumen, ist die Blüte! · Was wir leben, sei die *Frucht!*

Cäsar-Flaischlen-Gedenkbuch, 29. Okt.

Seid *fruchtbar* und mehret euch!

1. Mos. 1, 28

Alle Blüten müssen vergehn, daß *Früchte* beglücken; · Blüten und Frucht zugleich gebet ihr Musen allein. Goethe, Vier Jahreszeiten 54

Die schlechtsten *Früchte* sind es nicht, · Woran die Wespen nagen.

Bürger, Gedichte: Trost

An ihren *Früchten* sollt ihr sie erkennen. Matth. 7, 16

Früh aufstehn. Nach Sir. 39, 6

Früh übt sich, was ein Meister werden will.
Tell in Schiller, Wilhelm Tell 3, 1

Besser zu *früh* als zu spät.
Sprichwörtl. Redensart

Bis *früh* um fünfe, süße Maus!
Paul Lincke (1866–1946), Frau Luna

Wohl blühet jedem Jahre · Sein *Frühling*, mild und licht; · Auch jener große, klare, · Getrost! Er fehlt dir nicht.
L. Uhland, Künftiger Frühling (1827)

Schöner *Frühling*, komm doch wieder, · Lieber Frühling, komm doch bald! · Bring uns Blumen, Laub und Lieder, · Schmücke wieder Feld und Wald!
Hoffmann v. Fallersleben, Die Sehnsucht nach dem Frühling

Greis, im *Frühling* brech' ich Rosen.
Uhland, Der schwarze Ritter (1806)

Und dräut der Winter noch so sehr · Mit trotzigen Gebärden, · Und streut er Eis und Schnee umher, · Es muß doch *Frühling* werden.
Geibel, Gedichte: Hoffnung

Vom Eise befreit sind Strom und Bäche · Durch des *Frühlings* holden, belebenden Blick.
Faust in Goethe, Faust 904/05

Jetzt ist *Frühling* geworden in Deutschland!
Jos. Völk am 18. 5. 1868 im Zollparlament

Frühlings Erwachen (= sexuelles Erwachen).
Titel eines Bühnenstückes von Frank Wedekind

Oh, wie wunderschön · Ist die *Frühlingszeit!*
Bodenstedt, Die Lieder des Mirza-Schaffy, Zuleikha Nr. 14

Frühmorgens, wenn die Hähne krähn.
Waldandacht v. Leberecht Drewes, komp. von Abt

Hat der *Fuchs* die Nase erst hinein, · So weiß er bald den Leib auch nachzubringen.
Gloucester in Shakespeare, König Heinrich VI. 3. Teil 4, 7

Fuchs, du hast die Gans gestohlen.
Volkslied

Dem *Fuchs* sind die Trauben zu sauer.
Nach Äsops Fabel »Der Fuchs und die Trauben«

Das hat der *Fuchs* (mit dem Schwanz) gemessen.
Sprichwörtl. Redensart

Aus jungen *Füchsen* werden alte.
Sprichwörtlich

Wer sich nicht mit der Löwenhaut bekleiden kann, nehme den *Fuchspelz!*
Balthasar Gracián, Handorakel (1637) Schopenhauer

Die Zeit ist aus den *Fugen*, Schmach und Gram, · Daß ich zur Welt, sie einzurichten, kam.
Hamlet in Shakespeare, Hamlet 5

Was sich *fügen* soll, kann niemand ändern.
Sprichwörtlich

Es ist des Himmels sichtbarliche *Fügung.*
Questenberg in Schiller, Piccolomini 1, 3

Bist du ein Mensch, so *fühle* meine Not.
Margarete in Goethe, Faust 4425

Ich *fühle* mich. Was Ihre Alba leisten, · Das kann auch Karl, und Karl kann mehr.
Carlos in Schiller, Don Carlos 2, 2

Ich untersuche nicht, ich *fühle* nur.
Iphigenie in Goethe, Iphigenie auf Tauris 4, 4

Wer nicht hören will, muß *fühlen.*
Sprichwort

Unter Larven die einzige *fühlende* Brust.
Schiller, Der Taucher V. 123

Wenn ihr's nicht *fühlt*, ihr werdet's nicht erjagen, · Wenn es nicht aus

der Seele dringt · Und mit urkräftigem Behagen · Die Herzen aller Hörer zwingt.
Faust in Goethe, Faust 534/37

Führende Geister.
Nach dem Titel der von Anton Bettelheim 1890ff. herausgegebenen Sammlung

Welch eine Wendung durch Gottes *Führung!*
(meist wird unrichtig Fügung zitiert)
Wilhelm I., 2. Sept. 1870

Fuimus Troes, *fuit* Ilium, et ingens gloria Teucrorum.
Einst gab es Teukrer, Troja hat gestanden, · Und seines Ruhmes Schimmer strahlte weit.)
Vergil, Äneis 2, 325 (Schiller)

Nur die *Fülle* führt zur Klarheit. · Und im Abgrund wohnt die Wahrheit. Schiller, Sprüche des Konfuzius 2

Fünf gerade sein lassen.
Sprichwörtl. Redensart

Fünfmalhunderttausend Teufel · Kamen einstmals auf die Welt.
Eduard Maria Oettinger 1847

Das *fünfte* Rad am Wagen (überflüssig sein). Sprichwörtl. Redensart

Die *fünfte* Kolonne.
Im spanischen Bürgerkrieg bezeichnete damit General Emilio Mola 1938 die heimlichen Anhänger Francos in dem noch von den Republikanern besetzten Madrid. Seitdem wird der Ausdruck für Helfershelfer des Feindes im eigenen Lande gebraucht.

In *fünfzig* Jahren ist alles vorbei.
Kehrreim aus einem Couplet des Humoristen Otto Reutter (1870–1931)

Aus kleinstem *Funken* wird oft der größte Brand. Sprichwörtlich

Die *Furchen* seiner Stirn erzählen seine Taten. Corneille, Der Cid 1, 1

Sei denn behutsam! *Furcht* gibt Sicherheit.
Laertes in Shakespeare, Hamlet 1, 3

Ein Appell an die *Furcht* findet in deutschen Herzen niemals ein Echo.
Bismarck im Zollparlament, 18. Mai 1868

Denn billige *Furcht* erwecket sich ein Volk, · Das mit dem Schwerte in der Faust sich mäßigt.
Walter Fürst in Schiller, Tell 2, 2

Betrüglich schloß die *Furcht* mit der Gefahr · Ein enges Bündnis; beide sind Gesellen.
Pylades in Goethe, Iphigenie auf Tauris 4, 4

Furcht soll das Haupt des Glücklichen umschweben, · Denn ewig wanket des Geschickes Waage.
Gordon in Schiller, Wallensteins Tod 5, 4

Die *Furcht* hat ihren besondern Sinn.
Claudia in Lessing, Emilia Galotti 2, 6

Die *Furcht* des Herrn ist der Weisheit Anfang. Psalm 111, 10

Die *Furcht* Gottes gehet über alles.
Jes. Sir. 25, 15

Es ist nichts zu *fürchten* als die *Furcht.* Börne, Kritiken 21

Furcht bringt uns um, nicht Schlimmres droht beim Fechten. · Tod wider Tod, ist sterben im Gefecht. · Doch *fürchtend* sterben ist des Todes Knecht.
Carlisle in Shakespeare, König Richard II. 3, 3

Was soll ich *fürchten*, der den Tod nicht *fürchtet?*
Kosinsky in Schiller, Die Räuber 3, 2

Wenn ich einmal zu *fürchten* angefangen, hab' ich zu fürchten aufgehört. König in Schiller, Don Carlos 1, 6

Du hast von nun an · Nichts mehr zu *fürchten*, brauchst nichts mehr zu achten.
Shrewsbury in Schiller, Maria Stuart 5, 15

Etwas *fürchten* und hoffen und sorgen · Muß der Mensch für den kommenden Morgen.
Cajetan in Schiller, Die Braut von Messina 865/66

Die *fürchtende* Liebe sieht weit.
Marinelli in Lessing, Emilia Galotti 5, 1

Fürchterlich · Ist einer, der nichts zu verlieren hat.

König in Goethe, Die natürliche Tochter 1, 3

Da unten aber ist's *fürchterlich,* · Und der Mensch versuche die Götter nicht!

Schiller, Balladen: Der Taucher

Wer nichts *fürchtet,* ist nicht weniger mächtig als der, den alles fürchtet.

Franz Moor in Schiller, Die Räuber 1, 1

Die Menschen *fürchtet* nur, wer sie nicht kennt, · Und wer sie meidet, wird sie bald verkennen.

Alfons in Goethe, Torquato Tasso 1, 2

Furchtlos und beharrlich!

Wahlspruch Kaiser Friedrichs III.

Furchtlos und treu (trew).

Devise eines ehemaligen württembergischen Ordens

Wer in schlimmen Fällen *furchtsam* ist, taugt keinen Pfifferling.

Plautus, Das Hausgespenst 1015 (Köpke)

Furia francese.

(Französisches Ungestüm.)
Nach einem Verse des südfranzös. Dichters Antonius de Arena († 1544)

Furor teutonicus.

(Die teutonische [deutsche] Raserei.)
Lucanus Pharsalia 1, 255/56

Wer ist denn wirklich ein *Fürst?* Ich hab' es immer gesehen: · Der nur ist wirklich ein Fürst, der es vermochte zu sein.

Goethe, Die vier Jahreszeiten 79

Oh, ein *Fürst* hat keinen Freund, kann keinen Freund haben.

Der Prinz in Lessing, Emilia Galotti 1, 6

Ein *Fürst* ist am glücklichsten, wenn er es dahin bringt, daß die Untertanen nicht ihn, sondern für ihn fürchten.

Plutarch, Gastmahl der 7 Weisen

Noch ist kein *Fürst* so hoch *gefürstet.* Uhlands Gedicht »Nachruf«

Der *Fürst* ist der erste Diener seines Staates.

Friedrich der Große, mehrfach in seinen Werken; ähnlich Kaiser Tiberius (14–37, vgl. Sueton), dann Seneca in »De clementia« (1, 19), den Calderón in »Das Leben ein Traum« zitiert

Der *Fürst* dieser Welt.

(Der Teufel.)
Aus Luthers Ein feste Burg (vgl. Ev. Joh. 12, 31; 14, 30).

Zweierlei Arten gibt es, die treffende Wahrheit zu sagen: · Öffentlich immer dem Volk, immer dem *Fürsten* geheim.

Goethe, Die vier Jahreszeiten 84

Wer alt mit *Fürsten* wird, lernt vieles, lernt zu vielem schweigen.

Evadne in Goethe, Elpenor 1, 2

Ich kann nicht *Fürstendiener* sein.

Marquis in Schiller, Don Carlos 3, 10

Ich bin ein freier Mann und singe · Mich wohl in keine *Fürstengruft.*

Herwegh, Gedichte eines Lebendigen, »Leicht Gepäck«

Fürstliche Personen sind gewohnt, ihren Willen zu haben.

Eckermann, Gespräche mit Goethe, den 10. Februar 1830

Was deines Amtes nicht ist, da laß deinen *Fürwitz.*

(In neueren Bibeln: Vorwitz.)
Jes. Sirach 3, 24

Fusel im Manne, · Verstand in der Kanne! Alter Reimspruch

Auf großem *Fuß* leben.

Sprichwörtl. Redensart

Er kriegt kalte *Füße.*

Sprichwörtl. Redensart, wenn jemand von einem Unternehmen zurückzutreten bestrebt ist aus Furcht vor Mißerfolg. (Vgl. Fritz Reuter, Ut mine Stromtid 2, 22.)

Einen mit *Füßen* treten.

Redensart nach Josua 10, 24; Psalm 74, 3; Joh. 13, 18 u. Ebr. 10, 29

Zu den *Füßen* jemandes (z. B. eines Lehrers) sitzen.
Redensart nach Apost. 22, 3

Sieh mich hier zu deinen *Füßen!*
Aus Donizettis Oper: Marie, die Tochter des Regiments (1840)

Gutes *Futter*, · Gute Butter.
Bauernregel

Futter für Pulver oder Kanonenfutter.
(Food for powder.)
Falstaff in Shakespeare, König Heinrich IV. 1. Teil 4, 2

Den *Futterkorb* (Brotkorb) höher hängen.
Sprichwörtlich

G

Die *Gab'* ist klein und erfreuend.
(Kleine *Gaben* erfreuen auch.)
Homer, Odyssee 6, 208 u. 14, 58

Viel hilft eine kleine *Gabe!*
Rollenhagen, Froschmeuseler 1, 2, 21. Kap. 8

Und teilte jedem eine *Gabe*.
Schiller, Das Mädchen aus der Fremde

Alle gute *Gabe* und alle vollkommene Gabe kommt von oben herab.
Jakobus 1, 17
Davon die scherzhafte Redensart: Alles Gute kommt von oben.

Der Wille · Und nicht die *Gabe* macht den Geber.
Der Klosterbruder in Lessing, Nathan der Weise 1, 5

Dem edleren Gemüte · Verarmt die *Gabe* mit des Gebers Güte.
Ophelia in Shakespeare, Hamlet 3, 1

Gabel, Messer, Schere, Licht, · Taugt für kleine Kinder nicht.
Kinderspruch

Von dem berühmten *Gabeltier*, · Der Mensch genannt.
Kotzebue, Dram. Spiele 1, 67, und derselbe in seinem Ausbruch der Verzweiflung (1791):
Kaum geboren, findet schon · Jedes Huhn sein bißchen Futter. · Nur der Mensch, das *Gabeltier*, · Kann sich keinen Schritt entfernen, · Und der Schöpfung stolze Zier · Muß erst gehn und essen lernen.
Vgl. Lear in Shakespeare, König Lear 3, 4: »ein armes nacktes zweizinkiges Tier«.

Mit solchen Worten spart man seine *Gaben*.
Portia in Shakespeare, Der Kaufmann von Venedig 4, 1

Glaube du mir, man gewinnt durch *Gaben* sich Menschen und Götter, · Jupiter selbst wird geneigt, wenn man ihm Gaben verleiht.
Ovid, Liebeskunst 3, 653/54

Zum *Gaffen* hat das Volk die Augen, laßt sie!
Mercutio in Shakespeare, Romeo und Julia 3, 1

So sind die Menschen fürwahr! Und einer ist wie der andere, · Da er zu *gaffen* sich freut, wenn den Nächsten ein Unglück befället.
Goethe, Hermann und Dorothea 1 (Kalliope) 70/71

Ist's nicht ein Mann, sei's derweil ein *Galan*.
Mephistopheles in Goethe, Faust 2946

Nur die *Galeerensklaven* kennen sich.
Tasso in Goethe, Torquato Tasso 5, 5

Que diable allait-il faire dans cette *galère?*
(Was, zum Teufel, hatte er auf jener Galeere zu suchen?)
Molière, Fourberies de Scapin 2, 11

Was zum *Galgen* geboren ist, ersäuft nicht.
Sprichwort

Nur eine kurze *Galgenfrist*. Redensart

Galgenhumor haben
(in der verzweifeltsten Lage nicht verzagen). Sprichwörtl. Redensart

Ein *Galgenschwengel* oder *-vogel* sein. Redensart

Ihm läuft die *Galle* ins Blut.
Dieser Mensch hat keine *Galle*.
Redensarten

Mönchlein, Mönchlein, du gehst jetzt einen schweren *Gang!*
Frundsberg auf dem Reichstag zu Worms zu Luther

Verderben, gehe deinen *Gang!*
Fiesko in Schiller, Fiesko 5, 1

Ich gehe, mit Don Philipp · Jetzt einen öffentlichen *Gang* zu tun.
Carlos in Schiller, Don Carlos 5, 11

Gäng und gäbe.
(Richtiger als *gang* und gäbe.)
Sprichwörtl. Redensart nach 2. Kön. 12, 5 (4)

Jemand am *Gängelband* führen
Sprichwörtl. Redensart

Das Meer noch niemals größer ward, · Weil eine *Gans* das Wasser spart.
Aus Freidanks Bescheidenheit (um 1200)

Eine *Gänsehaut* kriegen.
Im *Gänsemarsch* gehen.
Redensarten

Einen *Ganymed*
nennen wir einen hübschen jungen Mundschenk (scherzhaft auch für Kellner). Nach Homer, Iliade 24, 25/30 (vgl. unter *Hebe*).

Was man einmal ist, das muß man *ganz* sein.
Fr. Bodenstedt, Mirza-Schaffy: Glaube und Leben 7

Ganz muß ich ihn haben.
Moor in Schiller, Räuber 4, 5

Wer den Sinn aufs *Ganze* hält gerichtet, · Dem ist der Streit in seiner Brust geschlichtet.
Schauspielkunst in Schiller, Huldigung der Künste

Du sollst lieben Gott deinen Herrn von *ganzem* Herzen, von *ganzer* Seele und von ganzem Gemüt.
Matth. 22, 37, ähnlich Mark. 12, 30. Vgl. Mose 6, 5

Willst du dich am *Ganzen* erquikken, · So mußt du das *Ganze* im Kleinsten erblicken.
Goethe, Sprüche in Reimen: Gott, Gemüt und Welt

Immer strebe zum *Ganzen* · Und kannst du selber kein Ganzes · Werden, als dienendes Glied schließ an ein *Ganzes* dich an!
Goethe, Vier Jahreszeiten, Herbst 45, u. Schiller, Votivtafeln 15: Pflicht für jeden. (Goethe nahm das Distichon in seine Werke auf, weil er es offenbar für sein Eigentum hielt.)

Tu, was du kannst, und laß das andre dem, der's kann, · Zu jedem *ganzen* Werk gehört ein *ganzer* Mann.
Rückert, Weisheit des Brahmanen

Gänzlich abgeneigt,
siehe unter *Sultan*

Jemand den *Garaus* machen.
Sprichwörtl. Redensart

Wer zu große *Garben* macht, bindet sich reich und drischt sich arm.
Bauernregel

Die (alte) *Garde* stirbt und ergibt sich nicht!
(La garde meurt et ne se rend pas!)
Der Ausspruch wird dem General Cambroune zugeschrieben. Wahrscheinlich aber stammt er von dem Schriftsteller Balisson de Rougemont.

Hinter eisernen (schwedischen) *Gardinen* (im Gefängnis) sitzen.
Redensart

Eine *Gardinenpredigt* halten.
Einem ins *Garn* gehen.
Jemand ins *Garn* locken.
Redensarten

's ist ungefähr das *garstge* Gesicht: · Aber meine Liebe siehst du nicht.
Goethe, Epigrammatisch: Das garstige Gesicht

Ein *garstig* Lied! Pfui! Ein politisch Lied!
Brander in Goethe, Faust 2092

In meinen *Garten* darfst du nicht, · Es ist noch gar zu früh, · Den *Gartenschlüssel* hast du nicht, · Er ist verborgen hie.
Volkslied: Die Spröde (um 1560)

Der *Gärtner* hat während der Obstzeit taube Ohren.
Persisches Sprichwort

Ein stiller Geist ist jahrelang geschäftig; · Die Zeit nur macht die feine *Gärung* kräftig.
Mephistopheles in Goethe, Faust 2372/73

Durch diese hohle *Gasse* muß er kommen.
Tell in Schiller, Wilhelm Tell 4, 3

Die Weisheit klagt draußen und läßt sich hören auf den *Gassen*.
Nach den Sprüchen Sal. 1, 20

Ich bin ein *Gast* auf Erden.
Psalm 119, 19, auch Anfang eines Kirchenliedes von Paul Gerhardt (1607–76)

Lade, eh den hirsch du hast, · Auf den braten keinen *gast*.
Wartburg-Sprüche

Der steinerne *Gast*.
(Die Bildsäule des von Don Juan erstochenen Komturs.)
Isolani in Schiller, Die Piccolomini 4, 6

Gebt acht! Es fehlt an diesem steinernen *Gast*, · Der uns den ganzen Abend nichts getaugt.
L. da Ponte, Don Juan (Mozart)

Herein, herein, du lieber *Gast!*
Mahlmann, Heiterer Lebenslauf, ursprgl. Das Reich der Freude, Anfg.: Mein Lebenslauf ist Lieb und Lust

Betrübten fällt beschwerlich jeder *Gastbesuch*.
Euripides, Alkestis 540 (Minckwitz)

Ungeladene *Gäste* · Sind nicht willkommener meist, als wenn sie gehn.
Bedford in Shakespeare, König Heinrich IV. 1. Teil 2, 2

Das sind mir allzu böse Bissen, · An denen die *Gäste* erwürgen müssen.
Goethe, Sprüche in Reimen: Sprichwörtlich

Böses muß mit Bösem enden, · An dem frevelnden Geschlecht · Rächet Zeus das *Gastesrecht*, · Wägend mit gerechten Händen.
Schiller, Das Siegesfest

Seid *gastfrei* untereinander ohne Murmeln! 1. Petri 4, 9

Gastfrei zu sein vergesset nicht!
Hebr. 13, 2

Oh, auch die schönen freien Regungen · Der *Gastlichkeit*, der frommen Freundestreue · Sind eine heilige Religion dem Herzen.
Max in Schiller, Wallensteins Tod 3, 21

Kurzweil getrieben hast du nun einmal · Genug, genug gegessen und getrunken: · Es ist nun Zeit, vom *Gastmahl* aufzustehn.
Horaz, Episteln 2, 2, 214/15 (Wieland)

Der *Gatte* zieht sein Weib unwiderstehlich · In seines Kreises abgeschloßne Bahn.
Eugenie in Goethe, Die natürliche Tochter 4, 4

Als *Gatte* kann ich mit dem König rechten.
Gerichtsrat in Goethe, Die natürliche Tochter 4, 2

Ach! die *Gattin* ist's, die teure! · Ach! es ist die treue Mutter, · Die der schwarze Fürst der Schatten · Wegführt aus dem Arm des *Gatten*, · Aus der zarten Kinder Schar.
Schiller, Lied von der Glocke V. 250ff.

Gaudeamus igitur, · Iuvenes dum sumus. Altes Studentenlied (Halle 1781)

Keine *Gaukelkunst* berückt · Das Flammenauge, das ins Innre blickt!
Melvil in Schiller, Maria Stuart 5, 7

Zu kühn wird mir dies *Gaukelspiel*.
König in Schiller, Don Carlos 2, 2

Einem geschenkten *Gaul* · Sieht man nicht ins Maul. Sprichwort

Gegen Zung und *Gaumen* · Hält sich Auge schlecht als Richter.
Gärtner in Goethe, Faust 5164/65

Es klebt einem die Zunge am *Gaumen*.
Nach Hiob 29, 10; Psalm 22, 16, 137, 6; Klagel. 4, 4; Hesek. 3, 26

Gazetten müssen nicht genieret werden.
Friedrich der Große (1740). Schon vom Kaiser Tiberius berichtet Sueton (Kap. 28), er habe häufig gesagt, in einem freien Staat müßten Zunge und Geist frei sein.

Stein auf Stein mit Vorbedacht, gibt zuletzt auch ein *Gebäude*.
Goethe, Brief an Zelter (8. Mai 1824)

Hier liegen meine *Gebeine*, · Ich wollt', es wären deine! Grabschrift

Frei, einfältig soll man *geben*, aus lauter Liebe, willig!
Luther, Tischreden, Nr. 14

Gib, was du *geben* willst, eh man darum dich bat; · Es ist nur halb geschenkt, was man erbeten hat.
Rückert, Weisheit des Brahmanen, Stufe 5, 187 (1836/39)

Geben ist seliger denn Nehmen.
Apostelgeschichte 20, 35

Geben ist Sache der Reichen.
Goethe, Hermann und Dorothea 1 (Kalliope) 15

Einen fröhlichen *Geber* hat Gott lieb. 2. Kor. 9, 7

Gebet, damit ihr empfanget!
Alter Spruch. Nach Luk. 6, 38

Wem viel *gegeben* ist, von dem wird viel verlangt.
Herder, Palmblätter 1, 23. Nach Luk. 12, 48

Der Herr hat's *gegeben*, der Herr hat's genommen, der Name des Herrn sei gelobt. Hiob 1, 21

Was leicht *gegeben* wird, wird leicht genommen. Sprichwörtlich

Gebet dem Kaiser, was des Kaisers ist, und Gott, was Gottes ist.
Matth. 22, 21 u. Mark, 12, 17

Jemand ins *Gebet* nehmen.
Sprichwörtl. Redensart

Hast du zur Nacht *gebetet*, Desdemona?
Othello in Shakespeare, Othello 5, 2

Gebeugt erst zeigt der Bogen seine Kraft. Grillparzer, Sappho 5, 6

Nicht einen Zoll von unserm *Gebiet*, nicht einen Stein von unsern Festungen!
(Pas un pouce de notre territoire, pas une pierre de nos forteresses!)
Jules Favre in einem Rundschreiben an die Mächte vom 6. Sept. 1870 und in Ferrières zu Bismarck, 18. Sept. 1870

Teures Weib, *gebiete* deinen Tränen.
Schiller, Hektors Abschied (1793)

Gebiete mir, was menschlich ist! Ich bleibe.
Max in Schiller, Wallensteins Tod 2, 7

Der ist kein Tapfrer, kein Ehrenmann, · Der den *Gebieter* läßt verachten.
Chor in Schiller, Die Braut von Messina 185/86

Denn die Elemente hassen · Das *Gebild* der Menschenhand.
Schiller, Das Lied von der Glocke V. 167/68

Wo rohe Kräfte sinnlos walten, · Da kann sich kein *Gebild* gestalten.
Schiller, Das Lied von der Glocke V. 350/51

Ich komme vom *Gebirge* her, · Die Dämmrung liegt auf Wald und Meer.
G. Ph. Schmidt von Lübeck, Lieder, Des Fremdlings Abendlied (1807)

Nicht *geboren* zu werden, ist weit das beste.
Der Chor in Sophokles, Oedipus auf Kolonos V. 1225/26

Am Ende ist der ganze Kerl · Noch nicht einmal *geboren*.
Lortzing, Waffenschmied 2, 7

Er ward *geboren,* · Er lebte, nahm ein Weib und starb.
Gellert, Fabeln: Der Greis

O wär' ich nie *geboren!*
Faust in Goethe, Faust 4596

Gottes *Gebot* lehrt klüglich fahren in allem Handel. Jesus Sirach 19, 18

Vornehmstes *Gebot* sei (den Konsuln) des Volkes Wohl.
(His salus populi suprema lex esto.)
Cicero, De legibus 3, 3, 8

Wie lautet das elfte *Gebot?*
fragt man ermunternd einen Ängstlichen (vgl. unter *verblüffen*)

Deine *Gebote* sind eitel Wahrheit.
Psalm 119, 86

Es nützt durch *Gebrauch* sich der Ring ab.
(Consumitur anulus usu.)
Ovid, Briefe aus dem Pontus 4, 10, 5

Gebrauch tut mehr · Als Meisterlehr'. Alter Spruch

Gebrechlichkeit, dein Nam' ist Weib.
Talbot in Schiller, Maria Stuart 2, 3
Hamlet in Shakespeare, Hamlet 1, 2
(Nach Wielands Übersetzung, vgl. unter *Schwachheit*)

Nicht die *Geburt* macht schlecht und gut; · Von Adel ist, wer edel tut. Alter Spruch

Tugend steht höher als *Geburt.*
(Potior origine virtus.)
Wahlspruch der Scott

Aus einem kleinen *Gebüsch* springt oft ein großer Hase.
Weidmannsspruch

Kaum *gedacht,* kaum gedacht, · War der Lust ein End' gemacht!
Wilh. Hauff, Reiters Morgengesang

Ihr *gedachtet* es böse mit mir zu machen, aber Gott *gedachte* es gut zu machen. 1. Mos. 50, 20

Das *Gedächtnis* nimmt ab, wenn man es nicht übt. Cicero, Cato maior 6

Herr, erhalte mein *Gedächtnis* frisch!
Dickens, Der Verwünschte (Leitmotiv dieser Geschichte)

Ein Kopf ohne *Gedächtniskraft* ist eine Festung ohne Besatzung.
Napoleon I.

Wär' der *Gedank'* nicht so verwünscht gescheit, · Man wär' versucht, ihn herzlich dumm zu nennen.
Wallenstein in Schiller, Die Piccolomini 2, 7

Jeder wahre *Gedanke* trägt das Universum in sich, und keiner spricht es aus.
Feuchtersleben, Aphorismen (Wissenschaft)

Der *Gedanke* legt den Grund für die Tat. Moltke

Gedanken sind zollfrei. Sprichwörtlich

Gedanken sind frei.
(Thought is free.)
Stephano in Shakespeare, Der Sturm 3, 2

Leicht beieinander wohnen die *Gedanken,* · Doch hart im Raume stoßen sich die Sachen.
Wallenstein in Schiller, Wallensteins Tod 2, 2

Unstet treiben die *Gedanken* · Auf dem Meer der Leidenschaft.
Schiller, Würde der Frauen

Die großen *Gedanken* kommen aus dem Herzen.
(Les grandes pensées viennent du cœur.)
Vauvenargues, Réflexions 87

Gedanken gehn und Lieder · Fort bis ins Himmelreich.
Eichendorff, Wanderlieder

Taucht unter, ihr *Gedanken!*
König Richard in Shakespeare, Richard III. 1, 1

Unsere besten *Gedanken* denken sich selbst, wir haben kein Verdienst dabei.
Ad. Pichler, Ges. Werke 3 (1905, S. 349)

Der angebornen Farbe der Entschließung · Wird des *Gedankens* Blässe angekränkelt; · Und Unternehmungen voll Mark und Nachdruck, · Durch diese Rücksicht aus der Bahn gelenkt, · Verlieren so der Handlung Namen.

Hamlet in Shakespeare, Hamlet 3, 1

Gedankenarm – ein traurig Los! · Viel lieber doch *gedankenlos*.

P. Heyse, Spruchbüchlein

Geben Sie *Gedankenfreiheit!*

Marquis Posa in Schiller, Don Carlos 3, 10

Eile nicht, bleib, *Gedankenfreund* (der Mond)!

Kloppstock, Oden: Die frühen Gräber (1764)

Ach, was haben die Herrn doch für ein kurzes *Gedärm!*

Schiller, Gedichte: Die Sonntagskinder (1792)

Doch der Menschen *Gedeihn* vermehrt und mindert Kronion, · Wie sein Herz es gebietet.

Homer, Ilias 20, 242/43 (Voß)

Unrecht Gut *gedeih(e)t* nicht.

Nach den Sprüchen Sal. 10, 2

Gedenke meiner, wenn dir's wohl geht. 1. Mos. 40, 14

Vgl. Goethes Ballade »Der Sänger«: Ergeht's euch wohl, so denkt an mich

Gedenke der vorigen Zeit bis daher und betrachte, was er getan hat an den alten Vätern. 5. Mos. 32, 7

Gedenke mein, gedenke mein!

Fr. Rückert (vgl. unter *Glockentürmers* Töchterlein)

Sollt' ein schönes Glück mich kränken, · Weil es allzu rasch entfloh? · Kurz Begegnen, lang *Gedenken* · Macht die Seele reich und froh.

Geibel, Gedichte: Sprüche Nr. 1

Willst du lesen ein *Gedicht*, · Sammle dich wie zum Gebete, · Daß vor deine Seele licht · Das Gebild des Dichters trete.

Ad. Stöber, An Dichter und Leser

Ein *Gedicht* soll entweder vortrefflich sein oder gar nicht existieren.

Goethe, Wilhelm Meisters Lehrjahre 2, 2

Gedichte sind gemalte Fensterscheiben. Goethe, Parabolisch: Gedichte

Geduld ist aller Schmerzen Arzenei.

Publilius Syrus, Spruchverse 96

Geduld ist die Kunst zu hoffen.

Schleiermacher

Geduld ist euch not. Hebr. 10, 36

Geduld ist gut für Memmen!

Clifford in Shakespeare, König Heinrich VI. 3. Teil 1, 1

Geduld mit Hoffnung!

Hubert Graf v. Eberstein (Weidner, Apophth. 1, S. 345)

Geduld! Geduld! wenn's Herz auch bricht! Bürger, Lenore

Geduld ist der Schlüssel zur Freude.

Arabisches Sprichwort

Mit *Geduld* bekommst du auch von unreinen Trauben Sirup.

Arabisches Sprichwort

Geduld und Batzen gehn viel in einen Sack. Alter Spruch

Die Staude der *Geduld* ist bittrer Art; · Doch endlich bringt sie Früchte süß und zart.

Karl Simrock, Sprüche 10

Die Kunst zu hoffen heißt *Geduld*, · Sie tilgt die allergrößte Schuld.

Sprichwörtlich

Ein kleiner Feind, dies lerne fein, · Will durch *Geduld* ermüdet sein.

Gellert, Fabeln 3. Buch: Der Knabe und die Mücken

Mit *Geduld* und Zeit · Kommt man mählich weit! Abraham a Santa Clara

Glaube nur, du hast viel getan, · Wenn dir *Geduld* gewöhnest an.

Goethe, Gedichte: Sprichwörtlich

Nicht Kunst und Wissenschaft allein, · *Geduld* will bei dem Werke sein.

Mephistopheles in Goethe, Faust 2370/71

Leichter träget, was er trägt, · Wer *Geduld* zur Bürde legt.
Logau, Sinngedichte: Geduld

Geduld ist eine Tugend des Indianers und bringt einem christlichen Weißen keine Schande . . . wirst du denn nie die Weisheit der Geduld erkennen lernen?
J. F. Cooper, Die Prärie

Geduldige Schafe gehen viel in einen Stall. Sprichwort

Ein *Geduldiger* ist besser denn ein Starker. Spr. Sal. 16, 32

Ein *geduldiger* Geist ist besser denn ein hoher Geist. Pred. Sal. 7, 9

Gefahr vertreibt den Sabbat.
Heine, Der Rabbi von Bacharach

Gefahr im Verzuge.
(Periculum in mora.)
Nach Livius 38, 25, 13

Aus der Nessel *Gefahr* pflücken wir die Blume Sicherheit.
Percy in Shakespeare, König Heinrich IV. 1. Teil 2, 3

Der Furchtsame erschrickt vor der *Gefahr*, · Der Feige in ihr, der Mutige nach ihr.
Jean Paul, Das Kampanertal oder Über die Unsterblichkeit der Seele 3

Wer sich in *Gefahr* begibt, kommt darin um. Nach Jes. Sirach 3, 27

Nichts ist so fest, daß ihm nicht selbst von Schwachem *Gefahr* droht.
(Nihil tam firmum est, cui periculum non sit, etiam ab invalido.)
Quintus Curtius 7, 8, 34

Wo du nicht der *Gefahr* kannst aus den Wegen gehn, · Da bleibt dir nichts als ihr mit Mut entgegengehn.
Rückert, Weisheit des Brahmanen, Stufe 5, Nr. 178

Wer mit *Gefahren* will scherzen, · Sucht Lob und findet Schmerzen.
Abraham a Santa Clara

Vergnügen sucht der Mann sich in *Gefahren*.
Elpenor in Goethe, Elpenor 1, 2

Ich bin · *Gefährlich*, weil ich über mich gedacht.
Marquis Posa in Schiller, Don Carlos 3, 10

Gefährlich ist's, ein Mordgewehr zu tragen, · Und auf den Schützen springt der Pfeil zurück!
Geßler in Schiller, Wilhelm Tell 3, 3

Gefährlich ist's, den Leu zu wecken, · Verderblich ist des Tigers Zahn; · Jedoch der schrecklichste der Schrecken · Das ist der Mensch in seinem Wahn.
Schiller, Lied von der Glocke V. 374ff.

Es ist *gefährlich*, wenn man allzulang · Sich klug und mäßig zeigen muß.
Antonio in Goethe, Torquato Tasso 3, 4

Hab dich nur nicht so *gefährlich*
(tu nicht so.) Redensart

Das *gefährliche* Alter siehe unter *Alter*

Ein lustiger *Gefährte* ist ein Rollwagen auf der Wanderschaft.
Goethe, Maximen u. Reflexionen 2

Wer einen *Gefährten* hat, hat einen Meister. Sprichwort

Leser, wie *gefall'* ich dir? · Leser wie *gefällst* du mir?
Logau, Sinngedichte 2. Tausend Zugabe N. 3: Wahlspruch

Das sind Tage, von denen wir sagen: sie *gefallen* uns nicht.
Nach Pred. Sal. 12, 1. Siehe auch unter *Tage*

Oktavio, das will mir nicht *gefallen!*
Max in Schiller, Wallensteins Tod 2, 7

Welt, du kannst mir nicht *gefallen!*
Irmtraut in Lortzing, Der Waffenschmied 1 (1846)

Kannst du nicht allen *gefallen* durch deine Tat und dein Kunstwerk, · Mach es wenigen recht; vielen gefallen ist schlimm.
Schiller, Gedichte, Wahl (1797)

Es ist die lächerlichste Prätension, allen *gefallen* zu wollen.

Goethe zu Riemer; Biedermann, Goethes ausgew. Gespräche S. 500

Ein *gefallener* Engel.

Nach Bibelstellen gebildete Redensart

Es gehet also in der Welt, · Einem jeden seine Weis' *gefällt.*

Rollenhagen, Froschmeuseler 1, 1 6. Kap. 29/30

Jedem Narren *gefällt* seine Kappe.

Sprichwort

Der kann's weit bringen in der Welt, · Der gar nicht fragt, ob er *gefällt.* Kinkel, Gedichte: Sprüche Nr. 31

Die, die uns *gefällt*, das ist die Schönste auf der Welt.

Aus der Operette Die Csardasfürstin von Emmerich Kálmán

Mit *gefangen*, mit gehangen.

Sprichwort

Ein fideles *Gefängnis.*

Gefängniswärter Frosch in der Operette Die Fledermaus (1874) von Joh. Strauß, Text von Haffner und Genée (nach Meilhac und Halévys Lustspiel Le Réveillon)

Ist dein *Gefäß* nicht rein, so würde Nektar zu Essig drein.

Horaz, Episteln 1, 2, 54 (Wieland)

Wessen das *Gefäß* ist gefüllt, · Davon es sprudelt und überquillt.

Kapuziner in Schiller, Wallensteins Lager V. 579

Auserwähltes *Gefäß*,

siehe unter *Rüstzeug*

Beim *Gefecht* gegens Ende, und zum Anfang beim Feste, · Ziemt träge Streiter und hungrige Gäste.

Falstaff in Shakespeare, König Heinrich IV. 1. Teil 4, 2

Die *Gefilde* der Seligen.

Nach Hesiod, Werke u. Tage 159ff. und Homer Od. 4, 561ff. elysische *Gefilde*

Auch wenn der Vogel geht, merkt man, daß er *geflügelt* ist.

A. M. Lemiere, Les fastes (1780, Zimmermann)

Geflügelte Worte. (*Ἔπεα πτερόεντα*)

Bei Homer, in Ilias und Odyssee häufig vorkommend. Zu seiner heutigen Bedeutung jedoch erst durch Georg Büchmann gelangt. Vgl. unter *Winged* Words. Schon Klopstock gebrauchte (1755, also vor Voß in seiner Homerübertragung) den Ausdruck »geflügelte Worte« im Messias 7, 632, 842; 9, 637.

Da versetzte sogleich der Sohn mit *geflügelten* Worten.

Goethe, Hermann und Dorothea: Polyhymnia

Jung *gefreit* · Hat niemand gereut.

Sprichwort

Gefrorene Musik

nannte A. W. Schlegel die Architektur. Vgl. unter *Architektur*

Das *Gefühl* findet, der Scharfsinn weiß die Gründe. Jean Paul

Gefühl ist alles; Name ist Schall und Rauch; · Umnebelnd Himmelsglut. Faust in Goethe, Faust 3456/58

Mein erst' *Gefühl* sei Preis und Dank!

Gellert, Geistliche Oden und Lieder: Morgengesang

Was auch behaupte die Philosophie, · Trau dem *Gefühl!* Es täuscht dich nie, · Es ist das Rechte wie das Beste; · Nur halt am rechten Gefühl auch feste!

Fr. v. Sallet, Epigrammatisches und Lehrhaftes

In seines Nichts durchbohrendem *Gefühle.*

Carlos in Schiller, Don Carlos 2, 1; Alba ebenda 2, 5

Sei *gefühllos!* · Ein leichtbewegtes Herz · Ist ein elend Gut · Auf der wankenden Erde.

Goethe, 3. Ode an Behrisch

Auch eine schöne *Gegend!*

(Ooch ne scheene Jejend.)
Adolf Glaßbrenner, Berlin, wie es ist – und trinkt (Berliner Witzblatt, 1832/50): dort sagt dies als Trost eine Frau zur andern, die auf Befragen mitteilt, daß ihr Sohn bei Leipzig gefallen sei.

Gegensätze berühren sich.
Sprichwörtlich, siehe unter *Extreme*

Die *Gegenwart* verführt ins Übertriebne, · Ich halte mich vor allem ans Geschriebne.
Gelehrter in Goethe, Faust 6535/36

Die *Gegenwart* ist eine mächtige Göttin! · Lern ihren Einfluß kennen, bleibe hier!
Antonio in Goethe, Torquato Tasso 4, 4

Die *Gegenwart* ist falsch, das Leben lügt.
Chamisso, Traum

Im Leben ist nichts *Gegenwart*.
Goethe, Monolog aus Byron, Manfred 2, 2

Man rettet gern aus trüber *Gegenwart* · Sich in das heitere Gebiet der Kunst.
Uhland, Prolog zum Ernst von Schwaben

Gegner glauben uns zu widerlegen, wenn sie ihre Meinung wiederholen und auf die unsrige nicht achten.
Goethe, Maximen u. Reflexionen 7

Furchtbar ist ein *Gegner*, der die Götter ehrt.
Äschylus, Die Sieben gegen Theben 571 (Donner)

Ohne *Gegner* erschlafft die Tugend.
Seneca, Abhandlungen, deutsch von Moser 1828, S. 343

Nicht *gehauen* noch gestochen (Geschwätz).
Sprichwörtl. Redensart

Komm ihm nicht ins *Gehege!*
Sprichwörtlich

In der Liebe ist der zuerst *Geheilte* immer der besser Geheilte.
La Rochefoucauld

Geheimnis nur verbürget unsre Taten.
König in Goethe, Die natürliche Tochter 1, 5

Heiß mich nicht reden, heiß mich schweigen! · Denn mein *Geheimnis* ist mir Pflicht; · Ich möchte dir mein ganzes Innre zeigen, · Allein das Schicksal will es nicht.
Goethe, Wilh. Meisters Lehrjahre 5, 16

Ungern entdeck' ich höheres *Geheimnis.*
Mephistopheles in Goethe, Faust 6212

Durch Sagen und Wiedersagen · Wird ein *Geheimnis* durch die Stadt getragen.
Sprichwort

Man kann seinen Kopf hingeben, sein *Geheimnis* niemals.
Türkisches Sprichwort

So schwer drückt nichts, wie ein *Geheimnis* drückt.
(Rien ne pèse tant qu'un secret.)
Lafontaine, Fabeln 8, 5: Die Frauen und das Geheimnis

Wie fällt doch ein *Geheimnis* Weibern schwer!
Portia in Shakespeare, Cäsar 2, 2

Wenn ich mein *Geheimnis* verschweige, ist es mein Gefangener; lasse ich es entschlüpfen, so bin ich sein Gefangener.
Arabisches Sprichwort

Ein öffentliches *Geheimnis*
siehe unter *öffentlich*

Das *Geheimnis* der Langeweile siehe unter *ennuyer*

Geheimnisse sind noch keine Wunder.
Goethe, Maximen und Reflexionen 3

Im *Geheimnisse* der Tugend liegt ihre Kraft.
Feuchtersleben, Aphorismen (Leben)

Geheimnisvoll am lichten Tag · Läßt sich Natur des Schleiers nicht berauben, · Und was sie deinem Geist nicht offenbaren mag, · Das zwingst du ihr nicht ab mit Hebeln und mit Schrauben.
Faust in Goethe, Faust 672/75

Denn ein vollkommener Widerspruch · Bleibt gleich *geheimnisvoll* für Kluge wie für Toren.
Mephistopheles in Goethe, Faust 2557/58

Was man an der Natur *Geheimnisvolles* pries, · Das wagen wir verständig zu probieren.
Wagner in Goethe, Faust 6857/58

Er fällt in die Räder der *Geheimratsmaschine*.
Nach Bismarck (1. April 1895)

Von manchen Menschen könnte man sagen, sie seien zum *Geheimratwerden* geboren.
Gutzkow, Lebenserinnerungen 1

Ich *geh'* und geh' vergnügter als ich kam.
Klosterbruder in Lessing, Nathan der Weise 1, 5

Geh nicht von mir, Max!
Wallenstein in Schiller, Wallensteins Tod 3, 18

Nun *geh'* ich – · Und wann kehrst du wieder?
Kleist, Familie Schroffenstein 3, 1

Gehe hin und tue desgleichen!
Luk. 10, 37

Wer niemals außer sich geriet, · Wird niemals gründlich in sich *gehen*.
P. Heyse, Spruchbüchlein: Heimkehr

So ging es und *geht* es noch heute.
Goethe, Hochzeitslied, Schlußvers

Mit allen Hunden *gehetzt* sein.
Sprichwörtl. Redensart

Wer kein *Gehirn* hat, habe Beine!
Italienisches Sprichwort
(Was man nicht im Kopf hat, muß man in den Beinen haben, sagt der Deutsche.)

Eng ist die Welt, und das *Gehirn* ist weit. Siehe unter *eng*

Dem Mann kann *geholfen* werden.
Karl Moor in Schiller, Die Räuber (Schluß)

Man muß Gott mehr *gehorchen* denn den Menschen.
Apostelgeschichte 5, 29

Gehorchen soll man mehr als immer · Und zahlen mehr als je zuvor.
Bürger in Goethe, Faust 850/51

Gehorchen mag, wer nicht zu herrschen weiß.
York in Shakespeare, König Heinrich VI. 2. Teil 5, 1

Lieblos Gebot lähmt des *Gehorchens* Pflicht.
Jul. Hammer, Schau um dich und schau in dich

Gehorcht der Zeit und dem Gesetz der Stunde.
Shrewsbury in Schiller, Maria Stuart 3, 3

Gehorsam ist besser denn Opfer.
1. Sam. 15, 22

Das Wort ist frei, die Tat ist stumm, der *Gehorsam* blind.
Wachtmeister in Schiller, Wallensteins Lager 6. Auftritt

Gehorsam gegen Eltern ist der Kinder Ruhm.
Phädrus, Fabeln 1, 32, 11

Gehorsam ist des Weibes Pflicht auf Erden, · Das harte Dulden ist ihr schweres Los, · Durch strengen Dienst muß sie geläutert werden.
Johanna in Schiller, Jungfrau von Orleans 1, 10

Gehorsam ist die erste Pflicht.
Schiller, Der Kampf mit dem Drachen V. 47

Mut zeiget auch der Mameluck, · *Gehorsam* ist des Christen Schmuck.
Schiller, Der Kampf mit dem Drachen V. 277

Ist *Gehorsam* im Gemüte, · Wird nicht fern die Liebe sein.
Goethe, Balladen: Der Gott und die Bajadere

Wo Verstand befiehlt, ist der *Gehorsam* leicht.
Th. Fontane, Quitt Kap. 17 (gegen Ende)

Gehörst zu den Heiligen und Reinen?
Thibaut in Schiller, Jungfrau von Orleans 4, 11

Geht, geht mit Gott, Madame!
Talbot in Schiller, Jungfrau von Orleans 2, 2

Das ist *gehupft* wie gesprungen.
Sprichwörtlich

Wo (aber) ein Aas ist, da sammeln sich die *Geier* (oder Adler).
Matth. 24, 28 (vgl. Luk. 17, 37; Hiob 39, 30 u. Habakuk 1, 8)

Es taugt nun freilich nicht, · Wenn Fürsten *Geier* unter Äsern sind; · Doch sind sie Äser unter *Geiern*, taugt's · Noch zehnmal weniger.
Derwisch in Lessing, Nathan der Weise 1, 3

Die erste *Geige* spielen.
Sprichwörtlich

Nach jemandes *Geige* (Pfeife) tanzen.
Sprichwörtlich nach Äsop, Fabeln 27, oder nach Matth. 11, 17

Nun bitten wir den heiligen *Geist* · Um den rechten Glauben allermeist. Luther, Ein Lobgesang (1524)

Daß sich das größte Werk vollende, · Genügt ein *Geist* für tausend Hände. Faust in Goethe, Faust 11509/10

Das Haus mag zerfallen – · Was hat's dann für Not? · Der *Geist* lebt in uns allen, · Und unsre Burg ist Gott!
A. Binzer, Wir hatten gebauet (1819)

Den *Geist*, das Licht, die Sonne vernichten sie doch nicht.
Chamisso, Abba Glosk Leczeka

Es geht ein finstrer *Geist* durch unser Haus, · Und schleunig will das Schicksal mit uns enden.
Thekla in Schiller, Die Piccolomini 3, 8

Der *Geist* ist willig, aber das Fleisch ist schwach. Matth. 26, 41

Stark am *Geist*, am Leibe schwach.
Just. Kerner (1786–1862), Kaiser Rudolfs Ritt zum Grabe (1820)

Du gleichst dem *Geist*, den du begreifst, · Nicht mir!
Geist in Goethe, Faust 512/13

Ich bin der *Geist*, der stets verneint.
Mephistopheles in Goethe, Faust 1338

Es braucht kein *Geist* vom Grabe herzukommen, · Um das zu sagen.
Horatio in Shakespeare, Hamlet 1, 5 (vgl. Luk. 16, 30)

Es ist der *Geist*, der sich den Körper baut.
Wallenstein in Schiller, Wallensteins Tod 3, 13

Der *Geist* bewegt die Materie.
(Mens agitat molem.)
Vergil, Äneis 6, 727

Was ihr den *Geist* der Zeiten heißt, · Das ist im Grund der Herren eigner Geist, · In dem die Zeiten sich bespiegeln.
Faust in Goethe, Faust 577/79

Ihr habt einen andern *Geist* denn wir.
Luther in Marburg gegen Zwingli und Ökolampadius, 3. Okt. 1529

Der *Geist* denkt, das Geld lenkt.
Oswald Spengler, Untergang des Abendlandes

Dienstbarer *Geist*. Nach Hebr. 1, 14

Der böse *Geist* Asmodi.
Nach Tob. 3, 8

Oh, welch ein edler *Geist* ist hier zerstört!
Ophelia in Shakespeare, Hamlet 3, 1

Werde nie so reich an *Geist*, daß arm du würdest am Herzen.
Otto Ludwig, Makkabäer 1, 3

Ein großer *Geist* fühlt sich im Dunkeln wohl. · Das Weib ist dazu da, gesehn zu werden.
Frank Wedekind (1864–1914), Der Stein der Weisen

Der *Geist* als Widersacher der Seele.
Titel eines Hauptwerkes von Ludwig Klages

Jetzt muß der *Geist* von Weimar, der Geist der großen Philosophen und Dichter, wieder unser Leben erfüllen.
Der spätere Reichspräsident Friedrich Ebert (1871–1925) bei Eröffnung der Weimarer Nationalversammlung am 6. Febr. 1919

Die Ritter vom *Geiste.*
Titel eines Romans von Karl Gutzkow (1850/52)

Die *Geister* platzen aufeinander.
Nach Luthers Brief an den Kurfürsten Friedrich und Herzog Johannes zu Sachsen vom 21. Aug. 1524, in dem es heißt: »Man lasse die Geister aufeinanderplatzen und treffen.«

Nur der Geist beschwört die *Geister.* Freiligrath, Geisterschau

Wer kommt? – Was seh' ich? – O ihr guten *Geister!* · Mein Roderich.
Carlos in Schiller, Don Carlos 1, 2

Die ich rief, die *Geister,* · Werd' ich nun nicht los.
Goethe, Balladen: Der Zauberlehrling

Es gibt böse *Geister,* · Die in des Menschen unverwahrter Brust · Sich augenblicklich ihren Wohnplatz nehmen.
Kennedy in Schiller, Maria Stuart 1, 4

Darf eine solche Menschenstimme hier, · Wo *Geisterfülle* mich umgab, ertönen?
Faust in Goethe, Faust 606/07

Ihr aber hört nicht, was ich sage, · Ihr glaubt an *Geisterstimmen* nicht.
Uhland, Am 18. Oktober 1816

Die *Geisterwelt* ist nicht verschlossen! · Dein Sinn ist zu, dein Herz ist tot! · Auf, bade, Schüler, unverdrossen · Die irdsche Brust im Morgenrot.
Faust in Goethe, Faust 443/46

Wisset ihr nicht, welches *Geistes* Kinder ihr seid? Luk. 9, 55

Deines *Geistes* · Hab' ich einen Hauch verspürt!
Uhland, Bertran de Born

Aber *Geistesgröße* mit des Herzens Güte · Ganz in eins verflößt, · Bildet einen Mann für Erd' und Himmel.
Chr. Fr. D. Schubart, Sämtliche Gedichte (1785/86)

Den *Geistlichen* wird man verehren, · In dem sich regt der freie Geist.
Ludw. Uhland, Gedichte: Den Landständen

Ach, man will auch hier schon wieder, · Nicht so wie die *Geistlichkeit.* W. Busch, Pater Filucius (1873)

Geistreich soll niemand sein als wir und unsere Freunde.
Molière, Die gelehrten Frauen 3, 2. Vgl. unter *amis*

Ist sie auch *geistreich?* fragt ihr zumeist. · Was wollt ihr denn? Herz heißt des Weibes Geist. · Wird sie unendlich lieben können, · Dürft ihr getrost sie geistreich nennen!
F. Th. Vischer

Eine alte *Geiß* leckt auch gern Salz.
Sprichwörtlich

Geißel Gottes (Godegisel).
Der Hunnenkönig Attila wurde so genannt

Und was er spricht, ist *Geißel.*
Uhland, Des Sängers Fluch

Geiz ist eine Wurzel alles Übels.
1. Thimoth. 6, 10

Der *Geiz* ist nimmer satt · Und, da er mehr begehrt, verliert er, was er hat. Lichtwer, Fabeln, 2. Buch

Es gibt Menschen, die *geizen* mit ihrem Verstande wie andere mit ihrem Gelde.
Börne, Fragmente u. Aphorismen, Nr. 7

Der *Geizhals* bleibt im Tode karg: · Zween Blicke wirft er auf den Sarg · Und tausend wirft er mit Entsetzen · Nach den mit Angst verwahrten Schätzen.
Gellert, Fabeln 1. Buch: Der Hund

Gekeilt in drangvoll fürchterliche Enge.
Hauptmann in Schiller, Wallensteins Tod 4, 10

Unauslöschliches (oder: Homerisches) *Gelächter.*
Nach Homer, Ilias 1, 599, vgl. Odyssee 8, 326 und 20, 346

Du sprichst ein großes Wort *gelassen* aus.

Thoas in Goethe, Iphigenie 1, 3

Gelassen stieg die Nacht ans Land.

Mörike, Gedichte: Um Mitternacht

Fahr hin, lammherzige *Gelassenheit!* Maria in Schiller, Maria Stuart 3, 4

Schwermutsvoll und dumpfig hallt *Geläute.*

L. Hölty, Elegie a. d. Tod eines Landmädchens

Gelb vor Neid werden.

Sprichwörtl. Redensart

Gelbe Presse siehe unter *Yellow*

Was frag' ich viel nach *Geld* und Gut, · Wenn ich zufrieden bin?

J. M. Miller, Gedichte: Zufriedenheit (1776)

Sobald das *Geld* im Kasten klingt, · Die Seele aus dem Fegfeuer springt.

Nach den von Hans Sachs in der Wittenbergisch Nachtigall den Ablaßkrämern in den Mund gelegten Versen

Verfüge nie über *Geld*, ehe du es hast. Thomas Jefferson, Lebensregeln

Tu *Geld* in deinen Beutel!

Jaho in Shakespeare, Othello 1, 3

Geld kann vieles in der Welt, · Jugend kauft man nicht ums Geld.

Jugend in Raimund, Mädchen aus der Feenwelt

Im Deutschen reimt sich *Geld* auf Welt: es ist kaum möglich, daß es einen vernünftigern Reim gebe: Ich biete allen Sprachen Trotz!

Lichtenberg, Vermischte Schriften 17: Allerhand

Geld, Gewalt und Herrengunst · Zerbricht Ehr', Recht und alle Kunst.

Rollenhagen, Froschmeuseler 1, 2, 12. Kap. 79/80

Zum Kriegführen sind drei Dinge nötig, *Geld*, Geld und nochmals Geld.

Dieser Ausspruch wird dem Grafen Raim. Montecuccoli (1609–80) zugeschrieben. Er stammt aber von dem Marschall Gian-Jacobo Trivulzio (1448–1518).

Geld und Geiz · Bringt Not und Kreuz. Sprichwort

Das Gemüt macht reich; es ist besser ein Mann ohne *Geld* als Geld ohne einen Mann.

Adolf von Nassau (1292–98) bei Zinkgref, Apophth. 1, 36

Geld stinkt nicht (pecunia non olet).

Vespasian zu seinem Sohn Titus in bezug auf das aus der Steuer auf Bedürfnisanstalten eingekommene Geld (Sueton, Vespas. 23)

Das *Geld* liegt auf der Straße, man muß es nur aufzuheben wissen.

Sprichwörtl. Redensart

Das böse *Geld!* Die böse Welt! · Traut keiner Außenseite! · Die Leute machen falsches Geld, · Das Geld macht falsche Leute!

Joh. Chr. Friedr. Haug

Geld regiert die ganze Welt.

(Pecunia una regimen est rerum omnium.) Publ. Syrus, 364. Vgl. auch unter *Geist*

Ich hab' kein *Geld*, bin vogelfrei.

Aus der Operette Der Bettelstudent von Karl Millöcker. Text von F. Zell und Richard Genée (1882)

O Mensch, das *Geld* ist nur Chimäre.

Christian Morgenstern (1871–1914), Galgenlieder

In *Geldsachen* hört die Gemütlichkeit auf!

David Hansemann im preußischen Vereinigten Landtage, 8. Juni 1847 (eigentl.: Bei Geldfragen . . .)

Gelebt und geliebet,

siehe unter *genossen.*

Graf, dieser Mortimer starb Euch sehr *gelegen.*

Burleigh in Schiller, Maria Stuart 4, 6

Gott ist soviel an mir, als mir an ihm *gelegen:* · Sein Wesen helf' ich ihm, wie er das meine hegen.

Angelus Silesius (Joh. Scheffler), Cherub. Wandersmann (1675)

Zu *gelegener* Stunde. Alte Redensart

Gelegenheit macht Diebe. Sprichwort

Gelegenheit macht Verhältnisse, wie sie Diebe macht.
Goethe, Wahlverwandtschaften 1, 4

Gelegenheit macht nicht Diebe allein, sie macht auch große Männer.
Lichtenberg, Verm. Schriften 9: über Physiognomik

Braucht's *Gelegenheit* zu einer Bitte?
Saladin in Lessing, Nathan der Weise 3, 7

Die *Gelegenheit* beim Schopfe fassen. Sprichwörtl. Redensart

Die *Gelegenheit* hat nur an der Stirne Haar, hinten ist sie kahl.
Klinger, Faust 106

Es steigt der Mut mit der *Gelegenheit.*
Österreich in Shakespeare, König Johann 2, 1

Hier · Vollend' ich's, – Die *Gelegenheit* ist günstig.
Tell in Schiller, Wilhelm Tell 4, 3

Wart auf die *Gelegenheit,* · Aber nimmer auf die Zeit!
W. Müller, Epigramme: Zeit u. Mensch

Nur der Geschmack genießt, was die *Gelehrsamkeit* pflanzt.
Schiller, Votivtafeln Nr. 14, Der gelehrte Arbeiter

Mit bloßer *Gelehrsamkeit* ist der Welt sehr schlecht gedient.
Fr. Chr. Schlosser

Was ihr euch, *Gelehrte,* für Geld nicht erwerbt, · Das hab' ich von meiner Frau Mutter geerbt.
Bürger, Kaiser und Abt

Daran erkenn' ich den *gelehrten* Herrn! · Was ihr nicht tastet, steht euch meilenfern.
Mephistopheles in Goethe, Faust 4917/18

Mag mich der Himmel bewahren vor hoch*gelehrter* Gemahlin!
Martial, Epigramme 2, 90

Sie haben schrecklich viel *gelesen.*
Siehe unter *Beste*
Arm und *Geleit* siehe unter *Arm*

Wo man die *Geliebte* sucht, · Sind Ungeheuer selbst willkommen.
Mephistopheles in Goethe, Faust 7193/94

Für das *Geliebte* leiden ist so süß.
Grillparzer, Sappho 4, 2

Mein *geliebtes* Deutsch siehe unter *Deutsch*

Er, der die größten Taten läßt vollbringen, · Legt oft in schwache Hände das *Gelingen.*
Helena in Shakespeare, Ende gut, alles gut 2, 1

Er macht einen Lärm, daß einem die Ohren *gellen* (oder klingen).
Sprichw. nach 1. Sam. 3, 11 (vgl. 2. Kön. 21, 12 und Jer. 19, 3)

Wer was *gelten* will, · Muß andre gelten lassen. Goethe, Zahme Xenien 6

Ob ich liebe, ob ich hasse! · Nur soll ich nicht schelten. · Wenn ich die Leute *gelten* lasse, · Läßt man mich gelten.
Goethe, Zahme Xenien 6

Wer will haben gut *Gemach,* · Bleibe unter Dach und Fach.
Alter Spruch

Gemächlich kommt auch weit.
Sprichwort

Was *gemacht* werden kann, wird gemacht.
Graf Wallis (1767–1818) zu Metternich

Ein *gemachter* Mann.
Sprichwörtl. Redensart

Mach dich nicht *gemein,* · Willst du wert gehalten sein. Sprichwort

Nur das *Gemeine* · Verkennt man selten. – Und das Seltene · Vergißt man schwerlich.
Tempelherr in Lessing, Nathan der Weise 2, 5

In eignen kleinen Sorgen und Int'ressen · Zerstreut sich der *gemeine* Geist.
Illo in Schiller, Die Piccolomini 2, 6

Das *Gemeine* geht klanglos zum Orkus hinab. Schiller, Gedichte: Nänie

Und hinter ihm im wesenlosen Scheine · Lag, was uns alle bändigt, das *Gemeine.*
Goethe, Epilog zu Schillers Glocke

Gemeine Naturen · Zahlen mit dem, was sie tun, edle mit dem, was sie sind.
Schiller, Votivtafeln: Unterschied der Stände

Denn aus *Gemeinem* ist der Mensch gemacht, · Und die Gewohnheit nennt er seine Amme.
Wallenstein in Schiller, Wallensteins Tod 1, 4

Das *Gemeingefühl* ist die höchste Gewalt auf Erden.
H. Jos. König, D. Waldenser (1836)

Gemeinnutz geht vor Eigennutz.
Der 24. Punkt aus dem ursprünglichen Programm der ehemaligen NSDAP

Respekt vor dem *Gemeinplatz!* Er ist seit Jahrhunderten aufgespeicherte Weisheit.
Marie v. Ebner-Eschenbach, Aphorismen (1893)

Unser *gemeinschaftlicher* Freund.
(Our mutual friend.)
Titel eines Romans von Dickens' 1894)

Gemeinsinn fehlt, nicht der gemeine Sinn. Jul. Mosen, Cola Rienzi 2, 2

Das Tier hat auch Vernunft; · Das wissen wir, die wir die *Gemsen* jagen.
Werni, der Jäger in Schiller, Wilhelm Tell 1, 1

Des Menschen *Gemüt* ist sein Geschick.
Ferd. Lassalle, Die Philosophie des Herakleitos, des Dunkeln (1857, Bd. 2)

Die Deutschen sollten in einem Zeitraum von dreißig Jahren das Wort *Gemüt* nicht aussprechen; dann würde nach und nach Gemüt sich wieder erzeugen. Jetzt heißt es nur: Nachsicht mit Schwächen, eignen und fremden.
Goethe, Maximen u. Reflexionen 3

Deutsches *Gemüt,*
findet sich schon im 15. Jahrhundert, dann bei Fischart und Moscherosch, dann besonders bei Fichte in seinen Reden an die deutsche Nation 1807/08. Vgl. die Weiterbildung unten bei *Gemütlichkeit!*

Mit verhärtetem *Gemüte.*
Aus Gellerts Liede: die Güte Gottes, Anfg.: Wie groß ist des Allmächtgen Güte! (1757)

Rein wie das feinste Gold, fest wie ein Felsenstein, · Ganz lauter wie Kristall soll dein *Gemüte* sein.
Angelus Silesius (Joh. Scheffler), Cherubin. Wandersmann (1675)

Die deutsche *Gemütlichkeit.*
Görres sprach schon 1814 (Ges. Schriften, München 1854: 2, 265) von der Gemütlichkeit und Herzlichkeit Teutschlands, dann Gutzkow (Zur Philosophie der Geschichte, 1836, 26)

Ich seh' es *genau,* · Es scheinen die alten Weiden so grau.
Goethe, Erlkönig

Laß du den *Generalstab* sorgen, · Und der Feldmarschall ist geborgen.
Mephistopheles in Goethe, Faust 10313/14

Ohne Leidenschaft gibt es keine *Genialität.*
Mommsen, Römische Geschichte 3, 168

Warum will sich Geschmack und *Genie* so selten vereinen? · Jener fürchtet die Kraft, dieses verachtet den Zaum.
Schiller, Votivtafeln: Die schwere Verbindung. Goethe, Vier Jahreszeiten, Herbst 60

Talent ist Form, *Genie* Stoff.
Gutzkow, Über Goethe, 3

Genie ist nichts als eine bedeutende Anlage zur Geduld.
(Le génie n'est autre chose qu'une grande aptitude à la patience.)
Buffon, Discours de réception à l'Académie

Das Talent hat darin fast immer einen Vorsprung vor dem *Genie,* daß jenes ausdauert, dieses oft verpufft. Gutzkow, Über Goethe, 3

Und das *Genie*, es will gleich obenaus.

Mephistopheles in Goethe, Faust 11675

Es gibt kein *Genie* ohne produktiv fortwirkende Kraft.

Eckermann, Gespräche mit Goethe, 11. März 1828

Das *Genie* macht die Fußstapfen, und das nachfolgende Talent tritt in dieselben hinein, tritt sie aber schief. Wilh. Raabe, Frau Salome

Große *Genies* erreichen das Ziel mit einem Schritt, wohin sich gemeine Geister durch eine lange Reihe von Schlüssen müssen leiten lassen.

Moses Mendelssohn, An die Freunde Lessings

Einen *Geniestreich* machen,

vgl. Goethe, Dichtung u. Wahrheit.

Genieße, was dir Gott beschieden siehe unter *Frieden*.

Was hilft es mir, daß ich *genieße?* · Wie Träume fliehn die wärmsten Küsse, · Und alle Freude wie ein Kuß.

Goethe, Lieder: Glück und Traum (1768)

Unser Wort ist: Froh *genießen!* · Und nicht faul, wo Freuden sprießen. J. H. Voß, Lieder: Am Pfingstfest

Genießen macht gemein.

Faust in Goethe, Faust 10259

Mit dem *Genius* steht die Natur im ewigen Bunde; · Was der eine verspricht, leistet die andre gewiß.

Schiller, Gedichte: Kolumbus

Was die Epoche besitzt, das verkündigen hundert Talente; · Aber der *Genius* bringt ahnend hervor, was ihr fehlt.

Geibel, Ethisches und Ästhetisches in Distichen, Nr. 3

Ich habe *genossen* das irdische Glück, · Ich habe gelebt und geliebet.

Schiller, Gedichte: Des Mädchens Klage

Tous les *genres* sont bons, hors le *genre* ennuyeux.

(Alle Kunstgattungen sind gut, mit Ausnahme der langweiligen.)
Voltaire, Vorrede zum Enfant prodigue (1738)

Der hat *genug!*

(Hoc habet.) Sprichwörtlich
So riefen die Römer, wenn ein Gladiator tödlich verwundet war

Es ist *genug*, daß ein jeglicher Tag seine eigene Plage habe. Matth. 6, 34,

Genug des grausamen Spiels.

Nach Schillers Taucher: Laßt, Vater genug sein das grausame Spiel

Dem *Genügsamen* raucht sein Herd.

Fr. Hölderlin, Ged. (1826)

Genügsamkeit und tägliches Behagen · Und guten Mut, das Übel zu verjagen, · Mit einem Freund, an einer Liebsten froh.

Phanias in Goethe, Maskenzug bei Anwesenheit der Kaiserin-Mutter

Genus irritabile vatum.

(Das reizbare Geschlecht der Dichter.)
Horaz, Episteln 2, 2, 102

Der Tor läuft den *Genüssen* des Lebens nach und sieht sich betrogen; der Weise vermeidet die Übel.

Schopenhauer, Aphorismen zur Lebensweisheit. 5.: Paränesen und Maximen A

Die Probe eines *Genusses* ist seine Erinnerung.

Jean Paul, Kampanertal 1. Abschn.

Einen *geographischen* Begriff (expression géographique)

nannte Metternich 1847 Italien, und dieser Ausdruck wurde später auch auf Deutschland und Österreich angewendet.

Der Weg zur Hölle ist mit guten Vorsätzen *gepflastert.*

Wohl nach Jesus Sirach 21, 11

Ich schätze den, der tapfer ist und *grad.*

Orest in Goethe, Iphigenie auf Tauris 2, 1

Sehr *geplagter* Mensch.

Nach 4. Mos. 12, 3

Denn das Gute liebt sich, das *Gerade.* · Böse Früchte trägt die böse Saat.

Cajetan in Schiller, Braut von Messina 1, 8

Der *gerade* Weg ist der beste.

Sprichwort

Errätst du auch · Dieser Raben *Geraun?*

Hagen in Wagners Nibelungen: Götterdämmerung 3, 2

Der *Gerechte* muß viel leiden.

Psalm 34, 20

Der *Gerechte* erbarmt sich seines Viehes; aber das Herz der Gottlosen ist unbarmherzig.

Sprüche Salomonis 12, 10

Die Sonne scheint über *Gerechte* und Ungerechte.

Sprichwörtlich nach Matth. 5, 45

Schlaf des *Gerechten.*

Nach Mos. 2, 66; Ps. 3, 6; Spr. 3, 24

Gerechtigkeit heißt der kunstreiche Bau des Weltgewölbes.

Demetrius in Schiller, Demetrius 1

Recht und *Gerechtigkeit.*

Nach 2. Sam. 8, 15

Es lebe die *Gerechtigkeit* und sterbe die Welt! Abraham a Santa Clara (nach Fiat justitia et pereat mundus, Joh. Manlius 156, 3)

Wenn die *Gerechtigkeit* untergeht, so hat es keinen Wert mehr, daß Menschen auf Erden leben.

Imm. Kant, Metaphysik der Sitten

Die Tugend großer Seelen ist *Gerechtigkeit.*

Platen, Die verhängnisvolle Gabel 4. Akt

Der *Gerechtigkeit* Frucht wird Friede sein. Jes. 32, 17

Die ewige *Gerechtigkeit* zu sühnen, · Starb an dem Holze Gottes Sohn.

Großinquisitor in Schiller, Don Carlos 5, 10

Auch die *Gerechtigkeit* trägt eine Binde, · Und schließt die Augen jedem Blendwerk zu.

Tasso in Goethe, Torquato Tasso 2, 3

Und man kommt ins *Gered'*, wie man sich immer stellt.

Marthe in Goethe, Faust 3201

Und überlaßt dem Höchsten das *Gericht.*

Chamisso, Aus der Vendée 1: Im Jahre 1832

Ihr sollt nicht unrecht handeln im *Gericht.* 3. Mos. 19, 15

Eines jeglichen *Gericht* kommt vom Herrn. Spr. Sal. 29, 26

Richtet ein rechtes *Gericht.*

Joh. 7, 24

Da warte nur bis zum Jüngsten *Gericht!* Sprichwörtlich

Mit einem (strenge oder milde) ins *Gericht* gehen.

Sprichwörtl. Nach Ps. 143, 2

Wir treten · Zum Beten · Vor Gott den Gerechten, · Er waltet · Und haltet · ein strenges *Gericht.*

Altniederländisches Volkslied a. d. Sammlung des Adrianus Valerius (1575–1625). Übers. v. Jos. Weyl

Wie gar unbegreiflich sind seine *Gerichte!* Röm. 11, 33

Das sind des Himmels furchtbare *Gerichte!*

Rösselmann in Schiller, Wilhelm Tell 5, 1

Sie ist *gerichtet!*

Mephistopheles in Goethe, Faust 4611

Ich bin zu *gering* aller Barmherzigkeit und aller Treue, die du an deinem Knechte getan hast.

1. Mos. 32, 10

Man muß sich für nichts zu *gering* halten.

Lichtenberg, Verm. Schriften 15: Gute Ratschläge und Maximen 4

Wer *geringe* Ding' wenig acht', · Sich um *geringere* Mühe macht.

Goethe, Legende vom Hufeisen

Die jüngste, nicht *geringste.*

(Although the last, no least.)
Lear in Shakespeare, König Lear 1, 1

Es ist besser, das *geringste* Ding von der Welt zu tun, als eine halbe Stunde für gering halten.

Goethe, Maximen und Reflexionen 6

Es wohnen die alten *Germanen* · Zu beiden Ufern des Rheins.

Siehe unter *eins*

The *Germans* to the front!

Vgl. unter *Deutschen*

Made in *Germany*.

Das englische Markenschutzgesetz (Merchandise Marks Act) vom 23. 8. 1887 schreibt vor, daß alle nach England kommenden ausländischen Waren die Bezeichnung des Ursprungslandes tragen müssen. Demzufolge werden deutsche Waren, wenn sie in England Aufnahme finden sollen, mit der Bezeichnung »Made in Germany« versehen. Infolge der Güte und Billigkeit der deutschen Fabrikate wurde die Bezeichnung zu einer in der ganzen Welt wohlbekannten Empfehlung deutscher Waren.

Der kleinste Mann – · Wie geht's nur an, · Tut *gerne* groß! · Und doch bleibt stets ein solch kleiner Mann · Ein *Gernegroß!*

R. Hugo, Narrenchronik

Und bei dem edlen *Gerstensaft* · Träum' ich von Kron' und Kaiserschaft.

Joach. Perinet, Die Schwestern aus Prag (1794), Ich hab' den ganzen Vormittag usw., Strophe 2

Ein gemein *Geruch* (d. h. Gerücht) ist selten erlogen. Alter Spruch

In gutem *Geruch* stehen.

Nach Jes. Sirach 39, 18

Im *Geruch* der Heiligkeit stehen.

Sprichwörtl. Redensart

Doch wir horchen allein dem *Gerücht* und wissen durchaus nichts.

Homer, Ilias 2, 486 (Voß)

Bös *Gerücht* nimmt immer zu, · Gut Gerücht kommt bald zur Ruh.

Sprichwörtlich

Doch hat er, so geübt, so vollgehaltig, · Die bretterne *Gerüste* nicht verschmäht.

Goethe, Epilog zu Schillers Glocke

Wer durchs Leben · Sich frisch will schlagen, muß zu Schutz und Trutz · *Gerüstet* sein.

Tell in Schiller, Wilhelm Tell 3, 1

Von der Gefahr, der ungeheuren, · Errettet nur *gesamte* Kraft.

Die Einigkeit in Goethe, Epimenides 2, 10

Wir sind etwas freigebiger, wenn es auf Kosten der *Gesamtheit* geht, als wir aus unserer eigenen Kasse zu sein pflegen.

Bismarck im deutschen Reichstag, 2. Juni 1871

Mancher *Gesandter* ist kein Geschickter. Sprichwörtl. Wortwitz

Gesang verschönt das Leben, · Gesang erfreut das Herz; · Ihn hat uns Gott gegeben, · Zu lindern Sorg' und Schmerz.

Neue und verneuerte Lieder, Leipzig 1803, Mel. v. K. F. Zelter

Was unsterblich im *Gesang* soll leben, · Muß im Leben untergehn.

Schiller, Die Götter Griechenlands

Spät erklingt, was früh erklang, · Glück und Unglück wird *Gesang*.

Goethe, Motto zu den Liedern

Singe, wem *Gesang* gegeben, · In dem deutschen Dichterwald!

Uhland, Freie Kunst, zuerst abgedruckt im deutschen *Dichterwald*, 1812, S. 3

Es singe, wem ein Gott *Gesang* gegeben!

Chamisso, Zur Einleitung des deutschen Musenalmanachs 1833

Wer nicht liebt Wein, Weib und *Gesang*, · Der bleibt ein Narr sein Leben lang.

Wohl kaum von Luther. Die Verse stammen wahrscheinlich von Joh. Heinr. Voß. Vgl. Wandsbecker Bote 1775, Nr. 75; Herder, Volkslieder 1, 12 (Leipzig 1778)

Auf Flügeln des *Gesanges*.

H. Heine, Lyr. Intermezzo Nr. 9

Gott, du gerechter! Hab' ich doch immer gesagt: dieser Christus ist doch gewesen ein großer Mann!

Was hat er nicht gebracht in die Welt fürn *Geschäft* zu Weihnachten!
David in Fritz Reuters Stromtid 3, 38

's *Geschäft* bringt's mal so mit sich.
David Kalisch, Berlin bei Nacht, Posse (1850)

Erst das *Geschäft* und dann das Vergnügen. Redensart

Das glänzendste *Geschäft* in dieser Welt ist die Moral.
Frank Wedekind (1864–1918), Marquis von Keith

Ein stiller Geist ist jahrelang *geschäftig,* siehe unter *Gärung*

Eine *geschäftige* Martha
(eine fleißige Frau). Nach Lukas 10, 40/41
Geschäftiger Müßiggang siehe unter *Müßiggang.*

Ein *geschäftiges* Weib tut keine Schritte vergebens.
Goethe, Hermann und Dorothea 4 (Euterpe) 15

Nur *geschehenen* Dingen ist nicht zu raten.
Marinelli in Lessing, Emilia Galotti 1, 6

Geschehene Dinge lassen sich nicht *ungeschehen* machen.
Nach Plautus, Aulul. 4, 10, 11 »Factum illud, fieri infectum non potest« und Trucul. 4, 2, 21 »Stultus est, qui facta infecta facere verbis postules.«

Was muß *geschehn,* mag's gleich geschehn! Faust in Goethe, Faust 3363

Was *geschehn* ist, kennet der Tor auch. Homer, Ilias 17, 32 (Voß)

Da war's um ihn *geschehn.*
Goethe, Der Fischer

Gescheite Leute sind immer das beste Konversationslexikon.
Goethe, Maximen u. Reflexionen 3

Becherrand und Lippen, · Zwei Korallenklippen, · Wo auch die *gescheitern* · Schiffer gerne scheitern.
Fr. Rückert, Östl. Rosen: Die zwei Mächte

Kleine *Geschenke* erhalten die Freundschaft. Sprichwort

Geschenke besänftigen Götter und Menschen. Ovid, Liebeskunst 3, 653

Daran hängt eine *Geschichte.*
Jacques in Shakespeare, Wie es euch gefällt 2, 7

Es ist eine alte *Geschichte,* · Doch bleibt sie immer neu.
(Gewöhnlich zitiert »ewig neu«.)
Heine, Ein Jüngling liebt ein Mädchen

Geschichte schreiben ist eine Art, sich das Vergangene vom Halse zu schaffen.
Goethe, Maximen u. Reflexionen 2

Ihm schwollen der *Geschichte* Flut auf Fluten.
Goethe, Epilog zu Schillers Glocke

Und das ist just die Art, wie man *Geschichte* schreibt.
Voltaire; siehe unter *l'histoire*

Geschichtsklitterung
(für schlechte, unwissenschaftliche Geschichtsschreibung).
Nach Fischart, v. d. Titel des Gargantuadruckes von 1582

Dem beschiedenen *Geschick* kann niemand entfliehn, selbst ein Gott nicht. Herodot 1, 91 (Lange)

Denn noch niemand entfloh dem verhängten *Geschick.*
Chor in Schiller, Braut von Messina

Durch so verschiedene *Geschicke,* so viele gefährliche Lagen.
(Per varios casus, per tot discrimina rerum.) Vergil, Äneis 1, 204

Doch mit des *Geschickes* Mächten · Ist kein ewger Bund zu flechten, · Und das Unglück schreitet schnell.
Schiller, Lied von der Glocke V. 144/6

Erhalten · Muß ein Edler sein *Geschlecht.* Herder, Der Cid (1806) 1, 13

Der große Moment findet ein kleines *Geschlecht.*
Goethe-Schiller, Xenien 31

Wenn einst dies *geschlecht* sich gereinigt von schande · vom nacken geschleudert die fessel des fröners.

Stefan George (1868–1933), Das Neue Reich

Der *Geschmack* ist das literarische Gewissen der Seele.

Joubert, Gedanken und Maximen (1838)

Den *Geschmack* kann man nicht am Mittelgut bilden, sondern nur am Allervorzüglichsten.

Eckermann, Gespräche mit Goethe. 26. Febr. 1824

Jeder nach seinem *Geschmack!*

(Chacun à son goût.)
Sprichwörtlich. Auch in der Fledermaus, Operette von Strauß, Liedrefrain des Fürsten Orlofsky im zweiten Akt.

Über den *Geschmack* läßt sich nicht streiten.

(De gustibus non est disputandum.)
Sprichwort

Er ist nun einmal nicht gemacht, nach anderen · *Geschmeidig* sich zu fügen und zu wenden.

Max in Schiller, Die Piccolomini 1, 4

Mit allen Salben *geschmieret* sein.

Das geht ja wie *geschmiert.*

Wie aus dem Gesicht *geschnitten.*

Sprichwörtl. Redensarten

Da hast du dich aber *geschnitten* (getäuscht)! Redensart

Ein politisches *Geschöpf*, geselliges Wesen, geselliges Tier.

nennt Aristoteles (Polit. 1, 2,; 3, 6) den Menschen

Geschöpf und Schöpfer verlassen mich.

Präsident in Schiller, Kabale und Liebe 5, 8 (Schluß)

Viel *Geschrei* und wenig Wolle!

Geschrei macht den Wolf größer, als er ist. Sprichwörter

Wo stehet das *geschrieben?*

Luther, Der kleine Katechismus (1529), z. B. am Schluß des 4. Hauptstückes

Was ich *geschrieben* habe, das habe ich geschrieben.

Sagt Pilatus, Joh. 19, 22

Was *geschrieben* ist, ist geschrieben!

Byron, Harolds Pilgerfahrt 4, 185

Auch was *Geschrieb'nes* forderst du Pedant? · Hast du noch keinen Mann, nicht Manneswort gekannt?

Faust in Goethe, Faust 1716/17

Man muß nicht gleich das schwerste *Geschütz* auffahren. Sprichwörtlich

Lasset kein faul *Geschwätz* aus euerm Munde gehn. Eph. 4, 29

Böse *Geschwätze* verderben gute Sitten. 1. Kor. 15, 33

Ein *geschwätziger* Mund verwirrt alles.

(Os garrulum intricat omnia.)
Wahlspruch Kaiser Karls d. Dicken (876–87)

Ein schönes Ja, ein schönes Nein! · Nur *geschwind!* soll mir willkommen sein.

Goethe, Sprüche in Reimen: Sprichwörtlich

Geschwindigkeit ist keine Hexerei.

Sprichwörtl. Redensart

Sei mir gegrüßt, *Gesegneter* des Herrn!

Aus Kinds Text zur Oper: Der Freischütz von Weber

Und ward nicht mehr *gesehn.*

Nach 1. Mos. 5, 24
Von Dichtern als Schluß verwendet, z. B. in Goethes Ballade Der Fischer, in Schillers Braut von Messina (Manuel enthüllt dem Chor seine Liebe).

Ein guter *Gesell.* Tob. 5, 6

Jeder *Geselle* will lieber Meister sein. Sprichwörtlich

Wir dünken uns *Gesellen* und sind Knechte (der Mächtigen).

Polymetis in Goethe, Elpenor 2, 1

Zum Knecht zu groß und zum *Gesellen* · Des großen Donnrers nur ein Mensch.

Iphigenie in Goethe, Iphigenie auf Tauris 1, 3

Du hast das nicht, was andre haben, · Und andern mangeln deine Gaben; · Aus dieser Unvollkommenheit · Entspringet die *Geselligkeit.* Gellert, Der Blinde u. der Lahme

Was wir in *Gesellschaft* singen,
Wird von Herz zu Herzen dringen.
Goethe, Motto zu den »Geselligen Liedern«

Von der besten *Gesellschaft* sagt man: ihr Gespräch ist unterrichtend, ihr Schweigen bildend.
Goethe, Maximen u. Reflexionen 3

Es tut mir lang schon weh, · Daß ich dich in der *Gesellschaft* seh'.
Margarete in Goethe, Faust 3469/70

Die Stützen der *Gesellschaft,*
Titel eines Schauspiels von Henrik Ibsen (1877)

Niemals fühlt man sich einsamer als in großer *Gesellschaft.*
Herbert Eulenberg, Kantinka die Fliege

Unser ganzer *Gesellschaftszustand,* der sich wunder wie hoch dünkt, ist mehr oder weniger Barbarei.
Th. Fontane, Der Stechlin, 32. Kap.

Ungeschriebenes *Gesetz* (*Ἄγραφος νόμος.*) Nach Solon (640–559 v. Chr.)

Gesetz ist mächtig, mächtger ist die Not. Plutus in Goethe, Faust 5800

Wo das *Gesetz* nicht ist, da ist auch keine Übertretung. Röm. 4, 15

Wir wollen es, das sei *Gesetz!*
Alle (Landleute) in Schiller, Wilhelm Tell 2, 2

Wer kein *Gesetz* achtet, ist ebenso mächtig, als wer kein Gesetz hat.
Odoardo in Lessing, Emilia Galotti 5, 4

Das *Gesetz* nur kann uns Freiheit geben.
Goethe, Epigrammatisch, Natur u. Kunst

Was das *Gesetz* nicht verbietet, verbietet der Anstand.
(Quod non vetat lex, hoc vetat fieri pudor.)
Seneca, Troades 3, 2

Was hilft *Gesetz,* was helfen Strafen, · Wenn Obrigkeit und Fürsten schlafen?
Lichtwer, Die Flinte u. der Hase

Ein *Gesetz* muß kurz sein, damit es von Unkundigen desto leichter behalten werde.
(Legem brevem esse oportet, quo facilius ab imperitis teneatur.)
Seneca, Epist. 94

So gilt dies *Gesetz* auf Erden: · Wer mal so ist, muß auch so werden.
Wilh. Busch, Der heilige Antonius von Padua (1870)

Es schweigen die *Gesetze* im Kriege.
(Silent leges inter arma.)
Cicero, pro Milone 4, 10

Das Auge des *Gesetzes* wacht.
Schiller, Lied von der Glocke V. 299

Gott hat euch ein *Gesicht* gegeben, und ihr macht euch ein anderes.
Hamlet in Shakespeare, Hamlet 3, 1

Es gibt noch keine Kunst, die innerste Gestalt des Herzens im *Gesicht* zu lesen.
König in Shakespeare, Macbeth 1, 7

Alles auf der Welt hat ein zweites *Gesicht* siehe unter *Alles*

Fülle der *Gesichte.*
Faust in Goethe, Faust 520

Man straft gern am *Gesind,* · Was verbrochen hat das Kind.
Alter Spruch

Sei nicht ein Wüterich gegen dein *Gesinde!* Sir. 4, 35

Das rote *Gespenst.*
(Le spectre rouge.)
Titel einer von Auguste Romieu (1800/55) im Jahre 1851 veröffentlichten Broschüre, die für Frankreich den Bürgerkrieg prophezeite.

Gespenster.
Titel eines Dramas von Henrik Ibsen (1881)

Gut *Gespräch* · Kürzt den Weg.
Alter Spruch

Widerspruch und Schmeichelei machen beide ein schlechtes *Gespräch.*
Goethe, Maximen u. Reflexionen 5

Ihr naht euch wieder, schwankende *Gestalten.* Goethe, Faust 1

Dem Verderben entsproßt neuer *Gestaltungen* Keim.
Geibel, Gedichte: Kleinigkeiten Nr. 17

Wo das *gesteckt* hat, liegt noch mehr!
Paulet in Schiller, Maria Stuart 1, 1

Gestern noch auf stolzen Rossen, · Heute durch die Brust geschossen, · Morgen in das kühle Grab.
Wilh. Hauff, Reiters Morgengesang

Wir sind von *gestern* her und wissen nichts.
Hiob 8, 9. Daher die Redensart: Du bist wohl von *gestern*? (für: nicht ganz gescheit).

Gestern, Brüder, könnt ihr's glauben, · Gestern bei dem Saft der Trauben, · (Bildet euch mein Schrecken ein!) · Kam der Tod zu mir herein. Lessing, Lieder: Der Tod

Liegt dir *Gestern* klar und offen, · Wirkst du heute kräftig frei, · Kannst auch auf ein Morgen hoffen, · Das nicht minder glücklich sei. Goethe, Zahme Xenien 4

Gestorben, verdorben.
Heine, Tragödie: Rhein. Volkslied

Gestrenge Herren regieren nicht lange. Seneca, Medea 4, 65

Ich bin *gesund,* das heißt, ich bin nicht krank.
Prinzessin in Goethe, Torquato Tasso 3, 2

Gesunde Seele im *gesunden* Körper.
Siehe unter *Mens*

Die *Gesunden* bedürfen des Arztes nicht, sondern die Kranken.
Nach Mark. 2, 17

Gesundheit ist der größte Reichtum.

Gesundheit ist die Tochter der Arbeit.

Gesundheit ist leichter verloren als wiedergewonnen.

Gesundheit schätzt man erst, wenn man sie verloren hat.
(wenn man krank wird). Sprichwörter

Ich hab' *getan,* was ich nicht lassen konnte. Tell in Schiller, Tell 1, 1

Getan geschehn! Geschehn getan! · Verleg Sie sich auf Neuigkeiten! · Nur Neuigkeiten ziehn uns an.
Mephistopheles in Goethe, Faust 4111/13

Geteilte Freud' ist doppelte Freude, · *Geteilter* Schmerz ist halber Schmerz.
Tiedge, Urania 4, 221 ff. Den Anfang siehe unter *Hochbeseligt*

Stark *Getränke* macht wild.
Spr. Sal. 20, 1

Der kleinste Wurm, *getreten,* windet sich.
Clifford in Shakespeare, Heinrich VI 3. Teil 2, 2

Sei *getreu* bis an den Tod, so will ich dir die Krone des Lebens geben.
Offenb. Joh. 2, 10

(Dem König) *getreu* bis zum Bettelsack.
(Spruch der Geusen.)
Schiller, Geschichte des Abfalls der Niederlande

Gevatter Schneider und Handschuhmacher!
Erster Jäger in Schiller, Wallensteins Lager 10. Auftr.

Frisch *gewagt* ist halb gewonnen.
Sprichwort

Ich hab's *gewagt!*
Wahlspruch Ulrichs von Hutten (1488 bis 1523)

Bedenke nicht; *gewähre,* wie du's fühlst.
Iphigenie in Goethe, Iphigenie auf Tauris 5, 3

Die Not ist der *Gewährung* bester Grund.
Don Pedro in Shakespeare, Viel Lärm um nichts 1, 1

Gewalt! Gewalt! Wer kann der Gewalt nicht trotzen? Was Gewalt heißt, ist nichts – Verführung ist die wahre Gewalt.
Emilia in Lessing, Emilia Galotti 5, 7

Wo es Klugheit gilt, da schaffet die *Gewalt* nichts.
Herodot 3, 127 (Fr. Lange)

Mir ziemt besser *Gewalt;* mit Gewalt das Gewölke vertreib' ich!
(Apta mihi vis est, vi tristia nubila pello.)
Ovid, Metamorphosen 6, 690

Gewalt, zu binden und zu lösen.
Nach Matth. 16, 19

Von der *Gewalt*, die alle Wesen bindet, · Befreit der Mensch sich, der sich überwindet.
Goethe, Die Geheimnisse

Über die hab' ich keine *Gewalt!*
Mephistopheles in Goethe, Faust 2626

Ich liebe dich, mich reizt deine schöne Gestalt! · Und bist du nicht willig, so brauch' ich *Gewalt*.
Goethe, Erlkönig

Gewalt geht vor Recht.
Sprichwort; vgl. Habakuk 1, 3

Es gibt zwei friedliche *Gewalten:* das Recht und die Schicklichkeit.
Goethe, Maximen und Reflexionen 1

Vieles *Gewaltige* lebt, und nichts · Ist *gewaltiger* als der Mensch.
Chor in Sophokles, Antigone (Donner) 332/33

Dem *Gewaltigen*, dem Klugen · Steht alles wohl, und er erlaubt sich alles.
Tasso in Goethe, Torquato Tasso 2, 1

Ein *gewaltiger* Jäger vor dem Herrn. Wie Nimrod, nach 1. Mos. 10, 9

Mit allen Wassern *gewaschen* sein.
Sprichwörtl. Redensart

Wer will unter die Soldaten, · Der muß haben ein *Gewehr*.
Der kleine Rekrut, Fried. Güll 1835 (Musik von Kücken, 1854)

Mancher macht sich aus allem ein *Gewerbe*. Sprichwörtl. Redensart

Es ist ein bös *Gewerbe*, das seinen Meister an den Galgen bringt.
Sprichwort

Böses *Gewerbe* bringt bösen Lohn.
Wachtmeister in Schiller, Wallensteins Lager, 10. Auftr.

Für das, was *gewesen* (oder: Für gehabt und gewesen), gibt der Jude nichts.

So haben wir nicht *gewettet*.
Sprichwörtl. Redensarten

Gewinn ist Segen, wenn man ihn nicht stiehlt.
Shylock in Shakespeare, Der Kaufmann von Venedig 1, 3

Wo viel verloren wird, ist manches zu *gewinnen*.
Goethe, Maskenzug bei Anwesenheit der Kaiserin-Mutter

Sich ein (oder kein) *Gewissen* aus etwas machen. Nach Röm. 14, 22

Bös *Gewissen*, böser Gast: · Duldet weder Ruh' noch Rast. Sprichwort

Mein *Gewissen* beißt mich nicht meines ganzen Lebens halben.
Hiob 27, 6

Das *Gewissen* – das ist manchmal eine eklige Geschichte.
Engstrand in Ibsen, Gespenster 2. Akt

So macht *Gewissen* Feige aus uns allen.
Hamlet in Shakespeare, Hamlet 3, 1

Man hat auch ein *Gewissen*.
Macdonald in Schiller, Wallensteins Tod 5, 2

Ich bin ein König über die Völker, aber nicht über die *Gewissen*.
(Sum rex populorum, sed non conscientiarum.) Heine, Über Polen

Ein gut *Gewissen* ist ein sanftes Ruhekissen. Sprichwort
(Vgl. Conscia mens recti famae mendacia ridet. Ovid, Fast. IV, 311)

Gewogen und zu leicht befunden (Menetekel). Nach Dan. 5, 25

Gewohnheit macht den Fehler schön, · Den wir von Jugend auf gesehn.
Gellert, Das Land der Hinkenden

Strenge *Gewohnheiten* schmiegen sich vor großen Königen.
König Heinrich in Shakespeare, König Heinrich V. 5, 2

Jung *gewohnt*, alt getan. Sprichwort

Man denkt an das, was man verließ, · Was man *gewohnt* war, bleibt ein Paradies.
Mephistopheles in Goethe, Faust 7963/64

Mit Gewalt das *Gewölke* vertreib' ich.
(Vi tristia nubila pello.)
Ovid, Metamorphosen 6, 690 (siehe auch unter *Gewalt*)

Wie *gewonnen*, · So zerronnen.
Sprichwort

Wenn es sich *geziemt*, gefällt's.
(Piaccia, se lice.)
Italienisches Sprichwort. Vgl. unter *erlaubt*

Gezwungene Sache war nie heilig.
(Choze contraincte, · Ne fut oncques sainte.) Altes französisches Sprichwort

Hast du viel, so *gib* reichlich.
Tob. 4, 9

Gib diesen Toten mir heraus!
König in Schiller, Don Carlos 5, 9

Gib mir ein Zeichen, Schicksal!
Wallenstein in Schiller, Wallensteins Tod 2, 3

Wer gerne *gibt*, fragt nicht lange.
Sprichwort

Wer dem Armen *gibt*, dem wird nicht mangeln Spr. Sal. 28, 27

Was die Rechte *gibt*, laß die Linke nicht wissen!
Nach Matth. 6, 3. Sprichwort

Jede Hand ist schön, die *gibt*.
Polnisches Sprichwort

Die Weise, wie man *gibt*, gilt mehr, als was man gibt.
(La façon de donner vaut mieux que ce qu'on donne.) Corneille, Le Menteur 1, 1

Das *gibt's* nur einmal, das kommt nicht wieder.
Lied aus dem Tonfilm »Der Kongreß tanzt«

Doch Sorge·folgt und nimmersatte *Gier* · Dem wachsenden Gewinn.
(Crescentem sequitur cura pecuniam Maiorumque fames.)
Horaz, Oden 3, 16, 17 (Ernst Günther)

Ein *Gift*, welches nicht gleich wirkt, ist darum kein minder gefährliches Gift.
Claudia in Lessing, Emilia Galotti 2, 6

Gift ist nur für uns Weiber, nicht für Männer.
Orsina in Lessing, Emilia Galotti 4, 7

Kennst du das herrliche *Gift* der unbefriedigten Liebe? · Es versengt und erquickt, zehret am Mark und erneut's.
Goethe, Vier Jahreszeiten: Sommer

Da kannst du ruhig *Gift* drauf nehmen! Redensart

Baue dein Hüttchen im Tal · Und nicht auf dem *Gipfel*.
Heine, Romanzero 3: Motto

Sei mir gegrüßt, mein Berg mit dem rötlich strahlenden *Gipfel!*
Schiller, Anfang des Gedichts: Der Spaziergang

Nur muß ein *Gipfelchen* sich nicht vermessen, · Daß es allein der Erde nicht entschossen.
Nathan in Lessing, Nathan der Weise 2, 5

Über allen *Gipfeln* · Ist Ruh'.
Goethe, Ein Gleiches (Nachtlied)

Hör auf den Klang der Zither · Und öffne mir das *Gitter*.
Don Juan in Mozart, Don Juan 2, 3. Text von L. da Ponte

Wie kommt mir solcher *Glanz* in meine Hütte?
Thibaut in Schiller, Die Jungfrau von Orleans, Prolog 2

Gern geb' ich *Glanz* und Reichtum hin · Für dich und deine Liebe!

Graf in Lortzings Oper Der Waffenschmied 1, Nr. 4 (1846)

Aus *Glanz* und Wonne komm' ich her,

siehe unter *Nacht* und Leiden bei Rich. Wagner.

Glänzendes Elend siehe unter *Elend*.

Es ist nicht alles Gold, was *glänzt*.

Sprichwort

Es ist nicht alles Gold, was *glänzt*. Aber es glänzt auch nicht alles, was Gold ist, sollte man billig hinzusetzen.

Friedrich Hebbel, Tagebücher, 3. Sept. 1836

Es ist nicht alles Talmi, was *glänzt*.

Peter Hille

Alles, was Gold ist, *glänzt* nicht. Die sanfte Strahlung ist dem edelsten Metalle eigen.

Fr. Nietzsche, Der Wanderer und sein Schatten, Aph. 340

Wir sind nicht mehr am ersten *Glas*.

Trinklied von Ludw. Uhland, 1812, komp. v. Konr. Kreutzer 1820

Dieses *Glas* dem guten Geist!

Schiller, An die Freude

Glück und *Glas*, · Wie leicht bricht das!

Sprichwort

Mein Durst ist groß, mein *Glas* ist klein.

Gleichnamiges Lied von Dr. W. Angerstein

Ein *Glas* Wasser.

(Un verre d'eau.)
Titel eines bekannten Lustspiels von Scribe († 1861)

Ich nehm' mein *Gläschen* in die Hand, · Vive la Compagneia!

Studentenlied (1813)

Wer will uns verwehren · Ein *Gläschen* in Ehren · Und ganz unter uns?

Wartburgsprüche

Sturm im *Glase* Wasser.

(Une tempête dans un verre d'eaux.)
Nach Montesquieu (1689–1755)

Wie glüht er im *Glase*, wie flammt er so hold! · Geschliffnem Topase vergleich' ich sein Gold.

Frieda Schanz, Am Rhein (1884)

Wer im *Glashause* sitzt, soll nicht mit Steinen werfen.

Sprichwort

Glatte Worte machen.

Nach den Sprüchen Salom. 2, 16

Jemand aufs *Glatteis* führen.

Sprichwörtl. Redensart

Wer auf einer *glatten* Stelle steht, · Verschmäht den schnödesten Halt zur Stütze nicht.

Pandulph in Shakespeare, König Johann 3, 4

Glaub nicht gleich alles, was du hörst!

Wieland, Der Vogelsang

Wer darf ihn (Gott) nennen? · Und wer bekennen: · Ich *glaub*' ihn? · Wer empfinden und sich unterwinden, · Zu sagen: Ich glaub' ihn nicht?

Faust in Goethe, Faust 3432/37

Glaube, Liebe, Hoffnung.

Nach 1. Korinth. 13, 13

Der *Glaube* macht selig.

Sprichwort, nach Mark. 16, 16

Der *Glaube* versetzt Berge.

Nach 1. Korinth. 13, 2

Der *Glaube* ist nicht jedermanns Ding.

2. Thessal. 3, 2

Alles wanket, wo der *Glaube* fehlt.

Max in Schiller, Wallensteins Tod 2, 7

Als wie der Mensch, so ist sein Gott, so ist sein *Glaube*, · Aus geistgem Äther bald, und bald aus Erdenstaube.

Rückert, Weisheit des Brahmanen 1, 10

Das Wort ist tot, der *Glaube* macht lebendig.

Melvil in Schiller, Maria Stuart 5, 7; erinnert an 2. Korinth. 3, 6: Der Buchstabe tötet, aber der Geist machet lebendig.

In religiösen Dingen ist das Wort *Glaube* gleichbedeutend mit Überzeugung. M. v. Egidy, Ernste Gedanken

Glaube und Heimat.
Titel eines Bühnenwerkes von Karl Schönherr (1876–1943)

Nur was wir selber *glauben*, glaubt man uns.
Uriel in Gutzkow, Uriel Acosta 1, 2

Man sollte den *Glauben* achten, wie man die Liebe achtet.
Waldemar Bonsels, Menschenwege

Selig sind, die nicht sehen und doch *glauben*. Joh. 20, 29

Wie kann ich meinen Vätern weniger · Als du den deinen *glauben?*
Nathan in Lessing, Nathan der Weise 3, 7

Was die Menschen wünschen, *glauben* sie im allgemeinen gern.
Cäsar, Der gallische Krieg 3, 18, 6

Gesegnet, wer im *Glauben* treu: · Er wird erlöst durch Buß' und Reu'.
Gesang der Pilger in Richard Wagners Tannhäuser 1, 3

Der Lüge kecke Zuversicht reißt hin, · Das Wunderbare findet Gunst und *Glauben*.
Hiob in Schiller, Demetrius 2, 1

Am *Glauben* Schiffbruch erlitten haben. Nach 1. Timoth. 1, 19

Glaubenskämpfe. Nach 1. Timoth. 6, 12

Wer in *Glaubenssachen* den Verstand befragt, kriegt unchristliche Antworten.
Wilhelm Busch, Spricker (Wilh. Buschbuch v. Gebr. Nöldeke, 1909)

Glaubensschild. Nach Eph. 6, 16

Gläubiger haben ein besseres Gedächtnis als Schuldner.
Benj. Franklin, Der Weg zum Reichtum

Man mag noch so eingezogen leben, so wird man, eh' man sich's versieht, ein Schuldner oder ein *Gläubiger*.
Goethe, Maximen und Reflexionen 5

Was du dir selbst *glaubst*, *glaubt* dir jeder.
Feuchtersleben, Aphorismen (Leben)

Wer leichtlich *glaubt*, wird leicht betrogen.
Rollenhagen, Froschmeuseler 2, 1, 2. Kap. 14

Wer es *glaubt*, dem ist das Heilge nah. Schiller, Gedichte: Thekla

Der hat die Macht, an den die Menge *glaubt*.
Raupach, Kaiser Friedrichs II. Tod 1, 3

Gleich, Herr, gleich!
(Anon, Sir, anon!)
Franz in Shakespeare, König Heinrich IV. 2, 4

Wer's *glaubt*, wird selig.
Sprichwörtl. Redensart

Gleich und gleich gesellt sich gern.
Sprichwörtlich, siehe auch unter *pares*. Vgl. Jes. Sir. 13, 20.

Es muß ja nicht *gleich* sein, · Es hat ja noch Zeit.
(Gewöhnlich in der Form zitiert: Muß es denn *gleich* sein?) Couplet von Nestroy in der Posse »Verrechnet« von Fr. Kaiser.

Mit wahrhaft *Gleichgesinnten* kann man sich auf die Länge nicht entzweien, man findet sich immer wieder einmal zusammen.
Goethe, Maximen und Reflexionen 7

Ein Mißverständnis zwischen *Gleichgestimmten*, · Das stellen Worte, ja im Notfall stellen · Es Waffen leicht und glücklich wieder her.
Leonore in Goethe, Torquato Tasso 3, 2

Gleichgültigkeit an die Stelle der Liebe? Das heißt: Nichts an die Stelle von etwas . . .
Orsina in Lessing, Emilia Galotti 4, 3

Gleichheit ist immer das festeste Band der Liebe.
Tellheim in Lessing, Minna von Barnhelm 5, 5

Gleichheit ist das heiligste Gesetz · Der Menschheit.

Schiller, Szenen aus den Phönizierinnen des Euripides 559/61

Gleichheit s. auch unter *Freiheit*

Das ermüdende *Gleichmaß* der Tage.

Cajetan in Schiller, Die Braut von Messina 1, 8

Erhalte sorgsam, waltet die böse Zeit, · Dein Herz im *Gleichmut*.

(Aequam memento rebus in arduis · Servare mentem.)

Horaz, Oden 2, 3, 1/2 (Voß)

Herr Graf! Dies *Gleichnis* machen Sie – nicht ich.

Questenberg in Schiller, Piccolomini 1, 2

Alles Vergängliche · Ist nur ein *Gleichnis*.

Chorus mysticus in Goethe, Faust 12104/05

Gleichnisse dürft ihr mir nicht verwehren, · Ich wüßte mich sonst nicht zu erklären.

Goethe, Voß contra Stolberg (1820)

Es ist soviel *gleichzeitig* Tüchtiges und Treffliches auf der Welt; aber es berührt sich nicht.

Goethe, Maximen und Reflexionen 3

Bleib im *Gleise*, so fährst du sicher.

Sprichwort

Sich nicht aus dem *Gleise* bringen lassen.

Gleisnerei hat bös Geschrei.

Sprichwörtl. Redensarten

Auch in den zerstückten *Gliedern* werdet ihr den Dichter wiederfinden.

(Invenias etiam disiecta membra poetae.)

Horaz, Sat. 1, 4, 62 (nach Wieland)

Glimpf wird oft gelohnt mit Schimpf.

Glimpflich – schimpflich.

Sprichwörtl. Redensarten

Globetrotter

nennen wir nach der englischen Bezeichnung die Welt durchreisende Leute, sog. Weltenbummler.

Glocke, du klingst fröhlich!

Aloys Schreiber, An die Glocke (1816)

Etwas an die große *Glocke* hängen.

(Viel Aufhebens um eine nichtige Sache machen.) Sprichwort

Häng an die große *Glocke* nicht, · Was jemand im Vertrauen spricht!

Claudius, Ein silbern Abc

Heute muß die *Glocke* werden!

Schiller, Lied von der Glocke V. 3

Wer weiß, wie bald · Die *Glocke* schallt, · Da wir des Maien · Uns nicht mehr freuen.

Hölty, Gedichte: Mailied

Horch, die *Glocken* hallen dumpf zusammen!

Schiller, Gedichte: Kindesmörderin

Mein hochgebornes Schätzelein, · Des *Glockentürmers* Töchterlein, · Mahnt mich bei Nacht und Tage · Mit jedem *Glockenschlage*: · Gedenke mein, gedenke mein!

Fr. Rückert, Des Glockentürmers Töchterlein. Melodie von Schubert

Der alte *Glöckner* Zeit, der kahle Küster.

Bastard in Shakespeare, König Johann 3, 1

In majorem Dei *gloriam*.

Siehe unter *Gottes*

Und was als *Glorienschein* ein Haupt verklärt, · Abglanz der Glut ist's, die das Herz verzehrt.

Rob. Hamerling, Blätter im Winde: Auf hohen Bergen

Glorreicher Sommer.

siehe unter *Mißvergnügen*

Glück und Glas, · Wie leicht bricht das. Sprichwort

Wozu soll mir das *Glück*, wenn unvergönnt der Gebrauch ist?

(Quo mihi fortunam, si non conceditur uti?) Horaz, Ep. 1, 5, 12 (Voß)

Oder: Was hülfe mir mein *Glück*, · Wenn's zu genießen mir verboten wäre?

Wieland

Willst du immer weiter schweifen? · Sieh, das Gute liegt so nah. · Lerne nur das *Glück* ergreifen, · Denn das Glück ist immer da.

Goethe, Lieder: Erinnerung

Wer im *Glück* ist, der lerne den Schmerz!

(Cajetan) Chor in Schiller, Die Braut von Messina 4, 4

Dort, wo du nicht bist, · Ist das *Glück!*

G. Ph. Schmidt von Lübeck, Des Fremdlings Abendlied (Schuberts Wanderer)

Wer das *Glück* hat, führt die Braut heim.

Sprichwort (auch in Shakespeare, Der Widerspenstigen Zähmung)

Welch *Glück*, geliebt zu werden! · Und lieben, Götter, welch ein Glück!

Goethe, Willkommen und Abschied

Denn das *Glück*, geliebt zu werden, · Ist das höchste Glück auf Erden.

Herder, Der Cid, Gesang 27

Des Weibes Herz kennt nur ein *Glück* auf Erden! · Das Glück heißt: lieben und geliebt zu sein.

Michel Beer, Der Paria

Vom Unglück frei zu sein, ist großes *Glück*.

L. Schefer, Laienbrevier, Juni 9

Viel besser ohne *Glück*, als ohne Liebe sein.

Gellert, Das Glück und die Liebe. Fab. 3. Buch

Schwer ist zu tragen · Das Unglück, aber schwerer das *Glück*.

Hölderlin (Musen-Alman. 1808, 101)

O Menschenherz, was ist dein *Glück?* · Ein rätselhaft geborner, · Und, kaum gegrüßt, verlorner, Unwiederholter Augenblick!

Lenau, Gedichte: Frage

Mehr *Glück* als Edle haben manchmal Niedere.

Helena in Euripides, Helena 1221

Kein *Glück* ohne Neid.

Philipp Graf v. Waldeck (Weidner, Apophth. 345)

Glück ohne Ruh siehe unter *Liebe* (Rastlose Liebe von Goethe)

Im *Glück* sei nicht übermütig, im Unglück nicht verzagt.

Kleobulus von Lindos, nach Diogenes Laertius 1, 6; 4, 93

Glück und Regenbogen sieht man nicht über dem eigenen Haus, sondern nur über fremdem. Sprichwort

Das *Glück* ist nur die Liebe, · Die Liebe ist das Glück.

Chamisso, Frauenliebe und -leben

Glück betört mehr Leute als Unglück.

Luther (Zinkgref, Apophth. 1, S. 183)

Es ist das wahre *Glück* an keinen Stand gebunden.

Hagedorn, Die Einbildung u. d. Glück

Die Welt wird nie das *Glück* erlauben, · Als Beute wird es nur gehascht, · Entwenden mußt du's oder rauben, · Eh' dich die Mißgunst überrascht.

Schiller, Gedichte: Das Geheimnis

Geflügelt ist das *Glück* und schwer zu binden, · Nur in verschloßner Lade wird's bewahrt.

Don Manuel in Schiller, Braut von Messina 1, 7

Der Mensch erfährt, er sei auch, wer er mag, · Ein letztes *Glück* und einen letzten Tag.

Goethe, Epilog zum Trauerspiel Essex, und Gedichte: Sprichwörtlich

Sie haben gehabt weder *Glück* noch Stern, · Sie sind verdorben, gestorben. Heine, Tragödie

Du trägst Cäsar und sein *Glück*.

Nach Plutarch, Cäsar 38, hat Cäsar dies bei einem Sturme zu seinem ängstlichen Bootsmann gesagt (vgl. unter *Cäsar* bei Kinkel und Schiller).

Dem *Glück* bezahlt' ich meine Schuld.

Schiller, Gedichte: Der Ring des Polykrates

Das wahre *Glück*, das Eigentum der Weisen, · Steht fest, indes Fortunens Kugel rollt.
Wieland, Gedichte: Erdenglück

Das *Glück* im Winkel.
Titel eines Schauspiels von Hermann Sudermann (1896)

Das *Glück* des Mannes heißt: ich will, · Das Glück des Weibes heißt: er will.
Friedr. Nietzsche, Also sprach Zarathustra
Das irdische *Glück* genießen siehe unter *genossen.*

Das *Glück* ist blind.
(Fortuna caeca est.)
Cicero, Laelius 15, 54
Siehe unter *Fortuna*

Aus den Wolken muß es fallen, · Aus der Götter Schoß, das *Glück.*
Schiller, Gedichte: Die Gunst des Augenblicks

Mäßiges *Glück* währt am längsten.
Sprichwort

Es gibt ein *Glück,* das ohne Reu'.
Elsa in Richard Wagner, Lohengrin 2, 2

Glück, Glück! Wer will sagen, was du bist und wo du bist!
Th. Fontane, Stine, 14. Kap.

Ich habe dem *Glücke* niemals getraut, auch wenn es Frieden zu halten schien.
Seneca, Abhandlungen (von Moser 1828 S. 191)

Jeder ist seines *Glückes* Schmied.
Sprichwörtlich

Er hat im Leben viel *Glück* gehabt, · Und ist doch niemals *glücklich* gewesen.
Selbstverfaßte Grabschrift des Dichters Franz Dingelstedt († 1881)

Nie soll man jemand vor seinem Tode und seinem Leichenbegängnis *glücklich* heißen.
(Dicique beatus · Ante obitum nemo supremaque funera debet.)
Ovid, Met. 3, 136/37

Glücklich leben und naturgemäß leben ist eins.
Seneca, Abhandlungen (von Moser 1829 S. 611)

Glücklich allein · Ist die Seele, die liebt. Klärchen in Goethe, Egmont 3, 2

Gestehe, daß ich *glücklich* bin.
Schiller, Gedichte: Der Ring des Polykrates

Glücklich ist, wer vergißt, · Was doch nicht zu ändern ist.
Sprichwort, schon im 17. Jahrh. bekannt, auch oft in Volksliedern; benutzt in der Operette Die Fledermaus von Johann Strauß

Glücklich? · Wer ist denn glücklich?
Prinzessin in Goethe, Torquato Tasso 3, 2

Wenn man *glücklich* ist, soll man nicht noch *glücklicher* sein wollen.
Fontane, Unwiederbringlich 1. Kap.

Die Uhr schlägt keinem *Glücklichen.* Max in Schiller, Piccolomini 3, 3

Ein jeder Wechsel schreckt den *Glücklichen:* · Wo kein Gewinn zu hoffen, droht Verlust.
Don Manuel in Schiller, Die Braut von Messina 1, 7

Narr des *Glücks.*
König Lear in Shakespeare, König Lear 4, 6

Glücks genug.
Titel einer Komposition aus Rob. Schumanns Kinderszenen

Da streiten sich die Leut herum · Oft um den Wert des *Glücks,* · Der eine heißt den andern dumm, · Am End weiß keiner nix.
Valentin in Raimund, Der Verschwender 3, 10

Glückskind
(Fortunae filius). Horaz, Satiren 2, 6, 49

Sohn des *Glückes,*
Sophokles, König Ödipus 1080

Du *Glückspilz!* Redensart

O du *glückselge* Kreatur!
Marthe in Goethe, Faust 2882

Aus des Lebens Mühen und ewiger Qual · Möcht' ich fliehen in dieses *glückselige* Tal.
Schiller, Gedichte: Berglied

Eh' es verdüftet, · Schöpfet es schnell! · Nur wenn er *glühet*, · Labet der Quell. Schiller, Punschlied

Laß dir an meiner *Gnade* genügen.
2. Kor. 12, 9

Gnade finden vor Gottes Augen.
Nach 1. Mos. 18, 3

Ohne *Gnade* und Barmherzigkeit.
Nach Jer. 16, 5

Die Art der *Gnade* weiß von keinem Zwang; · Sie träufelt, wie des Himmels milder Regen, · Zur Erde unter ihr, zwiefach gesegnet: · Sie segnet den, der gibt, und den, der nimmt.
(The quality of mercy ist not strain'd, · It droppeth as the gentle rain from heaven · Upon the place beneath: it is twice bless'd, · It blesseth him that gives, and him that takes.)
Porzia in Shakespeare, Der Kaufmann von Venedig 4, 1 (Schlegel)

Ihre (der Geliebten) Gunst bleibt immer *Gnade*.
Goethe, Lieder: Wahrer Genuß

Ich brauche keine *Gnade*, ich will Gerechtigkeit.
Tellheim in Lessing, Minna von Barnhelm 4, 6

Gnade, Gnade für dich und mich!
Aus Scribe u. Meyerbeers Oper Robert der Teufel 2, 3

God made him, and therefore let him pass for a man.
(Gott schuf ihn, also laßt ihn für einen Menschen gelten.)
Porzia in Shakespeare, Kaufmann von Venedig 1, 2

Man schätzt den Staub, ein wenig übergoldet, · Weit mehr als *Gold*, ein wenig überstäubt.
Ulysses in Shakespeare, Troilus und Cressida 3, 3

Gold kauft die Stimme großer Haufen, · Kein einzig Herz erwirbt es dir. Goethe, Lieder: Wahrer Genuß

Das *Gold* ist nur Schimäre.
Scribe u. Meyerbeer, Robert der Teufel 2, 5

Echtes *Gold* wird klar im Feuer.
Sprichwort, auch Titel eines Einakters von Geibel

Das *Gold* ist der Souverän aller Souveräne.
K. J. Weber, Demokritos 7, 12: Weitere Religionsbetrachtungen

Gold und Silber lieb' ich sehr, · Kann's auch gut gebrauchen.
Gold und Silber, Studentenlied

Nicht alles ist *Gold*, was glänzt.
siehe unter *glänzt*

Nach *Golde* drängt, · Am Golde hängt · Doch alles. Ach, wir Armen!
Margarete in Goethe, Faust 2802/04

Jetzt fürwahr ist die *goldene* Zeit; denn die größeste Ehre · Zollt man dem *Golde*, um *Gold* steht auch die Liebe zum Kauf.
(Aurea sunt vere nunc saecula, plurimus auro · Venit honos, auro conciliatur amor.)
Ovid, Ars amandi 2, 277/78

Alles in Deutschland hat sich in Prosa und Versen verschlimmert, · Ach, und hinter uns liegt weit schon die *goldene* Zeit!
Schiller, Gedichte: Jeremiade

Goldene Zeit, *goldenes* Zeitalter.
Nach Hesiod (Werke u. Tage 109/23 und Ovid, Metam. 1, 89. Aurea aetas)

Goldene Berge versprechen.
Redensart n. Terenz, Phormio 1, 2: »Montes auri pollicens«

Dem Feinde soll man *goldene* Brükken bauen.
Fischart, Gargantua 1575 (Kap. 47)

Das *goldene* Kalb. 2. Mos. 32, 4–8
Goldene Äpfel siehe unter *Äpfel*

Die *goldne* Kette gib mir nicht . . . · Gib sie dem Kanzler, den du hast, · Und laß ihn noch die *goldne* Last · Zu andern Lasten tragen.
Goethe, Balladen: Der Sänger

Der ersten Liebe *goldne* Zeit.
Schiller, Lied von der Glocke V. 75

Mein Freund, die *goldne* Zeit ist wohl vorbei; · Allein die Guten bringen sie zurück.
Prinzessin in Goethe, Torquato Tasso 2, 1

Die *goldne* Zeit, womit der Dichter uns · Zu schmeicheln pflegt, die schöne Zeit, sie war, · So scheint es mir, so wenig, als sie ist; · Und war sie je, so war sie nur gewiß! · Wie sie uns immer wieder werden kann.
Prinzessin in Goethe, Torquato Tasso 2, 1

Einen *Goldfisch* angeln oder fangen.
(ein reiches Mädchen heiraten)
Volksmund

Goldmachen wär' die beste Kunst, · Wär' nicht alle Müh' umsunst.
Abraham a Santa Clara

Der *Goldonkel.*
Titel einer Posse von Emil Pohl (1862)

Ihr seid *Goldschmied*, Herr Josse.
(Vous êtes orfèvre, Monsieur Josse.)
Sganarelle in Molière, Der Liebhaber als Arzt 1, 1

Er denkt wie *Goldschmieds* Junge.
(nämlich: hätt' ich Gold, macht' ich Ringe). Sprichwörtl. Redensart von jemand, der keine Mittel hat, um seine Kunst zu zeigen.

Etwas auf die *Goldwaage* legen,
besonders: Seine Worte mit der *Goldwaage* wägen. Nach Sir. 28, 29

Goliath.
Ein Mensch riesigen Wuchses, nach 1. Sam. 17. Ein Gedicht von Claudius beginnt: »War einst ein Riese Goliath, · Ein gar gefährlich Mann«.

Komm in die *Gondel*, mein Liebchen!
Aus der Operette Eine Nacht in Venedig (1883) von Johann Strauß, Text von F. Zell und R. Genée

Beseht die *Gönner* in der Nähe! · Halb sind sie kalt, halb sind sie roh.
Direktor in Goethe, Faust 123/24

Good name in man and woman · Is the immediate jewel of their souls.
(Der gute Name ist bei Mann und Frau Das eigentliche Kleinod ihrer Seelen.)
Jago in Shakespeare, Othello 3, 3

Den *gordischen* Knoten durchhauen.
Ein Orakelspruch verhieß die Herrschaft über Asien dem, der einen kunstvoll geschnürten Knoten an einem Wagen im Jupitertempel der phrygischen Stadt Gordium zu lösen vermöchte. Alexander der Große hieb den Knoten mit seinem Schwert durch.

Für *Görgen* ist mir gar nicht bange,
siehe unter *Dummheit*

Gegen *Goethe* bin ich und bleib' ich ein poetischer Lump.
Schiller, Brief an Körner (17. Juni 1796)

Goethe und kein Ende.
Rektoratsrede von Dubois-Reymond 1882

Ein *Gott* ist, ein heiliger Wille lebt, · Wie auch der menschliche wanke.
Schiller, Die Worte des Glaubens

Ein Kleid, ein Schwert, ein Pferd – und einen *Gott!* · Was brauch' ich mehr?
Sultan Saladin in Lessing, Nathan der Weise 2, 2

Ein feste Burg ist unser *Gott*, · Ein gute Wehr und Waffen.
Luther

Wir glauben all' an einen *Gott.*
M. Luther, Das deutsche Patrem (1524)

Du hast *Gott*, was hast du für Not?
Persisches Sprichwort

Es lebt ein *Gott*, zu strafen und zu rächen.
Tell in Schiller, Wilhelm Tell 4, 3

Der Gedanke *Gott* weckt einen fürchterlichen Nachbar auf, sein Name heißt Richter.
Moser in Schiller, Die Räuber 5, 1

Der alte *Gott*, der lebet noch! · Was willst du, Herz, verzagen?
E. M. Arndt, Trost- und Ermunterungslieder 2

Das heißt · Nicht *Gott* vertrauen! Das heißt Gott versuchen.
Hedwig in Schiller, Wilhelm Tell 3, 1

Bin ich ein *Gott?* Mir wird so licht!
Faust in Goethe, Faust 439

Gott mit uns!

Wahlspruch der preußischen Könige

Bei *Gott* ist kein Ding unmöglich.

Luk. 1, 37; 18, 27; Jer. 32, 17, 27

Wir Deutsche fürchten *Gott*, aber sonst nichts in der Welt!

Bismarck im Deutschen Reichstage, 6. Febr. 1888.
Bismarck tat den Ausspruch in dieser Form, ließ aber Dr. Chrysander nachher das Wort so prägen: Wir Deutsche fürchten Gott, sonst nichts auf dieser Welt.

Wie einer ist, so ist sein *Gott*. · Darum ward Gott so oft zu Spott.

Goethe, Zahme Xenien 4

Als wie der Mensch, so ist sein *Gott*, sein Glaube.

Rückert, Weiheit des Brahmanen (1837/39)

Wer nur den lieben *Gott* läßt walten.

Geistl. Lied von Georg Neumark (1621/81)

Wer *Gott* dem Allerhöchsten traut, · Der hat auf keinen Sand gebaut.

Schluß von Str. 1 des eben erwähnten Liedes

Gott ist immer mit den stärksten Bataillonen.

Friedrich der Große schrieb am 8. Mai 1760 an die Herzogin Luise Dorothea von Gotha: ». . . qu'à la guerre Dieu est pour les gros escadrons.«

Will's *Gott*.

Apostelgesch. 18, 21. Ähnlich 1. Kor. 4, 19; Hebr. 6, 3; Jak. 4, 5

Man muß *Gott* für alles danken.

Nach Ephes. 5, 20

Höre, Israel, der Herr, unser *Gott*, ist ein einiger Herr.

5. Mos. 6, 4; Mark. 12, 29

Gelobt sei *Gott* für alles!

Letzte Worte des Patriarchen Johannes Chrysostomus (344–407)

Großer *Gott*, wir loben dich, · Herr, wir preisen deine Stärke; · Vor dir neigt die Erde sich · Und bewundert deine Werke. · Wie du warst zu aller Zeit, · So bleibst du in Ewigkeit.

Nach dem Ambrosianischen Lobgesang

Können sie schon den Menschen entlaufen, so haben sie doch keine Flügel, um *Gott* zu entfliehen.

König Heinrich in Shakespeare, König Heinrich V. 4, 1; vgl. Ps. 139, 7–9

»Ich glaube einen *Gott!*« Dies ist ein schönes, löbliches Wort; aber Gott anerkennen, wo und wie er sich offenbare, das ist eigentlich die Seligkeit auf Erden.

Goethe, Maximen u. Reflexionen 7

Der *Gott*, der mir im Busen wohnt, · Kann tief mein Innerstes erregen.

Faust in Goethe, Faust 1566/67

Gott, gib mir heut · So klugen Rat, · Daß mich morgen nicht reut, · Was ich gestern tat.

Karl Simrock, Gedichte, Gebet 6

Gott hat's gewollt.

Graf Philipp von Hanau (Weidner, Apophth. 345)

Gott verläßt die Seinigen nicht.

Nach Psalm 37, 28, aber dort steht: Der Herr verläßt seine Heiligen nicht.

Gott hat alles wohlgemacht.

Gleim, Die Eiche und der Kürbis

Gott erhalte Franz, den Kaiser.

Ehem. österr. Volkshymne von Haschka

Gott selbst im Himmel hat gerichtet.

Schiller, Gang nach dem Eisenhammer

Gott hat ihn gezeichnet.

Carlos in Schiller, Don Carlos 5, 4

Lieber *Gott*, magst ruhig sein, · Fest steht und treu die Wacht am Rhein.

Karl Gerok, Des Deutschen Knaben Tischgebet

Gott ist nicht wählerisch in seinen Boten und Werkzeugen, und die irren sich, die da meinen, daß er die Welt mit spitzen Fingern anfasse und das nämliche von ihnen verlange.

Wilh. Raabe, Im alten Eisen (1887)

Mit *Gott* für König und Vaterland!

Aufschrift des Landwehrkreuzes, von Friedrich Wilhelm III. am 10. März 1813 bestimmt

Gott ist mächtig in dem Schwachen.
Chamisso, Vergeltung, nach 2. Kor. 12, 9

Gott hilft nur dann, wenn Menschen nicht mehr helfen.
Reding in Schiller, Wilhelm Tell 2, 2

Gott ist die Welt – und Gott und ich sind du!
Otto Erich Hartleben (1864–1905), Der Dichter

Ist *Gott* für uns, wer mag wider uns sein? Röm. 8, 31

Gott sieht aufs Herz.
Nach 1. Sam. 16, 7 u. Apost. 10, 34

Gott weiß es. Nach 2. Kor. 11, 11

Wenn ich nicht auf meinen *Gott* rechnete, so gäbe ich gewiß nichts auf irdische Herren.
Bismarck, 28. September 1870

Was *Gott* tut, das ist wohlgetan.
Samuel Rodigast (1649–1708), Geistliches Lied

Was *Gott* zusammengefügt hat, das soll der Mensch nicht scheiden.
Matth. 19, 6

Was *Gott* ist, wird in Ewigkeit · Kein Mensch ergründen! · Doch will er treu sich allezeit · Mit uns verbünden.
Conr. Ferd. Meyer, Gedichte: In Haremsnächten

Vor *Gott* ist keine Flucht als nur zu ihm.
Rückert, Erbauliches und Beschauliches aus dem Morgenlande 2, 47

Gott verläßt den Mutigen nimmer.
Th. Körner, Verm. Gedichte: Harras, der kühne Springer

Und gäb' es keinen *Gott*, so müßt' man ihn erfinden.
(Si Dieu n'existait pas, il faudrait l'inventer.)
Voltaire, Epître à l'Auteur du livre des trois Imposteurs, 22. Vgl. unter *existait*

Ach, hätte die Welt nie von *Gott* gewußt, sie würde glücklicher sein!
Karl Gutzkow in der Vorrede zum Neudruck von Schleiermachers Briefen über Schlegels Lucinde (1834)

Gott ist tot; an seinem Mitleiden mit den Menschen ist Gott gestorben.
Nietzsche, Zarathustra: Von den Mitleidigen

Gott ist groß und unbekannt.
Hiob 36, 26

Sogar dies Wort hat nicht gelogen: · Wen *Gott* betrügt, der ist wohl betrogen.
Goethe, Sprüche in Reimen: Gott, Gemüt und Welt

Du kannst dem *Gott* entrinnen nicht, · Der in dir deinen Weg bereitet. Hermann Stehr, Gedichte

Nun danket alle *Gott!*
Jesus Sirach 50, 24; Anfang eines geistl. Liedes von Martin Rinckart († 1649)

Noch hat keiner *Gott* erflogen, · Der vor *Gottes* Teufeln flüchtet.
Richard Dehmel (1863–1920), Selbstzucht

Der *Gott*, der in den Himmel entfloh – · Aus der Erde wird er uns wiederkommen!
Rainer Maria Rilke (1875–1926), Geschichten vom lieben Gott: Märchen vom Tod (1904)

Allein *Gott* führt, · Wenn er nur will, zu seiner Ehre alles · Herrlich hinaus, und sei es noch so sehr · In Schwachheit gezeugt und in Sünden empfangen.
Benedikt in Gerhart Hauptmann, Der arme Heinrich 2, 1 (1902)

Euer *Gott* ist ein Gott über alle *Götter*. Daniel 2, 47

Dir wird gewiß einmal bei deiner *Gottähnlichkeit* bange!
Mephistopheles in Goethe, Faust 2050

Gebet dem Kaiser, was des Kaisers ist, und *Gott*, was *Gottes* ist.
Matth. 22, 21

Dem lieben *Gotte* weich nicht aus, · Findst du ihn auf dem Weg!
Schiller, Gedichte: Der Gang nach dem Eisenhammer

Keine anderen *Götter* siehe unter *andere*

Ein Schauspiel für *Götter.*
Valerio in Goethes Singspiel Erwin und Elmire 1, 1. Vgl. Näheres unter *Schauspiel*

Es fürchte die *Götter* das Menschengeschlecht.
Iphigenie in Goethe, Tauris 4, 5

Mit der Dummheit kämpfen *Götter* selbst vergebens.
Talbot in Schiller, Jungfrau von Orleans 3, 6

Kann ich die *Götter* nicht beugen, so will ich die Hölle bewegen.
(Flectere si nequeo superos, Acheronta movebo!) Vergil, Äneis 7, 312

Das wissen die *Götter,*
wohl entstanden aus Θεῶν ἐν γούνασι κεῖται = Das liegt im Schoße der *Götter,* Homer, Ilias 17, 514 u. ö.

Du hast der *Götter* Gunst erfahren. – · Die *Götter* wollen dein Verderben. · Mir grauet vor der *Götter* Neide.
Schiller, Gedichte: Der Ring des Polykrates

Da die *Götter* menschlicher noch waren, · Waren Menschen göttlicher.
Schiller, Die Götter Griechenlands (Erste Fassung)

Tot sind alle *Götter:* nun wollen wir, daß der Übermensch lebe.
Nietzsche, Zarathustra: Von der schenkenden Tugend

Götterdämmerung.
Titel des letzten Teiles des Opernzyklus »Der Ring des Nibelungen« von Richard Wagner. Der Titel ist nach einem Liede der älteren Edda gebildet.

Was du dankst der milden *Göttergunst,* · Drückt dein Haupt zu Boden nieder; · Was du dankst der eignen Müh' und Kunst, · Hebt es zu den Göttern wieder.
Anastasius Grün, Sprüche

Götterhöhe siehe unter *Manneswürde.*

Denn, *Göttern* gleich zu sein, ist Edler Wunsch.
Elpenor in Goethe, Elpenor 1, 4

Die Menschen kommen durch nichts den *Göttern* näher, als wenn sie Menschen glücklich machen.
(Homines ad deos nulla re propius accedunt quam salutem hominibus dando.)
Cicero, Rede für Ligarius 12, 38

Nicht mit *Göttern* tauschen.
Sprichwörtl. Redensart

Götterruhm ist das Gelingen, · Menschenwert das treue Ringen.
Anastasius Grün, Sprüche

Alles zur größeren Ehre *Gottes.*
(Omnia in majorem Dei gloriam.)
Oft in den Canones und Decreta oecumenici concilii Tridentini (1545/63). Oft durch die Buchstaben O. I. M. D. G. ausgedrückt; auch bekannt als Wahlspruch der Jesuiten.

Das ist *Gottes* Finger! 2. Mos. 8, 19

An *Gottes* Segen ist alles gelegen.
Sprichwort

Von *Gottes* Gnaden.
Nach 1. Korinth. 3, 10

Auf *Gottes* Wegen · Ist Gottes Segen. Sprichwort

Gottes Haustür ist immer offen.
Persisches Sprichwort

Zu *Gottes* schönem Ebenbild · Kann ich den Stempel zeigen.
Schiller, Gedichte: Männerwürde

Gottes ist der Orient! · Gottes ist der Okzident! · Nord- und südliches Gelände · Ruht im Frieden seiner Hände.
Goethe, Westöstlicher Divan: Buch des Sängers. Nach der 2. Sure des Korans

Gottes Mühlen mahlen langsam, mahlen aber trefflich klein; · Ob aus Langmut er sich säumet, bringt mit Schärf' er alles ein.
Logau, Sinngedichte: Göttliche Rache

Du kamst, du gingst mit leiser Spur, · Ein flüchtger Gast im Erdenland; · Woher? Wohin? Wir wissen nur: · Aus *Gottes* Hand in Gottes Hand.
Uhland, Auf den Tod eines Kindes

Wo still ein Herz in Liebe glüht, · Oh, rühret, rühret nicht daran! · Den *Gottesfunken* löscht nicht aus! · Fürwahr, es ist nicht wohlgetan.

Geibel, Jugendgedichte: Rühret nicht daran!

Sohn, fürchte Gott, damit dein Innres furchtlos sei, · Denn *Gottesfurcht* nur macht von Menschenfurcht dich frei.

Rückert, Weisheit des Brahmanen (1837/39)

Gottesfurcht ist *Gotteslästerung.*

Peter Hille, Aphorismen

Eine *Gottesgabe.*

Nach dem Pred. Sal. 3, 13 u. 5, 18

Ein *Gotteshaus.*

Nach 1. Mos. 28, 22 und anderen Bibelstellen

Gotteslästerer und *Gotteslästerung.*

Nach 3. Mos. 24, 11–16, Luk. 5, 21 und vielen andern Bibelstellen

Das lehr uns, · Daß eine *Gottheit* unsre Zwecke formt, · Wie wir sie auch entwerfen.

Hamlet in Shakespeare, Hamlet 5, 2

Nehmt die *Gottheit* auf in euern Willen, · Und sie steigt von ihrem Weltenthron.

Schiller, Gedichte: Das Ideal und das Leben

Göttlich nennst du die Kunst? · Sie ist's ... · Aber das war sie, mein Sohn, eh' sie dem Staat noch gedient. · Willst du nur Früchte von ihr, die kann auch die Sterbliche zeugen; · Wer um die *Göttin* freit, suche in ihr nicht das Weib.

Schiller, Gedichte: Archimedes und der Schüler

Oh, der Einfall · War kindisch, aber *göttlich* schön.

Carlos in Schiller, Don Carlos 1, 2

Alles *Göttliche* auf Erden · Ist ein Lichtgedanke nur.

Schiller, Gedichte: Die Gunst des Augenblicks

An das *Göttliche* glauben · Die allein, die es selber sind.

Hölderlin, Gedichte: Menschenbeifall

Ein *göttliches* Leben führen.

Nach 1. Mos. 5, 24 und 6, 9

Der Rest ist für die *Gottlosen.*

Nach Psalm 75, 9

Du bist nicht ein Gott, dem *gottloses* Wesen gefällt, wer böse ist, bleibet nicht vor dir. Psalm 5, 5

Was kann der Mensch im Leben mehr gewinnen, · Als daß sich *Gott-Natur* ihm offenbare?

Goethe, Gedichte: Bei Betrachtung von Schillers Schädel

Gottverlassen

(von Gott verlassen sein).

Nach Psalm 8, 6

Hau deinen *Götzen* mutig um. · Es sei Geld, Wollust oder Ruhm.

Matthias Claudius, Ein gülden Abc

Nicht der Priester, die Anbetung schafft den *Götzen.*

Börne, Kritiken 26: Der ewige Jude

Le roi règne et ne *gouverne* pas.

(Der König herrscht, aber er regiert nicht.)

Jan Zamojski, † 1605, im poln. Reichstag

Herr *Gouverneur* zu Pferde, · Ich beuge mich zur Erde.

Leporello in Mozart Don Juan 2, 3 (1787)

The *governement* of the people, by the people, for the people. (Die Regierung des Volkes durch das Volk für das Volk.)

Lincoln in einer Ansprache vom 10. November 1863

Im *Grab* ist Ruh'.

Heine, Buch der Lieder: Bergstimmen (nach Hiob 17, 16)

Das *Grab* ist tief und stille, · Und schauderhaft sein Rand.

Salis-Seewis, Gedichte: Das Grab

Geht nun hin und *grabt* mein *Grab,* · Denn ich bin des Wanderns müde.

Ernst Moritz Arndt, Grablied (1818)

Getröstet können wir zu *Grabe* steigen.

Attinghausen in Schiller, Wilhelm Tell 4, 2

Sei Kaiser, Sultan, Papst! In *Grabeslinnen* · Gewickelt bist du und ein nackter Leib; · Heut oder morgen mußt du drin erkalten.

Heinrich in Gerhart Hauptmann, Der arme Heinrich 2, 6 (1902)

Von dem Dome, schwer und bang, · Tönt die Glocke *Grabgesang*.

Schiller, Lied von der Glocke V. 244–47

Quis tulerit *Gracchos* de seditione querentes?

(Wer mag die *Gracchen* ertragen, die Klagen erheben um Aufruhr? – d. h.: Wer mag einen ertragen, der sich über etwas beklagt, was er selbst tut?)

Juvenal, Satiren 2, 24

Grad aus dem Wirtshaus nun komm ich heraus.

Gedicht von H. v. Mühler (1813–74)

Gradaus geht des Blitzes, · Geht des Kanonballs fürchterlicher Pfad.

Oktavio in Schiller, Piccolomini 1, 4

Der *Graf* von Luxemburg · Hat all sein Geld verjuxt, juxt, juxt –.

Kommerslied, Verfasser unbekannt

Will der Herr *Graf* ein Tänzchen wagen, · So mag er's sagen, · Ich spiel' ihm auf.

Mozart, Figaros Hochzeit, 1. Akt

Den wilden *Gram* macht die Gewohnheit zahm.

Shakespeare, Richard III. 4, 4

Einer Sache *gram* (überdrüssig) sein, einer Person gram (ihr böse) sein.

Alttestamentl., z. B. 1. Mos. 27, 41, Psalm 119, 163 und öfter

Mit Sorgen und mit *Grämen*.

Paul Gerhardt, Befiehl du deine Wege (1653)

La *grammaire* qui sait régenter jusqu'aux rois.

(Die Grammatik, die sogar die Könige zu beherrschen weiß.)

Molière, Les femmes savantes 2, 6

Ein *Gran* Kühnheit bei allem ist eine wichtige Klugheit.

Balthasar Gracián, Handorakel (1637) Schopenhauer

Auf *Granit* beißen.

Sprichwörtl. Redensart. Graf Bülow in der Reichstagssitzung vom 8. Jan. 1902, der sie Friedr. dem Großen zuschrieb.

Das *Gras* wachsen hören

Nach der jüngeren Edda 1, 27

Vgl. Bürger, Der Kaiser und der Abt: Ihr höret das *Gräschen* fast wachsen, sagt man.

Gras wachsen lassen über eine Sache.

Sprichwörtl. Redensart

Bald *gras'* ich am Neckar, · Bald gras' ich am Rhein.

Aus des Knaben Wunderhorn

Hab' oft im Kreise der Lieben · In duftigem *Grase* geruht, · Und mir ein Liedlein gesungen – · Und alles war hübsch und gut.

Adelbert von Chamisso (1829), Frisch gesungen

Ich geh' durch einen *grasgrünen* Wald · Und höre die Vögelein singen.

Volkslied (1808), Strophe 2 und 3 von Herm. Kletke (1841)

Grata superveniet, quae non sperabitur hora!

(Unverhofft wird dereinst die glückliche Stunde dir kommen.)

Horaz, Episteln 1, 4, 14

Grau, teurer Freund, ist alle Theorie · Und grün des Lebens goldner Baum.

Mephistopheles in Goethe, Faust 2038/39

Bei Nacht sind alle Katzen *grau*.

Sprichwort

Hundert *graue* Pferde machen nicht einen einzigen Schimmel.

Goethe, Sprüche in Prosa: Über Naturwissenschaft 5

Warum sollte mir denn *grauen?*

Aus »Jesus meine Zuversicht«. – Kirchenlied von Luise Henriette v. Brandenburg 1627–1667

Mir kommt ein eigen *Grauen* an bei diesem Segen.
Thibaut in Schiller, Jungfrau von Orleans V. 143

Laßt, Vater, genug sein das *grausame* Spiel!
Schiller, Balladen: Der Taucher

Zur *Grausamkeit* zwingt bloße Liebe mich.
Hamlet in Shakespeare, Hamlet 3, 4

Hier wendet sich der Gast mit *Grausen*.
Schiller, Balladen: Der Ring des Polykrates (1798)

Mir *graust*, der Atem stockt, zu Berge steigt mir mein Haar!
(Obstipui steteruntque comae et vox faucibus haesit!) Vergil, Äneis 2, 774

You shall find me a *grave* man.
(Ihr werdet einen stillen Mann in mir finden.)
Mercutio in Shakespeare, Romeo und Julia 3, 1

Mit *Grazie* in infinitum.
Goethe, Gedichte: Frühlingsorakel

Der ungezogene Liebling der *Grazien*.
Goethe hat im Epilog zu der Übersetzung des Lustspiels »Die Vögel« von Aristophanes diesen als »ungezogenen Liebling der Grazien« bezeichnet, ein Ausdruck, der später vielfach auch auf Heine Anwendung gefunden hat.

Und es gehen die lieblichen *Grazien* Hand in Hand mit den Nymphen.
(Junctaeque Nymphis Gratiae decentes.)
Horaz, Oden 1, 4, 6 (Voß)

Die *Grazien* sind leider ausgeblieben. Tasso in Goethe, Torquato Tasso 2, 1

Greift nur hinein ins volle Menschenleben! · Ein jeder lebt's, nicht vielen ist's bekannt, · Und wo ihr's packt, da ist's interessant.
Lustige Person in Goethe, Faust 167/69

In den Ozean schifft mit tausend Masten der Jüngling; · Still, auf gerettetem Boot, treibt in den Hafen der *Greis*.
Schiller, Gedichte: Erwartung und Erfüllung

Der *Greis* an seinem Stabe.
Schiller, Die Künstler V. 358

Ein *Greis*, der sich nicht zu helfen weiß. Siehe unter *Dache*

Nach Frankreich zogen zwei *Grenadier*', · Die waren in Rußland gefangen.
H. Heine, Die Grenadiere (1819)

Natürliche *Grenzen*.
Nach Sieyès (1793) Napoleon III.

Greuel der Verwüstung.
Nach Daniel 9, 27 u. Matth. 24, 15

Traue keinen Schritt dem *Griechen*.
Iphigenie in Euripides, Iphigenie auf Tauris V. 1174 (Minckwitz)

Das Land der *Griechen* mit der Seele suchend.
Iphigenie in Goethe, Iphigenie 1, 1

Unter allen Völkerschaften haben die *Griechen* den Traum des Lebens am schönsten geträumt.
Goethe, Maximen u. Reflexionen 3

Den *Griechen* eine Torheit.
siehe unter *Juden*

Der feine *Griff* und der rechte Ton.
Wachtmeister in Schiller, Wallensteins Lager 6

Der kühne *Griff*.
Als Redensart bekannt geworden durch Heinrich v. Gagern (24. Juni 1849 in der konstituierenden Nationalversammlung), doch benutzte diese Wendung schon sein Vorredner Karl Mathy. Vgl. Schiller, Gesch. des 30jährigen Krieges, 3. Buch

Mit einem eisernen *Griffel* schreiben. Nach Hiob 19, 23/24

Weg mit den *Grillen* und Sorgen! · Brüder, es lacht ja der Morgen · Uns in der Jugend so schön!
Lied von Aug. Mahlmann (1771–1826), 1797, komp. von A. F. Beczmarzowsky (1754–1823)

Wer wollte sich mit *Grillen* plagen? Gebt den Harm und *Grillenfang*, · Gebet ihn den Winden!
Hölty, Aufmunterung zur Freude (1776)

Großer *Grimm* bringt Schaden.
Spr. Sal. 19, 9

Du weißt wohl nicht, mein Freund, wie *grob* du bist?
Mephistopheles in Goethe, Faust 6770

Denn wirkten *Grobe* · Nicht auch im Lande, · Wie kämen Feine · Für sich zustande?
Holzhauer in Goethe, Faust 5207/10

Göttliche *Grobheit.*
Fr. v. Schlegels Roman Lucinde (1799); E. T. A. Hoffmann, Die Irrungen (1821)

(Sankt) *Grobian.*
Nach Seb. Brant im Narrenschiff

Selten hat ein *Grobian* Galle.
Just in Lessing, Minna v. Barnhelm 1, 2

Ich *grolle* nicht, und wenn das Herz auch bricht, · Ewig verlornes Lieb, ich grolle nicht.
Heine, Buch der Lieder: Lyrisches Intermezzo 18

Ja, du bist elend, und ich *grolle* nicht.
Heine, Buch der Lieder: Lyrisches Intermezzo 19

Groß vor jemand sein.
Josua 3, 7 u. 4, 14 u. öfter

Wahrhaft *groß* sein, heißt: · Nicht ohne *großen* Gegenstand sich regen, · Doch einen Strohhalm selber groß verfechten, · Wenn Ehre auf dem Spiel.
Hamlet in Shakespeare, Hamlet 4, 4

Ach, irdische *Größe* erlischt wie ein Traum.
Lortzing, Zar und Zimmermann 3, 14: Einst spielt' ich usw.

Die *Größe*, die du suchst, wird dich erdrücken.
König Heinrich in Shakespeare, König Heinrich IV. 2. Teil 4, 4

Wie klein, wie armselig ist diese große Welt!
Tellheim in Lessing, Minna von Barnhelm 5, 9

Ein erhabner Sinn · Legt das *Große* in das Leben, · Und er sucht es nicht darin.
Schiller, Huldigung der Künste

Große Seelen dulden still.
Marquis Posa in Schiller, Don Carlos 1, 4

Große Leute fehlen auch.
Psalm 62, 10

Der *große* Mann braucht überall viel Boden.
Nathan in Lessing, Nathan der Weise 2, 5

Der *große* Fritz war auch mal klein.
K. v. Holtei

Alles *Große* kommt uns wieder, · Alles Schöne kehrt zurück.
Körner, Bundeslied v. d. Schlacht

Große Dinge sind immer mit großen Gefahren verknüpft.
Xerxes bei Herodot 7, 50 (Fr. Lange)

Große Zeit ist es immer nur, wenn's beinahe schiefgeht, wenn man jeden Augenblick fürchten muß: Jetzt ist alles vorbei.
Th. Fontane, Der Stechlin 4. Kap.

Viel Klagen hör' ich oft erheben · Vom Hochmut, den der *Große* übt. · Der *Großen* Hochmut wird sich geben, · Wenn unsre Kriecherei sich gibt.
Bürger, Mittel gegen den Hochmut der Großen

Du sprichst ein *großes* Wort gelassen aus.
Thoas in Goethe, Iphigenie auf Tauris 1, 3

Die siebente *Großmacht*
wird die Presse genannt.

Preußen muß der *Großmachtskitzel* ausgetrieben werden.
Nach Herm. Schulze-Delitzsch (1808 bis 1883)

Wolle nicht immer *großmütig* sein, aber gerecht sei immer.
Matthias Claudius, An meinen Sohn Johannes

Leute, die es von Natur sind, merken selten, daß es etwas ist, *großmütig* zu sein!

G. Chr. Lichtenberg, Verm. Schriften Bd. 1 Nr. 3

Großmutter heißen ist kaum minder lieb · Als einer Mutter innigsüßer Name.

König Richard in Shakespeare, König Richard III. 4, 4

Der *Großprahler* ist wie ein gemaltes Schwert; · Beide können nicht gebraucht werden. Matthias Claudius

Großstadtluft.

Titel eines Lustspiels von O. Blumenthal u. G. Kadelburg (1891)

Großtun über seinen Stand · Führet Wehtun an der Hand.

Logau, Sinngedichte: Stolzieren

Als der *Großvater* die Großmutter nahm.

A. F. E. Langbein, Das Großvaterlied (1813), danach Gust. Wustmanns 1886 erschienene Sammlung von älteren Liedern

In die *Grube* fahren (für sterben).

Nach 1. Mos. 37, 35

Wer andern eine *Grube* gräbt, fällt selbst hinein.

Nach den Sprüchen Salomonis 26, 27

„Wer andern eine *Grube* gräbt" – · Dies Wort mag trefflich sein! · Doch: wer sie aus der Grube hebt, · Auch der fällt meist hinein.

Ernst v. Feuchtersleben

Nimm alles leicht! Das Träumen laß und *Grübeln!* · So bleibst du wohlbewahrt von tausend Übeln.

L. Uhland, Fortunat u. seine Söhne

Das *Grübeln* ist der Tod der frischen Tat.

Emerich Madách, Die Tragödie des Menschen (1861)

Das ist das schlimmste von allen Übeln, · Im Vergangenen herumzu*grübeln.*

Cäsar Flaischlen-Gedenkbuch, 10. Dez.

Jemandem nicht *grün* sein (ihn nicht leiden können).

Sprichwörtl. Redensart

Wer sich *grün* macht, den fressen die Ziegen. Sprichwort

In *Grün* will ich mich kleiden, · In *grüne* Tränenweiden: · Mein Schatz hat's Grün so gern.

Wilh. Müller, Die liebe Farbe

Grün ist die Heide, die Heide ist grün, · Aber rot sind die Rosen, eh' sie verblühn.

Hermann Löns (1866–1914), Der kleine Rosengarten

Kommen Sie an meine *grüne* Seite.

Sprichwörtl. Redensart nach dem bekannten Volkslied (siehe unter *Ruckruckruck*)

Oh, daß sie ewig *grünen* bliebe, · Die schöne Zeit der jungen Liebe.

Schiller, Das Lied von der Glocke V. 78/79

Auf keinen *grünen* Zweig kommen (es zu nichts bringen).

Sprichwörtl. Redensart

Wie herrrlich ist's im *Grünen!*

Chor in Lortzings Oper: Der Waffenschmied 2, 2 (1846)

Willkommen im *Grünen!* Der Himmel ist blau.

Gedicht von J. H. Voß (1787)

Grund- und Eckstein.

Nach Jes. 28, 16. Doch heißt es schon in Psalm 118, 22: »Der Stein, den die Bauleute verworfen haben, ist zum Eckstein worden«; vgl. Matth. 21, 42.

Glücklich, wer den *Grund* der Dinge zu erkennen vermocht hätte.

(Felix, qui potuit rerum cognoscere causas.) Vergil, Georgica 2, 490

In einem kühlen *Grunde,* · Da geht ein Mühlenrad.

Eichendorff, Das zerbrochene Ringlein

Wenn *Gründe* so gemein wären wie Brombeeren . . .

Falstaff in Shakespeare, König Heinrich IV. 1. Teil 2, 4. Vgl. unter *blackberries*

Die *Gründe* der Regierung kenne ich nicht, aber ich muß sie mißbilligen.

Abgeordneter Julius Kell in der Sitzung der sächsischen zweiten Kammer am 12. Februar 1849

Der spielt die traurigste Rolle, · Dem die Basis mit *Grundeis* ergeht.

Scheffel, Gaudeamus: Der erratische Bock

In des Waldes tiefsten *Gründen*.

Rinaldo Rinaldini von Aug. Vulpius (1798)

Auf den breitesten *Grundlagen*.

Friedrich Wilhelm IV. (22. März 1848)

Ein *Gründling* besser auf dem Tisch, · Als in dem See ein großer Fisch. Sprichwörtlich

Es *grüne* die Tanne, es wachse das Erz, · Gott schenke uns allen ein fröhliches Herz! Harzspruch

Es kamen *grüne* Vögelein · Geflogen her vom Himmel, · Und setzten sich im Sonnenschein · In fröhlichem Gewimmel.

Rückert, Kinderlied von den grünen Sommervögeln

Den *Gruß* des Unbekannten ehre ja! . . . · Der erste Gruß ist viele tausend wert! · Drum *grüße* freundlich jeden, der *begrüßt*.

Goethe, Westöstl. Divan: Buch der Betrachtungen

Grüß Gott, tritt ein, · Bring Glück herein. Hausspruch

Grüß euch Gott, alle miteinander.

Aus der Operette Der Vogelhändler von Zeller

Gott *grüße* dich! Kein andrer Gruß · Gleicht dem an Innigkeit. · Gott grüße dich! Kein andrer Gruß · Paßt so zu jeder Zeit. · Gott grüße dich! Wenn dieser Gruß · So recht von Herzen geht, · Gilt bei dem lieben Gott der Gruß · Soviel wie ein Gebet. Julius Sturm

Grüße mein Lottchen, Freund!

Schiller, Gedichte: Die Schlacht V. 49

Ihr Mann ist tot und läßt Sie *grüßen*.

Mephistopheles in Goethe, Faust 2916

Sei mir *gegrüßt*, mein Berg mit dem rötlich strahlenden Gipfel!

Schiller, Gedichte: Der Spaziergang

Sei mir *gegrüßt*, · Gesegneter des Herrn.

Fr. Kind, Der Freischütz (komp. von Weber) 3

Wie *gegrüßt*, so gedankt.

Mancher hat wenig *Grütze* im Kopf.

Sprichwörtlich

Hans *Guckindieluft*

nach dem *Struwwelpeter* (s. diesen)

Bei dieser Methode bedient man sich · Auch einer neuen Maschine, · Die hat erfunden Herr Guillotin, · Drum nennt man sie *Guillotine*.

H. Heine, Deutschland, ein Wintermärchen 16 (1844)

Das Papiergespenst der *Gulden*.

Mephistopheles in Goethe, Faust 6198

Die erste *Gunst* ist Gunst, die zweite schon Verpflichtung.

Chinesisches Sprichwort

O traurig Los · Des Armen, der an Königs *Gunst* gebunden!

Wolsey in Shakespeare, König Heinrich VIII. 3, 2

Wem Gott will rechte *Gunst* erweisen, · Den schickt er in die weite Welt.

Eichendorff, Der frohe Wandersmann

Nur der verdient die *Gunst* der Frauen, der kräftigst sie zu schützen weiß.

Faust in Goethe, Faust 9444/45

Günstige Gelegenheit siehe unter *Gelegenheit*.

Die Menschen und die *Gurken* taugen nichts, sobald sie reif sind.

Jean Paul, Flegeljahre

Mit dem *Gürtel*, mit dem Schleier · Reißt der schöne Wahn entzwei.

Schiller, Das Lied von der Glocke V. 100/01

Wohl! Nun kann der *Guß* beginnen.
Schiller, Das Lied von der Glocke V. 147

Aus einem *Gusse* sein.
Sprichwörtl. Redensart

Gustel von Blasewitz,
siehe *Blasewitz.*

Und Gott sah, daß es *gut* war.
1. Mos. 1, 10

Gut angeschrieben sein.
Nach Hebr. 12, 23

Wirke *gut,* so wirkst du länger, · Als es Menschen sonst vermögen.
Goethe, Gedichte: Deutscher Parnaß

Wer setzt sein' Lust auf zeitlich *Gut* · Und darin sucht sein' Freud' und Mut, · Der ist ein Narr in Leib und Blut.
Seb. Brant, Narrenschiff

Und alles war wieder *gut!*
Refrain des Liedes Frisch gesungen von Chamisso 1829
Siehe unter *Grase*

Was soll *Gut* ohne Mut?

Gut Ding will Weile haben.
Sprichwörter

Das Leben ist das einzge *Gut* des Schlechten.
Mortimer in Schiller, Maria Stuart 4, 4

Das einzige *Gut* ist die Tugend, die zwischen Glück und Unglück einherwandelt und beide verachtet.
Seneca, Briefe 76

Unrecht *Gut* gedeihet nicht.
Nach Spr. Sal. 10, 2

Gut gebrüllt, Löwe!
Demetrius in Shakespeare, Sommernachtstraum 5, 1

Eher schätzet man das *Gute* · Nicht, als bis man es verlor.
Herder, Cid 3, 44
(Vgl. Plautus »Captivi«, 142/3 Parasitus: Tum denique homines nostra intelligimus bona, · Cum quae in potestate habuimus, ea amisimus.)

Dem Narren stehet nicht wohl an, *gute* Tage zu haben.
Sprüche Salomonis 19, 10

Das *Gute* – dieser Satz steht fest – · Ist stets das Böse, was man läßt.
Wilhelm Busch, Die fromme Helene (1872)

Gute Nacht, Herrendienst!
Ferdinand in Schiller, Kabale und Liebe 5, 7. Siehe auch Uhland: Die drei Könige zu Heimsen: Dann, Lehndienst, *gute* Nacht!

Nur zwei Tugenden gibt's. O wären sie immer vereinigt: · Immer die *Güte* auch groß, immer die Größe auch gut.
Schiller, Gedichte: Güte und Größe

Güte bricht einem kein Bein.
Güte macht ungütige Knechte.
Sprichwörtlich

Seine *Güte* währet ewiglich.
1. Chron. 16, 34 und an vielen andern Stellen der Bibel, besond. Ps. 107, 1; 118, 1; 136, 1.

Der *Guten* Tun ist lauter *Gutestun.*
L. Schefer, Laienbrevier, Oktober 20

Dem *Guten* ist sein Lohn bereitet.
Uhland, Graf Richard Ohnefurcht

Wenn wir zum *Guten* dieser Welt gelangen, · Dann heißt das Beßre Trug und Wahn.
Faust in Goethe, Faust 636/37

Wenn euch die Nebel des Trübsinns umgrauen, · Hebt zu den Sternen den sinkenden Mut; · Heget nur männliches, hohes Vertrauen; · *Guten* ergeht es am Schlusse doch gut.
Joh. Freih. Gaudenz von Salis-Seewis, Gedichte: Ermunterung (1790). Mel. v. J. Rud. Zumsteeg

Doch dem *Guten* ist's zu gönnen, · Wenn am Abend sinkt die Sonnen, · Daß er in sich geht und denkt, · Wo man einen *Guten* schenkt.
Fr. Th. Vischer, Ballade vom Helfer Brehm

Den lieben Gott einen *guten* Mann sein lassen
(sorglos dahinleben).
Sprichwörtl. Redensart

Er ist ein *guter* Mann, · Er läßt, was er nicht kann; · Trinkt nie aus einer leeren Flasche · Und steckt keinen Kirchturm in die Tasche.
Wilhelm Müller, Epigramme 2. Hundert Nr. 45: Der gute Mann

Euch, ihr Götter, gehört der Kaufmann. *Güter* zu suchen, · Geht er, doch an sein Schiff · Knüpfet das Gute sich an.
Schiller, Gedichte: Der Kaufmann

Betrüglich sind die *Güter* dieser Erden.
Maria in Schiller, Maria Stuart 5, 6

Der *Güter* höchstes dürfen wir verteidgen · Gegen Gewalt.
Stauffacher in Schiller, Wilhelm Tell 2, 2

Das Leben ist der *Güter* höchstes nicht, · Der Übel größtes aber ist die Schuld.
Schlußverse in Schiller, Die Braut von Messina

Nicht an die *Güter* hänge dein Herz, · Die das Leben vergänglich zieren! · Wer besitzt, der lerne verlieren! · Wer im Glück ist, der lerne den Schmerz!
Erster Chor (Cajetan) in Schiller, Die Braut von Messina 2306/09

Völker Europas, wahret eure heiligsten *Güter!*
Kaiser Wilhelm II. (Unterschrift unter einem von Prof. Knackfuß nach des Kaisers Angaben gemalten Bilde 1895)

Von des Lebens *Gütern* allen · Ist der Ruhm das höchste doch.
Schiller, Das Siegesfest
(Fortsetzung siehe unter *Name*)

Güterschlächter.
Nach Cicero, Oratio pro Roscio Amerino 29, 80. (Sectores collorum et honorum: Halsabschneider und Güterschlächter.)

Haben wir *Gutes* empfangen von Gott und sollten das Böse nicht auch annehmen? Hiob 2, 10

Die Gottlosen sind ein Greuel mit ihrem Wesen; da ist keiner, der *Gutes* tue! Psalm 14, 1

Gott lohnt *Gutes*, hier · Getan, auch hier noch.
Nathan in Lessing, Nathan der Weise 1, 2

Ein *gütger* Herr tut seine Pforten auf · Für alle Gäste, keinen schließt er aus.
Johanna in Schiller, Jungfrau von Orleans 3, 4

Ich wollte es auch einmal so *gut haben* wie andere Menschen, aber es ist mir schlecht bekommen.
Lessings Brief vom 3. Jan. 1778 an J. J. Eschenburg, in dem er den Tod seines neugeborenen Sohnes meldet und den der Wöchnerin voraussieht.

Gutheil der Turnerei!
Turnergruß (s. u. *Turnersmann*)

Ein *gütiges* Herz ist des Leibes Leben. Spr. Sal. 14, 30

Sich *gütlich* tun. Nach Pred. Sal. 3, 12

Gutta cavat lapidem non vi, sed saepe cadendo.
(Nicht durch die Kraft höhlet der Tropfen den Stein, sondern durch häufiges Fallen.) In dieser Fassung zuerst bei Gariopontus († vor 1056). Der erste Halbvers stammt von Ovid. Ex Ponto epist 4, 10, 5.

H

Das kleinste *Haar* wirft seinen Schatten.
Goethe, Maximen und Reflexionen 2

Ein graues *Haar* steckt all die andern an.
Robert Hamerling, Ahasver in Rom 5

Graues *Haar* ist der Alten Schmuck.
Spr. Sal. 20, 29

Haar und Unglück wächst über Nacht.

Krauses *Haar*, krauser Sinn.

Langes *Haar*, kurzer Sinn.
(scherzhaft von Frauen gesagt)

Es ist kein gutes *Haar* an ihm.
Sprichwörtl. Redensarten

Ein *Haar* in der Suppe mißfällt uns sehr, · Selbst wenn es vom Haupt der Geliebten wär.
Wilhelm Busch, Spricker (Buschbuch, Gebr. Nöldeke, 1909, München)

Bei etwas *Haare* lassen (gerupft werden).

Darum laß dir keine grauen *Haare* wachsen!

Sich in die *Haare* geraten.
Sprichwörtl. Redensarten

Niemand ein *Härchen* krümmen.

Haare auf den Zähnen haben.
Sprichwörter

Die *Haare* stehen einem zu Berge.
Nach Hiob 4, 15
Sirach 27, 15 steht: sie »gehen« zu Berge. Ähnlich Vergil: Obstipui steteruntque comae et vox faucibus haesit: ich war starr, und es sträubte mein Haar sich, und die Stimme versagte.
Än. 2, 774 und 3, 48

Die *Haare* auf unserm Haupte sind alle gezählt.
Nach Matth. 10, 30 u. Luk. 12, 7

Etwas an den *Haaren* herbeiziehen.

Mit Haut und *Haaren* verschlingen.
Sprichwörtl. Redensarten

Haarlosen Redner verhöhne nicht! · Oft ist gut, was der Greise spricht.
Altnordisch, Hâwamâl. Simrock

Meine ganze *Habe* trag' ich bei mir.
(Omnia mea mecum porto.)
Bias von Priene (570 v. Chr.) bei der Eroberung seiner Vaterstadt; auch Motto des von Matthias Claudius herausgegebenen Wandsbecker Boten: Asmus omnia sua secum portans.

Ich *habe* dich – das ist die Fülle! · Ich habe dich – mein Wünschen ruht! Freiligrath, Ruhe in der Geliebten

Wenn ich Ihn nur *habe*, · Wenn Er mein nur ist! (Christus.)
Novalis, Gedichte: Geistliche Lieder, 5

Habeat sibi.
(Meinetwegen.) 1. Mos. 38, 23

Fürst Bismarck glaubt uns zu *haben*, und wir haben ihn!
Liebknecht im Deutschen Reichstage am 31. Mai 1881

Wer will *haben*, · Der muß graben!
Abraham a Santa Clara

Nun mag sie es *haben!*
Franziska in Lessing, Minna von Barnhelm 5, 10

Habent sua fata libelli.
Siehe unter *Bücher*

Wen *Habsucht* plagt, der fürchtet zu verlieren. · Und wer sich fürchtet, heißt mir nimmermehr · Ein freier Mann.
Horaz, Episteln 1, 16, 65/66 (Wieland)

Der Mann, der das Wenn und das Aber erdacht, · Hat sicher aus *Häckerling* Gold schon gemacht.
Bürger, Der Kaiser und der Abt

Des langen *Haders* müde.
Bürger, Lenore (1773) Str. 2, 2

Mit Gott im Himmel *hadre* nicht!
Ebenda, Str. 32

Hadubrand siehe unter *Hildebrand*.

Ihn sticht der *Hafer*.
Sprichwörtl. Redensart

Die Klette und der *Hagedorn* · Bringt hitzige Leute leicht in Zorn.
Aus Freidanks Bescheidenheit (um 1200)

Die armen Weiber sind doch übel dran: · Ein *Hagestolz* ist schwerlich zu bekehren.
Marthe in Goethe, Faust 3149/50

Und sich als *Hagestolz* allein zum Grab zu schleifen, · Das hat noch keinem wohlgetan.
Marthe in Goethe, Faust 3092/93

Kräht die Henne und schweigt der *Hahn*, · Ist das Haus gar übel dran.
Abschatz, Poetische Übersetzungen (1704), S. 191

Hahn im Korbe sein. Sprichwörtlich

Wenn der *Hahn* kräht auf dem Mist, · Ändert sich's Wetter oder 's bleibt wie's ist.
Scherzhafte Wetterregel

Danach kräht kein *Hahn*.
Sprichwörtl. Redensart

Was ein *Häkchen* werden will, krümmt sich beizeiten. Sprichwort

Jedes Ding hat seinen *Haken*.
Sprichwörtlich

Halb zog sie ihn, halb sank er hin und ward nicht mehr gesehn.
Goethe, Balladen: Der Fischer; vgl. auch 1. Mos. 5, 24

Nichts *halb* zu tun, ist edler Geister Art. Wieland, Oberon 5, 30

Willst du Absolution · Deinen Treuen geben, · Wollen wir nach deinem Wink · Unablässig streben, · Uns vom *Halben* zu entwöhnen · Und im Ganzen, Guten, Schönen · Resolut zu leben.
Goethe, Gedichte: Generalbeichte

Man muß nie seine Sachen sehen lassen, wenn sie erst *halbfertig* sind.
Balthasar Gracián, Handorakel (1637) Schopenhauer

Toren und gescheite Leute sind gleich unschädlich. Nur die *Halbnarren* und *Halbweisen*, das sind die gefährlichsten.
Goethe, Maximen u. Reflexionen 5

Das *Halbwahre* ist verderblicher als das Falsche.
Feuchtersleben, Aphorismen (Wissenschaft)

Halbwelt.
Titel eines Lustspiels von Alexandre Dumas fils (»Le Demi-monde«) 1855

Ich stand auf Berges *Halde*. · Als Sonn' hinunterging, · Und sah, wie überm Walde · Des Abends Goldnetz hing. Fr. Rückert, Abendlied

Die eine *Hälfte* der Welt lacht über die andre, und Narren sind sie alle.
Balthasar Gracián, Handorakel (1637) Schopenhauer

Die *Hälfte* ist mehr wert als das Ganze. (*πλέον ἥμςδυ παντός*).
Nach Hesiod, Werke u. Tage V. 40

Meine bessere *Hälfte*.
(My better half.)
Philipp Sidney in seinem Roman: The Countess of Pembrokes Arcadia, London 1590, 3; ähnlich bei Milton, Verlorenes Paradies: Best image of myself and dearer half (5, 95): Mein Abbild, meines Ichs geliebtre Hälfte.

Halkyonische Tage
(das sind Tage glücklicher Ruhe).
Siehe Aristoteles, Historia animalium 5, 8 u. Ovid, Metam. 11, 410ff. Während der Brutzeit des Eisvogels um die Wintersonnenwende herrschen, z. B. am Gardasee, die sog. halkyonischen Tage.

Dich, teure *Halle*, grüß' ich wieder.
Elisabeth in Wagners Tannhäuser 2, 1

In diesen heilgen *Hallen* · Kennt man die Rache nicht.
Sarastro in Mozart, Zauberflöte 2, 15

Was in den *Halm* wächst, kann nicht ins Korn wachsen.

Mancher kann den *Hals* nicht voll genug kriegen.

Mancher redet sich beinahe um den *Hals*.

Er steckt bis an den Hals in *Schulden*, oder: ihm geht das Wasser bis zum *Halse*.

Über *Hals* und Kopf.

Sprichwörtl. Redensarten

Es kostet den *Hals*.

Nach 1. Chron. 13, 19

Und das wird den *Hals* ja nicht kosten.

Lenchen in Angely, Fest der Handwerker

Halsabschneider siehe unter *Güterschlächter*.

Hals- und Beinbruch siehe unter *Beinbruch*.

Er tut's *halt* nimmermehr.

K. v. Holtei, Die Wiener in Berlin

Halte was du hast!

Nach Offenb. 3, 11 (vgl. unter *Behalt*)

Den Teufel *halte*, wer ihn *hält!* · Er wird ihn nicht sobald zum zweiten Male fangen!

Faust in Goethe, Faust 1428/29

Halten ist leicht, versprechen schwer (für einen Ehrenmann)

soll Andrassy zum Kaiser Franz Joseph gesagt haben (Gegenwart 37, 149).

Haltet euch an meine Worte und (aber) nicht an meine Werke!

Nach Matth. 23, 3

(Dagegen Livius 7, 32, wo Valerius sagt: »Facta mea, non dicta vos, milites, sequi volo«).

Die *Haltung* sucht die Welt, such Haltung zu erhalten!

Rückert, Weisheit des Brahmanen (1837–39)

Deutschland ist *Hamlet*.

Ferd. Freiligrath, Ein Glaubensbekenntnis 2. Hamlet (1844)

Wiederum auf besagten *Hammel* zu kommen.

(Noch gebräuchlicher: Um auf besagten Hammel zurückzukommen.)
(Revenons à nos moutons.)
Bürgermeister Staar zu Krähwinkel in Kotzebues Kleinstädtern (1803). Grundstelle: Revenous à nos (eigtl. ces) moutons V. 1291 der Farce Maître Pierre Pathelin (15. Jhr.) eines unbekannten Verfassers. Vgl. Martial, Epigr. 6, 19. Rabelais Gargantua 1, 1, 11; 3, 34 und Grimmelshausen (Keller 1854, 1, 34).

Du mußt herrschen und gewinnen · Oder dienen und verlieren, · Leiden oder triumphieren, · Amboß oder *Hammer* sein.

Goethe, Gedichte: Ein Anderes (koptisches Lied nach einem alten Sprichwort, das in vielen Sprachen zu finden ist).

Wie man mit dem *Hammer* philosophiert.

Untertitel von Fr. Nietzsches Schrift »Götzendämmerung« (1888)

Unter seines *Hammers* Zwange · Bildet sich zuerst der Pflug.

Schiller, Das eleusische Fest V. 127/28

Dem fleißigen *Hamster* schadet kein Winter. Sprichwörtlich

Er *hamstert* gierig ein.

Sprichwörtl. Redensart

Hanc veniam petimusque damusque vicissim.

(Diese Nachsicht fordern wir selbst und gewähren sie andern.)
Horaz, ars poetica v. 11

Reich mir die *Hand*, mein Leben!

Da Ponte, Don Juan (Mozart) 1, 9

Nicht in die *Hand!*

(Um keinen Preis.)
Sprichwörtl. Redensart

Eine *Hand* wäscht die andere.

(Manus manum lavat.)
Sprichwort nach Epicharmus (450 v. Chr.)

Hand wird nur von Hand gewaschen.

Goethe, Epigrammatisch: Wie du mir, so ich dir (vgl. unter *Taschen*)

Hand in Hand und Lipp' auf Lippe! · Liebes Mädchen, bleibe treu!

Goethe, Gedichte: An die Erwählte

Ein Sperling in der *Hand* ist besser als eine Taube auf dem Dache.

Sprichwort

A bird in the *hand* is worth two on the roof.

(Ein Vogel in der Hand ist besser als zwei auf dem Dache.)
Englisches Sprichwort

Das liegt doch auf der flachen *Hand.*

Eine Sache hat *Hand* und Fuß.
Sprichwörtl. Redensarten
Vgl.: Der Brief hat *Händ* und Füß. Wallenstein in Schiller, Wallensteins Tod

Wie schön ist es und herrlich, *Hand* in Hand · Mit einem teuern, vielgeliebten Sohn · Der Jugend Rosenbahn zurückzueilen.
Carlos in Schiller, Don Carlos 2, 2

Ich küsse Ihre *Hand,* Madame.
Schlagerrefrain der 20er Jahre

Von der *Hand* in den Mund leben.
Sprichwörtl. Redensart

Was *Hände* bauten, können Hände stürzen.
Tell in Schiller, Wilhelm Tell 1, 3

So nimm denn meine *Hände* und führe mich!
Julie von Hausmann (1825–1901), Hingabe an Gott

Weißt du denn nicht, daß die *Hände* der Könige weit reichen?
(An nescis longas regibus esse manus?)
Ovid, Heroiden 1, 166

Seine *Hände* in Unschuld waschen.
Nach Matth. 27, 24 und Ps. 26 6. Vgl. 5. Mos. 21, 6
Hände weg siehe *hands* off!

Laß diesen *Händedruck* dir sagen, · Was unaussprechlich ist.
Faust in Goethe, Faust 3189

Auf *Händen* tragen. Nach Ps. 91, 12

Alles ist gut, wie es aus den *Händen* des Schöpfers hervorgegangen; alles entartet unter den Händen des Menschen.
(Tout est bien, sortant des mains de l'auteur des choses; tout dégénère entre les mains de l'homme.) J. J. Rousseau

Hüte dich, · In *Händel* zu geraten; bist du drin, · Führ sie, daß sich dein Feind vor dir mag hüten.
Polonius in Shakespeare, Hamlet 1, 3

Was sie spricht, · Ist schön, doch schlecht ihr *Handeln.*
Chor in Euripides, Troerinnen 975/76

Ich will mit euch *handeln* und wandeln, mit euch stehen und gehen, und was dergleichen mehr ist; aber ich will nicht mit euch essen, mit euch trinken, noch mit euch beten.
Shylock in Shakespeare, Der Kaufmann von Venedig 1, 3

Der *Handelnde* ist immer gewissenlos; es hat niemand Gewissen als der Betrachtende.
Goethe, Maximen u. Reflexionen 2

Ihr pflegt zu schwatzen, eh' Ihr *handelt,* · Und seid die Glocke Eurer Taten. Das · Ist Eure Weise, Lord; die meine ist: · Erst *handeln* und dann reden.
Leicester in Schiller, Maria Stuart 4, 6

Der geschlossene *Handelsstaat.*
Schrift von Johann Gottlieb Fichte (1800)

Oh, es gibt Schauspieler, die . . . so stolzierten und so blökten, daß ich glaubte, irgendein *Handlanger* der Natur hätte Menschen gemacht, und sie wären ihm nicht geraten; so abscheulich ahmten sie die Menschheit nach.
Hamlet in Shakespeare, Hamlet 3, 2

Hands off! (Hände weg!)
William Ewart Gladstone äußerte sich 1878 damit zur Besetzung Bosniens und der Herzegowina durch Österreich-Ungarn.

Handwerk hat goldenen Boden.
Sprichwort

Jemandem das *Handwerk* legen.
(Jemandem sein schlechtes Tun verleiden.)

Es ist der Krieg ein roh' gewaltsam *Handwerk.*
Illo in Schiller, Die Piccolomini 1, 2 (vgl. Stauffachers Worte in Wilhelm Tell 1, 2)

Was Verstand und Vernunft nicht immer vermögen, vermag oft · Solch ein glücklicher *Hang,* der unwiderstehlich uns leitet.
Goethe, Hermann und Dorothea 1 (Kalliope) 86/87

Wozu der menschliche Geist *Hang* fühlt, da soll man ihn ja gewähren lassen.

Lichtenberg: Vermischte Schriften 2, 7: Politische Bemerkungen

Hang s. auch unter *Küchenpersonal*
Hangen und Bangen siehe *Langen*

Verleumde keck, etwas bleibt immer *hängen*.

(Calumniare audacter, semper aliquid haeret.)
Sprichwörtlich: schon bei Francis Bacon De dignit. et augment. scient (1605) und Joh. Olorinus, »Ethogr. Mundi« (1609). Ursprung des Wortes ist wohl eine Stelle bei Plutarch »Über den Schmeichler und den Freund«, 24

Zum *Hangen* und zum Freien · Muß niemand Rat verleihen.

G. E. Lessing, Sinngedichte 94

Versöhnt man sich, so bleibt doch etwas *hängen*.

Alekto in Goethe, Faust 5368

Wer *hängen* soll, ersäuft nicht.

Sprichwörtl. Redensart

Seid erst nicht *hängenswert*, wenn ihr uns *hängen* wollt.

Söller in Goethe, Die Mitschuldigen 3, 9

Hier *hängt* er!

Nach dem im Kirschbaum sitzenden Entspekter Bräsig in Fritz Reuters Stromtid II, 18

Hannemann (häufig: Hahnemann), geh du voran! · Du hast die größten Stiefeln (Stiebeln) an,

(daß dich das Tier nicht beißen kann).
Aus dem alten Schwank von den sieben Schwaben

Hannibal ad (nicht: ante) Portas!

(Hannibal ist vor den Toren.)
Cicero, 1. Philippica 11

Hans Dampf in allen Gassen.

Sprichwörtlich. (Titel einer Novelle Zschokkes

Er ist ein richtiger *Hans* im Glück,

sagt man von einem, der trotz seiner Dummheit zu einem, nach seiner Auffassung großen Glücke kommt. Nach Grimms Märchen; vgl. auch Chamissos Gedicht: Hans im Glücke u. K. Geroks Gedicht in der Sammlung »Auf einsamen Gängen«. Hans im Glück auch Titel eines Romans von Henrik Pontoppidan.

Jeder *Hans* findet seine Grete.

Sprichwörtlich

Und der *Hans* schleicht umher, · Trübe Augen, blasse Wangen · Und das Herz ihm befangen, · Und der Kopf ihm so schwer.

Hans und Liesel (Volkslied), Fortsetzung siehe unter *Liesel*

Was *Hänschen* nicht lernt, lernt *Hans* nimmermehr. Sprichwort

Was *Hänschen* versäumt, holt *Hans* nicht mehr ein.

Bürger, Der Kaiser und der Abt

Hanswurst.

Fischart, Gargantua (1575), Kap. 8; in der Form Hans Worst oft bei Luther.

Ein Tor nähme des Kuckucks Sang · Lieber als süßen *Harfenklang*.

Aus Freidanks Bescheidenheit (um 1200)

Jemand zeigen, was eine *Harke* ist.

Sprichwörtl. Redensart

Harm, der nicht spricht, erstickt das volle Herz · Und macht es brechen.

Malcolm in Schiller, Macbeth 4, 7

Harmonie der Sphären.

Nach Pythagoras

Rosen auf den Weg gestreut und des *Harms* vergessen!

Hölty, Lebenspflichten (1776), siehe bei *Rosen*

Jemand in *Harnisch* bringen, d. h. zornig machen. Sprichwörtl. Redensart

Harre, meine Seele, · harre des Herrn; · Alles ihm befehle, · Hilft er doch so gern!

F. Räder, komp. von C. Malan

Hoffen und *Harren* macht manchen zum Narren. Sprichwort

Gott würde dich so *hart* nicht fassen, · Hättest du sanft dich führen lassen.

Geibel, Gedichte: Sprüche, Nr. 44

Das *harte* Wort schmerzt immer, sei's auch ganz gerecht.
Chor in Sophokles, Aias 1119

Verzeihen Sie das *harte* Wort.
Der Lügenreporter Wippchen Julius Stettenheims.

Die Welt ist nicht aus Brei und Mus geschaffen, · Deswegen haltet euch nicht wie Schlaraffen; · *Harte* Bissen gibt es zu kauen: · Wir müssen erwürgen oder sie verdauen.
Goethe, Sprüche in Reimen: Sprichwörtlich

Die *Hartnäckigen* gewinnen die Schlachten. Grundsatz Napoleons I.

Drum *hasch* die Freuden, eh' sie der Sturm verweht.
Hölty, Gedichte (106)

Da liegt der *Hase* im Pfeffer.
Alte Redensart. Titel einer Predigt von Geiler von Kaisersberg (Straßburg 1500) nach dem in Süddeutschland besonders beliebten Gericht Hasenpfeffer.

Wissen, wie (der) *Hase* läuft.
Sprichwörtlich

Mein Name ist *Hase*, ich weiß von nichts!
Sprichwörtliche Redensart nach Viktor Hase, der vor dem Universitätsgericht in Heidelberg die Worte gebrauchte: »Mein Name ist *Hase*, ich verneine die Generalfragen, ich weiß von nichts.« Siehe: Unsere Hauschronik von K. A. v. Hase, Leipzig 1892 S. 261.

Man soll nicht zwei *Hasen* auf einmal jagen. Sprichwort

Ein *Hasenfuß* sein.

Ein *Hasenherz* haben.

Das *Hasenpanier* ergreifen.

Mancher *haspelt* sich ab und kommt doch zu spät.
Sprichwörtl. Redensarten

Es bringt · Nicht gut Frucht, wenn *Haß* dem Haß begegnet.
Shrewsbury in Schiller, Maria Stuart 3, 3

Dem *Haß* entfloh ich, aber auch der Liebe
Freiligrath, Der ausgewanderte Dichter

Der *Haß* ist parteiisch, aber die Liebe ist es noch mehr.
Goethe, Wahlverwandtschaften 1. 13

Wisset, die euch *Haß* predigen, erlösen euch nicht.
Marie v. Ebner-Eschenbach, Aphorismen (1893)

Es ist besser ein Gericht Kraut mit Liebe, denn ein gemästeter Ochse mit *Haß*. Sprüche Salomonis 15. 17

Laß sie *hassen*, wenn sie nur fürchten.
(Oderint, dum metuant!)
Lieblingswort des Kaisers Caligula (Suetonius, Calig. 30) aus Accius Atreus; auch bei Cicero

Ein Kerl, den alle Menschen *hassen*, · Der muß was sein.
Goethe, Aus dem Nachlaß: Zahme Xenien

Das ist im Leben *häßlich* eingerichtet.
Scheffel, Trompeter von Säckingen, Lieder Jung Werners, Stück 14

Nichts ist so *häßlich* zu ergründen, · Es wird ein paar Verehrer finden.
Lichtwer, Die ungestalte Tochter

Nicht nur das Schöne liefert künstlerischen Stoff, sondern auch das *Häßliche*. Was man insgemein mit *Häßlichkeit* bezeichnet, kann in der Kunst zu großer Schönheit werden.
Gespräche mit Rodin über die Kunst (Paul Crell, Paris 1911)

Häßlichkeit bei einem Weibe ist schon der halbe Weg zur Tugend.
Heine, Gedanken und Einfälle 6

Häßlichkeit entstellet immer, · Auch das schönste Frauenzimmer.
Schenkenlied im Kommersbuch für deutsche Studenten (kommt auch im »Gebildeten Hausknecht« von Kalisch vor)

Da *hast* du's, der versteht's!
Altmayer in Goethe, Faust 2194

Jetzo fragt die weite Welt · Nicht, woher? nur: *hast* du Geld?

Hans Aßmann. Freiherr von Abschatz, Sprichwörter (1704)

Zu *hastig* und zu träge kommt gleich spät.

Lorenzo in Shakespeare, Romeo und Julia 2, 6

Wer *haßt*, ist zu bedauern, · Und mehr fast noch, wer liebt.

Wilh. Waiblinger, Der Kirchhof

Hat ihm schon!

Wilhelm Busch, Münchner Bilderbogen Nr. 278: Die Maus

Haust du meinen Juden, *hau'* ich deinen Juden.

Nach Hebel, Schatzkästlein 2: Die zwei Postillione

Haut scho!

Eine unter die *Haube* bringen.

Sprichwörtlich

Deines Geistes hab' ich einen *Hauch* verspürt.

Uhland, Gedichte: Bertran de Born

Kommet zu *Hauf!*

Aus Joach. Neanders Lied: Lobe den Herren (1680)

Ist eine Feder wohl so leicht hin und her geblasen wie dieser *Haufe?*

Cade in Shakespeare, König Heinrich VI. 2. Teil 4, 8

In solchen Dingen bin ich etwas schwach, · Vom großen *Haufen* einer.

Horaz, Satiren 1, 9. 71/72 (Wieland)

Verzage nicht, du *Häuflein* klein.

Kirchenlied von Pfarrer Mich. Altenburg (1631)

O *Haupt* voll Blut und Wunden!

Paul Gerhardt (1656)

Was ist der Körper, wenn das *Haupt* ihm fehlt?

König Eduard IV. in Shakespeare, König Heinrich VI. 3. Teil 5, 1

Ein graues *Haupt* ehren.

Nach 3. Mos. 19, 32

Der Mann ist des Weibes *Haupt.*

Nach 1. Kor. 11, 3

Wie soll man die Knechte loben? · Kommt doch das Ärgernis von oben · Wie die Glieder, so auch das *Haupt.*

Kapuziner in Schiller, Wallensteins Lager, 8. Auftritt

Haupt- und Staatsaktion.

Oft gebrauchte Bezeichnung des ernsten Dramas auf den Theaterzetteln der Wandertruppen in der ersten Hälfte des 18. Jahrhunderts, auch in Goethes Faust (583)

Ein süßer Trost ist ihm geblieben, · Er zählt die *Häupter* seiner Lieben, · Und sieh! ihm fehlt kein teures *Haupt.*

Schiller, Lied von der Glocke V. 224–26

Der *Hauptfehler* des Menschen bleibt, daß er so viele kleine hat.

Jean Paul, Siebenkäs 1. Bändchen

Hauptmann von Köpenick.

Berühmt gewordener genialer Schwindler (1907) namens August Voigt, ein Schuhmacher. Titel eines Theaterstücks von C. Zuckmayer. (Auch verfilmt.)

Seine Pflicht erkennen und tun, das ist die *Hauptsache.*

Friedrich der Große

Wir hatten gebaut ein stattliches *Haus.*

Lied von Aug. Binzer (1793-1868), 1819

Die Räume wachsen, es dehnt sich das *Haus.*

Schiller, Lied von der Glocke V. 115

Wer sein *Haus* will rein erhalten, · Darf weder Weib noch Pfaff' noch Tauben halten.

(Qui veut tenir nette sa maison, · N'y mette ni femme ni prêtre ni pigeon.)

Französisches Sprichwort

Wer stets zu *Haus* bleibt, hat nur Witz fürs Haus.

Valentin in Shakespeare, Die beiden Veroneser 2, 1

Mit vielem hält man *haus,* · Mit wenigem kommt man aus.

Sprichwort

So leb denn wohl, du stilles *Haus,* ·
Wir ziehn betrübt von dir hinaus.

F. Raimund, Der Alpenkönig und der Menschenfeind 1. 20

Kämpf und erkämpf dir eignen Wert: · *Hausbacken* Brot am besten nährt.

Matthias Claudius, Ein gülden Abc

Er ist ganz aus dem *Häuschen!*

(Außer sich, aufgeregt oder ausgelassen.)
Sprichwörtl. Redensart

Hausdrache.

Scherzhafte Bezeichnung für eine zänkische Ehefrau

Der ist am glücklichsten, er sei ·
Ein König oder ein Geringer, dem ·
In seinem *Hause* Wohl bereitet ist.

Thoas in Goethe, Iphigenie auf Tauris 1, 3

Mit vielem läßt sich schmausen, ·
Mit wenig läßt sich *hausen.*

Goethe, Gesellige Lieder: Frech und froh

Des *Hauses* redlicher Hüter.

Schiller, Die Bürgschaft V. 104

Des Menschen Feinde sind sein eigen *Hausgesinde.*

Micha 7, 6 (Matth. 10, 36)

Der *Haushalt* ist der beste, worin man nichts Überflüssiges will, nichts Notwendiges entbehrt.

Plutarch, Gastmahl der 7 Weisen

Der gebildete *Hausknecht.*

Titel einer Posse v. David Kalisch (1858)

Der *Hausknecht* aus Nubierland.

Scheffels Gedicht: Altassyrisch (1854)

Ein *Hauskreuz* haben (böses Weib).

Alte Redensart

Auch auf Thronen kennt man *häuslich* Glück.

Königin Luise von Preußen. Stammbuchblatt

Mein gutes *Hausrecht* hab' ich ausgeübt.

Baumgarten in Schiller, Wilhelm Tell 1, 1

Eine gute (alte, treue oder ehrliche) *Haut* sein.

Seine *Haut* zu Markte tragen.

Sprichwörtlich

Plus on vieillit, plus on se persuade, que Sa sacrée Majesté le *Hazard* fait les trois quarts de la besogne de ce misérable Univers.

(Je mehr man altert, desto mehr überzeugt man sich, daß Seine heilige Majestät der Zufall gut drei Viertel der Geschäfte dieses miserabeln Universums besorgt.)
Friedrich der Große in einem Briefe an Voltaire (26. Dezember 1773)

Heautontimorumenos.

(Der Selbstpeiniger.)
Titel von Komödien des Menander und Terenz

Eine *Hebe*

nennen wir eine hübsche junge Mundschenkin nach Homer, Od. 11, 603

Hebe deine Augen auf zu den Bergen, von welchen die Hilfe kommt!

Engelterzett nach Ps. 121 von Mendelssohn-Bartholdy

Alle *Hebel* in Bewegung setzen.

Sprichwörtlich

Wie wird mir? – Leichte Wolken *heben* mich.

Johanna in Schiller, Die Jungfrau von Orleans 5, 14

Hecht im Karpfenteich.

Professor Leo in Halle wandte dies Wort auf Napoleon III. an, doch ist es viel älter.

Der *Hecht,* der war doch blau!

Gellert, Die Widersprecherin

Ein Land ist heillos preisgestellt, ·
Das einen *Heereszug* erdulden muß.

Hermann in H. v. Kleist, Die Hermannsschlacht 2, 1

Keines Menschen Gedanken auf der Welt halten sich mehr auf der *Heerstraße* als deine.

Prinz Heinrich in Shakespeare, König Heinrich IV. 2. Teil 2, 2

Das *Heft* (nämlich des Messers) in der Hand haben.

Sprichwörtl. Redensart; vgl. auch unter *Messer*

Was man zu *heftig* fühlt, fühlt man nicht allzulang.

Egle in Goethe, Die Laune des Verliebten 3. Auftr.

Hegelingen

nannte der Historiker Heinrich Leo (1799–1878) in seiner Schrift »Die Hegelingen« (1838, 2. Aufl. 1839) die jüngeren auf dem linken Flügel stehenden Anhänger Hegels, die er der Unchristlichkeit beschuldigte. Die Antwort auf dieses Büchlein gab Ludwig Feuerbach in der bedeutenden Streitschrift »Über Philosophie und Christentum« (1839).

Auf einen *Heger* kommt ein Feger.

Der *Hehler* ist schlimmer als der Stehler.

Sprichwörter

Der große *Heide*.

wurde Goethe von Zachar. Werner genannt. (Karl v. Holtei, Vierzig Jahre, 2. Aufl. 1859, 4, 61; 6, 137). Vgl. Goethes Brief an Lavater vom 29. 7. 1782: »Da ich zwar kein Widerchrist, kein Unchrist, aber doch ein dezidierter Nichtchrist bin.«

Heide siehe unter *grün*.

Alt *Heidelberg*, du feine!

Scheffel, Trompeter von Säckingen, 2

Der genius loci *Heidelbergs* ist feucht.

Scheffel, Gaudeamus (1867): Widmung

Heidelberg siehe auch *Herz*

Warum toben die *Heiden?*

Psalm 2, 1

Daher wohl auch der Ausdruck:

Heidenlärm

für großen Lärm; in diesem Sinne spricht man auch von *Heidenangst*, *Heidenblindheit* (vgl. Röm. 11, 25).

Heil sei dem Tag, Heil sei der Stunde.

Chor in Beethoven, Fidelio 2, gegen Schluß.

Heil sei dem Tag, an welchem du bei uns erschienen!

Van Bett und Chor in Lortzing, Zar und Zimmermann 3, 13

Heil dir im Siegerkranz!

Balth. Gerhard Schumacher (1793), Mel. von Henry Carey (1696–1743)

Denke nur niemand, daß man auf ihn als den *Heiland* gewartet habe.

Goethe, Maximen u. Reflexionen 7

Da zu dir der *Heiland* kam, · Willig deine Taufe nahm.

Choral aus R. Wagner, Die Meistersinger von Nürnberg 1

Heilbar sind die Herzen der Edeln.

Homer, Ilias 13, 115 (Voß)

Manches muß man *heilen*, ohne daß der Kranke davon weiß.

Seneca, Abhandlungen (v. Moser 1829, S. 592)

Was Arzneien nicht *heilen*, heilt das Messer; was das Messer nicht *heilt*, heilt das Brennen; was aber das Brennen nicht heilt, muß als unheilbar angesehen werden.

Hippokrates, Aphorismen; vgl. das Motto zu Schillers »Räubern«

Was ist *heilig?* Das ist's, was viele Seelen zusammen · Bindet; bänd' es auch nur leicht, wie die Binse den Kranz.

Goethe, Vier Jahreszeiten 68

Laß die Moleküle rasen, · Was sie auch zusammenknobeln! · Laß das Tüfteln, laß das Hobeln, · *Heilig* halte die Ekstasen.

Christian Morgenstern (1871–1914)

Der Religion ist nur das *Heilige* wahr, der Philosophie nur das Wahre *heilig*.

Ludwig Feuerbach, Das Wesen der Religion, Einleitung

Was ist das *Heiligste?* Das, was heut und ewig die Geister, · Tief und tiefer gefühlt, immer nur einiger macht.

Goethe, Vier Jahreszeiten 77

Ein *heilloser* Mensch.

Nach 1. Sam. 25, 17 und 25 (vgl. 2. Sam. 20, 1)

Keine *Heilung* findet hier, wer Sorgen hegt.

(Non hic curatur, qui curat.)

Inschrift d. Antoninischen Bäder in Rom

In die *Heimat* möcht ich ziehen, · In das Land voll Sonnenschein!
Geibel, Der Zigeunerbube im Norden

In die *Heimat* möcht ich wieder, · Aber bald, du Lieber, bald!
J. Rud. Wyß der Jüngere, Schweizerheimweh

In unsre *Heimat* kehren wir wieder.
Duett aus Verdi, Der Troubadour 4, 2 (1853)

In der *Heimat*, in der Heimat, da gibt's ein Wiedersehn!
Schluß eines Soldatenliedes

Nach der *Heimat* möcht ich wieder, · In der Heimat möcht ich sein.
Heimweh von C. Beils (vor 1828), Musik von Reißiger, 1828

Nun ade, du mein lieb *Heimatland*, · Lieb Heimatland, ade!
Aug. Disselhof in Soldatenweise (1851)

Freilich ringt wohl jeder, wer Trübsal duldet, nach *Heimkehr*.
Homer, Ilias 2, 291 (Voß)

Jemand *heimläuten* und *heimleuchten*
(ihn derb abführen).
Als Landgraf Hermann von Thüringen 1232 unverrichtetersache von Fritzlar abziehen mußte, zündeten die Fritzlarer Strohwische auf ihren Mauern an, damit er den Weg nach Hause fände.
Richter, Deutsche Volkssagen S. 50

Kein Feuer, keine Kohle kann brennen so heiß · Als *heimliche* Liebe, von der niemand nichts weiß. Volkslied: Heimliche Liebe

Heinerle, Heinerle, hab' kein Geld.
Aus der Operette Der fidele Bauer von Leo Fall (1873–1925)

Heinrich! Mir graut's vor dir.
Margarete in Goethe, Faust 4610

Heirat macht mündig. Rechtsspruch

Heirate nicht die Schönste in der Stadt.
Th. Gottl. von Hippel, Über die Ehe (1774) Kap. 7

Heiraten ist gut, aber nicht heiraten ist besser.
(Nach 1. Korinth. 7, 38 gebildet.) »Welcher verheiratet tut wohl, welcher aber nicht verheiratet, der tut besser.«

Heiraten ist kein Pferdekauf!
Altes Sprichwort. Nach einer Volksweise um 1710

Heiraten, Engel, ist wunderlich Wort: · Ich meint', da müßt' ich gleich wieder fort.
Goethe, Vorschlag zur Güte

Heisa, juchheia! Dudeldumdei! · Das geht ja hoch her. Bin auch dabei!
Anfang der Kapuzinerpredigt in Schiller, Wallensteins Lager 8. Auftr.

So *heiß* wird nichts gegessen, wie es gekocht wird. Sprichwort

Doch es wird die *Heißbegehrte* · Lehren' was das Schätzenswerte · Hier auf Erden und wozu · Er nicht auch so dumm wie du.
Frank Wedekind, Felix und Galathea

Ein *Heißsporn* (Hotspur).
Nach Shakespeare, Heinrich IV. 1, 1, wo von Westmoreland Heinrich Percy so genannt wird.

Dem *Heitern* erscheint die Welt auch *heiter*.
Goethe, Gedichte: Episteln 1

Heitern Sinn und reine Zwecke: · Nun, man kommt wohl eine Strecke.
Goethe, Gott und Welt: Motto

Ungeheure *Heiterkeit* · Ist meines Lebens Regel.
Kommerslied von L. Schneider: Der reisende Student

Will sich *Hektor* ewig von mir wenden?

Hektors Liebe stirbt im Lethe nicht.
Schiller, Gedichte: Hektors Abschied

Wem wäre *Hektor* bekannt, wenn Troja glücklich gewesen?
(Hectora quis nosset, felix si Troia fuisset.)
Ovid, Trist. 4, 3, 75

Was ist ihm *Hekuba*, was ist er ihr, · Daß er um sie soll weinen?
Hamlet in Shakespeare, Hamlet 2, 2 u. a.

Die betränte *Hekuba*.
Nach Schillers Siegesfest (1804)

Der *Held* dringt kühn voran, der Schwächling bleibt zurück.
Schiller, Gedichte: Das Spiel des Lebens

Oh, es ist schön, von einem *Helden* sich geliebt · Zu sehn – es ist noch schöner, ihn zu lieben!
Sorel in Schiller, Die Jungfrau von Orleans 4, 2

Es gibt, sagt man, für den Kammerdiener keinen *Helden*. Das kommt aber bloß daher, weil der Held nur von Helden anerkannt werden kann.
Goethe, Maximen u. Reflexionen 5

Ein jeglicher muß seinen *Helden* wählen, · Dem er die Wege zum Olymp hinauf · Sich nacharbeitet.
Pylades in Goethe, Iphigenie 2, 1

Das war kein *Heldenstück*, Oktavio!
Wallenstein in Schiller, Wallensteins Tod 3, 9

Doch schön ist nach dem großen · Das schlichte *Heldentum*.
Uhland, Tells Tod

Vor dem Tatenglanz der *Heldenzeit* · Schwebt die Wolke der Vergessenheit.
Matthisson, Elegie in den Ruinen eines alten Bergschlosses

Wen *Helena* paralysiert, · Der kommt so leicht nicht zu Verstande.
Mephistopheles in Goethe, Faust 6568/69

Helene! sprach der Onkel Nolte, · Was ich schon immer sagen wollte.
Wilhelm Busch, Die fromme Helene (1872)

Du siehst mit diesem Trank im Leibe, · Bald *Helenen* in jedem Weibe.
Mephistopheles in Goethe, Faust 2603/04

Auf dem Dache sitzt ein Greis, · Der sich nicht zu *helfen* weiß.
Jul. Friedrich Hansen, In der großen Seestadt Leipzig; zuerst in Göpels Lieder- und Kommersbuch (Stuttgart 1847)

Man kann nicht allen *helfen!* sagt der Engherzige und – hilft keinem.
Marie v. Ebner-Eschenbach, Aphorismen (1893)

Elende *Helfer*, rief der Fuchs, die nicht *helfen* können, ohne zugleich zu schaden!
Lessing, Fabeln 2, 22: Der Fuchs

Dem *Helfer* half der Helfer droben.
Alter Bauer in Goethe, Faust 1006

Hilft Gott uns nicht, kein Kaiser kann uns *helfen*.
Rudenz in Schiller, Wilhelm Tell 2, 1

Herein, herein, du lieber Gast!
A. Mahlmann (1771–1826), Weinlied

Helikon
(ein Berg in Böotien).
Nach Ansicht der alten Griechen Tanzplatz der Musen.

Grün ist das Land, · Rot ist die Kant, · Weiß ist der Sand: · Das sind die Farben von *Helgoland*.
Wahlspruch der Insel
Auch plattdeutsch: Grön is dat Land. · Rot is de Kant. Witt is de Sand: · Dat sind de Farwen von *Helgoland*.

Nur *Helios* vermag's zu sagen, · Der alles Irdische bescheint.
Schiller, Gedichte: Die Kraniche des Ibykus.

Hell Gesicht bei bösen Dingen · Und bei frohen still und ernst – · Und gar viel wirst du vollbringen, · Wenn du dies beizeiten lernst.
E. M. Arndt, Gedichte

Hell is paved with good intentions.
(Die Hölle ist mit guten Vorsätzen gepflastert.) Samuel Johnson

Der letzte *Heller*. Nach Matth. 5, 26

Wer den *Heller* nicht ehrt, · Ist des Talers nicht wert. Sprichwort

Wer nur ein falsches *Hellerchen* besitzt, · Der reibt und putzt daran, bis daß es blitzt: · So machen es mit ihrem Titel · Die Ehrenmänner ohne Mittel.

Wilh. Müller, Gedichte: Epigramme

Mein ist der *Helm* und mir gehört er zu.

Johanna in Schiller, Jungfrau von Orleans, Prolog 3

Dats sihr argerlich; · Indessen doch . . . denn *helpt* dat nich!

Fritz Reuter, Einleitung zu Ut mine Stromtid

Das *Hemd* ist mir näher als der Rock.

Sprichwörtl. nach Plautus »Trinummus« 5, 2: Tunica propior pallio est.

Das Hündlein wedelt, dir sein Futter abzuschmeicheln; · Den edlen *Hengst*, damit er's annimmt, mußt du streicheln.

Rückert, Weisheit des Brahmanen 3, 34, 16

Henker, kannst du keine Lilie knikken? · Bleicher Henker, zittre nicht!

Schiller, Die Kindesmörderin

Seine *Henkersmahlzeit* nehmen.

Sprichwörtl. Redensart

Wenn die *Henne* kräht und piept der Hahn, so steht's dem Hause übel an. Sprichwort

Herabgestürzt von allen meinen Himmeln.

Carlos in Schiller, Don Carlos 2, 8

Burschen *heraus!* · Lasset es schallen von Haus zu Haus!

Studentenlied (1840); Verf. unbekannt

Herb ist des Lebens · Innerster Kern. Schiller, Gedichte: Punschlied

Je näher der *Herberge*, je länger der Weg. Sprichwörtlich

Je trockner der *Herbst*, je kälter der Winter. Bauernregel

Im *Herbst*, da muß man trinken.

Trinklied in der Oper »Der Vampyr« von W. A. Wohlbrück (Musik von Marschner)

Eigner *Herd* · Ist Goldes wert.

Sprichwort

Das Sprichwort sagt: Ein eigner *Herd*, · Ein braves Weib sind Gold und Perlen wert.

Mephistopheles in Goethe, Faust 3155/56

Am stillen *Herd* in Winterszeit, · Wann Burg und Hof mir eingeschneit.

Walter Stolzing in R. Wagner, Meistersingern von Nürnberg 1

Ein Hirt und eine *Herde*.

Nach Joh. 10, 16

Herdenmensch.

Friedr. Nietzsche, »Jenseits von Gut und Böse«

Here I lay, and thus I bore my point.

(So lag ich, und so führt' ich meine Klinge.)
Falstaff in Shakespeare, Heinrich IV. 1, 2, 4 (Schlegel)

Here was a Caesar! when comes such another?

(Das war ein Cäsar: wann kommt seinesgleichen?)
Antonius in Shakespeare, Julius Cäsar 3, 2 (Schlegel)

Ein *Hering* liebt eine Auster.

Jos. V. v. Scheffel (1848)

Heringsware siehe unter *Begeisterung*.

Doch weicht selbst *Herkules* der Übermacht.

Bote in Shakespeare, König Heinrich VI. 3. Teil 2, 1

Herkules am Scheidewege,

zitieren wir nach der in Xenophons »Denkwürdigkeiten« 2, 1, 21 erzählten Geschichte aus dem Leben des griechischen Heros.

Das konnte wohl beim *Herkules* stattfinden, aber nicht bei uns.

(Hoc Herculi Jovis satu edito potuit fortasse contingere, nobis non item.)
Cicero, de off. 1, 32, 118

Herkulesarbeiten verrichten oder mit *herkulischer* Kraft arbeiten,

sagen wir mit Bezug auf die zwölf Arbeiten des Herkules.

Bist du's, *Hermann*, mein Rabe?
Der alte Moor in Schillers Räubern 4, 6; (Rabe nach dem ersten Buch der Könige 17, 4 und 6)

Herr, schicke, was du willst, · Ein Liebes oder Leides! · Ich bin vergnügt, daß beides · Aus deinen Händen quillt. Mörike, Gebet

Herr ist, der uns Ruhe schafft.
Mephistopheles in Goethe, Faust 10279

Er soll dein *Herr* sein. 1. Mos. 3, 16

Der *Herr* hat's gegeben, der Herr hat's genommen, der Name des *Herrn* sei gelobt! Hiob 1, 21

Das wollen alle *Herren* sein, · Und keiner ist der *Herr* von sich.
Goethe, Zahme Xenien 4

Gestrenge *Herren* regieren nicht lange. Sprichwort

Niemand kann zween *Herren* dienen. Matth. 6, 24

Des *Herren* Auge füttert das Pferd.
Burkard Waldis, Esopus 2, 4, 98

Mit großen *Herren* ist schlecht Kirschen essen. Sprichwort
Geht zurück auf Bischof Wittigo I. von Meißen, der im 13. Jahrh. auf Schloß Hirschstein den Markgrafen Friedrich Tutta (oder Taute) durch vergiftete Kirschen aus der Welt geschafft haben soll. Siehe Rich. Freytag, Sachsens gesch.-geograph. Sprichwörter und geflügelte Worte, 1898.

Gute Nacht, *Herrendienst!*
Schiller, Kabale und Liebe 5, 7

Selig ist der Mann, · Der *Herrengunst* entraten kann.
Rollenhagen, Froschmeuseler 1, 1, 6. Kap., 216/17

Lehrjahre sind keine *Herrenjahre*.
Sprichwort

Herrenlos ist auch der Freiste nicht.
Stauffacher in Schiller, Wilhelm Tell 2, 2

Herrenmoral und Sklavenmoral.
Nietzsche, Jenseits von Gut und Böse (Werke 7, 239). 1866

Laß unsern *Herrgott* aus dem Spaß!
Valentin in Goethe, Faust 3733

Unser *Herrgott* lebt noch.

Mancher denkt, er wär der *Herrgott* selbst. Sprichwörtlich

Dann gehet leise nach seiner Weise · Der liebe *Herrgott* durch den Wald.
Kehrreim des Liedes Waldandacht von Lebrecht Drewes (vgl. unter *Frühmorgens*)

Wenn ich einmal der *Herrgott* wär', mein erstes wäre das . . .
Lied von Ed. Amthor (1841), komponiert von Karl Binder

Herrlich und in Freuden leben.
Nach Luk. 16, 19

Und wie wir's dann zuletzt so *herrlich* weit gebracht.
Wagner in Goethe, Faust 573

Herrlich! Etwas dunkel zwar – · Aber's klingt recht wunderbar.
Pius Alex. Wolff, Preziosa 1, 5

Herrlich, sprach der Fürst von Sachsen . . .
Just. Kerner, Der reichste Fürst (1804)

Pracht und *Herrlichkeit*.
Nach Hesek. 31, 18

Habe deine Lust an dem *Herrn!*
Psalm 37, 4

Das kommt vom *Herrn!*
1. Mos. 24, 50

Gar leicht gehorcht man einem edlen *Herrn*, · Der überzeugt, indem er uns gebietet.
Antonio in Goethe, Torquato Tasso 2, 5

Über vieles kann · Der Mensch zum *Herrn* sich machen, seinen Sinn · Bezwinget kaum die Not und lange Zeit.
Alphons in Goethe, Torquato Tasso 5, 1

Er, der *Herrlichste* von allen.
Chamisso, Frauenliebe und -leben 2

Herrschaft gewinn' ich, Eigentum! · Die Tat ist alles, nichts der Ruhm.
Faust in Goethe, Faust 10187/88

Es ist mit der *Herrschbegierde* wie mit der Eßlust. Bei schwachen Gemütern ist jene oft am stärksten, wie diese oft am größten ist bei Menschen von schwacher Verdauung.
Börne, Fragmente u. Aphorismen Nr. 141

Es ist so schön, zu *herrschen!*
Regentin in Goethe, Egmont 3

Ich bin es müde, über Sklaven zu *herrschen!*
Friedrich der Große 1785 an den Präsidenten v. d. Goltz

Ich will nicht *herrschen* über Sklavenseelen.
Demetrius in Schiller, Demetrius V. 587

Die schnellen (d. h. hitzigen) *Herrscher* sind's, die kurz regieren.
Tell in Schiller, Wilhelm Tell 1, 3

Noch keinem Volk, das sich zu ehren wußte, · Drang man den *Herrscher* wider Willen auf.
König in Schiller, Demetrius V. 515

Nicht vertragen sich wohl und hausen vereint miteinander · *Herrschergewalt* und Lieb'!
(Non bene conveniunt nec in una sede morantur Maiestas et amor.)
Ovid, Metamorphosen 2, 846/47 (Voß)

Ich bin *heruntergekommen* · Und weiß doch selber nicht wie.
Goethe, Schäfers Klagelied

Wie ich mich hatt' *hervorgetan,* · Da sahen die Leute scheel mich an, · Hatte keinem recht getan.
Goethe, Gedichte: Vanitas

Wes das *Herz* voll ist, des gehet der Mund über.
(Ex abundantia cordis os loquitur.)
Matth. 12, 34
Ähnlich: Und was der Zorn und was der frohe Mut · Mich sprechen ließ im Überfluß des *Herzens.*
Wallenstein in Schiller, Wallensteins Tod 1, 4

Es ist das *Herz* ein trotzig und verzagt Ding; wer kann es ergründen?
Jerem. 17, 9

Sein *Herz* verhärten.
Nach 2. Mos. 8, 34

Schwaches Herz. Homer, Ilias 1, 103

Das *Herz* auf der Zunge haben oder tragen.
Sprichwörtl. Redensart nach Sir. 21, 28
Mein *Herz* ist im Hochland siehe unter *Hochland.*

Sei hochbeseligt, oder leide: · Das *Herz* bedarf ein zweites Herz, · Geteilte Freud' ist doppelt Freude, · Geteilter Schmerz ist halber Schmerz.
Chr. Aug. Tiedge, Urania 4, 221 ff.

Sie hat ihr *Herz* entdeckt!
Titel eines Lustspiels von Wolfg. Müller von Königswinter (1865)

Herz, mein Herz, was soll das geben? Was bedrängte dich so sehr?
Goethe, Gedichte: Neue Liebe, Neues Leben

Es muß das *Herz* bei jedem Lebensrufe · Bereit zum Abschied sein und Neubeginne.
Hermann Hesse, Das Glasperlenspiel (1946)

Ein Mensch siehet, was vor Augen ist! · Der Herr aber siehet das *Herz* an.
1. Sam. 16, 7

Ein *Herz* und eine Seele.
Nach Apostelgesch. 4, 32

Einem das *Herz* stehlen.
Nach 2. Sam. 15, 6

Das *Herz* ausschütten.
Nach 1. Sam. 1, 15; Ps. 62, 9

Ein *Herz,* das sucht, fühlt wohl, daß ihm etwas mangle; ein Herz, das verloren hat, fühlt, daß es entbehre.
Goethe, Wahlverwandtschaften 1, 17

Das *Herz* redet uns gewaltig gern nach dem Maule.
Franziska in Lessing, Minna von Barnhelm 2, 1

Wenn du einmal dein *Herz* verschenkst. Schlagertitel

Ich hab' mein *Herz* in Heidelberg verloren.
Aus einem Schlager von Fred Raymond

Dein ist mein ganzes *Herz,* wo du nicht bist, kann ich nicht sein.
Aus der Operette Das Land des Lächelns von Franz Lehár (1870–1948)

Ein getreues *Herze* wissen, · Hat des höchsten Schatzes Preis; · Der ist selig zu begrüßen, · Der ein treues Herze weiß. · Mir ist wohl bei höchstem Schmerz, · Denn ich weiß ein treues Herz.
Paul Fleming, Elsgens treues Herz

Herz zum *Herzen* ist nicht weit · Unter lichten Sternen.
Achim von Arnim, Ritt im Mondschein

Die Narren haben ihr *Herz* im Maul; aber die Weisen haben ihren Mund im *Herzen.* Jesus Sirach 21, 28

Doch werdet ihr nie Herz zu *Herzen* schaffen, · Wenn es euch nicht von Herzen geht.
Faust in Goethe, Faust 544/45

Wenn sich zwei *Herzen* scheiden, · Die sich dereinst geliebt, · Das ist ein großes Leiden, · Wie's größres nimmer gibt.
Geibel, Gedichte: Wenn sich zwei Herzen scheiden

Kein Kaiser hat dem *Herzen* vorzuschreiben.
Max in Schiller, Wallensteins Tod 2, 7

Denn es muß von *Herzen* gehen, · Was auf Herzen wirken soll.
Phorkyas in Goethe, Faust 9685/86

Die großen Gedanken kommen aus dem *Herzen.*
(Les grandes pensées viennent du cœur.)
Vauvenargues, Réflexions 87

Herzen und Nieren prüfen.
Nach Psalm 7, 10

Aus seinem *Herzen* keine Mördergrube machen.

Etwas auf dem *Herzen* haben.

Seinem *Herzen* einen Stoß geben.
Sprichwörtl. Redensarten

Zwei *Herzen* im Dreivierteltakt.
Schlagertitel

Das Dichten des menschlichen *Herzens* ist böse von Jugend auf.
1. Mos. 8, 21

Selig sind, die reines *Herzens* sind, denn sie werden Gott schauen.
Matth. 5, 8

Herzensdieb. Nach 2. Sam. 15, 6

Herzensgüte fehlt uns.
Gerhart Hauptmann, Das Friedensfest (1890)

Ein *Herzenskündiger* (eigentlich Herzenskenner).
Nach Apostelgesch. 1, 24 und 15, 8

Schlaf, *Herzenssöhnchen!* Mein Liebling bist du.
Wiegenlied von Franz Karl Hiemer 1810 (Musik von Weber)

Gute Nacht, du mein *herziges* Kind!
J. L. Seyffardt, Lied, Abend (1851); komp. von Franz Abt (1856).

Herzlich dumm siehe unter *Gedank'*

Er ist ein *Herzog* – Ich bin mehr!
Calderon, Leben ein Traum 2, 4

Herzzerreißend.
Nach Joel 2, 13 und Psalm 7, 2/3

Blinde *Hessen.* Sprichwörtl. Redensart
Vergleiche unter *blinde*

Er hat Geld wie *Heu!*
Sprichwörtl. Redensart

Mein Mann ist gefahren ins *Heu.*
A. F. E. Langbein, Die Fahrt ins Heu

Heuchelei gibt Geld's genug, Wahrheit geht betteln.
Luther bei Zinkgref, Apophth. 1, S. 182

Wer *heucheln* kann · Und schmeicheln kann, · Der ist heut ein gemachter Mann.

Der *Heuchler* gleißt · Ohne Geist.
Abraham a Santa Clara

Fliehe des *Heuchlers* glattes Wort.
Quartett in Mozart, Don Juan 1, 2 (1787)

Heulen und Zähneklappen.
Nach Matth. 8, 12; 22, 13; 24, 51; 13, 42

Heureka (ich hab's gefunden).
Archimedes († 212 v. Chr.), als er das Gesetz des spezifischen Gewichts entdeckt hatte

Zwischen *heut* und morgen · Liegt eine lange Frist; · Lerne schnell besorgen, · Da du noch munter bist.
Goethe, Sprüche in Reimen: Sprichwörtlich

Trifft's *heute* nicht, trifft es doch morgen. · Und trifft es morgen, so lasset uns *heut* · Noch schlürfen die Neige der köstlichen Zeit.
Erster Jäger in Schiller, Wallensteins Lager, 11. Auftr.

Morgen ist auch ein Tag, *heute* ist *heut*.
Rudolf Baumbach: Was die Welt morgen bringt, · Ob sie mir Sorgen bringt ... Von der Landstraße: Heute ist heut! (1882, Melodie von Val. Ed. Becker 1885 und Vincenz Lachner)

Morgen können wir's nicht mehr, · Darum laßt uns *heute* leben!
Schiller, Gedichte: Das Siegesfest

Heute mir, · Morgen dir!

Heute rot, · Morgen tot.
Sprichwörtlich

Heute muß die Glocke werden.
Schiller, Lied von der Glocke V. 3

Gedenke an ihn, wie er gestorben, so mußt du auch sterben. Gestern war es an mir, *heute* ist es an dir.
Jesus Sirach 38, 23

Vom *heutgen* Tag, von *heutger* Nacht · Verlange nichts, · Als was die gestrigen gebracht.
Goethe, Westöstl. Divan: Buch der Sprüche

Dir, *Hexameter*, dir, Pentameter, sei es vertrauet.
Goethe, Römische Elegien 20

Im *Hexameter* steigt des Springquells flüssige Säule, · Im Pentameter drauf fällt sie melodisch herab. Schiller, Gedichte: Das Distichon

So muß denn doch die *Hexe* dran.
Mephistopheles in Goethe, Faust 2365

Denn wenn es keine *Hexen* gäbe, · Wer, Teufel! möchte Teufel sein!
Mephistopheles in Goethe, Faust 7724/25

Das ist das *Hexen-Einmaleins*.
Die Hexe in Goethe, Faust 2552

Geschwindigkeit ist keine *Hexerei*.
Sprichwörtlich

Hic haeret aqua.
(Hier stockt es.)
Cicero, de officiis 3, 33, 117

Hic niger est, hunc tu, Romane, caveto.
(Der hat eine schwarze Seele, vor dem, Römer, nimm dich in acht.)
Horaz, Sat. 1, 4, 85

Hic Rhodus, hic salta.
(Hier ist Rhodus, hier springe.)
Äsops Fabeln 2036

Hie Welf! – Hie Waiblingen!
Dieser Ausruf soll zuerst in der Schlacht bei Weinsberg (1140) gehört worden sein, wo dem Hohenstaufen Konrad III. Welf, der Oheim Heinrichs des Löwen, gegenüberstand.

Auf einen *Hieb* fällt kein Baum.
Sprichwort

Deutsche *Hiebe*.
Deutsche in Schiller, Fiesko 5, 4

Er ist *hieb*- und stichfest.
Sprichwörtlich

Hier bin ich Mensch, hier darf ich's sein! Faust in Goethe, Faust 940

Sie sind wohl nicht von *hier?*
Scherzhafte Frage

Hier stehe ich, ich kann nicht anders, Gott helfe mir, Amen!
So soll Luther seine Verteidigung vor dem Reichstag zu Worms am 18. April 1521 geschlossen haben. Wahrscheinlich hat Luther nur gesagt: »Gott helf mir! Amen!«

Hier endigt meine Vollmacht.
Wrangel in Schiller, Wallensteins Tod 1, 6

Hier fühl ich, daß ich bitter werde.
König in Schiller, Don Carlos 1, 2

Hier ist die Stelle, wo ich sterblich bin. König in Schiller, Don Carlos 1, 6

Hier sind die starken Wurzeln deiner Kraft.

Attinghausen in Schiller, Wilhelm Tell 2, 1

Hier stehen die Vasallen meines Throns.

König in Schiller, Don Carlos 1, 6

Hier vollend' ich's.

Tell in Schiller, Wilhelm Tell 4, 3

Hier bin ich und hier bleibe ich!

Siehe: *J'y* suis

Hier ist gut sein, hier laßt uns Hütten bauen! Nach Matth. 17, 4

Hier ist nicht gut sein. Laßt uns weitergehn!

Tell in Schiller, Wilhelm Tell 1, 3

Hildebrand und sein Sohn Hadubrand · Ritten selbander in Wut entbrannt · Gegen die Seestadt Venedig.

Scheffel, Gaudeamus: Das Hildebrandslied

Zu *Hilfe*, zu Hilfe! Sonst bin ich verloren.

Tamino in Mozart, Zauberflöte 1, 1 (1791)

Hilf dir selbst, so wird dir der *Himmel* helfen.

(Aide-toi et le ciel t'aidera.)
Wahlspruch einer 1824 in Paris entstandenen Gesellschaft zur Wiederbelebung politischer Interessen

Vom *Himmel* hoch, da komm' ich her, · Ich bring' euch gute neue Mär.

Martin Luther, Ein Kinderlied auf die Weihnacht (1535)

Ach, ich sah den *Himmel* offen · Und der Selgen Angesicht! · Doch auf Erden ist mein Hoffen, · Und im Himmel ist es nicht.

Johanna in Schiller, Die Jungfrau von Orleans 4, 1

Das Auge sieht den *Himmel* offen, · Es schwelgt das Herz in Seligkeit.

Schiller, Lied von der Glocke V. 76/77

Der *Himmel* auf Erden.

Milton, Das verlorene Paradies 4, 208, vgl. Näheres unter *Hölle* auf Erden. Vgl. auch: »Hier ist mein Himmel schon auf Erden« in V. 1 des Kirchenliedes »Wie wohl ist mir, o Freund der Seelen« von W. C. Dreßler (1660–1722)

Nichts ragt Sterblichen allzu steil: · Selbst den *Himmel* bedrohn Törichte wir.

(Nil mortalibus arduist; · Caelum ipsum petimus stultitia . . .)
Horaz, Oden 1, 3, 37/38 (Voß)

Im siebenten *Himmel* sein.

Nach den späteren jüdischen Schriftgelehrten (Talmudisten), die ein Vorhandensein von sieben Himmeln annehmen, in deren letztem Gott throne. Diese Ansicht wurde auch vom Verfasser des Korans übernommen. Dante zählt sogar zehn Himmel (vgl. 2. Kor. 12, 2 und unter *siebenten*).

Wer ehrlich hat gelebt und selig ist gestorben, · Hat einen *Himmel* hier und einen dort erworben.

Logau, Sinngedichte Nr. 216: Zuversicht

Willst du (Poet) in meinem *Himmel* mit mir leben, · Sooft du kommst, er soll dir offen sein!

Schiller, Gedichte: Die Teilung der Erde

Er hoffe auf den *Himmel*, wenn er darf, · Auf seines Volkes Liebe, wenn er kann.

Marfa in Schiller, Demetrius 2, 1

Himmel und Erde als Zeugen anrufen. Nach 5. Moses 4, 26 und öfter

Himmel und Erde in Bewegung setzen.

(Lat.: Flectere si nequeo Superos, Acheronta movebo.)
Nach Haggai 2, 7 (vgl. 2, 22 u. Hebr. 12, 26)

Wer den *Himmel* will gewinnen, Muß ein rechter Kämpfer sein.

E. Geibel, Heroldsrufe: Vorwärts

Bis an den *Himmel* erheben.

Nach Matth. 11, 23

Die *Himmel* erzählen die Ehre Gottes, und die Feste verkündigt seiner Hände Werk. Psalm 19, 2

Danach dichtete Gellert (1757) die von Beethoven komponierte Ode:

Die *Himmel* rühmen des Ewigen Ehre.

Gellert, Geistl. Lieder: Die Ehre Gottes aus der Natur

Zwischen *Himmel* und Erde.
Titel einer Novelle von Otto Ludwig

Und der *Himmel* hängt voller Geigen.
Aus der Operette Der liebe Augustin von Leo Fall

Der *Himmel* ist blau, das Wetter ist schön, · Madame, wir wollen spazierengehn!
Otto Julius Bierbaum, Josephine

Hab' ein blaues *Himmelbett*, · Darin träumt es sich so nett.
Aus der Operette »Frasquita« von Fr. Lehár

Ein guter Deutscher rechter Art · Trägt seinen Pelz bis *Himmelfahrt*.
Sprichwort

Himmelhoch jauchzend, · Zum Tode betrübt.
Klärchen in Goethe, Egmont 3, 2

Aus allen *Himmeln* fallen
(vom Himmel fallen). Nach Jes. 14, 12

O liebe Hand! so göttergleich! · Die Hütte wird durch dich ein *Himmelreich*. Faust in Goethe, Faust 2707/08

Das *Himmelreich* ist nahe herbeigekommen. Matth. 3, 2 u. 4, 17

Des Menschen Wille ist sein *Himmelreich*. Sprichwort

Himmelschreiend. Nach 1. Mose 4, 10

's ist eine der größten *Himmelsgaben*, · So ein lieb' Ding im Arm zu haben.
Mephistopheles in Goethe, Faust 2947/48

Wo Lampen brennen, gibt's Ölflecken; wo Kerzen brennen, gibt's Schnuppen; die *Himmelslichter* allein erleuchten rein und ohne Makel. Goethe, Maximen und Reflexionen 7

O tönet fort, ihr süßen *Himmelslieder!* · Die Träne quillt, die Erde hat mich wieder.
Faust in Goethe, Faust 783/84

Himmlisch war's, wenn ich bezwang · Meine sündige Begier; · Aber wenn mir's nicht gelang, · Hatt' ich doch ein groß' Pläsier.
H. Heine, Heimkehr, Nachtrag Nr. 10

Himmlische Mächte siehe unter *Brot*, bei Goethe

Der mißversteht die *Himmlischen*, der sie · Blutgierig wähnt; er dichtet ihnen nur · Die eignen grausamen Begierden an.
Iphigenie in Goethe, Iphigenie 1, 3

Guten Menschen, fürwahr, spricht oft ein *himmlischer* Geist zu, · Daß sie fühlen die Not, die dem armen Bruder bevorsteht.
Goethe, Hermann und Dorothea 2 (Terpsichore) 44/45

Mich ergreift, ich weiß nicht wie, · *Himmlisches* Behagen!
Goethe, Gedichte: Tischlied (1802)

Hin ist hin! · Verloren ist verloren!
Bürger, Lenore

Doch ist es jedem eingeboren, · Daß sein Gefühl *hinauf* und vorwärts dringt. Faust in Goethe, Faust 1092/93

Sehen, wo es *hinaus* will.
Nach Matth. 26, 58

Hinc illae lacrimae!
(Daher jene Tränen!)
Terenz, Andria 1, 1, 99; vgl. Cicero pro Caelio 61 auch Horaz, Epist. 1, 19, 41; Juvenal, Sat. 1, 168

Bei dir gerät man stets ins Ungewisse. · Der Vater bist du aller *Hindernisse*.
Faust in Goethe, Faust 6204/05

Wo du *hingehst*, da will ich auch *hingehen*; wo du bleibest, da bleibe ich auch. Ruth 1, 16

Auf beiden Seiten *hinken*.
(Es mit jeder Partei halten)
Nach 1. Kön. 18, 21

Der *hinkende* Bote kommt nach.
Der *Hinkende* ist unter den Einbeinigen König. Sprichwörter

Nicht haben, wo man sein Haupt *hinlege*. Nach Matth. 8, 20

Wenn *hinten,* weit, in der Türkei · Die Völker aufeinanderschlagen.
Andrer Bürger in Goethe, Faust 862/63

Wir haben nicht geweinet, · Wir seufzten nicht »Weh« und »Ach!« Die Tränen und die Seufzer, · Die kamen *hintennach.*
Heine, Lyrisches Intermezzo 49

Sich auf die *Hinterbeine* stellen
(sich wehren, vom Bären übernommen)
Sprichwörtl. Redensart

Verächtlich ist, wer als Verleumder spricht, · Doch noch verächtlicher der *Hinterbringer.*
Bodenstedt, Aus dem Nachlasse des Mirza-Schaffy 3: Sprüche 28

Soll mir ein frecher Spott · Die *Hintertür* des falschen Mitleids öffnen?
Uriel in Gutzkow, Uriel Acosta 2, 7

Denn *Hinz* und Kunz, an ihren Stellen, · Glaubten doch auch was vorzustellen.
Goethe, Gedichte: Invektiven »* und *«: K. und B. (Gemeint sind die beiden Modeschriftsteller der Zeit Kotzebue und Bötticher)

Arm (sein) wie *Hiob.* Sprichwörtlich

Hiobspost. Nach Hiob 1, 14/19

Mut allein kann hier den Dank erringen, · Der am Ziel des *Hippodromes* winkt.
Schiller, Gedichte: Das Ideal und das Leben

Hippokratisches Gesicht.
Antlitz mit allen Kennzeichen des nahenden Todes; Hippokrates in seiner Schrift »Prognostikon«

Hippokrene.
Die Musenquelle, nach Hesiod, Theog. 1 ff.

Wie der *Hirsch* schreiet nach frischem Wasser, so schreiet meine Seele, Gott, zu dir. Psalm 42, 2

Der Herr ist mein *Hirte,* mir wird nichts mangeln. Psalm 23, 1

Ein guter *Hirte.* Nach Joh. 10, 12

Während die *Hirten* schlafen, · Stiehlt man die Wolle den Schafen.
Abraham a Santa Clara

Ich bin vom Berg der *Hirtenknab'.*
Uhland, Des Knaben Berglied

Und sie führt den schönsten Hirten zu der schönsten *Hirtin* hin.
Schiller, Gedichte: Das eleusische Fest

Et voilà justement comme on écrit *l'histoire.*
(Und das ist just die Art, wie man Geschichte schreibt.)
Aus Voltaires Komödie Charlot ou la Comtesse de Givry 1, 7 (1767)

Der *Historiker* ist ein rückwärts gekehrter Prophet.
Fr. v. Schlegel, Athenäum 1, 2, 20: Fragmente

Tout est *l'histoire.*
(Die Geschichte ist alles.) George Sand

Mundus universus exercet *histrioniam.*
(Die ganze Welt treibt Schauspielerei)
Spruch von Petronius

Ho, ho, ho, · So schön und froh! · Du Postillion von Lonjumeau!
Chapelous Postillionlied aus Adams gleichnamiger Oper (1836)

Was unter den *Hobel* kommt, muß Späne lassen. Sprichwort

Hoc erat in votis.
(Dies gehört zu meinen Wünschen.)
Horaz, Satiren 2, 6, 1

Hoc volo, sic jubeo! sit pro ratione voluntas.
(Ich will es, also befehl' ich's, statt eines Grundes genügt der Wille)
Juvenal 6, 223

Das ist mir zu hoch. Nach Hiob 42, 3

Prinz Hamlet ist ein Fürst! Zu *hoch* für dich.
(Lord Hamlet is a prince, out of thy star.)
Polonius in Shakespeare, Hamlet 2, 2

Nichts ist zu *hoch,* wonach der Starke nicht · Befugnis hat die Leiter anzusetzen.
Buttler in Schiller, Piccolomini 4, 4

Streben wir nicht allzu *hoch* · Hinauf, daß wir zu tief nicht fallen mögen.
Herzogin in Schiller, Wallensteins Tod 3, 5

Das geht ja *hoch* her. Bin auch dabei!
Kapuziner in Schiller, Wallensteins Lager 8. Auftr. Siehe auch unter *Heisa*

Sei *hochbeseligt* oder leide: · Das Herz bedarf ein zweites Herz.
Fortsetzung und Quelle siehe unter *geteilt*

Mein *hochgebornes* Schätzelein, · Des Glockentürmers Töchterlein.
Fr. Rückert (Fortsetzung siehe unter *Glockentürmer*)

Und es kommt der Gott der Esse, · Zeus' erfindungsreicher Sohn, · Bildner künstlicher Gefäße, · *Hochgelehrt* in Erz und Ton.
Schiller, Gedichte: Das eleusische Fest

Hochherziger Jüngling, fahre wohl!
Schiller, Gedichte: Der Taucher

Mein Herz ist im *Hochland*, mein Herz ist nicht hier!
(My heart's in the Highlands, my heart is not here.)
R. Burns, Farewell to the Highlands (deutsch von Freiligrath)

Hochmut kommt vor dem Fall.
Sprichwort n. d. Spr. Sal. 16, 18

Hochmut tut nimmer gut.
Jesus Sirach 3, 30
Hochmut siehe auch unter *Stolz*

Alles *Höchste*, es kommt frei von den Göttern herab.
Schiller, Gedichte: Das Glück

Das *Höchste* der Gefühle.
Aus Mozarts Zauberflöte

Freund, wie bist du hereingekommen und hast doch kein *hochzeitlich* Kleid an?
Matthäus 22, 12

Hochzeitmachen, das ist wunderschön.
Berliner Gassenhauer (um 1900)

Ein ernster Gast stimmt nicht zum *Hochzeitshaus*.
Tell in Schiller, Wilhelm Tell 4, 3

Erreicht den *Hof* mit Müh und Not.
Goethe, Erlkönig

Bei *Hofe*, Herr, das wollt bedenken, · Gilt andre Sitte als im Bergrevier.
Zweiter Kammerherr in Calderón, Das Leben ein Traum 2, 4

Hoff, o du arme Seele!
Aus Paul Gerhardts Lied: Befiehl du deine Wege

Hoffart will Zwang haben.
Sprichwort

Die *Hoffart* geht in Hahnenweise · Einher, daß man sie seh' und preise; · Sie sieht sich selten auf den Fuß, · Darum sie oftmals fallen muß.
Aus Freidanks Bescheidenheit (um 1200)

Hoffen und Harren macht manchen zum Narren.
(Fallitur augurio spes bona saepe suo)
Ovid, Heroiden 16, 234

Ach, vielleicht, indem wir *hoffen*, · Hat uns ein Unheil schon getroffen!
Schiller, Lied von der Glocke V. 233/34

Wir *hoffen* immer, und in allen Dingen · Ist besser hoffen als verzweifeln.
Antonio in Goethe, Torquato Tasso 3, 4

Was die innere Stimme spricht,
Das täuscht die *hoffende* Seele nicht.
Schiller, Gedichte: Hoffnung

Was wäre das Leben ohne *Hoffnung!*
Hölderlin, Hyperion

Doch vielen ja · Hat schon die *Hoffnung* auf Gewinn den Tod gebracht.
Kreon in Sophokles, Antigone 221/22 (Donner)

Oh, über diese trügerische *Hoffnung* der Menschen!
(O fallacem hominum spem!)
Cicero, De oratore III, 2, 7

Schlägt die *Hoffnung* fehl, nie fehle dir das Hoffen! · Ein Tor ist zugetan, doch tausend sind noch offen.
Rückert, Weisheit des Brahmanen (1836/39)

Denn noch ist *Hoffnung* zur Heimkehr. Homer, Odyssee 16, 101

Laßt, die ihr eingeht, alle *Hoffnung* schwinden!
(Lasciate ogni speranza, voi ch'entrate)
Dante, Hölle 3, 9

Ist ein Bettler mancher gleich, · Dennoch macht ihn *Hoffnung* reich. Logau, Sinngedichte: Hoffnung

Die *Hoffnung* führt ihn ins Leben ein. – Beschließt er im Grabe den müden Lauf, · Noch am Grabe pflanzt er – die *Hoffnung* auf.
Schiller, Gedichte: Hoffnung

Hoffnung auf Genuß ist fast soviel, · Als schon genoßne *Hoffnung*.
Northumberland in Shakespeare, König Richard III, 2, 4

Die *Hoffnung* freuet manchen Mann, · Der Herzensfreude nie gewann.
Freidank Bescheidenheit (um 1200)

Des Menschen *Hoffnung* ist ver loren. Hiob 14, 19

Hoffnung läßt nicht zuschanden werden. Nach Röm. 5, 5

Hoffnung hintergehet zwar, · Aber nur, wer wankelmütig; · Hoffnung zeigt sich immerdar · Treugesinnten Herzen gütig; · Hoffnung senket ihren Grund · In das Herz, nicht in den Mund.
Gottfried Keller, Der grüne Heinrich IV., 13. Kap.

Was sind *Hoffnungen*, was sind Entwürfe, · Die der Mensch, der vergängliche, baut?
Cajetan in Schiller, Die Braut von Messina 3, 5

Hoffnungslos · Weicht der Mensch der Götterstärke.
Schiller, Lied von der Glocke. V. 207/08

Das *Hoffnungslose* kündigt schnell sich an.
Eugenie in Goethe, Die natürliche Tochter 4, 2

Wer wünscht und *hofft*, der lebt schon in der Zukunft.
L. Schefer, Laienbrevier, März 4

Das *Hofleben* gleicht einer Musik, wo jeder seine Takte und Pausen halten muß –

Die *Hofleute* müßten vor Langeweile umkommen, wenn sie ihre Zeit nicht durch Zeremonie auszufüllen wüßten.
Eckermann, Gespräche mit Goethe 16. August 1824

Im Deutschen lügt man, wenn man *höflich* ist.
Baccalaureus in Goethe, Faust 6771

Gar zu *höflich* ist grob.
Eine *Höflichkeit* erfordert die andere. Sprichwörtl. Redensarten

Höflichkeit ist Staatspapier des Herzens, das oft um so größere Zinsen trägt, je unsicherer das Kapital ist.
Börne, Fragmente und Aphorismen Nr.265

Eure *Höflichkeit* erfreut mich sehr.
Mephistopheles in Goethe, Faust 1872

Es gibt kein äußeres Zeichen der *Höflichkeit*, das nicht einen tiefen sittlichen Grund hätte.

Es gibt eine *Höflichkeit* des Herzens; sie ist der Liebe verwandt. Aus ihr entspringt die bequemste Höflichkeit des äußeren Betragens.
Goethe, Maximen und Reflexionen 5

Die *Höflichkeit* ist Gold; man hält sie wert und teuer; · Doch hält sie nicht den Strich, taugt wenig in das Feuer.
Logau, Sinngedichte: Höflichkeit

Das verschweigt des Sängers *Höflichkeit.*

Kehrreim des Liedes: »Als der liebe Gott die Welt erschaffen, · Schuf er Fische, Vögel, Löwen, Affen«; ferner Kehrreim eines zweiten Liedes: »Des Dichters Höflichkeit« in »Allerhand für Stadt und Land« (1808, Zittau, herausgeg. von G. B. Flaschner, 8. Stück; Dichter unbekannt)

Europens übertünchte *Höflichkeit.*
Joh. Gottfr. Seume, Gedichte: Der Wilde

Welchen *Hofmann* ich ehre? Den klärsten und feinsten! Das andre, · Was er noch sonst besitzt, kommt ihm als Menschen zugut.
Goethe, Gedichte: Vier Jahreszeiten 88

Was kommt dort von der *Höh?*
Fuchslied (1760?)

Höhe · Bringt Wehe. Alter Spruch

Traue nicht dem Wasserboden, · Halt auf deiner *Höhe* stand!
Baucis in Goethe, Faust 11137/38

Das wäre mir die rechte *Höhe,* · Da zu befehlen, wo ich nichts verstehe.
Faust in Goethe, Faust 10311/12

Verzeih, ich kann nicht *hohe* Worte machen.
Mephistopheles in Goethe, Faust 275
Die *hohe* himmlische Göttin siehe unter *Butter*

Doch auch die *Hoheit* darf das Schöne schmücken, · Der goldne Reif erhebt den Edelstein.
Don Manuel in Schiller, Die Braut von Messina 631/32

O Jugend, Jugend, wirst du nie · Der Freude reines Maß bezirken? · O *Hoheit,* Hoheit, wirst du nie · Vernünftig wie allmächtig wirken?
Herold in Goethe, Faust 5958/61

Es ist der Fluch der *Hohen,* daß die Niedern · Sich ihres offnen Ohrs bemächtigen.
Don Manuel in Schiller, Die Braut von Messina 487/88

Das Glück war niemals mit den *Hohenstaufen.*
Raupach, König Enzio 2, 2, 5 und 4, 2, 8 (1831)

Hoher Sinn liegt oft in kind'schem Spiel. Schiller, Gedichte: Thekla

Höherer Blödsinn.
Verleger Otto Wigand (1795–1870) in den Jahrb. f. Wissenschaft u. Kunst 1854, 1, 238; ferner in Robert Prutz, »Die deutsche Literatur der Gegenwart« (1859) 2, 276

Wer um *Hohes* kämpft, muß wagen! · Leben gilt es oder Tod!
Matthisson, Gedichte: Zuruf

Hohle Töpfe haben den lautesten Klang.
Bursch in Shakespeare, König Heinrich V. 4, 4

Sich in die *Höhle* des Löwen wagen.
Nach Äsops Fabel Nr. 246

Und *hohler* und hohler hört man's heulen. Schiller, Gedichte: Der Taucher

Hohn für Lohn, Stank für Dank.
Sprichwort

Du sprachest den Gesetzen *Hohn* · Drum Sklave, trifft dich das Verderben.
Sigismund in Calderón, Leben ein Traum 2, 3

Hohngelächter der Hölle.
Lessing, Emilia Galotti 5, 2. Klopstock, Messias 16, 319; 18, 807 u. a. a. O.

Holde Augen sah ich blinken.
Goethe, Balladen: Der Schatzgräber
Holderblüh siehe unter *Rosestock.*

Der *Holdseligen* · Sonder Wank · Sing ich fröhlichen · Minnesang.
Minnelied von Joh. Heinr. Voß 1773 (Melodie von Weber 1803)

Holdseligkeit bedarf keines äußern Schmucks, sie ist in ihrer Schmucklosigkeit am meisten geschmückt.
Herder, Palmblätter (Jena 1796) 3, 7

Holland in Not!
Stammt aus Holland, das früher häufig durch Dammbrüche in große Wassersnöte kam

Die *Hölle* auf Erden haben.
Sprichwort
(Vgl. Milton, Paradise lost 4, 208: A heaven on earth: Erdenhimmelreich.)
»Der Himmel auf Erden« ist der Titel eines Buches von Christian Gotthilf Salzmann (1797). Als Gegenstück dazu veröffentlichte Joh. Gottfried Gruber eine Erzählung: Die Hölle auf Erden oder Geschichte der Familie Fredini (1800).

Blendwerk der *Hölle!*
Don Cesar in Schiller, Die Braut von Messina 3, 4

Spiegelfechterei der *Hölle!*
Fiesko in Schiller, Fiesko 5, 12

Die *Hölle* selbst hat ihre Rechte?
Faust in Goethe, Faust 1413

Der Weg zur *Hölle* ist mit guten Vorsätzen gepflastert. Sprichwort
Vergleiche unter *Hell*

Wenn die Menschen werden gescheiter, · Macht der Teufel die *Hölle* weiter.
Wilhelm Müller, Gedichte: Epigramme

Der Teufel gibt die *Hölle* teurer als Gott den Himmel.
Abraham a Santa Clara, Reim dich

Jemand die *Hölle* heiß machen.
Sprichwort

Für solche halbe *Höllenbrut* · Ist Salomonis Schlüssel gut.
Faust in Goethe, Faust 1257/58

Das ist ein *Höllenlärm.*
Sprichwörtlich

Mein Bruder! · Welche *Höllenpein!*
Gretchen in Goethe, Faust 3770

Höllisches Feuer. Nach Matth. 18, 9

Dort der *Holunderbusch* verbirgt mich ihm.
Tell in Schiller, Wilhelm Tell 4, 3

Holz in den Wald tragen.
Sprichwörtlich

Dürres *Holz* brennt besser als grünes Holz.
Abraham a Santa Clara, Judas, der Erzschelm

So man das tut am grünen *Holz,* was will am dürren werden?
Luk. 23, 31

Holz und Holz ist nicht einerlei.
Molière, Arzt wider Willen 1, 6 (vgl. unter *fagots*)

Nehmet *Holz* vom Fichtenstamme.
Schiller, Lied von der Glocke V. 21

Auf dem *Holzwege* sein.
Ein Weg, der nur zum Abfahren des Holzes dient, also oft mitten im Walde aufhört, nicht ans Ziel bringt und ein Abirren leicht möglich macht. Der Ausdruck kommt schon im Tristan vor.
Luther sagt ähnlich: »Die Welt will immerdar den *Holzweg* gehen.«

O du glücklicher Jüngling, der du einen *Homer* zum Verkündiger deiner Tapferkeit gefunden hast!
(O fortunate adolescens, qui tuae virtutis Homerum praeconem inveneris!)
Alexander der Große an Achills Grabe (in Ciceros Rede für den Dichter Archias 10, 25)

Wer wagte mit Göttern den Kampf, und wer mit dem Einen? · Doch *Homeride* zu sein, auch nur als letzter, ist schön.
Goethe, Elegien: Hermann und Dorothea

Homerisches (eigentlich unauslöschliches) Gelächter.
Nach Homer, Ilias 1, 599, und Odyssee 8, 326 und 20, 346

Indignor, quandoque bonus dormitat *Homerus.*
(Ich bin entrüstet, wenn auch einmal der wackere *Homer* schläft.)
Horaz, Ars poëtica 359

Hominem quaero!
(Einen Menschen suche ich!)
Diogenes Laertius, Leben und Meinungen der Philosophen 6, 2, 50

Un *homme* est toujours la proie de ses vérités.
(Ein Mensch ist immer das Opfer seiner Wahrheiten.)
Albert Camus, Les mythes de Siophe (1942)

Homo sum, humani nil a me alienum puto.
(Ich bin ein Mensch; nichts Menschliches gilt mir fremd.)
Chremes in Terenz, Heautontimorumenos 1, 1, 25

Homo ist ein Name, der allen Menschen gemein ist.
(Homo is a common name to all men.)
Gadshill in Shakespeare, König Heinrich IV. 1. Teil 2, 1

Non omne licitum *honestum.*
(Nicht alles Erlaubte ist auch anständig)
Sprichwort

Jemand *Honig* ums Maul streichen.
(Zum Munde reden, gut zureden)
Alte sprichwörtl. Redensart

Handelt einer mit *Honig*, er leckt zuweilen die Finger.
Goethe, Reineke Fuchs 8, 93

Außen *Honig*, innen Galle.
Sprichwörtlich

Süßer denn *Honig* und *Honigseim*.
Psalm 19, 11

Honigsüße Rede (Nestors).
Nach Homer, Ilias 1, 249

Honneur et patrie.
(Ehre und Vaterland.)
Devise des französischen Ordens der Ehrenlegion, gestiftet von Bonaparte 1802

Honny (Honi) soit qui mal y pense.
(Schmach über den, der Arges dabei denkt).
Devise des englischen Hosenbandordens, gestiftet 1350 durch König Eduard III., schon früher in Frankreich gebraucht.

Honor est praemium virtutis.
(Die Ehre ist die Belohnung der Tugend.)
Cicero, Brutus 81

Hopfen und Malz, · Gott erhalt's!
Brauer- und Wirtshausspruch

An dem ist *Hopfen* und Malz verloren.
Sprichwort

Wenn der *Hoppevogel* schreit, · Ist der Tag nicht mehr so weit.
Eichendorff, Aus dem Leben eines Taugenichts 4

Horch! der Wilde tobt schon an den Mauern.
Schiller, Gedichte: Hektors Abschied

Horch, horch, die Lerch' im Äther blau!
Ständchen aus Shakespeares Cymbeline, komponiert von Schubert

Der *Horcher* an der Wand · Hört seine eigene Schand.
Sprichwort

Die *Horcher* sind den Herren lieb · Und sind doch ihrer Ehre Dieb.
Aus Freidanks Bescheidenheit (um 1200)

Wer Ohren hat zu *hören*, der *höre*.
Matth. 11, 15; 13, 9. Luk. 8, 8

Tut nichts, eine gute Sache kann man schon zweimal *hören*.
Seume, Spaziergang nach Syrakus

Tut nichts, könnt's noch öfter *hören*.
P. A. Wolff, Preziosa 3, 2

Wer nicht *hören* will, muß fühlen!
Sprichwort

Seid Täter des Worts und nicht *Hörer* allein.
Jak. 1, 22/23

Mit jemand in dasselbe *Horn* blasen (übereinstimmen).
Redensart

Es geht aus wie das *Hornberger* Schießen.
Der Ursprung der Redensart ist nicht sicher festzustellen. Nach der Überlieferung haben die Einwohner des Städtchens Hornberg (im Schwarzwald), als sie einmal fürstlichen Besuch erwarteten, so lange Böllerschüsse erprobt, bis ihnen das Pulver ausging. Als nun der Fürst eintraf, mußten sie das Böllern durch Brüllen ersetzen. Vgl. die Abhandlung des Pfarrers Konrad Kaltenbach in Nr. 3 ff. der Heimatklänge (Beilage zur Freiburger Tagespost) von 1915; dort noch andere Versuche, den Ursprung des Wortes zu erhellen.

Jemand die *Hörner* zeigen (sich widersetzen).

Sich die *Hörner* ablaufen (sich austoben).
Sprichwörtl. Redensarten

Hinaus in die Ferne · Mit lautem *Hörnerklang!*
Gesang ausziehender Krieger, A. Methfessel 1813

Hornung (Februar) hell und klar · Gibt dem Flachs ein gutes Jahr.
Bauernregel

Schwer hinwandelndes *Hornvieh*.
Nach Homer Ilias 6, 424, vgl. 16, 488

On dit, et sans *horreur* je ne puis le redire.
Man sagt, und ohne Grauen kann ich's nicht wiedersagen)
Racine, Iphigenie 4, 6

Horror vacui.
(Grauen vor dem Leeren)
Rabelais, Gargantua et Pantagruel 1, 5

Ich hab' es auf die *Hostie* geschworen.
Mortimer in Schiller, Maria Stuart 36

Household words.

(Alltagsworte.)
Nym in Shakespeare, Heinrich V. 4, 3 (bekanntgeworden, seit es Dickens zum Titel seines vielgelesenen liter. Unterhaltungsblattes [1850/59] machte).

Willst du dir ein *hübsch* Leben zimmern, · Mußt dich ums Vergangne nicht bekümmern.

Goethe, Gedichte: Lebensregel

Hans *Huckebein*, der Unglücksrabe.

Nach Wilhelm Buschs lustiger Geschichte (1867)

Aber wie sollt' er seinen Rücken · Nach einem halben *Hufeisen* bükken? Goethe, Legende vom Hufeisen

Ein *Hufeisen* finden, bedeutet Glück haben. Volksaberglaube

Um eines *Hufeisens* willen verdirbt oft ein Pferd.

Sprichwort (Simrock 262)

Ich wünsche, daß sonntags jeder Bauer sein *Huhn* im Topfe habe.

Heinrich IV. von Frankreich
(Siehe auch unter *poule*)

Ein *Huhn* und ein Hahn, · Die Predigt geht an.

Kinderpredigt (Wunderhorn)

Krank wie ein *Huhn*, · Viel essen und wenig tun! Nach Wunderhorn

Wird dem *Huhn* · man nichts tun?

Christian Morgenstern (1871–1910), Das Huhn

Ein blindes *Huhn* findet auch mal ein Körnchen. Sprichwort

Mit jemandem ein *Hühnchen* rupfen. Sprichwörtl. Redensart

Leberecht *Hühnchen*.

Das Beispiel eines genügsam glücklich dahinlebenden Mannes. Eine von Heinrich Seidel geschaffene Figur.

Mit den *Hühnern* zu Bett gehen.

Sprichwörtl. Redensart

Nie werd' ich deine *Huld* verkennen!

Finale in Mozarts Oper Die Entführung aus dem Serail 3 (1782)

Doch wer Erinnrung alter *Huld* zerrinnen läßt, · Der ist in keinem Falle mehr ein edler Mann.

Tekmessa in Sophokles, Der rasende Ajas 523/24 (Donner)

Ich *hülle* mich in meiner Tugend Schleier. Siehe unter *Virtute*

Etwas in *Hülle* und Fülle haben.

Sprichwörtl. Redensart

Aus der *Hülse*, blank und eben, · Schält sich der metallne Kern.

Schiller, Lied von der Glocke V. 384/85
Nihil *humani* siehe unter *Homo*

Nicht das Predigen der *Humanität*, sondern das Tun hat Wert. Desto schlimmer, wenn man viel spricht und wenig tut.

Seume, Spaziergang nach Syrakus (Frankfurt)

Das ist der *Humor* davon.

(Ther' is the humour of it.)
Nym in Shakespeare, König Heinrich V. 2, 1, und Lustigen Weiber von Windsor 2, 1

Der *Humor* ist keine Gabe des Geistes, er ist eine Gabe des Herzens.

Börne, Denkrede über Jean Paul

Humor ist, wenn man trotzdem lacht. Otto Julius Bierbaum (1865–1910)

Es möchte kein *Hund* so länger leben! Faust in Goethe, Faust 376

Einen *Hund* zu schlagen, find't sich bald ein Stock.

Gloucester in Shakespeare, König Heinrich VI. 2. Teil 3, 1

Der Knüppel liegt beim *Hund*.

Sprichwort

Da liegt der *Hund* begraben.

Sprichwörtlich nach einem Denkstein im Dorfe Winterstein am Fuße des Inselsberges in Thüringen neben der Ruine des Stammschlosses derer von Wangenheim; die Inschrift auf dem Denksteine lautet: »Anno 1660 Jar .... ward ein Hund hieher begraben · Das in nicht sollen fressen die Raben. · War sein Name Stuczel genant · Fürsten und Herrn wol bekant. Geschach umb seine große Trevlichkeit · Die er seine Herrn und Frawn beweist.« – Die Sage erzählt von diesem Hunde, daß er oft als Liebesbote seines Herrn den Weg von

Winterstein nach Gotha gelaufen sei, um in seinem Halsbande Briefe hin und zurück zu befördern. Als er gestorben war, habe sein Herr befohlen, daß man ihn auf dem Friedhofe beisetze. Als aber Herzog Ernst der Fromme hiervon erfahren, habe er angeordnet, daß der Hund wieder ausgegraben werde, und nun sei das treue Tier neben dem Schlosse begraben worden, wo man ihm später diesen Denkstein setzte.

Auf den *Hund* kommen.
(Bedeutung von gänzlich herabkommen)
Sprichwörtlich

Ein lebendiger *Hund* ist besser als ein toter Löwe. Pred. Sal. 9, 4

Wenn der *Hund* mit der Wurst übern Eckstein springt . . .
Parodie auf König Ludwig I. von Bayern: Wenn der Mut in der Brust seine Spannkraft übt Münchner Bilderbogen

Wie *Hund* und Katze leben.
Sprichwörtl. Redensart

Viele *Hunde* sind des Hasen Tod.
Sprichwörtlich

Wundern kann es mich nicht, daß Menschen die *Hunde* so lieben; · Denn ein erbärmlicher Schuft ist, wie der Mensch, so der *Hund*.
Goethe, Venezian. Epigramme Nr. 73

Wundern darf es mich nicht, daß manche die *Hunde* verleumden: · Denn es beschämet zu oft leider den Menschen der *Hund*.
Arthur Schopenhauer, Gedichte: Antistrophe (zu vorstehendem Goetheschen Epigramm)

Woran sollte man sich von der endlosen Verstellung, Falschheit und Heimtücke der Menschen erholen, wenn die *Hunde* nicht wären, in deren ehrliches Gesicht man ohne Mißtrauen schauen kann?
Schopenhauer, Parerga und Paralipomena, 2. Bd. Kap. VIII (Zur Ethik), § 114

Wundern muß ich mich sehr, daß *Hunde* die Menschen so lieben. · Denn ein erbärmlicher Schuft gegen den Hund ist der Mensch.
Fr. Hebbel, Tagebücher, 2. Aug. 1860

Hunde, die bellen, beißen nicht!
Sprichwörtlich

Man achtet kleiner *Hunde* Murren nicht, · Doch große zittern, wenn der Löwe brüllt.
Königin in Shakespeare, König Heinrich IV. 2. Teil 3, 1

Hüte dich vor dem *Hunde!*
(Cave canem!)
Inschrift im Atrium altrömischer Häuser zu einem bildlich dargestellten Hunde

Dem *Hunde*, wenn er gut gezogen, · Wird selbst ein weiser Mann gewogen.
Wagner in Goethe, Faust 1174/75

Hundekälte (bitter kalt).
Sprichwörtl. Redensart

Wer mit *Hunden* zu Bett geht, steht mit Flöhen auf.

Mit allen *Hunden* gehetzt sein.
Sprichwörtlich

Hundertfältige Frucht tragen.
Nach Matth. 13, 8; Mark. 4, 8; Luk. 8, 8

Mancher kommt vom *Hundertsten* ins Tausendste.
(Ist umständlich)
Sprichwörtl. Redensart

Die *Hunderttage*
(Les Cent-jours).
Nach dem Seinepräfekten Chabrol (1815) für die letzte Regierungsperiode Napoleons I. vom 19. März bis 8. Juli 1815, also eigentlich 111 Tage

Kalt wie eine *Hundeschnauze*.
Sprichwörtl. Redensart

Dem *Hundestall* soll nie die Bühne gleichen, · Und kommt der Pudel, muß der Dichter weichen.
Parodie auf: Der Schein soll nie die Wirklichkeit erreichen, siehe unter *Schein*

Aber es gibt Menschen, die *hündischer* sind als Hunde und nicht heulen, wenn sie geschlagen werden.
Börne, Fragmente und Aphorismen Nr. 280

Das *Hündlein* wedelt dir, sein Futter abzuschmeicheln.
Siehe unter *Hengst*

Ist *Hunger* groß, ist klein die Liebe.
Anastasius Grün, Pfaff vom Kahlenberg

Der *Hunger* ist der beste Koch, aber er hat nichts zu essen.
Freidanks Bescheidenheit: Von dem Hunger; schon ähnlich bei Xenophon, Memorabilien 1, 3, 5, und Cicero, De finibus 2, 28, 90, vgl. *Cibi.*

Durch *Hunger* und durch Liebe siehe unter *Einstweilen*

Gefällt's euch nicht, so könnt ihr gehn, · Am *Hungertuche* nagen.
G. Hauptmann, Lied a. d. Webern

Laß sie betteln gehn, wenn sie *hungrig* sind. H. Heine, Die Grenadiere

Eine *hungrige* Seele.
Nach Psalm 107, 9 (vgl. Baruch 2, 18)

Brich dem *Hungrigen* dein Brot.
Jesaja 58, 7

Mein *Hüon*, mein Gatte.
Aus K. M. v. Webers Oberon; deutscher Text von Th. Hell

Das ist *gehupft* wie gesprungen.
Sprichwörtlich

Hurra! Die Enten.
(Beim Eintreffen von etwas lange Erwartetem) Redensart

Hurtig mit Donnergepolter entrollte der tückische Marmor.
Homer, Odyssee 11, 598 (Voß)

Was sagst du, Frau *Hurtig?*
Prinz Heinrich in Shakespeare, König Heinrich IV. 1. Teil 3, 4

Schönes Leben des *Husaren!* · Das ist Leben, das allein.
Lenau, Leben und Traum: Die Werbung

Was blasen die Trompeten? *Husaren,* heraus!
E. M. Arndt, Das Lied vom Feldmarschall

Des Menschen Zierat ist der *Hut.*
Kellermeister in Schiller, Die Piccolomini 4. 5

Alle unter einen *Hut* bringen.
Sprichwort

Mit dem *Hute* in der Hand · Kommt man durch das ganze Land. Sprichwort

Hüte dich, daß sich dein Feind mag *hüten.* Siehe unter *Händel*

Soll ich meines Bruders *Hüter* sein?
1. Mos. 4, 9

Des Hauses redlicher *Hüter.*
Schiller, Gedichte: Die Bürgschaft (1799)

Hütet eure Zungen! Das steht wohl den Jungen. · Schiebt den Riegel vor die Tür, · Laßt kein böses Wort herfür.
Walther von der Vogelweide, Erziehungsregeln

Raum ist in der kleinsten *Hütte* · Für ein glücklich liebend Paar.
Schiller, Gedichte: Der Jüngling am Bache

Hütte siehe auch unter *Glanz*

Krieg den Schlössern! Friede den *Hütten!*
(Guerre aux châteaux. Paix aux chaumières.)
Chamfort, Gesamtausgabe der Werke 1, 58

Hier ist gut sein, hier laßt uns *Hütten* bauen! Nach Matth. 17, 4

Wo e kleins *Hüttle* steht, ist e kleins Gütle.
Liebesgedanken, Schwäb. Volkslied

Da werden Weiber zu *Hyänen.*
Schiller, Lied von der Glocke V. 366

Hydra, die Lernäische Schlange.
Nach Hesiod, Theog. 313

Hymens erste Fessel bindet, · Wo Amor leicht und flatternd hüpft.
Schiller, Gedichte: An Demoiselle Slevoigt (1797)

Der *Hypochonder* ist bald kuriert, · Wenn euch das Leben recht kujoniert. Goethe, Gedichte: Sprichwörtlich

Hier ruht mein treuester Genoß im Land, · Herr *Hypochonder* zubenannt; · Er starb an frischer Bergesluft, · An Lerchenschlag und Rosenduft!
Anastasius Grün, Gedichte: Der treue Gefährte

Ich bedurfte dieser *Hypothese* nicht.
Laplace auf die Frage Napoleons I. über die Nichterwähnung Gottes in der Mécanique céleste

Es gibt *Hypothesen,* wo Verstand und Einbildungskraft sich an die Stelle der Idee setzen.
Goethe, Sprüche in Prosa

Hypothesen sind Wiegenlieder, womit der Lehrer seine Schüler einlullt. Goethe, Sprüche in Prosa

I am not what I am.
(Ich bin nicht, was ich bin.)
Jago in Shakespeare, Othello 1, 1

Sieh da, sieh da, Timotheus, · Die Kraniche des *Ibykus!*
Schiller, Die Kraniche des Ibykus Str. 20

Wo *ich* sitze, ist immer oben.
Bismarck zum Zeremonienmeister (als dieser sich wegen des dem Fürsten angewiesenen Platzes entschuldigen zu müssen glaubte)

Den *Ida* will ich auf den Ossa wälzen, · Und auf die Spitze ruhig bloß mich stellen.
Heinrich von Kleist, Penthesilea 9

Das Jahrhundert · Ist meinem *Ideal* nicht reif. Ich lebe · Ein Bürger derer (der Jahrhunderte), welche kommen werden.
Posa in Schiller, Don Carlos 3, 10

Aus dem Leben heraus sind der Wege zwei dir geöffnet. Zum *Ideale* führt einer, der andre zum Tod.
Schiller, Gedichte: Die idealische Freiheit

Die *Ideale* sind zerronnen, · Die einst das trunkne Herz geschwellt.
Schiller, Gedichte: Die Ideale

Ein *Idealist* ist ein Mensch, der anderen Menschen dazu verhilft, zu Wohlstand zu gelangen.
(An idealist is a person who helps other people to be prosperous.)
Henry Ford (1863–1947)

Mir bleibt genug! Es bleibt *Idee* und Liebe.
Goethe, Westöstl. Diwan: Buch der Betrachtungen

Erfahrung ist immer eine Parodie auf die *Idee.*
Goethe, Schweizerreise (1797)

Man kann die Nützlichkeit einer *Idee* anerkennen und doch nicht recht verstehen, sie vollkommen zu nutzen.
Goethe, Maximen und Reflexionen 7

Die *Ideen* sind Goldbarren, · Waren sonst in festen Händen; · Jetzt besitzen sie die Narren, · Sie als Kleingeld zu verschwenden.
Ed. v. Bauernfeld, Poet. Tagebuch

Ideen sind ja nur das einzig wahrhaft Bleibende im Leben.
W. von Humboldt, Briefe an eine Freundin, Tegel, 9. Februar 1833

Die *Ideen* entzünden einander wie die elektrischen Funken.
Engel, Schriften 17: Das Weihnachtsgeschenk

Idem velle atque idem nolle, ea demum firma amicitia est.
(Dasselbe wollen und nicht wollen, das ist erst unwandelbare Freundschaft.)
Sallust, Catilina 20, 4

Nimm vor des Märzen *Idus* dich in acht!
Wahrsager in Shakespeare, Julius Cäsar 1, 2

Ab *igne* ignem.
(Vom Feuer das Feuer)
Cicero, De officiis 1, 16

Ignorabimus.
(Wir werden es nie wissen.)
E. du Bois-Reymond (1872)

Einen *Ikarusflug*
nennt man ein tollkühnes mißglücktes Wagnis nach Ovid, Metam. 8, 183/235. Danach:

Ikaridenlos.

Iliacos intra muros peccatur et extra.
(Inner- und außerhalb der Mauern Ilions wird gesündigt.) Horaz, Episteln 1, 2, 16

Einst wird kommen der Tag, da die heilige *Ilios* hinsinkt.
Homer, Ilias 4, 164/65; 6, 448/49 (Voß)

Ille terrarum mihi praeter omnes angulus ridet.
(Jenes Plätzchen lächelt mir vor allen andern auf der Erde zu)
Horaz, Oden 2, 6, 13

Mandje, Mandje! Timpe Te! · Fischchen, Fischchen in der See! · Meine Frau, die *Ilsebill*, · Will nicht so, wie ich gern will!

(Auch in der plattdeutschen Fassung: Manntje, Manntje! Timpe Te! · Buttje, Buttje in der See! · Myne Fru, de *Ilsebill*, · Will nich so, as ik wol will!)
Von dem Fischer un syne Fru (Grimms Hausmärchen 19)

O *imitatores*, servum pecus.

(O Nachahmer, sklavisches Gezücht)
Horaz, Episteln 1, 19, 19

Auf *immer* · Wird das erworben, was der Geist erwirbt.

L. Schefer, Laienbrevier, April 6

Immerzu! Immerzu! · Ohne Rast und Ruh!

Goethe, Lieder: Rastlose Liebe

Si fractus illabatur orbis, · *Impavidum* ferient ruinae.

(Ja, wenn der Weltbau krachend einstürzt, · Treffen die Trümmer ein furchtlos Herz) Horaz, Oden, 3, 7/8

Kategorischer *Imperativ.*

Zuerst in Kants »Grundlegung zur Metaphysik der Sitten« (1785)

Imperium et libertas.

(Herrschaft und Freiheit)
Cicero, 4. Rede gegen Catilina 24

Imponderabilien der Politik.

Bismarck im Preußischen Abgeordnetenhaus am 1. Februar 1868 und im Deutschen Reichstag am 27. März 1879. Bereits in Jean Pauls Kometen (1821) 2, 261 im übertragenen Sinne

»*Impossible*« n'est pas un mot français.

(»Unmöglich« ist kein französisches Wort.) Collin d'Harlevilles in »Malice pour malice« 1, 8. Oft von Napoleon I. angewandt, ähnlich von Münnich.

O, quantum est in rebus *inane!*

(Oh, wieviel Leeres gibt es in der Welt!)
Persius, Satire 1, 1

Ist's möglich, ist das Weib so schön? · Muß ich in diesem hingestreckten Leibe · Den *Inbegriff* von allen Himmeln sehn?

Faust in Goethe, Faust 2437/39

Indices in Scyllam, cupiens vitare Charybdin.

(Meist in der Fassung: incidit ..., qui vult vitare Charybdin.)
(Du verfällst der Szylla, während du wünschest, die Charybdis zu vermeiden.) Gualtier de Lille, ca. 1180, Alexandreïs 5, 301

Inde irae et lacrimae.

(Daher Zorn und Tränen.) Juvenal 1, 168

Infandum, regina, jubes renovare dolorem.

(O Königin, du weckst der alten Wunde · Unnennbar schmerzliches Gefühl.)
Vergil, Äneis 2, 3. Schiller, Zerstörung von Troja

Ingrata patria, ne ossa quidem habebis!

(Undankbares Vaterland, nicht einmal meine Gebeine sollst du haben!) Scipio

Mehr *Inhalt*, weniger Kunst!

Königin in Shakespeare, Hamlet 2, 2

Große Menschen sind *Inhaltsverzeichnisse* der Menschheit.

Hebbels Tagebücher

Zwar bin ich sehr gewohnt, *inkognito* zu gehn, · Doch läßt am Galatag man seinen Orden sehn.

Mephistopheles in Goethe, Faust 4062/63

Inmitten auf dem Wege unseres Lebens.

(Nel mezzo del cammin di nostra vita.)
Dante, Anfangsvers der Göttlichen Komödie

Ins *Innre* der Natur · Dringt kein erschaffner Geist. · Glückselig, wem sie nur · Die äußere Schale weist.

Haller, Falschheit menschlicher Tugend

Ein gift'ger Wurm ist *innerlicher* Zwist, · Der nagt am *Innern* des gemeinen Wesens.

König Heinrich in Shakespeare, Heinrich VI. 1. Teil 3, 1

Wie jeder in seinem *Innern* ist, so ist sein Urteil über äußere Dinge.

Thomas a Kempis, Nachf. Christi 2, 4

Ihm (Gott) ziemt's, die Welt im *Innern* zu bewegen.

Goethe, Gott u. Welt, Proömion 2

Daß ich erkenne, was die Welt · Im *Innersten* zusammenhält.
Faust in Goethe, Faust 382/83

Männer knüpft die Tat zu ernster *Innung,* · Frauen das Gemüt und die Gesinnung. Feuchtersleben

Spiele, Kind, in der Mutter Schoß! Auf der heiligen *Insel* · Findet der trübe Gram, findet die Sorge dich nicht.
Schiller, Gedichte: Der spielende Knabe

Der Pflichten und *Instinkte* Zwang Stellt ihr mit prüfendem Gefühle, · Mit strengem Richtscheit nach dem Ziele.
Schiller, Die Künstler. V. 222/24

Instrumente im Orchester der Welt,
siehe unter *Welt*

Integer vitae scelerisque purus.
(Wer in Unschuld wandelt und rein von Frevel) Horaz, Oden 1, 22, 1 (Geibel)

Und wo ihr's (das Leben) packt, da ist's *interessant.*
Lustige Person in Goethe, Faust 169

Interessen · Täglich mit aus der Schüssel essen. Sprichwörtlich

Die Jugend ist vergessen · Aus geteilten *Interessen;* · Das Alter ist vergessen · Aus Mangel an Interessen. Goethe, Zahme Xenien 5

Die Mädels sind doch sehr *interessiert,* · Ob einer fromm und schlicht nach altem Brauch. · Sie denken, duckt er da, folgt er uns eben auch.
Mephistopheles in Goethe, Faust 3525/27

Das *Interim* · Hat den Schalk hinter ihm. · Wieviel Schälke muß es geben, · Da wir alle ad *interim* leben.
Goethe, Sprüche in Reimen: Sprichwörtlich

Interim (eigtl.: interea) fiet aliquid.
(Unterdessen wird sich schon etwas ereignen.) Charinus in Terenz, Andria 2, 1

Goldene *Internationale,*
nach dem Titel einer Broschüre von Karl Wilmanns (1876)

Introite, nam et hic dii sunt.
(Tretet ein, denn auch hier sind die Götter.)
Nach Aristoteles, De part. animalium 1, 5: Heraklit, 500 v. Chr.; Motto zu Lessings Nathan.

Ubi rem meam *invenio,* ibi vindico,
siehe unter *bien*

Invia virtuti nulla est via.
(Der Tugend ist kein Weg unwegsam!)
Ovid, Met. 14, 113

Invidia gloriae comes.
(Des Ruhms Begleiter ist der Neid.)
Cornelius Nepos, Chabrias 3, 3

Invita Minerva.
(Wider den Willen der Minerva.)
Cicero, De offic. 1, 31, 110

Der *inwendige* Mensch.
Nach Röm. 7, 22 und Eph. 3, 16

Ipse dixit.
(Er selbst hat's gesagt, nämlich Pythagoras) Cicero, De natura deorum 1, 5, 10

Ira furor brevis est.
(Der Zorn ist ein kurzer Wahnsinn.)
Horaz, Episteln 2, 3, 62

Sine *ira* et studio.
(Keinem zulieb und keinem zuleide, also unparteiisch)
Tacitus in seinen Annalen 1, 1 (115/17)

Gravis *ira* regum est semper.
(Schwer immer wiegt der Zorn der Könige) Seneca, Medea 494

Iram bene Ennius initium dixit insaniae.
(Treffend hat Ennius den Zorn den Anfang des Wahnsinns genannt)
Cicero, Tusc. 4, 23

Des Lebens ungemischte Freude · Ward keinem *Irdischen* zuteil.
(Meist zitiert: keinem Sterblichen.)
Schiller, Gedichte: Der Ring des Polykrates

Alles *Ird'sche* ist vollendet, · Und das Himmlische geht auf.
Körner, Bundeslied vor der Schlacht

Irren ist menschlich.

(Errare humanum est.)
Hieronimus, Epistolae 57, 11; ähnlich schon bei Theognis, Sophokles, Antigone 1023ff., Euripides, Hippolytos 615.

Verzeihe liebreich! *Irren* ist des Menschen Los.

Euripides, Hippolyt 615 (Minckwitz)

Sobald man spricht, beginnt man schon zu *irren*.

Goethe, Epigrammatisch: Spruch, Widerspruch

Mancher hat, aus Furcht zu *irren*, sich verirrt.

Lessing, An den Herrn Marpurg

Durch Heftigkeit ersetzt der *Irrende*, · Was ihm an Wahrheit und an Kräften fehlt.

Antonio in Goethe, Torquato Tasso 4, 4

Irret euch nicht, Gott läßt sich nicht spotten! Gal. 6, 7

An diesem Herzen endet meine *Irrfahrt*.

Burgund in Schiller, Die Jungfrau von Orleans 3, 3

Irrgarten der Liebe.

Titel einer Gedichtsammlung von Otto Julius Bierbaum

Und nicht etwa, die Kreuz und Quer, *Irrlichteliere* hin und her.

Mephistopheles in Goethe, Faust 1916/17

Es *irrt* der Mensch, solang er strebt.

Der Herr in Goethe, Faust 317

Wir *irrten* uns aneinander; · Es war eine schöne Zeit.

Goethe, Epigrammatisch: Erinnerung

Irrtum, laß los der Augen Band! · Und merkt euch, wie der Teufel spaße.

Mephistopheles in Goethe, Faust 2320/21

Weit besser für das Heil der Welt · Ist frommer *Irrtum*, der erhält, · Als kalte Weisheit, die zerstöret.

Ramler, Fabellese: Der Weise und der Tor

Nur der *Irrtum* ist das Leben, · Und das Wissen ist der Tod.

Schiller, Gedichte: Kassandra V. 59

Es war kein *Irrtum*, eine Schickung war's.

Johanna in Schiller, Die Jungfrau von Orleans 5, 4

Das sind die Weisen, · Die durch *Irrtum* zur Wahrheit reisen. · Die bei dem Irrtum verharren, · Das sind die Narren.

Rückert, Vierzeilen 2. Hundert Nr. 51

Die *Irrtümer* des Menschen machen ihn eigentlich liebenswürdig.

Goethe, Maximen u. Reflexionen 3

Man muß seine *Irrtümer* teuer bezahlen, wenn man sie loswerden will, und dann hat man noch von Glück zu sagen.

Goethe, Maximen u. Reflexionen 3

O denket nicht des *Irrtums* meiner Jugend!

Rudenz in Schiller, Wilhelm Tell 4, 2

Eine Komödie der *Irrungen*.

Sprichwörtl. Redensart nach Shakespeares gleichnamigem Lustspiel

Irrungen – Wirrungen.

Titel eines Romans von Theod. Fontane (1888)

So lenkt ein *Irrwisch* unsre Schritte, · Und erst in unsers Lebens Mitte · Steckt die Vernunft ihr Lämpchen an. Pfeffel, Gedichte: Ideal und Irrtum

O *Isis* und Osiris.

Priesterchor (Nr. 10) aus Mozart, Zauberflöte

Die Kinder *Israel*.

Nach 1. Mos, 32, 32

Der Mensch ist, was er *ißt*.

Ludwig Feuerbach (1804–1872) in seinem Artikel »Die Naturwissenschaft und die Revolution«

Italia, mein Vaterland.

Wechselgesang in Flotows Oper Alessandro Stradella 2, Text von M. Friedrich (1844)

J

Eure Rede aber sei: *Ja*, ja, nein, nein; was darüber ist, das ist vom Übel.
Matth. 5, 37

Ich will einst bei *Ja* und Nein · Vor dem Zapfen sterben.
Bürger, Zechlied. Nach dem lateinischen Gedicht des »Archipoeta« (12. Jh.) »Meum est propositum · In taberna mori.«

Das ist *Jacke* wie Hose
(eins wie das andere).

Einem die *Jacke* voll lügen.
Sprichwörtl. Redensarten

Sub reservatione *Jacobea*.
(Unter dem Vorbehalte des Jakobus.)
Vgl. Jakobus 4, 15:
»So der Herr will, und wir leben, wollen wir dies oder das tun.«
Jacta est alea siehe unter *alea*

Nun kommt der Herbst, nun kommt die *Jagd*, · Nun kommt des Weidwerks Freude.
Freiligrath, Nach Burns 7

Frisch auf, zum fröhlichen *Jagen!*
Kriegslied von Fr. de la Motte-Fouqué

Ein gewaltiger *Jäger* vor dem Herrn (wie Nimrod).
Nach 1. Mos. 10, 8/9

Es lebe, was auf Erden · Stolziert in grüner Tracht, · Die Wälder und die Felder, · Die *Jäger* und die Jagd!
Wilhelm Müller, Jägers Lust

Ein *Jäger* aus Kurpfalz, · Der reitet durch den grünen Wald.
Volkslied 1750. *Jäger* siehe auch unter *Birsch*

Jägerin, · Schlau im Sinn!
Chor in Flotows Oper Martha 3 (Text von Friedrich, 1841)

Im Wald und auf der Heide, · Da such' ich meine Freude, · Ich bin ein *Jägersmann!*
Wilh. Bornemann, Jägerlied (1816), Volksweise

Was gleicht wohl auf Erden dem *Jägervergnügen?*
Jägerchor in Fr. Kind, Der Freischütz 3, 4, komp. von Weber

Wer im zwanzigsten *Jahr* nicht schön, im dreißigsten Jahr nicht stark, im vierzigsten Jahr nicht klug, im fünfzigsten Jahr nicht reich ist, der darf danach nicht hoffen.
Luther, Tischreden Nr. 2179

Und ein *Jahr* hat er's getragen, · Trägt's nicht länger mehr.
Schiller, Gedichte: Ritter Toggenburg

Eins nach dem andern nehmen die *Jahr'* uns, wie sie davongehn.
(Singula de nobis anni praedantur euntes.)
Horaz, Episteln 2, 2, 55 (Voß)

Nichts Schnelleres gibt's als die *Jahre*.
(Nihil est annis velocius.)
Ovid, Metamorphosen 10, 520

Viel Gutes bringen uns die *Jahre*, wenn · Sie kommen, mit; viel nehmen sie uns wieder, · Sowie sie allgemach zurückegehn.
Horaz, Episteln 2, 3, 175/76 (Wieland)

Die *Jahre* fliehen pfeilgeschwind.
Schiller, Lied von der Glocke V. 57

Sein *Jahrhundert* kann man nicht ändern; aber man kann sich dagegen stellen und glückliche Wirkungen vorbereiten.
Goethe an Schiller, 21. Juli 1798

O *Jahrhundert!* O Wissenschaften: es ist eine Lust zu leben.
(O saeculum, o literae, juvat vivere!)
Nach Hutten an Pirkheymer, 25.12.1518

Arm in Arm mit dir, · So fordr' ich mein *Jahrhundert* in die Schranken.
Carlos in Schiller, Don Carlos 1, 9

Kein *Jahrmarkt* ohne Diebe.
Sprichwort

Jahrmarkt des Lebens.

Nach Weisheit Salomos 15, 12. Der Spruch lautet wörtlich:
»Sie halten auch das menschliche Leben für einen Schmerz und menschlichen Wandel für einen Jahrmarkt.«

Mich faßt ein längst entwohnter Schauer, · Der Menschheit ganzer *Jammer* faßt mich an.

Faust in Goethe, Faust 4405/06

Jämmerlich umkommen.

Nach Baruch 2, 25

Jammern · Füllt keine Kammern.

Sprichwort

Niemand heilt durch *Jammern* seinen Harm.

Gloucester in Shakespeare, König Richard III. 2, 2 (Schlegel)

Komm, setze dir hier neben mir, · Dir stehn zu sehn, das *jammert* mir.

Hofschauspieler Rüthling, Mir und Mich (1886)

Wer am meisten *jammert*, fühlt sich oft am wohlsten.

Sprichwörtl. Redensart

Die Welt ist ein *Jammertal*.

Nach Psalm 84, 7 (nach der Vulgata 83, 7; vallis lacrymarum)

Hier im ird'schen *Jammertal* · Wär' doch nichts als Plack und Qual, · Trüg' der Stock nicht Trauben.

Kaspar in Friedrich Kind, Der Freischütz 1, 4, komp. von Weber

Januar weiß, · Der Sommer heiß.

Januar warm, · Daß Gott erbarm!

Wächst das Korn im *Januar*, · Wird es auf dem Markte rar.

Ist der *Januar* nicht naß, · Füllet sich des Winzers Faß. Bauernregeln

Der *Janustempel* ist geschlossen.

(Es ist Friede).
Alte Redensart. Der Tempel des römischen Gottes Janus hatte zwei gegenüberstehende Öffnungen, die im Frieden geschlossen, im Kriege offen waren. Vgl. Sueton, Augustus 22.

Ja, ich bin's, du Unglücksel'ge..., · Bin's, den jene Wälder kennen. · Bin's, den Mörder Bruder nennen, · Bin der Räuber *Jaromir!*

Grillparzer, Ahnfrau 3

Fleißig *jäten* · Ist besser als beten!

Bauernregel

Ihr *jauchzet*, entzückt von dem teuflischen schein, · verprasset was blieb von dem früheren sein · und führt erst die not vor dem ende.

Stefan George, Der siebente Ring, Ges. Ausg. Bd. VI, VII

Gar vieles zu dulden verbindet ein einziges *Jawort*.

Goethe, Hermann und Dorothea 9, 117

Jedem das Seine!

(Siehe: *Suum* cuique!)

Jeder kehre vor seiner Tür.

Jeder nach seinem Geschmack.

(Chacun à son goût.) Sprichwörter

Ein *jeder* zählt nur sicher auf sich selbst. Tell in Schiller, Wilhelm Tell 1, 3

Herr *Jedermann* regiert die Welt.

Sprichwörtlich

Denn was *jedermann* gefällt, · Und dem jedermann nachstellt, · Man sehr beschwerlich behält.

Johann Fischart, Das philosophisch Ehzuchtbüchlin (1578).

Jena oder Sedan?

Titel eines Romans von Franz Adam Beyerlein (1903)

Jenseits von Gut und Böse.

Titel eines Hauptwerkes von Friedrich Nietzsche (1886)

Eine *Jeremiade*.

Nach Klagelieder Jeremiä

O *jerum*, jerum, jerum, · O quae mutatio rerum.

Siehe unter *Burschenherrlichkeit*

Fremdling in *Jerusalem*.

Nach Luk. 14, 18

Det *Jeschäft* is richtig.

Giesecke in Blumenthals Lustspiel »Im weißen Rößl« (1898)

Liebster *Jesu*, wir sind hier.
Kirchenlied von Tobias Clausnitzer 1666

Jesus, meine Zuversicht, siehe unter *Zuversicht*

Was nennt ihr nicht von Christus euch? · Warum mit *Jesus* brüsten? · Weh daß ihr *Jesuiten* seid, · Indes wir andern – Christen!
Grillparzer, Gedichte: Namensunterschied

Blase jeder, was er kann, · Lichter aus und Feuer an; · Lobt die *Jesuiten!* Chamisso, Nachtwächterlied

Jesuwider
(für Jesuiten) kam noch zu Lebzeiten Loyolas auf

Nicht, was *jetzo* dich quält, wird künftig · Also sein.
(Non, si male nunc: et olim · Sic erit.)
Horaz, Oden 2, 10, 17/18 (Voß)

Jetzt oder nie! · Ich muß den teuren Augenblick ergreifen –
Rudenz in Schiller, Wilhelm Tell 3, 2

Jeunesse dorée
(Die goldene oder aristokratische Jugend.) Spitzname aus der Zeit der Konterrevolution (Paris 1795)

Jobses siehe unter *Antwort*

Denn wer des Herren *Joch* nicht trägt, · Darf sich mit seinem Kreuz nicht schmücken.
Schiller, Gedichte: Der Kampf mit dem Drachen

Ein kaudinisches *Joch*
(demütigende Zwangslage).
Nach Livius 9, 2ff.

Ein sanftes *Joch* Nach Matth. 11, 30

Sein *Joch* auf sich nehmen.
Redensart nach biblischen Vorlagen

Im *Joche* stehen. Redensart

Johann, der muntre Seifensieder.
Fr. v. Hagedorns Gedicht (1738)

Johanna geht, und nimmer kehrt sie wieder.
Johanna in Schiller, Jungfrau v. Orleans, Prolog: 4. Auftritt

Ihr späten Triebe, die ihr jetzt · Die früh verdorbnen schön ersetzt, · Euch, ihr *Johannistriebe*, · Vergleich' ich meine Liebe.
Rückert, Haus und Jahr: Die Johannistriebe

John Bull siehe unter *Bull*

Glaube nicht, weil dem *Jokus* ich diene, · Fehle mir Ernst in der männlichen Brust.
Ferd. Raimund, Gruß und Abschied (Breslau, 26. März 1832)

Es ist mir leid um dich, mein Bruder *Jonathan*.
Nach 2. Sam. 1, 26, vgl. 1. Makk. 10, 18; 11, 30 und unter *David*

Bruder *Jonathan*.
Spitzname des nordamerikanischen Volkes; zurückgeführt auf Jonathan Trumbull, Gouverneur von Connecticut. Vgl. auch *Onkel* Sam.

Am *Jordan* Sankt Johannes stand, · All Volk der Welt zu taufen.
Davids Lied in R. Wagners, Meistersinger von Nürnberg 3

Keusch wie *Joseph* oder ein keuscher Joseph.
Redensart nach 1. Moses 39, 7–9

Vous êtes orfèvre, Monsieur *Josse*, siehe unter *Goldschmied*

Von einem Wort läßt sich kein *Jota* rauben.
Mephistopheles in Goethe, Faust 2000
Jota unum – non praeteribit, nach der Vulgata: *Jota* unum aut unus apex, vgl. Matth. 5, 18
(Nicht ein *Jota* wird vergehen)

Die *Journalisten* sind die Geburtshelfer und Totengräber der Zeit.
K. Gutzkow, Blasedow und seine Söhne (1838)

Ab *Jove* principium.
(Mit Jupiter laßt uns beginnen.)
Vergil, Bukol., Ekloge 3, 61

Jove tonante cum populo agi non est fas.
(Wenn Jupiter donnert, darf keine Verhandlung mit dem Volk gepflogen werden.)
Cicero, Orat. Philipp.

Quod licet *Jovi,* non licet bovi,
siehe unter *licet*

Einen Don *Juan*
nennen wir einen verführerischen Wüstling nach Mozarts unsterblicher Oper (Don Giovanni)

Mancher ist (lebt) immer in *Jubel* und Trubel. Sprichwörtl. Redensart

Alle *Jubeljahre* einmal!
Sprichwörtl. Redensart nach 3. Mos. 25, 8 ff.

In dulci *jubilo* · Nun singet und seid froh.
Beginn eines Weihnachtsliedes aus dem 14. Jahrhundert

Wen's *juckt,* der kratze sich.
Sprichwort
Schon Dante sagt: Und kratzen mag sich, wen es *juckt!* Parad. 17, 129

Ihm *juckt* das Fell.
(Er will Prügel haben) Volksmund

Du überlustiger Gesell, · *Juckt* dich zum drittenmal das Fell?
Fünfter Handwerksbursch in Goethe, Faust 817/18

Falscher *Judas* und *Judaskuß.*
Sprichwörtl. nach Matth. 26, 48/49

Judaslohn, nach Matth. 26, 15

Wir haben um *Judas* Lohn, um klingend Gold und Silber · Den König auf der Walstatt nicht gelassen.
Wrangel in Schiller, Wallensteins Tod 1, 5

Jud' ist *Jude.*
Tempelherr in Lessing, Nathan der Weise 1, 6

Der reichere *Jude* war · Mir nie der beßre Jude.
Tempelherr in Lessing, Nathan der Weise 2, 5

Tut nichts! Der *Jude* wird verbrannt.
Patriarch in Lessing, Nathan der Weise 4, 2

Haust du meinen *Juden,* hau' ich deinen Juden.
Nach Joh. Peter Hebels Schatzkästlein (1811)

Den *Juden* ein Ärgernis und den Griechen eine Torheit. 1. Kor. 2, 13

Juden und *Judengenossen.*
Nach Apostelgeschichte 2, 11

Das ist ja hier ein Lärm wie in einer *Judenschule.* Sprichwort

Ein *jüdischer* Mann.
Nach Sacharja 8, 23; Apost. 10, 28; 21, 39 und 22, 3

Denn wenn ich *judizieren* soll, · Verlang' ich auch das Maul recht voll. Frosch in Goethe, Faust 2254/55

Denn bei dem Volk, wie bei den Frauen, · Steht immerfort die *Jugend* obenan.
General in Goethe, Faust 4078/79

Was man in der *Jugend* wünscht, hat man im Alter die Fülle.
Sprichwörtlich; Goethe, Motto zu Dichtung und Wahrheit 2

Jugend will austoben. Sprichwörtlich

Die *Jugend* brauset, · Das Leben schäumt, · Frisch auf, eh der Geist noch verdüftet!
Erster Jäger in Schiller, Wallensteins Lager 11. Auftritt

Das Dichten des menschlichen Herzens ist böse von *Jugend* auf.
1. Mos. 8, 21

Die *Jugend* des Geistes ist ewig, und die Ewigkeit ist die Jugend.
Jean Paul, Über das Immergrün unserer Gefühle 7. Abschnitt

Die Menschen halten sich mit ihren Neigungen ans Lebendige. · Die *Jugend* bildet sich wieder an der Jugend.
Goethe, Maximen u. Reflexionen 3

Die *Jugend* und die schöne Liebe, alles hat sein Ende.
Mutter in Goethe, Egmont 3

Komme nur wieder, *Jugend,* komme wieder!
Jean Paul, Neujahrsnacht eines Unglücklichen

Gib meine *Jugend* mir zurück!
Dichter in Goethe, Faust 197

Gold kann vieles in der Welt, · *Jugend* kauft man nicht um Geld.
Die Jugend in Raimund, Mädchen aus der Feenwelt 2, 6

Nun glühte seine Wange rot und röter · Von jener *Jugend*, die uns nie entfliegt.
Goethe, Gedichte: Epilog zu Schillers Glocke

Jugend hat keine Tugend. Sprichwort

Kein Trübsal ficht den Sinn der *Jugend* an.
Amme in Euripides, Medea 48 (Minckwitz)

Liebe Schwestern, zur Liebe geboren, · Nützt der *Jugend* schön blühende Zeit!
L. da Ponte, Mädchenchor in Don Juan 1, 8, komp. von Mozart

Na, überhaupt die *Jugend* von heute.
Redensart; danach »Jugend von heute«, Titel eines Lustspiels von Otto Ernst (1899)

Schnell fertig ist die *Jugend* mit dem Wort, · Das schwer sich handhabt wie des Messers Schneide.
Wallenstein in Schiller, Wallensteins Tod 2, 2
Herrlich in der *Jugend* Prangen, siehe unter *Jungfrau*

Blöde *Jugendeselei.*
Heine, Neue Ged. Yolante und Marie (1844)

Man muß keine *Jugendfehler* ins Alter hineinnehmen, denn das Alter führt seine eigenen Mängel mit sich.
Eckermann, Gespräche mit Goethe, 16. August 1824

Oh! Welch ein Glanz aufblühender *Jugendkraft!*
Dame in Goethe, Faust 6453

Gesang und Liebe im schönen Verein, · Sie erhalten dem Leben den *Jugendschein.*
Schiller, Die vier Weltalter

Jugendsünden.
Nach Psalm 25, 7: Gedenke nicht der Sünden meiner Jugend. Siehe auch Hiob 13, 26

Aus der *Jugendzeit*, aus der Jugendzeit · Klingt ein Lied mir immerdar; · O wie liegt so weit, o wie liegt so weit, · Was mein einst war!
Gleichnamiges Gedicht von Rückert, komp. v. Radecke

Il y a des *juges* à Berlin.
(Es gibt noch Richter in Berlin.)
Andrieux, Der Müller von Sanssouci (1797); vgl. unter *Justiz*

Wenn es im *Juli* bei Sonnenschein regnet, · Man viel giftigem Mehltau begegnet.
Juliregen · Nimmt Erntesegen.
Die *Julisonne* arbeitet für zwei.
Bauernregeln

Jung gefreit, · Hat niemand gereut.
Jung gelehrt, alt geehrt.
Jung gewohnt, alt getan.
Sprichwörter

Ein *junger*, feiner Mann. 1. Sam. 9, 2

Der *Jünger* ist nicht über seinen Meister.
Matth. 10, 24; Luk, 6, 40; vgl. Joh. 15, 20

Dieser *Jünger* stirbt nicht. Joh. 21, 23

Selten ist ein *jüngeres* Alter verständig.
Denn selten sind *jüngere* Leute verständig.
Homer, Odyssee 7, 294 (Voß, 2, 82)

Junges Deutschland.
Bezeichnung der literarischen Bewegung in den 30er Jahren des 19. Jahrhunderts (Heine, Börne, Gutzkow, Laube, Wienbarg, Mundt u. a.)

Wir winden dir den *Jungfernkranz* · Mit veilchenblauer Seide, · Wir führen dich zu Spiel und Tanz, · Zu Glück und Liebesfreude.
Mädchenchor in Friedrich Kind, Der Freischütz 3, 3, komp. von Weber

Und herrlich, in der Jugend Prangen, · Wie ein Gebild aus Himmelshöhn, · Mit züchtigen, verschämten Wangen · Sieht er die *Jungfrau* vor sich stehn.
Schiller, Lied von der Glocke V. 62ff.

Den *Jüngling* bringt keines wieder.
Schiller, Gedichte: Der Taucher

Der *Jüngling* kämpft, damit der Greis genieße.
Antiope in Goethe, Elpenor 1, 4

Ein *Jüngling* ohne Gehorsam ist ein Jüngling ohne Bildung. Cyprian

Auch ich war ein *Jüngling* mit lockigem Haar. · An Mut und an Hoffnungen reich.
Lortzing, Der Waffenschmied 3, 13

Nichts verächtlicher als ein brausender *Jünglingskopf* mit grauen Haaren.
Odoardo in Lessing, Emilia Galotti 5, 2
Die *jüngste* siehe unter *geringste.*

Zum *jüngsten* Tag fühl' ich das Volk gereift, · Da ich zum letzten Mal den Hexenberg ersteige, · Und weil mein Fäßchen trübe läuft, · So ist die Welt auch auf der Neige.
Mephistopheles in Goethe, Faust 4092/95

Der *Juni* macht Heu.
Juniregen · Reicher Segen.
Bauernregeln

Je dümmer der *Junker,* · Je größer der Prunker. Sprichwort

Jupiter pluvius.
(Jupiter der Regenspender.)
Goethe in »Wanderers Sturmlied« (1771) und im 22. venezianischen Epigramm; auch schon bei Aristoteles, De mundo 7 und Tibull 1, 7, 26

Jurare in verba magistri.
(Auf des Meisters Worte schwören.)
Horaz, Episteln 1, 1, 14

Ein *Jurist* · böser Christ.
Sprichwort (nach Luther)

Juristen · Schlechte Christen! · Macht ihr einen zum Minister, · Wird ein guter Christ er.
Grillparzer, Sprüche u. Epigramme

Juste milieu.
(Richtige Mitte.)
Pascal, Pensées sur la religion

... indem vor der *Justiz* alle Leute gleich sind.
Friedrich der Große, in Sachen des Müllers Arnold (1779), siehe unter *juges*

Justizmord.
Zuerst 1782 von Ludw. v. Schlözer für die Hinrichtung einer Unschuldigen gebraucht

Justum et tenacem propositi virum.
(Der Biedermann, der an seinen Entschlüssen festhält) Horaz, Oden 3, 3, 1

Juwelen sprechen oft mit stummer Kunst, · Gewinnen mehr als Wort des Weibes Gunst.
Valentin in Shakespeare, Die beiden Veroneser 3, 1

Einen *Jux* will er sich machen.
Titel einer Posse von Joh. Nepom. Nestroy 1842

J'y suis, j'y reste.
(Hier bin ich, hier bleib ich)
Soll Mac Mahon am 8. Sept. 1855 auf dem erstürmten Malakoff gesagt haben

K

Die Geheimnisse des *Kabinetts* stecken sich gern in die Falten eines Weiberrocks.
Fiesko in Schiller, Fiesko 2, 15

Kadavergehorsam.
Nach Ignatius von Loyola, Constitutiones Societatis Jesu 6, 1, 1

Der *Kaffee* muß heiß wie die Hölle, schwarz wie der Teufel, rein wie ein Engel, süß wie die Liebe sein.
Wird Talleyrand zugeschrieben

Je enger der *Käfig,* je schöner die Freiheit. Sprichwort

Kahlkopf, komm herauf! 2. Kön. 2, 23

Und bis zum Sinken überladen, · Entfernt sich dieser letzte *Kahn.*
Faust in Goethe, Faust 933/34

Auf einen *Kahn* soll man nicht alles laden. Sprichwort

Das Mal der Dichtung ist ein *Kainsstempel!* · Es flieht und richtet nüchtern ihr die Welt!
Freiligrath, Bei Grabbes Tod

Kainszeichen. Nach 1. Mos. 4

Ein *Kaiser* sei niemand untertan als Gott und der Gerechtigkeit!
Kaiser Friedrich I. der Rotbart (Zinkgref, Apophth. 1. S. 24)

Kein *Kaiser* kann, was unser ist, verschenken.
Stauffacher in Schiller, Wilhelm Tell 2, 2

Kein *Kaiser* hat dem Herzen vorzuschreiben.
Max in Schiller, Wallensteins Tod 2, 7

Wenn es den *Kaiser* juckt, · So müssen die Völker sich kratzen.
Heine, Letzte Gedichte; Kobes I

Mein *Kaiser*, mein Kaiser gefangen! Heine, Die Grenadiere

Die *kaiserlose*, die schreckliche Zeit.
Schiller, Gedichte: Der Graf von Habsburg

Zankt, wenn ihr sitzt beim Weine, · Nicht um des *Kaisers* Bart!
Geibel, Von des Kaisers Bart

Das *Kaisertum* ist der Friede!
(L'empire, c'est la paix!)
Napoleon III. zu Bordeaux, 9. Okt. 1852

Das *Kaisertum* ist der Degen!
(L'empire, c'est l'épée!)
Parodie des Kladderadatsch vom 7. November 1852

Kaiserwahnsinn.
Die auf Napoleon I. bezügliche Überschrift eines Kapitels von Johannes Scherr in seinem Werke Blücher und seine Zeit (Buch 8, Kap. 1)

Kaiserwort siehe unter *deuteln*

Das Legen (der Eier), das ist leicht getan! · Das *Kakeln* aber, das greift an. Heinrich Seidel, Der Eiersegen

Kalauer.
Fauler Witz. Vielleicht von der bekannten Witzfigur des Mittelalters, dem »Pfaffen von Kahlenberg« abgeleitet.

Ums goldene *Kalb* tanzen.
Nach 2. Mos. 32, 19

Wenn das *Kalb* gesogen hat, stößt es die Mutterkuh.
Abraham a Santa Clara

Ein gemästet (fettes) *Kalb* schlachten. Nach Luk. 15, 21

Mit fremdem *Kalbe* pflügen.
Nach Richter 14, 18

Dem *Kalbfell* (der Trommel) folgen.
Kalbfleisch, Halbfleisch.
Sprichwörtlich

Zum *Kalbfell* schwören.
Spiegelberg in Schiller, Die Räuber 1, 2

An den griechischen *Kalenden.*
Siehe unter *Calendas*

Kaliban siehe unter *Caliban.*

Weder *kalt*, noch warm.
Offenb. Joh. 3, 15

Halb sind sie *kalt*, halb sind sie roh.
Direktor in Goethe, Faust 124
Siehe unter *Gönner*

Jemand *kalt*stellen.
Sprichwörtl. Redensart

Wenn alles eben *käme*, wie du gewollt es hast . . .
De la Motte-Fouqué, Trost (1816)

Es ist leichter, daß ein *Kamel* durch ein Nadelöhr gehe, denn daß ein Reicher ins Reich Gottes komme. Matth. 19, 24

Ein schäbiges *Kamel* trägt immer noch die Lasten vieler Esel.
Goethe, Maximen u. Reflexionen 7

Das widerspenstige *Kamel* wird doch beladen · Und hat mit seinem Trotz verscherzt des Treibers Gnaden.
F. Rückert, Weisheit des Brahmanen 16, 44

Kamel siehe auch unter *Syrerland*

Ich hatt' einen *Kameraden*, · Einen bessern findst du nit.
Uhland, Der gute Kamerad

Unter *Kameraden* ist das ja ganz egal.
Reif-Reiflingen in Mosers Lustspiel »Krieg im Frieden« (1881)

Alles über einen *Kamm* scheren.
Ihm schwillt der *Kamm.*
Sprichwörtlich

Wenn du aber betest, so gehe in dein *Kämmerlein.* Matth. 6, 6

Für einen *Kammerdiener* gibt es keinen Helden.

Nsch Antigonus I. Gonatas, König von Mazedonien. Siehe auch unter *Helden*

Kammergericht siehe unter *Berliner*

Er schmeichelt wie ein *Kammerhündlein.* Abraham a Santa Clara

Kampf ums Dasein.

(Struggle for life.)
Aus Darwins »On the origin of species« (1859); auch schon bei Malthus in dessen »Essay on the principles of population« (1798) und Leibniz in seinem »Essais de Théodicée« (1710).

Kampf siehe auch unter *Toreador*

Zum *Kampf* der Wagen und Gesänge.

Schiller, Gedichte: Die Kraniche des Ibykus

Dir ist der härtre *Kampf* gelungen.

Schiller, Gedichte: Kampf mit dem Drachen V. 298

Einen guten *Kampf* kämpfen.

Nach 1. Tim. 6, 12

Und endlich schwieg der *Kampf*, da es an *Kämpfern* fehlte,

siehe unter *combat*

Wer den Himmel will gewinnen, · Muß ein rechter *Kämpfer* sein

Geibel, Jugendged.: Vorwärts

In dem bunten *Kampfgewühle.*

Chor in Verdi, Der Troubadour 3, 1 (1853)

Ein *Kampfplatz* ist die Welt: das Kränzlein und die Kron' · Trägt keiner, der nicht *kämpft*, mit Ruhm und Ehr' davon.

Ang. Silesius (Joh. Scheffler), Cherubin. Wandersmann (1675)

Es *kämpft* der Mann, und alles will er wagen.

Schiller, Gedichte: Das Spiel des Lebens

Ein *Kanadier*, der noch Europens usw. siehe unter *Höflichkeit*

Kannegießer.

(Politischer Schwätzer.) Nach einem Lustspiel des Dänen Holberg (1684–1754)

Uns ist ganz *kannibalisch* wohl, · Als wie fünfhundert Säuen!

Studenten in Goethe, Faust 2293/94

Unter aller *Kanone!*

(Sub omni canone: unter aller Kritik, jedem Kanon.) Sprichwörtl. Redensart

Nach *Kanossa* gehn wir nicht!

Bismarck im Reichstage, 14. Mai 1872

Etwas auf die hohe *Kante* legen

(sparen) Sprichwörtlich

Jemand *abkanzeln!* Du kanzelst ihn ja schön ab! Sprichwörtl. Redensart

Verstand ist das beste *Kapital.*

Sprichwort

Das *Kapitel* lesen

(oder einen abkapiteln).
Sprichwörtl. Redensart wie: Die Leviten oder den Text lesen

Es ist nur eine geringe Entfernung vom Tarpejischen Felsen bis zum *Kapitol.*

(Il est peu de distance de la roche Tarpéienne au Capitole.)

Mirabeau, 22. Mai 1790

Jeder Narr lobt seine *Kappe.*
Das möchte ich nicht auf meine *Kappe* nehmen. Sprichwörter

Die *Kappe* macht den Mönch nicht aus.

Königin in Shakespeare, König Heinrich VIII. 3, 1

Kapua siehe *Capua*

Kapuzinade

(humoristische Strafpredigt).
Nach Lesage, Gil Blas 7, 4, und Schiller, Wallensteins Lager 8. Auftritt

Kardinal, ich habe · Das Meinige getan. Tun Sie das Ihre!

König in Schiller, Don Carlos 5, 11

Karessieren siehe unter *Besen*

Wenn am *Karfreitag* Regen war, · Folgt trocknes, aber fruchtbar Jahr. Bauernregel

Karfreitagszauber

aus Wagners Parsifal 1882

Es glänzt wie *Karfunkel* vorm Ofenloch.

Sprichwörtl. Redensart

Besser *karg* · Als arg.

Je *kärger*, · Je ärger. Sprichwörtlich

Wo alles liebt, kann *Karl* allein nicht hassen.

Domingo in Schiller, Don Carlos 1, 1

Der Knabe · (Don) *Karl* fängt an, mir fürchterlich zu werden.

Der König in Schiller, Don Carlos 1, 6

Karlchen Mießnick
(der ewige Quartaner).
Von Kalisch geschaffene typische Figur des Kladderadatsch

Vivat hoch, Prinz *Karneval!*
Chor in Flotow, Alessandro Stradella

Der *Karnickel* hat angefangen.
Lami, Eigennützige Dienstfertigkeit (1828)

Das (der) *Karnickel* sein
(schuldiger Teil). Sprichwörtl. Redensart

Die *Karre* aus dem Dreck ziehn.
Redensart

Der *Karrengaul* · Arbeitet fürs Maul. Sprichwörtlich

Wenn die Könige bauen, haben die *Kärrner* zu tun!
Schiller, Gedichte: Kant und seine Ausleger

Alles auf eine *Karte* setzen!
Mit verdeckten *Karten* spielen.
Nicht in die *Karten* sehen lassen.
Redensarten

Die dümmsten Bauern haben die größten *Kartoffeln.*
Sprichwörtl. Redensart

»Rin in die *Kartoffeln*« – 'raus aus die Kartoffeln!
(Zur Bezeichnung rasch geänderter Befehle.)
Friedr. Wülfing (1842–99) in dem Scherze »Vom Manöver« in Nr. 1885 der »Fliegenden Blätter«

Der *Käse* verrät die Milch.
Lappländisches Sprichwort

Preußen, das klassische Land der Schulen und *Kasernen,*
soll Victor Cousin gesagt haben

Ein *Kassandra*-Ruf.
Unheilsverkündigung, die jedoch keinen Glauben findet, nach Vergil, Äneïs 2, 246/47

Ab nach *Kassel*, siehe unter *ab*

Fern im Süd das schöne Spanien, · Spanien ist mein Heimatland, · Wo die schattigen *Kastanien* · Rauschen an des Ebro Strand.
Geibel, Der Zigeunerbube im Norden

Einem die *Kastanien* aus dem Feuer holen.
(Tirer les marrons du feu.)
Redewendung nach Lafontaines Fabel Der Affe und die Katze

Behandelt mich, daß ich wie jene Katze, · Dir die *Kastanien* aus den Gluten kratze.
Faust in Goethe, Faust 6253/54

Hast deine *Kastanien* zu lange gebraten, · Sie sind dir alle zu Kohlen geraten.
Goethe, Sprüche in Reimen: Sprichwörtlich

Wollt ihr in meinen *Kasten* sehn? · Des Lebens Spiel, die Welt im Kleinen, · Gleich soll sie euerm Aug' erscheinen.
Schiller, Gedichte: Das Spiel des Lebens

Als Noah aus dem *Kasten* war.
Historia von Noah, Aug. Kopisch (1824 bis 1832), Mel. v. Reißiger (1824/27)
Sobald das Geld im *Kasten* klingt, siehe unter *Fegfeuer*

Als ich Abschied nahm, · Waren Kisten und *Kasten* schwer; · Als ich wiederkam, · War alles leer.
Rückert, Aus der Jugendzeit

Der *Kasus* macht mich lachen.
Faust in Goethe, Faust 1324
Kategorisch siehe unter *Imperativ*

Verliebt wie ein *Kater.*
Sprichwörtl. Redensart

Katexochen (Κατἐξοχήν = par excellence, vorzugsweise)
zur Bezeichnung von etwas Hervorragendem, z. B. Cyprianus ist der katholische Märtyrer katexochen

Kathedersozialismus.
Bezeichnung der Richtung in der Nationalökonomie, die für die Sozialreform eintrat (Wagner, Gneist, Schmoller, Schönberg, Schäffle u. a.); nach dem Titel einer Schrift Heinr. Bernh. Oppenheims (1872)

Katholisch ist Trumpf!

Phil. Hammer, Dekan zu Wolfstein i. d. Pfalz am 28. Sept. 1881 in Bonn

Aus Ärger *katholisch* werden.

Ludwig Tieck sagt in seinem Prinz Zerbino 1799 (Akt 5, Der Garten, Nestor zu Dante):
Was man sich dabei denken soll, weiß bei uns jedes Kind, daher es auch ein Sprichwort sogar bei den gemeinen Leuten geworden ist, daß, wenn man etwas recht Tolles, Unvernünftiges oder auch Langweiliges hört, man zu sagen pflegt: Ei, darüber könnte man *katholisch* werden!

Wie St. *Kathrein* (29. Nov.) · Wird's Neujahr sein. Wetterregel

Katilinarische Existenzen, die ein großes Interesse an Umwälzungen haben.

Bismarck in der Budgetkommission des Preußischen Abgeordnetenhauses, 30. September 1862

Wenn die *Katz'* nicht ist zu Haus, · So hat frei Umlaufen die Maus.

Rollenhagen, Froschmeuseler 1, 2, 25. Kapitel 17/18

Der Inhalt der Geschichte sind die europäischen *Katzbalgereien*.

Schopenhauer

Doch die *Katze*, die Katz' ist gerettet. Heine, Romanzero, Lazarus 6

Das ist für die *Katz'*.

Wie die *Katze* um den heißen Brei herumlaufen.

(Sich nicht trauen) Sprichwörter

Das trägt die *Katze* auf dem Schwanze fort.

(So unbedeutend ist es) Redensart

Der *Katze* die Schelle anhängen.

(Nach einer äsopischen Fabel zur Bezeichnung eines mutigen Tieres)
Siehe auch Lafontaines Rat der Ratten.

Mit jemand wie die *Katze* mit der Maus spielen. Sprichwörtl. Fabel

Die *Katze*, die der Jäger schoß, · Macht nie der Koch zum Hasen.

Goethe, Gedichte: Katzenpastete

Die *Katze* läßt das Mausen nicht, auch wenn sie eine schöne Prinzessin geworden.

Börne, Fragmente u. Aphorismen 3

Ich nenne *Katze* eine Katze, siehe unter *chat*

Die *Katze* im Sacke kaufen.

(Unbesehen kaufen, sich betrügen lassen).
Sprichwörtl. Redensart

Bei Nacht sind alle *Katzen* grau.

Sprichwörtlich

Das gilt einen *Katzendreck*.

Sprichwörtl. Redensart

Und mir ist's wie dem *Kätzlein* schmächtig.

Mephistopheles in Goethe, Faust 3655

Gut *kauen* ist halb verdauen.

Alte Gesundheitsregel

Kauf bricht Miete!

Alter Grundsatz nach dem römischen und gemeinen Recht; das Bürgerliche Gesetzbuch für das Deutsche Reich hat diesen Grundsatz fallenlassen und bestimmt: »Kauf bricht nicht Miete, der Erwerber hat die bestehenden Mietverträge anzuerkennen.«

Das muß man mit in *Kauf* nehmen.

Sprichwörtl. Redensart

Was ich mir dafür *kaufe!*

Kalisch, Berlin, wie es weint und lacht, Posse 1858 (»Wat ick mir dafor koofe«)

Den werde ich mir mal *kaufen* (vornehmen). Volkstümliche Redensart

Wollt ihr immer *kaufen*, was ihr nicht unbedingt nötig habt, so werdet ihr bald das wirklich Nötige verkaufen müssen.

Franklin, Weg zum Reichtum 2

Euch, ihr Götter, gehört der *Kaufmann*. Siehe unter *Güter* ·

Ein königlicher *Kaufmann*.

Graziano in Shakespeare, Kaufmann von Venedig 3, 2 u. 4, 1. Siehe unter *royal*

Der *Kaufmann* hat in der ganzen Welt dieselbe Religion.

Heine, Briefe aus Berlin 2. 16. März 1882

Auf den Stapel schüttet die Ernten der Erde der *Kaufmann*.

Schiller, Der Spaziergang

Ein *Kaufmann* kann sich schwerlich hüten vor Unrecht, und ein Krämer vor Sünden.

Jesus Sirach 26, 28

Kaum gedacht, · War der Lust ein End' gemacht.
Wilh. Hauff, Reiters Morgengesang

Natur bringt wunderliche *Käuz'* ans Licht.
Solanio in Shakespeare, Kaufmann von Venedig 1, 1

Es muß auch solche *Käuze* geben.
Faust in Goethe, Faust 3483

Kaviar fürs Volk.
(Caviare to the general.)
Hamlet in Shakespeare, Hamlet 2, 2

Keck · Holt die Braut weg.
Sprichwort

Nein, das ist wirklich doch zu *keck!*
Duett in Otto Nicolais Oper Die lustigen Weiber von Windsor 1, 1 (1849)

Kecke Stirn.
Mortimer in Schiller, Maria Stuart 4, 4

Kind und *Kegel.*
(Die ganze Familie) Redensart

Sein Vermögen durch die *Kehle* jagen. Sprichwörtl. Redensart

Ein jeder *kehre* vor seiner Tür, · Und rein ist jedes Stadtquartier, · Ein jeder übe sein Lektion, · So wird es gut im Rate stohn.
Goethe, Bürgerpflicht (6. März 1832)

Denn nicht alle *kehren* wieder.
Schiller, Das Siegesfest

Ein *Kehrichtfaß* und eine Rumpelkammer . . .
Faust in Goethe, Faust 582

Ein *Keil* treibt den andern.

Auf einen groben Klotz gehört ein grober *Keil.* Sprichwörtlich

Die ist es oder *keine* sonst auf Erden!
Don Cesar in Schiller, Braut von Messina 2, 5

Mag dieser *Kelch* an mir vorübergehen. Nach Matth. 26, 39

Im kühlen *Keller* sitz' ich hier · Bei einem Faß voll Reben.
K. Müchler, Der Kritikaster und der Trinker (1801)

Ich *kenne* dich, Spiegelberg!
Karl in Schiller, Die Räuber 2, 3

Ich *kenne* dich nicht mehr.
Siehe unter *ernst*

Wir würden gar vieles besser *kennen*, wenn wir es nicht zu genau erkennen wollten.
Goethe, Maximen und Reflexionen 1

Lehre du · Mich meine Leute *kennen!*
Wallenstein in Schiller, Piccolomini 2, 6

Wenn deine Schrift dem *Kenner* nicht gefällt, · So ist es schon ein böses Zeichen; · Doch wenn sie gar des Narren Lob erhält, · So ist es Zeit, sie auszustreichen.
Gellert, Fabeln 1. Buch: Der Maler

In dieselbe *Kerbe* hauen.

Etwas auf dem *Kerbholz* haben.
Sprichwörtlich

In dieser Armut welche Fülle! · In diesem *Kerker* welche Seligkeit!
Faust in Goethe, Faust 2693/94

Übrigens der beste *Kerl* der Welt.
(Au demeurant le meilleur fils du monde.)
Clement Marot, † 1544, schilderte in einer poetischen Epistel (1531) dem König seinen Diener als Fresser, Lügner, Trunkenbold, Falschspieler, Spitzbuben, Lästerer und Galgenvogel und schloß mit den obigen Worten.

Ich sag' es dir: ein *Kerl*, der spekuliert, · Ist wie ein Tier, auf dürrer Heide · Von einem bösen Geist im Kreis herumgeführt, · Und ringsumher liegt schöne grüne Weide.
Mephistopheles in Goethe, Faust 1830/33

Ich kann mich nicht bereden lassen, · Macht mir den Teufel nur nicht klein! · Ein *Kerl*, den alle Menschen hassen, · Der muß was sein! Goethe, Zahme Xenien 7

Das wird kein ganzer *Kerl*, der nie ein Rüpel war.
Otto Julius Bierbaum, Irrgarten der Liebe (1930)

Wollt ihr verfluchten *Kerls* denn ewig leben?! Siehe unter *ewig*

Hab' ich des Menschen *Kern* erst untersucht, · So weiß ich auch sein Wollen und sein Handeln.

Wallenstein in Schiller, Wallensteins Tod 2, 3

So weit die kleine *Kerze* Schimmer wirft, · So scheint die gute Tat in arger Welt.

Porzia in Shakespeare, Der Kaufmann von Venedig 5, 1

Das Spiel ist nicht die *Kerzen* wert.

(Le jeu, comme on dit, n'en vaut pas les chandelles.) Corneille, Le Menteur 1, 1

Der *Kessel* schilt den Ofentopf, · Schwarz sind sie alle beide.

Goethe, Zahme Xenien 1

Ein *Kettchen* erst, die Perle dann ins Ohr. Marthe in Goethe, Faust 2891

Es sind · Nicht alle frei, die ihrer *Ketten* spotten.

Tempelherr in Lessing, Nathan der Weise 4, 4

Die *Ketzerei* straft sich am schwersten selbst.

Burgund in Schiller, Jungfrau von Orleans 3, 3

Keusch wie Joseph oder ein *keuscher* Joseph,

sagt man in Anlehnung an 1. Mos. 39, 7/10.

Ihr habt das Recht, gesittet Pfui zu sagen. · Man darf das nicht vor *keuschen* Ohren nennen, · Was *keusche* Herzen nicht entbehren können.

Mephistopheles in Goethe, Faust 3294/96

Keuschheit zu aller Frist · Die beste Morgengabe ist. Alter Spruch

Wer sein *Kind* lieb hat, der züchtigt es.

Nach Jes. Sirach 30, 1, 2 und Spr. Sal. 13, 24

Kind des Todes. Nach 2. Sam. 12, 15

Wer darf das *Kind* beim rechten Namen nennen?

Faust in Goethe, Faust 589

Wehe dir, Land, des König ein *Kind* ist! Prediger Salomo 10, 16

Weh einem Lande, das ein *Kind* regiert!

Dritter Bürger in Shakespeare, König Richard III. 2, 3

O selig, o selig, ein *Kind* noch zu sein!

Zar in Lortzing, Zar und Zimmermann 3, 14

Laß mich ein *Kind* sein, sei es mit!

Siehe unter *Freiheit*

Das *Kind* ist des Mannes Vater!

(The child is father of the man!)
Wm. Wordsworth (1770–1850), My heart leaps up

Was hat man dir, du armes *Kind*, getan?

Goethe, Wilhelm Meister, 3. Buch, 1. Kap.

Ein Kind ist ein Buch, aus dem wir lesen und in das wir schreiben sollen.

Peter Rosegger (1843–1918), Die Schriften eines Dorfschulmeisters

Kind und Kegel siehe unter *Kegel*

Der Greis wird wieder *Kind*, aber ein Kind für jene Welt.

Hebbels Tagebücher

Von *Kind* zu *Kindeskindern*.

Psalm 72, 5

Denn wir können die *Kinder* nach unserm Sinne nicht formen.

Goethe, Hermann und Dorothea 3 (Thalia)

Läßt für die Sterblichen größeres Leid · Je sich erdenken, · Als sterben zu sehen die *Kinder?*

Euripides, Die Schutzflehenden 1139/41

Kinder sind eine Gabe des Herrn, und Leibesfrucht ist ein Geschenk.

Psalm 127, 3

Kinder sind ein Segen Gottes.

Narr in Shakespeare, Ende gut, alles gut 1, 3

Werdet wie die *Kinder!*

Nach Matth. 18, 3

Die *Kinder* dieser Welt sind klüger als die Kinder des Lichts.

Luk. 16, 8. Paul Heyse nannte danach seinen Roman: Die Kinder der Welt (1873).

Kinder und Narren reden die Wahrheit. Sprichwort

Kinder sind das lieblichste Pfand in der Ehe, die binden und erhalten das Band der Liebe.
Luther, Tischreden Nr. 2286

Es gibt keine *Kinder* mehr!
(Ah, il n'y a plus d'enfants!)
Argan in Molière, Der eingebildete Kranke 2, 11

Kinder, sprach er, ihr seid Kinder,
Unschuldvoll (eigentlich: unschuldlos) und keine Sünder.
Karl Seyferth (1809–1865), Die Hussiten vor Naumburg (1832); Volksweise

Die *Kinder* sind mein liebster Zeitvertreib.
Chamisso, Sage von Alexandern

Gabel, Messer, Schere, Licht, · Taugt für kleine *Kinder* nicht!
Alte Kinderwarnung

Kinder, wie die Zeit vergeht!
Schlager von Friedr. Schröder (1941)

Willst du mit den *Kinderhänden* · In des Schicksals Speichen greifen?
Grillparzer, Die Ahnfrau 4. Siehe unter *Donnerwagen*

Ihr *Kinderlein* kommet, o kommet doch all!
Chr. von Schmid, Die Kinder bei der Krippe

O du *Kindermund*, o du Kindermund, · Unbewußter Weisheit froh, · Vogelsprachekund, vogelsprachekund, · Wie Salomo!
Fr. Rückert, Aus der Jugendzeit

Kommt, laßt uns unsern *Kindern* leben!
F. Fröbel

Was ist den *Kindern* höh're Lust als Ruhm und Glück · Des Vaters, was dem Vater mehr als *Kindeswohl?*
Hämon in Sophokles, Antigone 703/04 (Donner)

Es ist nicht immer möglich, · Im Leben sich so *kinderrein* zu halten, · Wie's uns die Stimme lehrt im Innersten.
Oktavio in Schiller, Piccolomini 5, 1

Die *Kinderschuhe* ausziehen.
(Mündig werden) Sprichwörtl. Redensart

O ja, dem Herrn ist alles *Kinderspiel!*
Mephistopheles in Goethe, Faust 2856

Wenn unser Vater spazierengeht, · Ziehn wir den Hut mit Pietät; · Deutschland, die fromme *Kinderstube*, · Ist keine römische Mördergrube.
Heinrich Heine, Zur Beruhigung

Die Seele eines *Kindes* ist heilig, und was vor sie gebracht wird, muß wenigstens den Wert der Reinigkeit haben.
Herder in der Vorrede zu den Palmblättern (1786) 1, 23

Von *Kindesbeinen* an.
Siehe unter *Mutterleib*

Kindeshand ist leicht gefüllt.
Sprichwort

Schlimm ist's, wenn *Kindeshand* das Zepter führt.
Exeter in Shakespeare, König Heinrich VI. 1. Teil, 4, 2

Das Alter macht nicht *kindisch*, wie man spricht, · Es findet uns nur noch als wahre *Kinder*.
Lustige Person in Goethe, Faust 212/13

Kindisch, aber göttlich schön.
Siehe unter *Einfall*

Was will aus dem *Kindlein* werden?
Lukas 1, 66

Lasset die *Kindlein* zu mir kommen und wehret ihnen nicht!
Nach Matth. 19, 14

So laßt ihm doch das *kindliche* Vergnügen.
Emil Pohl und Kalisch in der Posse Namenlos (1864)

Hoher (häufig zitiert »Tiefer«) Sinn liegt oft im *kindischen* Spiel.
Schiller, Gedichte: Thekla

Die *Kirche* hat einen guten Magen, · Hat ganze Länder aufgefressen, · Und doch noch nie sich übergessen.
Mephistopheles in Goethe, Faust 2836/38

Die *Kirche* ist's, die heilige, die hohe, · Die zu dem Himmel uns die Leiter baut.
Maria in Schiller, Maria Stuart 5, 7

Die *Kirche* segnet den, der ihr zu Diensten fährt.
Erzbischof in Goethe, Faust 11032

Die *Kirche* um das Dorf tragen.
(Große Umstände machen)
Sprichwörtl. Redensart

Er ist kein großes *Kirchenlicht!*
Sprichwörtl. Redensart

Der *Kirchhof* deckt die Sünden der Ärzte zu. Volksmund

Die Ruhe eines *Kirchhofs.*
Marquis in Schiller, Don Carlos 3, 10

Je höher der *Kirchturm*, je schöner das Geläut. Volksmund

Knopf auf dem *Kirchturm* sein.
Siehe unter *Dohlen*

Es ist nicht alle Tage *Kirchweih.*
Sprichwort

Kirke oder Circe (für verführerisches Weib).
Nach Homer, Odyssee, 10, 210ff.

Mit dem ist nicht gut *Kirschen* essen!
Sprichwörtlich, aus dem 13. Jahrhundert stammend: Bischof Witigo I. soll damals den Markgrafen Friedr. von Meißen durch vergiftete Kirschen aus der Welt geschafft haben

Unterm schlechten *Kittel* schlägt oft das beste Herz.

Wo kein *Kläger*, da ist auch kein Richter. Sprichwörtlich

Die *Klage*, sie wecket die Toten nicht auf.
Schiller, Gedichte: Des Mädchens Klage

Klagen, nichts als Klagen! Bittschriften, nichts als Bittschriften!
Der Prinz in Lessing, Emilia Galotti 1, 1

Auch ein *Klaglied* zu sein im Mund der Geliebten, ist herrlich, · Denn das Gemeine geht *klanglos* zum Orkus hinab. Schiller, Gedichte: Nänie

Der andre aber geht und *klagt.*
Freiligrath, Der Liebe Dauer

Wo das Strenge mit dem Zarten, · Wo Starkes sich und Mildes paarten, · Da gibt es einen guten *Klang.*
Schiller, Lied von der Glocke V. 88/90

Es klingt ein heller *Klang*, · Ein schönes deutsches Wort.
Max von Schenkendorf, Das Lied vom Rhein

Sein Name hat einen guten (oder schlechten) *Klang.* Volksmund

Klappern gehört zum Handwerk.
Sprichwort

Das ist klipp und *klar!*
Das ist *klar* wie Kloßbrühe!
Redensarten

Doch eines ist, was nützt: die *Klarheit.* Eins ist, was besteht: das Recht. Eins ist, was besänftigt: die Liebe.
Börne, Fragmente u. Aphorismen Nr. 263

Wenn er mir jetzt auch nur verworren dient, · So werd' ich ihn bald in die *Klarheit* führen.
Der Herr in Goethe, Faust 308/09

Klassisch ist das Gesunde, romantisch das Kranke.
Goethe, Maximen und Reflexionen

Das *Klassische*, was sie jetzt verspotten, das ist das, was die Seele frei macht, das Kleinliche nicht kennt und das Christliche vorahnt.
Theodor Fontane, Frau Jenny Treibel, 16. Kap.

Das *klassische* Land (Preußen),
siehe unter *Kasernen*

Klassischer Schriftsteller,
nach Gellius (um 125–175 n. Chr.)

Klassischer Zeuge,
nach Verrius Flaccus (um Christi Geburt)

Zwei Fliegen mit einer *Klatsche* (auch: Klappe) treffen.
Redensart. Vgl. unter *Fliege*

Wenn sie zusammenkommen, Margrete, Katrine, Sibylle, · Fangen sie an zu *klatschen* von diesem und dieser und jener.
(Lat.: Quando conveniunt Margaretha, Sybilla, Camilla / Garrire incipiunt et ab hoc et ab hac et ab illa.)
Friedrich Taubmann, Kurtzweil. Zeitvertreiber (1666)

Klatschen heißt: andrer Leute Sünden beichten.
Wilhelm Busch, Spricker (Buschbuch von Gebr. Nöldeke, 1909)

Mit Recht erscheint uns das *Klavier,* · Wenn's schön poliert, als Zimmerzier. · Ob's außerdem Genuß verschafft, · Bleibt hin und wieder zweifelhaft.
Wilh. Busch, Fipps der Affe 9

An der Scholle *kleben.*
Sprichwörtl. Redensart

Fetter *Klee,* fette Hasen
Bauernmund

Jemand über den grünen *Klee* loben.
Sprichwörtl. Redensart

Kleeblatt siehe unter *liederlich*

Mensch, all's, was außer dir, das gibt dir keinen Wert, · Das *Kleid* macht nicht den Mann, der Sattel macht kein Pferd.
Angelus Silesius (Joh. Scheffler), Cherub. Wandersmann (1675)

Kleider machen Leute.
Sprichwort. Auch Titel einer Novelle von Gottfried Keller in dem Novellenkranz »Die Leute von Seldwyla«

Was nützen schöne *Kleider,* wenn nichts zu beißen ist?
Sprichwörtlich

Lange *Kleyder,* kurtzer syn.
Joh. Agricola, Sprichwörter (1529), Nr. 203

Viel *Kleie,* wenig Mehl.
Wer sich unter die *Kleie* mengt, den fressen die Schweine.
Sprichwörtlich

Wer die andern neben sich *klein* macht, ist nie groß.
Seume, Obolen 1, 3, Nr. 18

Du mußt *klein* sein, willst du *kleinen* Menschen gefallen.
Börne, Über den Umgang mit Menschen

Kleine Glöcklein klingen auch!
Sprichwörtlich

Wer das *Kleine* nicht ehrt, · Ist des Großen nicht wert.
Sprichwort

Komm doch näher, liebe *Kleine!*
F. Kind, Der Christabend 1810, Strophe 19

Kleiner Mann, was nun?
Titel eines Romans von Hans Fallada (1893–1947)

Mit *Kleinen* tut man kleine Taten, · Mit Großen wird der *Kleine* groß.
Thales in Goethe, Faust 7882/83

Im *Kleinen* treu sein oder Treue im *Kleinen* halten.
Nach Luk. 16, 10

Über ein *kleines.*
Nach Joh. 16, 16/19

Vor allen Dingen eine *Kleinigkeit* als eine Kleinigkeit ansehen.
Marinelli in Lessing, Emilia Galotti 1, 6

Hab' mich nie mit *Kleinigkeiten* abgegeben.
Franz in Schiller, Die Räuber 5, 1

So fiel dein Herz dem *Kleinmut* gar zur Beute, · Der oft des Menschen beste Kraft zerbricht.
Dante, Hölle 2, 45/46

Klein-Paris siehe unter *Leipzig*

Nimm dich voll Menschenhuld der *Kleinsten* willig an. · Auch wisse, daß dir oft der *Kleinste* nützen kann.
Ramler, Fabellese 1. Buch Nr. 41: Die Biene und die Taube

St. *Klemens* (23. Nov.) den Winter bringt.
Bauernregel

Sie sitzen (hängen) zusammen wie die *Kletten.*
(Sind unzertrennlich)
Sprichwörtl. Redensart

Das ist um auf die Bäume zu *klettern!*
Sprichwörtl. Redensart

An ihren bunten Liedern *klettert* · die Lerche selig in die Luft.
Lenau, Liebesfeier

Du kennst meine alte Parade! So lag ich, und so führt' ich meine *Klinge.*
Falstaff in Shakespeare, König Heinrich IV. 1. Teil 2, 4

Der *Klingelbeutel* geht herum!
Sprichwörtlich, wenn zu einer Sammlung aufgerufen wird

Es *klingen* einem die Ohren, wenn viel von uns gesprochen wird.
Volksaberglaube

Das *klinget* so herrlich, das klinget so schön!
Schikaneder, Die Zauberflöte 1, 8; komp. von Mozart

Man sagt: Es *klingt* dein Ohr, wenn fern dein Ruhm ertönt; · Doch schwache Dumpfheit ist's, wenn es von selber dröhnt.
Rückert, Weisheit des Brahmanen 3, 8

Hoch *klingt* das Lied vom braven Mann.
Aus Bürgers gleichnamigem Gedicht

Die *Klinke* zur Gesetzgebung.
Bismarck im Reichstag, 4. März 1881

Klopfet an, so wird euch aufgetan.
Matth. 7, 7 und Luk. 11, 9

Jede Glocke hat ihren *Klöppel.*
Sprichwörtlich

Wer wird nicht einen *Klopstock* loben? Siehe unter *erhoben*

Je näher das *Kloster*, je ärmer die Bauern. Sprichwörtlich

Geh ins *Kloster!*
Hamlet in Shakespeare, Hamlet 3, 1

Im neuen Jahre Glück und Heil! · Auf Weh und Wunden gute Salbe! · Auf groben *Klotz* ein grober Keil, · Auf einen Schelmen anderthalbe!
Goethe, Sprüche in Reimen: Sprichwörtlich

Eine große (oder unüberbrückbare) *Kluft!* Nach Luk. 16, 26

Der *Klügere* gibt nach. Sprichwort

Mit Schaden mußt' ich werden *klug.*
Rollenhagen, Froschmeuseler 1, 2, 18. Kap. 227

Klug allzu bald, sagt man, wird nimmer alt.
Gloucester in Shakespeare, König Richard III. 3, 1

Klug zu reden ist oft schwer, · Klug zu schweigen meist noch mehr.
Bodenstedt, Aus dem Nachlasse des Mirza-Schaffy: Buch der Sprüche Nr. 51

Seid *klug* wie die Schlangen und ohne Falsch wie die Tauben.
Matth. 10, 16

Der *kluge* Mann baut vor.
Gertrud in Schiller, Wilhelm Tell 1, 2

Kluges siehe unter *Vorwelt*

Willst du, Freund, die erhabensten Höhn der Weisheit erfliegen, · Wag es auf die Gefahr, daß dich die *Klugheit* verlacht!
Schiller, Votivtafeln 21: Weisheit und Klugheit

Klugheit selbst wird schwankend irre, · Zeigt die Liebe nicht den Pfad.
Goethe, Isabella und Johann in dem Finale zu Johann von Paris

Ich will den Leuten zeigen, · Was *Klugheit* alles kann!
Einlage in Akt 2 von Lortzings Oper Der Waffenschmied (1846)

Sah ein *Knab* ein Röslein stehn.
Goethe, Gedichte: Heidenröslein

Ein *Knabe* sehr viel leiden muß, · Eh aus ihm wird ein Dominus.
Cramer, Der arme Georg. Siehe Bogumil Goltz, Buch der Kindheit

An der Quelle saß der *Knabe.*
Schiller, Gedichte: Der Jüngling am Bache

Vom Mädchen reißt sich stolz der *Knabe.*
Schiller, Das Lied von der Glocke V. 58

Für einen *Knaben* stirbt ein Posa nicht. König in Schiller, Don Carlos 5, 9

Zwei *Knaben* jung und heiter, · Die tragen eine Leiter.
Wilh. Busch, Münch. Bilderbogen, Nr. 308 (Das Rabennest)

Zu beneiden sind die *Knaben,* · Welche einen Onkel haben.
Georg Bötticher, Allotria: Der kalte und der warme Onkel (1893)

Knabenwille ist Windeswille, · Jünglingsgedanken lange Gedanken.
Herder, Stimmen der Völker 1, 1

Mancher wird *Knall* und Fall fortgejagt. Sprichwörtlich
Vgl. auch Marinelli in Lessing, Emilia Galotti 4, 1: Er schoß *Knall* und Fall den einen nieder

Das ist ein *Knalleffekt.*

Bezeichnung für eine grobe Wirkung in der Kunst (in Dramen besonders bei dem Aktschlusse), von der Feuerwerkskunst hergenommener Vergleich

Knapp, sattle mir mein Dänenroß, · Daß ich mir Ruh erreite!

Bürger, Die Entführung

Bei dem ist *Knapphans* (Schmalhans) Küchenmeister.

Zur Pfarre gehört eine *Knarre!*

Erst die Pfarre, · Dann die *Knarre.*

Das schlechteste Rad am Wagen *knarrt* immer am meisten.

Sprichwörtlich

Einem *Knauser* stehet nicht wohl an, daß er reich ist! Sir. 14, 3

Rede, Herr, dein *Knecht* höret.

1. Sam. 3, 9

Wie der Herr, so der *Knecht.*

(Qualis dominus, talis et servus.)
Petronius Arbiter († 66 n. Chr.), Satir. 58.
Sprichwörtl.: Wie der Herr, so's Gescherr.

Wenn du dich selber machst zum *Knecht*, · Bedauert dich niemand, geht's dir schlecht.

Goethe, Epigrammatisch: Keins von allen

Wer nicht gebieten kann, ist *Knecht.*

Schiller, Gedichte: Die Weltweisen

Das erste steht uns frei, beim zweiten sind wir *Knechte.*

Mephistopheles in Goethe, Faust 1412

Der *Knechtschaft* Stand ist hart, doch besser jederzeit · Als Freiheit ohne Sicherheit.

Lichtwer, Fabeln: Das Pferd

Wie mir deine Freuden winken · Nach der *Knechtschaft*, nach dem Streit!

Max v. Schenkendorf, Frühlingsgruß an das Vaterland (1814)

Knickebein.

Bezeichnung für ein aus Likör und Ei bereitetes Getränk, soll nach Fr. Kluge »Unser Deutsch« (Leipzig 1907) in den vierziger Jahren des vorigen Jahrhunderts aufgekommen sein, wo ein junger studierender Mecklenburger, der mit leicht eingeknickten Beinen einherging, sich sein Lieblingsgetränk nach eigenem Rezept zu bestellen pflegte, worauf die Kommilitonen das Getränk »Knickebein« nach ihm benannten.

Etwas übers *Knie brechen.*

(Vorschnell zu Ende bringen)

Sprichwörtl. Redensart

Doch was in Augenblicken der Entzückung · Die *Knie* beugt, ist auch ein süß Gefühl.

Eugenie in Goethe, Die natürliche Tochter 1, 5

Im *Knigge* zu lesen,

wird unmanierlichen Leuten empfohlen. Bezieht sich auf Knigges: Über den Umgang mit Menschen.

Ich fühle Mut, mich in die Welt zu wagen, · Der Erde Weh, der Erde Glück zu tragen. · Mit Stürmen mich herumzuschlagen · Und in des Schiffsbruchs *Knirschen* nicht zu zagen. Faust in Goethe, Faust 464/67

Er ist nichts als Haut und *Knochen.* Volksmund

Vorüber! Ach, vorüber! · Geh, wilder *Knochenmann!* · Ich bin noch jung, geh, Lieber! · Und rühre mich nicht an.

Matth. Claudius, Der Tod und das Mädchen, komp. von Schubert

Wer das erste *Knopfloch* verfehlt, kommt mit dem Zuknöpfen nicht zu Rande.

Goethe, Maximen und Reflexionen 7

Nur muß der *Knorr* den *Knubben* hübsch vertragen.

Nathan in Lessing, Nathan der Weise 2, 5

Gordischer *Knoten* siehe unter *Gordisch*

Solang ich mich noch frisch auf meinen Beinen fühle, · Genügt mir dieser *Knotenstock.*

Faust in Goethe, Faust 3838/39

Knowledge itself is power.

(Wissen selbst ist Macht.)

Bacon, Religiöse Betrachtungen

Knubbe siehe unter *Knorr*

Der *Knüppel* liegt beim Hunde.

Sprichwörtlich

Knüppel aus dem Sack.
Grimm, Kinder- und Hausmärchen: Tischlein deck dich

Knurre nicht, Pudel!
Faust in Goethe, Faust 1202

Knurrender (oder bellender) Magen.
Nach Horaz, Sat. 2, 2, 18 (mit Anlehnung an Terenz, Phormio 2, 4, 14)

Wie der *Koch*, so der Brei.
Sprichwörtlich

Viele *Köche* verderben den Brei.
Sprichwort

Aufgewärmter *Kohl.*
Sprichwörtlich, siehe unter *Aufgewärmt*

Rede keinen *Kohl* (Unsinn)!
Volksmund

Das macht den *Kohl* nicht fett.
Sprichwörtlich

Kohldampf schieben.
(Hunger haben) Volksmund

Wie auf glühenden *Kohlen* sitzen.
Sprichwörtl. Redensart

Feurige *Kohlen* auf jemandes Haupt sammeln.
Nach Röm. 12, 20 (vgl. Spr. Sal. 25, 22)

Narren muß man mit *Kolben* lausen.
(Ihre Unvernunft austreiben, indem man ihnen die eigene Waffe, den Narrenstock oder die Pritsche, um den Kopf schlägt)
Altes Sprichwort

Der *Koller* gibt sich mit den Jahren.
Schiller, Gedichte: Pegasus im Joche

Im Rhein, im schönen Strome, · Da spiegelt sich in den Welln · Mit seinem großen Dome · Das große, heilige *Köln.*
H. Heine, Lyr. Intermezzo 11

Koloß mit tönernen Füßen.
Nach Daniel 2, 31/34

Kolumbus siehe unter *Ei*

Er glänzt uns vor, wie ein *Komet* entschwindend, · Unendlich Licht mit seinem Licht verbindend.
Goethe, Epilog zu Schillers Glocke (1815)

Kommt denn noch kein *Komet* und brennt d' Welt z'samm?
Pechberger in Nestroy, Genius, Schuster und Markör

Kometen sieht man nicht, wenn Bettler sterben.
Calpurnia in Shakespeare, Julius Cäsar 2, 2

Darin bin ich *komisch.*
David Kalisch, Der gebildete Hausknecht

Komm herab, o Madonna Theresa.
Rud. Dellinger, Operette: Don Cesar

Komme, was *kommen* mag, · Die Stunde rennt auch durch den rauhsten Tag.
Macbeth in Shakespeare, Macbeth 1, 6

Aber hier, wie überhaupt, · *Kommt* es anders, als man glaubt.
Wilh. Busch, Plisch u. Plum

Er *kommt*, er kommt mit Willen.
Paul Gerhardt, Adventslied »Wie soll ich dich empfangen?« (1653)

Ich hab' es öfters rühmen hören, · Ein *Komödiant* könnt' einen Pfarrer lehren. Wagner in Goethe, Faust 526/27

Bis auf den letzten Augenblick spielen wir *Komödie* mit uns selber.
Heine, Reisebilder 1, Das Buch Le grand

Die göttliche *Komödie.*
Titel von Dantes großem Menschheitsgedicht (um 1300)

Die menschliche *Komödie.*
(La comédie humaine)
nannte Honoré de Balzac die Gesamtausgabe seiner Werke (1842/48)

Es ist nicht alles *Komödie* in der Welt.
Wilh. Raabe, Altershausen (zu Anfang)

Indes ihr *Komplimente* drechselt, · Kann etwas Nützliches geschehn.
Direktor in Goethe, Faust 216/17

In *Komplimenten* ist Sparsamkeit höflich! Alter Spruch

Grundlage der Politik ist das *Kompromiß.*
Gustav Freytag (1816-95). Ähnlich sagte Bismarck: Grundlage des konstitutionellen Lebensprozesses ist überall *Kompromiß.*

Ein politisches *Kompromiß* ist ein Abkommen, wobei man sich leicht *kompromittiert.*
Joseph Unger, Mosaik, Bunte Betrachtungen und Bemerkungen

Das *Konfekt* für ihre Muhme, · Und die Zeichnung einer Blume, · Dieser Vorwand, ei, mein Kind, · Was soll er frommen?
Dr. Bartolo in Rossinis Barbier von Sevilla, Nr. 7

Konfiszierter Kerl.
Musikus Miller in Schiller, Kabale und Liebe 1, 2

Der *Konfusionsrat.*
Titel einer Posse von W. Friedrich (Berlin 1846)

Wie selten kommt ein *König* zu Verstand! Egmont in Goethe, Egmont

Mit Gott für *König* und Vaterland.
Inschrift des Kreuzes an der Kopfbedekkung der Landwehrmänner laut Verordnung Friedrich Wilhelms III. von Preußen vom 17. März 1813

Jeder Zoll ein *König!*
König Lear in Shakespeare, König Lear 4, 6 (vgl. bei *Ay*)

Und der *König* absolut, · Wenn er unsern Willen tut.
Chamisso, Nachtwächterlied

Für seinen *König* muß das Volk sich opfern, · Das ist das Schicksal und Gesetz der Welt.
Dunois in Schiller, Die Jungfrau von Orleans 1, 5

Der *König* rief, und alle, alle kamen.
H. Clauren (Carl Heun, 1771–1854), Gedicht vom 24. Juni 1813

Der *König* ist das lebendige Gesetz.
(Rex viva lex.) Marc Aurel

Der *König* herrscht, aber er regiert nicht.
(Le roi règne et ne gouverne pas.)
Zamojski († 1605) im polnischen Reichstag; besonders bekannt durch Thiers

Das Schicksal macht nie einen *König* matt, ehe es ihm Schach geboten.
Börne, Fragmente und Aphorismen 5

Schau der Herr mich an als *König!*
Kilian in Webers Oper Der Freischütz 1, 1. Text von Kind (1821)

Lobe den Herren, den mächtigen *König* der Ehren.
Kirchenlied von Joachim Neander (1678)

Du bleibst der *König* – auch in Unterhosen.
Rita in Ludw. Fulda, Der Talisman (1893)

Das ist das Unglück der *Könige*, daß sie die Wahrheit nicht hören wollen.
Johann Jacoby zu Friedrich Wilhelm IV. am 2. November 1848

Wenn die *Könige* baun.
Siehe unter *Kärrner*

Und schnöder Habsucht frönt das Volk der *Könige.*
Teiresias in Sophokles, Antigone 1056 (Donner)

Die *Könige* sind nur Sklaven ihres Standes, · Dem eignen Herzen dürfen sie nicht folgen.
Elisabeth in Schiller, Maria Stuart 2, 2

Flitter machen · Die *Königin* nicht aus. Man kann uns niedrig · Behandeln, nicht erniedrigen.
Maria in Schiller, Maria Stuart 1, 2

Königlicher als der *König* sein.
Sprichwörtl. Redensart
(Siehe auch unter *päpstlicher* als der *Papst* sein)

Ein *königlicher* Kaufmann.
Siehe unter *royal*

Ein *königliches* Herz fühlt *königlich.*
Adelma in Schiller, Turandot 3, 2

Saul, der Sohn Kis', ging aus, seines Vaters Eselinnen zu suchen, und fand ein *Königreich.*
1. Sam., Kap 9. und 10, von Goethe am Ende der Lehrjahre angewendet

Können ist eine große Sache, · Damit das Wollen etwas mache.
Goethe, Zahme Xenien 5

Doch lassen Sie uns tun, was wir *können*, wenn wir nicht können, was wir wollen.
Engel, Shaftesbury an Bayle

Konstanze, Konstanze, dich wiederzusehn!
Belmonte in Mozart, Die Entführung aus dem Serail 1, 1 (1782)

Laß die *Konsuln* siehe unter *Consules*

Wandelndes, richtiger: lebendiges *Konversationslexikon.*
(Bezeichnung für einen vielbelesenen Menschen.)
E. Th. A. Hoffmann, Serapionsbrüder, 3. Band

Konversationslexikon siehe unter *Gescheite*

Sich rückwärts *konzentrieren,*
siehe unter *rückwärts*

Aus dem *Konzept* kommen
(verwirrt werden). Redensart

Für dies *Konzert* bin ich in eurer Schuld.
Mephistopheles in Goethe, Faust 1508

Köpenick siehe unter *Hauptmann*

Den *Kopf* oben behalten.

Jemandem den *Kopf* waschen.

Er will mit dem *Kopf* durch die Wand. Sprichwörtl. Redensarten

Den *Kopf* zertreten. Siehe unter *Ferse*

Sich etwas über den *Kopf wachsen* lassen. Nach Esra 9, 6

Ach, wenn ich doch meinen *Kopf* einem andern hinterlassen könnte!
Mirabeau auf dem Sterbebett

Was zerbrechen Sie sich meinen *Kopf?*
Rothschild zu jemand, der sich Sorge um ein von Rothschild unternommenes Geschäft machte

Ich bin von *Kopf* bis Fuß auf Liebe eingestellt.
Lied aus dem Tonfilm Der blaue Engel nach Heinrich Manns Roman Professor Unrat

Viel *Köpfe* gehn schwer unter einen Hut.

Viel *Köpfe,* viel Sinne.
Schon bei Terenz, Phormio 2, 4, 14. Quot homines tot sententiae. Sprichwörter

Kopfhänger. Nach Jes. 58, 5

Kopfhänger, geh mir weg! wie kann den Weg mir sagen · Zum Licht, wer frei zum Licht nicht darf den Blick aufschlagen?
Rückert, Weisheit des Brahmanen 16, 56

Korahs Rotte.
Rotte Korah, ein Haufe von Unruhstiftern nach 4. Mos, 16

Einen *Korb* bekommen.
Sprichwörtl. Redensart

Die bösen Buben von *Korinth.*
Wilhelm Busch, Münchner Bilderbogen Nr. 350

Kein *Korn* ohne Spreu.

Jemand aufs *Korn* nehmen.
Sprichwörtlich

Kornblumen flecht' ich dir zum Kranz · Ins blonde Lockenhaar.
Emanuel Geibel, Lieder als Intermezzo 11

Kornfeld siehe unter *Armeen*

Es ist unglaublich, wieviel Kraft die Seele dem *Körper* zu leihen vermag.
W. v. Humboldt, Briefe an eine Freundin, 2. August 1833

Und wer's zum *Korporal* erst hat gebracht, · Der steht auf der Leiter zur höchsten Macht.
Der Wachtmeister in Schiller, Wallensteins Lager 7

Die *Korporationen* (verzeiht das Wort, · Das schlecht ist, wie die Sache!) vernichteten · Das freie Frankreich.
Klopstocks Ode: Die Jakobiner (Werke 1854, 4, 326)

O weh, mir armem *Korydon!*
Bürger, Die Weiber von Weinsberg; vgl. unter *Corydon*

Ansehen *kostet* nichts. Sprichwörtlich

Ich besaß es doch einmal, · Was so *köstlich* ist.
Goethe, Gedichte: An den Mond (1786)

Das war eine *köstliche* Zeit.
Stadinger in Lortzing, Waffenschmied

Kotau machen.
(Demütige Entschuldigung.)
Nach dem chinesischen Fußfall i. J. 1901 in neuerer Zeit oft zitiert Redensart

Meine *Kraft* ist in den Schwachen mächtig. 2. Kor. 12, 9

Einen großen *Krach* machen.
Nach 1. Sam. 5, 11. (In älteren Bibeln heißt es »Rumor«, in neueren »Schrecken«)

Der *Krach*, der große Krach.
Der Wiener Börsensturz von 1873

Krach im Hinterhaus.
Titel eines Bühnenstückes von Maximilian Böttcher (1892–1946)

Die große *Kraft* wohnt nur in großem Wesen.
L. Schefer, Laienbrevier, März 13

Die *Kraft* ist schwach, allein die Lust ist groß.
Mephistopheles in Goethe, Faust 2202

Könnten wir alles mit eigner *Kraft*, · Wie bald wär' Gott aus dem Himmel geschafft!
Wilh. Müller, Epigramme 1, 47

Denn Unverstand ist's, über seine *Kraft* zu tun.
Ismene in Sophokles, Antigone 68 (Donner)

Nur in der eignen *Kraft* ruht das Schicksal jeder Nation.
Graf Moltke im Reichstag, 1. März 1880

Über unsere *Kraft*.
Titel eines Dramas von B. Björnson

Kraft durch Freude.
Name einer nationalsozialistischen Freizeitgestaltungs-Organisation, Abk. KdF, z. B. KdF-Reisen

Kraft sonder Klugheit stürzet durch eigne Last: · Kraft, die sich mäßigt, schwingen die Götter auch · Zum Großen; doch sie hassen *Kräfte*, · Die nach Verbrechen nur stehn und Greuel.
(Vis consili expers mole ruit sua: Vim temperatam Di quoque provehunt · In majus; idem odere vires · Omne nefas animo moventes.)
Horaz, Oden 3, 4, 65/68 (Voß)

Hab' ich die *Kraft*, dich anzuziehn, besessen, · So hatt' ich dich zu halten keine Kraft.
Faust in Goethe, Faust 624/25

Wo rohe *Kräfte* sinnlos walten.
Schiller, Lied von der Glocke V. 350

Reichen die *Kräfte* nicht aus, so ist doch der Wille zu loben.
(Ut desint vires, tamen est laudanda voluntas)
Ovid, Briefe aus dem Pontus 3, 4 79

Kopf und Arm mit heitern *Kräften*, · Überall sind sie zu Haus.
Goethe, Gedichte: Wanderlied

Entränn' er jetzo *kraftlos* meinen Händen, · Ich habe keinen zweiten zu versenden (Pfeil).
Tell in Schiller, Wilhelm Tell 4, 3

Eine *Krähe* hackt der andern die Augen nicht aus. Sprichwort
Lessing setzte (in seinem Anti-Goeze) hinzu, daß nur bei den Schriftstellern dies Wort nicht zuträfe

Die *Krähe* singt so lieblich wie die Lerche, · Wenn man auf keine lauscht.
Porzia in Shakespeare, Der Kaufmann von Venedig 5, 1

Krähwinkel.
Schauplatz eines Kotzebueschen Lustspiels »Die deutschen Kleinstädter« (1803)

Immer langsam voran, · Daß der *Krähwinkler* Landsturm nachkommen kann. Volkslied (1813, Volksweise)

Erst Kuß und dann die *Kralle*, · So machen es alle! Reimspruch

In den *Kram* passen.
Sprichwörtl. Redensart

Wie so bunt der *Kram* gewesen, · Musterkarte, gibt's zu lesen!
Goethe, Motto zu den Vermischten Gedichten

Krambambuli, das ist der Titel · Des Tranks, der sich bei uns bewährt; · Er ist ein ganz probates Mittel, · Wenn uns was Böses widerfährt.
Gedicht von Crescentius Koromandel, d. i. Hofrat Wittekind in Danzig (1745)

Jeder *Krämer* lobt seine Ware.
Wenn man den Narren zu Markte schickt, freut sich der *Krämer*.
Sprichwörter

Ein *Krämervolk*. Nach Zephanja 1, 11

Sieh da, sieh da, Timotheus, · Die *Kraniche* des Ibykus!
Schiller, Gedichte: Die Kraniche des Ibykus

Der *kranke* Mann.

Bezeichnung des früheren Türkischen Reiches; schon in zwei Liedern des Chorherrn Albert Poysel (1683), laut Bericht des Botschafters Sir Th. Roe in Konstantinopel und in Montesquieus »Lettres Persanes« (1721) 1, 19; endlich Nikolaus I. von Rußland in einer Unterredung mit dem engl. Gesandten Seymour in Petersburg am 14. Januar und 20. Februar 1853

Ihr seid glücklich und froh, wie sollt' ein Scherz euch verwunden? · Doch der *Krankende* fühlt auch schmerzlich die leise Berührung.

Goethe, Hermann und Dorothea 9, 137/138

Ein eingebildeter *Kranker*,

siehe unter *eingebildet*

Es erben sich Gesetz und Rechte · Wie eine ewge *Krankheit* fort.

Mephistopheles in Goethe, Faust 1973/74

Nimmer begreift der Gesunde die *Krankheit*, nimmer die Jugend, · Daß ihr reiches Gemüt je zu verarmen vermag.

Em. Geibel, Distichen vom Strande der See, 3. Tag, Nr. 19

Dulde, mein Herz! Du hast noch härtere *Kränkung* erduldet.

Homer, Od. 20, 18

Ein *Kranz* ist gar viel leichter binden, · Als ihm ein würdig Haupt zu finden.

Goethe, Sprüche in Reimen: Sprichwörtlich

Kränze zieren Bräute. Sprichwörtlich

Er ist eine richtige *Kratzbürste*.

Redensart

Kratze, kratze, kratze, Trulle, · Dir den ersten besten an!

Chamisso, Der Frau Base guter Rat

Kratze wieder, wer dich *kratzt*.

Volksmund

Man soll nicht *kratzen*, was einen nicht juckt. Sprichwörtlich

Was *kraucht* denn da im Busch herum? Siehe unter *Busch*

Gegen den Tod ist kein *Kraut* gewachsen. Sprichwort

Ins *Kraut* schießen.

Wie *Kraut* und Rüben.

Sprichwörtl. Redensarten

Nur keinen *Krawall!*

Seit 1830 in Deutschland bekannt

O du glückselge *Kreatur!*

Marthe in Goethe, Faust 2882

Am Ende hängen wir doch ab · Von *Kreaturen*, die wir machten.

Mephistopheles in Goethe, Faust 7003/04; vgl. Eckermann, Gespräche mit Goethe, 6. Dez. 1829

Den *Krebs* straft man nicht mit Ersäufen.

Krebse man nicht gerne ißt, · Wenn ein *r* im Monat ist.

Den *Krebsgang* gehen. Sprichwörter

Mehr *Kredit* als Geld, · So kommt man durch die Welt.

Goethe, Gesellige Lieder: Frech und froh

Ich lieb' und fürcht' ihn nicht, das ist mein *Kredo*. Siehe unter *creed*

Es starb zu derselbigen Stunde · Die ganze Saurierei, · Sie kamen zu tief in die *Kreide*, · Da war's natürlich vorbei.

Scheffel, Der Ichthyosaurus (1867)

Wie fruchtbar ist der kleinste *Kreis*, · Wenn man ihn wohl zu pflegen weiß. Goethe, Zahme Xenien 7

Wen siehst du hier in diesem edeln *Kreis?*

Brabantio in Shakespeare, Othello 1, 3

Blick' ich umher in diesem edeln *Kreise!*

Wolfram in Richard Wagner, Tannhäuser 2, 4

Zerstöre (verwirr) mir meine *Kreise* nicht! Siehe unter *Noli* turbare

Im *Kreise* froher kluger Zecher.

Christian Gottlob Otto (vor 1808)

Der *kreißende* Berg,

siehe unt. *Maus* und *Parturiunt* montes.

Auf, nach *Kreta*!

(Allez partez pour Crète!)
Henry Meilhac und Ludovic Halévy, Die schöne Helena (1865), Operette, Musik von Offenbach

Krethi und Plethi.

Nach 2. Samuel 8, 18, Leibwache des Königs David: Schutzsoldaten (eigene Scharfrichter) und Läufer. Heutige Bedeutung: Ausdruck für gemischte Gesellschaft.

Was da *kreucht* und fleugt,

siehe unter *fleugt*

Kreuz ist ein Kraut, wenn man es pflegt, · Das ohne Blüte Früchte trägt. Matthias Claudius, Ein gülden Abc

Jedes Haus hat sein *Kreuz*.

Holländ. Sprichwort

Sein *Kreuz* tragen.

Sein *Kreuz* auf sich nehmen.

Sprichwörtl. Redensarten (nach Matth. 10, 38; 16, 24; Mark. 8, 34; 10, 21; Luk. 9, 23; 14, 27)

Vgl. Chamissos Gedicht Die Kreuzschau

Sein *Kreuz* soll jeder auf sich nehmen? · Wie wenig Frauen da zu Fuße kämen! Haug, Sinngedicht

Hinterm *Kreuze* steht der Teufel.

Spanisches Sprichwort

Er war nunmehr der Länder satt, · Wo man so viele *Kreuze* hat, · Und man für lauter Kreuz und Christ · Ihn eben und sein Kreuz vergißt.

Goethe, Der Ewige Jude

Man muß oft zu *Kreuze* kriechen.

Sprichwörtl. Redensart

Reißt die *Kreuze* aus der Erden! · Alle sollen Schwerter werden.

Georg Herwegh, Aufruf

Das sollst du am *Kreuze* bereuen!

Schiller, Gedichte: Die Bürgschaft

Kreuzige ihn!

Mark. 15, 13 und Joh. 19, 15

Ein *Kreuzträger* sein –

Sprichwörtlich nach Joh. 19, 17

Bei dem Schwanze fängt nicht an, · Wer des Dinges Kopf will fassen; · Wer nach oben will als Mann, · Muß das *Kriechen* unten lassen.

E. M. Arndt, Gedichte

Mancher *kriecht* und kommt doch zu nichts. Sprichwörtl. Redensart

Ich führe *Krieg* mit den Lebendigen und nicht mit den Toten.

Soll Kaiser Karl V. gesagt haben, als Alba nach der Einnahme Wittenbergs vorschlug, die Leiche Luthers an den Galgen zu hängen. Ähnlich schon bei Diodor von Hannibal und Hamilkar erzählt.

Krieg aller gegen alle.

Bellum omnium contra omnes.

Thomas Hobbes in »Elementa philosophica de cive« (1642) und in »Leviathan« (1651); schon ähnlich bei Plato »Gesetze« 1, 2

Krieg bis aufs Messer.

Der spanische General Palafox bei Belagerung von Saragossa durch die Franzosen 1808

Ein furchtbar wütend Schrecknis ist der *Krieg*, die Herde schlägt er und den Hirten.

Stauffacher in Schiller, Wilhelm Tell 1, 2. Vgl. Piccolomini 1, 2

Ein frischer, fröhlicher *Krieg*.

Heinrich Leo in seinem »Volksblatt für Stadt und Land« 1853 Nr. 61
(siehe auch unter *Aufkläricht* und *skrofuloses* Gesindel)

Krieg im Frieden.

Titel eines Lustspiels von Gust. v. Moser und Frz. v. Schönthan (1881)

Kein Heil ist in dem *Krieg*; um Frieden dich flehen wir alle!

(Nulla salus bello; pacem te poscimus omnes!) Vergil, Äneis 11, 362

Laß du · Den *Krieg* ausrasen, wie er angefangen, · Du hast ihn nicht leichtsinnig selbst entflammt.

Dunois in Schiller, Jungfrau von Orleans 1, 5

Es ist kein *Krieg*, von dem die Kronen wissen; · Es ist ein Kreuzzug, 's ist ein heilger Krieg.

Theod. Körner, Leier u. Schwert: Aufruf (März 1813), Mel. v. Karl Bornhardt (1819)

Je stärker wir sind, desto unwahrscheinlicher ist der *Krieg*.

Otto von Bismarck im Reichstage (11. Jan. 1887)

Der *Krieg* zwischen zwei gebildeten Völkern ist ein Hochverrat an der Zivilisation.

Carmen Sylva (Elisabeth, Königin von Rumänien), Vom Amboß (1890)

Der *Krieg* leidet kein Probestück.
Alter Spruch

Im *Krieg* und in der Lotterie, · Wer gewinnt, das weiß man nie.
Sprichwörtlich

Krieg und Frieden in den Falten seiner Toga tragen.
Nach Livius 21, 18, 13

Im *Krieg* ist's Sitte, jeden Vorteil nutzen.
Northumberland in Shakespeare, König Heinrich VI. 3. Teil 1, 4

Ich betrachte auch einen siegreichen *Krieg* an sich immer als ein Übel, das die Staatskunst den Völkern zu ersparen bemüht sein muß.
Bismarck in einem Rundschreiben an die Vertreter des Nordd. Bundes, 29. Juni 1870

Der *Krieg* hat kein Erbarmen.
Zweiter Jäger in Schiller, Wallensteins Lager 6

Der *Krieg* ist der Vater aller Dinge. (*πόλεμος πάντων μὲν πατήρ ἐδτι*).
Heraklit

Der *Krieg* ist schrecklich wie des Himmels Plagen.
Max in Schiller, Wallensteins Tod 2, 2

Ja, der *Krieg* verschlingt die Besten.
Schiller, Gedichte: Das Siegesfest

Krieg ist ewig zwischen List und Argwohn, · Nur zwischen Glauben und Vertrauen ist Friede.
Wallenstein in Schiller, Wallensteins Tod 3, 18

Aber der *Krieg* hat auch seine Ehre, · Der Beweger des Menschengeschicks.
Schiller, Die Braut von Messina 1, 8 (Chor)

Der *Krieg* ernährt den Krieg. Gehn Bauern drauf, · Ei, so gewinnt der Kaiser mehr Soldaten.
Isolani in Schiller, Piccolomini 1, 2; vgl. unter *Handwerk*

Wehe dem Staatsmann, der sich in dieser Zeit nicht nach einem Grunde zum *Kriege* umsieht, der auch nach dem Kriege noch stichhaltig ist.
Otto v. Bismarck in der 2. Kammer des Preuß. Landtages (3. Dezember 1850)

Im längsten Frieden spricht der Mensch nicht soviel Unsinn und Unwahrheit als im kürzesten *Kriege*.
Jean Paul, Friedenspredigt in Deutschland (1808)

Entstehen doch alle *Kriege* um des Geldes Besitz.
Platon (um 427–347 v. Chr.), Phädon § 30: Sokrates (Müller)

Heilige *Kriege*,
bekannt aus der griech. Geschichte (594 bis 590, 448ff.; vgl. Thukydides 1, 112; 355–46, 339–38 v. Chr.) Auch in Körners Aufruf 1813: Es ist ein Kreuzzug, 's ist ein heiliger Krieg!

Schrecken des *Krieges*, Zierde des Friedens.
(Terror belli, decus pacis.)
Inschrift des französischen Marschallstabes.

Entweder gestorben · Oder Heil euch erkämpft! Denn das ist der Wandel des *Krieges!*
Homer, Ilias 17, 228 (Voß)

Das *Kriegsbeil* begraben – den *Kriegspfad* beschreiten.
Aus Coopers Lederstrumpf-Erzählungen

Nichts Bessers weiß ich mir an Sonn- und Feiertagen, · Als ein Gespräch von Krieg und *Kriegsgeschrei*. Bürger in Goethe, Faust 860/61

Krieg siehe auch unter *Friede*

Was ist das doch ein holdes Kind, · Das man hier in der *Krippe* find't?
Luise Hensel, Die Krippe 1817

Krippe siehe auch unter *Bethlehems* Stall

Vielseitigkeit gefällt an zierlichen *Kristallen;* · Das Licht gebrochen spielt darin mit Wohlgefallen.
Rückert, Weisheit des Brahmanen 3, 33

Die *Kritik* ist leicht, und die Kunst ist schwer. Siehe unter *Critique*

Unter aller *Kritik* sein.
Sprichwörtl. Redensart

Ich bin dankbar für die schärfste *Kritik*, wenn sie nur sachlich bleibt.
Bismarck im Reichstage, 30. Nov. 1874

Vor *Kritikastern* hüte dich; · Wer Pech angreift, besudelt sich.
Matthias Claudius, Ein silbern Abc

Kritiken sind wie Testamente, · Das letzte gilt allein.
Joh. Chr. Fr. Haug, Epigramme: Widerruf

Kritische Tage (erster oder zweiter usw. Ordnung).
Sprichwörtlich nach Rud. Falb († 1905)

Mir wird, bei meinem *kritischen* Bestreben, · Doch oft um Kopf und Busen bang.
Wagner in Goethe, Faust 560/61

Das sind nur *Krokodilstränen.*
Sprichwörtl. Redensart
Vgl.: Wie der *Krokodil* weint, wenn er einen zu fressen meint.
Rollenhagen, Froschmeuseler 159

Muß Unrecht sein, so sei's um eine *Krone!* · In allem andern sei man tugendhaft.
Schiller, Szenen aus d. Phönizierinnen des Euripides 542/43

Nimm, ich kann sie nicht verdienen, · Deine *Krone*, nimm sie hin!
Johanna in Schiller, Jungfrau von Orleans 4, 1

Schwer ruht das Haupt, das eine *Krone* drückt.
König Heinrich in Shakespeare, König Heinrich IV. 2. Teil 3, 1

Sei getreu bis an (in) den Tod, so will ich dir die *Krone* des Lebens geben.
Offenb. 2, 10

Verdiente *Kronen* schmücken, unverdiente drücken.
Rückert, Vierzeilen 1. Hundert

Voller *Kropf*, · Toller Kopf.
Sprichwörtlich

Die schlechten ins *Kröpfchen*, · Die guten ins Töpfchen.
Nach Aschenbrödel (Grimm)

Krösus.
Bezeichnung eines sehr reichen Mannes. Nach dem König von Lydien

Wenn man auch seiner *Krücken* spottet, so kann man darum doch nicht besser gehen.
Heine, Deutschland 1, 3: Von Kant bis Hegel

Im *Krug* kommen mehr um als im Krieg.
Sprichwort

Der *Krug* geht so lange zu Wasser (oder: zum Brunnen), bis er bricht.
Sprichwort

Im *Krug* zum grünen Kranze, · Da kehrt' ich durstig ein.
Wilh. Müller, Brüderschaft (1821)

Dein Weg ist *krumm*, er ist der meine nicht.
Max in Schiller, Wallensteins Tod 2, 7 (mit Anklang an Richter 5, 6 u. Psalm 125, 5)

Etwas *krumm*(übel)nehmen!
Sprichwörtl. Redensart

Krumme Wege.
Nach Richter 5, 6

Die Zeit, · Wo Deutschland, in und mit sich selbst entzweit, · Verworren wogte, Zepter, *Krummstab*, Schwert · Feindselig eins dem andern zugekehrt.
Goethe, Maskenzug Dezember 1818: Götz von Berlichingen

Unterm *Krummstab* ist gut wohnen.
Sprichwörtl. Redensart

Von einer Milchkuh nimmt man einen Stoß nicht übel, · Wenn nur darüber aus der Hand nicht fällt der *Kübel.*
Fr. Rückert, Weisheit d. Brahmanen 16,46

In des Teufels *Küche* kommen.
Sprichwörtl. Redensart

In seiner *Küche* ist stets Dezember (sehr kalt).
Abraham a Santa Clara

Doch jeder Jüngling hat wohl mal · 'nen Hang fürs *Küchenpersonal.*
Aus Wilh. Busch, Fromme Helene (1872)

Der *Kuckuck* ruft seinen eigenen Namen.
Sprichwort

Wenn der *Kuckuck* noch lange nach Johannis schreit, · Wird's unfruchtbar und teure Zeit.
Bauernregel

Hol' ihn der *Kuckuck* und sein Küster!

Kehrreim des Studentenliedes: Wißt ihr, was ein Philister heißt? von A. F. C. Langbein

Nicht jede *Kugel* trifft!

Sprichwörtlich

Wie die *Kuh* (oder: wie der Ochs) vorm neuen Tore dastehen.

Sprichwörtl. Redensart

Man wird alt wie eine *Kuh* · Und lernt noch alle Tage zu.

Sprichwörtl. Redensart

Eine tüchtige oder melkende *Kuh*, siehe unter *Butter*

Die *Kühe*, die am meisten brüllen, geben die wenigste Milch.

Im *Kuhhandel* braucht man drei Augen. Bauernregel

Das geht auf keine *Kuhhaut*.

Einen *Kuhschluck* nehmen.

Sprichwörtlich

Kühl bis ans Herz hinan.

Goethe, Balladen: Der Fischer

Sein Mütchen an jemand *kühlen*.

Nach 2. Mos. 15, 9

Kühn war das Wort, weil es die Tat nicht war.

Wallenstein in Schiller, Wallensteins Tod 1, 4

Zu *kühn* wird mir dies Gaukelspiel.

König in Schiller, Don Carlos 2, 2

Wo willst du, *kühner* Fremdling, hin?

Schikaneder, Die Zauberflöte, komp. von Mozart 1, 8

Nicht ist sicher die *Kühnheit* gegen die *Kühnen!*

(In audaces non est audacia tuta.)

Ovid, Metamorphosen 10, 544

Hier ist die *Kühnheit* Klugheit.

Sarkas in Geibel, Sophonisbe 3, 5

Auch die *Kultur*, die alle Welt beleckt, · Hat auf den Teufel sich erstreckt.

Mephistopheles in Goethe, Faust 2495/96

Je *kultureller* – desto unglücklicher.

Aus Anton Tschechows Nachlaß (E. Mesching)

Kulturkampf.

In der Bedeutung von »Kampf des Staates gegen die katholische Kirche« von Rud. Virchow in einem Wahlprogramm der Fortschrittspartei geprägt (1873)

Kummer macht alt vor der Zeit.

Sprichwörtlich nach Sirach 30, 25

Der *Kummer*, der nicht spricht, · Raunt leise zu dem Herzen, bis es bricht.

Malcolm in Shakespeare, Macbeth 4, 3

Kummer und Sorgen schwellen den Leib auf.

Falstaff in Shakespeare, König Heinrich IV. 2. Teil 2, 4.
Daher wohl die Redensart: Er hat *Kummerspeck* auf dem Leibe.

Es schwinden jedes *Kummers* Falten, · Solang des Liedes Zauber walten.

Schiller, Gedichte: Die Macht des Gesanges

Es ist eine *Kümmerlichkeit*, daß die Menschen sich gewöhnt haben, an dem schäbigen, hölzernen Entweder-Oder zu hinken.

Ricarda Huch, Blütezeit der Romantik

Stets zu spät kommt gute *Kunde*, · Schlechte Kunde stets zu frühe.

Fr. von Bodenstedt, Ada, die Lesghierin (1853)

Das Schild ist's, das die *Kunden* lockt.

(L'enseigne fait la chalandise.)
Lafontaine, Fabeln 7, 15: Die Wahrsagerinnen

Kundiger Thebaner, siehe unter *Thebaner*

Doch keiner war, der *Kundschaft* gab, · Von allen, so da kamen.

Bürger, Lenore

Künftige Ereignisse werfen ihre Schatten voraus.

(Coming events cast their shadows before.)
Aus Thomas Campbell († 1844), Lochiels Warning«

In das *Künftige* dringt kein sterblicher Blick.
Hyllos in Sophokles, Trachinierinnen 1270 (Donner)

Wer hebt das Aug zu *Kunigonden?*
Schiller, Gedichte: Der Gang nach dem Eisenhammer

Auch die *Kunst* ist Himmelsgabe, · Borgt sie gleich von irdscher Glut.
Schiller, Gedichte: Punschlied

Das Tadeln ist sehr leicht, jedoch die *Kunst* ist schwer.
(La critique est aisée, et l'art est difficile.) Phil. Néricault Destouches, Le glorieux 2, 5 (1732)

Doch der *Kunst* gehört das Leben, sie zu lernen, seid ihr da!
Platen, Die verhängnisvolle Gabel 1. Akt

Die große *Kunst* macht dich rasend.
Apostelgeschichte 26, 24

Allen gefallen, bedarf *Kunst.*
Auf einer Schminkdose (auch auf Spiegeln)

Die *Kunst* bleibt Kunst! Wer sie nicht durchdacht, · Der darf sich keinen Künstler nennen.
Meister in Goethe, Künstlers Apotheose

Kunst · Bringt Gunst. Alter Spruch

Die *Kunst* geht nach Brot.
Conti in Lessing, Emilia Galotti 1, 2

Die *Kunst* ist keine Dienerin der Menge.
Platen, Die verhängnisvolle Gabel 3. Akt

Ach Gott! die *Kunst* ist lang! · Und kurz ist unser Leben.
Wagner in Goethe, Faust 558/59; einer der Aphorismen des Hippokrates, gewöhnlich in der lateinischen Fassung »Vita brevis, ars longa« (Seneca, De brevitate vitae)

Die Zeit ist kurz, die *Kunst* ist lang.
Mephistopheles in Goethe, Faust 1787

Die *Kunst* ist lang, das Leben ewig.
Inschrift an der Königsberger Universität

Es trägt Verstand und rechter Sinn, · Mit wenig *Kunst* sich selber vor.
Faust in Goethe, Faust 550/51

Kunst und Lehre · Gibt Gunst und Ehre. Sprichwörtlich

Es ist gut, · Mehr als eine *Kunst* zu wissen.
Lichtwer, Fabeln Nr. 24: Die Kröte und die Wassermaus

Die *Kunst* kann nicht trösten; sie verlangt schon Getröstete.
Feuchtersleben, Aphorismen (Leben)

Kunst üben kann nur der Erkorene, · Kunst lieben jeder Erdgeborene. Anastasius Grün, Sprüche

Kunst und Natur · Sei auf der Bühne eines nur! · Wenn Kunst sich in Natur verwandelt, · Dann hat Natur mit Kunst gehandelt.
Lessing, Epigramme: In eines Schauspielers Stammbuch

Mehr Inhalt, weniger *Kunst!*
Königin in Shakespeare, Hamlet 2, 2

Natur und *Kunst,* sie scheinen sich zu fliehen, · Und haben sich, eh man es denkt, gefunden.
Nymphe in Goethe, Was wir bringen 19. Auftritt

In der *Kunst* ist das Beste gut genug.
Goethe, Ital. Reise, Neapel 3. März 1787

Schwer ist die *Kunst,* vergänglich ist ihr Preis.
Schiller, Wallenstein: Prolog

Zerging in Dunst · Das heil'ge römische Reich, · Uns bliebe gleich · Die heil'ge deutsche *Kunst!*
Hans Sachs in Richard Wagners Meistersingern, Schlußszene.

Sie haben jetzt gesehen, was wir können; nun ist es an Ihnen, zu wollen. Und wenn Sie wollen, so haben wir eine *Kunst.*
Rich. Wagner nach Aufführung der Götterdämmerung in Bayreuth, 17. August 1876

Eigentümlichkeit des Ausdrucks ist Anfang und Ende aller *Kunst.*
Goethe, Sprüche: Deutsches Theater

Kunst siehe auch unter *Geduld* (Schleiermacher). Sprichwörtlich und Goethes Faust unter *Naturell* der Frauen! und unter *Schein*.

Lerne die schönen *Künste*, ich mahne dich, römische Jugend!

(Disce bonas artes, moneo, Romana juventus!) Ovid, Liebeskunst 1, 549

Man lobt den *Künstler* dann erst recht, wenn man über sein Werk sein Lob vergißt.

Der Prinz in Lessing, Emilia Galotti 1, 4

Der *Künstler* ist zwar der Sohn seiner Zeit, aber schlimm für ihn, wenn er zugleich ihr Zögling oder gar ihr Günstling ist.

Schiller, Briefe über Ästhetische Erziehung 9. Brief

Andere Leute sind hungrig, aber ein *Künstlergemüt* ist ewig durstig.

Andrea in Em. Geibel, Meister Andrea 2,11

Künstlers Erdewallen.

Drama von Goethe (1774)

Danach: Künstlers Erdenwallen, ein Lustspiel von Jul. v. Voß (1810) und Titel eines Heftes lithographischer Zeichnungen von Adolf von Menzel (1834)

Kunstliebe ohne *Kunstsinn* · Bringt bei Fürsten wenig Gewinn, · Sie öffnet *Kunstschwätzern* ihr Ohr, · Und die Kunst bleibt einsam wie zuvor.

Grillparzer, Sprüche und Epigramme

Zu der wahren *Kunstnatur* · Steht der Pfad schon offen.

Goethe, Gedichte: Abwege

Kunstwörter müssen dann der Dummheit Blöße decken, · Und ein gelehrt Zitat macht Zierden selbst zu Flecken.

Lessing, Fragmente: An den Herrn Marpurg usw.

Lieber Freund und *Kupferstecher*.

Redensart nach Fr. Rückert

Sich einen *Kuppelpelz* verdienen.

Dem *Kuppler* ein Paar Schuh · Und die Hölle dazu! Sprichwörtlich

Könnt ich dir nur an den dürren Leib, · Du schändlich *kupplerisches* Weib! Valentin in Goethe, Faust 3766/67

Das ist ein Weib wie auserlesen · Zum *Kuppler*- und Zigeunerwesen!

Mephistopheles in Goethe, Faust 3029/30

Nur *Kurage*, nicht verzagen!

Leon in Aubers Oper Maurer und Schlosser 2, Finale (1825)

Kuranzen.

Volksmäßige Bildung zu dem mittellat. Kirchen- und Klosterworte carentia, Bußübung mit Fasten und Geißeln.

Heyne, Deutsches Wörterbuch, vgl. Joh. Heinrich Voß' Gedicht »Reigen«, wo es heißt: »Wart, ich will Euch mal kuranzen.«

Ich *kuriere* alle Mängel, · Alle Runzeln, alle Falten; · Mach' aus Fratzen holde Engel, · Ich kann alle umgestalten.

Aus Donizettis Oper Der Liebestrank

Aus einem Punkte zu *kurieren*,

siehe unter *Weiber*

Kurz und gut!

Kurz und dick · Hat kein Geschick.

Sprichwörtl. Redensarten

Wo nicht die Zeit ist, fasse dich in Reden *kurz*.

Orestes in Sophokles, Elektra 1259 (Donner)

Kürze ist des Witzes Seele.

Nach Polonius in Shakespeare, Hamlet 2, 2

Vgl. dazu: In der *Kürze* liegt die Würze

Man soll nie der *Kürze* die Deutlichkeit, geschweige die Grammatik zum Opfer bringen.

Schopenhauer: Parerga und Paralip.: Psycholog. Bemerkungen § 357

Was ist der langen Rede *kurzer* Sinn?

Questenberg in Schiller, Piccolomini 1, 2

Den *kürzeren* ziehen.

(Den Strohhalm beim Losen)

Sprichwörtl. Redensart

Einen *Kuß* (oder ein *Küßchen*) in Ehren · Darf niemand wehren.

Sprichwort

Diesen *Kuß* der ganzen Welt!

Schiller, Gedichte: An die Freude

Freund, noch einen *Kuß* mir gib, · Einen Kuß von deinem Munde. · Ach, ich habe dich so lieb!

Chamisso, Gedichte: Küssen

Kuß, Freudenmahl und Becherklang · Entweihen keinen frommen Sang.
Bürger, Danklied

Einen *Kuß* kann man abwischen, aber das Feuer im Herzen nicht löschen.
Alter Spruch

Küsse sind Kerzen · Liebender Seelen und kochender Herzen.
Hofmann von Hofmannswaldau, Gedichte (1673)

Wie? du kannst nicht mehr *küssen?* · Mein Freund, so kurz von mir entfernt, · Und hast's *Küssen* verlernt?
Margarete in Goethe, Faust 4484/86

Ich will *küssen!* Küssen sag' ich.
Goethe, Westöstlicher Diwan: Buch Suleika (Vollmondnacht)

Warum *küssen* sich die Menschen?
Der Kater Hiddigeigei in Scheffel, Trompeter von Säckingen (1884), Stück 2

Küssen ist keine Sünd', · Mit einem schönen Kind.
Aus der Operette »Bruder Straubinger« von Edmund Eysler (1874–1949)

Es führt kein andrer Weg nach *Küßnacht.*
Tell in Schiller, Wilhelm Tell 4, 3

Ihr *küßt* recht nach der Kunst!
Julia zu Romeo in Shakespeare, Romeo und Julia 1, 5

Trunkener *Kutscher*, taumelnde Pferde.
Sprichwörtlich

Kutschke und *Kutschkelied* siehe unter *Busch*

Die *Kutte* macht nicht den Mönch.
Sprichwörtlich

Die *Kutte* ist ein Schelmenfutteral!
Abraham a Santa Clara. Judas, der Erzschelm 1

Deine langen Fortschrittbeine, · Heb sie auf zu neuem Lauf – · *Kutten* grobe, Kutten feine, · Sind es Kutten, schlage drauf.
Heine, Der Exnachtwächter

Kyrie eleison! Herr erbarme dich!
Anfangsworte der kath. Messe

O *Kyritz*, mein Vaterland!
Aus Karl Blums Vaudeville: Ein Stündchen vor dem Potsdamer Tor (1836)

L

J'avais pourtant quelque chose *là!*
(Mir fehlte es doch nicht im Kopfe!)
André Chénier auf dem Wege zum Schafott

Labor omnia vincit improbus.
(Die unablässige Arbeit besiegt alles.)
Vergil, Georgica 1, 146

Labyrinth.
Bei Ovid Her. 10, 103, Met. 8, 172, Fast. 3, 462 und Hygin 42

Der Sünde *Labyrinth* hat er durchirrt, · Doch fühlt er im Begangnen nimmer Reue.
Lord Byron, Ritter Harolds Pilgerfahrt 1, 5

Manche, so da *lächeln*, fürcht' ich, tragen · Im Herzen tausend Unheil.
Oktavius in Shakespeare, Cäsar 4, 1

Lächelnd die Wahrheit sagen.
(Ridentem dicere verum.)
Horaz, Sat. 1, 1, 24

Lächelnd unter Tränen.
Homer, Ilias 6, 484

Oh, sieh mich nicht so *lächelnd* an!
Geibel, Jugendgedichte

Du siehst mich *lächelnd* an, Eleonore.
Prinzessin in Goethe, Torquato Tasso 1, 1

O Schurke! *lächelnder*, verdammter Schurke! · Schreibtafel her! Ich muß mir's niederschreiben, · Daß einer lächeln kann und immer lächeln, · Und doch ein Schurke sein.
Hamlet in Shakespeare, Hamlet 1, 5

Da *lächelt* nun wieder der Himmel so blau.
Frühlingslied von Joh. Christian Wagner 1781

Schlagen Sie mich lieber, aber lassen Sie mich *lachen*.
Molière, Bourgeois gentilhomme 3, 2

Lachen, Weinen, Lust und Schmerz · Sind Geschwisterkinder.
Goethe, Neugriech. Liebe-Skolien

Nach dem *Lachen* kommt Trauern.
Sprichwörtlich
Spr. Salom. 14, 13 heißt es: Auch beim Lachen kann das Herz trauern, und nach der Freude kommt Leid. Im Sprichwort heißt es auch: Nach Lachen kommt Weinen.

Euer *Lachen* verkehre sich in Weinen.
Jak. 4, 9

An vielem *Lachen* erkennt man den Narren.
Sprichwort

Sich ins Fäustchen *lachen*.
Nach Sir. 12, 19

Kann man denn auch nicht *lachend* sehr ernsthaft sein?
Minna in Lessing, Minna von Barnhelm 4, 6

Wir können zuweilen *lächerlich* werden, ohne im geringsten selbst daran schuld zu sein.
Heine, Der Tee, Humoreske

Ist es meine Einrichtung, daß alle Übertreibungen des *Lächerlichen* so fähig sind?
Minna in Lessing, Minna von Barnhelm 4, 6

Die *Lächerlichkeit* tötet sichrer als jede Waffe.
Französisches Sprichwort

Wer am Freitag *lacht*, der wird vielleicht am Sonntag weinen.
(Tel qui rit vendredi, dimanche pleurera.)
Racine, Les plaideurs 1, 1

Wer *lacht* da?
(Bei Gott, ich glaub' ich war es selbst.)
Odoardo in Lessing, Emilia Galotti 5, 6

Wer zuletzt *lacht*, lacht am besten.
Sprichwort

Vallis *lacrymarum*.
(Jammertal.)
Nach Psalm 83, 7 i. d. Vulgata

Solche hergelaufne *Laffen!*
Osmin in Mozart, Die Entführung a. d. Serail 1, 1 (1782)

Was ich gewesen, bin ich noch. Die *Lage* · Der Dinge nur hat seitdem sich verwandelt.
Prinzessin in Schiller, Don Carlos 2, 11

Bei *Lahmen* lernt man hinken, · Bei Säufern trinken.
Alter Spruch

Wohnst du neben einem *Lahmen*, so wirst du hinken lernen.
Plutarch, Über Kindererziehung § 6

Ein Lahmer geht nicht gern mit dem andern.
Sprichwort

Es steht ein Wirtshaus an der *Lahn*.
Altes Studentenlied (wird zu zahlreichen Variationen benutzt)

Er ist faul und genäschig wie ein *Lakai*.
Polnisches Sprichwort

Lakonische Kürze (Lakonismus) (*βραχυλογία τις Λακωνική*).
Sokrates in Plato, Protagoras, p. 343

Gottes *Lamm*.
Nach Joh. 1, 29

Wie ein *Lamm* (so geduldig).
Nach Jes. 53, 7, Apostelgesch. 8, 32

Ein junges *Lämmchen*, weiß wie Schnee.
Fr. J. Bertuch, Wiegenliederchen (1772)

Willst du nicht das *Lämmlein* hüten? · Lämmlein ist so fromm und sanft.
Schiller, Gedichte: Der Alpenjäger (1804)

Pater *Lamormain!*
Siehe unter *ausgesonnen*

Freut euch des Lebens, · Weil noch das *Lämpchen* glüht; · Pflücket die Rose, · Eh sie verblüht!
Martin Usteri (1793), vgl. Lasset uns

Kränze tragen von jungen Rosen, ehe sie welk werden, Weish. 2, 8
(Coronemus nos rosis antequam marescant.)

Nach der *Lampe* riechen
(für eine trockene, die Studierstube verratende Arbeit),
sagte Pytheas (um 340 v. Chr.) aus Neid von den Reden des Demosthenes

Lampe, der Hase. Nach Reineke Fuchs

Non est de pastu ovium quaestio, sed de *lana*.
(Man fragt nicht nach der Weide der Schafe, sondern nach ihrer Wolle.)
Pius II., † 1464

Je größer das *Land*, um so schwerer die Pflicht. Bismarck

Wir stehn für unser *Land*, · Wir stehn für unsre Weiber, unsre Kinder!
Stauffacher in Schiller, Wilhelm Tell 2, 2

Das *Land* der Griechen mit der Seele suchend.
Iphigenie in Goethe, Iphigenie 1, 1

Das *Land* der unbegrenzten Möglichkeiten.
Von Ludwig Goldberger 1902 für die USA geprägt

Das Gelobte *Land*.
Nach 1. Mos, 12, 7 und zahlreichen anderen Bibelstellen

Das *Land*, darinnen Milch und Honig fließt. 2. Mos. 3, 8

Kennst du das *Land?*
Goethe, Balladen: Mignon

Land und Leute. Nach Sir. 10, 3

In fernem *Land*, unnahbar euren Schritten, liegt eine Burg, die Monsalvat genannt.
Lohengrin in Richard Wagner, Lohengrin 3, 3

Bleibe im *Lande* und nähre dich redlich. Psalm 37, 3

Weh dem *Lande*, wo man nicht mehr singet! J. G. Seume, Die Gesänge

Landesmutter.
Nach Tacitus, Annal. 1, 14

Landesvater.
Nach Seneca, De clementia 1, 14, 2 (quem appellavimus Patrem Patriae)

Landgraf, werde hart!
Nach Wilh. Gerhards Gedicht Der Edelacker (1817)

Ländlich – sittlich. Sprichwort

Selig muß ich ihn preisen, · Der in der Stille der *ländlichen* Flur, · Fern von des Lebens verworrenen Kreisen, · Kindlich liegt an der Brust der Natur.
Chor in Schiller, Die Braut von Messina 2564/67

Jede *Landschaft* hat ihre eigene, besondere Seele.
Christian Morgenstern, Stufen

Er flucht (lärmt, säuft, spielt, tobt) wie ein *Landsknecht*. Sprichwörtlich

Eine große *Landstraß'* ist unsre Erd', · Wir Menschen sind Passagiere.
H. Heine, Lebensgruß

Landsturm siehe unter *Krähwinkler*

Lang, lang ist's her.
Nach long, long ago von Thomas Haynes Bayly (1797–1839), der Dichter u. Komponist dieses volkstümlichen Liedes ist. Die Übersetzung, die beginnt »Sag mir das Wort, das so gern ich gehört«, stammt von Wilh. Weidling (1855).

Was *lange* währt, wird gut.
Sprichwort

Es ist schon *lange* her, · Das freut uns um so mehr!
Chor in Lortzing, Zar und Zimmermann 3, 13

Die *Länge* trägt die Last.
Sprichwörtlich

Langen · Und bangen · In schwebender Pein.
(Meist wird falsch zitiert: Hangen.)
Klärchen in Goethe, Egmont 3, Klärchens Wohnung

Je *länger*, je lieber.
Sprichwort; auch eine Blüte

Nein, ich ertrag' es *länger* nicht.
Dunois in Schiller, Die Jungfrau von Orleans 1, 1

Langeweile ist ein böses Kraut, · Aber auch eine Würze, die viel verdaut.

Goethe, Sprüche in Reimen: Sprichwörtlich

Langeweile ist die beste Krankenwärterin. Hamerling, Aphorismen

siehe auch unter *ennuyer* und unter *genres*

Gottes Mühlen mahlen langsam, mahlen aber trefflich klein. · Ob aus *Langmut* er sich säumet, bringt mit Schärf' er alles ein.

Fr. v. Logau, Göttl. Rache (1654)

Langsam, aber sicher. Sprichwörtlich

Immer *langsam* voran!

Vgl. unter *Krähwinkler*

Langweilig zu sein, ist die ärgste Sünde des Unterrichts. Herbart

Die Welt, in der man sich *langweilt,* siehe unter *Welt*

Eine *Lanze* für jemand einlegen (oder brechen). Sprichwörtl. Redensart

Durch die *Lappen* gehen (entkommen).

Sprichwörtl. Redensart a. d. Jägersprache

Großer *Lärm* macht keine Hochzeit. Sprichwort

Viel *Lärm* um nichts.

(Much ado about nothing.)
Titel eines Lustspiels von Shakespeare (1600)

Des Jubels nichtiges Getöse Verstummt, und jede *Larve* fällt, · Und vor der Wahrheit mächt'gem Siege · verschwindet jedes Werk der Lüge.

Schiller, Die Macht des Gesanges

Der Erde schöner, grüner Teppich soll · Kein Tummelplatz für *Larven* sein.

Orest in Goethe, Iphigenie auf Tauris 2, 1

Unter *Larven* die einzige fühlende Brust. Schiller, Gedichte: Der Taucher

Lasciate ogni speranza, voi ch'entrate.

(Laßt, die ihr eingeht, alle Hoffnung schwinden!) Dante, Hölle 3, 9

Laß Er mich das nicht zweimal hören.

Erster Arkebusier in Schiller, Wallensteins Lager, V. 843

Laß fahren dahin, laß fahren!

Zweiter Kürassier in Schiller, Wallensteins Lager, V. 1093. Vgl. Luthers Ein' feste Burg u. Bruder Grünrock u. die Pilgerin.

Tu, was du nicht *lassen* kannst!

Der Bandit Angelo in Lessing, Emilia Galotti 2, 3

Ich hab' getan, was ich nicht *lassen* konnte.

Tell in Schiller, Wilhelm Tell 1, 1

Ach, wie ist's möglich dann, · Daß ich dich *lassen* kann?

Volkslied. – Um 1824 von Helmine Chezy umgeformt; Melodie von Kücken 1827

Lässige Hand macht arm.

Spr. Sal. 10, 4

Last, not least.

(Zuletzt, nicht der [die oder das] Letzte.) Lear in Shakespeare, König Lear 1, 2; ähnlich in Julius Cäsar 3, 1

Eine süße *Last.*

(Vielleicht aus dem biblischen jugum meum dulce) Sprichwörtl. Redensart

Wäget wohl vorher, was eure Schultern · Vermögen oder nicht, eh ihr die *Last* · Zu tragen übernehmet.

(Sumite materiam vestris [qui scribitis] aequam · Viribus et versate diu, quid ferre recusent, · Quid valeant humeri.)
Horaz, Episteln 2, 3, 38/40 (Wieland)

Einer trage des andern *Last.*

Gal. 6, 2

Des Tages *Last* und Hitze.

Nach Matth. 20, 12

Die goldne Kette gib mir nicht ... · Gib sie dem Kanzler, den du hast, · Und laß ihn noch die goldne *Last* · Zu andern *Lasten* tragen.

Goethe, Balladen: Der Sänger

Wer e i n *Laster* liebt, der liebt die Laster alle.

Gellert, Fabeln 2. Buch: Herodes und Herodias

Wenn sich das *Laster* erbricht, setzt sich die Tugend zu Tisch.
Schiller, Shakespeares Schatten

Jegliches *Laster* kann man nur durch die Tugend, keineswegs durch das entgegengesetzte Laster vermeiden.
Plutarch, Moralische Schriften (Bähr 1829, S. 193)

Aller *Laster* -Laster ist: sich für keinem Laster scheuen, · Mit den *Lastern* rühmen sich und die Laster nicht bereuen.
Fr. v. Logau, Sinngedichte (1684): Unverschämt

Oh, daß ich große *Laster* säh, · Verbrechen, blutig kolossal, · Nur diese satte Tugend nicht · Und zahlungsfähige Moral!
Heine, Neue Gedichte: Romanzen, 7. Anno 1829

Lästermaul. Nach Spr. Salom. 4, 24

Das schreibt sich her von euren *Lastern* und Sünden.
Kapuziner in Schiller, Wallensteins Lager, V. 524

Denn ich bin nichts, wenn ich nicht *lästern* . . . darf.
Jago in Shakespeare, Othello 2, 1

Wenn Narren sich vor *Lastern* hüten wollen, · So rennen sie in die entgegenstehenden.
(Dum vitant stulti vitia, in contraria currunt.) Horaz, Satiren 1, 2, 24 (Wieland)

Oft kleiden sich des *Lasters* Triebe · In die Gestalt erlaubter Liebe, · Und du erblickst nicht die Gefahr.
Gellert, Der erhörte Liebhaber

Lästerschule.
(The school for scandal)
Titel einer Komödie von Rich. Brinsley Sheridan (1777)

Wann dich die *Lästerzunge* sticht, · So laß dir dies zum Troste sagen: · Die schlechtsten Früchte sind es nicht, · Woran die Wespen nagen.
Bürger, Gedichte: Trost

Es kommt · Weit schneller, was *lästig* ist, als was man wünscht.
Plautus, Das Hausgespenst 65 (Köpke)

Versteh' ich gleich nichts von *lateinischen* Brocken, · So weiß ich den Hund doch vom Ofen zu locken.
Bürger, Der Kaiser und der Abt

Laterne des Diogenes siehe unter *Diogenes*

Einen Wink mit dem *Laternenpfahl* geben
(auch Zaunpfahl). Sprichwörtl. Redensart

Latet anguis in herba.
(Die Schlange lauert verborgen im Grase.)
Vergil, Eklogen 3, 93

Ultima *latet.*
(Die letzte [Stunde] ist verborgen.) Auf einer Sonnenuhr.
Vgl. C. F. Meyer, Huttens letzte Tage, Nr. 7

Weil du aber *lau* bist, werde ich dich ausspeien aus meinem Munde.
Offenb. 3, 15/16

Laub · Macht den Acker taub.
Bauernregel

Laudabiliter se subiecit.
(Er hat sich löblich unterworfen, seinen Irrtum abgeschworen.)
Formeln in päpstlichen Breven

Laudator temporis acti.
(Lobredner der Vergangenheit.)
Horaz, Ars poëtica V. 173

Der Welt *Lauf.* Hiob 22, 15

Der *Lauf* dieser Welt.
Nach Ephes. 2, 2; auch Goethe, Faust: »Das ist der *Lauf* der Welt.« Mephistopheles in Faust 3204 und Uhland, Gedichte: »*Lauf* der Welt«, wo es heißt: »Es ist nur so der *Lauf* der Welt« am Schluß von Strophe 1.

Begnüge dich, aus einem kleinen Staate, · Der dich beschützt, dem wilden *Lauf* der Welt · Wie von dem Ufer ruhig zuzusehen.
Prinzessin in Goethe, Torquato Tasso 2, 1

Besser *laufen* als faulen.
Goethe, Reineke Fuchs, 11. Gesang

Wer nicht *läuft,* gelangt nie ans Ziel. Herder, Palmblätter (1800) 4, 142

Die jüngsten Kinder meiner *Laune.*
Titel einer Sammlung von Stücken Kotzebues (Leipzig 1793/97). Danach:

Das jüngste Kind meiner *Laune.*
Raimund, Verschwender 3, 7

Laune löst, was Laune knüpfte.
Isabella in Schiller, Die Braut von Messina 360

Zu *Laurentius* (10. August) · Man pflügen muß.
Bauernregel

Laus magna natis, obsequi parentibus!
(Groß ist das Lob für Kinder, den Eltern zu gehorchen.) Phaedrus, fab. 1, 32, 11

Dir ist wohl eine *Laus* über die Leber gekrochen?

Jemand eine *Laus* in den Pelz setzen.
Sprichwörtl. Redensarten

Er hat etwas *läuten* hören.
(Auch mit dem Zusatz: er weiß nur nicht, wo die Glocken hängen – oder: in welcher Kirche) Sprichwörtlich

Schreckhaft mitternächtiges *Läuten.*
Goethe, Epilog zu Schillers Glocke

Arm wie *Lazarus.*
Sprichwörtl. Redensart nach Luk. 16, 20, 21

Ein alter Mann ist stets ein König *Lear.*
Goethe, Zahme Xenien 1

So *leb* denn wohl, du stilles Haus!
Raimund, Alpenkönig u. Menschenfeind 1, 20 (1828)

Leb wohl, Madrid! Nie wende sich dein Glück!
P. A. Wolff, Preziosa 1, 5

Lebe wohl, mein flandrisch Mädchen!
Marquis in Lortzing, Zar und Zimmermann 2, 9

Lebe, wie du, wann du stirbst, · Wünschen wirst, *gelebt* zu haben.
Gellert, Geistliche Oden: Vom Tode

Drum *lebe* mäßig, denke klug, · Wer nichts gebraucht, der hat genug!
Wilh. Busch, Haarbeutel

Alles *Leben* ist Leiden.
Schopenhauer, Die Welt als Wille und Vorstellung IV, § 56, Schlußwort

Wir leiden alle am *Leben.*
Goethe, Maximen u. Reflexionen 6

Wie das ewige *Leben* beschaffen ist, weiß ich nicht; dieses aber ist ein schlechter Spaß.
Voltaire

Wer weiß denn, ob das *Leben* nicht ein Sterben ist · Und Sterben Leben?
Euripides bei Plato (übersetzt von Hieron. Müller 1850) 2, 448

Was ist das *Leben* ohne Liebesglanz?
Thekla in Schiller, Wallensteins Tod 4, 12

Unser *Leben* währet siebenzig Jahre, und wenn's hoch kommt, so sind's achtzig Jahre, und wenn's köstlich gewesen ist, so ist es Mühe und Arbeit gewesen.
Psalm 90, 10

Und setzet ihr nicht das *Leben* ein, · Nie wird euch das Leben gewonnen sein.
1. Jäger in Schiller, Wallensteins Lager, 11. Auftritt

Nur der verdient sich Freiheit wie das *Leben,* · Der täglich sie erobern muß.
Faust in Goethe, Faust 11 575/76

Das *Leben* ist viel wert, wenn man's verachtet!
Ottokar in Heinr. v. Kleist, Familie Schroffenstein 4, 5

Das *Leben* wagt der Mut, nicht das Gewissen.
Gordon in Schiller, Wallensteins Tod 4, 6

Das müd'ste, jammervollste, ird'sche *Leben,* · Das Alter, Mangel, Schmerz, Gefangenschaft · Dem Menschen auflegt – ist ein Paradies · Gegen das, was wir vom Tode fürchten!
Claudio in Shakespeare, Maß für Maß 3, 1

Wer durchs *Leben* · Sich frisch will schlagen, muß zu Schutz und Trutz · Gerüstet sein.
Tell in Schiller, Wilhelm Tell 3, 1

Sein *Leben* · Liegt angefangen und beschlossen in · Der Santa Casa heiligen Registern.
Großinquisitor in Schiller, Don Carlos 5, 10

Süßes *Leben!* Schöne, freundliche Gewohnheit des Daseins und Wirkens! Egmont in Goethe, Egmont 5

Wer mit dem *Leben* spielt, · Kommt nie zurecht; · Wer sich nicht selbst befiehlt, · Bleibt immer ein Knecht.
Goethe, Zahme Xenien 8

Nicht für das *Leben*, sondern für die Schule lernen wir.
(Non vitae, sed scholae discimus.)
Seneca, Episteln 106
Wir zitieren jetzt gewöhnlich umgekehrt: Non scholae, sed vitae discimus – Nicht für die Schule, sondern für das *Leben* lernen wir.

Mitten wir im *Leben* · Sind mit dem Tod umfangen.
Luther, nach dem alten Kirchenliede: Media vita in morte sumus.

Ihr führt ins *Leben* uns hinein, · Ihr laßt den Armen schuldig werden, · Dann überlaßt ihr ihn der Pein; · Denn alle Schuld rächt sich auf Erden.
Goethe, Gesang des Harfenspielers. Wilh. Meisters Lehrjahre, Kap. 13

Mein *Leben* ist für Gold nicht feil.
Bürger, Das Lied vom braven Manne

Königin! – · O Gott, das *Leben* ist doch schön!
Marquis in Schiller, Don Carlos 4, 21

Das *Leben* ein Traum.
(La vida es sueño.)
Titel eines Dramas von Calderón

Der Traum ein *Leben*.
Titel eines Dramas v. Grillparzer (1834)

Das ist im *Leben* häßlich eingerichtet, · Daß bei den Rosen gleich die Dornen stehn.
Scheffel, Trompeter von Säckingen, Lieder Jung Werners 12

Ich habe nichts als mein *Leben*, · Das muß ich dem Könige geben!
Schiller, Gedichte: Die Bürgschaft

Mein *Leben* ist ein Streit.
Mahomet in Voltaire, Mahomet 2, 4 (vgl. Hiob 7, 1 = militia est vita hominis super terram)

Ein unnütz *Leben* ist ein früher Tod.
Iphigenie in Goethe, Iphigenie auf Tauris 1, 2

Leben ohne Ehr' · Ist kein Leben mehr.
Sprichwort

Ein *Leben* ohne Wissen ist der Tod.
Robertsons Wahlspruch

Das *Leben* lehrt uns, weniger mit uns · Und andern strenge sein.
Pylades in Goethe, Iphigenie auf Tauris 4, 4

Das *Leben* ist der Güter höchstes nicht. Schiller, Braut von Messina 4, 10

Das *Leben* ist · Nur ein Moment, der Tod ist auch nur einer.
Mortimer in Schiller, Maria Stuart 3, 6

Das *Leben* ist ein Raub, das Leben eine Beute: · Wer weiß, wer's morgen nimmt! Wer's hat, genieß' es heute.
Rückert, Weisheit des Brahmanen Stufe 5, 449

Das *Leben* ist eine Krankheit, der Schlaf ein Palliativ, der Tod die Radikalkur.
C. J. Weber, Demokritos, Kap. 12: Über komische Grabschriften

Das *Leben* ist eine Krankheit, die ganze Welt ein Lazarett! »Und der Tod ist unser Arzt.«
Heine, Reisebilder 2: Italien 3: Die Stadt Lucca

Man soll vom *Leben* scheiden, wie Odysseus von Nausikaa schied – mehr segnend als verliebt.
Fr. Nietzsche, Jenseits von Gut u. Böse: Sprüche und Zwischenspiele 96

Das *Leben* gilt nichts, wo die Freiheit fällt.
Körner, Leier u. Schwert: Letzter Trost

Das ganze Geheimnis, sein *Leben* zu verlängern, besteht darin: es nicht zu verkürzen.
E. v. Feuchtersleben, Zur Diätetik der Seele: Tagebuchblätter

Auch das *Leben* verlangt ruhige Blätter im Kranz.
Goethe, Gedichte: Der neue Pausias und sein Blumenmädchen

Ich lebe mein *Leben* in wachsenden Ringen.
Rainer Maria Rilke (1875–1926), Das Stundenbuch

Es lebe das *Leben.*
Titel eines Bühnenwerkes von Hermann Sudermann

Sein *Leben* grübelt er seitdem: · Warum ihm dies geschah von wem?
Christian Morgenstern (1871–1914), Galgenlieder

Alles *Leben* ist Lüge.
Detlev v. Liliencron (1844–1909), Leben und Lüge

Doch es ist dahin, es ist verschwunden, · Dieses hochbegünstigte Geschlecht. · Wir, wir *leben!* · Unser sind die Stunden, · Und der *Lebende* hat recht.
Schiller, Gedichte: An die Freunde
Danach:

Leben war noch nie Verbrechen, · Und der *Lebende* hat recht.
Hoffmann von Fallersleben, Freude am Dasein: Unsre Väter sind gesessen

Wir *leben* nicht, um zu essen; wir essen, um zu leben.
Sokrates: vgl. die lat. Fassung unter *vivamus*

Leben – und leben lassen.
Sprichwörtl. Redensart. Vgl. unt. *Menge*

Wer weiß zu *leben?* Wer zu leiden weiß. · Wer zu genießen? Wer zu meiden weiß.
D. Fr. Strauß, Der alte und der neue Glaube: Wahlspruch

Man kann nicht für jedermann *leben*, besonders für die nicht, mit denen man nicht leben möchte.
Goethe, Maximen u. Reflexionen 3

Manche haben zu *leben* früher aufgehört als angefangen.
Seneca, Briefe (von Olshausen 1811 T. 1, S. 77)

Laß uns *leben*, Geliebte, laß uns lieben. Catull, An Lesbia, Carm. 5

Ich höre auf zu *leben*, aber ich habe gelebt.
Egmont in Goethe, Egmont, letzter Auftritt

Leben ist eine Zusammenkunft, zu der immer nur eine begrenzte Zahl auf einmal geladen ist, und nie wird die Einladung wiederholt.
Hans Carossa, Führung und Geleit

Wieweit er auch die Stimme schickt, · Nichts *Lebendes* wird hier erblickt.
Schiller, Balladen: Die Kraniche des Ibykus (1797)

Entzieht euch dem verstorbnen Zeug, · *Lebend'ges* laßt uns lieben!
Goethe, Zahme Xenien 3

Lebendiges Wasser.
Nach Joh. 4, 10 u. 7, 38

Lebendig tot. 1. Timotheus 5, 6

Der Buchstabe tötet, aber der Geist machet *lebendig*
2. Korinther 3, 6

Was ist doch ein *Lebendiges* für ein köstliches, herrliches Ding! wie abgemessen zu seinem Zustande, wie wahr, wie seiend!
Goethe, Italien. Reise: Venedig, 9. Okt. 1786

Das *Leben* täuscht uns lange, · Du zeigst, der Schminke bar, · Des *Lebens* welke Wange; · O Schmerz, wie bist du wahr!
Lenau, Gedichte: Der Schmerz

Und *leben* ist ja doch des *Lebens* höchstes Ziel! Grillparzer, Sappho 1, 3

Jahrmarkt des *Lebens.*
Vgl. unter *Jahrmarkt.* Weisheit Salomonis 15, 12; Pythagoras bei Cicero in »Tusc. Disput.« 5, 3, 9 Diogenes Laertius im »Leben der Philosophen« 8, 1, 8

Freut euch des *Lebens,* · Weil noch das Lämpchen glüht.
Siehe unter *Lämpchen*

Trage frisch des *Lebens* Bürde, · Arbeit heißt des Mannes Würde, · Kurzer Bach fließt Erdenleid, · Langer Strom die Ewigkeit.
E. M. Arndt, Gedichte

Des *Lebens* Unverstand mit Wehmut zu genießen, · Ist Tugend und Begriff. Hans Adolf v. Thümmel

Des *Lebens* Mai blüht einmal und nicht wieder; · Mir hat er abgeblüht. Schiller, Gedichte: Resignation

Dann erst genieß' ich meines *Lebens* recht, · Wenn ich mir's jeden Tag auf neu' erbeute.
Tell in Schiller, Wilhelm Tell 3, 1

Des *Lebens* Mühe · Lehrt uns allein des Lebens Güter schätzen.
Antonio in Goethe, Torquato Tasso 5, 1

Sein schöner *Lebenslauf* war Liebe.
Carlos in Schiller, Don Carlos 5, 4

Mein *Lebenslauf* ist Lieb und Lust · Und lauter Liederklang.
Aug. Mahlmann, Gedichte: Heiterer Lebenslauf 1808 (Kommerslied)

Nehmen Sie einem Durchschnittsmenschen die *Lebenslüge*, und Sie nehmen ihm zu gleicher Zeit das Glück.
Relling in Ibsen, Die Wildente, 5. Akt

Ach, des Lebens schönste Feier · Endigt auch den *Lebensmai*.
Schiller, Lied von der Glocke V. 98–99

Denn das ist sein *Lebenszweck*.
Wilh. Busch, Max u. Moritz (1865)

Mein idealer *Lebenszweck* · Ist Borstenvieh, ist Schweinespeck.
Johann Strauß, Der Zigeunerbaron (1885) 1, 5

Frei von der *Leber* weg sprechen.
Sprichwörtl. Redensart

Leberecht Hühnchen.
Titel eines Werkes von Heinrich Seidel

Lebt wohl, meine Kinder! ich gehe zu euerm Vater.
Marie Antoinette vor der Guillotine, 16. Oktober 1793

Er *lebt*, er ist da! Es behielt ihn nicht! Schiller, Der Taucher V. 82

Lebt wohl, ihr Berge, ihr geliebten Triften, · Ihr traulich stillen Täler, *lebet* wohl!
Johanna in Schiller, Jungfrau von Orleans: Prolog

Er *lebte*, nahm ein Weib und starb.
Gellert, Fabeln und Erzählungen: Der Greis

Der *lebte* gewiß schlecht, der nicht gut zu sterben weiß.
Seneca, Abhandlungen (von Moser 1828, S. 410)

Lebwohl, Madrid! Siehe unter *Madrid*

Vom *Lecken* wird keiner fett.
Sprichwörtlich

Lecker bereitetes Mahl.
Nach Homers Ilias 9, 91 und öfter (Und sie erhoben die Hände zum *lecker bereiteten* Mahle.)
Leda siehe unter *Schwan*

't is All so, as dat *Ledder* is.
Jochen Nüßler in Fritz Reuter, Ut mine Stromtid (1862/64). Vgl. unter dauhn deiht und *schenk*

Aus gestohlenem *Leder* ist gut Riemen schneiden. Sprichwort

Lang *ledig*, lange liederlich.
Sprichwörtl. Redensart

Bleibst du *ledig* oder freist du, immer wird es dich gereuen.
Nach Sokrates

Wer *ledig* ist, hat seine Plage. · Und eine Haushaltung ist auch mit Not verknüpft.
Lichtwer, Schriften 1. Abt.: Fabeln Nr. 22; Die Schnecke und die Grille

Leergebrannt · Ist die Stätte.
Schiller, Lied von der Glocke (1800, V. 211–212)

Volle Töpfe · *Leere* Köpfe.
Sprichwörtlich

Mußt' ich nicht mit der Welt verkehren? · Das *Leere* lernen, *Leeres* lehren? – · Sprach ich vernünftig, Wie ich's angeschaut, · Erklang der Widerspruch gedoppelt laut.
Faust in Goethe, Faust 6231/34

Wieviel *Leeres* doch gibt's in der Welt!
(O quantum est in rebus inane!)
Persius, Satiren 1, 1

Inter arma silent *leges*.
(Unter den Waffen schweigen die Gesetze.)
Cicero, Pro Milone 4, 10, siehe Näheres unter *Silent*

Ihre Zahl ist *Legion*. Nach Mark. 5, 9

Varus, gib mir meine *Legionen* wieder!

(Quintili Vare, legiones redde, auch: Vare, legiones redde!)
Kaiser Augustus nach der Schlacht im Teutoburger Walde (9 n. Chr. Geburt), siehe Sueton. Aug., Kap. 23

Im Auslegen seid frisch und munter! · *Legt* ihr's nicht aus, so legt was unter.

Goethe, Zahme Xenien, 2. Buch 1821

Legt's zu dem übrigen.

Schiller, Kabale und Liebe 2, 2 und Maria Stuart 1, 1

Lehre tut viel, das Leben mehr.

Sprichwort

Lehre du mich meine Leute kennen!

Wallenstein in Schiller, Piccolomini 2, 6

Leiden sind *Lehren*
(παθήματα μαθήματα)

Nach Äsops Fabel: Der Hund und der Koch (Nr. 232)

Lehrjahre sind keine Herrenjahre.

Sprichwort

Lehrjahre und Wanderjahre.

Nach Goethe, Wilhelm Meister, sprichwörtlich geworden. Vielleicht aber stammt es bereits aus der Zunftzeit, die schon vor Goethe dem Handwerker Wanderjahre vorschrieb, das sog. »In-die-Fremde-Gehen«

Lehrstand, Wehrstand und Nährstand.

Seit dem 15. Jh. bekannte Verdeutschung griechischer Ständeeinteilung. Zum erstenmal bei dem Meistersänger Barthel Regenbogen in seinem Liede von den drei Ständen verwendet, aber sicher schon vorher im Umlauf. Schon im »Meier Helmbrecht« (13. Jh.) von Wernher dem Gärtner finden sich Anklänge an diese Einteilung.

Den *Leib* können sie töten, die Seele nicht. Mein himmlischer Vater möge der meinigen gnädig sein.

Zwinglis letzte Worte (am 11. Okt. 1531)

Wenn der *Leib* in Staub zerfallen, lebt der große Name noch.

Schiller, Das Siegesfest V. 103

Leibesfrucht ist ein Geschenk.

Psalm 127, 3

Nur über meine *Leiche* geht der Weg.

Hedwig in Körner, Hedwig 3, 10. Vgl. Herders Gedicht Der Gastfreund: Nur über meinen *Leichnam* geht der Weg, u. Schiller, Wallensteins Tod 5, 7: Erst über meinen *Leichnam* sollst du hingehn!

Und so saß er, eine *Leiche*, · Eines Morgens da.

Schiller, Gedichte: Ritter Toggenburg

Unter Gräbern laß mich leben · Und unter *Leichenmalen* selbst versteinen. Marfa in Schillers Demetrius

Es ist ein alter Spruch: Das beste *Leichentuch* · Ist Redlichkeit, sie würzt den Tod mit Wohlgeruch.

Rückert, Weisheit des Brahmanen 10, 80

Für einen *Leichnam* bin ich nicht zu Haus.

Mephistopheles in Goethe, Faust 321

Du drücktest nicht die Erde, · Sei dir die Erde *leicht!*

Uhland, Auf einen verhungerten Dichter

Zwar ist es *leicht*, doch ist das *Leichte* schwer.

Mephistopheles in Goethe, Faust 4928

Wir Menschen werden wunderbar geprüft; · Wir könnten's nicht ertragen, hätt' uns nicht · Den holden *Leichtsinn* die Natur verliehn.

Tasso in Goethe, Torquato Tasso 2, 4

Aus Vorsatz hast du nie, aus *Leichtsinn* stets gefehlt.

Eridon in Goethe, Laune d. Verliebten, 3. Auftr.

Der *Leichtsinn* ist ein Schwimmgürtel für den Strom des Lebens.

Börne, Fragmente u. Aphorismen Nr. 121

Gleiches *Leid* · Berechtigt mich zu gleicher Jammerklage.

Iphigenie in Euripides, Iphigenie in Aulis 5, 4

Leid steckt an.

Antonius in Shakespeare, Cäsar 3, 1

Man lindert oft sein *Leid*, indem man es erzählt. Corneille, Polyeucte 1, 3

Sein *Leid* in sich fressen.

Nach Ps. 39, 3

Sie, die uns das himmlische Feuer leihn, · Die Götter schenken heiliges *Leid* uns auch.

Hölderlin, Gedichte: Die Heimat

Wo *Leid* ist, da ist geweihte Erde. Eines Tages wird die Menschheit begreifen, was das heißt. Vorher weiß sie nichts vom Leben.

Oscar Wilde, De profundis

Leid und trag, · Dein *Leid* nicht klag, · An Gott nicht verzag, · Glück kommt alle Tag!

Leid, schweig und lach! · Geduld überwindt all Sach. Sprichwörtlich

Leide und meide.

Spruch des Epiktet (geb. um 50 v. Chr.). Siehe unter *Sustine*

Und wenn der Mensch in seiner Qual verstummt, · Gab mir ein Gott zu sagen, was ich *leide*.

Tasso in Goethe, Torquato Tasso 5, 5. Näheres vgl. unter *Qual*

Zum *Leiden* bin ich auserkoren.

Königin der Nacht in Mozart, Die Zauberflöte 1, 1 (1791)

Lerne *leiden*, ohne zu klagen; das ist das einzige, was ich dich lehren kann.

Soll Kaiser Friedrich III. auf seinem Krankenlager im April 1888 gesagt haben

Wenn die *Leiden* kommen, · So kommen sie wie einzle Späher nicht, · Nein, in Geschwadern.

König in Shakespeare, Hamlet 4, 5

An allen meinen *Leiden* · Ist nur die Liebe schuld.

Aus dem Duett »Mich fliehen alle Freuden« (siehe unter *fliehen*)

Vor *Leiden* nur kann Gott dich wahren, · Unmut magst du dir selber sparen. Geibel, Gedichte: Sprüche

Nach so viel *Leiden*.

(Di tanti palpiti.)

Rossi, Text zu Rossinis Tankred 1, 1

Fort reißt die eigene *Leidenschaft* jeden.

(Trahit sua quemque voluptas.)

Vergil, Eklogen 2, 65

Die *Leidenschaft* flieht, · Die Liebe muß bleiben; · Die Blume verblüht, · Die Frucht muß treiben.

Schiller, Das Lied von der Glocke V. 102/05

Große politische *Leidenschaft* ist ein köstlicher Schatz; das matte Herz der Mehrzahl der Menschen bietet nur wenig Raum dafür.

Heinr. von Treitschke, Hist. u. pol. Aufs. 3

Entflammter *Leidenschaft* verzeiht sich viel. Em. Geibel, Sophonisbe 3, 2

Der Mensch muß der *Leidenschaften* zugleich fähig und mächtig sein.

Jean Paul, Hesperus

Man heilt *Leidenschaften* nicht durch Verstand, sondern nur durch andere Leidenschaften.

Börne, Fragmente u. Aphorismen 89

Nur die Tugend ist erhaben und steht hoch, und nichts ist groß, was nicht zugleich auch *leidenschaftslos* ist.

Seneca, Abhandlungen (v. Moser 1827, S. 59)

Leidenskelch. Nach Matth. 26, 39

Leidiger Trost.

Nach Hiob 16, 2, wo es heißt: Ihr seid allzumal *leidige* Tröster

Ohne die *Leier* im himmlischen Saal · Ist die Freude gemein auch beim Nektarmahl.

Schiller, Die vier Weltalter

Das ist die alte *Leier!* Sprichwörtlich

Apoll, der *Leiermann*,

siehe unter *Bacchus*

Besser *leiern* als feiern. Sprichwörtlich

Die *Leihbibliotheken* studiere, wer den Geist des Volkes kennenlernen will.

Wilh. Hauff, Die Bücher und die Lesewelt

Leihe deinem Nächsten, wenn er's bedarf. Sir. 29, 2

Leihen macht Freunde, Wiederfordern Feinde. Sprichwort

Auf den *Leim* gehen.

(Sich betrügen lassen)

Sprichwörtl. Redensart

Einen an der *Leine* haben
Sprichwörtl. Redensart

In der großen Seestadt *Leipzig*.
Anfang des Gedichts »Die Wassersnot in Leipzig«; Fliegende Blätter, 1853, S. 86. Verfasser ist Gustav Jul. Fr. Hansen (1831/1904); Volksweise.

Mein *Leipzig* lob' ich mir! · Es ist ein klein' Paris und bildet seine Leute. Frosch in Goethe, Faust 2171/72

Leipzig läßt auf sich warten.
(Lipsia vult exspectari.)
In bezug auf die Rechtssprüche des Leipziger Schöppenstuhls im 15. und 16. Jahrhundert

O *Leipzig*, freundliche Lindenstadt . . ., · Solange die Ströme zum Meere reisen, · Wird noch der späteste Enkel preisen · Die *Leipziger* Schlacht.
Ernst Moritz Arndt, Die Leipziger Schlacht

Das wird keine *Leipziger* Messe lang dauern,
tröstet der Schlesier Ungeduldige

Leise, leise · Fromme Weise, · Schwing dich auf zum Sternenkreise.
K. M. v. Weber, Der Freischütz (Lied der Agathe)

Leise flehen meine Lieder · Durch die Nacht zu dir.
L. Rellstab, Ständchen (komp. von Franz Schubert)

Leise zieht durch mein Gemüt · Liebliches Geläute.
Heine, Neuer Frühling 6

Leise, ganz leise, zieht's durch den Raum.
Lied aus der Operette Der Walzertraum von Oscar Straus

Gradaus hab' ich stets gesprochen, · Und mir dennoch Bahn gebrochen. · All die *Leisetreter* mit Glück · Ließ ich hinter mir zurück.
Gottfr. Kinkel, Gedichte: Sprüche 31

Wenn der Mensch alles *leisten* soll, was man von ihm fordert, so muß er sich für mehr halten, als er ist.
Goethe, Maximen u. Reflexionen 2

Wer gar zuviel bedenkt, wird wenig *leisten*.
Tell in Schiller, Wilhelm Tell 3, 1

Schuster, bleib bei deinem *Leisten!*
Sprichwort

Wer Schwache *leiten* will, der sei · Von ihrer Schwachheit selber frei!
M. G. Lichtwer, Fabeln: Der Fuchs und der Marder

Wehe euch, verblendete *Leiter!*
Matth. 23, 16

Auf schwanker *Leiter* der Gefühle.
Schiller, Gedichte: Die Macht des Gesanges

Leiter zur Macht, siehe unter *Korporal*

Ein jeder übe sein' *Lektion*, · So wird es gut im Rate stohn!
Goethe, Reimsprüche und Zahme Xenien. Vgl.: Ein jeder lern seine *lection*, So wird es wol im hause ston.
In Luthers Schriften, Jena 1600, 8, Bl. 353b und im Kl. Katechismus

Lasse dich deine *Lektüre* nicht beherrschen, sondern herrsche über sie.
Lichtenberg, Verm. Schriften 2: Bemerkungen 15: Gute Vorschläge und Maximen

Seine *Lenden* gürten.
(Für sich reisefertig machen)
Nach 1. Kön. 18, 46

Er läßt sich nicht *lenken* noch leiten. Sprichwörtl. Redensart

Lenore fuhr ums Morgenrot · Empor aus schweren Träumen.
Bürger, Lenore

Der *Lenz* ist angekommen! · Habt ihr es nicht vernommen?
Aug. Vulpius 1811

Ist der holde *Lenz* erschienen? · Hat die Erde sich verjüngt?
Schiller, Gedichte: Klage der Ceres

Der neue *Lenz* bringt neue Saaten mit.
Thibaut in Schiller, Die Jungfrau von Orleans, Prolog 3

Ex ungue *leonem* (pingere).
(Den Löwen nach der Klaue [malen]. Aus einem Glied auf die ganze Gestalt schließen.) Wird von Plutarch (De de-

fectu oraculorum 3) auf Alcäus (ca. 610 v. Chr.) und von Lucian (Hermotimus, 54) auf Phidias (ca. 500 v. Chr.) zurückgeführt. Es findet sich aber schon als Sprichwort bei dem Mimendichter Sophron von Syrakus (5. Jh. vor Chr.).

Und wenn er seinen Gegenstand benennt, · So gibt er ihm den Namen *Leonore.*
Prinzessin in Goethe, Torquato Tasso 1, 1

Da speit das doppelt geöffnete Haus · Zwei *Leoparden* auf einmal aus. Schiller, Gedichte: Der Handschuh

Meine einzige Passion · Ist mein *Leopold,* mein Sohn!
Aus Ad. L'Arronges Volksstück: Mein Leopold (Wien 1879)

Ei sieh doch, *Leporello,* · Das schmucke junge Volk.
Leporelloalbum oder *Leporelloliste.*
Nach Mozart, Don Juan 1, 2

Es war die Nachtigall und nicht die *Lerche.*
Julia in Shakespeare, Romeo und Julia 3, 5

An ihren bunten Liedern klettert · Die *Lerche* selig in die Luft.
Nik. Lenau, Liebesfeier, 1823

Eine *Lerche* schießen.
(Kopfüber stürzen) Redensart

Mein Herz ist wie 'ne *Lerche!*
Geibel, Jugendgedichte: Der Mai ist gekommen

Die *Lerche* in die Lüfte steigt, · Der Löwe brüllt, wenn er nicht schweigt.
Wilh. Busch, Münchner Bilderbogen Nr. 405. Naturgeschichtl. Alphabet für größere Kinder und solche, die es werden wollen.

Lerchen sind wir, freie Lerchen, · Wiegen uns im Sonnenschein, · Steigen auf aus grünen Saaten, · Tauchen in den Himmel ein.
Uhland, Gedichte: Lerchenkrieg

Wenn einer meint, er *lerne* noch, so kommt sein Witz empor; · Wenn einer meint, er sei gelehrt, so wird er jetzt ein Tor.
Logau, Sinngedichte: Gelehrt

Dem grauen Scheitel fällt das *Lernen* schwer. Geibel, Sophonisbe 3, 1

Überall *lernt* man nur von dem, den man liebt.
Eckermann, Gespräche mit Goethe, 12. Mai 1825

Ihr Mächtigen der Erde! schaut und *lernt!* Chamisso, Memento

Man sollte eigentlich immer nur das *lesen,* was man bewundert.
Eckermann, Gespäche mit Goethe, 9. März 1831

Vieles *Lesen* macht stolz und pedantisch; viel sehen macht weise, verträglich und nützlich.
Lichtenberg, Verm. Schriften (1833) 1, 120

Vom Schlechten kann man nie zuwenig und das Gute nie zu oft *lesen.*
Schopenhauer, Parerga und Paralip. 2, Kap. 31: Gleichnisse, Parabeln und Fabeln § 587

Was nicht zweimal *lesenswert* gewesen, · Das war nicht einmal lesenswert. Rückert, Vierzeilen

Leser, wie gefall' ich dir? · Leser, wie gefällst du mir?
Logau, Sinngedichte: An den Leser

Lethe trinken, oder aus dem Strom der Vergessenheit trinken.
Nach Hesiod, Theog. 227 (vgl. Vergil, Äneis 6, 714f.); vgl. dazu bei Dante, Läutbg. 28 124ff., und bei Schiller: All mein Sehnen will ich, all mein Denken · In des *Lethe* stillen Strom versenken. (Hektors Abschied.)

Zuletzt, doch nicht der *Letzte* meinem Herzen.
Antonius in Shakespeare, Cäsar 3, 1

Ich bin der *Letzte* meines Geschlechts.
Verrina in Schiller, Fiesko 1, 11; Attinghausen in Schiller, Wilhelm Tell 2, 1

Der *Letzte* der Mohikaner.
(The last of the Mohicans).
Titel eines Romans von J. F. Cooper

Die *letzte* Rose, siehe unter *Rose*

Zum *letzten* Mittel, wenn kein andres mehr · Verfangen will, ist ihm das Schwert gegeben.
Stauffacher in Schiller, Wilhelm Tell 2, 2

Den *letzten* beißen die Hunde.
Volkstümliche Redensart

Du *Letzter* aller Römer, lebe wohl!
Brutus in Shakespeare, Julius Cäsar 5, 4

Der Mensch erfährt, er sei auch, wer er mag, · Ein *letztes* Glück und einen *letzten* Tag.
Goethe, Sprüche in Reimen: Sprichwörtlich. Auch im Epilog zum Trauerspiel Essex (18. Okt. 1813)

Gefährlich ist's, den *Leu* zu wecken.
Schiller, Lied von der Glocke V. 374

Leuchte der Wissenschaft.
Nach Plinius Hist. nat. 17, 5
(Lux doctrinarum altera heißt dort Cicero neben Homer.)

Laß dein Angesicht *leuchten* über mir. Nach 4. Mos. 6, 25

Was vergangen, kehrt nicht wieder; aber, ging es *leuchtend* nieder, *leuchtet's* lange noch zurück.
Karl Förster (1784–1841) Gedichte, Erinnerung und Hoffnung

Mancher *leugnet* die Sonne vom Himmel weg.

Leumund tötet den Mann.
Sprichwörtlich

Vor bösem *Leumund* ist niemand sicher. Sprichwort

Gute *Leute* und schlechte Musikanten.
Clemens Brentano, Ponce de Leon 5, 2: E. T. A. Hoffmann, »Seltsame Leiden eines Theaterdirektors« (Berl. 1819), S. 198 und »Kater Murr« (1820) 2. Abschnitt, Heine, »Ideen. Das Buch Le Grand« (1826) 13, doch schon früher in ähnlicher Form

Doch *Leute* machen noch kein Volk.
Fr. v. Sallet, Gedichte: Der alte Überallundnirgends

Leute mit verfehltem Beruf,
siehe unter *Zeitungsschreiber*

Die *Leutnants* und die Fähnderichs, · Das sind die klügsten Leute.
Heine, Heimkehr 68. Mir träumt: ich bin der liebe Gott (1823)

Leutselig macht das Mißgeschick, die Schuld.
Gordon in Schiller, Wallensteins Tod 4, 2

In der *Leutseligkeit* ist nichts von Menschenhaß, aber eben darum allzuviel von Menschenverachtung.
Friedrich Nietzsche, Jenseits von Gut und Böse: Sprüche und Zwischenspiele

Die *Leviten* lesen.
Das 3. Buch Mosis (Leviticus) enthält viele Gebote und Vorschriften, daher diese Redensart

Veni de *Libano*, sponsa mea
(Komm, meine Braut, vom *Libanon*).
Hohelied 4, 8 (Dante, Läutbg. 30. 11)

Es flattert um die Quelle · Die wechselnde *Libelle*!
Goethe, Parabolisch: Die Freuden

Habent sua fata *libelli*,
siehe unter *Bücher*

Licentia poetica.
(Poetische Freiheit.)
Seneca, Quaest. natural. 2, 44, 1

Aliis si *licet*, tibi non licet.
(Wenn es andern erlaubt ist, so ist's dir noch lange nicht erlaubt.)
Terenz, Heautontimorumenos 4, 5, 49

Quod *licet* Jovi, non licet bovi.
(Was sich für Jupiter schickt, schickt sich nicht für den Ochsen.)
Latein. Sprichwort

Sein *Licht* vor den Leuten leuchten lassen. Nach Matth. 5, 16

Wo *Licht* ist, ist auch Schatten! – Sollt ich das Licht nicht lieben, weil es Schatten wirft?
Wilhelm Lübke

Mehr *Licht!* mehr Licht!
Soll Goethe am 22. März 1832 als letzte Worte gesagt haben. In Wirklichkeit lauten seine Worte: Macht doch den zweiten Fensterladen in der Stube auch auf, damit mehr Licht hereinkomme.

Das *Licht*, das ist das Gute; die Finsternis, die Nacht, · Das ist das Reich der Sünde und ist des Bösen Macht. Chamisso, Abba Glosk Leczeka

Wo viel *Licht* ist, ist starker Schatten.
Götz in Goethe, Götz von Berlichingen 1. Akt.

Gott sprach: Es werde *Licht!* und es ward Licht. 1. Mos. 1, 3

Licht, Liebe, Leben!
Herders Wahlspruch u. Grabschrift

Man zündet ein *Licht* mit dem andern an. Sprichwort

Wer Arges tut, der hasset das *Licht*. Joh. 3, 20

Dem ist ein *Licht* aufgegangen.
Redensart nach Matth. 4, 16

Sein Licht unter den Scheffel stellen. Matth. 5, 15

Jemand hinters *Licht* führen.

Er ist kein großes *Licht!*
Sprichwörtl. Redensarten

Raube das *Licht* aus dem Rachen der Schlange!
Hans Carossa, Rumänisches Tagebuch

Bin ich ein Gott? Mir wird so *licht!*
Faust in Goethe, Faust 439

Der Neidische läßt kein *Licht* an seinem *Lichte* anzünden. Sprichwort

Oh, eine edle Himmelsgabe ist · Das *Licht* des Auges. – Alle Wesen leben · Vom *Lichte*, jedes glückliche Geschöpf, · Die Pflanze selbst kehrt freudig sich zum Lichte.
Melchthal in Schiller, Wilhelm Tell 1, 4

Sich selbst im *Lichte* sein (stehen).
Sprichwörtl. Redensart

Am Weihnachtsbaum die *Lichter* brennen. Weihnachtslied von H. Kletke

O *lieb*, solang du lieben kannst! · O lieb, solang du lieben magst!
Ferd. Freiligrath, Der Liebe Dauer 1830

Wenn ich dich *lieb* habe, was geht's dich an!
Philine in Goethe, Wilhelm Meisters Lehrjahre 4, 9

Sie mußten beide sterben · Sie hatten sich viel zu *lieb*.
Heine, Neuer Frühling 29

Wer für sein *Lieb* nicht sterben kann, · Ist keines Kusses wert.
Körner, Leier u. Schwert: Trost

Die Köchin hatt' ihr Gift gestellt; · Da ward's so eng ihr in der Welt, · Als hätte sie *Lieb'* im Leibe.
Brander in Goethe, Faust 2130/32

Ich habe geliebet; nun *lieb'* ich erst recht! Goethe, Gedichte: Gewohnt, getan

Wir haben einander so *lieb*.
Siehe unter *fröhlich* bei Kotzebue

Lieb' oder Haß – ein drittes gibt's bei Frauen nicht.
Publilius Syrus, Spruchverse 6

Denn wie die Rose blüht im Dorn, · So blüht und glüht die *Lieb'* im Zorn!
E. M. Arndt, Zorn und Liebe (1819)

O *Lieb'*, wie bist du bitter, · O Lieb', wie bist du süß.
Scheffel, Trompeter von Säckingen, Margarethenlieder

(Denn) *Lieb'* ist Wunder, Lieb' ist Gnade, · Die wie der Tau vom Himmel fällt.
Em. Geibel, Jugendgedichte: Minnelied

»Dem *Liebchen* keinen Gruß! ich will davon nichts hören!« – · Dem Liebchen Gruß und Kuß! du wirst mir's nicht verwehren!
Siebel und Frosch in Goethe, Faust 2103/04

Wer ein *Liebchen* hat gefunden, · Die es treu und redlich meint, · Lohn' es ihr durch tausend Küsse.
Nr. 2 Duett in Bretzner-Stephanie, Entführung aus dem Serail, Oper von Mozart

Nie soll weiter sich ins Land · *Lieb'* von *Liebe* wagen, · Als sich blühend in der Hand · Läßt die Rose tragen. Nik. Lenau, An die Entfernten 1

Mit gleicher *Liebe lieb'* ich meine Kinder.
Schiller, Gedichte: Resignation (mit Anklang an Wilh. Tell 3, 3: Herr, beide sind mir gleich *liebe* Kinder)

Liebe Schwestern, zur *Liebe* geboren.
Duett und Chor aus Mozarts Don Juan 1, 2 (1787).

Die *Liebe* gibt dir ein: *lieb* alles, groß und klein! · Der höchsten Liebe wert wirst du dadurch allein.
Rückert, Weisheit des Brahmanen

Alte *Liebe* rostet nicht. Sprichwort

Liebe, die du mich zum Bilde · Deiner Gottheit hast gemacht.
Kirchenlied von J. Scheffler (Angel. Silesius † 1677)

Die *Liebe*, die die Sonne rollt und andere Sterne.
Dante, Schlußworte der Komödie

Wer nie im Zorn erglühte, · Kennt auch die *Liebe* nicht.
E. M. Arndt, Gedichte: Zorn und Liebe (1819)

Ach, man fühlt mit sechzehn Jahren · Leicht der *Liebe* Lust und Schmerz.
Camilla in Mélesville-Herold, Zampa 1, 2

Alles fühlt der *Liebe* Freuden, · Schnäbelt, tändelt, herzet, küßt.
Schikaneder-Mozart, Die Zauberflöte 2, 14

Die Engel, die nennen es Himmelsfreud, · Die Teufel, die nennen es Höllenleid, · Die Menschen, die nennen es – *Liebe!*
Heinrich Heine, Junge Leiden 8

Allmächt'ge *Liebe!* Göttliche! Wohl nennt · Man dich mit Recht die Königin der Seelen.
Don Manuel in Schiller, Die Braut von Messina 1417–18.

Liebe und Trompetenblasen · Nützen zu viel guten Dingen.
Scheffel, Trompeter von Säckingen 16, Schlußverse

Treue *Liebe* bis zum Grabe, · Schwör ich dir mit Herz und Hand: · Was ich bin und was ich habe, · Dank ich dir, mein Vaterland.
Hoffmann v. Fallersleben, Mein Vaterland (1839)

Nenne mir den weiten Mantel, · Drunter alles sich verstecket; · *Liebe* tut's, die alle Mängel · Gerne hüllt und fleißig decket.
Logau, Epigramme, 2. Tausend 4. Hundert Nr. 14: Die Liebe

Hab' ich nur deine *Liebe*, · Die Treue brauch' ich nicht! · Die Liebe ist die Knospe, · Aus der die Treue bricht.
Boccaccio, Operette v. Suppé, Lied Nr. 3

Bei Männern, welche *Liebe* fühlen, · Fehlt auch ein gutes Herze nicht.
Schikaneder-Mozart, Die Zauberflöte

»Furchtlos und treu« ist der Wahlspruch der *Liebe*.
Em. Geibel, Meister Andrea 2, 9

Denn nur von innen kommt der Segen, · Und nur die *Liebe* bringet Rast. Em. Geibel, Jugendgedichte, Lied

O daß sie ewig grünen bliebe, · Die schöne Zeit der jungen *Liebe!*
Schiller, Lied von der Glocke V. 78–79

Die *Liebe* hat nun einmal dieses Übel, · Daß Krieg und Frieden immer wechseln.
Horaz, Satiren 2, 3, 267/68

Die *Liebe* hemmet nichts; sie kennt nicht Tür noch Riegel, · Und dringt durch alles sich; · Sie ist ohn' Anbeginn, schlug ewig ihre Flügel, · Und schlägt sie ewiglich.
Matthias Claudius, Die Liebe

Die *Liebe* ist der Liebe Preis.
Prinzessin in Schiller, Don Carlos 2, 8

Liebe bleibt die goldne Leiter, · Drauf das Herz zum Himmel steigt.
E. Geibel, Lieder als Intermezzo 1

Die *Liebe* ist des Argwohns Schmied.
(Amore è di sospetti fabbro.)
Silvio Pellico, Francesca da Rimini 1, 2

Laß ab von der *Liebe*, sie ist dir nicht gesund!
Volkslied: Untreue (Was hab' ich denn meinem Feinsliebchen getan?). Vgl. Wunderhorn, Petersilie

Die *Liebe* macht blind für den geliebten Gegenstand.
Plutarch, Moralische Schriften, S. 141 (Bär, 1829)

Die *Liebe* macht zum Goldpalast die Hütte.
Hölty, Oden und Lieder: Die Seligkeit der Liebenden

Je größer der Mann, desto tiefer seine *Liebe.* Leonardo da Vinci

Die *Liebe,* wenn sie neu, braust wie ein junger Wein; · Je mehr sie alt und klar, je stiller wird sie sein.
Angelus Silesius (Joh. Scheffler), Cherub. Wandersmann (1675)

Das süßeste Glück für die trauernde Brust, · Nach der schönen *Liebe* verschwundener Lust, · Sind der Liebe Schmerzen und Klagen.
Schiller, Gedichte: Des Mädchens Klage

Die *Liebe* von Zigeunern stammt, · Fragt nicht nach Recht, Gesetz und Macht; · *Liebst* du mich nicht, bin ich entflammt, · Und lieb' ich dich, nimm dich in acht.
Bizet, Carmen Nr. 5, Habanera

Krone des Lebens, · Glück ohne Ruh, · *Liebe,* bist du!
Goethe, Gedichte: Rastlose Liebe

Wo keine *Liebe,* ist auch keine Wahrheit. · Und nur der ist etwas, der etwas liebt. · Nichts sein und nichts lieben, ist identisch.
L. Feuerbach, Philos. Kritiken 2

An allen meinen Leiden · Ist nur die *Liebe* schuld – · Die Liebe, ach die Liebe · Hat mich so weit gebracht.
Aus Paisiellos Duett: Mich fliehen alle Freuden, siehe unter *fliehen*

Es ist eine nichtswürdige *Liebe,* die kein Bedenken trägt, ihren Gegenstand der Verachtung auszusetzen.
Tellheim in Lessing, Minna von Barnhelm 4, 6

Mein Herz, ich will dich fragen: · Was ist denn *Liebe?* Sag! – · »Zwei Seelen und ein Gedanke, · Zwei Herzen und ein Schlag!« · Und sprich: Woher kommt Liebe? – · »Sie kommt und sie ist da!« · Und sprich: Wie schwindet Liebe? – · »Die war's nicht, der's geschah!«
Parthenia in Fr. Halm, Sohn der Wildnis, 2. Akt

Heut ist mir alles herrlich; wenn's nur bliebe! · Ich sehe heut durchs Augenglas der *Liebe.*
Goethe, Westöstl. Diwan: Buch Suleika

Im Arm der *Liebe* ruht sich's wohl.
Herm. Wilh. Franz Ueltzen (1758 bis 1808), Das Liedchen von der Ruhe (Gött. Musen-Almanach 1788)

Sie hat im Leben *Liebe* gesäet, · Sie soll im Tode Liebe ernten.
Grabschrift Fritz Reuters auf seine Frau

Die *Liebe* besteht zu drei Viertel aus Neugier.
Nach Casanova, Memoiren (Buhl, Berlin 1850/51)

Kein steinern Bollwerk kann der *Liebe* wehren; · Und Liebe wagt, was irgend Liebe kann.
Romeo in Shakespeare, Romeo und Julia 2, 2

Liebe bleibt die Krone für ein jedes Weib.
Euripides, Andromache 241 (Minckwitz)

Liebe denkt in süßen Tönen, · Denn Gedanken stehn zu fern. · Nur in Tönen mag sie gern · Alles, was sie will, verschönen.
Tieck, Gedichte: Liebeslust

Liebe, die von Herzen liebt, · Ist am reichsten, wenn sie gibt; · Liebe, die von Opfern spricht, · Ist schon rechte Liebe nicht.
Geibel, Gedichte: Sprüche

Was aus *Liebe* getan wird, geschieht immer jenseits von Gut und Böse.
Friedr. Nietzsche, Jenseits von Gut und Böse 153. Aphorismus

Liebe greift auch in die Ferne, · Liebe fesselt ja kein Ort. · Wie die Flamme nicht verarmet, · Zündet sich an ihrem Feuer · Eine andre wachsend fort.
Genius in Schiller, Huldigung der Künste

Liebe ist stark wie der Tod, und ihr Eifer ist fest wie die Hölle. Ihre Glut ist feurig und eine Flamme des Herrn, daß auch viele Wasser nicht mögen die Liebe auslöschen noch die Ströme sie ertränken. Wenn einer alles Gut in seinem Hause um die Liebe geben wollte, so gälte es alles nichts.

Das Hohelied Salomonis 8, 6, 7

Liebe und Moschus lassen sich nicht verheimlichen.

Persisches Sprichwort

Liebe zuerst bringt Lust, doch am Schluß nur Schmerzen dem Herzen.

(Principium dulce est, sed finis amoris amarus.) Ovid, Liebeskunst 1, 58 (Voß)

So viel Muscheln der Strand, so viel beut Schmerzen die *Liebe.*

(Litore quot conchae, tot sunt in amore dolores.) Ovid, Liebeskunst 2, 519

Liebe ist freiwillige Gabe, Schmeichelei Huldigung.

Goethe, Westöstlicher Diwan: Buch der Liebe

Wohl bringt die *Liebe* uns zuletzt auch Leid, · Denn eines muß ja vor dem andern sterben.

Ute in Hebbels Nibelungen

Was merkt nicht *Liebe?*

(Quid non sentit amor?)
Ovid, Metamorphosen 4, 68

Wenn ich mit Menschen- und mit Engelzungen redete und hätte der *Liebe* nicht, so wäre ich ein tönend Erz oder eine klingende Schelle ... Nun aber bleibet Glaube, Hoffnung, Liebe, diese drei; aber die Liebe ist die größte unter ihnen.

1. Korinth. 13, 1 u. 13

Liebe schwärmt auf allen Wegen; · Treue wohnt für sich allein. · Liebe kommt euch rasch entgegen; · Aufgesucht will Treue sein.

Claudine in Goethe, Claudine von Villa Bella, 1. Aufzug

Hat dich die *Liebe* berührt, · Still unterm lärmenden Volke · Gehst du in goldener Wolke, · Sicher vom Gotte geführt. Paul Heyse

Die *Liebe* fordert alles und ganz mit Recht, so ist es mir mit Dir, Dir mit mir.

Beethoven an seine Unsterbliche Geliebte 6./7. Juli 1801

Wo *Liebe* kommt ins Haus, · Da zieht die Klugheit aus.

Logau, Sinngedichte: Liebe

Der *Liebe* Wonne flieht des Lauschers Ohr, · Sie flieht des Strahles unbescheidnen Zeugen.

Schiller, Gedichte: Die Erwartung

Zur *Liebe* will ich dich nicht zwingen.

Sarastro in Schikaneder-Mozart, Die Zauberflöte 1, 8

Hunger und *Liebe* erhält das Weltgetriebe. siehe unter *einstweilen*

Liebe sei vor allen Dingen · Unser Thema, wenn wir singen.

Goethe, Westöstlicher Diwan: Buch des Sängers

Das ist die wahre *Liebe*, die immer und immer sich gleich bleibt, · Wenn man ihr alles gewährt, wenn man ihr alles versagt.

Goethe, Vier Jahreszeiten

Ohne *Liebe* kehrt kein Frühling wieder, · Ohne Liebe preist kein Wesen Gott!

Schiller, Phantasie an Laura

Man ruht in ihrer *Liebe*, man erlaubt · Sich eine Laune, ungezähmter wirkt · Die Leidenschaft, und so verletzen wir · Am ersten die, die wir am zärtsten lieben.

Antonio in Goethe, Torquato Tasso 3, 4

Der *Liebe* leichte Schwingen trugen mich; · Kein steinern Bollwerk kann der Liebe wehren, · Und Liebe wagt, was irgend Liebe kann.

Romeo in Shakespeare, Romeo und Julia 2, 2

Schenk mir doch ein kleines bißchen *Liebe*, Liebe, sei doch nicht so schlecht zu mir.

Schlager aus der Operette Berliner Luft von Paul Lincke

Liebe siehe auch unter *bankerott*

Erst seit ich *liebe*, ist das Leben schön: · Erst seit ich liebe, weiß ich, daß ich lebe.
Helene in Körner, Zriny 2, 8

Ich *liebe* sie, sie liebet mich, · Doch keines sagt: »Ich liebe dich!«
Uhland, Lauf der Welt

Willst du geliebt werden, so *liebe*.
(Si vis amari, ama.) Seneca, Episteln 9

Morgen *liebe*, was auch immer · Noch *geliebet* hat zuvor! · Was *geliebt* hat längst und immer, · Lieb auch morgen nach wie vor!
Bürger, Nachtfeier der Venus

Ich habe gelebt und *geliebet*.
Schiller, Gedichte: Des Mädchens Klage

Wo ist dein *Lieben* · Geblieben? · Wer brachte mich drum?
Margarethe in Goethe, Faust 4495/97

Wie Knaben aus der Schul', eilt *Liebe* hin zum *Lieben*, · Wie Knaben an ihr Buch, wird sie hinweggetrieben.
Romeo in Shakespeare, Romeo und Julia 2, 2

Blickte stundenlang · Nach dem Fenster seiner *Lieben*, · Bis das Fenster klang.
Schiller, Gedichte: Ritter Toggenburg

Ist denn *Lieben* ein Verbrechen, · Soll man denn nicht zärtlich sein, · Nicht mit seinem Liebchen sprechen, · Sich nicht ihrer Liebe freun?
Nach Jean de Lingendes. Näheres siehe unter *Verbrechen*

Daß *Lieben* bringt groß' Freud' · Es wissen's alle Leut!
Schwäbisches Volkslied

Ist *Lieben* denn Frevel?
Luise in Schiller, Kabale und Liebe 5, 1

Ein Schauspiel für Götter, · Zwei *Liebende* zu sehn.
Valerio in Goethe, Erwin und Elmire 1, 1
Vgl. Näheres unter *Schauspiel*.

Nicht wenn du *liebenswürdig* bist, wirst du geliebt; wenn man dich liebt, wirst du liebenswürdig gefunden.
Börne, Verm. Aufsätze 16: Über den Umgang mit Menschen

Die *liebenswürdigste* der Frauen · Wird immer auch die schönste sein.
Kotzebue, Die neue Frauenschule

Um einen guten *Liebesbrief* zu schreiben, mußt du anfangen, ohne zu wissen, was du sagen willst, und endigen, ohne zu wissen, was du gesagt hast.
J. J. Rousseau

Holde Schöne, · Hör diese Töne, · Hör mein zärtliches *Liebesgestöhne*.
Ständchen aus Suppés Oper Boccaccio 1, 3

Was ist das Leben ohne *Liebesglanz?*
Theklas Monolog in Schiller, Wallensteins Tod 4, 12

Liebesleid und *-lust*, auch: Verlorene *Liebesmüh*.
(Loves labors lost.)
Titel eines Lustspiels von Shakespeare

Leise klingt meinem Gemüt ein süßes *Liebeslied*.
Antonia in Offenbachs Oper Hoffmanns Erzählungen 3, Finale Nr. 18

Ein *Liebesnetz* hab' ich um dich gesponnen, · Zerreiß es, wenn du kannst.
Wallenstein in Schiller, Wallensteins Tod 3, 18

Das Weib allein kennt wahre *Liebestreue*.
Turandot in Schiller, Turandot 3, 2

Die *Liebhaber* sind so pünktlich wie die Sonne.
Bätely in Goethe, Jery und Bätely

Lieblich dem Herzen, dem Aug lieblich erscheine sie stets.
Schiller, Gedichte: Tugend des Weibes

Liebling meiner Seele.
Marquis in Schiller, Don Carlos 2, 15
Liebling siehe auch unter *Grazien* und unter *Herzenssöhnchen*

Jeder *liebt* sich selber nur · Am meisten.
Nathan in Lessing, Nathan der Weise 3, 7

Es *liebt* ein jeder nur · Sich selbst.
Isabella in Schiller, Die Braut von Messina 35758

Wo alles *liebt,* kann Karl allein nicht hassen!

Domingo in Schiller, Don Carlos 1, 1

Alles *liebt* und paart sich wieder.

Wilh. Gottl. Becker, Frühlingsempfindung

Dich *liebt'* ich immer, dich lieb' ich noch heut, · Und werde dich lieben in Ewigkeit.

Uhland, Der Wirtin Töchterlein

Wer Gott recht *liebt,* darf nicht verlangen, daß Gott ihn wieder *liebe.*

Spinoza (Ethik)

Das *Lied,* das Lied hat Flügel.

Geibel, Gedichte: Spielmanns Lied

Das *Lied,* das aus der Kehle dringt, · Ist Lohn, der reichlich lohnet.

Goethe, Balladen: Der Sänger

Ein kleines *Lied,* wie geht's nur an, · Daß man so lieb es haben kann, · Was liegt darin? Erzähle! · Es liegt darin ein wenig Klang, · Ein wenig Wohllaut und Gesang · Und eine ganze Seele.

Marie v. Ebner-Eschenbach

Mein ganzer Reichtum ist mein *Lied.*

Georg Herwegh, Gedichte: Leicht Gepäck 1840

Sing mir das *Lied,* das mich einst hat betört.

(Tell me the tales that to me were so dear). Th. H. Bayli, die Übersetzung: Sag mir das Wort, das so gern ich gehört, stammt von Weidling, siehe auch unter *Lang.*

Ein garstig *Lied!* Pfui! Ein politisch Lied.

Brander in Goethe, Faust 2092

Schläft ein *Lied* in allen Dingen, · Die da träumen fort und fort, · Und die Welt hebt an zu singen, · Triffst du nur das Zauberwort.

Eichendorff, Sprüche 7

So ein *Lied,* das Stein' erweichen, · Menschen rasend machen kann.

Lichtwer, Fabeln: Die Katzen und der Hausherr

Ich hab' mal ein *Liedchen* gesungen, · Das schöne *Lied* ist aus; · Wenn das Herz im Leibe zersprungen, · Dann gehen die *Lieder* nach Haus!

Heinrich Heine, Junge Leiden 8

Ziehn die *Lieder* in die Weite, · Muß der Spielmann hinterdrein.

Storm, Fiedellieder Nr. 3

Wenn man *Lieder* singt, so wasche nicht darein!

Jesus Sirach 32, 6

Wo man singet, laß dich ruhig nieder, · Ohne Furcht, was man im Lande glaubt; · Wo man singet, wird kein Mensch beraubt: · Bösewichter haben keine *Lieder.*

Seume, Gedichte: »Die Gesänge«

Im Volksmunde verändert zu: Wo man singt, da laß dich ruhig nieder, · Böse Menschen haben keine *Lieder.* Vgl. auch *singen*

Denn eine Brust, wo Sang und *Lieder* hausen, · Schließt immer treu sich vor dem Schlechten zu.

Walter in Körner. Die Bergknappen 1, 6

Das *liederliche* Kleeblatt oder: Der böse Geist Lumpazivagabundus.

Titel einer Zauberposse von Johann Nepomuk Nestroy (1833)

Der hat's wahrhaftig als Poet · Nicht hoch hinausgetrieben, · In dessen *Liedern* mehr nicht steht · Als er hineingeschrieben.

Geibel, Sprüche

So herzig wie mein *Liesel* · Gibt's halt nichts auf der Welt. · Vom Köpfle bis zum Füßel · Ist sie gar wohl bestellt.

Chr. Fr. Dan. Schubart (1782)

Und die *Liesel* vor der Türe, · Rotes Mieder, goldne Schnüre, · Schaut hinauf nach dem Himmel · Und sieht den Hans nicht an.

Hans und Liesel (Volkslied)
Anfang vgl. unter *Hans*

Die braune *Liesel* kenn' ich am Geläut.

Seppi in Schiller, Wilhelm Tell 1, 1

Verstehest du auch, was du *liesest?*

Apost. 8, 30

A *lifetime* of happiness! No man alive could bear it: it would be hell on earth.

(Glück ein Leben lang! Niemand könnte es ertragen: es wäre die Hölle auf Erden.)
Bernhard Shaw (1856–1950), Man and Superman

Ligna in silvam portare stultum est.

(Holz in den Wald tragen ist töricht.)
Sprichwort

Es ist ein Brauch von alters her: · Wer Sorgen hat, hat auch *Likör*.

Wilh. Busch, Die fromme Helene (1872)

Geknickte *Lilie*.

Redensart nach Schillers Gedicht Die Kindesmörderin, siehe unter *Henker*

Zürne der Schönheit nicht, daß sie schön ist, daß sie verdienstlos, · Wie der *Lilie* Kelch, prangt durch der Venus Geschenk.

Schiller, Gedichte: Das Glück

Die *Lilien* auf dem Felde.

(Bild der Sorglosigkeit und Pracht zugleich.) Matth. 6, 28/29

Drei *Lilien*, drei Lilien, · Die pflanzt' ich auf mein Grab!

Volkslied (1770)

Liliput, Liliputaner.

Aus Swift, Gullivers Reisen

Die *Limonade* ist matt wie deine Seele.

Ferdinand in Schiller, Kabale und Liebe 5, 7

Unter der blühenden *Linde*.

Rud. Baumbach, Die Lindenwirtin

Blamier mich nicht, mein schönes Kind, · Und grüß mich nicht Unter den *Linden;* · Wenn wir nachher zu Hause sind, · Wird sich schon alles finden.

Heine, Buch der Lieder: Die Heimkehr, Anhang Nr. 9

Am Brunnen vor dem Tore, · Da steht ein *Lindenbaum*.

Wilh. Müller, Gedichte (1822); komp. von Fr. Schubert

Laß deine *linke* Hand nicht wissen, was die rechte tut. Matth. 6, 3

Laß dich vom *Linken* nicht umgarnen;

entstanden aus den Versen in Bürgers Ballade »Der wilde Jäger«.
»Der Graf verschmäht des Rechten Warnen · Und läßt vom *Linken* sich umgarnen.«

Etwas *links* liegenlassen.

Sprichwörtl. Redensart

Links müßt ihr steuern!

Ludwig Giesebrecht, Gedichte: Der Normann (in Anthologien Der Lotse genannt)

Geh du *linkwärts*, laß mich rechtwärts gehen.

Karl Moors Gesang von Brutus u. Cäsar in Schillers Räubern 4, 5; vgl. 1. Mos. 13, 9

Um ein *Linsengericht* etwas hingeben (etwas verschleudern).

Nach 1. Mos. 25, 29–34, wo Esau dafür sein Erstgeburtsrecht an Jakob verkauft

Zwischen *Lipp'* und Kelchesrand · Schwebt der finstern Mächte Hand.

Fr. Kind, Ankäos 1802 (nach Aristoteles).
Multa cadunt inter calicem supremaque labra.
Auch im Französ.: »Entre bouche et cuiller · Avient souvent grand encombrier.«
Im Roman de renard« (12. Jh.)

Wenn *Lippe* gern auf Lippe ruht, · Wir hindern's nicht, uns dünkt es gut. Uhland, Lauf der Welt

Unser Leben hängt am Ende unserer *Lippen*. Sprichwort

Non *liquet*.

(Die Sache ist nicht spruchreif.)
Cicero, pro Cluentio 28, 76

Lirum larum Löffelstiel · Alte Weiber essen viel.

Kinderreim (Wunderhorn)

Ähnlich:
Lirum larum Löffelstiel: · Wer das nicht kann, der kann nicht viel.
Karl Simrock, Das deutsche Kinderbuch, 3. Aufl., S. 219

Mit Sturm ist da nichts einzunehmen; · Wir müssen uns zur *List* bequemen.

Mephistopheles in Goethe, Faust 2657/58

List oder Kraft? – Was wäre Feinden nicht erlaubt?

(Dolus an virtus, quis in hoste requirat?)
Vergil, Äneis 2, 390

Einem gewissenlosen Feind gegenüber greift selbst der Edle zur *List*.
Japanisches Sprichwort

Litterae non erubescunt.

(Buchstaben erröten nicht oder Papier ist geduldig.)
Cicero, ad famil. 5, 12 steht: *Epistola* non erubescit.

Das *Literarische* macht frei.

Th. Fontane, Frau Jenny Treibel, 16. Kap.

Die *Literatur* verdirbt sich nur in dem Maße, als die Menschen verdorbener werden.
Goethe, Maximen u. Reflexionen 7

Herrliches muß in einer *Literatur* hervorblühen, wenn sie als eine Vaterlandssache betrachtet wird.
Heine, Über Polen

Lob ablehnen heißt: zweimal gelobt sein wollen.
La Rochefoucauld, Maximes 49

Im *Lobe* ist mehr Zudringlichkeit als im Tadel.

Fr. Nietzsche, Jenseits von Gut und Böse, 170. Aphorismus

Übermäßiges *Lob* blähet den Jüngling auf und machet ihn eitel.
Plutarch, Über Kindererziehung § 12

Edle Seelen zürnen leicht bei ihrem *Lob* · Dem *Lober*, wenn sie dieser überschwenglich *lobt*.

Klytämnestra in Euripides, Iphigenie in Aulis 979/80

Lobe den Herren, den mächtigen König der Ehren.
Joach. Neander (1680)

Wer uns nicht *loben* kann, der schimpf' uns nicht.

Ramler, Fabellese 3, 2: Die Krähe und die Nachtigall

Wer andere *loben* will, muß selbsten *löblich* sein, · Sonst trifft das *Loben* leicht mit Schänden überein.
Logau: Sinngedichte: Ein Lobsprecher

Ich habe eine Antipathie gegen *Lobhudeleien*. Es macht mich den ganzen Tag verstimmt, so etwas zu hören. Moltke

Löblich unterworfen siehe unter *laudabiliter*

Löbliche Sitte. Nach 2. Makk. 4, 11

Hier sind wir versammelt zu *löblichem* Tun, siehe unter *versammelt*

Auf dem letzten *Loch* preifen.

Jemand (sich) ein *Loch* in den Bauch reden (ihn überreden wollen).

Ein *Loch* aufreißen, um andere *Löcher* zuzustopfen.

(Verschuldete Wirtschaft)
Sprichwörtl. Redensarten

Setz dir Perücken auf von Millionen *Locken*, · Setz deinen Fuß auf ellenhohe Socken, · Du bleibst doch immer, was du bist.

Mephistopheles in Goethe, Faust 1807/09

Wenn dich die bösen Buben *locken*, so folge (ihnen) nicht.
Sprüche Salomonis 1, 10

Gott will uns damit *locken*.
Luther, Der kleine Katechismus (1529)

Wider den Stachel *löcken*.
Apostelgesch. 9, 5 u. 26, 14

Lockspitzel.

Übersetzung von agent provocateur, Handlanger der Polizei, der jemand zu strafbaren Taten verleitet, um ihn dann der Polizei ans Messer zu liefern. Dies Wort hat Karl Henckell 1888 geprägt (nach dem biblischen Lockvogel mit dem dem österreich. Volksmund entnommenen Spitzel). Vgl. unter *Spitzel*.

Lockvogel. Nach Jer. 5, 27

Non erat his *locus*.

(Das war hier nicht am Platze.)
Horaz, Ars poëtica V. 19

Lodern zum Himmel · Seh' ich die Flammen.

Stretta des Manrico in Verdis Troubadour 3, 2

Lodernde Flammen schlagen zum Himmel.

Azucena in Verdi, Der Troubadour 2 (1853)

Was nutzt der *Löffel* ohne Suppe?
Sprichwörtl. Redensart

Über den *Löffel* barbieren, siehe unter *barbieren*

Einem eins hinter die *Löffel* geben.
(eine Ohrfeige, von den Ohren des Hasen). Sprichwörtlich; ebenso: Er spitzt die *Löffel* oder läßt die Löffel (Ohren) hängen.

Löffelstiel siehe unter *Lirum*

Löffelgarde.
In der Revolutionszeit Spottname der französischen Infanterie, weil diese den Löffel auf die Kopfbedeckung zu stecken pflegte; übertragen auf minderwertige Truppen überhaupt.

Betrübt wie ein *Lohgerber*, dem die Felle weggeschwommen sind.
Sprichwörtl. Redensart

Kühn ist das Mühen, · Herrlich der *Lohn!* Soldaten in Goethe, Faust 889/90

Sie haben ihren *Lohn* dahin.
Matth. 6, 2

Guter *Lohn* macht hurtige Hände.
Sprichwort

Ein Arbeiter ist seines *Lohnes* wert.
Luk. 10, 7 u. 1. Tim. 5, 18

Long ago siehe unter *Lang*

Longo sed proximus intervallo.
(Nach langem Zwischenraum doch als der nächste.) Vergil, Äneis 5, 320

Longum iter est per praecepta, breve et efficax per exempla.
(Lang ist der Weg durch Lehren, kurz und erfolgreich durch Beispiele.)
Seneca, Epistolae 6

Lorbeer ist ein bittres Blatt · Dem der's sucht, und dem, der's hat.
Geibel, Gedichte und Gedenkblätter: Sprüche

Den blut'gen *Lorbeer* geb' ich hin mit Freuden · Fürs erste Veilchen, das der März uns bringt.
Max in Schiller, Piccolomini 1, 4

Lorbeerblätter und Zwiebeln verderben kein Gericht.
Fritz Reuter, Ut mine Festungstid 20

Die *Lorbeeren* fallen niemand in den Schoß, sie erfordern den Einsatz des ganzen Lebens.
Rudolf v. Ihering

Die *Lorbeeren* des Miltiades,
siehe unter *Miltiades*

Der *Lorbeerkranz* ist, wo er dir erscheint, · Ein Zeichen mehr des Leidens als des Glücks.
Leonore in Goethe, Torquato Tasso

Hast du ein *Lorbeerreis* mir bestimmt, so laß es am Zweige · Weiter grünen und gib einst es dem Würdigern hin.
Goethe, Elegie: Hermann und Dorothea

Der *Lord* läßt sich entschuldigen,
siehe unter *entschuldigen*

Von allen den Mädchen, so blink und so blank, · Gefällt mir am besten die *Lore*.
Nach H. C. Boie 1797 (Melodie vor 1843)

Das hat mit ihrem Singen · Die *Lorelei* getan.
Heine, Die Heimkehr Nr. 2

Ach, es ist der Erde *Los* · Blühen, tragen und zerfallen.
Just. Kerner, Vom morschen Baum

Das ist das *Los* des Schönen auf der Erde!
Thekla in Schiller, Wallensteins Tod 4, 12

Ihm ruhen noch im Zeitenschoße · Die schwarzen und die heitern *Lose*.
Schiller, Lied von der Glocke V. 53–54

Was nicht zusammen kann · Bestehen, tut am besten, sich zu *lösen*.
Lionel in Schiller, Die Jungfrau von Orleans 2, 2

Es *lösen* sich alle Bande frommer Scheu.
Schiller, Lied von der Glocke V. 370

Loset (horchet), was i euch will sage! · D'Glocke hat zehni gschlage. · Bewahrt das Feuer und das Liecht, · Auf daß niemand kein Schade gschiecht.
Wächterruf. (Vgl. J. P. Hebels Wächterruf)

Wehe, wenn sie *losgelassen!*
Schiller, Lied von der Glocke V. 163

Es *löst* der Mensch nicht, was der Himmel bindet.
Don Manuel in Schiller, Die Braut von Messina 2, 5

Die Sache ist im *Lot.*
Sprichwörtl. Redensart

Freunde in der Not · Gehen zehn (hundert) auf ein *Lot.* Sprichwort

Lotosblatt auf einem Pfuhl,
siehe unter *Pfuhl*

Die *Lotosblume* ängstigt · Sich vor der Sonne Pracht, · Und mit gesenktem Haupte · Erwartet sie träumend die Nacht.
H. Heine, Lyrisch. Intermezzo 10

Grüße mein *Lottchen,* Freund.
Schiller, Die Schlacht

Wie die Nummern des *Lotto,* so zieht man hier die Autoren, · Wie sie kommen, nur daß niemand dabei was gewinnt.
Schiller-Goethe, Xenien 319: Gelehrte Zeitungen

Wie *Lots* Weib erstarren,
siehe auch unter *Salzsäule*

Dachtet ihr, der *Löwe* schliefe, weil er nicht brüllte?
Fiesko in Schiller, Fiesko 2, 18

Sich (nicht) in des *Löwen* Höhle wagen. Nach Äsops Fabel Nr. 296

Den *Löwen* freut's, daß ihm der Bär gehorcht, · Nicht, daß ihn Hund und Katze König schimpfen.
Soliman in Körner, Zriny 3, 4

Löwenanteil. Nach Äsop, Fab. 258, 260

Vor seinem *Löwengarten,* · Das Kampfspiel zu erwarten, · Saß König Franz.
Schiller, Gedichte: Der Handschuh

Man hüte sich, da einzutreten, wo eine große *Lücke* auszufüllen ist.
Balthasar Gracián, Handorakel (1637) Schopenhauer

Lückenbüßer sein.
Sprichwörtl. Redensart

Das Gesetz ist *lückenhaft,* das Recht ist *lückenlos.*
Joseph Unger, Mosaik, Bunte Betrachtungen und Bemerkungen

Lucri bonus est odor ex re qualibet.
(Gut ist des Gewinnes Geruch, · Aus welcher Sache er auch stamme.)
Juvenal 14, 204/05

Lucus a non lucendo.
(Wald heißt lucus, weil es darin dunkel ist [non lucet].)
Quinctilian erwähnt in de inst. orat. 1, 6, daß gewisse Worte von ihrem Gegenteile abstammen, z. B. lucus (Wald), weil es darin nicht hell ist (lucet).

Wer nichts erheiratet und nichts ererbt, · Der bleibt ein armes *Luder,* bis er sterbt.
Weitverbreiteter Scherzreim

Luft! Luft! – Clavigo!
Marie in Goethe, Clavigo 4. Akt

Von der *Luft* kann man nicht leben.

Es liegt etwas in der *Luft.*

Etwas aus der *Luft* greifen.
Sprichwörtl. Redensarten

Ihr Menschen klaget für und für, · Ihr könntet von der *Luft* nicht leben; · Seht dort das Wundermännchen schweben! · Das lebt von ihr.
Langbein, Der Luftschiffer von Handwerk (Gedichte 1854, 7, 370)

Mir wird so eng! · Die Mauernpfeiler · Befangen mich! · Das Gewölbe · Drängt mich! – *Luft!*
Gretchen in Goethe, Faust 3816/20

Wir stolzen Menschenkinder · Sind eitel arme Sünder · Und wissen gar nicht viel; · Wir spinnen *Luftgespinste* · Und suchen viele Künste · Und kommen weiter von dem Ziel. Matthias Claudius, Abendlied

Luftschlösser bauen.
Nach Augustinus, Sermo 2, 6; 8 prooem. (in aëre aedificare)

Lug und Trug · Ist der Welt Acker und Pflug. Sprichwort

O weh der *Lüge!* Sie befreiet nicht, wie jedes andre wahrgesprochene Wort, · Die Brust.
Iphigenie in Goethe, Iphigenie 4, 1

Lüge, wie sie schlau sich hüte, · Bricht am Ende stets das Bein; · Kannst du wahr sein nicht aus Güte, · Lern aus Klugheit wahr zu sein.

Em. Geibel, Neue Gedichte (Sprüche)

Die *Lüge* ist wie ein Schneeball: je länger man sie fortwälzt, je größer sie wird.

Luther (Zinkgref, Apophth. 1, S. 182)

Die *Lüge* reicht zur Wahrheit nicht hinan, · Mit allen ihren giftgetränkten Pfeilen.

Gerhart Hauptmann, Der arme Heinrich

Lüge siehe auch unter *Leben*

Die *Lüge* ist die Religion der Knechte und Herren, die Wahrheit ist die Gottheit der freien Menschen!

Maxim Gorki (1868–1936), Nachtasyl

Wo du *lügen* mußt, da *lüge!*

Darius bei Herodot 3, 72 (Fr. Lange)

Wie nützlich ist die Kunst, zu rechter Zeit zu *lügen!*

Corneille, Le menteur 2, 6

Zehnmal Versagen besser als ein *Lügen!*

Walther v. d. Vogelweide: Falsche Freigebigkeit

Lügen haben kurze Beine. Sprichwort

Das Blaue vom Himmel herunter *lügen*. Sprichwörtl. Redensart

Der Beste muß mitunter *lügen* – · Zuweilen tut er's mit Vergnügen.

Wilhelm Busch, Spricker (Buschbuch, Gebr. Nöldeke, 1909)

Untergang der *Lügenbrut*.

Schiller, Gedichte: An die Freude

Euer *Lügenköder* fängt den Weisheitskarpfen.

Polonius in Shakespeare, Hamlet 2, 1

Die *Lügenmäuler* sollen verstopft werden. Ps. 63, 12

Wer *lüget*, wer verleumdet, ist ärger als ein Dieb.

Hagedorn, Gedichte: Ben Haly

Ein *Lügner* muß ein gut Gedächtnis haben. Sprichwort

Der *Lügner* hofft vergeblich Treu und Glauben.

Goethe, Westöstl. Diwan: Buch der Betrachtungen

Alle Menschen sind *Lügner*.

Psalm 116, 11

Wer einmal *lügt*, dem glaubt man nicht, · Und wenn er auch die Wahrheit spricht!

Alter Spruch (nach Phädrus)

Wer einmal *lügt*, muß oft zu *Lügen* sich gewöhnen; · Denn sieben *Lügen* braucht's, um eine zu beschönen.

Rückert, Weisheit des Brahmanen (Stufe 5, 512)

Er *lügt*, daß sich die Balken biegen.

Er *lügt* wie gedruckt.

Sprichwörtl. Redensarten

St. *Lukas* Evangelist (18. Okt.) · Bringt Spätroggen ohne Mist.

Bauernregel

Ein *lukullisches* Mahl.

Nach dem Namen des reichen Römers Lucullus (1. Jh. v. Chr.), der eine sehr üppige Tafel hielt

Lumen mundi.

(Licht der Welt) Nach Matth. 5, 14

Nun ist der *Lümmel* zahm!

Mephistopheles in Goethe, Faust 3711

Denn ein Recht zum Leben, *Lump*, · Haben nur, die etwas haben.

H. Heine, Lazarus 1

Siehe unter *begraben*

Freund, wer ein *Lump* ist, bleibt ein Lump · Zu Wagen, Pferd und Fuße; · Drum glaub an keinen *Lumpen* je, · An keines Lumpen Buße. Goethe, Zahme Xenien 6

Lumpazivagabundus siehe unter *liederliche*

Nur die *Lumpe* sind bescheiden, · Brave freuen sich der Tat.

Goethe, Gedichte: Rechenschaft

Sie täten gerne große Männer verehren, · Wenn diese nur auch zugleich *Lumpen* wären.

Goethe, Zahme Xenien 5

Man sieht, es bessert auch nicht Elend, Reu noch Zeit; · Einmal ein *Lumpenhund*, er bleibt's in Ewigkeit.
Wirt in Goethe, Die Mitschuldigen 1, 1

Jeder solcher *Lumpenhunde* · Wird vom zweiten abgetan; · Sei nur brav zu jeder Stunde, · Niemand hat dir etwas an.
Goethe, Zahme Xenien 5

Die beste *Lunge* erschöpft sich, auch sogar eine weibliche. Sie hören alle auf zu schreien, wenn sie nicht mehr können.
Marinelli in Lessing, Emilia Galotti 3, 6

Lunte riechen.
Früher führte jeder Soldat zur Zeit des nahen Kampfes eine glimmende Lunte mit, um gleich abbrennen zu können. Diese konnte der Feind auf einige Entfernung riechen und somit die Nähe seiner Gegner erkennen.

Lupus in fabula.
(Der Wolf in der Fabel.)
Terenz, Adelphi 4, 1, 21
Bezeichnet das unerwartete Erscheinen jemandes, von dem man gerade spricht

Es ist eine *Lust*, zu leben.
Ulrich von Hutten, Brief an Pirckheimer, 25. 12. 1518; vgl. unter *Jahrhundert*

Alle *Lust* der Welt ist kurzer Traum nur.
Petrarca, Sonette 1, 14. Wohl nach dem Bibelwort: Die Welt vergeht mit ihrer *Lust*. 1. Joh. 2, 17

O nein! Die Kraft ist schwach, allein die *Lust* ist groß.
Mephistopheles in Goethe, Faust 2202

Lust und Liebe sind die Fittiche · Zu großen Taten.
Pylades in Goethe, Iphigenie auf Tauris 2, 1

Lust und Tugend · Können Schwestern sein.
Lichtwer, Vermischte Gedichte Nr. 2

Lust verkürzt den Weg.
König Eduard in Shakespeare, König Heinrich VI. 3. Teil 5, 3

Was ist des Lebens höchste *Lust?* · Die Liebe und der Wein!
Joachim Perinet, Lebenslust. Danach im Studentenlied: »Ich hab' den ganzen Vormittag«, Strophe 2

Lüsternheit ist ein Spiel mit dem zu Genießenden und mit dem Genossenen.
Goethe, Maximen und Reflexionen 7

Lustig gelebt und selig gestorben, · heißt: dem Teufel die Rechnung verdorben.
Alter Scherzreim

Hätte Lyra nicht geleiert, hätte *Luther* nicht getanzt.
Nicolaus de Lyra, aus Lyre, war ein sehr gelehrter franz. Theologe im 14. Jh. Er hat einen Kommentar zur Bibel, Postillae perpetuae (Rom 1471/72 in 5 Bänden), verfaßt, den Luther ständig benutzte. Der Spruch Si Lyra non lyrasset · Lutherus non saltasset soll an die Vorarbeit erinnern, die Lyra geleistet hatte.

Niemand, der weiß, was eine Sprache ist, erscheine ohne Ehrfurcht vor *Luther*. Unter keinem Volk hat ein Mann soviel an seiner Sprache gebildet.
Klopstock, Sämtl. Werke, Bd. 8

Das ist *Lützows* wilde, verwegene Jagd.
Th. Körner, Lützows wilde Jagd

Luxus der eigenen Meinung.
Nach Bismarcks Äußerungen am 17. Dez. 1873 und 4. Mai 1886

Luxus treibt den Menschen zu keiner Tugend an, sondern erstickt meist alle besseren Gefühle in ihm.
Friedrich d. Gr. (1789, Sämtl. Werke)

Schaffen Sie den *Luxus* ab, so zerstören Sie eine Menge Existenzen.
Bismarck in Friedrichsruh a. 9. Juli 1893

Luzifer
nannten Jost van den Vondel, Milton, Klopstock u. n. a. den Fürsten der Finsternis nach Jes. 14, 12: »Wie bist du vom Himmel gefallen, du schöner Morgenstern!« (Luzifer = Lichtbringer)

Lynchen.
Bezeichnung für rasche Volksjustiz. Der Friedensrichter Lynch in Nordkarolina soll Ende des 16. Jh. mit Selbsthilfe gegen Verbrecher vorgegangen sein.

Alles *Lyrische* muß im ganzen sehr vernünftig, im einzelnen ein bißchen unvernünftig sein.
Goethe, Maximen und Reflexionen 2

Zu *lyrischen* Arbeiten gehört ein gewisser poetischer Müßiggang.
Fr. v. Schiller, Brief an W. A. v. Schlegel (14. 5. 1801)

Sint *Maecenates,* non derunt, Flacce, Marones.

(Wenn es Mäzene gibt, lieber Flaccus, dann fehlen auch Vergile nicht!)
Martial, Epigramme, Bd. 8, Nr. 56

Mach End', o Herr, mach Ende · Mit aller unsrer Not!

Paul Gerhardt, Befiehl du deine Wege (1653)

Komm, lieber Mai, und *mache,*

siehe unter *Mai*

Mach's wie Herr Asmus tat, · Der wußte, was er sollte; · Der fragte jedermann um Rat · Und tat doch, was er wollte.

Heinr. Seidel, Neues Glockenspiel: Mach's wie Herr Asmus

Das Geheimnis jeder *Macht* besteht darin: zu wissen, daß andere noch feiger sind als wir.

Börne, Der Narr im Weißen Schwan 2

Hast du die *Macht,* du hast das Recht auf Erden.

Chamisso, Die Giftmischerin

Wer seine *Macht* verliert, verliert sich selbst und alles, was damit zusammenhängt.

Gregor in F. v. Saar, Kaiser Heinrich IV. I. Hildebrand 5, 6

Mit unsrer *Macht* ist nichts getan.

Luther, Ein' feste Burg, Strophe 2. (Ähnlich: Mit unserm Arm ist nichts getan, in Klopstocks Ode: Schlachtlied.)

Jeder hat so viel Recht, wie er *Macht* hat.

(Quia unusquisque tantum juris habet, quantum potentia valet [weil ein jeder gerade nur so viel Recht hat, als er Macht besitzt]). Spinoza, Tract. polit. 2, 8

Das eben ist der Fluch der *Macht,* daß sich · Dem Willen, dem leicht widerruflichen, · Ein Arm gleich beut, der fast unwiderruflich · Die Tat ankettet.

Rupert in Kleist, Die Familie Schroffenstein 4

Macht geht vor Recht.

In diesem Satze, so behauptete Graf Schwerin im Abgeordnetenhause am 13. März 1863, habe eine Rede Bismarcks gegipfelt, wogegen sich dieser verwahrte (am 27. Januar 1863 u. später am 1. Feb. 1868).

Kommt die *Macht,* · So fällt das Recht in Acht. Alter Spruch

Was ist euch Harten · Doch heilig und wert, · Giert ihr Männer nach *Macht!*

Fricka in Richard Wagner, Rheingold Vers 368–70

Ich bete an die *Macht* der Liebe, · Die sich in Jesu offenbart.

Gerhard Tersteegen (um 1750), Musik von Demetrius Bortniansky (1751–1825)

Die *Macht* der Finsternis.

Nach Luk. 22, 53. Titel von Leo Tolstois Tragödie (1887)

Die *Macht* der Verhältnisse.

(Titel einer Tragödie von Robert. Stuttgart 1819.) Schopenhauer sagte: sie sollte richtiger Die Macht der Vorurteile heißen!

Der hat die *Macht,* an den die Menge glaubt.

Raupach, Kaiser Friedrichs II. Tod 1, 3

Der Wille zur *Macht,* siehe unter *Wille*

Unüberwindliche *Mächte.*

Titel eines Romans von Hermann Grimm (Berlin 1867)

Mädchen für alles.

Stammt aus der zweiten Hälfte des vorigen Jahrhunderts und ist Berliner Ursprunges

Das scheuste *Mädchen* ist verschwendrisch noch, · Wenn sie dem Monde ihren Reiz enthüllt.

Laertes in Shakespeare, Hamlet 1, 3

Ein *Mädchen* oder Weibchen · Wünscht Papageno sich.

Papageno in Schikaneder-Mozart, Die Zauberflöte 2, 20

Die *Mädchen* sind gut und machen sich gerne · Was zu schaffen.

Goethe, Gedichte: Episteln 2

Ein *Mädchen* und ein Gläschen Wein · Kurieren alle Not; · Und wer nicht trinkt und wer nicht küßt, · Der ist so gut wie tot.
Thomas in Goethe, Jery und Bätely

Hast du das *Mädchen*, · So hat sie dich auch.
Goethe, Verm. Gedichte: Gegenseitig

Gott schuf die *Mädchen* zur Liebe!
S. A. Mahlmann, Lebenslust 1797

Ein *Mädchen*, schön und wunderbar.
Schiller, Gedichte: Das Mädchen aus der Fremde

Wir armen, armen *Mädchen*, · Sind gar so übel dran; · Ich wollt', ich wär' kein Mädchen, · Ich wollt', ich wär' ein Mann!
Alb. Lortzing, Der Waffenschmied Nr. 11 (1846)

Willst du dir ein *Mädchen* kaufen, · So geh und gib dich selbst dafür!
Goethe, Lieder: Wahrer Genuß

Wenn ein *Mädchen* einen Herrn hat, · Den sie liebt und den sie gern hat.
Aus der Operette »Der Juxbaron« von Walter Kollo

O *Mädchen*, mein Mädchen, wie lieb' ich dich.
Lied aus der Operette »Friderike« von Franz Lehár

Ja, das haben die *Mädchen* so gerne.
Schlager aus der Operette »Autoliebchen« von Jean Gilbert

Durch Purpur und Juwelen kauft der Mann des *Mädchens* Herz.
Plautus, Das Hausgespenst 280 (Köpfe)

Made in Germany siehe unter *Germany*

Ein rheinisches *Mädel* beim rheinischen Wein, · Das muß ja der Himmel auf Erden sein.
Karnevalsschlager von Willi Ostermann

Die *Mädels* sind doch sehr interessiert usw. siehe unter *interessiert*

Mädels aus dem Schwarzenwald.
Lied aus der Operette »Schwarzwaldmädel« von Leon Jessel

Mädle ruck, ruck, ruck an meine grüne Seite.
Schwäb. Volkslied: Die Erwählte (1836)

Komm herab, o *Madonna* Theresa!
Walzer aus der Operette Don Cesar (1, 12) von O. Walther und R. Dellinger

Leb wohl, *Madrid!* Nie wende sich dein Glück!
Preziosa in P. A. Wolff, Preziosa 1, 5

Wert *mag*, de *magt;* · Un wert nich mag, · De magt jo woll nich *mägen*.
Motto zu Fritz Reuter, Läuschen und Rimels (1853)

Das ist gewiß! Die *Magd*, wo sie wird Frau im Haus, · Die schicket ihre Mägd' im ärgsten Regen aus.
Fr. Rückert, Weisheit des Brahmanen 16 (3), 37

Magdalena (22. Juli) weint um ihren Herrn, · Drum regnet's an diesem Tage gern.

Regnet's am *Magdalenentag*, · Folgt gewiß mehr Regen nach.
Wetterregeln

Frau *Magdalis* weint auf ihr letztes Stück Brot. · Sie konnt' es vor Kummer nicht essen, · Ach, Witwen bekümmert oft größere Not, · Als glückliche Menschen ermessen.
Bürgers Ballade Die Kuh

Junge *Mägde*, magre Kühe.

Wenn sich die *Mägde* zanken, so kommt die Wahrheit heraus.
Bauernregel

Das allgemeine Wahlrecht von 89 bis 96 Prozent der Bevölkerung als *Magenfrage* aufgefaßt ...
Lassalle 1, 39 (1863), Umbildung aus dem Englischen. S. Ladendorf, Historisches Schlagwort, S. 199

Gesellschaft könnten sie die allerbeste haben. · Und laufen diesen *Mägden* nach!
Bürgermädchen in Goethe, Faust 834/35

Mein *Magen* hat wenig Sinn für Unsterblichkeit –.
Heine in seinen »Reisebildern« mit Bezug auf das Horazische »Nonumque prematur in annum«. (Ars poëtica V. 388. – »Bis ins neunte Jahr muß gefeilt werden«, eine Dichtung nämlich.)

Die Liebe geht durch den *Magen*.

Die Augen sind größer als der *Magen*.

Ist der *Magen* krank, · Wird der Körper wank. Sprichwörter

Bei leerem *Magen* · Sind alle Übel doppelt schwer.
Wieland, Wintermärchen 1

Er ist so *mager* wie eine Kirchenmaus. Sprichwort

Magere und fette Jahre.
Nach 1. Mos. 41 (Pharaos Traum)

Oh, der *Magnet* des Wahns zieht mächtig!
Uriel in Gutzkow, Uriel Acosta 2, 7

Wohl glänzet das Fest, wohl pranget das *Mahl*, · Mein königlich Herz zu entzücken.
Schiller, Gedichte: Der Graf von Habsburg

Das war ein königliches *Mahl!*
Tiefenbach in Schiller, Die Piccolomini 4,6

Das reichste *Mahl* ist freudenleer, wenn nicht · Des Wirtes Zuspruch und Geschäftigkeit · Den Gästen zeigt, daß sie willkommen sind.
Lady in Schiller, Macbeth 3/8

Wer *mahlen* will, muß in der Mühle bleiben. Sprichwörtl. Redensart

Wer zuerst kommt, *mahlt* zuerst.
Sprichwort. Aus Eike von Repkows Sachsenspiegel (um 1230)
Siehe Näheres unter *zuerst*

Der *Mai* ist gekommen, die Bäume schlagen aus, · Da bleibe, wer Lust hat, mit Sorgen zu Haus.
Geibel, Lieder als Intermezzo 32

Alles neu macht der *Mai*.
A. v. Kamp (1796–1867)

Des Lebens *Mai* blüht einmal und nicht wieder.
Schiller, Gedichte: Resignation

Komm, lieber *Mai*, und mache · Die Bäume wieder grün.
Lied von Christian Ad. Overbeck (1776, komp. von Mozart)

Im wunderschönen Monat *Mai*, · Als alle Knospen sprangen, · Da ist in meinem Herzen · Die Liebe aufgegangen. · Im wunderschönen Monat Mai, · Als alle Vögel sangen, · Da hab' ich ihr gestanden · Mein Sehnen und Verlangen.
Heine, Lyrisches Intermezzo 1

Wie einst im *Mai!*
Kehrreim des Gedichtes Allerseelen von H. v. Gilm. Später durch das Walzerlied »Wie einst im Mai« aus der gleichnamigen Operette von Walter Kollo bekannt geblieben.

Es ist kein *Mai* so gut, · Er schneit dem Schäfer auf den Hut.

Wenn im *Mai* die Bienen schwärmen, · Kann der Bauer vor Freuden lärmen.

Kühler *Mai* · Gibt guten Wein und vieles Heu.

Mai kühl und naß, · Füllt dem Bauer Scheuer und Faß.

Auf nassen *Mai* · Kommt trockner Juni herbei.

Mai trocken, so ist ein dürres Jahr zu erwarten. Bauernregeln

Auf, schmücket die Hüte mit grünenden *Maien!*
Wanderlied von Hüsterbegk

In seiner Sünden *Maienblüte*.
Hamlet in Shakespeare, Hamlet 3, 3

Maienfröste · Sind unnütze Gäste.
Bauernregel

Das sind ja des Völkerfrühlings · Kolossale *Maienkäfer*, · Von Berserkerwut ergriffen.
H. Heine, Atta Troll 27 (1843)

Lind duftig hält die *Maiennacht* · Jetzt Berg und Tal umfangen.
Scheffel, Trompeter von Säckingen, Lieder Jung Werners 9

Lieblich war die *Maiennacht*.
Nik. Lenau, Der Postillion

Maienregen, komm herab, · Fall auf mich, dann wachse ich! Kinderreim

Maienwonne, *Maienblüte*, · Auf den Fluren, im Gemüte, · Ach, so bald, so schnell vorbei! · Doch auch das ist *Maiengabe;* · Ging der eigne Lenz zu Grabe, · Freudig segnen fremden Mai. Anast. Grün, Sprüche

Maiglöckchen läutet in dem Tal, · Das klingt so hell und fein.
Hoffmann v. Fallersleben 1843

Maikäfer fliege, · Dein Vater ist im Kriege, · Deine Mutter ist in Pommerland, · Pommerland ist abgebrannt, · Maikäfer fliege!
Kinderreim (vgl. Knaben Wunderhorn)

Die *Maikatzen* sind die besten.
Redensart

Wenn's *Mailüfterl* weht, z'geht · Im Wald draus der Schnee, · Da hebn die blauen Veigerln · Die Köpferl in d' Höh!
's Mailüfterl von Anton v. Klesheim, Musik von J. Kreipl (1849)

Mairegen auf die Saaten, · Dann regnet's Dukaten! Bauernregel

Die *Majestät* verbreitet ihren Schutz · Auf jeden, der sich ihr wie einer Gottheit · Und ihrer unverletzten Wohnung naht.
Antonio in Goethe, Torquato Tasso 2, 4

Majestät der Menschennatur! Dich soll ich beim Haufen · Suchen? Bei wenigen nur hast du von jeher gewohnt.
Schiller, Votivtafeln 24: Majestas populi

Niemals noch ertrug die *Majestät* · Das finstere Trotzen einer Dienerstirn.
König Heinrich in Shakespeare, König Heinrich IV. 1. Teil 1, 3

Seine heilige *Majestät* der Zufall siehe unter *Hazard*

Schulden wie ein *Major!*
Sprichwörtl. Redensart

Eo *maiora* cupimus, quo maiora venerunt, siehe unter *mehr*

Ad *majorem* dei gloriam.
(Zum größeren Ruhme Gottes.)
Papst Gregor d. Gr., Dialogi 1, 2, S. 160 (Migne, Bd. 77)

Nun richt' dem Herrn ein Fußbad an · Mit Rosmarin und *Majoran.*
Der Star und das Badwännelein (Wunderhorn)

Nichts ist widerwärtiger als die *Majorität.*
Goethe, Sprüche in Prosa: Über Naturwissenschaft 4

Majorität ist Unsinn!
Redensart, vermutlich nach Sapiehas Wort »Mehrheit ist der Unsinn« in Schillers Demetrius, 1. Akt (1805)

Autorität, nicht *Majorität.*
Titel einer Schrift von E. Knönagel (1851). Vgl. unter *Autorität* und unter *Mehrheit* und *Stimmen*

Die *Majorität* hat viele Herzen, aber ein Herz hat sie nicht.
Bismarck im Reichstag, 12. Juni 1882

Ich lasse mir von der *Majorität* des Reichstags nicht imponieren.
Bismarck im Reichstag, 26. Nov. 1884

Nur muß der eine nicht den andern *mäkeln.*
Nathan in Lessing, Nathan der Weise 2, 5

Ihr Herren wißt an allem was zu *mäkeln.* Dame in Goethe, Faust 6467

Erste *Makkabäer* 12, 18.
Häufig als Inschrift auf Petschaften; dort steht nämlich: Und bitten um Antwort

Ehrlicher *Makler.*
Bismarck im Reichstag, 19. Febr. 1878

Malade imaginaire,
siehe unter *eingebildet*

Male parta male dilabuntur.
(Unrecht Gut gedeihet nicht.)
Naevius († um 200); vgl. Cicero, Philipp. 2, 65

Malepartus (übles Loch).
Die Wohnung des Fuchses im Tierepos Reineke Fuchs

Mein Herr *Maler,* will Er wohl · Uns abkonterfeien? · Mich, den reichen Bauer Troll, · Und mein Weib Mareien?
Anfang eines alten Liedes »Familien-Gemälde«, Liederbuch für dtsch. Künstler, Berlin 1833, S. 69 (Verfasser B. A. Duncker)

Auch ich bin ein *Maler*.

Correggio; vgl. *Anch'*

Der *Maler malt* eigentlich mit dem Auge. Seine Kunst ist die Kunst, regelmäßig und schön zu sehen.

Novalis, Fragmente

Um ein guter *Maler* zu sein, braucht es vier Dinge: weiches Herz, feines Auge, leichte Hand und immer frisch gewaschene Pinsel.

Anselm Feuerbach, Verschiedene Aufsätze und Aphorismen

Die *Malerei* ist eine stumme Poesie und die Poesie eine redende Malerei.

Simonides bei Plutarch, über den Ruhm der Athener

Die blendende Antithese des griechischen Voltaire, daß die *Malerei* eine stumme Poesie und die Poesie eine redende Malerei sei, stand wohl in keinem Lehrbuche.

Lessing, Laokoon: Vorrede

Mut zeigt auch der *Mameluck*, · Gehorsam ist des Christen Schmuck.

Schiller, Gedichte: Der Kampf mit dem Drachen

Ungerechter *Mammon*.

Luk. 16, 9; volkstümlich: Schnöder Mammon

Mammon – Mammonsdiener.

Nach Matth. 6, 24. Das chaldäische Wort mâmôn bedeutet Reichtum

Man wants but little here below, · Nor wants that little long.

(Hienieden braucht der Mensch nicht viel, · Noch braucht er's lange Zeit.)
Goldsmith, Der Einsiedler 8 (1765). Aber schon Young sagte 1741 in seinen Nachtgedanken (Night Thoughts 4, 118): *Man* wants but little, nor that little long.

Eine *Mänade*, rasende oder trunkene Mänade

nennt man nach den Begleiterinnen des Bacchus ein tolles, ausgelassenes Weib

Um ihn springen rasende *Mänaden*, · Ihre Tänze loben seinen Wein.

Schiller, Gedichte: Die Götter Griechenlands

Wenn *mancher* Mann wüßte, wer mancher Mann wär'; · Gäb mancher Mann *manchem* Mann *manchmal* mehr Ehr! · Doch mancher Mann weiß nicht, wer mancher Mann ist, · Drum mancher Mann *manchen* Mann manchmal vergißt.

Verfasser unbekannt

Unter blühenden *Mandelbäumen* · An der Loire grünem Strand.

Wilhelmine von Chézy, Euryante 1, 1 (Oper von Weber, 1823)

Manet alta mente repostum.

(Bleib tief in die Seele gesenkt.)
Vergil, Äneis 1, 26 und 27. Siehe Näheres unter *alta*

Der *Mangel* ist ein Fluch, · Er reißt, ein schlimmer Lehrer, uns zum Bösen fort.

Euripides, Elektra 378/79 (Minckwitz)

Der *Mangel* mag dem Fleiß einmal ins Fenster schaun, · Doch zu der Tür herein darf er sich nicht getraun.

Rückert, Weisheit des Brahmanen 16 (3), Nr. 27

Wer selbst seiner Sünde nähme wahr, · Verschwieg' eines andern *Mangel* gar.

Rollenhagen, Froschmeuseler 1, 2, 5. Kap. 132/33

Sobald der *Mangel* eintritt, sogleich ist die Selbstbeschränkung wiedergegeben.

Goethe, Wahlverwandtschaften 2, 8

Es ist kein Fisch ohne Gräten und kein Mensch ohne *Mängel*.

Laurentius Zinkgref bei Zinkgref, Apophth. 1, S. 218

Lasset die verdammten *Manichäer* klopfen!

Studentenlied

The right *man* in the right place (Der rechte *Mann* am rechten Platz).

Austen Henry Layard am 15. Jan. 1855 im englischen Unterhaus

Mann Gottes.

Nach 5. Mos. 33, 1

Bist du nicht ein *Mann?*

1. Samuelis 26, 15

Ein *Mann* nach dem Herzen Gottes.
Nach 1. Sam. 13, 14, und Apost. 13, 22

Das ist gesprochen wie ein *Mann!*
Terzky in Schiller, Piccolomini 4, 4

Wie ein *Mann* (erhebt und verbindet sich das Volk).
Richter 20, 1, 8, 11

Er war ein *Mann*, nehmt alles nur in allem,
siehe unter *all* in all

Der *Mann* des Weibes Schutz und Hort, · Das Weib des Mannes Zier, · So schwingen beide fort und fort · Der Freude bunt' Panier!
Freiligrath, Köln und der Rhein

Der *Mann* fragt Bücher, Freunde, Welterfahrung; · Das Weib vernimmt des Herzens Offenbarung.
Geibel, Neue Ged.: Mann u. Weib

Der *Mann* muß hinaus ins feindliche Leben.
Schiller, Lied von der Glocke V. 106

Mann und Frau sind eins!
Nach 1. Mos. 2, 23/24

Darnach der *Mann* ist, ist auch seine Kraft.
Richt. 8, 21

Dem *Mann* kann geholfen werden.
Karl Moor in Schiller, Die Räuber 5, 2

Der kluge *Mann* baut vor.
Gertrud in Schiller, Wilhelm Tell 1, 2

Ein *Mann* ist viel wert in so teurer Zeit.
Dunois in Schiller, Jungfrau von Orleans 1, 2

Der starke *Mann* gilt viel in dieser Zeit.
Zriny in Körner, Zriny 2, 5

Du bist noch nicht der *Mann*, den Teufel festzuhalten!
Mephistopheles in Goethe, Faust 1509

In einer guten Eh' ist wohl das Haupt der *Mann*, · Jedoch das Herz das Weib, das er nicht missen kann.
Rückert, Weisheit des Brahmanen (1836 bis 1839)

Sei ein *Mann*, und folge mir nicht nach!
Aus dem Motto zu Goethe, Die Leiden des jungen Werthers (zweite Auflage, zweiter Teil)

Wer ist ein *Mann?* Wer beten kann · Und Gott dem Herrn vertraut ...
E. M. Arndt, Wer ist ein Mann? (1813)

Der *Mann* im Mond.
Titel eines Romans von Wilhelm Hauff, der die Unterhaltungsromane von H. Clauren (Pseudonym für Carl Heun) parodieren wollte.

Manna in der Wüste
sandte Gott den Kindern Israel zur Nahrung, 2. Mos. 16

Im ächten *Manne* ist ein Kind versteckt; das will spielen. Auf, ihr Frauen, so entdeckt mir doch das Kind im Manne!
Friedr. Nietzsche, Also sprach Zarathustra

Wer und woher der *Männer?*
Nach Homer, Il. 21, 150, Od. 1, 170 und öfter (vgl. Unde gentium? Plautus, Epid. 3, 47, Asin. 1, 1, 7)

O diese *Männer!*
Titel eines Lustspiels von Julius Rosen (1876)

Hu! Was sind das für *Männer!*
Franziska in Lessing, Minna von Barnhelm 5, 11

Große *Männer* schaffen ihre Zeiten nicht, aber sie werden auch nicht von ihnen geschaffen.
Leop. von Ranke, Weltgeschichte 5

In solchem Fall sind alle *Männer* dumm, · Er glaubt wohl auch, daß er der erste wäre.
Dame in Goethe, Faust 6522/23

Viel *Männer* kenne ich im Punkt des Schweigens, · Die Weiber sind.
Lafontaine, Fabeln: Die Frau und das Geheimnis

So geht's, wenn *Männer* sind beherrscht von Weibern.
Gloucester in Shakespeare, Richard III. 1, 1

Es ist der schönste Lohn · Für jahrelang durchkämpfte *Männerarbeit*, · Wenn solche Herzen freudig uns vertraun.
Zriny in Körner, Zriny 2, 5

Nach Frauenglut mißt *Männerliebe* nicht, · Wer Liebe kennt und Leben, Mann und Frau.

Sappho in Grillparzer, Sappho 3, 1

Ach! bei *Männern* hilft kein Flehen! Zerline in Mozart, Don Juan 1, 12

Männerstolz vor Königsthronen!

Schiller, Gedichte: An die Freude

Eines *Manns* Verlust · Fällt schwer dem Hause, doch ein Weib wird leicht entbehrt.

Iphigenie in Euripides, Iphigenie auf Tauris 980

Ist denn das Weib des *Mannes* ew'ger Fluch, · Seit Anbeginn der Welt ihn schon verkleinernd?

Judith in Gutzkow, Uriel Acosta 3, 7

Jedes Weibes · Fehler ist des *Mannes* Schuld. Herder, Der Cid 1, 13

Hier ist es Zeit, durch Taten zu beweisen, · Daß *Manneswürde* nicht der Götterhöhe weicht.

Faust in Goethe, Faust 712/13

Wenn *Mannhaftigkeit*, edle Mannhaftigkeit nicht vom Angesicht der Erde verschwunden ist, so bin ich ein ausgenommener Hering.

Falstaff in Shakespeare, König Heinrich IV. 1. Teil 2, 4

Oh, was ist *Mannheit!*

Em. Geibel, Sophonisbe 2, 5

So schaffet *Mannigfaltigkeit* die höchste Lust.

Goethe, Prolog, Halle, den 6. Aug. 1811

Ein *Männlein* steht im Walde · Ganz still und stumm, · Es hat von lauter Purpur · Ein Mäntlein um.

Hoffmann v. Fallersleben, Lyrische Gedichte und Rätsel (1843)

Unsre *männlichsten* Gedanken, · Oft zerstörte sie – ein Weib.

Herder, Der Cid 1, 12

Welch Glück sondergleichen, · Ein *Mannsbild* zu sein!

Klärchen in Goethe, Egmont 1

Verflucht Geschick! Betrogene *Mannsen!* · Von Adam her verführte Hansen!

Mephistopheles in Goethe, Faust 7710/11

Bei den *Mannsleuten* ist alle Mühe verloren, sie sind doch nicht zu bessern. Dorothea in Goethe, Fischerin

Mit dem *Mantel* der Liebe zudekken. Nach 1. Petr. 4, 8; Spr. Sal. 10, 12

Nenne mir den weiten *Mantel*, drunter alles sich verstecket; · Liebe tut's, die alle Mängel gerne hüllt und fleißig decket.

Logau, Epigramme 2. Tausend 4. Hundert Nr. 14: Die Liebe

Den *Mantel* soll man kehren, · Wie Wind und Wetter lehren.

Freidanks Bescheidenheit (um 1200)

Den *Mantel* nach dem Winde hängen. Sprichwörtl. Redensart

Zu *Mantua* in Banden der treue Hofer war.

J. Mosens Gedicht: Andreas Hofer (1832)

Manum de tabula!

(Hand vom Bild!)

Cicero, ad. famil. 7, 25, ursprünglich bei Plinius d. Ä., Natur. hist. 35, 36: manum de tabula tollere (Die Hand vom Bilde nehmen, d. h. es für fertig erklären)

Manus manum lavat siehe unter *Hand*

Märchen, noch so wunderbar, · Dichterkünste machen's wahr.

Goethe, Motto zu den Balladen

Nicht die Kinder bloß speist man · Mit *Märchen* ab.

Nathan in Lessing, Nathan der Weise 3, 6

Ein *Märchen* aus alten Zeiten · Das kommt mir nicht aus dem Sinn.

Heine, Loreley

O sing uns ein *Märchen*, o sing es uns oft, · Daß ich und der Bruder es lerne.

Goethe, Ballade vom vertriebenen und zurückkehrenden Grafen

Ich will euch erzählen ein *Märchen* gar schnurrig.

Bürger, Der Kaiser und der Abt

Mondbeglänzte Zaubernacht, · Die den Sinn gefangenhält, · Wundervolle *Märchenwelt,* · Steig auf in der alten Pracht.

L. Tieck, Der Aufzug der Romanze (1804); vgl. Uhlands Glosse Der Romantiker und der Rezensent (1814)

Wird bei *Mariä* Geburt gesät (8. Sept.), · Ist's nicht zu früh und nicht zu spät.

Wenn's an *Mariä* Heimsuchung (2. Juli) regnet, · Sind vierzig Tage damit gesegnet.

Mariä Himmelfahrt (15. Aug.) klar Sonnenschein, · Bringt viel Obst und guten Wein.

Mariä Lichtmeß (2. Febr.) hell und klar, · Zeigt viel Schnee noch an fürwahr.

An *Mariä* Verkündigung (25. März) kehrt der Storch heim. Bauernregeln

Mark und Bein durchdringen.

Nach Ebr. 4, 12

Ich habe nicht Arme, nicht *Mark* wie ihr (Männer); doch hab' ich, was euch allen eben fehlt, Mut und Verachtung der Gefahr.

Klärchen in Goethe, Egmont 5

Da steh ich, ein entlaubter Stamm! · Doch innen · Im *Marke* lebt die schaffende Gewalt, · Die sprossend eine Welt aus sich geboren.

Wallenstein in Schiller, Wallensteins Tod 3, 13

Den lauten *Markt* mag Momus unterhalten, · Ein edler Sinn liebt edlere Gestalten.

Schiller, Gedichte: Das Mädchen von Orleans

Seine Haut zu *Markte* tragen.

Sprichwörtlich

St. *Markus* (25. April) Kornähren bringen muß. Bauernregel

Markwart, der Häher.

Aus Reineke Fuchs

Der tückische *Marmor* siehe unter *Donnergepolter*

Nicht in kalten *Marmorsteinen,* · Nicht in Tempeln, dumpf und tot: · In den frischen Eichenhainen · Webt und rauscht der deutsche Gott. Uhland, Lieder: Freie Kunst

Tirer les *marrons* du feu,

siehe unter *Kastanien*

Mars regiert die Stunde.

Wallenstein in Schiller, Wallensteins Tod 1, 1 *Mars* siehe auch unter *Mors*

Den *Marschallstab* im Tornister tragen.

»Tout soldat français porte dans sa giberne le bâton de maréchal de France.« Wird Napoleon I. zugeschrieben, soll aber Ludwig XVIII. am 10. 8. 1819 gesagt haben.

Wir *marschieren* auf einem Vulkan.

Nach Robespierre, siehe Näheres unter *volcan*

Getrennt *marschieren,* vereint schlagen.

Nach Moltke (1800–1891). Milit. Werke 2, 2, 165ff. Nach Treitschke stammt das Wort von Scharnhorst.

Martha, Martha, du entschwandest!

Lionel in W. Friedrichs Oper Martha 3, 13, Musik von Friedr. v. Flotow

Eine geschäftige *Martha.*

(Für fleißige Frau) Nach Luk. 10, 40/41

An St. *Martha* (29. Juli) hängt man das Licht unter den Rauchfang.

Bauernregel

Kommt *Martini* (10. Nov.) heran, · Hat der gute Wirt das Dreschen getan.

Friert's am *Märtyrertag* (10. März), · Gibt's vierzig Nächte Frost danach. Bauernregeln

Oh, traut nicht, welke Alte, · Dem *März* mit seiner Luft! · Den Lenz ruft er ins Leben, · Den Winter in die Gruft!

Just. Kerner, Ärztliche Warnung an die Alten im März

Ein feuchter *März* · Ist des Bauern Schmerz.

So viel Fröste im *März,* · So viele im Mai.

Der *März* · Kriegt den Pflug beim Sterz, · Der April · Hält ihn wieder still.

Auf *Märzenregen* · Folgt kein Sommersegen.

Märzenschnee · Tut den Saaten weh.

Ein Lot *Märzenstaub* ist einen Dukaten wert. Bauernregeln

Zeitalter der *Maschine*,
nach Friedrich Naumann?

Die *Maske* fällt, es bleibt der Mensch, · Und alles Heldentum entweicht. Rousseau, Ode à la fortune

Maß für *Maß*.
Titel eines Schauspiels von Shakespeare

Alles Heil liegt mitteninne. · Und das Höchste bleibt das *Maß*.
Geibel, Gedichte: Sprüche

Ein voll, gedrückt, gerüttelt und überflüssig Maß. Nach Luk. 6, 38

Maß und Ziel gibt das beste Spiel.
Sprichwörtlich

Halte *Maß* in allen Dingen!
Jesus Sirach 33, 30

Maß ziemt überall.
Ajas in Sophokles, Der rasende Ajas 585 (Donner)

Das *Maß* aller Dinge ist der Mensch.
(*πάντων χρημάτων μέτρον ἄνθρωπος.*) Aristoteles

Mit welcherlei *Maß* ihr messet, wird euch gemessen werden.
Matth. 7, 2; vgl. Mark. 4, 24

Im selben *Maß* du willst empfangen, mußt du geben; · Willst du ein ganzes Herz, so gib ein ganzes Leben. Fr. Rückert, Bausteine

Mit dem *Maße*, da ihr mit messet, wird man euch wieder messen.
Luk. 6, 38

Verflucht das Herz, das sich nicht mäß'gen kann.
Penthesilea in H. v. Kleist, Penthesilea 5

Arbeit, *Mäßigkeit* und Ruh · Schließt dem Arzt die Türe zu.
Alte Gesundheitsregel

Aus *Mäßigkeit* entspringt ein reines Glück.
Hofmeisterin in Goethe, Die natürliche Tochter 2, 5

Mäßigkeit und klarer Himmel sind Apollo und die Musen.
Goethe, Maximen und Reflexionen 6

Billge Furcht erwecket sich ein Volk, · Das mit dem Schwerte in der Faust sich *mäßigt*.
Walter Fürst in Schiller, Wilhelm Tell 2, 2

Masse Mensch.
Titel eines Bühnenwerks von Ernst Toller

Der Aufstand der *Massen*.
(La rebelión de las masas.)
Titel eines Buches von José Ortega y Gasset (1930)

Maßregeln, nicht Menschen!
(Measures, not men!)
Oliv. Goldsmith, Der gutmütige Mann (1768) 2, 1

Schiffe ruhig weiter, · Wenn der *Mast* auch bricht, · Gott ist dein Begleiter, · Er vergißt dich nicht.
Chr. Aug. Tiedge, Urania (1800)

Vorwärts dringt der Schiffenden Geist, wie Flaggen und Wimpel, · Einer nur steht rückwärts traurig gewendet am *Mast*.
Goethe, Gedichte: Alexis und Dora

Ruh und Rast · Ist die halbe *Mast!*
Alte Gesundheitsregel (ursprünglich beim Vieh angewandt)

Der Schiffe *mastenreicher* Wald.
Schiller, Gedichte und Balladen: Ring des Polykrates

Stabat *Mater* dolorosa . . .
Fra Jacopone da Todi (1240)

Schätzbares *Material*.
Nach Karl v. Rotteck (1831); vgl. Gustav Freytag, Gesch. m. Lebens 1872, 49

Auf, *Matrosen*, die Anker gelichtet!
Wilh. Gerhard, Matrosenlied (1817)

Matratzengruft.
Heine, Romanzero (Nachwort) 1851

Kein Zug des Schicksals setzt mich *matt:* – · Matt werden kann ja nur der König.

Ferd. Freiligrath: Springer (Epilog des Dichters)

Seht, da sitzt er auf der *Matte.*

Schiller, Gedichte: Nadowessiers Totenklage

Matthäi am letzten.

Im 4. Hauptstück 1, im luther. Katechismus. (Es gibt übrigens auch Marci am letzten im 4. Hauptstück 2.) Redensart, um ein unerfreuliches Ende zu bezeichnen, nach dem Schlußwort dieses Evangelisten: ». . . bis an der Welt Ende.«

Wenn *Matthäus* (21. Sept.) weint statt lacht, · Er nicht Wein, sondern Essig macht.

Wenn *Matthias* (24. Febr.) kommt herbei, · Legt die Gans das erste Ei.

Bauernregeln

Matura dum libido manet.

(Man muß das Eisen schmieden, solange es heiß ist.) Terenz, Phormio 4, 5, 4

»Eine *Mauer* um uns baue!« · Singt das fromme Mütterlein. · »Daß dem Feinde vor uns graue, · Hüll in deine Burg uns ein.«

Clem. Brentano, Die Gottesmauer

Mauerblümchen

nennt der Volksmund beim Tanz sitzenbleibende Mädchen

Verfluchtes dumpfes *Mauerloch!*

Faust in Goethe, Faust 399

Alte *Mauern* fallen leicht.

Mauern (Wände) haben Ohren.

Sprichwörter

Eine Stadt ist nicht ohne *Mauern,* die mit Männern statt mit *Mauersteinen* umgeben ist.

Plutarch, Lakonische Denksprüche: Lykurg § 28

Du sollst dem Ochsen, der da drischet, nicht das *Maul* verbinden.

5. Mose 25, 4; auch 1. Kor. 9, 9 und 1. Tim. 5, 18

Einem das *Maul* stopfen.

Nach Psalm 107, 42 (vgl. Matth. 22, 34; Tit. 1, 11)

Ein ungewaschen *Maul* haben.

Maulaffen feilhalten. Sprichwörtlich

Hier hilft kein *Maulspitzen,* hier muß gepfiffen sein.

Sprichwörtl. Redensart

Das *Maultier* sucht im Nebel seinen Weg. Goethe, Balladen: Mignon

Brav, alter *Maulwurf!* Wühlst so hurtig fort?

Hamlet in Shakespeare, Hamlet 1, 5

Das ist eine arme *Maus,* · Die nur weiß zu einem Loch hinaus.

Rollenhagen, Froschmeuseler 1, 1, 3. Kap. 109/10

Sitzt die *Maus* am Speck, so piept sie nicht.

Abraham a Santa Clara, Judas der Erzschelm (1688)

Maus wie Mutter (ganz gleich).

Sprichwörtlich

Auch sagt man: Maus wie Mann!

Es kreißte der Berg, selbst Zeus geriet in Angst, und der Berg gebar eine *Maus!*

Nach Plutarch und Horaz (vgl. Näheres unter *Berge* und *Parturiunt*)

Die Katze läßt das *Mausen* nicht.

Sprichwort

Mausoleum.

Artemisia, die Gattin des Mausolus von Halikarnassos in Karien (377–353 v. Chr.), errichtete diesem nach seinem Tode ein prächtiges Grabmal, das zu den »sieben Weltwundern« zählte und nach dem Namen des Toten »Mausoleum« genannt wurde

Max, bleibe bei mir! Geh nicht von mir, Max!

Wallenstein in Schiller, Wallensteins Tod 3, 18

Max und Moritz.

Titel eines humoristischen Buches von Wilhelm Busch (1865)

Max und Moritz ihrerseits · Fanden darin keinen Reiz. Aus Vorigem

Da geh' ich ins *Maxim.*

Lied aus der Operette Die lustige Witwe von Fr. Lehár

Maxima debetur puero reverentia.
(Die höchste Ehrfurcht schulden wir dem Knaben [den wir erziehen sollen].)
Juvenal 14, 47

Maximum remedium irae dilatio est.
(Das größte Heilmittel gegen den Zorn ist der Aufschub.) Seneca, De ira 3, 12

Wenn es *Mäzene* gibt, lieber Flaccus, dann fehlen auch Vergile nicht!
(Sint *Maecenates*, non derunt, Flacce Marones.)
Matrial, Epigramme, B. 8, Nr. 56,

Wie's wittert am Medardustag (8. Juni), · So bleibt's sechs Wochen lang danach. Bauernregel

Media vita in morte sumus.
(Mitten wir im Leben sind von dem Tod umfangen.)
Luthers Verdeutschung des mittelalterlichen Kirchenliedes

In *medias* res.
(Mitten in die Dinge hinein, ohne Umschweife auf die Hauptsache los.)
Horaz, Ars poëtica 148

Quae *medicamenta* non sanant,
siehe unter *heilen*

Medio tutissimus ibis.
(In der Mitte wirst du am sichersten gehen.) Ovid, Metamorph. 2, 137

Medium tenuere beati.
(Selig, die die Mitte halten.)
Prof. Taubmann, † 1613; auch schon bei Pauli, Schimpf und Ernst (1522), Nr. 177

Wollt ihr mir von der *Medizin* · Nicht auch ein kräftig Wörtchen sagen? Schüler in Goethe, Faust 2003/04

Der Geist der *Medizin* ist leicht zu fassen; · Ihr durchstudiert die groß und kleine Welt, · Um es am Ende gehn zu lassen, · Wie's Gott gefällt.
Mephistopheles in Goethe, Faust 2011/14

Tiefe Stille herrscht im Wasser, · Ohne Regung ruht das *Meer*.
Goethe, Gedichte: Meeres Stille

Im *Meer*, da es am tiefsten ist.
Matth. 18, 6

Es gibt auch im *Meere* des Lebens keine ewigen Felsen.
Ricarda Huch (1864–1948), Erinnerungen von Ludolf Ursleu dem Jüngeren

Aus des *Meeres* tiefem, tiefem Grunde · Klingen Abendglocken dumpf und matt.
Wilhelm Müller, Gedichte: Vineta

Seht, seht, auf wilden *Meereswogen*.
Barkarole aus Aubers Oper Die Stumme von Portici 5 (1828)

Meergreis.
Nach Proteus in Homer, Odyssee 4, 349, 365, 384 und 401

Schleswig-Holstein, *meerumschlungen*.
Straß und Chemnitz, Das Lied von Schleswig-Holstein

Ein *Meerwunder*. Nach Jak. 3, 7

Jedes *Mehl* hat Kleie.

Ohne *Mehl* und Wasser gibt's kein Brot. Sprichwörtlich

Und minder ist oft *mehr*, wie Lessings Prinz uns lehrt.
Wieland, Neujahrswunsch im Merkur 1774. In Lessings Emilia Galotti 1, 4 sagt der Prinz: Nicht so redlich wäre redlicher. Wielands Wort wird aber in der Regel zitiert: »Weniger wäre mehr«, was in dieser Fassung zum Sprichwort geworden ist.

Wären es nicht so viele, so hätten sie *mehr* Wert.
Cervantes, Don Quijote 1, 6

Je *mehr* er hat, je mehr er will, · Nie schweigen seine Klagen still.
Joh. Mark. Millers Lied, Zufriedenheit (1776); komp. von Mozart, aber erfolgreicher von Neese. Vgl. Eo maiora cupimus, quo maiora venerunt. Wir begehren um so mehr, je mehr uns zufiel. Seneca, De benef. 2, 27, 3.

Seid fruchtbar und *mehret* euch!
1. Mos. 1, 28

Was ist die *Mehrheit?* Mehrheit ist der Unsinn; · Verstand ist stets bei wen'gen nur gewesen.
Sapieha in Schiller, Demetrius 1. Vgl. unter *Autorität* und unter *Stimmen*

Leide und *meide!*
(Sustine et abstine!)
Spruch des Epiktet (geb. um 50 v. Chr.)

Meiden · Bringt Leiden.

Was man nicht kann *meiden*, · Das soll man willig leiden.

Das Sehnen und das *Meiden* · Bringt immer Herzeleiden.
Alte Reimsprüche

Nachts sind die *Meilen* doppelt lang. Alte Wanderregel

Auf Erden mag nichts Schönres sein · Als ein Wort, das heißet *Mein*.
Aus Freidanks Bescheidenheit (um 1200)

Klein, aber *mein!* Spruch an Häusern

Wenn ich ihn nur habe, · Wenn er *mein* nur ist.
Novalis (Friedr. Frhr. v. Hardenberg, 1772–1801)

Mein ist der Helm, siehe unter *Helm*

Ich habe das *Meine* getan! – Das Plündern ist eure Sache.
Razmann in Schiller, Die Räuber 2, 3

Noch leben Götter, die den *Meineid* rächen! Schiller, Dido 557

Das ist mein Eid, aber kein *Meineid*. Scherzwort
Ähnlich in Schleiermachers Rätsel: Getrennt mir heilig (Mein Eid), · Vereint abscheulich (Meineid)

Der *Meineidbauer*.
Titel eines Romans von Ludwig Anzengruber

An *Meinen* und Glauben bindet man kein Pferd fest. Sprichwort

Wir können nur raten und *meinen*.
Schiller, Gedichte: Die Worte des Wahns

Kardinal, ich habe · Das *Meinige* getan. Tun Sie das Ihre.
König in Schiller, Don Carlos 5, 11

Das ist meine *Meinung* nicht.
Ferdinand in Schiller, Kabale und Liebe 5, 7

Die *Meinung* von heute ist nicht immer die von gestern. Sprichwort

Jeder muß den Mut seiner *Meinung* haben. Alexander v. Humboldt
Vgl. unter *Luxus*

(Denn) zwar hören wir gern, was unsre *Meinung* bestätigt, · Aber das Hören bestimmt nicht die Meinung. Goethe, Episteln 1

Man muß denken wie die Wenigen und reden wie die *Meisten!*
Balthasar Gracián, Handorakel (1637) Schopenhauer

Am Werke erkennt man den *Meister*. Lafontaine, Fabeln 1, 21

Wer ist *Meister?* – Der was ersann. · Wer ist Geselle? – Der was kann. · Wer ist Lehrling? – Jedermann.
Deutsche Inschriften (1882)

Bist du ein *Meister* in Israel und weißt das nicht? Joh. 3, 10

Sieh her, und bleibe deiner Sinne *Meister!*
Die Prinzessin in Schillers Turandot 2, 4 (1802)

Früh übt sich, was ein *Meister* werden will.
Tell in Schiller, Wilhelm Tell 3, 1

Der *Meister* kann die Form zerbrechen · Mit weiser Hand, zur rechten Zeit.
Schiller, Lied von der Glocke V. 342–43

Ich soll nicht auf den *Meister* schwören · Und immerfort den Meister hören! · Nein, ich weiß, er kann nicht lügen, · Will mich gern mit ihm betrügen.
Goethe, Sprüche in Reimen: Sprichwörtl.

Jahrelang bildet der *Meister* und kann sich nimmer genugtun; · Dem genialen Geschlecht wird es im Traume beschert.
Schiller, Gedichte: Die Sonntagskinder

Es ist noch kein *Meister* vom Himmel gefallen. Sprichwort

Oftmals zeichnet der *Meister* ein Bild durch wenige Striche, · Was mit unendlichem Wust nie der Geselle vermag. Platen, Epigramme 148

Seh' ich die Werke der *Meister* an, · So sah ich das, was sie getan; · Betracht' ich meine Siebensachen, · Seh' ich, was ich hätt' sollen machen.

Goethe, Epigrammatisch: Demut

Von der Stirne heiß · Rinnen muß der Schweiß, · Soll das Werk den *Meister* loben; · Doch der Segen kommt von oben.

Schiller, Lied von der Glocke, V. 5–9

Ein edler *Meister* stand auf diesem Platz.

Schiller, Wallensteins Lager, Prolog V. 15

Denn wer als *Meister* geboren, · Der hat unter *Meistern* den schlimmsten Stand.

Hans Sachs in Wagner, Meistersinger 2, 1

Verachtet mir die *Meister* nicht, · Und ehrt mir deutsche Kunst!

Hans Sachs in Richard Wagner, Meistersinger, Schlußszene

Ehret eure deutschen *Meister,* · Dann bannt ihr gute Geister.

Hans Sachs in Richard Wagner, Meistersinger, Schlußszene

Auf des *Meisters* Worte schwören.

Vgl. Mephistopheles in der Schülerszene von Faust; doch schon bei Horaz (Epistolae 1, 1, 14; iurare in verba magistri)

Folg eines *Meisters* Sinn; · Mit ihm zu irren, ist dir Gewinn.

Goethe, Sprüche in Reimen: Sprichwörtlich

Die *Meisterschaft* gilt oft für Egoismus.

Goethe, Maximen und Reflexionen 3

Es war ein *Meisterschuß*, ich muß ihn loben.

Geßler in Schiller, Wilhelm Tell 3, 3

O du zertrümmert *Meisterstück* der Schöpfung!

Gloucester in Shakespeare, König Lear 4, 6

Wär' ich im Bann von *Mekkas* Toren.

Freiligrath, Anfang des gleichnamigen Gedichts

Flieh – *Melancholie!*

Wartburg-Spruch

Ein *melancholischer* Kopf · Ist des Teufels Schüssel und Topf!

Sprichwort

Die *melkende* Kuh,

nach Schiller, Wissenschaft

Memento mori.

(Gedenke des Todes.)

Lat.-deutsches Sprichwort

Mendacem memorem esse oportet.

(Ein Lügner muß ein gutes Gedächtnis haben.) Quintilian 4, 2, 91

Mendaci homini ne verum quidem dicenti credere solemus.

(Einem Lügner glaubt man nicht, wenn er auch die Wahrheit spricht.)

Cicero, De divinatione 2, 71

Mendacium comes tenebrarum.

(Die Lüge ist die Begleiterin der Finsternis.) Lateinisches Sprichwort

Mene, mene, tekel, upharsin.

(Chaldäisch: Gezählt, gezählt, gewogen, geteilt.) Daniel 5, 25

Ich wünschte sehr der *Menge* zu behagen, · Besonders weil sie lebt und leben läßt.

Direktor in Goethe, Faust 37/38

Die *Menge* muß es bringen

Neuerer Geschäftsgrundsatz

Die *Menge* tut es.

Titel eines satirischen Gedichts von Heinrich Heine (Letzte Gedichte)

Die *Menge* macht den Künstler irr und scheu.

Tasso in Goethe, Torquato Tasso 1, 3

Die wankelmüt'ge *Menge,* · Die jeder Wind herumtreibt! Wehe dem, · Der auf dies Rohr sich lehnt!

Elisabeth in Schiller, Maria Stuart 4, 11

Ursprünglich eignen Sinn laß dir nicht rauben! · Woran die *Menge* glaubt, ist leicht zu glauben.

Goethe, Zahme Xenien 7

Men's evil manners live in brass; their virtues · We write in water.

(Der Menschen Sünden leben fort in Erz; Ihr edles Wirken schreiben wir ins Wasser.)
Griffith in Shakespeare, Heinrich VIII. 4, 2

Mens agitat molem.
(Der Geist bewegt die Materie.)
Vergil, Äneis 6, 727

Mens sana in corpore sano.
(Ein gesunder Geist in einem gesunden Körper.) Juvenal 10, 356

Vieles Gewalt'ge lebt, und nichts · Ist gewaltiger als der *Mensch*.
Chor in Sophokles, Antigone (Donner, 332/33)

Das größte Wunderding ist doch der *Mensch* allein, · Er kann, nach dem er's macht, Gott oder Teufel sein.
Angelus Silesius (Joh. Scheffler), Cherub. Wandersmann (1675)

Aber der *Mensch* entwirft, und Zeus vollendet es anders!
Homer, Ilias 18, 328 (Voß)

Ein *Mensch* kann nicht alles wissen, aber etwas muß jeder haben, was er ordentlich versteht.
Gustav Freytag, Die verlorene Handschrift (1864)

Der *Mensch* soll nicht stolz sein.
Karl Elmar (Karl Swiedack, 1815–1888), Gedichte: Unter der Erde
Der *Mensch* erfährt, siehe unter *letztes*

Der *Mensch* hat keinen Zweck, als eben Mensch zu sein.
L. Schefer, Laienbrevier, Dez. 24

Was ist der *Mensch?* Halb Tier, halb Engel.
J. L. Evers, Vierhundert Lieder (1797)

Der *Mensch* ist, was er ißt.
Ludwig Feuerbach in seiner Anzeige von Moleschotts »Lehre der Nahrungsmittel für das Volk« (1850); weiter ausgeführt in der Abhandlung »Das Geheimnis des Opfers« im 10. Bande der Werke; auch Brillat-Savarin in seiner »Physiologie du goût« (1825) und noch früher Paracelsus in seinem zweiten »Opus Paramirum«

Der *Mensch* – das unbekannte Wesen (Man – the unknown)
Titel eines Buches des Nobelpreisträgers Alexis Carrel (1873–1945)

Der *Mensch* lebt nicht vom Brot allein.
5. Mos. 8, 3; Matth. 4, 4; Lukas 4, 4

Der *Mensch* denkt, Gott lenkt.
Sprüche Salomonis 16, 9 lautet: Cor hominis disponit viam suam; sed Domini est dirigere gressus eius. Des Menschen Herz schlägt seinen Weg an, aber der Herr allein gibt, daß er fortgehe (Luther); und bei Thomas a Kempis (Nachfolge Christi) heißt es 1, 19: Nam homo proponit, · Sed Deus disponit, nec est in homine via eius. In Alkuins Briefen steht: Homo cogitat. Deus iudicat! Französisch: L'homme propose et Dieu dispose.

Bist du ein *Mensch*, so fühle meine Not. Goethe, Faust 4425

Je mehr du fühlst ein *Mensch* zu sein, · Desto ähnlicher bist du den Göttern. Goethe, Zahme Xenien 4

Der *Mensch* ist selbst sein Gott, und sein Beruf ist: Handeln.
C. A. Tiedge, Urania, Gesang 2

Ein jeder *Mensch* hat seinen Preis.
(Every man has his price.) Nach Sir Robert Walpole († 1745)

Kein *Mensch* ist gut genug, einen anderen Menschen ohne dessen Zustimmung zu regieren.
(No man is good enough to govern another man without that other man's consent.) Abraham Lincoln (1808–1865) in einer Rede in Pretoria am 16. 10. 1854

Der *Mensch?* Wo ist er her? · Zu schlecht für einen Gott; zu gut fürs Ungefähr.
Lessing, Die Religion: Vorerinnerung

Ein jedes ist mit Freuden, was es ist: · O *Mensch*, so sei mit Freuden auch ein Mensch.
L. Schefer, Laienbrevier, Dez. 31

Es wächst der *Mensch* mit seinen größern Zwecken.
Schiller, Prolog zu Wallenstein

»Ich bin ein *Mensch!*« – Da bist du was Rechts!
Werner und Tellheim in Lessing, Minna von Barnhelm 5, 11

Kein *Mensch* muß müssen.
Nathan in Lessing, Nathan der Weise 1, 3

Denn ich bin ein *Mensch* gewesen, · Und das heißt: ein Kämpfer sein.
Goethe, Westöstl. Diwan, Buch des Paradieses

Mensch, du armer · Lebengehetzter, · Ewig hoffender, · Ewig getäuschter · Tantalus.
Otto Ludwig, Des Menschen Würde

Mensch werden ist eine Kunst.
Novalis, Fragmente

Der *Mensch* ist frei geschaffen, siehe unter *frei*

O Krösus, der *Mensch* ist eitel Zufall. Solon bei Herodot 1, 32 (Fr. Lange)

Es löst der *Mensch* nicht, · Was der Himmel bindet.
Don Manuel in Schiller, Braut von Messina 1547

Apollo selbst gestand, es sei Entzücken, · *Mensch* unter Menschen sein. Zeus in Schiller, Semele 2. Auftr.

Der *Mensch* bedarf des *Menschen* sehr · Zu seinem großen Ziele.
Schiller, Gedichte: Die Weltweisen

Der *Mensch* erkennt sich nur im *Menschen*.
Antonio in Goethe, Torquato Tasso 2, 3

Der *Mensch* soll um der Güte und Liebe willen dem Tode keine Herrschaft einräumen über seine Gedanken.
Thomas Mann, Der Zauberberg (1924)

Ein *Mensch* ist immer das Opfer seiner Wahrheiten.
(Un homme est toujours la proie de ses vérités.) Albert Camus, Les mythes de Sisyphe (1942)

Und nichts verachten soll ein *Mensch*, was *Menschen* gilt.
Theseus in Sophokles, Ödipus auf Kolonos 1153 (Donner)

Vieles kann der *Mensch* entbehren, nur den *Menschen* nicht.
Börne, Verm. Aufsätze 16: Über den Umgang mit Menschen

Für *Menschen*, nur durch Menschen wird der *Mensch*.
Franz Grillparzer, Ein Bruderzwist in Habsburg (1873) 3, 4

Was ist der *Mensch*, daß du seiner gedenkest, und des *Menschen* Kind, daß du dich seiner annimmst?
Psalm 8, 5

Der größte *Mensch* bleibt stets ein *Menschenkind*.
Goethe, Gedichte: Der Ewige Jude

Ich bin ein *Mensch*, drum gilt nichts, was *menschlich* ist, mir fremd.
(Homo sum: humani nil a me alienum puto.)
Terenz, Heautontimorumenos 1, 1, 25

Daß der *Mensch* zum Menschen werde.
Schiller, Das eleusische Fest V. 49

Der *Mensch* hofft immer Verbesserung, siehe: Die *Welt* wird alt

Der *Mensch* wird schließlich mangelhaft, · Die Locke wird hinweggerafft. Wilh. Busch, Die fromme Helene

Soll er (der Gott) strafen oder schonen, · Muß er *Menschen* menschlich sehn.
Goethe, Gedichte: Der Gott und die Bajadere

O *Mensch*, das Geld ist nur Chimäre.
Christian Morgenstern, Galgenlieder

Den alten *Menschen* aus- und den neuen Menschen anziehen.
Nach Kol. 3, 9/10 u. Ephes. 4, 22, 24

Die *Menschen* sind trotz allen ihren Mängeln · Das Liebenswürdigste, was es gibt.
Goethe, Maskenzug bei Anwesenheit der Kaiserin-Mutter: Musarion

So selten ist es, daß die *Menschen* finden, · Was ihnen doch bestimmt gewesen schien.
Prinzessin in Goethe, Torquato Tasso 3, 2

Was *Menschen* säen, werden Götter ernten: Gott spricht durch seine Welt, der *Mensch* durch seine Tat.
C. A. Tiedge, Urania, Gesang 6

Alles ist gut, wie es aus den Händen des Schöpfers hervorgegangen; alles entartet unter den Händen des *Menschen*.
(Tout est bien, sortant des mains de l'auteur des choses; tout dégénère entre les mains de l'homme.) Rousseau

Am besten erkennt man den Charakter eines *Menschen* bei Geldangelegenheiten, beim Trinken und beim Zorn. Aus dem Talmud

Des *Menschen* Wille ist sein Himmelreich. Sprichwort

Des *Menschen* Wille, das ist sein Glück.
2. Jäger in Schiller, Wallensteins Lager, 7. Auftr.

Des *Menschen* Zierat ist der Hut.
Kellermeister in Schiller, Piccolomini 4, 5

Die *Menschen* fürchtet nur, wer sie nicht kennt, · Und wer sie meidet, wird sie bald verkennen.
Alfons in Goethe, Torquato Tasso 1, 2

Die *Menschen* glauben im allgemeinen gern, was sie wünschen.
Cäsar, Der Gallische Krieg 3, 18

Durch nichts nähern sich *Menschen* den Göttern mehr als durch Beglückung von Menschen.
Cicero, Rede für Ligarius 12, 38

Gleichwie die Blätter im Walde ... · So der *Menschen* Geschlecht, dies wächst, und jenes verschwindet.
Homer, Ilias 6, 146/49 (Voß)

Man muß die *Menschen* nehmen, wie sie sind. Sprichwort

Menschen sind schwimmende Töpfe, die sich aneinander stoßen.
Eckermann, Gespräche mit Goethe, 16. August 1824

Wer keinen *Menschen* machen kann, · Der kann auch keinen lieben. Schiller, Gedichte: Männerwürde

Wie klein sind doch die *Menschen*, wenn man's so bedenkt.
Plautus, Kriegsgefangene 51 (Köpke)

Gott schuf ihn, also laßt ihn für einen *Menschen* gelten.
Porzia in Shakespeare, Der Kaufmann von Venedig 1, 2

Wir sind *Menschen!* Es gibt nichts Größeres. Wir sind es nicht zu unserer Entschuldigung, sondern zu unserem ewigen Ruhm.
Waldemar Bonsels, Menschenwege

Nur wer den *Menschen* liebt, wird ihn verstehen, · Wer ihn verachtet, ihn nicht einmal sehen.
Christian Morgenstern (1871–1914)

Wir *Menschen* halten doch immer nur die Fäden in den Händen, das Schicksal aber webt, wie es will.
Hermann Stehr, Der Heiligenhof

Auf, laßt uns wieder *Menschen* machen!
Richard Dehmel, Das goldene Buch des Theaters (1892)

Menschengesetze, wie seid ihr so schwacher Schutz den Gedrückten; · Gottesgesetz, du bist tief wie der Dinge Natur.
K. R. v. Knebel, Lit. Nachlaß 1, 90

Wer über andre Schlechtes hört, · Soll es nicht weiter noch verkünden. · Gar leicht wird *Menschenglück* zerstört; · Doch schwer ist Menschenglück zu gründen.
Bodenstedt, A. d. Nachlasse d. Mirza-Schaffy 3: Buch der Sprüche Nr. 14

Oh, was ist *Menschengröße!*
Gordon in Schiller, Wallensteins Tod 4, 2

Ach, wer heilet die Schmerzen · Des, dem Balsam zu Gift ward? · Der sich *Menschenhaß* · Aus der Fülle der Liebe trank?
Goethe, Gedichte: Harzreise im Winter

Das arme *Menschenherz* muß stückweis brechen.
G. Herwegh, Gedichte eines Lebendigen: Strophen aus der Fremde

Ein Mühlstein und ein *Menschenherz* wird stets herumgetrieben: · Wo beides nichts zu reiben hat, da wird es selbst zerrieben.
Logau, Sinngedichte: Unruhig Gemüt

O *Menschenherz*, was ist dein Glück? · Ein rätselhaft geborner · Und, kaum gegrüßt, verlorner, · Unwiederholter Augenblick.
N. Lenau, Gedichte: Frage

Menschenkenntnis nennt man gern den Unglauben an Tugend und Rechtschaffenheit.

Engel, Fürstenspiegel: Freundschaft

Anders, · Begreif' ich wohl, als sonst in *Menschenköpfen* · Malt sich in diesem Kopf die Welt.

König Philipp in Schiller, Don Carlos 3, 10

Kein *Menschenleben* gibt es, wie's auch stehen mag, · Das ich hinfort je preisen oder schelten will.

Der Bote in Sophokles, Antigone 1156/57 (Donner)

Ein *Menschenleben* ist, als zählt' man eins.

Hamlet in Shakespeare, Hamlet 5, 2

Das *Menschenleben* hat Tage wie die Zeit, außerhalb der es wächst, ein Weltwunder.

Hermann Stehr, Der Heiligenhof

Menschenleben siehe auch unter *Augenblicke*

Vergiß, o *Menschenseele*, · Nicht, daß du Flügel hast!

Em. Geibel, Juniuslieder: Ich sah den Wald sich färben

Eine schöne *Menschenseele* finden, · Ist Gewinn; ein schönerer Gewinn ist: · Sie erhalten, und der schönst' und schwerste: · Sie, die schon verloren war, zu retten.

Herder, Der gerettete Jüngling

Es gibt Taten, die sich keinem *Menschenurteil* mehr unterwerfen, nur den Himmel zum Schiedsmann erkennen.

Verina in Schiller, Fiesko 3, 1

Ist's Gottes Werk, so wird's bestehn, · Ist's *Menschenwerk*, wird's untergehn!

Nach Apostelgesch. 5, 38/39. Inschrift des Lutherdenkmals in Wittenberg

Am Baum der *Menschheit* drängt sich Blüt' an Blüte.

Ferd. Freiligrath, Ein Glaubensbekenntnis

Die *Menschheit* ist die Unsterblichkeit der sterblichen Menschen.

Börne, Kritiken 5: Nouv. lettres prov.

Das eigentliche Studium der *Menschheit* ist der Mensch.

Goethe, Wahlverwandtschaften 2, 7

Die *Menschheit* ist groß, die Menschen sind klein.

Emil Frommel (Daheimkalender 1890, S. 95)

Der *Menschheit* große Gegenstände.

Schiller, Wallensteins Lager, Prolog V. 65

Der *Menschheit* Würde ist in eure Hand gegeben, bewahret sie!

Schiller, Gedichte: Die Künstler V. 443

Aber ein Schwert sollt ihr mir auf den Sarg legen: denn ich war ein braver Soldat im Befreiungskriege der *Menschheit*.

Heine, Reisebilder 2: Italien. Von München nach Genua, 31

Millionen beschäftigen sich, daß die Gattung bestehe, · Aber durch wenige nur pflanzet die *Menschheit* sich fort.

Schiller, Votivtafeln 2: Die verschiedene Bestimmung

Oh, welch ärmliches Geschöpf ist der Mensch, wenn er sich nicht über das *Menschliche* erhebt!

Seneca, Abhandlungen (von Moser 1828), S. 1036

Menschliches, Allzumenschliches. Ein Buch für freie Geister.

Schrift Friedrich Nietzsches (1878). Im »Ecce homo« erläutert Nietzsche den Titel dahin: »Wo ihr ideale Dinge seht, sehe ich – Menschliches, ach nur Allzumenschliches . . . Ich kenne den Menschen besser . . .«

Landsmann, tröstet Ihr mein Weib, wenn mir was *Menschliches* begegnet.

Wilhelm Tell in Schiller, Wilhelm Tell 1, 1

Nichts *Menschliches* ist mir fremd, siehe unter *Homo* sum und unter *Mensch*

Die reinste *Menschlichkeit*, sie allein kann dir, dem Menschen, Religion sein.

Herder, Christliche Schriften, 5

Alle menschlichen Gebrechen · Sühnet reine *Menschlichkeit*.

Goethe, Dem Schauspieler Krüger (1827)

Mentalis siehe unter *reservatio*

Manet alta *mente* repostum.

(Bleibt tief in die Seele gelegt [der Juno das Urteil des Paris]).

Vergil, Äneis 1, 26

Mentor.

Vormund Telemachs, des Sohnes des Odysseus; daher soviel wie Ratgeber, Erzieher. (Vgl. Homers Odyssee 2, 269 u. ö.)

Non ex quovis ligno fit *Mercurius.*

(Nicht aus jedem Klotze läßt sich ein Merkur schnitzen.)

Lat. Sprichwort unbekannten Ursprungs.

The quality of *mercy*, siehe unter *Gnade*

»Fanget an!« So ruft der »*Merker*«... · Wer ist der Merker? · Wißt Ihr das nicht?

David und Walter in Richard Wagner, Meistersinger 1

Er ist »*meschugge*«.

(Jiddisches Wort für »verrückt«)

Ein *Messer* wetzt das andere.

Sprichwort

Das *Messer* in der Hand (oder beim Heft) haben.

Sprichwort (vgl. unter *Heft*)

Es steht auf des *Messers* Schneide.

Nach Homer, Ilias 10, 173 (vgl. unter *Schneide*)

Ut sementum feceris, ita *metes.*

(Wie du gesäet, so wirst du ernten.)

M. Pinarius Rufus nach Cicero, De oratore 2, 65, 261

Ist dies schon Tollheit, hat es doch *Methode!*

Polonius in Shakespeare, Hamlet 2, 2

Methode Coué.

Nach dem französischen Heilkünstler Emile Coué (1857–1926) benannte betont optimistische Lebenseinstellung

Methusalem.

Beispiel hohen Alters nach 1. Mos. 5, 27, wo seine Lebenszeit mit 969 Jahren angegeben ist. »So alt wie Methusalem (Methusalah).«

Metiri se quemque suo modulo ac pede verum est.

(Sich nach der Decke strecken.)

Horaz, Episteln 1, 7, 98

La garde *meurt* et ne se rend pas.

(Die Garde stirbt und ergibt sich nicht.) Nicht von General Cambronne in der Schlacht bei Waterloo, 18. Juni 1815, gesagt. Der Schöpfer des Wortes ist wahrscheinlich Balisson de Rougemont.

Nel *mezzo* del cammin di nostra vita.

(Inmitten auf dem Wege unseres Lebens.) Anfangsvers der Göttlichen Komödie von Dante

Michael (29. Sept.) mit Nord und Ost · Verkündet einen scharfen Frost.

Bauernregel

Der deutsche *Michel.*

Altes, seit etwa 1500 nachweisbares Kennwort für den Deutschen, welches im lobenden ebenso wie im tadelnden Sinne verwendet wird.

Vgl.:

Der beste deutsche Poet ist in den Augen der lateinischen Welt weiter nichts als ein deutscher *Michel.*

Rabener, Satiren 2, 322

Solang ich den deutschen *Michel* gekannt, · War er ein Bärenhäuter.

H. Heine: Michel nach dem März

Der deutsche *Michel.* Titel einer Schrift Grimmelshausens gegen die Ausländerei der deutschen Sprache.

Gestern abend war Vetter *Michel* da.

Volkslied (1760)

Danach Goethes: Laß den Witzling uns bestichein! · Glücklich, wenn ein deutscher Mann · Seinem Freunde Vetter *Micheln* · Guten Abend bieten kann. · Wie ist der Gedanke labend: · Solch ein Edler bleibt uns nah! · Immer sagt man: Gestern abend · War doch Vetter *Michel* da!

Musen und Grazien in der Mark

Gute *Miene* zum bösen Spiel machen.

Sprichwörtl. Redensart

Mießnick siehe unter *Karlchen*

Où peut-on être *mieux?*

siehe unter *Familie*

Trinkt Galle statt der *Milch*, ihr Morddämonen.

Lady Macbeth in Shakespeare, Macbeth 1, 5

Milch der frommen Denkart,

siehe unter *Denkart*

Ein Land, darinnen *Milch* und Honig fließt.

2. Mos. 3, 8

Wie *Milch* und Blut aussehen.

Er hat nicht viel in die *Milch* zu brocken. Sprichwörtlich

Milchmädchenrechnungen
nennt man voreilige, auf unsicheren Größen beruhende Berechnungen, nach der bekannten Fabel von dem Landmädchen, das Milch in die Stadt bringt und aus deren Erlös alles mögliche zu erwerben hofft, bis ihr der Milchtopf hinfällt, zerbricht und mit der wegfließenden Milch auch alle Träume wegfließen. Nach Gleims Fabel Die Milchfrau und J. L. Michaelis' Fabel Der Milchtopf, die beide auf Lafontaines Fabel La laitière et le pot au lait zurückgehen.

Mild und leise · Wie er lächelt, · Wie das Auge · Hold er öffnet.
Isolde in Richard Wagners, Tristan und Isolde 3 (Liebestod)

Mehr wirket *Mild'* als Ungestüm.
Lafontaine, Fabeln 6, 3

Der *Milde* gibt sich reich, der Geizige nimmt sich arm. Sprichwort

Man kann im Herzen *Milde* tragen · Und doch mit Kolben drunterschlagen.
Fr. v. Sallet, Epigrammatisches und Lehrhaftes 1

Solange es geht, muß man *Milde* walten lassen, denn jeder kann sie brauchen.
Theod. Fontane, Frau Jenny Treibel, 6. Kap.

Man darf nur alt werden, um *milder* zu sein; ich sehe keinen Fehler begehen, den ich nicht auch begangen hätte.
Goethe, Maximen u. Reflexionen 2

Mildtätigkeit, du bist ganz wie des Sämanns Hand, · Wie oft aus wenig Korn die vollste Saat erstand!
Anast. Grün, Sprüche

Miles gloriosus.
(Der ruhmredige Kriegsmann.)
Plautus, Titel einer Komödie

Juste *milieu*, siehe unter *Juste*

Militia est vita hominis super terram.
(Ein Kampf ist des Menschen Leben auf Erden.)
Sprichwörtlich nach Hiob 7, 1 (Vulgata)

Too full of the *Milk* of human kindness.
(Zu voll von Milch der Menschenliebe.)
Lady Macbeth in Shakespeare, Macbeth 1, 5

Seid umschlungen, *Millionen!*
Schiller, Gedichte: An die Freude

Millionen beschäftigen sich, daß die Gattung bestehe,
siehe unter *Menschheit*

Der Ruhm (der Sieg oder die Lorbeeren) des *Miltiades* läßt (lassen) mich nicht schlafen.
Ausspruch des Themistokles, Cic. Tuscul. 4, 19 (»Miltiadis tropaeis se somno suscitari«)

Dem *Mimen* flicht die Nachwelt keine Kränze: · Drum muß er geizen mit der Gegenwart, · Den Augenblick, der sein ist, ganz erfüllen.
Schiller, Prolog zu Wallenstein

Minder ist oft mehr.
Vgl. Näheres unter *mehr*

In *Minellis* Art.
(Ad modum *Minellii.*)
So bezeichnet man Klassikerausgaben mit wörtlicher Übersetzung nach Jan Minelli († 1683), der die erste dieser Art herausgab

Alle *Minen* springen lassen.
Sprichwörtl. Redensart (vgl. Schiller, Kabale und Liebe 2, 3. Ich lasse alle *Minen* sprengen – statt springen)

Gegen den Willen der *Minerva.*
(Invita *Minerva.*)
Cicero, V. d. Pflichten (44 v. Chr.) 1, 31, 3; auch Horaz, Ars poët. 385 und Cicero, Ad familiares 3, 1 (Minerva non invita)

Ex malis eligere *minima.*
(Aus den Übeln das kleinere wählen.)
Cicero, De officiis 3, 1 9
Ähnlich Thomas a Kempis, Imitat. Christi 3, 12: De duobus malis *minus* est semper eligendum. (Unter zwei Übeln muß man allezeit das kleinere wählen.)

Ein guter *Minister* soll nicht auf das Stirnrunzeln des Monarchen schauen, dem er dient, sondern er soll ihm frei seine Meinung sagen.
Bismarck zu den Überbringern einer Berliner Adresse, 22. Juni 1890

Minister fallen wie Butterbrote: gewöhnlich auf die gute Seite.
Börne, Fragmente und Aphorismen Nr. 1

Schöne *Minka*, ich muß scheiden! · Ach, du fühlest nicht mein Leiden.
Schöne Minka, v. Christoph Aug. Tiedge (»Der Kosak und sein Mädchen« 1808; russ. Volksweise)

Meine *Minna* geht vorüber? · Meine Minna kennt mich nicht?
Schiller, Gedichte: An Minna

Minne, Schatz und großer Gewinn · Verkehren guten Mannes Sinn.
Sprichwörtlich

Was nur lebt, will lieben; · Meiden will keiner die *Minne*.
Wellgunde in Richard Wagner, Rheingold

Weise zu Tröpfen wandelt auf Erden · Der *Minne* Macht.
Altnordisch, Hâwamâl (Simrock)

In den Talen der Provence · Ist der *Minnesang* entsprossen, · Kind des Frühlings und der Minne, · Holder, inniger Genossen.
L. Uhland, Sängerliebe, 1. Rudello

Was man von der *Minute* ausgeschlagen, · Gibt keine Ewigkeit zurück. Schiller, Gedichte: Resignation

Genießt die *Minute*, solange sie glüht! · Der Frühling verwelkt und die Liebe verblüht.
E. Geibel, Beim Feste

Es geht die Zeit pfeilschnell, obgleich die *Minuten* schleichen.
Felix Mendelssohn in Hensel, Familie Mendelssohn 1

Wie du *mir*, so ich dir. Sprichwort

Wer ruft *mir?*
Der Geist in Goethe, Faust 482

Denn auf *Mischung* kommt es an.
Wagner in Goethe, Faust 6850

Misera contribuens plebs.
(Das arme Steuern zahlende Volk.)
Im Corpus Juris Hungarici, Decretum II (vgl. Horaz, Sat, 1, 80, 10)

Misery acquaints a man with strange bedfellows.
(Die Not bringt einen zu seltsamen Schlafgesellen.)
Trinculo in Shakespeare, Der Sturm 2, 2

Mißachtet mag ich Dulderin nicht leben.
Chamisso, Aus d. Vendée 1: Im Jahre 1832

Sein launisch *Mißbehagen* · Ruht auf dem breiten Polster seines Glücks.
Antonio in Goethe, Torquato Tasso 5, 1

Die Gründe der Regierung kenne ich nicht, aber ich muß sie *mißbilligen.*
Abgeordneter J. Kell in der sächs. Zweiten Kammer, 12. Februar 1849

Mißbrauch lehrt den rechten Brauch. Alter Spruch

Mißbrauch ist keine Gewohnheit.
Sprichwort

Ich schäme mich und scheue mich, meine Augen aufzuheben zu dir, mein Gott; denn unsere *Missetat* ist über unser Haupt gewachsen.
Esra 9, 6

Wenn ich sündige, merkest du es bald und lässest meine *Missetat* nicht ungestraft. Hiob 10, 14

Fremdes *Mißgeschick* zu tragen · Sind wir alle stark genug.
La Rochefoucauld, Maximes 19

Laßt alle nur *mißgönnen*, · Was sie nicht nehmen können!
Goethe, Ges. Lieder: Frech und froh

Mißgunst sei sonst, wie sie will; dennoch ist ihr Eigentum, · Daß sie immer mehr verklärt, als verdunkelt unsern Ruhm.
Logau, Sinngedichte: Mißgunst

Die Völker ahnen instinktmäßig, wessen sie bedürfen, um ihre *Mission* zu erfüllen.
Heine, Deutschland 1, 2. Buch: Von Luther bis Kant

Beim Beginne einer Unternehmung und unweit des Zieles ist die Gefahr des *Mißlingens* am größten. Wenn Schiffe scheitern, so geschieht es nahe am Ufer.

Börne, Fragmente und Aphorismen 146

Das *Mißtraun* ist die schwarze Sucht der Seele, · Und alles, auch das Schuldlos-Reine, zieht · Fürs kranke Aug' die Tracht der Hölle an.

Silvester in H. v. Kleist, Die Familie Schroffenstein 1, 2

Mißtrauen ist eine Axt am Baume der Liebe. Russisches Sprichwort

Nun ward der Winter unsers *Mißvergnügens* · Glorreicher Sommer durch die Sonne Yorks.

(The winter of our discontent . . .)
Richard in Shakespeare, Richard III. 1, 1

Durch welchen *Mißverstand* hat dieser Fremdling · Zu Menschen sich verirrt?

Carlos in Schiller, Don Carlos 2, 2

Wenn der Hahn kräht auf dem *Mist*, · Ändert sich's Wetter oder 's bleibt, wie's ist.

Scherzhafte Wetterregel

Kleinvieh macht auch *Mist*.

Bauernregel

Wer nicht *mit* mir ist, der ist wider mich.

Matth. 12, 30 (vgl. Lukas 11, 23; 9, 50). Cäsar dachte (nach Cicero pro Lig. 11, 33) weiter: Te enim dicere audiebamus, nos omnes adversarios putare nisi qui nobiscum essent, et omnes qui contra te non essent, tuos.

Mitgegangen, · Mitgefangen, · Mitgehangen. Sprichwörtlich

Mitgift ist der Männer Gift, · Das der Weiber Herrschaft stift.

Hans Aßmann, Frh. von Abschatz, Sprichwörter (1704)

Aus *Mitleid* wird die Liebe oft geboren, · Folgt Mitleid, ist die Liebe bald verloren.

D. v. Liliencron, Poggfred 8 (1896)

Du hast kein *Mitleid* mit dir selbst gehabt – du hast dich nicht geschont – Gott wird mit dir Mitleid haben.

Leo Tolstoi (1828–1910), Macht der Finsternis

Mitleidig ist die ganze Welt, · Sobald nicht Eigennutz das Urteil fällt. Ramler, Menschlichkeit und Mitleid

Daß fremdes Laster uns wider unsern Willen zu *Mitschuldigen* machen kann!

Emilia in Lessing, Emilia Galotti 2, 6

Mittagsschlaf ist ein brennend Licht am Tage.

Theod. Gottl. v. Hippel, Lebensläufe nach aufsteigender Linie (1778/81)

Die wahre Tugend, Freund, · Liegt zwischen zweien Lastern, gleich von beiden · Zurückgezogen, in der *Mitte*. Horaz, Episteln 1, 18, 9 (Wieland)

Der tugendhafte Mensch wählt die *Mitte* und entfernt sich von den beiden Extremen, dem Zuviel und dem Zuwenig. Aristoteles, Ethik 6, 1

Rechte *Mitte*.

(Juste milieu.)
Louis Philipp (1830/48) mit Bezug auf seine innere Politik (1831)

Das Reich der *Mitte*

wird China genannt

Die Menschen werden an sich und andern irre, weil sie die *Mittel* als Zweck behandeln.

Goethe, Maximen u. Reflexionen 1

Kein menschliches *Mittel* ließ ich unversucht.

Ferdinand in Schiller, Kabale und Liebe 2, 7

Meine *Mittel* erlauben mir das.

Balthasar in G. Räders Zauberposse »Der artesische Brunnen« (1860)

In der langen Nacht des *Mittelalters* war Glaube der Nordschein.

L. Börne, Aufsätze Nr. 35; Der Narr im weißen Schwan

Ein *Mittelding* vom Weisen und vom Affen.

Schiller, Gedichte: Die berühmte Frau, V. 140

Mittelgut wie wir · Findt sich hingegen überall in Menge.

Nathan in Lessing, Nathan der Weise 2, 5

Das *Mittelmaß* ist gut dem Alter wie der Jugend, · Nur *Mittelmäßigkeit* allein ist keine Tugend.

Rückert, Weisheit des Brahmanen (1836/39)

Das *Mittelmaß* ist in allen Dingen das Beste.

(Mediocritas in omni re est optima.)

Wahlspruch der Stadt Lübeck

Mittelmäßig und kriechend, so gelangt man zu allem.

(Médiocre et rampant, et l'on arrive à tout.)

Beaumarchais, Die Hochzeit des Figaro

Ist man noch im Werden, so halte man sich zu den Ausgezeichneten; aber als gemachter Mann zu den *Mittelmäßigen.*

Balthasar Gracián, Handorakel (1637) Schopenhauer

Es gibt Dinge, worin die *Mittelmäßigkeit* unerträglich ist: Dichtkunst, Tonkunst, Malerei und öffentliche Rede.

Moralistes franç. (1838), p. 242: La Bruyère

Die *Mittelmäßigkeit* wiegt immer richtig, nur ist ihre Waage falsch.

Anselm Feuerbach, Verschiedene Aufsätze und Aphorismen

Der *Mittelstand* kann's freilich nicht!

(Ironisch: wenn viel Geld ausgegeben wird.) Weitverbreitete Redensart

O großes Glück im *Mittelstande!*

J. W. L. Gleim, Lob des Landlebens (1764)

Mittelstraß, das beste Maß!

Alter Spruch

Goldne *Mittelstraße.*

(Aurea mediocritas).

Horaz, Oden 2, 10, 5

Mitten ins Herz hat ihn der Pfeil getroffen!

Irmgard in Schiller, Wilhelm Tell 4, 3

Der deutschen Zwietracht *mitten* ins Herz.

Gerhart Hauptmann, Florian Geyer

Mitten wir im leben sindt · Mit dem todt umfangen.

M. Luther, Media vita in morte sumus (1524)

In der stillen *Mitternacht,* · Wo nur Schmerz und Liebe wacht.

Herder, Der Cid 1, 14

Die *Mitternacht* zog näher schon.

Heine, Belsazer

Wenn die Nachwelt mitgenießen soll, · So muß des Künstlers *Mitwelt* sich vergessen.

Prinzessin in Goethe, Torquato Tasso 1, 2

Gesetzt, daß ich von Nachwelt reden wollte, · Wer machte denn der *Mitwelt* Spaß?

Lustige Person in Goethe, Faust 76/77

Nicht *mitzuhassen, mitzulieben* bin ich da.

Antigone in Sophokles, Antigone 523

Wohlzutun und *mitzuteilen* vergesset nicht! Hebr. 13, 16

Sich *mitzuteilen* ist Natur; *Mitgeteiltes* aufzunehmen, wie es gegeben wird, ist Bildung.

Goethe, Maximen u. Reflexionen 5

Mob.

Englisches Schlagwort für Pöbel (aus dem Zitat *Mobilium* entstanden, siehe weiter unten). Vgl. Muret-Sanders, Engl.-dtsch. Wörterbuch, wo Mob auf mobile vulgus zurückgeführt wird.

Es gibt Leute, die mehr zum Hindernis als zur Zierde der Welt da sind: unnütze *Möbel,* die jeder aus dem Wege rückt.

Balthasar Gracián, Handorakel (1637) Schopenhauer

Mobilium turba Quiritium.

(Der Quiriten wankelmütige Schar.)

Horaz, Oden 1, 1, 7

Der *Mode* ist in Frankreich alles unterworfen. Napoleon I.

Die *Mode* ist weiblichen Geschlechts, hat folglich ihre Launen.
K. J. Weber, Demokritos 8, 6: Die Satire der Neueren

Nicht was schön ist, ist *Mode*, sondern was Mode ist, ist schön.
Sprichwörtl. Redensart

Willst du kommen in die *Mode*, · Mach dich geltend, sei nicht faul! · Denn öffnest du nicht selbst das Maul, · Die andern schweigen dich zu Tode!
H. Leuthold, Gedichte: Ehrenstaffel

Fast immer werden die *Moden* von den häßlichen Frauenzimmern aufgebracht, und die hübschen sind töricht genug, sich unterzuordnen.
Rousseau

Schlecht und *modern!*
Goethe, Faust 10176

Modeteufel.
Titel einer Schrift von Julius Lessing (Berlin 1884), der als Quelle des Wortes den Titel der Neuauflage des Hosen Teuffels von Musculus (1555 erschienen) ansieht: »Des jetzigen ... Almodo Kleyder Teuffels Alt-Vatter« (1629).

Ach, wie ist's *möglich* dann, · Daß ich dich lassen kann.
Neueres Volkslied. Komponiert von Moritz Ernemann, Berlin 1825

Das Land der unbegrenzten *Möglichkeiten* (für Amerika).
Titel eines Buches von Ludwig Max Goldberger (1902)

Wenn man in Mühe und Arbeit vor sich hinlebt, denkt man immer, man tue das *Möglichste;* und der von weitem zusieht und befiehlt, glaubt, er verlange nur das *Mögliche.*
Margarete von Parma in Goethe, Egmont 3

Wär' ich der *Mohr,* nicht möcht' ich Jago sein.
Jago in Shakespeare, Othello 1, 1

Der *Mohr* hat seine Arbeit getan, der Mohr kann gehen.
(Fälschlich wird häufig zitiert: »seine Schuldigkeit«.)
Mohr in Schiller, Fiesko 3, 4

Im *Mohrenland* gefangen war · Ein Mädchen hübsch und fein.
Pedrillo in Mozarts Oper: Die Entführung aus dem Serail 3, 1 (1782)

Mohrenwäsche. · Einen *Mohren* weiß waschen.
Nach Jerem. 13, 23: Kann auch ein Mohr seine Haut wandeln oder ein Parder seine Flecken?

Mens agitat *molem,* siehe unter *Mens*

Einem *Moloch* opfern –
d. h. dem furchtbaren Gott der Ammoniter (3. Mose 18, 21; 20, 2ff.; 1. Kön. 11, 5/7; 2. Kön. 23, 10 u. Jer. 32, 35)

Eine große Epoche hat das Jahrhundert geboren, · Aber der große *Moment* findet ein kleines Geschlecht.
Goethe-Schiller, Xenien 31: Der Zeitpunkt

Der *Moment* allein · Gehört dem Menschen, im *Momente* lebt er, · Drum kauft er um der Zukunft teuren Preis · Des Augenblickes rasch entflohne Lust.
Ad. v. Chamisso, Faust

Es gibt im Leben manches Mal *Momente.*
Schlager aus der Operette Maskottchen von Walter Bromme

Ich liebe · Die Menschheit, und in *Monarchien* darf · Ich niemand lieben als mich selbst.
Marquis in Schiller, Don Carlos 3, 10

Ein *Mönch* ist nirgend besser aufgehoben als im Kloster. Sprichwort

Lügt das Sprichwort wohl: daß *Mönch* und Weib · Und Weib und Mönch des Teufels beide Krallen sind?
Tempelherr in Lessing, Nathan der Weise 1, 6

Wo der Teufel nicht hin darf, da schickt er einen *Mönch* oder ein altes Weib hin. Sprichwort

Mönchlein, Mönchlein, du gehest einen schweren Gang!
sagte Feldhauptmann Georg Frundsberg zu Luther, als dieser sich anschickte, vor den Reichstag zu Worms (1521) zu treten.

Mond meiner Tage! · Sonne meiner Nächte! Heine: Reisebilder 2: Italien 3

Hat der *Mond* einen Hof, so gibt es schlecht Wetter. Alte Wetterregel

Der *Mond*, der scheint, · Das Kindlein weint. Ammenuhr (Wunderhorn)

Hier unter dem wechselnden *Mond*, siehe unter *bleiben*

Guter *Mond*, du gehst so stille · In den (durch die) Abendwolken hin.
Volksweise (um 1780), Verfasser unbekannt

Mondbeglänzte Zaubernacht, · Die den Sinn gefangen hält, · Wundervolle Märchenwelt, · Steig auf in der alten Pracht!
L. Tieck, Kaiser Oktavianus, Prolog und Schluß. Siehe auch unter *Märchenwelt*

Ce *monde* est absurde.
(Diese Welt ist absurd.)
Albert Camus, Les mythes de Sisyphe (1942)

Le *monde* où l'on s'ennuie.
(Die Welt, in der man sich langweilt.)
Titel eines Lustspiels von Edouard Pailleron (1834–1899)

O sähst du, voller *Mondenschein*, · Zum letztenmal auf meine Pein.
Faust in Goethe, Faust 386/87

Die großen Tatmenschen haben mit den *Mondsüchtigen* eins gemein: sie vertragen es auf ihrem gefährlichen Wege nicht, angerufen, gestört oder gar gewarnt zu werden.
Lily Braun, Im Schatten der Titanen, 1910, S. 21

Put *money* in the purse!
(Tu Geld in deinen Beutel!)
Jago in Shakespeare, Othello 1, 3

Blauen *Montag* machen.
Volksmund. (Schon Hans Sachs sagt: Den montag zum sontag feyren.) Siehe Näheres unter *Blaumontag*. Zwirn in Nestroys Lumpazivagabundus 1, 4 singt: Blauer *Montag* is alle Tag. · Darum lass' ich nicht nach, · Bis die Sonn' morgen scheint, · Grad' so lang tanz i' heunt.

Montecchi und Capuletti.
Die beiden feindlichen Veroneser Geschlechter in Shakespeares »Romeo und Julia«. Vgl. Fritz Reuter: De meckelnbörgschen M. u. C. oder De Reis' nah Konstantinopel (Olle Kamellen 7).

Montes auri pollicens.
(Goldene Berge versprechend.)
Terenz, Phormio 1, 2, 18

Einem bei Lebzeiten ein *Monument* setzen, heißt die Erklärung ablegen, daß hinsichtlich seiner der Nachwelt nicht zu trauen sei.
Schopenhauer, Parerga und Paralip, 1. Bd.: Kap. 5, C: Unser Verhalten gegen andere betreffend

Ja, wer eure Verehrung nicht kennte: · Euch, nicht ihm, baut ihr *Monumente!*
Goethe, Sprüche in Reimen: Sprichwörtlich

Monumentum aere perennius,
siehe unter *Exegi*

Alle Moral muß aus der Fülle des Herzens kommen, von der der Mund übergeht; man muß ebensowenig lange darauf zu denken als damit zu prahlen scheinen.
Lessing, Hamburg. Dramat. 3. Stück

Die *Moral* ist dieselbe bei allen Menschen; also kommt sie von Gott. Der Kultus ist verschieden, also ist es Menschenwerk.
Voltaire, Œuvres 6, p. 174

Echte *Moral* und Moralität ist von keiner Religion abhängig, wiewohl jede sie sanktioniert und ihr dadurch eine Stütze gewährt.
Schopenhauer, Parerga u. Paralip. 1, 5: Paränesen und Maximen D

In der *Moral* wie in der Kunst ist Reden nichts, Tun alles.
Ernest Renan, Das Leben Jesu, Kap 5.

Moral ist die Grammatik der Religion; es ist leichter, gerecht als schön zu handeln.
Börne, Fragmente u. Aphorismen 184

Und die *Moral* von der Geschicht' · Bad zwei in einer Wanne nicht.
Wilhelm Busch, Das Bad am Samstagabend (1869, Schluß)

Nicht eine kränkelnde *Moral* – uns frommt eine robuste Sittlichkeit.
Feuchtersleben, Tagebuchblätter

Unter *Moral* verstehe ich das reelle Produkt zweier imaginärer Größen. Die imaginären Größen sind Sollen und Wollen.
Frank Wedekind (1864–1918), Frühlings Erwachen

Sklavenaufstand in der *Moral*
nennt Nietzsche (»Zur Genealogie der Moral«, 1. Abhandlung, 10) die Aufrichtung des aszetischen Ideals durch das jüdische Priestertum und die christliche Kirche. Siehe auch *Sklaven-Moral.*

Alles Gute, das nicht auf *moralisch* gute Gesinnung gepfropft ist, ist nichts als Schein und schimmerndes Elend.
Kant, Kritik der Urteilskraft 2, 31

Moralische Eroberungen.
Kaiser Wilhelm I. als Prinzregent am 8. Nov. 1858 zu dem neugebildeten Ministerium

Das *Moralische* versteht sich immer von selbst.
Fr. Th. Vischer, Auch Einer 1, 25

Gedanken über die *moralischen* Vorurteile.
Untertitel von Fr. Nietzsches Buch »Morgenröte« (1881)

Es ist eine alte Bemerkung, daß die Dezenz steigt, wie die *Moralität* fällt.
Hebbels Tagebücher

Das ist der Teutoburger Wald, · Den Tacitus beschrieben, · Das ist der klassische *Morast,* · Wo Varus steckengeblieben.
H. Heine, Deutschland, ein Wintermärchen 11 (1844)

Denn *Mord,* hat er schon keine Zunge, spricht · Mit wundervollen Stimmen.
Hamlet in Shakespeare, Hamlet 2, 2

Es kann der *Mord* bisweilen · Den Königen, der *Mörder* nie gefallen.
Gordon in Schiller, Wallensteins Tod 4, 8

Man hat Exempel, · Daß man den *Mord* liebt und den *Mörder* straft.
Deveroux in Schiller, Wallensteins Tod 5, 2

Mord ist jetzt die Losung.
Carlos in Schiller, Don Carlos 5, 4

Sie alle ziehen ihres Weges fort · An ihr Geschäft – und meines ist der *Mord!* Tell in Schiller, Wilhelm Tell 4, 3

Etwas muß er sein eigen nennen, oder der Mensch wird *morden* und brennen.
1. Kürassier in Schiller, Wallensteins Lager V. 931

Unter die *Mörder* fallen.
Nach Luk. 10, 30

Sein Herz zur *Mördergrube* machen. Sprichwörtl. Redensart
(Nach Jer. 7, 11; Matth. 21, 13 und Luk. 19, 46; Mark. 11. 17)

Gefährlich ist's, ein *Mordgewehr* zu tragen.
Geßler in Schiller, Wilhelm Tell 3, 3

Da lieg, du altes *Mordgewehr,* · Ich brauche ferner dich nicht mehr.
Veit in Lortzings Oper Undine 1, 1 (1845)

Das ist ein *Mordskerl* (einer, der alles kann). Sprichwörtl. Redensart

Ut homines sunt, ita *morem* geras.
(Wie die Menschen sind, so betrage dich! oder: Mit den Wölfen muß man heulen.)
Terenz, Andria 3, 3, 71

Einen *Mores* lehren
(Sitte, Lebensart beibringen).
Sprichwörtl. Redensart
So singt der Chor der alten Zauberer in Nestroys Lumpazivagabundus 1, 1: Wir werden euch schon Mores lehren, · Ihr liederlichen Bursche ihr!

Der *Morgen* kam, es scheuchten seine Tritte · Den leisen Schlaf.
Goethe, Gedichte: Zueignung

Mußt nicht stets mit trübem Sinn · Nur an *morgen* denken; · Jeder Tag sei dir Gewinn, · Den die Götter schenken. Ernst Günther
(Quid sit futurum cras, fuge quaerere

et · Quem fors dierum cumque dabit, lucro · Appone.) Horaz, Oden 1, 9, 13/15

Morgen! morgen! nur nicht heute! · Sprechen alle faulen Leute.

Chr. Fel. Weiße, Lieder für Kinder: Der Aufschub

Morgen können wir's nicht mehr! siehe unter *heute*

Morgen ist auch noch ein Tag!

Sprichwörtlich

Morgen muß ich weg von hier · Und muß Abschied nehmen.

Volkslied (Wunderhorn)

Morgen müssen wir verreisen, · Und es muß geschieden sein.

Hoffmann v. Fallersleben, Der Abschied

Laßt uns essen und trinken, denn *morgen* sind wir tot. 1. Kor. 15, 32

Morgen, Kinder, wird's was geben, · Morgen werden wir uns freun.

Weihnachtslied von Martin Friedr. Phil. Bartsch (1795)

Morgenglanz der Ewigkeit.

Anfang eines Kirchenliedes von Knorr v. Rosenroth (1636–89)

Morgenlich leuchtend in rosigem Schein.

Walther v. Stolzings Preislied in R. Wagner, Die Meistersinger von Nürnberg 3

Dich seh' ich wieder, *Morgenlicht*, · Und freue mich der edeln Pflicht, · Dem Höchsten lobzusingen.

Kirchenlied von C. F. Neander (1723/1802)

Doch still! mich dünkt, ich wittre *Morgenluft*.

(But soft! methinks, I scent the *morning* air.)

Geist in Shakespaere, Hamlet 1, 5

Rapp! Rapp! ich wittere *Morgenluft*. Bürger, Lenore

Im Sonnenglanz, durch *Morgennebelduft*.

Obergeneral in Goethe, Faust 10 362

Morgenrot, Morgenrot, · Leuchtest mir zum frühen Tod.

Wilhelm Hauff, Reiters Morgenlied 1824

Die *Morgenröte* tritt hervor, · Säumt rot den trüben Wolkenflor. · Da hell die Nachtigall nun singt, · Das *Morgenlicht* durchs Dunkel dringt.

Hans Sachs, Die wittenb. Nachtigall (1523)

Des *Morgens*, wann die Hähne krähen.

Soldatenliebe, Hoffmann v. Fallersleben (1822). Vgl. *Frühmorgens*, wenn die Hähne krähn

Morgenstunde hat Gold im Munde.

Sprichwort

Morituri te salutant siehe unter *Ave*

Morpheus.

Sohn des Schlafgottes Somnus, Traumgott (nach Ovid, Metamorphosen 11, 634 ff.)

Mors ipsa refugit saepe virum.

(Selbst der Tod flieht oft vor einem Mann.) Lucanus, Phars. 2, 75/76

Mors laborum ac miseriarum quies est.

(Der Tod ist ein Ausruhen von Mühe und Elend.) Cicero, in Catilin. 4, 4

Mors mihi munus erit.

(Der Tod wird mir Wohltat sein.)

Ovid, Metamorph. 9, 181

Mors sua quemque manet.

(Jeden erwartet sein Tod.)

Properz, Eleg. 2, 21, 58

Mors ultima linea rerum est.

(Der Tod ist das letzte Ziel der Dinge.)

Horaz, Episteln 1, 16, 79

Ähnlich: Omnium rerum est *mors* extremum. Cicero, Ad fam. 6, 21, 1

Mors certa, hora incerta!

(Der Tod ist dir gewiß, die Stunde ungewiß.)

Inschrift an der Uhr des Leipziger neuen Rathauses

Mars hin, Mars her, · *Mors* gilt noch mehr! Abraham a Santa Clara 1670

Wo man sie anfaßt, *morsch* in allen Gliedern.

Mephistopheles in Goethe, Faust 7717

On n'a point pour la *mort* de dispense de Rome.

(Gegen den Tod gibt es keinen Dispens von Rom.) Molière, L'Etourdi 2, 4

La *mort* sans phrase,
siehe unter *Redensarten*

Morte carent animae, semperque, priore relicta · Sede, novis domibus vivunt habitantque receptae.
(Nicht ist sterblich der Geist; von dem früheren Sitze geschieden, · Lebt er fort und bezieht die neu ihm verliehene Wohnstatt.)
Ovid, Metamorph. 15, 158 u. 159

Mortem effugere nemo potest.
(Dem Tode kann niemand entgehen.)
Cicero, Philipp. 8, 10

Ante *mortem* nemo beatus est.
(Vor dem Tode ist niemand glücklich.)
Nach dem Worte Solons zu Krösus bei Herodot 1, 32. Vgl. Sir. 11, 29
Mortimer siehe unter *gelegen*

Il n'y a que les *morts* qui ne reviennent pas.
(Nur die Toten kehren nicht zurück.)
Barère 1794 im Konvent

De *mortuis* nil nisi bene,
siehe unter *bene*

Moses und die Propheten.
Nach Luk. 16, 29

Most (jungen Wein) in alte Schläuche füllen (fassen). Nach Matth. 9, 17

Junger *Most* sprengt alte Schläuche. Sprichwort

Wenn sich der *Most* auch ganz absurd gebärdet, · Es gibt zuletzt doch noch 'n Wein.
Mephistopheles in Goethe, Faust 6813/14

Der *Most*, der gärend sich vom Schaum geläutert, · Er wird zum Trank, der Geist und Sinn erheitert.
Lachesis in Goethe, Was wir bringen, 3. Auftr.

Motten und Rost frißt jeden Schatz. Nach Matth. 6, 19

Denn ich bin ja der Oberbürgermeister, · Bin der Tyrann von *Mottenburg*.
Aus der Posse Die Mottenburger von Kalisch und Weihrauch (1868)

Les *moutons* de Panurge.
(Die Schafe des Panurge.)
Zur Bezeichnung von Nachäffern angewandt, nach dem Gargantua des Rabelais 4, 6/8 (1535)

Revenons à nos *moutons*,
siehe unter *Hammel*

Die *Möwen* sehen alle aus, · Als ob sie Emma hießen, · Sie tragen einen weißen Flaus · Und sind mit Schrot zu schießen.
Christian Morgenstern, Galgenlieder

Aber freilich, eine Erscheinung wie *Mozart* bleibt immer ein Wunder, das nicht weiter zu erklären ist.
Eckermann, Gespräche mit Goethe am 14. Febr. 1831

Allzeit habe ich mich zu den größten Verehrern *Mozarts* gerechnet und werde es bis zum letzten Lebenshauch bleiben.
Beethoven an Abbé Maximilian Stadler, 6. Februar 1826

Aus der *Mücke* einen Elefanten machen. Sprichwort

Mit Geduld und Spucke · Fängt man manche *Mucke*. Volksmund

Ein *Mucker* sein.
(von mucken, brummen oder murmeln). Im ersten Viertel des 18. Jh. in Jena aufgekommen als Bezeichnung für einen scheinheiligen oder engherzigen Menschen.

Ich fange an, der Sonne *müd'* zu sein. Macbeth in Schiller, Macbeth 5, 7

Ich bin es *müde*, über Sklaven zu herrschen.
Friedrich dem Großen zugeschrieben

Ich habe keine Zeit, *müde* zu sein.
Kaiser Wilhelm I. am 8. März 1888

Alles, was wir treiben und tun, ist ein Abmüden; wohl dem, der nicht *müde* wird!
Goethe, Maximen u. Reflexionen 3

Der König und die Kaiserin, · Des langen Haders *müde*, · Erweichten ihren harten Sinn · Und machten endlich Friede. Bürger, Lenore

Nicht *müde* werden, Gutes zu tun.
Nach Gal. 6, 9 (2. Thess. 3, 13)

Müde bin ich, geh' zur Ruh, · Schließe beide Äuglein zu.
Luise Hensel (1817)

Par ordre du *moufti* (Mufti)
(auf höheren Befehl).
Karl Töpfer, Der beste Ton und anderswo; in Börne, Briefe aus Paris 59: Auf Befehl des Mufti.

Die *Müh'* ist klein, der Spaß ist groß.
Mephistopheles in Goethe, Faust 4049

Des Lebens *Mühe* · Lehrt uns allein des Lebens Güter schätzen.
Antonio in Goethe, Torquato Tasso 5, 1

So viel *Mühe* bedurft' es, das römische Volk zu begründen.
(Tantae molis erat Romanam condere gentem!) Vergil, Äneis 1, 33

Der eine hat die *Mühe,* · Der andre schöpft die Brühe. Sprichwörtlich

Dort unten in der *Mühle* · Saß ich in süßer Ruh.
Just, Kerner, Der Wanderer in der Sägemühle 1830

Gottes *Mühlen* mahlen langsam (aber sicher).
Sprichwort nach Logau, vgl. unter *Langmut*

In einem kühlen Grunde, da geht ein *Mühlenrad,* · Mein' Liebste ist verschwunden, die dort gewohnet hat.
Joseph von Eichendorff: Das zerbrochene Ringlein

Lächelnde Weiber! Plappern immer, · Wie *Mühlenräder* stets bewegt!
H. Heine, Neue Gedichte: Anno 1839

Mir wird von alle dem so dumm, · Als ging' mir ein *Mühlrad* im Kopf herum.
Schüler in Goethe, Faust 1946/47

Das *Mühlrad* ist zerbrochen, · Die Liebe hat doch kein End; · Und wenn sich zwei Herzlieb tun scheiden, · So reichen sie einand die Händ. Das Mühlrad, Volkslied (1784)

Einem einen *Mühlstein* um den Hals hängen (und ersäufen).
Nach Matth. 18, 6 od. Mark, 9, 42 vgl. unter *Meer*

Kommt her zu mir alle, die ihr *mühselig* und beladen seid, ich will euch erquicken. Matth. 11, 28

Es ist ein kurz' und *mühselig'* Ding um unser Leben.
Die Weisheit Salomos 2, 1

Warum ist das Licht gegeben den *Mühseligen?* Hiob 3, 20

Mulier taceat in ecclesia.
(Das Weib schweige in der Kirche.)
Nach 1. Korinther 14, 34 (aus der Vulgata, wo es heißt: Mulieres in ecclesiis taceant.)

Multa tulit fecitque puer sudavit et alsit.
(Viel hat der Hitze und Frost schon als Kinder erlitten.)
Horaz, Ars poëtica 413
Aus den beiden ersten Worten bildete der holländische Schriftsteller Douwes Dekker sein Pseudonym, das er nach dem großen Erfolge seines Romans Max Havelaar (Amsterdam 1860) als *Multatuli* (Viel hab' ich getragen) beibehielt.

Multis ille bonis flebilis occidit.
(Von vielen Guten betrauert, ist er gestorben.) Horaz, Oden 1, 24, 9

Multum, non multa (oder Non multa, sed *multum*).
(Vieles, nicht vielerlei.)
Nach Plinius Ep. 7, 9, 15; vgl. Lessings Emilia Galotti 1, 5: nicht vieles, sondern viel.
Non *multa.* Motto Schopenhauers für die Gesamtausgabe seiner Werke.

Dir ist bekannt, was die Gruft der dunklen Wörter bewahret, · Ob der Lebenden Trost dort bei den *Mumien* wohnt.
Schiller, Gedichte: Der Genius

Münchhausen.
Karl Friedr. Hieron. Frhr. v. Münchhausen auf Bodenwerder (Kr. Hameln) (1720–97), Erzähler unglaublicher Abenteuer, die er selbst erlebt haben wollte. Bürgers Buch »Wunderbare Reisen zu Wasser und zu Lande und lustige Abenteuer des Freiherrn von Münchhausen«, 1786 zu Göttingen anonym erschienen,

ist eine freie Übersetzung von Rudolf Erich Raspes »Baron Munchausens Narrative of his marvellous travels and campaigns in Prussia« (Oxford 1786); auch Titel eines bekannten Romans von K. L. Immermann.
Danach:
Münchhauseniade: eine Geschichte, die stark nach Jägerlatein schmeckt

Du hast zwei Ohren und einen *Mund;* · Willst du's beklagen? · Gar vieles sollst du hören und · Wenig drauf sagen.
Rückert, Gedichte: Drei Paare und Einer

Was zum *Munde* eingeht, das verunreinigt den Menschen nicht.
Matth. 15, 11

Der *Mund* der Wahrheit ist stumm.
Fischer in Schiller, Wilhelm Tell 4, 1

Jemandem den *Mund* wäßrig machen.

Sich den *Mund* verbrennen.
Sprichwörtl. Redensarten

Welche sind des *Mundes* beste Gaben? · Lust zum Singen, Trinken, Küssen haben.
Wilhelm Müller, Epigramme 1. Hundert Nr. 52

Mundus vult decipi, ergo decipiatur.
(Die Welt will betrogen sein, drum sei sie betrogen.)
Nach einem alten Sprichwort; Luther und Seb. Franck, Paradoxa (1533) Nr. 236 (247)

Wenn gute Reden sie begleiten, · Dann fließt die Arbeit *munter* fort.
Schiller, Lied von der Glocke V. 11/12

So *munter* und fröhlich wie heute.
Chor in Lortzing, Der Wildschütz 1, 1 (1842)

Munter wie ein Seifensieder,
siehe unter *Johann*

Man muß nicht alles für bare *Münze* nehmen. Sprichwörtl. Redensart

Er will – Wahrheit. Wahrheit! · Und will sie so – so bar, so blank, – als ob · Die Wahrheit *Münze* wäre! – Ja, wenn noch · Uralte Münze, die gewogen ward! · Das ginge noch! Allein so neue Münze, · Die nur der Stempel macht, die man aufs Brett · Nur zählen darf, das ist sie doch nun nicht!
Nathan in Lessing, Nathan der Weise, 3, 6

Man wägt nicht jede *Münze,* · Man nimmt auch leichtes Stück des Bildes wegen.
Posthumus in Shakespeare, Cymbeline 5, 4

Er schläft wie ein *Murmeltier* (so fest). Sprichwörtl. Redensart

Tut alles ohne *Murren* (und ohne Zweifel).
Philipper 2, 14 (1. Petri 4, 9 ohne Murmeln)

Die Welt ist nicht aus Brei und *Mus* geschaffen. Siehe unter *Brei*

Wenn's *Mus* regnet, hat er keinen Löffel
(ist ein Pechvogel.) Redensart

Parturiunt montes, nascetur ridiculus *mus.*
(Wie das Gebirge auch kreißt, es kommt nur eine lächerliche Maus heraus.)
Horaz, Ars poëtica 139

Meine *Mus'* ist gegangen · In des Schenken sein Haus.
Wilhelm Müller, Meine Muse (vor 1824)

Nenne mir, *Muse,* den Mann . . .
Anfang der Odyssee (i. d. neueren Übersetzung von Voß)

Jüngling, merke dir in Zeiten, · Wo sich Geist und Sinn erhöht, · Daß die *Muse* zu begleiten, · Doch zu leiten nicht versteht.
Goethe, Für junge Dichter (1831)

Laßt nicht ungerühmt mich zu den Schatten hinabgehn! · Nur die *Muse* gewährt einiges Leben dem Tod. Goethe, Elegien: Euphrosyne

Die zehnte *Muse.*
Muse des Überbrettls. Aber schon bei Martin Opitz, Gryphius, Herder und Shakespeare.

Der allein besitzt die *Musen*, · Der sie trägt im warmen Busen.

Schiller, Gedichte: Die Antiken zu Paris.
Siehe auch unter *Vandalen*

Anders sagen die *Musen*, und anders sagt es *Musäus*.

Goethe, Gedichte: Physiognomische Reisen

Musenwitwensitz

nennt Heine in seinem »Tannhäuser« Weimar. Zu Weimar, dem *Musenwitwensitz*, · Da hört' ich viel Klagen erheben, · Man weinte und jammerte: Goethe sei tot, · Und Eckermann sei noch am Leben!

Ich aber muß meinem erhabenen Schüler zurufen: La *Musica* merita d'esser studiata.

(Die Musik verdient es, studiert zu werden.)

Beethoven an Erzherzog Rudolf 1819

Die *Musik* ist heutzutage · Wohl der Menschheit größte Plage.

Heinr. Seidel, Glockenspiel: Die Mittelmäßigen

Denn ein wenig Licht ins graue Heute · Bringt die *Musik* der armen Leute.

Heinr. Seidel, Neues Glockenspiel: Die Musik der armen Leute

Der Mann, der nicht *Musik* hat in ihm selbst, · Den nicht die Eintracht süßer Töne rührt, · Taugt zu Verrat, zu Räuberei und Tükken . . . · Trau keinem solchen!

Lorenzo in Shakespeare, Der Kaufmann von Venedig 5, 1

Musik wird oft nicht schön gefunden, · Weil sie stets mit Geräusch verbunden.

Wilh. Busch, Dideldum (1872)

Musik ist höhere Offenbarung als alle Weisheit und Philosophie.

Beethoven

Musik ist die Vermittelung des geistigen Lebens zum sinnlichen.

Bettina v. Arnim

Wo die Sprache aufhört, fängt die *Musik* an. E. T. A. Hoffmann

Musik ist der Schlüssel vom weiblichen Herzen.

Seume, Gedichte: Der Vorteil

Musik ist die wahre allgemeine Menschensprache.

K. J. Weber, Demokritos 6, 8

Wie wurde mir, als ich ins Innre nun · Der Kirchen trat, und die *Musik* der Himmel · Herunterstieg!

Mortimer in Schiller, Maria Stuart 1, 6

Wer die *Musik* sich erkiest, · Hat ein himmlisch Gut bekommen.

Eduard Mörike, Altes Verslein

Unter allen entsetzlichen Dingen das entsetzlichste ist *Musik*, wenn sie erst erlernt wird!

Hebbels Tagebücher

Ohne *Musik* wäre das Leben ein Irrtum

Friedr. Nietzsche, Götzendämmerung: Sprüche und Pfeile 33

Ich sage noch ein Wort für die ausgesuchtesten Ohren: Was ich eigentlich von der *Musik* will. Daß sie heiter und tief ist wie ein Nachmittag im Oktober. Daß sie eigen, ausgelassen, zärtlich, ein kleines süßes Weib von Niedertracht und Anmut ist . . .

Friedr. Nietzsche, Ecce homo: Warum ich so klug bin 7

Ich weiß keinen Unterschied zwischen Tränen und *Musik* zu machen.

Friedr. Nietzsche, Ecce homo: Warum ich so klug bin 7

Alle *Musik* ist eigentlich innere Musik und muß wieder zu innerer Musik werden.

Gerhart Hauptmann, Aufzeichnungen

Musika ist das beste Labsal einem betrübten Menschen.

Luther, Tischreden

Gelobet seist du jederzeit, Frau *Musika!*

Em. Geibel, Lob der edeln Musika (1840)

Es ist noch kein Gesetz da, das bei körperlicher Züchtigung anbefiehlt, *musikalisch* zu sein.
Em. Geibel, Meister Andrea 1, 10

Es ist nicht jeder ein *Musikant*, der eine Geige auf dem Rücken trägt.
Abraham a Santa Clara, Reim dich!

Ein lustiger *Musikante* marschierte einst am Nil.
Em. Geibel, Lob der edeln Musika (1840)

Gute Leute und schlechte *Musikanten*, siehe unter *Leute*

Eine *Musikantenkehle*, die ist als wie ein Loch.
Em. Geibel, Lob der edeln Musika (1840)

Musikdrama.
Theodor Mundt (Krit. Wälder 1833, 82f.). Richard Wagner nannte diesen Ausdruck eins der »völlig unsinnigen Worte«.

Steh' ich im Feuer, · Mein ist die Welt! · Bin ich nicht Offizier, · Bin ich doch *Musketier!*
Musketierlied von Joh. Peter Hebel (1809)

Muß ist ein bitter Kraut.

Muß ist eine harte Nuß. Sprichwörter

Muß? Willkommnes Wort, · Mit dem der Frevler stets die Schuld von sich · Abwälzt ins Leere, jeden Übermut · Und jeden Treubruch –
Thomas in Geibel, Sophonisbe 2, 3

Dem harten *Muß* bequemt sich Will' und Grille.
Goethe, Gedichte: Urworte

Das kleine Wörtchen *Muß* · Ist doch von allen Nüssen, · Die Menschen knacken müssen, · Die allerhärtste Nuß.
L. Bechstein, Gedichte u. Sprüche 11

Was sein *muß*, das geschehe, doch nicht drüber!
Walter Fürst in Schiller, Wilhelm Tell 2, 2

Was sein *muß*, muß sein!

Muß es sein, so schick dich drein.
Sprichwörtlich

Muß i denn, muß i denn zum Städtele hinaus? Volksweise

Kein Mensch *muß müssen*.
Nathan in Lessing, Nathan der Weise 1, 3

Alle anderen Dinge *müssen;* der Mensch ist das Wesen, welches will. Schiller, Über das Erhabene

Müßig gehn, wenn man's nicht recht versteht, · Ist schwerer, als man denken sollte.
Gellert, Fabeln 2: Die beiden Knaben

Geschäftiger *Müßiggang*.
Wohl nach Joh. E. Schlegels Lustspiel »Der geschäftige Müßiggänger« (1743). Doch schon bei Phädrus, Seneca u. a. (Siehe auch unter *Schreiben*.)

In *müß'ger* Weile schafft der böse Geist.
Paulet in Schiller, Maria Stuart 1, 1

Müßiggang ist des Teufels Ruhebank.

Müßiggang ist der Amboß, auf dem alle Sünden geschmiedet werden.

Müßiggang ist ein Hausdieb.

Müßiggang ist aller Laster Anfang.
Sprichwörter

Dem *Müßiggänger* fehlt es stets an Zeit zum Tun · Und nie an einem Grund, warum er's lasse ruhn.
Rückert, Weisheit des Brahmanen, Stufe 5, 425

Nur vorwärts, ich bitte Sie, *Muster* von Schönheit.
Duett in Mozarts Oper Figaros Hochzeit 1 (1786)

Tröstlich · Ist es für uns, den Mann gerühmt zu wissen, · Der als ein großes *Muster* vor uns steht.
Tasso in Goethe, Torquato Tasso 2, 1

Ein großes *Muster* weckt Nacheiferung · Und gibt dem Urteil höhere Gesetze.
Schiller, Wallensteins Lager, Prolog

Nach berühmten *Mustern*.
Titel einer Sammlung parodistischer Studien (1878) von Fritz Mauthner

Ich will nächstens unter euch treten und fürchterlich *Musterung* halten.

Karl Moor in Schiller, Die Räuber 2, 3

Das Rechte erkennen und nicht tun, ist Mangel an *Mut.*

Sprüche des Konfuzius

Wo *Mut* und Kraft in deutscher Seele flammen.

E. Hinkel (1794–1817), Bundeslied, 1815

In großer Not zeigt sich der große *Mut.*

(C'est dans les grands dangers qu'on voit les grands courages.)

Regnard, Eraste 1, 4

Jeder muß den *Mut* der Überzeugung haben. Alexander v. Humboldt

Mut zeiget auch der Mameluck.

Siehe unter *Mameluck*

Nur *Mut!* Das ist des Wassers Brauch: · Hebt die Welle, so trägt sie auch. Altdeutscher Sinnspruch

Trinke *Mut* des reinen Lebens!

Goethe, Balladen: Der Schatzgräber

Ein goldner *Mut* fragt nichts nach niedern Schlacken.

Marocco in Shakespeare, Der Kaufmann von Venedig 2, 7

Wenn der *Mut* in der Brust seine Spannkraft übt ...

König Ludwig I. von Bayern

Mut und Eisen machen frei.

Julius Mosen, Gedichte: Der Schafhirt (Sämtliche Werke 1860, 6, 147)

Wir tragen *Mut* im Herzen tief · Und Schwerter in den Scheiden.

Em. Geibel, Juniuslieder: Protestlied für Schleswig-Holstein

Will die Welt zu Scheitern gehn, · *Mut* bleibt fest und ruhig stehn; · Ja, fällt selbst der Himmel ein, · Mut wird Gott mit Göttern sein.

E. M. Arndt, Gedichte: Der Mann 1811

Mut sitzt inwendig im Herzen, aber Freude ist ein Ausbruch des *Mutes,* der vorher im Herzen verborgen war.

Joh. Geiler v. Kaisersberg (1519) Seelen-Paradies 128

Wenn's etwas gibt, gewaltger als das Schicksal, · So ist's der *Mut,* der's unerschüttert trägt.

Em. Geibel, Brunhild 2, 2

O quae *mutatio* rerum,

siehe unter *Burschenherrlichkeit*

Mutato nomine de te fabula narratur.

(Mit veränderten Namen nur handelt die Erzählung von dir.)

Horaz, Satiren 1, 1, 69, 70

Sein *Mütchen* an jemand kühlen.

Nach 2. Mos. 15, 9

Ihr seid auch Männer, wisset eure Axt · Zu führen, und dem *Mutigen* hilft Gott.

Gertrud in Schiller, Wilhelm Tell 1, 2

Gott verläßt den *Mutigen* nimmer!

Körner, Harras, der kühne Springer

Auch der *Mutigste* von uns hat nur selten den Mut zu dem, was er eigentlich weiß.

Friedr. Nietzsche, Götzendämmerung: Sprüche und Pfeile

Jetzt, Äneas, bedarf es des *Muts,* jetzt kräftigen Herzens!

(Nunc animis opus, Aenea, nunc pectore firmo!) Vergil, Äneis 6, 261

Der *Mutter* schenk' ich ·, Die Tochter denk' ich.

Goethe, Sprüche in Reimen, Sprichwörtlich

Der Himmel ist zu den Füßen der *Mutter.* Persisches Sprichwort

Es eifert jede *Mutter* für ihr Kind; · Dem Sohn der Fremden kann sie schwer vergeben.

Hippolyt in Schiller, Phädra 2, 5

Was ihr euch, Gelehrte, für Geld nicht erwerbt, · Das hab' ich von meiner Frau *Mutter* geerbt.

Bürger, Der Kaiser und der Abt

Wenn du noch eine *Mutter* hast, · So danke Gott und sei zufrieden.

Oft parodiertes sentimentales Gedicht von F. W. Kaulisch (1827–81), geschrieben 1851

Und die *Mutter* blickte stumm · Auf dem ganzen Tisch herum.

Heinrich Hoffmann-Donner (1809–1894), Struwwelpeter (Zappelphilipp)

Was der *Mutter* ans Herz geht, das geht dem Vater nur an die Knie.

Sprichwort

Die *Mütter!* Mütter! – 's klingt so wunderlich!

Faust in Goethe, Faust 6217

Mütter irren . . .!

Schiller, Lied von der Glocke V. 188

Wie sehr auch die Sonne sein Antlitz verbrannt, · Das *Mutteraug* hat ihn doch gleich erkannt.

J. N. Vogl, Gedichte: Das Erkennen

Mütterchen, wie lang noch währet's · Bis es endlich heißt: Herein!

Weihnachtslied von A. Böhme 1851

Kein Füllhorn, das von allen Schätzen regnet, · Ist reicher als die *Mutterhand*, die segnet.

Anastasius Grün, Sprüche und Spruchartiges

Der uns von *Mutterleib* · Und Kindesbeinen an · Unzählig viel zu gut · Und noch jetztund getan.

Aus dem Liede: Nun danket alle Gott von Martin Rinckart (1630)

Über *Mutterliebe* keine Liebe.

Sprichwörtlich

Mutterliebe die beste Liebe, Gottesliebe die höchste Liebe. Sprichwort

Mit der *Muttermilch* eingesogen.

Nach Augustinus, Conf. 3, 4. Anklang an Cicero, Tusc. Disp. III, 1, 2: cum lacte nutricis suxisse (mit der Ammenmilch eingesogen)

Ihr bösen Teutschen, · Man soll euch peitschen, · Daß ihr die *Muttersprach* · So wenig acht!

Joh. Mich. Moscherosch, à la mode Kehraus (1642)

O süße Stimme! Vielwillkommner Ton · Der *Muttersprach'* in einem fremden Lande!

Pylades in Goethe, Iphigenie auf Tauris 2, 2

Muttersprache, Mutterlaut! Wie so wonnesam, so traut!

Max von Schenkendorf, Gedichte: Muttersprache (1814)

Ein Narr treibt *Mutwillen.*

Spr. Sal. 10, 23

Mit der *Mütze* in der Hand · Kommt man durchs ganze Land, · Mit der Mütze voll Geld · Durch die ganze Welt. R. Hugo

Myrmidonen

(eine kampfbereite Gefolgschaft). Nach Homers Ilias das dem Achill untertänige Volk

Und mit einem Kranz von *Myrten* · Naht die Götterkönigin.

Schiller, Das eleusische Fest V. 185

Am Tag erkennen, das sind Possen, · Im Finstern sind *Mysterien* zu Haus.

Mephistopheles in Goethe, Faust 5031/32

N

Ein Herr *N. N.*

sprichwörtlich für eine Person, die man nicht nennen kann oder will (nomen nescio oder notetur nomen). So sagt Bürger: Zum Troste der guten Frau Magdalis hat *N. N.* mich hier angebunden (Die Kuh), und Goethe: Der *N. N.* ist auch so übel dran, sagte Lotte.

Des Narren Herz ist wie ein Rad am Wagen, und seine Gedanken laufen um wie die *Nabe*. Sirach 33, 5

Nach und nach kommt sicher zum Ziel. Sprichwörtlich

Ich merk' es wohl: bei aller Schätze Flor, · Wie ihr gewesen, bleibt ihr *nach* wie vor.

Kaiser in Goethe, Faust 6153/54

Nachahmen und nacheifern ist zweierlei.

Langbehn, Rembrandt als Erzieher S. 32

Nachzuahmen · Erniedrigt einen Mann von Kopf.

König in Schiller, Don Carlos 3, 10

Fluche einem *Nachbar*, und du gräbst zwei Gräber.

Japanisches Sprichwort

Doch den *Nachbar* soll man ehren, · Nächste Hilfe ist die beste.

Fr. W. Weber, Dreizehnlinden 6

Nachbarin! Euer Fläschchen!

Margarete in Goethe, Faust 3834

Liebe deinen *Nachbarn*, aber reiß den Zaun nicht ein. Altes Sprichwort

Wer da will mit Ehren walten, · Muß es mit den *Nachbarn* halten.

Sprichwörtlich

Brennt deines *Nachbars* Wand, so gilt's auch dir.

Horaz, Episteln 1, 18, 84 (Wieland)

Des *Nachbars* Henne scheint uns eine Gans. Türkisches Sprichwort

Nachbohrend bis ans Heft den Stahl

Schiller, Gedichte: Der Kampf mit dem Drachen V. 245

Nachdenken doch immer Mühe macht, · Wie gut man euch auch vorgedacht.

P. Heyse, Spruchbüchlein (1885)

Nacheifern ist beneiden.

Lessing, Fragmente Nr. 6

Einen *Nachen* seh' ich schwanken, aber ach, der Fährmann fehlt.

Schiller, Gedichte: Sehnsucht

Seine Name wirkt, ein heiliges Vermächtnis, · In seinen Jüngern fort und fort erneut: · Und so in edler *Nachfolg'* und Gedächtnis · Gelangt die Tugend zur Unsterblichkeit.

Atropos in Goethe, Was wir bringen, Forts. 3

Nachgeben stillt den Krieg.

Besser *nachgeben* als zu Schaden kommen.

Der Klügste (Klügere) gibt *nach*.

Sprichwörter

Jeden *Nachklang* fühlt mein Herz · Froh und trüber Zeit.

Goethe, Gedichte: An den Mond

Was einer für ein Mann gewesen, das findet sich an seinen *Nachkommen*. Sir. 11, 29

Nachlassen stillt großes Unglück.

Pred. Sal. 10, 4

Laß nicht *nach*, so kommst du hoch. Sprichwort

Nachlässigkeit richtet selbst vorzügliche Anlagen der Natur zugrunde, Belehrung aber verbessert eine schlechte Anlage.

Plutarch, Über Kindererziehung § 4

Nachreden wird meiner Kunst vielleicht mancher etwas; aber wer wird sie mir nachmachen?

Der Maler Apollodor bei Plutarch, Über den Ruhm der Athener Kap. 2

Die schlechten *Nachrichten* haben Flügel. Französisches Sprichwort

Behandelt die Frauen mit *Nachsicht!* · Aus krummer Rippe ward sie erschaffen, · Gott konnte sie nicht ganz geradezumachen. · Willst du sie biegen, sie bricht.
Goethe, Westöstlicher Diwan: Buch der Betrachtungen

Wir erbitten, so gern wir gewähren, die *Nachsicht*.
Horaz, Episteln 2, 3, 11 (Voß)

Jeder ist sich selbst der *Nächste*.
Sprichwort

Ich bin mir selbst der *Nächste*.
(Proximus sum egomet mihi.)
Terenz, Andria 4, 1

Ich bin die *Nächste* dazu.
Die Frau Pastorin in Reuter, Ut mine Stromtid, Teil 1, Kap. 3

Du sollst deinem *Nächsten* nicht unrecht tun noch ihn berauben.
3. Mos. 19, 13

Du sollst deinen *Nächsten* lieben wie dich selbst.
3. Mos. 19, 18. Vgl. Gal. 5, 14; Mark. 12, 31; Matth. 22, 39: Liebe deinen *Nächsten* als dich selbst.

Was ich an meinem *Nächsten* tadele, das soll ich auch selber nicht tun. Herodot 3, 142 (Fr. Lange)

Von der *Nächstenliebe*
sprechen wir nach Matth. 5, 43; 22, 39; Mark. 12, 31; Luk. 10, 27 u. Röm. 13, 9

Nacht muß es sein, wo Friedlands Sterne strahlen.
Wallenstein in Schiller, Wallensteins Tod 3, 10

Die *Nacht* hat ihre Kerzen ausgebrannt.
Julia in Shakespeare, Romeo u. Julia 3, 5

Der Tag des Herrn wird kommen wie ein Dieb in der *Nacht*.
1. Thessal. 5, 2; 2. Petr. 3, 10

Die *Nacht*, die Liebe, dazu der Wein · Zu nichts Gutem Ratgeber sein. Luther, Tischreden Nr. 2876

Es kommt die *Nacht*, da niemand wirken kann. Joh. 9, 4

Die *Nacht* vor dem Heiligen Abend. · Da liegen die Kinder im Traum.
Rob. Reinick, Das Christkind 1845

Ich wollte, es würde *Nacht*, oder die Preußen kämen!
Soll Wellington in der Schlacht bei Waterloo (18. Juni 1815) gesagt haben. Diese Worte können schon deshalb nicht gefallen sein, weil die Preußen bereits um 16.30 Uhr im Gefecht waren. Anlaß zu dem zugespitzten Ausspruch gab Wellingtons Order: »Unser Plan ist ganz einfach: die Preußen oder die Nacht! Aushalten bis auf den letzten Mann!«

Bei euch dort unten in der ew'gen *Nacht*, · Da schlägt kein Herz mehr, da ist alles ewig.
Burgund in Schiller, Die Jungfrau von Orleans 3, 4

In der *Nacht*, wenn die Liebe erwacht.
Lied aus der Operette »Die Kinokönigin« von Gilbert

Eine *Nacht* in Venedig.
Titel einer Operette von Johann Strauß

Die *Nacht* ist niemands Freund.
Bei Gryphius (Andreas Greif) Don Cacciadiavolo in Horribilicribrifax (1664, S. 2) und ähnlich in dessen Verliebtem Gespenst (Ausg. Psalm, S. 295), La nuict est nimands freund; beides nach einem älteren, in verschiedenen Sprachen wiederkehrenden Sprichwort.

Die *Nacht* ist keines Menschen Freund.
Gellert, Fabeln 2. Buch: Die Frau und der Geist. Auch von Seume im Spaziergang nach Syrakus zitiert.

Häßlich wie die *Nacht!*
Sprichwörtl. Redensart

Stille *Nacht*, heilige Nacht.
Weihnachtslied von Joseph Mohr (1818, Melodie von Franz Gruber 1787–1863)

Schöne *Nacht*, der Liebe Nacht, · Oh, stille das Verlangen!
Aus Hoffmanns Erzählungen, Komische Oper von Offenbach 3

Oh, sink hernieder, *Nacht* der Liebe
Duett aus R. Wagner, Tristan und Isolde 2

Denn nicht komm' ich aus *Nacht* und Leiden, · Aus Glanz und Wonne komm' ich her!
Lohengrin in Wagners gleichnamiger Oper 3, 2

Der *Nachteule* gefällt auch ihr Junges. Sprichwörtlich

Die *Nachtigall*, sie war entfernt, · Der Frühling lockt sie wieder; · Was Neues hat sie nicht gelernt, · Singt alte, liebe Lieder.
Goethe, Gedichte: Ländlich

Es war die *Nachtigall* und nicht die Lerche.
(It was the nightingale and not the lark.) Julia in Shakespeare, Romeo und Julia 3, 5

Komm, Trost der Nacht, o *Nachtigall!* · Laß deine Stimm' mit Freudenschall · Aufs lieblichste erklingen.
Nachtlied des Einsiedlers im Simplizius Simplizissimus (vgl. Wunderhorn)

Neugierig wie eine *Nachtigall*.
Sprichwörtlich

Nachtigall, wie sangst du so schön.
Der Nachtigall Antwort, Hoffmann v. Fallersleben (1844)

So lieblich singt die *Nachtigall*, · Ach nur so kurze Zeit, · Dem einen ist lauter Lust der Schall, · Dem andern lauter Leid.
Heinrich Seidel, Glockenspiel: Die Frau Nachtigall

Nachtigall, ich hör' dich singen, · 's Herz im Leib möcht' mir zerspringen.
A. Kretzschmer, Deutsche Volkslieder: Frau Nachtigall

Schwing dich auf, Frau *Nachtigall!*
Frosch in Goethe, Faust 2101

Man kommt nur mit wenig Gepäck auf die *Nachwelt*. Voltaire

So ist denn der Richterstuhl der *Nachwelt*, wie im günstigen, so auch im ungünstigen Falle, der gerechte Kassationshof der Urteile der Mitwelt.
Schopenhauer, Parerga und Paralipomena 2, 28

Denn was dem Mann das Leben · Nur halb erteilt, soll ganz die *Nachwelt* geben.
Goethe, Epilog zu Schillers Glocke

Wenn ich nur nichts von *Nachwelt* hören sollte.
Lustige Person in Goethe, Faust 75 (vgl. unter *Mitwelt*)

Wer für *Nachwuchs* sorgt, verbrüdert sich mit der Ewigkeit.
Hugo Oswald, Sprechendes Leuchten 1902

Er hat den Schalk im *Nacken*.

Er hat einen steifen *Nacken* (ist eigensinnig).
Sprichwörtl. Redensarten

Nackend bin ich ausgegangen von dem Leibe meiner Mutter, nackend kehr' ich wieder dahin. Hiob 1, 21

Daß der Mensch Raub oder Spott · Tieren oder Engeln werde, · Warf ihn ein erzürnter Gott · *Nackend* auf die *nackte* Erde.
A. v. Kotzebue, Ausbruch der Verzweiflung (1791)

Und sie waren beide *nacket*, der Mensch und sein Weib, und schämeten sich nicht. 1. Mos. 2, 25

Wenn wir es recht überdenken, so stecken wir doch alle *nackt* in unseren Kleidern.
Heine, Reisebilder 1: Norderney

Nackt einst kam ich zur Welt, nackt wandel ich unter die Erde. · Solch ein *nacktes* Geschick, ist es der Mühen wohl wert?
Fr. Jacobs, Griech. Blumenlese 7, 33

Nackte Wahrheit.
(Nuda veritas.) Horaz, Oden 1, 24, 7

Nadel ohne Spitz' · Ist nicht viel nütz. Sprichwörtlich

Auch versteh' ich die *Nadel* zur Not. Voß, Luise 1, 546

Was wäre da zu fürchten? · Mein Leben acht' ich keine *Nadel* wert.
Hamlet in Shakespeare, Hamlet 1, 4

Unglückselige kleine *Nadel*, · Daß ich dich nicht finden kann. · Nirgends bist du!
Barbarina in Mozart, Figaros Hochzeit Nr. 24 Cavatine

Wie auf *Nadeln* sitzen.
Sprichwörtlich

Nadelöhr siehe unter *Kamel*

Den *Nagel* auf den Kopf treffen,
siehe: *Acu* tetigisti

Etwas an den *Nagel* hängen.

Das ist ein *Nagel* zu meinem Sarge.
Sprichwörtl. Redensarten

Die *Nagelprobe* machen.
Nach einem alten Brauche wurde der Becher, wenn er geleert war, verkehrt auf den Daumennagel gehalten.

Es brennt ihm (das Feuer) schon auf den *Nägeln* (es ist höchste Zeit).
Sprichwörtl. Redensart

Eine nur ist's, die ich suche, · Sie ist *nah* und ewig weit.
Schiller, Gedichte: Der Jüngling am Bache

Ich bin ihr *nah*, und wär' ich noch so fern. Faust in Goethe, Faust 3332

Doppelt *genäht*, hält doppelt.
Sprichwörtlich

Der *Nährstand* soll geben.
Beide Jäger in Schiller, Wallensteins Lager V. 1049. Siehe auch u. *Lehrstand*

Name ist Schall und Rauch, · Umnebelnd Himmelsglut.
Faust in Goethe, Faust 3457/58

Ein hohes Kleinod ist der gute *Name*.
Paulet in Schiller, Maria Stuart 1, 8

Was ist ein *Name?* Was uns Rose heißt, · Wie es auch hieße, würde lieblich duften.
(What is a name? That wich we call a rose. · By any other name would smell as sweet.)
Julia in Shakespeare, Romeo und Julia 2, 2

Wenn der Leib in Staub zerfallen, · Lebt der große *Name* noch.
Schiller, Gedichte: Das Siegesfest V. 103 bis 104

Sich einen *Namen* machen.
Sprichwörtl. Redensart nach 2. Sam. 8, 13

Bei euch, ihr Herrn, kann man das Wesen · Gewöhnlich aus dem *Namen* lesen.
Faust in Goethe, Faust 1331/32

Nur der ist tot, der keinen guten *Namen* hinterläßt.
Persisches Sprichwort

Namen nennen dich nicht.
Lied v. Wilh. Ueltzen (1759–1808)

Ich bin ein deutscher Dichter, · Bekannt im deutschen Land; · Nennt man die besten *Namen*, · So wird auch der meine genannt.
Heinr. Heine, Heimkehr »Wenn ich an deinem Hause«

Wer darf das Kind beim rechten *Namen* nennen?
Faust in Goethe, Faust 589

Verzeih! Man kann die *Namen* all der Könige, die sich vor dir demütigen, unmöglich behalten.
Hauptmann zu Holofernes in Hebbel, Judith 1

Ein *Name* ist nichts Geringes. Hat doch Napoleon eines großen *Namens* wegen fast die halbe Welt in Stücke geschlagen!
Eckermann, Gespräche mit Goethe, 6. April 1829

Die *Narbe* bleibt, wenn auch die Wunde heilt. Sprichwörtlich

Der *Narben* lacht, wer Wunden nie gefühlt.
Romeo in Shakespeare, Romeo und Julia 2, 2

Mein Pfeifchen traut, mir ist dein Rauch – · Voll duftender *Narkose*, · Noch lieber als der süße Hauch · Der aufgeblühten Rose.
Nik. Lenau, Mein Türkenkopf

Ein *Narr* auf eigne Hand.
Goethe, Gedichte: Den Originalen

Und ein *Narr* wartet auf Antwort.
Heine, Buch der Lieder: Die Nordsee 2: Fragen

Der größte *Narr* kommt zuerst!
Karl V. in Brüssel, zur Beseitigung der Rangstreitigkeiten (vgl. Weber, Demokritos 7, 25)

Du *Narr* willst klüger sein als wir!
Gellert, Fabeln 1: Der Tanzbär

Ein *Narr* trifft allemal noch einen größern an, · Der ihn nicht genug bewundern kann.
Lichtwer, Der Esel und die Dohle

Was sich ein *Narr* in Kopf gesetzt, · Das hält wie eine Schrift, die man in Marmor ätzt.
Lichtwer, Mann und Frau

Wir leben in einer Welt, worin ein *Narr* viele *Narren*, aber ein weiser Mann nur wenige Weise macht.
Lichtenberg, Bemerkungen verm. Inhalts 16

Wie oft weiß nicht ein *Narr* durch töricht Unternehmen · Viel tausend Toren zu beschämen!
Gellert, Der grüne Esel

Narren sind alle, die es scheinen, und die Hälfte derer, die es nicht scheinen.
Balthasar Gracián, Handorakel (1637) Schopenhauer

Dem *Narren* gefällt seine Weise wohl. Sprüche Salomonis 12, 15
Daraus entstand das Sprichwort: Jeder Narr lobt seine Kappe

Eines *Narren* Bolzen sind bald verschossen.
(A fool's bolt is soon shot.)
Orleans in Shakespeare, König Heinrich V. 3, 7

Laß sie doch! Wenn keine *Narren* auf der Welt wären, was wäre die Welt?
Goethe in Lenz, Pandaemonium germanicum 1, 3

Töricht, auf Beßrung der Toren zu harren! · Kinder der Klugheit, o habet die *Narren* · Eben zum Narren auch, wie sich's gehört.
Goethe, Gedichte: Kophtisches Lied

Wer sich für einen *Narren* acht't, · Der ist bald zu ei'm Weisen g'macht.
Brant, Narrenschiff, Vorrede 41/24

Die *Narren* reden am liebsten von der Weisheit, die Schurken von der Tugend.
Paul Ernst (1866–1933), Erdachte Gespräche

Narrenhände · Beschmieren Tisch und Wände. Sprichwort

Dem *Narrenkönig* gehört die Welt.
Talbot in Schiller, Die Jungfrau v. Orleans 3, 6

Ich hoffe es noch zu erleben, daß das *Narrenschiff* der Zeit an dem Felsen der christlichen Kirche scheitert.
Bismarck in der preuß. Zweiten Kammer, 15. Nov. 1849

Jemand am *Narrenseil* führen.
Sprichwörtl. Redensart

Viele breite Wege führen in das Land der *Narrenzunft*.
Wilh. Müller, Epigramme

Alle *Narrheit* erschöpfen – so gelangt man zum Boden der Weisheit.
Börne, Fragmente u. Aphorismen 273

Närrisch, daß jeder in seinem Falle · Seine besondere Meinung preist! · Wenn Islam Gott ergeben heißt, · In Islam leben und sterben wir alle.
Goethe, Westöstl. Diwan

Närrischer Anfang nimmt den Krebsgang. Sprichwort

Daß du die *Nas'* ins Gesicht behältst!
Inspektor Bräsig in Reuter, Ut mine Stromtid, Kap. 2

Ich mag · Nicht fein sein, mag nicht überreden, mag · Mein *Näschen* nicht in alles stecken; mag · Mein Näschen nicht in allem haben.
Klosterbruder in Lessing, Nathan der Weise 4, 1

Wer die *Nase* hart schneuzt, zwingt Blut heraus; und wer den Zorn reizt, zwingt Hader heraus.
Sprüche Salomo 30, 33

Seine *Nase* ist wie die Feiertage im Kalender (rot).
Abraham a Santa Clara

Seine *Nase* in alles stecken.

Die *Nase* hoch tragen.

Jemand an der *Nase* führen.

Einem etwas unter die *Nase* reiben.

Eine *Nase* (Verweis) bekommen.

Ein *Naseweis* (vorlaut) sein.

Naß wie eine Katze.
Sprichwörtl. Redensarten

Auf jemandes Kosten *nassauern* (unentgeltlich leben).
Sprichwörtl. Redensart. (Soll an der Universität Marburg entstanden sein, wo die Einheimischen, d. h. die Nassauer, Gebührenfreiheit genossen.)

Nasser als naß kann man nicht werden.
Sprichwörtl. Redensart, auch bei Auerbach, Waldfried (1875, S. 11)

Die große *Nation.*
(La grande nation.)
Das französische Volk nach dem von Napoleon I. oft gebrauchten Ausdruck

Eine freie *Nation* kann einen Befreier haben, eine unterjochte bekommt nur einen andern Unterdrücker.
E. M. Arndt, Wanderungen und Wandelungen mit Freiherrn v. Stein

Eine *Nation*, die allen gefallen will, verdient, von allen verachtet zu werden.
Lichtenberg, Bemerkungen verm. Inhalts 13

Nur in der eignen Kraft ruht das Schicksal jeder *Nation!*
Moltke im Deutschen Reichstage, 1. März 1880

Toute *nation* a le gouvernement qu'elle mérite.
(Jedes Volk hat die Regierung, die es verdient.)
Graf Joseph de Maistre, sardinischer Gesandter in Petersburg (1811)

Ebenso verderblich wie die Einbuße *nationaler* Selbständigkeit ist für ein Volk auch das Streben nach grenzenloser Weltherrschaft.
Sybel, Kleine hist. Schriften 2, 109

Nationalliteratur will jetzt nicht viel sagen. Siehe unter *Weltliteratur*

Der warme Tag ist's, der die *Natter* zeugt. Brutus in Shakespeare, Cäsar 2, 1

Ach, *Natur*, wie sicher und groß in allem erscheinst du!
Goethe, Elegien: Euphrosyne

Ach, wie ist *Natur* so schwer!
Tristan in Flotow, Martha 1, 3 (1847)

Die *Natur* gefällt, reißt an sich, begeistert, nur weil sie Natur ist.
W. v. Humboldt, Briefe an eine Freundin, Dezember 1827

Die *Natur* ist kein selbständiges Wesen, sondern Gott ist alles in seinen Werken.
Herder, Ideen zur Philosophie der Geschichte der Menschheit (Vorrede)

Alle *Natur* ist für uns belebt, ist von göttlichem Geist, von Gesetz, von Notwendigkeit durchdrungen. Wir kennen keine Materie ohne diesen göttlichen Geist, keinen Geist ohne Materie.
Ernst Haeckel, Natürl. Schöpfungsgeschichte (1868)

Natur und Geist – so spricht man nicht zu Christen.
Kanzler in Goethe, Faust 4897

Natur und Kunst, sie scheinen sich zu fliehen, · Und haben sich, eh man es denkt, gefunden.
Goethe, Gedichte: Natur und Kunst

Denn die *Natur* läßt sich nicht zwingen.
Gellert, Die Nachtigall und die Lerche

Er hat noch nie die Stimme der *Natur* · Gehört . . . Vor dem Glauben · Gilt keine Stimme der Natur.
Don Carlos in Schiller, Don Carlos 1, 7

Hab' ich doch gehört, gelesen · Von der Stimme der *Natur*.
Jaromir in Grillparzer, Ahnfrau 5

Sie hat mich nicht getäuschet, · Die Stimme der *Natur*.
Aus Lortzing, Der Wildschütz oder die Stimme der Natur 3 (Schluß)

Sehen Sie sich um · In seiner herrlichen *Natur!* Auf Freiheit · Ist sie gegründet, und wie reich ist sie · Durch Freiheit!
Marquis Posa in Schiller, Don Carlos 3, 10

Schön ist, Mutter *Natur*, deiner Erfindung Pracht, · Auf die Fluren verstreut, schöner ein froh Gesicht, · Das den großen Gedanken · Deiner Schöpfung noch einmal denkt.
Klopstock, Oden: Der Zürcher See

Ich gehorche in allem der *Natur*, und nie würde ich den Anspruch machen, ihr zu befehlen. Mein einziger Ehrgeiz besteht darin, ihr sklavisch treu zu sein.
Gespräche mit Rodin über die Kunst (Paul Crell, Paris 1911)

Hätte die *Natur* so viele Gesetze als der Staat, · Gott selbst könnte sie nicht regieren.
Börne, Der Narr im Weißen Schwan 2. Kap.

Jeder hat etwas in seiner *Natur*, das, wenn er es öffentlich ausspräche, Mißfallen erregen müßte.
Goethe, Maximen und Reflexionen 2

Nie sagt anderes uns die *Natur* und andres die Weisheit.
(Numquam aliud natura, aliud sapientia dicit.) Juvenal 14, 321 (Alex. Berg, 1863)

Natur wirkt mehr als Demonstration. Ramler, Der Hirsch und der Fuchs

Wo fass' ich dich, unendliche *Natur?* Faust in Goethe, Faust 455

Wenn die *Natur* es versagt, dann macht die Entrüstung den Dichter.
(Si natura negat, facit indignatio versum.)
Juvenal, Satiren 1, 79

Wo die *Natur* nicht will, ist die Arbeit umsonst.
Seneca, Abhandlungen, von Moser (1828), S. 399

Süße, heilige *Natur*, · Laß mich gehn auf deiner Spur!
Fr. v. Stolberg, Gedichte: Freude an der Natur

Ins Innre der *Natur* dringt kein erschaffner Geist; · Zu glücklich, wenn sie noch die äußre Schale weist.
Albr. v. Haller, Gedichte: »Falschheit menschlicher Tugenden« (1732). (Vgl. Goethes Gedichte Allerdings und Ultimatum mit der veränderten Fassung: Glückselig! wem sie nur · Die äußre Schale weist! – Aber schon Heraklit, Bacon, Gassendi und Leibniz sagten ähnliches.)

Schauspielerin *Natur*, tritt auf in allen Rollen.
Rückert, Weisheit des Brahmanen

Es ist des Menschen würdig, was im Laufe der *Natur* liegt, auch natürlich zu nehmen.
W. v. Humboldt, Briefe an eine Freundin 2, 52, 4. Februar 1834

Natura non facit saltus,
siehe unter *Sprung*

Naturalia non sunt turpia.
(Das Natürliche ist nicht schimpflich.)
Nach dem Fragment Hypsipyle des Euripides durch Stobäus Flor. 29, 56 oder nach Vergil, Georgica 3, 96

In puris *naturalibus*.
(In reiner Natürlichkeit.)
Thomas v. Aquino (?)

Naturam expellas furca, tamen usque recurret.
(Verjage die Natur mit der Mistgabel, sie kehrt doch wieder.)
Horaz, Episteln 1, 10, 24

Chassez le *naturel*, il revient au galop.
(Vertreibt das Naturell, es kommt im Nu zurück.)
Nach vorstehender Epistel des Horaz von Phil. Néricault Destouches (1732) in der Komödie Le Glorieux 2, 5.

Denn das *Naturell* der Frauen · Ist so nah mit Kunst verwandt.
Gärtnerinnen in Goethe, Faust 5106/07

Diejenigen *Naturen*, die sich beim Zusammentreffen einander schnell ergreifen und wechselseitig bestimmen, nennen wir verwandt.
Goethe, Wahlverwandtschaften 1, 4

Wer das *Naturgesetz* auch in der Geschichte kennt und anerkennt, der kann prophezeien; wer nicht, weiß nicht, was morgen geschieht, und wäre er Minister.
Börne, Der Narr im Weißen Schwan, 1. Kap.

Natürlich willst du sein? · Wähnst alles dann erzielt? · Natürlich ist das Schwein, · Das sich im Schlamme sielt.
Fr. v. Sallet, Gedichte: Epigrammatisches und Lehrhaftes

Aller Zustand ist gut, der *natürlich* ist und vernünftig.
Goethe, Hermann und Dorothea 5 (Polyhymnia), 12

Die *natürliche* Sprache ist Frau Kaiserin. Luther 29, 258

Natürliche Grenzen.
Nach Sieyès (1793) Napoleon III.

Die *Natürlichkeit* ist nicht nur das Beste, sondern auch das Vornehmste.
Theod. Fontane, Frau Jenny Treibel, 3. Kap.

Navigare necesse est, vivere non est necesse.
(Schiffahrt treiben ist nötig, leben nicht.)
Pompejus nach Plutarch; Inschrift des 1525 begründeten Hauses Seefahrt in Bremen.

Was kann von *Nazareth* Gutes kommen? Joh. 1, 46

Neapel sehen und sterben –
(eigentlich: »Vedi Napoli e poi muori!« = »Siehe Neapel und stirb«).
Italienisches Sprichwort

Seltsam, im *Nebel* zu wandern! · Einsam ist jeder Busch und Stein, · Kein Baum sieht den andern, · Jeder ist allein.
Hermann Hesse, Peter Camenzind

Nec plus ultra, siehe unter *ultra*

Bald gras' ich am *Neckar*,
siehe unter *Bald*

Was sich *neckt*, das liebt sich.
(Was sich liebt, das neckt sich.)
Sprichwort

Glück, Freiheit sind *Negationen* der Wirklichkeit.
Wilhelm Busch, Spricker (Buschbuch, Gebr. Nöldeke 1909)

Negativer Widerstand.
(Eigentlich passiver.)
Hans Viktor von Unruh in der Nacht vom 9. zum 10. Nov. 1848

Will sie sich nicht bequemen, · So müßt ihr's eben *nehmen*.
Goethe, Ges. Lieder: Frech und froh

Woher *nehmen* und nicht stehlen?
Sprichwort

Wenn du *nehmen* willst, so gib!
Goethe (vgl. unter *Hand* und *Taschen*)

Nehmt hin die Welt! rief Zeus von seinen Höhen · Den Menschen zu.
Schiller, Die Teilung der Erde

Ihr *nehmt* mein Haus, wenn ihr die Stütze nehmt, · Worauf mein Haus beruht; ihr nehmt mein Leben, · Wenn ihr die Mittel nehmt, wodurch ich lebe.
(You take my house, when you do take the prop, · That doth sustain my house; you take my life, · When you do take the means whereby I live!)
Shylock in Shakespeare, Der Kaufmann von Venedig 4, 1

Vor *Neid* bersten (platzen).
(Rumpitur invidia.)
Sprichwörtl. Redensart nach Martial (9, 98), Vergil (Ekl. 7, 26) und Phädrus 1, 24

Den Reichtum muß der *Neid* beteuern; · Denn er kreucht nie in leere Scheuern.
Goethe, Zahme Xenien 4

Der *Neid* muß es beschwören.
Carlos in Schiller, Don Carlos 2, 5

Neid ist des Ruhms Begleiter.
(Invidia gloriae comes.)
Cornelius Nepos, Chabrias 3, 2

Mir gefällt dein großes Glück gar nicht, da ich weiß, wie die Gottheit so voller *Neid* ist.
Herodot 3, 40 (Fr. Lange)

Mir grauet vor der Götter *Neide.*
Schiller, Gedichte: Der Ring des Polykrates

Neiden und beneidet werden · Ist das meiste Tun auf Erden.
Logau, Sinngedichte: Neiden

Wer unbeneidet wandelt, ist nicht *neidenswert.*
Klytämnestra in Äschylos, Agamemnon 897 (Donner)

Neider sind Feinde.
Hoffegut in Goethe, Die Vögel. Nach Aristophanes

Laß *Neider* neiden und Hasser hassen, · Was Gott mir gönnt, muß man mir lassen. Sprichwort

Die *Neider* sterben, nimmer stirbt der Neid.
(Les envieux mourront, mais non jamais l'envie.)
Mad. Pernelle in Molière, Tartuffe 5, 3

Ein *Neidhammel.*
(Ein neidischer Mensch, schon im 16. Jahrhundert gebräuchlich). Volksmund

Neidhart, Eigennutz, kindischer Rat · Verriet auch Rom, die mächtig Stadt.
Rollenhagen, Froschmeuseler 3, 1, 6. Kap. 155/56

Der *Neidische* erbarmt sich nicht der Blöße.
Goethe, Westöstlicher Diwan: Buch der Betrachtungen: Fünf Dinge

Ach *neige,* · Du Schmerzenreiche, · Dein Antlitz gnädig meiner Not!
Gretchen in Goethe, Faust 3587/89 und 3617/18

Die Gottlosen kriegen die *Neigen*
(oder auch: Der Rest für die Gottlosen).
Scherzhaft nach Psalm 75, 9

Alle das *Neigen* · Von Herzen zu Herzen, · Ach, wie so eigen · Schaffet das Schmerzen!
Goethe, Rastlose Liebe

Dadurch · Gibt *Neigung* sich ja kund, daß sie bewilligt · Aus freier Gunst, was sie auch nicht gebilligt.
Elisabeth in Schiller, Maria Stuart 2, 9

Wer keine *Neigung* fühlt, dem mangelt es · An einem Worte der Entschuldgung nie.
Arkas in Goethe, Iphigenie 4, 2

Man spricht vergebens viel, um zu versagen; · Der andre hört von allem nur das *Nein.*
Thoas in Goethe, Iphigenie 1, 3

O füllet mit *Nektar,* · O reicht mir die Schale.
Schiller, Gedichte: Dithyrambe

Niemals, Sterblicher, bau auf das Morgende. Nicht den geringsten · Frevel der Zunge vergißt der *Nemesis* ahndender Sinn.
Fr. Jacobs, Griechische Blumenlese (1824) 10, Nr. 31 (Antiphilos)

Nemo ante mortem beatus.
(Niemand ist vor seinem Tode glücklich zu preisen.) Solon († 559 v. Chr.) zu Krösus

Neptun, gelehnt ans Ruder, · Rief: Prosit, lieber Bruder!
Bürger, Neue weltliche hochdeutsche Reime . . . von der Prinzessin Europa

Nervus rerum agendarum
(νεῦρα τῶν πράξεων) d. h. Lebensnerv der Unternehmungen.
Für Geld, namentlich in bezug auf Kriegführung, zuerst angewendet von dem griechischen Philosophen Krantor (um 290 v. Chr.), dann auch bei Bion u. a.; die lateinische Form geht auf Cicero zurück.

Nescis, quid vesper serus vehat.

(Du weißt nicht, was der späte Abend bringt.)
Titel einer Schrift des Römers Varro (116–27 v. Chr.)

Je fester man eine *Nessel* anfaßt, desto weniger brennt sie. Sprichwort

Aus der *Nessel* Gefahr pflücken wir die Blume Sicherheit.

Percy in Shakespeare, König Heinrich IV. 1. Teil 2, 3

Sich in die *Nesseln* setzen.

Sprichwörtl. Redensart

Nessushemd.

Nach Sophokles (Trachinerinnen, Donner 549). Der Zentaur Nessos hatte, um sich an Herakles zu rächen, dessen Gattin Deïaneira ein Gift als angebliches Zaubermittel gegeben. Als Herakles sich nun in Jole verliebte, sandte ihm Deïaneira ein mit dem Gift bestrichenes Opferhemd. Herakles, der dieses Hemd anlegte, erlitt so heftige Schmerzen, daß er den Tod in den Flammen suchte.

Es ist ein arger Vogel, der sein *Nest* beschmutzt.

Nur der Wiedehopf beschmutzt sein eigen *Nest.* Sprichwörtlich

Nestor.

Der älteste und weiseste der Griechen in der Ilias 1, 247 des Homer

Nestor jetzt, der alte Zecher, · Der drei Menschenalter sah, · Reicht den laubumkränzten Becher · Der beträntten Hekuba.

Schiller, Das Siegesfest V. 121–24

Mit einem goldnen *Netz* fischen

(mehr zusetzen als gewinnen).
Sprichwörtlich (schon bei Luther und Hans Sachs)

Euch haben sie das *Netz* ums Haupt geworfen.

Bertha in Schiller, Wilhelm Tell 3, 2

Ich seh, die *Netze,* die uns rings umgeben. · (Mortimer:) Ich fühle Mut, sie alle zu durchreißen.

Leicester in Schiller, Maria Stuart 2, 8

Blutge Tigermahle *netzen* · Eines Gottes Lippen nicht.

Schiller, Gedichte: Das eleusische Fest

Ein Ding mag noch so närrisch sein, · Es sei nur *neu,* so nimmt's den Pöbel ein.

Gellert, Fabeln: Der grüne Esel

Neu Regiment bringt *neue* Menschen auf, · Und früheres Verdienst veraltet schnell.

Wallenstein in Schiller, Piccolomini 2, 7

Neue Besen kehren gut; · Aber es ist besser gewesen, · Als bei den alten der Staub geruht.

Rückert, Kehraus

Neue Freuden, neue Schmerzen.

Cherubin in Mozart, Figaros Hochzeit 1, 1 (1786)

Alte Komödien, *neue* Komödianten! Sprichwort

Das *Neue* dringt herein mit Macht.

Attinghausen in Schiller, Wilhelm Tell 2, 1

Das Publikum ist so einfältig, lieber das *Neue* als das Gute zu lesen.

Schopenhauer, Parerga u. Paralip. 2, 29: Zur Physiognomik, § 377

Jedes *Neue,* auch das Glück, erschreckt.

Don Cesar in Schiller, Die Braut von Messina 1167

Das *Neue* daran ist nicht gut, und das Gute daran nicht *neu.*

Nach J. H. Voß' Distichon »Auf mehrere Bücher«: Dein redseliges Buch lehrt mancherlei Neues und Wahres, · Wäre das Wahre nur neu, wäre das Neue nur wahr. Vgl. auch Lessing, Briefe, die neueste Lit. betr., 12. Juni 1760.

Es geschieht nichts *Neues* unter der Sonne.

(Nihil novi sub sole.)
Pred. Salomonis 1, 9. Vgl. unter *alles* schon dagewesen

Was gibt's *Neues?*

(Quid novi?) Siehe unter *Afrika*

Im Westen nichts *Neues!*

Titel eines Anti-Kriegsromans von Erich Maria Remarque nach der stereotypen Wendung des Heeresberichtes seit Beginn des Stellungskrieges im ersten Weltkriege

Da ist für mich nichts *Neues* zu erfahren, · Das kenn' ich schon seit hunderttausend Jahren.
Mephistopheles in Goethe, Faust 10210/11

Neugierig bin ich, ob er wiederkommt?
Mephistopheles in Goethe, Faust 6306

Ich warne *Neugierige!*
Aus einem Erlaß (vom 13. Februar 1910) des Berliner Polizeipräsidenten Traugott v. Jagow vor dem Wahlspaziergang der Sozialdemokratischen Partei

Verleg' Sie sich auf *Neuigkeiten!* · Nur Neuigkeiten ziehn uns an.
Mephistopheles in Goethe, Faust 4112/13

Neun Leben hat die Katze.
Deutsche und englische Redensart

Raste nie, · Doch haste nie, · Sonst haste die · *Neurasthenie!*
O. E. Hartleben in Ergänzung des alten Sprichwortes: Raste nie, doch haste nie!

Zum Hassen oder Lieben · Ist alle Welt getrieben. · Es bleibet keine Wahl, · Der Teufel ist *neutral.*
Clem. Brentano, Viktoria und ihre Geschwister Kap. 10

Was man nicht deklinieren kann, das sieht man als ein *Neutrum* an.
Aus Karl Gottlob Zumpts lat. Grammatik (Berlin 1818)

Ein Kind der *Neuzeit,* fiebernd und erregt, · Das um die alte fromm doch Leide trägt.
Freiligrath (1842), Ein Flecken am Rheine

Nichts ist so elend als ein Mann, · Der alles will und der nichts kann.
Matthias Claudius, Ein silbern Abc

Aus *nichts* hat Gott die Welt erschaffen. Nach 2. Makk. 7, 28

Nichts in der Welt ist unbedeutend.
Seni in Schiller, Die Piccolomini 2, 1

Aus *nichts* wird nichts.
Οὐδὲν γίνεται ἐκ τοῦ μὴ ὄντος.
Epikur bei Diogenes Laertius 10, 24, 38
Danach: (De nihilo nihil.)
Lucretius, De rerum natura 1, 155/56

Aus *nichts* wird nichts, das merke wohl, · Wenn aus dir etwas werden soll. Matthias Claudius, Ein silbern Abc

Dies *nichts* ist mehr als etwas.
Laertes in Shakespeare, Hamlet 4, 5

Ich fürchte *nichts,* weil ich nichts habe.
Luther zu Reuchlin. Die Stelle lautet wörtlich: »Ego perdere nihil possum, quia nihil habeo.« (Ich kann nichts verlieren, weil ich nichts habe.)

In deinem *Nichts* hoff' ich das All zu finden. Faust in Goethe, Faust 6256

In seines *Nichts* durchbohrendem Gefühle. Siehe unter *Gefühle*

Nichts im Übermaß!
(Ne quid nimis!)
Terenz, Andria 1, 1, 34. Auch Wahlspruch des Solon in Athen, griechisch: *μηδὲν ἄγαν.*

Und alles das um *nichts!* Um Hekuba!
Hamlet in Shakespeare, Hamlet 2, 2

Von weitem ist es was, und in der Näh' ist's *nichts.*
Lafontaine, Fables 4, 10: Le chameau et les bâtons flottants

Warum in Worten klauben? · *Nichtswisser* reden – die da wissen, schweigen!
Dantes letzte Tage, Terzinenged. 7

Nichtswürdig ist die Nation, die nicht · Ihr Alles freudig setzt an ihre Ehre.
Dunois in Schiller, Die Jungfrau von Orleans 1, 5

Wo *Nichtwissen* Seligkeit, ist es Torheit, klug zu sein.
Th. Gray, On the prospect of Eton College

Nie ohne dieses.
Hähnchen in Angely, Fest der Handwerker

Was sich *nie* und nirgends hat begeben, · Das allein veraltet nie!
Schiller, Gedichte: An die Freunde

Die Waffen *nieder!*

Titel eines 1889 erschienenen und aufsehenerregenden Romans der Vorkämpferin des Pazifismus Bertha von Suttner (1843 bis 1914). Sie erhielt 1905 den Friedensnobelpreis.

Denn *niedern* Rufs zu leben, trägt die Freie nicht, · Die groß es achtet, nicht von *niederer* Art zu sein.

Deïaneira in Sophokles, Trachinerinnen 721/22 (Donner)

Übers *Niederträchtige* · Niemand sich beklage.

Goethe, Westöstl. Diwan: Wanderers Gemütsruhe

O der Einträchtigen *Niederträchtigkeit!*

Lothringen in F. v. Saar, Kaiser Heinrich IV. 2, Heinrichs Tod 4, 5

Etwas *niedriger* hängen.

Ausspruch Friedrichs des Großen. Als der König im Jahre 1781 am Werderschen Markt in Berlin eine Karikatur auf sich selbst bemerkte, die etwas hoch hing, sagte er zu seiner Umgebung: »Hängt es doch niedriger, daß die Leute sich nicht den Hals ausrecken!«

Seliges Los · Der *Niedrigkeit,* die sich des süßen Rechtes · Der Tränen freuet und der lauten Klage!

Schiller, Euripides, Iphigenie in Aulis 518–20

Niemals, niemals, niemals, niemals, niemals!

(Never, never, never, never, never!)

Lear in Shakespeare, König Lear 5, 3

Niemand kann zween Herren dienen. Matth. 6, 24

Niemand ist mein Name: denn Niemand nennen mich alle.

Homer, Odyssee 9, 366

Herz und *Nieren* prüfen.

Nach Psalm 7, 10 (vgl. 26, 2; Jer. 11, 20; 17, 10; 20, 12; Offenb. 2, 23)

Wenn man dabei *niesen* muß, trifft es ein.

(Etwas beniesen.)

Alter Volksaberglaube (schon im Homer, Od. 17, 545: Siehst du nicht, wie mein Sohn mir alle Worte *beniest* hat? Auch in Xenophons Anabasis 3, 2, 19)

Einzelne wenige zählen, die übrigen alle sind blinde · *Nieten;* ihr leeres Gewühl hüllet die Treffer nur ein.

Schiller, Votivtafeln 24: Majestas populi

Es ist ein betrügliches Lotto, die wenigen armseligen Treffer verschwinden unter den zahllosen *Nieten!*

Schiller, Der Spaziergang unter den Linden

Hic *niger* est, hunc tu, Romane, caveto, siehe bei *Hic*

It was the *nightingale* and not the lark.

(Es war die Nachtigall und nicht die Lerche.)

Julia in Shakespeare, Romeo und Julia 3, 5

Nihil agere delectat.

(Nichtstun erquickt.)

Cicero, De oratore 2, 28

Nihil est ab omni parte beatum.

(Nichts ist in jeder Beziehung gesegnet.)

Horaz, Oden 2, 16, 27/28

Nihil novi sub sole, siehe unter *Neues*

Nihilist.

Nach dem russischen Romanschriftsteller Iwan Turgenjew (1818–1883), der dies Wort in seinem Roman »Väter und Söhne« zuerst gebrauchte.

Auch Karl Gerok sagt 1877 in seinem Gedichte »Hans im Glück« (früher in der Sammlung »Palmblätter, Neue Folge«, später betitelt »Auf einsamen Gängen«): »Denn alles Glückes Gipfel ist · Das Nichtsein, spricht der *Nihilist*«.

De *nihilo nihil.*

(Aus nichts wird nichts.)

Lucretius, Über die Natur 1, 149, 201

Wie *Nikodemus* kommen bei *Nacht.*

Nach Joh. 3, 2

Nil admirari!

(Nichts bewundern!)

Horaz, Episteln 1, 6, 1

schon bei Plutarch nach Pythagoras: *μηδὲν θαυμάζειν.*

Nil homini certum est!

(Nichts ist dem Menschen sicher.)

Ovid, Trist. 5, 5, 27

Nil mortalibus ardum est.
(Nichts ist Sterblichen allzu schwer.)
Horaz, Oden 1, 3, 37

Nil sine magno vita labore dedit mortalibus.
(Nichts ohne Mühe gab den Sterblichen das Leben.) Horaz, Satiren 1, 9, 59/60

Ne quid *nimis!*
(Nichts im Übermaß!)
Terenz, Andria 1, 1, 34; ähnlich »*Μηδὲν ἄγαν*« (nichts im Übermaß). Spruch des Weisen Solon (vgl. auch Theogn. 335)

Nimmer, das glaubt mir, · Erscheinen die Götter, · Nimmer allein!
Schiller, Gedichte: Dithyrambe

Will es denn *nimmer* und nimmer tagen?
Annette von Droste-Hülshoff, Gedichte: Das Fräulein von Rodenschild (1844)

Nimmer erfragen, · Nimmer erjagen · Läßt sich das Glück. · Ist es entschwunden, · Ruft es auf Stunden · Traum nur zurück.
Theob. Nöthig, Lichter u. Schatten S. 166

Sprach der Rabe: »*Nimmermehr!*«
Kehrreim des Gedichtes Der Rabe von Edgar Allan Poe

Ein *Nimmersatt*,
nach d. Pred. Sal. 1, 8. Auch in Goethes Götz v. Berlichingen (gleich zu Anfang): Du bist der Nimmersatt!

Sankt Nimmermehrstag.
Humorist. Bezeichnung für etwas, was nie geschehen wird; hierher gehören auch folgende Redensarten: in der Woche mit den 4 Donnerstagen; wenn zwei Sonntage aufeinander fallen; wenn die Katzen Gänseeier legen; wenn die Schnecken bellen; am zweiunddreißigsten usw., man vgl. ad *Calendas* graecas.

Nimrod.
Ein leidenschaftlicher Jäger nach 1. Mos. 10, 9: »Daher spricht man: Das ist ein gewaltiger Jäger vor dem Herrn, wie Nimrod.«

Die *Niobe* der Nationen.
(Niobe of Nations.)
Lord Byron, Childe Harold (1818) 4, 79 (als Bezeichnung Roms)

Jenen Perlenschaum des Weins · Nicht nur flach zu *nippen*, · Nicht zu liebeln leis mit Augen, · Sondern fest sich anzusaugen · An geliebte Lippen.
Goethe, Gesellige Lieder: Generalbeichte

Den Wein der Freiheit *nippt* man nicht, man trinkt ihn aus dem vollen.
Rob. Prutz, Politische Wochenstube: Freiheitsgelüste

Überall und *nirgends.*
Nach Martial 7, 73, 6 (Quisquis ubique habitat . . . nusquam habitat, wer überall haust, haust nirgends) vgl. unter *Überall*

Wer kann wider Gott · Und *Nischnij*-Nowgorod?
Russisches Sprichwort (anspielend auf die Bedeutung dieser einst mächtigen und reichen Handelsstadt)

Nitimur in vetitum semper, cupimusque negata.
(Immer neigen wir zu dem Verbotenen und begehren Versagtes.)
Ovid, Amores 3, 4, 17

Die schönen *Nixen*, im Schleiergewand · Entsteigen der Meerestiefe. · Sie nahen sich leise dem jungen Fant, · Sie glaubten wahrhaftig, er schliefe . . . · Er läßt sich ruhig im Mondenschein · Von schönen Nixen küssen.
H. Heine, Die Nixen

Auch in der Arche *Noahs* ist ein Rabe gewesen!
Abraham a Santa Clara

Nobel geht die Welt zugrunde.
Oder: Nobel muß die Welt zugrunde gehn.
Weitverbreitete Redensart

König *Nobel.*
Name des Löwen in Reineke Fuchs

Par *nobile* fratrum,
siehe unter *Brüderpaar*

O what a *noble* mind is here o'erthrown!
(O welch ein edler Geist ist hier zerstört!)
Ophelia in Shakespeare, Hamlet 3, 1

Noblesse oblige.
(Adel verpflichtet.)
Wahlspruch der Herzöge de Levis und anderer Adelsgeschlechter

Nolens volens.
(Man mag wollen oder nicht.)
Nach Augustinus (354–430) Retract. 1, 13, 15

Noli me tangere!
(Rühre mich nicht an!) Joh. 20, 17

Noli turbare circulos meos!
(Verwirre [zerstöre] mir meine Kreise nicht!)
Archimedes, bei der Zerstörung von Syrakus damit beschäftigt, mathematische Figuren zu zeichnen, rief diese Worte dem ihn überraschenden feindlichen Krieger zu.

Onkel *Nolte*, siehe unter *Helene*

Der *Nomade* ließ die Triften · Wüste liegen, wo er strich.
Schiller, Gedichte: Das eleusische Fest

Nomen atque omen.
(Namen und Vorbedeutung.)
Plautus, Persa 4, 4, 741

Nomina sunt odiosa.
(Namen sind verpönt.)
Vgl. auch Cicero, Pro Roscio Amer. 16. Homines notos sumere odiosum est.

Non plus ultra, siehe unter *ultra*

Nondum omnium dierum solem occidisse.
(Es ist noch nicht aller Tage Abend.)
Livius 39, 26, 9

Nonumque prematur in annum.
(Und bis ins neunte Jahr muß sie zurückgehalten werden [die dichterische Arbeit].)
Horaz, Ars poëtica V. 388

Nord, Ost, Süd, West, · Zu Haus ist's am best. Sprichwort

Doch der *Norden* auch will leben ·
Und was lebt, will sich erfreun; ·
Darum schaffen wir erfindend ·
Ohne Weinstock uns den Wein.
Schiller, Punschlied, im Norden zu singen

Der *Norden*, ach, ist kalt und klug.
Freiligrath, Wär' ich im Bann von Mekkas Toren

Was ich bin und weiß, dem verständigen *Norden* verdank ich's, · Doch das Geheimnis der Form hat mich der Süden gelehrt.
Geibel, Distichen aus Griechenland 4

Und mir leuchtet der Mond heller als *nordischer* Tag.
Goethe, Röm. Elegien

Stats »zwölfe« müßt Ihr »*Nordsee*« seggen.
Fr. Reuter, Läuschen und Rimels 2, 56. De Sokratische Method

Nosce te!
(Erkenne dich selbst.)
Cicero, Tuscul. 1, 22, 52; nach der griech. Aufschrift des Apollotempels »Γνῶϑι σεαυτόν«.

Jubet nos Pythius Apollo, *noscere nosmet* ipsos.
(Es befiehlt uns der pythische Apollo, uns selbst zu kennen.)
Cicero, De finibus 5, 16

Not bricht Eisen. Sprichwort

Und wenn die *Not* nicht Eisen bricht, · Das Eisen bricht die Not.
Em. Geibel, Juniuslieder: Kriegslied

Not kennt kein Gebot.
Sprichwort, auch als Rechtssprichwort (*Notwehr* ist erlaubt.)

Not lehrt beten. Sprichwort
(Adversae res admonent religionem.)
Livius 5, 51, 8

In der *Not* frißt der Teufel Fliegen.
Sprichwörtlich

Not ist das Grab der Poesie.
Bodenstedt, Die Lieder des Mirza-Schaffy: Lieder der Klage 8

Das ist nicht Undank, was die *Not* gebeut.
Pylades in Goethe, Iphigenie auf Tauris 4, 4

Der *Not* gehorchend, lass' ich ab von eitlem Kampf.
Kreon in Sophokles, Antigone 1106 (Donner)

Der *Not* gehorchend, nicht dem eignen Trieb.
Isabella in Schiller, Die Braut von Messina 1, 1
Vgl. dazu: My poverty, but not my will, consents. (Nur meine Armut, nicht mein Wille weicht.)
Apotheker in Shakespeare, Romeo und Julia 5, 1

Der *Not* mich fügen, lehrt mich die strenge Not.
Philoktet in Sophokles, Philoktet 539 (Donner)

Die *Not* bringt einen zu seltsamen Schlafgesellen.
Trinculo in Shakespeare, Der Sturm 2, 2

Um bei dir zu sein, trüg' ich *Not* und Fährde, · Ließ ich Freund und Haus und die Fülle der Erde.
Ricarda Huch (1864–1948), Liebesreime

Herr, die *Not* ist groß!
Goethe, Der Zauberlehrling

Aus tiefer *Not* schrei ich zu dir, · Herr Gott, erhör mein Rufen.
M. Luther, Der 130. Psalm (1524)

Eins ist *not.*
Anfang eines Kirchenliedes von J. H. Schröder (1666–1699), nach Luk. 10, 42

Wenn dich *Not* einengt, unerschrocknes Mutes · Ringe mannhaft an.
(Rebus angustis animosus atque · Fortis appare.) Horaz, Oden 2, 10, 21/22 (Voß)

Wo's *not* tut, läßt sich alles wagen!
Feldmarschall v. Manteuffel, den 14. Nov. 1879
Nach Schiller, Wilhelm Tell 1, 1: »Wo's *not* tut, Fährmann, läßt sich alles wagen.«

Genieße, was der Schmerz dir hinterließ! · Ist *Not* vorüber, sind die *Nöte* süß.
Goethe, Sprüche in Reimen: Sprichwörtlich

Auf eine Handvoll *Noten* kommt's nicht an.

Er verdient Prügel nach *Noten.*
Sprichwörtlich

Hilf mir nur erst aus meinen *Nöten,* Freund, · Die Rede kannst du nachher halten.
Lafontaine, Fabeln 1, 19

So eigensinnig widersprechend ist der Mensch: zu seinem Vorteil will er keine *Nötigung,* zu seinem Schaden leidet er jeden Zwang.
Goethe, Maximen und Reflexionen 2

In steter *Notwehr* gegen arge List · Bleibt auch das redliche Gemüt nicht wahr.
Oktavio in Schiller, Piccolomini 5, 1

Heiraten ist, wenn man die Wahrheit sagen will, · Ein Übel freilich, aber ein *notwendiges.*
Menander bei Stobäus, Floril. 69, 10

Ernst ist der Anblick der *Notwendigkeit.*
Wallenstein in Schiller, Wallensteins Tod 1, 4

Alle Dinge geschehen aus *Notwendigkeit;* es gibt in der Natur kein Gutes und kein Schlechtes.
Spinoza, Ethik 1, 13

Nourriture passe nature.
(Erziehung überwindet die Natur oder macht alles.) Französisches Sprichwort

Nous avons changé tout cela.
(Wir haben das alles geändert.)
Molière, Le médecin malgré lui. II, 6

Nous avons tous assez de force pour supporter les maux d'autrui.
(Wir haben alle Kraft genug, um andrer Mißgeschick zu ertragen.)
La Rochefoucauld, Maximen 19

Novum crimen et ad hunc diem non auditum.
(Eine neue und bis heute unerhörte Beschuldigung.) Cicero, Pro Ligario 1

Tu felix Austria, *nube,*
siehe unter *Bella*

Was der *Nüchterne* denkt, redet der Volle. Sprichwörtlich

Nuda veritas.
(Die nackte Wahrheit.)
Horaz, Oden 1, 24, 7

Nul n'aura de l'esprit, hors nous et nos amis!

(Keiner soll Geist haben, als wir und unsere Freunde!)
Molière, Les femmes savante 3, 2

Null von Null bleibt Null.

Sprichwörtl. Scherz, wenn man kein Geld hat

Nulla dies sine linea.

(Kein Tag ohne einen Strich.)
Nach Plinius: Apelles, der täglich seine Kunst üben wollte.

Ahnen sind für den nur *Nullen,* · Der als Null zu ihnen tritt; · Steh als Zahl an ihrer Spitze, · Und die Nullen zählen mit.

Wilh. Müller, Epigramme, 3. Hundert, Nr. 56

Nullus est liber tam malus, ut non aliqua parte prosit.

(Kein Buch ist so schlecht, daß es nicht in irgendeiner Weise nützen könnte.)
Plinius d. J. 3, 5

Nos *numerus* sumus et fruges consumere nati.

(Nullen sind wir, geboren allein zum Verzehren der Feldfrucht.)
Horaz, Episteln 1, 2, 27

Stat pro ratione *numerus!*

(An die Stelle der eigenen Vernunft tritt die Majorität.)
Bismarck im Deutschen Reichstage, 12. Juni 1882 und 24. Januar 1887
(Nach Juvenal, Sat. 6, 223, sit pro ratione voluntas, siehe *Hoc* volo)

Nunc est bibendum, nunc pede libero · Pulsanda tellus!

(Jetzt laßt uns trinken, jetzo mit freiem Fuß · Den Boden stampfen!)
Horaz, Oden 1, 37, 1 und 2

Get thee to a *nunnery,* Ophelia!

(Geh in ein Kloster, Ophelia!)
Hamlet in Shakespeare, Hamlet 3, 1

Die *Nürnberger* henken keinen, sie hätten ihn denn! Sprichwort

Nürnberger Trichter,
siehe unter *Trichter*

Eine harte *Nuß* zu knacken haben.
Sprichwörtl. Redensart

Kein Wort ja dünkt mir übel, wenn es *Nutzen* bringt.

Orestes in Sophokles, Elektra 61 (Donner)

Nur vom *Nutzen* wird die Welt regiert.

Terzky in Schiller, Wallensteins Tod 1,6

Das Angenehme mit dem *Nützlichen* verbinden.

Redensart nach dem Lateinischen utile dulci miscere. S. Horaz, Ars poëtica 343

Man erkennt niemand an als den, der uns *nützt.*

Goethe, Maximen und Reflexionen 1

Ein jeder preist nur, was ihm *nützt.*

Ramler, Fabellese 3, 2: Die Krähe und die Nachtigall

Was man nicht *nützt,* ist eine schwere Last.

Faust in Goethe, Faust 684

Wer *nützt,* ist mehr, als wer ergötzet.

Pfeffel, Lieder und Oden: Fleiß und Vergnügen

Und es gehen die lieblichen Grazien Hand in Hand mit den *Nymphen.*

(Junctaeque *Nymphis* Gratiae decentes.)
Horaz, Oden 1, 4, 6

O

O tempora! O mores!
(O Zeiten! O Sitten!)
Cicero, Catilina 1, 1 und anderen Stellen. Auch Refrain in Geibels Lied vom lustigen Musikanten am Nil: Lob der edeln Musika (1840).

Ob ich dich liebe? Frage die Sterne, · Denen ich oft meine Klagen vertraut.
K. Herlossohn, Buch der Liebe: Irene (1842), komp. v. Abt

Perfer et *obdura*.
(Trage und dulde.)
Ovid, Amores 3, 11, 7 (vgl. Ars Amandi 2, 178). Ähnlich vor Ovid schon Catull 8, 11 und Homer, Od. 20, 18

Oben hui, unten pfui! Sprichwörtlich

Wir sind alle von *oben*.
Goethe, Loge: Dank des Sängers

Revolution von *oben*.
Nach Friedrich Schlegel (1820/23)

Oben aus und nirgend an, · Hat noch selten gut getan.

Wer *oben* aus will, der stößt sich an den Kopf. Sprichwort

Die *oberen* Zehntausend siehe unter *Zehntausend*

Ein *Oberhaupt* muß sein.
Stauffacher in Schiller, Wilhelm Tell 2, 2

»Wie macht's am sichersten des Staates *Oberhaupt*, · Daß unerschütterlich er seine Herrschaft stützt?« · Wenn Redefreiheit er erlaubt · Und seine Bürger stark vor jedem Unrecht schützt.
Plutarch, Lakonische Denksprüche

Bei dem ist's im *Oberstübchen* nicht ganz richtig.

Der hat wieder *Oberwasser*
(ist in günstiger Lage).
Sprichwörtl. Redensarten

Die Tücke des *Objekts*.
Nach Fr. Th. Vischers (1807/87) Roman Auch Einer (1879)

Jedermann sei untertan der *Obrigkeit*, die Gewalt über ihn hat. Denn es ist keine Obrigkeit ohne von Gott; wo aber Obrigkeit ist, die ist von Gott verordnet. Römer 13, 1

Bei einer dummen *Obrigkeit*, · Da grüßt man nicht den Mann, man grüßet nur das Kleid.
Lafontaine, Fabeln 5, Nr. 14

Dat is man üm de *Obserwanz!*
Fritz Reuter, Läuschen und Rimels 1, 1

Obskuranten siehe *Dunkelmänner*

Obstipui, steteruntque comae et vox faucibus haesit.
(Ich war starr, meine Haare sträubten sich, und die Stimme versagte.)
Vergil, Äneis 2, 774 und 3, 48

Obstipuere animi, gelidusque per ima cucurrit · Ossa tremor.
(Eiskalte Angst durchlief die zitternden Gebeine.) Vergil, Äneis 2, 120 (Schiller)

Nondum omnium dierum solem *occidisse*.
(Es ist noch nicht aller Tage Abend.)
Livius 39, 26, 9

Occidit miseros crambe repetita magistros.
(Aufgewärmter Kohl bringt die armen Schulmeister um.) Juvenal 7, 154

Wer kein ungrischer *Ochs* ist, komm' mir nicht zu nah.
Götz in Goethe, Götz v. Berlichingen 4

Du sollst dem *Ochsen*, der da drischet, nicht das Maul verbinden.
5. Mos. 25, 4

Ochsen muß man schön aus dem Wege gehen.

Ochsen gehören auf den Acker und nicht aufs Rathaus.

Er spannt die *Ochsen* hinter den Pflug. Sprichwörter

Als Pythagoras seinen bekannten Lehrsatz entdeckte, brachte er den Göttern eine Hekatombe dar. Seitdem zittern die *Ochsen*, sooft eine neue Wahrheit an das Licht kommt.
Börne, Fragmente und Aphorismen 258

Ja, Europa ist erlegen – · Wer kann *Ochsen* widerstehen? · Wir verzeihen auch Danäen – · Sie erlag dem goldnen Regen!
H. Heine, Letzte Gedichte: Mythologie, Fortsetzung und Schluß vgl. unter *Semele* und *Schwan*

Alles, was *Odem* hat, lobe den Herrn!
Ps. 150, 6

Es steht ein Baum im *Odenwald*.
Des Knaben Wunderhorn

Es regt sich was im *Odenwald*.
Scheffel, Rodensteins Auszug

Oderint, dum metuant.
Siehe unter *hassen*

Odi profanum vulgus et arceo.
(Ich hasse das gemeine Volk und halte es mir fern.) Horaz, Oden 3, 1, 1

Ödipuskomplex.
Sigmund Freud (1856–1939) prägte diesen Begriff der Psychoanalyse zur Bezeichnung der gegen den Vater gerichteten unbewußten Triebhandlungen

Lucri bonus est *odor* ex re qualibet.
(Gut ist des Gewinnes Geruch, · Aus welcher Sache er auch stamme.)
Juvenal 14, 204/05. Vgl. non *olet*

Du ewig Lied der Abenteuer, · Du Lied des Heimwehs, *Odyssee!*
Em. Geibel, Juniuslieder: Heimweh

Man sucht keinen hinterm *Ofen*, man habe denn selbst dahinter gesteckt. Sprichwort

Heizt nicht den *Ofen* euerm Feind so glühend, · Daß er euch selbst versengt!
Norfolk in Shakespeare, König Heinrich VIII. 1, 1

Das ist ein richtiger *Ofenhocker!*
Volksmund

Das Auge sieht den Himmel *offen*.
Schiller, Lied von der Glocke (1800). Vgl. Joh. 1, 51; Hes. 1, 1; Apost. 7, 55 und 10, 11: Den Himmel *offen* sehen

Offenbare dein Herz nicht jedermann! Sir. 8, 22

Politik der *offenen* Tür.
Nach dem Staatssekretär John Hay (6. Sept. 1899)

Offener Brief
überschreibt Jahn 1836 die Einleitung zu einer Streitschrift; zum Schlagwort wurde der Ausdruck durch den offenen Brief König Christians VIII. von Dänemark vom 8. Juli 1846

Ein *offenes* Herz zeigt eine *offene* Stirn. Verrina in Schiller, Fiesko 3, 5

Offenheit verdient immer Anerkennung. Bismarck am 24. Nov. 1849

Was einer nicht *öffentlich* tun darf, soll er auch nicht heimlich tun.
Friedrich der Schöne von Österreich bei Zinkgref, Apophth. 1, S. 38

Öffentliche Meinung (Opinion publique).
Zuerst bei J. J. Rousseau, Julie oder Die neue Heloise (1761) 1, 24

Öffentliches Geheimnis.
Nach dem Lustspiel von Calderón: »El secreto a voces« (das laute Geheimnis) wurde Carlo Gozzi zu seinem Lustspiel »Il pubblico secreto« angeregt, das F. W. Gotter deutsch bearbeitete (1781); vgl. Schiller an Körner am 4. Sept. 1794: »Was man in einer Zeitung und auf dem Katheder sagt, ist immer ein öffentliches Geheimnis.«

Sich in die *Öffentlichkeit* flüchten.
Nach Staatssekretär Marschall v. Bieberstein (als Zeuge im Prozeß Leckert, von Lützow und Genossen am 4. Dez. 1896)

Das Licht, das sogenannte *offizielle* Mitteilungen verbreiten, ist oft nichts als ein Irrwisch, der uns in Sümpfe führt.
Börne, Fragmente und Aphorismen 271

Dies ward schon *oft* gesprochen, · Doch spricht man's nie zu oft.
Fouqué: »Trost« im Frauentaschenbuch für 1816, S. 188

Wenn der Freund, vom Freund geladen, · Kommt zu *oft*, das muß wohl schaden. Sprichwörtlich

Tut nichts, könnt's noch *öfter* hören.

P. A. Wolff, Preziosa 3, 2, komp. von C. M. v. Weber

Frei von Tadel zu sein, ist der niedrigste Grad und der höchste, · Denn nur die *Ohnmacht* führt oder die Größe dazu.

Schiller, Votivtafeln 40: Korrektheit

Das Auge sieht sich nimmer satt, und das *Ohr* hört sich nimmer satt.

Pred. Sal. 1, 8

Dein *Ohr* leih jedem, wenigen deine Stimme, · Nimm Rat von allen, aber spar dein Urteil.

Polonius in Shakespeare, Hamlet 1, 3

Bei tauben *Ohren* · Ist jede Predigt verloren.

Tauben *Ohren* predigt man vergebens.

Es gibt zweierlei *Ohren*, · Kurze für Weise und lange für Toren.

Sprichwörter

Hütet eure *Ohren*, · Oder ihr seid Toren, · Laßt ihr böses Wort hinein, · Wird es euch zur Schande sein!

Walther v. d. Vogelweide, Erziehungsregeln

Jemanden übers *Ohr* hauen.

Jemandem in den *Ohren* liegen.

Sich etwas hinter die *Ohren* schreiben.

Er hat's faustdick hinter den *Ohren*.

(Er ist schlau und durchtrieben)

Die *Ohren* steif halten.

Sprichwörtl. Redensarten

Es klingen einem die *Ohren* oder gellen, siehe unter *gellen* und *klingen*

Andre Zeiten, andre Vögel! · Andre Vögel, andre Lieder! · Sie gefielen mir vielleicht, · Wenn ich andre *Ohren* hätte!

H. Heine, Schlußverse des Atta Troll

Demain viendront les *oiseaux* noirs.

(Morgen werden die schwarzen Vögel kommen.)

Jean-Paul Sartre, Les chemins de la liberté (1945/49)

Das war kein Heldenstück, *Oktavio!*

Wallenstein in Schiller, Wallensteins Tod 3, 9

Du hast's erreicht, *Oktavio!*

Wallenstein in Schiller, Wallensteins Tod 3, 13. (Vgl. Tu l'as voulu, George *Dandin!*)

Okuli · Da kommen sie

(die Schnepfen). Jägerspruch

Orient und *Okzident* sind nicht mehr zu trennen. Goethe zum Diwan

Gottes ist der Orient, Gottes ist der *Okzident*. Siehe unter *Gottes*

Öl ins Feuer gießen.

Nach Horaz, Satiren 2, 3, 321

Öl auf die Wogen gießen.

Aus der Seemannssprache

Öl in die Wunde gießen.

Nach Luk. 10, 34

Das *Ölblatt*.

Symbol der Versöhnung nach 1. Mos. 8, 11, wo die von Noah ausgesandte Taube damit zurückkehrt

Ölkrug der Witwe (zu Zarpath).

1. Kön. 17, 14

Non *olet*.

(Es stinkt nicht, nämlich: das Geld.)

Vespasian, † 79 n. Chr.

Oleum adde camino.

(Gieße Öl ins Feuer.)

Horaz, Satiren 2, 3, 321

Oleum et operam perdidi.

(Ich habe das Öl und die Mühe vergeblich verschwendet.)

Plautus, Poenulus 1, 2, 119

Wie ein *Ölgötze* dastehen.

Ölgötze: Eigentlich Holzbild für die Öllampe. Wahrscheinlich in die Zeit der Bilderstürmer auf Kirchenbilder übertragen. Von Luther bereits abschätzig gebraucht.

Der *oelgöze* eyn rechter Göze.

Joh. Agricola, Sprichwörter (1529)

Zu *Olims* Zeiten.

»Olim« lateinisch, bedeutet »einst«.
Sprichwörtl. Redensart

Das sind ja *olle* Kamellen.

Sprichwörtlich nach Fritz Reuters Gedichtsammlung Läuschen un Rimels

Vom hoh'n *Olymp* herab ward uns die Freude, · Ward uns der Jugendtraum beschert.

Lied, gedichtet und komp. von Heinr. Christian Schnoor (um 1790)

Olympische Ruhe.

Nach Homer, Od. 6, 42ff. Perikles hieß »Olympier« wegen seiner eindrucksvollen Beredsamkeit, und der alternde Goethe wegen seiner Abgeklärtheit und seiner Achtung einflößenden Gestalt.

Beut Trotz dem Schmerz und dem Tode. · Und kein Gott des *Olymps* fühlet sich freier als du.

Bürger, Freiheit

Alpha und *Omega*.

Siehe unter *A* und O, und *Alpha*

Tant de bruit pour une *omelette* (au lard).

So viel Lärm um einen Eierkuchen (mit Speck) sagte der Dichter Desbarreaux († 1675), als er sich an einem Freitage das Gericht bestellt hatte und der fromme Wirt, als er es ihm auftrug und ein Donnerschlag erfolgte, entsetzt in die Knie sank.

Quand on veut faire des *omelettes*, il faut casser des œufs.

(Wenn man Eierkuchen backen will, muß man Eier zerschlagen.)
Peter Ludwig Graf v. Pahlen (1746 bis 1826) anläßlich der Beratungen über den Anschlag auf Zar Paul (1801).

Omne tulit punctum, qui miscuit utile dulci.

(Der heißt Meister im Fach, wer Nützliches eint mit dem Angenehmen.)
Horaz, Ars poëtica V. 343

Omnes eodem cogimur.

(Zum selben Ort hin [d. h. zum Orkus] müssen wir alle.) Horaz, Oden 2, 3, 25

Omnia mea mecum porto.

(Alles Meinige trage ich mit mir.)
Bias, zirka 570 v. Chr. Motto des Matthias Claudius, des Wandsbecker Boten, † 1815, Vgl. Theod. Fontane, Stine, 5. Kap.

Omnia mutantur, nihil interit.

(Alles wechselt, nichts vergeht.)
Ovid, Metam. 15, 165

Omnia rerum principia parva sunt.

(Aller Dinge Anfang ist klein.)
Cicero, de fin. 5, 21, 58

Omnia vincit Amor.

(Die Liebe besiegt alles.)
Vergil, Eklogen 10, 69

Non *omnia* possumus *omnes*.

(Nicht jeder kann alles.)
Lucilius, † 103 v. Chr.

Non *omnis* moriar.

(Ich werde nicht ganz sterben.)
Horaz, Oden 3, 30, 6

Onkel Sam.

»Uncle Sam« wird scherzhaft Nordamerika genannt, nach den Buchstaben U. S., die United States of America (Vereinigte Staaten) bedeuten. Sam, Kürzung von Samuel, ist in Amerika als Name sehr üblich.

Die *Oper* ist der entschiedenste Bruch mit der gemeinen Illusion und wirkt doch. Hebbels Tagebücher

Da rast der See und will sein *Opfer* haben.

Ruodi in Schiller, Wilhelm Tell 1, 1

Opfer fallen hier, · Weder Lamm noch Stier, · Aber Menschenopfer unerhört.

Goethe, Balladen: Die Braut von Korinth

Das *Opfer* liegt – die Raben steigen nieder.

Stüssi in Schiller, Wilhelm Tell 4, 3

Laßt *Opferer* uns sein, nicht Schlächter, Cajus!

Brutus in Shakespeare, Cäsar 2, 1

Das unterbrochene *Opferfest*.

Nach Peter von Winters gleichnamiger Oper (1796), Text von Franz Xaver Huber

Eine *Opposition*, die keine Grenzen hat, wird platt.
Eckermann, Gespräche mit Goethe am 9. Juli 1827

Ich liebe eine gesinnungsvolle *Opposition*.
Friedrich Wilhelm IV. zu Herwegh am 19. November 1842

Ein gemäßigter *Optimismus*, wie er ja ohnehin aus einer echten Philosophie des Lebens entspringt, gehört zur Diätetik der Seele.
Feuchtersleben, Zur Diät. d. Seele (1838), Tagebuchblätter

Ruchloser *Optimismus*.
Auf Schopenhauer zurückgehendes Wort. Dieser erklärt (»Die Welt als Wille u. Vorst.«, 1. Bd., 4. Buch, § 59), daß ihm der Optimismus als eine wahrhaft ruchlose Denkungsart erscheine, als ein bitterer Hohn über die Leiden der Menschheit. Später (§ 70) spricht er von »plattem Optimismus«, und an einer andern Stelle seines Hauptwerks von einem »falschen, platten und verderblichen Optimismus« (2. Band, Kap. 48). Schließlich nennt er den Optimismus einen »Grundirrtum, der aller Wahrheit den Weg vertritt« (2. Bd., Kap. 48, gegen Ende).

Opus commendat artificem.
(Das Werk lobt den Meister.)
Latein.-deutsches Sprichwort

Ora et labora, deus adest sine mora!
(Bete und arbeite, Gott ist anwesend ohne Verzug.) Latein.-deutsches Sprichwort

Die *Orakel* sehen und treffen ein, · Der Ausgang wird die Wahrhaftigen loben!
Chor in Schiller, Die Braut von Messina 2379/80

So geht es itzt fast überall; · Man glaubt *Orakel* anzuhören · Und hört nur einen Widerhall.
Hagedorn, Epigr. Gedichte

Si fractus illabatur *orbis* siehe unter *Impavidum*

Die Welt ist nichts als ein *Orchester*, siehe unter *Welt*.

Orden sind Wechselbriefe, gezogen auf die öffentliche Meinung.
Schopenhauer, Parerga u. Paralip 1, 4

Orden sind Spielzeug für große Kinder.
Sprichwörtlich aus neuerer Zeit (nach dem Ausspruche eines sozialdemokr. Abgeordneten im Reichstage)

Nicht für ihn, den die Götter bedacht, · Haben die Fürsten die *Orden* gemacht, · Nur für die arme Blöße dessen, · Welchen die spendenden Götter vergessen.
Spruch von Ernst Ziel

Ordnung hilft haushalten.

Ordnung ist das halbe Leben.
Sprichwörter

Halte *Ordnung*, liebe sie, · Ordnung spart dir viele Müh!
(oder: Sie erspart dir Zeit und Müh.)
Reimspruch

Heilige *Ordnung*, segensreiche Himmelstochter!
Schiller, Das Lied von der Glocke V. 300–01

Der *Ordnung* heilig Band.
Schiller, Kampf mit dem Drachen V. 275

Gut bei allem ist *Ordnung*.
Homer, Odyssee 7, 310, 15, 70 (Voß): Das Beste bei allem ist *Ordnung*

Ich bin von je der *Ordnung* Freund gewesen, · Möcht' ihn auch tot im Wochenblättchen lesen.
Marthe in Goethe, Faust 3011/12

Orest und Pylades,
als Beispiel eines unzertrennlichen Freundespaares, nach Sophokles, Äschylos, Euripides u. a.

Die Kinder stehen wie die *Orgelpfeifen*
(der Größe nach).
Sprichwörtlich. Bei Fischart im Gargantua 1582, Kap. 5, Bl. G. 5a

Orient und Okzident · Sind nicht mehr zu trennen.
Goethe, Epigrammatisch: Zum Diwan

Ex *oriente* lux.
(Aus dem Osten kommt das Licht.)
Latein.-deutsches Sprichwort

Reich mit des *Orients* Schätzen (ursprünglich: Segen) beladen.
(Un beau navire à la riche carène.)
Leon Halévy: La jeune Indienne, Das Hindumädchen, übertragen von Karl Kirsch 1829 (vgl. Schillers Ring des Polykrates: Mit fremden Schätzen reich beladen. Der Komponist Louis Huth änderte »Segen« in »Schätzen«).

Original, fahr hin in deiner Pracht!
Mephistopheles in Goethe, Faust 6807

Was ist denn an dem ganzen Wicht · *Original* zu nennen?
Goethe, Zahme Xenien
Original siehe auch unter *Utopien*

Das nenn' ich doch *originale* Gemüter. Goethe, Parabolisch: Neologen

Denn er hielt viel auf Kreuz und Qual, · Genug, er war *Original*, · Und aus *Originalität* · Er andern Narren gleichen tät.
Goethe, Der Ewige Jude
Graf *Örindur* siehe unter *Zwiespalt*

Klanglos zum *Orkus* hinab.
Schiller, Schlußvers der Nänie

Du bist *Orplid*, mein Land, · Das ferne leuchtet! · Vom Meere dampfet dein besonnter Strand · Den Nebel, so der Götter Wange feuchtet.
Ed. Mörike, Ged.: Gesang Weylas (1800)

Alles an seinem *Ort* · Hilft fort.
Sprichwort

Nun will der *Ost* sich lichten, · Die Hähne krähn von fern.
Em. Geibel: Gedichte: Lieder aus alter und neuer Zeit

Vor grauen Jahren lebt ein Mann im *Osten*.
Nathan in Lessing, Nathan der Weise 3, 7

Vom Verfasser der *Ostereier*.
Scherzhafte Redensart. Der bekannte Jugendschriftsteller Chr. v. Schmid schrieb eine Geschichte: Die Ostereier, die s. Z. so viel Anklang fand, daß er sich bei seinen anderen Kinderbüchern den Verfasser der Ostereier nannte.

Das Land ist aufgestanden, · Ein herrlich *Osterfest*.
Max v. Schenkendorf, Der Landsturm

Ostern im März verheißt ein gutes Brotjahr. Bauernregel

Warte, bis *Ostern* und Pfingsten auf einen Tag fällt. Redensart

Zu *Ostern* entstieg der Heiland dem Grabe, · Zu Pfingsten schlägt man ihn wieder ans Kreuz.
Gerhart Hauptmann, Florian Geyer

Du sollst mir blutige *Ostern* feiern!
Lolo in Mascagnis Oper Cavalleria Rusticana

Aller Ehren ist *Österreich* voll.
Deutung des bekannten politischen Vokalscherzes; auch: Alles Erdreich Ist *Österreich* Untertan. Vgl. *Amor* und *Austria*.

In deinem Lager ist *Österreich!*
Grillparzer, Gedichte: Feldmarschall Radetzky, 1848

Sei mir gegrüßt, mein *Österreich*, · Du herrlich blühender Gottesgarten, · Mit deinen Fluren Eden gleich, · Mit deiner Berge ewgen Warten . . .
Grillparzer, Gedichte, Fragment 1826

Zittre, du großes *Österreich*, · Vor deinen kleinen Beamten!
Bauernfeld, Reime und Rhythmen: Kleine Beamte

Die Spaltung Deutschlands und *Österreichs:* die beiden Herzkammern trennen und doch den Blutumlauf erhalten wollen!
Friedrich Hebbels Tagebücher: 4. März 1853

Mag immer *Österreich* den Beruf haben, eine Laterne für den Osten zu sein, es hat einen näheren, höheren Beruf: eine Pulsader zu sein im Herzen Deutschlands!
Ludw. Uhland, Rede gegen Österreichs Ausschluß aus dem deutschen Staatsverbande, 26. Okt. 1848

Drum ist der *Österreicher* froh und frank, · Trägt seinen Fehl, trägt offen seine Freuden, · Beneidet nicht, läßt lieber sich beneiden!
Horneck in Grillparzer, König Ottokars Glück und Ende 3, 3

Der *Österreicher* hat ein Vaterland und liebt's und hat auch Ursach, es zu lieben.
Wallenstein in Schiller, Wallensteins Tod 1, 5

Der Odem Gottes sprengt die Grüfte – · Wacht auf! Der *Ostertag* ist da. Em. Geibel, Zeitgedichte

Dank vom Haus *Österreich!*
Buttler in Schiller, Wallensteins Tod 2, 6

Ostrazismus. Siehe *Billigung*

Ote-toi de là, que je m'y mette.
(Pack dich von da, daß ich mich hinsetze.)
Lourdoueix, Les folies du siècle (2. Aufl. 1818, S. 214)

Einen *Othello*
nennen wir einen Eifersüchtigen, nach Shakespeares Trauerspiel.

Quid hic statis *otiosi?*
Siehe unter *Quid*

Otium cum dignitate.
(Ehrenvoller Ruhestand.)
Cicero, Pro Sestio, caß. 45

Otterngezücht. Matth. 3, 7

Où est la femme?
Siehe unter *Cherchez*

Où peut-on être mieux qu'au sein de sa famille?
(Wo ist man besser [aufgehoben], als im Schoße seiner Familie?)
Marmontel, Lucile, Oper

Où sont les neiges d'antan?
(Wo ist der Schnee des verflossenen Jahres?)
François Villon, † 1461, Ballade der Damen von früher

Ab *ovo.*
(Vom Ei an.) Horaz, Ars poëtica 147

Ab *ovo* usque ad mala.
(Vom Ei bis zu den Äpfeln.)
Horaz, Satiren 1, 3, 6/7. Das heißt: Vom Anfang bis zum Ende (der Mahlzeit nämlich, die bei den Römern mit Eiern begann und mit Früchten schloß).

Une *œuvre* d'art est un coin de la création vu à travers un tempérament.
(Ein Kunstwerk ist ein durch die Brille eines Temperaments gesehenes Stück der Schöpfung.) Emile Zola, Mes haines (1866)

Ozean, du Ungeheuer.
Aus Webers Oberon 2, 2 (1826, Text von James Robinson Planché)

Oh, ich möchte den *Ozean* vergiften!
Karl in Schiller, Die Räuber 1, 2
In den *Ozean* schifft, siehe *Greis*

Ich weiß eine friedliche Stelle · Im schweigenden *Ozean.*
J. V. v. Scheffel, Guanolied (1854)

Ein *Ozean* von Papier.
Siehe unter *Druckerschwärze*

Bruder, nimm die Brüder mit, · Mit zu deinem alten Vater, · Zu dem ew'gen *Ozean!*
Goethe, Mahomets Gesang

P

P.P.P. – P.P.P. – P.P.P. – P.P.P.
Inschrift im Kreuzgang der St.-Annen-Kirche in Augsburg, bedeutet: Piper Peperit Pecuniam–Pecunia Peperit Pompam–Pompa Peperit Paupertatem–Paupertas Peperit Pietatem. (Der Pfeffer [Handel mit Gewürz] brachte Geld, Geld Prunksucht, Prunksucht Armut, Armut Frömmigkeit.)

Des freut sich das entmenschte *Paar.*
Schiller, Der Gang nach dem Eisenhammer V. 105

(Doch) nahte sich ein liebend *Paar,* · Dem reichte sie der Gaben beste.
Schiller, Gedichte: Das Mädchen aus der Fremde

Paar oder unpaar.
Altes Kinderratespiel

Gleiche *Paare* tanzen am besten.
Sprichwörtlich

Requiescat in *pace* siehe unter *Frieden*
Si vis *pacem* siehe unter *Frieden*

Doch so ist's nicht gemeint, · Dich unter das *Pack* zu stoßen.
Mephistopheles in Goethe, Faust 1639/40

Pack schlägt sich, Pack verträgt sich.

Es hat jeder sein *Päckchen* zu tragen.
Sprichwörter

Der König sprach's, der *Page* lief.
Goethe, Balladen: Der Sänger

Da ließe sich ein *Pakt*, · Und sicher wohl, · Mit euch, ihr Herren, schließen?
Faust in Goethe, Faust 1415

Mich zwingt mein *Pakt*, · Die Wahrheit dir zu nennen.
Mephisto in Lenau, Faust

Ein *Palladium*
nennen wir etwas, was uns Schutz gewährt, solange wir es heilig halten, nach dem hölzernen Bilde der Pallas (vgl. Vergil, Äneis 2, 163).

Weib, macht mir die *Palmen* nicht verhaßt, · Worunter ich so gern sonst wandle.
Der Tempelherr in Lessing, Nathan der Weise 1, 6

Es wandelt niemand ungestraft unter *Palmen*.
Goethe, Wahlverwandtschaften 2, 7 (aus Ottiliens Tagebuche). Dieses Zitat sucht man, in Erinnerung an das vorstehende, häufig bei Lessing.

Recht als ein *Palmenbaum* über sich steigt, · Hat ihn erst Regen und Sturmwind gebeugt, · So wird die Lieb' in uns mächtig und groß · Nach manchem Leiden und traurigem Los.
Ännchen von Tharau, von Simon Dach 1637 (hochdeutsch von Herder)

Geputzt wie der Esel am *Palmsonntag*.
Abraham a Santa Clara, auch als sprichwörtl. Redensart.

Ist *Palmsonntag* hell und klar, · Gibt's ein gut und fruchtbar Jahr.
Bauernregel

Es ist so stille hier, als sei der große *Pan* · Gestorben.
Wieland, Oberon 2, 18

Der große *Pan* ist tot.
Heinr. Heine, L. Börne

Panik und *panischer* Schrecken.
Die Alten glaubten, der Hirtengott Pan sende einen plötzlichen Schrecken, der die Besinnung raube

Panem et circenses,
siehe unter *Brot*

Pankratius (12. Mai) · Macht mit den Nachtfrösten Schluß.

Pankraz und Servaz sind Weinmörder.
Bauernregeln

Du dröggst de *Pann* weg.
Fritz Reuter, Läuschen un Rimels 2, 37

Unterm *Pantoffel* stehen.
Sprichwort

Es schützt kein *Panzer* vor dem Galgen.
Sprichwörtlich

Dieser *Panzer* deckt kein Herz.
Johanna in Schiller, Die Jungfrau von Orleans 2, 7

Was macht der Herr *Papa?*
Studentenlied: Was kommt dort von der Höh?

Habemus *Papam*.
Schlußworte der Verkündung der vollzogenen Papstwahl
(Nach Patricius, Ausg. v. Catalanus 1, 73)

Ein solch *Papier*, an Gold und Perlen Statt, · Ist so bequem, man weiß doch, was man hat.
Mephistopheles in Goethe, Faust 6119/20

Feuer soll man nicht in *Papier* einhüllen.
Chinesisches Sprichwort

Papier ist geduldig.
Sprichwörtlich
Siehe auch *Epistula*

Das *Papiergespenst* der Gulden.
Mephistopheles in Goethe, Faust 6198

Das ist nicht von *Pappe*
(ist gut). Sprichwörtl. Redensart

Daran erkenn' ich meine *Pappenheimer*.
Wallenstein in Schiller, Wallensteins Tod 3, 15

Der *Papst* lebt herrlich auf (jetzt: in) der Welt.
Papst und Sultan, Gedicht von Ch. L. Noack (1789), durch Lessings Gedicht Die Türken angeregt; Komponist unbekannt

Wer den *Papst* zum Vetter hat, kann leicht Kardinal werden.
Sprichwort

Wer vom *Papst* ißt, stirbt daran (wer den Papst angreift, dem bekommt's schlecht, oder: Wer ißt, was vom Papste kommt, stirbt daran).
(Qui mange du pape, en meurt!)
Sprichwörtlich

Katholischer als der *Papst*.
Bismarck am 21. April 1887

Päpstlicher als der *Papst* sein.
Sprichwörtl. Redensart wie: Man muß nicht königlicher als der König sein. (Il ne faut pas être plus royaliste que le roi.)
Nach Chateaubriand wurde dieses Wort unter Ludwig XVI. geprägt (1774–93).

Par erit fortuna labori.
(Wie die Arbeit, so der Lohn.)
Lat.-deutsches Sprichwort

Par nobile fratrum,
siehe unter *Brüderpaar*

Para bellum, siehe unter *Frieden*

Wie steht ihr in *Parade* da?
G. Schwab, Lied eines abziehenden Burschen

Dies ist die große *Parade* · Im Elysäischen Feld, · Die um die zwölfte Stunde · Der tote Cäsar hält.
J. Chr. v. Zedlitz, Die nächtliche Heerschau

Jemand in die *Parade* fahren.
Redensart

Du kennst meine alte *Parade*,
siehe unter *Klinge*

Alle Inseln spürt er, alle fernen · Küsten – nur das *Paradies* nicht auf.
Schiller, Gedichte: Der Antritt des neuen Jahrhunderts

Das Essen, nicht das Trinken · Bracht' uns ums *Paradies*.
Wilh. Müller, Die Arche Noah

Das *Paradies* der Erde · Liegt auf dem Rücken der Pferde, · In der Gesundheit des Leibes · Und am Herzen des Weibes.
Bodenstedt, Mirza-Schaffy: Verm. Gedichte und Sprüche, Nr. 34

Ein Leben wie im *Paradies* · Gewährt uns Vater Rhein.
Hölty, Trinklied (1775)

Das verlorene *Paradies*.
(The Paradise lost.)
Epos von John Milton (1608–1674)

Gibt's kein *Paradies*, · Gibt's doch *Paradiese!*
Bodenstedt, Aus dem Nachlasse des Mirza-Schaffy 1: Jung und alt
Paradies siehe auch unter *Augenblick*

Im *Paradiese* selber träfe man · Wohl einen an, den man nicht leiden kann.
C. F. Meyer, Huttenr letzte Tage 44

Man muß nicht, aus Besorgnis trivial zu sein, *paradox* werden.
Balthasar Gracián, Handorakel (1637) Schopenhauer

Paragraph 11
lautet: »Es wird fortgesoffen«. Weder die vorhergehenden Paragraphen noch der Name dieses trinkfrohen Gastgebers sind je bekannt geworden. Vgl. auch Beginn des rheinischen Karnevals am 11. 11., 11 Uhr 11.

Donnerwetter, *Parapluie!*
P. A. Wolff, Preziosa 3, 3 u. 8

Parcere subjectis et debellare superbos.
(Schonen die Unterworfenen, die Übermütigen völlig besiegen.)
Vergil, Äneis 6, 853

Pares cum *paribus* facillime congregantur.
(Gleich und gleich gesellt sich gern.)
Cicero, Cato maior 3, 7

Paris (die Krone) ist eine Messe wert
(La couronne vaut bien une messe.)
Hat nicht Heinrich IV., sondern Sully zu diesem gesagt. Hertslet, Treppenwitz S. 360

»Vor *Paris* nichts Neues«, sagt Podbielski.
Stammt aus den Kriegsjahren 1870/71
Klein-*Paris* siehe unter *Leipzig*

Urteil des *Paris* oder *Parisurteil.*
Paris erkannte Aphrodite als Schönste und gab ihr den Apfel, siehe auch unter *Erisapfel*

Parnaß.
(Berg in Phokis.)
Nach dem Homerischen Hymnus auf Apoll baute sich dieser Gott am Fuße des Parnaß einen Tempel.

Einem ein *Paroli* bieten
(oder biegen), d. h. ihn ordentlich abfertigen. Der Ton liegt auf der ersten Silbe. Sprichwörtlich nach dem spanischen Pharospiel.

Parsifal, der reine Tor.
Nach Rich. Wagners Bühnenweihfestspiel Parsifal (1882)

Nec minor est virtus, quam quaerere *parta* tueri.
(Nicht geringerer Kraft bedarf's, als zu erwerben, das Erworbene zu schützen.)
Ovid, Ars amandi 2, 13

Wählt eine bessere · *Partei*, Ihr habt die gute nicht ergriffen.
Oktavio in Schiller, Wallensteins Tod 2, 6

Wer sich nicht der *Partei* fügt, fliegt hinaus!
Liebknecht auf dem Sozialistentage in Halle, Ende Oktober 1890

Ein großer Staat regiert sich nicht nach *Parteiansichten.*
Bismarck im Herrenhause, 15. Jan. 1867

Von der *Parteien* Gunst und Haß verwirrt · Schwankt sein Charakterbild in der Geschichte.
Schiller, Wallenstein: Prolog

Ich kenne keine *Parteien* mehr, ich kenne nur noch Deutsche!
Kaiser Wilhelm II. in seiner Rede vom Balkon des Schlosses in Berlin am 1. August 1914 vor Ausbruch des ersten Weltkrieges

Zuletzt, bei allen Teufelsfesten, · Wirkt der *Parteihaß* doch zum Besten.
Mephistopheles in Goethe, Faust 10 777/78

Bei uns kann nur *parteilos* regiert werden.
Bismarck im Reichstage, 12. Juni 1882

Parturiunt montes, nascetur ridiculus mus.
(Wie das Gebirge auch kreißt, es kommt nur eine lächerliche Maus heraus.)
Horaz, Ars poëtica 139

Mea *parvitas.*
(Meine Kleinigkeit.)
Valerius Maximus um 30 v. Chr.

Parvum parva decent.
(Kleines ziemt sich für den Kleinen.)
Horaz, Epist. 1, 7, 44

Oh, Jöching *Päsel*, wat büst du förn Esel!
Fritz Reuter, Läuschen un Rimels 2, 25

Es war wohl niemals ein Mann von irgend einigem Wert, auf den kein *Pasquill* gemacht worden wäre, und nicht leicht eine schlechte Seele, die keins auf irgendeinen Mann von Verdienst gemacht hätte.
G. Ch. Lichtenberg, Beob. über die Menschen

Ich weiß das alles wohl, daß ich vor einem Jahr · Ein lockrer *Passagier* und voller Schulden war.
Söller in Goethe, Die Mitschuldigen 1, 2

Das kommt mir grade zu *passe* (gelegen).
Vgl. d. engl.: to come to pass.
Sprichwörtl. Redensart. Vgl. Schiller, Piccolomini 1, 1: Der Proviant kommt uns grad zu *paß*, · Die stattliche Versammlung hier zu speisen.
Günther, Gedichte 1735, 211

Ils sont *passés*, ces jours de fête.
(Sie sind vorbei, diese Festtage.)
Aus Anseaumes Oper Le tableau parlant

Herr, zollfrei *passieret* · Der Spleen!

Thümmel, Reise in die mittäglichen Provinzen Frankreichs (1791, 1, 68)

Meine einzige *Passion* siehe unter *Leopold*

Passiver Widerstand.

Hans V. v. Unruh, Präsident der Nationalversammlung, 9. Nov. 1848 (siehe Näheres unter *Widerstand*); »Passive Resistenz« dürfte hierauf zurückzuführen sein. Nach dem ersten Weltkrieg für den deutschen Widerstand gegen die französische Ruhrbesetzung verwendet.

Was *paßt*, das muß sich ründen, · Was sich versteht, sich finden, · Was gut ist, sich verbinden, · Was liebt, zusammen sein.

Novalis, Verm. Ged.: An Schleiermacher 1802

Pasteten hin, · Pasteten her, · Was kümmern uns Pasteten!

Matth. Claudius, Paul Erdmanns Fest

Doch, teure Gönner, seht, · Was ich dabei riskiere! · Wenn's der *Pastor* erführe, · Der keinen Spaß versteht, · Dann wehe meiner Ehre! · Ich kenne die *Pastöre!*

Bürger, Neue weltliche hochdeutsche Reime ... von der ... Prinzessin Europa

Pater noster.

(Vater unser.)
Nach Matth. 6, 9/13 (vgl. Luk. 11, 2/4)

Pater, peccavi.

(Vater, ich habe gesündigt.) Luk. 15, 18

Pater Lamormain siehe unter *ausgesonnen*

Mein *Pathos* brächte dich gewiß zum Lachen, · Hättest du dir nicht das Lachen abgewöhnt.

Mephistopheles in Goethe, Faust 277/78

Patience is for poltroons.

(Geduld ist gut für Memmen.)
Clifford in Shakespeare, Heinrich VI. 3, 1, 1

Sagt der *Patriarch.*

Klosterbruder in Lessing, Nathan der Weise 1, 5

Was *Patriarch!* · Seid Ihr mein Patriarch? Ich will ja doch · Den Christen mehr im *Patriarchen* als · Den Patriarchen in dem Christen fragen.

Tempelherr in Lessing, Nathan der Weise 4, 1

Nord und West und Süd zersplittern, · Throne bersten, Reiche zittern, · Flüchte du, im reinen Osten · *Patriarchenluft* zu kosten.

Goethe, Westöstl. Diwan, Buch des Sängers

Patriae inserviendo consumor.

(Im Dienste des Vaterlandes verzehre ich mich.) Wahlspruch Bismarcks

Patriotische Beklemmungen = angoisses patriotiques.

Eugen Rouher im Corps Législatif am 14. April 1867

Nicht so sehr jenen *Patriotismus* liebe ich, der unsere Söhne auf das ... Schlachtfeld jagt und sie dort sterben heißt, sondern jenen, der für das Vaterland leben lehrt.

Peter Rosegger, Die Schriften des Waldschulmeisters

Der *Patriotismus* verdirbt die Geschichte.

Goethe zu Riemer; Biedermann, Goethes ausgew. Gespräche 581

Starb doch auch *Patroklos*, der weit an Kraft dir voranging.

Homer, Ilias 21, 107 (Voß)

Fahre wohl, Doria, schöner Stern! Auch *Patroklus* ist gestorben und war mehr als du.

Fiesko in Schiller, Fiesko 3, 5

Ohne Wahl verteilt die Gaben, · Ohne Billigkeit das Glück, · Denn *Patroklus* liegt begraben, · Und Thersites kommt zurück.

Schiller, Das Siegesfest (meist wird *kehrt* zurück zitiert)

Mit *Pauken* und Trompeten durchfallen.

Scherzhaft bei Prüfungen und Wahlen gebraucht

Paule, du rasest. Apostelgesch. 26, 24

Paulinchen war allein zu Haus, · Die Eltern gingen beide aus.
Aus dem Struwwelpeter

Sankt *Paulus* (25. Jan.) klar, · Bringt gutes Jahr, · Doch bringt er Wind, · Regnet's geschwind.
Bauernregel

Aus einem Saulus ein *Paulus* werden. Nach Apostelgesch. 9

Pauper studiosus sum, · Peto viaticum.
(Ich bin ein armer Student und bitte um einen Zehrpfennig für meine Wanderschaft.)
Spruch, mit dem die fahrenden Studenten, besonders in den Pfarrhäusern, um einen Reisegroschen oder auch um gastliche Aufnahme baten.

Revanche für *Pavia*
ist der Nebentitel des Lustspiels: Die Erzählungen der Königin von Navarra (1850) von Scribe und Ernest Legouvé.

Pax vobiscum!
(Friede sei mit euch! griech.: *Εἰρήνη ὑμῖν!*)
Luk. 24, 36; Joh. 20, 19, 26

Peccare licet nemini.
(Zu sündigen ist niemandem erlaubt.)
Cicero, Paradoxa 3, 1

Wer *Pech* angreift, der besudelt sich damit. Sirach 13, 1

Ein *Pechvogel* (*Pechhengst*) sein (Unglück haben).
Sprichwörtl. Redensart

Qui non habet in nummis, · Dem hilft nicht, das er frum is; · Qui dat *pecuniam* summis, · Der machet wol schlecht, was krum is.
M. Luther in Aurifaber, Tischreden Luthers, Eisleben 1566, Bl. 624a

Auch was Geschriebnes forderst du, *Pedant?* Faust in Goethe, Faust 1716

Der Weltmann steigt empor, und der *Pedant* bleibt sitzen: · Die Sitten können mehr als die Gelahrtheit nützen.
Lichtwer, Fabeln 19: Der Diamant und der Bergkristall

Pegasus, das geflügelte Musenpferd.
Nach Hesiod, Ovid u. a. alten Dichtern

Pegasus im Joche.
Nach dem Titel des Schillerschen Gedichtes ein Poet, der außerhalb seiner poetischen Wirksamkeit hart arbeiten muß

Mir gäb' es keine größre *Pein*, · Wär' ich im Paradies allein.
Goethe, Sprüche in Reimen: Sprichwörtlich

Uns bleibt ein Erdenrest · Zu tragen *peinlich* · Und wär' er von Asbest · Er ist nicht reinlich.
Die vollendeteren Engel in Goethe, Faust 11954/57

Mit der *Peitsche* treibt man den Hunger nicht aus.

Man darf die *Peitsche* nicht aus der Hand geben. Sprichwörter

Du gehst zu Frauen? Vergiß die *Peitsche* nicht!
Fr. Nietzsche, Also sprach Zarathustra. Von alten und jungen Weiblein

Wer recht uns *peitscht*, den lernen wir verehren.
Chamisso, Sage von Alexandern

Den *Pelion* auf den Ossa türmen.
Nach Homer, Odyssee 11, 315/16. Vgl. unter *Ida*

Jemand den *Pelz* waschen.
Sprichwörtl. Redensart

Wasch mir den *Pelz* und mach mich nicht naß!
Sprichwort (auch bei Abraham a Santa Clara)

Gleich dem toten Schlag der *Pendeluhr* · Dient sie knechtlich dem Gesetz der Schwere · Die entgötterte Natur.
Schiller, Gedichte: Die Götter Griechenlands

Penelopearbeit
ein Werk, das immer wieder von vorn begonnen wird, nach Homer, Odyssee 2, 94 u. ff.

La parole a été donnée à l'homme pour déguiser sa *pensée*.
(Die Sprache ist dem Menschen gegeben, um seine Gedanken zu verbergen.)
Oder in der Fassung:

Les paroles sont faites pour cacher nos *pensées*.
(Die Worte sind da, um unsere Gedanken zu verbergen.)
Talleyrand, nach H. Heine (im Buch Le Grand 25, Fouché)

Das *Pentagramma* macht dir Pein?
Faust in Goethe, Faust 1396

Pentameter siehe unter *Hexameter*

Per varios casus, per tot discrimina rerum.
(Durch vielfältige Nöte und mannigfache gefährliche Lagen.) Vergil, Äneis 1, 204

Toujours *perdrix* siehe unter *Rebhühner*

Perfer et obdura!
(Trage und dulde!)
Ovid, Ars amandi 2, 178

Perfides Albion. Siehe unter *Albion*

(Allein) ein *Pergament*, beschrieben und geprägt, · Ist ein Gespenst, vor dem sich alle scheuen.
Faust in Goethe, Faust 1726/27

Das *Pergament*, ist das der heil'ge Bronnen, · Woraus ein Trunk den Durst auf ewig stillt?
Faust in Goethe, Faust 566/67

Periculum in mora.
(Gefahr im Verzug.) Livius 38, 25, 13

Indocti discant, ament meminisse *periti*.
(Laien mögen hier lernen, Kenner sich der Erinnerung freuen.)
Pope, Essay du Criticisme (1711)

Das war der Zwerg *Perkeo* · Im Heidelberger Schloß.
J. V. v. Scheffel, Perkeo 1847

Am reinen Glanz will ich die *Perle* kennen; · Doch ihren Namen kann ich dir nicht nennen.
Don Cesar in Schiller, Die Braut von Messina 1469/70

Daß sie die *Perle* trägt, das macht die Muschel krank; · Dem Himmel sag für Schmerz, der dich veredelt, Dank. Rückert, Bausteine

Der Wert einer *Perle* hängt für mich sehr von ihrer Farbe ab; ich bin darin etwas wählerisch.
Bismarck im Abgeordnetenhause, 10. Febr. 1872

Perle des Orients, Mädchen mein.
Aus der Operette Die Geisha von Sidney Jones

Perlen bedeuten Tränen.
Emilia und Appiani in Lessing, Emilia Galotti 2, 7 u. 8

Perlen vor die Säue werfen.
Nach Matth. 7, 6

Der *Person* Freund, der Sache Feind. Sprichwörtlich

Vor Gott gilt kein Ansehen der *Person*.
Sprichwörtlich nach 2. Chron. 19, 7 und Apostelgesch. 10, 34

Man mäkelt an der *Persönlichkeit*, · Vernünftig, ohne Scheu; · Was habt ihr denn aber, was euch erfreut, · Als eure liebe Persönlichkeit? · Sie sei auch, wie sie sei.
Goethe, Zahme Xenien 3

Volk und Knecht und Überwinder, · Sie gestehn zu jeder Zeit, · Höchstes Glück der Erdenkinder · Sei nur die *Persönlichkeit*.
Goethe, Westöstl. Diwan: Buch Suleika

Setz dir *Perücken* auf von Millionen Locken, · Setz deinen Fuß auf ellenhohe Socken, · Du bleibst doch immer, was du bist.
Mephistopheles in Goethe, Faust 1807/09

Tragischer, auch klassischer *Pessimismus*.
Von Nietzsche geprägt. Er versteht darunter eine Weltanschauung, die, gleich dem Schopenhauerschen Pessimismus, sich vor dem Leiden nicht verschließt und mit dem Intellektualismus endgültig gebrochen hat, gleichwohl aber jeglichem Aszetismus abhold ist. Nietzsches Formel, die aber mit Zartsinn aufgenommen werden muß, lautet: »Oberflächlich aus Tiefe!« (Siehe z. B. Werke, 14. Bd., S. 371.)

Der *Peter* in der Fremde.
Nach Grübels Gedicht in Nürnberger Mundart, drittes Bändchen 1803, S. 95, Der Peiter in der Fremd, und sodann wohl nach Aug. Gottlob Beckers gleichnamigem Gedicht 1811

Peter und Paul (29. Juni) klar, · Ein gutes Jahr. Bauernregel

Peter Schlemihl.
Titel einer Erzählung von Adelbert von Chamisso

Zu *Petri* Kettenfeier (1. Aug.) gehn die Störche fort. Bauernregel

Petz ist wieder da!
Gellerts Fabel: Der Tanzbär

Der *Pfadfinder*.
(The Pathfinder.)
Titel eines Romans von J. F. Cooper (1840)

Lieber Türk als *Pfaff!*
Ferd. Freiligrath, Der Wassergeuse

Wie der *Pfaff* so die Gemeinde.
Russisches Sprichwort

Ein katholischer *Pfaffe* wandelt einher, als wenn ihm der Himmel gehöre; ein protestantischer Pfaffe hingegen geht herum, als wenn er den Himmel gepachtet habe.
Heine, Reisebilder 2: Italien, Die Stadt Lucca 4

Diese dumpfen *Pfaffenchristen*, · Laßt uns keck sie überlisten! · Mit dem Teufel, den sie fabeln, · Wollen wir sie selbst erschrecken.
Goethe, Die erste Walpurgisnacht (1799)

Unsterblich ist die *Pfaffenlist*.
Pfaffe in Goethe, Epimenides 1, 7

Denn *Pfaffentrug* und Weiberlist · Gehn über alles, wie ihr wißt.
G. A. Bürger, Gedichte: Die Weiber von Weinsberg

Bleib da, *Pfäfflein*, fürcht dich nit, Sag dein Sprüchlein und teil's uns mit.
Kroaten in Schiller, Wallensteins Lager 8, 616/17

Ein *Pfahl* im Fleisch.
Nach 2. Kor. 12, 7

Pfahlbürger.
Bürger einer Stadt außerhalb der Stadtmauer, aber noch innerhalb des Pfahlwerks der Landwehr

Ein ländlicher *Pfarrer* verbauert.
Voß, Luise 2: Der Besuch 495

Stolz wie ein *Pfau*. Volksmund

Der *Pfau* hat adlig Gewand, diebischen Gang, teuflischen Sang.
Sprichwörtlich

Jemand dahin schicken, wo der *Pfeffer* wächst.
Stammt von dem Pfefferlande Cayenne her, das ein mörderisches Klima hat, der auch früher den französischen Regierungen als Verbannungsort diente

Das kleine *Pfefferkorn* sieh für gering nicht an, · Versuch es nur und sieh, wie scharf es beißen kann.
Rückert, Weisheit des Brahmanen 16 (3) Nr. 11

Wenn mein *Pfeifchen* dampft und glüht · Und der Rauch von Blättern · Sanft mir um die Nase zieht, · Oh, dann tausch' ich nicht mit Göttern.
Mein Pfeifchen, Dichter unbekannt (seit 1799)

Das *Pfeifchen* des armen Mannes.
Aus Bismarcks Rede im Norddeutsch. Reichstage am 21. 5. 1869

Gott grüß' Euch, Alter! · Schmeckt das *Pfeifchen?*

Da griff ich erst nach meiner *Pfeife* · Und dann nach meinem Fuß.
Pfeffel, Die Tabakspfeife

Nach jemandes *Pfeife* tanzen.
Sprichwörtl. Redensart nach Äsop, Fabel 27, oder nach dem Rattenfänger von Hameln oder biblisch nach Matth. 11, 17

Drei Dinge kehren nie: · Der *Pfeil*, der abgeschossen, · Das ausgesprochne Wort, · Die Tage, die verflossen. Daumer, Polydora (1885) 2, 285

Mit dem *Pfeil*, dem Bogen.
Schützenlied aus Schiller, Wilhelm Tell 3, 1

Die Jahre fliehen *pfeilgeschwind*.
Schiller, Lied von der Glocke V. 57

Die Frau im Haus, so selber wacht, · Aus einem *Pfennig* zehne macht.
Alter Spruch

Pfennigsalbe Wunder tut: · Sie erweichet manchen harten Mut.
Aus Freidanks Bescheidenheit (um 1200)

Der ersparte *Pfennig* ist redlicher als der erworbene.
Luther bei Zinkgref, Apophth, 1, S. 181

Der *Pfennig* hundert Wege hat.
Rollenhagen, Froschmeuseler 1, 1, 22. Kap. 132

Ein braves *Pferd* stirbt in den Sielen.
Bismarck im Preuß. Abgeordnetenhause, 4. Februar 1881

Sich aufs hohe *Pferd* setzen.

Vom *Pferd* auf den Esel kommen.
Sprichwörter

Geputztes *Pferd*, gesundes Pferd.
Bauernregel

Ein *Pferd!* ein Pferd! mein Königreich fürn Pferd!
(A horse! a horse! my kingdom fo a horse!)
König Richard in Shakespaere, König Richard III. 5, 4

Pferde muß man nicht verleihen.
Bauernregel

Die *Pferde* sind gesattelt!
Bedienter in Th. Körner, Hedwig 2, 10

Jemand auf einem faulen (richtiger: fahlen) *Pferde* ertappen.
Nach Offbg. 6, 8

Pfingsten, das liebliche Fest, war gekommen. Goethe, Reineke Fuchs 1, 1

Pfingsten war, das Fest der Freude,
· Das da feiern Wald und Heide.
Uhland, Balladen: Der schwarze Ritter

Nasse *Pfingsten*, fette Weihnachten. Bauernregel

Geputzt wie ein *Pfingstochse*.
Sprichwörtl. Redensart

Suchst du das Höchste, das Größte? Die *Pflanze* kann es dich lehren. · Was sie willenlos ist, sei du es wollend – das ist's.
Schiller, Gedichte: Das Höchste

Pflanzen, die oft versetzt werden, gedeihen nicht. Gärtnerregel

Ein teures *Pflaster*.
(Teurer Aufenthalt.)
Sprichwörtl. Redensart

Die ersten *Pflaumen* sind immer madig. Sprichwörtlich

Jeder rechte Vater ist ein *Pfleger* und *Pflegevater* seines Kindes.
Jean Paul, Komet 1, 7

Wo die *Pflicht* gebeut zu sprechen,
· Da ist Schweigen ein Verbrechen.
Sprichwörtlich

Tut eure *Pflicht* und laßt die Götter sorgen.
(Faites votre devoir, et laissez faire aux dieux.) Corneille, Horace 2, 8

Laß die schwerste *Pflicht* dir die heiligste sein. Lavater

Denn es ist Drang, und so ist's *Pflicht*.
Goethe, Der Ewige Jude, Fragmentarisch

Doch sicher ist der schmale Weg der *Pflicht*.
Buttler in Schiller, Wallensteins Tod 4, 2

Verfluchte *Pflicht* und Schuldigkeit siehe unter *Verfluchte*

Ungewiß und vergänglich ist das Glück; gewiß und ewig bleibt die *Pflicht*.
Feuchtersleben, Zur Diätetik der Seele (1838) 8

Pflicht siehe auch unter *Forderung*

Wenn man von den Leuten *Pflichten* fordert und ihnen keine Rechte zugestehen will, muß man sie gut bezahlen.
Goethe, Maximen u. Reflexionen 3

Ich habe den Glauben, daß wir nicht geboren sind, nur um glücklich zu sein, sondern um unsere *Pflicht* zu tun, und wir wollen uns segnen, wenn wir wissen, wo unsere Pflicht ist! Friedrich Nietzsche

Zeichen der Vornehmheit: nicht daran denken, unsere *Pflichten* zu Pflichten für jedermann herabzusetzen; die eigne Verantwortlichkeit nicht abgeben wollen, nicht teilen wollen; seine Vorrechte und deren Ausübung unter seine Pflichten rechnen.
Friedr. Nietzsche, Jenseits von Gut und Böse (1886)

Einstehe für *Pflichterfüllung* bis aufs äußerste.

Meyer-Waldeck, Gouverneur von Kiautschou, in seiner Depesche vom 23. August 1914

Einen *Pflock* (ähnlich: ein Loch) zurückstecken.

(Nachgiebig sein.)

Sprichwörtl. Redensart

Pflücke das Blümchen auf dem Wege.

Gebrüder Stolberg, Gedichte 1779, 2, 151

Pflücket die Rose, eh sie verblüht.

Usteri: Freut euch des Lebens (nur erste Strophe), komp. v. Nägeli. (Vgl. Näheres bei *Lämpchen.*)

Unter seines Hammers Zwange · Bildet sich zuerst der *Pflug*.

Schiller, Gedichte: Das eleusische Fest V. 127/28

Wer tief *pflügt*, muß tief düngen.

Je besser man *pflügt*, je reicher man fährt.

Bauernregeln

Hör ich das *Pförtchen* nicht gehen? · Hat nicht der Riegel geklirrt?

Schiller, Gedichte: Die Erwartung

Des Herzens *Pförtner* ist des Mannes Angesicht, · Der den und den Empfang beim Herren dir verspricht.

Rückert, Weisheit des Brahmanen 1, 45

Die *Pforte* zum Himmel ist eng.

Sprichwörtlich nach Matth. 7, 13/14, Luk. 13, 14

Die Hohe *Pforte*.

Bezeichnung der türkischen Regierung

Sieh, auf dem *Pfuhl* wie schwimmt das zarte Lotosblatt! · So bleibt der Reine rein auch an unreiner Statt.

Rückert, Weisheit des Brahmanen 6, 32

Pfuhl siehe auch unter *Frosch*

Ihr habt das Recht, gesittet »*Pfui*« zu sagen.

Mephistopheles in Goethe, Faust 3294

Anvertrautes *Pfund*.

Nach Luk. 19, 12–27

Sein *Pfund* vergraben.

Nach Matth. 25, 18

Ich kann und will das *Pfund* nicht mehr vergraben.

Goethe, Gedichte: Zueignung

Der Mann ist wacker, der, sein *Pfund* benutzend, · Zum Dienst des Vaterlands kehrt seine Kräfte.

Rückert, Geharn. Sonette 1

Mit seinem *Pfunde* wuchern.

Nach Luk. 19

Pfuscher sind Huscher.

Wo die *Pfuscher* haben Brot, · Leiden wackre Meister Not.

Sprichwörter

Ich hasse alle *Pfuscherei* wie die Sünde, besonders aber die Pfuscherei in Staatsangelegenheiten, woraus für Tausende und Millionen nichts als Unheil hervorgeht.

Eckermann, Gespräche mit Goethe, März 1832

Im allgemeinen ist die Existenz auf der Basis der *Phäaken* bequemer als auf der Basis der Spartaner.

Bismarck

Der luftge *Phaeton* fliegt leicht und ohne Schwanken.

Wieland, Oberon 12, 71

Welcher Unsterblichen · Soll der höchste Preis sein? . . . · Ich geb' ihn · Der ewig beweglichen, · Immer neuen, · Seltsamen Tochter Jovis, · Seinem Schoßkinde, · Der *Phantasie*.

Goethe, Gedichte: Meine Göttin

Alles wiederholt sich nur im Leben, · Ewig jung ist nur die *Phantasie*.

Schiller, An die Freunde

Die *Phantasie* ist der mächtigste Despot.

B. Auerbach, Tausend Gedanken des Kollaborators

Pharisäer.

Scheinfromme nach den Evangelisten (Matth. 5, 20; Matth. 23; Luk. 18)

Philemon und Baucis.

Nach Ovid, Metamorphosen 8, 629–724, ein greises, frommes und einander treu liebendes Ehepaar; auch in Goethe, Faust 11067/70

Bei *Philippi* sehen wir uns wieder!

Cäsars Geist in Shakespeare, Julius Cäsar 4, 3

Auf *Philippi* (1. Mai) und Jakobi Regen, · Folgt ein sichrer Erntesegen. Bauernregel

Eine *Philippika* (Donnerrede) halten.

Nach Cicero, der seine Reden gegen Antonius, im Vergleich mit den gewaltigen Reden des Demosthenes gegen Philipp von Mazedonien, »philippische« nannte, gebrauchte Hieronymus zuerst diese Bezeichnung für eine Strafrede (Epist. 57, 13)

Philister über dir, Simson!

Buch der Richter 16, 9

Was ist ein *Philister?* · Ein hohler Darm, · Mit Furcht und Hoffnung ausgefüllt, · Daß Gott erbarm!

Goethe, Zahme Xenien 6

Philister sind scharmante Leute, · Immer die gleichen, gestern wie heute. Ludw. Pfau, Philister

Es leben die *Philister,* · Ihre Gevattern und ihre Geschwister! · Denn wenn die Philister nicht mehr leben, · So wird es auch keine Poeten mehr geben!

Hoffmann v. Fallersleben, Die Philister

O wecke mich nicht, Leben, Delila, · Rufe nimmer: Simson! *Philister* über dir.

Cl. Brentano, Der Philister vor, in und nach der Geschichte (Schluß)

Ich habe nie mit euch gestritten, · *Philister*-Pfaffen! Neiderbrut! · Unartig seid ihr wie die Briten, · Doch zahlt ihr lange nicht so gut.

Goethe, Zahme Xenien 6

Ich seh', die *Philologen,* · Sie haben dich so wie sich selbst betrogen. · Ganz eigen ist's mit mythologischer Frau: · Der Dichter bringt sie, wie er's braucht, zur Schau.

Chiron in Goethe, Faust 7426/29

Philosoph von Sanssouci.

Friedrich der Große nannte sich selbst so auf dem Titel seiner Werke (1750)

Ein *Philosoph* sollte nie etwas aus dem Grunde tun, weil es jedermann tut.

Engel, Schriften, 7. Stück: Die Eiche und die Eichel

Die Reichen und die Könige, die die *Philosophen* ehren, ehren damit nur sich selbst; aber die Philosophen, die den Reichen schmeicheln, bringen damit diesen keinen Ruhm und sich selbst nur Schaden.

Plutarch, Ehevorschriften § 33

Die *Philosophen* sollen Könige, die Könige Philosophen sein. Nach Plato

Der Rest des Lebens ist gleichgültig, wir lassen es gehen, wie es will, und endigen mit dem Quietismus, wie die indischen *Philosophen* auch.

Eckermann, Gespräche mit Goethe, am 17. Febr. 1829

Einstweilen, bis den Bau der Welt · *Philosophie* zusammenhält,

siehe unter *Einstweilen*

Was bin ich? Was soll ich tun? Was kann ich glauben und hoffen? – Hierauf reduziert sich alles in der *Philosophie.*

Lichtenberg, Bemerkungen verm. Inhalts 1: Philosophische Bemerk.

Eine oberflächliche *Philosophie* führt von Gott ab, eine tiefere führt zu Gott zurück. Bacon von Verulam

Philosophie ist ein liebevoller Umgang mit der Weisheit.

Dante, Gastmahl 3, Kap. 12

Ein Lohn der *Philosophie* ist langes Leben.

Altes Sprichwort bei den Gelehrten

Bist arm und bloß, *Philosophie,* so sagt · Der auf verächtlichen Gewinn bedachte Pöbel.

(Povera e nuda vai, *filosofia,* · Dice la turba al vil guadagno indesa.)

Petrarca, Sonette 1, 10

Des Unglücks süße Milch, *Philosophie.*
Romeo in Shakespeare, Romeo u. Julia 3, 3

Studiere nur und raste nie, · Du kommst nicht weit mit deinen Schlüssen; · Das ist das Ende der *Philosophie,* · Zu wissen, daß wir glauben müssen.
Em. Geibel, Juniuslieder: Sprüche 4

Welche wohl bleibt von allen den *Philosophien?* Ich weiß nicht. · Aber die Philosophie, hoff ich, soll ewig bestehn.
Schiller, Votivtafeln: Die Philosophien

Philosophie des »als ob«.
Hans Vaihinger (1852-1934)

Philosophie des Unbewußten.
Titel eines Werkes des Philosophen Eduard von Hartmann

Ich grüße dich, du einzige *Phiole!*
Faust in Goethe, Faust 690

Zum Teufel ist der Spiritus, · Das *Phlegma* ist geblieben.
Schiller, Gedichte: Männerwürde

Post nubila *Phoebus.*
(Nach den Wolken kommt die Sonne.)
Langland, Piers Ploughmans Vision 5, 12, 908

Wie ein *Phönix* aus der Asche erstehen.
Der sagenhafte Vogel Phönix soll aus seiner Asche neu erstehen, nachdem er sich im Alter selbst verbrannte

Willst du dich öffentlich entkleiden, · Wie *Phrynes* Beispiel weist, · So prüfe vorher dich bescheiden, · Wie schön du etwa seist.
Grillparzer, Die Dichterin

Pia desideria.
(Fromme Wünsche.)
Titel einer Schrift des Jesuiten Herm. Hugo, † 1639 zu Antwerpen, vgl. Näheres unter *Fromme*

Pia fraus.
(Frommer Betrug.)
Ovid, Metamorph. 9, 711

Pictoribus atque poëtis quidlibet audendi semper fuit aequa potestas.
(Malern und Dichtern war stets erlaubt jegliches Wagstück.)
Horaz, Episteln 2, 3, 9 u. 10

Auf jemand eine *Pike* haben (böse sein).

Von der *Pike* auf dienen.
Sprichwörtl. Redensarten

Von Pontius zu *Pilatus* rennen.
Nach Luk. 23

Seh' ich den *Pilgrim,* so kann ich mich nie der Tränen enthalten. · Oh, wie beseliget uns Menschen ein falscher Begriff!
Goethe, Venezianische Epigramme

Eine bittere *Pille.*

Die *Pillen* der Apotheker sind außen Gold und innen Galle.
Sprichwörtlich

Man muß die *Pillen* schlucken · Und nicht im Maul zerdrucken.
Sprichwörtlich

Laß die Woge donnernd branden, · Nur bleib immer, magst du landen · Oder scheitern, selbst *Pilot!*
Matthisson, Gedichte: Zuruf

Er ist ein richtiger *Pinsel.*
Sprichwörtl. Ausdruck für einen simpeln, einfältigen Menschen. So sagt Zachariä im Renommisten 4, 242: Willst du wie ein Philister stehn und wie ein *Pinsel* handeln?

Die *Pinzgauer* wollten wallfahrten gehn.
Tiroler Volkslied

Da sprach *Pipifax* der Kleine, · Ihr seid dumm wie Bohnenstroh, · Ich allein, ja ich alleine, · Bin ein Teufel comme il faut!
Eduard Maria Oettinger, Fünfmalhunderttausend Teufel 1847 (Musik von Graben-Hoffmann)

Und *Pippa* tanzt.
Titel eines Bühnenwerkes von Gerhart Hauptmann

Der Hunde Gebell verheißt gute *Pirsch.*
Jägerregel

Pisces natare oportet.
(Die Fische müssen schwimmen.)
Petronius Arbiters Satiren 39

Wie aus der *Pistole* geschossen.
Sprichwörtl. Redensart

Hab' ich deinen *Plan* gebilligt? · Und zu leben eingewilligt?
A. v. Kotzebue, Ausbruch der Verzweiflung (1791)

Pläne muß man geheimhalten.
Sprichwörtl. Redensart

Pläne sind die Träume der Verständigen.
Feuchtersleben, Aphorismen (Leben)

Unter einem glücklichen *Planeten* geboren sein. Sprichwörtl. Redensart

Der Mensch ist eine Sonne, seine Sinne sind seine *Planeten.*
Novalis, Fragmente

Plappern wie die Heiden.
Nach Matth. 6, 7

O hüte dich vor allem Bösen! · Es macht *Pläsier,* wenn man es ist, · Es macht Verdruß, wenn man's gewesen!
Wilh. Busch, Die fromme Helene

Plastik wirkt eigentlich nur auf ihrer höchsten Stufe.
Goethe, Maximen u. Reflexionen 1

Platonische Liebe.
Nach Plato, Symp. p. 180 C ff.

Platte macht nicht den Mönch.
Sprichwörtlich

Platz, Platz dem Landvogt!
Rudolf der Harras in Schiller, Wilhelm Tell 3, 3

Platz an der Sonne.
Der spätere Reichskanzler von Bülow am 6. Dez. 1897. Nach Pascal. Pensées sur la réligion 1, 9, § 53 und Béranger, La sainte alliance des peuples (Chansons 56).

Die Geister *platzen* aufeinander.
Luther in seinem (auf das Münzersche Treiben in Allstedt bezüglichen) Briefe vom 21. Aug. 1524 »an die Fürsten zu Sachsen von dem aufrührerischen Geiste«

Vor Neid *platzen.* Siehe unter *Neid*

Duck(e) dich, (liebe) Seel(e), es kommt ein *Platzregen.*
Nach J. Fischart, Gargantua (1575). Vgl. unter *Duck*

Eine rechte *Plaudertasche.*
Sprichwörtl. Redensart

Plenus venter, siehe unter *Bauch*

Hab' mit *Plebs* nicht gern zu schaffen.
Tristan in W. Friedrichs Oper Martha 1, 6, komp. v. Flotow

Plötzlich steht es neben dir.
Titel eines Buches von Joachim Ringelnatz (1883–1934)

Werft ins Gemüll den *Plunder!*
Sallet, Gedichte: Lumpengericht

Nec *pluribus* impar.
(Auch mehreren Gegnern gewachsen.) Inschrift an alten französischen Geschützen; von Bismarck im Hinblick auf Deutschlands Stärke zitiert, am 15. Mai 1894.

Das sind die richtigen *Plusmacher.*
Politisches Schlagwort, schon vom Alten Fritz angewandt

Nicht leicht droht Unfall einer Macht, · Darin der *Pöbel* schweigt und die Regierung wacht.
Lichtwer, Fabeln 2, 22: Die Füchse

»*Pöbel!* wagst du zu sagen – wo ist der Pöbel?« Ihr machtet, · Ging es nach eurem Sinn, gerne die Völker dazu! Schiller-Goethe, Xenien

Pöbel im Zylinder
gesagt zu haben, wird dem Nationalökonomen und österreichischen Minister Schäffle zugeschrieben, das Wort dürfte jedoch älter und französischen Ursprungs sein

Ein Ding mag noch so närrisch sein, · Es sei nur neu, so nimmt's den *Pöbel* ein.
Chr. F. Gellert, Fabeln: Der grüne Esel

Der *Pöbel* hört nie auf, Pöbel zu sein, und wenn Sonne und Mond sich verwandeln, und Himmel und Erde veralten wie ein Kleid.
Schiller, (Unterdrückte) Vorrede zu den Räubern

Ich hasse den *Pöbel,* siehe unter *Odi*
Süßer *Pöbel* siehe unter *süßer*
Pöbel siehe auch unter *Mob*

Die Freiheit hab' ich stets im Sinn getragen, · Doch hass' ich eins noch grimmer als Despoten: · Das ist der *Pöbel,* wenn er sich den roten · Zerfetzten Königsmantel umgeschlagen.

Em. Geibel, Jugendgedichte: Gegen den Strom

Pocher und Prahler · Sind schlechte Zahler. Sprichwort

Bacchus, der Vater, · Venus, die Mutter, · Ira, die Hebeamm, · Zeugen *Podagram.* Alter Spruch

Vinum, der Vater, · Und Coena, die Mutter, · Und Venus, die Hebamm, · Die machen *Podagram.*

Fritz Reuter, Stromtid 2, 22

Aequo animo *poenam,* qui meruere, ferant.

(Wer die Strafe verdient, nehme sie mit Gleichmut hin.) Ovid, amores 2, 7, 12

La *poesia* non muore.

(Die Poesie stirbt nicht.)

Bernardino Zendrini

Er (Goethe), der das scheue Kind, noch rot von süßem Schrecken, · Die deutsche *Poesie,* aus welschen Taxushecken · Zum freien Dichterwalde führt.

Em. Geibel, Jugendgedichte: Sanssouci

Poesie ist tiefes Schmerzen, · Und es kommt das echte Lied · Einzig aus dem Menschenherzen, · Das ein tiefes Leid durchglüht.

Justinus Kerner, Poesie

Man will Wahrheit, man will Wirklichkeit und verdirbt dadurch die *Poesie.*

Eckermann, Gespräche mit Goethe, 27. Dez. 1826

Disiecta membra *poetac,* siehe unter *Gliedern*

Gebt ihr euch einmal für *Poeten,* · So kommandiert die Poesie.

Direktor in Goethe, Faust 220/21

Neuere *Poeten* tun viel Wasser in die Tinte.

Goethe, Maximen u. Reflexionen 6

Geliebt zu sein von seinem Volke · O herrlichstes *Poetenziel!*

Freiligrath, Im Teutoburger Walde

Poetische Freiheit siehe unter *Licentia*

Ein *poetisches* Werk muß sich selbst rechtfertigen, und wo die Tat nicht spricht, da wird das Wort nicht viel helfen.

Schiller, Über den Gebrauch des Chors in der Tragödie

O füllt die *Pokale* mit zyprischem Wein!

Em. Geibel, Jugendgedichte: Beim Feste

Sucht den ruhenden *Pol* in der Erscheinungen Flucht.

Schiller, Der Spaziergang 134

Noch ist *Polen* nicht verloren!

(Jeszcze Polska nie zgninela.)

Dombrowski-Marsch (1796)

Die *Politik* ist das Schicksal.

Napoleon I. zu Goethe, 2. Oktober 1809 in Erfurt

Die *Politik* der freien Hand.

Minister v. Schleinitz 1859 in der preußischen Zweiten Kammer. Im Jahre 1864 äußerte sich auch Bismarck in dieser Weise.

Die *Politik* der offenen Tür.

1889 von Staatssekretär John Hay geprägt

Die *Politik* ist keine exakte Wissenschaft.

Bismarck im Herrenhause, 18. Dez. 1863

Die *Politik* ist keine Wissenschaft, wie viele der Herren Professoren sich einbilden, sondern eine Kunst.

Bismarck im Reichstage, 15. März 1884

Es ist in der *Politik* niemals möglich, mathematische Beweise zu geben. Bismarck

Je länger ich in der *Politik* arbeite, desto geringer wird mein Glaube an das menschliche Rechnen.

Bismarck

Die *Politik* verdirbt den Charakter.

Bernhard Brigl im Prospekt über die neubegründete Tägliche Rundschau (1881)

Ein *politisch* Lied! Siehe unter *Garstig*

Ein *politisches* Geschöpf ist der Mensch, siehe unter *Geschöpf*

Die *Polizei* will alles, alles wissen.

Der Wirt in Lessing, Minna von Barnhelm 2, 2

Polnische Wirtschaft.
Titel einer Operette von Jean Gilbert

Sein launisch Mißbehagen · Ruht auf dem breiten *Polster* seines Glücks.
Antonio in Goethe, Torquato Tasso 5, 1

Was ist *Pomp*, Hoheit, Macht, als Erd und Staub!
Warwick in Shakespeare, König Heinrich VI. 3. Teil 5, 2

Ein richtiger *Pomuchelskopp*.
Sprichwörtlich für einen hinterlistigen und niederträchtigen, dabei aber beschränkten Menschen nach der bekannten Figur in Fritz Reuter, Ut mine Stromtid

Von *Pontius* zu Pilatus rennen (oder schicken). Nach Luk. 23

Wie *Pontius* Pilatus ins Kredo kommen.
Bekanntlich wird im Kredo auch Pontius Pilatus erwähnt, ohne daß es nötig wäre

Mit leichtem Mute knüpft der arme Fischer · Den kleinen Nachen an im sichern *Port*, · Sieht er im Sturm das große Meerschiff stranden.
Gordon in Schiller, Wallensteins Tod 5, 4

Vom sichern *Port* läßt sich's gemächlich raten.
Ruodi in Schiller, Wilhelm Tell 1, 1

Die *Posaune* des Gerichts und *Posaunenengel*.
Nach Matth. 34, 31 (vgl. Offbg. 8, 2, Und er wird senden seine Engel mit hellen Posaunen)

Positus, ich setz' den Fall.
Maurerpolier Kluck in Louis Angelys Fest der Handwerker

Non *possumus*.
(Wir können nicht.)
Apostelgeschichte 4, 20

Post equitem sedet atra cura.
(Hinter dem Reiter sitzt die schwarze Sorge.) Horaz, Oden 3, 1, 40

Post festum (*Κατόπιν ἑορτῆς*).
(Nach dem Fest.) Plato, Gorgias 1

Post nubila Phoebus.
Siehe unter *Phoebus*

Immer auf dem *Posten*.
(Toujours en vedette.)
Friedrich der Große in dem Exposé du gouvernement prussien (1775/76)

Auf die *Postille* gebückt, zur Seite des wärmenden Ofens.
Joh. H. Voß, Der siebzigste Geburtstag (1781)

Eheu fugaces, *Postume*, Postume, · Labuntur anni.
(O weh, die Jahre, Postumus, Postumus, · Entgleiten flüchtig.)
Horaz, Oden 2, 14, 1 und 2

Potemkinsche Dörfer
sagen wir, um eine Vorspiegelung zu bezeichnen. Fürst Gregor Alexandrowitsch Potemkin (sprich Patjómkin), der Günstling der Kaiserin Katharina II., soll dieser bei einer Reise durch die Krim (1787) durch gemalte oder hastig aufgebaute Dörfer Wohlstand vorgetäuscht haben. Nach neuerer Forschung handelt es sich dabei jedoch im wesentlichen um Hofklatsch.

Nam et ipsa scientia *potestas* est.
(Denn die Wissenschaft selbst ist Macht.)
Roger Bacon, Meditationes sacrae XI: De haeresibus; siehe auch *Knowledge*

Frau *Potiphar*
(eine verführerische Frau).
Nach 1. Mos. 39

Je veux que le dimanche chaque paysan ait sa *poule* au pot.
Siehe unter *Huhn*

My *poverty*, but no my will, consents.
(Nur meine Armut, nicht mein Wille weicht.)
Apotheker in Shakespeare, Romeo und Julia 5, 1

Die große Armut in der Stadt kommt von der großen *Powerteh* her!
Bräsig im Reformverein in Reuters Ut mine Stromtid 3. Kap. 38

Pracht, Geld und Ehr · Ist morgen oft nicht mehr. Alter Spruch

Original, fahr hin in deiner *Pracht!*
Mephistopheles in Goethe, Faust 6807

Als die Preußen marschierten vor *Prag*. Die Prager Schlacht (um 1760)

»Sonst warst du so weit vom *Prahlen* entfernt, · Wo hast du das Prahlen so grausam gelernt?« · Im Orient lernt' ich das Prahlen. · Doch seit ich zurück bin, im westlichen Land, · Zu meiner Beruhigung find' ich und fand · Zu Hunderten Orientalen.
Goethe, Zahme Xenien 2

Jetzt bist du nur ein schlechter *Prahler.*
Hagedorn, Poetische Werke: Johann der muntere Seifensieder

Großer *Prahler*, schlechter Zahler.
Sprichwort

Prahlst du gleich mit deinen Wangen, · Die wie Milch und Purpur prangen? · Ach, die Rosen welken all!
(Später abgeändert in: Tust du stolz mit deinen Wangen.)
W. Hauff, Reiters Morgengesang

Jemand an den *Pranger* (bloß-) stellen.
Sprichwörtl. Redensart

Unterdessen erzähl' ich der Residenz eine Geschichte, wie man *Präsident* wird.
Ferdiand in Schiller, Kabale und Liebe 2, 7

Prasser eilt zum Bettelstab.
Alter Spruch

Ich kann das *Predigen* nicht vertragen; ich glaube, ich hab' in meiner Jugend mich daran übergessen.
Goethe, Maximen u. Reflexionen 6

Ich, der *Prediger*, war König über Israel zu Jerusalem.
Prediger Salomo 1, 12

Prediger in der Wüste.
Nach Jes. 40, 3. So übersetzte nämlich Luther: »vox clamantis in deserto«. (Vox clamantis = Stimme eines Predigers – Rufenden.)

Wir *Prediger* wollen alle Menschen strafen, aber sobald man uns mit einem Wörtchen zu nahe tritt, so können wir es nicht verdauen.
Joh. Geiler von Kaisersberg (1445-1510)

Aber wer glaubt unserer *Predigt?*
Jes. 53, 1

Predigten müssen Assoziationen göttlicher Inspirationen, himmlischer Anschauungen sein.
Novalis, Fragmente

Ohne Fleiß · Kein *Preis.*
Sprichwort

Wie der *Preis*, so die Ware.
Sprichwörtlich

Da treibt's ihn, den köstlichen *Preis* zu erwerben, · Und stürzt hinunter auf Leben und Sterben.
Schiller, Der Taucher

Preisend mit viel schönen Reden.
Just. Kerner, Der reichste Fürst (1818)

Es schallen gut im Liede der Purpur und das Schwert, · Doch hüllt sich oft in Lumpen, der auch ist *preisenswert.*
Chamisso, Abba Glosk Leczeka

Jemanden *prellen* (betrügen),
aus der Jägersprache vom Fuchsprellen

Il n'y a que le *premier* pas qui coûte.
(Nur der erste Schritt macht Schwierigkeiten.)
Madame Du Deffand (1697–1780)

On revient toujours à ses *premiers* amours.
Siehe unter *amours*

Je *prends* mon bien,
siehe unter *bien*

O Freiheit süß der *Presse!* . . . · Kommt, laßt uns alles drucken, · Und walten für und für; · Nur sollte keiner mucken, · Der nicht so denkt wie wir.
Goethe, Zahme Xenien 2

Was euch die heilige *Preßfreiheit* · Für Frommen, Vorteil und Früchte beut? · Davon habt ihr gewisse Erscheinung: · Tiefe Verachtung öffentlicher Meinung.
Goethe, Zahme Xenien 2

Preßfreiheit sollte durch das strengste Verbot aller und jeder Anonymität bedingt sein.
Arthur Schopenhauer, Parerga u. Paralipomena

Ich bin ein *Preuße*, kennt ihr meine Farben?
Berh. Thiersch, Preußenlied (1831)

Da müßten wir nicht *Preußen* sein!
Jul. Sturm, Wie schön leuchtet der Morgenstern

Preußen wird sich zum ersten Staate Deutschlands, vielleicht Europas, emporentwickeln.
Carlyle, Friedrich der Große (1858)

Preußen geht fortan in Deutschland auf.
Friedrich Wilhelm IV. in der Proklamation »An mein Volk, an die deutsche Nation«, 21. März 1848

So schnell schießen die *Preußen* nicht! Sprichwörtl. Redensart

The *price* of greatness is responsibility.
(Der Preis der Größe heißt Verantwortung.)
Winston Churchill in einer Rede an der Harvard-Universität am 6. Sept. 1943)

Zu beklagen ist die Menschheit, · Will ein *Priester* ihr gebieten; · Statt den Himmel ihr zu geben, · Raubt er ihr die Erdenblüten.
Lenau, Klara Herbert I: Cisteron

Prima digestio fit in ore.
(Die erste Verdauung findet im Munde statt.)
Alte Gesundheitsregel, häufig in mittelalterlichen Kräuter- u. Medizinbüchern; von dem Amerikaner Fletcher als Fletcherismus (langsames Kauen) gelehrt

Sein *Prinzip* ist überhaupt: · Was beliebt, ist auch erlaubt; · Denn der Mensch als Kreatur · Hat von Rücksicht keine Spur.
Wilh. Busch, Julchen

Principibus placuisse viris, non ultima laus est.
(Den vorzüglichsten Männern zu gefallen, ist kein geringes Lob.)
Horaz, Episteln 1, 17, 35
Vgl.: Wer den *Besten* seiner Zeit genuggetan

Principiis obsta; sero medicina paratur, · Cum mala per longas convaluere moras!
(Gleich widersteh im Beginn! Zu spät wird Heilung bereitet, wenn durch längeren Verzug ärger das Übel schon ward.)
Ovid, Remed, am. 91/92

Prinz Eugen, der edle Ritter.
Volkslied u. Volksweise 1717

Prinzipienreiter.
Nach einem Erlaß Heinrichs XXXII. von Reuß-Lobenstein vom 12. Okt. 1844, worin es heißt: Seit 20 Jahren reite ich auf einem Prinzip herum ... Vorher schon bei Lortzing, Der Wildschütz 3, 9 (1842)

Privilegien aller Art sind das Grab der Freiheit und Gerechtigkeit.
Seume, Spaziergang nach Syrakus: Paris

Pro domo.
(Fürs eigene Haus.)
Ciceros gleichnamige Rede

Ein ganz *probates* Mittel,
siehe unter *Krambambuli*

Jedwede Tugend · Ist fleckenfrei – bis auf den Augenblick · Der *Probe.*
Lerma in Schiller, Don Carlos 4, 4

Keine *Probe* ist gefährlich, zu der man Mut hat.
Egmont in Goethe, Egmont 2. Aufz.

Die Wirkung ist die *Probe* eines Kunstwerkes, aber nie dessen Zweck.
Feuchtersleben, Aphorismen (Kunst)

Probieren geht über Studieren.
Sprichwort

Probitas laudatur et alget.
(Rechtschaffenheit wird gelobt und friert dabei.) Juvenal, Satirae 1, 74

Es gibt *problematische* Naturen, die keiner Lage gewachsen sind, in der sie sich befinden, und denen keine genug tut. Daraus entsteht der ungeheure Widerstreit, der das Leben ohne Genuß verzehrt.
Goethe, Maximen und Reflexionen 2; danach Fr. Spielhagens Roman »Problematische Naturen« (1860)

Erst *prob's*, dann lob's! Alter Spruch

Da war kein *Profaner*, kein Eingeweihter zu sehen, · Was man lebendig empfand, ward nicht bei Toten gesucht.
Schiller, Gedichte: Der Genius

Die Liebe zum *Profit* beherrscht die ganze Welt.
Aristophanes, Pluto 363

Ein *Prokrustesbett*
ist uns ein Bild für jegliche Art gewaltsamen Ausdehnens (Streckens) oder Zusammenpressens (Kürzens). Nach Diodor (um die Mitte des ersten Jh. v. Chr.), der 4, 59, 5 zuerst erzählt, daß Prokrustes in Attika seine Gäste auf ein Bett legte, nach dessen Länge er die Kleinen reckte und die Großen kürzte.

Proletarier aller Länder, vereinigt euch!
Schlußsatz des Kommunistischen Manifests von Karl Marx (1848)

Der trägt ein Steinherz, starres Erz ist dessen Brust, · Der dir, *Prometheus*, nicht im Tiefsten deine Qual · Mitfühlt.
Chorführerin in Äschylos, Der gefesselte Prometheus 240/41 (Droysen)

Ich ehre meinen Vater · Und liebe dich, *Prometheus!*
Minerva in Goethe, Prometheus

Der *Prometheusfunke.*
Prometheus stahl nach der Sage vom Himmel das göttliche Feuer. Zur Strafe wurde er an den Kaukasus geschmiedet, wo ein Geier an seiner Leber fraß.

Promethidenlos.
Titel des (epischen) Erstlingswerks von Gerhart Hauptmann (1885)

Der *Prophet* gilt nichts in seinem Vaterlande.
Sprichwort. Nach Matth. 13, 47: »Ein Prophet gilt nirgends weniger denn in seinem Vaterlande und in seinem Hause«; vgl. auch Mark. 6, 4 und Joh. 4, 44.

Prophete rechts, Prophete links, · Das Weltkind in der Mitten.
Goethe, Epigrammatisch: Diner zu Koblenz, 18. Juli 1774

Ist Saul auch unter den *Propheten?*
1. Sam. 10, 12; 19, 24. Daher die sprichwörtliche Frage: Wie kommt Saul unter die *Propheten?*

Aus Spöttern werden oft *Propheten.*
Regan in Shakespeare, König Lear 5, 3

Falsche *Propheten.*
Nach Matth. 7, 15

O mein *prophetisches* Gemüt! Mein Oheim!
(O my *prophetic* soul! My uncle!)
Hamlet in Shakespeare, Hamlet 1, 5

Ein Hergang ist in allen Menschenleben · Abbildung der verstorbnen Zeiten Art: · Wer den beachtet, kann zum Ziele treffend · Der Dinge Lauf im ganzen *prophezeien.*
Warwick in Shakespeare, König Heinrich IV. 2. Teil 3, 1

La *propriété* c'est le vol.
(Eigentum ist Diebstahl.)
Pierre Joseph Proudhon (1809–1865) in seiner Schrift »Was ist Eigentum?«

Nur so viel will ich bemerken, daß, um vollendete *Prosa* zu schreiben, unter anderm auch eine große Meisterschaft in metrischen Formen erforderlich ist.
Heine, Ludwig Börne, 1. Buch

Proselytenmacher und *Proselytenmacherei.* Aus Matth. 23, 15

Solang ich noch ein *Protestant,* · Will ich auch *protestieren.* · Und jeder deutsche Musikant · Soll weiter musizieren! Herwegh, Protest

Proteus (ein wandlungsfähiger Meergott).
Nach Homer, Od. 4, 416/18 u. 456/58

Das *Proton Pseudos* (Grundirrtum).
Nach Aristoteles, Analyt. prior. 2, 18

In den Talen der *Provence* · Ist der Minnesang entsprossen.
Uhland, Sängerliebe

Providentia memor.
(Der Vorsehung eingedenk.)
Devise des früheren sächsischen Ordens der Rautenkrone, gestiftet 1807

Proximus sum egomet mihi.
(Ich bin mir selbst der Nächste.)
Terenz, Andria 4, 1, 12

Nam tua res agitur, paries cum *proximus* ardet.
(Denn dich geht's an, wenn's beim Nachbarn brennt.) Horaz, Episteln 1, 18, 84

Prozesse sind Glücksspiele.
Volksmund

Jaja, *Prozesse* müssen sein!
Gellert, Fabeln 1: Der Prozeß

Prozeßhansl.
Beliebte Figur in Volksstücken, z. B. von Ganghofer (1881) und Witzblättern

Willst du nicht aufstehn, Wilhelm, · Zu schaun die *Prozession?*
H. Heine, Die Wallfahrt nach Kevlaar

Die Karikatur der Tugend ist die – *Prüderie.* Fliegende Blätter (Nr. 2377)

Drum *prüfe*, wer sich ewig bindet, · Ob sich das Herz zum Herzen findet.
Schiller, Lied von der Glocke V. 91–92

Prüfet alles, und das Gute behaltet!
1. Thess. 5, 21

Des Mannes Wert wird durch *Prüfung* bewährt.
Rückert, Makamen des Hariri 1

Selig der Liebende, · Der die betrübende · Heilsam und übende · *Prüfung* bestanden.
Chor der Engel in Goethes Faust 758/61

Mit den Jahren steigern sich die *Prüfungen.*
Goethe, Maximen und Reflexionen 6

Wie verhaßt ist doch der *Prunk*, · Dessen Glanz mich umgibt.
Isabella in Meyerbeers Oper Robert der Teufel 2 (1831)

Alter des *Psalmisten.*
(70–80 Jahre.) Nach Psalm 90, 10

Das *Publikum*, das ist ein Mann, · Der alles weiß und gar nichts kann.
Ludwig Robert (1778–1832), Das Publikum

Hochverehrter Adel und p. t. *Publikum.*
Früher häufig als Anrede in Anzeigen kleiner Provinzgeschäfte und Einladungen zu Theatervorstellungen

Das *Publikum* muß hingenommen werden wie jedes andere Element.
Fr. Hebbels Tagebücher, 9. Febr. 1848

Ich sehe nichts als einen schwarzen *Pudel;* · Es mag bei Euch wohl Augentäuschung sein.
Wagner in Goethe, Faust 1156/57

Er zog ab wie 'n begossener *Pudel.*
Sprichwörtl. Redensart

Das also war des *Pudels* Kern!
Faust in Goethe, Faust 1323

Der *Puder* ist so wie der Rock, · Für alt' und graue Weibchen.
Junge Hexe in Goethe, Faust 4283/84

Sunt *pueri* pueri; pueri *puerilia* tractant.
(Kinder sind Kinder; Kinder treiben nur Kindisches.)
Lat. Sprichwort; vgl. 1. Kor. 13, 11

Einem den *Puls* fühlen
(ihn ausfragen). Sprichwörtl. Redensart

Des Lebens *Pulse* schlagen frisch lebendig. Faust in Goethe, Faust 4679

Alle meine *Pulse* schlagen.
Agathe in Weber, Freischütz 2

Oh, eines *Pulses* Dauer nur Allwissenheit! König in Schiller, Don Carlos 3,2

Er hat das *Pulver* auch nicht erfunden (ist beschränkt).
Sprichwörtl. Redensart

Diejenigen fürchten das *Pulver* am meisten, die es nicht erfunden haben.
Heine, Engl. Fragmente 11: Die Emanzipation der Katholiken

Haltet euer *Pulver* trocken! Cromwell

Etwas ist keinen Schuß *Pulver* wert! Sprichwörtl. Redensart

Memento, homo, quia *pulvis* es et in *pulverem* reverteris.
(Bedenke, Mensch, daß du Asche [Staub oder Erde] bist und Asche wieder werden wirst.) Vgl. auch unter *Staub.*
Alter christlicher Lehrsatz; vgl. 1. Mos. 3, 19 u. 18, 27. Sirach 10, 9; 17, 31; 40, 11; 41, 13 und Pred. Sal. 12, 7 sowie Hiob 30, 19.

Pulvis et umbra sumus.
(Staub und Schatten sind wir.)
Horaz, Oden 4, 7, 16

Punctum saliens.
(Der springende Punkt.)
Nach Aristoteles, Hist. anim. 6, 3. Das Herz des Vogels erscheint im Ei als ein »hüpfender Punkt«. – Vgl. Schiller: »Der Genius«: Da noch das große Gesetz, das oben im Sonnenlauf waltet · und verborgen im Ei reget den hüpfenden Punkt . . .

Punische Treue.
(Fides *Punica.*)
Bei den Römern hielt man die Punier für besonders treulos. Sallust, Jugurtha 108.

Gib mir einen *Punkt*, wo ich hintreten kann, und ich bewege die Erde.
(*Δός μοι ποῦ στῶ καὶ κινῶ τὴν γῆν*). Archimedes
Nach Tzetzes, Chiliades 2, 130 (Kießling 46). Gib mir usw., so will ich mit meinem Werkzeug die ganze Erde bewegen, oder nach Plutarch, Marcellus 14: Er sagte, wenn er eine andere Erde hätte, so würde er dort hinübergehen und die unsere bewegen.

Dunkle *Punkte*
(schwarze Punkte, points noirs).
Nach Napoleon III. (26. Aug. 1867)

Aus einem *Punkte* zu kurieren,
siehe unter *Weiber*

Pünktlichkeit ist die Höflichkeit der Könige.
(L'exactitude est la politesse des rois.)
Ludwig XVIII.

Puppchen, du bist mein Augenstern.
Aus der Operette Puppchen von Jean Gilbert

Bis in die *Puppen*. Redensart
Einige mythologische Statuen, die auf einem weit draußen liegenden Platze im Berliner Tiergarten von Frhr. v. Knobelsdorff während der Regierungszeit Friedrichs des Großen aufgestellt wurden, hießen im Volksmunde »die Puppen«. Wegen ihrer großen Entfernung von der Stadt wurde obige Benennung bald zur Bezeichnung von »zu weit« gebraucht und ist heute noch geläufig. Vgl. dazu das heutige »j. w. d.« = »janz weit draußen«.

Wenn der *Purpur* (dafür oft: der Mantel) fällt, muß auch der Herzog nach!
Verrina in Schiller, Fiesko 5, 16

Das *Purpurkleid* · Ist oft gefüttert mit Herzeleid. Sprichwörtlich

Außen *Putz*, · Innen Schmutz.
Alter Spruch

Wüßte nicht, was sie Besseres erfinden könnten, · Als wenn die Lichter ohne *Putzen* brennten.
Goethe, Sprüche in Reimen: Sprichwörtlich

Da steht der Knabe, der sich anmaßte, mit Jupiters Keule zu spielen, und *Pygmäen* niederwarf, da er Titanen zerschmettern sollte.
Karl Moor in Schiller, Die Räuber 2, 3

Es war einmal ein Hagenstolz, · Der hieß *Pygmalion*.
Goethe, Pygmalion

Orestes und *Pylades*.
Berühmtes griechisches Freundespaar, nach Sophokles, Äschylos und Euripides; auch bei Goethe

Und als die *Pyramiden* das Teufelsvieh erschlagen.
Em. Geibel, Lob der edeln Musika

Von diesen *Pyramiden* herab blikken vierzig Jahrhunderte auf euch.
Napoleon I. vor der Schlacht bei den Pyramiden in Ägypten (21. Juli 1798): »Du haut de ces pyramides 40 siècles vous contemplent!«

Pyramus und Thisbe, sagt die Historie, redeten durch die Spalte einer Wand miteinander.
Squenz in Shakespeare, Ein Sommernachtstraum 3, 1. Siehe auch Ovid, Metam. 4, 55ff.

Pyrrhussieg.
Unter großen Verlusten errungener Sieg, wie der des Königs Pyrrhus von Epirus über die Römer bei Asculum 279 v. Chr.

Wer weiß! wer weiß! die Seele des *Pythagoras* ist vielleicht in einen armen Kandidaten gefahren, der durch das Examen fällt, weil er den *pythagoreischen* Lehrsatz nicht beweisen konnte, während in seinen Herren Examinatoren die Seelen jener Ochsen wohnen, die einst Pythagoras, aus Freude über die Entdeckung seines Satzes, den ewigen Göttern geopfert hatte.
Heine, Reisebilder 1: Norderney

Eine *Pythia*.
Name der Wahrsagerin des Delphischen Orakels, nach deren Ausrufen die Priester des Heiligtums die Orakelsprüche meist doppeldeutig redigierten. Wird heute scherzhaft für jemanden gebraucht, der etwas vorauszusehen scheint; meist im negativen Sinne: »Ich bin doch keine Pythia.«

Q

O du *Quacksalber* der Natur!

Jeronimus in Heinrich von Kleist, Die Familie Schroffenstein 1, 2

Quadern muß er liegenlassen,

Aus Anast. Grün, Sprüche

Quadrupedante putrem sonitu quatit ungula campum.

(Dröhnend erschüttert das lockere Feld vierfüßiger Hufschall.)

Vergil, Äneis 8, 596

O *quae* mutatio rerum,

siehe unter *Burschenherrlichkeit*

Quid sit futurum cras, fuge *quaerere.*

(O forsche nicht, was morgen sein wird.)

Horaz, Oden 1, 9, 13

Dieser letzten Tage *Qual* war groß.

Wallenstein in Schiller, Wallensteins Tod 5, 5

Die Welt ist vollkommen überall, · Wo der Mensch nicht hinkommt mit seiner *Qual.*

Chor in Schiller, Die Braut von Messina 2590/91

Und wenn der Mensch in seiner *Qual* verstummt, · Gab mir ein Gott, zu sagen, wie ich leide.

Tasso in Goethe, Torquato Tasso 5, 5 Auch als Vorspruch in der Elegie Trilogie der Leidenschaft (1823/24) nur mit Änderung des »wie« in »was«. Das davorstehende »An Werther« schließt mit den Worten: Verstrickt in solche *Qualen* halbverschuldet, · Geb' ihm ein Gott, zu sagen, was er duldet. Vgl. auch unter *leide.*

Quäl nicht dein Herz ohn' Unterlaß, · Ein freier Mut gefällt Gott baß.

Matthias Claudius, Ein gülden Abc

Ich fürchte nicht die Schrecken der Natur, · Wenn ich des Herzens wilde *Qualen* zähme.

Parrizida in Schiller, Wilhelm Tell 5, 2

Quamvis sint sub aqua, sub aqua maledicere tentant (oder temptant).

(Obwohl sie unter dem Wasser sind, versuchen sie selbst noch unter dem Wasser zu schmähen.)

Ovid, Met. 6, 376

Quandoque bonus dormitat Homerus.

(Zuweilen schläft auch der gute Homer.)

Horaz, Ars poëtica 359

Eine *Quantité* négligeable

nennen wir etwas so Unbedeutendes, daß man es nicht in Rechnung zu ziehen braucht

Das Leben ist eine *Quarantäne* für das Paradies.

C. J. Weber, Demokritos 5, 314

In jeden *Quark* begräbt er seine Nase.

Mephistopheles in Goethe, Faust 292

Getretner *Quark* · Wird breit, nicht stark.

Goethe, Westöstl. Diwan: Buch der Sprüche

Das rote *Quartal.*

Titel einer Abhandlung über die Pariser Kommune (1871) in Joh. Scherrs »Größenwahn«

Er hat auf Erden kein bleibend *Quartier.*

Schiller, Wallensteins Lager 11: Reiterlied

Quecksilber im Leibe haben

(unruhig sein). Sprichwörtl. Redensart

Sie rauschet, sie perlet, die himmlische *Quelle,* · Der Busen wird ruhig, das Auge wird helle.

Schiller, Gedichte: Dithyrambe

An der *Quelle* saß der Knabe.

Schiller, Gedichte: Der Jüngling am Bache

Der Starke achtet es · Gering, die leise *Quelle* zu verstopfen, · Weil er dem Strome mächtig wehren kann.

Isabella in Schiller, Die Braut von Messina 44/46

Quellende, schwellende Nacht, · Voll von Lichtern und Sternen; · In den ewigen Fernen, · Sage, was ist da erwacht!

Fr. Hebbel, Nachtlied, komp. von Rob. Schumann

Ein *Quengelfritze*
(gewohnheitsmäßiger Tadler).
Sprichwörtl. Redensart

Die Deutschen können die Philisterei nicht loswerden. Da *quengeln* und streiten sie jetzt über verschiedene Distichen, die sich bei Schiller gedruckt finden und auch bei mir.
Eckermann, Gespräche mit Goethe, den 16. Dezember 1828

That is the *question* siehe unter *sein*

In such a *questionable* shape.
(In so fragwürdiger Gestalt.)
Hamlet in Shakespeare, Hamlet 1, 4

Qui proficit in artibus et deficit in moribus, plus deficit, quam proficit.
(Wer in Kunst und Wissenschaft fortschreitet, aber in den Sitten rückwärts schreitet, schreitet mehr zurück als vorwärts.)
Lat. Spruch unbekannter Herkunft

Qui non habet in nummis,
siehe unter *pecuniam*

Alles kann am Ende zur Philosophie werden, so z. B. Cervantes' Don *Quichotte*. Novalis, Fragmente

Quid novi? Siehe unter *Afrika*

Quid faciemus nos?
(Was sollen wir tun?)
Kapuziner in Schiller, Wallensteins Lager 8

Quid hic statis otiosi?
(Was steht ihr hier müßig?) Ebenda

Quidquid agis, prudenter agas et respice finem!
(Was du auch tust, tue es klug und bedenke das Ende.)
Verfasser unbekannt; wird schon im Mittelalter, z. B. in den Gesta Romanorum 103, zitiert. Andere mittelalterliche Schriften berufen sich hinsichtlich dieses Ausspruchs auf Äsop (Fabel Nr. 45 bei Halm).

Quidquid delirant reges, plectuntur Achivi.
(Je mehr die Könige rasen, werden die Achäer [= Volk der Griechen] davon betroffen.)
Horaz, Episteln 1, 2, 14. Seume übersetzte diesen Vers sprichwörtlich: »Wenn sich Könige raufen, müssen die Bauern Haare lassen.« S. Seume, Mein Leben

Quidquid id est, timeo Danaos et dona ferentes. Siehe *Danaos*

Quieta non movere.
(Was ruhig liegt, nicht stören.)
Sallust. Catilina 21, 1 (doch hier in positiver Form)

Einen Don *Quijote* (häufig auch in der französischen Form »Quichotte«)
nennen wir den närrischen Verfechter veralteter Anschauungen nach dem berühmten Roman von Miguel de Cervantes (1605/15)

Entweder ist der Mensch toll oder er liest den Don *Quijote*.
König Philipp III., als er vom Balkon aus am Ufer des Manzanares einen Studenten in einem Buche lesen und unbändig lachen sah

Das fünfte Seiende, die *Quintessenz*.
(*Quinta* essentia.) Proklus 412

Quis leget haec?
(Wer wird das lesen?)
Persius (34–62 n. Chr.) Satiren 1, 2

Quis tulerit Gracchos de seditione querentes?
(Wer mag die Gracchen ertragen, die Klagen erheben um Aufruhr?)
Juvenal, Satiren 2, 24

Der ist immer auf dem *Quivive!*
(Paßt sehr auf.) Sprichwörtl. Redensart

Quo mihi fortunam, si non conceditur uti?
(Wozu soll mir das Glück, wenn es nicht zu nutzen erlaubt ist?)
Horaz, Episteln 1, 5, 12

Quo vadis, Domine? – Venio Romam iterum crucifigi!
Nach der Legende soll Christus dem Apostel Petrus, der, voll Kleinmut und Betrübnis wegen der Christenmorde unter Nero, Rom verlassen wollte, auf der Via Appia entgegengekommen sein und auf die Frage des Petrus: Wohin gehst du, Herr? geantwortet haben: Nach Rom, damit man mich dort ein zweites Mal kreuzige, worauf Petrus nach Rom zurückgekehrt sei und dort später willig den Kreuzestod erlitten habe. *Quo vadis?* ist der Titel eines beliebten Romans des polnischen Schriftstellers Henryk Sienkiewicz (1895).

Quod erat demonstrandum (Q. E. D.)
῞Οπερ ἔδει δεῖξαι.
(Was zu beweisen war.)
Euklid, Schlußformel jeder Beweisführung

Quod deus bene vertat oder avertat.
Siehe unter *bene* und unter *deus*

Quod licet Jovi, non licet bovi.
Siehe unter *licet*

Quod non vetat lex, hoc vetat fieri pudor.
(Was das Gesetz nicht verbietet, verbietet der Anstand.) Seneca, Troades 3, 2

Quod tibi fieri non vis, alteri ne feceris!
(Was du nicht willst, daß man dir tu, das füg auch keinem andern zu!)
Alexander Severus († 235 n. Chr.)

Non parceque, mais *quoique*.
(Nicht weil, sondern obgleich der Herzog von Orleans ein Bourbon ist, ist er auf den Thron berufen worden.)
Dupin d. Ä. in der Kammer, 1830

Quos deus perdere vult, dementat prius.
(Die Gott verderben will, verblendet er vorher.) Nach Sophokles, Antigone 622/24

Quos ego!
(Euch werd' ich!) Vergil, Äneis 1, 135

Quot capita, tot sensus!
(Soviel Köpfe, soviel Meinungen!)
Vgl. Horaz, Satiren 2, 1, 27

Quot homines, tot sententiae.
(Soviel Leute, ebensoviel Ansichten.)
Terenz, Phormio 2, 4

Quousque tandem, Catilina, abutere patientia nostra?
(Wie lange noch, Catilina, willst du unsere Geduld mißbrauchen?)
Cicero, In Catilinam I, 1

R

Bist du's, Hermann, mein *Rabe?*
Der alte Moor in Schiller, Die Räuber 4, 5 (mit Anklang an 1. Kön. 4 und 6)

Weißer *Rabe*.
(Corvus albus.)
Nach Juvenal, Satiren 7, 202

Nachsicht gewährt der Tadel den *Raben* und peinigt die Tauben.
(Dat veniam corvis, vexat censura columbas.) Juvenal, Satiren 2, 63

Den *Raben* läßt man fliegen, · Die Taube muß es kriegen. Sprichwort

Errätst du auch · Dieser *Raben* Geraun?
Hagen in Wagner, Götterdämmerung 3, 2

Die *Rache* ist mein, ich will vergelten, spricht der Herr.
5. Mos. 32, 35 u. Röm. 12, 19

Die *Rache* ist ein Gericht, das man alt verspeisen muß.

Die *Rache* ist süß, aber man verdirbt sich leicht den Magen daran.
Sprichwörter

Auf *Rache* wendet nur die Einfalt ihre Kraft, · Vergebung aber ist der Rache Wissenschaft.
Christian Wernicke, Überschriften (1697 und 1701)

Rache folgt der Freveltat.
Schiller, Das Siegesfest

Rache ist mein Gewerbe,
siehe unter *Wiedervergeltung*

Rache für Sadowa!
(Revanche pour Sadowa!)
Nach 1866 von den französischen Chauvinisten zur Erhitzung der Gemüter gebraucht

Korps der *Rache*.
Lützows Freischar 1813, von ihrem Führer eigentlich »Schar der Rache« genannt

Tag der *Rache*. Nach Jes. 34, 8

In diesen heilgen Hallen · Kennt man die *Rache* nicht.

Sarastro in Schikaneder-Mozart, Die Zauberflöte 2, 15

Geheiligt sei die *Rache!*

Schwertweihe in Meyerbeers Oper Die Hugenotten 4, 1

Über des Erschlagenen Stätte schweben *rächende* Geister und lauern auf den wiederkehrenden Mörder.

Mephistopheles in Goethe, Faust, Trüber Tag

Einst aus unsern Knochen · Wird ein *Rächer* auferstehn.

(Exoriare aliquis nostris ex ossibus ultor.)
Vergil, Äneis 4, 625

Der Große Kurfürst soll diese Worte bei Unterzeichnung des Friedens von St. Germain-en-Laye (29. Juni 1679) zitiert haben. Schiller übersetzte: Ein *Rächer* wird aus meinem Staub erstehn.

Die *Rachgier* ist ein Rad, das nimmer stille steht: · Je mehr es aber läuft, je mehr es sich vergeht.

Angelus Silesius (Joh. Scheffler), Cherub. Wandersmann (1675)

Denn die *Rachgötter* schaffen im stillen.

Erster Chor (Cajetan) in Schiller, Die Braut von Messina 978

Die *Rachsucht* ist ein verkehrtes Gut, heile nicht Übel mit Übel.

Herodot 3, 53 (Fr. Lange)

Jede Schuld *rächt* sich auf Erden.

Goethe, Aus Wilhelm Meister: Lied des Harfenspielers

Racker von Staat.

Friedr. Wilhelm IV. von Preußen oft im Scherz für den Staat

Es wär' ein eitel und vergeblich Wagen, · Zu fallen ins bewegte *Rad* der Zeit.

Schiller, An Goethe, als er Mahomet von Voltaire auf die Bühne brachte

Das fünfte *Rad* am Wagen (überflüssig) sein. Altes Sprichwort

Schon in Freidanks Bescheidenheit: Der wagen hat doch eine stat · da wol ste daz fünfte rat.

Das schlechteste *Rad* knarrt am meisten (oder am lautesten).

Sprichwörtlich

Rädelsführer

oberdeutsch = Reihenführer, Führer eines Rädleins (Schar Landsknechte).

Alle *Räder* stehen still, · Wenn dein starker Arm es will!

Herwegh, Bundeslied für den Allgemeinen Deutschen Arbeiterverein (1863)

Meinen Sie, Prinz, daß *Raffael* nicht das größte malerische Genie gewesen wäre, wenn er unglücklicherweise ohne Hände wäre geboren worden?

Conti in Lessing, Emilia Galotti 1, 4

Leimt zusammen, · Braut ein *Ragout* von andrer Schmaus.

Faust in Goethe, Faust 538/39

Den *Rahm* abschöpfen. Sprichwort

For the *rain* it *raineth* every day.

(Denn der Regen regnet jeglichen Tag.)
Narr in Shakespeare, König Lear 3, 2

Aus Rand und Band sein.

Je höher der *Rang,* · Je härter der Zwang. Sprichwörtlich

Ränke schmieden.

Sprichwörtl. Redensart

Hatte sich ein *Ränzlein* angemäst't · Als wie der Doktor Luther.

Brander in Goethe, Faust 2128/29

Rara avis.

(Seltener Vogel.)
Persius, Sat. 1, 46; Juvenal 6, 164; Horaz, Sat. 2, 2, 26

Rasch tritt der Tod den Menschen an, · Es ist ihm keine Frist gegeben.

Barmherzige Brüder in Schiller, Wilhelm Tell 4, 3

In *raschen* Jahren geht's wohl an, · So um und um frei durch die Welt zu streifen.

Marthe in Goethe, Faust 3089/90

Die große Kunst macht dich *rasend.* Apostelgesch. 26, 24

Menschen rasend machen, siehe unter *Stein*

Viel Teile hat die Granate, · Doch rot ist der Same in allen, · Viel *Rassen* gibt's der Menschen, · Doch rot ist das Blut in allen!

Malaiisches Sinngedicht

Immer zu! immer zu! · Ohne *Rast* und Ruh! Goethe, Rastlose Liebe

Rast' ich, so rost' ich.

Rast gibt Mast! Sprichwörter

Raste nie, doch haste nie!

Sprichwörtlich

Vgl. auch unter *Neurasthenie*

Was nicht *rastet* und nicht ruht, · Tut in die Länge nicht gut.

Sprichwort

Nur *rastlos* betätigt sich der Mann.

Faust in Goethe, Faust 1759

Strahlender Schönheit Reiz · Sitzt mit *ratend* im *Rat* · Höchster Gewalten.

Rob. Hamerling, Aspasia 6. Freie Übersetzung des Chors an den Eros aus der Antigone des Sophokles (Siegreich thronend im *Rat* hoher Gesetze)

Beßrer (oder guter) *Rat* kommt über Nacht.

Sprichwort, auch Orsina in Lessing, Emilia Galotti 4, 3

Dein Ohr leih jedem, wenigen deine Stimme; · Nimm *Rat* von allen, aber spar dein Urteil.

Polonius in Shakespeare, Hamlet 1, 3

Der beste *Rat* ist: folge gutem Rat · Und laß das Alter dir ehrwürdig sein. Evadne in Goethe, Elpenor 1, 2

Guter *Rat* ist teuer. Sprichwort

Süßes Wasser und guter *Rat* · Sind oft zu Schiffe teuer.

Uhland, König Karls Meerfahrt

Rat und Tat. Nach Spr. Sal. 8, 14

Wer dir viel *Rat* und wenig Tat gewähret, · Wenn dich die Last des schweren Kummers preßt, · Ist einer, der die Spinneweb abkehret · Und doch dabei die Spinne leben läßt. Christ. Gryphius

Wo *Rat* nicht wird gehört, wo Rat nicht Folge hat, · Allda ist gar kein Rat der allerbeste Rat.

Logau, Sinngedichte: Rat

Ein Regent oder *Rat* soll das Beste *raten;* wie es wird geraten, kann er nicht erraten.

Weidner, Apophth. 1653, S. 47

Wem nicht zu *raten* ist, dem ist auch nicht zu helfen. Sprichwort

Ein *Rater* in zweier Feinde Mitten · Kann es leicht mit beiden verschütten.

Sprichwort, zitiert in Hauffs Lichtenstein 2, 9

Ratschläge sind viel leichter als Geduld im Leid.

Euripides, Alkestis 1078 (Minckwitz)

Gib einer Frau zehn gute *Ratschläge* und sie befolgt einen elften.

H. Helmoldi

Da muß sich manches *Rätsel* lösen, · Doch manches Rätsel knüpft sich auch.

Faust und Mephistopheles in Goethe, Faust 4040/41

Kinder sind *Rätsel* von Gott und schwerer als alle zu lösen, · Aber der Liebe gelingt's, wenn sie sich selber bezwingt.

Fr. Hebbel, Epigramme: Gottes Rätsel

Wer *Rätsel* beichtet, wird · In *Rätseln* losgesprochen.

Lorenz in Shakespeare, Romeo und Julia 2, 3

Wissen und Gewissen machen den *Ratsherrn.*

Inschrift im Oberbürgermeisterzimmer des Berliner Rathauses

Es war eine *Ratt'* im Kellernest, · Lebte nur von Fett und Butter, · Hatte sich ein Ränzlein angemäst't Als wie der Doktor Luther.

Brander in Goethe, Faust 2126/29

Wie eine *Ratte* schlafen.

Nicht die eigentliche Ratte ist hier gemeint, sondern der Siebenschläfer (Myoxus glis), der im Volksmunde Schlafratze oder Ratte genannt wird

Die *Ratten* verlassen das Schiff.
Sprichwörtl. Redensart

Es gibt zwei Sorten *Ratten:* · Die hungrigen und satten, · Die satten bleiben vergnügt zu Haus, · Die hungrigen aber wandern aus.
H. Heine, Die Wanderratten

Vermaledeiter *Rattenfänger!*
Valentin in Goethe, Faust 3699

Ratzekahl (d. h. radikal) auffressen.
Sprichwörtl. Redensart

Den *Raub* unter sich teilen.
Nach 4. Mos. 31, 26/27. Vgl. auch Sprüche Salomonis 16, 19

Zum *Raube* lächeln heißt: den Dieb bestehlen. · Doch selbst beraubst du dich durch unnütz Quälen.
Herzog in Shakespeare, Othello 1, 3

Unter die *Räuber* fallen (bei Luther »Mörder«). Nach Luk. 10, 30

Darum *Räuber* und Mörder!
Karl in Schiller, Die Räuber 4, 17

Räuberpistolen.
(Früher: *Räuberromane* siehe *Ritterroman* und *Schundliteratur.*)

Rauch ist alles ird'sche Wesen; · Wie des Dampfes Säule weht, · Schwinden alle Erdengrößen, · Nur die Götter bleiben stet.
Schiller, Gedichte: Das Siegesfest

Vergehen wie ein *Rauch.*
Nach Psalm 37, 20 und Psalm 102, 4

Drei Wochen war der Frosch so krank, · Jetzt *raucht* er wieder, Gott sei Dank.
Wilh. Busch im Münch. Bilderbogen Nr. 325 (Die beiden Enten und der Frosch)

Wo man *raucht,* da kannst du ruhig harren, · Böse Menschen haben nie Zigarren.
Parodie auf Seumes »Wo man singet« usw. von David Kalisch im Kladderadatsch-kalender 1850

Ein *räudiges* Schaf steckt die ganze Herde an. Sprichwort

Wenn die großen Herrn sich *raufen* und verlieren Schopf und Zopf, · Preise glücklich sich der Bürger, welcher hat den kahlsten Kopf.
Wilh. Müller, Gedichte: Epigramme

Diese Hütte ist klein – *Raum* genug zu einer Umarmung.
Blanca in Leisewitz, Julius von Tarent 2, 3 (1776)

Raum ist in der kleinsten Hütte · Für ein glücklich liebend Paar.
Schiller, Gedichte: Der Jüngling am Bache (1803)

Der seltne Mann will seltenes Vertrauen. · Gebt ihm den *Raum,* das Ziel wird er sich setzen.
Max in Schiller, Piccolomini 1, 4

O unermeßner *Raum* des Weiberwillens!
Edgar in Shakespeare, König Lear 4, 6

Raum für alle hat die Erde.
Schiller, Der Alpenjäger V. 47

Hart im *Raume* stoßen sich die Sachen. Schiller, Wallensteins Tod 2, 2

Volk ohne *Raum.*
Titel eines Buches von Hans Grimm (1926), dessen Gedanken für die damalige Zeit richtungweisend wurden und dem Nationalsozialismus Auftrieb gaben

Die *Räume* wachsen, es dehnt sich das Haus.
Schiller, Lied von der Glocke V. 115

Die *Raupe* schon, die Chrysalide deutet · Den künftigen Schmetterling.
Mephistopheles in Goethe, Faust 6729/30

Raupen im Kopf haben
(hochmütig sein).
Sprichwörtl. Redensart

Der *Raupen* wegen · Muß man den Baum nicht niederlegen.

Wer die *Raupen* tilgen will, · Muß das Nest verbrennen. Bauernregeln

Raus mit dem Naß · Aus dem Faß! · Juchhe!
Banditentrinklied in Flotows Alessandro Stradella 2 (Text von W. Friedrich)

Wer niemals einen *Rausch* gehabt, · Der ist kein braver Mann; · Wer

seinen Durst mit Achteln labt, · Fang lieber gar nicht an.
Joachim Perinet (1765–1816), Singspiel: Neu-Sonntagskind, 1794

Stürzen wir uns in das *Rauschen* der Zeit, · Ins Rollen der Begebenheit! Faust in Goethe, Faust 1754/55

Wie er *räuspert* und wie er spuckt, · Das habt Ihr ihm glücklich abgeguckt.
Erster Jäger in Schiller, Wallensteins Lager 6. Vgl. dazu, was Armande sagt in Molières Femmes savantes 1, 1: Que te tousser et de cracher comme elle: Nur im Räuspern und Spucken ihr zu gleichen. Aber auch Molière benutzte hier nur ein älteres Sprichwort: Ce n'est pas imiter un homme de ne faire que peter et tousser comme lui. (Damit ist's nicht getan, einem Manne nachzustreben, indem man nichts anderes macht als furzen und husten wie er.) Endlich könnte noch angeführt werden Ulysses in Shakespeare, Troilus und Cressida 1, 3: Nun spiel mir Nestor! Räuspre, streich den Bart · wie er, wenn er zu reden Anstalt macht!

Die *Reaktion* ist ein Gespenst, aber Gespenster gibt es nur für den Furchtsamen. Drum sich nicht fürchten davor, dann gibt's gar keine Reaktion!
Ultra in Nestroy, Freiheit in Krähwinkel 3, 24, Schlußworte

Roter *Reaktionär*, riecht nach Blut, später zu gebrauchen.
Friedrich Wilhelm IV., als ihm Bismarck zum Minister vorgeschlagen wurde

La *rebelión* de las masas.
(Der Aufstand der Massen.)
Titel eines Werkes von José Ortega y Gasset

Umsonst ist kein *Rebell* ergrimmt, · Wo Rauch sich zeigt, auch Feuer glimmt.
G. A. Freih. v. Maltitz, Pfefferkörner: Fibelreime, S. 229

Man freut sich, daß das Volk sich mehrt, · Nach seiner Art behaglich nährt, · Sogar sich bildet, sich belehrt. – · Und man erzieht sich nur *Rebellen*.
Faust in Goethe, Faust 10156/59

Rebellentreue ist wankend.
Leonore in Schiller, Fiesko 5, 5

Die *Rebellion* lag ihm vor den Füßen, und da nahm er sie auf.
Falstaff in Shakespeare, Heinrich IV. 1. T. 5, 1

So fand *Rebellion* stets ihre Strafe.
König Heinrich ebenda 5, 5

Wenn die *Reben* wieder blühen, · Rühret sich der Wein im Fasse.
Goethe, Gedichte: Nachgefühl

Zwischen Frankreich und dem Böhmerwald, · Da wachsen unsre *Reben*.
Hoffmann v. Fallersleben, Nur in Deutschland (1824)

Bist mir recht willkommen, · Du edler *Rebensaft*, · Ich hab' gar wohl vernommen, · Du bringst mir süße Kraft.
Fischart in Scheibles Kloster Bd. 8, S. 144

Immer *Rebhühner?*
(Toujours perdrix?)
Heinrich IV. (1589–1610) von Frankreich ließ seinem Beichtvater, der ihn wegen seiner Liebschaften tadelte, jeden Tag Rebhühner vorsetzen, um ihm fühlbar zu machen, daß Abwechslung nötig wäre

Ich will mich nicht der *Rechenschaft* entziehn, · Die Richter sind es nur, die ich verwerfe.
Maria in Schiller, Maria Stuart 1, 7

La *recherche* de la paternité est interdite.
(Nach der Vaterschaft zu forschen, ist untersagt.)
Artikel 340 des Code Napoléon (20. März 1804)

Rechnen hilft haushalten.

Es verdirbt keiner, er könne denn nicht *rechnen!* Sprichwörter

Was ihr nicht *rechnet*, glaubt ihr, sei nicht wahr.
Mephistopheles in Goethe, Faust 4920

Schließ deine *Rechnung* ab, denn siebzehn Dolche · Stehn auf der Brust dir.
Dolmetsch in Shakespeare, Ende gut, alles gut 4, 1

Schließt Eure *Rechnung* mit dem Himmel ab!
Paulet in Schiller, Maria Stuart 1, 2

Mach deine *Rechnung* mit dem Himmel, Vogt!
Tell in Schiller, Wilhelm Tell 4, 3

Rechnung für Rechnung ist berichtigt, · Die Wucherklauen sind beschwichtigt, · Los bin ich solcher Höllenpein; · Im Himmel kann's nicht heitrer sein.
Marschalk in Goethe, Faust 6041/44

Die *Rechnung* ohne den Wirt machen. Sprichwörtl. Redensart

Sieh du nach deinen *Rechnungen* – ich fürchte, sie stehen übel.
Ferdinand in Schiller, Kabale und Liebe 5, 7

Das höchste *Recht* ist das höchste Unrecht.
(Summum jus summa injuria.)
Sprichwörtlich, z. B. Cicero, De officiis 1, 10, 33. Vgl. auch Predig. Salom. 7, 16

Das *Recht* muß seinen Gang haben, und sollte die Welt darüber zugrund gehen.
(Fiat justitia [et] pereat mundus.)
Kaiser Ferdinand I., Zinkgref, Apophth. 1, S. 78 (vgl. unter Fiat)

Der Kampf ums *Recht.*
Titel eines Werkes von Rud. von Ihering (sprich jehring, 1818–1892)

Hab' ich das *Recht* zur Seite, schreckt dein Drohn mich nicht.
Neoptolemos in Sophokles, Philoktet 1251 (Donner)

Geht's in der Welt dir endlich schlecht, · Tu, was du willst, nur habe nicht *recht!*
Goethe, Sprüche in Reimen: Sprichwörtlich

Tue *recht* und scheue niemand!
Sprichwort

Ich tue *recht* und scheue keinen Feind. Tell in Schiller, Wilhelm Tell 3, 1

Man kann es nicht allen Leuten *recht* machen. Sprichwörtlich

Tue, was *recht* und gut ist!
Nach Hes. 33, 14

Denn *Recht* muß doch Recht bleiben, und dem werden alle frommen Herzen zufallen.
Psalm 94, 15; Gellert, Der Prozeß

Recht tun auf ungerechte Art ist unrecht.
L. Schefer, Laienbrevier, Febr. 28

Nach *Recht* und Billigkeit.
Nach Sallust (Jugurtha 35, 7): »Ex aequo bonoque«

»*Recht*« ist in dieser lieben Welt, · Was, wer's nicht hat, zuletzt behält. Ernst v. Feuchtersleben, Gedichte

Das *Recht* hat die merkwürdige Eigenschaft, daß man es behalten kann, ohne es zu haben.
Joseph Unger, Mosaik, Bunte Betrachtungen u. Bemerkungen (Leipzig, 3. Aufl. 1911)

Wer *recht* behalten will und hat nur eine Zunge, · Behält's gewiß.
Faust in Goethe, Faust 3069/70

Geben Sie dem Arbeiter das *Recht* auf Arbeit!
Bismarck im Deutschen Reichstage, 9. Mai 1884

Recht hat jeder eigne Charakter, · Der übereinstimmt mit sich selbst; es gibt · Kein andres Unrecht, als den Widerspruch.
Gräfin Terzky in Schiller, Wallensteins Tod 1, 7

Das *Recht* auf die Straße.
Der Berliner Polizeipräsident v. Jagow am 13. 2. 1910

Das *Recht* beugen.
Nach 2. Mos. 23, 6; 5. Mos. 16, 19; 24, 17; 27, 19 und vielen anderen Bibelstellen (vgl. *Rechtsverdreher*)

Wir haben so viel *Rechte* hingegeben, · Daß uns auf nichts ein *Recht* mehr übrigbleibt.
Schatzmeister in Goethe, Faust 4839/40

Laß von brutalen Gewalten · Nie deine Seele knechten: · Kannst du nicht *recht* behalten, · Halte doch fest am *Rechten!*
Paul Heyse, Spruchbuch (1897)

Das *Recht* des Stärkeren ist das stärkste Unrecht.
M. v. Ebner-Eschenbach, Aphorismen (1893)

Das *Recht* verdrehen, *Rechtsverdreher* und *Rechtsverdrehung*,
sagen wir nach den Vulgataworten: maledictus, qui pervertit judicium; 5. Mos. 27, 19 (vgl. 5. Mos. 24, 17 u. Hiob 34, 12)

Recht ist hüben zwar wie drüben, · Aber danach sollst du trachten, · Eigne *Rechte* mild zu üben, · Fremde Rechte streng zu achten.
Em. Geibel, Neue Gedichte: Sprüche 21

Vom *Rechte*, das mit uns geboren ist, · Von dem ist leider! nie die Frage.
Mephistopheles in Goethe, Faust 1978/79

Ich bin in meinem *Rechte* und will's behaupten.
Förster in Ludwig, Der Erbförster 2, 8

Tu nur das *Rechte* in deinen Sachen; · Das andre wird sich von selber machen.
Goethe, Sprüche in Reimen: Sprichwörtlich

Der rechte Mann an der rechten Stelle.
(The right man in the right place.)
Austen Henry Layards im englischen Unterhaus, 15. Jan. 1855

Wer nicht kommt zur *rechten* Zeit, · Der muß nehmen, was übrigbleibt (oder: begnügt sich mit der Höflichkeit). Sprichwörtlich

Rechten macht Sorge und Kosten lang, · Hat doch ungewissen Ausgang.
Rollenhagen, Froschmeuseler 1, 2, 21. Kap. 27/28

Den Trieb zu *rechten*, zeugte die Hölle selbst.
Lichtwer, Vermischte Gedichte Nr. 8

Wird er bescheiden seines *Rechtes* brauchen, · Das er nur seinem Recht verdankt?
Adelma in Schiller, Turandot 3, 2

Rechtes Maß und Gewicht halten.
Nach Sir. 42, 4 (Spr. Sal. 20, 10)

Rechtschaffene sind des Nächsten Segen.
Jolaos in Euripides, Herakliden 2 (Minckwitz)

Nicht wissen, was *rechts* oder links ist. Nach Jonas 4, 11

Laß mich *rechtwärts* gehen,
siehe unter *linkswärts*

Ohne *Recken* Minne will ich immer sein.
Das Nibelungenlied 1 (Kriemhildens Traum)

Siehst du, wie er steht, · Wie der Held herrlich vor allen *Recken* geht?
Das Nibelungenlied 14 (Der Königinnen Zwist)

Red, was wahr ist, · Iß, was gar ist, · Trink, was klar ist.
Luther (Nürnberg 1566, J. Mathesius, Historien von Luthers Anfang Bl. 150a)

Die *Red'* ist uns gegeben, · Damit wir nicht allein · Vor uns nur sollen leben · Und fern von Leuten sein.
Simon Dach, Der Mensch hat nichts so eigen (1652)

Eure *Rede* aber sei: ja, ja; nein, nein, was darüber ist, das ist vom Übel. Matth. 5, 37

An der *Rede* erkennt man den Mann. Jesus Sirach 27, 8

Was ist der langen *Rede* kurzer Sinn?
Questenberg in Schiller, Die Piccolomini 1, 2

Ein andres, treffend *reden*, und ein andres, viel.
Kreon in Sophokles, Ödipus auf Kolonos 808 (Donner)

Wenn Menschen schweigen, werden Steine *reden*.
Nach Luk. 19, 40. Kosegarten, Das Amen der Steine

Wenn gute *Reden* sie begleiten, · Dann fließt die Arbeit munter fort.
Schiller, Lied von der Glocke V. 11–12

Redende Malerei für Poesie,
siehe unter *Malerei*

Redensarten sind gleichsam das Kleid der Gedanken.
Engel, Fürstenspiegel: Widerruf

(Der Tod) ohne *Redensarten.*
([La mort] sans phrase.)
Soll Em. Jos. Sieyès am 17. Jan. 1753 über die Art der Behandlung Ludwig XVI. in der Konventsitzung gesagt haben. Richtig ist nur, daß er für den Tod des Königs stimmte.

Das eben ist's, was manches blühende Haus und Reich · In Trümmer stößt: der allzu schöne *Redeschwall!*
Phädra in Euripides, Hippolyt 486/87 (Minckwitz)

Wer viel *redet,* erfährt wenig.
Armenisches Sprichwort

Redet wahr und lacht des Teufels!
Percy in Shakespeare, König Heinrich IV. 1. Teil 3, 1

Einem Toren ist eigen · Zweierlei, das ihm schlecht gedeiht: · Zur *Redezeit* zu schweigen · Und zu reden zur Schweigezeit.
Rückert, Erbauliches und Beschauliches: Vierzeilensprüche

Nicht so *redlich,* wäre *redlicher.*
Der Prinz in Lessing, Emilia Galotti 1, 4

Redlichkeit lobt jedermann und läßt sie betteln gehn.
Sprichwörtlich (vgl. *Probitas*)

Redlichkeit gibt Wohlgeruch!
Sprichwort

Redlichkeit gedeiht in jedem Stande.
Stauffacher in Schiller, Wilhelm Tell 2, 2

Der *Redner* regiert den Haufen.
Rollenhagen, Froschmeuseler 2, 2, 16. Kap. 148

Nur stets zu sprechen, ohne was zu sagen, · Das war von je der *Redner* größte Gabe.
Diora in Platen, Schatz des Rhampsinit 2. Akt

Ich bin kein *Redner,* wie es Brutus ist, · Nur, wie ihr alle wißt, ein schlichter Mann.
Antonius in Shakespeare, Cäsar 3, 2

Wie magst du deine *Rednerei* · Nur gleich so hitzig übertreiben?
Mephistopheles in Goethe, Faust 1734/35

Nicht mehr der Worte *rednerisch* Gepränge, · Nur der Natur getreues Bild gefällt.
Schiller, Gedichte: An Goethe

Der Betrug, · Der hüllt sich täuschend ein in große Worte · Und in der Sprache *rednerischen* Schmuck.
Erzbischof von Gnesen in Schiller, Demetrius 1

Was den *Rednern* an Tiefe fehlt, sie geben es euch an Weitschweifigkeit. Montesquieu, Pensées diverses

Allein der Vortrag macht des *Redners* Glück. Wagner in Goethe, Faust 546

Redst du von einem, der da lebet?
Schiller, Balladen: Der Gang nach dem Eisenhammer

Du *redst,* wie du's verstehst.
Wallenstein in Schiller, Piccolomini 2, 6

Auf der *Reeperbahn* nachts um halb eins.
Text u. Musik von Ralph Arthur Roberts

O mihi praeteritos *referat* si Jupiter annos!
(Oh! Wenn mir Jupiter wiederbrächte verflogene Jahre.) Vergil, Äneis 8, 560

Reflect before you act.
Überlege, ehe du handelst – erst wägen, dann wagen.) Englisches Sprichwort

Das Theater ist die tätige *Reflexion* des Menschen über sich selbst.
Novalis, Fragmente

Reformation der Kirche an Haupt und Gliedern.
Guil. Durandus († 1328) im Tractatus de modo generalis concilii celebrandi

Fange die *Reformation* von dir an, so gehet es fort!
Chr. Lehmann, Polit. Bl.-Garten (1662) 1, Nr. 14

Reformation hätt' ihren Schmaus · Und nahm den Pfaffen Hof und Haus, · Um wieder Pfaffen 'neinzupflanzen. Goethe, Der Ewige Jude

Die *Reformation* war eine Bewegung, die so tief in der Zeit gegründet war, so notwendig aus den kirchlichen Zuständen der nächst vorausgegangenen Jahrhunderte sich entwickelte, daß alle christlichen Völker des Abendlands von ihr ergriffen wurden.

Ignatz v. Döllinger, Die Reformation (1836–48)

Die Fürsten, welche die *Reformation* annahmen, haben die Denkfreiheit legitimisiert, und eine wichtige, weltwichtige Blüte derselben ist die deutsche Philosophie.

Heine, Zur Geschichte der Religion und Philosophie in Deutschland, 1. Buch, gegen Ende

Nicht die *Reformation*, sondern die Aufklärung hat uns von dem entsetzlichen Hexenwahn befreit.

Rud. Eucken, Die Grundbegriffe der Gegenwart, 2. Aufl. S. 300

Keine *Regel* ohne Ausnahmen.

Sprichwort

Was kümmert dich, ich bitte dich, die *Regel*, · Nach der der Feind sich schlägt: wenn er nur wieder · Vor dir, mit allen seinen Fahnen, rückt? · Die Regel, die ihn schlägt, das ist die höchste!

Kottwitz in Kleist, Prinz Friedrich von Homburg 5, 5

Die *Regeln* behalten immer ihren großen Wert.

Möser, Patriot. Phantasien 3, 7

Sich *regen*, · Bringt Segen.

Auf *Regen* folgt Sonnenschein.

(Post nubila Phoebus.) Sprichwort

Der *Regen*, der *regnet* jeglichen Tag, siehe unter *rain*

Ich steh' im *Regen* und warte auf dich. Aus dem Tonfilm Zu neuen Ufern

Einen *Regenbogen*, der eine Viertelstunde steht, sieht man nicht mehr an. Goethe, Maximen und Reflexionen 2

Wie nur dem Kopf nicht alle Hoffnung schwindet, · Der immerfort an schalem Zeuge klebt, · Mit gier'ger Hand nach Schätzen gräbt, · Und froh ist, wenn er *Regenwürmer* findet!

Faust in Goethe, Faust 602/05

Es gibt Zeiten, wo man liberal *regieren* muß, und Zeiten, wo man diktatorisch regieren muß; es wechselt alles, hier gibt es keine Ewigkeit.

Bismarck im Reichstage, 24. Febr. 1881

Wer *regieren* will, der muß hören und nicht hören, sehen und nicht sehen.

Joh. Agricola, Sprichwörter (1529) 2, Nr. 306

Der Wahn aller *Regierenden*, vom Minister bis zum Pedell herab, ist, daß das Regieren ein großes Geheimnis sei, welches dem Volke zu seinem Besten verschwiegen werden müsse.

Börne, Kritiken 2: Aristokratismus

Es wird zuviel *regiert* – hier ist das Übel.

Börne, Kritiken 2: Aristokratismus

Weißt du nicht, mein Sohn, mit wie wenig Verstand die Welt *regiert* wird?

(An nescis, mi fili, quantilla prudentia mundus regatur?)

Stammt nicht von Axel Oxenstierna, dem das Wort meist zugeschrieben wird, sondern von Papst Julius III. († 1555) und von Viglius Zuichemus († 1577).

Welche *Regierung* die beste sei? Diejenige, die uns lehrt, uns selbst zu regieren.

Goethe, Maximen und Reflexionen 3

Jedes Volk hat die *Regierung*, die es verdient.

Graf J. de Maistre, sardinischer Gesandter in St. Petersburg, in einem Briefe vom 15.–27. August 1811

Es gehört zum deutschen Bedürfnis, beim Biere von der *Regierung* schlecht zu reden.

Bismarck im Reichstage, 12. Juni 1882

Gegen die *Regierung* mit allen Mitteln zu kämpfen, ist ja ein Grundrecht und Sport eines jeden Deutschen.
Bismarck im Reichstage, 8. Mai 1880

Die *Regierung* muß der Bewegung stets einen Schritt voraus sein.
Graf Arnim-Boitzenburg im Preuß. Landtag, 2. April 1849

Die Gründe der *Regierung* kenne ich nicht, siehe unter *mißbilligen*

Diejenige *Regierung* ist die beste, die sich überflüssig macht.
W. v. Humboldt

Regierungen sind Segel, das Volk ist Wind, der Staat ist Schiff, die Zeit ist See.
Börne, Fragmente und Aphorismen

Die allerschwerste Kunst ist aber die *Regierungskunst.*
K. J. Weber, Demokritos: Der Staat und seine Formen

Dein *Register* hat ein Loch, du hast das Gift weggelassen.
Spiegelberg in Schiller, Die Räuber 1, 2

Alle *Register* ziehen. Sprichwort

Sie gehört schon ins alte *Register* (ist nicht mehr jung). Redensart

Schöne Donna, dies kleine *Register* . . .
Leporello in Mozart, Don Juan 1, 2 (siehe unter *Leporello*)

Das *Reich* muß uns doch bleiben.
Luther, Ein' feste Burg

Mein *Reich* ist nicht von dieser Welt. Joh. 18, 36

Das *Reich* der Gottesfurcht und frommen Sitte.
Wird dem früheren preuß. Minister Manteuffel zugeschrieben und soll Preußen bezeichnen

Das Dritte *Reich.*
Bezeichnung für das nationalsozialistische Deutschland. Der Begriff »Das Dritte Reich« wurde geprägt als Titel eines Buches von dem politischen Schriftsteller Moeller van den Bruck (1876–1925)

Das Tausendjährige *Reich.*
Aus mittelalterlich-religiösem Gedankengut übernommene Reichsverheißung des Nationalsozialismus. Wird heute nur noch ironisch für die Hitlerzeit verwandt.

Reich ist, wer so viel besitzt, daß er nichts mehr wünscht.
(Dives est, cui tanta possessio est, ut nihil optet amplius.) Cicero, Paradoxa 6, 1

Wer euch sagt, daß ihr anders *reich* werden könnt als durch Arbeit und Sparsamkeit, der betrügt euch, der ist ein Schelm. Benjamin Franklin

Reich mir die Hand, mein Leben!
Mozart, Don Juan 1, 9

Reiche den Armen nach deinem Vermögen! Jesus Sirach 14, 13

Der *Reiche* und der Harte, der nicht gibt, · Der stiehlt.
L. Schefer, Laienbrevier, April 22

Die *Reiche* der Zukunft sind Reiche des Geistes.
(The empires of the future are empires of the mind.)
Winston Churchill in einer Rede an der Harvard-Universität am 6. 9. 1943

Man muß nicht *reicher* scheinen wollen, als man ist.
Tellheim in Lessing, Minna von Barnhelm 3, 7

Reichtum macht das Herz schneller hart als kochendes Wasser ein Ei.
Börne, Fragmente und Aphorismen 12

Reichtum allein macht nicht das Glück auf Erden, · Das ist ja weltbekannt, ja weltbekannt.
Marie in Lortzing, Der Waffenschmied 1 und 3. Finale

Reichtum schändet nicht · Und Armut macht nicht glücklich.
Sprichwörtliches Witzwort (auch bei Heinrich Seidel)
Ist die Umkehrung von: Denn der Reichtum macht nicht glücklich · Und die Armut schändet nicht.

Der *Reichtum* gleicht dem Seewasser; je mehr man davon trinkt, desto durstiger wird man.
Schopenhauer, Aphorismen zur Lebensweisheit 3

Mein ganzer *Reichtum* ist mein Lied, siehe unter *Lied*

Reif sein ist alles!
(Ripeness is all.)
Edgar in Shakespeare, König Lear 5, 2; dazu unter *Bereitschaft*

Was *reif* ist, fällt.
Chr. D. Grabbe, Don Juan 1, 1

Was bald *reif* wird, wird bald faul.
Bauernregel

Es fiel ein *Reif* in der Frühlingsnacht . . .
Heine, Tragödie (nach einem Volkslied)

Schlägt mit dem Schweif · Einen furchtbaren *Reif*.
Schiller, Gedichte: Der Handschuh

Auf blut'ge Schlachten folgt Gesang und Tanz, · Durch alle Straßen tönt der muntre *Reigen*.
Johanna in Schiller, Die Jungfrau von Orleans 4, 1

Nimmer erweckt ihn der fröhliche *Reigen;* · Denn der Schlummer der Toten ist schwer.
Chor in Schiller, Die Braut von Messina 1968/69

Reigentanz und Gesang; denn das sind Zierden des Mahles.
Homer, Odyssee 1, 152 (Voß, Gesang und Tanz, des Mahles liebliche Zierden)

Aus der *Reihe* tanzen.
Sprichwörtl. Redensart

Alles in der Welt läßt sich ertragen, · Nur nicht eine *Reihe* von schönen Tagen.
Goethe, Sprüche in Reimen, Sprichwörtlich

Reimb dich oder ich liß dich.
Titel einer Predigtsammlung von Abraham a Santa Clara (Salzburg 1684)

Reime dich, oder ich fresse dich.
Titel einer Satire von Gottfried Wilhelm Sacer (1673 Nordhausen) gegen Opitz und die Dichterlinge gerichtet

Gar mancher *reimt* ganz gut, doch ist sein Urteil töricht.
(Tel excelle à rimer qui juge sottement.)
Boileau, L'art poétique IV, 82

Was sich *reimt*, schickt sich.

Rein wie Gold. Sprichwörtlich

Halte dich *rein* und acht dich klein, · Sei gern mit Gott und dir allein, · Und mach dich nicht gar zu gemein.
Rollenhagen, Froschmeuseler 1, 2, 6, 99

Freudig ist · Der *reine* Blick in Leben und Natur.
L. Schefer, Laienbrevier, Sept. 7

Der *reine* Tor.
Aus Richard Wagner. Parsifal

Reineke, Meister Reineke,
nennt man den Fuchs nach dem von Goethe bearbeiteten Tierepos »Reineke Fuchs«. Die neuhochdeutsche Form des Namens leitet sich von den niederdeutschen (flämischen) Bezeichnungen des Mittelalters ab. (Vgl. Nivardus von Gent, Ysengrimus, die französischen Renard-Erzählungen und den niederdeutschen »Rinke de Vos«.)

Den *Reinen* ist alles rein. Titus 1, 15

Wer will einen *Reinen* finden, bei denen, da keiner rein ist? Hiob 14, 4

Ein *reiner* Mund und reine Hand · Passieret frey durch alle Land.
Rollenhagen, Froschmeuseler 2, 2, 6. Kap. 321/22

Reines Herz und *reiner* Mut · Sind in jedem Kleide gut.
Aus Freidanks Bescheidenheit (um 1200)

Ein *reines* Herz hat dir Natur gegeben, · O bring es rein zurück!
Schiller, Gedichte: Dem Erbprinzen von Weimar

Reinlichkeit veranlaßt die Kinder, mit Freuden etwas auf sich zu halten.
Goethe, Wahlverwandtschaften 2, 7

Aus kleinem *Reis* wird ein großer Baum. Sprichwörtlich

Ein *Reis* vom Narrenbaum trägt jeder, wer es sei, · Der eine deckt es zu, der andre trägt es frei.
Logau, Sinngedichte

Wenn jemand eine *Reise* tut, · So kann er was erzählen; · Drum nahm ich meinen Stock und Hut · Und tät das *Reisen* wählen.
Matthias Claudius, Urians Reise um die Welt

Welche Lust gewährt das *Reisen!*
Saint Just-Boieldieu, Johann von Paris 1, 7

Das kommt davon, wenn man auf *Reisen* geht.
Refrain des Liedes: War einst ein junger Springinsfeld, in Lortzings Oper Der Waffenschmied 2, 2

Wer *reisen* will, · Der schweig' fein still, · Geh steten Schritt, · Nehm' nicht viel mit, · Tret' an am frühen Morgen · Und lasse heim die Sorgen.
Phil. v. Sittewald (1650)

Recht lustig sei vor allen, · Wer's *Reisen* wählen will.
Eichendorff, Reiselied 1823

Nur *Reisen* ist Leben, wie umgekehrt das Leben Reisen ist.
Jean Paul, Kampanertal 2. Kap.

Reißaus nehmen.
Sprichwörtl. Redensart

Wenn der *Reiter* nichts taugt, hat das Pferd schuld.
Sprichwörtlich

Es ritten drei *Reiter* zum Tore hinaus.
Drei Reiter am Tor, altes Volkslied (Wunderhorn)

Das ist mir der beste *Reitersmann*, · Der den Feind schlägt, wo er auch rückt an.
Fr. v. Sallet, Gedichte: Ziethen

Reiz, Anmut und Grazie werden zwar gewöhnlich als gleichbedeutend gebraucht; sie sind es aber nicht.
Schiller, Kleine prosaische Schriften: Anmut und Würde

Reiz ist Schönheit in Bewegung.
Lessing, Laokoon

Oh! Das Leben, Vater, · Hat *Reize*, die wir nie gekannt.
Max in Schiller, Piccolomini 1, 4

Reizendes Hindernis will die rasche Jugend; ich liebe, · Mich des versicherten Guts lange bequem zu erfreun.
Goethe, Elegien 18

Was nicht *reizt*, ist tot.
Prinzessin in Goethe, Torquato Tasso 2, 1

Treibt's die *Reklame* noch so bunt, · Die Tagesgröße bläht sich – und · Ist morgen schon vergessen.
R. Hugo

Relata refero.
(Ich erzähle Berichtetes.)
Nach Herodot 7, 152: »Mir liegt ob zu erzählen, was erzählt wird.« (*λέγειν τὰ λεγόμενα*).

Cuius regio eius *religio*.
(Wem das Land gehört, dessen Religion muß das Land annehmen.) Während der Reformation häufig befolgter Grundsatz: die Untertanen mußten sich nach dem Glauben des Herrschers richten. Seit dem Westfälischen Frieden (1648) nicht mehr gültig.

Ein Mensch ohne *Religion* ist wie ein Hund, der von der Kette, wie ein Kalb, das vom Seile losgelassen wird.
Joh. Geiler von Kaisersberg (1445–1510)

Daß die *Religion* selbst Kriege veranlaßt hat, ist abscheulich.
Lichtenberg, Bemerkungen verm. Inhalts 7: Politische Bemerkungen

Die *Religion* ist eine Krücke für schlechte Staatsverfassungen.
Schopenhauer, Parerga und Paralip. 2, 22: Selbstdenken § 269

Es gibt keine *Religion*, die nicht Christentum wäre.
Novalis, Fragmente

Dem Volke muß die *Religion* erhalten bleiben.
Kaiser Wilhelm I. schrieb diese Worte am 6. Nov. 1887 in die Altarbibel der Siegesdankkirche zu Altwasser

Religion ist die Erkenntnis aller unsrer Pflichten als göttliche Gebote.
Kant. Religion innerhalb der Grenzen der bloßen Vernunft, 1. Teil

Religion und Theologie · Sind grundverschiedene Dinge; · Eine künstliche Leiter zum Himmel die, · Jene die angeborne Schwinge.
Geibel, Sprüche

Religion ist Opium für das Volk.
Karl Marx

Welche *Religion* ich bekenne? Keine von allen, · Die du mir nennst. – Und warum keine? Aus Religion.
Schiller, Votivtafeln: Mein Glaube

Wer Wissenschaft und Kunst besitzt, · Hat auch *Religion;* · Wer jene beiden nicht besitzt, · Der habe Religion. Goethe, Zahme Xenien 6

Die *Religion* beruht auf dem wesentlichen Unterschiede der Menschen vom Tiere – die Tiere haben keine Religion.
Ludw. Feuerbach, Das Wesen des Christentums, 19. Kapitel

Der Mensch ist der Anfang der *Religion*, der Mensch der Mittelpunkt der Religion, der Mensch das Ende der Religion.
Ludw. Feuerbach, Das Wesen des Christentums, 19. Kapitel

Das Abhängigkeitsgefühl ist der Grund der *Religion.*
Ludw. Feuerbach, Das Wesen der Religion, 4. Vorlesung

Auch bei der *Religion* muß man auf den Urgrund zurückgehn. Dieser ist ewig, aber er tritt nur in vergänglicher Erscheinung hervor, und darin, daß diese sich zu lange behaupten will, liegt hier, wie überall, der tragische Fluch.
Friedr. Hebbels Tagebücher, 21. Nov. 1856

Die *Religion* ist die allbelebende Weltseele der Bildung.
Friedr. v. Schlegel, Ideen, 4

Nun sag, wie hast du's mit der *Religion?* Margarete in Goethe, Faust 3415

Es ist nur eine wahre *Religion;* aber es kann vielerlei Arten des Glaubens geben.
Kant, Religion innerhalb der Grenzen der bloßen Vernunft 6, 252

Religion ist in der Tiere Trieb; · Es trinkt der Wilde selbst nicht mit dem Opfer, · Dem er das Schwert will in den Busen stoßen.
Wallenstein in Schiller, Wallensteins Tod 3, 9

Es gibt nur eine *Religion*, obwohl es Hunderte von Abwandlungen davon gibt.
(There is only one religion, though there are a hundred versions of it.)
Bernh. Shaw (1856–1950), Plays, Pleasant and Unpleasant

Die *Religionen* sind wie die Leuchtwürmer: sie bedürfen der Dunkelheit, um zu leuchten.
Schopenhauer, Parerga und Paralip. 2, 20: Über Urteil usw. § 239

Warum entarten *Religionen?* Das Regenwasser ist rein, doch wenn es Dach und Gossen durchlaufen hat, die unsauber sind, so verliert es seine reine Klarheit.
Ramakrischna, Der Samnyâsin und Vedantist (1833–86) (Aus Max Müllers Ramakrischna, His life and Sayings, London 1912)

Religiöse Aufgabe: Mitleid mit der Gottheit zu haben. Novalis, Fragmente

Dem echt *Religiösen* ist nichts Sünde. Novalis, Fragmente

Alles *rennet*, rettet, flüchtet.
Schiller, Lied von der Glocke V. 191

Was *rennt* das Volk, was wälzt sich dort · Die langen Gassen brausend fort?
Schiller, Balladen, Der Kampf mit dem Drachen

Der ganze Staat läuft auf *Repräsentation* hinaus Novalis, Fragmente

Reptilienfonds.
Nach Bismarck (30. 1. 1869)
Als das noch in Preußen vorhandene Vermögen des Kurfürsten von Hessen im Januar 1869 mit Beschlag belegt werden sollte, wurde Bismarck verdächtigt, daß er wohl den ihm schon zur Verfügung stehenden Geheimfonds zur Korruption der Presse verwenden werde. Er sagte darauf am 30. Januar 1869: »Ich bin nicht zum Spion geboren, meiner ganzen Natur nach, aber ich glaube, wir verdienen Ihren Dank, wenn wir uns dazu hergeben, die Reptilien zu verfolgen, bis in ihre Höhlen hinein, um zu beobachten, was sie treiben.« Danach nannte man diese einbehaltenen Gelder den Reptilienfonds und einen Zeitungsschreiber Reptil, wenn er in Beziehungen zu den Behörden stand.

Die *Republik* mit dem Großherzog an der Spitze.
Dieser Ausspruch, der oft zur Bezeichnung politischen Unverstandes gebraucht wird, stammt aus dem Jahre 1848, wo ihn ein Bürger Badens getan haben soll.

Dieser *Republikaner* ist hart wie Stahl. Fiesko in Schiller, Fiesko 1, 7

Ihr seid mer scheene *Republikaner!*
soll Exkönig Friedrich August von Sachsen ausgerufen haben, als ihm bei der Durchreise die Menge auf dem Dresdener Bahnhof zujubelte.

Man ist gewöhnlich immer desto weniger *republikanisch* gesinnt, je höher der Rang ist, den man selbst in der Welt bekleidet.
Lichtenberg, Vermischte Schriften 2: Bemerkungen verm. Inh. 7: Politische Bemerkungen

In fünfzig Jahren wird ganz Europa *republikanisch* oder kosakisch sein.
Diese Äußerung soll Napoleon I. auf St. Helena getan haben.

Republiken hab' ich gesehn, und das ist die beste, · Die dem regierenden Teil Lasten, nicht Vorteil gewährt. Goethe, Vier Jahreszeiten 81

Requiescat in pace. Siehe unter *Frieden*

O quae mutatio *rerum.*
Siehe unter *Burschenherrlichkeit*

Res severa verum gaudium.
(Eine ernste Sache ist eine wahre Freude.)
Inschrift am Leipziger Gewandhause; vgl. Seneca, Epistolae 23, 3/4

Nam tua *res* agitur, paries cum proximus ardet. Siehe unter *proximus*

Stell auf den Tisch die duftenden *Reseden.* H. v. Gilm, Allerseelen

Reservatio mentalis
(Vorbehalt in Gedanken).
Herm. Busenbaum (1600–68), Medulla theologiae moralis 3, 2, 2

Reserve hat Ruh!
Militärische Redensart

Man muß in allen Dingen stets etwas in *Reserve* haben: dadurch sichert man seine Bedeutsamkeit.
Balthasar Gracián, Handorakel (1637) Schopenhauer

Immer *resolut!*
Ausspruch des alten Dessauers in Herm. Herschs Schauspiel Die Anna-Liese (1859)

Der *Rest* ist Schweigen.
(The rest is silence.)
Hamlet in Shakespeare, Hamlet 5, 2

Der *Rest* verdient nicht die Ehre der Erwähnung.
(Le reste ne vaut pas l'honneur d'être nommé.) Corneille, Cinna 5, 1

Restitutio in integrum.
(Wiederherstellung des vorigen Rechtszustandes
Corp. jur. civ., Cod. Justin. 2, 22

Was soll am Ende *resultieren* · Aus allen deinen *Resultaten?*
Feuchtersleben, Resultate

Wir Menschen verwenden unsere höchsten Kräfte zu albernen *Resultaten.*
C. F. Meyer, Der Schuß von der Kanzel, 4. Kap.

Auf der großen *Retirade.*
Worte Pedros in Pius Alexander Wolffs Preziosa, Musik von Weber. Vgl. Heine, Atta Troll, Kap. 23, V. 9. Ist ein Mensch und heißt Schnapphahnski. · Auf der großen Retirade · Kam er ihr vorbeigelaufen · Eines Morgens im Gebirge.

Diese *Retourkutsche* hat wenigstens gezogen.
Abgeordneter v. Zedlitz am 4. März 1887 im Preuß. Abgeordnetenhause

Rettende Tat.
Fr. Christoph Dahlmann am 14. 12. 1848 zu Frankfurt a. M.

Wann wird der *Retter* kommen diesem Lande?
Ruodi in Schiller, Wilhelm Tell 1, 1

Zurück! Du *rettest* den Freund nicht mehr, · So *rette* das eigene Leben!
Schiller, Gedichte: Die Bürgschaft

Jetzt ist es Zeit! · Jetzt, *Retterin,* errette!
Isabeau in Schiller, Die Jungfrau von Orleans 5, 11

Oft ist's der eigne Geist, der *Rettung* schafft, · Die wir beim Himmel suchen. · Unsrer Kraft · Verleiht er freien Raum.
Helena in Shakespeare, Ende gut, alles gut 1, 1

Reu' um Geschehnes ist · Verlorne Arbeit.
Gothland in Grabbe, Herzog Theodor von Gothland 3, 1

Reue kommt langsam, aber gewiß.
Sprichwörtlich

Reue ist Verstand, der zu spät kommt.
Feuchtersleben, Aphorismen (Leben)

Deine *Reue* sei lebendiger Wille, fester Vorsatz. *Klage* und Trauer über begangene Fehler sind zu nichts nütze. Platen, Lebensregeln 46

Nichts taugt Ungeduld, · Noch weniger *Reue:* · Jene vermehrt die Schuld, · Diese schafft neue.
Goethe, Sprüche in Reimen: Sprichwörtlich

Gleich schenken? Das ist brav! Da wird er *reüssieren!*
Mephisto in Goethe, Faust 2674

Revanche für Pavia und Sadowa.
Siehe unter den betreffenden Namen

Revenons à nos moutons!
(Um auf besagten Hammel zurückzukommen!) Siehe unter *Hammel*

Die *Revolution* ist die Notwehr des Volkes, das in seinen heiligsten Rechten gekränkt ist.
Lothar Bucher in der Nationalzeitung 1890, Nr. 43, 395

Vor der *Revolution* war alles Bestreben, nachher verwandelte sich alles in Forderung.
Goethe, Maximen u. Reflexionen 7

Revolution von oben.
Nach Friedr. v. Schlegel (Konkordia, Wien 1820/23, 38f. vgl. 42)

Revolutionäre in Schlafrock und Pantoffeln.
Nach Börne, Briefe aus Paris, den 4. Nov. 1831

Die Krankheiten, die das Wachstum der Menschheit bezeichnen, nennt man *Revolution*en
Friedr. Hebbels Tagebücher 1850

Rex regnat, sed non gubernat (gebräuchlicher französisch: Le roi règne et ne gouverne pas; nach Fassung von Thiers).
(Der König herrscht, aber er regiert nicht.) J. Zamojski, † 1605, im polnischen Reichstage

Rex viva lex (Der König ist das lebendige Gesetz). Marc Aurel († 180)

Schlagt ihn tot, den Hund! Es ist ein *Rezensent.*
Goethe, Parabolisch: Rezensent (1774)

Rezensent, der tapfre Ritter, · Steigt zu Rosse, kühn und stolz; · Ist's kein Hengst aus Andalusien, · Ist es doch ein Bock von Holz.
Ludw. Uhland, Romanze vom Rezensenten

Ein *Rezensent,* siehst du, das ist ein Mann, · Der alles weiß und gar nichts kann!
Ernst v. Wildenbruch, Christoph Marlow 3, 5

Ihr ungelehrtes Vieh, · Ihr wißt sehr schlecht, was heuer · Die Mode mit sich bringt; · Erst leg' ich meine Eier. Dann *rezensier'* ich sie.
Ramler, Fabellese: Die Henne auch Matthias Claudius: Die Henne.

Der Langeweile *Rezept* siehe unter *ennuyer*

Rezepte wären da? · Nein, Epitaphia!
Joh. Chr. F. Haug, Auf einen Rezeptkasten

Einen *Rhadamanth*
nennt man einen sittenstrengen Richter nach Plato, Apologie des Socrates, Cicero Tusc. Disp. 1, 5, 10, Vergil, Än. 6, 566 u. a. Minos, Rhadamanthys und Aiakos waren die drei Totenrichter in der Unterwelt.

Am *Rhein,* am Rhein, da wachsen unsre Reben; gesegnet sei der Rhein!
Matthias Claudius, Rheinweinlied 1776

An den *Rhein,* an den Rhein, zieh nicht an den Rhein, · Mein Sohn, ich rate dir gut: · Da geht dir das Leben zu lieblich ein, · Da blüht dir zu freudig der Mut!
Simrock, Warnung vor dem Rhein

Hurra! Hurra! der *Rhein,* · Und wär's nur um den Wein, · Der Rhein soll deutsch verbleiben.
Georg Herwegh, Rheinweinlied 1840

Der deutschen Ströme König bist du, *Rhein!* Matthisson, Der Genfer See

Der *Rhein* Deutschlands Strom, nicht Deutschlands Grenze.
Inschrift am Denkmal E. M. Arndts in Bonn, nach seiner 1813 erschienenen Schrift

Sie sollen ihn nicht haben, · Den freien deutschen *Rhein!*
Nikolaus Becker, Lied: Der deutsche Rhein (1840). Angefeindet als Lied von Heine und Alfred de Musset. Dieser schrieb ein Gegengedicht: Wir haben ihn gehabt, euern freien Rhein! Nous l'avons eu votre libre Rhin!

Ein Leben wie im Paradies · Gewährt uns Vater *Rhein!*
Hölty, Trinklied beim Rheinwein

Lieb Vaterland, magst ruhig sein, · Fest steht und treu die Wacht am *Rhein!*
Max Schneckenburger, Die Wacht am Rhein (1840), Mel. v. K. Wilhelm

Nur am *Rhein*, da möcht' ich leben, · nur am Rhein geboren sein.
Karnevalsschlager von Willi Ostermann

Der Welt Erbe · Gewänne zu eigen, · Wer aus dem *Rheingold* · Schüfe den Ring.
R. Wagner, Nibelungen 1, Das Rheingold (1869)

Um das *Rhinozeros* zu sehn · (Erzählte mir mein Freund), beschloß ich auszugehn.
Gellert, Fabeln: Der arme Greis

Hier ist *Rhodus*, hier springe!
(Hic Rhodus, hic salta!)
Äsop, Fabeln, Nr. 203

Hier ist *Rhodus!* Tanze, du Wicht!
Goethe, Zahme Xenien 3

Arbeit und *Rhythmus*.
Titel eines Buches von Prof. Karl Bücher (Leipzig 1897)

Rhythmus allein kann schon als Musik erscheinen. T. Billroth

On ne prête qu'aux *riches*.
(Man leiht nur den Reichen.)
Französisches Sprichwort
Vgl.: Wer da hat, dem wird gegeben.
Matth. 13, 12

Die Götter, die ihr euch macht, werden euch *richten*.
Ad. Pichler, Ges. Werke 3 (1905, S. 331)

Bereitet oder nicht, zu gehen, · Er muß vor seinem *Richter* stehen!
Barmherzige Brüder in Schiller, Wilhelm Tell 4, 3

Ein *Richter*, der nicht strafen kann, · Gesellt sich endlich zum Verbrecher.
Kanzler in Goethe, Faust 4805/06

... Des *Richters* erste Pflicht, Beschuldigte zu hören.
Helena in Goethe, Faust 9216/17

Richtet nicht, auf daß ihr nicht *gerichtet* werdet!
Matth. 7, 1. Vgl. Römer 2, 1; 1. Korinth. 4, 5

Ich liebe dir, ich liebe dich! · Wie's *richtig* is, ich weeß es nich, · Un 's is mich ooch Pomade!
Hofschauspieler Rüthling (1793–1849). Gedicht »Mir und mich«

Eine menschliche Kraft, die keine Rechtfertigung von oben an sich spürt, ist allerdings zur Führung des *Richtschwerts* nicht stark genug.
Bismarck im Nordd. Reichstag, 1. März 1870

Ob du wenig tust oder viel, · Drauf kommt's nicht an! · Ich seh nur' auf dein Ziel – · Die *Richtung* macht den Mann.
Ed. v. Bauernfeld, Poet. Tagebuch

Die janze *Richtung* paßt uns nich!
Der Berliner Polizeipräsident Frhr. v. Richthofen im Oktober 1890 zu Theaterdirektor Blumenthal als Begründung des Verbots von Sudermanns Schauspiel »Sodoms Ende«

Ridentem dicere verum.
(Lächelnd die Wahrheit sagen.)
Meist *ridendo* zitiert.
Horaz, Satiren 1, 1, 24

Nach der Lampe *riechen*.
Der griechische Redner Pytheas von den Reden des Demosthenes

Einen *Riegel* vorschieben.
Er will *Riemen* schneiden aus meiner Haut (mich übervorteilen).
Sprichwörtl. Redensarten

Riemen schneiden lassen sich leicht aus fremder Haut.
Joh. Geiler von Kaisersberg (1515)

Sich tüchtig in die *Riemen* legen (rudern). Aus der Seemannssprache

Rien n'est beau que le vrai; le vrai seul est aimable.
(Nichts ist schön als das Wahre; das Wahre allein ist lieblich.)
Boileau, L'art poét. 9

Roland, der *Ries'*, am · Rathaus zu Bremen. Rückert, Roland zu Bremen

Das stimmt nicht nach Adam *Riese*.
Sprichwörtlich nach Adam Ryses Rechenbuch (Erfurt 1523)

Oh, herrlich ist's, · Zu haben eines *Riesen* Kraft: doch grausam, · Sie wie ein *Riese* zu gebrauchen.
Isabella in Shakespeare, Maß für Maß 2, 2

Ach! die Erscheinung war so *riesengroß*, · Daß ich mich recht als Zwerg empfinden sollte.
Faust in Goethe, Faust 612/13

Sie zu erkämpfen hab' · Ich *Riesenkraft;* sie zu verlieren keine.
Don Carlos in Schiller, Don Carlos 1, 5

Es steigt das *Riesenmaß* der Leiber · Hoch über menschliches hinaus.
Schiller, Gedichte: Die Kraniche des Ibykus

Ihr kanntet ihn, wie er mit *Riesenschritte* · Den Kreis des Wollens, des Vollbringens maß.
Goethe, Epilog zu Schillers Glocke

Rightly to be great · Is not to stir without great argument.
(Wahrhaft groß sein heißt · Nicht ohne großen Gegenstand sich regen.)
Hamlet in Shakespeare, Hamlet 4, 4

Den *Rinaldo Rinaldini*, · Schinderhanno, Orlandini, · Und besonders Carlo Moor · Nahm ich mir als Muster vor.
H. Heine, Buch der Lieder, Junge Leiden 8

Ich schnitt in seine *Rinde* · So manches liebe Wort.
W. Müller, Gedichte: Am Brunnen vor dem Tore

Ich schnitt es gern in alle *Rinden* ein. W. Müller, Gedichte: Ungeduld

Und der *Rinder* · Breitgestirnte · Glatte Scharen kommend brüllend, · Die gewohnten Ställe füllend.
Schiller, Lied von der Glocke V. 278–81

Gar wohlgeordnet ist der Staat, · Wo eifrig sorgend früh und spat · Die Wächter der Gesundheit sehn · Selbst auf des *Rindviehs* Wohlergehn.
Kreistierarztschild in Nidda (verfaßt von Römhild)

Habt ihr euch lieb, · Tut keinem Dieb · Nur nichts zulieb, · Als mit dem *Ring* am Finger.
Mephistopheles in Goethe, Faust 3694/97

Der echte *Ring* · Vermutlich ging verloren.
Nathan in Lessing, Nathan der Weise 3, 7

Der *Ring* macht Ehen – · Und *Ringe* sind's, die eine Kette machen.
Elisabeth in Schiller, Maria Stuart 2, 2

Viel *Ringe* am Finger, das ist gemein! · Ein edler *Ring* und ein edler Stein! · Ein wahrer Freund in all dem Getriebe · Und eine tiefe, ewige Liebe!
Frieda Schanz, Vierblätter 8. A. 1907, S. 74

Du *Ring* an meinem Finger, · Mein goldnes *Ringelein*, · Ich drücke dich fromm an die Lippen, · Dich fromm an das Herze mein.
Chamisso, Frauenliebe und -leben Nr. 4

Die *Ringenden* sind die Lebendigen.
Gerhart Hauptmann, Der arme Heinrich

Ringelringelrosenkranz, · Ich tanz' mit meiner Frau.
Otto Julius Bierbaum (1865–1910)

Wonach einer *ringt*, · Danach ihm gelingt. Sprichwörtl. Redensart

An die *Rippen* pocht das Männerherz. Schiller, Gedichte: Die Schlacht

Ich kann's mir doch nicht aus den *Rippen* schwitzen (oder aus den Rippen schneiden). Redensart

Risum teneatis, amici?
(Könntet ihr euch des Lachens enthalten, Freunde?) Horaz, Ars poëtica v. 5

Per *risum* multum debes cognoscere stultum.
(An vielem Lachen sollst du den Narren erkennen) Altes Sprichwort

Vor den *Riß* treten
(einen Verlust durch das Einsetzen seiner eigenen Person wieder einbringen).
Nach Psalm 106, 23; Hesek. 13, 5 u. 22, 30

Durch den *Riß* nur der Wolken erblickt er die Welt.
Alpenjäger in Schiller, Wilhelm Tell 1, 1

... *Ritt* ins alte romantische Land.
Wieland, Oberon 1, 1

Und die Sonne machte den weiten *Ritt* · Um die Welt.
E. M. Arndt, Ballade (1809)

Ritter ohne Furcht und Tadel.
(Chevalier sans peur et sans reproche.) Beiname des französischen Heerführers Pierre du Terrail Seigneur de Bayard (geb. 1475, gest. 1524) im Titel seiner 1527 erschienenen Biographie

Der *Ritter* muß zum blut'gen Kampf hinaus.
Th. Körner, Treuer Tod (1813)

Wer ist der *Ritter*, hochgeehrt?
Ivanhoe in Marschners Oper Der Templer und die Jüdin 3 (1829)

Ritter von der traurigen Gestalt.
(El caballero de la triste figura.)
Beiname des Don Quijote im Roman des Cervantes

Die *Ritter* vom Geiste.
Titel eines der großen zeitgeschichtlichen Romane Karl Gutzkows, nach einem Gedichte Heines in der Harzreise: Tannenbaum mit grünen Fingern (1850–52)

Ihr seid mir die rechten *Ritter* vom Geiste, · Ihr ballt noch immer im Sack die Fäuste.
Grillparzer, Sprüche und Epigramme

Ihr glaubt euch *Ritter* vom Geiste? · Wie ist die Ironie so bitter: · Eure Ritter haben nichts vom Geiste · Und eure Geister nichts vom Ritter.
Grillparzer, Sprüche und Epigramme

So du kämpfest *ritterlich*, · Freut dein alter Vater sich.
Fr. Leop v. Stolberg, Der schwäbische Ritter an seinen Sohn

Ein *Ritterroman* ist ein abgeschmacktes Buch voll Märchen, welches übermenschliche Taten und Tugenden aufstellt.
Christian August Vulpius, Glossarium 1788 (schrieb elf Jahre später, 1798, den Rinaldo Rinaldini und gab viele Ritter- und Räuberromane heraus)

Wer wagt es, *Rittersmann* oder Knapp? Schiller, Gedichte: Der Taucher

Den wird man einen *Ritter* nennen, · Der nie sein *Ritterwort* vergißt.
Ludw. Uhland, Gedichte: Den Landständen

In *Rixdorf* ist Musike.
Schlager von Walter Kollo (1878–1940)

Und *Robert?*
Schiller, Gedichte: Der Gang nach dem Eisenhammer

Noch einmal, *Robert*, eh wir scheiden, · Komm an Elisas klopfend Herz.
Beginn des Liedes »Elisas Abschied« (1799 von Friedr. Voigt [† 1814])

Robert, mein Geliebter!
Gnadenarie aus Meyerbeer, Robert der Teufel 4 (1831)

Treu und herzinniglich, *Robin* Adair! · Tausendmal grüß' ich dich, Robin Adair!
Robin Adair, Irische Volksweise (1702, auch in der Oper Die weiße Dame von Boieldieu)

Rocher (Fels) von Bronze.
Friedrich Wilhelm I. von Preußen in bezug auf die im Königtum verkörperte Staatsgewalt, Randbemerkung vom 25. April 1716. Siehe Näheres unter *Souveränität*.

Das Hemd ist mir näher als der *Rock*.
Zurückzuführen auf Plautus, »Trinummus« 5, 2, 30 (Tunica propior pallio est).

Er hängt immer an Mutters *Rockzipfel* (ist ein Schoßkind).
Redensart

Das war der Herr von *Rodenstein*, · Der sprach: Daß Gott mir helf', · Gibt's nirgends mehr 'nen Tropfen Wein · Des Nachts um halber Zwölf?
Das wilde Heer von Jos. V. v. Scheffel (1856)

Mein *Roderich* siehe unter *Geister*

Rodomontaden
(Aufschneidereien, Prahlereien), nach der Figur des Rodomonte in Ariosts Rasendem Roland (1515)

Rückwärts, rückwärts, Don *Rodrigo!* Herder, Der Cid (1805)

Mager wie ein Hering ohne *Rogen*.
Sprichwörtlich; schon Picander (Gedichte 1732, 2, 429) sagt: Soll ich der Magern Gleichnis sagen? · Sie sind ein Hering ohne Ragen (Rogen).

Alter *Roggen* mehrt sich im Sack.
Bauernregel

Halb sind sie kalt, halb sind sie *roh*.
Direktor in Goethe, Faust 124 (vgl. unter *Gönner*)

König kann ich nicht sein, Fürst mag ich nicht sein, ich bin ein *Rohan*.
(Roi ne puis, prince ne daigne, Rohan je suis.) Devise der Rohans

Er will behandelt sein wie ein *rohes* Ei. Sprichwörtlich

Rohherziger Verhöhnung preisgegeben.
Isabella in Schiller, Die Braut von Messina 2760

Er ist ein schwankes *Rohr* im Winde (charakterlos).
Sprichwörtl. Redensart nach Matth. 11, 7; Luk. 7, 2, 4

Aus fremdem *Rohr* ist gut Pfeifen schneiden.

Wer im *Rohr* sitzt, hat gut Pfeifen schneiden. Sprichwörter

Er schimpft wie ein *Rohrspatz*.
Sprichwörtl. Redewendung. Bei Bürger heißt's im Gedichte »Frau Schnips«: »Sie schimpfte wie ein *Rohrsperling*.«

Wie heißt König Ringangs Töchterlein? · *Rohtraut*, Schön-Rohtraut.
Ed. Mörike. Gedichte: Schön Rohtraut

Le *roi* est mort; vive le roi!
(Der König ist tot; es lebe der König!) So wurde der Tod der französischen Könige verkündigt

Le *roi* s'amuse
(Der König amüsiert sich.) Titel eines Dramas von Victor Hugo (1832)

Penser, vivre et mourir en *roi*.
(Als König zu denken, zu leben und zu sterben.) Friedrich d. Gr. in einem Briefe an Voltaire 1757

Les *rois* s'en vont! – ein tröstend Wort: · Sie gehn – sind leider noch nicht fort.
E. v. Bauernfeld, Poet. Tagebuch

Aus der *Rolle* fallen.

Eine große *Rolle* spielen.

Der hat seine *Rolle* längst ausgespielt! Sprichwörtl. Redensarten

Und worin ich eine große *Rolle* spielte.
(Et quorum pars magna fui.)
Vergil, Än. 2, 6

Je näher *Rom*, je näher Schalk!
Chr. Lehmann, Polit. Bl.-Garten (1662)

Wer zum erstenmal nach *Rom* reiset, der suchet den Schalk all da; wer zum zweitenmal dahinkommt, der findt ihn, und zum drittenmal, der bringt ihn mit sich heim.
Herzog Georg von Bayern bei Zinkgref, Apophth. 1, S. 95

Lieber der Erste hier als der Zweite in *Rom*.
Julius Cäsar beim Anblick eines elenden Dorfes in den Alpen

Das schlechteste Dorf ist ein kleines Reich, · In *Rom* ist der Zweite dem Letzten gleich.
Chamisso, Gedichte: Vetter Anselmo

Eine Welt zwar bist du, o *Rom;* doch ohne die Liebe · Wäre die Welt nicht die Welt, wäre denn Rom auch nicht Rom.
Goethe, Elegien 1, 1

Los von *Rom!*
Vgl. Hamerling, Stationen meiner Lebenspilgerschaft, S. 155. Danach die sog. Los-von-Rom-Bewegung.

Schweig mir von *Rom!*
Tannhäuser in Rich. Wagner, Tannhäuser 3, 3

Rom wollte herrschen; als seine Legionen gefallen, schickte es Dogmen in die Provinzen.
Heinr. Heine, Zur Geschichte der Religion und Philosophie, 1. Buch

Rom ward (ist) nicht in (an) einem Tage erbaut. Sprichwörtlich

Roma aeterna.
(Das Ewige Rom.)
Nach Tibull, 19 v. Chr., 2, 5, 23

Roma locuta, causa finita.
(Rom hat gesprochen, die Sache ist erledigt.) Augustinus, Sermo 131, 10

Ein *Roman*, der nicht ganz von selbst kommt, ist nicht imstande, mich einzunehmen.
Clavigo in Goethe, Clavigo 1. Aufz.

Die empfindsamen *Romane* gehören ins medizinische Fach zu den Krankheitsgeschichten.
Novalis, Fragmente

Ihr habt die *Romantik* überwunden, · Nur daß in dem blutigen Krieg · Der teuer erkaufte Sieg · Die besten Truppen aufgerieben, · So daß nichts als Lumpen übriggeblieben.
Grillparzer, Poesie der Wirklichkeit

Gruß dir, *Romantik!*
Freiligrath, Ein Flecken am Rheine

Romantiker auf dem Throne.
Bezeichnung für König Friedrich Wilhelm IV. von Preußen nach David Fried. Strauß, Der Romantiker auf dem Thron der Cäsaren (1847)

Romantisch waren schon die Alten, · Sahn überall der Götter, des Schicksals Walten, · Doch weil das Wunder schon nah ihrem Leben, · Tat's Not nicht, sich drum erst noch Mühe zu geben.
Grillparzer, Poesie der Wirklichkeit

Romantische Schule.
Bezeichnung einer Schriftstellergruppe (Anfang des 19. Jh.), die in einem gewissen Gegensatz zu den klassizistischen Bestrebungen Goethes und Schillers stand und deren wichtigste Vertreter August Wilhelm u. Friedrich v. Schlegel, Tieck, Novalis, Wackenroder (ältere Romantik) sowie Arnim, Brentano, die Brüder Grimm, de la Motte-Fouqué, Eichendorff, Chamisso u. E. Th. Hoffmann (jüngere Romantik) waren.
Romantisch s. auch unter *klassisch*

Romeo
wird nach Shakespeares Romeo und Julia ein jugendlicher Liebhaber genannt

Romeo und Julia auf dem Dorfe.
Titel einer Novelle von Gottfried Keller (enthalt. in den »Leuten von Seldwyla«)

Als die *Römer* frech geworden, · Zogen sie nach Deutschlands Norden.
J. V. v. Scheffel, Die Teutoburger Schlacht, Komponist unbekannt

Unterm heutigen Geschlechte · Gibt es keine *Römer* mehr.
C. Sappho, Der Raub der Sabinerinnen

Römisch Recht, gedenk' ich deiner, · Liegt's wie Alpdruck auf dem Herzen. J. V. v. Scheffel, Trompeter, 2. Stück

Das liebe heil'ge *Röm'sche* Reich, · Wie hält's nur noch zusammen?
Frosch in Goethe, Faust 2090/91

Röschen hatte einen Piepmatz.
Aus der Posse Die Mottenburger, von Kalisch u. Weihrauch (1868)

Sub *rosa.*
(Unter dem Siegel der Verschwiegenheit.) Die Rose war bei den Römern das Symbol der Verschwiegenheit.

Als *Rose* lebte sie das Leben einer Rose, · Nur einen kurzen Morgen.
([Et] rose elle a vécu ce que vivent les roses, · L'espace d'un matin.)
Malherbe an Dupérier beim Tode von dessen Tochter

Eine *Rose* gebrochen, ehe der Sturm sie entblättert.
Emilia und Odoardo in Lessing, Emilia Galotti 5, 7 und 8

Wenn du eine *Rose* schaust, · Sag, ich laß sie grüßen.
Heine, Neuer Frühling 6

Möge jeder still beglückt · Seiner Freuden warten, · Wenn die *Rose* selbst sich schmückt, · Schmückt sie auch den Garten.
Rückert, Welt und Ich

Nie soll weiter sich ins Land · Lieb von Liebe wagen, · Als sich blühend in der Hand · Läßt die *Rose* tragen.

Nik. Lenau, An die Entfernte

Der *Rose* süßer Duft genügt, · Man braucht sie nicht zu brechen, · Und wer sich mit dem Duft begnügt, · Den wird ihr Dorn nicht stechen.

Fr. Bodenstedt, Mirza-Schaffy

Die letzte *Rose.*

Nach »'t is the last rose of summer«, einem Liede des englischen Dichters Thomas Moore in dessen »Irish melodies«; durch Flotows Oper Martha bekannter geworden

Rosemarie, Rosemarie, · Sieben Jahre mein Herz nach dir schrie, · Rosemarie, Rosemarie, · Aber du hörtest es nie . . .

Hermann Löns (1866–1914), Der kleine Rosengarten

Rosen auf den Weg gestreut · Und des Harms vergessen!

Lied von Hölty, Lebenspflichten (1776), komp. v. J. F. Reichardt

Ach, die *Rosen* welken all!

Wilh. Hauff, Reiters Morgengesang

Flüchtig verrinnen die Jahre: · Schnell von der Wiege zur Bahre · Trägt uns der Fittich der Zeit. · Noch sind die Tage der *Rosen,* · Schmeichelnde Lüftchen umkosen · Busen und Wangen uns heut: · Brüder, genießet die Zeit!

S. A. Mahlmann, Lebenslust: Weg mit den Grillen und Sorgen, 1826

Noch ist die blühende, goldene Zeit, · Noch sind die Tage der *Rosen!*

O. Roquette, Waldmeisters Brautfahrt 5: Prinzessin Rebenblüte

Rosen, Tulpen, Nelken, · Alle Blumen welken; · Marmorstein und Eisen bricht, · Aber unsre Freundschaft nicht. Alter Stammbuchvers

Nicht auf *Rosen* gebettet sein.

Aus dem lateinischen iacere in rosa bildlich gewendet; vgl. auch: Des Christen Herz auf Rosen geht · Wenn's mitten unterm Kreuze steht. Luther

Schenkt man sich *Rosen* in Tirol.

Lied aus der Operette Der Vogelhändler von Karl Zeller

Komm, o komm, Geselle mein, · Ach, ich harre schmerzlich dein... · Süßer *rosenfarbner* Mund, · Komm und mache mich gesund.

Volkslied um 1130

Im *Rosengärtlein* deiner Wangen · War ich ein stiller Minnegast.

Karl Stieler, Gedichte: Minneweise

Es gibt in dieser Welt des Scheines · Kein dornenloses *Rosenglück* – · Doch nicht beklag es, noch bewein es – · Zieh in dich selbst dich still zurück! O. K. Bernhardi, Don Juan

Na, denn man zu! seggt *Rosengräun.*

Fritz Reuter, Läuschen u. Rimels 2, 56

Der *Rosenkrone* Munterkeit · Soll mich erinnern, daß auch mir · Im Lebensgarten, wie vordem, · Noch manche holde Zierde blüht.

Paläophron in Goethe, Paläophron und Neoterpe

Segen denen, die gefunden, · Früher Liebe *Rosenstunden!*

Goethe, Nachspiel zu den Hagestolzen

Rosenzeit! wie schnell vorbei . . . · Bist du doch gegangen!

Ed. Mörike, Agnes

Rosestock, Holderblüh! · Wenn i mei Dirnderl sieh, · Lacht mer vor lauter Freud · 's Herzerl im Leib.

Oberschwäb. Ländler (1830)

Rosinante.

Streitroß des Don Quijote in dem berühmten Roman des Cervantes

Will *Rosinchen* mich betrügen, · Muß sie schlau zu Werke gehn.

Dr. Bartolo in Rossini, Der Barbier v. Sevilla 1, 7

Seh' ich die holde Miene · Der reizenden *Rosine.* Derselbe, ebenda 2, 11

Große *Rosinen* im Kopf haben.

Sprichwörtl. Redensart

Sah ein Knab ein *Röslein* stehn. – Röslein, Röslein, Röslein rot, · Röslein auf der Heiden.
Goethe, Lieder: Heidenröslein (nach einem Volkslied)

Rosmarin und Thymian · Wächst in unserm Garten, · Wer mein Mädchen freien will, · Muß noch lange warten.
Simrock, Das deutsche Kinderbuch, 2. A., Nr. 349

Und *Roß* und Reiter sah ich niemals wieder.
Wallenstein in Schiller, Wallensteins Tod 2, 3

Seht ihr drei *Rosse* vor dem Wagen · Und diesen jungen Postillion?
Das Dreigespann, Russ. Volkslied 1843

Der *Rost* frißt Stahl und Eisen, · Die Sorge frißt den Weisen.
Aus Freidanks Bescheidenheit (um 1200)

Rost frißt Eisen, Sorge den Menschen. Sprichwort

Der *Rost* macht erst die Münze wert! Thales in Goethe, Faust 8224

Der verschönernde *Rost* der Jahrhunderte.
Friedrich Wilhelm IV. von Preußen in Königsberg i. Pr., 10. Sept. 1840

Alte Liebe *rostet* nicht. Sprichwort

Salz und Brot · Macht Wangen *rot*. Sprichwort

Der *rote* Faden.
In Goethe, Wahlverwandtschaften 2, 2: »Sämtliche Tauwerke der königlichen Flotte (Großbritanniens) sind dergestalt gesponnen, daß ein roter Faden durch das Ganze durchgeht, den man nicht herauswinden kann, ohne alles aufzulösen, und woran auch die kleinsten Stücke kenntlich sind, daß sie der Krone gehören.«

Die *roten* Haare deuten auf ein Feuerherz.
Sirmio in Platen, Die verhängnisvolle Gabel 2. Akt.

Roter Bart · Teufelsart.
Abraham a Santa Clara (Judas der Erzschelm)

Nun glühte seine Wange *rot* und *röter*, siehe unter *Jugend*

Rotwein ist für alte Knaben · Eine von den besten Gaben.
Wilh. Busch, Abenteuer eines Junggesellen (1875)

Die *Rotte* Korah. 4. Mos. 16, 5

How doth that *royal* merchant, good Antonio?
(Wie geht's · Dem königlichen Kaufmann, dem Antonio?)

Losses, · Enow to press a *royal* merchant down.
(Schäden · Genug, um einen königlichen Kaufmann · Ganz zu erdrücken.)
Don Graziano (Akt 3, 2) und der Doge (Akt 4, 1) in Shakespeare, Der Kaufmann von Venedig

Solange ich lebe, wird es einen *Royalisten* und einen sicheren Diener des Kaisers geben.
Bismarck im Reichstage, 29. Nov. 1881

Rrr! ein ander Bild.
Der Guckkastenmann in »Berlin wie es ist und – trinkt«, von A. Glaßbrenner (1832–52)

Vor Jakobi eine *Rübe*, · Nach Jakobi ein *Rübchen*. Bauernregel

Es liegt alles wie Kraut und *Rüben* durcheinander! Sprichwörtl. Redensart

Der *Rubel* reist im deutschen Land, · Der frommen Leuten frommt, · Und jeder öffnet schnell die Hand, · Sobald der Rubel kommt.
Platen, Der Rubel auf Reisen

Den *Rubikon* überschreiten.
Einen entscheidenden Schritt tun, wie Cäsars Übergang über den Rubikon (49 v. Chr.), womit der Bürgerkrieg begann

Mädele, *ruckruckruck* an meine grüne Seite.
Die Auserwählte, schwäb. Volkslied (1836)

Jemand den *Rücken* bleuen!
Nach Sir. 30, 12

Der hat einen breiten *Rücken* (verträgt viel). Sprichwörtl. Redensart

Jede Regierung, die keinen Schritt vorwärts tut, ist nur mit der größten Überlegung zu beurteilen; aber eine Regierung, die *Rückschritte* macht, ist immer ohne Nachsicht zu verdammen.

Börne, Kritiken 5: Nouv. lettres prov.

Das ist die *Rücksicht,* · Die Elend läßt zu hohen Jahren kommen.

(There's the respect · That makes calamity of so long life.)

Hamlet in Shakespeare, Hamlet 3, 1

Blüte edelsten Gemütes · Ist die *Rücksicht;* doch zuzeiten · Sind erfrischend wie Gewitter · Goldne *Rücksichtslosigkeiten.*

Storm, Gedichte: Für meine Söhne. Vgl. auch Storms Brief an Mörike vom 20. Nov. 1850 (»Die goldene Rücksichtslosigkeit gegen dies verruchte Geschlecht.«)

Niemals *rückwärts!*

(Nunquam retrorsum!)

Devise des hannov. Ritterordens vom hl. Georg (gestiftet 23. April 1839 durch Ernst August)

Rückwärts, rückwärts, Don Rodrigo! · Deine Ehre ist verloren! · Rückwärts! rückwärts! stolzer Cid!

Herder, Cid 2, 28

Sich *rückwärts* konzentrieren.

Nach Franz Grafen v. Gyulai am 1. Juni 1859 nach dem Gefecht bei Palestro (schon 1813 vom Obersten von Müffling angewandt)

Ein schöner *Rückzug* ist ebensoviel wert wie ein kühner Angriff.

Balthasar Gracián, Handorakel (1637) Schopenhauer

Überlaß dein Boot auf dem Meere des Schicksals nicht den Wellen, sondern *rudere* selbst; aber rudere nicht ungeschickt!

Platen, Lebensregeln 34

Das war der Graf von *Rüdesheim,* · Mit Gütern reich beglückt. · Der hat des Winzers holder Maid · Zu tief ins Aug geblickt.

Der Graf v. Rüdesheim, E. Bloch und A. G. Benda 1875

Rudis indigestaque moles.

(Eine rohe, ungeordnete Masse.)

Ovid, Metamorphosen 1, 7

Ruere in servitium.

(Sie stürzten sich in die Knechtschaft.)

Tacitus, Annalen 1, 7

Den *Ruf* verliert, wer gleich sich stellt Unwürdigen.

(Amittit famam, qui se indignis comparat.) Phädrus, Fab. 1, 16, 11

Der reinste Schatz, den uns das Leben bietet, · Ist fleckenloser *Ruf.*

Norfolk in Shakespeare, König Richard II. 1, 1

Ein guter *Ruf,* der fünfzig Jahre währt, · Wird oft durch eine schlechte Tat entehrt.

Sadi, Rosengarten (Graf 157, 1846)

Ich bin besser als mein *Ruf.*

Maria in Schiller, Maria Stuart 3, 4

Ein *Rufer* im Streit.

(*βοὴν ἀγαθός.*)

Nach Homer, Ilias 2, 408

Einen *Rüffel* kriegen (Verweis).

Sprichwörtl. Redensart

Wer *ruft* mir?

Geist in Goethe, Faust 482

Wo ein Weiser den Toren nicht *rügt,* · Ist zweierlei Schaden zugefügt: · Sich selbst wird er sein Ansehn schmälern, · Und jenen bestärkt er in seinen Fehlern.

Rückert, Erbauliches und Beschauliches, Vierzeilensprüche

Ruh und Rast · Ist die halbe Mast.

Alte Gesundheitsregel (namentlich in der Viehzucht)

Über allen Gipfeln · ist *Ruh.*

Goethe, Gedichte: Ein gleiches (nämlich Wandrers Nachtlied)

Die *Ruh* ist wohl das Beste · Von allem Glück der Welt.

Wilh. Waiblinger, Der Kirchhof

Keine *Ruh* bei Tag und Nacht.

Mozart, Don Juan 1, 1

Meine *Ruh* ist hin, · Mein Herz ist schwer; · Ich finde sie nimmer · Und nimmermehr.

Margarete in Goethe, Faust 3374/77

Nun hat die liebe Seele *Ruh.*

Nach Lukas 12, 19

Ruhe ist die erste Bürgerpflicht.
Minister v. d. Schulenburg nach der Schlacht bei Jena, 14. Oktober 1806; Titel eines Romans von W. Alexis

Ach, goldne *Ruhe*, kehre wieder!
Schikaneder-Mozart. Die Zauberflöte 2, 19

Es ist Zeit, zur *Ruhe* zu gehen.
Jean Paul am 14. November 1825, kurz vor seinem Tode

Die *Ruhe* tötet; nur wer handelt, lebt. Soliman in Th. Körner, Zriny 4, 4

Die *Ruhe* eines Kirchhofs.
Marquis Posa in Schiller, Don Carlos 3, 10

Immer mit der *Ruhe!*
Berliner Redensart

Gott ist die *Ruhe* und beruhigt alles, und ihn, die Ruhe, anschauen, heißt selber *ruhen.*
Der hl. Bernhard (1091-1153), In Quadrag. sermo 5, n. 5. In cantic. sermo 23, n. 16.

Lassen wir die Toten *ruhen*, die uns nimmer ruhen lassen.
Hebbels Tagebücher, 8. Okt. 1835

Der *ruhende* Pol in der Erscheinungen Flucht.
Schiller, Gedichte: Der Spaziergang Vers 134

Ruhig sein können und ruhig sein müssen, kommt es nicht auf eines?
Emilia in Lessing, Emilia Galotti 5, 7

Gott hat den Weisen Sorg' gegeben, · Den Toren aber *ruhig* Leben.
Sprichwort

Wer steilen Berg erklimmt, · Hebt an mit *ruhigem* Schritt.
Norfolk in Shakespeare, König Heinrich VIII. 1, 1

Der Mann · Steht seinen *Ruhm.* · Sein Ruhm ist bloß sein Schatten.
Nathan in Lessing, Nathan der Weise 3, 9

Der *Ruhm* ist der Schatten der Tugend; er folgt ihr auch ungeheißen.
Seneca, Briefe (von Ohlshausen 1811) 1, S. 302

Ein *Ruhm*, der schnell erfolgt, erlischt auch früh.
Schopenhauer, Parerga u. Paralip. 2, 23: Über Schriftstellerei

Euer *Ruhm* ist nicht fein!
1. Kor. 5, 6

Ruhm, du bist ein Traum, · Ein toller Rausch in eiteln Jugendtagen.
F. Mistral

Ruhm und du, geflügelt Gold, · Ich entsag' euch beiden. · Wenn ihr selbst mich suchen wollt, · Will ich euch nicht meiden.
Joh. Peter Uz, Gedichte: Die Wünsche 1768

Der *Ruhm*, der uns nicht glücklich macht, ist nichts als ein Wort, und der Ruhm, der unsere Untertanen nicht glücklich macht, ist eine Schmach. Friedrich der Große

Zum *Ruhm* gelangt man nicht auf einem Blumenpfade.
Lafontaine, Fabeln 10, 13

Ruhm: der Vorzug, denen bekannt zu sein, die einen nicht kennen.
Nicolas Chamfort

Suchen läßt sich der *Ruhm* nicht, und alles Jagen danach ist eitel.
Eckermann, Gespräche mit Goethe, 23. 10. 1828

Von des Lebens Gütern allen · Ist der *Ruhm* das höchste doch; · Wenn der Leib in Staub zerfallen, · Lebt der große Name noch.
Schiller, Gedichte: Das Siegesfest

Was ist der eitle *Ruhm*, wenn Liebe spricht?
Zelima in Schiller, Turandot 3, 2

Die Größe ist gefährlich, · Und der *Ruhm* ein leeres Spiel; · Was er gibt, sind nicht'ge Schatten, · Was er nimmt, es ist so viel!
Rustan in Grillparzer, Der Traum ein Leben 4 (gegen Ende)

Der Weg zum *Ruhm* geht über Kreuzdörner. Sprichwort

Ruhm siehe unter *Miltiades*

Zum größeren *Ruhme* Gottes.
(Ad majorem dei gloriam.) Papst Gregor der Große (540–604), Dialogi I, 2, S. 160; später häufig in den Canones et decreta oecumenici Concilii Tridentini 1545/63

Von dem *Ruhme* der berühmtesten Menschen gehört immer etwas der Blödsichtigkeit der Bewunderer zu.
Lichtenberg, Bemerkungen verm. Inhalts 4: Beobachtungen über den Menschen

Rühme dich auf dieser Welt, · Mensch! nicht deines eignen Lichts! · Sonnen sind ob dich gestellt, · Gegen die dein Schein ein Nichts.
Just. Kerner, Gedichte: Sei demütig

Wie viele *rühmen* sich der Tugenden und Gaben, · Die sie doch nicht erhalten haben!
Hagedorn, Der ruhmredige Hase

Unvollendeter Tat mit Lug sich zu *rühmen*, wie schmachvoll!
Neoptolemos in Sophokles, Philoktet 842 (Donner)

Ein Kaufmann macht durch allzu großes *Rühmen* · Die Ware, die ihm feil ist, nur verdächtig.
Nach Horaz, Episteln 2, 2, 10, 11 (Wieland)
Die Himmel *rühmen* siehe *Himmel*

Rühmend darf's der Deutsche sagen, · Höher darf das Herz ihm schlagen: · Selbst erschuf er sich den Wert.
Schiller, Gedichte: Die deutsche Muse

Die Götter geben dir Gelegenheit · Und hohen Sinn, das *Rühmliche* · Von dem Gerühmten rein zu unterscheiden!
Evadne in Goethe, Elpenor 1, 2

Rühmlichst abwesend.
G. W. v. Raumer in der amtlichen Anzeige vom Prinzen Waldemar v. Preußen, der dem Begräbnis seiner Mutter am 18. April 1846 nicht beiwohnen konnte, weil er in Ostindien weilte

Auch die Kränze des *Ruhms* sind Gunst und Gnade der Götter, · Die sie dem Glücklichen nur unter den Würdigen leihn.
Geibel, Distichen Nr. 19

Reizvoll klinget des *Ruhms* lockender Silberton · In das schlagende Herz, und die Unsterblichkeit · Ist ein großer Gedanke, · Ist des Schweißes der Edlen wert!
Klopstock, Oden: Der Zürcher See

Ruhmvoll verödet.
Kultusminister v. Trott zu Solz am 27. Okt. 1914 in seinem Glückwunsch an die Frankfurter Universität. Er bemerkt darin, daß die Gründung der Universität das weltgeschichtliche Datum des 1. August 1914 trage, daß aber die akademische Jugend und viele Lehrer zu den Fahnen geeilt seien und daher die Hörsäle »ruhmvoll verödet« sein werden.

Der fühlt ein menschliches *Rühren*.
Schiller, Die Bürgschaft

O *rühret*, rühret nicht daran.
Em. Geibel, Jugendgedichte: Rühret nicht daran

O je, o je, wie *rührt* mich dies!
Aus Joh. Strauß, Die Fledermaus 1 (Terzett)

Die *Ruinen* des einen braucht die allzeit wirksame Natur zu dem Leben des andern.
Lessing, Fabeln 1, 16: Die Wespen

Und neues Leben blüht aus den *Ruinen*. Siehe unter *Alte*

Hochpoetisch, herzerbauend, · Sind *Ruinen*, wunderschön, · Wunderschön die düsteren Mienen · Durch das grüne Laubgewind! · Doch das Schönste an Ruinen · Ist – daß sie Ruinen sind.
Ad. Glaßbrenner, Gedichte: Ruinen, 1851

Rule, Britannia, rule the waves, · Britons never shall be slaves!
(Herrsche, Britannia, beherrsche die Wogen, · Briten werden nie Sklaven sein!)
James Thomson, Rule Britannia!

Einen großen *Rumor* machen.
Nach 1. Sam. 3, 11 (vgl. 2. Kön. 21, 12 u. Jerem. 19. 3)

Ohne *Rumor*.
Nach Luk. 22, 6 (vgl. Apostelgeschichte 24, 18)

Rumpitur invidia.
(Er platzt vor Neid.) Martial 9, 98

's wird besser gehn, · Die Welt ist *rund* und muß sich drehn.
Wambas Arie in Marschners Oper Templer und Jüdin 1 (1829)

Die Welt ist *rund* und muß sich drehn, · Was oben war, muß unten stehn.
Rud. Baumbach, Merkt auf, ich weiß ein neu Gedicht.

Rundgesang und Rebensaft · Lieben wir ja alle!
Rundum (1760?), zuerst im Deutschen Liederbuch für Hochschulen 1823

Kratzt den *Russen*, und der Tatar kommt zum Vorschein.
(Grattez le Russe et vous trouverez le Tatare.)
Graf Joseph de Maistre (1754–1821) oder Fürst Karl Joseph von Ligne (1735–1814)

Wer *rußig* ist, der wasche sich, · Und komme dann und wasche mich.
Aus Freidanks Bescheidenheit (um 1200)

Rußland ist von allen Mächten am meisten zu fürchten. Napoleon I.

Wie denken Sie über *Rußland?*
Titel eines Lustspiels von Gustav von Moser (1861)

Rußland sammelt sich.
Ausspruch Gortschakoffs nach dem Krimkrieg. Eigentlich: »Rußland schmollt nicht, es sammelt sich.«

Rußland wird nur durch Rußland überwunden.
König in Schiller, Demetrius V. 510

Ein auserwähltes *Rüstzeug*
(eigentlich Gefäß, vas electionis; griech.: σκεῦος ἐκλογῆς wird Paulus genannt in Apostelgeschichte 9, 15

Wer sein Kind liebt, der hält es stets unter der *Rute*, daß er hernach Freude an ihm erlebe.
Jesus Sirach 30, 1

Rute und Strafe gibt Weisheit.
Spr. Sal. 29, 15

Niemals pflanzt die *Rute* · Kindern ein das Gute: · Wer zu Ehren kommen mag, · Dem gilt Wort soviel als Schlag.
Walther von der Vogelweide, Erziehungsregeln

Mit eiserner *Rute* regieren.
Nach Off. 2, 27; 12, 5; 19, 15

Die *Rute* · Macht aus bösen Kindern gute. Sprichwort

S

S. P. Q. R.
(Senatus Populusque Romanus: Senat und Volk von Rom.)
Bekannte historische Inschrift auf Fahnen, Wappen usw.

An der *Saale* hellem Strande · Stehen Burgen stolz und kühn.
Franz Kugler, Rudelsburg (1826), komp. von Friedr. Ernst Fesca (1789–1826)

Saat, dich *säet* der Herr dem großen Tag der Ernte!
Klopstock, Messias 12, 623

Saat, von Gott gesäet, dem Tage der Garben zu reifen!
Klopstock, Messias 11, 845. Auch Grabschrift von Klopstocks Frau Meta in Ottensen bei Altona. Vgl. auch Rückerts Gedicht: Allgemeines Grablied und: Die Gräber zu Ottensen.

Saatkorn für die Nachwelt, Brot für die Zeitgenossen.
Börne, Vermischte Aufsätze 22

Gefahr vertreibt den *Sabbat*.
H. Heine, Rabbi von Bacharach 2

Heiliget den *Sabbattag!* Jer. 17, 22

Er nahm den *Säbel* in die Rechte.
Hugenottenlied in Meyerbeers Oper Die Hugenotten 3 (1836)

Das ist der *Säbel*, Säbel, Säbel, · Den einst mein Vater trug!
Das Lied vom Säbel aus Offenbachs Operette Die Großherzogin von Gerolstein

Das läßt tief blicken, sagt *Sabor*,
siehe unter *tief*

Ich hab mein *Sach* auf nichts gestellt, juchhe!
Goethe, Gesellige Lieder: Vanitas! vanitatum vanitas!
Unter Anlehnung an das Kirchenlied: »Ich hab' mein *Sach* Gott heimgestellt« von Johannes Pappus (1549–1610), von Goethe 1806 gedichtet. Die Überschrift ist nach Pred. Salomo 1, 2.

Den lieben Gott lass' ich nur walten; · Der Bächlein, Lerchen, Wald und Feld · Und Erd und Himmel will erhalten, · Hat auch mein *Sach* aufs best bestellt!

Eichendorff, Der frohe Wandersmann

Die *Sache* will's.

(It is the cause.)

Othello in Shakespeare, Othello 5, 2

Nehmt · Die *Sache* völlig, wie sie liegt.

Nathan in Lessing, Nathan der Weise 3, 7

In eigner *Sache* kann niemand Richter sein. Alter Rechtsspruch

Nur die *Sache* ist verloren, die man aufgibt.

Feuchtersleben, Aphorismen (Leben)

Die *Sachen* wären wohl zu vertragen, wenn nur die Leute zu vertragen wären.

Joh. Friedr., Kurfürst von Sachsen (Zinkgref, Apophth. 1, 104)

Wir *Sachsen* sind helle!

(Mir Sachsen sein helle.)

Scherzhafte Redensart

Gott segne *Sachsenland!*

Siegfr. Aug. Mahlmann (1815)

Sachsenspiegel soll dies Buch sein genannt, · Denn *Sachsenrecht* wird hieraus erkannt, · Wie in einem Spiegel die Frauen · Ihr Antlitz mögen beschauen!

Prolog zum Sachsenspiegel, dem berühmten Rechtsbuch des Eike (Ecko) von Repgow (um 1230)

Wer *sacht* fährt, kommt auch an.

Sprichwörtlich

Sachte, Herr Graf! das letzte wäre noch zu überlegen!

Mohr in Schiller, Fiesko 3, 7

Sachte, Canaille!

Fiesko in Schiller, Fiesko 1, 9

In *Sack* und Asche trauern.

Esther, 4, 1, 3; vgl. Matth. 11, 21

Ein Himmel wie ein *Sack*.

Nach Jes. 50, 3

Den *Sack* schlägt man, den Esel meint man.

(Qui asinum non potest, stratum caedit.)

Petronius Arbiter, Satirae 45

Jemand in den *Sack* stecken (ihm überlegen sein).

Mit *Sack* und Pack.

Sprichwörtl. Redensarten

Ein *Sackmacher* ist auch ein Schneider. Persisches Sprichwort

Revanche pour *Sadowa*,

seit 1866 in Frankreich geläufiges Schlagwort

Schlacht bei *Sadowa*,

siehe unter *Schulmeister*

Säen ist nicht so beschwerlich als ernten.

Goethe, Die Wahlverwandtschaften 2, 5

Sie *säen* nicht, sie ernten nicht.

Matth. 6, 26

Die mit Tränen *säen*, werden mit Freuden ernten.

(Daher reden wir von Tränensaat und Freudenernte.) Psalm 126, 5

Wer Wind *säet*, wird Sturm ernten.

Sprichwort. Nach Hosea 8, 7

Was der Mensch *säet*, das wird er ernten. Galat. 6, 7

Saepe stilum vertas.

(Wende oft den Griffel = feile den Ausdruck; mit dem oberen breiten Teile des Griffels wurde das verwischt, was der untere spitze Teil in die Wachstafel eingeschrieben hatte.)

Horaz, Satiren 1, 10, 72

Hier ist ein *Saft*, der eilig trunken macht. Faust in Goethe, Faust 732

Sag an, wo weiltest du so lang?

Landgraf in Wagner, Tannhäuser 1, 4

Es wechseln die Geschlechter, die *Sage* bleibt sich treu.

Chamisso, Gedichte: Der Birnbaum auf dem Walserfeld

Uns geht beim Waldhornruf der *Sage* · Das Herz in süßem Schauder auf.

Em. Geibel, Gelegenheitsgedichte: Ludwig Uhland

Verstrickt in solche Qualen, halb verschuldet, · Geb' ihm ein Gott, zu *sagen*, was er duldet.
Goethe, Trilogie der Leidenschaft. An Werther; (vgl. unter *leide* und unter *Qual*)

Erwirbt ein Erdensohn sich Lob und Preis, · Gleich bildet sich um ihn ein *Sagenkreis*.
Conr. Ferd. Meyer, Huttens letzte Tage 50

Du *sagst* es!
Ev. Joh. 18, 37; Matth. 27, 11

Sagt der Patriarch.
Klosterbruder in Lessing, Nathan der Weise 1, 5

Oft *sagt* man ein Ding und meint es nicht.
Suffolk in Shakespeare, König Heinrich VI. 2. Teil 3, 1

In der Wüste der *Sahara* · Ging einst Nathan mit der Sara.
Anfang eines humor. Gedichtes v. A. Roderich. (Fliegende Blätter Nr. 1636; wird nach dem Mittelsatze des Chopinschen Trauermarsches gesungen.)

Das verschleierte Bild zu *Sais*.
Nach Schillers gleichnamigem Gedicht

Andre *Saiten* aufziehen.

Die *Saiten* zu hoch spannen.
Sprichwörtl. Redensarten

Mir ekelt vor diesem tintenklecksenden *Säkulum*.
Karl Moor in Schiller, Räuber 1, 2

»Wie schafft man sich ein Publikum?« – · Nicht lange gefragt! · Wenn man durch ein halbes *Säkulum* · Immer dasselbe sagt.
E. v. Bauernfeld, Poet. Tagebuch

In terram *Salicam* mulieres ne succedant.
(In *Salischen* Landen erben die Weiber nicht.) Alter Rechtsspruch
Vgl. Shakespeare, Heinrich V. 1, 2: No woman shall succeed in *Salique* land.

Cum grano *salis*.
(Mit einem Salzkörnchen [d. h. mit etwas Witz].) Plinus nat. hist. 23, 8

Weise wie *Salomo*, Weisheit *Salomonis* oder *Salomos*, auch *salomonische* Weisheit.
Nach zahlreichen biblischen Stellen (1. Könige 4, 29–34 usw.)

Salomo des Nordens
(Le *Salomon* du Nord)
wird Friderich der Große zuerst in einem Briefe Voltaires vom Mai 1737 genannt. Vgl. unter *Semiramis*.

Ich bin ein zweiter *Salomo*.
Van Bett in Lortzings Oper Zar und Zimmermann 1, 4

Ein *salomonisches* Urteil.
Nach 1. Könige 3, 16–28

Salondemagoge
wurde H. Heine von einem Kritiker im Konversationsblatt (1831) genannt

Salonkommunist.
Bezeichnung für einen Intellektuellen nicht proletarischer Herkunft, der sich in seinen gesellschaftlichen Kreisen für eine sozialistische bzw. kommunistische Lebens- und Staatsform einsetzt. Der Salonkommunist ist in der Regel kein Materialist (Marxist), sondern Idealist und kommt dadurch früher oder später mit dem orthodoxen Marxismus in Widerspruch.

Salontiroler,
von Berthold Auerbach in seinem Roman: Auf der Höhe gebraucht (1865), auch ein bekanntes Bild von F. Defregger. Schon früher sprach man vom Salonredner, Salondemagogen, Salonromantiker (Gutzkow, Die Ritter vom Geist), Salonquäker, Salonlöwen, Salonrevolutionär.

Salus sit exeuntibus simulque pax intrantibus!
(Heil den Abschiednehmenden und ebenso Friede den Eintretenden.)
Häufig als Inschrift über den Türen von Wohnhäusern; auch findet man: *Salus* intranti – *Salve* oder Hic habitat felicitas u. ä.

Dixi et *salvavi* animam meam.
(Ich habe gesprochen [gewarnt] und meine Seele gerettet [mein Gewissen beruhigt].)
Nach Hesekiel 3, 19 (vgl. 33, 9)

Salz ist die beste Würze.
Sprichwörtlich

Salz und Brot · Macht Wangen rot.
Alter Spruch

Habt *Salz* bei euch! Mark. 9, 50

Mancher kann sich nicht das *Salz* zur Suppe verdienen. Sprichwörtlich

Das *Salz* der Erde. Matth. 5, 13

Wo nun das *Salz* dumm wird, womit soll man's *salzen?* Matth. 5, 13

Zur *Salzsäule* werden
(vor Entsetzen erstarren).
Nach 1. Mos. 19, 26

Ein barmherziger *Samariter* und *Samariterdienst.* Nach Luk. 10, 30/37

Guter *Same* geht bald auf.
Sprichwörtlich

Feindschaft zwischen Mannes und Weibes *Samen,*
siehe unter *Feindschaft*

Siehe, voll Hoffnung vertraust du der Erde den goldenen *Samen,* · Und erwartest im Lenz fröhlich die keimende Saat.
Schiller, Gedichte: Der Sämann

Samiel, hilf! (oder: Hilf, Samiel!)
Kaspar in Weber, Der Freischütz 2, 5

Wer etwas Treffliches leisten will, · Hätt' gern was Großes geboren, · Der *sammle* still und unerschlafft · Im kleinsten Punkte die höchste Kraft.
Schiller, Gedichte: Breite und Tiefe

Auf einen guten *Sammler* folgt ein guter Zerstreuer.

Ein *Sammler* will einen Verschwender haben.

Wer *sammelt,* spart's einem andern Mann. Sprichwörter

Sammlung, jene Götterbraut, Mutter alles Großen.
Grillparzer, Dezemberlied

Samt am Kragen, · Hunger im Magen. Alter Spruch

Samt und Seide auf dem Leibe löschen das Feuer in der Küche aus. Sprichwort

Samt und Purpur hilft mir nicht, · Mein Elend ertragen, · Wenn mich Hauptweh, Stein und Gicht · Und die Schwindsucht plagen.
Altes Hessendarmstädt. Gesangbuch

Quae medicamenta non *sanant,* ferrum *sanat,* · Quae ferrum non sanat, ignis *sanat.*
(Was Arzneien nicht heilen, heilt das Eisen, · Was das Eisen nicht heilt, heilt das Feuer.)
Hippokrates, Aphorismen und Motto zu Schillers Räubern

Auf *Sand* bauen.
Sprichwörtl. Redensart nach Matth. 7, 26

Wer Gott dem Allerhöchsten traut, · Der hat auf keinen *Sand* gebaut.
Georg Neumark (1621–81), Kirchenlied: Wer nur den lieben Gott läßt walten.

Jemand *Sand* in die Augen streuen.
Sand reinigt den Magen.
Sprichwörtl. Redensarten

Wie *Sand* am Meere.
1. Mos. 32, 12 u. öfter

Als der *Sandwirt* von Passeier · Inspruck hat mit Sturm genommen, · Die Studenten ihm zur Feier · Mit den Geigen mittags kommen.
Max v. Schenkendorf, Andreas Hofer

Wie sie so *sanft* ruhn, · Alle die Seligen.
»Der Gottesacker« von A. C. Stockmann (1751–1821), komponiert von F. L. Beneken (1768)

Sanfte Länder pflegen auch weichliche Männer hervorzubringen, und ein und dasselbe Land bringt nicht herrliche Früchte und zugleich tapfere Krieger hervor.
Herodot 9, 122 (Fr. Lange)

Ein Mensch von *sanftem* Charakter macht sich selber und andere glücklich. Arabisches Sprichwort

Bezwungen wird durch *sanftes* Wesen wilder Sinn.
(Atrocitati mansuetudo est remedium.)
Phädrus, Fab. 2, 11, 15

Furchtbar ist des alten Mannes *Sanftmut.* Fiesko in Schiller, Fiesko 3, 5

Eigner *Sang* erfreut den Biedern, Denn die Kunst ging längst ins Breite.
J. V. v. Scheffel, Der Trompeter von Säkkingen, Lieder des Katers Hiddigeigei 1

Der *Sang* ist verschollen, der Wein ist verraucht.
Vagans scholasticus. Dichter unbekannt, Mel. von W. Sommer.

Edle *Sänger* dürfen · Nicht ungeehrt von meinem Hofe ziehn, · Sie machen uns den dürren Zepter blühn, · Sie flechten den unsterblichen grünen Zweig · Des Lebens in die unfruchtbare Krone . . . · Drum soll der *Sänger* mit dem König gehen, · Sie beide wohnen auf der Menschheit Höhen.

Karl in Schiller, Die Jungfrau von Orleans 1, 2. Vgl. Freiligrath: Ein Glaubensbekenntnis: Mit dem Volke soll der Dichter gehen, · Also les' ich meinen Schiller heut.

Großer *Sänger*, Mädchenfänger.

Aus dem Banditenduett der Oper »Stradella« von W. Friedrich, Musik von Friedrich v. Flotow

Und der *Sänger* rasch in die Saiten fällt.

Schiller, Gedichte: Der Graf von Habsburg 1804

Der *Sänger* hält im Feld die Fahnenwacht.

Fedor Löwe, Musik von Peter von Lindpaintner (vor 1848)

Ich bin die erste *Sängerin!*

Terzett aus Mozarts Oper Der Schauspieldirektor

Sansculottes (ohne Hosen).

Nach Abbé Maury (1789/91). Die französischen Republikaner hatten die damals übliche Kniehose (culotte) mit der langen Hose (pantalon) vertauscht.

Quand je serai là, je serai *sans souci!*

(Wenn ich dort bin, werde ich ohne Sorge sein!)

Friedrich d. Gr., auf seine Gruft deutend, die er sich in Sanssouci hatte bauen lassen, in der er aber nicht beigesetzt wurde.

Sapere aude!

(Wage es, weise zu sein.)

Horaz, Episteln 1, 2, 40

Vgl. Friedr. Nietzsche, Götzendämmerung; Sprüche u. Pfeile 2; »Auch der Mutigste von uns hat nur selten den Mut zu dem, was er eigentlich weiß.«

Saphire sind die Augen dein, · Die lieblichen, die süßen. · Oh, dreimal glücklich ist der Mann, · Den sie mit Liebe grüßen.

H. Heine, Die Heimkehr 58

Sapienti sat!

(Für den Verständigen bedarf es keiner weiteren Ausführung, ist es genug!)

Plautus, Persa 4, 7, 19; Terenz, Phormio 3, 3, 8

Näh nicht, liebes Mütterlein, · Am roten *Sarafan!* · Nutzlos wird die Arbeit sein, · Drum strenge dich nicht an.

Der rote Sarafan, Altes russisches Volkslied

Es lebe *Sarastro!*

Chor aus Mozarts Zauberflöte 1, 3 (1791)

Die Welt ist ein *Sardellensalat;* · Er schmeckt uns früh, er schmeckt uns spat.

Goethe, Gedichte: Eins wie's andere

Sardonisches Lachen.

Der Genuß eines auf Sardinien wachsenden Giftkrautes (Sardonia) soll – so meinten die Alten – das Gesicht zu schmerzhaftem Lachen verzerren

Sarg und Wiege · Ist nur eine Stiege.

Sprichwörtlich

Ein hölzerner *Sarg* ist besser als ein goldener Galgen. Sprichwort

Satan, hebe dich weg von mir!

Matth. 16, 23

Da ist es schwer, keine *Satire* zu schreiben,

(über die Sache nicht zu spotten).

(Difficile est satiram non scribere.)

Juvenal 1, 30

Der *Satiriker* ist ein Mann, der seines Lebens nicht sicher ist, weil er die Wahrheit zur Schau trägt.

Chr. Aug. Vulpius, Glossarium (1788)

Ohe, jam *satis!*

(Oh, schon genug!)

Plautus. Stichus 5, 4, 52; Horaz, Sat. 1, 5, 12 u. a.

Wer *satt* ist, lobt das Fasten.

Sprichwörtlich

Satt essen kann sich jeglicher zu Hause; · Geselliges Vergnügen, munteres · Gespräch muß einem Festmahl Würze geben.

Lady in Schiller, Macbeth 3, 8

Ich bin des trocknen Tons nun *satt*, · Muß wieder recht den Teufel spielen.

Mephistopheles in Goethe, Faust 2009/10

Der *Satte* weiß nicht, wie dem Hungrigen zumute ist. Sprichwort

Jemand aus dem *Sattel* heben.
Sprichwörtl. Redensart

Setzen wir Deutschland, sozusagen, in den *Sattel*. Siehe unter *Deutschland*

In allen *Sätteln* gerecht sein.

Wer gut *gesattelt*, reitet gut.

Früh *gesattelt*, spät geritten.

Dem *Satten* schmeckt das Beste nicht. Sprichwörtlich

Non semper *Saturnalia* erunt!
(Nicht immer werden Saturnalien [Festtage] sein!) Die Saturnalien wurden in der Zeit des heutigen Weihnachtsfestes gefeiert, und an diesen Tagen gab es keine Standesunterschiede.
Seneca, Apoc. 12, § 2

Neue *Satzung* vertreibt altes Recht.

Satzung geht vor Nachbarschaft.
Sprichwörtlich

Wer eine *Sau* sattelt, macht aus ihr noch kein Reitpferd.
Joh. Geiler von Kaisersberg (1516)

Es ist eine böse *Sau*, die ihre eignen Ferkel frißt. Sprichwort

Wer sein Haus will halten *sauber*, · Hüt' sich vor Pfaffen und vor Tauber.
Hans Sachs, Fastnachtspiele 6, 84, 113 Neudruck

Da stellt er jedes wiederum · In Ordnung *säuberlich*.
Schiller, Gedichte: Der Gang nach dem Eisenhammer

Säuberliche Magd – *säuberliches* Mägdelein
und ähnliches in alten Volksliedern.
Uhland, Volkslieder 45 u. a. m. (Wunderhorn)

Ein *saubrer* Einfall.
Brigella in Schiller, Turandot 2, 1

Mancher läßt es sich *sauer* werden und eilet zum Reichtum und hindert sich nur selber damit.
Jesus Sirach 11, 11

Ob dir's *sauer* wird mit deiner Nahrung und Ackerwerk, das laß dich nicht verdrießen. Jesus Sirach 7, 16

Sauer macht lustig. Sprichwörtlich
Auch in der alten Arztregel: *Sauerampfer* macht eßlustig

Auch unser edles *Sauerkraut*, · Wir sollen's nicht vergessen; · Ein Deutscher hat's zuerst gebaut, · Drum ist's ein deutsches Essen.
Uhland, Metzelsuppenlied

Was nicht *sauert*, das süßt auch nicht. Sprichwort

Im *Sauerteig* der Bosheit und Schalkheit. 1. Kor. 5, 8
Alter *Sauerteig* (in demselben Kapitel 11, 7)

Saufbrüder, Laufbrüder.
Sprichwörtlich

Der kann *saufen* wie ein Loch.
Redensart

Ei, das muß immer *saufen* und fressen.
Trompeter in Schiller, Wallensteins Lager 2

Dies schwindelköpfige Zechen macht verrufen · Bei andern Völkern uns in Ost und West, · Man heißt uns *Säufer*.
Hamlet in Shakespeare, Hamlet 1, 4

Bleibt beim *Saufen*, bleibt beim Saufen! *Sauft*, ihr Deutschen, immerhin! · Nur die Mode, nur die Mode · Laßt zu allen Teufeln ziehn!
Logau, Sinngedichte: An die Deutschen

Ist's jetzt Zeit zu *Saufgelagen?* · Zu Banketten und Feiertagen?
Kapuziner in Schiller, Wallensteins Lager V. 491

Er *säuft* wie ein Bürstenbinder.
Bekannte Redensart

Wer gern *säuft*, wird nicht reich.
Nach Sir. 19, 1

He *süpp* alles, wat naß ist.
Münsterische Redensart

Glücklicher *Säugling!* Dir ist ein unendlicher Raum noch die Wiege,

· Werde Mann, und dir wird eng die unendliche Welt.

Schiller, Gedichte: Das Kind in der Wiege

Selig lächelnd wie ein satter *Säugling.* Christian Morgenstern, Korf

Saul, der Sohn Kis, siehe unter *Eselinnen.*

Saul unter den Propheten siehe bei *Propheten*

Wie des Dampfes *Säule* weht, · Schwinden alle Erdengrößen.

Schiller, Gedichte: Das Siegesfest (1804)

Noch eine hohe *Säule* zeugt von verschwundner Pracht; · Auch diese, schon geborsten, kann stürzen über Nacht.

Uhland, Das Sängers Fluch

Aus einem *Saulus* ein Paulus werden. Nach Apostelgeschichte 9

Säume nicht, dich zu erdreisten, · Wenn die Menge zaudernd schweift; · Alles kann der Edle leisten, · Der versteht und rasch ergreift.

Chor in Goethe, Faust 4662/65

O *säume* länger nicht!

Aus Mozart, Figaros Hochzeit 4, 11

Je *saurer* es uns geworden, desto süßer wird uns am Ende das Glück schmecken.

Philipp in Benedix, Die Dienstboten 4. Auftr.

In *Saus* und Braus leben.

Sprichwörtl. Redensart

Der Sultan lebt in *Saus* und Braus.

Aus dem Kommersliede: Der Papst lebt herrlich in der Welt. Nach C. G. L. Noack, 1789

Eins-zwei-drei! im *Sauseschritt* · Läuft die Zeit! wir laufen mit.

Wilh. Busch, Julchen (1877)

The school for *scandal.*

(Die Lästerschule.)

Titel eine Komödie von Richard Brinsley Sheridan (1777)

Jemand in *Schach* halten.

Sprichwörtl. Redensart

Eine alte *Schachtel*

nennt der Volksmund eine ältere (oft unverheiratete) Dame

Es rauscht in den *Schachtelhalmen.*

J. V. v. Scheffel, Gaudeamus (1867): Der Ichthyosaurus

Schade! Es war doch etwas dadrin (im Kopfe).

(C'est dommage, il y avait quelque chose là!)

André Chénier auf dem Todesgange

Nun soll es an ein *Schädelspalten!*

Valentin in Goethe, Faust 3703

Dann ist einer durchaus verarmt, · Wenn die Scham den *Schaden* umarmt.

Goethe, Sprüche in Reimen: Sprichwörtlich

Die Welt nimmt teil mit Lust an unserm *Schaden* nur.

Rückert, Weisheit des Brahmanen, Stufe 4, Nr. 212 (1836/39)

Das Vermögen, *schaden* zu können, erweckt, fürchte ich, die Lust, schaden zu wollen; und es ist besser, Unrecht leiden, als Unrecht tun.

Lessing, Fabeln 2, 18: Zeus und das Schaf

Durch *Schaden* wird man klug.

Sprichwort

Das sind die Edelsten auf Erden, · Die nie durch *Schaden* klüger werden.

Paul Heise, Spruchbüchlein: Die Edelsten

Wer den *Schaden* hat, braucht für den Spott nicht zu sorgen.

Sprichwort

Die *Schadenfreude* ist die reinste Freude. Sprichwörtl. Redensart

Was es *schadet?* · Was hilft es? Dürft' ich nur hinwieder fragen?

Nathan in Lessing, Nathan der Weise 1, 2

Wer sich zum *Schaf* macht, den fressen die Wölfe.

Sprichwörtl. Redensart

Verirrtes und verlorenes *Schaf.*

Ps. 119, 176. S. auch Matth. 18, 12/13 u. Luk. 15, 4, 6

Er hat sein *Schäfchen* ins trockene gebracht.

(Schäfchen, hier falsche Wiedergabe des plattdeutschen Schepken = Schiffchen.)

Sprichwörtl. Redensart

Die *Schafe* zur Rechten.
(Die Böcke zur Linken.)
Nach Matth. 25, 32/33

Faule *Schäfer* haben gute Hunde.
Bauernregel

Der *Schäfer* putzte sich zum Tanz.
Bauerntanz in Goethe, Faust 949

Schäfer und Schinder · Sind Geschwisterkinder. Altes Sprichwort

Ein *Schäfermädchen* weidete, zwei Lämmer an der Hand.
Das Schäfermädchen und der Kuckuck. Neueres Volkslied (um 1818)

Wer fragt danach in einer *Schäferstunde?*
Mephistopheles in Goethe, Faust 4182

Weib, was habe ich mit dir zu *schaffen?* Jesus zu Maria, Joh. 2, 4

Wölfe in *Schafskleidern*
(oder im *Schafspelz*). Nach Matth. 7, 15

Die *Schale* des Zornes über jemand ausgießen.
Nach Offenb. 15, 7 (Sieben goldene Schalen voll Zorns Gottes) und Offenb. 16, 1 (Gießet aus die Schalen des Zorns Gottes).

Je bitterer die *Schale*, je süßer der Kern. Sprichwörtlich

Die *Schalen*, die erheitern, nicht berauschen (Tee).
Wm. Cowper, Der Winterabend 4 (1/85) (The cups, · That cheer but non inebriate.) Vermutlich nach Bischof John Berkeley, der schon 1744 den Tee als seine Lieblingsmedizin bezeichnete: of a nature so mild and benign and proportioned to the human constitution, as to warm without heating, to cheer but not inebriate.

Von allen Geistern, die verneinen, · Ist mir der *Schalk* am wenigsten zur Last.
Der Herr in Goethe, Faust 338/39

Kröch der *Schalk* in eines Zobels Balg, · So bleibt er doch darin ein Schalk; · Der Wolf verändert nur die Haar, · Der Untreu Sinn bleibt immerdar.
Rollenhagen, Froschmeuseler 1, 2, 26. Kap., 17/20

Die Erschütterung der Luft wird erst *Schall*, wo ein Ohr ist.
Lichtenberg, Fragm. Bemerk, über phys. Gegenstände 3

Die holde *Scham*, die Schönheit ist mir heilig.
Don Cesar in Schiller, Die Braut von Messina 1113

Mit dem Kleide ziehet das Weib auch die *Scham* aus. Herodot 1, 8

Scham bezeichnet im Menschen die innere Grenze der Sünde; · Wo er errötet, beginnt eben sein edleres Selbst.
Fr. Hebbel, Epigramme: Die Scham

Schamade blasen.
(Französ.: chamade = Rückzugssignal.)
Sprichwörtl. Redensart

Schäme dich, schäme dich, alter Gesell!
Heinr. v. Mühler: »Grad aus dem Wirtshaus« (1813–74)

Der wahre Schmerz ist *schamhaft*.
Hebbels Tagebücher

Man müßte es dahin bringen, daß sich alle Menschen des Fanatismus und der Intoleranz *schämen*.
Friedrich der Große: Aus einem Briefe an Voltaire, ohne Datum

Treibt der *Champagner* · Das Blut erst im Kreise.
Don Juans Arie in Mozarts gleichnamiger Oper 1, 2 (1787)

Schamröte ist eine schöne Farbe.
Volksmund

Die *Schande* besteht nicht in der Strafe, sondern in dem Verbrechen.
Herder, Palmblätter 2, 187: Die geprüfte Treue

Die Welt *schändet* immer, was man loben soll, und lobt, was man *schänden* soll.
Luther (Zinkgref, Apophth. 1, 184)

Ein *Schandfleck* sein.
Nach 5. Mos. 32, 5

Zu Straßburg auf der *Schanz*, · Da ging mein Trauern an.
Der Schweizer, Flieg. Blatt 1786/1806 u. Des Knaben Wunderhorn. Mel. von Fr. Silcher (1835)

Sein Leben in die *Schanze* schlagen.
Sprichwörtl. Redensart
Hier hat der Volksmund aus Chance Schanze gemacht.

Allzu *scharf* macht schartig.
Sprichwort

Scharfe Schwerter schneiden sehr, · Scharfe Zungen noch viel mehr.
Sprichwort
Nach Joh. Büchler, Gnomologia (1602)

Scharfmacher.
Nach einem Worte des Frhrn. v. Stumm († 1901) zum Pfarrer Lentze, dem Delegierten der evangelischen Arbeitervereine, im Herbst 1895: Stumm sagte, er werde den Kaiser »scharf zu machen suchen zur Anwendung rückhaltloser Gewalt«.

Ein böser *Scharlatan* · Macht erst Gesunde krank, damit er helfen kann.
Joh. Jak. Dusch, Von den Schwächen der Vernunft (1765/67)

Pfui! schäme dich, daß du nach Ruhm verlangst! · Ein *Scharlatan* bedarf nur Ruhm zu haben.
Goethe, Paralipomena zu Faust

Eine *Scharte* auswetzen.
Sprichwörtl. Redensart

Der Mensch ist nur ein *Schatten* und sein Leben ein Traum.
Herder, Palmblätter 1, 88: Mirzas Gesicht

Im *Schatten* kühler Denkungsart.
H. A. v. Thümmel († 1851)
Von andern dem Braunschweiger Buchbinder Joh. Engelh. Voigts zugeschrieben (vgl. Braunschweig. Anzeigen vom 4. Oktober 1876)

Ich bin nur noch der *Schatten* der Maria. Maria in Schiller, Maria Stuart 3, 4

Noch einmal wagst du, vielbeweinter *Schatten*, · Hervor dich an das Tageslicht.
Goethe, Gedichte: Trilogie der Leidenschaft. An Werther

Künftige Ereignisse werfen ihre *Schatten* voraus.
(Coming events cast their shadows before.)
Th. Campbell, »Lochiel's Warning«; Motto Byrons für seine »Prophecy of Dante«.

Man muß sich nie zu dem gesellen, durch den man in den *Schatten* gestellt wird.
Balthasar Gracián, Handorakel (1637) Schopenhauer

Sehnend breit' ich meine Arme · Nach dem teuren *Schattenbild*, · Ach, ich kann es nicht erreichen, · Und das Herz bleibt ungestillt!
Schiller, Gedichte: Der Jüngling am Bache

Eines *Schattens* Traum sind Menschen.
Pindar, Pythische Epinikien oder Siegeslieder 8, 136

Das Beste in dieser Art (Schauspiel) ist nur *Schattenspiel*, und das Schlechteste ist nichts Schlechteres, wenn die Einbildungskraft nachhilft.
Theseus in Shakespeare, Ein Sommernachtstraum 5, 1

Wo euer *Schatz* ist, da ist auch euer Herz. Matth. 6, 21

Sammelt euch Schätze im Himmel!
Matth. 6, 20

Und wenn du denkst: mein *Schätzel* ist gut! · Ist weiter ja nichts vonnöten!
Goethe, Epigrammatisch: Vertrauen

Mit gieriger Hand nach *Schätzen* graben, siehe unter *Regenwürmer*

Mit fremden *Schätzen* reich beladen.
Schiller, Gedichte: Ring des Polykrates

Zu wandeln und auf seinen Weg zu sehen, · Ist eines Menschen erste, nächste Pflicht; · Denn selten *schätzt* er recht, was er getan. · Und was er tut, weiß er fast nie zu *schätzen*.
Pylades in Goethe, Iphigenie auf Tauris 4, 4

Schau der Herr mich an als König! · Dünkt ihm meine Macht zu wenig?
Kilian in Kind-Weber, Der Freischütz 1, 2

Und *schau* ich hin, so *schaust* du her, · Und schau ich her, so schaust du hin, · Das macht mir wirr den

Sinn. · Schau doch nur ein einzig Mal · Mitleidsvoll in meine Liebesqual. Schwäbisches Volkslied: Liebesqual

O *schaudervoll*, höchst schaudervoll!
(O, horrible, most horrible!)
Geist in Shakespeare, Hamlet 1, 5

Das *Schaudern* ist der Menschheit bestes Teil. Faust in Goethe, Faust 6272

O hätt' ich nie gelebt, um das zu *schauen!*
Stauffacher in Schiller, Wilhelm Tell 1, 3

. . . Es weht · Ein *Schauer* vom Gewölb' herab.
Faust in Goethe, Faust 472/73

Mich faßt ein längst entwohnter *Schauer*, siehe unter *Jammer*

Schaum schlagen.
(Inhaltloses Zeug reden.)
Sprichwörtl. Redensart

Das *Schaumspritzen* der (jugendlichen) Freiheit.
Nach Georg Jung am 14. Juni 1848 und Gustav v. Griesheim am 17. Juni 1848

Man kommt zu *schaun*, man will am liebsten sehn.
Direktor in Goethe, Faust 90

Die Welt ist ein *Schauplatz*, · Du kommst, siehst und gehst vorüber.
Matth. Claudius, Denksprüche alter Weisen

Schaurig sollst du büßen!
Quartett aus Rossini, Wilhelm Tell 3, 1 (1829)

Ein *Schauspiel* für Götter, · Zwei Liebende zu sehn.
Valerio in Goethes Singspiel Erwin und Elmire 1, 1. Vermutlich angeregt durch Gellerts Lustspiel Die zärtlichen Schwestern (1747), in dem es 2, 6 heißt: Kann wohl ein schönerer Anblick sein, als wenn man zwei Zärtliche sieht, die es vor Liebe nicht wagen wollen, einander die Liebe zu gestehen? Aber schon in Seneca, De providentia, 2, 7ff. steht es ähnlich, und von den Kirchenvätern sagt Cyprian (Epist. 56, 8, Migne 4, 366) beinahe das gleiche, nämlich: Quale illud fuit sub oculis Dei spectaculum gloriosum!

Welch *Schauspiel!* aber ach! ein Schauspiel nur!
Faust in Goethe, Faust 454

Überdiß, was ist das menschliche Leben überhaupt anders als eine Komödie oder *Schau-Spiel*, wo einer in dieser, der andere in einer andern Larve auftritt und seine Person agiert, bis ihn sein Prinzipal wieder abtreten heißt.
Erasmus von Rotterdam, Lob der Narrheit (1735 S. 69)

Sein Licht soll man nicht unter den *Scheffel* stellen. Nach Matth. 5, 15, 16

Und kommt mir's nicht in *Scheffeln* ein, · Es wird auch genug im Löffel sein.
Benj. Schmolcke, Schriften 2, 337 (1740)

Steck deine Ungeduld in die *Scheide*, gieß kaltes Wasser auf deinen Zorn.
Wirt in Shakespeare, Die lustigen Weiber von Windsor 2, 3

So komm denn aus der *Scheide*, · Du Reiters Augenweide! · Heraus, mein Schwert, heraus!
Theodor Körner, Schwertlied (26. Aug. 1813)

Einen *Scheidebrief* schreiben (geben). Nach 5. Mos. 24, 1; Matth. 5, 31

. . . Ach, *Scheiden*, ach, ach! · Wer hat doch das Scheiden erdacht, · Das hat mein jungfrisch Herzelein, · So frühzeitig traurig gemacht.
Volkslied: Müllers Abschied; v. Arnim. Brentano, Des Knaben Wunderhorn

Wenn ich einmal soll *scheiden*, · So *scheide* nicht von mir!
Paul Gerhardt, O Haupt voll Blut und Wunden

So willst du treulos von mir *scheiden?* Schiller, Gedichte: Die Ideale

Es ist bestimmt in Gottes Rat, · Daß man vom Liebsten, was man hat, · Muß *scheiden*.
Nach E. Frhr. v. Feuchterslebens Gedicht »Nach altdeutscher Weise« (1824). Ursprünglich war der Wortlaut: Es ist bestimmt in Gottes Rat · Daß man, was man am liebsten hat, · Muß meiden. Mendelssohn änderte es zu seiner Komposition in die obige Fassung.

Nun hör' ich kleiner Vöglein Sang Und wandre über die Heiden. · Nur tut mir all mein Lebelang · So weh und so wehe das *Scheiden!*
Flämisches Volkslied (Talvj)

Zwischen Zeit und Ewigkeit · Steht die *Scheidungsbrücke.* · Füllend mit dem Schreckensglanz · Die furchtbare Lücke.
Fr. Rückert, Die Scheidungsbrücke

Der *Schein* soll nie die Wirklichkeit erreichen, · Und siegt Natur, so muß die Kunst entweichen.
Schiller, Gedichte: An Goethe, als er den Mahomet von Voltaire auf die Bühne brachte

Der *Schein* regiert die Welt, und die Gerechtigkeit ist nur auf der Bühne.
Narbonne in Schiller, Der Parasit 5, 8

Der *Schein* ist gegen mich, doch darf ich hoffen, · Daß ich nicht nach dem Schein gerichtet werde.
Leicester in Schiller, Maria Stuart 4, 6

Allen bösen *Schein* meiden.
1. Thess. 5, 22

Ich steh' hier auf meinem (nach Tieck: meinen) *Schein!*
Shylock in Shakespeare, Der Kaufmann von Venedig 4, 1

Schein' ich besser, als ich bin. · Nehmt mich als den bessern hin; · Bin ich besser, als ich *scheine,* · Besser ist's dann, als ich meine.
Joh. Gabr. Seidl, Unter seinem Bilde (1863)

Laß ruhig auch dem schönen *Schein* · Sein bißchen Recht! · Auch Schein ist echt, · Will er nichts weiter sein!
Cäsar Flaischlen - Gedenkbuch, 21. Febr.

Ihr jauchzet, entzündet von dem teuflischen *schein,* · verprasset was blieb von dem früheren sein · und fühlt erst die not vor dem ende.
Stefan George (1868–1933), Der siebente Ring (Gesamtausgabe Bd. VI, VII.)

Wer etwas *scheinen* will, der such' es auch zu sein; · Denn ohne Sein ist selbst der *Schein* ein leerer Schein.
Rückert, Weisheit d. Brahmanen Stufe 4

Nicht der Beste *scheinen,* nein, er will es sein!
Äschylos, Sieben vor Theben 567 (Donner)

Und was sie ist, · Das wage sie zu *scheinen!*
Maria in Schiller, Maria Stuart 1, 7

So laßt mich *scheinen,* bis ich werde.
Goethe, Mignon. (Aus Wilhelm Meisters Lehrjahren.)

Jeder sieht, wie du zu sein *scheinst;* wenige fühlen heraus, wie du bist.
Macchiavelli, Buch vom Fürsten 18. Kap.

Was man *scheint,* · Hat jedermann zum Richter; was man ist, · Hat keinen.
Elisabeth in Schiller, Maria Stuart 2, 5

Vom *Scheitel* bis zur Sohle.
Nach 5. Mos. 28, 35

So klammert sich der Schiffer endlich noch · Am Felsen fest, an dem er *scheitern* sollte.
Tasso in Goethe, Torquato Tasso 5, 5

Klingende *Schelle.* Nach 1. Kor. 13, 1

Sei er kein *schellenlauter* Tor!
Faust in Goethe, Faust 549

Ein *Schelm,* der mehr gibt, als er hat.

Je ärger *Schelm,* je besser Glück.
Sprichwörter

Schelm, halt fest, ich will dich lehren! Duett in Weber, Freischütz 2, 1

Der *Schelm* von Bergen.
Titel eines Gedichtes von Wilhelm Smets (1796–1848)

Schelm von Bergen.
Titel eines Gedichtes von H. Heine

Auf einen *Schelmen* anderthalbe (setzen). Sprichwörtl. Redensart

Mädel, schau mir ins Gesicht! · ... *Schelmenauge,* blinzle nicht!
Bürger, Liebeszauber

Vergeltet nicht *Scheltwort* mit Scheltwort! 1. Petri 3, 9

Den *Schemel* soll nicht verschmähen, wer aufs Pferd will.
Joh. Geiler von Kaisersberg (1510)

Mutting, *schenk* doch Bräsigen in!
Eine der drei Redensarten, die Jochen Nüßler in Fritz Reuters Stromtid im Munde führt: statt Bräsigen läßt er aber auch Triddelfitzen, Hawermannen oder sonst einem einschenken.

Gleich *schenken?* Das ist brav! Da wird er reüssieren!
Mephistopheles in Goethe, Faust 2674

Wer alles gleich gewährt aus Gunst, · Der Herr kennt nicht des *Schenkens* Kunst.
Walther v. d. Vogelweide, Falsche Freigebigkeit

Einem *geschenkten* Gaul · Sieht man nicht ins Maul. Sprichwort

An den *Scherben* erkennt man den Topf. Sprichwörtlich

An den *Scherben* seines Glückes kittet man seine Erinnerungen zusammen. Flieg. Blätter Nr. 3502

Scherbengericht
bezeichnet ein ungerechtes oder oberflächliches Urteil der Menge über einen berühmten Mann. *'όστρακον* (óstrakon) war die Tonscherbe, auf welche die Athener Bürger den Namen dessen schrieben, den sie in die Verbannung schicken wollten.

Das *Scherflein* der Witwe.
Nach Mark. 12, 42ff; daher: sein *Scherflein* beitragen

Was *schert* mich Weib, was schert mich Kind?
Heine, Buch der Lieder: Die Grenadiere

Wenn der *schertz* am besten ist, soll man auffhören.
Agricola, Sprichwörter (1529) Nr. 39

Ein *Scherz* hat oft gefruchtet, wo der Ernst · Nur Widerstand hervorzurufen pflegte.
Flordelis in Platen, Berengar

Scherz soll sein · Keusch und rein.
Inschrift auf einem Dukaten von 1613

Der *Scherz* will frei in die Luft hineinranken wenn er bunte Blüten treiben soll; wer ihn ängstlich an Latten und Pfähle bindet, dem verkümmert er unter den Händen.
Em. Geibel, Meister Andrea 2, 15

Besser *Scheu* · Als Reu. Alter Spruch

Nichts Heiliges ist mehr, es lösen · Sich alle Bande frommer *Scheu.*
Schiller, Lied von der Glocke V. 370/71

Die erste Frau *scheuert* die Bank, die zweite setzt sich drauf.

In eine leere *Scheune* kommt keine Maus. Volksmund

Ein *Scheusal* und Sprichwort sein.
Nach 5. Mos. 28, 37 (vgl. auch unter *Wolfsschlucht*)

Schiboleth.
Losungswort einer Partei, nach Buch der Richter 12, 76

Mancher weiß sich in alles zu *schicken.* Sprichwörtlich

Schicket euch in die Zeit.
Röm. 12, 11

Die schmale Mittelbahn des *Schicklichen.*
Marquis in Schiller, Don Carlos 2, 15

Die *Schicklichkeit* umgibt mit einer Mauer · Das zarte, leicht verletzliche Geschlecht (die Frauen).
Prinzessin in Goethe, Torquato Tasso 2, 1

Das *Schicksal* mischt die Karten, und wir spielen.
Schopenhauer, Aphorismen zur Lebensweisheit 5

Das *Schicksal* setzt den Hobel an, · Und hobelt alles gleich.
Valentin in F. Raimund, Der Verschwender 3, 10

Sein *Schicksal* schafft sich selbst der Mann.
Gottfried Kinkel, Otto der Schütz (Schluß)

Du weißt: das *Schicksal* meint es gut mit Menschen.
L. Schefer, Laienbrevier, Jan. 13

Das *Schicksal* nimmt nichts, was es nicht gegeben hat.
Seneca, Abhandlungen (von Moser 1828), S. 459

Selten tritt dem Weisen das *Schicksal* in den Weg.
Seneca, Abhandlungen von Moser (1828), S. 459

Dein *Schicksal* ruht in deiner eignen Brust.
Johanna in Schiller, Jungfrau von Orleans 3, 4

Das große gigantische *Schicksal,* · Welches den Menschen erhebt, wenn es den Menschen zermalmt.
Schiller, Gedichte: Shakespeares Schatten

Gewiß ist es fast noch wichtiger, wie der Mensch sein *Schicksal* nimmt, als wie sein Schicksal ist.
W. v. Humboldt, Briefe an eine Freundin, 6. Sept. 1825

Fordre niemand, mein *Schicksal* zu hören! v. Holtei, Der alte Feldherr

Der Mensch tut nicht alles aus sich selbst, er arbeitet auch dem *Schicksal* in die Hände.
L. Anzengruber

Mein *Schicksal* ruft.
Hamlet in Shakespeare, Hamlet 1, 4

Schicksal des Menschen, · Wie gleichst du dem Wind!
Goethe, Gesang der Geister über den Wassern

Wenn das *Schicksal* ruft: Le jeu est fait, messieurs! – so achten das die wenigsten; erst wenn sie hören: Rien ne va plus! bekommen sie Lust, aber zu spät.
Börne, Der Narr im Weißen Schwan, 2. Kapitel

Das *Schicksal* weiß immer das Beste für uns.
Max Dauthendey (1867–1918)

Der Menschensohn, der *schicksallos* sich glaubt, · Ihn blickt der Genius der Menschheit schon · Mitleidgen Auges an und sieht die Stunde · Beflügelt nahn, die sein *Geschick* erfüllt.
Robert Hamerling, Geleitspruch zu Ahasver in Rom

Willst du mit den Kinderhänden · In des *Schicksals* Speichen greifen?
Siehe unter *Donnerwagen*

So stand es im Buche des *Schicksals.* (Sic erat in fatis)
Ovid, Festkalender 1, 481

In deiner Brust sind deines *Schicksals* Sterne.
Illo in Schiller, Die Piccolomini 2, 6

Der Zug dés Herzens ist des *Schicksals* Stimme.
Thekla in Schiller, Die Piccolomini 3, 8

Nur wenn sie reif ist, fällt des *Schicksals* Frucht!
Johanna in Schiller, Die Jungfrau von Orleans 5, 4

Eines *schickt* sich nicht für alle!
Goethe, Gedichte: Beherzigung

Was die *Schickung schickt,* ertrage; · Wer ausharret, wird gekrönt.
Herder, Legenden: Die wiedergefundenen Söhne

Es war kein Irrtum, eine *Schickung* war's.
Johanna in Schiller, Jungfrau von Orleans 5, 4

Du glaubst zu *schieben* und du wirst *geschoben.*
Mephistopheles in Goethe, Faust 4117

Da sind Sie *schief* gewickelt!
(Schlecht unterrichtet.)

Nur nicht ängstlich: Die Sache wird schon *schief*gehen. Redensarten

Besser *schielen* als blind sein.
Sprichwörtlich

Schier dreißig Jahre bist du alt, · Hast manchen Sturm erlebt!
K. v. Holtei, Mantellied (1828)

Ich *schieß* den Hirsch.
Siehe unter *Forst*

Spiel nicht mit dem *Schießgewehr,* denn es könnt' geladen sein.
Sprichwörtlich

Er paßt auf wie ein *Schießhund.*
Sprichwörtl. Redensart

Gebt Feuer! ach, wie *schießt* ihr schlecht! Jul. Mosen, Andreas Hofer

Mancher *schießt* immer übers Ziel hinaus. Sprichwörtl. Redensart

Das *Schiff* streicht durch die Wellen, fidelin!
Jos. v. Brassier, Sehnsucht nach der Heimat (1819)

Neben dem *Schiff* ist gut schwimmen. Sprichwörtlich

Das *Schiff* geht nicht immer dahin, wohin es der *Schiffer* haben will.
Sprichwort

Schiff siehe auch unter *Ratten*

Schiffahrt treiben ist nötig, leben nicht. Siehe unter *Navigare*

Beim *Schiffbruch* hilft der einzelne sich leichter.
Tell in Schiller, Wilhelm Tell 1, 3

Einem warf ich im *Schiffbruch* ein Brett zu. Vom Tode gerettet, · Sprach er: Was kostet das Brett? Dankbar bezahl' ich das Holz!
Fr. Hebbel, Ausgleichung

Mehr Schiffe nur, · Wir wollen sie schon taufen.
Freiligrath, Glaubensbekenntnis (Flottenträume)

Der *Schiffe* mastenreicher Wald.
Schiller, Ring des Polykrates

Ergreifet den *Schild* des Glaubens!
Eph. 6, 16

Schilde besiegen Schilde, Diamanten beschneiden Diamanten.
(Escudos vencen escudos, · Diamantes labran diamantes.) Ruiz de Alarcon

Etwas im *Schilde* führen.
Sprichwörtl. Redensart

Wer *Schildes* Amt üben will, · Der muß durchstreichen Lande viel.
Wolfram von Eschenbach im Parzival (um 1210)

Tut ein *Schilf* (das Zuckerrohr) sich doch hervor. · Welten zu versüßen! · Möge meinem Schreibe-Rohr · Liebliches entfließen!
Goethe, Westöstl. Diwan, Buch des Sängers

Auch aus seiner grünen Welle · Steigt der *schilfbekränzte* Gott.
Schiller, Das eleusische Fest

Nun streitet sich das Publikum seit zwanzig Jahren, wer größer sei: *Schiller* oder ich, und sie sollten sich freuen, daß überall ein paar Kerle da sind, worüber sie streiten können.
Eckermann, Gespräche mit Goethe, am 12. Mai 1825

Wer ist größer: *Schiller?* Goethe? – · Wie man nur so mäkeln mag! · Himmlisch ist die Morgenröte, · Himmlisch ist der helle Tag!
Ed. Bauernfeld

Einem zureden wie einem kranken *Schimmel* (Pferd).

Schimmer und Flimmer · Dauern nicht immer!
Sprichwörtl. Redensarten

»Man hat ein *Schimpflied* auf dich gemacht.« · Es hat's ein böser Feind erdacht. · Laß sie's nur immer singen, · Denn es wird bald verklingen.
Goethe, Sprüche in Reimen: Sprichwörtlich

Der Pfeil des *Schimpfs* kehrt auf den Mann zurück, · Der zu verwunden glaubt.
Tasso in Goethe, Tasso 4, 4

Nur wenn man von Geistern spricht, · Denkt man mein noch und *schimpft* tüchtig.
Just. Kerner; siehe den Anfang unter *flüchtig*

Dreimal ist recht, das viertemal ein *Schinderknecht*.
Sprichwort, auch plattdeutsch z. B. in Reuters Dörchläuchting 7. Dreimal is recht, dat virte Mal en Schinnerknecht.

Dein bester *Schirm* ist deines Volkes Herz.
König in Schiller, Demetrius V. 509

Wer unter dem *Schirm* des Höchsten sitzet . . . Psalm 91, 1 und 2

Zu den Waffen! Zu den Waffen! · Was die Hände blindlings raffen! · Mit dem Spieße, mit dem Stab, · Strömt ins Tal der *Schlacht* hinab.
H. v. Kleist, Germania an ihre Kinder

Ein *Schlachten* war's, nicht eine *Schlacht* zu nennen!
Raoul in Schiller, Die Jungfrau von Orleans 1, 9

Man soll nicht mehr *schlachten*, als man salzen kann. Sprichwörtlich

Schlaf, Kindlein, schlaf! Wunderhorn

Der *Schlaf* ist doch die köstlichste Erfindung!
Heine, William Ratcliff, 10. Auftritt

Langer *Schlaf* verleiht dem Greise · Kurzen Wachens rasches Tun.
Baucis in Goethe, Faust 11061/62

Ich denke, einen langen *Schlaf* zu tun, · Denn dieser letzten Tage Qual war groß.
Wallenstein in Schiller, Wallensteins Tod 5, 5

Hoch vor allen · Gaben der Himmlischen · Sei mir gepriesen · Du, der Seele · Labendes Wasser, · Gliederlösender · Heiliger *Schlaf*.
Em. Geibel, Juniuslieder: An den Schlaf

O mordet nicht den heiligen *Schlaf!*
Gordon in Schiller, Wallensteins Tod 5, 6

Schlaf! O holder Schlaf! Du Pfleger der Natur!
König Heinrich in Shakespeare, König Heinrich IV. 2. Teil 3, 1

Schlaf des Gerechten.
Nach 3. Mos. 26, 6; Ps. 3, 6; Spr. Sal. 3, 24

Den ewigen *Schlaf schlafen*.
Nach Jerem. 51, 39 und 57

Etwas im *Schlaf* erhalten: denn seinen Freunden gibt er es schlafend.
Nach Psalm 127, 2: Den Seinen gibt es Gott im Schlafe

... nur rühr nicht an den *Schlaf* der Welt!
Hebbel, Gyges und sein Ring, 5. Akt

Eure *Schläfe* schmückten Siegeskränze, · Kronen euer duftend Haar.
Schiller, Gedichte: Die Götter Griechenlands

Schlafen! Vielleicht auch träumen! – Ja, da liegt's.
Hamlet in Shakespeare, Hamlet 3, 1

Ich weiß, daß junges Blut auf *Schlafen* hält.
Brutus in Shakespeare, Cäsar 4, 3

Schlafen! Endlich werde ich schlafen! Alfred de Musset am 1. Mai 1857

Jetzt will ich *schlafen*.
Byron am 19. April 1824

Ich lieg' und besitz': laßt mich *schlafen!* Fafner in Wagner, Siegfried 2

Ich wollt', es wäre *Schlafenszeit*.
Siehe unter *bedtime*

Die Not bringt einen zu seltsamen *Schlafgesellen*.
Trinculo in Shakespeare, Der Sturm 2, 2

Das heiß' ich rechte Augenweide, · 's Herz weidet sich zugleich. · Der alles segnet, segn' euch beide! · Euch, liebes *Schlafgesindel*, euch!
Matthias Claudius: Als er sein Weib und 's Kind an ihrer Brust schlafend fand, 1775

Denn *schlaflos* ist ja der Kranken Schlaf.
Sophokles, Philoktet 847 (Donner)

Gottes Auge *schläft* nicht.
Sprichwörtlich

Erst Wort, dann *Schlag*.
Brutus in Shakespeare, Julius Cäsar 5, 1

Schlag auf Schlag!
Vgl. Klopstocks Messias 4 V. 564ff. ... Die Harfe tönt fort mit geflügelten Stimmen, Schlag auf Schlag, Gedanke auf Gedanke. – Gleim (im Musenalmanach von Voß, 1798, S. 80). Beim Lesen eines witzreichen Buches: Witz auf Witz! · Blitz auf Blitz! · Schlag auf Schlag! · Ob's auch einschlagen mag? – Bader Schelle in Raupachs Schleichhändlern (1828) 2, 9: Und so ging der Witz immer weiter, Schlag auf Schlag!

Schlage mich, aber höre mich!
Themistokles zu Eurybiades bei Plutarch, Themist. 11

Der ist leicht zu *schlagen*, der sich einmal schlagen ließ.
Persisches Sprichwort

Behandelt jeden Menschen nach seinem Verdienst, und wer ist vor *Schlägen* sicher?
(Use every man ofter his desert, and who should 'scape whipping?)
Hamlet in Shakespeare, Hamlet 2, 2

Schlampe, auch *Schlampampe*
(unordentliche Frau).
Nach Fischarts Gargantua (1575). Daher auch: *schlampampen* (für liederlich leben, besonders trinken). Vgl. Scheffels Lied »Der Enderle v. Ketsch«, Vers 12: »Und wer bei den Türken und Heiden · Sein Geld wie ich *verschlampampt*.«

Die alte *Schlange*
wird Offenb. 12, 9 und 20, 2 der Teufel genannt

Die *Schlange* sticht nicht ungereizt.
Tell in Schiller, Wilhelm Tell 1, 3

Schmeichelnd kitzelt · Die *Schlange*, wo sie sticht.
Imogen in Shakespeare, Cymbeline 1, 2

Eine *Schlange* am Busen nähren.
Nach Äsops Fabeln 97 und 97b (vgl. Petronius 77: Tu viperam sub ala nutricas.)

Die *Schlange* wendet sich und windet sich mit Drehn; · Laß ihr den *Schlangengang*, sie kann nicht grade gehn.
Rückert, Weisheit des Brahmanen 16, 51

Hoffet nicht, · Mit glatter *Schlangenhaut* Euch loszuwinden
König in Schiller, Don Carlos, Thaliafassung

Eine *Schlappe* kriegen.
Sprichwörtl. Redensart
So sagt schon Luther: So scharf wird nicht werden ein man, · Der den Teufel gnug kennen kan, · Er hengt ihm doch ein *schlappen* an · Und wird ihn nicht zu frieden lan. Der Neundt Teil der Bücher Lutheri. Wittemberg 1558, Bl. 515: Warnung für Peter Barbirer.

Schlaraffen siehe unter *Brei*.

Schlaraffenland siehe unten bei *Schlauraffenland*

Schlau wie ein Oktoberfuchs.
Sprichwörtl. Redensart

Den leeren *Schlauch* bläst der Wind auf; · Den leeren Kopf der Dünkel.
Matth. Claudius, Denksprüche alter Weisen

Alte *Schläuche*, junger Wein.
Siehe unter *Most*

Ein *schlauer* Schelm braucht keinen Mäkler.
Hume in Shakespeare, König Heinrich VI. 2. Teil 1, 2

Man kann *schlauer* sein als ein anderer, nicht aber schlauer als alle andern.
La Rochefoucauld, Maximes

Ein Gegend heißt *Schlauraffenland*, · Den faulen Leuten wohlbekannt. · Auch fliegen um (möget ihr glaugen) · Gebratne Hühner, Gäns' und Tauben.
Hans Sachs, 1536; bei Seb. Brant 1494: Schluraffenland

Schlecht (für schlicht) und recht.
Hiob 1, 1; Spr. Sal. 1, 3

Billig und *schlecht*.
Bezeichnung der deutschen Massenartikel auf der Weltausstellung Philadelphia in Franz Reuleaux' »Briefen aus Philadelphia«, Brief 1 (1876)

Unbillig ist es, ohne Grund den *schlechten* Mann · Für redlich achten und für *schlecht* den redlichen.
Kreon in Sophokles, König Ödipus 609/10 (Donner)

Der trockne *Schleicher*.
Nach Faust in Goethe, Faust 521

Hüte dich vor den *Schleichern*, die Rauscher tun dir nichts.
Alter Spruch

Wer nicht bei Tage gehn darf, *schleicht* bei Nacht.
Bastard in Shakespeare, König Johann 1, 1

Frommt's, den *Schleier* aufzuheben, wo das nahe Schrecknis droht?
Schiller, Gedichte: Kassandra

Mit dem Gürtel, mit dem *Schleier*,
siehe unter *Gürtel*

Peter *Schlemihl*, der seinen Schatten sucht.
Aus Chamissos Erzählung: Peter Schlemihl. Danach die Redensart:
Du bist schon ein richtiger *Schlemihl* (Unglücksmensch, Pechvogel).

Gewöhne dich nicht zum *Schlemmen*.
Jes. Sir. 18, 32

Junge *Schlemmer*, alte Bettler.
Sprichwort

Ich gehe meinen *Schlendrian* und trinke meinen Wein.
Studentenlied (1840

Einen ins *Schlepptau* nehmen.
(Vorwärts bringen).
Sprichwörtlich aus der Seemannssprache

Schlwesig-Holstein, stammverwandt.
Refrain des von Karl Friedrich Straß gedichteten Liedes »Schleswig-Holstein, meerumschlungen« (1842) und seiner Umdichtung von Matthäus Friedrich Chemnitz (1844)

Ein redlich Wort macht Eindruck, *schlicht* gesagt.
Königin Elisabeth in Shakespeare, König Richard III. 4, 4

Besser *schlichten* · Als richten.
Sprichwort

Es ließe sich alles trefflich *schlichten*, · Könnte man die Sachen zweimal verrichten.
Goethe, Sprüche in Reimen: Sprichwörtlich

's ist nichts so *schlimm*, als man wohl denkt, · Wenn man's nur recht erfaßt und lenkt.
Stradella in Wilh. Friedrich, Stradella 2, 8 (Oper von Flotow)

Gott, wer darf sagen: *schlimmer* kann's nicht werden? · 's ist schlimmer nun als je ... · Und kann noch schlimmer gehn; 's ist nicht das *Schlimmste*, · Solang man sagen kann, dies ist das Schlimmste.
Edgar in Shakespeare, König Lear 4, 1

Jedoch das Aller*schlimmste*, · Das haben sie nicht gewußt; · Das *Schlimmste* und das Dümmste, · Das trug ich geheim in der Brust.
Heine, Buch der Lieder: Lyrisches Intermezzo 24

Aller Dinge *schlimmstes* ist Genossenschaft · Mit *Schlimmen*.
Äschylos, Sieben vor Theben 574/75 (Donner)

Das *Schlimmste* unter *schlimmen* Dingen,
siehe bei *Dingen* (Schillers Iphigenie)

Sich aus der *Schlinge* ziehn.

Oft fängt sich einer in seiner eigenen *Schlinge*. Sprichwörtl. Redensarten

Schlittengerechtigkeit oder *Schlittenrecht*
nennt man in einigen Gegenden Deutschlands das Recht der jungen Männer, die Mädchen zu küssen, nachdem sie sie im Schlitten gefahren haben. Vgl. Goethe: Aus meinem Leben, Dichtung und Wahrheit 2, Buch 6 und Reuters Dörchläuchting 5: Halsband äuwt *Sleden-Recht* ut.

Man macht kein *Schloß* für die frommen Leute, sondern für die Spitzbuben.

Für manchen wär's gut, wenn er ein *Schloß* vor dem Mund hätte.
Sprichwörtlich

In *Schlösser* drängt sich oft ein Schwarm von Leide · Im Kleid der Freude.
E. Chr. v. Kleist: Der Vorsatz (1760)

Schlösser, die im Monde liegen, bringen Kummer, lieber Schatz.
Lied aus der Operette Frau Luna von Paul Lincke

Wer alles *schlucken* will, wird schlecht verdauen.
Provenzalisches Sprichwort

Ruhiger *Schlummer* ... tilgt aus dem Herzen · Alles, Gutes und Böses, sobald er die Augen umschattet. Homer, Odyssee 20, 85/86 (Voß)

Haß, als minus und vergebens, · Wird vom Leben abgeschrieben. · Positiv im Buch des Lebens · Steht verzeichnet nur das Lieben. · Ob ein Minus oder Plus · Uns verblieben zeigt der *Schluß*.
Wilhelm Busch, Schein und Sein (Buch des Lebens, 1909)

Und zum *Schluß* schuf der liebe Gott den Kuß.
Aus der Operette Der Fürst von Pappenheim von Hugo Hirsch

Ein goldner *Schlüssel* öffnet alle Türen.

Gebrauchter *Schlüssel* ist immer blank.
Sprichwörter

Nur Geld genug, so ist die Welt zu Kauf; · Ein goldner *Schlüssel* schließt alle Schlösser auf!
Chr. M. Wieland, Oberon 11, 42

Schlimm sind die *Schlüssel*, die nur schließen auf, nicht zu; · Mit solchem *Schlüsselbund* im Haus verarmest du.
Rückert, Weisheit d. Brahmanen 3, 34, 19

Ich bin dein, du bist mein, · Des sollst du gewiß sein. · Du bist beschlossen in meinem Herzen; · Verloren ist das *Schlüsselein:* · Nun mußt du immer drinnen sein.
Liebesreim eines Unbekannten (um 1170)

Schmachtende Liebe vermeidet den Tanz.
Goethe, Lieder: Wechsellied zum Tanze

. . . *Schmachvolles* auch, · Verübtest du's im Dunkel, bringt dir keine *Schmach*.
Deianeira in Sophokles, Trachinierinnen 596/97 (Donner)

Frevel ist's, den edlen Mann · Zu *schmähn* im Tode, wenn wir ihn auch einst gehaßt.
Odysseus in Sophokles, Aias 1344/45 (Donner)

Schmal ist der Weg zur Tugend, breit der zur Sünde.
Sprichwörtl. Redensart

Wie konnt' ich sonst so tapfer *schmälen*, · Wenn tät' ein armes Mägdlein fehlen.
Margarete in Goethe, Faust 3577/78

Da ist *Schmalhans* Küchenmeister.
Sprichwörtl. Redensart

Es ging ihm nichts darüber, · Er leert' ihn jeden *Schmaus* (den Becher). Goethe, Der König in Thule
Schmaus vgl. u. *Ragout*

Mit vielem läßt sich *schmausen*, · Mit wenig läßt sich hausen.
Sprichwort

Wenn es am besten *schmeckt*, soll man mit dem Essen aufhören.
Alte Gesundheitsregel

Da geht's, mein Herr, nicht immer mutig zu; · Doch *schmeckt* dafür das Essen, schmeckt die Ruh.
Margarete in Goethe, Faust 3147/48

Nichts wie die *Schmeichelei* ist so gefährlich dir. · Du weißt es, daß sie lügt, und dennoch glaubst du ihr.
Rückert, Weisheit des Brahmanen, Stufe 5, Nr. 421 (1836/39)

Erst *schmeicheln*, dann kratzen, · Schickt sich für Katzen. Sprichwort

Man *schmeichelt* sich ins Leben hinein, aber das Leben schmeichelt uns nicht.
Goethe, Wahlverwandtschaften 2, 7

Schmeichler sind Heuchler und Meuchler. Sprichwörtlich

Drei Männer umspannten den *Schmerbauch* ihm nicht.
G. A. Bürger, Der Kaiser und der Abt (1785)

Wer gut *schmert* (schmiert), · Der gut fährt. Sprichwort

Der *Schmerz* ist die Geburt der höheren Naturen.
Tiedge, Urania, 5. Gesang

Ja *Schmerz!* nur du machst Menschen erst zu Menschen ganz.
(Tu fais l'homme, o Douleur! oui l'homme, tout entier.)
Alphonse de Lamartine, Harmonien (1830, übers. v. Herwegh)

Schmerz ist oft mehr Wollust als Schmerz.
Jos. Jak. Engel, Der Philosoph für die Welt 2, 36. Eine Standrede (1775/77)

Der *Schmerz* ist Leben.
Attinghausen in Schiller, Wilhelm Tell 4, 2

Der *Schmerz* ist der große Lehrer der Menschen. Unter seinem Hauche entfalten sich die Seelen.
Marie v. Ebner-Eschenbach, Aphorismen (1893)

Es ist die Lust nicht . . . · Der *Schmerz* nur ist es, der die Welt erlöst!
Rob. Hamerling, Ahasver in Rom 6

An den *Schmerz* erinnert man sich.
Sprichwort aus dem Lateinischen, vgl. unter *Cui* dolet

Geheim ist alles, · Nur unser *Schmerz* nicht.
(Arcano è tutto, Fuor che il nostro dolor.)
Giacomo Leopardi, Sapphos letzter Gesang (1824, übers. v. Heyse)

Merke dir's, du blondes Haar, · *Schmerz* und Lust Geschwisterpaar, · Unzertrennlich beide; – · Geh und lieb und leide!

C. F. Meyer, Hochzeitslied (1882)

Schmerz · Klammert sich ums Herz.

Alter Spruch

Verhüllter *Schmerz* ist heilig wie der Tod. Otto Erich Hartleben, Gedichte

Kurz ist der *Schmerz*, und ewig ist die Freude.

Johanna in Schiller, Die Jungfrau von Orleans 5, 14

Auch der *Schmerz* will seinen Ausdruck haben, · Und der Mann, vom Schmerze überwältigt, · Braucht sich seiner Tränen nicht zu schämen. Fr. Bodenstedt, Ada, Gesang 53

Weiter hast du keine *Schmerzen?*

Mozart, Don Juan 2, 6

Die schlimmsten *Schmerzen* sind auf Erden, · Die ausgeweint und ausgeschwiegen werden.

Bodenstedt, Die Lieder des Mirza-Schaffy: Lieder der Klage Nr. 10

Eine sel'ge Stunde · Wiegt ein Jahr von *Schmerzen* auf.

Em. Geibel, Gedichte: Leichter Sinn

Gehabte *Schmerzen*, · Die hab' ich gern.

Wilh. Busch, Abenteuer eines Junggesellen (1875)

Bei großen *Schmerzen* wirken Worte wie Fliegen auf Wunden.

(Les paroles sur les grandes douleurs sont des mouches sur des plaies.)

J. H. Rosny, Die Krähen (1888, Zimmermann)

Ich wollt', meine *Schmerzen* ergössen · Sich all in ein einziges Wort. Heinr. Heine, Heimkehr

Übertriebene Freuden werden *Schmerzen*.

Fr. Justin Bertuch, Das Lämmchen

Poesie ist tiefes *Schmerzen*,

siehe unter *Poesie*

Schmerzensreiche siehe unter *neige*

Schmerzensschrei (cri de douleur).

Cavour auf dem Friedenskongreß in Paris 1856. Viktor Emanuel in der Thronrede vom 10. 1. 1856 »Grido di dolore«.

Nicht dem Vergnügen (Genuß), der *Schmerzlosigkeit* geht der Vernünftige nach.

Aristoteles, Nikom. Ethik 7, 12

Es *schmerzt* nicht, Paetus!

(Paete, non dolet!)

So rief Arria ihrem zum Tode verurteilten Gatten zu, ihm den Dolch reichend, den sie sich selbst in die Brust gestoßen hatte. – Nach Martial, Epigramme (um 85) 1, 14. Vgl. Nietzsche, Der Wanderer und sein Schatten, Aphor. 75: Eine heilige Lüge.

Er ist ein richtiger *Schmetterling* (Don-Juan-Natur). Sprichwörtlich

Jeder ist seines Glückes *Schmied*.

Sprichwort

Zurückzuführen auf den römischen Konsul Appius Claudius (307 v. Chr.); vgl. Sallust, De re publ. ordinando 1, 1

Vor die rechte *Schmiede* gehen.

Sprichwörtl. Redensart

Verstand ohne Mut – · Zum *Schmieden* fehlt die Glut; · Mut ohne Verstand – · Zum Schmieden fehlt die Hand. Reimspruch

Schmiedes Kinder sind die Funken gewohnt. Sprichwort

Was *schmiedst* du, *Schmied?* »Wir *schmieden* Ketten, Ketten!« · Ach, in die Ketten seid ihr selbst geschlagen.

Fr. Rückert, Geharnischte Sonette 3

Die Bäume, die · Sich *schmiegen*, stehn an ihren Zweigen unversehrt, · Und die sich sträuben, kommen samt der Wurzel um.

Hämon in Sophokles, Antigone 713/14 (Donner)

Schmieren und Salben · Hilft allenthalben. Alte Gesundheitsregel

Einen *Schmierendirektor*

nennt der Volksmund den Direktor eines wandernden armseligen Theaters

Wie man den Karren *schmiert*, so läuft er. Sprichwörtl. Redensart

Er *schmierte*, wie man Stiefel *schmiert* – vergebt mir diese Trope – · Und war ein Held an Fruchtbarkeit wie Calderon und Lope.
(Auf Kotzebue gemünzt.)
Schmuhl in Platen, Die verhängnisvolle Gabel 2

Wenn sich Weiber *schminken*, · Ist es wie ein Winken, · Daß man aufgenommen, · Wolle man nur kommen. Fr. v. Logau, Sinngedichte

Schmock.
Figur aus Freytags Lustspiel: Die Journalisten. Nach ihr nennt man einen gesinnungslosen oder käuflichen Zeitungsschreiber einen Schmock

Das *Schmollen* der Weiber ist nichts als ein Guerillakrieg, den sie gegen die konzentrierte Macht der Männer führen, ein Krieg, in dem sie immer siegen.
Börne, Verm. Aufsätze: Über das Schmollen der Weiber 17

Herr Bruder zur Rechten, Herr Schwager zur Linken, · Wir wollen einander ein *Schmollis* zutrinken.
Studentenlied (um 1685)

O wieviel schöner blüht die Schönheit doch, · Ist ihr der *Schmuck* der Treue mitgegeben!
Shakespeare, Sonett (Schumacher)

Schmücke dich nicht mit fremden Federn. Sprichwörtl. Redensart

Mach mer kaan *Schmus* vor (täuschen). Jüdische Redensart

Innen *Schmutz*, · Außen Putz.
Reimspruch

Nicht ist's Schande, in den *Schmutz* zu fallen, aber Schande ist's, im *Schmutze* liegenzubleiben.
Italienisches Sprichwort

Wie oft wäscht nicht eine Hand die andere, und beide bleiben *schmutzig*.
Joseph Unger, Mosaik: Bunte Betrachtungen und Bemerkungen

An *schmutzigen* Händen bleibt viel hängen.

Jeder soll reden, wie ihm der *Schnabel* gewachsen ist.

Geben Sie mir einen *Schnabus!* (Schnaps.)

Von *Schnack* kommt Schnack.

Mancher weiß immer klug zu *schnacken*. Sprichwörtl. Redensarten

Der *Schnaps*, der sei des Menschen böser Feind, · So hat der Pfarrer jüngst gemeint. · Doch in der Bibel steht geschrieben, · Du sollst auch deine Feinde lieben. Scherzreim

Die Menschen sind wie die *Schnekken*, die bei gutem Wetter aus ihrer Schale hervorkriechen und sich bei schlimmer Witterung darin zurückziehen.
Joh. Geiler von Kaisersberg (1445–1510)

Der geht seinen *Schneckengang!*
Sprichwörtl. Redensart

Hie bleiben mer sitzen und tun, was mer schuldig sein, und wenn d'r ganze *Schnee* verbrennt.
Gerhart Hauptmann, Die Weber

Der *Schneeball* und das böse Wort,
siehe unter *böse*

Schneeglöckchen läutet den Frühling ein. Rob. Reinick

Er freut sich wie ein *Schneekönig!*
Redensart

Schnell fertig ist die Jugend mit dem Wort, · Das schwer sich handhabt wie des Messers *Schneide*.
Wallenstein in Schiller, Wallensteins Tod 2, 2

Herein! – Wenn's kein *Schneider* ist!
Alte weitverbreitete scherzhafte Begrüßung für einen Anklopfenden

Und was ein rechter *Schneider* ist, · Muß wiegen sieben Pfund, · Und wenn sie das nicht wiegen tun, · Dann sind sie nicht gesund.
Simrock, Kinderbuch, 3. A. Nr. 465

Mancher erhofft viel, aber er *schneidet* sich
(wird enttäuscht). Sprichwörtl. Redensart

Schnelle Sprünge geraten selten!
Sprichwort

Jemand ein *Schnippchen* schlagen.
Sprichwörtl. Redensart

Sie ist so sitt- und tugendreich, · Und etwas *schnippisch* doch zugleich. Faust in Goethe, Faust 2511/12

Er hat seinen *Schnitt* (gutes Geschäft) gemacht.

Es ist gut, den *Schnitt* an fremdem Tuch zu lernen. Sprichwörtlich

Es ist ein *Schnitter*, der heißt Tod, · Hat Gewalt vom höchsten Gott, · Heut wetzt er das Messer, · Es schneidt schon viel besser, · Bald wird er drein schneiden, · Wir müssen's nur leiden. · Hüte dich, schöns Blümelein!

Erntelied, katholischer Kirchengesang (Musik v. Mendelssohn-Bartholdy), vgl. Knaben Wunderhorn und Cl. Brentano: Es ist ein Schnitter, der heißt Tod, · Er mäht das Korn, wenn's Gott gebot; · Schon wetzt er die Sense, · Daß schneidend sie glänze. · Bald wird er dich schneiden, · Du mußt es nur leiden, · Mußt in den Erntekranz hinein. · Hüte dich, schönes Blümelein.

Einen *Schnitzer* (Fehler) machen; auch Sprach*schnitzer*.

Siehe Lessing, Vademekum für Herrn S. G. Lange zu 1. Bd. Ode 2: »Horaz muß Schnitzer machen, damit der Herr Pastor in Laublingen keine möge gemacht haben.«

Schnöde Taten, · Birgt sie die Erd' auch, müssen sich verraten.
Hamlet in Shakespeare, Hamlet 1, 2

Schnöder Menschen Gaben sind des Segens bar.
Medeia in Euripides, Medeia 618

Es soll keiner über die *Schnur* hauen.

Es geht wie am *Schnürchen*.
Sprichwörtl. Redensarten

Schnurre, schnurre, meine Spindel, · Dreh dich ohne Rast und Ruh!

Em. Geibel, Jugendgedichte: Lied der Spinnerin

Schon trommelt's zur Parade! · Wo bleibt die *Schokolade?*

Bürger, Neue weltliche hochdeutsche Reime von der Prinzessin Europa

Non vitae, sed *scholae* discimus.

(Nicht für das Leben, sondern für die Schule lernen wir.) Seneca, Epistolae 106
Siehe auch unter *Leben*

Bebau deine *Scholle* · Und scher deine Wolle. Alter Reimspruch

Schön sei nicht überschön und hold nicht überhold! · Denn Übergoldung ist im Wert nicht über Gold.

Rückert, Weisheit des Brahmanen (1836 bis 1838)

Schön währt nicht lange.
Sprichwörtlich

Schön war ich auch, und das war mein Verderben.
Margarete in Goethe, Faust 4434

Nein, *schön* zu leben oder schön zu sterben nur · Geziemt dem Edlen.

Aias in Sophokles, Der rasende Aias, 479/80 (Donner)

Beim wunderbaren Gott – das Weib ist *schön!*
Carlos in Schiller, Don Carlos 2, 8

Schön wie ein Gott und männlich wie ein Held.

Beatrice in Schiller, Die Braut von Messina 2, 1

Schön ist eigentlich alles, was man mit Liebe betrachtet.
Christian Morgenstern, Stufen

Erröten macht die Häßlichen so *schön:* · Und sollte Schöne nicht noch *schöner* machen?

Saladin in Lessing, Nathan der Weise 5, 7

Das *Schöne* nachahmen und etwas *schön* nachahmen, ist nicht dasselbe.

Plutarch, Wie soll der Jüngling die Dichter lesen? § 5

Das *Schöne* blüht nur im Gesang.

Schiller, Gedichte: Der Antritt des neuen Jahrhunderts

Auch das *Schöne* muß sterben!
Schiller, Gedichte: Nänie

Das einfach *Schöne* soll der Kenner schätzen, siehe unter *Verziertes*

Das *Schöne* in der Kunst ist immer wahr, das Wahre aber nicht immer schön. Ernst Rietschel

In der Wahrheit findet man das *Schöne.* Schiller, An Goethe

Das *Schöne* ist wesentlich das Geistige, das sich sinnlich äußert, sich im sinnlichen Dasein darstellt.
Hegel, Religionsphilosophie 1

Fragt ihr mich, was das *Schöne* sei? · Seht zu, ob ich's verfehle; · Ein Gleichnis beut die Liebe mir: · Es geht vom Körper aus, gleich ihr, · Und endigt in der Seele.
Grillparzer, Sprüche und Epigramme: Erklärung

Menschlich und edel ist das Gute – göttlich und unsterblich aber das *Schöne.*
Rob. Hamerling, Aspasia 24 (Schlußworte)

Schöne Seelen finden sich,
siehe unter *Seelen*

Das war in *Schöneberg*, im Monat Mai.
Aus der Operette Wie einst im Mai von Walter Kollo

An der *schönen* blauen Donau.
Walzer von Johann Strauß; auch im Gedicht »An der Donau« von Karl Beck († 1879)

Wahres und Gutes wird sich versöhnen, · Wenn sich beide vermählen im *Schönen.*
Rückert, Lyrische Gedichte, Zum heiligen Dreikönigstage (Januar und Februar 1833)

Krieg führt der Witz auf ewig mit dem *Schönen.*
Schiller, Gedichte: Das Mädchen von Orleans

Das ist das Los des *Schönen* auf der Erde!
Theklas Monolog in Schiller, Wallensteins Tod 4, 12

's gibt kein *schöner* Leben,
siehe unter *Studentenleben*

Weltgeheimnis ist die *Schönheit*, das uns lockt im Bild und Wort, · Wollt ihr sie dem Leben rauben, zieht mit ihr die Liebe fort.
Schmuhl in Platen, Die verhängnisvolle Gabel 1. Akt

Was wir als *Schönheit* hier empfunden, · Wird einst als Wahrheit uns entgegengehn.
Schiller, Gedichte: Die Künstler

Wahre Königin ist nur des Weibes weibliche *Schönheit:* · Wo sie sich zeige, sie herrscht, herrschet bloß, weil sie sich zeigt.
Schiller, Gedichte: Macht des Weibes

Schönheit ist ein offener Empfehlungsbrief, der die Herzen im voraus für uns gewinnt.
Schopenhauer, Parerga 1, Aphorismen 2

Auf leisen Sohlen wandeln die *Schönheit*, das wahre Glück und das echte Heldentum.
Wilh. Raabe, Alte Nester (1879)

Wer nicht die *Schönheit* tapfer kann beschützen, · Verdient nicht ihren goldnen Preis.
Dunois in Schiller, Jungfrau von Orleans 1, 2

Schönheit und Verstand · Sind selten verwandt. Sprichwort

Unteilbar ist die *Schönheit;* der sie ganz besaß, · Zerstört sie lieber, fluchend jedem Teilbesitz.
Phorkyas in Goethe, Faust 9061–62

Ein wenig *Schönheit* ist besser als Geld und Gut. Persisches Sprichwort

In *Schönheit* sterben.
Nach Henrik Ibsen, Hedda Gabler 5, letzte Szene geprägt

Die *Schönheit* macht selbstisch, und wer selbstisch ist, ist undankbar und treulos.
Theod. Fontane, Schach von Wuthenow 4

Lieben Freunde, es gab *schönre* Zeiten · Als die unsern – das ist nicht zu streiten.
Schiller, Gedichte: An die Freunde (1803)

Nicht das *Schönste* auf der Welt · Soll dir am meisten gefallen; · Sondern was dir wohlgefällt, · Sei dir das Schönste von allen.
Rückert, Vierzeilen 1. Hundert Nr. 99

School for scandal siehe unter *scandal*

Die Gelegenheit beim *Schopfe* fassen.
Sprichwörtl. Redensart

Hast du, *Schöpfer*, mich befragt, · Ob ich um die Handvoll Freuden · Dulden wolle unverzagt · Eine ganze Welt voll Leiden?
A. v. Kotzebue, Ausbruch der Verzweiflung (1791)

Dein Wesen ist *Schöpferkraft;* Ewigkeit ist dein Weg; und Seligkeit ist dein Urzustand!
Max Dauthendey (1867–1918)

In dem Kleinsten der *Schöpfung* zeiget · Sich des *Schöpfers* Macht und Huld am größten.
J. G. Herder, Die Zikade

Etwas in den *Schornstein* schreiben!
(Nicht mehr darauf rechnen.)
Sprichwörtl. Redensart

Der Teufel ist für die Erwachsenen, was der *Schornsteinfeger* für die Kinder.
Hebbels Tagebücher

Mancher edle *Schoß* · Trug schlechte Söhne schon.
Miranda in Shakespeare, Der Sturm 1, 2

Es ruht noch manches im *Schoß* der Zeit, das zur Geburt will.
Jago in Shakespeare, Othello 1, 3

In der Frauen *Schoß* · Liegt des Hauses Los.
Sprichwörtlich

Aber solches ruht ja im *Schoß* der seligen Götter!
Homer, Ilias 17, 514; 20, 435; Voß (Ovid 1, 267, 400 und 16, 129)

Laß nicht die Hände im *Schoße* liegen.
Sprichwörtl. Redensart

Ihr habt ein freies Auge und eine hohe Stirn, wie sie unser Herrgott seinen *Schoßkindern* zu geben pflegt.
Em. Geibel, Meister Andrea 2, 10

Jemand in die *Schranken* fordern.
Sprichwörtl. Redensart
Siehe auch unter *Arm in Arm*

Eine verdrehte *Schraube.*

Eine alte *Schraube*
(von alten ungemütlichen Damen).

Bei dem ist eine *Schraube* los.
Redensarten

Das zwingst du ihr nicht ab mit Hebeln und mit *Schrauben,*
siehe unter *geheimnisvoll*

Sprich mir von allen *Schrecken* des Gewissens, · Von meinem Vater sprich mir nicht!
Carlos in Schiller, Don Carlos 1, 2

Was wollt ihr? ruft er, vor *Schrekken* bleich.
Schiller, Die Bürgschaft

Denn was er sinnt, ist *Schrecken.*
Uhland, Des Sängers Fluch

Gefährlich ist's, den Leu zu wekken, · Verderblich ist des Tigers Zahn, · Jedoch der *schrecklichste* der *Schrecken,* · Das ist der Mensch in seinem Wahn.
Schiller, Lied von der Glocke V. 374–77

Schreckhaft mitternächt'ges Läuten.
Goethe, Gedichte: Epilog zu Schillers Glocke

So gewöhnt man sich an alles, und viele *Schrecknisse* sind es größtenteils nur in der Einbildung.
W. v. Humboldt, Briefe an eine Freundin, 3. Sept. 1832

Der letzte *Schrei*
(Le dernier cri.)
Schlagwort für das Neueste (in der Mode)

Schreibe, wie Du redest, so schreibst Du schön.
G. E. Lessing, Brief a. s. Schwester

Schreibe mit Blut: und du wirst erfahren, daß Blut Geist ist.
Nietzsche, Also sprach Zarathustra: Vom Lesen und Schreiben

Schreiben ist geschäftiger Müßiggang.
Götz zu Elisabeth in Goethe, Götz von Berlichingen 4. Akt

Schreiben ist ein Mißbrauch der Sprache, stille für sich lesen ein trauriges Surrogat der Rede.
Goethe, Aus meinem Leben, Dichtung und Wahrheit 2, 10

Er kann *schreiben* rechts, er kann schreiben links.

Nach Schmock in G. Freytags Journalisten 2, 2. (»Ich habe geschrieben links und wieder rechts. Ich kann schreiben nach jeder Richtung.«) Siehe auch *Schmock*.

Ein *Schriftsteller*, der zu seiner Verewigung eine Bildsäule nötig hat, ist auch dieser nicht wert.

Lichtenberg, Bemerkungen verm. Inhalts 17: Allerhand

Eine entsetzliche Mehrheit unserer *Schriftsteller* schreibt mit verstopften Ohren.

Fr. Th. Vischer, Altes und Neues: Betrachtungen und Warnungen

Die echten *Schriftsteller* sind die Gewissensbisse der Menschheit.

L. Feuerbach, Der Schriftsteller und der Mensch (1834)

Die *Schriftstellerei* ist, je nachdem man sie treibt, eine Infamie, eine Ausschweifung, eine Tagelöhnerei, ein Handwerk, eine Kunst, eine Wissenschaft und eine Tugend.

Aug. Wilh. Schlegel, Fragmente (Athenäum)

Schritt vor Schritt kommt auch ans Ziel.

Der größte *Schritt* ist über die Schwelle.

Der erste *Schritt* ist der schwerste.
Sprichwörtlich

Es kommt nur auf den ersten *Schritt* an.

Aus dem Französischen (siehe unter *premier*)

In gleichem *Schritt* und Tritt.

Aus Uhlands Gedicht Der gute Kamerad

Ein *Schritt* vom Wege.

Titel eines Lustspiels von Ernst Wichert (1873)

Erzittre vor dem ersten *Schritte*, · Mit ihm sind schon die andern Tritte · Zu einem nahen Fall getan!

Gellert, Warnung vor der Wollust (Geistl. Oden und Lieder 1757)

Und munter fördert er die *Schritte*.

Schiller, Gedichte: Kraniche des Ibykus

Des Weges Weite gibt des *Schrittes* Maß.

Ernst Raupach, Die Hohenstaufen (1837), Kaiser Friedrichs II. Tod, Vorspiel, Szene 5

Schröpfköpfe sind wohl angebracht, wo sie ziehen.

Liebetraut in Goethe, Götz von Berlichingen, 1. Akt

Von altem (echtem) *Schrot* und Korn.
Sprichwörtlich

Der Ausdruck Schrot und Korn stammt aus der Münztechnik, wo »Schrot« soviel bedeutet wie »Rauhgewicht« eines Geldstückes, während »Korn« dessen »Feingewicht« bezeichnet

Schuft bleibt Schuft.
Sprichwort

Der *Schuh* sieht schön und neu aus, aber niemand weiß, wo er mich drückt.

Plutarch, Ehevorschriften (Bähr)

Mich drückt der *Schuh*.

Sprichwörtl. Redensart

Mancher verschenkt die *Schuh*, · Stiehlt aber das Leder dazu.

Alter Reimspruch (spielt auf den heiligen Crispin an, der den Reichen das Leder stahl und den Armen Schuhe daraus machte)

Nicht wert sein, einem die *Schuhriemen* aufzulösen.

Nach Mark. 1, 7; Luk. 3, 16; Joh. 1, 27 (vgl. Apost. 13, 25)

Denn alle *Schuld* rächt sich auf Erden.

Goethe, Gesang des Harfenspielers (Wilhelm Meister)

Was ich mir gelobt · In jenes Augenblickes Höllenqualen, · Ist eine heilge *Schuld* – ich will sie zahlen.

Tell in Schiller, Wilhelm Tell 4, 3

Der Übel größtes aber ist die *Schuld*.

(Nach Cicero ad famil. 6, 4, 2 Nec esse ullum magnum malum praeter culpam.)
Schiller (vgl. Näheres unter *Güter*)

Unser *Schuldbuch* sei vernichtet! · Ausgesöhnt die ganze Welt!

Schiller, Gedichte: An die Freude

Ich *schulde*, ich dulde.

Gottfried Keller (Deutsche Rundschau 17, 1)

Mensch, bezahle deine *Schulden!*
Heine, Buch der Lieder: Heimkehr 38

Wer da stirbt, zahlt alle *Schulden.*
Stephano in Shakespeare, Der Sturm 3, 2

Wer *Schulden* hat, muß auch notwendig lügen. Herodot 1, 137

Mehr *Schulden* als Haare auf dem Kopfe haben.
Nach Ps. 40, 13. (Meiner Sünden ist mehr denn Haare auf meinem Haupt.)

Wir sind nicht auf dieser Welt, um glücklich zu sein und zu genießen, sondern um unsere *Schuldigkeit* zu tun! Bismarck

Die *Schuldverschreibung* lautet an die Toten.
Schiller, Gedichte: Resignation

Nur in der *Schule* selbst ist die eigentliche Vorschule.
Goethe, Maximen und Reflexionen 3

Die *Schule* soll ein Ziehhaus, aber kein Zuchthaus sein.
Wer die *Schule* hat, hat das Land.

Aus der *Schule* schwatzen.

Hinter die *Schule* gehen.
Sprichwörter

Das klassische Land der *Schulen*,
siehe unter *Kasernen*

Der echte *Schüler* lernt aus dem Bekannten das Unbekannte entwickeln und nähert sich dem Meister.
Goethe, Maximen und Reflexionen 6

Wer immer sich zum *Schüler* macht, wird immer einen Meister finden.
Fr. v. Hagedorn, Der Kanarienvogel und der Häher

Schüler und *Schulmeister* · Sind unsre großen Geister, · Schreien im Chorus sie, · Gibt's eine Akademie.
Grillparzer, Sprüche und Epigramme

Du kannst dir dein *Schulgeld* wiedergeben lassen!
(Jam scies, patrem tuum mercedes perdidisse.)
Sprichwörtlich nach Petronius Arbiter († um 66 n. Chr.), Satiren 58

Schulgezänk(e). Nach 1. Timoth. 6, 5

Der preußische *Schulmeister* hat die Schlacht bei Sadowa gewonnen.
Nach Prof. Oskar Peschel (Die Lehren der jüngsten Kriegsgeschichte in der Zeitschrift »Ausland« Nr. 29, 17. Juli 1866)

Ach, ich hab' sie ja nur · Auf die *Schulter* geküßt.
Der Oberst in der Millöckerschen Operette Der Bettelstudent

Es gibt mehr Dinge im Himmel und auf Erden, · Als eure *Schulweisheit* sich träumt.
(There are more things in heaven and earth, Horatio, · Than are dreamt of in your philosophy.)
Hamlet in Shakespeare, Hamlet 1, 5

Schundliteratur,
Sammelname für Hintertreppenromane, sensationelle Jugendschriften u. ä. Besonders in neuerer Zeit durch den Kampf gegen ihre Verbreitung zum Schlagwort geworden.

Es fällt einem wie Schuppen von den Augen. Nach Apostelgesch. 9, 18

In *Schurken* und Narren teilt sich die Welt. Sprichwörtlich

Das Weib kann aus dem Haus mehr in der *Schürze* tragen, · Als je einfahren kann der Mann im Erntewagen.
Rückert, Weisheit des Brahmanen (1836/39), 3, 34, 20

Ein *Schürzenjäger* (nicht wählerischer Weiberfreund).
Sprichwörtl. Redensart

Das war ein *Schuß!* Davon · Wird man noch reden in den spätsten Zeiten.
Leuthold in Schiller, Wilhelm Tell 3, 3

Etwas ist keinen *Schuß* Pulver wert.

Auf die *Schüssel* kommt's nicht an, sondern auf das, was darin liegt.
Sprichwörtlich

Schuster, bleib bei deinem Leisten!
Sprichwort
Siehe auch unter *Crepidam*

Auf *Schusters* Rappen reisen.
Sprichwörtlich für zu Fuß gehen

Allgemeines *Schütteln* des Kopfes,
siehe unter *Antwort* (bei Kortum)

Über jemand seinen Kopf *schütteln.*
Nach 2. Kön. 19, 21; Hiob 16, 4. Ps. 22, 8; Sir. 13, 9

Und *schüttle* mein greises Haupt.
Chamisso, Das Schloß Boncourt (1827)

Gott sei des Herrschers *Schutz!*
Anfang der zaristischen russischen Nationalhymne (Melodie von Alexis Lwow)

Ein *Schütz* bin ich in des Regenten Sold.
Karl Freiherr v. Braun, Das Nachtlager in Granada 1, 3, Musik von Konradin Kreutzer (1834)

Ein rechter *Schütze* hilft sich selbst. Tell in Schiller, Wilhelm Tell 3, 1

Hier gilt es, *Schütze*, deine Kunst zu zeigen: · Das Ziel ist würdig, und der Preis ist groß.
Geßler in Schiller, Wilhelm Tell 3, 3

Du kennst den *Schützen*, suche keinen andern.
Tell in Schiller, Wilhelm Tell 4, 3

Der wackre *Schwabe* forcht sich nit.
Uhland, Schwäbische Kunde (1819)

Gott verläßt keinen *Schwaben!*

Die *Schwaben* werden erst mit vierzig Jahren klug.
Sprichwörtl. Redensarten

Ist denn im *Schwabenlande* verschollen aller Sang, · Wo einst so hell vom Staufen die Ritterharfe klang?
L. Uhland, Graf Eberhard der Rauschebart, Einleitung.
Danach beginnt ein Gedicht von Heinr. Stieglitz (Gedichte zum Besten der Griechen, Leipzig 1823, Seite 138): Nein, in dem *Schwabenlande* verscholl nicht aller Sang! · Wo solche Lieder tönen beim reinsten Harfenklang. An Uhland

Die Streiche sind bei uns im Schwang; · Sie sind bekannt im ganzen Reiche, · Man nennt sie halt nur *Schwabenstreiche.*
Uhland, Schwäb. Kunde

Schwach sind wir alle!
Angelo in Shakespeare, Maß für Maß 2, 4

Wer *schwach* ist, muß Kraut essen.
Alte Gesundheitsregel

Er hat vor dir gezittert. Wehe dir! · Daß du ihn *schwach* gesehn, vergibt er nie.
Hedwig in Schiller, Wilhelm Tell 3, 1

Wer andrer *Schwäche* zeigt, verberg erst seine Schwäche.
Lessing, An den Herrn Marpurg

Wer *Schwache* leiten will, der sei · Von ihrer *Schwachheit* selber frei.
Lichtwer, Fabeln 4, 4: Der Fuchs und der Marder

Dem *Schwachen* ist sein Stachel auch gegeben.
Tell in Schiller, Wilhelm Tell 4, 3

Unglücklich sind allein die *Schwachen.* Ferd. von Saar, Ginevra VI

Schwachheit, dein Nam' ist Weib.
(Frailty, thy name is woman!)
Hamlet in Shakespeare, Hamlet 1, 2 (Schlegel). Wielands Übersetzung lautet: *Gebrechlichkeit.*

»*Schwachheit*, dein Namen ist Weib!« so meint ein Dichter, ein großer: · Aber das Weibchen, es weiß: Schwachheit, dein Namen ist Mann!
Bauernfeld, Xenien: Gegenseitige Schwäche

Wir sind *schwächlich*, weil es uns nicht einfällt, daß wir stark sein könnten, wenn wir wollten.
Joh. Chr. Friedr. Guts Muths (1800)

Nur der Starke wird das Schicksal zwingen, · Wenn der *Schwächling* untersinkt.
Schiller, Gedichte: Das Ideal und das Leben

Auch der *Schwächste* muß sein Kreuz tragen.

Wer eine schöne Schwester hat, bekommt leicht einen *Schwager.*

Schwäger haben sich gerne, · Aber nur in der Ferne.

Eine *Schwalbe* macht noch keinen Sommer. Sprichwörter

Wenn die *Schwalben* heimwärts ziehn, · Wenn die Rosen nicht mehr blühn.

Abschied von Karl Herloßsohn (1842, Musik von Franz Abt, 1842)

Machen wir's den *Schwalben* nach, · Bauen uns ein Nest.

Couplet aus der Operette Die Czardasfürstin von Emmerich Kálmán

Schwamm drüber!

Der Oberst in F. Zell und R. Genée, Der Bettelstudent, Operette von Millöcker (1882)

Süßer *Schwan* vom Avon.

Bezeichnung des zu Stratford am Avon geborenen Shakespeare in dem Gedicht Ben Jonsons zum Gedächtnis des großen Dramatikers

Schwan von Pesaro

wird Rossini genannt

Nun sei bedankt, mein lieber *Schwan!*

Lohengrin in Rich. Wagners Lohengrin (1847) 1, 3

Aber tief muß uns empören, · Was wir von der Leda lesen – · Welche Gans bist du gewesen, · Daß ein *Schwan* dich könnt' betören.

H. Heine, Letzte Gedichte: Mythologie. Den Anfang vgl. unter *Ochsen* und die Fortsetzung unter *Semele.*

Schwanengesang, Schwanenlied.

Nach des Äschylos »Agamemnon«

Womit gehst du denn wieder *schwanger?*

(Was hast du vor?)
Sprichwörtl. Redensart nach Hiob 15, 35 (vgl. Psalm 7, 15; Jes. 33, 11; 59, 4)

Wehe aber den *Schwangern* und Säugerinnen zu der Zeit!

Matth. 24, 19

Man soll das Pferd nicht beim *Schwanz* aufzäumen. Sprichwörtlich

Ihr naht euch wieder, *schwankende* Gestalten? Goethe, Faust, Zueignung

Denn der Mensch, der zur *schwankenden* Zeit auch *schwankend* gesinnt ist, · Der vermehret das Übel und breitet es weiter und weiter.

Goethe, Hermann und Dorothea, Urania

Und wenn sich der *Schwarm* verlaufen hat · Um die mitternächtige Stunde.

Ad. Krummacher, Die Gemütlichkeitsritter

Sein Geist beginnt zu *schwärmen.*

Kent in Shakespeare, König Lear 3, 4

Sonderbarer *Schwärmer!*

König in Schiller, Don Carlos 3, 10

Schwarmgeist.

Ein unklarer aufrührerischer Kopf nach Luthers Schrift: Daß dise wort Christi (das ist mein Leib usw.) noch fest stehen widder die Schwermgeister (Wittenberg 1527).

Wofür sie besonders *schwärmt,*

siehe unter *aufgewärmt*

Schwarz auf weiß · Redet noch, wenn's niemand mehr weiß.

Sprichwort

(Denn) was man *schwarz* auf weiß besitzt, · Kann man getrost nach Hause tragen.

Schüler in Goethe, Faust 1966–67

Hüte dich vor dem *Schwarzen!*

Siehe unter *niger*

Schwatzen lernt man früher als zuhören.

Unter *Schwätzern* ist der Schweiger der Klügste.

Mancher *schwatzt* wie eine Elster.

Sprichwörtlich

Etwas ist noch in der *Schwebe* (unentschieden). Sprichwörtl. Redensart

Vgl. Grammatici certant, et adhuc sub iudice lis est, unter *Adhuc*

Zwischen Himmel und Erde *schweben.*

Nach 2. Sam. 18, 9. Danach »Zwischen Himmel und Erde«, Titel einer Novelle von Otto Ludwig

Alter *Schwede,* wie geht's?

Sprichwörtl. Anrede aus der Zeit des Großen Kurfürsten, der alte schwedische Soldaten in seine Dienste nahm. Nach einer anderen Deutung liegt Anlehnung an das halbfranzösische Wort »suitier« vor, das einen Durchgänger und Angeber bezeichnet.

Ihr seid schon eine *Schwefelbande!*

Sprichwörtl. Redensart nach einer berüchtigten Studentenverbindung in Jena um 1770

Schlägt mit dem *Schweif* · Einen furchtbaren Reif.

Schiller, Gedichte: Der Handschuh

Warum in die Ferne *schweifen?* · Sieh, das Gute liegt so nah.

So wird meist zitiert nach Goethes Lied Erinnerung: Willst du immer weiter schweifen? Vgl. unter *Glück.*

Schweig stille, mein Herz!

Mörike, Schön-Rohtraut

Schweig, befehl' ich. – Ich bin gewohnt, daß das Meer aufhorcht, wenn ich rede.

Andreas Doria in Schiller, Fiesko 2, 13

Ich habe gehört, daß man unter andächtigem *Schweigen* (der Anwesenden) sterben müsse.

Sokrates bei Plato, Phaidon 66, 177D

Brechen Sie · Dies rätselhafte *Schweigen*!

Domingo in Schiller, Don Carlos 1, 1

Das *Schweigen* ist der Gott · Der Glücklichen – die engsten Bande sind's, · Die zartesten, die das Geheimnis stiftet!

Elisabeth in Schiller, Maria Stuart 2, 5

Der Rest ist *Schweigen.*

(The rest is silence.)

Shakespeare, Hamlet 5, 2

Große Dinge sprechen sich am besten durch *Schweigen* aus.

Polnisches Sprichwort

Schweigen ist die Ehre der Sklaven, sagt Tacitus.

Heine, Reisebilder 2, 3: Die Stadt Lucca 17

Das *Schweigen* ist der Liebe keusche Blüte. Heine, Für die Mouche

Es ist leichter, ganz *schweigen*, als sich im Reden mäßigen.

Thomas a Kempis, Nachfolge Christi 1, 20, 2

In vielen Sprachen *schweigen.*

Friedr. Aug. Wolf (1759–1824) sagte von dem Philologen Im. Bekker (1785 bis 1871), er schweige in sieben Sprachen. Nach anderen stammt das Wort von Schleiermacher.

O wunderbares, tiefes *Schweigen*, · Wie einsam ist's noch auf der Welt!

Jos. v. Eichendorff, Morgengebet

Tiefes *Schweigen.*

(Alta silentia.) Vergil, Äneis 10, 63

Zur Unzeit wird des Weisen *Schweigen* · Das Törichtste, das er ersann, · Doch allzeit bleibt des Toren Schweigen · Das Weiseste, das er begann. Anastasius Grün, Schweigen

Wo diese *schweigen*, da werden die Steine schreien. Nach Luk. 19, 40

O Weib, des Weibes schönste Zier ist *Schweigsamkeit.*

Rob. Hamerling, Aspasia 16. Nach einem alten Spruche

Wenn das *Schwein* am fettesten ist, so hat es den Metzger am meisten zu fürchten. Abraham a Santa Clara

Schwein (Glück) haben.

Sprichwörtl. Redensart aus der Studentensprache

Fetter Trank macht fette *Schweine.*

Volksmund

Der *Schweiß* ist die Träne der Arbeit. Peter Hille, Aphorismen

Von der Stirne heiß · Rinnen muß der *Schweiß.*

Schiller, Lied von der Glocke V. 5–6

Im *Schweiße* deines Angesichts sollst du dein Brot essen. 1. Mos. 3, 19

Des *Schweißes* der Edlen wert.

Klopstock, Oden: Der Zürcher See

Schweißwasser rührt den Mörtel gut. Alter Spruch

Der *Schweizer* Eigenschaft · Ist nachbarliche Freundlichkeit · Und in der Not Standhaftigkeit.

Fischart, Das glückhafft Schiff

Der Schritt über die *Schwelle* ist der schwerste. Sprichwörtlich

Jedem Mann ein Ei, · Dem frommen *Schweppermann* zwei!
Ludwig der Bayer nach der Schlacht bei Mühldorf (28. Sept. 1322). Vgl. Uhlands Drama Ludwig der Bayer 3, 4

Schwer liegt der Himmel zu Madrid auf mir. Carlos in Schiller, Don Carlos 2, 2

Schwer ruht das Haupt, das eine Krone drückt.
(Uneasy lies the head that wears a crown.)
Heinrich IV. in Shakespeare, Heinrich IV. 2, 3, 1

Das *Schwere* fällt, das Leichte steigt. Sprichwörtlich

Schwerhinwandelndes Hornvieh.
Nach Homer Ilias 6, 424

Schwerin, der hat uns kommandiert!
Auf die Schlacht bei Prag, 1757, Karl von Holtei (1828)

Du *Schwert* an meiner Linken!
Th. Körner, Schwertlied

Das höchste Heil, das letzte liegt im *Schwerte!*
Th. Körner, Leier und Schwert: Aufruf (1813)

Schwert des Damokles.
Cicero, Tusc. Disp. 5, 21, 6. (Vgl. Gellerts Fabeln, Leipzig 1784, 1, 94f.)

Schwert des Geistes.
(τὴν μάχαιραν τοῦ πνεύματος).
Nach Eph. 6, 17

Sein *Schwert* in die Waagschale werfen.
(Additus ab insolente Gallo ponderi gladius.)
Livius 5, 48; Florus 1, 13 und Festus (O. Müller), S. 372

Und wenn uns nichts mehr übrigblieb, · So blieb uns doch ein *Schwert*, · Das zorngemut mit scharfem Hieb · Dem Trutz des Fremdlings wehrt.
Emanuel Geibel, Juniuslieder: Kriegslied

Empor, mein Volk! Das *Schwert* zur Hand! · Und brich hervor in Haufen! · Vom heilgen Zorn ums Vaterland · Mit Feuer laß dich taufen!
Emanuel Geibel, Heroldsrufe: Kriegslied 1870

Das *Schwert* hält nur das Schwert in der Scheide. Siehe unter *Abrüstung*

. . . wer das *Schwert* nimmt, der soll durch's Schwert umkommen.
Matth. 26, 52

Wenn verbündet Ost und West · Wider dich zum *Schwerte* fassen, · Wisse, daß dich Gott nicht läßt, · So du nicht dich selbst verlassen.
Emanuel Geibel, Heroldsrufe: Einst geschieht's

Scharfe *Schwerter* schneiden sehr, · Falsche Zungen noch viel mehr.
Joh. Buchler, Gnomologia (1602)

Wer eine schöne *Schwester* hat, kriegt leicht einen Schwager.
Sprichwort

Schwesterlein, Schwesterlein, wann gehn wir nach Haus?
Niederrheinisches Volkslied (1838)

Ritter, treue *Schwesterliebe* · Widmet Euch dies Herz.
Schiller, Gedichte: Ritter Toggenburg

Helft mir, ihr *Schwestern*, · Freundlich mich schmücken.
Chamisso, Frauen-Liebe und -Leben 5

Schwester-Seele.
Titel eines Romans Ernst v. Wildenbruchs (1894)

Solang die *Schwiegermutter* lebt, solang, Hausfriede, lebe wohl!
Juvenal, Satire 6, 231/32 (Hilgers)

Das *Schwierige* leicht behandelt zu sehen, gibt uns das Anschauen des Unmöglichen.
Goethe, Maximen und Reflexionen 5

Eine *Schwierigkeit* auf die andere türmen. Sprichwörtlich
Vgl. unter *Ida*

Die größten *Schwierigkeiten* liegen da, wo wir sie nicht suchen.
Goethe, Maximen und Reflexionen 6

Die *Schwierigkeiten* wachsen, je näher man dem Ziele kommt.
Goethe, Maximen und Reflexionen 5

Tiefe *Schwimmer*, · Hohe Klimmer, Sterben auf den Betten nimmer.
Alter Spruch

Schwimmgürtel im Strom des Lebens, siehe *Leichtsinn*

Der Herr hat einen *Schwindelgeist* unter sie ausgegossen. Jes. 19, 14

Die *Schwingen* wachsen im Fluge.
Sprichwörtlich

Hoch und teuer *schwören.*
Nach 2. Makk. 14, 32

Man soll es nicht *verschwören.*

Stein und Bein *schwören.*
Sprichwörtl. Redensarten

Schwülstig und tragisch halten viele so ziemlich für einerlei. Nicht nur viele der Leser: auch viele der Dichter selbst.
Lessing, Hamburgische Dramaturgie 59 (24. Nov. 1767)

Jemand auf den *Schwung* bringen
(Ihm Beine machen.)
Sprichwörtl. Redensart

Die stärksten *Schwüre* · Sind Stroh dem Feuer im Blut.
Prospero in Shakespeare, Der Sturm 4, 1

Scripta ferunt annos.
(Schriften vertragen das Alter.)
Ovid, Ex Ponto 4, 8, 51

Se non è vero, è ben trovato.
(Ist's nicht wahr, so ist's doch gut erfunden.)
Giordano Bruno, Gli eroici furori 2, 3 (1585)

Ach, man fühlt mit *sechzehn* Jahren · Leicht der Liebe Lust und Schmerz.
Mélesville-Herolds Oper Zamba 1, 2

Quis tulerit Gracchos de *seditione* querentes? siehe unter *Gracchos*

Da rast der *See* und will sein Opfer haben.
Ruodi in Schiller, Wilhelm Tell 1, 1

Es lächelt der *See*, er ladet zum Bade.
Fischerknabe in Schiller, Wilhelm Tell 1, 1

O du himmelblauer *See.*
Lied aus der Operette Das verwunschene Schloß (1818) von Karl Millöcker

Seefahrt ist not!
Titel eines Werkes von Gorch Fock

Durstige und hungrige *Seele.*
Psalm 107, 9

Seele, vergiß es ja nicht!
Joachim Neanders Lied: Lobe den Herren (1680)

Er erquicket meine *Seele;* er führet mich auf rechter Straße um seines Namens willen. Psalm 23, 3

Nun hat die liebe *Seele* Ruh!
Nach Luk. 12, 19

Das ist eine feige *Seele,* · Die eine Heilung annimmt von der Zeit
Marfa in Schiller, Demetrius 2, 1

Seele des Menschen, · Wie gleichst du dem Wasser!
Goethe, Gesang der Geister über den Wassern

Kann er mir mehr als seine *Seele* geben?
Undine in Lortzing, Undine 2, 11

Große *Seelen* dulden still.
Marquis in Schiller, Don Carlos 1, 4

Schöne *Seelen* finden sich · Zu Wasser und zu Lande.
Gryphius, Horribilicribrifax 5, 7

Denn – schöne *Seelen* finden sich · Zu Wasser und zu Land.
Schlußzeilen aus einem Liede »Der Empfehlungsbrief« (Ein Kaufmann, der sich Schulze nennt, 1850). Dichter unbekannt.

Verwandt sind sich alle starke *Seelen.* Illo in Schiller, Die Piccolomini 4, 4

Zwei *Seelen* wohnen, ach! in meiner Brust, · Die eine will sich von der andern trennen.
Faust in Goethe, Faust 1112/13

Zwei *Seelen* und ein Gedanke!
Siehe *Liebe* (Mein Herz, ich will dich fragen)

Die stärksten *Seelen* gehen am längsten fehl.
Carl Spitteler (1845–1924), Die Prophetenwahl

Zwischen Sinnenglück und *Seelenfrieden* · Bleibt dem Menschen nur die bange Wahl.
Schiller, Gedichte: Das Ideal und das Leben

Dieser *Seelenschacher* im Herzen des Vaterlandes und dessen blutende Zerrissenheit läßt keinen stolzen Sinn und noch viel weniger ein stolzes Wort aufkommen.

Heine, Reisebilder 1: Norderney

Des dummen Wanderns ist's auf Erden schon genug: · Bewahre mich, mein Gott, vor *Seelenwanderung!*

J. Chr. Fr. Haug, Sinngedichte (1791): Pipers letzte Besorgnis

Den guten *Seemann* zeigt das schlechte Wetter.

(Il buon marinaro si conosce al cattivo tempo.) Toskanisches Sprichwort

Das kann doch einen *Seemann* nicht erschüttern.

Schlager aus dem Tonfilm Das Paradies der Junggesellen

Die *Seeschlange* erscheint!

Sprichwörtl. Zeitungsphrase

Nach einem Nekrolog über Léon Gozlan (1803–1866) in »Unsere Zeit. Deutsche Revue der Gegenwart« (Leipzig, 1866, S. 707) war es dieser, der etwa 1830 im »Constitutionnel« die famose Ente von der Seeschlange in die Welt setzte, die er so oft erscheinen ließ, als es ihm gerade an Stoff mangelte. In Deutschland war dann die Bezeichnung Seeschlange für die von der Hundstagshitze ausgebrüteten Enten schon so bekannt, daß Gustav Freytag die Seeschlange in seinen 1854 in Breslau zuerst aufgeführten »Journalisten« in dieser Bedeutung erwähnen konnte. Zuerst erwähnt wurde die Seeschlange 1555 durch Olaus Magnus, dann 1656 durch Nikolaus Gramius und 1734 durch Hans Egede auf seiner Reise nach Grönland. Vgl. auch Hesek. 32, 2, wo vom Meerdrachen die Rede ist. Vgl. in neuester Zeit das Seeungeheuer von Loch Ness (England).

Die *Segel* vor jemand streichen.

Mit allen *Segeln* losgehn.

Sprichwörtl. Redensarten

Mit vollen *Segeln* lief ich in das Meer · Des Lebens.

Demetrius in Schiller, Demetrius

Doch der *Segen* kommt von oben.

Schiller, Lied von der Glocke V. 8

Des Vaters *Segen* bauet den Kindern Häuser. Jesus Sirach 3, 11

Doch *Segen* quillt und warme Fruchtbarkeit, · Wenn die Gewitterlüfte sich entladen.

Stauffacher in Schiller, Wilhelm Tell

Segler der Lüfte, siehe unter *Eilende* Wolken

Ich *sehe* es, weiß und glaub's, bin mein's Irrtums los.

(Je vois, je sais, je crois, je suis désabusé.)
Corneille, Polyeucte 5, 5

Ich sah ihn selbst, sag' ich, sah ihn mit eigenen Augen, · Was irgend *sehen* heißt.

(Je l'ai vu, dis-je, vu, de mes propres yeux vu, · Ce qu'on appelle vu.)
Orgon in Molière, Tartuffe 5, 3

Ich wollte *sehen*, und ich habe *gesehen.*

(J'ai voulu voir, j'ai vu.)
Racine, Athalie 2, 7

Wer nicht *sehen* will, · Dem hilft keine Brille. Sprichwort

Mit *sehenden* Augen nicht *sehen.*

Nach Matth. 13, 13

Was heißt ein *Seher?* – Der auf gutes Glück · Für eine Wahrheit zehen Lügen sagt.

Achilles in Schiller, Iphigenie in Aulis 4, 3

Der *Seher* wird vielleicht am tiefsten in die Zukunft schauen, wenn die Gegenwart beruhigt ist.

Hans Carossa, Führung und Geleit

Nur wer die *Sehnsucht* kennt, · Weiß, was ich leide!

Goethe, Gedichte: Mignon

O zarte *Sehnsucht*, süßes Hoffen, · Der ersten Liebe goldne Zeit!

Schiller, Lied von der Glocke V. 74

O daß man mir den Mann nicht gibt. · Den ich so *sehr*, so sehr geliebt! Refrain eines altfranz. Tanzliedes

Sei getrost, mein Sohn! Matth. 9, 2

Nur wo das Meer *seicht* ist, kann man auf den Grund sehen.

Sprichwörtlich

Verbiete du dem *Seidenwurm* zu spinnen, · Wenn er sich schon dem Tode näher spinnt.

Tasso in Goethe, Torquat Tasso 5, 2

Du bist das *Seiende* und das Nichtseiende, · Sein Gebende und von dem Sein Befreiende.
Rückert, Weisheit des Brahmanen 48

Die *Seife* ist ein Maßstab für den Wohlstand und die Kultur der Staaten.
Justus von Liebig, Chemische Briefe (1844)

Eine Idee muß Wirklichkeit werden können oder sie ist eine eitle *Seifenblase*. Berth. Auerbach

Johann, der muntre *Seifensieder*.
Anfang v. Fr. v. Hagedorns Gedicht: Johannes, der Seifensieder (1738)

Nu geht mir'n *Seifensieder* auf (ein Licht). Sprichwörtl. Redensart

»Schad um die Leut! Sind sonst wackre Brüder.« – · Aber das denkt wie ein *Seifensieder*.
1. Kürassier und 1. Jäger in Schiller, Wallensteins Lager 11

Der Mensch ist ein *Seil*, geknüpft zwischen Tier und Übermensch – ein Seil über einem Abgrunde.
Nietzsche, Zarathustra 1, 4

Was ist der Teufel? Er ist ein *Seiler* und macht viel tausend Fallstrick. Abraham a Santa Clara

Sein oder Nichtsein, das ist hier die Frage!
(To be, or not to be, that is the question.)
Hamlet in Shakespeare, Hamlet 3, 1

Alles muß in nichts zerfallen, · Wenn es im *Sein* beharren will.
Goethe, Gedichte: Eins und alles

Nicht der Beste scheinen, nein, er will es *sein*.
Äschylos, Sieben vor Theben 567 (Donner)

Wer etwas scheinen will, der such' es auch zu *sein*. · Denn ohne *Sein* ist selbst der Schein ein leerer Schein.
Rückert, Weisheit des Brahmanen Stufe 4 (1836/39)

Jedem das *Seine*.
(Suum cuique.)
Cicero, Von den Pflichten

Was liegt · Dem guten Menschen näher als die *Seinen?*
Berta in Schiller, Wilhelm Tell 3, 2

Den *Seinen* gibt es Gott im Schlafe.
Nach Psalm 127, 2

Ihr werdet (eigentlich: ich werde) nimmer *seinesgleichen* sehn!
Hamlet in Shakespeare, Hamlet 1, 2

Jeder Mensch hat seine schwache *Seite*.

Jedes Ding hat zwei *Seiten*.
Sprichwörtlich

Abgemacht! *Sela!*
Nach Stellen in Psalmen und im Habakuk (Sela [hebr.] bedeutet wahrscheinlich eine Pause in den [mit Singweise versehenen] Psalmen.)

Seladon.
Schmachtender Liebhaber in Honoré d'Urfés Roman »Astrée« (1619); eigentlich Céladon

Wer sich an andre hält, · Dem wankt die Welt; · Wer auf sich *selber* ruht, · Steht gut. Paul Heyse

Ein jeder zählt nur sicher auf sich *selbst*. Tell in Schiller, Wilhelm Tell 1, 3

Selbst ist der Mann!
Sprichwörtl. Redensart

Selbst ist der Mann! Wer Thron und Kron' begehrt, · Persönlich sei er solcher Ehren wert.
Kaiser in Goethe, Faust 10467/68

Selbstbeherrschung ist der erste Schritt zur Beherrschung anderer.
Arthur Stahl

Mein Sohn, das Ehrgefühl ist eine Umgestaltung · Vom allgemeinen Trieb des Lebens, *Selbsterhaltung*.
Rückert, Weisheit des Brahmanen 8, 25

Selbsterkenntnis. – Ob du dich selber erkennst? Du tust es sicher, sobald du · Mehr Gebrechen an dir, als an den andern entdeckst.
Hebbel, Gedichte: Epigramme

Das, was der *Selbstheit* eines jeden oder seiner Natur am meisten eigen und gemäß ist, das ist auch für jeden das Würdigste und Angenehmste. Aristoteles, Ethik 10, 7 (Garve)

Verderblich ist, was deinen Geist befreit · Und nicht zu gleicher Frist *Selbstherrschaft* dir verleiht.
Rückert, Weisheit des Brahmanen, Stufe 6, Nr. 218

Ich halte die *Selbstkenntnis* für schwierig und selten, die *Selbsttäuschung* dagegen für sehr leicht und gewöhnlich.
W. v. Humboldt, Briefe an eine Freundin 2. Abt. 60. Brief

Selbstliebe, Herr, ist nicht so schnöde Sünde · Als *Selbstversäumnis*.
Dauphin in Shakespeare, König Heinrich V. 2, 4

Du kränkst den Gott in dir, wenn du den Lüsten frönest, · Und mehr noch, wenn du in verkehrter *Selbstqual* stöhnest.
Rückert, Weisheit des Brahmanen 1, 9

Das ist die köstlichste der Gaben, · Die Gott dem Menschenherzen gibt, · Die eitle *Selbstsucht* zu begraben, · Indem die Seele glüht und liebt.
Em. Geibel, Jugendgedichte: Minnelied

Die zackigste, härteste *Selbstsucht* ist nichts als gefrorenes Mitleid, und die zärtlichste Teilnahme nur aufgelöste Eigenliebe.
Börne, Fragmente und Aphorismen 268

Die *Selbstsucht* ist die Mutter der maßlosesten *Selbsttäuschung*.
Robert Byr, Mit eherner Stirn

Ob wir in Luft, ob wir in Gott versinken, · Wir suchen *Selbstvergessenheit* zu trinken.
Rob. Hamerling, Venus im Exil 5

Will mir jemand nachfolgen, der verleugne sich *selbst*.
Matth. 16, 24; Mark. 8, 34; Luk, 9, 23

Traurig such' ich an dem Sternenbogen, · Dich, *Selene*, find ich dort nicht mehr.
Schiller, Gedichte: Die Götter Griechenlands

Unsere *Selfmademen* sind der Ruhm unserer Institutionen.
(Our self-made men are the glory of our institutions.)
Wendell Philips, Rede in Boston (21. Dezember 1860)

So ihr solches wisset, selig seid ihr, so ihr's tut. Joh. 13, 17

O *selig*, o selig, ein Kind noch zu sein!
Aus Lortzing, Zar und Zimmermann 3

In meinem Staate kann jeder nach seiner Fasson *selig* werden (eigentlich: Hier muß ein jeder nach seiner Fasson selig werden).
Friedrich der Große in einer Randbemerkung vom Juni 1740

Das waren mir *selige* Tage!
Overbeck, Fritzchens Lieder: Die Schiffahrt 1 (1781)

In der Welt ist keine · *Seligkeit* fehllos.
(Nihil est ab omni · Parte beatum.)
Horaz, Oden 2, 16, 27/28 (Voß)

Die Tiefe des Gefühls ist *Seligkeit*.
L. Schefer

Es reift keine *Seligkeit* unter dem Monde.
Amalia in Schiller, Die Räuber 4, 2

Es schwelgt das Herz in *Seligkeit*.
Schiller, Lied von der Glocke V. 77

Wer will was gelten, · Der komme *selten*. Sprichwort

Wo Worte *selten*, haben sie Gewicht.
Gaunt in Shakespeare, König Richard II. 2

Selten habt ihr mich verstanden, · Selten auch verstand ich euch; · Nur wenn wir im Kot uns fanden, · So verstanden wir uns gleich.
Heine, Buch der Lieder: Die Heimkehr 80

Der *seltne* Mann will seltenes Vertrauen.
Max in Schiller, Die Piccolomini 1, 4

Seltsam, bei Gott! Höchst wunderbar und seltsam!
Karl in Schiller, Die Jungfrau von Orleans 1, 9

Seltsam! Höchst außerordentlich und seltsam!
Erzbischof in Schiller, Demetrius V. 228

Seltsam ist Prophetenlied; · Doppelt seltsam, was geschieht.
Goethe, Weissagungen des Bakis: Motto

Semele ließ sich verführen – · Denn sie dachte: »Eine Wolke, · Ideale Himmelswolke, · Kann uns nicht kompromittieren.«
H. Heine, Letzte Gedichte: Mythologie

Semiramis des Nordens.
für: Elisabeth und Katharina II. von Rußland (bei Friedrich d. Gr. u. Voltaire).

Sie gehn weg wie die warmen *Semmeln*,
sagt man von Töchtern, die sich schnell verheiraten.

Semper aliquid haeret, siehe unter *audacter*

Semper Augustus!
(Allezeit Mehrer des Reiches.)
Symmachus

Semper homo bonus tiro est.
(Ein guter Mensch bleibt immer ein Anfänger.) Martial 12, 51
(Vgl. Goethe in Maximen und Reflexionen Nr. 242: bonus vir semper tiro und Lustige Person in Faust 182/83.)

Semper idem.
(Immer derselbe.)
Stammt von Xanthippe, der Frau des Sokrates, nach Cicero, Tuscul. 3, 15, 31 (vgl. De off. 1, 26, 90).

Non *semper* idem floribus est honor, vernis ...
(Nicht immer blühen des Frühlings Blumen dir · In gleichem Schmuck.)
Horaz, Oden 2, 11, 9 u. 10

Non *semper* Saturnalia erunt!
siehe unter *Saturnalia*

Wie die *Sense*, so der Schnitt.
Sprichwörtlich

Jener dürre *Sensenritter* · Streckt uns alle in den Sand.
Heine, Auf dem Hardenberge

Bitter und süß sind all derlei *Sentenzen*, · Die, so gebraucht, an Recht und Unrecht grenzen.
Brabantio in Shakespeare, Othello 1, 3

Anmutig werden selbst alltägliche *Sentenzen* · Im Silbenwasserfall melodischer Kadenzen.
Rückert, Weisheit des Brahmanen 1, 58

Sentimental.
Sam. Richardson in seinem Roman Sir Charles Grandison 1753 (6. Brief 52)

Yoricks *sentimental* journey,
(Yoricks empfindsame Reise),
von Sterne (1765); von J. J. Ch. Bode wurde auf Lessings Rat sentimental mit empfindsam verdeutscht (1768).

Was? wird der Satan · *Sentimental?*
Chr. D. Grabbe, Don Juan und Faust 2, 2

Der *September* ist der Mai des Herbstes.

Erst nach *Servatius* (13. Mai) kommt der Sommer. Bauernregeln

Sesam, öffne dich!
Zauberformel in Ali Baba und die vierzig Räuber aus Tausendundeiner Nacht

Sesquipedalia verba
(ellenlange Worte).
Nach Horaz, Ars poët. 97

Ich *setz'* den Fall ...
Anapher in einem Couplet aus Millöckers Operette Der Bettelstudent (vgl. unter *Positus*)

Geh weg, daß ich mich *setze!*
Nach der französ. Redensart unter *Ote-toi*

Und *setzet* ihr nicht das Leben ein, · Nie wird euch das Leben gewonnen sein.
Reiterlied in Schiller, Wallensteins Lager (Schluß)

Nach *Sevilla*, nach Sevilla, · Wo die hohen Prachtgebäude · In den breiten Straßen stehen.
Clemens Brentano (1801), Ponce de Leon 4, 22

Sezession, die Spaltung einer politischen oder künstlerischen Vereinigung.
Nach Livius 2, 32 (Secessio in Sacrum montem oder Aventinum). Besonders bekannt wurde das Wort, als sich Ende des vorigen Jahrhunderts Künstlergruppen in Berlin und München »Sezessionisten« nannten. Diese Künstler (Maler und Bildhauer) brachen gänzlich mit der sog. alten Schule und lehnten es ab, mit deren Vertretern zusammen auszustellen.

Shakespeare und kein Ende!
Aufsatz von Goethe (Morgenblatt für gebildete Stände 12. Mai 1815)

Sherlock Holmes
Detektivname, der durch die Kriminalromane von A. Conan Doyle weltberühmt wurde

Eine alte *Sibylle*
nennt man in übertragener Bedeutung eine hochbetagte Frau, der eine geheime Klugheit nachgesagt wird. Auch spricht man von *Sibyllinischen* Büchern als einem Schatz von Weisheit (nach der im alten Rom aufbewahrten und in Zeiten staatlicher Not befragten Sammlung von Sprüchen der Sibylle von Cumä). Vgl. auch: *Dies* irae, dies illa · Solvet saeclum in favilla · Teste David cum *Sibylla!*
Thomas v. Celano (1220)

Sic erat in fatis.
(So stand es im Buche des Schicksals.)
Ovid, Fasti, 481

Sic itur ad astra!
(So steigt man zu den Sternen auf, oder: So geht's himmelan!) Vergil, Äneis 9, 641

Sic transit gloria mundi!
(So vergeht der Ruhm der Welt!)
wurde bei der Papstkrönung während des Zuges zum Hochaltar gesprochen. (Vgl. Patricius Bl. 13a, bei Catal. 1, 111 u. 1. Joh. 2, 17 nach der Vulgata: Et mundus transit et concupiscentia eius.)

Sic volo, sic jubeo; sit pro ratione voluntas!
(So will ich, so befehle ich, statt des Grundes gelte der Wille.)
Juvenal, Satire 6, 223

Ein jeder hat für *sich* zu tun.
Schatzmeister in Goethe, Faust 4848

Sich selbst bekämpfen ist der allerschwerste Krieg; · Sich selbst besiegen ist der allerschönste Sieg.
A. v. Logau, Epigramme

Nichts ist *sicher* dem Menschen.
Ovid, Tristien 5, 5, 27

Ich hört ein *Sichlein* rauschen.
Volkslied (Wunderhorn)

Mit einem *Sieb* ist schlecht schöpfen.
Sprichwörtlich

Er hat ein Gedächtnis wie ein *Sieb*.

Sieben ist eine Unglückszahl.

Sieben ist eine heilige Zahl.
Sprichwörtlich

Eine böse *Sieben*.
(Ein zänkisch Weib.)
Nach Joh. Olorinus Variscus (Joh. Sommer) in Ethographica mundi T. 2 (1609). Sonst bedeutet böse Sieben eine Karte im Spiel. Das Kartenblatt stellte eine zankende, ihren Mann verhöhnende Korbmacherfrau dar. »Wider die böse Sieben in Teufels Karnöffelspiel« heißt eine von Cyriacus Spangenberg herausgegebene Schrift (Eisleben 1562), in der er den Papst Pius IV. und sechs andere Männer angreift.

In *sieben* Sprachen schweigen.
Siehe unter *schweigen* und *Sprachen*

Ist *Siebenbrüder* (10. Juli) Regentag, · Regnet's sieben Wochen nach.

Wenn es am *Siebenschläfer* (27. Juni) regnet, · Sind sieben Wochen mit Regen gesegnet.
Bauernregeln

Im *siebenten* Himmel sein.
Wohl nach dem dritten Himmel in 2. Kor. 12, 2 oder nach dem siebenten Himmel Mohammeds

O der *Sieche* nur ermißt im Jammer · Ganz den Preis des vollen, frischen Lebens.
Chamisso, Der arme Heinrich

Noch einen solchen *Sieg* ... und wir sind verloren!
Plutarch, Pyrrhus Kap. 21, Cassius Dio (Bekker 1, 40)

Sieg kommt vom Himmel.
Friedrich II., Kurfürst der Pfalz (Weidner, Apophth. 344)

Der *Sieg* liebt Mühe.
(Amat victoria curas.)
Wahlspruch des Kaisers Matthias (1612 bis 1619)

Ein gefahrloser *Sieg* ist ein ruhmloser Triumph.
(A vaincre sans péril, on triomphe sans gloire.)
Graf Gomes in Corneille, Cid (1636), übers. von Kessel 2, 2

Von Gott kommt Glück und *Sieg*.
Ernst Moritz Arndt, Gedichte: Wer ist ein Mann? (1813), Schlußvers. Melodie von Albert Methfessel (1818)

Trotze, so bleibt dir der *Sieg!*
Friedr. Hebbel, Gedichte: Dem Schmerz sein Recht. Nr. 10

Drei Schlachten sind geschlagen, · Und jede Schlacht war *Sieg*.
Emanuel Geibel, Heroldsrufe: Deutsche Siege

Aber der *Sieg* kommt vom Herrn.
Spr. Sal. 21, 31

Der *Siege* göttlichster ist das Vergeben!
Isabella in Schiller, Die Braut von Messina 428

Nicht die Gewalt der Armee noch die Tüchtigkeit der Waffen, sondern die Kraft des Gemüts ist es, welche *Siege* erkämpft.
Joh. Gottl. Fichte, Reden an die deutsche Nation (1808)

Siege werden bald erfochten; ihre Erfolge zu befestigen, das ist schwer.
Leop. von Ranke, Deutsche Geschichte im Zeitalter der Reformation (1839–47)

Mein Freund, die Zeiten der Vergangenheit · Sind uns ein Buch mit sieben *Siegeln*.
Faust in Goethe, Faust 575/76 (nach Offbg. 5, 1)

Der *Siegelring* wird nicht in harten Stein sich drücken; · Herz, werde weiches Wachs, · soll Gottes Bild dich schmücken.
Rückert, Weisheit des Brahmanen 16 (1), 11

In diesem Zeichen wirst du *siegen*.
(Hoc in signo vinces.)
Eusebius Pamphili († 340), Das Leben Konstantins. Übersetzt von Graul. 1, 28

Entweder *siegen* oder sterben.
(Aut vincere aut mori.)
Wahlspruch der preußischen schwarzen Husaren

Der *Sieger*, wie er prangt, preist den gewognen Gott.
Kaiser in Goethe, Faust 10864

Wer einem *Sieger* widerspricht, · Der widerspricht mit Unbedacht.
Platen, Balladen: Harmosan

Den stolzen *Sieger* stürzt sein eignes Glück.
Sorel in Schiller, Jungfrau von Orleans 1, 5

Der fröhlich heitre *Sieger* ist der schönste Sieger stets!
Anastasius Grün, Spaziergänge eines Wiener Poeten: Sieg der Freiheit

Heil dir im *Siegerkranz!*
Balth. Gerhard Schumacher (1755–1801). Umarbeitung der Fassung des Predigers Heinrich Harries (1762–1802) zu Flensburg, dessen Gedicht: Heil dir, dem liebenden · Herrscher des Vaterlands! · Heil, Christian, dir! zuerst im Flensburgischen Wochenblatt vom 27. Januar 1790 stand. Die Melodie soll Henry Carrey am Vorabend der Erhebung zugunsten des Kronprätendenten Jacob Stuart 1715 komponiert haben. Die Franzosen behaupten, daß Cally 1787 in Paris ein Lied: Grand Dieu sauvez le Roi! für die Schüler in St. Cyr komponiert und daß Händel dessen Melodie 1714 für Georg den Ersten arrangiert und den Text God save the King veranlaßt habe. Die Verpflanzung nach Preußen geschah in den Berlinischen Nachrichten (der Spenerschen Zeitung) vom 17. Dez. 1793. Dieser »Berliner Volksgesang« war unterzeichnet von Sr. (Schumacher). In dieser Fassung wurde das Lied populär.

Jung *Siegfried* war ein stolzer Knab.
L. Uhland, Siegfrieds Schwert (1812)

Du *siehst* mich lächelnd an, Eleonore, · Und siehst dich selber an und lächelst wieder.
Prinzessin in Goethe, Torquato Tasso 1, 1

Du *siehst* mich an und kennst mich nicht.
Hoffmann v. Fallersleben, Frühlingslieder an Arlikona

Reden ist *Silber*, Schweigen ist Gold.
Sprichwörtlich

Silberlinge
nach 1. Mos. 37, 28 u. Matth. 26, 15.

Gibt's mehr als einen *Silberblick* im Leben?
Juranitsch in Körner, Zriny 2, 8

Silberstreifen am Horizont.
Nach der Parteirede des Reichsaußenministers Gustav Stresemann (1878–1929) am 17. 2. 1924

Zwei oder drei Kaufmannsfamilien in Liverpool haben mehr *Silberzeug* als der ganze preußische Adel!
Kronprinzessin Viktoria (nachmalige Kaiserin Friedrich) zu Bismarck im Januar 1871 (in Buschs Tagebuchblättern 2, 85). Bismarck erwiderte darauf: »Ja, das ist vielleicht wahr, Königliche Hoheit, wir setzen unsern Wert aber auch in andere Dinge als in Silber!«

Ein braves Pferd stirbt in den *Sielen*.
Sprichwörtlich (sagte auch Bismarck im Preuß. Abgeordnetenhause am 4. Febr. 1881)

Le *silence* du peuple est la leçon des rois.
(Das Schweigen des Volkes ist eine Lehre für die Könige!)
De Beauvais, Leichenrede für Ludwig XV.

Silent leges inter arma!
(Es schweigen die Gesetze unter den Waffen.) Cicero, Pro Milone 4, 10
Vgl. Lucanus, Pharsalia 1, 277; Leges bello siluere coactae.

Similia similibus curantur.
(Gleiches wird durch Gleiches geheilt.)
Grundsatz der Homöopathie

Wenn *Simon* (28. Okt.) und Juda vorbei, · So rückt der Winter herbei! Bauernregel

Simonie,
Schacher mit geistlichen Ämtern; zurückzuführen auf den Zauberer Simon, der von den Aposteln mit Geld die Gabe erkaufen wollte, durch Auflegung der Hände den Heiligen Geist mitzuteilen. Apostelgeschichte 8, 18–24.

O sancta *simplicitas!*
Siehe unter *Einfalt*

Demgemäß ist *Simplizität* stets ein Merkmal nicht allein der Wahrheit, sondern auch des Genies gewesen.
Schopenhauer, Parerga u. Paralip. 2, 29. Über Schriftstellerei § 283

Sincere et constanter.
(Aufrichtig und beständig.)
Devise des Roten Adlerordens

Singe, wem Gesang gegeben.
Uhland, Freie Kunst

Hier kann nicht sein ein böser Mut, · Wo da *singen* Gesellen gut.
Luther im einleitenden Gedichte zu der Schrift von Joh. Walther in Torgau: Lob und Preis der löblichen Kunst Musika (1538)

Da geht er hin und *singt* nicht mehr.
F. Gumbert, Die Kunst, geliebt zu werden Sz. 18

Sink or swine.
(Sinkt oder schwimmt.)
Engl. Sprichwort

Doch ist der *Sinn* des Lebens Sklav, das Leben · Der Narr der Zeit; und Zeit, des Weltlaufs Zeugin, · Muß enden.
Percy in Shakespeare, Heinrich IV. 1. Teil 5, 4

Was ist der langen Rede kurzer *Sinn?*
Questenberg in Schiller, Die Piccolomini 1, 2

Ich lasse jedem seinen *Sinn* und Neigung, · Weiß doch, was mir ein jeder von euch gilt.
Wallenstein in Schiller, Wallensteins Tod 2, 3

Nichts Gutes im *Sinne* haben.
Nach Sir. 11, 34

Böses im *Sinne* haben. Nach Ps. 7, 15

Die *Sinne* trügen nicht, aber das Urteil trügt.
Goethe, Maximen u. Reflexionen 7

Seiner *Sinne* Meister bleiben,
siehe unter *Meister*

Zwischen *Sinnenglück* und Seelenfrieden · Bleibt dem Menschen nur die bange Wahl; · Auf der Stirn des hohen Uraniden · Leuchtet ihr vermählter Strahl.
Schiller, Gedichte: Das Ideal und das Leben

Das *Sinngedicht.*
Titel einer Rahmenerzählung von Gottfried Keller (1882); in dem Buche spielt ein Sinngedicht von Logau eine Rolle.

Was ist ein *Sinngedicht?* Wie Mann und Weib verbunden · Ein Zeilenpaar, das sich vereint im Reim empfunden.
Fr. Rückert, Die Weisheit des Brahmanen 16 (5) 1

Eine *sinnliche* Bewegung durch die andre überwinden heißt nur ein Laster gegen ein anderes verwechseln.
Matthias Claudius, Über die Unsterblichkeit der Seele 5

Gesunde *Sinnlichkeit.*
Dieses Wort schreibt Nietzsche in der Abhandlung »Was bedeuten asketische Ideale?« (Werke VII, 403) dem Philosophen Ludwig Feuerbach zu; es stammt aber von Heinr. Heine (Shakespeares Frauen und Mädchen: Anna Boleyn).

Mehr als wir vermögen, · *Sinnt* er (Gott) uns nicht an.
Lichtwer, Der Frühling 2

Sint, ut sunt, aut non sint!
(Sie mögen bleiben, wie sie sind, oder [lieber] nicht sein.)
Soll der Jesuitengeneral Ricci zum Papste Clemens XIV. 1773 betreffs der Auflösung des Ordens gesagt haben. Wahrscheinlich stammt das Wort von Clemens XIII.

Nach uns die *Sintflut!*
Ausspruch der Pompadour (1720–64)
Siehe auch unter *Après*

Sirene,
soviel wie ein ins Verderben lockendes verführerisches Weib. Auch

Sirenengesang und *Sirenenstimme.*
Nach Homer, Odyssee 12, 39

Sisyphusarbeit,
soviel wie mühevolle, aber ergebnislose Arbeit.
Homer, Odyssee 11, 593/600; Propertius 3, 17, 7

Sit venia verbo.
(Mit Erlaubnis [Verlaub] zu sagen.)
Lateinische Redensart nach Plinius dem Jüngeren, Ep. 5, 6, 46 (venia sit dicto).

Nach Freiheit strebt der Mann, das Weib nach *Sitte.*
Prinzessin in Goethe, Torquato Tasso 2, 1

Sitte ist stärker als Recht. Sprichwort

's ist mal bei mir so *Sitte,* · chacun à son goût.
Orlowski in der Fledermaus, Operette von Strauß, Lied Nr. 7

Was doch ohne der *Sitten* Zucht · Frommt das eitle Gesetz?
(Quid leges sine moribus · Vanae proficiunt?) Horaz, Oden 3, 24, 35/36 (Voß)

An *Sittensprüchen* hat der Arge sein Vergnügen, · Nicht um danach zu tun, doch um damit zu trügen.
Rückert, Weisheit des Brahmanen (1836–39)

Der vollständige und der vollkommene Künstler überhaupt ist von selbst *sittlich* – so auch der vollständige und vollkommene Mensch überhaupt. Novalis, Fragmente

Sittlich kann nur der Mensch sein, und deshalb liegt alle menschliche Größe nur in der Sittlichkeit.
Paul Ernst (1866–1933)

Er hat kein *Sitzfleisch.*
(Ihm mangelt die Ausdauer.)
Sprichwörtl. Redensart

Einen *sitzen* haben (angeheitert sein). Sprichwörtlich

Eine *sitzen*lassen. Nach Sirach 22, 4

Wohl dem, der nicht wandelt im Rate der Gottlosen noch tritt auf den Weg der Sünder, noch *sitzet,* da die Spötter *sitzen.* Psalm 1, 1

Ein *Skandal.*
Nach 1. Kor. 1, 23 (von Luther mit Ärgernis übersetzt)

Wer eine Zeitlang *Skandal* erregt, · Glaube nicht, daß er die Welt bewegt.
Fr. v. Sallet, Epigrammatisches und Lehrhaftes

Skeptizismus, der trübe, kleinliche Skeptizismus des Weltlings, ist Schwäche.
E. Freiherr v. Feuchtersleben, Zur Diätetik der Seele (Tagebuchblätter 1838)

Die *Sklaven* haben Tyrannen gemacht, der Blödsinn und der Eigennutz haben die Privilegien erschaffen, und Schwachheit und Leidenschaft verewigen beides.
Seume, Spaziergang nach Syrakus (Einleitung)

Vor dem *Sklaven,* wenn er die Kette bricht, · Vor dem freien Menschen erzittert nicht!
Schiller, Gedichte: Die Worte des Glaubens

Zur *Sklaverei* gewöhnt der Mensch sich gut · Und lernet leicht gehorchen, wenn man ihn · Der Freiheit ganz beraubt.
Thoas in Goethe, Iphigenie 5, 2

Es binden *Sklavenfesseln* nur die Hände, · Der Sinn, er macht den Freien und den Knecht!
Grillparzer, Phaon in Sappho 2, 4

Sklavenmoral.
Fr. Nietzsche, Jenseits von Gut und Böse (Werke Bd. 7, 239) Siehe auch *Herrenmoral*

Sklaverei ist ein elendes Handwerk. Fiesko in Schiller, Fiesko 1, 9

Mit *Skorpionen* züchtigen.
Nach 1. Kön. 12, 11

Skrofuloses Gesindel
nannte der reaktionäre, für mittelalterliche Zustände schwärmende Historiker H. Leo im »Volksblatt für Stadt und Land« (1853, Nr. 61) die Menge, soweit sie freiheitlich gesinnt war.

Mich plagen keine *Skrupel* noch Zweifel, · Fürchte mich weder vor Hölle noch Teufel.
Faust in Goethe, Faust 368/69

Sleep! O gentle sleep! Nature's soft nurse!
(Schlaf! O sanfter Schlaf! Du liebreiche Amme der Natur!)
König Heinrich in Shakespeare, Heinrich IV. 2, 3, 1

Smart, Smartness.
(Schlau, gerieben, gerissen, Pfiffigkeit, Geschäftstüchtigkeit. Ein smarter Kerl.)
Aus dem Englischen, im Deutschen entsprechend kaum wiederzugeben

Snob
Nach William M. Thackerays »The Book of Snobs« (1847)

So ist's, mein Feldherr!
Siehe unter *Feldherr*

So lag ich und so führt' ich meine Klinge.
Falstaff in Shakespeare, Heinrich IV. 1. Teil 2, 4

So sehen wir uns wieder?
Königin in Schiller, Don Carlos, Schlußszene, und Isabella in der Braut von Messina

Und muß ich *so* dich wiederfinden?
Schiller, Die Kraniche des Ibykus

So seltsam widerspricht sich Carlos nicht.
Domingo in Schiller, Don Carlos 1, 1

So stirbt ein Held.
Moor in Schiller, Die Räuber 3, 2

So war's nicht gemeint.
Max in Schiller, Die Piccolomini 2, 4

So weit geht niemand, der nicht muß.
Wrangel in Schiller, Wallensteins Tod 1, 5

So leben wir, so leben wir, · So leben wir alle Tage!
Dessauer Marsch (1705)

Setz deinen Fuß auf ellenhohe *Socken*, siehe unter *Perücken*

Sich auf die *Socken* machen (fortgehen). Sprichwörtlich

Sodom und Gomorra.
1. Mos. 13, 13; 18, 20; 19, 24.

Vom Scheitel bis zur *Sohle.*
Nach 1. Mos. 28, 35

Wir heften uns an seine *Sohlen.*
Schiller, Gedichte: Kraniche des Ibykus

Das wär' so'n Geschäft · Für mein'n Vater sein'n *Sohn!*
David Kalisch, Der gebildete Hausknecht

Dies ist mein lieber *Sohn*, an welchem ich Wohlgefallen habe.
Matth. 3, 17

Sohn, da hast du meinen Speer!
Friedr. Leop. Graf zu Stolberg, »Lied eines alten schwäbischen Ritters an seinen Sohn«

Mein *Sohn*, warum hast du uns das getan? Luk. 2, 48

On n'est jamais si bien servi que par *soi-même.*
(Gut ist man nur bedient, wenn man sich selbst bedient.)
Etienne, Brueys et Palaprat, 1807, 2. Scène

De *Sokratische* Method.
Nach Fritz Reuter, Läuschen un Rimels 2, 56

Solamen miseris socios habuisse malorum.
(Trost für die Unglücklichen ist es, Leidensgefährten zu haben.)
Spinoza, Ethik 4, 57, nach Äsop, Fabel 237b, Thucyd. 7, 75, 6 und Seneca, Ad Polyb. de consol. 12 (31) 2

Der Tod ist der Sünde *Sold.*
Röm. 6, 23

Ach, welche Lust, *Soldat* zu sein!
Boieldieus Oper Die weiße Dame, Akt 2, Text von Scribe

O welche Lust, *Soldat* zu sein!
Hoffmann v. Fallersleben, Lyrische Gedichte, Titel und Anfang eines Gedichts

Der dem Tod ins Angesicht schauen kann, · Der *Soldat* allein ist der freie Mann.
Dragoner in Schiller, Wallensteins Lager 11. Auftr.

Man muß *Soldat* sein für sein Land oder aus Liebe zu der Sache, für die gefochten wird.
Tellheim in Lessing, Minna von Barnhelm 3, 7

Die Erde ist eines *Soldaten* Bett, der Himmel seine Decke und der Harnisch sein Haus.

König Konrad III. (Zinkgref Apophth. 1, Seite 23)

Fluchwürdig Schicksal des *Soldaten!*

Wallenstein in Schiller, Piccolomini 2, 7

Wer will unter die *Soldaten,*

siehe unter *Gewehr*

Soldatenmut siegt überall · Im Frieden und im Krieg.

Soldatenmut, Gedicht von Wilh. Hauff 1824

Vertierte *Soldateska* oder *Söldlinge.*

Schlagwort seit 1848

Nec *soli* cedit.

(Selbst der Sonne weicht er nicht – nämlich der Adler.)
Brandenburgischer Wahlspruch, siehe auch Erbprinz in Gutzkow, Zopf und Schwert 4, 6

Der Tücht'ge sieht in jedem *Soll* ein Muß!

Grillparzer, Des Meeres und der Liebe Wellen 1, 1

Soll und Haben.

Titel eines Kaufmanns-Romans von Gustav Freytag

Vita *somnium* breve.

(Das Leben ist ein kurzer Traum.)
Titel einer Erzählung von Ricarda Huch (1902)

Somnus imago mortis.

(Der Schlaf ist das Bild des Todes.)
Cicero, Tusc. 1, 38, 92

Heißer *Sommer*, guter Wein. Langer Sommer, kurzer Herbst.

Bauernregel

Unser *Sommer* ist nur ein grünangestrichener Winter, ... das einzige reife Obst, das wir haben, sind gebratene Äpfel.

Heine, Reisebilder 2, 1: Reise von München nach Genua

Die *Sommernacht* hat mir's angetan!

Scheffel, Trompeter von Säckingen: Werners Lieder aus Welschland 3

Geh aus, mein Herz, und suche Freud · In dieser lieben *Sommerzeit.*

Siehe unter *Freud*

Die *Sonn'* erwacht! · Mit ihrer Pracht · Erfüllt sie die Berge, das Tal!

Morgenlied aus Preziosa von P. A. Wolff 1819, Oper von Weber

Sonne, stehe still zu Gibeon, und Mond, im Tal Ajalon! Josua 10, 12

Die *Sonne* scheint über Gerechte und Ungerechte.

Sprichwörtlich nach Matth. 5, 45

Und die *Sonne* Homers, siehe! sie lächelt auch uns.

Schiller, Gedichte: Der Spaziergang

Die Sonne von Austerlitz siehe unter *Austerlitz*

Die *Sonne* geht in meinem Staat nicht unter.

König Philipp in Schiller, Don Carlos 1, 6

Die *Sonne* bringt es an den Tag.

Sprichwörtl. Redensart, auch Überschrift eines Gedichtes von Chamisso

Laß die *Sonne* nicht untergehn über deinem Zorn! Nach Eph. 4, 26

Nichts Neues unter der *Sonne*, siehe unter *Neues*

Aber die *Sonne* duldet kein Weißes.

Faust in Goethe, Faust 911

Scheint die *Sonne* noch so schön, · Einmal muß sie untergehn!

Fr. Raimund, Das Mädchen aus der Feenwelt od. Der Bauer als Millionär 2, 6

Und ob die Wolke sie verhülle, · Die *Sonne* bleibt am Himmelszelt! · Es waltet dort ein heilger Wille; · Nicht blindem Zufall dient die Welt.

Agathe in Fr. Kind, Der Freischütz, Oper von K. M. v. Weber, 3, 1

Wenn die Perser durch ihre Pfeile die *Sonne* verdunkeln: desto besser, so werden wir im Schatten kämpfen.

Dienekes bei Thermopylä, Herodot 7, 21 (Fr. Lange)

Wo bist du, *Sonne*, blieben?

Aus P. Gerhardts Abendlied Nun ruhen alle Wälder

Schönste *Sonne* unter den Mädchen, · Schönstes Mädchen unter der Sonne. Heinr. Heine, Heimkehr

Hab' *Sonne* im Herzen.
Cäsar Flaischlen (1864–1920), Lehr- und Wanderjahre des Lebens

Die *Sonne* Yorks siehe unter *Mißvergnügen*

Sonne siehe auch unter *Brudersphären*

O *Sonnenschein!* O Sonnenschein! · Wie scheinst du mir ins Herz hinein.
Rob. Reinick, A. d. Sonnenschein, komp. von Rob. Schumann

Ich möchte erwachen beim *Sonnenschein,* · Und es müßte alles wie früher sein. Otto Reutter (1870–1931)

Das Fräulein stand am Meere · Und seufzte lang und bang, · Es rührte sie so sehre · Der *Sonnenuntergang.*
Heine, Neue Gedichte, Seraphine Nr. 11

Es ist nicht alle Tage *Sonntag!*
Sprichwort

Sonntagswetter spukt am Freitag vor. Alte Wetterregel

Sonst (weiter) hat es keinen Zweck.
Häufig vorkommende Redensart Bertrams in Gustav Raeders Posse: Robert und Bertram (1859)

Hast du *sonst* noch Schmerzen?
(Eigentlich: Weiter hast du keine Schmerzen?) Aus Mozart, Don Juan 2, 8

Du bist und bleibst ein Lügner, ein *Sophiste!* Faust in Goethe, Faust 3050

Sorg, aber *sorge* nicht zuviel, · Es geht doch alles, wie Gott will.
Otto Graf zu Mansfeld (Zinkgref, Apophth. 2, Seite 22)

Sorge macht alt vor der Zeit.
Jesus Sirach 30, 26

Hast du die *Sorge* nie gekannt?
Sorge in Goethe, Faust 11432

Die *Sorge,* sie schleicht sich durchs Schlüsselloch ein.
Sorge in Goethe, Faust 11391

Die *Sorge* ist das Verhältnis zum Leben.
Sören Kierkegaard, Die Krankheit zum Tode (1849)

Laß nur die *Sorge* sein, · Das gibt sich alles schon, · Und fällt der Himmel ein, · Kommt doch eine Lerche davon.
Goethe, Gedichte: Sprichwörtlich

Sie weicht nicht von der erzgepanzerten Galeere, die sitzt hinter dem Reiter – die schwarze *Sorge.*
(Neque · Decadit aerata triremi et · Post equitem sedet atra Cura.)
Horaz, Oden 3, 1, 39/40

Frau *Sorge.* Siehe unter *Frau*

Um das Roß des Reiters schweben, · Um das Schiff die *Sorgen* her.
Schiller, Gedichte: Das Siegesfest

Etwas fürchten und hoffen und *sorgen* siehe unter *fürchten*

In eignen kleinen *Sorgen* und Interessen · Zerstreut sich der gemeine Geist.
Illo in Schiller, Die Piccolomini 2, 6

Für *Sorgen sorgt* das liebe Leben, · Und *Sorgenbrecher* sind die Reben.
Goethe, Westöstlicher Diwan: Das Schenkenbuch

Daß man ohne *Sorgen* lebe, sorgt man stets um Gut und Geld, · Das doch den, der es ersorgte, stets in Angst und Sorgen hält.
Logau, Sinngedichte: Geld und Gut

Sorget nicht für den andern Morgen; denn der morgende Tag wird für das Seine *sorgen.* Es ist genug, daß ein jeglicher Tag seine eigne Plage habe. Matth. 6, 34

Sorglose Sicherheit gibt uns schnell dem Glückswechsel hin.
Herder, Palmblätter 3, 124

Sorgt, daß sie nicht zu zeitig mich erwecken.
Wallenstein in Schiller, Wallensteins Tod 5, 5

Sorgt ihr für euch; ich tu, was meines Amts.
Fronvogt in Schiller, Wilhelm Tell 1, 3

Sors tua mortalis: non est mortale, quod optas!
(Dein ist ein sterbliches Los, nichts Sterbliches aber begehrst du.)
Ovid, Metam. 2, 56

Un *sot* trouve toujours un plus *sot* qui l'admire.
(Ein Dummkopf findet immer einen größern Dummkopf, der ihn bewundert.)
Boileau, Art poét. 1, 232
Vgl. Gellert, Fabeln, 2. Cotill:
Ein Tor findt allemal noch einen größern Toren, · Der seinen Wert zu schätzen weiß.

Die Schwalbe ist die *Soubrette* der Natur. Peter Hille, Aphorismen

Qui sait tout *souffrir* peut tout oser.
(Wer alle Leiden auf sich nehmen kann, kann alles wagen.)
Vauvenargues, Réfl. DLXII

Ich setze die *Souveränität* fest wie einen ehernen Felsen.
(rocher de bronce) wörtlich: Ich stabiliere die Souveraineté wie einen rocher de bronce. Friedrich Wilhelm I. v. Preußen

Die *Sozialdemokraten* sind Barbaren des Mitleids. Peter Hille, Aphorismen

Die *soziale* Frage.
Ein von Napoleon I. erfundener Ausdruck

Mancher *spaltet* aus einem Splitter ein Fuder Holz. Sprichwörtlich

Vergessen ist der alte *Span:* · Das deutsche Volk ist eins.
Freiligrath, Neueres und Neuestes: Hurra, Germania!

Mach bloß keine *Späne!*
(Schwierigkeiten.)
Volkstümliche Redensart

Wo man Holz haut, fallen *Späne*.
Sprichwörtlich

Spanien, das Land des Weins und der Gesänge.
Sprichwörtl. Redensart nach:
Wir kommen erst aus *Spanien* zurück, · Dem schönen Land des Weins und der Gesänge.
Mephistopheles in Goethe, Faust 2205/06

Fern im Süd das schöne *Spanien*.
Em. Geibel, Der Zigeunerbube im Norden (1834)

Stolz will ich · Den *Spanier*.
König in Schiller, Don Carlos 3, 10

Ich versprach dir, einmal *spanisch* zu kommen.
Egmont in Goethe, Egmont 3. Aufz.

In *spanische* Stiefel eingeschnürt.
Mephistopheles in Goethe, Faust 1913

Die *spanschen* Königinnen haben Müh' · Zu sündigen.
Domingo in Schiller, Don Carlos 2, 10

Der Anfang, das Ende, o Herr, sie sind dein, · Die *Spanne* dazwischen, das Leben war mein. · Und irrt ich im Dunkeln und fand mich nicht aus – · Bei dir, Herr, ist Klarheit und licht ist dein Haus.
Selbstverfaßte Grabschrift Fritz Reuters

Wir wollen alle Tage *sparen*, · Und brauchen alle Tage mehr.
Marschalk in Goethe, Faust 4853/54

Sparen ist verdienen. Sprichwort

Der *Sparer* will einen Zehrer haben.
Sprichwort

Jeder hat 'nen *Sparren* frei, · Wer's nicht glaubt, hat ihrer zwei.
Sprichwörtlich

's ist *Sparsamkeit* im Himmel: · Austaten sie die Kerzen.
Banquo in Shakespeare, Macbeth 2, 1

Sparschaft bringt Barschaft.
Sprichwort

Wanderer, kommst du nach *Sparta*, verkündige dorten, du habest · Uns hier liegen gesehn, wie das Gesetz es befahl.
Schiller, Gedichte: Der Spaziergang
Dies ist die klassische Übersetzung der folgenden griechischen Inschrift:
Ὦ ξεῖν' 'αγγέλλειν Λακεδαιμονίοις, ὅτι τῇδε / Κείμεθα τοῖς κείνων ῥήμασι πειθόμενοι.
Simonides von Keos bei Herodot 7, 228. Inschrift des Denkmals, das den unter Leonidas in der Schlacht bei Thermopylä 480 v. Chr. gefallenen Spartanern von den Griechen gesetzt wurde.
Dic, hospes, *Spartae*, nos te hic vidisse iacentes, · Dum sanctis patriae legibus obsequimur. Cicero, Tusc. 1, 42, 101

Wandrer, sag's den kinderlosen Eltern, · Daß fürs Vaterland auf diesen Feldern · *Spartas* kühne Heldenjugend sank!
Körner, Gedichte: Auf dem Schlachtfelde von Aspern

Die Müh' ist klein, der *Spaß* ist groß.
Mephistopheles in Goethe, Faust 4049

Der *Spaß* verliert alles, wenn der *Spaßmacher* selber lacht.
Fiesko in Schiller, Fiesko 1, 7

Spät kommt ihr – doch ihr kommt! · Der weite Weg, Graf Isolan, · Entschuldigt euer Säumen.
Illo in Schiller, Piccolomini 1, 1

Zu *spät* ist zu spät. Sprichwörtlich

Spät kommst du; doch ich lobe dich um dieses auch!
Euripides, Helena (Donner) 1232

Besser einen *Spatz* in der Hand als eine Taube auf dem Dache.
Sprichwort
Siehe auch unter *Sperling*

Die *Spatzen* erzählen sich's schon von den Dächern.
Sprichwörtl. Redensart

Das ist's, was mich am Freund zumeist verdrießt, · Wenn er nach *Spatzen* mit Kartätschen schießt.
Em. Geibel, Juniuslieder: Sprüche 20

Mit Euch, Herr Doktor, zu *spazieren,* · Ist ehrenvoll und ist Gewinn.
Wagner in Goethe, Faust 941/42

Mit *Speck* fängt man Mäuse.
Sprichwort

Die Schlacht hätt' ich mit Schimpf verlieren mögen, · Doch das vergeben mir die Wiener nicht, · Daß ich um ein *Spektakel* sie betrog.
Wallenstein in Schiller, Die Piccolomini 2, 7

Spectatum veniunt, veniunt *spectentur* ut ipsae.
(Um zu sehen und um gesehen zu werden, kommen sie hin.)
Ovid, Ars amandi 1, 99; vgl. Direktor in Goethe, Faust 119/20

Sohn, da hast du meinen *Speer,* · Meinem Arm wird er zu schwer.
Lied eines alten schwäbischen Ritters an seinen Sohn, von Friedr. Leop. Grafen zu Stolberg (1774)

Willst du mit den Kinderhänden · In des Schicksals *Speichen* greifen?
Grillparzer, Die Ahnfrau 4

Verbotene *Speise* schmeckt am besten.

Was dem einen *Speise* ist, ist dem andern Gift. Sprichwörtlich

Ein Kerl, der *spekuliert,* · Ist wie ein Tier auf dürrer Heide · Von einem bösen Geist im Kreis herumgeführt, · Und ringsumher liegt schöne grüne Weide.
Mephistopheles in Goethe, Faust 1830–33

Er hat heute die *Spendierhosen* an (hält uns frei). Redensart

's *Spenzeln* (Liebäugeln) gefreut uns, 's Heiraten verdrießt uns.
Lulu in Nestroy, Genius, Schuster und Markör 1, 5

Lasciate ogni *speranza!* Siehe unter *Lasciate*

Ein *Sperling* in der Hand ist besser als eine Taube auf dem Dache.
Sprichwort

Weiß denn der *Sperling,* wie's dem Storch zumute sei?
Goethe, Maximen u. Reflexionen 7

Ich trotze allen Vorbedeutungen: es waltet eine besondre Vorsehung über den Fall eines *Sperlings.*
Hamlet in Shakespeare, Hamlet 5, 2

Dum spiro *spero.*
(Solang ich atme, hoffe ich.)
Lateinisches Sprichwort

Sperr oculos!
(Tu die Augen auf!)
Langbein, Gedichte: Abenteuer des Pfarrers Schmolke und Schulmeisters Bakel (1788)

Spes mea in deo est.
(Meine Hoffnung ist in Gott.)
Schlußvignette in Phil. Gengenbachs Evangelisch Burger (Basel 1522)

Wenn das noch immer so weitergeht · Mit Arbeitseinteilung und *Spezialität,* · Dann wär' das Wagnis geringer, · Dem Löwen in den Rachen zu sehn, · Als mit einem kranken Zeigefinger · Zum *Spezialisten* für Daumen zu gehn! Ludwig Fulda

Sphärenharmonie, Sphärenmusik.
Nach der Ansicht griechischer Philosophen der Klang sich bewegender Planeten, zurückzuführen auf Pythagoras, geb. um 520 v. Chr.; vgl. auch *Brudersphären.*

Ein *Spiegel* ist besser als eine ganze Reihe Ahnenbilder. W. Menzel

Hinter den *Spiegel* stecken!
Einfache Leute benutzten früher den schräg hängenden Stubenspiegel als Zeitungsmappe. Auch Einladungsbriefe zu Hochzeiten, Kindtaufen usw. steckte man an den Spiegel.

Das Beste möcht' ich euch vertrauen: · Sollt erst in eignen *Spiegel* schauen. Goethe, Zahme Xenien 2

Ich kenne dich, *Spiegelberg*.
Karl Moor in Schiller, Die Räuber 2, 3

Spiegelberg, wird es heißen, kannst du hexen, Spiegelberg?
Spiegelberg in Schiller, Die Räuber 1, 2

Spiegelfechterei der Hölle!
Schiller, Fiesko 5, 12

Ich hab' die *Spiegeln* abgeschafft, weil sie die Frechheit haben, mein Gesicht, was einzig in seiner Art is, zu verdoppeln.
Holofernes in Nestroy, Judith und Holofernes 24 (Parodie auf Hebbels Judith, vgl. 1, 1)

Deines *Spiegels* dunkle Klarheit · Hat dein Bild, du weißt nicht wie · Und dann seh' ich deine Wahrheit; · Denn die Spiegel lügen nie.
Christ. Morgenstern, Galgenlieder

Das *Spiel* des Lebens sieht sich heiter an, · Wenn man den sichern Schatz im Herzen trägt.
Thekla in Schiller, Die Piccolomini 3, 4

Das *Spiel* zeigt den Charakter.

Glück im *Spiel*, Unglück in der Liebe.

Im *Spiel* gibt's keine Freundschaft.
Sprichwörtlich

Für mich ist *Spiel* und Tanz vorbei.
Joh. Martin Miller im Musen-Almanach (Göttingen 1773), S. 35: Klagelied eines Bauern

Ich habe ein gewagtes *Spiel gespielt*.
Leicester in Schiller, Maria Stuart 4, 6

Laßt, Vater, genug sein das grausame *Spiel!*
Schiller, Gedichte: Der Taucher

Wer alles aufs *Spiel* gesetzt, · Hat sicher zuviel gesetzt.
Bodenstedt, Die Lieder des Mirza-Schaffy: Lieder und Sprüche 32

Alles war nur ein *Spiel!* Ihr Freier lebt ja noch alle, · Hier ist der Bogen und hier ist zu den Ringen der Platz.
Goethe-Schiller, Xenien-Almanach 414

Wenn sie nicht hören, reden, fühlen · Noch sehn, was tun sie denn? – Sie *spielen*.
Lichtwer, Fabeln 3, 2: Die seltsamen Menschen

Ich bin zu alt, um nur zu *spielen*, · Zu jung, um ohne Wunsch zu sein.
Faust in Goethe, Faust 1547/48

Spielen ist experimentieren mit dem Zufall. Novalis, Fragmente

Der *Spieler* ist von Gott verachtet, · Weil er nach fremdem Gelde trachtet. Bekannter Reimspruch

Den *Spieß* umdrehen (die Rollen vertauschen). Alte Redensart

Und an ewig gleicher *Spindel* winden · Sich von selbst die Monde auf und ab.
Schiller, Die Götter Griechenlands, 2. Fassung

Spinne am Abend: erquickend und labend, Spinne am Morgen: Kummer und Sorgen. Sprichwort

Spinne, arme Margarete.
Spinnlied in Boieldieus Oper Die weiße Dame 2, 1

Dafür kann eine alte Frau lange *spinnen*
(ehe sie so viel Geld beisammen hat, als eine Summe ausmacht, von der man gerade spricht.) Sprichwörtl. Redensart

Spinnen, du *spinnst*.
(Du bist wohl nicht recht bei Troste. Auch für Grillen, Schrullen haben.)
Bayrisch

Verbiete du dem *Seidenwurm* zu *spinnen*, siehe unter *Seidenwurm*

Die Gesetze sind den *Spinnweben* gleich, da die kleinen Fliegen und Mücken innen bleiben henken, die Wespen aber und Hornissen hindurchdringen.
Christoph Lehmann, Florilegium politicum (1630)

Zum Teufel ist der *Spiritus*, das Phlegma ist geblieben.
Schiller, Gedichte: Männerwürde V. 71

O du *Spitz*, du Ungetüm, · Aber wart' ich komme ihm.
Wilh. Busch, Max und Moritz

Er wird die Sache bald *spitz* bekommen (bald begreifen).
Sprichwörtl. Redensart

Es läßt sich berechnen, daß die *Spitzbuben* weit mehr Vorteil von der bürgerlichen Gesellschaft ziehen als die ehrlichen Leute.
Börne, Der Narr im Weißen Schwan 2. Kap.

Ach, als ich noch kein *Spitzel* war, · Welch kreuzerbärmlich Los! · Dreitausend Reichsmark jedes Jahr, · Das macht sich ganz famos.
Karl Henckell, Lockspitzellied
Siehe unter *Lockspitzel*

Sollen das etwa *Spitzen* sein?
(Anzüglichkeiten.) Redensart

Das Zeitalter wird so *spitzfindig*, daß der Bauer dem Hofmann auf die Fersen tritt.
Hamlet in Shakespeare, Hamlet 5, 1

Subtilitäten und *Spitzfindigkeiten* gehören dem Advokaten und Prokuratoren und keinem Kaiser.
Kurfürst Moritz von Sachsen (Zinkgref, Apophth. 1, S. 105)

Einen *Spleen* haben
(einen Sparren). Sprichwörtl. Redensart

Mancher sieht nur den *Splitter* in fremden Augen.
Nach Matth. 7, 3/5. Was siehest du aber den *Splitter* in deines Bruders Auge und wirst nicht gewahr des Balkens in deinem Auge?

Scharfe *Sporen* machen willige Pferde.

Sich die *Sporen* verdienen.
Sprichwörtlich

Eines Abends noch sehr *späte* · Gingen Wassermaus und Kröte · Einen steilen Berg hinan.
Nach der Lichtwerschen Fabel von Hofschauspieler Rüthling. Wird mit verschiedenen Fortsetzungen zitiert. Eine der bekanntesten lautet: Dies ist ein Gedicht von Goethe, · Das er eines Abends *späte* · Auf dem Sofa noch ersann.

Spott vertreibt die Liebe nicht.
Goethe, Gedichte: Liebe wider Willen

Zum *Spott* der Leute werden.
Nach Psalm 22, 7

Die Bank der *Spötter* siehe unter *Bank*

Encheiresin naturae (d. h. Tätigkeit der Natur) nennt's die Chemie, · *Spottet* ihrer selbst und weiß nicht wie.
Mephistopheles in Goethe, Faust 1940/41

Du *Spottgeburt* von Dreck und Feuer! Faust in Goethe, Faust 3536

Sprachdummheiten,
nach dem Titel des bekannten Buches »Allerhand Sprachdummheiten (1890) von Gustav Wustmann« († 1910) gebräuchlich geworden

Die *Sprache* bleibt ein reiner Himmelshauch, · Empfunden nur von stillen Erdensöhnen.
Goethe, Epigrammatisch: Etymologie

Deutsche geliebte Landsleute, welches Reichs, welches Glaubens ihr seiet, tretet ein in die euch allen aufgetane Halle eurer angestammten, uralten *Sprache*, lernet und heiliget sie und haltet an ihr, eure Volkskraft und Dauer hängt in ihr!
Jakob Grimm

Die deutsche *Sprache* ist die Orgel unter den Sprachen. Jean Paul

An deiner *Sprache*, Deutscher, halte fest! · Weh dem, der diesen Schatz sich stehlen läßt. · Wer erst beginnt, das reine Wort zu fälschen, · Dem kann gar bald auch Kopf und Herz verwälschen.
Otto v. Leixner, Aus dem Leben für das Leben, 656

In der *Sprache*, die man am schlechtesten spricht, kann man am wenigsten lügen. Hebbels Tagebücher

Es gibt Momente, wo ich finde, daß die *Sprache* noch gar nichts ist.
Beethoven an seine Unsterbliche Geliebte, 6.–7. Juli 1801

Die *Sprache* ist dem Menschen gegeben, um seine Gedanken zu verbergen.
Talleyrand, doch vor ihm schon Molière, Voltaire, Young, Dante (in seinem Gastmahl), Dionysius, Cato und Plutarch

Zum Befehlen oder Gebieten brauche ich gern die deutsche, im Frauenzimmer die französische, im Rat die italienische *Sprache*
Karl V. bei Zinkgref, Apophth. 2, 11

Wer fremde *Sprachen* nicht kennt, weiß nichts von seiner eigenen.
Goethe, Maximen u. Reflexionen 2

In sieben *Sprachen* schweigen.
Friedr. Aug. Wolf (1759–1824)

Oh, was ist die deutsche *Sprak* für ein arm Sprak! für ein plump Sprak!
Riccaut de la Marlinière in Lessing, Minna von Barnhelm 4, 2

Frei, von der Leber weg, *sprechen*.
Sprichwörtl. Redensart

Sage mir, mit wem zu *sprechen* · Dir genehm, gemütlich ist: · Ohne mir den Kopf zu brechen, · Weiß ich deutlich, wie du bist.
Goethe, Zahme Xenien 6

Verständig *sprechen* ist viel wert; · Gesprochenes Wort nie wiederkehrt.
Freidanks Bescheidenheit (um 1200)

Spree-Athen (für Berlin),
aus dem Gedicht Erdmann Wirckers zum Lobe Friedrichs des Ersten: Die Fürsten wollen selbst in deine Schule gehn, · Drumb hastu auch für Sie ein *Spree-Athen* gebauet

Ja *Sprenkel* für die Drosseln! Weiß ich doch, · Wenn das Blut kocht, wie das Gemüt der Zunge · Freigebig Schwüre leiht.
Polonius in Shakespeare, Hamlet 1, 4

Spreu im Winde.
Nach der Fassung: Wie *Spreu*, die der Wind verstreut. Ps. 1, 4

Die *Spreu* vom Weizen sondern.
Nach Matth. 3, 12

Sprich mir von allen Schrecken des Gewissens; von meinem Vater sprich mir nicht!
Carlos in Schiller, Don Carlos 1, 2

O *sprich*, mein herzallerliebstes Lieb, · Warum verließest du mich?
Heinr. Heine, Lyrisches Intermezzo

Ein *Sprichwort*, ein Wahrwort.
Sprichwort

Zum *Sprichwort* werden.
Nach 5. Mos. 28, 37; Jerem. 24, 9

Sprichwörter sind der Spiegel der Denkart einer Nation. Herder

Sprichwörter sind der Schmuck der Rede. Persisches Sprichwort

Die *Sprichwörter* leben in ewigem Krieg. Lichtenberg, Über Physiognomik

Ich war wohl recht ein *Springinsfeld* · In meinen Jünglingstagen.
Bürger, Gedichte: Robert (1775)

War einst ein junger *Springinsfeld*.
Georg in Lortzing, Der Waffenschmied 2, 2 (1846)

Der dürre Stamm treibt keine *Sprossen* mehr.
Buttler in Schiller, Die Piccolomini

Ein *Spruch* aus Volkesmund · Tut oft uns Wahrheit kund.
Sprichwörtlich

Ein schöner *Spruch* im Gedächtnis ist wie ein Stück Geld im Kasten.
Sprichwörtlich

Die Sache ist noch nicht *spruchreif*.
(Non liquit.) Cicero, Rede für Cluentius

Voll weiser *Sprüch'* und neuester Exempel.
(Full of wise saws and modern instances.) Jaques in Shakespeare, Wie es Euch gefällt 2, 7

Mein *Sprüchlein* heißt: · Auf Gott vertrau, · Arbeite brav und leb genau! Bürger, Der Raubgraf

Die Natur macht keinen *Sprung*.
(Natura non facit saltum) Fournier, Variétés hist. et littér. 9, 248. Ähnlich Aristoteles, Maximus Tyrius, Linné, Goethe u. a.

Auf jemandes *Sprünge* kommen
(ihn durchschauen).

Einem auf die *Sprünge* helfen
(ihn strafen, auch soviel wie jemand etwas erklären).

Keine großen *Sprünge* machen können. Sprichwörtl. Redensarten

Wie er *spuckt*, siehe unter *räuspert*

Mit Geduld und *Spucke* · Fängt man eine Mucke! Beliebter Scherzreim

Es kann die *Spur* von meinen Erdetagen · Nicht in Äonen untergehn.
Faust in Goethe, Faust 11583/84

Man behält immer die *Spuren* seiner Abstammung.
(On garde toujours la marque de ses origines.)
E. Renan, Das Leben Jesu (1863)

Errötend folgt er ihren *Spuren*.
Schiller, Lied von der Glocke V. 70

Die *Spuren* schrecken mich ab,
siehe unter *Vestigia*

Er sucht wie ein *Spürhund*.

Der Kerl hat eine Nase wie ein *Spürhund*. Sprichwörtlich

Staat im *Staate*.
Jean de Silhon, »Ministre d'Estat« (Paris 1631, 2, 3, 1)

Der *Staat* bin ich!
(L'Etat, c'est moi!)
Unverbürgte Äußerung Ludwigs XIV.

Der *Staat* muß untergehen, früh oder spät, · Wo Mehrheit siegt und Unverstand entscheidet.
Sapieha in Schiller, Demetrius V. 468

Der *Staat* beruht so wenig auf einem bloßen Vertrag als der Mensch.
Hebbels Tagebücher

Der Staat an und für sich ist das sittliche Ganze, die Verwirklichung der Freiheit; und es ist absolnter Zweck der Vernunft, daß die Freiheit wirklich sei.
Hegel, Grundlinien der Philosophie des Rechts

Staat heißt das kälteste aller kalten Ungeheuer. Kalt lügt es auch; und diese Lüge kriecht aus seinem Munde: »Ich, der Staat, bin das Volk.«
Nietzsche, Also sprach Zarathustra: Vom neuen Götzen

Durch Feinde, die uns umzingeln, schlagen wir uns allenfalls durch; die Netze der *Staatsklugheit* sind schwerer zu durchbrechen.
Goethe, Dichtung und Wahrheit, 20. Buch

Wer nur den *Stab* Wehe besitzt und nicht auch den Stab Sanft, der täte besser daran, auch vom ersteren keinen Gebrauch zu machen; Gutes wird er mit ihm allein doch nicht schaffen können.
Bischof Paul Wilh. von Keppler, Mehr Freude, 1909, S. 63

Den *Stab* über jemand brechen.
Sprichwörtl. Redensart

Stecken und *Stab*, siehe unter *Unglück*

Es wird dir schwer werden, wider den *Stachel* zu löcken.
Apostelgesch. 9, 5 u. 26, 14; schon bei Terenz, Phormio 1, 2, 28 steht: Adversum stimulum calces. Vgl. Äschylus, Agam. 1624 u. Euripides Bakch. 795

Wir wollen in die *Stadt* marschieren, · Und drinnen unser Glück probieren.
Lied von Leim, Zwirn und Knieriem in Nestroy, Lumpazivagabundus 1, 4

Wenn aber die Gewaltigen klug sind, so gedeiht die *Stadt*. Sir. 10, 3

Andre *Städtchen*, andre Mädchen.
Albert Graf v. Schlippenbach, In der Ferne. Komp. von Fried. Silcher.

Das allein · Ist's, was die *Städte* Sterblicher zusammenhält, · Wenn treulich man bewahret ihre Satzungen.
Äthra in Euripides, Die Schutzflehenden 380/82

Vieler Menschen *Städte* gesehen haben. Nach Homer, Od. 1, 3

Die großen *Städte* müssen vom Erdboden vertilgt werden.
Wird oft Bismarck zugeschrieben. Dieser hat aber den Ausspruch in dieser Form nicht getan, vielmehr sagte er 1852 in der Zweiten Kammer: »Das preußische Volk wird, wenn die großen Städte sich wieder einmal erheben sollten, sie zum Gehorsam zu bringen wissen, und sollte es sie vom Erdboden tilgen.«

Geduldige Schafe gehn viele in einen *Stall*. Sprichwörtlich

Der Apfel fällt nicht weit vom *Stamm*. Sprichwort

Da steh' ich, ein entlaubter *Stamm*.
Wallenstein in Schiller, Wallensteins Tod 3, 13

Stammbäume sind die einzige Baumart, die gelegentlich Grund hätte, ihre Wurzeln zu verbergen.
Moritz Goldschmidt

Er, der Letzte seines *Stammes*, · Weinte seiner Söhne Fall.
Friedr. Leop. Graf zu Stolberg, Romanze (1774)

O lerne fühlen, welches *Stamms* du bist!
Attinghausen in Schiller, Wilhelm Tell 2, 1

Stammverwandt siehe unter *Schleswig-Holstein*

Kann ich Armeen aus der Erde *stampfen?* Siehe unter *Armeen*

Je höher *Stand*, je größer Neid.
Sprichwort

Je höher *Stand*, je mehr Gefahr.
Lichtwer, Der Fuchs und der Adler

Ich bin ein Gast auf Erden · Und hab' hier keinen *Stand;* · Der Himmel soll mir werden, · Da ist mein Vaterland.
Paul Gerhardt, Gleichnamiges Lied (1666)

Ein jeder *Stand* hat seinen Frieden
Siehe unter *Frieden*

Unter allen *Ständen*, die da werden · Angetroffen auf unserer Erden, · Ist zweifelsohne, wie bekannt, · Der Witwenstand der betrübteste Stand.
Kortum, Jobsiade, Tl. I, Kap. 23. Anfg.

Einem die *Stange* halten.

Immer bei der *Stange* bleiben (nicht abschweifen).
Sprichwörtl. Redensarten

Stank für Dank, Hohn für Lohn.
Sprichwörtlich

Stank · Ist des Teufels Dank.
Sprichwort

Mancher muß immer *stänkern* (Unfrieden stiften) oder ist ein *Stänkerfritze*.
Zurückzuführen ist das Wort Stänker auf den streitsüchtigen Theologen Franz Stancarus, 1501–1574

Etwas vom *Stapel* lassen.

Einem den *Star* stechen · (ihn aufklären). Sprichwörtl. Redensarten

Der *Starke* ist am mächtigsten allein. Tell in Schiller, Wilhelm Tell 1, 3

Der *Starke* weicht (mutig) einen Schritt zurück.
Nach Frhr. Otto Th. v. Manteuffel, in der preuß. Zweiten Kammer am 3. Dez. 1850

Die Freude am Herrn ist euere *Stärke*. Nach Nehemia 8, 10

Im Leben gilt der *Stärke* Recht.
Schiller, Gedichte: Die Weltweisen

Verwandt sind sich alle *starken* Seelen.
Illo in Schiller, Die Piccolomini 4, 4

Was mich nicht umbringt, macht mich *stärker*.
Friedr. Nietzsche, Götzendämmerung: Sprüche und Pfeile

Der *stärkste* Mann der Welt ist, wer ganz allein steht.
Dr. Stockmann in Ibsen, Ein Volksfeind, 5. Akt

Komm, *Stärkungstrank*, nicht Gift!
Romeo in Shakespeare, Romeo und Julia 5, 2

Ich lobe nie den unversöhnlich *starren* Sinn.
Odysseus in Sophokles, Aias 1361 (Donner)

Stat magni nominis umbra.
(Als Schatten eines großen Namens steht er da.)
Lucanus, † 65 n. Chr., Pharsalia 1, 135, danach das Motto der Junius-Briefe: Stat nominis umbra! (London 1769–72)

Stat pro ratione numerus!
(An die Stelle der Vernunft tritt die Majorität.)
Bismarck im Deutschen Reichstage, 12. Juni 1882 u. 24, Januar 1887. Nach Juvenal, Sat. 6, 223, sit pro ratione voluntas: statt Grundes genüge der Wille.

Stat sua cuique dies.
(Jedem steht ein bestimmter Tag bevor.)
Vergil, Äneis 10, 467

Keine bleibende *Stätte* haben.
Nach Ebr. 13, 14

Die *Stätte*, die ein guter Mensch betrat, · Ist eingeweiht; nach hundert Jahren klingt · Sein Wort und seine Tat dem Enkel wieder.

Leonore in Goethe, Torquato Tasso 1, 1

Erinnere dich, Mensch, daß du *Staub* bist und Staub wieder werden wirst.

Alter christlicher Ausspruch. Vgl. Näheres unter *Pulvis*.

Den *Staub* von seinen Füßen schütteln.

Nach Matth. 10, 14 (Mark. 6, 11; Luk. 9, 5 u. Apost. 13, 51)

Den Göttern gleich' ich nicht! Zu tief ist es gefühlt; · Dem Wurme gleich ich, der den *Staub* durchwühlt, · Den, wie er sich im *Staube* nährend lebt, · Des Wandrers Tritt vernichtet und begräbt.

Faust in Goethe, Faust 652/55

Die Ehre ist mein Auge, · Das kleinste *Stäubchen*, das hineindringt, macht · Mich blind und wild vor Schmerz!

Der Gouverneur in Chr. D. Grabbe, Don Juan und Faust 1, 1

Sich aus dem *Staube* machen.

Sprichwörtl. Redensart

Die *Staude* der Geduld ist bitter.

Sprichwörtlich

Wer stechen will, muß stichfest sein!

Anastasius Grün, Pfaff v. Kahlenberg: Die Joppe

Dein *Stecken* und Stab trösten mich. Psalm 23, 4 (siehe unter *Unglück*)

Ein jeder hat sein *Steckenpferd* und seine schwache Seite.

Sprichwörtl. Redensart

Das *Steckenpferd* ist das einzige Pferd, das über jeden Abgrund trägt.

Friedr. Hebbels Tagebücher, 18. Aug. 1836

Aus dem *Stegreif* reden (ohne Manuskript). Redewendung

Gib mir, wo ich *stehe*, und ich bewege (mit dem Hebel) die Erde.

Archimedes

Moses sagt: Du sollst nicht *stehlen!* Oder du empfängst den Lohn!

Sirmio in Platen, Die verhängnisvolle Gabel

Sich *davonstehlen* oder *hinwegstehlen* (heimlich weggehen).

Sprichwörtl. Redensart

Der Hehler ist so gut wie der *Stehler*. Sprichwort

Der beste *Steiger* fällt sich tot.

Rollenhagen, Froschmeuseler 2, 2, 2. Kap. 396

Wer hoch *steigt*, fällt tief. Sprichwort

Der *steile* Pfad der Tugend.

Nach Hesiod (Werke u. Tage 5, 289)

Es fällt einem ein *Stein* vom Herzen. Sprichwörtlich

Den ersten *Stein* auf jemand werfen. Nach Joh. 8, 7

Stein des Anstoßes.

Jes. 8, 14; 1. Petr. 2, 8

Stein unter *Steinen*.

Titel eines Werkes von Hermann Sudermann

Heil, fester *Stein* von festem Steine! · Heil, stolzer, freier, deutscher Mann! · Der in des Ruhmes Sonnenscheine · Vor aller Welt nun leuchten kann!

E. M. Arndt, Gedichte: Das Lied vom Stein

So ein Lied, das *Stein* erweichen, · Menschen rasend machen kann.

Magnus Gottfr. Lichtwer, Die Katzen und der Hausherr (1762)

Stein der Weisen siehe unter *Verdienst*

Steinerner Gast.

Die Bildsäule des von Don Juan erstochenen Komturs. Vgl. Gebt acht! Es fehlt an diesem *steinernen* Gast, · Der uns den ganzen Abend nicht getaugt. Isolani (auf Max zeigend) in Schillers Piccolomini 4, 6

Einen *steinigen*.

Nach 2. Mos. 8, 26 (u. öfter in der Bibel)

Jeder freut sich seiner *Stelle*, · Bietet dem Verächter Trutz.

Schiller, Das Lied von der Glocke V. 316–17

An meiner *Stelle* würdest du anders reden. Terenz, Andria 2, 1

Ich möchte wohl an seiner *Stelle* sein! Page in Goethe, Faust 6526

Hier ist die *Stelle*, wo ich sterblich bin. König in Schiller, Don Carlos 1, 6

Auf *Stelzen* gehen
(hochmütig sein). Sprichwörtl. Redensart

Wer den *Stempel* hat, schlägt die Münze.
Seume, Spaziergang nach Syrakus: Einleitung

Stentorstimme. Nach Homer, Ilias 5, 785

Sankt *Stephan* war ein Gottesmann, · Von Gottes Geist beraten, · Der durch den Glauben Kraft gewann · Zu hohen Wundertaten.
Bürgers Gedicht: Sankt Stephan

Es liegt wenig daran, wie man geboren werde; aber es ist viel daran gelegen, wie man *sterbe*.
Königin Christine von Schweden

Jeder Sekundenschlag · Reißt uns dem *Sterbebette* näher.
Hölty, Oden: Der rechte Gebrauch des Lebens

Nicht ganz werde ich *sterben*.
(Non omnis moriar.) Horaz, Oden 3, 30, 6

Alle Menschen müssen *sterben*, · Alles Fleisch vergeht wie Heu!
Kirchenlied von Johann Georg Albinus

Ein Mensch kann nur einmal *sterben*, wir sind Gott einen Tod schuldig.
Schwächling in Shakespeare, König Heinrich IV. 2, 3, 2

Zweimal kann niemand, einmal muß jeder *sterben*.
Russisches Sprichwort

Sterben ist eine harte Buß, · Weiß wohl, daß ich sterben muß.
Des Knaben Wunderhorn: Ach, was hilft das Blümelein

Süß und ziemend ist es, fürs Vaterland zu *sterben*.
(Dulce et decorum est pro patria mori.)
Horaz, Oden 3, 2, 13

Wenn wir aus dieser Welt durch *Sterben* uns begeben, · So lassen wir den Ort, wir lassen nicht das Leben.
Fr. v. Logau, Sinngedichte (1654) Der Tod

Ich bin, spricht jener, zu *sterben* bereit und bitte nicht um mein Leben. Schiller, Gedichte: Die Bürgschaft

Hier ist die Stelle, wo ich *sterblich* bin. König in Schiller, Don Carlos 1, 6

Weder Glück noch *Stern*.
H. Heine, Tragödie, Rhein. Volkslied

Die *Sterne*, die begehrt man nicht, · Man freut sich ihrer Pracht, · Und mit Entzücken blickt man auf · In jeder heitern Nacht.
Goethe, Gedichte: Trost in Tränen

In deiner Brust sind deines Schicksals *Sterne!*
Illo in Schiller, Die Piccolomini 2, 6

Es blinken drei freundliche *Sterne* · Ins Dunkel des Lebens hinein.
Th. Körner, Die drei Sterne

Soviel *Sterne* der Himmel, soviel der Mädchen hat Roma.
(Quot caelum stellas, tot habet tua Roma puellas.) Ovid, Liebeskunst 1, 59

Du wirst auf die *Sternenstunde* warten, · Bis dir die irdische entflieht.
Illo in Schiller, Die Piccolomini 2, 6

Weißt du, wieviel *Sternlein* stehen · An dem blauen Himmelszelt?
Wilhelm Hey (1816)

Nur wer verzagend · Das *Steuer* losläßt, ist im Sturm verloren.
Geibel, Sophonisbe 2, 6

Der König Karl am *Steuer* saß, · Der hat kein Wort gesprochen.
L. Uhland, König Karls Meerfahrt

Und bist du kühn, und hältst du *Stich*, · So wage Haus und Hof und – dich! Chorus in Goethe, Faust 11376/77

Stiche, die nicht bluten, tun weher als andre. Sprichwörtlich

Er kann einen guten *Stiefel* (viel) vertragen.
(Trinkgefäß in Stiefelform noch jetzt gebräuchlich.) Sprichwörtl. Redensart

Es gibt Leute, denen man, wenn sie den einen *Stiefel* schon anhaben, nicht unbedingt zutrauen darf, daß

sie auch den zweiten anziehen werden.
Friedr. Hebbels Tagebücher, 19. Mai 1849

Eine *Stiefmutter* muß jedermann, wenn sie auch eine gute ist, teuer bezahlen.
Seneca, Abhandlungen (von Moser 1828) S. 188

Stiefmutter aller Tugenden ist der Müßiggang.
Joh. Geiler von Kaisersberg (1515)

Den *Stier* bei den Hörnern fassen!
Sprichwörtl. Redensart

Der *Stil* erhält die Schönheit vom Gedanken, statt daß bei jenen Scheindenkern die Gedanken durch den Stil schön werden sollen.
Schopenhauer, Parerga und Paralip. 2, 23: Über Schriftstellerei u. Stil, § 288

Der *Stil* ist der Mensch selbst.
(Le style est l'homme même.)
Buffon, Antrittsrede in der Akademie 1753

Denn *still* zu dulden lehrte mich mein Mißgeschick, · Des Lebens lange Dauer und ein edler Sinn.
Ödipus in Sophokles, Ödipus auf Kolonos 7/8 (Donner)

Wie Gott will, · Ich halte *still!*
Alter Spruch

Stille Wasser sind tief. Sprichwort

Ihr werdet einen *stillen* Mann an mir finden.
Mercutio in Shakespeare, Romeo und Julia 3, 1

Die *Stillen* im Lande. Psalm 35, 20

Das *Stillschweigen* der Völker ist eine Lehre für die Könige.
Siehe unter Le *silence*

Jeden anderen Meister erkennt man in dem, was er ausspricht, · Was er weise verschweigt, zeigt mir den Meister des *Stils*.
Schiller, Votivtafeln: Der Meister

Wie weit er auch spähet und blikket · Und die *Stimme*, die rufende, schicket. Schiller, Die Bürgschaft

Wie weit er auch die *Stimme* schickt, siehe unter *Lebendes*

Und was die innere *Stimme* spricht, · Das täuscht die hoffende Seele nicht. Schiller, Gedichte: Hoffnung (1797)

Der Zug des Herzens ist des Schicksals *Stimme*.
Thekla in Schiller, Die Piccolomini 3, 8
Bekannter geworden durch Wilh. Hauff, der diese Worte als Untertitel für seinen unter dem Namen Clauren (Heun) geschriebenen satirischen Roman Der Mann im Monde (1825) benutzte.

Ah, die Natur schuf mich im Grimme! · Sie gab mir nichts als eine schöne *Stimme*.
Matth. Claudius, Der Esel

Nicht jeder *Stimme* – find' ich – ist zu glauben, · Die warnend sich im Herzen läßt vernehmen. · Uns zu berücken, borgt der Lügengeist · Nachahmend oft die Stimme von der Wahrheit · Und streut betrügliche Orakel aus.
Wallenstein in Schiller, Wallensteins Tod 3, 4

Hab' ich doch gehört, gelesen · Von der *Stimme* der Natur; · Wär' mein Vater es gewesen, · Warum schwieg sie damals nur?
Grillparzer, Ahnfrau 5. Auch als Untertitel zu Lortzings Oper Der Wildschütz (1842). Darin auch:
So hat mich nicht getäuschet · Die *Stimme* der Natur.
So hat die *Stimme* der Natur mich nicht getäuscht. Kotzebue, Rehbock 3, 12
Diese Stellen sind wohl alle hervorgegangen aus dem Schillerschen Don Carlos 1, 7, wo Carlos sagt:
Er hat noch nie die *Stimme* der Natur gehört, und ebenda 5, 10, wo der Großinquisitor sagt: Vor dem Glauben · Gilt keine *Stimme* der Natur.

Man soll die *Stimmen* wägen und nicht zählen.
Sapieha in Schiller, Demetrius V. 467
Montesquieu sagt in seinen Persischen Briefen, daß das Urteil der Minorität zum Beschluß erhoben werden müsse, da die Mehrheit der Menschen dumm ist und die Klugen stets die Minderheit einnehmen. Neuerdings hat Ibsen in seinem Drama Der Volksfeind dieselbe Idee vertreten. Vergleiche dazu ferner folgende Stellen:
Non enim numero haec judicantur, sed pondere. Cicero, De off. 2, 22, 79
Numerantur enim sententiae, non ponderantur. Plinius d. J., 2. Ep. 12, 5

Nichts ist widerwärtiger als die Majorität: Denn sie besteht aus wenigen kräftigen Vorgängern, aus Schelmen, die sich assimilieren, und der Masse, die nachtrollt, ohne nur im mindesten zu wissen, was sie will.
Goethe, Spr. in Prosa: Über Naturwissenschaft 2.
Autorität, nicht Majorität.
Stahl, den 15. April 1850 im Erfurter Parlament.
Du zählst die *Stimmen* – wäge sie!
Klopstock, Die Waage
Stimmen wollen gewogen und nicht gezählt sein.
Moses Mendelssohn, Ges. Werke Bd. 3, 370 (an Nicolai).

Nehmt die ernste *Stimmung* wahr, · Denn sie kommt so selten.
Goethe, Gedichte: Generalbeichte

Und solang du das nicht hast, · Dieses: *Stirb* und werde!, · Bist du nur ein trüber Gast · Auf der dunklen Erde.
Goethe, Westöstl. Diwan: Buch des Sängers: Selige Sehnsucht

Wo du *stirbst*, da sterbe ich auch, da will ich auch begraben werden.
Ruth 1, 17

Wer so *stirbt*, der stirbt wohl!
Schlußvers von Paul Gerhardts Kirchenlied: O Haupt voll Blut und Wunden!

Wen die Götter liebhaben, der *stirbt* jung.
(*Ὃν οἱ θεοὶ φιλοῦσιν, ἀποθνήσκει νεός.*)
Meander p. 125; Quem di diligunt, adolescens moritur. Plautus, Bacch. 4, 7, 18

Eine eherne *Stirn* haben.
Nach Jes. 48, 4

Müßte ich nicht eine eiserne *Stirn* haben?
Mellefont in Lessing, Miß Sara Sampson 2, 4 (1755)

Es steht ihm an der *Stirn* geschrieben, · Daß er nicht mag eine Seele lieben.
Margarete in Goethe, Faust 3489/90

Von der *Stirne* heiß · Rinnen muß der Schweiß,
Schiller, Lied von der Glocke V. 5–6

Den Strom der Geschichte bei der *Stirnlocke* fassen.
Entstellte Wiedergabe der Worte des Grafen v. Bethusy-Huc (1829–1893) am 6. 12. 1870 im Reichstage d. Norddeutsch. Bundes. Vgl. auch König in Shakespeares Ende gut, alles gut 5, 3. Lets take the instant by the forward tip.

Wer den *Stock* fürchtet, kann nur mit dem Stock regiert werden.
Sprichwort

Hier im irdschen Jammertal · Wär' doch nichts als Plack und Qual, · Trüg der *Stock* nicht Trauben.
Kaspars Trinklied (Nr. 4) in Weber, Der Freischütz 2, 7

Stockfinster. Nach Hiob 10, 22

Hier *stockt* es, wie man zu sagen pflegt.
Nach Cicero, Von den Pflichten 3, 33, 177; Sed aqua haeret ut aiunt!

Den *Stoff* sieht jedermann vor sich; den Gehalt findet nur der, der etwas dazu zu tun hat, und die Form ist ein Geheimnis den meisten.
Goethe, Maximen u. Reflexionen 3

Der erste *Stoff* kommt aus Gottes Hand, · Draus spinnt seine Fäden der Verstand, · Doch soll das Gespinst dir Nutzen geben, · Muß neu das Gemüt es zum *Stoffe* weben.
Grillparzer, Formenwechsel

Stöhnen ist halbe Arbeit. Sprichwort

Wer erst ins *Stolpern* kommt, ist nah dem Fall. Sprichwort

Mancher *stolpert* über seinen eigenen Schatten. Sprichwörtlich

Auch seiner Geliebten sein Glück nicht wollen zu danken haben, ist *Stolz*, unverzeihlicher Stolz.
Das Fräulein in Lessing, Minna von Barnhelm 3, 12

Der höchste *Stolz* und der höchste Kleinmut ist die höchste Unkenntnis seiner selbst. Spinoza, Ethik

Der *Stolz*, eine edle Leidenschaft, ist nicht blind gegen eigene Fehler, aber der Hochmut ist es.
Lichtenberg, Vermischte Schriften (1853) 1, 148

Wie *stolz* und stattlich geht er! · Wie adlig ist sein Mut!
Scheffel, Trompeter von Säckingen: Aus den Liedern Margaretes

Der *Stolz* frühstückt mit dem Überfluß, speist zu Mittag mit der Armut und ißt zu Abend mit der Schande.
Franklin, Der Weg zum Reichtum, 2. Kap.

Der Mensch soll nicht *stolz* sein.
Aus Karl Elmars Lebensbild »Unter der Erde«, mit Gesang von Suppé

Stolz will ich den Spanier.
König in Schiller, Don Carlos 3, 10

Sie scheinen mir aus einem edlen Haus, · Sie sehen *stolz* und unzufrieden aus.
Frosch in Goethe, Faust 2177/78

Dem *Storch* gefällt sein Klappern wohl. Sprichwort

Ein *Storch* heißt den andern Langbein. Sprichwörtlich

Ein *Stoßgebet* · In Not erhöht · Des Mannes Mut · Und stillt das Blut.
L. Achim von Arnim (Wintergarten 1809), Soldaten-Katechismus

Strafe muß sein. Sprichwort

Die *Strafe* macht dich frei von dem Gefühl der Schuld; · Drum *straft* dich, Kind, nicht Zorn des Vaters, sondern Huld.
Rückert, Pantheon: Angereihte Perlen

Man muß also *strafen*, daß der Apfel bei der Rute sei.
Luther bei Zinkgref, Apophth. 1, S. 172

Welchen der Herr liebet, den *strafet* er. Sprüche 3, 12
(Vgl. Wer sein Kind lieb hat, der *züchtigt* es, Spr. 13, 24.)

Allzu *straff* gespannt, zerspringt der Bogen.
Rudenz in Schiller, Wilhelm Tell 3, 3

Kein Verständiger *straft*, wie Plato sagt, weil gesündigt worden ist, sondern um die Sünde zu verhüten.
(Nemo prudens punit, ut ait Plato, quia peccatum est, sed ne peccetur.)
Seneca, De ira 1, 16, 21

Es liebt die Welt, das *Strahlende* zu schwärzen · Und das Erhabne in den Staub zu ziehn.
Schiller, Gedichte: Das Mädchen von Orleans

Und wenn *Stralsund* mit Ketten am Himmel befestigt wäre, so will ich es doch herunterholen.
Soll Wallenstein i. J. 1628 gesagt haben (nach Schiller), geschichtlich nicht verbürgt

Am grünen *Strand* der Spree.
Couplet in Heinrich Wilkens Volksstück »Der große Wohltäter« (1874)

An einem *Strange* ziehn (einträchtig).

Über die *Stränge* schlagen (übermütig sein).

Wenn alle *Stränge* reißen.
Sprichwörtl. Redensarten

O *Straßburg*, o Straßburg, du wunderschöne Stadt! Volkslied von 1771

Zu *Straßburg* auf der Schanz, · Da ging mein Trauern an.
Der Schweizer, Volkslied um 1786

Gott grüß' dir, Bruder *Straubinger!*
Karl Müller, Gedichte (1820)

Vogel *Strauß* spielen.
Nach der Sage, daß der Strauß seinen Kopf verbirgt, um die Gefahr nicht zu sehen, die er dann verschwunden glaubt.

Ein *Sträußchen* am Hute, den Stab in der Hand, · Zieht rastlos der Wandrer · Von Lande zu Land.
Wanderers Unglück, Lied von Konrad Rotter 1825

Ein *Straußenmagen* · Kann alles vertragen. Sprichwörtlich

Strebe nicht wider den Strom!
Jesus Sirach 4, 31

Uns aber treibt das verworrene *Streben* · Blind und sinnlos durchs wüste Leben.
Chor in Schiller, Die Braut von Messina 374/75

Streben wir nicht allzu hoch · Hinauf, daß wir zu tief nicht fallen mögen.
Herzogin in Schiller, Wallensteins Tod 3, 4

Wer immer *strebend* sich bemüht, · Den können wir erlösen.
Goethe, Faust 11936/37

Was ein *Streber* werden will, krümmt sich beizeiten.
Peter Hille, Aphorismen

Wir wittern Wankelmut und Mißbehagen · Des Mannes, der hoch und immer höher *strebt.*

Goethe, Wallenstein im Maskenzuge bei Anwesenheit der Kaiserin-Mutter

A *Streetcar* Named Desire.

(Endstation Sehnsucht.)

Titel eines Bühnenstückes von Tennessee Williams (1947)

Da macht wieder jemand einmal einen dummen *Streich.*

Carlos in Goethe, Clavigo 2

Dieses war der erste *Streich,* · Doch der zweite folgt sogleich.

W. Busch, Max und Moritz (1865)

Du mußt den *Streich* erleiden oder führen.

Burleigh in Schiller, Maria Stuart 2, 3

Ein Baum fällt nicht auf einen *Streich.*

Vom ersten *Streiche* · Fällt keine Eiche.
Sprichwörter

Mit *Streichen,* nicht mit Worten laß uns fechten.

Burgund in Schiller, Die Jungfrau von Orleans 2, 10

Streit ist der Vater aller Dinge.
(*Πόλεμος πάντων μὲν πατήϱ ἐστιν*).

Heraklit, Fragment 53 (Diels)

Streitbare Männer.

Nach Josua 1, 14; 8, 3 u. v. a. Bibelstellen

Streitbarer Held.
Richter 6, 12

Da *streiten* sich die Leut herum, · Oft um den Wert des Glücks.

Hobellied aus Raimund, Der Verschwender (1833)

Kein kluger *Streiter* hält den Feind gering.
Iphigenie in Goethe, Iphigenie 5, 3

Wenn du um etwas *streitest, streite* so, · Daß du das nicht versehrst, worum ihr *streitet.*

L. Schefer, Laienbrevier, Mai 22

Denn wo das *Strenge* mit dem Zarten, · Wo Starkes sich und Mildes paarten, · Da gibt es einen guten Klang.

Schiller, Lied von der Glocke V. 88–90

Das Leben lehrt uns, weniger mit uns · Und andern *strenge* sein.

Pylades in Goethe, Iphigenie auf Tauris 4, 4

Strenge Herren regieren nicht lange.

Sprichwort

Strenua inertia.

(Geschäftiger Müßiggang.)

Horaz, Episteln 1, 11, 28

Gute *Streu* · Ist besser als Heu.

Sprichwörtlich

Es waren einst drei Zecher . . . · Die schliefen auf einer *Streu.*

Die drei Zecher von Rud. Baumbach

Das geht mir wider den *Strich.*

Jemand auf dem *Strich* haben.

Sprichwörtl. Redensarten

Treffen die *Strichvögel* zeitlich ein, · Wird früh und streng der Winter sein.
Bauernregel

In Versuchung und *Stricke* fallen.

Nach 1. Timoth. 6, 9

Striegel und *Streu* · Tun mehr als Heu.
Sprichwörtlich

Leeres *Stroh* dreschen.

Sprichwörtl. Redensart

Was willst du dich, das *Stroh* zu dreschen, plagen? · Das Beste, was du wissen kannst, · Darfst du den Buben doch nicht sagen.

Mephistopheles in Goethe, Faust 1839/41

Wer sein *Stroh* tut verkaufen, · Muß bald vom Hofe laufen.

Bauernregel

Ihr seid ja heut wie nasses *Stroh,* · Und brennt sonst immer lichterloh.

Frosch in Goethe, Faust 2075/76

Der Ertrinkende klammert sich am *Strohhalm* an.
Sprichwörtlich

Wider den *Strom* schwimmen.

Nach Sir. 4, 31

Strom der Vergessenheit, siehe unter *Lethe*

Gegen den *Strom* der Zeit kann zwar der einzelne nicht schwimmen; aber wer Kraft hat, hält sich und läßt sich von demselben nicht mit fortreißen.

Seume, Spaziergang (Vorwort)

In den verderbten *Strömen* dieser Welt · Kann die vergold'te Hand der Missetat · Das Recht wegstoßen, und ein schnöder Preis · Erkauft oft das Gesetz.

König in Shakespeare, Hamlet 3, 3

Ein *Stromer*
wird ein Landstreicher genannt; nicht zu verwechseln mit *Strom*, was in Mecklenburg soviel wie Wirtschafter auf einem Gut bedeutet; daher Reuters Ut mine *Stromtid*.

Sich in den *Strudel* (ins Vergnügen) stürzen. Sprichwörtl. Redensart

Struggle for life.
(Kampf ums Dasein.)
On the origin of species by means of natural selection or the preservation of favoured races in the *struggle* for life. (Über die Entstehung der Arten auf dem Wege natürlicher Zuchtwahl oder die Erhaltung bevorzugter Rassen im Kampfe ums Dasein.)
Titel einer 1859 erschienenen Schrift von Charles Darwin

Einen *Struwwelpeter*
nennt man ein ungekämmtes Kind, nach Hoffmann-Donners (1809–94) im Jahre 1845 erschienenen Kinderbuch mit den Gestalten *Struwwelpeter*, Hans *Guckindieluft*, *Suppenkasper* und *Zappel-Philipp* (s. d.). Schon Goethe wurde in Leipzig Strubbelpeter genannt (1765) und als Kind von seiner Mutter mit dem lautähnlichen und bedeutungsgleichen Worte Ruschelkopf bezeichnet.

Kommen Sie rein in die gute *Stube!*
Soll eine Leipzigerin zu dem ihr während der Kaisermanöver (Sept. 1876) als Gast zugewiesenen Prinzen Friedrich Karl von Preußen geäußert haben. Wird gesungen nach einem Motiv aus der Ouvertüre zu Aubers Stumme von Portici.

»Ein schönes *Stück!*« – Ein schlechtes Stück!« – · Das ist noch die vernünftigste Kritik!
Eduard v. Bauernfeld, Poetisches Tagebuch

Gebt ihr ein *Stück*, so gebt es gleich in *Stücken!*

Direktor in Goethe, Faust 99

Unser Wissen ist *Stückwerk*.

1. Kor. 13, 9

Studentenherz, was macht dich trüb?

Rob. Prutz, Melodie von Wilh. Speidel

's gibt kein schöner Leben als *Studentenleben*.

Fr. Albrecht, Studentenleben

Wer viel *studiert*, wird ein Phantast. Seb. Brant, Narrenschiff 1, 22

Studium ist Balsam gegen die Leidenschaft. Aus dem Talmud

Das eigentliche *Studium* der Menschheit ist der Mensch.

Goethe, Wahlverwandtschaften 2, 7

Ja, das *Studium* der Weiber ist schwer.
Aus der Operette Die lustige Witwe von Franz Lehár

Mancher sinkt von *Stufe* zu Stufe.

Einem den *Stuhl* vor die Türe setzen. Sprichwörtl. Redensarten

Auf goldenem *Stuhl* sitzen.
Nach Rollenhagen, Froschmeuseler 1, 1 10. Kapitel 198/199

Sich zwischen zwei *Stühle* setzen.
(Zweierlei wollen und nichts erhalten.)

Besser *stumm* als dumm.

Sprichwörtl. Redensarten

Und sieht sich *stumm* · rings um.

Schiller, Gedichte: Der Handschuh

Und die Mutter blickte *stumm* · Auf dem ganzen Tisch herum.
Aus *Struwwelpeter* (s. d. *Zappel-Philipp*)

Das ist das höchste Wunder der Liebe und ihrer Entzückungen, daß sie selbst die Frauen *stumm* machen. Oskar Blumenthal, Wellenringe

Der *Stümper* macht die meisten Späne. Sprichwort

Der Mann war bloß berühmt gewesen, · Weil *Stümper* ihn gelobt, eh Kenner ihn gelesen.

Chr. F. Gellert Der unsterbliche Autor

Mit *Stumpf* und Stiel ausrotten.

Sprichwörtl. Redensart

Man sieht noch am zerhaunen *Stumpf*, · Wie mächtig war die Eiche. Uhland, Roland Schildträger

Die *Stunde* rinnt auch durch den rauhsten Tag.

Macbeth in Shakespeare, Macbeth 1, 3

Die *Stunde* kommt, die Stunde kommt, · Wo du an Gräbern stehst und klagst!
Freiligrath, O lieb, solang du lieben kannst!

Der Tod ist dir gewiß, die *Stunde* ungewiß.
Sonnenuhrinschrift (vgl. bei *Mors* certa)

Meine *Stunde* ist noch nicht gekommen. Joh. 2, 4

In elfter (letzter) *Stunde*
(nicht: in zwölfter).
Sprichwörtl. nach Matth. 20, 6, 9

Es währt eine geschlagene *Stunde*.
Sprichwörtl. Redensart

Dem Glücklichen schlägt keine *Stunde*.
Volkstümliche Umbildung des Schillerschen Zitates (siehe unter *Uhr*)

Des Jahres letzte *Stunde* ertönt mit ernstem Schlag.
J. H. Voß, Neujahrslied, komp. v. Schulz

O nimm der *Stunde* wahr, eh sie entschlüpft.
Illo in Schiller, Die Piccolomini 2, 6

Sein (letztes) *Stündlein* hat geschlagen. Sprichwörtl. Redensart

Ach, Lieb und Treu ist wie ein Traum, · Ein *Stündlein* wohl vor Tag.
Mörike, Gedichte: Ein Stündlein wohl vor Tag

Sturm und Drang.
Ein Drama von Maximilian Klinger (1776), das einer ganzen Periode der deutschen Literatur in den 70er und 80er Jahren des 18. Jahrhunderts den Namen gab; der Titel stammt von Christoph Kaufmann.
Sturm im Glase Wasser siehe unter *Glase*

Das Volk steht auf, der *Sturm* bricht los!
Th. Körner, Männer und Buben: 1813

Nach dem *Sturme* fahren wir · Sicher durch die Wellen.
Schifferlied, Joh. Falk 1816

O du, vor dem die *Stürme* schweigen, · Vor dem das Meer versinkt in Ruh, · Dies wilde Herz nimm hin zu eigen · Und führ es deinem Frieden zu!
Em. Geibel, Neue Gedichte: O du, vor dem die Stürme schweigen

Ihr nehmt mein Haus, wenn ihr die *Stütze* nehmt, · Worauf mein Haus beruht. Siehe unter *nehmt*

Die *Stützen* der Gesellschaft.
Titel eines Schauspiels von Ibsen (1877)

Le *style* c'est l'homme.
(Wie der Stil, so der Mensch.)
Nach Buffon (s. Näheres unter *Stil*)

Und des *Styx* verborgne Mächte · Ladet sie zu Zeugen ein.
Schiller, Das eleusische Fest

Wenn Jupiter beim *Styx* geschworen, hielt er seinen Schwur; der Olymp hatte keine Pfaffen.
Börne, Der Narr im Weißen Schwan 2

Suave, mari magno, turbantibus aequora ventis, · E terra magnum alterius spectare laborem.
(Süß ist's, bei stürmischer See und wellaufwirbelnden Winden · Vom sicheren Lande zu sehen der anderen große Gefahr.)
Lucretius, Über die Natur 2, 1 u. 2

Sub reservatione Jacobea.
(Unter dem Vorbehalte des Jakobus.)
Vgl. Jakobus 4, 15:
»So der Herr will und wir leben, wollen wir dies oder das tun.«

Wir *Subalternen* haben keinen Willen.
Gordon in Schiller, Wallensteins Tod 4, 2

Non ignara mali miseris *succurrere* disco. Siehe unter *Unglück*

Wir sind nichts; was wir *suchen*, ist alles. Hölderlin, Nachlese

Ich ging im Walde · So für mich hin · Und nichts zu *suchen*, · Das war mein Sinn.
Goethe, Gedichte: Gefunden

Suchet, so werdet ihr finden.
Matth. 7, 7; Luk. 11,9

Was man *sucht*, es läßt · Sich finden, was man unbeachtet läßt, entflieht.
Kreon in Sophokles, König Ödipus 110/11 (Donner)

Aus dumpfer *Sucht* zu lichter Glut.
Richard Dehmel

Nach *Süden* nun sich lenken · Die Vöglein allzumal.
Eichendorff, Wanderlied der Prager Studenten

La vida es *sueno.*
(Das Leben ein Traum.)
Titel eines Dramas von Calderón

Der *Sultan* winkt – Zuleima schweigt · Und zeigt sich gänzlich abgeneigt.
Wilhelm Busch, Entführung aus dem Serail (Münch. Bilderbogen 439)

Summ und brumm, du gutes Rädchen, munter, munter, dreh dich um!
Spinnlied in Richard Wagner, Der Fliegende Holländer 2, 1

Man can climb the hightest *summits,* but he cannot dwell there long.
(Der Mensch kann wohl die höchsten Gipfel erreichen, aber verweilen kann er dort nicht lange.)
Bernh. Shaw. Candida, 3. Akt (1895)

Summum jus, *summa* injuria.
(Das höchste Recht ist das größte Unrecht.) Cicero, De officiis 1, 10, 33
(Vgl. auch Terenz, Heautontimorumenos [Selbstpeiniger] 4, 5, 48: »Jus summum saepe summa malitia est.«)

Leicht ist ein *Sumpf* zu verhüten, doch ist er einmal entstanden, · So verhütet kein Gott Schlangen und Molche in ihm.
Fr. Hebbel: Ein Erfahrungssatz

Das ist ein richtiges *Sumpfhuhn* (ein lockerer Mensch).
Aus der Studentensprache

O Mensch, beweine deine *Sünd',* · Um welcher willen Gottes Kind · Ein Mensch hat müssen werden.
Paul Gerhardt, Das Leiden unseres Herrn Jesu (1648)

Eine jegliche *Sünde* ist wie ein scharfes Schwert und verwundet, daß niemand heilen kann.
Jesus Sirach 21, 4

Menschlich ist es: *Sünde* treiben, · Teuflisch ist's: in *Sünden* bleiben; · Christlich ist es: Sünden hassen, · Göttlich ist es: Sünd' erlassen.
Logau, Sinngedichte: Die Sünden

Die *Sünde* wider das Blut.
Titel eines umstrittenen antisemitischen Romans von A. Dinter (1918)

(*Sünde* wider den Heiligen Geist. (*Ἡ τοῦ πνεύματος βλασφημία*).
(d. h. die Schmähung des Geistes.)
Nach Matth. 12, 31

Dumm wie die *Sünde.*
Breslauer Redensart

Faul wie die *Sünde.* Redensart

Kein Verständiger straft, wie Plato sagt, weil gesündigt worden ist, sondern um die *Sünde* zu verhüten!
(Nemo prudens punit, ut ait Plato, quia peccatum est, sed ne peccetur!)
Seneca, De ira 1, 16, 21

Ich treib' die *Sünde* bis zum Äußersten, · Nur um zu sehen, ob's auch Sünde war.
Golo in Hebbel, Genoveva 3, 12

Wer durch *Sünde* und Todesgrauen hindurchgegangen, · Ist wert, den Gral zu schauen und den Kelch zu empfangen. Eduard Stücken, Gawân

Es gibt nur eine *Sünde,* und das ist Dummheit.
(There is no sin but stupidity.)
Oscar Wilde, The critic as artist

In *Sünden* geboren. Nach Joh. 9, 34

Es gibt auf Erden losgesprochene *Sünden.*
Bastard in Shakespeare, König Johann 1, 1

Der Menschen *Sünden* leben fort in Erz, · Ihr edles Wirken schreiben wir ins Wasser.
Men's evil manners live in brass; ther virtues / We write in water.
Shakespeare, Heinrich VIII., 4, 2

In meiner *Sünden* Blüte oder Maienblüte.
Nach Shakespeare, Hamlet 1, 5 u. 3, 3 (Geist und Hamlet)

Ich soll immer der *Sündenbock* sein! Sprichwörtl. Redensart

Die Welt ist Gottes *Sündenfall.*
Hebbels Tagebücher

Sie sind allzumal *Sünder* und mangeln des Ruhms. Röm. 3, 23

Gott, sei mir *Sünder* gnädig!
Luk. 18, 13

Kinder, sprach er, ihr seid Kinder, · Unschuldsvoll und keine *Sünder*.
Karl Fr. Seyferth (1809–65), Die Hussiten zogen vor Naumburg (1832)

Sunt verba et voces!
(Es sind nur Worte und Stimmen.)
Horaz, Episteln 1, 1, 34

Le *superflu*, chose très nécessaire.
(Das Überflüssige, ein höchst notwendiges Ding.)
Voltaire, Satire Le Mondain, 22 (1736)

Die *Superklugheit* ist eine der verächtlichsten Arten von Unklugheit.
Lichtenberg, Verm. Schriften (1853) I, 145

Einem die *Suppe* versalzen.

Die *Suppe* ausessen müssen.
Sprichwörter

Dir geht es noch wie dem *Suppenkasper!*
Hält man einem Kind vor, das nicht essen will. Aus Struwwelpeter (s. d.)

Nous avons tous assez de force pour *supporter* les maux d'autrui.
(Wir haben alle Kraft genug, um andrer Mißgeschick zu ertragen.)
La Rochefoucauld, Maximen 19

His salus populi *suprema* lex esto.
(Für diese [die Regierenden] sei das Wohl des Volkes das höchste Gesetz.)
Cicero, De legibus 3, 3, 8

Sursum corda!
(Empor die Herzen!)
Nach den Klageliedern Jeremiä 3, 41

Surtout pas de zèle!
(Vor allen Dingen keinen Eifer!)
Talleyrand?

Schön *Suschen* kannt' ich lange Zeit: · Schön Suschen war wohl fein.
Bürgers Lied: Schön Suschen

Gestohlenes Wasser schmeckt *süß*.
Sprüche Sal. 9, 17

Süß ist erstlich das gestohlen Brot · Aber zuletzt der bitter Tod.
Rollenhagen, Froschmeuseler 1, 2, 13, 67

Süß ist's, tätig die Zeit beim Ackerbau zu verbringen!
(Tempus in agrorum cultu consumere dulce est!) Ovids Brief in Pontus 2, 7, 69

Wie *süß* ist's, das Geliebte zu beglücken · Mit ungehoffter Größe Glanz und Schein!
Don Manuel in Schiller, Die Braut von Messina 626/27

Es ist doch *süß*, geliebt zu sein.
J. G. Seume, An den General Baron von der Palen

Platz! *Süßer* Pöbel, Platz!
Mephistopheles in Goethe, Faust 4023

Süßer Wohllaut schläft in der Saiten Gold.
Schiller, Gedichte: Der Graf von Habsburg

Süßes Leben! Schöne, freundliche Gewohnheit des Daseins und Wirkens, von dir soll ich scheiden!
Egmont in Goethe, Egmont 5, Gefängnis

Süßholz raspeln (den Hof machen).
Sprichwörtl. Redensart. Nach Hans Sachs: einer bösen Frau gegenüber Süßholz in den Mund nehmen.

Sustine et abstine
(*ἀνέχου καὶ ἀπέχου*)
(Leide und meide!)
Epiktet (geb. 50 n. Chr.) bei Aulus Gellius, Noct. att. 17, 19, 6

Ne *sutor* supra crepidam
(Schuster, bleib bei deinem Leisten)
rief Apelles († 308 v. Chr.) einem Schuster zu, der an seinem Gemälde einen Schenkel bemängelte, nachdem der Künstler eine Schuhöse, deren Fehlen der Schuster tadelte, nachgetragen hatte. Plinius, Hist. natur. 35, 36, 12

Suum cuique!
(Jedem das Seine!)
Wahlspruch König Friedrichs I. von Preußen und Inschrift des preußischen Schwarzen Adlerordens 1701

Preiset er (der Mensch) das Weltgebäude, · So prangt es durch die *Symmetrie*.
Schiller, Gedichte: Der Künstler (1789) Nr. 286–87

Habt ihr wohl bemerkt, daß die Frauen, die äußerlich euern Geliebten gleichen, *Sympathie* für euch empfinden?
Tagebuch der beiden Goncourts, 12. Juli 1867

Sympathie ist ein schlechtes Almosen.
Lichtenberg, Verm. Schr. (1853) I, 151

O *Sympathie* des Wehs!
Amme in Shakespeare, Romeo und Julia 3, 3

Es ging ein Mann im *Syrerland*, · Führt ein Kamel am Halfterband.
Rückert, Parabel

Was mir an deinem *System* am besten gefällt? · Es ist so unverständlich wie die Welt.
Sprüche und Epigramme: Hegel

Der Wille zum *System* ist ein Mangel an Rechtschaffenheit.
Nietzsche, Götzendämmerung: Sprüche und Pfeile 26

Nur des *Systemes* Gebälk stützen das Glück und das Recht?
Schiller, Gedichte: Der Genius

Die *Szene* wird zum Tribunal.
Schiller, Gedichte: Die Kraniche des Ibykus

T

Starker *Tabak* (Tobak). Redensart

Tabak ist ein edles Kraut, · Ob man's raucht, schnupft oder kaut.
Auf einer Tabakspfeife

Tabula rasa
(reiner Tisch, unbeschriebene [eigentlich glatt gestrichene Wachs-] Tafel).
Nach Aristoteles De anima 3, 4
Auch Titel eines Lustspiels von Carl Sternheim.

Nicht nur Lob, sondern auch *Tadel* zur Unzeit bringt Schaden.
Plutarch, Moralische Schriften von Bähr (1829), S. 193

Frei von *Tadel* zu sein, ist der niedrigste Grad und der höchste, · Denn nur die Ohnmacht führt oder die Größe dazu.
Schiller, Votivtafeln 43: Korrektheit

Tadeln ist leicht, Können schwer.
Sprichwörtlich

Tadeln ist leicht; deshalb versuchen sich so viele darin. Mit Verstand loben ist schwer; darum tun es so wenige.
Anselm Feuerbach, Ein Vermächtnis (1882), S. 161

Mäkeln und *Tadeln* ist bei vielen der Trost für ungenügendes Verständnis.
Anselm Feuerbach, Aus dem schriftl. Nachlaß (Quenzel, Feuerbach, S. 411)

Tadeln können zwar die Toren, · Aber klüger handeln nicht
(gewöhnlich zitiert: Aber besser machen nicht). A. F. E. Langbein, Die neue Eva

Was anders ist's, wenn die Liebe *tadelt*, · Die Liebe, die jede Silbe adelt, · Als wenn der Haß, der wie Dornen sticht, · Als wenn der Haß seine Meinung spricht. Frida Schanz

Beschränke keiner, · Was ihm zu tun notwendig, in der Furcht, · Er stoß auf neidsche *Tadler*.
Wolsey in Shakespeare, König Heinrich VIII. 1, 2

Kennst du die *Tafel*, auf welche die unbestechliche Klio · Einst die Unsterblichen bringt? Freund, auf den Nagel des Daums!
F. Hebbel, Epigramme: Die Unsterblichen

Die *Tafelrunde* ist entehrt, · Wenn ihr ein Falscher angehört.
Kundry in Wolfram von Eschenbach, Parzival (um 1210)

Wer viel *tafelt*, macht kurzes Testament.
Sprichwort

Das ist der *Tag* des Herrn!
Uhland, Schäfers Sonntagslied

Dies ist der *Tag* des Zornes.
Nach Zephanja 1, 15 (vgl. *Dies* irae)

Dies ist der *Tag*, den Gott gemacht, · Sein werd' in aller Welt gedacht.
Gellert, Weihnachtslied

Ein *Tag* ist des anderen Lehrmeister, oder:
Ein *Tag* lehrt den anderen.
(Dies diem docet.)
Sprichwörtlich nach Publilius Syrus

Es ist genug, daß ein jeglicher *Tag* seine eigene Plage habe. Matth. 6, 34

Jeder *Tag* hat seine Plage, · Und die Nacht hat ihre Lust.
Goethe, Aus Wilhelm Meister: Philine

Noch ist es *Tag*, da rühre sich der Mann! · Die Nacht tritt ein, wo niemand wirken kann.
Goethe, Westöstl. Diwan, Buch der Sprüche; nach Joh. 9, 4: Es kommt die Nacht, wo niemand wirken kann.

Den gestrigen *Tag* suchen.
Wolfgang Bütners Historien von Claus Narren 21, 51 (Eisleben 1572)

O schöner *Tag*, wenn endlich der Soldat · Ins Leben heimkehrt, in die Menschlichkeit, · Zum frohen Zug die Fahnen sich entfalten, · Und heimwärts schlägt der sanfte Friedensmarsch.
Max in Schiller, Die Piccolomini 1, 4

Wer an dem *Tag* geboren, · Wo ich vergaß, an Marc Anton zu schreiben, · Der sterb' als Bettler.
Kleopatra in Shakespeare, Antonius und Kleopatra 1, 5

Man soll den *Tag* nicht vor dem Abend loben.
Altes Sprichwort. Auch Gordon in Schiller, Wallensteins Tod 5, 4

Den *Tag*, den Tag, ich will ihn laut verkünden!
Arthur Schopenhauer, Gedichte: Sonett (Weimar, 1808)

Es geht mir von *Tag* zu Tag besser.
(Tous les jours, à tous points de vue, je vais de mieux en mieux.)
Autosuggestionsformel des Heilkünstlers Emile Coué (1857–1926)

Tage der Wonne, kommt ihr so bald?
Goethe, Gedichte: Frühzeitiger Frühling

Die *Tage* folgen einander wohl, aber sie gleichen einander nicht.
Sprichwort

Die *Tage*, von denen wir sagen, sie gefallen uns nicht.
Nach Pred. Salom. 12, 1

Am guten *Tage* sei guter Dinge, und den bösen *Tag* nimm auch für gut! Prediger Salomo 7, 15

Wir wollen alle *Tage* sparen · Und brauchen alle Tage mehr.
Marschalk in Goethe, Faust 4853/54

So was hab' ich mein' *Tage* nicht gesehn! Margarete in Goethe, Faust 2791

Es müssen starke Beine sein, die gute *Tage* können tragen.
Sprichwörtlich (nach Agricola)

Und so fliehen meine *Tage*, · Wie die Quelle rastlos hin!
Schiller, Der Jüngling am Bache

Wohl waren es *Tage* der Sonne!
Em. Geibel, Mädchenlieder II

Ich denk' an euch, ihr himmlisch schönen *Tage!*
Aug. Mahlmann, Sehnsucht

Wie die *Tage* so golden verfliegen, · Wie die Nacht sich so selig verträumt.
Paul Heyse, Lied von Sorrent. Vertont von L. Waldmann

An diesem *Tage* lasen wir nicht weiter. Dante, Hölle 5, 138
(Francesca da Polenta und Paolo lasen eines Tages im »Lanzelot« und entbrannten in Liebe zueinander.)

Du sollst deinem Nächsten nicht unrecht tun noch ihn berauben. Es soll des *Tagelöhners* Lohn nicht bei dir bleiben bis an den Morgen.
3. Mos. 19, 13

Alles in der Welt läßt sich ertragen, · Nur nicht eine Reihe von schönen *Tagen.* Goethe, Sprüche in Reimen

Des *Tages* Last und Hitze tragen.
Nach Matth. 20, 12

Zur *Tagesordnung*, weiter!
Jost v. Weiler in Schiller, Wilhelm Tell 2, 2

Das *Tagewerk* ist abgetan. · Gib, Vater, deinen Segen.
Joh. H. Voß, Abendlied (1794)

Tagtäglich zankt mein Weib mit mir, Das ist ihr Zeitvertreib.
Faßbinderlied aus Suppés Oper Boccaccio Nr. 11

Das *Tagtägliche* erschöpft mich!
Beethoven an seinen Neffen Karl v. B. (Baden, 23. August 1823)

Schaff, das *Tagwerk* meiner Hände, · Hohes Glück, daß ich's vollende.
Goethe, Lieder: Hoffnung

You *take* my house . . .
Siehe unter *nehmt.*

Mangel an *Takt* ist ein Fehler des Herzens, nämlich entweder eine Unbesonnenheit oder eine Unbeholfenheit desselben. H. v. Oertzen

Takt ist der Verstand des Herzens.
Gutzkow, Ritter v. Geist

Heucheln, das Wort klingt schlecht, drum nennt man's *Takt.*
Carl Spitteler, Balladen

Und ob ich schon wanderte im finstern *Tal*, fürchte ich kein Unglück.
Psalm 23, 4 (siehe unter *Unglück*)

Sie war nicht in dem *Tal* geboren.
Schiller, Gedichte: Das Mädchen aus der Fremde

Die *Tale* dampfen, die Höhen glühn.
Wilhelmine von Chezy, Euryanthe, komp. von Weber 1823

In den *Talen* der Provence · Ist der Minnesang entsprossen,
siehe unter *Minnesang*

Talent war ehmals ein göttlich Vermächtnis – · Heut ist Talent ein gutes Gedächtnis. Hugo Zürner

Frechheit ist das *Talent* der Unfähigen. Fliegende Blätter Nr. 3232

Es bildet ein *Talent* sich in der Stille Siehe unter *Charakter*

O *Täler* weit, o Höhen, · O schöner grüner Wald.
Eichendorff, Abschied im Walde bei Lubowitz (1810)

Wenn mit dem *Taler* geläutet wird, öffnen sich alle Türen. Sprichwörtlich

Zwei *Taler* gibt kein großer König, · Ein solch Geschenk vergrößert nicht mein Glück – · Nein, es erniedrigt mich ein wenig, · Drum geb' ich es zurück.
Anna Louisa Karschin an Friedrich den Großen (1773)

Jedes *Talglicht* hält sich für eine Wachskerze. Sprichwörtl. Redensart

Es ist nicht alles *Talmi*, was glänzt.
Peter Hille, Aphorismen

Tam felix utinam, quam pectore candidus, essem!
(Daß ich doch wäre so glücklich, wie lauter ich bin im Gewissen!)
Ovid, Ex Ponto lib. 4, 14, 43

Nachts um die zwölfte Stunde · Verläßt der *Tambour* sein Grab.
Jos. Frhr. v. Zedlitz, Die nächtliche Heerschau (1828)

Auf die Postille gebückt, zur Seite des wärmenden Ofens, · Saß der redliche *Tamm.*
Joh. H. Voß, Der siebzigste Geburtstag (1781)

Alles ist *Tand* nur.
Macbeth in Shakespeare, Macbeth 2, 3

Tand, Tand ist das Gebilde von Menschenhand.
Th. Fontane, Gedichte: Die Brücke am Tay

Es gibt mehr *Tannen* als Zedern.
Sprichwörtlich

O *Tannenbaum,* o Tannenbaum, · Wie treu (grün) sind deine Blätter!
August Zarnack, Umdichtung eines Volksliedes (1820)

O *Tannenbaum,* du edles Reis, · Bist Sommer und Winter grün: · So ist auch meine Liebe, · Die grünet immerhin. · O Tannenbaum! Doch kannst du nie · In Farben freudig blühn. · So ist auch meine Liebe, · Ach, ewig dunkelgrün.
Uhland, Schildeis

Vögelein im *Tannenwald* pfeifet so hell! Schwäbisches Volkslied (um 1824)

Tant de bruit pour une omelette.
Siehe unter *omelette*

Tant de fiel entre-t-il dans l'âme des dévots?
(Kann soviel Galle wohl der Frommen Seele fassen?) Boileau, Le Lutrin, ch. 1

Tantae molis erat Romanam condere gentem.
(So viel Schwierigkeiten hatte es, das römische Volk zu gründen.)
Vergil, Äneis, 1, 33

Tantaene animis caelestibus irae?
(Liegt so viel Zorn in der Seele der Himmlischen?) Vergil, Äneis 1, 11
Vgl. Shakespeare, Heinrich VI. 2, 2, 2

Ich bin aus *Tantalus*' Geschlecht.
Iphigenie in Goethe, Iphigenie a. Tauris 1, 3

Tantalusqualen.
Nach Homer, Odyssee 11, 582/92

Tantum quantum possum.
(Soviel ich kann.)
Wahlspruch des Kurfürsten Friedrich von Sachsen

Tantum religio potuit suadere malorum.
(So viel Unheil hat die Religion anzuraten vermocht.)
Lucretius († 55 v. Chr.), Über die Natur 1, 102

Schmachtende Liebe vermeidet den *Tanz.*
Goethe, Lieder: Wechsellied zum Tanze

Tanz ums goldene Kalb.
Nach 2. Mos. 32

Tanz auf einem Vulkan.
Siehe unter *volcan*

Das *Tanzbein* schwingen.
Sprichwörtl. Redensart

So geht's, wenn die Mädchen · Zum *Tanzboden* gehn, · Da muß man bald immer · In Sorgen bei stehn.
Des Knaben Wunderhorn, Don Juan

Erklingen zum *Tanze* die Geigen.
Aus der Operette Schwarzwaldmädel von Jessel
Will der Herr Graf ein Tänzchen wagen, siehe unter spielen ihm *auf.*

Etwas aufs *Tapet* bringen.
Sprichwörtl. Redensart
(Tapet = Teppich, auch Tischdecke im Beratungszimmer; also etwas aufs Tapet bringen = etwas zur Beratung, zur Sprache bringen.)

Tapfer ist der Löwensieger, · Tapfer ist der Weltbezwinger, · *Tapfrer,* wer sich selbst bezwang.
Herder, Legenden: Die wiedergefundenen Söhne

Das bessere Teil der *Tapferkeit* ist Vorsicht.
(The better part of valour is discretion.)
Falstaff in Shakespeare, König Heinrich IV. 1. Teil, 5, 4

Die wahre *Tapferkeit* gebildeter Völker ist das Bereitsein zur Aufopferung im Dienste des Staates.
Hegel, Grundlinien der Philosophie des Rechts

Tapferkeit ist ein Gemeingut der deutschen Soldaten.
Bismarck am 14. März 1885

Den *tapfern* Mann, · Der wohl gestritten, lohnt mit Recht ein edles Wort.
Lichas in Sophokles, Trachinerinnen 230/31 (Donner)

Im Dunkeln *tappen.*
Nach 5. Mos. 28, 29. (Und wirst *tappen* im Mittage, wie ein Blinder *tappet* im Dunkeln.)

Wie von der *Tarantel* gestochen,
sagen wir von jemand, der jäh auffährt. Tarantella heißt ein sizilianischer Tanz, bei dem die Furcht vor diesem Tiere [eine Art Skorpion] mimisch dargestellt wird.

Es ist nur ein kleines Stück vom *Tarpejischen* Felsen bis zum Kapitol.
Graf Mirabeau am 22. Mai 1790

Tartuffe
nennen wir einen Scheinheiligen nach Molières Lustspiel: »Le Tartufe« (1667). Gutzkows Lustspiel »Das Urbild des Tartüffe« erschien 1844. Oskar Wilde sagt im Dorian Gray, Kap. 17: Was sagt Europa von England? – Daß Tartüffe nach England ausgewandert sei und dort einen Laden aufgemacht habe.

Mann mit zugeknöpften *Taschen,* · Dir tut niemand was zu lieb.
Goethe, Gedichte: Wie du mir, so ich dir. (Siehe auch unter *Hand* und *nehmen,* beidemal bei Goethe.)

Tat twam asi!
(Das bist du!)
Berühmte Brahmanenformel zum Ausdruck der Wesenseinheit des Angeredeten mit der Fülle des wahren Seins.
Chandogya-Upanischad

Jemand auf frischer *Tat* ertappen.
Nach Tribonian

Die Franzosen sind witzig vor der *Tat,* die Welschen bei der Tat, die Deutschen nach der Tat.
Joh. Geiler von Kaisersberg († 1515)

Die *Tat* ist alles, nichts der Ruhm.
Faust in Goethe, Faust 10188

Es muß im Staat ein Recht der rettenden *Tat* geben.
Friedr. Christoph Dahlmann am 14. Dez. 1848 zu Frankfurt a. M.

Mir hilft der Geist! Auf einmal seh' ich Rat · Und schreibe getrost: Im Anfang war die *Tat!*
Faust in Goethe, Faust 1236/37
Fluch der bösen *Tat* siehe unter *bösen*

An bösen *Taten* lernt sich fort die böse *Tat*.
Elektra in Sophokles, Elektra 621 (Donner)

Tatarennachricht,
für eine falsche Nachricht, weil 1854 ein Tatar die falsche Nachricht von der Einnahme Sewastopols überbracht haben soll

Der Worte sind genug gewechselt, · Laßt mich auch endlich *Taten* sehn! Direktor in Goethe, Faust 214/15

Hier ist es Zeit, durch *Taten* zu beweisen, · Daß Manneswürde nicht der Götterhöhe weicht.
Faust in Goethe, Faust 712/13

Man tadelt den, der seine *Taten* wägt. Iphigenie in Goethe, Iphigenie 1, 2

Ein andermal von euren *Taten!*
Pfeffel, Die Tabakspfeife

Seid *Täter* des Worts und nicht Hörer allein. Jacobus 1, 22

Nach des *Täters* Hingang bleiben seine Taten stehn · Eine Zeitlang, um nach ihm von hinnen auch zu gehn. Rückert, Hamâsa (1846) 2, 40

Wenn wir *täten*, was wir sollten, · So tät' Gott auch, was wir wollten.
Alter Spruch

Daß ich lebe, ist nicht nötig, wohl aber, daß ich *tätig* bin!
Friedrich der Große

Unsere zwecklose *Tätigkeit*, unsere Griffe nach Lust müssen höhern Wesen vorkommen wie das Langen des Sterbenden nach dem Deckbett.
Jean Paul, Hesperus

Tätigkeiten sollen im Tun erlernt werden. Joh. Amos Comenius (1592-1671)

Nach gutem *Tau* · Wird der Himmel blau. Bauernregel

Besser *taub* als blind. Sprichwörtlich

Täubchen, das entflattert ist, · Stille mein Verlangen, · Täubchen, das ich oft geküßt, · Laß dich wieder fangen.
Aus der Operette Die Fledermaus von Johann Strauß

Du feines *Täubchen*, nur herein!
Monostatos in Mozart, Die Zauberflöte 1, 2 (1791)

Den *Tauben* ist gut predigen.
Sprichwort

Tauben Ohren predigen.
Nach der lateinischen Redensart »surdis auribus dicere« und wohl im Hinblick auf Jes. 42, 20.

Gebratene *Tauben*, die einem ins Maul fliegen.
Nach Sebastian Brants Narrenschiff (1494) Schluraffenlandt, und nach Hans Sachs, Gedichte (1536): Schlauraffen- und Schlaweraffenlandt (vgl. das französische: Il attend que les alouettes lui tombent toutes rôties – er wartet, daß ihm die Lerchen ganz gebraten herabfallen – nach dem Roman Gargantua und Pantagruel von Rabelais).

Deine Augen sind wie *Taubenaugen*. Hohelied Salomonis 1, 15

Dein hertz das ist ein *taubenhauß:* · Ein Lieb fleugt ein, die ander aus.
Hans Sachs, Gedichte (1560) 3, 381, 25

Im Garten des Pfarrers von *Taubenheim* · Geht's irre bei Nacht in der Laube.
Bürgers Ballade: Der Pfarrers Tochter von Taubenheim

Das geht ja wie im *Taubenschlag*.
(Die Leute gehen ein und aus.)
Sprichwörtl. Redensart

Beim ersten Schritt aus diesem Zimmer *tauchen* · Sich zwanzig Degenspitzen Euch ins Herz.
Adelma in Schiller, Turandot 4, 10

Apelles, der in Reiz den Pinsel *taucht*.
A. W. v. Schlegel, Poetische Werke 1, 181

Taufe Leib und Geist im Feuerbade. Goethe, Westöstl. Diwan: Vermächtnis altpersischen Glaubens V. 31 (»Tauche«, wie in vielen Ausgaben zu lesen ist doch wohl Druckfehler.)

Die Welschen alle *taugen* nichts.
Kellermeister in Schiller, Die Piccolomini 4, 5

Zum Nachtwächter mag der Herr Vetter *taugen;* · Zum Ehemann *taugt* Er nun einmal nicht.
Körner, Der Nachtwächter

Aus dem Leben eines *Taugenichts.*
Titel einer Novelle von Jos. v. Eichendorff

Du *taugst* der Welt nicht, wenn du dir nicht taugst; · Du taugst nicht dir, wenn du der Welt nicht taugst.
L. Schefer, Laienbrevier, Juni 7

Dem *Taumel* weih' ich mich, dem schmerzlichsten Genuß.
Faust in Goethe, Faust 1766

Schiller, edles *Taumels* voll.
Voß, Gedichte (1802) 6, 203

So *tauml'* ich von Begierde zu Genuß. Siehe unter *Begierde*

Tausch ist kein Raub. Sprichwort

Oh, dann *tausch'* ich nicht mit Göttern. Siehe unter *Pfeifchen*

Wer Lust zu *tauschen* hat, hat Lust zu *täuschen* (zu betrügen).

Beim *Tauschen* · Laß niemand lauschen. Sprichwörter

Wer könnte *täuschen* die Sonne?
(Quis solem fallere possit?)
Ovid, Liebeskunst 2, 573

Tausendgüldenkraut tut Wunder.

Ehrenpreis ist besser als *Tausendgüldenkraut.* Sprichwörtlich

Tausendmal grüß' ich dich.
Siehe unter *Robin* Adair

Die ganze Welt, sie dreht sich drum, · Das Geld, das ist die Achse; · Und klingl' ich drin, sie stehen stumm, · Die Lumpen niedrer *Taxe*
Wolfg. Müller, Der Bankier

Te deum laudamus.
(Herr Gott, dich loben wir.)
Anfang des Ambrosianischen Lobgesanges

Te hominem esse memento.
(Erinnere dich, daß du ein Mensch bist.)
So rief der servus publicus dem römischen Triumphator zu.

Tee, Kaffee und Leckerli · Bringen den Bürger ums Äckerli.
Schweizer Sprichwort

Abwarten und *Tee* trinken.
Sprichwörtl. Redensart

Wir sind so klug, und dennoch spukt's in *Tegel.*
Proktophantasmist (Nicolai) in Goethe, Faust 4161

Auf dem *Teich,* dem regungslosen, · Weilt des Mondes holder Glanz, · Flechtend seine bleichen Rosen · In des Schilfes grünen Kranz.
Nik. Lenau, Schilflieder 5

Kleine Wasser machen niemand reich, · Best fischen ist im großen *Teich.*
Rollenhagen, Froschmeuseler 1, 2, 7. Kap. 45/46

In großen *Teichen* ist das beste Fischen. Sprichwörtlich nach Vorigem

Noch hab' ich keinen *Teil* an ihr!
Samiel in Fr. Kind-Webers Oper Der Freischütz 2, 5

Das gute *Teil* erwählt haben.
Nach Luk. 10, 42

Viele *Teile,* schmale Brocken.
Sprichwort

Teils dieserhalb, teils außerdem.
Wilhelm Busch, Die fromme Helene

Doch *teilt* euch brüderlich darein!
Schiller, Gedichte: Die Teilung der Erde

Tel est notre plaisir.
(Dies ist unser Wille.)
Hervorgegangen aus der lat. Formel: »Nam ita nobis placet« (Denn so gefällt es Uns), mit der Fürsten Gesetze guthießen. Die franz. Formel seit Ludwig XI. von Frankreich (31. 10. 1472), später bei Ludwig XVI. (notre bon plaisir), seit 1804 bei Napoleon.

Er lügt wie *telegrafiert.*
Bismarck im Preuß. Herrenhaus, 13. Februar 1869

Wär' ich besonnen, hieß' ich nicht der *Tell.*
Tell in Schiller, Wilhelm Tell 3, 3 (Tell = der Unbesonnene)

Mancher sieht immer auf andere *Teller.* Sprichwörtlich

Der wahre Schmecker, · Der *Tellerlecker,* · Er riecht den Braten, · Er ahnet Fische; · Das regt zu Taten · An Gönners Tische.

Parasiten in Goethe, Faust 5257/62

Es sind nicht alle Offiziere *Tellheims.*

Das Fräulein in Lessing, Minna von Barnhelm 2, 1

Das ist *Tells* Geschoß!

Geßler in Schiller, Wilhelm Tell 4, 3
Vgl. Th. Fontane, Frau Jenny Treibel, 9. Kap.

Er trieb sie alle zum *Tempel* hinaus.

Sprichwörtl. nach Joh. 2, 15 und Matth. 21, 12; Mark. 11, 15; Luk. 19, 45

Une œuvre d'art est un coin de la nature vu à travers un *tempérament.*

(Ein Kunstwerk ist ein Stück Natur, gesehen durch ein Temperament.)
Emile Zola, Mes haines (1866, S. 25)

Angenehme *Temperatur.*

Nach dem preuß. Kriegsminister Albrecht von Roon (23. Januar 1862)

Tempête dans un verre d'eau.

Siehe unter *Glase*

Tempi passati.

(Vergangene Zeiten.)
Kaiser Joseph II. (1741–90), vgl. Weislingen zu Götz in Goethe, Götz von Berlichingen 1

Ogni cosa si sopporta eccetto il buon *tempo.*

Italienisches Sprichwort, etwa: Nichts ist dem Menschen so schwer zu tragen · Als eine Last von guten Tagen.

Tempora labuntur, tacitisque senescimus annis, · Et fugiunt, freno non remorante, dies.

(Eilig schwindet die Zeit, unmerklich beschleicht uns das Alter, · Und die Tage entfliehn, da sie ein Zügel nicht hemmt.)
Ovid, Fast. 6, 771/72

Tempora mutantur, nos et mutamur in illis!

(Die Zeiten ändern sich und wir uns mit ihnen!)
Kaiser Lothar I. (795–855) und Joh. Owen, Epigrammata (Leipzig 1615).
Soll ursprünglich gelautet haben: »Omnia mutantur, nos et mutamur in illis.«

O *tempora!* o mores!

(O Zeiten! O Sitten!)
Wiederholt bei Cicero, z. B. in der 1. Rede gegen Catilina 1, 2. Vgl. J. M. R. Lenz (im Hofmeister [1774] 5, 10) und Geibel (Lob der edeln Musika).

Le *temps* est un grand maître; il règle bien des choses.

(Die Zeit ist eine mächtige Meisterin; sie bringt vieles in Ordnung.)
P. Corneille, Sertorius 2, 4 (1662)

Tempus edax rerum.

(Die Zeit, die die Dinge zernagt.)
Ovid, Metamorph. 15, 234

Tempus in agrorum cultu consumere dulce est!

(Süß ist's, auf die Bearbeitung der Äcker die Zeit zu verwenden.)
Ovid, Ex Ponto 2, 7, 69

Die industrielle *Tendenz* hat uns aus dem Feudalismus befreit; und die ideelle Tendenz wird sich aus der industriellen allmählich entfalten.

Feuchtersleben, Aphorismen (Leben)

Mea *tenuitas.* (Meine Wenigkeit.)

Aulus Gellius um 150 n. Chr.

Terra usus mortalium semper ancilla!

(Die Erde ist zu den Bedürfnissen der Menschen stets dienstfertig!)
Plinius, hist. nat. 2, 63, § 155

Kennst du die Hölle des Dante nicht, · Die schrecklichen *Terzetten?* · Wen da der Dichter hineingesperrt, · Den kann kein Gott mehr retten.

H. Heine, Deutschland, ein Wintermärchen, Schluß (1844)

Das *Testament* ist ein edeles buch, · Groß kunst, weisheit es leren thut. · Wol dem, der sich auch helt darnach, · Dem wird Gott segnen all sein sach.

Martin Luther, Von dem neuen Testamentbuch (J. Aurifaber, Tischreden, Eisleben 1566, Blatt 20b)

Es mag noch so *teuer* sein, · Die Krähen haben Nüsse, die Klöster Wein.

Alter Reimspruch

Es ist nichts *teuerer,* als was man mit Bitten erkaufen muß.

Das *Teuerste* ist (nicht immer) das Beste.

Auf *Teuerung* folgt Überfluß.
Sprichwörtlich

Der *Teufel* ist los!
Nach Offenb. Joh. 20, 7

Den *Teufel* durch Beelzebub austreiben.
Matth. 12, 24, 27; Luk. 11, 15, 18, 19

Den *Teufel* spürt das Völkchen nie, · Und wenn er sie beim Kragen hätte.
Mephistopheles in Goethe, Faust 2181/82

Die *Teufel* weinen nicht, wenn die Nonnen tanzen. Russisches Sprichwort

Und wenn die Welt voll *Teufel* wär'.
Aus Luthers Lied Ein' feste Burg ist unser Gott

Gibt man dem *Teufel* den kleinen Finger, so will er die ganze Hand.
Sprichwort

Was fang' ich armer *Teufel* an?
Kommersbuchlied von 1763. Verfasser unbekannt

Ja, Luther hat es verstanden, als er dem *Teufel* das Tintenfaß an den Kopf geworfen! Nur vor Tinte fürchtet sich der Teufel, damit allein verjagt man ihn.
Börne, Fragmente und Aphorismen 137

Besser ein freier *Teufel*, als ein gebundener Engel.
Peter Hille, Aphorismen

Der *Teufel* und seine Großmutter.
Sprichwörtl. Redensart nach verschiedenen Volksmärchen

Denn wenn es keine Hexen gäbe, · Wer *Teufel!* möchte Teufel sein!
Mephistopheles in Goethe, Faust 7724/25

Zum *Teufel* erst das Instrument! · Zum Teufel hinterdrein den Sänger! Valentin in Goethe, Faust 3700/01

Der *Teufel* stellt dir nächstens doch ein Bein.
Mephistopheles in Goethe, Faust 6792

Den *Teufel* an die Wand malen.
Bei Luther, Seb. Franck u. a.: über die Tür malen. Vgl. *Lupus* in fabula.

Der *Teufel* ist für die Erwachsenen, was der Schornsteinfeger für die Kinder. Hebbel, Tagebücher, 25. 12. 1851

Er gibt dem *Teufel*, was des *Teufels* ist.
Prinz Heinrich in Shakespeare, König Heinrich IV. 1. Teil 1, 2

Wenn alle in den Himmel kommen, · Alle die Millionen Frommen, · Deutsche, Madjaren, Welsche, Polen – · So ein Himmel wär' ja zum *Teufel* holen!
E. v. Bauernfeld, Poet. Tagebuch

Des *Teufels* Liebste ist allezeit · Hoffart, Buhlerei und Neid; · Demut aber, Geduld und Treue, · Die sind des Teufels größte Reue.
Freidanks Bescheidenheit (um 1200)

Die Welt ist des *Teufels* Haus; darum, wo man hinkommt, findet man den Wirt daheim.
Luther (Zinkgref, Apopht. 1, Seite 183)

Doktor, sind Sie des *Teufels?*
Heinr. Heine, Nordsee: Seegespenst

Soll ich dich, *Teurer*, nicht mehr sehn?
Terzett in Mozart, Zauberflöte 2, 5 (1791)

Einem den *Text* lesen.
Sprichwörtl. Redensart

Thalatta! Thalatta!
(Das Meer! Das Meer!)
Freudenruf der zehntausend griechischen Söldner des jüngeren Cyrus nach der Schlacht bei Kunaxa (401 v. Chr.), als sie auf ihrem Rückzug durch Medien, Armenien und Pontus endlich das Schwarze Meer erblickten, das ihnen schnelle Heimkehr versprach. Vgl. Heines Nordsee 2

Tharau siehe unter *Anke* und *Ännchen*

That, that is, is.
(Das, was ist, ist.)
Nym in Shakespeare, Heinrich V. 2, 1

That is the humour of it!
(Das ist der Humor davon!)
Nym in Shakespeare, Heinrich V. 2, 1 (vgl. Die Lustigen Weiber v. Windsor 2, 1)

Schöne Zeit, als mit dem Karren · Thespis fuhr, der Possen-Vater! · Schwer ist's einen Staat regieren, · Zehnmal schwerer ein *Theater!*
Eduard v. Bauernfeld, Reime und Rhythmen

Trotz allem Bemühen eurer Bühnenberater · Fehlen noch drei Dinge zum deutschen *Theater*, · Danach seht euch zum Schluß noch um: · Schauspieler, Dichter und – Publikum!
Grillparzer, Epigramme: Dramaturgisch

Jeder muß wissen, daß eine Vorrede für eine Schrift dasselbe ist, was der *Theaterzettel* für ein Schauspiel ist: jeder muß ihn lesen.
Casanova im Vorwort zu seinen Memoiren (Ludwig Buhl, 1850, Bd. 1, Seite 21)

Ein Wort mit diesem kundigen *Thebaner!*
Lear in Shakespeare, König Lear 3, 4

Es sind in Deutschland die *Theologen*, die dem lieben Gott ein Ende machen – on n'est jamais trahi que par les siens.
(Man wird immer nur von den Seinigen verraten.)
Heine, Gedanken und Einfälle 2: Religion und Philosophie

Die *Theologie* ist Anthropologie, d. h. in dem Gegenstande der Religion, den wir griechisch Theos, deutsch Gott nennen, spricht sich nichts andres aus als das Wesen des Menschen.
Ludwig Feuerbach, Das Wesen der Religion, 3. Vorlesung

Thersites.
Bei Homer (Ilias II, 212ff.) ein körperlich häßlicher, boshafter und verleumderischer Schwätzer

Denn Patroklus liegt begraben, · Und *Thersites* kommt (nicht: kehrt) zurück!
Schiller, Gedichte: Das Siegesfest, vgl. unter *Patroklus*

Überall in der Welt ist das Schöne mit dem Häßlichen gemischt, und jeder trägt seinen *Thersites* an und in sich.
Kuno Fischer, Akadem. Reden (1862)

Thespiskarren
nennt man das Theater, insbesondere das Wandertheater, nach Horaz (Ars poët. 276), der bemerkt, man sage, daß Thespis, der älteste attische Tragödiendichter, auf einem Wagen herumgefahren sei.

All great *things* begin as blasphemies.
(Alle großen Dinge beginnen als Gotteslästerung.)
Bernh. Shaw, Annajanska (1918)

I never *think* of the future. It comes soon enough.
(Ich denke niemals an die Zukunft. Sie kommt früh genug.) Albert Einstein

Ungläubiger *Thomas.*
Nach Joh. 20, 27/29

Durch fremde Waffen gründet sich kein *Thron.*
König in Schiller, Demetrius V. 514

Die äußerste *Thule* siehe unter *Ultima*:

Es war ein König in *Thule* · Gar treu bis an das Grab, · Dem sterbend seine Buhle · Einen goldnen Becher gab.
Margarete in Goethe, Faust 2759/62 und Gedichte: Der König in Thule

Das Evoe muntrer *Thyrsusschwinger* · Und der Panther prächtiges Gespann · Meldeten den großen Freudebringer.
Schiller, Gedichte: Die Götter Griechenlands

Das läßt *tief* blicken.
Abg. Sabor im Deutschen Reichstage, November 1884

Das Wasser war viel zu *tief*.
Nach Wunderhorn

Wie bin ich, ach, so *tief* gesunken!
Fr. Hornfeck, Rhein- und Weinlied

Aus der *Tiefe* seines Gemüts.
Heine, Bericht über die Pariser Gemäldeausstellung vom 7. Mai 1843 über Horace Vernet

In die *Tiefe* mußt du steigen, · Soll sich dir das Wesen zeigen.
Schiller, Gedichte: Spruch des Konfuzius

Wer erfreute sich des Lebens, · Der in seine *Tiefen* blickt!
Schiller, Gedichte: Kassandra

Sei das Werte solcher Sendung · *Tiefen* Sinnes heitre Wendung!
Goethe, Epigrammatisch: Motto

Der ist der Herr der Erde, · Wer ihre *Tiefen* mißt.
Novalis, Bergmannslieder

Tiefenbacher, · Gevatter Schneider und Handschuhmacher.
1. Jäger in Schiller, Wallensteins Lager 10

Höfling muß mit krummem Rükken · Sich noch immer *tiefer* bücken.
Couplet: Tiefer bücken, aus Offenbachs Oper Blaubart

Un tu *tiens* vaut mieux (que) deux tu l'auras.
(Ein Hab' ist besser als zwei Hätt' ich.)
Französisches Sprichwort

Quäle nie ein Tier zum Scherz, denn es fühlt wie du den Schmerz.
Sprichwort

Tier' und Menschen schliefen feste.
Lichtwer, Fabeln: Die Katzen und der Hausherr

Jedes *Tierchen* hat sein Pläsierchen. Sprichwörtl. Redensart
Titel einer Gedichtsammlung des sächsischen Dialektdichters Edwin Bormann (1851–1912)

Tiere sehen dich an.
Titel des Fotobuches von Paul Eipper

Der untrüglichste Gradmesser für die Herzensbildung eines Volkes und eines Menschen ist, wie sie die *Tiere* betrachten und behandeln!
Berth. Auerbach

Gott, wie groß ist dein *Tierreich!*
(Wenn sich einer dumm anstellt.)
Berliner Redensart

Der kleine *Tierquäler* erwächst zu einem harten grausamen Mann.
Jean Paul, Levana (1807)

Gleich einem *Tiger*, grausam, mörderisch, · Das Alter droht! · Gleich einer Feindesschar stürmt auf uns ein · Der Krankheit Not.
Bhartrihari (Sanskrit, 1. Jh. v. Chr.). Übers. v. L. v. Schröder 1872

Ha! wer bin ich! und was soll ich hier · Unter *Tigern* oder Affen! · Welchen Plan hat Gott mit mir? · Und warum ward ich geschaffen?
A. v. Kotzebue, Ausbruch der Verzweiflung (1791)

Time is money.
(Zeit ist Geld.)
Englisches Sprichwort nach Bacons Essayes (1620) und Benj. Franklin (1748)

Sieh da, sieh da, *Timotheus!*
Schiller, Gedichte: Die Kraniche des Ibykus

In der *Tinte* sitzen.
(In Verlegenheit sein)
Sprichwörtl. Redensart

Da müßte ich ja *Tinte* gesoffen haben.
(So dumm bin ich nicht) Redensart

Die *Tinte* macht uns wohl gelehrt, · Doch ärgert sie, wo sie nicht hingehört. · Geschrieben Wort ist Perlen gleich; · Ein *Tintenklecks* ein böser Streich.
Goethe, Sprüche in Reimen: Sprichwörtlich

Tirez le rideau; la farce est jouée!
(Vorhang herab, die Komödie ist aus!)
Rabelais bei seinem Tode (?)

Ade, mein Land *Tirol!*
Jul. Mosen, Andreas Hofer

Tiroler sind lustig, so lustig und froh: Beim Wein und beim Tanze, · Da sieht man sie so!
Schikaneder, Der Tiroler Wastl, Operette; Musik von Jacob Haibel (1795)

Wer da will Männer sehn, · Geh ins *Tirolerland*.
Tieck, Reisegedichte eines Kranken: Die Tiroler

Dies Geschlecht · Kann sich nicht anders freuen als bei *Tisch*.
Wallenstein in Schiller, Wallensteins Tod 5, 4

Vor *Tische* las man's anders.
Tiefenbach in Schiller, Die Piccolomini 4, 7

Ein lästiger und ungezogener *Tischgenosse* zerstört alle Lust.
Plutarch, Gastmahl der 7 Weisen § 2

Tischlein deck dich!
nennen wir eine ungeahnt schnelle Erfüllung eines Wunsches. (Nach dem Grimmschen Märchen)

Das *Tischtuch* zerschneiden.
(Die Freundschaft kündigen.)
Alte bekannte Redensart
Vgl. Uhlands Graf Eberhard der Rauschebart 3 (am Schluß: Da faßt der Greis ein Messer und spricht kein Wort dabei · Und schneidet zwischen beiden das Tafeltuch entzwei).

Du bist viel weniger ein Zeus als ich, o König, ein *Titan!*
Ferd. Freiligrath, Ça ira: Von unten auf

Titania ist herabgestiegen.
Lied der Philine in Mignon 2, 2. Oper von Ambroise Thomas

Ein *Titel* muß sich erst vertraulich machen.
Mephistopheles in Goethe, Faust 2029

Was hilft der *Titel* ohne Mittel?
Sprichwort

Manche *Titel* werden ersessen, manche erstanden. H. Osmin

Kein *Tittel (Tüttel)* soll vergehen vom Gesetz, bis daß es erfüllet werde.
Nach Matth. 5, 18 (vgl. Luk. 16, 17)

Ein starkes Bier, ein beizender *Tobak.* Schüler in Goethe, Faust 830

Warum *toben* die Heiden? Psalm 2, 1

Tobias sechs, Vers drei,
wird gesagt, wenn jemand beim Gähnen den Mund aufreißt. Die betreffende Stelle heißt: O Herr, er will mich fressen!

Der *tobt* wie der Schwed. Redensart

Wem der Teufel ein Ei in die Wirtschaft gelegt hat, dem wird eine hübsche *Tochter* geboren.
Miller in Schiller, Kabale und Liebe 2, 4

Die *Tochter* ist wie die Mutter.
Hesekiel, 16, 44

Mit der Mutter soll beginnen, · Wer die *Tochter* will gewinnen.
Sprichwort
Danach bildete Goethe (der bekanntlich viele Sprichwörter in Reime brachte) sein: »Der Mutter schenk' ich, · Die *Tochter* denk' ich.«

Durch seine *Töchter* nimmt das Volk an den Reichen Rache.
Tagebuch von Edm. und Jules Goncourt, 3. Juli 1865 (H. Stümcke)

Ausgehen, die *Töchter* des Landes zu besehen,
wird von Freiern gesagt,
nach 1. Mos. 34, 1

Ist das der gefürchtete *Tod?* Er tut ja wohl.
Fr. v. Gentz am 9. Juni 1832 (Wehl, Ruhm im Sterben, S. 231)

Der Mensch fürchtet den *Tod* nur, weil er noch nicht glücklich genug gewesen ist: im höchsten Glück möchte er gleich hinsterben.
Varnhagen v. Ense

Den *Tod* wünschen sie sich oft, weil sie ihn scheuen.
Seneca, Abhandlungen (v. Moser 1829, 586)

Der ist elend, der den *Tod* wünscht; noch elender aber, der ihn fürchtet.
Kaiser Heinrich V. bei Zinkgref, Apophth. 1, S. 22

Der *Tod* im Topf!
Ein Klageruf über schlechtes Essen, nach 2. Buch der Könige 4, 40

Wer den *Tod* fürchtet, hat das Leben verloren.
J. G. Seume, Apokryphen

Der *Tod* ist kein Abschnitt des Daseins, sondern nur ein Zwischenereignis, ein Übergang aus einer Form des endlichen Wesens in eine andere.
W. v. Humboldt, Briefe an eine Freundin, 4. Juni 1882

Der *Tod* ist nicht nur das Ende des Lebens, er ist auch das Heilmittel gegen das Leben. Nirgends ist man so gut aufgehoben wie in einem Sarge.
Claude Tillier, Mein Onkel Benjamin, 1. Kapitel

Du bist Gott einen *Tod* schuldig.
Prinz Heinrich in Shakespeare, König Heinrich IV. 1. Teil 5, 1

Kein schönrer *Tod* auf dieser Welt, · Als wer, vorm Feind erschlagen, · Auf grüner Heid im freien Feld · Nicht hör'n darf groß Wehklagen.
Jakob Vogel (1625), Weise von Friedr. Silcher

Kein schönrer *Tod* auf dieser Welt, · Als wer auf grüner Heide fällt!
Karl Göttling, Kriegslied (1815), Weise von Alb. Methfessel (1818)

Ein mächtiger Vermittler ist der *Tod.*
Don Cesar in Schiller, Die Braut von Messina, 2706

Warum so zaghaft zittern vor dem *Tod,* · Dem unentfliehbaren Geschick?

Johanna in Schiller, Jungfrau von Orleans 2, 7

Er starb · Wie einer, der sich auf den *Tod* geübt, · Und warf das Liebste, was er hatte, von sich, · Als wär's unnützer Tand.

Malcolm in Shakespeare, Macbeth 1, 4

Ein allgemeines Übel ist der *Tod.*

Weltgeistlicher in Goethe, Die natürliche Tochter 3, 4

Sei getreu bis an den *Tod,* so will ich dir die Krone des Lebens geben.

Offenb. 2, 10

Tod, wo ist dein Stachel? Hölle, wo ist dein Sieg? 1. Kor. 15, 55

Selig sind die Tausende, die starben · Den bittersüßen *Tod* von Feindeshand!

Pylades in Goethe, Iphigenie a. Tauris 2, 2

Sie haben *Tod* und Verderben gespien.

Freiligrath, Neueres und Neuestes (Die Trompete von Gravelotte)

Der schnellste Reiter ist der *Tod;* · Er überreitet das Morgenrot, · Des Wetters rasches Blitzen.

Emanuel Geibel, Jugendgedichte: Cita mors ruit

Was fürchtest du den *Tod,* Väterchen? Es hat ja noch keiner erlebt, daß er gestorben ist.

Russisches Sprichwort

Wenn das Haus fertig ist, kommt der *Tod.* Türkisches Sprichwort

Der Herr tue mir dies und das, der *Tod* muß mich und dich scheiden.

Ruth 1, 17

Steigen und sinken lautet das Gebot, · Das uns beherrscht, und König ist der *Tod.*

Em. Geibel, Gelegenheitsgedichte: Auf Felix Mendelssohn-Bartholdys Tod

Wer ist mächtiger als der *Tod?* · Wer da kann lachen, wenn er droht.

Rückert, Jugendlieder, 6. Buch: Die Rätsel der Elfen

Der *Tod* ist die mildeste Form des Lebens, der ewigen Liebe Meisterstück.

Gerhart Hauptmann, Michael Kramer

Mitten wir im leben sind · Mit dem *tod* umfangen, · Wen such wir, der hülfe thu, · Das wir gnad erlangen?

M. Luthers Umdeutschung des mittelalterlichen lateinischen Liedes »Media vita in morte sumus« (11./12. Jh.)

Der *Tod* ist nichts Schreckliches; nur die fürchterliche Vorstellung vom *Tode* macht ihn furchtbar.

Epiktet

Niemand ist vor dem *Tode* glücklich zu nennen.

Nach dem Worte Solons zu Krösus bei Herodot 1, 32

Wir sind alle des *Todes.* 2. Mos. 12, 33

Sei des *Todes* eingedenk!

(Memento mori!)

Ordensgruß der Trappisten und Wahlspruch der Kamaldulenser. Stammt aus der Zeit der Weltfluchtstimmung des 11. Jahrhunderts.

Denn hinderlich wie überall · Ist hier der eigne *Todesfall.*

Wilh. Busch, Dideldum (1874)

Todesgötter, laßt euch erweichen!

Aus Glucks Oper Orpheus und Eurydike 2 (1762)

Durch *Todesnacht* bricht ewges Morgenrot! Zriny in Körner, Zriny 5, 2

Schon naht die *Todesstunde.*

Miserere aus Verdi, Der Troubadour 4, 1 (1853)

Zweimal sieht kein Mensch die *Todesufer.*

Phädra in Schiller, Phädra 2, 5

Todsünde. Nach 1. Joh. 5, 16/17

Es gibt nur zwei *Todsünden:* Die Bosheit und den Egoismus.

Rob. Hamerling, Aphorismen

In den Falten seiner *Toga* Krieg und Frieden tragen.

Nach Livius 21, 18, 13 (vgl. Cassius Dio, fr. 55, 10)

Tohuwabohu (hebr. = wüst und leer). Nach 1. Mos. 1, 2

Wenn die Vernunft ihre Stimme häufig gegen den Fanatismus erhebt, dann kann sie die künftige Generation vielleicht *toleranter* machen, als die gegenwärtige ist; und damit wäre schon viel gewonnen.
Friedrich der Große, Aus einem Briefe an Voltaire, ohne Datum

Je geistig gebildeter einer ist, je *toleranter* ist er, dagegen je bornierter, desto intoleranter.
Prälat Dr. Engelb. Lor. Fischer, Der Großgeist das höchste Menschenideal

Toleranz sollte eigentlich nur eine vorübergehende Gesinnung sein: sie muß zur Anerkennung führen. Dulden heißt beleidigen.
Goethe, Sprüche in Prosa: Maximen und Reflexionen 6

Tolerari potest.
(Es kann zugelassen werden.)
Formel der röm. Kurie, wenn sie eine Abweichung von ihren Anordnungen zuläßt.

Das *tolle* Jahr.
In den Erfurter Chroniken das Jahr 1509, das von bürgerlichen Unruhen erfüllt war; Titel eines Romans von Ludwig Bechstein (1833); auch Bezeichnung des Jahres 1848.

Löblich wird ein *tolles* Streben, · Wenn es kurz ist und mit Sinn.
Goethe, Festgedichte: Der Kölner Mummenschanz

Ist dies schon *Tollheit*, hat es doch Methode!
(Though this be madness, yet there's method in't.)
Polonius in Shakespeare, Hamlet 2, 2

C'est le *ton* qui fait la musique oder le chanson.
(Der Ton ist's, der die Musik macht.)
Französ. Sprichwort

Den *Ton* angeben. Sprichwörtlich

Wehe, weh mir! Welche *Töne!*
Johanna in Schiller, Jungfrau von Orleans 4, 1

Wer mit holden *Tönen* kommt, · Überall ist der willkommen.
Goethe, Gedichte: Herrn Ferd. Hiller

Koloß mit *tönernden* Füßen.
Daniel 2, 31/34

Ich bin des trocknen *Tons* nun satt.
Mephistopheles in Goethe, Faust 2009

Too swift arrives as tardy as too slow.
(Zu hastig und zu träge kommt gleich spät.)
Lorenzo in Shakespeare, Romeo und Julia 2, 6

Tooth of time!
(Zahn der Zeit.)
Herzog in Shakespeare, Maß für Maß 5, 1

Jeder *Topf* findet seinen Deckel.
Man soll nicht alles in einen *Topf* werfen. Sprichwörter

Die guten ins *Töpfchen*, · Die schlechten ins Kröpfchen.
Brüder Grimm, Kinder- und Hausmärchen: Aschenputtel

Nun, *topp!* Ihr seid sein wahrer Erbe! Gottl. K. Pfeffel, Die Tabakspfeife

Sei Er kein schellenlauter *Tor!*
Faust in Goethe, Faust 549

Da steh' ich nun, ich armer *Tor!* · Und bin so klug als wie zuvor.
Faust in Goethe, Faust 358/59

Der *Tor* bläst ein – · Der Weise spricht. Gemurmel in Goethe, Faust 4954

Der *Tor* braucht einen Keulenschlag, · Wo dem Weisen ein Wink genügen mag. Persisches Sprichwort

Der reine *Tor* oder: Reiner *Tor*, durch Mitleid wissend.
Nach Richard Wagners Bühnenweihfestspiel Parsifal (1882)

Ein *Tor* find't allemal noch einen größern Toren, der seinen Wert zu schätzen weiß.
Chr. F. Gellert, Gedichte: Kotill

Wer wähnet, daß er weise sei, · Dem wohnt ein *Tore* nahe bei.
Freidank, Bescheidenheit (um 1200)

Ein *Tor* ist immer willig, · Wenn eine *Törin* will.
Heine, Buch der Lieder, Heimkehr 19

Toréador, en garde!
(Auf in den Kampf, Torero!)
Escamillo in Bizet, Carmen

Die *Toren* sprechen in ihrem Herzen: Es ist kein Gott. Psalm 14, 1

Die kurze *Torheit* ist die beste.
Lichtwer, Fabeln 3: Die zween Hähne

Töricht, auf Beßrung der Toren zu harren! · Kinder der Klugheit, o habet die Narren · Eben zum Narren auch, wie sich's gehört!
Goethe, Gedichte: Kophtisches Lied

Den Marschallstab im *Tornister* tragen
Siehe unter *Marschallstab*

Bist untreu, Wilhelm, oder *tot?*
Bürger, Lenore

Tote Hunde beißen nicht. Sprichwort

Tote Werke.
Nach Hebr. 6, 1; 9, 14. Jak. 2, 20, 26

Laß die *Toten* ihre Toten begraben!
Matth. 8, 22; Luk. 9, 60

Nur die *Toten* kehren nicht zurück.
(Il n'y a que les morts qui ne reviennent pas.)
Barère im franz. Nationalkonvent, 26. Mai 1794; Napoleon I. auf St. Helena 17. Juli und 12. Dez. 1816

Die *Toten* stehen nicht mehr auf.
König in Schiller, Don Carlos 5, 9

Vergiß die treuen *Toten* nicht!
Körner, Leier und Schwert: Aufruf

Mit *Toten* führe ich keinen Krieg.
Karl V. am Grabe Luthers 1547

Laß ruhn, laß ruhn die *Toten*, · Du weckst sie mit Klagen nicht auf.
Chamisso, Laß ruhn die Toten

Fromm handelt, wer die *Toten* ehrt.
Chor in Sophokles, Antigone 872 (Donner)

Die *Toten* reiten schnell.
Bürger, Lenore

Das Volk ist nicht edel, das seine *Toten* nicht ehrt.
Schack Staffeldt bei E. Jonas, Nordische Diamanten Nr. 62

Ach, wie glücklich sind die *Toten!*
Schiller, Gedichte: Das Siegesfest

Die Rosse schnoben, der Regen rann, · Und wir gedachten der *Toten*, der Toten!
Freiligrath, Die Trompete von Gravelotte

Ein Tag im Jahre ist den *Toten* frei.
Herm. von Gilm, Allerseelen

Und sie trugen einen *Toten* hinaus!
Nach Luk. 7, 12

Das *Totenbett* ist die Wiege der Ewigkeit.
Peter Sirius, Tausendundein Gedanke

Der Buchstabe *tötet*, aber der Geist machet lebendig.
2. Korinther 3, 6

Totum in eo est, ut tibi imperes.
(Alles beruht darauf, daß du dir selbst gebietest.)
Cicero

Toujours en vedette.
(Immer auf dem Posten.)
Friedrich der Große im Exposé du gouvernement prussien am Schluß

Ce n'est pas imiter un homme de ne faire que péter et *tousser* comme lui
Siehe unter *räuspert*

Tout comme chez nous.
(Ganz wie bei uns.)
Nolant de Fatouville, Arlequin empereur dans la lune (1684)

Tout comprendre c'est tout pardonner.
(Alles verstehen heißt alles verzeihen.)
Wahrscheinlich entstanden aus »tout comprendre rend très indulgent« in Frau v. Staëls Corinne (1807; I, 18, 5). Vgl. Th. Fontane, Frau Jenny Treibel, 7. Kap., wo der Ausspruch George Sand zugeschrieben wird.

Nous avons changé *tout* cela.
(Wir haben das alles geändert.)
Molière, Le médecin malgré lui 2, 6

Eine *Tracht* Prügel verabreichen.
Sprichwörtl. Redensart

Nach solchem allen *trachten* die Heiden!
Matth. 6, 32

Dein böses *Trachten* hast du mir verraten.
Geßler in Schiller, Wilhelm Tell 3, 3

Der Mensch seufzt unter Joch und Fron, · Am schwersten unter der *Tradition*.
H. Vierordt, Hobelspäne

Trag und harre aus!
(Perfer et obdura!)
Ovids Amores 3, 11, 7. In Liebeskunst 2, 178 heißt es aber: Perferre obdura, und in Tristia 5, 11, 7: Perfer et obdura, multo graviora tulisti. (Vgl. Homer Od. 20, 18, siehe unter *Dulde*), Catull 8, 11: Obstinate mente perfer, obdura, Horaz, und Vergil, Äneis 1, 199.

Er hat 'ne Puppe von *Tragant*.
Romanze Nr. 7 aus Offenbachs Oper Hoffmanns Erzählungen

Tragen muß der Mensch, · Was ihm die Götter senden.
Schiller, Szenen aus den Phönizierinnen des Euripides 382

Die *Trägheit* des Herzens.
Untertitel von Jakob Wassermanns »Kaspar Hauser« (1909)

Der wahre *Tragikus* läßt seine Personen ihrem Affekte, ihrer Situation gemäß sprechen, und bekümmert sich nicht im geringsten darum, ob sie lehrreich und erbaulich sprechen. Lessing, Sophokles 1

Die *Tragödie* des Alters beruht nicht darin, daß man alt ist, sondern daß man jung ist.
Oskar Wilde, Das Bildnis des Dorian Gray 19

Zwei *Tragödien* gibt es im Leben: Die eine, nicht zu bekommen, was das Herz wünscht, die andre, es zu bekommen.
(There are two tragedies in life. One is not to get heart's desire. The other is to get it.)
Bernh. Shaw, Man and Superman, 4. Akt

Der eine *trägt* Holz, der andere wärmt sich daran.
Wilhelm Busch, Spricker (Buschbuch, Gebr. Nöldeke, 1909)

Die *Träne* quillt, die Erde hat mich wieder! Faust in Goethe, Faust 784

Die *Träne* des Grams ist nur eine Perle vom zweiten Wasser, aber die Freudenträne ist eine vom ersten. Jean Paul, Kampanertal 3. Kap.

Was will die einsame *Träne?*
H. Heine, Heimkehr Nr. 29

Warum sind der *Tränen* · Unterm Mond so viel?
Trost für mancherlei Tränen, Lied von Christ. Ad. Overbek (Vossischer Musenalmanach 1781)

Unter *Tränen* lächelnd.
Homer, Ilias 6, 484 (Voß übersetzt: lächelnd mit Tränen im Blick)

Die *Tränen* der Dinge
(Sunt lacrimae rerum).
Vergil, Äneis 1, 462. Vgl. C. F. Meyer, Der Heilige 8 (gegen Ende): »Der Vers bedeutet, daß man die menschlichen Dinge nicht zu stark pressen soll; denn sie sind innerhalb voller Tränen.«

Teures Weib, gebiete deinen *Tränen!* Schiller, Hektors Abschied (1793)

Die *Tränen* sind des Schmerzes heilig Recht.
Sappho in Grillparzer, Sappho 3, 5

Die *Tränen* und die Seufzer, · Die kamen hintennach.
Heinr. Heine, Lyr. Intermezzo

Tränenreiche Männer sind gut.
(griechisches Sprichwort Ἀγαθοὶ πολυδάκρυες ἄνδρες)
Goethe, Wahlverwandtschaften 1, 18
Vgl. Westöstl. Diwan: Laßt mich weinen!

Tränensaat und Freudenernte.
Nach Psalm 126, 5, vgl. unter: Die mit Tränen *säen*

Heiß fällt der *Tränenstrom* auf deine Seele.
Carlos in Schiller, Don Carlos, Thaliafassung

O *Trank* voll süßer Labe!
Goethe, Balladen: Der Sänger

Trink ihn aus, den *Trank* der Labe · Und vergiß den großen Schmerz!
Schiller, Gedichte: Das Siegesfest

Du siehst, mit diesem *Trank* im Leibe, · Bald Helenen in jedem Weibe.
Mephistopheles in Goethe, Faust 2603/04

In bunten Bildern wenig Klarheit, · Viel Irrtum und ein Fünkchen Wahrheit, · So wird der beste *Trank* gebraut, · Der alle Welt erquickt und auferbaut.
Lust. Person in Goethe, Faust 170/73

Trau dem Glücke! trau den Göttern! · Steig, trotz Wogendrang und Wettern · Kühn wie Cäsar in den Kahn! Matthisson, Zuruf

Trau nicht auf deinen Tressenhut · Noch auf den Klunker dran!
Matthias Claudius, Goliath und David

Trau, schau, wem! Altes Sprichwort

Dem sind wie dem Fuchs die *Trauben* zu sauer.
Nach Äsop, Fabeln Nr. 33

Dem *traue* nie, der einmal Treue brach!
Königin Elisabeth in Shakespeare, König Heinrich VI. 3. Teil 4, 5

Man muß keinem Menschen *trauen,* der bei seinen Versicherungen die Hand auf das Herz legt.
Lichtenberg, Bemerkungen vermischten Inhalts 4: Beobachtungen über den Menschen

Die *Trauer* der Braut drei Wochen war, · Die Trauer der Schwester, die war drei Jahr, · Die Mutter hat der Trauer gepflegt, · Bis müde sie selbst ins Grab sich gelegt.
Chamisso, Gedichte: Der Sohn der Witwe

Siehe, die *Trauer,* sie ist *Trauernden* einziger Trost.
Robert Hamerling, Sinnen und Minnen: Der Tröster

Alle *Trauer* der Erde ist Einsamsein. Hanns Johst, O Du

Trauernd tief saß Don Diego.
Herder, Der Cid 1, 1 (1803/05)

Und *Trauernde* sind überall sich verwandt. Grillparzer, Sappho 2, 4

Ade, verfluchtes *Trauertal!* · Du Schauplatz herber Schmerzen! · Du Unglückshaus, du Jammersaal, · Du Folter reiner Herzen!
Geistliches Lied von Andreas Gryphius (1616–64)

Vom Regen in die *Traufe* kommen.
Sprichwort

Ein schöner *Traum* geht zu Ende!
Moritz von Sachsen, 30. März 1750 (Wehl, Ruhm im Sterben, S. 58)

Vielleicht ist alles doch nur *Traum.*
Sigismund in Calderón, Das Leben ein Traum 2, 6

Der *Traum,* ein Leben.
(Im bewußten Gegensatz zu Calderóns Das Leben ein Traum).
Titel eines Dramas von Grillparzer

Nichts Ewiges kann das Glück uns geben, · Denn flüchtiger *Traum* ist Menschenleben, · Und selbst die *Träume* sind ein Traum!
Sigismund in Calderón, Das Leben ein Traum 2, 14

Meines Lebens schönster *Traum,* · Hängt an diesem Apfelbaum.
Wilhelm Busch, Max und Moritz

Denn selbst im *Traume* gilt's, zu wandeln · Als edler Mensch und recht zu handeln.
Sigismund in Calderón, Das Leben ein Traum 2, 13

Träume bedeuten nichts.
Franz in Schiller, Die Räuber 5, 1

Träume kommen von Gott.
Daniel in Schiller, Die Räuber 5, 1

Träume sind Schäume. Sprichwort

Wenn auch ein Tag uns klar vernünftig lacht, · In *Traumgespinst* verwickelt uns die Nacht.
Faust in Goethe, Faust 11412/13

Die *Traumkunst träumt,* und alle Zeichen trügen.
Isabella in Schiller, Die Braut von Messina 2394

Ach, einem Mädchen zu *traun,* · Ist eitel Torheit.
Figaro in L. da Ponte, Figaros Hochzeit 4, 22, Oper von Mozart

Die ganze Welt ist zum Verzweifeln *traurig.*
Lenau, Sonette: Einsamkeit 2

Wie kommt's, daß du so *traurig* bist, · Und gar nicht einmal lachst?
Des Knaben Wunderhorn

Wie kommt's, daß du so *traurig* bist, · Da alles froh erscheint?
Goethe, Gedichte: Trost in Tränen

Das ist *traurig,* aber wahr.
Bekannte Redensart

Herz, mein Herz, warum so *traurig?* Und was soll das Ach und Weh? Lied von Joh. Rud. Wyß († 1830)

Keiner war wohl je so *traurig.*
Herder, Der Cid 1, 1 (1803/05)

Ich weiß nicht, was soll es bedeuten, · Daß ich so *traurig* bin.
Anfang der Loreley von Heinrich Heine

Lustige Leute begehen mehr Torheiten als *traurige,* aber traurige begehen größere. Ewald v. Kleist

Traurigkeit ward mir zum Lose!
Konstanze in Mozart. Die Entführung a. d. Serail 2, 2 (1782)

Der Mensch *traut* nie dem Menschen genug.
W. v. Humboldt, Briefe an eine Freundin, 3. Nov. 1814

Traute Heimat meiner Lieben.
Lied eines Landmannes in der Fremde von Joh. Gaudenz v. Salis-Seewis (um 1803)

Travailler pour le roi de Prusse.
(Für den König von Preußen arbeiten, d. h. umsonst.)
Kardinal Fleury, nach anderen aus einem Spottgedicht auf den Prinzen von Soubise, der bei Roßbach (1757) von Friedrich dem Großen geschlagen wurde: »Il a travaillé pour le roi de Prusse.«

Sechse *treffen*, sieben äffen.
Samiel in Weber, Der Freischütz 2, 5

Wie ekel, schal und flach und unersprießlich · Scheint mir das ganze *Treiben* dieser Welt!
Hamlet in Shakespeare, Hamlet 1, 2

Ach, ich bin des *Treibens* müde!
Goethe, Gedichte: Wanderers Nachtlied

Trema, Bisanzio! (Zittre, Byzanz!)
Aus Donizettis Oper Belisar 2, 78

Trennung frischt die Liebe auf.
Trennung ist der Liebe Tod.
Sprichwörter

Wie bitter sind der *Trennung* Leiden! Mozart, Die Zauberflöte 2, 10

Wer die *Treppe* scheuert, muß von oben anfangen. Sprichwort

Treppenwitz.
Nach dem französischen esprit d'escalier; Treppenwitz der Weltgeschichte: Titel eines Werkes von William Lewis Hertslet.

Tres faciunt collegium.
(Drei machen ein Kollegium aus.)
Digesten 85, 50, 16

Goldene *Tressen*, · Nichts zu essen.
Alter Reimspruch

Wir *treten* · Zum Beten · Vor Gott den Gerechten. Siehe unter *Gericht*

Treu und beständig.
(Fideliter et constanter.)
Inschrift des ernestinischen Hausordens (sächsische Herzogtümer), gestiftet 1833.
Treu und herzinniglich siehe unter *Robin* Adair

Ewig bleiben *treu* die Alten.
Eichendorff, Der Jäger Abschied

Treu bis in den Tod. Nach Offbg. 2, 10

Üb immer *Treu* und Redlichkeit · Bis an dein kühles Grab!
Hölty, Gedichte: Der alte Landmann an seinen Sohn

Treu und Glauben halten.
Nach Jesaja 33, 8

Wenn alle untreu werden, · So bleib' ich dir doch *treu!*
Novalis, Geistliche Lieder

Der ist in tiefster Seele *treu*, · Wer die Heimat liebt wie du.
Theodor Fontane, Archibald Douglas

Treu sein, das liegt mir nicht.
Aus der Operette Eine Nacht in Venedig von Johann Strauß

Dem traue nie, der einmal *Treue* brach.
Königin Elisabeth in Shakespeare, König Heinrich IV. 3. Teil 4, 5

Die *Treue* vieler Männer beruht oft nur auf Trägheit, die Treue vieler Frauen auf Gewohnheit.
R. Hugo, Ein- und Ausfälle

Die *Treue*, sie ist doch kein leerer Wahn.
Schiller, Gedichte: Die Bürgschaft

Wüßte ich nicht, daß die *Treue* so alt ist wie die Welt, so würde ich glauben, ein deutsches Herz habe sie erfunden. Heine, Die Harzreise

Beglückt, wer *Treue* rein im Busen trägt, · Kein Opfer wird ihn je gereuen! Faust in Goethe, Faust 1724/25

Denn Liebe muß mit *Treue* · Recht fest verbunden sein!
v. Weber, Volkslied

O wieviel holder blüht die Schönheit doch, · Ist ihr der Schmuck der *Treue* mitgegeben.
Sonett von Shakespeare (Schumacher)

Die *Treue* des Herrschers erzeugt und erhält die Treue seiner Diener.
Bismarck (14. März 1885)

Auf Erden gibt's nicht bessern Fund · Als *treues* Herz und stillen Mund. Sprichwort

Treulich geführt ziehet dahin, · Wo euch im Frieden die Liebe bewahr!
Brautlied in Rich. Wagner, Lohengrin 3, 1

Tribunal siehe unter *Szene*

Nürnberger *Trichter*.
Eigentlich »Poetischer Trichter, die teutsche Dicht- und Reimkunst, ohne Behuf der lateinischen Sprache, in sechs Stunden einzugießen", von Georg Phil. Harsdörffer (1647)

Fritz *Triddelfitz*.
Ein geckenhaft auftretender, harmloser und leichtfertiger Ökonomievolontär; bekannt aus Fritz Reuter, »Ut mine Stromtid«.

Auch den Meergott sieht man eilen, · Rasch mit des *Tridentes* Stoß · Bricht er die granitnen Säulen · Aus dem Erdgerippe los.
Schiller, Das eleusische Fest

Ihr, die Ihr *Triebe* · Des Herzens kennt, · Sprecht, ist es Liebe, · Was hier so brennt?
Cherubin in Mozert, Figaros Hochzeit 2, 4

Wer einmal *trifft*, ist noch kein Schütze. Sprichwort

Auch fühl' ich's wohl, ich habe schwer gefehlt, · Und was mich *trifft*, das trifft mich nur mit Recht.
Kandaules in Hebbel, Gyges und sein Ring V. 1804/05

Wie's *trifft, trifft's*. Sprichwort

Lebt wohl, ihr Berge, ihr geliebten *Triften!*
Johannas Monolog in Schiller, Jungfrau von Orleans 1

Am *Trillern* erkennt man die Lerche. Sprichwort

In *trinitate* robur.
(In der Dreiheit die Kraft.)
Wahlspruch derer von Bismarck

Rechtschaffen im *Trimm* – alles im Lot! Aus der Seemannssprache

Trink ihn aus, den Trank der Labe, und vergiß den großen Schmerz!
Schiller, Gedichte: Das Siegesfest V. 125

Trink und iß, Gott nicht vergiß!
Wartburgspruch

Trinke, Liebchen, trinke schnell, · *Trinken* macht die Augen hell.
Fledermaus, Operette von Strauß, Lied Nr. 5

Das *Trinken* ist gescheiter, · Das schmeckt schon nach Idee, · Da braucht man keine Leiter, · Das geht gleich in die Höh.
Eichendorff, Sängerleben

Essen ist ein Bedürfnis des Magens, *Trinken* ein Bedürfnis des Geistes.
Claude Tillier, Mein Onkel Benjamin, 3. Kapitel

Trinken sang Anakreon, · Trinken sang Horaz; · Darum trink, o Musensohn, · Denn die Vorwelt tat's.
Lied von Joh. Chr. Friedr. Haug (1761 bis 1829)

Man spricht vom vielen *Trinken* stets, · Doch nie vom großen Durste.
Scheffel, Gaudeamus: Lieder vom Rodenstein: Die drei Dörfer 1/3. Diese Entschuldigung wandte schon, wie Dante Läut. 24, 31/33 erzählt, der Messer Marchese von Forli an, der, als er erfuhr, daß man in der Stadt von seinem vielen Trinken spräche, lachend fragte: »Und warum sagen sie nie, daß ich immer Durst habe?« Auch Prof. Taubmann (1565–1613), der Gelehrte und Hofnarr, trank gern ein Glas Wein, und als ihm sein Kollege Erasm. Schmidt einst darüber Vorstellungen machte, erwiderte er: »Mein Herr Kollege sagt viel von meinem Weintrinken, aber von meinem großen Durste schweigt er ganz still. Ich muß trinken, weil mich dürstet.« (Wohlgefülltes Schatzkästlein deutschen Scherzes u. Humors, Kollekt. Spemann. Nr. 56).

Zuviel kann man wohl *trinken*, · Doch nie *trinkt* man genug.
Lessing, Lieder: Antwort eines trunkenen Dichters

In Gemeinheit tief versunken · Liegt der Tor vom Rausch bemeistert; · Wenn er *trinkt* – wird er betrunken, · *Trinken* wir – sind wir begeistert.
Fr. v. Bodenstedt, Die Lieder des Mirza-Schaffy, Lieder z. Lobe des Weins usw. 1

Wohin nun Treue, · Da *Tristan* mich betrog?
Marke in Wagner, Tristan und Isolde 2

Die Blinden in Genua kennen meinen *Tritt*. Fiesko in Schiller, Fiesko 1, 9

Ha, wie will ich *triumphieren!*
Osmin in Mozart, Die Entführung aus dem Serail 3

Man muß nicht, aus Besorgnis, *trivial* zu sein, paradox werden.
Balthasar Gracián, Handorakel (1637) Schopenhauer

Sein Pulver muß man *trocken* halten.

Er ist noch nicht *trocken* hinter den Ohren. Sprichwörtlich

Da bleibt kein Auge *trocken!*
J. D. Falk (1799)

Es gibt keine *trockene* Wissenschaft: es gibt nur trockene Gelehrsamkeit und trockene Gelehrte.
Joseph Unger, Mosaik, Bunte Betrachtungen und Bemerkungen. (Leipzig, 3. Aufl. 1911)

Wer im *Trockenen* sitzt, lacht über den Regen. Sprichwörtlich

Etwas (sein Schepken) ins *trockne* bringen siehe unter *Schäfchen*

Troer waren wir einst.
(Fuimus Troes.) Vergil, Äneis 2, 325

Scheu in des Gebirges Klüften · Barg der *Troglodyte* sich.
Schiller, Das eleusische Fest

Es geht bei gedämpfter *Trommel* Klang.
Nach Andersen von Chamisso (1832)

Die *Trommel* gerühret, · Das Pfeifchen gespielt! · Mein Liebster gewaffnet · Dem Haufen befiehlt.
Klärchen in Goethe, Egmont 1. Aufzug

Trommeln und Pfeifen · Kriegrischer Klang!
Der Rekrut in Schiller, Wallensteins Lager 7

Gott sei's gelobt, *getrommelt* und gepfiffen!
Nach Ps. 150. Scherzhafte Redensart

Qui *trompe*-t-on (donc) ici?
(Wen täuscht man [denn] hier?)
Beaumarchais, Der Barbier von Sevilla 3, 11 (1775)

Mit Pauken und *Trompeten* durchfallen. Scherzhafte Redensart

Liebe und *Trompetenblasen* · Nützen zu viel guten Dingen.

Er ist nur ein *Trompeter*, · Und doch bin ich ihm gut.
J. V. v. Scheffel, Der Trompeter von Säkkingen, 16. Stück (Schluß) und 14. Stück: Aus den Liedern Margaretens 1

Ein *Tropfen* auf einen heißen Stein.
Sprichwörtl. Redensart

Steter *Tropfen* höhlt den Stein.
Ovid, Briefe aus Pontus, Aus Pontus 4, 10, 5; siehe auch unter *Gutta*.

Trank nie einen *Tropfen* mehr.
Margarete in Goethe, Faust 2782 und Gedichte: Der König in Thule

Ein *Tropfen* demokratisches Öl.
Ludwig Uhland schloß am 22. Januar 1849 seine Rede im Frankfurter Parlament mit den Worten: »Glauben Sie, meine Herren, es wird kein Haupt über Deutschland leuchten, das nicht mit einem Tropfen demokratischen Öls gesalbt ist.«

Keinen *Tropfen* im Becher mehr · Und der Beutel schlaff und leer, · Lechzend Herz und Zunge.
Rud. Baumbach, Die Lindenwirtin (1876), Mel. von Franz Abt

Kein *Tröpflein* mehr im Becher, · Kein Geld im Säckel mehr! · Da wird mir armem Zecher · Das Herze gar so schwer.
Em. Geibel, Lieder eines fahrenden Schülers (1842/43)

Ein leidiger *Trost*. Nach Hiob 16, 2

Elenden ist es ein *Trost*, Genossen zu haben im Unglück.
(Solamen miseris, socios habuisse malorum.) Spinoza, Ethik 4, 57

Trost gibt der Himmel, von dem Menschen erwartet man Beistand.
Börne, Verm. Aufsätze: Ankündigung der Zeitschwingen

Ein süßer *Trost* ist ihm geblieben.
Schiller, Lied von der Glocke V. 224

Ihr seid allzumal leidige *Tröster*.
Hiob 16, 2

Ach, nun *tröstet* seine Stunden · Gutes Wort und Freundes Ruf.
Chor in Goethe, Rinaldo

Trotz alledem und alledem.
Freiligraths Übersetzung von »For a'that and a'that« aus Burns, Ein armer Mann ein Ehrenmann

O Tor, im Ungklück ist der *Trotz* nicht förderlich!
Theseus in Sophokles, Ödipus auf Kolonos 592 (Donner)

O Lieber, lern im Ungemach nicht *trotzig* sein.
Neoptolemos in Sophokles, Philoktetes 1387 (Donner)

Je prends mon bien, où je le *trouve* Siehe unter *bien*

Im *Trüben* ist gut fischen.
Sprichwörtlich

Kein Wässerchen *trüben* können.
Nach Phädrus, Fabeln 1, 1

In *trüben* Fällen muß derjenige wirken und helfen, der am klarsten (klärsten) sieht.
Goethe, Wahlverwandtschaften 1, 16

Trübsal lehrt aufs Wort merken.
Sprichwort. Nach Jes. 28, 19

Warum denn immer *Trübsal* blasen? Sprichwörtl. Redensart

Denn was der *Trug* · Gewann, der ungerechte, kann nicht dauernd sein.
Theseus in Sophokles, Ödipus auf Kolonos 1026/27 (Donner)

Wer *trügen* will, kann einen · Schein wohl stehlen.
Königin in Shakespeare, König Heinrich VI. 2. Teil 3, 1

Ach, wie so *trügerisch* · Sind Weiberherzen.
Kanzone in Verdi, Rigoletto 4 (1851), vgl. unter *Donna*

Trumpf ist die Seele des Spiels.

Einen *Trumpf* ausspielen.
Sprichwörtlich

Ein guter *Trunk* macht Alte jung.
Sprichwort

Der erste *Trunk* über den Durst macht ihn zum Narren, der zweite toll, und der dritte ersäuft ihn.
Narr in Shakespeare, Was ihr wollt 1, 5

Wenn die Gäste *trunken* sind, kommt der schlechtere Wein.
Nach Joh. 2, 10

Trunken müssen wir alle sein! · Jugend ist Trunkenheit ohne Wein; · Trinkt sich das Alter wieder zu Jugend, · So ist es wundervolle Tugend.
Goethe, Westöstl. Diwan: Das Schenkenbuch

Wenn einer in der *Trunkenheit* etwas Sträfliches begeht, so muß er doppelte Strafe leiden, als wenn er es in der Nüchternheit begangen hätte.
Pittakos bei Plutarch, Gastmahl der sieben Weisen, § 13

Tu, was du nicht lassen kannst.
Angelo in Lessing, Emilia Galotti 2, 3

Tu das Deine, Gott tut das Seine.
Sprichwort

Die Mädchen lieben zweierlei *Tuch* (Soldaten). Sprichwörtlich

Eine *tüchtige* (melkende) Kuh,
siehe unter *Butter*.

Die Menge kann *tüchtig* Menschen nicht entbehren, und die *Tüchtigen* sind ihnen jederzeit zur Last.
Goethe, Maximen u. Reflexionen 3

Dem *Tüchtigen* ist diese Welt nicht stumm. · Was braucht er in die Ewigkeit zu schweifen!
Faust in Goethe, Faust 11446/47

Die *Tücke* werde zuschanden.
Nach Sprüche Sal. 12, 8

Die *Tücke* des Objekts.
Nach Vischers Roman Auch Einer

Fürchte des Unglücks *tückische* Nähe!
Chor in Schiller, Die Braut von Messina 2305

Tugend ist die Gesundheit der Seele. Ariston von Chios (260 v. Chr.)

Tugend schmückt den Leib, Reichtum das Zimmer.
Chinesisches Sprichwort

Aus der Not eine *Tugend* machen.
Beruht auf Hieronymus, Adversus Rufum 3, 2 und Epistolae 54, 6

Die *Tugend* ist nicht ein Wissen, sondern ein Wollen.
Zachariä, 40 Bücher vom Staate

Die *Tugend* ist sich selbst ihr Preis.
Seneca, Abhandlungen (von Moser 1829, S. 614)

So ist's in alter Zeit gewesen, · So ist es, fürcht' ich, auch noch heut. · Wer nicht besonders auserlesen, · Dem macht die *Tugend* Schwierig-

keit. · Aufsteigend mußt du dich bemühen, · Doch ohne Mühe sinkest du, · Der liebe Gott muß immer ziehen, · Dem Teufel fällt's von selber zu.
Wilh. Busch, Schein und Sein, nachgelassene Verse: Leider (1909)

Man spricht selten von der *Tugend*, die man hat; aber desto öfter von der, die uns fehlt.
Franziska in Lessing, Minna von Barnhelm 2, 1

Und die *Tugend*, sie ist kein leerer Schall, · Der Mensch kann sie üben im Leben.
Schiller, Gedichte: Die Worte des Glaubens

Die Geburt ist nichts, wo die *Tugend* fehlt.
(La naissance n'est rien, où la vertu n'est pas.) Molière, Le Festin de Pierre 4, 6

Nichts ist liebenswürdiger als die *Tugend*. (Nihil est virtute amabilius.)
Cicero, Lälius 8, 28

Ungangbar ist der *Tugend* kein Weg.
(Invia virtuti nulla est via.)
Ovid, Metamorphosen 14, 113

Der steile Pfad zur *Tugend*.
Nach Hesiod, Werke und Tage 289/290 und Horaz, Oden 3, 24, 44

Groß ist's, der *Tugend* nachzustreben. · Das Weib dient ihr im stillen Leben · Und in der Liebe sanftem Schoß.
Chor in Schiller, Iphigenie in Aulis 2, 4

Viele Menschen sehen die *Tugend* mehr im Bereuen der Fehler als im Vermeiden.
Lichtenberg, Bemerkungen verm. Inhalts 3: Moral. Bemerkungen

In dieser schnöden Welt muß die *Tugend* Gewalt haben, um Macht zu haben, anmaßend sein, der Anmaßung zu begegnen, und mit den Waffen der Hölle für den Himmel kämpfen.
Börne, Dramaturgische Blätter: Hamlet

Tugend ist oft nur die Angst vor dem Gerede der Leute oder die Furcht vor dem Gesetz.
Richard Zoozmann

Ach, der *Tugend* schöne Werke, · Gerne möcht' ich sie erwischen, · Doch ich merke, doch ich merke, · Immer kommt mir was dazwischen.
Wilh. Busch, Kritik des Herzens (1907)

Tugenden und Mädchen sind am schönsten, ehe sie wissen, daß sie schön sind.
Börne, Kritiken 35: Histoire de la rév. franc. par Thiers

Dies sollte man *tun* und jenes nicht lassen. Matth. 23, 23

Ich möchte *tun*, was mich nachher gereute. Cassius in Shakespeare, Cäsar 4, 3

Mußt dich an eignem *Tun* ergetzen, · Was andre *tun*, das wirst du schätzen, · Besonders keinen Menschen hassen · Und das Übrige Gott überlassen.
Goethe, Zahme Xenien 4

Was *tun?* spricht Zeus.
Schiller, Gedichte: Die Teilung der Erde

Das *Tun* interessiert, · Das Getane nicht. Goethe, Zahme Xenien 1

Alles nun, was ihr wollt, daß euch die Leute *tun* sollen, das *tut* ihr ihnen auch; das ist das Gesetz und die Propheten.
Matth. 7, 12; vgl. Luk. 6, 31

Tunica propior pallio.
(Das Hemd ist mir näher als der Rock.)
Plautus, Trinummus 5, 2, 30

Ich war in meinen jungen Jahren · Ein feuriges, verliebtes Blut, · Die Frauen haben's oft erfahren, · Ich war ein rechter *Tunichtgut*.
Hans in Lortzing, Undine 4, 17

Politik der offenen *Tür* siehe unter *offenen*

Ein jeder kehre vor seiner *Tür*, · Und rein ist jedes Stadtquartier. · Ein jeder übe seine Lektion, · So wird es gut im Rate stohn.
Goethe, Reimsprüche: Bürgerpflicht (1832)

Wer seine *Tür* hoch macht, ringt nach Einsturz. Spr. Sal. 17, 19

Mit der *Tür* ins Haus fallen.

Zwischen *Tür* und Angel schweben. Sprichwörtl. Redensarten

Lieber *Türk* als Pfaff!

Wahlspruch der Geusen bei Freiligrath: Der Wassergeuse

Wenn hinten, weit in der *Türkei*, · Die Völker aufeinanderschlagen.

Bürger in Goethe, Faust 862/63

Die *Türken* habe schöne Töchter, · Und diese scharfe Keuschheitswächter; · Wer will, kann mehr als eine frein: · Ich möchte schon ein Türke sein.

Lessing, Lieder: Die Türken

Wir müssen aus dem *Turm* heraus.

Überschrift eines Artikels im ersten Märzhefte der Historisch-Politischen Blätter (1906, 137, 376ff.) aus der Feder des Justizrates Julius Bachem

Turner, auf zum Streite! · Tretet in die Bahn! · Kraft und Mut geleite · Uns zum Sieg hinan.

A. H. Weißmann, Festgesang, Musik von Jos. Hartmann Stunz

Tusculum (das heutige Frascati).

Zur Bezeichnung des friedlichen Landsitzes nach Ciceros Landgut bei der Stadt Tusculum

Tute hoc intristi; tibi omne est exedendum.

(Du hast es eingerührt; du mußt es auch ausessen.) Terenz, Phormio 2, 2, 4

Geh unter, *Tyrann!*

Fiesko in Schiller, Fiesko 2, 19

Wie heißt das schlimmste Tier mit Namen? · So fragt ein König einen weisen Mann. · Der Weise sprach: Von wilden heißt's *Tyrann*, · Und Schmeichler von den zahmen.

Lessing, Sinngedichte: Das schlimmste Tier

Ein *Tyrann* ist durch seine Spione und Kreaturen überall.

Seume, Spaziergang nach Syrakus: Bologna

Tyrann von Mottenburg, siehe unter *Mottenburg*

Wer *Tyrannei* stürzen will, muß ihr dienen.

Börne, Fragmente u. Aphorismen, 282

Tyrannen sind in unsern Tagen die gefährlichsten Freiheitsprediger.

Börne, Aus meinem Tagebuch 4: Frankfurt, 3. Mai 1830

Man lobet zwar die Rache gegen *Tyrannen;* aber die sie vollbringen, werden verhaßt und verachtet.

Kaiser Sigmund bei Zinkgref, Apophth. 1. Seite 42

Die wilde Jagd und die deutsche Jagd, auf Henkersblut und *Tyrannen.*

Th. Körner, Leier und Schwert: Lützows wilde Jagd

Sich für *Tyrannen* gar hinab zur Hölle balgen, · Das ist ein Tod, der nur der Hölle wohlgefällt.

G. A. Bürger, Die Tode

Den unschuldig Entgegnenden zu zerschmettern, das ist so *Tyrannenart*, sich in Verlegenheiten Luft zu machen.

Mephistopheles in Goethe, Faust, Trüber Tag

Weder Schrankenlosigkeit noch *Tyrannendruck*, o Mensch, · Lobe drum! Immer die Mitte bekrönen die Götter.

Äschylus, Die Eumeniden Vers 520/23 (Minckwitz)

Eine Grenze hat *Tyrannenmacht!*

Stauffacher in Schiller, Wilhelm Tell 2, 2

Tyrannenmacht kann nur die Hände fesseln, · Des Herzens Andacht hebt sich frei zu Gott, · Das Wort ist tot, der Glaube macht lebendig.

Melvil in Schiller, Maria Stuart 5, 7

Ich will ... dagegen die echt *tyrtäische* Poesie die nennen, die nicht bloß Schlachtlieder singt, sondern auch den Menschen mit Mut ausrüstet, die Kämpfe des Lebens zu bestehen.

Eckermann, Gespräche mit Goethe, am 24. Sept. 1827

Du singst, wie einst *Tyrtäos* sang, · Von Heldenmut beseelet, · Doch hast du schlecht dein Publikum · Und deine Zeit gewählet.

Heinr. Heine, Aus d. Nachlaß (1840/50). An einen polit. Dichter

U

U. A. w. g.
Bekannte Abkürzung auf Einladungen: Um Antwort wird gebeten

Üb immer Treu und Redlichkeit · Bis an dein kühles Grab!
Hölty, Gedichte: Der alte Landmann an seinen Sohn

Wer aber nicht *geübt* ist, der verstehet wenig.
Sir. 34, 10

Heirat ist, wenn man die Wahrheit prüft, · Ein *Übel*, aber ein notwendiges Übel.
Menander. (Nach Stobäus, Florilegien.)

Jedwedes *Übel* ist ein Zwilling.
Adam in Kleist, Der zerbrochene Krug 10

Der *Übel* größtes aber ist die Schuld.
Schlußvers in Schiller, Braut von Messina 2843

Künftige *Übel* besiegt leicht die Weltweisheit, aber gegenwärtige besiegen sie.
La Rochefoucauld

Die Wahl ist schwerer als das *Übel* selbst, · Die zwischen zweien Übeln schwankend bebt.
Eugenie in Goethe, Die natürliche Tochter 5, 6

Von zwei *Übeln* muß man das kleinere wählen.
Sokrates bei Plato, Protagoras p. 538 D. *Δυοῖν κακοῖν – οὐδεὶς τὸ μεῖζον αἱρήσεται ἐξὸν τὸ ἔλαττον.*
Bei Thomas a Kempis de im. Christi findet sich 3, 12, 3 die Stelle: De duobus malis minus est semper eligendum, die fast wörtlich hierher paßt. Ähnl. Cicero, De officiis 3, 1, 3

Weiche den *Übeln* du nicht, geh mutiger ihnen entgegen!
(Tu ne cede malis, sed contra audentior ito!)
Vergil, Äneis 6, 95

. . . was darüber ist, das ist vom *Übel.*
Matth. 5, 37

Geiz ist eine Wurzel alles *Übels.* *(῾Ρίζα πάντων τῶν κακῶν ἐστὶν ἡ φιλαργυρία.)*
1. Tim. 6, 10

Über unser Bitten und Verstehen.
Nach Ephes. 3, 20

Darin bin ich dir *über*.
Nach Fritz Reuter, Ut mine Stromtid 1, 3

Überall und nirgends.
Nach Euripides, Iphigenie in Tauris 548 und Martial 7, 73, 6

Überall bin ich zu Hause –. Überall bin ich bekannt.
Fr. Hückstädt, Gedichte: Ubi bene, ibi patria (1843)

Übereilung tut nicht gut; · Bedachtsamkeit macht alle Dinge besser.
Jokaste in Schiller, Szenen aus den Phönizierinnen des Euripides 456/457

Keines *Überfalls* gewärtig.
Hauptmann in Schiller, Wallensteins Tod 4, 10

Denn was ist *Überfluß?* Sprich selbst. Ein Name! · Just haben, was er braucht, genügt dem Weisen.
Jokaste in Schiller, Szenen aus den Phönizierinnen

Überfluß bringt Überdruß.
Sprichwörtlich

Der *Überfluß* · Und Friede zeugen Memmen. Drangsal ist · Der Keckheit Mutter.
Imogen in Shakespeare, Cymbeline 3, 6

Trinkt, o Augen, was die Wimper hält, · Von dem goldnen *Überfluß* der Welt.
Gottfried Keller, Gedichte

Überflüssig in der Welt · Ist nur, wer sich dafür hält.
H. Helmoldi

Jedes *überflüssige* Wort wirkt seinem Zweck gerade entgegen.
Schopenhauer, Parerga und Paralip. 2, 25: Über Sprache und Worte § 461

Das *Überflüssige* ist ein höchst notwendiges Ding.
Siehe unter *superflu*

Nichts von Verträgen! nichts von *Übergabe!*
Johanna in Schiller, Die Jungfrau von Orleans: Prolog 3

»Das ist nur ein *Übergang*«, sagte der Fuchs, als sie ihm das Fell über die Ohren zogen.
Volkstümliche Redensart

Laßt euch nicht beirren von *Übergängen.*
Rainer Maria Rilke (1875–1926), Sonette an Orpheus

In Fleisch und Blut *übergehen.*
Nach Cicero ad Atticum 4, 18, 2 »in sucum et sanguinem«

Wir lernen das *Überirdische* schätzen, · Wir sehnen uns nach Offenbarung. Faust in Goethe, Faust 1216/17

Lange leben ist keine Kunst, · Wird uns nur Zeit dazu gegeben; · Doch wer im Schaffen, Wirken, Streben · Es nie erlebt, sich selbst zu *überleben*, · Der preise seiner Sterne Gunst.
Paul Heyse, Spruchbüchlein 1: Lebensweisheit: Langes Leben

Stirb, Götz – du hast dich selbst *überlebt*, die Edeln überlebt.
Götz in Goethe, Götz von Berlichingen 5, Schlußszene

Überlegen? · Nein! so was *überlegt* sich nicht ... · Wer überlegt, der sucht · Bewegungsgründe, nicht zu dürfen.
Al-Hafi in Lessing, Nathan der Weise 2, 9

Übermensch.
Nietzsche, Also sprach Zarathustra, Werke 6, 13; doch schon bei Goethe (Faust, V. 490 [vor 1775] und 8. Strophe der Zueignung [1784], ferner im Brief des Provinzials Hermann Rab [1527] an eine lutherisch gesinnte Nonne, und 1300 bei Dante und später bei Grabbe). Das Wort ist aber schon viel älter; Lucian, Cataplus 16, Dionys. Hal. 11, 35, Hesiod, Theog. 995, Homer und Seneca (supra hominem est) führen es bereits an. Von neueren Schriftstellern, die das Wort gebrauchen, seien noch genannt: Mommsen, der in der Einleitung zu seiner Röm. Geschichte die Äschyleischen Helden als Übermenschen bezeichnet, und Homberger, der in seinem Tagebuch (1882, S. 17) Bismarck einen Übermenschen nennt.

Wozu Mensch, · Wenn du nach *Übermenschlichem* nicht strebst?
Chr. D. Grabbe, Don Juan u. Faust 3, 3

Das *Übermenschlichwerden* können fassen · Nicht Worte: der Vergleich mag dem genügen, · Den Gnade selbst es wird erfahren lassen.
(Trasumanar significar per verba · Non si poria; però l'esemplo basti · A cui esperienza gracia serba.)
Dante Parad. 1, 67/70 (Herder 3)

Übermut tut selten gut. Sprichwort

Wider eiteln *Übermut* der Menschen tritt · Der eigne Mund, ein wahrer Selbstankläger, auf.
Äschylos, Sieben vor Theben 417/18 (Donner)

Selbst wer gebieten kann, muß *überraschen.*
König in Goethe, Die natürliche Tochter 1, 5

Wer weiß es denn, ob nicht in lichten Höhen · Wir alle unsere Lieben wiedersehen? · Wer weiß es denn, was einst geschieht mit unsern Aschen? · Ich weiß es nicht, ich lass' mich *überraschen.*
Reinhold Begas (Berl. Tageblatt, Ostern 1909)

Das *Überraschende* macht Glück.
König in Schiller, Don Carlos 3, 10

Wenn einer auch sich *überschätzt*, · Die Sterne kann er nicht erreichen; · Zu tief wird er herabgesetzt, · Da ist denn alles bald im Gleichen.
Goethe, Zahme Xenien 1

Ich mag es gerne leiden, · Wenn auch der Becher *überschäumt.*
König in Schiller, Don Carlos 3, 10

Übersetzungen gleichen den Frauen: sind sie treu, so sind sie nicht schön, und sind sie schön, so sind sie nicht treu!
Nach dem Danteübersetzer Carl Bertrand in der Vorrede seiner Komödie (Heidelberg 1887, S. 8)

Du *übersinnlicher*, sinnlicher Freier, · Ein Mägdelein nasführt dich.
Mephistopheles in Goethe, Faust 3534/35

Überstrahlst du solche, die sich hochgelehrt · Im Geist bedünken, bist du rings ein Ärgernis.
Medea in Euripides, Medea 300/01

Liebe decket zu alle *Übertretungen.*
Spr. Sal. 10, 12. Ähnl. 1. Petr. 4, 8

Übertretungen kommen nur von Geboten, wie Hühneraugen von engen Schuhen. Peter Hille, Aphorismen

Übertünchte Gräber. Nach Matth. 23, 27

Übertünchte Höflichkeit.
Nach Seume (siehe unter *Höflichkeit*)

Es soll keiner seinen Bruder *übervorteilen.* 3. Mos. 25, 14

Überwinde das Böse mit Gutem!
Röm. 12, 21

Von der Gewalt, die alle Wesen bindet, · Befreit der Mensch sich, der sich *überwindet.*
Goethe, Die Geheimnisse

Wer sich selbst *überwindet,* der gewinnt. Sprichwort

Wer *überwindet,* der gewinnt.
Mephistopheles in Goethe, Faust 2835

Überwundener Standpunkt.
Dav. Fr. Strauß, Die Halben und die Ganzen

Niemand, der sich nicht selbst *überzeugt,* wird von dir überzeugt werden. Platen, Lebensregeln 6

Die *Überzeugung* ist des Mannes Ehre, · Ein golden Vlies, das keines Fürsten Hand · Und kein Kapitel um die Brust ihm hängt. · Die Überzeugung ist des Kriegers Fahne, · Mit der er fallend nie unrühmlich fällt.
Uriel in Gutzkow, Uriel Acosta 3, 5

Brustton der tiefen *Überzeugung.*
H. v. Treitschke, Fichte und die nationale Idee

Lernen wir doch *Überzeugungstreue* an den Gegnern achten!
Bismarck im Abgeordnetenhause, 27. Januar 1863

Ubi bene, ibi patria.
(Wo es einem gut geht, da ist sein Vaterland.)
Aus Aristophanes »Plutus« 5, 1151 hergeleitet (vgl. Schillers Huldigung der Künste: Wo man beglückt, ist man im Vaterlande). Vgl. Cicero Tusc. 5, 37, 108 (Patria est ubicumque bene) und auch unter *Vaterland*

Ich habe schon so viel für dich getan, · Daß mir zu tun fast nichts mehr *übrig*bleibt.
Margarete in Goethe, Faust 3519/20

Legt's zu dem *Übrigen.*
Schiller, Kabale und Liebe 2, 2

Übung macht den Meister.
Sprichwort

Die *Übung* ist · In allem beste Lehrerin den Sterblichen.
Euripides, Andromache (Donner)

Die *Übung* kann · Fast das Gepräge der Natur verändern.
Hamlet in Shakespeare, Hamlet 3, 4

Die *Ufer* halten das Wasser.
Sprichwörtlich

Zu neuen *Ufern* lockt ein neuer Tag.
Faust in Goethe, Faust 701

Wir können uns des Eindrucks nicht erwehren, daß . . . leicht *uferlose* große Pläne plötzlich auftauchen. Eugen Richter am 7. März 1891

Wat den einen sin *Uhl* (Eule), is den annern sin Nachtigal.
Fr. Reuter, Stromtid 1, 4

Des Dienstes immer gleichgestellte *Uhr.* Max in Schiller Die Piccolomini 1, 4

Die *Uhr* schlägt keinem Glücklichen.
Max in Schiller, Die Piccolomini 3, 3
(Im Volksmund: Dem Glücklichen schlägt keine Stunde)

Die *Uhr* ist abgelaufen.
Sprichwörtl. Redensart (vgl. Tell in Schiller, Wilhelm Tell 4, 3)

Ich trage, wo ich gehe, · Stets eine *Uhr* bei mir; · Wieviel es geschlagen habe, · Genau seh' ich's an ihr.
Johann Gabriel Seidl, Meine Uhr, komp. von C. Loewe

Treu wie der Zeiger am *Uhrwerk.*
Schiller, Gedichte: Der Genius

Ultima latet.
(Die letzte [Stunde] ist verborgen.)
An einer Sonnenuhr. Vgl. C. Ferd. Meyer, Huttens letzte Tage, Nr. 7

Ultima necat.
(Die letzte [Stunde] tötet.)
Sonnenuhrinschrift. Auch in der Form: Vulnerant omnes, ultima necat. (Alle verwunden, die letzte tötet.)

Ultima ratio.

(Das letzte Beweismittel der Könige.) Kanoneninschrift der preußischen Geschütze seit 1742; wird gewöhnlich auf Ludwig XIV. zurückgeführt, findet sich aber bei Calderón: »In diesem Leben ist alles Wahrheit und alles Lüge« (1644), Akt 2, »Ultima razón de reyes son la pólvora y las balas«. (Im Kriege sind Pulver und Kugeln das letzte Beweismittel [Gründe] der Könige.)

Ultima Thule.

(Die äußerste Thule, entfernteste Insel.) Vergil, Georgica 1, 30

Vgl. Schiller, Spaziergang. Was Arabien kocht, was die äußerste Thule bereitet.

Ultra posse nemo obligatur.

(Über sein Vermögen hinaus kann niemand in Anspruch genommen werden.) Rechtssatz des jüngeren Celsus (um 100 n. Chr.). Impossibilium nulla obligatio est. Schon bei Herodot 7, 172.

Non plus *ultra*, auch: Nec plus ultra.

(Nicht mehr weiter, es ist erreicht!) Nach Augustin de Horozco (1598), ähnlich im Hiob 38, 11

Umändern kann sich niemand, bessern kann sich jeder.

Feuchtersleben, Aphorismen (Leben)

Stat magni nominis *umbra*.

(Als Schatten eines großen Namens steht er da.) Lucanus, † 65 n. Chr., Pharsalia 1, 135, danach das Motto der Junius-Briefe: Stat nominis umbra! (London 1769–72)

Umgang mit Menschen.

Titel eines 1788 erschienenen Buches von Freih. v. Knigge (kein Anstandsbuch, wie meist angenommen wird, sondern eine Sammlung von Lebensregeln).

Man muß schlechten *Umgang* sorgfältig meiden wie die Nähe Pestkranker. Nach Seneca

Wir sind einzig und allein das, wozu uns die uns *umgebenden* Dinge machen. Helvétius, De l'esprit

Umgebung macht erst das *Umgebne* klar.

L. Schefer, Laienbrevier, Juni 12

Wer widersteht dem Strome seiner *Umgebungen?*

Goethe, Wahlverwandtschaften 2, 8

Wer mit den Weisen *umgeht*, der wird weise. Spr. Sal. 13, 20

Sage mir, mit wem du *umgehst*, so will ich dir sagen, wer du bist.

Orientalisches Sprichwort

Sage mir, mit wem du *umgehst*, so sage ich dir, wer du bist; weiß ich, womit du dich beschäftigst, so weiß ich, was aus dir werden kann.

Goethe, Maximen u. Reflexionen 1

Umgekehrt wird ein Schuh draus.

(Wenn etwas Verkehrtes gesagt oder getan wird.) Altes Sprichwort. Schon im Spiel vom Bauern Claws V. 374: Her fiscal, keret dat umme, so wert it en got scho. Borchardt-Wustmann, Die sprichwörtl. Redensarten im deutschen Volksmunde S. 482.

Besser *umkehren* als *umlaufen*.

Umstände verändern die Sache.

Sprichwörtlich

So sollst du erkennen, daß die Menschen den *Umständen* und nicht die *Umstände* den Menschen untertan sind.

Artabanos bei Herodot 7, 49 (Fr. Lange)

Wenn Neid erzeugt gehässige Irrung, · Da kommt der *Umsturz*, da beginnt Verwirrung.

Exeter in Shakespeare, König Heinrich VI. Erster Teil 4, 1

Umwertung aller Werte.

Untertitel des unvollendeten Hauptwerkes von Nietzsche »Der Wille zur Macht. Versuch einer Umwertung aller Werte«.

Dreimal *umziehen* ist so schlimm wie einmal abbrennen.

Benjamin Franklin, Der Weg zum Reichtum, 2. Abschnitt

Die *Unabhängigkeit* unseres Schicksals von unseren Fähigkeiten ist die traurigste Erfahrung unseres Daseins.

Herbert Eulenberg, Katinka, die Fliege

Unablässig, unaufhaltsam, · Allgewaltig naht die Zeit.

Adelb. v. Chamisso, Der alte Sänger

Unaufhaltsam enteilet die Zeit!

Schiller, Gedichte: Das Unwandelbare

Er harret ruhig und bedenket: · Der Freiheit Morgen steigt herauf, · Ein Gott ist's, der die Sonne len-

ket, · Und *unaufhaltsam* ist ihr Lauf!
Uhland, Den Landständen zum Christophstag 1817

Unauslöschliches Gelächter,
siehe unter *Homerisch*

Zähme dein großes Herz, o Achilleus! Nicht ja geziemt dir · *Unbarmherziger* Sinn; lenksam sind selber die Götter, · Die doch weit erhabner an Herrlichkeit, Ehr' und Gewalt sind. Homer, Ilias 496/98

Man erträgt die Unbequemen lieber, als man die *Unbedeutenden* duldet.
Goethe, Maximen u. Reflexionen 5

Ein *unbefłecktes* Leben ist das rechte Alter. Weisheit Sal. 4, 9

Unbefriedigte Lust welkt nie in dem Busen des Mannes. Goethe, Achilleis

Besser *unbegonnen* als unbeendigt.
Sprichwörtlich

Die *unbegreiflich* hohen Werke · Sind herrlich wie am ersten Tag.
Raphael in Goethe, Faust 249/50

Der Mensch muß bei dem Glauben verharren, daß das *Unbegreifliche* begreiflich sei; er würde sonst nicht forschen.
Goethe, Sprüche in Prosa: Über Naturwissenschaft 4

Unbegrenzte Möglichkeiten siehe unter *Möglichkeiten*

Das *Unbehagen* in der Kultur.
Titel einer Schrift von Sigmund Freud (1856–1939)

Der große *Unbekannte*
wird oft von Angeklagten zur Ausrede verwendet, zurückzuführen vielleicht auf Hiob 36, 26 oder auf The great Unknown, was Walter Scott als Verfasser von Waverley sein sollte; vgl. auch Lenaus Gedicht »Der Hagestolz«.

Dem *unbekannten* Gott.
Paulus auf dem Areopag zu Athen. Apostelgesch. 17, 23

Als die *Unbekannten* und doch bekannt. 2. Kor. 6, 9

Wer *unbemerkt* · Sich in die Welt hinein und wieder · Hinaus geschlichen, hat nicht schlecht gelebt.
(Nec vixit male, qui natus moriensque fefellit.) Horaz, Briefe 1, 17, 10 (Wieland)

Willst du *unbeneidet* sein, · Freu dich deines Glücks allein. Sprichwort

Vielen Menschen ist ein großes Opfer lieber als eine kleine *Unbequemlichkeit*. R. Zoozmann

Jeden Sterblichen beneid' ich, der · Ein unbekanntes, *unberühmtes* Leben · Frei von Gefahren lebt.
Agamemnon in Schiller, Iphigenie in Aulis 1, 1

Das *Unbeschreibliche*, · Hier ist's getan. Chorus mysticus in Faust 12108/09

Besser unbegonnen als *unbesonnen*.
Sprichwort

Laßt uns einsehen, · Das *Unbesonnenheit* uns manchmal dient, · Wenn tiefe Pläne scheitern.
Hamlet in Shakespeare, Hamlet 5, 2

Siehe, kein Wesen ist so eitel und *unbeständig* wie der Mensch.
Homer, Odyssee 18, 130 (Voß)

All unser redlichstes Bemühn · Glückt nur im *unbewußten* Momente. · Wie möchte denn die Rose blühn, · Wenn sie der Sonne Herrlichkeit erkennte!
Goethe, Zahme Xenien 3

Unbilliges erträgt kein edles Herz.
Gertrud in Schiller, Wilhelm Tell 1, 2

»Wer ist ein *unbrauchbarer* Mann?« · Der nicht befehlen und auch nicht gehorchen kann.
Goethe, Zahme Xenien 4

Undank ist der Welt Lohn.
Undank tut weh. Sprichwörter

Das ist nicht *Undank*, was die Not gebeut. Pylades in Goethe, Iphigenie 4, 4

Mich verläßt der *Undankbare!*
Elvira in L. da Ponte, Don Juan, Oper von Mozart 1, 5 (1787)

Dem Faß der Danaiden gleicht des *Undankbaren* Herz. · Wieviel man Gutes in ihn gießt: er bleibt doch immer leer.
Lucian, deutsch von Wieland (1788) 6, 444, Nr. 7

Undankbares Vaterland, nicht einmal meine Gebeine sollst du haben.
(Ingrata patria, ne ossa quidem habebis!)
Grabschrift des Scipio Africanus, † 183 zu Liternum in Kampanien

Unde fames homini vetitorum tanta ciborum est?
(Warum hungern so sehr nach verbotener Speise die Menschen?)
Ovid, Metamorphosen 15, 138

So ich nun nicht weiß der Stimme Deutung, werde ich *undeutsch* dem, der da redet; und der da redet, wird mir undeutsch sein.
Mit »undeutsch« übersetzte Luther im ersten Korintherbriefe Kap. 14 V. 11 mit der ihm eigenen Sprachkühnheit das Wort Barbar (griech. βάρβαρος) im Sinne von Nichtgrieche

Floret silva *undique*, · Nach meinem Liebsten ist mir weh.
Volkslied aus dem zwölften Jahrhundert, lateinisch-deutsch; aus der nach ihrem Fundort Benediktbeuern Carmina Burana gen. Sammlung

In einem *unduldsamen* Staat wäre ein Fürst nur ein Henker im Solde der Priester.
Denis Diderot, Brief an meinen Bruder (1798)

Uneasy lies the head that wears a crown.
(Schwer ruht das Haupt, das eine Krone drückt.)
König Heinrich in Shakespeare, Heinrich IV. 2, 3, 1

Kein Wunder, daß *uneheliche* Kinder gemeiniglich die besten Köpfe sind; sie sind die Folge einer geistreichen Stunde, die ehelichen oft der Langeweile.
Th. G. v. Hippel, Über die Ehe (1774). Nach einem alten Volksaberglauben; auch in Shakespeare wird öfter darauf hingewiesen.

Mein Sohn, oft ist von *Unempfindlichkeit* der Schein · Nur eine äußerste Empfindlichkeit allein.
Rückert, Weisheit des Brahmanen 7, 38

Unendlich Licht mit seinem Licht verbindend, siehe unter *Komet*

Sternenglanz und Mondes Überschimmer, · Schattentiefe, Wassersturz und Rauschen · Sind *unendlich*, endlich unser Glück nur!
Epimeleia in Goethe, Pandora V. 500/502

An dem Eingang der Bahn liegt die *Unendlichkeit* offen, · Doch mit dem engesten Kreis höret der Weiseste auf.
Schiller, Gedichte: Menschliches Wirken

Bei euch Menschen ist der immer willkommen, der sich *unentbehrlich* zu machen weiß.
Herder, Palmblätter 1, 41

Das *unentdeckte* Land, von des Bezirk · Kein Wandrer wiederkehrt.
(The undiscover'd country, from whose bourn · No traveller returns.)
Hamlet in Shakespeare, Hamlet 3, 1

Unerbeten von den Göttern · Kommt das Höchste wie im Traum.
Geibel, Stammbuchblätter 2

Weil' auf mir, du dunkles Auge, · Übe deine ganze Macht, · Ernste, milde, träumerische, · *Unergründlich* süße Nacht! Nik. Lenau, Bitte

Unergründlich ist nur die Dummheit.
Paul Ernst (1866–1933), Erdachte Gespräche

Frei und *unerschütterlich* · Wachsen unsre Eichen.
Hoffmann v. Fallersleben, Bundeszeichen, 1842

Kein Mensch ist *unersetzbar* in Geschäften.
W. v. Humboldt, Briefe an eine Freundin, 5. Mai 1832

Wenn man siebt, so bleibt das *Unflätige* darin. Sir. 27, 5

Freiheit ist eine Summe mikroskopischer *Unfreiheiten*.
Peter Hille, Aphorismen

Ist *Unfriede* in aller Welt, · So haben die Soldaten Geld.
Alter Reimspruch

Der *Unfug* des Sterbens.
Titel eines Werkes der Schriftstellerin Sir Galahad (1874–1948). Vgl. Büchmann, Geflügelte Worte, hg. von Diener-Falkenberg S. 220)

Ungebetene Gäste gehören unter den Tisch. Volksmund

Je mehr einer verachtet ist und jedermanns Narr, desto *ungebundener* ist seine Zunge.

Seneca, Abhandlungen (von Moser 1828, S. 453)

Up ewig *ungedeelt!*

Wahlspruch von Schleswig-Holstein, nach einer Urkunde von König Christian I. von Dänemark (regierte 1448–1481) vom 5. 3. 1460

Nichts taugt *Ungeduld*, · Noch weniger Reue; · Jene vermehrt die Schuld, · Diese schafft neue.

Goethe, Sprichwörtlich

Stirb, *Ungeheuer!*

Aus Mozart, Die Zauberflöte 1, 2

Ungeheure Heiterkeit ist meines Lebens Regel.

Louis Schneider (1805–78), Der reisende Student (Schwank)

Nur *Ungeheures* tilgt das *Ungeheure.*

Gebhard in F. v. Saar, Kaiser Heinrich IV., 2. Heinrichs Tod 2, 2

Aufs *Ungehoffte* war ich nicht bereitet. Thoas in Goethe, Iphigenie 1, 3

Ungelehrt, ungeehrt.

Markgraf Jakob von Baden bei Zinkgref, Apophth. 2, S. 18

Nicht schreckt uns *Ungemach.*

(Nec aspera terrent.)
Wahlspruch des hannov. Ritterordens der Guelfen (gestiftet 1815)

Süß ist es, allem *Ungemach* entflohn zu sein.

Klytämnestra in Äschylos, Agamemnon 860 (Donner)

Gewöhnt sich · *Ungenügsam* das Herz, so muß es vieles vermissen.

Goethe, Reineke Fuchs 11

Wenn wir schön sind, sind wir *ungeputzt* am schönsten.

Franziska in Lessing, Minna von Barnhelm 2, 7

Ungerechtes Gut · Befängt die Seele, zehrt auf das Blut.

Mephistopheles in Goethe, Faust 2823/24

Die Schlange sticht nicht *ungereizt.*

Tell in Schiller, Wilhelm Tell 1, 3

Das eine ist der Gottheit selbst verwehrt: · Das, was getan ist, *ungeschehn* zu machen.

Agathon in Aristoteles, Ethik 6, 2 (Garves Übersetzung 2, 269)

Ungeschick läßt grüßen!

Bekannte Redensart, wenn sich jemand ungeschickt benimmt, etwas umstößt oder fallen läßt

Ungeschriebenes Gesetz (ἄγραφος νόμος).

Sophokles, Antigone V. 454/55; Thucydides 2, 37, 2 u. a.

Über die Berge mit *Ungestüm*, · Vor der Liebe ein Jüngling lief.

Kotzebue, Der arme Minnesänger (1811)

Bei dir gerät man stets ins *Ungewisse.* Faust in Goethe, Faust 6204

Nicht jede Wolk' erzeugt ein *Ungewitter.*

Clarence in Shakespeare, König Heinrich VI. 3. Teil 5, 3

Nur *ungewöhnliche* Kraft darf nach *Ungewöhnlichem* streben.

Th. Körner, Verm. Gedichte: Dresden 1813 (am Schluß)

Der *ungezogene* Liebling der Grazien.

Aristophanes im Epilog Goethes zu der Übersetzung des Lustspiels »Die Vögel« (1787); auch Bezeichnung Heinr. Heines

Der erste Schritt zur Philosophie ist der *Unglaube.*

Angeblich Diderots letzte Worte

Der *Unglaube*, Freund, ist die Auszehrung der Seele.

Joh. Jak. Engel, Der Philosoph für die Welt 2, 27

Ein *ungläubiger* Thomas.

Nach Joh. 20, 27

Ungleich trennt die Freundschaft.

Sprichwörtlich

Ungleich verteilt sind des Lebens Güter.

Erster Chor in Schiller, Braut von Messina 1, 3

Und ob ich schon wanderte im finstern Tal, fürchte ich kein *Unglück;* denn du bist bei mir, dein Stecken und Stab trösten mich. Psalm 23, 4

Und das *Unglück* schreitet schnell.
Schiller, Lied von der Glocke V. 146

Dem feindlichen Geschick zum Trutz · Mach auch dein *Unglück* dir zunutz.
Ramler, Fabellese: Das Reichsgericht der Tiere

Dir war das *Unglück* eine strenge Schule.
Talbot in Schiller, Maria Stuart 2, 3

Ein *Unglück* kommt selten allein.
Sprichwort

Das ist das *Unglück* der Könige, daß sie die Wahrheit nicht hören wollen.
Johann Jacoby, am 2. Nov. 1848 als Mitglied der von Friedrich Wilhelm IV. empfangenen Deputation der Berliner Nationalversammlung

Frei geht das *Unglück* durch die ganze Erde!
Thekla in Schiller, Wallensteins Tod 4, 11

Unglück wird angenehm in der Erinnerung.
Engel, Schriften, 28. Stück: Über den Tod 1. Unterredung; vgl. Äneis 1, 203: Forsan et haec olim meminisse invabit (Vielleicht wird es uns einst freuen, daran zurückzudenken).

Es kommt ein *Unglück* über das andere. Hesekiel 7, 5

Wer was weiß, der schweig! · Wem wohl ist, der bleib! · Wer was hat, der behalt! · *Unglück* kommt ohne das bald!
Lieblingsspruch Luthers bei Zinkgref, Apophth. 1, 178 (Tischreden 2969)

Erst im *Unglück* weiß man wahrhaft, wer man ist.
Stefan Zweig, Marie Antoinette (1932)

Unglück hat mich gelehrt, *Unglücklichen* Hilfe zu leisten.
(Non ignara mali miseris succurrere disco.) Vergil, Äneis 1, 630

Das Haupt verehre des *Unglücklichen*, · Das auch den Göttern heilig ist.
Don Cesar in Schiller, Die Braut von Messina 2657/58

Die *Unglücklichen* ketten sich so gern aneinander.
Orsina in Lessing, Emilia Galotti 4, 7

Darum in deinen fröhlichen Tagen · Fürchte des *Unglücks* tückische Nähe!
Chor in Schiller, Die Braut von Messina 2304/05

Hans Huckebein, der *Unglücksrabe*.
Titel einer Humoreske von Wilh. Busch (1867)

Unglücksschwanger. Nach Hiob 15, 35

Mir ahnet · Ein *unglücksvoller* Augenblick.
Marquis in Schiller, Don Carlos 1, 2

Ungöttlich ist Haß, und göttlich nur die Liebe!
Fr. Bodenstedt, Mirza-Schaffy, Glaube und Leben 3

Ex *ungue* leonem (pingere).
(Den Löwen nach der Klaue [malen].) Alcäus um 610 v. Chr. (oder Phidias um 500 v. Chr.)

Nun wirk es fort, *Unheil*, du bist im Zuge! · Nimm, welchen Lauf du willst!
Antonius in Shakespeare, Cäsar 3, 2

Verhaßte Meng' *Unheiliger*, fern hinweg! · Seid still in Andacht!
(Odi profanum vulgus et arceo. · Favete linguis!) Horaz, Oden 3, 1, 1/2 (Voß) Die wörtliche Übersetzung lautet: »Ich hasse den gemeinen Pöbel und halte ihn mir vom Leibe. Laßt nichts Unheiliges hören!«

Sowohl des *Unheils* Furcht als wirklich Unheil · Muß meiner Meinung nach verhütet werden.
Buckingham in Shakespeare, König Richard III. 2, 2

Jeder wahre Gedanke trägt das *Universum* in sich, und keiner spricht es aus.
Feuchtersleben, Aphorismen (Wissenschaft)

Und wenn ich mich im Zusammenhang des *Universums* betrachte, was bin ich ...?
Beethoven an seine Unsterbliche Geliebte, am Montag, 6. Juli 1801

Ein *unkeuscher* Mensch hat keine Ruhe an seinem Leibe, bis er ein Feuer anzünde. Sir. 23, 23

Unklugheit wundre · Keinen am andern; · Denn viele befällt sie. · Weise zu Toren · Wandelt auf Erden · Der Minne Macht.
Altnordisch, Håvamål (Simrock)

Unkraut vergeht nicht.
Sprichwörtl. Redensart

Unkraut zwischen den Weizen säen,
Nach Matth. 13, 25

Am meisten *Unkraut* trägt der fettste Boden.
König Heinrich in Shakespeare, König Heinrich IV. 2. Teil 4, 4

Wenn ein *unlautres* Gemüt herrliche Fähigkeiten besitzt, so lobt man, indem man bedauert: es sind Vorzüge und zugleich Verräter.
Gräfin in Shakespeare, Ende gut, alles gut 1, 1

Unmaß sprengt das Faß.
Sprichwörtlich

Der *Unmäßigen* Gott ist der Bauch.
Sprichwort. Nach Phil. 3, 19

Ich kann auch *Unmensch* sein.
Wallenstein in Schiller, Wallensteins Tod 3, 18

Bei Gott ist kein Ding *unmöglich.*
Luk. 1, 37

Unmöglich ist kein französisches Wort.
(Impossible n'est pas un mot français.) Napoleon I. an Lemarois, Kommandanten Magdeburgs, 9. Juli 1813. Nach Collin d'Harlevilles. Malice pour malice 1, 8: »Impossible est un mot que je ne dis jamais.« (Unmöglich ist ein Wort, das ich nie ausspreche.)

Mit Augen schaut nun, was ihr kühn begehrt, · *Unmöglich* ist's, drum eben glaubenswert.
Astrolog in Goethe, Faust 6419/20

Den lieb' ich, der *Unmögliches* begehrt.
Manto in Goethe, Faust 7488

Kein Zwang geht über die *Unmöglichkeit.*
Die thessalischen Gesandten zu den auf dem Isthmus versammelten Vertretern von Hellas (Herodot 7, 173)

Laß ruhn den *Unmut!*
(Compesce mentem!)
Horaz, Oden 1, 16, 22 (Voß)
Wörtl. Übersetzung: »Bezähme die Leidenschaft!«

Am jüngsten Tag, wenn die Posaunen schallen · Und alles aus ist mit dem Erdenleben, · Sind wir verpflichtet, Rechenschaft zu geben · Von jedem Wort, das *unnütz* uns entfallen.
Goethe, Gedichte: Sonette, 13

Ein *unnütz* Leben ist ein früher Tod,
Iphigenie in Goethe, Iphigenie 1, 2

Unnützes, noch so billig gekauft, ist immer zu teuer gekauft.
Sprichwort

Unrecht Gut gedeihet nicht.
Sprichwort

Unrecht ist gegraben in Metall, · Wohltat in die Flut geschrieben.
Haug, Epigramme: Weltenlauf

Unrecht leiden schmeichelt großen Seelen.
Marquis in Schiller, Don Carlos 2, 15

Besser *Unrecht* leiden, als Unrecht tun.
Sprichwort

Hab' ich *unrecht* heut getan, · Sieh es, lieber Gott, nicht an.
Luise Hensel, Müde bin ich, geh' zur Ruh. Abendgebet (1817)

Aus *Unruh* und Verwirrung ging Herrliches hervor!
Freiligrath, Zwischen den Garben: Baurede für Rolandseck, Juli 1840

Du selber machst die Zeit, das Uhrwerk sind die Sinnen, · Hemmst du die *Unruh* nur, so ist die Zeit von hinnen.
Angelus Silesius (Joh. Scheffler), Cherubinisch. Wandersmann (1675)

Unruhe ist der ärgste Dämon im Leben.
Berth. Auerbach, Waldfried (1874)

Unsauberer Geist.
Matth. 10, 1, 12, 43. Mark. 1, 23, 26, 27. Luk. 11, 34.

Unsauberer Teufel.
Luk. 4, 33

Es wohnt ein großer Geist in einer *unscheinbaren* Hülle.
Sprichwörtlich
Nach Vergils Georgica 4, 83: Ingentes angusto in corpore versant. Vgl. Man mißt den Mann nicht nach den Ellen aus; · Oft hat ein großer Geist ein kleines Haus. – Hans Aßmann Freiherr von Abschatz, Poet. Übers. u. Ged. (1704, Sprichwörter)

Seine Hände in *Unschuld* waschen.
Nach 5. Mos. 21, 1/9: Psalm 26, 6; 73, 13; Matth. 17, 24

Die *Unschuld* hat im Himmel einen Freund!
Gertrud in Schiller, Wilhelm Tell 1, 2

Es ist ein gar *unschuldig* Ding, · Das eben für nichts zur Beichte ging; · Über die hab' ich keine Gewalt!
Mephistopheles in Goethe, Faust 2624/26

Der hat keinen ehrlichen Tropfen Blut, · Der dem *Unschuldigen* Schaden tut.
Rollenhagen, Froschmeuseler 1, 2, 4. Kap. 87/88

Denn er war *unser!*
Goethe, Epilog zu Schillers Glocke

Dies ist *unser!* so laß uns sagen und so es behaupten!
Goethe, Hermann und Dorothea 9, 307

Unsinn, du siegst, und ich muß untergehn!
Talbot in Schiller, Die Jungfrau von Orleans 3, 6

Blühender *Unsinn*.
Titel eines Gedichtes von Prof. Messerschmidt (1776–1831)

Unsterblich ist der Genius.
C. A. Tiedge, Urania, Gesang 4

Nicht lange besteht, wer wider *Unsterbliche* kämpfet.
Homer, Ilias 5, 407 (Voß)

Nicht allen erscheinen *Unsterbliche* sichtbar. Homer, Odyssee 16, 161 (Voß)

Die *Unsterblichen* lieben der Menschen · Weit verbreitete gute Geschlechter.
Iphigenie in Goethe, Iphigenie 1, 4

Der *Unsterblichkeit!*
(A l'immortalité!)
Wahlspruch der Academie française

Die *Unsterblichkeit* · Ist ein großer Gedanke, · Ist des Schweißes der Edlen wert.
Klopstock, Oden: Der Zürcher See

Dreiundzwanzig Jahre, · Und nichts für die *Unsterblichkeit* getan!
Carlos in Schiller, Don Carlos 2, 2

Nein! ich harre ungeduldig! · Denn vergelten mußt du mir! · Bist *Unsterblichkeit* mir schuldig! · Sieh, ich fordre sie von dir!
A. v. Kotzebue, Ausbruch der Verzweiflung (1791)

Unstet und flüchtig sollst du sein auf Erden. 1. Mos. 4, 12

Nichts ist kummervoller, als *unstet* leben und flüchtig!
Homer, Odyssee 15, 342 (Voß)

Wer *untadelig* selber erscheint und *Untadeliges* ausübt, · Dessen Ruhm wird weit von den Fremdlingen ausgebreitet.
Homer, Odyssee 19, 332/34 (Voß)

Jede *Untat* · Trägt ihren eignen Racheengel schon, · Die böse Hoffnung, unter ihrem Herzen.
Wallenstein in Schiller, Wallensteins Tod 1, 7

Das *unterbrochene* Opferfest,
siehe unter *Opferfest*

Untergang der Lügenbrut!
Schiller, An die Freude

Der *Untergang* des Abendlandes.
Titel eines viel diskutierten Werkes von Oswald Spengler (1880–1935)

Lasset die Sonne nicht über euerm Zorn *untergehn!* Eph. 4, 26

Es kann die Spur von meinen Erdetagen · Nicht in Äonen *untergehn*.
Faust in Goethe, Faust 11 583/84

Drunten im *Unterland*, da ist's halt fein.
Gottfr. Weigle, Schwäbische Volksweise (1836)

Stille *Unterordnung* unter Willkür schwächt, stille unter Notwendigkeit stärkt.
Jean Paul, Levana 6, 1, § 108

Beschränkter *Untertanenverstand*.
Nach einem Briefe des preußischen Ministers v. Rochow, 15. Jan. 1838, an den Kaufmann J. van Riesen in Elbing

Dies alles ist mir *untertänig*.
Schiller, Gedichte: Der Ring des Polykrates

Bist *untreu*, Wilhelm, oder tot?
Bürger, Lenore

Wenn alle *untreu* werden, · So bleib' ich dir doch treu.
Novalis, Geistl. Lieder Nr. 6

Untreue schlägt den eigenen Herrn.
Sprichwort (nach Agricola 1529)

Untröstlich ist's noch allerwärts.
Uhland, Am 18. Okt. 1816

Alle *Untugend* ist Sünde. 1. Joh. 5, 17

Unüberwindliche Mächte.
Titel eines Romans von Hermann Grimm (Berlin 1867)

Unus multorum.
(Einer der vielen, nämlich: Unaufgeklärten.) Horaz, Satiren 1, 9, 71

Unus pro multis. (Einer für viele.)
Nach Vergil, Äneis 5, 815

Ist es Glück nicht ohnegleichen, · *Unverdient* zum Ziele kommen?
Wer einmel lügt ..., Lustspiel von Juan Ruiz de Alarcon (1625, Dohrn)

Und besser ist's, verdienen und nicht haben, · Als zu besitzen *unverdiente* Gaben.
Camoëns, Die Lusiaden (1540)

Danke, daß die Gunst der Musen · *Unvergängliches* verheißt.
Goethe, Gedichte: Dauer im Wechsel

Zur *Unvergänglichkeit* fühlt sich der Mensch berufen, · Und so vergänglich doch ist alles, was wir schufen.
Rückert, Weisheit des Brahmanen 5, 54

Unverhofft kommt oft. Sprichwort

Das bejammern oder fürchten, · Was *unvermeidlich* ist, wär' kind'sche Schwäche.
Margareta in Shakespeare, König Heinrich VI. 3. Teil, 5, 4

Das *Unvermeidliche* mit Würde tragen.
Karl Streckfuß, Denkspruch (1809)

Wer *unverschämt* ist, kommt am weitesten. Sprichwörtl. Redensart

Ein *Unverschämter* kann bescheiden aussehen, wenn er will, aber kein Bescheidener *unverschämt*.
Lichtenberg, Bemerkungen 5: Physiogn. und pathogn. Beobachtungen und Bemerkungen

Viel Übles hab' an Menschen ich bemerkt, · Das schlimmste ist ein *unversöhnlich* Herz.
Grillparzer, Das goldene Vlies III

Sie eifern um Gott, aber mit *Unverstand*. Röm. 10, 2

Denn mit raschem Schritt · Ereilt der Götter Strafgericht den *Unverstand*.
Der Chor in Sophokles, Antigone 1103/04 (Donner)

Unverträglich fürwahr ist der Glückliche. Werden die Leiden · Endlich euch lehren, nicht mehr wie sonst mit dem Bruder zu hadern? Goethe, Hermann u. Dorothea 5

Bei *Unverträglichkeit* gedeiht kein Feu'r im Haus, · Der eine bläst es an, der andre bläst es aus.
Rückert, Weisheit des Brahmanen (1836/39)

Du klagest, daß die Welt so *unvollkommen* ist, · Und fragst, warum? Weil du so unvollkommen bist. · Wenn du vollkommen wärst, wär' auch die Welt vollkommen, · Die *Unvollkommenheit* wär' ihr von dir genommen.
Rückert, Weisheit des Brahmanen 4, 17

Unvorbereitet, wie ich mich habe.
Stammt von dem Oberbaurat Matthias in Halle her, der 1834 seine Rede mit den Worten: »Unvorbereitet, wie ich bin«, einleitete, und als er steckenblieb, das Konzept aus der Tasche nahm und das übrige ablas.

Schmeichelnde *Unwahrheit* von Schlechten wird gelobt. · Erhabene Wahrheit bringt dem Guten das Verderben.
(Blandum laudatur a malis mendacium, · Bonis honesta fert exitium veritas.)
Phädrus, Fab. 1, 24

Die gefährlichsten *Unwahrheiten* sind Wahrheiten, mäßig entstellt.
Lichtenberg, Verm. Schr. Bd. 1, Nr. 3

Die Wahrheit, die die römische Kirche diktiert, ist *unwandelbar!*
Papst Pius X. in einer vatikanoffiziösen Note im Osservatore Romano vom 25. Juli 1911

Unwegsam ist der Tugend kein Weg. Ovid, Metamorphosen 14, 113

Laß mich der Stunde gedenken und jedes kleineren Umstands; · Ach, wer ruft nicht so gern *Unwiederbringliches* an!
Goethe, Elegien 2: Euphrosyne

Der Bringer *unwillkommner* Zeitung · Hat ein nachteilig Amt.
Northumberland in Shakespeare, König Heinrich IV. 2. Teil 1, 1

Unwissenheit ist das einzige Übel für den Menschen.
Siehe unter *Wissenschaft* bei Sokrates

Unwissenheit ist der schlimmste Fehler. Persisches Sprichwort

Keine größere Armut als *Unwissenheit*, sagt das Sprichwort.
Latifi, Türkische Dichter, übers. v. Chabert, S. 21

Unwürdig deiner wirst du nie mich sehn.
Max in Schiller, Wallensteins Tod 2, 7

Es ist kein Gott als Nebukadnezar. Dir befehl' ich, die Gründe dafür aufzufinden. Jeden Grund bezahl' ich mit einer *Unze* Goldes, und drei Tage hast du Zeit.
Holofernes zum Oberpriester in Hebbel, Judith 1

Besser zur *Unzeit* als gar nicht.
Sprichwörtlich

Die meisten Leute machen sich selbst bloß durch übertriebene Forderungen an das Schicksal *unzufrieden*.
W. v. Humboldt, Briefe an eine Freundin (1832)

Das *Unzulängliche* · Hier wird's Ereignis.
Chorus mysticus in Goethe, Faust 12106/07

The *upper* ten thousand.
Siehe unter *Zehntausend*

Urahne, Großmutter, Mutter und Kind · In dumpfer Stube beisammen sind. Gustav Schwab, Das Gewitter

Auf der Stirn des hohen *Uraniden* · Leuchtet ihr vermählter Strahl.
Siehe unter *Sinnenglück*

Auskunft kann keine Menschenweisheit geben · Woher die *Urbegriffe* uns entstanden · Woher der *Urtrieb* stammt, das *Urbestreben*.
Dante, Läuterungsberg 18, 55/57

O *Urbem* venalem et mature perituram, si emptorem invenerit!
Oh, über diese Stadt (Rom), die um Geld zu haben ist und bald verloren sein wird, wenn sie erst einen Käufer gefunden hat. Sallust, Jugurtha 35, 10

Urbi et orbi!
(Der Stadt und dem Weltkreis!)
Päpstlicher Segensspruch. Die Wendung geht wohl auf Velleius Paterculus (urbi orbique terrarum) und Cornelius Nepos zurück.

Da hat Er gar nicht übel dran getan; · Verzähl Er doch weiter, Herr *Urian!*
Matthias Claudius, Urians Reise um die Welt

Uriasbrief,
d. i. ein für den Überbringer verderblicher Brief. Nach der Erzählung in 2. Sam. 11, 14 u. 15

Urkatholik möcht' ich mich nennen, · Nicht Neu, nicht Alt erkenn' ich an, · Als eins nur kann ich mich bekennen: · Als Gottes treuesten Untertan.
Joh. Gabr. Seidl, Epigrammatisches 10

Mit *urkräftigem* Behagen siehe unter *fühlt*

Nichts ohne *Ursach'*.
Franz von Sickingen (Weidner, Apophth. 41)

Kleine *Ursachen* große Wirkungen.
Sprichwort

Der *Ursprung* aller Dinge ist klein.
(Omnia rerum principia parva sunt.)
Cicero, De fin. 5, 27

Der alte *Urstand* der Natur kehrt wieder, · Wo Mensch dem Menschen gegenübersteht.
Stauffacher in Schiller, Wilhelm Tell 2, 2

Urteil bindet und löst. Sprichwörtlich

In jedem *Urteil* drückt der naiv urteilende Mensch sich selbst aus.
Ricarda Huch (1864–1949), Blütezeit der Romantik

Ein *Urteil* Salomos oder ein salomonisches Urteil!
Sprichwörtlich für eine weise richterliche Entscheidung. Nach 1. Kön. 3, 16/28

Die menschlichen Sinne täuschen sich gewöhnlich im *Urteilen.*
Thomas a Kempis. Die Nachfolge Christi 3, Hauptstück 50, 8

Mit *Urteilen* nicht eil' · Hör erst den andern Teil.
Kaiser Lothar II. (Zinkgref, Apophth. 1. S. 22)

Übt Vorsicht, Menschen! daß nicht Unheil stiften · Vorschnelle *Urteilssprüche!* – Überschlagen · Soll man das Korn erst, wenn gemäht die Triften! Dante, Parad. 13, 130/32

Urväter Hausrat.
Faust in Goethe, Faust 408

Use every man after his desert and who should 'scape whipping?
(Behandelt jeden Menschen nach seinem Verdienst, und wer ist vor Schlägen sicher?)
Hamlet in Shakespeare, Hamlet 2, 2

Usus tyrannus.
(Der Brauch ist ein Tyrann.)
Horaz, Ars poëtica V. 71 u. 72 nach Herodot 3, 38 u. 7, 104

Ut desint vires, tamen est laudanda voluntas.
(Wenn auch die Kräfte fehlen, ist dennoch der Wille zu loben.)
Ovid, Briefe aus dem Pontus 3, 4, 79. (Vgl. Properz 3, 1, 6: In magnis et voluisse sat est und ähnlich Tibull 4, 1, 7)

Ut homines sunt, ita morem geras.
(Wie die Menschen sind, danach richte dein Benehmen ein, oder: Mit den Wölfen muß man heulen.) Terenz, Andria 3, 3, 71

Ut sementem feceris, ita metes.
(Wie du gesäet, so wirst du ernten.)
M. Pinarius Rufus bei Cicero, De oratore 2, 65, 261

Quo mihi fortunam, sie non conceditur *uti?*
(Wozu soll mir das Glück, wenn es nicht zu nutzen erlaubt ist?)
Horaz, Episteln 1, 5, 12

Utile dulci (miscere).
(Das Nützliche mit dem Angenehmen [vereinigen].)
Nach Horaz, Ars poëtica V. 343

Utopien.
(griech. *οὐ* = nicht, *τόπος* = Ort, also Nirgendland.)
Phantasieland nach dem Staatsroman »De optima rei publicae statu deque nova insula Utopis« (1516) des Thomas Morus 1480–1535, Lordkanzlers König Heinrichs VIII. von England.

Utopist
wird nach dem vorigen ein Mensch genannt, der unrealisierbare Ideen insbesondere über den Staat und die menschliche Gesellschaft vertritt. So dient das Wort den Marxisten als Bezeichnung für die vor Marx und Engels aufgetretenen Sozialreformer.

Die *utopistischen* Träume sind oft nur vorzeitige Wahrheiten.
(Les utopies ne sont souvent que des vérités prématurées.)
A. de Lamartine, Geschichte der Girondisten

V

Vae victis! (Wehe den Besiegten!)
Brennus, 390 v. Chr., bei der Einnahme Roms

Vae misero mihi! (O weh, mir Armen!)
Auch scherzhaft gebraucht

Die *Vagabunden* sind das Salz der Erde.
Fr. Spielhagen, Problematische Naturen 2, 193

Auf (denn –) nach *Valencia!*
Wolff, Preziosa 4, 12, und Herder, Cid 51

Valet will ich dir geben.
Anfang eines Kirchenliedes von V. Herberger (1562–1627)

Vallis lacrymarum.
(Jammertal: eigentl. Tränental)
Nach Psalm 83, 7 (Vulgata)

Vamp.
In Hollywood aus Vampir (s. folgendes Wort) entstandene Bezeichnung für einen Frauentyp, der zum Verderben der Männer wird (auf sie wie ein »Blutsauger« wirkt.)

Einen *Vampir*

nennt der Volksmund einen Blutsauger. Nach dem Volksglauben, besonders bei der slaw. Bevölkerung, Geist eines Verstorbenen, der nachts sein Grab verläßt, um Schlafenden das Blut auszusaugen. Auch eine Fledermausart wird so genannt. – Jeder Tote ist ein *Vampir*, die ungeliebten ausgenommen, heißt es in Hebbels Tagebüchern.

Der allein besitzt die Musen, · Der sie trägt im warmen Busen; · Dem *Vandalen* sind sie Stein.

Schiller, Die Antiken zu Paris

Vandalismus

nennen wir rohe Zerstörung, nach den Vandalen, die 455 n. Chr. Rom plünderten. In neuerer Zeit wird jedoch die frühere Schilderung als übertrieben hingestellt. Grégoire, Bischof von Blois, hat das Wort 1794 vor der französischen Nationalversammlung im Hinblick auf die Zerstörungen der Jakobiner geprägt.

Vanitas vanitatum et omnia vanitas.

(Alles ist eitel.) Pred. Sal. 1, 2 und 12, 8

Variatio (oder: *Varietas*) delectat!

(Abwechslung ergötzt!)
Nach Euripides, Orestes 234, Aristoteles, Eth. Nic. 7, 15; auch bei Cicero, Valerius Maximus, Phädrus und Justinus.

Per *varios* casus, per tot discrimina rerum.

(Durch mannigfache Mißgeschicke, durch so viele Gefahren.) Vergil, Äneis 1, 204

Varus, gib mir meine Legionen wieder!

(Vare, Vare, redde mihi legiones!)
Sueton Oktav 23: Quintili Vare legiones redde! Kaiser Augustus nach der Schlacht im Teutoburger Walde

Wie vor *Varus*, dem Römer, so trat im geknechteten Deutschland · Vor Napoleon auch mahnend die Nemesis hin.

F. Hebbel, Epigramme: Napoleon und Staps

Vas electionis

(auserwähltes Gefäß für Paulus).
Siehe unter *Rüstzeug*

Hier stehen die *Vasallen* meines Throns. König in Schiller, Don Carlos 1, 6

Das Unser *Vater* ein schön Gebet, · Es dient und hilft in allen Nöten; · Wenn einer auch Vater unser fleht, · In Gottes Namen, laß ihn beten!

Goethe, Sprüche in Reimen: Gott, Gemüt und Welt

So lange war ich *Vater* und mußte erst kinderlos werden, um zu wissen, was ein Vater sei!

Leisewitz, Julius von Tarent 5, 2

Vater, ich rufe dich! · Brüllend umwölkt mich der Dampf der Geschütze.

Th. Körner, Gebet während der Schlacht

Vater, vergib ihnen; denn sie wissen nicht, was sie tun. Luk. 23, 34

Ein *Vater* ernährt eher zehn Kinder als zehn Kinder einen *Vater*.

Sprichwort

In mir sieht man den *Vater*, · Was möglich war, das tat er.

Aus der Operette Giroflé-Girofla von Lecocq (1874)

Das Kind ist des Mannes *Vater*.

(The child is father of the man.)
William Wordsworth in »My heart leaps up«

Vater werden ist nicht schwer, · Vater sein dagegen sehr.

Wilhelm Busch, Julchen (1877)

In meines *Vaters* Hause sind viele Wohnungen. Joh. 14, 2

Die *Väter* haben Herlinge (unreife Weintrauben) gegessen, und der Kinder Zähne sind stumpf geworden. Jeremias 31, 29

Wohl dem, der seiner *Väter* gern gedenkt.

Iphigenie in Goethe, Iphigenie 1, 3

Was du ererbt von deinen *Vätern* hast, · Erwirb es, um es zu besitzen.

Faust in Goethe, Faust 682/83

Ans *Vaterland*, ans teure, schließ dich an, · Das halte fest mit deinem ganzen Herzen. · Hier sind die starken Wurzeln deiner Kraft.

Attinghausen in Schiller, Wilhelm Tell 2, 1

Was ist des Deutschen *Vaterland?* . . .

E. M. Arndt, Des Deutschen Vaterland

Treue Liebe bis zum Grabe · Schwör' ich dir mit Herz und Hand: · Was ich bin und was ich habe, · Dank ich dir, mein *Vaterland.*

Hoffmann v. Fallersleben, Unpolit. Lieder: Mein Vaterland

Wo wir uns bilden, da ist unser *Vaterland.* Goethe, Was wir bringen

Lieb *Vaterland,* magst ruhig sein; · Fest steht und treu die Wacht am Rhein!

Schneckenburger, Die Wacht am Rhein

Kann uns zum *Vaterland* die Fremde werden?

Iphigenie in Goethe, Iphigenie 1, 2

Uns alle zieht · Das Herz zum *Vaterland.*

Königin in Schiller, Don Carlos 1, 3

Was ist unschuldig, heilig, menschlich gut, · Wenn es der Kampf nicht ist ums *Vaterland?*

Johanna in Schiller, Jungfrau v. Orleans 2, 10

Oh, mächtig ist der Trieb des *Vaterlands!*

Attinghausen in Schiller, Wilhelm Tell 2, 1

Vergess' ich dein, Deutschland, großes *Vaterland:* so werde meiner Rechten vergessen.

Raabe, Chronik der Sperlingsgasse. Nach Ps. 137, 5: Vergesse ich dein, Jerusalem, so werde usw.

Mit Gott für König und *Vaterland!*

Inschrift des Kreuzes an der Mütze der preußischen Landwehr nach einer Verordnung Friedr. Wilh. III. vom 17. März 1813

Dir möcht' ich diese Lieder weihen, · Geliebtes deutsches *Vaterland!*

Uhland, Gedichte: An das Vaterland (1814). Mel. von Konradin Kreutzer

Ich hab' mich ergeben · Mit Herz und mit Hand · Dir, Land voll Lieb und Leben, · Mein deutsches *Vaterland!*

Hans Ferd. Maßmann, Gelübde (1820). Mel. Wir hatten gebauet ein stattliches Haus.

Erst im Auslande lernt man den Reiz des Heimatdialekts genießen; erst in der Fremde erkennt man, was das *Vaterland* ist.

Gustav Freytag, Siebleben, Sept. 1856

Wenn das *Vaterland* auf dem Spiele steht, · Gibt es für niemanden Rechte, · Dann hat ein jeder nur Pflichten.

Joh. Georg in Ernst v. Wildenbruch, Der Generalfeldoberst 2, 10 (1889)

Leben bleiben wie das Sterben · Für das *Vaterland* ist süß.

Heine, Romanzero: Zwei Ritter

Ich stelle stets das *Vaterland* über meine Person.

Bismarck im Reichstage, 28. März 1874

»Es gilt kein Prophet in seinem *Vaterland.*« Es gilt aber der Pfennig nirgends mehr, als da er gemünzt ist.

Geiler v. Kaisersberg bei Zinkgref, Apophth. 1, S. 161

Wo man beglückt, ist man im *Vaterlande.*

Genius in Schiller, Die Huldigung der Künste

Im Dienste des *Vaterlandes* reibe ich mich auf.

(Patriae inserviendo consumor.)

Bismarcks Wahlspruch

Des *Vaterlandes* Hochgesang!

Matthias Claudius, Weihelied (Stimmt an mit hellem, hohem Klang)

Allen Sündern wird vergeben · Nur dem *Vatermörder* nicht.

Jaromir in Grillparzer, Ahnfrau 5

Zu seinen *Vätern* versammelt werden. Nach 2. Könige 22, 20

Was uns not ist, uns zum Heil · Ward's gegründet von den *Vätern;* · Aber das ist unser Teil, · Daß wir gründen für die Spätern.

Em. Geibel, Juniuslieder: Aus dem Walde

Denn welcher Kluge fänd' im *Vatikan* · Nicht seinen Meister?

Antonio in Goethe, Torquato Tasso 1, 4

Toujours en *vedette.*

(Immer auf dem Posten.)

Friedrich der Große, Exposé du gouvernement prussien (1775)

Blühe, liebes *Veilchen*, · Das ich selbst erzog, · Blühe noch ein Weilchen, · Werde schöner noch!

Christ. Ad. Overbeck, Fritzchens Lieder: Der Knabe an ein Veilchen

Ein *Veilchen* auf der Wiese stand, · Gebückt in sich und unbekannt; · Es war ein herzig's Veilchen!

Goethe, Gedichte: Das Veilchen, komp. v. Mozart

Sagt, wo sind die *Veilchen* hin, · Die so freudig glänzten?

Gedicht v. Joh. Georg Jacobi (1782)

Venezia, sei mir gegrüßt, Fürstin der Städte, · Auf die verschwenderisch Gott alle Schönheit säte.

R. Hugo, Sonette (1896)

Veni, vidi, vici.

(Ich kam, sah, siegte.)
Cäsars Meldung von seinem Siege bei Zela (2. August 47 v. Chr.), bei Plutarch, Cäsar 50, Seneca, Suasoriae 2, 22, Cassius Dio 42, 48

Veni, vidi, Deus vicit!

(Ich kam, sah, Gott aber überwand.)
Kaiser Karl V. nach der Gefangennahme des Kurfürsten Johann Friedrich von Sachsen und der Einnahme Wittenbergs 1547 (Zinkgref, Apophth. 1, S. 71)

Sit *venia* verbo.

(Mit Erlaubnis, mit Verlaub zu sagen, bei Schiller, Wallensteins Lager 7, Erster Jäger »mit Permiß zu sagen«.)
Lateinische Redensart nach Plinius dem Jüngeren, Ep. 5, 6, 46 (venia sit dicto)

Plenus *venter*, siehe unter *Bauch*

Ventum seminabunt et turbinem metent.

(Sie säen Wind und werden Ungewitter ernten.) Nach Hosea 8, 7

Drei der Grazien gibt's, nur eine *Venus!* Die Veilchen · Will ich zum Strauße gereiht, aber die Rose allein.

F. Hebbel, Epigramme: Schön u. lieblich

Fortes adiuvat ipsa *Venus*.

(Venus selbst hilft dem Kühnen.)
Tibull 1, 2, 16, Vgl. unter *Fortes*

Einen *Venusberg*

nennen wir einen verführerischen Ort nach der alten Sage von dem Minnesänger Tannhäuser (um 1240–1270), der im Venusberge ein Jahr zugebracht haben soll. Vgl. Agricolas Sprichwörter (1529, Nr. 301 u. 667), die alten deutschen und schweizer. Volkslieder (Wunderhorn), Grimms deutsche Sagen 1, 246, Prätorii Blockesberges-Verrichtung. Leipzig 1668, 17–25, Venusberg von Kornmann 1610, 126, Heines Legende (1836), Grisebachs Neuen Tannhäuser (49, 1872), Wagners Oper Tannhäuser.

Verachte nur Vernunft und Wissenschaft!

Mephistopheles in Goethe, Faust 1851

Verachte das Leben, um es zu genießen.

J. Paul, Leben des Quintus Fixlein

Es ist leicht zu *verachten*, Sohn; und verstehen ist viel besser.

Matth. Claudius, An meinen Sohn Johannes

Der Spötter Witz kann nichts *verächtlich* machen, · Was wirklich nicht verächtlich ist.

Bodenstedt, Aus dem Nachlasse des Mirza-Schaffy 3: Sprüche Nr. 22

Verachtung nicht, nur Schmerz kann ich empfinden. Dante, Hölle 16, 52

Verallgemeinerungen sind Lügen.

Gerhart Hauptmann, Aufzeichnungen

Was sich nie und nirgends hat begeben, · Das allein *veraltet* nie!

Schiller, Gedichte: An die Freunde

Vergnügen an *Veränderung* ist dem Menschen bleibend eigen.

Lichtenberg, Verm. Schriften 2, 8: Literarische Bemerkungen

Veränderung nur ist das Salz des Vergnügens.

Ferdinand in Schiller, Kabale und Liebe 5, 7

Veränderungslustig (neuerungssüchtig) sind die Franzosen.

Sprichwörtlich
Schon Cäsar nannte die Gallier: semper cupidi novarum rerum

Das ist überhaupt gar keine rechte Verfügung. Das Wort *»veranlassen«* kommt ja nicht ein einziges Mal vor! Merken Sie sich dies ungemein wichtige Wort, und für Rügen das Wort »Befremden«!

So sagte Konsistorialrat Besserer in Aachen, Bismarcks erster Chef im Verwaltungsdienst, zu Bismarck, als dieser ihm einen Erlaß an einen Landrat vorlegte.

Es gibt keine Handlung, für die niemand *verantwortlich* wäre.
Bismarck

Die Scheu vor der *Verantwortung* ist eine Krankheit unserer Zeit.
Bismarck im Norddeutschen Reichstage, 1. März 1870

Das reichste Volk muß *verarmen*, wenn es sittlich verfällt.
Wilh. Roscher

Verballhornen.
Soviel wie verschlimmbessern nach Art des Buchdruckers Johann Ballhorn in Lübeck 1531–97; siehe auch unter *Ballhornisieren*

Besser *verbauert* als versauert.
Sprichwörtlich

Darum lob' ich mir, niedrig zu stehen, · Mich *verbergend* in meiner Schwäche.
Chor in Schiller, Die Braut von Messina 240/41

Die Welt wird alt und wird wieder jung, · Doch der Mensch hofft immer *Verbesserung*.
Schiller, Gedichte: Hoffnung

Verbittre dir das junge Leben nicht! · Verschmähe, was dir Gott gegeben nicht.
Bodenstedt, Mirza-Schaffy: Lieder zum Lobe des Weines und irdischer Glückseligkeit 10

Laß dich nicht *verblüffen*.
Scherzhafte Bezeichnung für das 11. Gebot.

Die Nase rümpft oft vor *verblühten* Rosen, · Wer vor der Knospe kniete.
Shakespeare, Antonius u. Kleopatra 3, 13

Der lebte wohl, der *verborgen* lebte.
(Bene qui latuit, bene vixit.)
Ovid, Klagelieder 3, 4, 25

Nur der kann glücklich leben, · Der im *verborgnen* lebt.
Pfeffel, Das Grillchen und der Schmetterling

Verzeihe mir die *verborgenen* Fehle!
Psalm 19, 13

Verbotene Früchte schmecken süß.
Sprichwort

Nach dem *Verbotenen* streben wir stets, das Versagte begehrend.
(Nitimur in vetitum semper cupimusque negata.) Ovid, Amores 3, 4, 17

Die *verbotne* Frucht zu brechen, · Fühlen wir der Sehnsucht Schmerz.
Novalis, Mädchenlied

Ich muß eben so *verbraucht* werden, wie ich bin.
Fürst Bismarck zu den Überbringern einer Berliner Adresse (1890)

Ist denn Lieben ein *Verbrechen?*
Nach Jean de Lingendes (1580–1616) von Pope, Le Pansiv, Sperontes, Gellert, Lessing, Wieland, Schiller u. a. gebraucht. Den vollständigen Vierzeiler siehe unter *Lieben*

Sein ganz *Verbrechen* ist, mein Freund zu sein.
Barak in Schiller, Turandot 4, 1

Die (alle) Schiffe (hinter sich) *verbrennen.*
(Quemar las naves.) Hernando Cortes

Verbunden werden auch die Schwachen mächtig.
Stauffacher in Schiller, Wilhelm Tell 1, 3

Verdacht ist der Freundschaft Gift.

Wo *Verdacht* einkehrt, nimmt die Ruhe Abschied. Sprichwörtlich

Verdacht wohnt stets im schuldigen Gemüt; · Der Dieb scheut jeden Busch als einen Häscher.
Gloucester in Shakespeare, König Heinrich VI. 3. Teil 5, 5

Verderben, gehe deinen Gang!
Fiesko in Schiller, Fiesko 5, 1

Sterben und *verderben.*
Nach Judith 6, 3

Die Götter wollen dein *Verderben*, · Fort eil' ich, nicht mit dir zu sterben!
Schiller, Der Ring des Polykrates

Schön war ich auch, und das war mein *Verderben.*
Margarete in Goethe, Faust 4434

Schon ist nahe (schon naht ihnen) der Tag des *Verderbens!*
Homer, Odyssee 16, 280 (Voß)

Geschwister sind ja Schweigen und *Verdienst.*

Sappho in Grillparzer, Sappho 1, 2

Wie sich *Verdienst* und Glück verketten, · Das fällt den Toren niemals ein; · Wenn sie den Stein der Weisen hätten, · Der Weise mangelte dem Stein.

Mephistopheles in Goethe, Faust 5061/64

Behandelt jeden Menschen nach seinem *Verdienst*, und wer ist vor Schlägen sicher?

Hamlet in Shakespeare, Hamlet 2, 2

Siehe auch *Use*

Dem *Verdienste* seine Kronen!

Schiller, Gedichte: An die Freude

Doch meine *Verdienste*, die blieben im stillen.

Wachtmeister in Schiller, Wallensteins Lager, V. 447

Jedes Land hat die Juden, die es *verdient.*

K. E. Franzos, Tote Seelen (31. März 1875)

Jedes Volk hat die Regierung, die es *verdient.*

(Toute nation a le gouvernement qu'elle mérite.)

Graf J. de Maistre, sardinischer Gesandter in St. Petersburg, in einem Briefe vom 15./27. August 1811

An Glück und Leid, an Ruhm und Unheil empfängt stets eine jede Nation genau, was sie *verdient.*

v. Sybel, Kleine histor. Schriften 1, 307

Ich bin *verdrießlich!* Weil ich verdrießlich bin, bin ich verdrießlich!

Ludw. Bechstein, Gedichte (1836): Der Verdrießliche

Verdrossen · Hält alles für Possen!

Sprichwort

Veredlung ist der Welt Erlösungswort.

Fr. v. Bodenstedt, Einkehr und Umschau

Wirkt doch *vereinte* Kraft auch selbst von schwächeren Männern.

Homer, Ilias 13, 237 (Voß)

Vereinigung (Einigkeit) macht stark. (L'union fait la force.)

Inschrift des belgisch. Leopoldordens, gestiftet 11. Juli 1832 durch Leopold I.

Das *Vereinswesen* ist die Festung der Mittelmäßigkeit. Von dem Vereinswesen geht der Verdammungsklatsch gegen das Talent aus.

Anselm Feuerbach, Aus dem schriftl. Nachlaß (Quenzel, Feuerbach, S. 412)

Vereint wirkt also dieses Paar, · Was einzeln keinem möglich war.

Gellert, Der Blinde und der Lahme

»Welche *Verfassung* ist die beste?« Die den Tapfern wie den Feigen gibt, was sie verdienen.

Lysander bei Plutarch, Lakonische Denksprüche

Wer alle Dinge *verfechten* will, der darf sein Schwert nicht einstecken.

Alter Spruch

Das beste Mittel bei *verfehltem* Vorsatz · Ist: ihn *verfehlen.*

Pandulpho in Shakespeare, König Johann 3, 1

O Fleisch! Fleisch! wie bist du ver*fischt* worden.

Mercutio in Shakespeare, Romeo und Julia 2, 4

Verfluchte (Pflicht und) Schuldigkeit,

soll nach Louis Schneider (Der Bär, Berlin, 10. Jan. 1880, 25) Friedrich der Große gesagt haben. Vgl. K. J. Webers Demokritos (1832–40) 2. Über die Laune (am Schluß), wo dies ein württemb. Soldat zu Napoleon sagt und dazu ein Kupferstich als histor. Beleg genannt wird.

Sobald jede Art, Gott zu verehren, frei ist, herrscht überall Ruhe, während die *Verfolgung* die Quelle der blutigsten, langwierigsten und verheerendsten Bürgerkriege gewesen ist.

Friedrich der Große, aus: Regierungsform und Regentenpflicht

Diokletianische *Verfolgung.*

Nach dem Bischof Konrad Martin von Paderborn in Anwendung auf die Maigesetze. In der Kirchengeschichte die furchtbarste, blutigste Christenverfolgung am Schlusse des 3. Jh. n. Chr.

Fort von ihr, *Verführer!*

Rezitativ Elviras in Mozart, Don Juan 1, 2

Denn von oben kommt *Verführung,* · Wenn's den Göttern so beliebt. Goethe, Gedichte: Paria

Du sprichst von Zeiten, die *vergangen* sind.
Carlos in Schiller, Don Carlos 1, 2

Aber *vergangen* sei das *Vergangene!* Homer, Ilias 16, 60; 19, 65 (Voß)

Laß das *Vergangne vergangen* sein.
Faust in Goethe, Faust 4518

Laß *Vergangenes* · *vergessen* sein!
Illo in Schiller, Die Piccolomini 4, 7

O gäb' Jupiter mir nur zurück die *vergangenen* Jahre!
(O mihi praeteritos referat si Jupiter annos!) Vergil, Äneis 8, 560

Erzähle mir die *Vergangenheit,* und ich werde die Zukunft erkennen.
Sprüche des Konfuzius

Ich denk' an euch, ihr himmlisch schönen Tage · Der seligen *Vergangenheit.* Aug. Mahlmann, Sehnsucht

Auch das stolzeste Werk, ins Leben gestellt, ist *vergänglich;* · Was man im Herzen gebaut, reißt keine Ewigkeit um.
Körner, Erinnerungen an Karlsbad 6, Der Obelisk

Alles *Vergängliche* · Ist nur ein Gleichnis.
Faust in Goethe, Faust 12 104/05

Nichts vom *Vergänglichen,* · Wie's auch geschah! · Uns zu verewigen · Sind wir ja da. Goethe, Zahme Xenien 1

Irren ist menschlich, und *Vergeben* göttlich!
A. Pope, Essay on Criticism 2, 325

Der Siege göttlichster ist das *Vergeben!*
Isabella in Schiller, Die Braut von Messina 428

Mag der Himmel euch *vergeben,* · Was ihr an mir Armem tut!
Lionel in W. Friedrichs, Martha 3, 14 (Oper von Flotow)

Vergeben und vergessen.
Nach Jer. 31, 34: »Ich will ihnen ihre Missetat vergeben und ihrer Sünde nimmermehr gedenken.«

Vergeben und vergessen heißt: gemachte kostbare Erfahrungen zum Fenster hinauswerfen.
Schopenhauer, Parerga und Paralip. 1, 5, C: Verhalten gegen andere

Vergebens wird die rohe Hand · Am Schönen sich vergreifen, · Man kann den einen Diamant · Nur mit dem andern schleifen.
Fr. Bodenstedt, Mirza-Schaffy. Lieder und Sprüche 25

Wer auf der Erde ist, muß *vergehn;* · Nur das erhabene ehrwürdige Antlitz Gottes bleibt bestehn.
Koran, Sure 55

Gutes mit Bösem *vergelten.*
Sprichwörtl. Redensart. Nach 1. Mos. 44, 4

Vergessen ist für Schaden gut.
Sprichwörtl. Redensart

Wie könnt' ich dein *vergessen!* · Ich weiß, was du mir bist.
Hoffmann von Fallersleben, Mein Lieben

Sie haben nichts gelernt und nichts *vergessen.*
(Ils n'ont rien appris ni rien oublié.)
Nach »Personne n'a su ni rien oublier, ni rien apprendre«. Aus einem Brief von Chevalier de Panat (1762–1834) an Mallet du Pan mit Bezug auf die Royalisten.

Vergessenheit trinken.
Siehe unter *Lethe*

Ein magrer *Vergleich* ist besser als ein fetter Prozeß. Sprichwörtlich

Das ist ein hinkender *Vergleich* (mangelhaftes Wortbild).
Nach dem lateinischen Omne simile claudiat. Sprichwörtl. Redensart

So laßt ihm doch das kindliche *Vergnügen!*
Kalisch und Pohl in der Posse: Namenlos (1864)

Genoß der Jüngling ein *Vergnügen,* · So war er dankbar und verschwiegen. Hagedorn, Die Alte (Gedicht)

Enthaltsamkeit ist das *Vergnügen* · An Sachen, welche wir nicht kriegen. Wilh. Busch, Die Haarbeutel (1878)

Vergnügen sucht der Mann sich in Gefahren.
Elpenor in Goethe, Elpenor 1, 2

Vergnügt sein ohne Geld, das ist der Stein der Weisen.
Lichtwer, Fabeln 2, Nr. 16: Der Weise und der Alchimist

Alle *Vergnügungen* auf alle Weise genießen zu wollen, ist unvernünftig; alle ganz vermeiden, gefühllos.
Plutarch, Gastmahl der 7 Weisen § 15

Ich kann und will das Pfund nicht mehr *vergraben!*
Goethe, Lieder: Zueignung

Dreieckiges *Verhältnis.*
Henrik Ibsen, Hedda Gabler 2

Die Macht der *Verhältnisse.*
Titel einer Tragödie von Ludwig Robert (1819, Stuttgart); Zitat daraus bei Heine, Reisebilder

Starr ist das *Verhängnis.*
Schlußchor in Euripides, Hekabe (Minckwitz)

Du entgehst nicht dem *Verhängnis!* · Diesen Glauben hast du, merke, · Nicht daß er dich in Bedrängnis · Mutlos mache, sondern stärke.
Rückert, Nachlese (Weimar 1910) Nr. 331, S. 239

Das Verhängte muß *geschehen* · Das Gefürchtete muß nahn.
Schiller, Gedichte: Kassandra

Finden und *verhehlen*, ist so gut wie stehlen.
Sprichwort

Gut gehängt ist besser als schlecht *verheiratet.*
Narr in Shakespeare, Was ihr wollt 1, 5

Wenn man *verheiratet* ist, ist's aus und vorbei mit dem Eigenwillen.
Berth. Auerbach, Landolin von Reutershofen 6. Kap.

Welcher *verheiratet*, der tut wohl, welcher aber nicht verheiratet, der tut besser.
1. Kor. 7, 38

Leicht für die Götter ja ist es, die hoch obwalten im Himmel, · Einen sterblichen Mann zu *verherrlichen* und zu verdunkeln.
Homer, Odyssee 16, 211/12 (Voß)

Wer zuviel verlangt, wer sich am Verwickelten erfreut, der ist den *Verirrungen* ausgesetzt.
Goethe, Maximen und Reflex. 1

Veritas odium parit.
(Wahrheit zeugt Haß.)
Terenz, Andria 1, 1, 41

In vino *veritas.*
Siehe unter *vino*

Vérité en deçà des Pyrenées, erreur au dela.
(Was diesseits der Pyrenäen Wahrheit, ist jenseits Irrtum.)
Pascal, Pensées

Un homme est toujours la proie de ses *vérités.*
(Ein Mensch ist immer das Opfer seiner Wahrheiten.)
Albert Camus, Les mythes de Sisyphe (1942)

Dich zu *verjüngen*, gibt's auch ein natürlich Mittel.
Mephistopheles in Goethe, Faust 2348

Das Barbarische ist für mich ein *Verjüngungsmittel.*
Paul Gauguin (1848–1903)

Jeder *Verkäufer* lobt seine Ware.
Sprichwörtlich

Verraten und *verkauft.*
(Nach dem Verrate des Judas.)
Sprichwörtl. Redensart

Die Straßen dienen lediglich dem *Verkehr!*
Polizeipräsident v. Jagow zur Begründung des Verbotes einer Wahldemonstration der Sozialdemokraten (Berlin, 6. März 1910). Vergleiche auch unter *Neugierde.*

Die Welt am Ende des neunzehnten Jahrhunderts steht unter dem Zeichen des *Verkehrs.*
Unterschrift Kaiser Wilhelms II. unter sein Bild, das er dem Staatssekretär Dr. v. Stephan am 7. Januar 1891 schenkte

Wie freu' ich mich, wie freu' ich mich, · Wie treibt mich das *Verlangen!*
Duett mit Falstaff in Nicolais Oper Die lustigen Weiber von Windsor 2 (1849)

Wer wenig haben will, muß viel *verlangen.*

Wer nichts *verlangt*, bekommt nichts.
Sprichwörtl. Redensarten

Verlassen, verlassen, verlassen bin i, · Wie der Stoan auf der Straßen, · Koan Diandl mag mi.
Th. Koschat, Steirische Volkslieder: Der Einsame

Sich nicht auf Menschen *verlassen.*
Nach Ps. 118, 8

Sich nicht auf Fürsten *verlassen.*
Nach Ps. 118, 9

Von Gott *verlassen* sein. Nach Ps. 8, 6

Mit *Verlaub,* ich bin so frei.
W. Busch, Abenteuer eines Junggesellen (1875)

Vor andern fühl' ich mich so klein; · Ich werde stets *verlegen* sein.
Faust in Goethe, Faust 2059/60

Was für den Körper der Schwindel ist, das ist *Verlegenheit* für den Geist.
Börne, Fragmente u. Aphorismen 182

Verletzt ist leicht, heilen schwer.
Sprichwort

Sich selbst *verleugnen.*
Nach Matth. 16, 24

Der hat gut predigen und von *Verleugnung* sagen, · Der selber keine Sorgen hat.
Lichtwer, Fabeln 3, Nr. 19: Das Pferd und der Esel

Selbst Tugend nicht entgeht *Verleumdertücken.*
Laertes in Shakespeare, Hamlet 1, 3

Verleumdung mußt du frech betreiben, · Es wird schon etwas haftenbleiben.
Karl Simrock, Gedichte: Sprüche 17. Siehe auch unter *Audacter*

Die Tochter des Neides ist die *Verleumdung.*
Casanovas Memoiren (Buhl, Berlin 1850 bis 1851)

Die schönste Antwort auf *Verleumdungen* ist, daß man sie stillschweigend verachtet.
Engel, Fürstenspiegel: Rache

Lieben kannst du, du kannst lieben, · Doch *verliebe* dich nur nicht!
Lessing, Lieder: Das aufgehobene Verbot

Verliebte sehen in der Welt nur sich; · Doch sie vergessen, daß die Welt sie sieht.
Dorine in Platen, Berengar

Heimlich *Verlöbnis* stiftet keine Ehe.

Verlobt ist noch nicht verheiratet.
Sprichwörtlich

Eile, wie *Verlobte* pflegen, · Deinem Bräutigam entgegen.
Joh. Franck, Schmücke dich, o liebe Seele (1674)

Ach, ich habe sie *verloren!*
Aus Gluck, Orpheus und Eurydike 4(1762)

O Mutter, Mutter! Hin ist hin! · *Verloren* ist verloren! Bürger, Lenore

An dem ist Eure Kunst *verloren.*
Paulet in Schiller, Maria Stuart 1, 3

Der *verlorene* Sohn.
Nach Luk. 15, 11/32

Kein Weiser jammert um *Verlust,* · Er sucht mit freud'gem Mut ihn zu ersetzen.
Margareta in Shakespeare, König Heinrich IV. 3. Teil 5, 4

Meistens belehrt erst der *Verlust* uns über den Wert der Dinge.
Schopenhauer, Parerga und Paralip. 1, 5, A: Allgemeine

Nur halb ist der *Verlust* des schönsten Glücks, · Wenn wir auf den Besitz nicht sicher zählten.
Prinzessin in Goethe, Torquato Tasso 3, 2

Ich schelte das an manchem Mann, · Was ich selber nicht *vermeiden* kann.
Freidanks Bescheidenheit (um 1200)

Vermeiden sollen sich, die nicht zusammen passen; · Wahl der Gesellschaft ist jedwedem freigelassen.
Rückert, Weisheit des Brahmanen 4, 35

Ich bin der Geist, der stets *verneint!*
Mephistopheles in Goethe, Faust 1338

Die grübelnde *Vernunft* dringt sich in alles ein.
Lessing, Fabeln 3, 7: Das Geheimnis

Die *Vernunft* ist des Herzens größte Feindin.
Casanovas Memoiren (Buhl, Berlin 1850 bis 1851)

Vernunft wird Unsinn, Wohltat Plage.
Mephistopheles in Goethe, Faust 1976

Erhabene *Vernunft*, lichthelle Tochter · Des göttlichen Hauptes, weise Gründerin · Des Weltgebäudes. Führerin der Sterne.

Talbot in Schiller, Die Jungfrau v. Orleans 3, 6

Den Ursprung der Dinge vermag die *Vernunft* nicht zu erfassen, aber nirgends steht sie im Widerspruch mit der Regel, welche alle leitet. Vernunft und Weltordnung sind konform, sie müssen gleichen Ursprungs sein.

Feldmarschall Graf Moltke, Letzte Gedanken 1890 (Engel, Meisterprosa, S. 403)

Vernunft hat jeder, und wie wenige sind *vernünftig!*

Feuchtersleben, Aphorismen (Leben)

Kleine Beispiele von *Vernunft* · Änderten noch nie etwas am großen Narreteispiele der Zunft.

Christian Morgenstern, Galgenlieder

Aus Liebe und *Vernunft* zu frein, · Wie sollt' das nicht dasselbe sein? · Da es doch nichts so *Vernünftges* gibt, · Als eine zu freien, die man liebt. Paul Heyse, Spruchbüchlein (1885)

Eine *Vernunftehe* schließen heißt in den meisten Fällen, alle seine *Vernunft* zusammennehmen, um die wahnsinnigste Handlung zu begehen, die ein Mensch begehen kann. Marie v. Ebner-Eschenbach

Vernunftheirat wird das genannt, · Und Schacher wird's geschrieben.

Theob. Nöthig, Lichter u. Schatten S. 36

Was *vernünftig* ist, das ist wirklich; und was wirklich ist, das ist vernünftig.

Hegel, Grundlinien der Philosophie des Rechts: Einleitung (1821)

Auch wenn man's noch so gut vertuscht, · Was *verpfuscht* ist, bleibt verpfuscht.

Cäsar Flaischlen-Gedenkbuch, 15. März

Wer das Seine *verpraßt*, fällt andern zur Last! Sprichwort

Verrat und Mord, sie hielten stets zusammen.

König Heinrich in Shakespeare, König Heinrich V. 2, 2

Wenn man an dir *Verrat* geübt, · Sei du um so treuer!

H. Heine, Romanzero: Historien, Motto

Ich liebe den *Verrat*, hasse aber den *Verräter*.

Julius Cäsar (nach Plutarch, Romulus 17, 7)

Der *Verräter* schläft nicht. Sprichwort

Du kennst den *Verräter*, · Er drohte mir Schande!

Anna in Mozart, Don Juan 1, 2 (1787)

Vor *Verrätern* · Hüte jeder sich, am meisten, · Wer Gewalt und unrecht tut. Herder, Cid 32

Verrechnet ist nicht betrogen.

Sprichwörtlich

Du bist *verrückt*, mein Kind, · Du mußt nach Berlin. · Wo die Verrückten sind, · Da gehörst du hin!

Spottlied auf die Berliner, nach dem Marsch aus Fatinitza, Operette v. Strauß

Das ist schön bei uns Deutschen: keiner ist so *verrückt*, daß er nicht einen noch *Verrückteren* fände, der ihn versteht.

Heine, Reisebilder 1, Die Harzreise

Alles muß *verrungeniert* werden.

David Kalisch in seiner Posse »Berlin, wie es weint und lacht« (1858); vgl. »Alles muß verrungenieret sein« in Scheffels Lied: König Krok (1859).

Darauf kann ich mir keinen *Vers* machen!

Sprichwörtl. Redensart, ähnlich sagt man aber: Der macht sich aus allem einen *Vers* (findet sich überall zurecht, faßt alles richtig auf)

Hier sind wir *versammelt* zu löblichem Tun, · Drum Brüderchen: Ergo bibamus.

Goethe, Gedichte: Ergo bibamus

Zu seinen Vätern *versammelt* werden. Nach Richter 2, 10

Versammelt sind wir, fanget an!

(So wird zitiert, aber Goethe schrieb: Beisammen sind wir.)

Mephistopheles in Goethe, Faust 1446

Versate diu, quid ferre recusent, · Quid valeant humeri!
(Überleget euch lang, was die Schultern verweigern, · Was sie zu tragen vermögen.)
Horaz, Episteln 2, 3, 39/40

Ein gutes Buch ist mir ein wahrer Schatz: · In Nöten dient es als *Versatz.*
Haug, Epigrammatische Spiele 4. Buch Nr. 11

Versaufen wollte ick dir ja – aber nich uff die Art,
sagte der Trunkenbold, als ihm der Groschen in die Spree gefallen war.
Berliner Volkshumor

Verscherzte Jugend ist ein Schmerz · Und einer ew'gen Sehnsucht Hort. · Nach seinem Lenze sucht das Herz · In einem fort, in einem fort.
C. F. Meyer, Gedichte: Lenzfahrt

Verschieb nicht, was du heut besorgen sollst, auf morgen, · Denn morgen findet sich was Neues zu besorgen.
Rückert, Weisheit des Brahmanen 16 (5) Nr. 62

Verschiebe nicht auf morgen, · Was du heute kannst besorgen!

Sorgen soll man *verschlafen.*

Der Mensch *verschläft* viel Ungemach. Sprichwörtl. Redensarten

Alles in Deutschland hat sich in Prosa und Versen *verschlimmert,* · Ach, und hinter uns liegt weit schon die goldene Zeit.
Schiller, Gedichte: Jeremiade

Verschmähte Liebe ist Tod, Eifersucht ist mehr, sie ist die Furcht des Todes.
Börne, Fastenpredigt über die Eifersucht

Was *verschmerzte* nicht der Mensch! Vom Höchsten · Wie vom Gemeinsten lernt er sich entwöhnen.
Wallenstein in Schiller, Wallensteins Tod 5, 3

Das Weitere *verschweig'* ich, · Doch weiß es die Welt.
Aus Mozart, Figaros Hochzeit 4, 8

Verschwenderischer Jüngling, bedürftiger Greis. Arabisches Sprichwort

Wer etwas will *verschwiegen* han, · Der darf es keinem Weibe san.
Alter Reimspruch

Genoß der Jüngling ein Vergnügen, · So war er dankbar und *verschwiegen.*
Friedr. v. Hagedorn, Die Alte (1747). Danach reimte Wilh. Busch: Genießt ein Jüngling ein Vergnügen, / So sei er dankbar und *verschwiegen.*

Verschwiegener Mund ein güldener Mund. Sprichwort

Verschwiegenheit ist der Stempel eines fähigen Kopfes.
Balthasar Gracián, Handorakel (1637) Schopenhauer

Nichts *verschworen,* Marinelli!
Der Prinz in Lessing, Emilia Galotti 1, 6

... daß nie eine *Verschwörung* zur Freiheit geführt. Wo Wünsche und Kräfte der Mehrzahl eines Volkes für die Freiheit reif sind, da bedarf es keiner Verschwörung: wo dieses nicht ist, nützt sie nicht.
Börne, Kritiken 25

Und wenn du schiltst und wenn du tobst, · Ich werd' es geduldig leiden; · Doch wenn du meine *Verse* nicht lobst, · Laß ich mich von dir scheiden.
H. Heine, Die Heimkehr, Nr. 74

Versehen ist auch verspielt.
Sprichwörtlich

Zu schwer bezahlt man oft ein leicht *Versehn.*
Antiope in Goethe, Elpenor 1, 4

Verbrieft und *versiegelt.*
Nach Jer. 32, 44

Er *verspielt* Kopf und Kragen.
Sprichwörtlich

Versprechen machet Schuld.
Hagedorn, Fabeln und Erzählungen: Bruder Fritz

Versprechen und halten · Ziemt Jungen und Alten.

Versprechen und halten ist zweierlei. Sprichwörtlich

Versprochene Eier gehn hundert auf das Zehnt. Russischer Spruch

Wer über gewisse Dinge den *Verstand* nicht verliert, der hat keinen zu verlieren.
Orsina in Lessing, Emilia Galotti 4, 7, wiederholt von Odoardo 5, 5

Viele verlieren den *Verstand* nicht, weil sie keinen haben.
Balthasar Gracián, Handorakel (1637) Schopenhauer

Verstand bringt Leiden.
Titel einer Komödie v. A. S. Gribojedow (1795–1829)

Derer sind wenige, die *Verstand* haben. Dante, Gastmahl 4, 12
Vgl. *Verstand* ist stets bei wenigen nur gewesen unter *Mehrheit*

Weißt du nicht mein Sohn, mit welch geringem *Verstande* die Welt regiert wird?
(An nescis, mi fili, quantilla prudentia mundus regatur?)
Papst Julius III., † 1555; nach anderen Axel Oxenstjerna, † 1654, zu sein. Sohne.

Was kein *Verstand* der *Verständigen* sieht, · Das übet in Einfalt ein kindlich Gemüt.
Schiller, Gedichte: Die Worte des Glaubens

Hab's *verstanden!* ja, mein Herr.
Masetto in Mozart, Don Juan 1, 2 (1787)

Selten habt ihr mich *verstanden*, · Selten auch *verstand* ich euch; · Nur wenn wir im Kot uns fanden, · So verstanden wir uns gleich.
H. Heine, Buch der Lieder: Heimkehr Nr. 80

Als Hegel auf dem Totenbette lag, sagte er: »Nur einer hat mich *verstanden*«, aber gleich darauf fügte er verdrießlich hinzu: »Und der hat mich auch nicht verstanden.«
Heine, Deutschland 1, 3. Buch

Kann Euch nicht eben ganz *verstehen*. Schüler in Goethe, Faust 1942

Ich freue mich, wenn kluge Männer sprechen, · Daß ich *verstehen* kann, wie sie es meinen.
Prinzessin in Goethe, Torquato Tasso 1, 1

Ich kann es nicht *verstehen*.
Boieldieu, Die weiße Dame

Der Herr Redner hat selbst in dieser Nähe eine große Fertigkeit, mich nicht zu *verstehen*.
Bismarck im Deutschen Reichstage, 1. April 1871

Verstehest du auch, was du liesest?
Apostelgeschichte 8, 30

Nicht *versteht* zu regieren, wer sich nicht zu *verstellen* versteht!
(Qui nescit dissimulare, nescit regnare!)
Ludwig XI.

Verstellung ist der offnen Seele fremd.
Oktavio in Schiller, Die Piccolomini 1, 3

O *Verstellung!* dein Name ist Kiekebusch.
Raupach, Die Schleichhändler 2. Akt

Verstellung, sagt man, sei ein großes Laster, · Doch von Verstellung leben wir. Goethe, Maskenzug

Nennt mich was für ein Instrument ihr wollt, ihr könnt mich zwar *verstimmen*, aber nicht auf mir spielen!
Hamlet in Shakespeare, Hamlet 3, 2

Verstimmen ist leicht, aber stimmen kann nicht jeder.
Börne, Fragmente und Aphorismen 75

So fühlt man Absicht, und man ist *verstimmt*.
Tasso in Goethe, Torquato Tasso 2, 1

Ein *verstocktes* Herz.
Nach 2. Mos. 7, 13. 2. Mos. 4, 21

Versuch · Macht klug. Alter Spruch

Versuch ist strafbar. Rechtsspruch

Und der Mensch *versuche* die Götter nicht.
Schiller, Gedichte: Der Taucher

Versuchen ist keine Schande.

Versuch's, so geht's. Sprichwörtlich

In *Versuchung* und Stricke fallen.
1. Thimoth. 6, 9

Versungen und *vertan!*
Die Meister in Richard Wagners Meistersingern 1 (1868)

Versunken und vergessen! Das ist des Sängers Fluch.
Uhland, Des Sängers Fluch

Quod deus bene *vertat.*
Siehe unter *bene*

Meine *Verteidigung* ist eure Anklage, meine Rechtfertigung euer Verbrechen.
Doge Marino Falieri zu seinen Richtern, † 1355

Vertierte Soldateska.
Polit. Schlagwort aus dem Jahre 1848

Vertrag bricht allen Streit.
Rechtsgrundsatz

Nichts von *Verträgen!*
Siehe unter *Übergabe*

Verträgen halte Treu! · Was du bist, · Bist du nur durch *Verträge.*
Fasolt in Richard Wagner, Rheingold

Heget nur männliches, hohes *Vertrauen,* · Guten ergeht es am Schlusse doch gut.
Salis, Gedichte: Ermunterung. Vgl. Näheres unter *Guten*

Vertrauen erweckt *Vertrauen.*
Pastor Moritz Ferd. Schmaltz in der Kirche zu Dresden-Neustadt am 12. September 1830; Friedrich August II. von Sachsen als Prinzregent zu den Anführern der Dresdener Kommunalgarde am 20. Sept. 1830; Friedrich Wilhelm IV. in der Thronrede am 11. April 1847

Wer das *Vertraun* vergiftet, oh, der mordet · Das werdende Geschlecht im Leib der Mutter!
Wallenstein in Schiller, Wallensteins Tod 3, 18

Und wenn Ihr Euch nur selbst vertraut, · *Vertrauen* Euch die andern Seelen.
Mephistopheles in Goethe, Faust 2021/22

Vertraulichkeit, der Zucker reiner Herzen.
Hofmann v. Hofmannswaldau, Gedichte (1673)

Doch eine Würde, eine Höhe · Entfernte die *Vertraulichkeit.*
Schiller, Gedichte: Das Mädchen aus der Fremde (1797)

Sobald du dir *vertraust,* sobald weißt du zu leben.
Mephistopheles in Goethe, Faust 2062

Wo eines Platz nimmt, muß das andre rücken, · Wer nicht *vertrieben* sein will, muß *vertreiben;* · Da herrscht der Streit, und nur die Stärke siegt.
Wallenstein in Schiller, Wallensteins Tod 2, 2

Verurteile niemand, bevor du in seiner Lage warst. Talmud

Verus amicus est tamquam alter idem.
(Ein wahrer Freund ist gewissermaßen ein anderes Selbst.)
Nach Aristoteles, vgl. *Alter* ego

Besser *verwahrt* als beklagt.
Sprichwörtlich

Nicht der ist auf der Welt *verwaist,* · Dessen Vater und Mutter gestorben, · Sondern der für Herz und Geist · Keine Lieb' und kein Wissen erworben.
Rückert, Vierzeilen, 1. Hdt., Nr. 88

Verwaiste Väter sind beklagenswert; · Allein verwaiste Kinder sind es mehr.
Eugenie in Goethe, Die natürliche Tochter 1, 6

Verwandte Seelen verstehen sich ganz!
Salis, Gedichte: Sehnsucht nach Mitgefühl

Verwandte Seelen finden sich (statt schöne). Siehe unter *Seelen*

Liebe und Freundschaft umschlang die *verwandten* Seelen im Leben, · Und ihr Sterbliches deckt dieser gemeinsame Stein.
Von Wieland selbst entworfene Inschrift (6. Dez. 1806) zum gemeinsamen Grabdenkmal in Oßmannstädt für sich, seine Frau und die Sophie Brentano, die Enkelin von Wielands Jugendliebe La Roche

Die zärtlichen *Verwandten.*
Titel eines Lustspiels von Roderich Benedix (1866)

In des Worts *verwegenster* Bedeutung. Marquis in Schiller, Don Carlos 1, 9

Verweile doch! Du bist so schön!
Faust in Goethe, Faust 1700

Verwirrung der Gefühle.
Titel eines Werkes v. Stefan Zweig (1926)

Ihr scheint ein sehr *verwöhnter* Mann. Altmayer in Goethe, Faust 2188

Verwöhnter Sohn des Glückes.
Warmann in Uhland, Ernst, Herzog von Schwaben 1, 2

Komm heraus, *verworfener* Knabe!
Susanne in Mozart, Figaros Hochzeit, 1. Finale

Wenn er mir jetzt auch nur *verworren* dient, · So werd' ich ihn bald in die Klarheit führen.
Der Herr in Goethe, Faust 308/09

Verwünscht! dreimal verwünscht sei diese Reise!
Oktavio in Schiller, Die Piccolomini 1, 5

Verwünschtes Volk der Weiber!
Frießhardt in Schiller, Wilhelm Tell 3, 3

Ach, armes Herz, *verzage* nicht! · Schlag alles in den Wind!
Niederrheinisches Volkslied (Zuccalmaglio, Deutsche Volkslieder Nr. 162)

Deutsches Herz, *verzage* nicht, · Tu, was dein Gewissen spricht.
E. M. Arndt, Gedichte: Deutscher Trost

Nur wer *verzagend* · Das Steuer losläßt, ist im Sturm verloren.
Em. Geibel, Sophonisbe 2, 6

Ich bin *verzagt*, wenn Weiber vor mir zittern.
Carlos in Schiller, Don Carlos 2, 8

Verzeihe selbst, wenn du *Verzeihung* brauchst, · Und soll ich deinen Höcker übersehn, · So halte meine Warzen mir zugut.
Horaz. Satiren 1, 3, 74/75 (Wieland)

Verzeihen ist die beste Rache.
Sprichwort

Verzeihen Sie das harte Wort!
Oft wiederkehrender Ausspruch in den Briefen und Berichten von Julius Stettenheims Wippchen (1878ff.)

Das einfach Schöne soll der Kenner schätzen; · *Verziertes* aber spricht der Menge zu.
Eugenie in Goethe, Die natürliche Tochter 2, 5

Verzug bringt Gefahr. Sprichwörtlich

Es ist Gefahr im *Verzuge*.
(Periculum in mora.)
Nach Livius 38, 25, 15

Arbeiten und nicht *verzweifeln*.
(Work and despair not.)
Thomas Carlyle in seiner Antrittsrede als Rektor der Universität Edinburgh (2. April 1866)

Ja, schelte nur und fluche fort, · Es wird sich Beßres nie ergeben; · Denn Trost ist ein absurdes Wort: · Wer nicht *verzweifeln* kann, der muß nicht leben.
Goethe, Sprüche in Reimen: Sprichwörtlich

Denn wo der Mensch *verzweifelt*, lebt kein Gott. Goethe, Epeminides 2, 6

Verzweifl' und stirb!
Geister in Shakespeare, König Richard III. 5, 3

Verzweiflung siehe unter *vie.*

Ledig aller Pflicht · Hört der Bursch die *Vesper* schlagen, · Meister muß sich immer plagen.
Schiller, Lied von der Glocke V. 271/73

Vestigia terrent.
(Die Spuren [der umgekommenen Vorgänger] schrecken mich ab) gab der Fuchs zur Antwort, da er sich nicht in die Höhle des Löwen wagen wollte.
Horaz, Episteln 1, 1, 74 nach Äsops Fabel 246

Vestis virum reddit.
(Kleider machen Leute.)
Quintilian, Inst. orat 8, 5

Quod non *vetat* lex, hoc *vetat* fieri pudor.
(Was das Gesetz nicht verbietet, verbietet der Anstand.) Seneca, Troades 2, 2

Und wer den Papst zum *Vetter* hat, kann Kardinal noch werden.
Studentenlied: Die Vigolinen (Dichter und Komponist unbekannt). Nach dem bekannten alten Sprichwort.

Der *Vetter* aus Dingsda.
Titel einer Operette von Eduard Künnecke

Vom Harz bis Hellas immer *Vettern!*
Mephistopheles in Goethe, Faust 7743

Weiberherzen sind so gern · Kästchen zum *Vexieren:* Manchen lockt der goldne Stern, · Perlen, die nur zieren. Schiller, Zu Körners Hochzeit

Victrix causa diis placuit, sed *victa* Catoni.
(Die siegreiche Sache gefiel den Göttern, aber die unterliegende dem Cato.)
Lucanus, Pharsalia 1, 128

Videant consules. Siehe unter *Consules*

Video meliora proboque; · Deteriora sequor.
(Wohl seh' ich das Beßre und lob' es, · Aber ich folge dem Schlechtern.)
Ovid, Metam. 7, 20/21

La *vie* humaine commence de l'autre côté du désespoire.
(Das menschliche Leben beginnt jenseits der Verzweiflung.)
Jean-Paul Sartre, Les mouches (1942) 3, 2

Ma *vie* est un combat.
Voltaire, vgl. unter *Leben*

Sauft Wasser wie das liebe *Vieh* · Und denkt, es ist Krambambuli.
Schluß des Studentenliedes »Krambambuli«

Viel Kinder, viel Segen.

Was zu*viel* ist, ist zuviel.
Sprichwörter

Wer gar zu *viel* bedenkt, wird wenig leisten.
Tell in Schiller, Wilhelm Tell 3, 1

Bewundert *viel* und viel gescholten.
Helena in Goethe, Faust 8488

Viel soll man lesen, nicht *vielerlei.*
(Aiunt multum legendum esse, non multa.)
Plinius d. J., Ep. 7, 9, 15

Was ist das unter so *viele?* Joh. 6, 9

Denn wohl erkenn' ich, daß des *Vielerfahrenen* · Ratschlüsse stets ein segenvolles Ende krönt.
Der Oberpriester in Sophokles, König Ödipus 44/45 (Donner)

Wer *vieles* bringt, wird manchem etwas bringen.
Direktor in Goethe, Faust 97

Ich meine nicht *vieles* (arbeiten), sondern viel: ein weniges, aber mit Fleiß.
Prinz in Lessing, Emilia Galotti 1, 2

Ein *Vielfraß* wird nicht geboren, sondern erzogen. Sprichwort

Niemals frommt *Vielherrschaft* im Volk; nur einer sei Herrscher, · Einer König allein.
Homer, Ilias 2, 204/05 (Voß)

Sage nie: Dann soll's geschehen! · Öffne dir ein Hinterpförtchen · Durch »*Vielleicht*«, das nette Wörtchen, · Oder sag: Ich will mal sehen!
Schein und Sein. Nachgelassene Verse von Wilhelm Busch, 1909, Vielleicht

Vielwisserei bildet den Geist nicht.
(Πολυμαθίη νόον οὐ διδάσκει.)
Heraklit (Diels, Fragmente der Vorsomatiker 1903, S. 72)

Vierte Dimension.
Henry More im »Encheiridion metaphysicum« (1671); Pfarrer Fricker in Dettingen bei Urach († 1766), vgl. Fr. Christ. Ötingers († 1782) Schriften, herausgeg. von Ehmann (1858); Friedrich Zöllner († 1882) in seinem Werk »Die transzendentale Physik und die sog. Philosophie« (1879).

Ich sollt' erst *vierzehn* Jahre sein? · Nein, vierzehn Jahr und sieben Wochen!
Gellert, Fabeln: Das junge Mädchen

Vierzig Jahr wird ein Schwab', eh er klug wird. Sprichwort

Viligando ascendimus.
(Durch Wachsamkeit steigen wir empor.)
Inschrift des Weißen Falkenordens von Sachsen-Weimar

Viktoria! Viktoria! · Der kleine weiße Zahn ist da.
Matth. Claudius, Motetto (Als der erste Zahn durch war), komp. von L. Löwe

Viktoria! mit uns ist Gott, der stolze Feind liegt da!
Gleim, Schlacht bei Prag (1757)

Viktoria! der Meister soll leben.
Chor in Weber, Der Freischütz 1, 1 (1821)

Es lebt eine *Vilja*, ein Waldmägdelein.
Lied aus der Operette Die lustige Witwe von Franz Lehár

Vincere scis, Hannibal, *victoria* uti nescis.
(Du weißt zu siegen, Hannibal, aber den Sieg zu benutzen verstehst du nicht.)
Maharbal bei Livius 12, 50

In hoc signo *vinces.*
(In diesem Zeichen wirst du siegen.)
Eusebius Pamphili, Leben Konstantins 1, 28

In *vino* veritas.
(Im Wein liegt Wahrheit.) Nach Alcäus

Vino pellite curas!
(Verscheucht die Sorgen durch Wein!)
Horaz, Oden 1, 7, 31

Vinum, der Vater, · Und coena, die Mutter, · Und Venus, die Hebamm, · Die machen Podagram.
Rektor Baldrian in Reuters Stromtid, 2, 22

Tu *viperam* sub ala nutricas.
Siehe unter *Schlange* (Äsop)

Vir bonus semper tiro.
Siehe unter *Anfänger*

Viresque acquirit eundo.
Siehe unter *Fama*

Viribus unitis.
(Mit vereinten Kräften!)
Wahlspruch des österr. Kaisers Franz Joseph I., 1830–1916

Wie mancher dünkt sich *Virtuos* und schlägt gewalt'ge Triller, · Der bloß als leere Phrase drischt, was Goethe sprach und Schiller.
Schmuhl in Platen, Die verhängnisvolle Gabel

Virtus post nummos!
(Erst Geld, dann Tugend!)
Horaz, Episteln 1, 1, 54

Mea *virtute* me involvo.
(Ich hülle mich in meine Tugend.)
Horaz, Oden 3, 29, 54/55

Virtutis fortuna comes.
(Das Glück ist der Begleiter der Tüchtigkeit.) Wellingtons Wahlspruch

Vis comica. (Kraft der Komik.)
Aus Cäsars Hexametern über Terenz (Sueton, Terentii vita am Schluß; doch ist bei Cäsar nur von einer virtus comica = Tüchtigkeit in der Komik die Rede).

Vis consili expers mole ruit sua.
(Kraft ohne Weisheit stürzt durch die eigene Wucht.) Horaz, Oden 3, 4, 65

Vita brevis, ars longa
Siehe unter *Kunst*

Vitae, non scholae discimus.
Siehe unter *Leben*

Vitae summa brevis spem nos vetat incohare longam.
(Die kurze Spanne des Lebens verbietet uns, Anschläge auf weite Sicht zu machen.)
Horaz, Oden 1, 4, 15

Vitam impendere vero.
(Sein Leben der Wahrheit weihen.)
J. J. Rousseaus Wahlspruch, nach Juvenals Satire 4, 91

Nam *vitiis* nemo sine nascitur; optimus illest, · Qui minimis urgetur.
(Ist ja von Fehlern befreit kein Sterblicher; der ist der Beste, · Den die geringsten entstellen!)
Horaz, Satiren 1, 3, 68 u. 69

Viva vox docet.
(Das lebendige Wort lehrt.) Sprichwort

Edimus, ut *vivamus,* non *vivimus,* ut edamus.
(Man lebt nicht, um zu essen, sondern man ißt, um zu leben.)
Latein.-deutsches Sprichwort (nach Sokrates)

Vivat Bacchus, Bacchus lebe! · Bacchus war ein braver Mann.
Mozart, Entführung aus d. Serail, Text von Gottlieb Stephanie d. J.

Vivere militare est.
(Leben heißt kämpfen.)
Seneca, Epistolae 96, 5
Vgl. Goethe im Westöstlichen Diwan: – Denn ich bin ein Mensch gewesen, · Und das heißt ein Kämpfer sein. Auch Voltaire, Mahomet 2, 4: Ma vie est un combat. (Mein Leben ist ein Kampf.)

Vivere si recte nescis, decede peritis.
(Weißt du das Leben nicht recht zu genießen, so weiche Erfahrenen.)
Horaz, Episteln 2, 2, 213

Vivere non est necesse.
Siehe unter *Navigare*

Vivos voco. Mortuos plango. Fulgura frango.
(Die Lebenden rufe ich. Die Toten beklage ich. Blitze breche ich.)
Schiller, Das Lied von der Glocke, Motto nach der Inschrift einer Glocke im Münster zu Schaffhausen aus dem Jahre 1486.

Den *Vogel* abschießen.
Sprichwörtl. Redensart

Friß, *Vogel,* oder stirb. Sprichwort

Von welcher Art mag dieser *Vogel* sein?
Jacques in Shakespeare, Wie es euch gefällt 2, 7

Ich singe, wie der *Vogel* singt, · Der in den Zweigen wohnet; · Das Lied, das aus der Kehle dringt, · Ist Lohn, der reichlich lohnet.
Goethe, Gedichte: Der Sänger

Der *Vogel* kämpft sich aus dem Ei. Das ist die Welt. Wer geboren werden will, muß eine Welt zerstören.
Hermann Hesse, Klingsors letzter Sommer

Alle *Vögel* sind schon da, · Alle Vögel, alle!
Hoffmann v. Fallersleben, Frühlings Ankunft

Der *Vogelfänger* bin ich ja, · Stets lustig, heisa! hopsasa!
Papageno in Schikaneder-Mozart, Die Zauberflöte 1. Aufz. (1791)

Her Walther von der *Vogelweide*, · Swer des vergaeze, der taet mir leide. Hugo von Trimberg (etwa 1300)

Wenn ich ein *Vöglein* wär' · Und auch zwei Flüglein hätt'.
Volkslied 1778 (Wunderhorn)

Mach deine Rechnung mit dem Himmel, *Vogt!* Siehe unter *fort*

Vogue la galère
(es schwimme die Galeere, d. h. nur frisch drauf los).
Kehrreim eines Volksliedes (16. Jh.)

Voilà le soleil d'Austerlitz.
Siehe unter *Austerlitz*

Nous dansons sur un *volcan*.
(Wir tanzen auf einem Vulkan.)
In der Fassung: Nous marchons . . . schon 1794 von Robespierre gebraucht. Salvandy sagte dann am 5. Juni 1830 auf einem Balle, den der Herzog von Orléans (Louis Philipp) im Palais Royal zu Ehren seines Schwagers, des Königs von Neapel, gab, zum Herzog: Das ist ein ganz neapolitanisches Fest, mein Prinz, wir tanzen auf einem Vulkan.
Vgl. auch Goethes Wort (Zahme Xenien 3): »Und wie wir eben Menschen sind, · Wir schlafen sämtlich auf *Vulkanen*.«

Volenti non fit injuria.
(Wem das geschieht, was er will, dem widerfährt kein Unrecht.)
Rechtssatz des Ulpian (um 200 n. Chr.) Lib. 56 ad Edict. Dig. 47, 10, 1, 5

Allerlei *Volk*. Nach Apg. 2, 5 u. 10, 35

Dein *Volk* ist mein Volk, und dein Gott ist mein Gott. Ruth 1, 16

Das *Volk* der Dichter und Denker.
Diese Bezeichnung geht auf J. K. A. Musäus zurück. Dieser sagt nämlich in dem Vorbericht zu seinen Volksmärchen (1782): »Was wäre das enthusiastische *Volk* unsrer Denker, Dichter, Schweber, Seher ohne die glücklichen Einflüsse der Phantasie?« Der Ausdruck »Denker und Dichter« findet sich auch in seinen »Physiognomischen Reisen«, 3. Heft (1779). Das uns geläufigere Schlagwort »Dichter und Denker« gebraucht zum ersten Male Jean Paul (1808).

Volk ohne Raum.
Titel eines Romans von Hans Grimm

Das *Volk* hat aber doch gewisse Rechte.
Rudolf der Harras in Schiller, Wilhelm Tell 4, 3

Dem *Volk* kann weder Wasser bei noch Feuer.
Stüssi in Schiller, Wilhelm Tell 4, 3

Das *Volk* steht auf, der Sturm bricht los. Körner, Männer und Buben

Das arme, steuerzahlende *Volk*.
(Misera contribuens plebs.)
Nach Corpus Juris Hungarici (1751)

Es kann das *Volk* sein eigener Tyrann sein und es ist es oft gewesen.
Börne, Kritiken: Nouvelles lettres provinciales

Gerne tadelt ja das *Volk* die Herrn.
Der König in Äschylos, Die Schutzflehenden 465 (Donner)

Was liegt am *Volk*, wenn Cäsar fröhlich ist?
Freiligrath, Ein Festlied Neros: An Alfred de Vigny

Wir sind alle *Volk*, und die Regierungen mit.
Bismarck im Deutschen Reichstage, 16. Juni 1873

Wir sind ein *Volk*, und einig wollen wir handeln.
Alle Landleute in Schiller, Wilhelm Tell 2, 2

Wir wollen sein ein einzig *Volk* von Brüdern. Siehe unter *einzig*

Kein *Volk* hat Gott verlassen, das sich nicht selbst verließ.
Heinrich von Treitschke (1834–1896), Vaterländische Gedichte

Kein *Volk* schlägt sein Ideal ans Kreuz.
Paul de Lagarde (1827–1891), Deutsche Schriften

Wenn sich die *Völker* selbst befrein, · Da kann die Wohlfahrt nicht gedeihn.
Schiller, Das Lied von der Glocke V. 352/53

Wer zählt die *Völker*, nennt die Namen, · Die gastlich hier zusammenkamen?
Schiller, Die Kraniche des Ibykus

Das sind ja des *Völkerfrühlings* · Kolossale Maienkäfer.
Heinrich Heine, Atta Troll 27 (1843)

Strömt herbei, ihr *Völkerscharen!*
Lied von C. O. Sternau, Melodie von Joh. Peters

Volkes Stimme Gottes Stimme.
(Vox populi vox Dei.)
Nach Seneca, Rhetor. Kontrov. 1, 1

Des *Volkes* Zunge ist des lieben Gottes Kesselpauke.
Persisches Sprichwort

Es gibt im *Volksmunde* wohl Märchen ohne Zahl, · Ein jedes in der Runde beginnt: »Es war einmal.«
Aus der Operette Im Reiche des Indra von Paul Lincke

Des *Volkes* Wohlfahrt ist die höchste Pflicht.
Burleigh in Schiller, Maria Stuart 4, 9

Volkstum.
Wortbildung von Friedr. Ludw. Jahn, (Titel seiner Schrift »Das deutsche Volkstum« v. 1808)

Es ist *vollbracht!*
(Consummatum est.) Joh. 19, 30

Mit *Volldampf* voraus!
Kaiser Wilhelm II. am 17. Februar 1894 in einem Telegramm an Kapitän z. See Bendemann

Am meisten lieb' ich mir die *vollen*, frischen Wangen.
Mephistopheles in Goethe, Faust 320

Gott will nicht die Verstümmelung, sondern die *Vollendung* unseres Wesens. Peter Hille, Aphorismen

Die Welt ist *vollkommen* überall, · Wo der Mensch nicht hinkommt mit seiner Qual.
Chor in Schiller, Braut von Messina 2590/91

Alles *Vollkommene* in seiner Art muß über seine Art hinausgehen.
Goethe, Wahlverwandtschaften 2, 9

Oh, daß dem Menschen nichts *Vollkommnes* wird, · Empfind' ich nun.
Faust in Goethe, Faust 3240/41

Hier endigt meine *Vollmacht!*
Wrangel in Schiller, Wallensteins Tod 1, 6

Empfange meinen *Vollmachtbrief* zum Glücke!
Schiller, Gedichte: Resignation

Wie *Vollmond* glänzte sein feistes Gesicht. Bürger, Der Kaiser und der Abt

Voltaire kam vor der Revolution wie der Blitz vor dem Donner.
L. Börne, Verm. Aufsätze 35: Der Narr im Weißen Schwan 2

Zerbrochen ist des Wahnes Kette, · Die Erde sei nur Übungsstätte, · Nur *Voltigierbock* sei das Leben, · Aufs Roß werd' uns der Himmel heben. Nik. Lenau, Veränderte Welt

In magnis et *voluisse* sat est.
(In großen Dingen ist schon der Wille genug.) Properz, Elegien 3, 1, 6

Ut desint vires, tamen est laudanda *voluntas.*
(Wenn auch die Kräfte fehlen, ist dennoch der Wille zu loben.)
Ovid, Briefe aus dem Pontus 3, 4, 79. (Vgl. Properz Eleg. 3, 1, 6: in magnis et voluisse sat est und Tibull 4, 1, 7: Est nobis voluisse satis.)

Trahit sua quemque *voluptas.*
(Jeden reißt seine Leidenschaft hin.)
Vergil, Eklogen 2, 65

Der kluge Mann baut *vor.*
Gertrud in Schiller, Wilhelm Tell 1, 2

Vor mir den Tag und hinter mir die Nacht. Faust in Goethe, Faust 1087

Wir stehen am *Vorabend* großer Ereignisse.
(A la veille d'un grand événement.)
Napoleon I. (10. Oktober 1813) an den Herzog von Bassano

Ich gehe *voran*, folgen Sie mir!
(Je marche, suivez-moi!)
Napoleon III. zu seinen Gefährten beim Staatsstreich am 2. Dezember 1851

Wer nicht *voran*geht, geht zurück.
Matth. Claudius, Ein gülden Abc

Voraussetzungslose Forschung.
Nach Mommsens Brief vom 15. November 1901 an Lujo Brentano (vgl. Dav. Fr. Strauß i. d. Vorrede zum Leben Jesu, 1835, Seite 6)

Ich trotze allen *Vorbedeutungen:* es waltet eine besondere Vorsehung über den Fall eines Sperlings.
Hamlet in Shakespeare, Hamlet 5, 2

Nichts von *Vorbehalt!*
Wallenstein in Schiller, Piccolomini 2, 6

Unter dem *Vorbehalt*, wie ihn Jakobus macht.
(Sub reservatione Jacobea.)
Nach Jak. 4, 15 (So der Herr will und wir leben, wollen wir dies oder das tun)

Vorbei! ein dummes Wort. · Warum vorbei?
Mephistopheles in Goethe, Faust 11596/97

Für mich ist Spiel und Tanz *vorbei*.
Siehe unter *Spiel*

Ein Lot *Vorbeugung* ist besser als ein Pfund Heilung.
(Prevention is better than cure.)
Englisches Sprichwort (nach Th. Morus)

Gibt es doch für Sterbliche · Niemals Erlösung aus der *vorbestimmten* Not.
Der Chor in Sophokles, Antigone 1337/38 (Donner)

Der Mensch ist ein nachahmendes Geschöpf. · Und wer der *Vorderste* ist, führt die Herde.
Wallenstein in Schiller, Wallensteins Tod 3, 4

Voreil'ger Lärm · Erhöht das Übel nur. Scipio in Geibel, Sophonisbe 3, 3

Vorfrucht des Sozialismus
(der Sozialdemokratie).
Bismarck im Reichstag, 9. Oktober 1878, u. Graf Caprivi 30. November 1893 (siehe Näheres unter *Fortschritt*)

Im *Vorgefühl* von solchem hohen Glück · Genieß' ich jetzt den höchsten Augenblick.
Faust in Goethe, Faust 11585/86

Vorgenossen, nachempfunden · Waren sonst des Jahres Stunden, · Und die Gegenwart so leer, · Trübe Luft auf ödem Meer.
A. v. Arnim, An Bettina (1811)

Vorgetan und nachbedacht · Hat manchen in groß Leid gebracht.
Alter Spruch

Ein Ärgernis ist nur, wo man es nimmt, gegeben; · Dir *Vorgeworfnes* brauchst du ja nicht aufzuheben.
Rückert, Weisheit des Brahmanen 3, 34, 14

Doch ich will nicht *vorgreifen*.
Stehende Redensart in den Briefen der Paula Erbswurst in dem von S. Haber 1873 gegründeten Witzblatt »Ulk«

Der *Vorhang* fällt, das Stück ist aus, · Und Herrn und Damen gehn nach Haus.
Heine, Romanzero 21: Sie erlischt

Den nenn' ich *vornehm*, der sich streng bescheiden · Die eigne Ehre gibt und wenig fragt, · Ob ihn die Nachbarn lästern oder neiden.
P. Heyse, Der Salamander (1865, Nr. 24)

Vornehmheit und Herzensgüte sind nicht alles, aber sie sind viel.
Th. Fontane, Cécile, 29. Kap.

Zeichen der *Vornehmheit:* nie daran denken, unsre Pflichten zu Pflichten für (nicht gegen, wie oft, namentlich von Gegnern Nietzsches, zitiert wird) jedermann herabzusetzen.
Fr. Nietzsche, Jenseits von Gut und Böse, Aph. 272

Wenn der Mensch sich etwas *vornimmt*, so ist ihm mehr möglich, als man glaubt. Pestalozzi

Der größte Feind des Rechts ist das *Vorrecht.*

Marie v. Ebner-Eschenbach, Aphorismen (1893)

Eine gute *Vorrede* muß zugleich die Wurzel und das Quadrat ihres Buchs sein.

Friedr. v. Schlegel, Krit. Fragmente (Lyceum der schönen Künste, 1797)

Vorrede spart Nachrede. Sprichwort

Ein *Vorsatz*, mitgeteilt, ist nicht mehr dein.

Goethe, Die natürliche Tochter 1, 5

Ein großer *Vorsatz* scheint im Anfang toll. Wagner in Goethe, Faust 6867

Vorschmack der Seligkeit.

Roller in Schiller, Die Räuber 2, 3

Vorschußlorbeeren

geht auf Heines Romanzero (Plateniden) zurück, wo gesagt wird: »Schiller, Goethe, Lessing, Wieland · Haben nie Kredit begehrt. · Wollten keine Ovationen · Von dem Publiko auf Pump, · Keine *Vorschuß-Lorbeerkronen* pp.«

Der *Vorsehung* eingedenk.

(Providentiae memor.)

Wahlspruch der sächsischen Krone

Die *Vorsicht* ist die rechte Tapferkeit! Euripides, Die Schutzflehenden 510

Das bessere Teil der Tapferkeit ist *Vorsicht.*

Falstaff in Shakespeare, König Heinrich IV. 1. Teil 5, 4

Vorsicht ist ein besserer Soldat als Übereilung.

Montjoye in Shakespeare, König Heinrich V. 3, 6

Vorsicht ist die Mutter der Weisheit. Sprichwort

Die *Vorsicht* (Vorsehung) hält den ehrlichen Mann immer schadlos.

Das Fräulein in Lessing, Minna von Barnhelm 4, 6

Besser ist furchtsame *Vorsichtigkeit* · Denn dummkühne Vermessenheit.

Rollenhagen, Froschmeuseler 1, 2, 11. Kap. 159/60

Wo *Vorsichtigkeit* ist, da vermag das Geschick nichts.

Kaiser Ferdinand I. bei Zinkgref, Apophth. 1, S. 78

Vorsorge verhütet Nachsorge.

Sprichwort

Mir ist es gleichgültig, was sich die Menschen von mir für eine *Vorstellung* machen.

Generalfeldmarschall von Hindenburg zu einem Berichterstatter (Januar 1915)

Jeder strebt nach dem, was ihm *Vorteil* bringt.

Demosthenes, Staatsreden (Jacobs), S. 201

Der kluge Mann sucht alles zu seinem *Vorteil* anzuwenden.

Herder, Palmblätter (1800) 4, 40

Ein *vorteilischer* (habgieriger) Mensch läßt sich nimmer genügen an seinem Teil. Jes. Sir 14, 9

Allein der *Vortrag* macht des Redners Glück.

Wagner in Goethe, Faust 546

Alles *Vortreffliche* ist selten.

(Omnia praeclara rara.) Cicero, Lälius 21

Vorüber, ihr Schafe, vorüber! · Dem Schäfer ist gar so weh.

Goethe, Schäfers Klagelied (1802)

Vorüber! Ach, vorüber! · Geh, wilder Knochenmann! · Ich bin noch jung, geh, Lieber! · Und rühre mich nicht an.

Matthias Claudius, Der Tod und das Mädchen. (Vertont von Fr. Schubert.)

Vorurteil! Das Wort ist nicht übel, wollte nur das Urteil nachkommen.

Peter Hille, Aphorismen

Das gegründetste *Vorurteil* wiegt auf der Waage der Gerechtigkeit soviel als nichts.

Marinelli in Lessing, Emilia Galotti 5, 5

Die Sitte aber, sollt' er wissen, folgt · Dem Urteil nicht, sie folgt dem *Vorurteil.*

Manasse in Gutzkow, Uriel Acosta 2, 5

Wer nicht *vorwärts* geht, der kommt zurücke!

Goethe, Hermann und Dorothea 3, 66

Das wenige verschwindet leicht dem Blick, · Der *vorwärts* sieht, wieviel noch übrigbleibt.
Iphigenie in Goethe, Iphigenie auf Tauris 1, 2

Über Gräber *vorwärts!*
Goethes Wahlspruch

Marschall *Vorwärts.*
Bezeichnung Blüchers (1813/15)

Vorwärts heißt ein Feldmarschall. · Vorwärts, tapfre Streiter all! · Vorwärts!
Ludwig Uhland, Gedichte: Vorwärts!

Fuß vor Fuß bringt gut *vorwärts.*
(Voet voor voet vordert well.)
Niederländisches Sprichwort

Vorwärts ziehn wir, Proletarier! · Wißt! Was machtvoll näher klingt, · Ist des Freiheitskampfes Schlachtruf, · Der die ganze Welt durchdringt.
William Morries: Vorwärts (Übers. Rosenberg)

Wer kann was Dummes, wer was Kluges denken, · Das nicht die *Vorwelt* schon gedacht?
Mephistopheles in Goethe, Faust 6809/10

Was deines Amtes nicht ist, da laß deinen *Vorwitz.* Sir. 3, 24

Vorwitz macht Jungfern teuer!
Sprichwörtlich

Dein unglückseliger *Vorwitz* übereilt · Die fürchterlichste der Entdeckungen.
Carlos in Schiller, Don Carlos 1, 2

Besser trocken Brot gegessen, · Im geflickten Rock gesessen · Und sich in der Armut weiden, · Als gerechten *Vorwurf* leiden. Alter Spruch

Der Armen Anblick ist ein stummer *Vorwurf* dir, · O Reicher, frage dich: wer gab den *Vorzug* mir?
Rückert, Weisheit des Brahmanen 5, 84

J'ai *voulu* voir, j'ai vu.
(Ich habe sehen wollen und habe gesehen.) Racine, Athalie 2, 7

Vox clamantis in deserto.
(Stimme eines Rufers in der Wüste.)
Matth. 3, 3 und anderweit: Jes. 40, 3. Luk. 3, 4. Mark. 1, 3.

Vox faucibus haesit.
Siehe unter *Obstipui*

Vox populi, vox Dei.
Siehe unter *Volkes* Stimme

Rien n'est beau que le *vrai*; le vrai seul est aimable.
(Nichts ist schön außer dem Wahren; das Wahre allein ist liebenswert.)
Nic. Boileau-Despréaux

Profanum *vulgus.* Siehe unter *Odi*

Wir tanzen auf einem *Vulkan.*
Siehe unter *volcan*

Und wie wir eben Menschen sind, · Wir schlafen sämtlich auf *Vulkanen.* Goethe, Zahme Xenien 3

Vulnerant omnes, ultima necat.
(Alle [Stunden] verwunden, die letzte tötet.) Sonnenuhrinschrift

Vulpes pilum mutat, non mores.
(Der Fuchs wechselt den Balg, nicht den Charakter.) Sueton, Vespasian 12

W

Jemand die *Waage* halten.
Sprichwörtl. Redensart

Sein Schwert in die *Waagschale* werfen,
wie es der Gallierkönig Brennus 390 vor Chr. gegenüber den besiegten Römern tat.

Wabernde Lohe.
Nach Richard Wagners Walküre (1863)

Wach auff, es nahent gen dem tag!
Hans Sachs, die Wittenbergische Nachtigall 1523 (in Wagners Meistersinger 3, 2)

Wach auf, mein Herz, und singe!
Morgenlied von Paul Gerhardt

Wach auf und brenne!
E. G. Kolbenheyer, Paracelsus (1917)

Wachet und betet, daß ihr nicht in Anfechtung fallet.
Matth. 26, 41; Mark. 14, 38

Es ist dafür gesorgt, daß die Bäume nicht in den Himmel *wachsen.*
Sprichwort; auch Motto zu Goethes Dichtung und Wahrheit, 3. Teil

Sich etwas über den Kopf *wachsen* lassen.
Nach Esra 9, 6

Alte *Wachteln* sind bös zu fangen.
Sprichwörtlich

Wenn der *Wächter* nicht wacht, so *wacht* der Dieb.
Sprichwort

's ist auch wohl fein, · Ein *wackrer* Mann zu seiner Zeit zu sein.
Thales in Goethe, Faust 8333/34

Die *Waffen* ruhn, des Krieges Stürme schweigen.
Johanna in Schiller, Die Jungfrau von Orleans 4, 1

O *Waffen,* Waffen her! Der letzte Tag bricht an.
Schiller, Die Zerstörung von Troja V. 902

Sie bieten einer Welt in *Waffen* Trotz.
Prinz Heinrich in Shakespeare, König Heinrich IV. 1. Teil 5, 1

Wir wollen die *Waffen* auf dem Fechtboden niederlegen, aber weggeben wollen wir sie nicht.
Bismarck auf einer parlamentarischen Abendgesellschaft, 4. Mai 1880

Die *Waffen* nieder!
Titel einer »Lebensgeschichte« der Baronin Berta v. Suttner (1889)

So lebet wohl, ihr teuern *Waffenbrüder!*
Chor in Donizettis Oper Marie, die Tochter des Regiments 2 (Finale)

Wag' ich's mit diesem Sonderling?
Königin in Schiller, Don Carlos 3, 5

Und bist du kühn, und hältst du Stich, · So *wage* Haus und Hof und – dich!
Chorus in Goethe, Faust 11376/77

Du zählst die Stimmen; *wäge* sie!
Klopstock, Die Waage (1800). Vgl. bei *Stimmen*

Wagehals bricht den Hals.
Sprichwörtl. Redensart

Wo's not tut, Fährmann, läßt sich alles *wagen.*
Tell in Schiller, Wilhelm Tell 1, 1

Ein volles Herz kann die Worte nicht *wägen.*
Tellheim in Lessing, Minna von Barnhelm 5, 3

Man soll die Stimmen *wägen* und nicht zählen.
Siehe unter *Stimmen*

Erst *wägen,* dann *wagen!*
Wahlspruch Moltkes

Wer *wagt,* gewinnt.
Sprichwort

Und viel vermag, wer überraschend *wagt.*
Em. Geibel, Sophonisbe 2, 6

Nicht stets gewann, wer kühn *gewagt,* · Doch stets verlor, wer feig verzagt.
Wilhelm Jensen, Gießen 7. 1. 84

Man tadelt den, der seine Taten *wägt.*
Iphigenie in Goethe, Iphigenie 1, 2

Wer die *Wahl* hat, hat die Qual.
Sprichwort

Ohne *Wahl* verteilt die Gaben, · Ohne Billigkeit das Glück.
Schiller, Gedichte: Das Siegesfest (1804)

Ach! es war nicht meine *Wahl!*
Johanna in Schiller, Die Jungfrau von Orleans 4, 1

Fahret wohl, ihr feigen Lügen! · Ihr wart niemals meine *Wahl.*
Jaromir in Grillparzer, Ahnfrau 3

Die *Wahl* ist schwerer als das Übel selbst, · Die zwischen zweien Übeln schwankend bebt.
Eugenie in Goethe, Die natürliche Tochter 5, 6

Die *Wahlsprüche* deuten auf das, was man nicht hat, wonach man strebt.
Goethe, Maximen und Reflexionen 3

Wahlverwandtschaften.
Titel eines Romans von Goethe (1809)

Der *Wahn* ist kurz, die Reu ist lang.

... der schrecklichste der Schrekken, · Das ist der Mensch in seinem *Wahn.* Schiller, Das Lied von der Glocke

Hier, wo mein Wähnen Frieden fand, · *Wahnfried* sei dieses Haus von mir genannt.
Inschrift am Richard-Wagner-Haus zu Bayreuth

Wie lieblich um meinen entfesselten Busen · Der holde *Wahnsinn* spielt! Wieland, Oberon 1

Wahnsinn bei Großen darf nicht ohne Wache gehn.
König in Shakespeare, Hamlet 3, 1

Wo ist der *Wahnsinn,* mit dem ihr geimpft werden müßtet?
Nietzsche, Also sprach Zarathustra: Zarathustras Vorrede 3

So *wahr* Gott lebt! Hiob 27, 2

Ist's nicht *wahr,* so ist's doch gut erfunden.
(Se non è vero, è ben trovato.)
Giord. Bruno, Gli eroici furori (Paris 1585) 2, 3

Wahr ist's, 's ist schade, · Und schade, daß es wahr ist.
Polonius in Shakespeare, Hamlet 2, 2

Wahr und prunklos.
(Sinceriter citra pompam.)
Wahlspruch Huttens

Wahr im Wort, · Treu im Rat, · Frisch in der Tat. Alter Spruch

Nur der Mensch, der *wahrhaft* mit sich selbst ist, vermag es auch gegen andere zu sein.
Chr. E. Karl, Graf v. Bentzel-Sternau, Weltansichten (1816)

Wahrhaft groß sein, heißt · Nicht ohne großen Gegenstand sich regen.
Hamlet in Shakespeare, Hamlet 4, 4

Wahrhaftiger Mund besteht ewiglich, aber die falsche Zunge besteht nicht lange. Spr. Salomos 12, 19

Wahrhaftigkeit ist weniger ein Zweig als eine Blüte der sittlichen Mann-Stärke.
Jean Paul, Levana 3, Bruchstück 6, 12, 2 § 111

Wahrhaftigkeit und Politik wohnen selten unter einem Dach.
Stefan Zweig (1881–1942), Marie Antoinette (1932)

Die nackte *Wahrheit.*
(Nuda veritas.)
Nach Horaz, Oden 1, 24, 7

Die helle *Wahrheit.*
Titel eines Werkes v. Barthol. Ringwaldt (um 1580)

Lachend (lächelnd) die *Wahrheit* sagen. Horaz, Satiren 1, 1, 24
Siehe bei *ridentem*

Was ist *Wahrheit?*
Frage des Pilatus, Joh. 18, 38

Dichtung und *Wahrheit.*
Untertitel von Goethes Selbstbiographie »Aus meinem Leben« (1811 ff.)

Weh dem, der zu der *Wahrheit* geht durch Schuld, · Sie wird ihm nimmermehr erfreulich sein.
Schiller, Gedichte: Das verschleierte Bild zu Sais

Die *Wahrheit* ist vorhanden für den Weisen, · Die Schönheit für ein fühlend Herz.
Posa in Schiller, Don Carlos 4, 21

Wer die *Wahrheit* kennet und saget sie nicht, · Der bleibt ein ehrlos erbärmlicher Wicht.
August Binzer (1793–1868), Stoßt an (Komponist unbekannt)

Ich nahm die *Wahrheit* mal aufs Korn · Und auch die Lügenfinten. · Die Lüge machte sich gut von vorn. · Die Wahrheit mehr von hinten!
Wilhelm Busch, Spricker (Buschbuch, Gebr. Nöldeke 1909)

Wahrheit kann man nicht vertragen.
Rollenhagen, Froschmeuseler, 1, 2, 6. Kap. 94

Von *Wahrheit* will ich nimmer weichen, · Das soll kein Mann bei mir erreichen! –
Ulrich v. Hutten, Gesprächbüchlein 1521

Man kann die *Wahrheit* drücken, aber nicht erdrücken. Sprichwort

Ihr werdet die *Wahrheit* erkennen, und die Wahrheit wird euch frei machen. Joh. 8, 32

Wenn Gott in seiner Rechten alle *Wahrheit* und in seiner Linken den einzigen immer regen Trieb nach Wahrheit, obschon mit dem Zusatze, mich immer und ewig zu irren, verschlossen hielte, und spräche zu mir: Wähle! Ich fiele ihm mit Demut in seine Linke und sagte: »Vater, gib! die reine Wahrheit ist ja doch nur für dich allein!«
Lessing, Eine Duplik I

Die *Wahrheit* richtet sich nicht nach uns, lieber Sohn, sondern wir müssen uns nach ihr richten.
Matth. Claudius, An meinen Sohn Johannes

Die *Wahrheit* liegt in der Mitte.
Sprichwort

Die *Wahrheit* ist oft zu einfach, um Glauben zu finden.
Fanny Lewald, Deutsche Lebensbilder (Braunschweig 1856) 1, 17

Die *Wahrheit* ist im Wein; · Das heißt: in unsern Tagen · Muß einer betrunken sein, · Um Lust zu haben, die Wahrheit zu sagen.
Rückert, Vierzeilen, 1. Hundert, Nr. 22

Die *Wahrheit* finden wollen, ist Verdienst, wenn man auch auf dem Wege irrt.
Lichtenberg, Gute Vorschläge und Maximen

Zwischen uns sei *Wahrheit!*
Orest in Goethe, Iphigenie 3, 1

Die zur *Wahrheit* wandern, · Wandern allein.
Christian Morgenstern, Wir fanden einen Pfad

Die einfachsten *Wahrheiten* sind es gerade, auf die der Mensch immer erst am spätesten kommt.
L. Feuerbach, Zur Beurteilung der Schrift »Das Wesen des Christentums«

Ein Mensch ist immer das Opfer seiner *Wahrheiten*. Siehe unter *vérités*

Das erste und letzte, was vom Genie gefordert wird, ist *Wahrheitsliebe*. Goethe, Maximen und Reflex.

Was lange *währt, wird* (endlich) gut.
Sprichwort

Warum weinst du, junge *Waise?* · »Gott! ich wünschte mir das Grab; · Denn mein Vormund, leise, leise, · Bringt mich an den Bettelstab.«
Goethe, Gedichte: Rechenschaft

Waisenvater. Nach Psalm 68, 6

Wer hat dich, du schöner *Wald,* · Aufgebaut so hoch da droben?
Eichendorff, Der Jäger Abschied

Im *Wald* und auf der Heide, · Da such ich meine Freude, · Ich bin ein Jägersmann!
W. Bornemann, Jägerlied (1816)

Wie's in den *Wald* hineinschallt, schallt's wieder heraus.

Der *Wald* hat Ohren, das Feld Augen. Sprichwörter

Ich kam vom *Walde* hernieder, · Da stand noch das alte Haus, · Mein Liebchen, sie schaute wieder · Wie sonst zum Fenster hinaus.
Eichendorff, Der letzte Gruß

Waldeinsamkeit.
Ludw. Tieck in seinem Märchen Der blonde Eckbert (1797)

Nun ruhen alle *Wälder.*
Abendlied von P. Gerhardt (1648)

Durch die *Wälder,* durch die Auen · Zog ich leichten Muts dahin.
Max in Fr. Kind, Der Freischütz 1, 4 (Oper von K. M. v. Weber)

In des *Waldes* düstern Gründen.
Vulpius, Romanzen und Lieder über Rinaldini (gewöhnlich wird zitiert: »tiefsten Gründen«)

Waldesruhe, Waldeslust, · Bunte Märchenträume, · Oh, wie labt ihr meine Brust, · Lockt ihr meine Reime! Freiligrath, Im Walde

Wie lieblich schallt · Durch Busch und Wald · Des *Waldhorns* süßer Klang! Christoph v. Schmid (1817)

Waldmägdelein. Siehe unter *Vilja*

O Einsamkeit, wie trink' ich gerne · Aus deiner frischen *Waldzisterne!*
Nik. Lenau, Lyrische Nachlese: O Einsamkeit

Im schwarzen *Walfisch* zu Askalon.
J. V. v. Scheffel, Altassyrisch (1854), (Volksweise)

Walkürenritt.
Nach Richard Wagners Walküre (1863)

Und es *wallet* und siedet und brauset und zischt, · Wie wenn Wasser mit Feuer sich mengt.
Schiller, Balladen: Der Taucher

Das ist der letzte *Walzer*, der jubelnd uns erklingt.
Walzerlied aus der Operette Der letzte Walzer von Oscar Straus

Die *Wand* hat Ohren, Mauern sind Verräter. Barak in Schiller, Turandot 3, 3

Du *Wand*, o Wand, o süß und liebenswerte Wand! · Dein Spalte halte her, daß ich dadurch mag sehen.
Pyramus in Shakespeare, Sommernachtstraum 5, 1

Immer an der *Wand* lang!
Couplet von Walter Kollo (1878–1940)

Die *Wände* haben Ohren.
Alter Spruch

Wandel und Wechsel · Liebt, wer lebt. Wotan in Wagner, Rheingold

Ein *Wanderbursch* mit dem Stab in der Hand, · Kommt wieder heim aus dem fremden Land.
J. N. Vogl, Das Erkennen

Der *Wanderer* zwischen beiden Welten.
Titel eines Kriegsbuches von Walter Flex

Ich bin nur ein armer *Wandergesell.*
Lied aus der Operette Der Vetter aus Dingsda von E. Künnecke

Wanderjahre.
Nach Goethes Roman Wilhelm Meisters Wanderjahre oder Die Entsagenden (1821 bis 1829)

Die deutsche *Wanderlust* geht zuletzt aus dem abenteuerlichen Sehnen nach einem idealen Land hervor. Gustav Freytag

Wer recht in Freuden *wandern* will, · Der geh' der Sonn' entgegen.
Geibel, Morgenwanderung

Willst du besser sein als wir, · Lieber Freund, so *wandre!*
Goethe, Epigramme: Perfektibilität

Ziehst du als *Wandrer* vorbei, siehe unter *Freudig.*

Am meisten lieb' ich mir die vollen, frischen *Wangen.*
Mephistopheles in Goethe, Faust 320

Wanke weder zur Rechten noch zur Linken. Spr. Salomos 4, 27

Unter vielen schlimmen Dingen ist · Das schlimmste eine scharfe Zunge – · Ein schlimmres ist ein *wankelmütger* Sinn.
Agamemnon u. Menelaos in Schiller, Iphigenie in Aulis 2, 2

Nicht *wanken* noch weichen.
Sprichwörtl. Redensart

Wann? wie? und wo? das ist die leidige Frage.
Mephistopheles in Goethe, Faust 11631

Er brüstet sich wie ein fetter *Wanst.*
Hiob 15, 27 (Psalm 73, 7)

Ja, das Schrecklichste auf Erden · Ist der Kampf mit Ungeziefer, · Dem Gestank als Waffe dient – · Das Duell mit einer *Wanze!*
Heine, Atta Troll 11

Es saß ein brauner *Wanzerich* · Auf einem Pfennig und spreizte sich · Wie ein Rentier. Heine, Der Wanzerich

Das schönste *Wappen* in der Welt, · Das ist der Pflug im Ackerfeld.
Alter Spruch

Es *war* einmal.
So fangen viele Märchen an. Ein Roman von Hermann Sudermann ist betitelt: »Es war« (1894)

Dann sollt Ihr mir sagen, ein treuer *Wardein,* · Wieviel ich wohl wert bis zum Heller mag sein.
Bürger, Der Kaiser und der Abt

Gute *Ware* lobt sich selbst.

Jeder Krämer lobt seine *Ware.*
Sprichwörter

Man preist die *Ware*, um sie schneller loszuwerden.
Sprichwort (vgl. Laudat venales qui vult extrudere merces, Horaz, Episteln 2, 2, 11)

Sich jemand *warm*halten.
Sprichwörtl. Redensart

Kopf kalt und Füße *warm*, · Macht jeden Doktor arm.
Alte Gesundheitsregel

Gut immer ist redliche *Warnung* des Freundes.
Homer, Ilias 11, 793 (Voß)

Der Dichter steht auf einer höhern *Warte* · Als auf den Zinnen der Partei. Freiligrath, Aus Spanien (1841)

Ich hätte beinahe *warten* müssen.
(J'ai failli attendre.)
Ludwig XIV. von Frankreich

Das *Warten* soll mich nicht verdrießen.
Pfeffel, Fabeln: Der Knabe und sein Vater (1783)

Warten der Dinge, die da kommen sollen. Luk. 21, 26

Wer nicht *warten* kann, muß laufen.
Sprichwörtlich

Das Leben – das *Wartezimmer* zum Jenseits.
Hugo Oswald, Sprechendes Leuchten (1902)

Das *Warum* des *Warums*,
(le pourquoi du pourquoi)
wollte Königin Sophie Charlotte v. Preußen, Gemahlin Friedrichs I., von Leibniz auch dann noch wissen, wenn dieser ihr ein philosophisches Problem nach Möglichkeit gelöst hatte.

Das Fleckchen an der Wang ist eine Zier, das schwarze; · Doch wenn zu groß es wird, so ist es eine *Warze*.
Fr. Rückert, Weisheit des Brahmanen 18, 45

Was tun? spricht Zeus.
Schiller, Die Teilung der Erde

Iß, *was* gar ist, · Trink, was klar ist, · Sprich, was wahr ist, · Zahl, was bar ist. Alter Spruch auf Geräten

Man fragt ums *Was* und nicht ums Wie.
Mephistopheles in Goethe, Faust 11185

Öffentlich soll man nicht seine schmutzige *Wäsche waschen*.
Sprichwörtlich

Seine Hände in Unschuld *waschen*.
Nach 5. Mos. 21, 1/6; Psalm 26, 6; 73, 13; Matth. 27, 24.

Eine Hand *wäscht* die andere.
Sprichwort

Es *wäscht* die eine Hand die andre, wie man spricht, · Und beide *waschen* dann zusammen das Gesicht.
Rückert, Weisheit des Brahmanen 16 (4) 1

Das Prinzip aller Dinge ist das *Wasser*; aus Wasser ist alles, und in Wasser kehrt alles zurück.
Thales, griech. Philosoph, etwa 620 bis 540 v. Chr.

Wohl ist *Wasser* das Beste.
(*Ἄριστον μὲν ὕδωρ.*)
Pindar, Olymp. 1, 1

Alle *Wasser* laufen ins Meer.
Pred. Salomo 1, 7

Das *Wasser* hat keine Balken.
Sprichwort

Das ist *Wasser* auf unsere Mühle (kommt uns zustatten). Sprichwörtlich

Ein Glas *Wasser*.
Titel eines Lustspiels von Scribe (1842)

Sturm im Glase *Wasser*.
Siehe unter *Glase*

Sie konnten beisammen nit kommen, · Das *Wasser* war viel zu tief.
Nach dem Wunderhorn

Sich über *Wasser* halten.
Einem nicht das *Wasser* reichen können. Sprichwörtl. Redensarten

Wasser in ein Sieb schöpfen.
Sprichwörtl. Redensart

Wasser tut's freilich nicht!
Luther, Erklärung des Katechismus (1529) im vierten Hauptstück 3

Unsre Zukunft liegt auf dem *Wasser*.
Kaiser Wilhelm II. bei Einweihung des neuen Hafens in Stettin, 23. Sept. 1898

Stille *Wasser* sind tief. Sprichwort

Blut ist dicker als *Wasser*.
Siehe unter *Blut*

Bis dahin läuft noch viel *Wasser* den Berg hinunter. Sprichwörtl. Redensart

Das *Wasser* trüben.
Nach Phädrus Fab. 1, 1; Hesek. 34, 18/19

Er kann kein *Wässerchen* trüben.
Meist ironisch (nach des Phädrus Fabel vom Wolf und Schaf 30 n. Chr.) Volksmund

Wasserkrug · Macht alt und klug.
Sprichwort

Die stille *Wasserrose* · Steigt aus dem blauen See.
Em. Geibel, Lieder als Intermezzo IX

Wessen Augen nicht sehen, dessen Mund nicht *wässert.*
Chinesisches Sprichwort

So schaff' ich am sausenden *Webstuhl* der Zeit · Und wirke der Gottheit lebendiges Kleid.
Geist in Goethe, Faust 508/09

Der *Wechsel* sehr gefährlich ist.
Rollenhagen, Froschmeuseler 2, 4, 4, Kap. 228

Nichts ist dauernd als der *Wechsel,* · Nichts beständig als der Tod.
Börne, Denkrede auf Jean Paul

Und ob alles in ewigem *Wechsel* kreist, · Es beharret im Wechsel ein ruhiger Geist.
Schiller, Gedichte: Die Worte des Glaubens

Ein jeder *Wechsel* schreckt den Glücklichen.
Don Manuel in Schiller, Braut von Messina 769

Der *Wechsel* allein ist das Beständige.
Schopenhauer, Parerga und Paralip. 1, 6: Vom Unterschiede der Lebensalter

Alles *wechselt,* doch nichts geht unter!
(Omnia mutantur, nihil interit.)
Ovid, Metamorphosen 15, 165

Weg, weg aus meinen Blicken!
Duett aus Mozart, Don Juan 1, 1

Weg mit den Grillen und Sorgen!
S. A. Mahlmann, Lebenslust (1797)

Kopfhänger, geh mir *weg!* wie kann den *Weg* mir sagen · Zum Licht, wer frei zum Licht nicht darf den Blick aufschlagen?
Rückert, Weisheit des Brahmanen 16, 56

Den *Weg* alles Fleisches gehen (für sterben). Nach 1. Mos. 6, 12/13

Den *Weg* gehen, den man nicht wiederkommt. Nach Hiob 16, 22

Dein *Weg* ist krumm, er ist der meine nicht.
Max in Schiller, Wallensteins Tod 2, 7

Der nächste *Weg* zu Gott ist durch der Liebe Tür. · Der Weg der Wissenschaft bringt dich gar langsam für.
Angelus Silesius (Scheffler) Cherub. Wandersmann (1675)

Der *Weg* der Erlösung führt nicht nach rechts und nach links, er führt ins eigene Herz, und dort allein ist Gott und dort allein ist Friede. Hermann Hesse, Wanderung

Dich führt dein *Weg.*
Christian Morgenstern, Melancholie

Es führen viele *Wege* in die Hölle, aber keiner heraus.

Alle *Wege* führen nach Rom.
Sprichwörter

Laß du nur die Leute ihre *Wege* gehen, so werden sie dich wohl auch deine Wege wandeln und deine Geschäfte treiben lassen.
Thomas a Kempis, Nachf. Christi 1, 21

Weh dem, der lügt.
Titel einer Komödie von Fr. Grillparzer

Weh mir! Ich habe die Natur verändert, · Wie kommt der Argwohn in die freie Seele?
Max in Schiller, Wallensteins Tod 2, 7

Wehe, weh mir! Welche Töne!
Johanna in Schiller, Jungfrau von Orleans 4, 1

Wehe, wenn sie losgelassen!
Schiller, Lied von der Glocke V. 163

Wehe der Nachkommenschaft, die dich verkennt!
Lerse in Goethe, Götz von Berlichingen 5 (Schluß)

Jedwede Zeit hat ihre *Wehen.*
Ferd. Freiligrath, Gedichte: Der Phönix

Die Welt liegt in *Wehen;* wer will sagen, was geboren wird! Der Sturz des Alten bereitet sich vor.

Th. Fontane, Causerien über Theater

Was bringt zu Ehren? · Sich *wehren.*

Goethe, Westöstl. Diwan: Buch der Betrachtungen

Wehrstand siehe bei *Lehrstand.*

Weib, was habe ich mit dir zu schaffen? Joh. 2, 4

Alles erlaubt sich ein *Weib,* und es dünkt unziemlich sie gar nichts.

Juvenal 6, 457

Denn das *Weib* ist falscher Art, · Und die Arge liebt das Neue.

Schiller, Gedichte: Das Siegesfest

Das *Weib* ist Sonntag, der Mann Alltag. Peter Hille (1854–1904)

Beim wunderbaren Gott! – das *Weib* ist schön!

Don Carlos in Schiller, Don Carlos 2, 8

Der Erde Paradies und Hölle · Liegt in dem Worte *Weib.*

Seume, Gedichte: Der große Mut

Über ein altes *Weib* geht nix als ein Mann, der ein altes Weib is.

Peter in Nestroy, Der Unbedeutende (1846) 1, 23

Gib mir den ersten Kuß (Judith:) · O warum bin ich *Weib!*

Holofernes in Hebbel, Judith 5, 1

Vor zweymal gekochter Speiß, · Vor einem Doktor, so nichts weiß, · Und vor einem bösen *Weib,* · Behüt o HErr GOtt! meinen Leib.

(A cibo bis cocto, · A Medico indocto, · A mala muliere, · Libera me, Domine.) Mala Gallina, Malum Ovum; Centi-Folio Hundert ausbündiger Närrinnen (Nürnberg, um 1700, 38)

Ein einzig böses *Weib* lebt höchstens in der Welt: · Nur schlimm, daß jeder seins für dieses einzge hält. Lessing, Sinngedichte Nr. 41

Ein jung Gesell, der noch so wild, · Kann werden durch ein *Weib* ·gestillt.

Berthold Krüger, Hans Clawerts (Clauerts, des märkischen Eulenspiegels) Werckliche Historien 6 (Berlin 1587)

Die Geschlechter mögen einander necken, schließlich aber soll der Mann das *Weib* ehren, weil er aus Weibes Schoße stammt.

Fr. Th. Vischer, Auch Einer

Das *Weib* ist am schwächsten, wenn es liebt, und am stärksten, wenn es geliebt wird. Erich Oesterheld

Wem ein tugendsam *Weib* beschert ist, die ist viel edler denn die köstlichsten Perlen. Spr. Sal. 31, 10

Teures *Weib,* gebiete deinen Tränen! Schiller, Gedichte: Hektors Abschied

Wer nicht liebt *Weib,* Wein und Gesang, · Der bleibt ein Narr sein Leben lang.

Joh. Heinr. Voß, Gedichte: Gesundheit (Musenalmanach Hamburg 1777, S. 107) mit der Unterschrift: Dr. M. Luther; ferner Voß' Gedicht: An Luther (Sämtl. Gedichte 1802, 4, 60), das gleichfalls mit diesen Worten endet. Herder nennt in seinen Volksliedern Luther als Verfasser. Wahrscheinlich ist jedoch Luther nicht der Urheber dieses Spruches.

Er lebte, nahm ein *Weib* und starb.

Gellert, Fabeln u. Erzähl. 1: Der Greis

Wer ein holdes *Weib* errungen, · Mische seinen Jubel ein!

Schiller, An die Freude. In Beethovens Fidelio 2 heißt es: Wer ein solches Weib errungen.

Der Mutter Natur hat es beliebt, die äußersten Grenzlinien der Schönheit und Häßlichkeit in dem *weiblichen* Körper zu vereinbaren. Das höchste Ideal der Schönheit ist ein *Weib,* und das höchste Ideal der Häßlichkeit ist auch ein Weib, und es ist eine demütigende Bemerkung für stolze Schönen, daß diese beiden Endpunkte gewöhnlich in einer nämlichen Person, wiewohl in ganz verschiedenen Epochen, zusammentreffen.

J. K. A. Musäus, Volksmärchen: Die Rolandsknappen (Leipzig 1842, S. 121)

Ein Spielzeug sei das *Weib,* rein und fein, dem Edelsteine gleich, bestrahlt von den Tugenden einer Welt, welche noch nicht da ist.

Fr. Nietzsche, Also sprach Zarathustra: Von alten und jungen Weiblein.

Weib siehe auch unter *Frailty*, *Gebrechlichkeit* und *Schwachheit*

Lange vor Helenen war – ein *Weibchen* · Der Gegenstand und Zunder wilder Fehden.

(Nam fuit ante Helenam cunnus deterrima belli · Causa.)

Horaz, Satiren 1, 3, 107/108 (Wieland)

Ich wollte lieber bei Löwen und Drachen wohnen denn bei einem bösen *Weibe*. Jes. Sirach 25, 22

Eins, das müßt ihr dem *Weibe* lassen: · Daß sie zu weich ist, dauernd zu hassen. · Mögen sie hundert Männer betrüben, · Den hundertundersten wird sie noch lieben.

Kinkel, Gedichte: Sprüche Nr. 50

Wie wir alle vom *Weibe* sind, so zieht es · Zum Weib uns stets zurück mit Allgewalt.

Siegfried in Em. Geibel, Brunhild 2, 6

Alles am *Weibe* ist ein Rätsel, und alles am Weibe hat eine Lösung: sie heißt Schwangerschaft.

Fr. Nietzsche, Also sprach Zarathustra: Von alten und jungen Weiblein

Das Glück des Mannes heißt: ich will. Das Glück des *Weibes* heißt: er will.

Fr. Nietzsche, Also sprach Zarathustra: Von alten und jungen Weiblein

Besonders lernt die *Weiber* führen; · Es ist ihr ewig Weh und Ach · So tausendfach · Aus e i n e m Punkte zu kurieren.

Mephistopheles in Goethe, Faust 2023/26

Was die *Weiber* lieben und hassen, · Das wollen wir ihnen gelten lassen; · Wenn sie aber urteilen und meinen, · Da will's oft wunderlich erscheinen.

Goethe, Sprüche in Reimen: Zahme Xenien 6

Wer ohne *Weiber* könnte sein, wär' frei von viel Beschwerden, · Wer ohne Weiber könnte sein, wär' aber nicht viel nütz auf Erden.

Logau, Sinngedichte: Weiber

Ob die *Weiber* so viel Vernunft haben als die Männer, mag ich nicht entscheiden, aber sie haben ganz gewiß nicht so viel Unvernunft.

Seume, Apokryphen (1806)

Da werden *Weiber* zu Hyänen, · Und treiben mit Entsetzen Scherz.

Schiller, Das Lied von der Glocke V. 366/67

O wie so trügerisch sind *Weiberherzen*, · Mögen sie klagen, mögen sie scherzen; · Oft spielt ein Lächeln um ihre Züge, · Oft fließen Tränen – alles ist Lüge!

J. M. Piave, Rigoletto 4, 11, Oper von Verdi (Donna è mobile!)

Was hätt' ein *Weiberkopf* erdacht, das er · Nicht zu beschönen wüßte!

Saladin in Lessing, Nathan der Weise 3, 4

Weiberlist geht über alle List.

Jesus Sirach 25, 18

Doch wann's Matthä' am letzten ist · Trotz Raten, Tun und Beten, · So rettet oft noch *Weiberlist* · Aus Ängsten und aus Nöten.

Bürger, Die Weiber von Weinsberg

Geh den *Weibern* zart entgegen: · Du gewinnst sie, auf mein Wort; · Und wer rasch ist und verwegen, · Kommt vielleicht noch besser fort.

Goethe, Gedichte: Antworten bei einem gesellschaftlichen Fragespiel

Doch ist's ein alter Brauch, · Wer's mit den *Weibern* hält, der hat die Männer auch.

Haman in Goethe, Das Jahrmarktsfest zu Plundersweilern

Bewahret euch vor *Weibertücken!*

Duett in Mozart, Die Zauberflöte 3, 2 (1794)

Wie eng gebunden ist des *Weibes* Glück!

Iphigenie in Goethe, Iphigenie 1, 1

Männer richten nach Gründen; des *Weibes* Urteil ist seine · Liebe; wo es nicht liebt, hat schon gerichtet das Weib.

Schiller, Gedichte: Weibliches Urteil

Jedes *Weibes* · Fehler ist des Mannes Schuld. J. G. Herder, Der Cid 1, 13

Und etwas lebt noch in des *Weibes* Seele, · Das über allen Schein erhaben ist · Und über alle Lästerung – es heißt · Weibliche Tugend.
Posa in Schiller, Don Carlos 3, 10

Das Ewig-*Weibliche* · Zieht uns hinan. Schlußverse von Goethes Faust

Das Ewig-*Weibliche* · Zieht uns hinab.
Fr. Nietzsche, Jenseits von Gut und Böse

Keine Tugend ist doch *weiblicher* als Sorge für das Wohl anderer, und nichts dagegen macht das Weib häßlicher und gleichsam der Katze ähnlicher als der schmutzige Eigennutz, das gierige Einhaschen für den eignen Genuß.
Heinr. v. Kleist, Brief an seine Braut (Wilhelmine), 20. Sept. 1800

Der *Weibsteufel.*
Titel eines Stückes von Karl Schönherr (1876–1943)

Weder zur Rechten noch zur Linken *weichen.* Nach 4. Mos. 20, 17

Besser *weichen,* als die Schlacht verlieren. Sprichwörtl. Redensart

Er (der Adler) *weicht* selbst der Sonne nicht!
(Nec soli cedit!)
Wahlspruch Friedrich Wilhelms I.

Früh in die *Weide,* früh fett.
Bauernregel

O *Weihnacht!* Weihnacht! höchste Feier! · Wir fassen ihre Wonne nicht, · Sie hüllt in ihre heil'gen Schleier · Das seligste Geheimnis dicht. Nik. Lenau, Savonarola (1837)

Ist *Weihnacht* hell und klar, · So hofft man ein fruchtbar Jahr.

Grüne *Weihnachten,* dunkle Scheuern.

Finstre *Weihnachten,* helle Scheuern.

Weihnachten klar, gutes Weinjahr.

Grüne *Weihnachten,* weiße Ostern.
Bauernregeln

Am *Weihnachtsbaum* die Lichter brennen. Weihnachtslied von H. Kletke

Wie herrlich leuchtet wieder · Der schöne *Weihnachtsbaum!* H. Reyher

Morgen kommt der *Weihnachtsmann.*
Hoffmann von Fallersleben, Der Weihnachtsmann

O du fröhliche, o du selige, · Gnadenbringende *Weihnachtszeit.*
Joh. Falk, Alldreifeiertagslied (1816)

Weihrauch ist nur ein Tribut für Götter · Und für die Sterblichen ein Gift. Goethe, Palinoiden Nr. 1 (Motto)

Weil auf mir, du dunkles Auge,
siehe bei *Unergründlich.*

Nicht *weil,* sondern obgleich.
(Non parce que, mais quoique.)
Dupon der Ältere (1783–1865) in der Kammer, 1830. (»Der Herzog von Orleans ist auf den Thron berufen worden, nicht *weil,* sondern obgleich er ein Bourbon ist.«)

Gut Ding will *Weile* haben.
Sprichwort

Sag an, wo *weiltest* du so lang?
Landgraf in Richard Wagner, Tannhäuser 1, 4

O *Weimar!* dir fiel ein besonders Los! · Wie Bethlehem in Juda, klein und groß.
Goethe, Gedichte: Auf Miedings Tod

Jetzt muß der Geist von *Weimar,* der Geist der großen Philosophen und Dichter, wieder unser Leben erfüllen.
Reichspräsident Friedrich Ebert am 6. 2. 1919 in der Deutschen Nationalversammlung

Der *Wein* erfreut des Menschen Herz. Psalm 104, 15

Der *Wein* ist stark, der König stärker, die Weiber noch stärker, aber die Wahrheit am allerstärksten.
Luther, Tischreden Nr. 2662

Im *Wein* ist Wahrheit!
(In vino veritas.) Sprichwort

Der *Wein* ist ein Spiegel der Menschen.
Nach Alcäus, Fragmente 16 (Bergk)

Der *Wein* erfindet nichts, er schwatzt's nur aus.
Isolani in Schiller, Die Piccolomini 4, 7

Guter *Wein* findet gute Statt wie gutes Wort.
Em. Geibel, Meister Andrea 2, 9

Wein und Weib und Würfel · Ist ein dreifach W (Weh).
Hoffmann von Fallersleben, Das Weh

Ein guter *Wein* und ein schönes Weib sind zwei süße Gifte.
Türkisches Sprichwort

Wein und schöne Mädchen · Sind zwei Zauberfädchen, · Die auch die erfahrnen · Vögel gern umgarnen.
Rückert, Östliche Rosen, Die zwei Mächte

Was ist das Leben, da kein *Wein* ist?
Jesus Sirach 31, 33

Wenn der junge *Wein* blüht.
Titel des letzten Dramas von Björnstjerne Björnson

Wein der Sehnsucht siehe unter *wine*.

Arbeiter im *Weinberge* des Herrn.
Nach Matth. 20 u. Jes. 5, 7

Weine, weine, weine nur nicht, · Ich will dich lieben, doch heute nicht!
Volkslied (Musik von Weber, 1818)

Laßt mich *weinen!* das ist keine Schande: · *Weinende* Männer sind gut. · *Weinte* doch Achill um seine Briseïs.
Goethe, Westöstl. Diwan: Buch Suleika

Nichts verknüpft so sehr die Herzen als die Süßigkeit, miteinander zu *weinen*.
Rousseau, Bekenntnisse (übers. von Knigge) 4, 96

Weinen ist eine Art Genuß.
(Est quaedam flere voluptas.)
Ovid, Tristia 4, 3, 37
Vgl. Heine: Geheime Wollust liegt im Schmerz / Und *Weinen* ist ein süßer Balsam.

Wer andre zum Lachen bringen will, muß ernst bleiben, wer zum *Weinen* bringen will, muß selbst weinen.
Ausspruch Voltaires in Casanovas Memoiren 13 (Buhl, Berlin 1850/51)

Wenn ihr wüßtet, was ich weiß – sagte Mohammed –, so würdet ihr viel *weinen* und wenig lachen.
Wilh. Raabe, Motto zum »Abu Telfan«

Wer wird denn *weinen*, wenn man auseinandergeht?
Aus der Operette Die Scheidungsreise von Hugo Hirsch

Süßen Weines voll sein.
Nach Apostelgesch. 2, 13

Der ist nicht wert des *Weines*, · Der ihn wie Wasser trinkt.
Bodenstedt, Mirza-Schaffy, Lieder zum Lobe des Weines 16

Wer *weint*, vermindert seines Grames Tiefe.
(Two weep is to make less the depth of grief.)
Richard in Shakespeare, Heinrich VI. 3, 2, 1 (Schlegel)

Wer tiefer irrt, der wird auch tiefer *weise*.
Gerhart Hauptmann, Aufzeichnungen

Wahrlich, keiner ist *weise*, · Der nicht das Dunkel kennt.
Hermann Hesse, Diesseits, Erzählungen

Der *Weise* fragt nicht, ob man ihn auch ehrt; · Nur er allein bestimmt sich seinen Wert.
Seume, Einem Kleinmütigen

Durch Erd' und Himmel leise · Hinflutet eine *Weise* · Wie sanftes Harfenwehn, · Die jedem Dinge kündet, · Wozu es ward gegründet, · Woran es soll vergehn.
Em. Geibel, Neue Gedichte: Lieder aus alter und neuer Zeit 29

Wenn sie den Stein der *Weisen* hätten, · Der Weise mangelte dem Stein.
Mephistopheles in Goethe, Faust 5063/64
Vgl. unter *Verdienst*.

Besser ein *weiser* Tor als ein törichter *Weiser*.
Narr in Shakespeare, Was ihr wollt 1, 5

Da wird · Ein *weis'rer* Mann auf diesem Stuhle sitzen · Als ich und sprechen.
Nathan in Lessing, Nathan der Weise 3, 7

Der *Weise* muß zu den Toren gehn, · sonst würde die *Weisheit* verloren-

gehn, · Da Toren nie zum *Weisen* kommen.
Fr. Bodenstedt, Mirza-Schaffy, Lieder und Sprüche 9

Ein Mensch bleibt *weise*, solange er die *Weisheit* sucht; sobald er sie gefunden zu haben wähnt, wird er ein Narr. Spruch aus dem Talmud

Es ist höchste *Weisheit*, an einen Gott zu glauben, der straft und belohnt.
Voltaire am 30. Mai 1778 (Wehl, Ruhm im Sterben, 1880, S. 62)

Die *Weisheit* ist ein Quell: je mehr man aus ihr trinkt, · Je mehr und mächtiger sie wieder treibt und springt.
Angelus Silesius (Joh. Scheffler), Cherub. Wandersmann (1675)

Die *Weisheit* klagt draußen und läßt sich hören auf den Gassen.
Sprüche Sal. 1, 20

Die Furcht des Herrn ist der *Weisheit* Anfang. Jes. Sirach 1, 16

Die Furcht des Herrn, das ist *Weisheit*, und meiden das Böse, das ist Verstand. Hiob 28, 28

Durch *Weisheit* wird ein Haus gebauet und durch Verstand erhalten.
Sprüche Sal. 24, 3

In Zuversicht geht eure *Weisheit* unter.
Calpurnia in Shakespeare, Cäsar 2, 2

Die höchste *Weisheit* ist, nicht *weise* stets zu sein.
M. Opitz, Epigramme

Mensch, steig nicht allzu hoch, bild dir nichts Übrigs ein! · Die schönste *Weisheit* ist: nicht gar zu *weise* sein.
Angelus Silesius (Joh. Scheffler), Cherub. Wandersmann (1675)

Schmerz ist der Vater und Liebe die Mutter der *Weisheit*.
Börne, Fragmente und Aphorismen, 203

Weisheit wird von ihren Kindern gericht.
Fischart, Dichtungen 3, 68 (Kurz)
Nach Matth. 11, 19 und Luk. 7, 35: Die *Weisheit* muß sich rechtfertigen lassen von (allen) ihren Kindern.

Die *Weisheit* in Erbpacht haben.

Die *Weisheit* mit Löffeln gegessen haben. Sprichwörtl. Redensarten

Weisheit mit dem Sonnenblick, · Große Göttin, tritt zurück, · Weiche vor der Liebe!
Schiller, Gedichte: Der Triumph der Liebe

Ein edles Gemüt kommt nie in eure Rechnung; und daran scheitert heute eure *Weisheit*.
Roberts Trauerspiel: Macht der Verhältnisse (als Motto zu Heines Reisebildern 2)

Mutig, unbekümmert, spöttisch, gewalttätig – so will uns die *Weisheit*: sie ist ein Weib und liebt immer nur einen Kriegsmann.
Fr. Nietzsche, Also sprach Zarathustra: Vom Lesen und Schreiben

Die Narren reden am liebsten von der *Weisheit*, die Schurken von der Tugend.
Paul Ernst (1866–1933), Erdachte Gespräche

Zwar *weiß* ich viel, doch möcht' ich alles wissen.
Wagner in Goethe, Faust 601

Etwas geht vor, man *weiß* aber nicht recht, was!
Abgeordneter Sabor im Reichstage am 13. März 1889

Wer was *weiß*, der schweig, · Wem wohl ist, der bleib, · Wer was hat, der behalte, · Unglück das kommt balde.
Luther, Sämtl. Schriften, Bd. 62, S. 445

Sich *weiß* brennen (von einem Verdacht reinigen) wollen.
Diese Redensart geht auf die altgermanische Feuerprobe zurück und bedeutet: Durch Feuer seine Unschuld zu beweisen suchen. Vgl. Hans Sachs: Das heiß Eisen.

O glücklich, wer noch hoffen kann · Aus diesem Meer des Irrtums aufzutauchen! · Was man nicht *weiß*, das eben brauchte man, · Und was man weiß, kann man nicht brauchen. Faust in Goethe, Faust 1064/67

Ein *weißer* Rabe.
(Corvus albus.)
Nach Juvenal, Satiren 7, 202

Weißt nicht, wie gut ich dir bin.
Volkslied (um 1820)

Und wie wir's dann zuletzt so herrlich *weit* gebracht.
Wagner in Goethe, Faust 573

Man geht nie so *weit*, als wenn man nicht weiß, wohin man geht.
Robespierre

Wem Gott will rechte Gunst erweisen, · Den schickt er in die *weite* Welt.
Eichendorff, Der frohe Wandersmann

Weiter hast du keine Schmerzen?
Mozart, Don Juan 2, 8 (übers. von Joh. Friedr. Rochlitz)

Weiter hat es keinen Zweck.
Aus Gust. Räders Posse: Robert und Bertram

Wenn man nicht weiß, wo man hin will, so kommt man am *weitesten*.
Narr in Shakespeare, Was ihr wollt 2, 4

Dein *Weizen* soll noch blühen.
(Adhuc tua messis in herba est.)
Ovid, Heroides 16, 263

Mein *Weizen* blüht!
Sprichwörtl. Redensart

Den *Weizen* von der *Spreu* sondern.
Nach Matth. 3, 12

Welchen der Herr liebt.
Siehe unter *straft*

Ach! Die Rosen *welken* all!
W. Hauff, Reiters Morgengesang

Sie *welken* schnell, die Blumen unsres Lebens, · Und wir – wir welken ihnen langsam nach.
August Mahlmann, Herbstklänge

Soll ich zum *Welken* · Gebrochen sein?
Goethe, Gedichte: Gefunden

Uns hebt die *Welle*, · Verschlingt die Welle, · Und wir versinken.
Goethe, Gedichte: Grenzen d. Menschheit

Auf den *Wellen* ist alles *Welle*, · Auf dem Meer ist kein Eigentum.
Chor in Schiller, Braut v. Messina 1, 8

Aus den *Wellen* Reichtum.
(Ex undis divitiae.)
Inschrift am Rathause zu Danzig

Bis hierher sollst du kommen und nicht weiter; hie sollen sich legen deine stolzen *Wellen*.
Hiob 38, 11

Die *Welschen* alle taugen nichts.
Kellermeister in Schiller, Die Piccolomini 4, 5

Die *Welt* mit Brettern vernagelt.
Johannes Olorinus Variscus (Johann Sommer) in seiner Ethnographia mundi, 1608, T. 1

Die *Welt* aus den Angeln heben.
(Δός μοι ποῦ στῶ καὶ κινῶ τὴν γῆν.)
Siehe unter Archimedes. Allgemein geläufige, dem Ursprung nach unbekannte Übertragung. Vgl. unter *Punkt* und *Angeln*.

Nach dem Lauf dieser *Welt*.
Eph. 2, 2

Das ist der Lauf der *Welt*.
Mephisto in Goethe, Faust 3204

Daß wir uns in ihr zerstreuen, · Darum ist die *Welt* so groß.
Goethe, Gedichte: Wanderlied

Die ganze *Welt* liegt im argen.
1. Joh. 5, 19; vgl. Gal, 1, 4

Die *Welt* ist dessen, der sie nimmt.

Dem Mutigen gehört die *Welt*.
Sprichwörter

Bis an der *Welt* Ende.
Nach Ps. 72, 8; Matth. 28, 20; Sir. 39, 25

Die *Welt* ist ein Gefängnis.
Elisabeth in Goethe, Götz von Berlichingen 5

Die *Welt* ist ein Schauplatz: du kommst, siehst, gehst vorüber.
Matthias Claudius, Briefe an Andres

Die *Welt* ist Gottes lebendiges Abbild.
Thomas Campanella (1568–1639)

Die *Welt* ist nichts als ein Orchester, · Wir sind die Instrumente drin.
Kotzebue, Fanchon das Leiermädchen (1803)

's wird (meist »muß«) besser gehn, 's wird besser gehn, · Die *Welt* ist rund und muß sich drehn.
Wamba (der Narr) in Marschners Oper Templer und Jüdin 1

Die *Welt* wird nur mit lauterem Wahn regiert.
Luther (Zinkgref, Apophth, 1, 183)

Die *Welt* ist wie ein trunkener Bauer; hebt man ihn auf einer Seite

in den Sattel, so fällt er auf der andern wieder herab.
Luther (Zinkgref, Apophth. 1, 184)

Wenn keine Narren auf der *Welt* wären, was wär' die Welt?
Goethe in J. M. R. Lenz, Pandämonium Germanicum

Ich habe mich eifrig bemüht, die *Welt* (eigentl. des Menschen Tun) weder zu belachen noch zu beweinen, noch zu verabscheuen, sondern sie zu begreifen.
Spinoza, Tract. polit. 1, 4

Das ist deine *Welt!* das heißt eine Welt! Faust in Goethe, Faust 409

Die *Welt* wird alt und wird wieder jung, · Doch der Mensch hofft immer Verbesserung.
Schiller, Gedichte: Hoffnung

Die *Welt* ist noch auf einen Abend mein. · Ich will ihn nützen, diesen Abend. König in Schiller, Don Carlos 5, 9

Die *Welt* wird schöner mit jedem Tag. Uhland, Gedichte: Frühlingsglauben

O *Welt*, bei deinen Sachen · Ist Weinen mehr als Lachen.
Logau, Sinnsprüche, 2. Tausend, 4. Hundert Nr. 90

Ich verstehe die *Welt* nicht mehr!
Meister Anton in Friedr. Hebbel, Maria Magdalena 3, 11

Was hülfe es dem Menschen, so er die ganze *Welt* gewönne, und nähme doch Schaden an seiner Seele?
Matth. 16, 26

In der *Welt* habt ihr Angst; aber seid getrost, ich habe die Welt überwunden. Joh. 16, 33

Kinder der *Welt*.
Nach Luk. 16, 8. »Kinder der Welt« ist auch der Titel eines großen Romans von Paul Heyse (1873)

Mir gilt die *Welt* nur wie die Welt, Graziano: · Ein Schauplatz, wo man eine Rolle spielt.
Antonius in Shakespeare, Der Kaufmann von Venedig 1, 1

Wer nicht die *Welt* in seinen Freunden sieht, · Verdient nicht, daß die Welt von ihm erfahre.
Tasso in Goethe, Torquato Tasso 1, 3

Was machst du an der *Welt?* Sie ist schon gemacht; · Der Herr der Schöpfung hat alles bedacht.
Goethe, Westöstlicher Diwan: Buch der Sprüche

Die *Welt*, in der man sich langweilt.
(Le monde où l'on s'ennuie.)
Lustspiel von Ed. Pailleron (1881)

Die *Welt* ist rund, der Mensch ist schwach.
Christian Morgenstern, Galgenlieder

Die Neue *Welt*.
Nach Kolumbus' Wappenspruch (1493) Por Castilla y por León Nuebo mundo alló Colon, d. h. »Für Kastilien und Leon (also für die Krone Spanien) fand Kolumbus eine neue Welt«. Im Deutschen vielleicht zuerst erwähnt in der Übersetzung eines Briefes von Vespucci durch M. Hupfoß 1503 »Von der Newen Welt«.

Zerschlagt die *Welt*, aus einem Menschen will ich sie wiederbauen.
Paul de Lagarde, Deutsche Schriften

Die Familie ist die *Welt* der Kinder.
Otto Wirz, Gewalten eines Toren

Es gibt eine unsichtbare *Welt*, die die sichtbare durchdringt.
Gustav Meyrinck (1868–1932) Das grüne Gesicht

Wem *Welt* nicht Seele wird, findet durch sie niemals zu Gott, so lang er lebt. Hermann Stehr, Der Heiligenhof

Nicht von dieser *Welt*. Joh. 8, 23

Ich bin im Jahre 1828 geboren, das Licht der *Welt* habe ich aber erst im Jahre 1848 erblickt.
Joseph Unger (zeitweilig Minister in Österreich), Mosaik, Bunte Betrachtungen (Lpz., 3. A. 1911)

Daß ich erkenne, was die *Welt* · Im Innersten zusammenhält.
Faust in Goethe, Faust 382/83

Es ist doch lange hergebracht, · Daß in der großen *Welt* man kleine *Welten* macht.
Mephistopheles in Goethe, Faust 4044/45

Nur in der Jugend ist man wahrer *Weltbürger;* die besten unter den Alten sind nur Erdenbürger.

Börne, Aus meinem Tagebuche 12: Soden, den 22. Mai 1830

Die beste der möglichen *Welten.*

Leibniz, Theodicaea (1710) 1, 8

Weltflucht. Nach 2. Petri 1, 4

Schlagt ihn tot! das *Weltgericht* · Fragt euch nach den Gründen nicht!

Heinrich von Kleist, Germania an ihre Kinder

Die *Weltgeschichte,* die sich dünkt was Rechtes, · Ist die Zoologie des Menschengeschlechtes.

Grillparzer, Sprüche und Epigramme

Hätte die *Weltgeschichte* ein Sachregister, wie sie ein Namenregister hat, könnte man sie besser benutzen.

Börne, Fragmente und Aphorismen 14

Sitzt das kleine Menschenkind, · Sammelt flüsternde Gerüchte, · Schreibt sie in ein kleines Buch, · Und darüber »*Weltgeschichte*«.

Georg Ebers in seinem Roman Die Schwestern (1879)

Die *Weltgeschichte* ist das *Weltgericht.* Schiller, Gedichte: Resignation

Die *Weltgunst* ist ein Meer: · Darin versinkt, was schwer; · Was leicht ist, schwimmt daher.

Friedr. v. Logau, Sinngedichte: Weltgunst

Ein *Weltkind,* das sich sehnt dem Himmel zu.

Em. Geibel, Juniuslieder: Ein Bild

Weltklug und *Weltklugheit.*

Nach Luk. 16, 8

Doch glaub, dem alles schön gelingt in seinem Leben, · Für den hat bald der *Weltkreis* nicht mehr Raum.

Lodoiska in Schiller, Demetrius (Lesearten)

Nur durch *weltliche* Güter · Kannst du erobern weltliche Gemüter.

Rückert, Erbauliches und Beschauliches (1837/38)

Weltliteratur.

Eckermann, Gespräche mit Goethe am 31. Januar 1827. »Nationalliteratur will jetzt nicht viel sagen, die Epoche der Weltliteratur ist an der Zeit, und jeder muß jetzt dazu wirken, diese Epoche zu beschleunigen.«

Weltlust.

Nach 2. Petri 1, 4 und 1. Joh. 2, 17

Drum paart, zu eurem schönsten Glück, · Mit Schwärmers Ernst des *Weltmanns* Blick.

Schiller, Gedichte: Licht und Wärme

Der *Weltruhm* weht wie Wind vorbei den Ohren, · Dem schon, wenn er sich hier- und dorthin wendet, · Der Name mit der Richtung geht verloren. Dante, Läutb. 11, 100/02

Weltschmerz.

Jean Paul in »Selina oder über die Unsterblichkeit« Bd. 2, 132 (1827)

Der *Weltschmerz* ist sublime Langeweile!

Rob. Hamerling, Sinnen und Minnen: Langeweile

Weltweisheit gibt im Schmerz den besten Halt.

Dantes letzte Tage (R. Z.), Terzinengedicht 5

Nun muß sich alles, alles *wenden.*

Uhland, Frühlingsglaube

Welch eine *Wendung* durch Gottes Führung!

König Wilhelm I. nach der Kapitulation von Sedan an die Königin Augusta, 2. Sept. 1870 (meistens wird unrichtig »Fügung« zitiert).

Viele *Wenig* machen ein Viel.

Sprichwort

Wenig, aber mit Liebe.
(Δόσις δ' ὀλίγη τε φίλη τε.)

Nach Homer, Odyssee 6, 208; vgl. Tobias 4, 9

Das *wenige* verschwindet leicht dem Blick. Siehe unter *vorwärts*

Weniger wäre mehr, siehe unter *mehr*

Wenn das Wörtchen *wenn* nicht wär' . . .

Wer das *Wenn* erstiegen, · Sieht das Aber liegen.

Sprichwörtl. Redensarten

Der Mann, der das *Wenn* und das Aber erdacht, · Hat sicher aus Häckerling Gold schon gemacht.
Bürger, Der Kaiser und der Abt

Es muß *werben,* · Wer nicht will verderben.
Alter Sinnspruch

Wir wollen *werben* nicht, umworben sein.
Helena in Shakespeare, Sommernachtstraum 2, 1
Stirb und *werde* siehe unter *Stirb.*

Werde, was du noch nicht bist, · Bleibe, was du jetzt schon bist; · In diesem Bleiben und diesem *Werden* · Liegt alles Schöne hier auf Erden.
Franz Grillparzer, Gedichte (1873): In ein Stammbuch

Was will das *werden?*
Apostelgeschichte 2, 12; auch Titel eines Romans von Friedr. Spielhagen (1886)

So gib mir auch die Zeiten wieder, · Da ich noch selbst im *Werden* war.
Dichter in Goethe, Faust 184/85

Man weiß nicht, was noch *werden* mag!
Goethe, Des Epimenides Erwachen 1, 15

Was nicht ist, es kann noch *werden.*
Uhland, Frühlingsglaube

Ein *Werdender* wird immer dankbar sein.
Lustige Person in Goethe, Faust 183

Das *Werk* lobt den Meister.
Jesus Sirach 9, 24

Ein gutes *Werk* an jemand tun.
Nach Matth. 26, 10

Von der Stirne heiß · Rinnen muß der Schweiß, · Soll das *Werk* den Meister loben.
Schiller, Das Lied von der Glocke V. 5/7

Zum *Werke,* das wir ernst bereiten, · Geziemt sich wohl ein ernstes Wort.
Schiller, Das Lied von der Glocke V. 9/10

Ihre *Werke* folgen ihnen nach.
Offenb. Joh. 14, 13

Werke sind Briefe an die Menschheit.
Ludwig Feuerbach, Aus dem Nachlaß

Ein Mann, der recht zu wirken denkt, · Muß auf das beste *Werkzeug* halten.
Direktor in Goethe, Faust 109/10

Durch *Wermut* wird das Bittre nicht versüßt.
Chamisso, Salas y Gomez: Die letzte Schiefertafel

In jeder Freude ist ein Tropfen *Wermut.*
Sprichwort

O wunderschön ist Gottes Erde · Und *wert,* darauf vergnügt zu sein.
Hölty, Aufmunterung zur Freude (1777)

Ein bleicher hohlwangiger *Werther.*
Bürger, Der Kaiser und der Abt

Sie sind ein Greuel mit ihrem *Wesen.*
Psalm 14, 1

Und unten brauste das ferne Wehr · Und der *Weser* blitzende Welle.
Dingelstedt, Aus »Erste Leiden«

Sieben *Wespen* stechen ein Roß tot.
Sprichwörtl. Redensart

Die schlechtsten Früchte sind es nicht, · Woran die *Wespen* nagen.
Bürger, Gedichte: Trost; siehe auch unter *Lästerzunge*

Greif nicht leicht in ein *Wespennest;* · Doch wenn du greifst, so stehe fest.
Matthias Claudius: Ein silbern Abc

Mit weißer *Weste.*
Aus Bismarcks Äußerung über Wißmann im Oktober 1892. (»Er ist mit einer vollständig tadellosen weißen Weste aus Afrika zurückgekommen.«) Hans Blum, Ein Tag in Varzin beim Fürsten Bismarck 1892, S. 21.

Im *Westen* nichts Neues.
Titel eines bekannten Weltkriegsromans von Erich Maria Remarque

Westwärts schweift der Blick.
Seemannslied aus Wagner, Tristan und Isolde 1

Blumenkränze entführt dem Menschen der leiseste *Westwind,* · Dornenkronen jedoch nicht der gewaltigste Sturm.
F. Hebbel: Epigramme: Blumen und Dornen

Mir ist für meine *Wette* gar nicht bange!
Mephistopheles in Goethe, Faust 331

Wer *wetten* will, muß wagen.
Sprichwörtlich

Käm' alles *Wetter* gleich auf uns zu schlahn, · Wir sind gesinnt, beieinander zu stahn.
Simon Dach, Ännchen von Tharau

Fritz, bleib hier: · Du weißt ja nicht, wie's *Wetter* wird!
Kehrreim eines Couplets aus den 1850er Jahren

Wetter s. auch unter *Abschiednehmen*

Doch wer vom *Wetterlicht* umblitzt · Im Donnerwagen grollend sitzt, · Der soll nicht mit den Zügeln spielen.
Em. Geibel, An G. Herwegh (1842)

Wetterwendisch.
Nach Matth. 13, 21 u. Mark. 4, 17

Wettgesang siehe unter *Brudersphären*

Das ganze Jahrhundert ist ein *Wettrennen* nach großen Zielen mit kleinen Menschen.
J. Paul, Clavis Fichtiana

Den edlen *Wettstreit* laßt mich freundlich schlichten.
Rösselmann in Schiller, Wilhelm Tell 2, 2

Und wenn sie alle dich verschrein, · So *wickle* in dich selbst dich ein.
Matthias Claudius, Ein gülden Abc

Wer nicht mit mir ist, der ist *wider* mich. Matth. 12, 30 u. Luk. 11, 23

Ist Gott für uns, wer mag *wider* uns sein? Röm. 8, 31

Tu nichts Böses, so *widerfährt* dir nichts Böses. Sprichwörtlich

Der *Widerspruch* belebt die Unterhaltung. Das ist's, weshalb die Höfe so langweilig sind. Carmen Sylva

Denn ein vollkommner *Widerspruch* · Bleibt gleich geheimnisvoll für Kluge wie für Toren.
Mephistopheles in Goethe, Faust 2557/58

Man würze, wie man will, mit *Widerspruch* die Rede: · Wird Würze nur nicht Kost und Widerspruch nicht Fehde.
Lessing, Sinngedichte: Anhang: Sittenspruch

Recht hat jeder eigene Charakter, · Der übereinstimmt mit sich selbst, es gibt · Kein andres Unrecht als den *Widerspruch.*
Die Gräfin in Schiller, Wallensteins Tod 1, 7

Widerstand der stumpfen Welt.
Goethe, Gedichte: Epilog zu Schillers Glocke

Passiver *Widerstand.*
Hans Viktor von Unruh in der Nacht vom 9. zum 10. Nov. 1848, als die Bürgerwehr und die Gewerke Berlins der Nationalversammlung bewaffneten Schutz anboten. Siehe auch unter *Passiver.*

Wie du mir, so ich dir. Sprichwort

Man sieht doch, wo und wie?
Schüler in Goethe, Faust 2037

Es wird mir so, ich weiß nicht *wie* –
Margarete in Goethe, Faust 2755

Das Was bedenke, mehr bedenke *Wie.* Homunculus in Goethe, Faust 6992

Aber fragt mich nur nicht, *wie?*
Siehe unter *Anfangs*

Gott befohlen, Brüder! · In einer andern Welt *wieder!*
Schiller, Gedichte: Die Schlacht

Wird man wo gut aufgenommen, · Darf man nicht gleich *wiederkommen.*
Preziosa (1821) 2, 1 von Pius Alex. Wolff (nach des Cervantes Novelle La gitanilla de Madrid), Musik von Karl Maria von Weber.

Man sagt, und ohne Graun kann ich's nicht *wiedersagen.*
(On dit, et sans horreur je ne puis le redire.) Achill in Racine, Iphigenie 4, 6

Wiedersehen macht Freude.
Landläufige Redensart. Wird auch gesagt, wenn man jemand etwas leiht, z. B. ein Buch.

So *sehen* wir uns *wieder?*
Carlos in Schiller, Don Carlos 5, letzter Auftritt, Braut von Messina 4, 3

Wenn Menschen auseinandergehn, · So sagen sie: Auf *Wiedersehn!*
E. v. Feuchtersleben, Nach altdeutscher Weise

Sag ihnen, mein Handwerk ist *Widervergeltung* – Rache ist mein Gewerbe.
Karl Moor in Schiller, Die Räuber 2, 3

Padua, der Künste schöne *Wiege*.
Nach Shakespeare, Zähmung der Widerspenstigen 1, 1 (Lucentio)

Schöne *Wiege* meiner Leiden.
H. Heine, Buch der Lieder

's gibt nur a Kaiserstadt, 's gibt nur a *Wien*.
Refrain aus Adolf Bäuerles Aline, auch bei Holtei, Die Wiener in Berlin

Doch das vergeben mir die *Wiener* nicht, · Daß ich um ein Spektakel sie betrog.
Wallenstein in Schiller, Die Piccolomini 2, 7

Laßt den *Wienern* ihren Prater; · Weimar, Jena, da ist's gut.
Goethe, Gedichte: Die Lustigen von Weimar

Dem *Wilde* ist nirgends wohler als im Walde. Sprichwörtlich

So *wilde* Freude nimmt ein *wildes* Ende.
Lorenzo in Shakespeare, Romeo und Julia 2, 6

Der zivilisierte *Wilde* ist der schlimmste aller *Wilden!*
K. J. Weber, Demokritos 9, 93

Horch! Der *Wilde* tobt schon an den Mauern!
Schiller, Gedichte: Hektors Abschied

Seht, wir *Wilden* sind doch beßre Menschen! J. G. Seume, Der Wilde
Siehe auch unter *Europens*

Bist untreu, *Wilhelm*, oder tot?
Aus Bürger, Lenore

Willst du nicht aufstehn, *Wilhelm*, · Zu schaun die Prozession?
H. Heine, Die Wallfahrt nach Kevlaar

Wilhelmine, Karoline, · 's ist gesprungen, wie gehupft, · Nur daß hier die Unschuldsmiene, · Dort dich die Routine rupft.
Frank Wedekind (1861-1905), Morgenstimmung

Wilhelmus von Nassaue · Bin ich aus deutschem Blut. · Bis in den Tod hin schaue · Das Land mich treu gemut.
Altniederländisches Nationallied (um 1575)

Willem, du bist von's Gerüste jefallen.
Aus L. Angelys Fest der Handwerker (1830)

Wer *will*, der vermag.
E. Scribe-Meyerbeer, Der Nordstern 1, 6

Wat einer *will*, dat kriggt hei nich, un wat hei kriggt, dat will hei nich!
Fritz Reuter, Dörchläuchting

Der Grund ist nur mein *Will;* ich *will* nicht kommen.
Cäsar in Shakespeare, Julius Cäsar 2, 2

Dies ist unser (gnädiger) *Wille*.
(Tel est notre [bon] plaisir.)
Formel in den Erlassen französischer Könige seit 1472; vgl. bei *Tel*.

Den Menschen macht sein *Wille* groß und klein.
Buttler in Schiller, Wallensteins Tod 4, 8

Des Menschen *Wille* ist sein Himmelreich. Sprichwort

Des Menschen *Wille*, das ist sein Glück.
Zweiter Jäger in Schiller, Wallensteins Lager 7

Ewig wechselt der *Wille* den Zweck und die Regel.
Schiller, Gedichte: Spaziergang

Der *Wille* zum Leben.
Von Schopenhauer geprägte Formel. Dieser unterscheidet eine Bejahung und eine Verneinung des Willens zum Leben. Zur Erklärung dieser Ausdrücke vgl. »Die Welt als Wille und Vorstellung«, 1. Band, 4. Buch, § 54 gegen Ende, und 2. Band, Kap. 41.

Der *Wille* zur Macht.
In Anlehnung an Schopenhauers Formel von Nietzsche gebildet. Vgl. Also sprach Zarathustra: Von der Selbst-Überwindung: »Nur wo Leben ist, da ist auch Wille: aber nicht Wille zum Leben, sondern – Wille zur Macht!« Auch Titel des unvollendeten Hauptwerkes des Philosophen (Werke, 15. und 16. Bd.)

Der *Wille* zur Tat.
Fr. Nietzsche, Richard Wagner in Bayreuth. (4. Stück der »Unzeitgemäßen Betrachtungen«, Werke 1. Bd., S. 810.)

Der *Wille* lockt die Taten nicht herbei; · Der Mut stellt sich die Wege kürzer vor.
Antonio in Goethe, Torquato Tasso 2, 3

Der *Wille* · Und nicht die Gabe macht den Geber.
Klosterbruder in Lessing, Nathan der Weise 1, 5

Gewisse Dinge will ich lieber schlecht · Nach andrer *Willen* machen als allein · Nach meinem gut.
Tempelherr in Lessing, Nathan der Weise 4, 1

Er kommt, er kommt mit *Willen.*
Paul Gerhardt, Adventslied: Wie soll ich dich empfangen? (1653)

Die *Willensfreiheit* haben viele im Munde, im Geist aber wenige.
Dante, Über die Monarchie 1. Kap. 12

Willig Pferd soll man nicht spornen. Alter Reiterspruch

Nichts ist mühsam, was man *willig* tut. Thomas Jefferson, Lebensregeln

Willig s. auch unter *Gewalt* (Erlkönig)

Der Geist ist *willig*, aber das Fleisch ist schwach.
Matth. 26, 41 u. Mark. 14, 38 (vgl. unter *Wollen*)

Willkommen im Grünen! Der Himmel ist blau.
Joh. Heinrich Voß, Gedichte: Im Grünen (1787)

Ein Bringer ist immer *willkommen.*
Sprichwörtlich

Willkommen, edler Lord!
Elisabeth in Schiller, Maria Stuart 5, 13

Vermessene *Willkür* · Hat der getreuen Natur göttlichen Frieden gestört. Schiller, Gedichte: Der Genius

Immer war die *Willkür* fürchterlich
Oktavio in Schiller, Die Piccolomini 1, 4

Willt du nicht, so mußt du!
Wallenstein (Weidner, Apophth. 36)

Der *Wind* zieht seine Hosen an, · Die weißen Wasserhosen!
Heine, Buch der Lieder: Die Heimkehr 12

Es pfeift der *Wind.* Es stöhnt und gellt. · Die Hunde heulen im Hofe. · Es pfeift auf diese ganze Welt · Der große Philosophe.
Christian Morgenstern, Galgenlieder

In den *Wind reden.* Nach 1. Kor. 14, 9

Wer allzeit auf all *Wind* will sehen, · Der wird nicht säen oder mähen.
Fischart, Dichtungen 3, 37 (Kurz)

Der *Wind* hat mir ein Lied erzählt.
Lied aus dem Tonfilm »La Habanera«

Den Mantel nach dem *Winde* kehren.
Gottfried von Straßburg (1215), Tristan und Isolde 10, 430 (Bechstein), auch schon bei Spervogel dem jungen (1190) und in Freidanks Bescheidenheit (1195)

In alle *Winde* zerstreut.
Nach Hesekiel 17, 21

Spreu im *Winde.*
Hiob 21, 18; Psalm 1, 4; 35, 5; Hosea 13, 3; Zephanja 2, 2

Vom *Winde* verweht.
(Gone with the wind.)
Titel eines Romans von Margaret Mitchell (1900–1949)

Bei Zeit auf die Zäune, so trocknen die *Windeln.* Sprichwort
zitiert bei Goethe, Dichtung und Wahrheit, 3. Teil, 13. Buch

Windet zum Kranze die goldenen Ähren.
Schiller, Gedichte: Das eleusische Fest 2, 50

Gegen *Windmühlen* kämpfen.
Nach Cervantes, Don Quijote 1, 8

I drink the *wine* of aspiration and the drug of illusion. Thus I am never dull.
(Ich trinke den Wein der Sehnsucht und das Betäubungsmittel der Illusion. So kann es für mich niemals stumpfsinnig sein.)
John Galsworthy (1867–1933), The Wine Horn Mountains

Winged words. (Geflügelte Worte.)
Carlyle in seinem Essay über Walter Scott (1838)

Ach, daß wir doch dem reinen stillen *Wink* · Des Herzens nachzugehn, so sehr verlernen! · Ganz leise spricht ein Gott in unsrer Brust, · Ganz leise, ganz vernehmlich, zeigt uns an, · Was zu ergreifen ist und was zu fliehn.

Prinzessin in Goethe, Torquato Tasso 3, 2

Und wie er *winkt* mit dem Finger.

Schiller, Gedichte: Der Handschuh

Der *Winter* ist ein rechter Mann, · Kernfest und auf die Dauer.

Matth. Claudius, Ein Lied hinterm Ofen zu singen

Der alte *Winter*, in seiner Schwäche, · Zog sich in rauhe Berge zurück. Faust in Goethe, Faust 906/07

Mir ist es *winterlich* im Leibe.

Mephistopheles in Goethe, Faust 3849

Nun liegt die Welt umfangen · Von starrer *Winternacht*.

Scheffel, Trompeter von Säckingen: Werners Lieder aus Welschland 7

Donner im *Winterquartal*, · Bringt uns Kälte ohne Zahl. Bauernregel

Winterstürme wichen dem Wonnemond.

Siegmund in Richard Wagner, Ring des Nibelungen, Die Walküre 1

Heraus in eure Schatten, rege *Wipfel*.

Iphigenie in Goethe, Iphigenie 1, 1

In allen *Wipfeln* · Spürest du · Kaum einen Hauch.

Goethe, Gedichte: Ein gleiches (Wanderers Nachtlied)

Wippchen aus Bernau.

Berichterstatter, der ergötzliche Lügen und Wortverdrehungen auftischt; von Jul. Stettenheim während des Russisch-Türkischen Krieges 1877 in die Witzblattliteratur eingeführt

Niemand weiß so viel Schlechtes von uns wie *wir* selbst – und trotzdem denkt niemand so gut von uns wie wir selbst. Franz v. Schönthan

Wirbelwind und trocknen Kot, · Laß sie drehn und stäuben.

Goethe, Westöstlicher Diwan: Buch des Unmuts (1819)

Ein Mann, der recht zu *wirken* denkt, · Muß auf das beste Werkzeug halten.

Direktor in Goethe, Faust 109/10

Was gelten soll, muß *wirken* und muß dienen.

Antonio in Goethe, Torquato Tasso 1, 4

Sie (die Menschen) halten bloß das für *wirklich*, was sie verkaufen können.

Gustav Meyrink (1868–1932), Fledermäuse

Der Schein soll nie die *Wirklichkeit* erreichen. Siehe unter *Schein*

Wie anders *wirkt* dies Zeichen auf mich ein! Faust in Goethe, Faust 460

Irrungen – *Wirrungen*.

Titel eines Romans von Th. Fontane (1888)

Besser den Magen verrenkt, · Als dem *Wirt* was geschenkt. Scherzreim

Bei einem *Wirte*, wundermild, · Da war ich jüngst zu Gaste.

Uhland, Gedichte: Einkehr

Wirtschaft, Horatio! Wirtschaft! Das Gebackne · Vom Leichenschmaus gab kalte Hochzeitsschüsseln.

Hamlet in Shakespeare, Hamlet 1, 2

It is a *wise* father, that knows his own child.

(Das ist ein weiser Vater, der sein eigen Kind kennt.)

Lanzelot in Shakespeare, Der Kaufmann von Venedig 2, 2

Zuviel *Wißbegierde* ist ein Fehler, und aus einem Fehler können alle Laster entspringen, wenn man ihm zu sehr nachhängt.

Lessing, Doktor Faust, Vorspiel

Auch darf man ja nicht alles *wissen*.

(Nec scire fas est omnia.)

Horaz, Oden 4, 4, 22

Mit dem *Wissen* wächst der Zweifel. Goethe, Maximen und Reflexionen

Unser *Wissen* ist Stückwerk.

1. Kor. 13, 9

Wissen (Wissenschaft) ist Macht.
Francis Bacon, Essays (1597)
Siehe unter *Knowledge*

Wir *wissen* wohl, wer wir sind; aber nicht, was wir werden können.
Ophelia in Shakespeare, Hamlet 4, 5

Die nichts *wissen* und wissen, daß sie nichts wissen, sind mir lieber als die, die nichts wissen und nicht wissen, daß sie nichts wissen.
Bekanntes Wortspiel

Wenn du aber Almosen gibst, so laß deine linke Hand nicht *wissen*, was die rechte tut. Matth. 6, 3

Nicht aus noch ein *wissen*.
Nach 1. Könige 3, 7

Nicht *Wissens* Sorge tragen.
Siehe unter *befragen*

Es gibt nur ein einziges Gut für den Menschen: die *Wissenschaft*, und nur ein einziges Übel: die Unwissenheit. Sokrates

Von wannen kommt dir diese *Wissenschaft?*
König Karl in Schiller, Jungfrau von Orleans 1, 10 (vgl. Macbeth 1, 5 und Kleist, Hermannsschlacht 5, 4)

Die *Wissenschaft* bedarf der Umkehr. F. J. Stahl am 12. Dez. 1852

Die *Wissenschaft* fängt eigentlich erst da an interessant zu werden, wo sie aufhört.
Justus von Liebig (1803–1873), Chemische Briefe

Die *Wissenschaften* nähren die Jugend, ergötzen das Alter.
(At haec studia adulescentiam alunt, senectutem oblectant.)
Cicero, Rede für den Dichter Archias 7, 16

So ihr solches *wisset*, selig seid ihr, so ihr es tut. Joh. 13, 17

Die lustige *Witwe*.
Titel einer Operette von Franz Lehár

Der *Witwer* findet leicht ein Weib, aber die Waisen finden schwer eine Mutter.

Ein *Witwer* ist ein Stecken ohne Rebe. Sprichwörter

Witz der Geschichte.
Häufig von Bismarck angewendet
Anlehnung an *Treppenwitz* der Weltgeschichte (s. d.) und vgl. Büchmann, Geflügelte Worte, hrg. von Diener/Falkenberg (Berlin 1952), S. 213

Mit wenig *Witz* und viel Behagen.
Mephistopheles in Goethe, Faust 2162

Der *Witz* ist das einzige Ding, was um so weniger gefunden wird, je eifriger man es sucht.
Hebbels Tagebücher

Lieber einen Freund verlieren, als einen *Witz*.
Nach Quintilian, De inst. orat 6, 3, 28, wo es heißt: Propositum illud: potius amicum quam dictum perdendi. Vgl. auch Boileau Sat. 9, 22: Mais c'est un jeune fou qui se croit tout permis, · Et qui pour un bon mot va perdre vingt amis.

Weil Kürze denn des *Witzes* Seele ist, · Faß ich mich kurz.
(Therefore, since brevity is the soul of wit, · I well be brief.)
Polonius in Shakespeare, Hamlet 2, 2

Ich bin nicht bloß selbst *witzig*, sondern auch Ursache, daß andere *Witz* haben.
Falstaff in Shakespeare, König Heinrich IV. 2. Teil 1, 2

Ohne ein bißchen Bosheit kann man unmöglich *witzig* sein. Macaulay

Wo in aller Welt sind wir?
(Ubi terrarum sumus?)
Cicero, Rede für Posthumus

Wo stehet das geschrieben?
Luther im vierten und fünften Hauptstück seines Katechismus (1529)

Bei ihm besteht die *Woche* aus sieben Feiertagen. Sprichwörtlich

Saure *Wochen*, frohe Feste!
Goethe, Gedichte: Der Schatzgräber

Drei *Wochen* war der Frosch so krank! · Jetzt raucht er wieder, Gott sei Dank!
Wilh. Busch, Münchner Bilderbogen 325

Möcht' ihn auch tot im *Wochenblättchen* lesen.
Marthe in Goethe, Faust 3012

Oh, wie *wogt* es sich schön auf der Flut, · Wenn die müde Welle im Schlummer ruht.
Gesang der Meermädchen aus Carl Maria von Webers Oper Oberon

Wohl dem, der seiner Väter gern gedenkt.
Iphigenie in Goethe, Iphigenie 1, 3

Wohl dem, der frei von Schuld und Fehle.
Schiller, Gedichte: Die Kraniche des Ibykus

Wohl dem, der ein tugendsam Weib hat! des lebet er noch eins so lang.
Jes. Sir. 26, 1 und Martin in Goethe, Götz von Berlichingen 1. Akt

Wohl! nun kann der Guß beginnen.
Schiller, Das Lied von der Glocke V. 147

Wenn dem Esel zu *wohl* ist, geht er aufs Eis (tanzen). Sprichwort

Wohl ausgesonnen, Pater Lamormain!
Wallenstein in Schiller, Die Piccolomini 2, 7

Uns ist ganz kannibalisch *wohl* · Als wie fünfhundert Säuen.
Goethe, Faust 2293/94

Wohlan, die Zeit ist kommen, · Mein Pferd, das muß gesattelt sein.
Wunderhorn, Geh du nur hin

Wohlauf noch getrunken, den funkelnden Wein!
Justinus Kerner, Wanderlied 1809 (komp. von Schumann)

Wohlauf, Kameraden, aufs Pferd, aufs Pferd!
Schiller, Wallensteins Lager: Reiterlied; komp. v. Chr. J. Zahn (1797)

Wohlauf, die Luft geht frisch und rein, · Wer lange sitzt, muß rosten.
Lied von J. V. v. Scheffel (1859), komp. von V. E. Becker (1814/90)

Laßt *wohlbeleibte* Männer um mich sein, · Mit glatten Köpfen und die nachts gut schlafen.
Cäsar in Shakespeare, Julius Cäsar

Wohlfahrt siehe unter *Völker*

Wohlfeil ist ein Taschendieb.
(A good bargain is a pickpocket.)

Wohlfeil kostet viel Geld.
Sprichwörter

Sehr *wohlfeil* ist sehr teuer.
Lessing, Sinngedichte, Nr. 85

Nicht alle, die »*Wohlgeboren*« sind, sind »Wohlgestorben«.
Lichtenberg, Verm. Schriften 10: Witzige u. kom. Ausdrücke u. Vergleiche

Friede auf Erden und den Menschen ein *Wohlgefallen*. Luk. 2, 14

Sich in *Wohlgefallen* auflösen.
Sprichwörtl. Redensart

Den Tag seh' ich erscheinen, · Der mir *wohlgefalln* tut.
Beckmessers Ständchen in R. Wagners Meistersingern von Nürnberg 2

Es ist der Herr; er tue, was ihm *wohlgefällt*. 1. Sam. 3, 18

Arabiens *Wohlgerüche* alle · Versüßen diese kleine Hand nicht mehr.
Lady Macbeth in Schiller, Macbeth 5, 1

Wohlgeschmack · Bringt Bettelsack.
Alter Spruch

Was Gott tut, das ist *wohlgetan*.
Kirchenlied von Sam. Rodigast (1681)

Wohlleben zehrt, · *Wohlreden* ehrt, · *Wohlwollen* währt, · *Wohltun* nährt.
Anastasius Grün, Sprüche

Künftige *Wohltaten* so vorbereiten heißt: sie in den Augen des Himmels schon erwiesen haben.
Das Fräulein in Lessing, Minna von Barnhelm 1, 6

Wohltätig ist des Feuers Macht.
Schiller, Das Lied von der Glocke V. 155

Wohltätigkeit kennt keinen Unterschied der Nation.
Graf Moltke, 12. November 1879

Man ist nur eigentlich lebendig, wenn man sich des *Wohlwollens* anderer freut.
Goethe, Maximen u. Reflexionen 1

Hinter den Bergen *wohnen* auch Leute. Sprichwort

In meines Vaters Hause sind viele *Wohnungen*. Joh. 14, 2

Der *Wolf* ändert das Haar · Und bleibt, wie er war. Sprichwort

Alten *Wolf* reiten die Krähen.
Joh. Riemer, zwei alphabet. Sammlungen von Sprichwörtern (1577)

Wölfe im Schafspelz
(oder in Schafskleidern). Nach Matth. 7, 15

Mit den *Wölfen* muß man heulen.
Sprichwort

Wolfram von Eschenbach, beginne!
R. Wagner, Tannhäuser (1845)

Stürzt das Scheusal in die *Wolfsschlucht!*
Finale in Fr. Kind, Der Freischütz 3, 19
Oper von C. M. v. Weber

Nicht jede *Wolk'* erzeugt ein Ungewitter.
Clarence in Shakespeare, König Heinrich IV. 3. Teil 5, 3

Aus der *Wolke* quillt der Segen, · Strömt der Regen; · Aus der Wolke ohne Wahl, · Zuckt der Strahl.
Schiller, Das Lied von der Glocke V. 169/173

Und ob die *Wolke* sie verhülle, · Die Sonne bleibt am Himmelszelt.
Agathes Kavatine (Nr. 12) aus Webers Freischütz 3, 2

Eilende *Wolken*, siehe unter *Eilende*

Wie wird mir? Leichte *Wolken* heben mich.
Johanna in Schiller, Jungfrau von Orleans 5, 14

Wolkenkuckucksheim.
Die von den Vögeln in die Luft gebaute Stadt in des Aristophanes Komödie »Die Vögel«

Viel Geschrei, wenig *Wolle.*
Sprichwort

Er sagt' es selbst, · Er *wolle* sterben.
Ottokar in H. Kleist, Die Familie Schroffenstein 3, 1

Wollen habe ich wohl, aber vollbringen das Gute finde ich nicht.
Vgl. auch unter *willig* Röm. 7, 18

Dem Himmel ist beten *wollen* auch beten.
Claudia in Lessing, Emilia Galotti 2, 6

Man sagt, er *wolle* sterben.
Hauptmann in Schiller, Wallensteins Tod 4, 10

Wär's möglich? Könnt' ich nicht mehr, wie ich *wollte?*
Wallenstein in Schiller, Wallensteins Tod 1, 4

Wollust ward dem Wurm gegeben.
Schiller, Gedichte: An die Freude

Ihrer zwei sind, die sich hassen · Und einander doch nicht lassen: · Wo die *Wollust* kehret ein, · Wird nicht weit die Unlust sein.
Logau, Sinngedichte: Lust und Unlust

Es ist eine *Wollust*, einen großen Mann zu sehn.
Martin in Goethe, Götz von Berlichingen 1. Akt

Die *Wollust* der Kreaturen ist gemischet mit Bitterkeit.
Meister Eckhardt († 1327)

Ein *Wollüstling*, der bewundert, begehrt.
Odoardo in Lessing, Emilia Galotti 2, 4

Im Anfang war das *Wort*, und das Wort war bei Gott, und Gott war das Wort. Joh. 1, 1

Ein *Wort* gleicht der Biene, es hat Honig und Stachel. Talmud

Das *Wort* sie sollen lassen stahn.
Luther, Ein' feste Burg

Wort Gottes vom Lande.
Langbein, Gedichte: Der Landprediger

Ach, ich merk' es! Wehe! wehe! · Hab' ich doch das *Wort* vergessen! · Ach, das Wort, worauf am Ende · Er das wird, was er gewesen!
Goethe, Balladen: Der Zauberlehrling

Schnell fertig ist die Jugend mit dem *Wort.*
Wallenstein in Schiller, Wallensteins Tod 2, 2

Ein jeder wackre Mann ist auch ein Mann von *Wort.*
(Tout homme de courage est homme de parole.) Corneille, Le menteur 3, 2

Ein Mann ein *Wort* – ein Wort ein Mann · Ist besser, als ein Schwur getan. Alter Spruch

Das *Wort* ist tot, der Glaube macht lebendig.
Melvil in Schiller, Maria Stuart 5, 7

Das *Wort* ist frei, die Tat ist stumm, der Gehorsam blind.
Wachtmeister in Schiller, Wallensteins Lager, 6. Auftritt

Ihr könnt das *Wort* verbieten – · Ihr tötet nicht den Geist, · Der über eurer Lüge, · Ein kühner Adler, kreist!
Mackay: Ihr könnt das Wort verbieten (Gedichte, Auswahl 1910)

Verzeiht das *Wort*, · Das schlecht ist wie die Sache!
Klopstocks Ode: Die Jakobiner

Ich bitte ums *Wort*.
Schwank von Oskar Blumenthal

Verzeihen Sie das harte *Wort!*
Julius Stettenheim, häufig in Wippchens Kriegsberichten

Ein edler Mann wird durch ein gutes *Wort* · Der Frauen weit geführt. Arkas in Goethe, Iphigenie 1, 2

Das lebendige *Wort* lehrt.
(Viva vox docet.) Sprichwort

Du sprichst ein großes *Wort* gelassen aus.
Thoas in Goethe, Iphigenie 1, 3

Das *Wort* ist Tat, und in des Busens Tiefen · Drängt keine Gottheit den Entschluß zurück.
M. Beer, Bräute v. Aragonien 3, 4

Denn eben wo Begriffe fehlen, · Da stellt ein *Wort* zur rechten Zeit sich ein. · Mit *Worten* läßt sich trefflich streiten, · Mit Worten ein System bereiten, · An *Worte* läßt sich trefflich glauben, · Von einem Wort läßt sich kein Jota rauben.
Mephistopheles in Goethe, Faust 1995 bis 2000

Haltet euch an meine *Worte* und nicht an meine Werke!
Nach Matth. 23, 3

Gewöhnlich glaubt der Mensch, wenn er nur *Worte* hört, · Es müsse sich dabei doch auch was denken lassen.
Mephistopheles in Goethe, Faust 2565/66

Am besten ist's auch hier, wenn Ihr nur einen hört · Und auf des Meisters *Worte* schwört. · Im ganzen – haltet Euch an Worte!
Mephistopheles in Goethe, Faust 1988/90. Vgl.: Auf des Meisters *Worte* schwören (Jurare in verba magistri) Horaz, Episteln 1, 1, 14

Worte sind der Seele Bild. Sprichwort

Worte, Worte, Worte.
Hamlet in Shakespeare, Hamlet 2, 2

Worte, Worte, nichts als Worte.
Troilus in Shakespeare, Troilus und Cressida 5, 3

Ich habe nichts als *Worte*, und es ziemt · Dem edlen Mann, der Frauen Wort zu achten.
Iphigenie in Goethe, Iphigenie 5, 3

Verzeih, ich kann nicht hohe *Worte* machen.
Mephistopheles in Goethe, Faust 275

Nicht viele *Worte* machen.
Sir. 7, 15; Matth. 6, 7

Glatte *Worte* machen.
Nach den Sprüchen Salom. 2, 16

Drei *Worte* nenn' ich euch, inhaltsschwer, · Sie gehen von Munde zu Munde.
Schiller, Gedichte: Die Worte des Glaubens

Worte werden gelesen, · Worte werden gehört, · Worte wirken am Wesen, · Weil Geist Seele beschwört. Wilhelm Schäfer, Spruch

Gar vieles kann, gar vieles muß geschehn, · Was man mit *Worten* nicht bekennen darf.
König in Goethe, Die natürliche Tochter 1, 3

Mit *Worten* nicht, mit Taten laßt mich danken!
Vilacky in Körner, Zriny 2, 5

Täter des *Worts*, siehe unter *Hörer*.

In des *Worts* verwegenster Bedeutung. Marquis in Schiller, Don Carlos 1, 6

Wozu der Lärm? Was steht dem Herrn zu Diensten?
Mephistopheles in Goethe, Faust 1322

Wozu (warum) in die Ferne schweifen? Siehe unter *schweifen*

Wuchern mit seinem Pfunde.
Sprichwörtl. nach Luk. 19, 12–23

In der Tat, mein *Wuchs* ist nicht übel.
Zerline in Aubers Oper Fra Diavolo 2, von Scribe

Alte *Wunde* blutet leicht.
Sprichwörtlich

Wie brennt meine alte *Wunde!*
Heine, Die Grenadiere

Auf der Bidassoabrücke · Brachen alte *Wunden* auf.
Ludwig Uhland, Die Bidassoabrücke

Der Narben lacht, wer *Wunden* nie gefühlt.
(He jests at scars, that never felt a wound.)
Romeo in Shakespeare, Romeo und Julia 2, 2

Öl in die *Wunden* gießen.
Nach Luk. 10, 34

Das *Wunder* ist des Glaubens liebstes Kind.
Faust in Goethe, Faust 766

Das *Wunder* ist des Augenblicks Geschöpf.
Gerichtsrat in Goethe, Die natürliche Tochter 4, 2

Welches *Wunder* begibt sich?
Schiller, Gedichte: Pompeji und Herkulanum

Ach, es geschehen keine *Wunder* mehr!
Bertrand in Schiller, Jungfrau von Orleans: Prolog 3. Auftr.

Das große unzerstörbare *Wunder* ist der Menschenglaube an Wunder.
Jean Paul, Vorschule der Ästhetik (1804)

Der *Wunder* höchstes ist, · Daß uns die wahren, echten Wunder so · Alltäglich werden können, werden sollen.
Nathan in Lessing, Nathan der Weise 1, 2

Gib acht, du sollst dein *Wunder* schaun!
Schiller, Gedichte: Pegasus im Joche

Die *Wunder* ruhn, der Himmel ist verschlossen.
Johanna in Schiller, Jungfrau von Orleans 5, 6

Zeichen und *Wunder* tun.
Nach Mos. 5, Mos. 7, 19; Mark. 13, 4 u. öfter

Nun sag mir eins, man soll kein *Wunder* glauben!
Altmayer in Goethe, Faust 2336

Nur ein *Wunder* kann dich tragen · In das schöne *Wunderland.*
Schiller, Gedichte: Sehnsucht

Das wär' kein *Wunder*, *wundersüchtges* Volk?
Nathan in Lessing, Nathan der Weise 1, 2

Ich weiß, es wird einmal ein *Wunder* geschehn.
Lied aus d. Tonfilm »Die große Liebe«

Das ist viel köstlicher als Gold, · Als Perl' und Diamant: · Drum wird es »Blümchen *Wunderhold*« · Mit gutem Fug genannt.
G. A. Bürger, Das Blümchen Wunderhold

Wunderliche Heilige. Nach Psalm 4

Ich kenn' ein Blümlein *Wunderschön* · Und trage danach Verlangen.
Goethe, Gedichte: Das Blümlein Wunderschön

Oh, *wunderschön* ist Gottes Erde!
Siehe unter *Erde*

Wunderseliger Mann, welcher der Stadt entfloh!
Ludw. Hölty, Das Landleben (1775)

Wundertäter ohnegleichen, · Laß ein Wunder uns erfreun!
Ed. Mörike, Die Herbstfeier

Wundertätig ist die Liebe, · Die sich im Gebet enthüllt.
Goethe, Novelle

Wundervoll ist Bacchus' Gabe.
Siehe unter *Bacchus*

Wie *wundervoll* sind diese Wesen, · Die, was nicht deutbar, dennoch deuten, · Was nie geschrieben wurde, lesen, · Verworrenes be-

herrschend binden · Und Wege noch im Dunkeln finden.
Hugo von Hofmannsthal (1874–1929), Der Tod und der Tor

Ick *wundre* mir über jar nischt mehr. Otto Reutter (1870–1931)

Das war immer mein *Wunsch.*
(Hoc erat in votis.)
Horaz, Satiren 2, 6, 1 (Voß)

Dein *Wunsch* war des Gedankens Vater, Heinrich!
(Thy wish was father, Harry, to that thought.)
König Heinrich in Shakespeare, König Heinrich IV. 2. Teil 4, 4

Ach, Freundchen, rede nicht so wild, · Bezähme deine Zunge. · Ein jeder *Wunsch,* wenn er erfüllt, · Kriegt augenblicklich Junge.
Schein und Sein. Nachgelassene Verse von Wilh. Busch 1909. (Niemals)

Es gehen viele *Wünsche* in einen Sack. Sprichwort

Fromme *Wünsche* siehe unter *Fromme*

Es stirbt der Glücklichste *wünschend.* G. Chr. v. Kleist, Der Frühling

Was man *wünscht,* das glaubt man gern. Sprichwort

Was ich *wünschte* vor manchem Jahr, · Hat das Leben mir nicht beschert, · Aber es hat mich dafür gelehrt, · Daß mein Wunsch ein törichter war.
Geibel, Gedichte: Sprüche

Würde · Bringt Bürde.
Inschrift an einem Rathaus

Die *Würde* des Amtes zu üben.
Schiller, Gedichte: Der Graf von Habsburg

Der Menschheit *Würde* ist in eure Hand gegeben – · Bewahret sie! · Sie sinkt mit euch! Mit euch wird sie sich heben!
Schiller, Gedichte: Die Künstler V. 443ff.

Das *Würdige* beschreibt sich nicht (ist unbeschreiblich).
Herold in Goethe, Faust 5562

Es glückt nicht alles beim ersten *Wurf.* Sprichwort

Wem der große *Wurf* gelungen!
Schiller, Gedichte: An die Freude

Würfel, Weiber, Wein · Bringen Lust und Pein.
Logau, Sinngedichte: Drei W

Der *Würfel* ist gefallen.
(Jacta alea est!) Siehe unter *alea*

Zum wilden, eisernen *Würfelspiel* · Streckt sich unabsehlich das Gefilde. Schiller, Gedichte: Die Schlacht

Die *Wurfschaufel* handhaben.
Nach Matth. 3, 12

Auch der *Wurm* krümmt sich, wenn man ihn tritt. Sprichwort

Der kleinste *Wurm,* getreten, windet sich.
Clifford in Shakespeare, König Heinrich VI. 3. Teil 2, 2

Wie! ist dem zertretnen *Wurm* · Auch das Krümmen nicht vergönnet?
A. v. Kotzebue, Ausbruch der Verzweiflung (1791)

Ein jeder Mann hat seinen *Wurm,* · Kopernikus den seinen.
Goethe, Sprüche in Reimen: Sprichwörtlich

Einem die *Würmer* aus der Nase ziehn (Geheimnis entlocken).
Sprichwörtl. Redensart

Bei einem vollen Glase · Zieh' ich, wie einen Kinderzahn, · Den Burschen leicht die *Würmer* aus der Nase. Frosch in Goethe, Faust 2174/76

Von den *Würmern* gefressen werden.
Nach Hiob 4, 19 und Apostelgesch. 12, 23

Stimmung gänzlicher *Wurschtigkeit.*
Bismarck an seine Schwester, 22. Dezember 1853. Siehe auch Moritz Busch, Graf Bismarck und seine Leute, Bd. 1, S. 255, wo Bismarck am 21. 1. 1871 sagt: »Nescio, quid mihi magis farcimentum esset.« (Ich weiß nicht, was mir mehr Wurst wäre.)

Mit der *Wurst* nach der Speckseite (dem Schinken) werfen.

Wurst wider Wurst!
(Wie du mir, so ich dir!)

Es geht jetzt um die *Wurst!*
(Kommt zur Entscheidung.)
Sprichwörtl. Redensarten

Arbeit ist des Lebens *Würze.*

Kürze ist der Rede *Würze.*
Sprichwörter

Die Axt an die *Wurzel* legen.
Nach Matth. 3, 10

Geiz ist eine *Wurzel* alles Übels.
1. Tim. 6, 10

Hier sind die starken *Wurzeln* deiner Kraft.
Attinghausen in Schiller, Wilhelm Tell 2, 1
(Vgl. bei *Vaterland*)

In der *Wüste* ist der Sand billig.
Sprichwort

Wüstenkönig ist der Löwe.
Freiligrath, Löwenritt

Spring an, mein *Wüstenroß* aus Alexandria!
Ferd. Freiligrath, Gedichte: Der Alexandriner

In der *Wut* · Tut niemand gut.
Sprichwort

Die losgebundenen Furien der *Wut* · Ruft keines Herrschers Stimme mehr zurück.
Wallenstein in Schiller, Wallensteins Tod 3, 20

Gebüßt wird unter der Sonnen · Jede Tat der verblendeten *Wut.*
Chor (Cajetan) in Schiller, Die Braut von Messina 1, 8

Die *wütende* Rotte Korahs.
Jes. Sir. 45, 22, siehe auch 4. Mos. 16, 5

Glaubt nicht, daß bei dem größten Glücke · Ein *Wütrich* jemals glücklich ist.
Gellert, Fabeln und Erzählungen I (1746): Damokles

Dieser *Wütrich* von Soldaten · Hätt' mich bald gespießt, gebraten – · Ja, mein Herr! ja, mein Herr!
Dr. Bartolo in Rossinis Barbier von Sevilla, Finale 1, Nr. 8

X

Jemand ein *X* für ein U machen.
(Betrügerisch das Doppelte in Rechnung stellen, nämlich X [10] für V [5].)
Sprichwort

Xanthippe
hieß die wohl zu Unrecht als zänkisch verschriene Frau des Sokrates.

Daß der Gatte *Xanthippes* ein so großer Philosoph geworden, ist merkwürdig. Während allem Gezänk noch denken! Aber s c h r e i b e n konnte er nicht, das war unmöglich: Sokrates hat kein einziges Buch hinterlassen.
H. Heine, Gedanken und Einfälle 5

Xenien nennt ihr euch? Ihr gebt euch für Küchenpräsente? · Ißt man denn, mit Vergunst, spanischen Pfeffer bei euch?
Goethe-Schiller, Xenienalmanach

Ach! hier lieg ich und strecke nach deinen Knien die Hände · Flehend aus. Oh, vernimm, Jupiter *Xenius*, mich.
Goethe, Römische Elegien 7
Xenios, der Gastliche, Beschützer des Gastrechts = ein Beiname des Zeus

Y

Einem Mann ein lateinisches *Y* aufsetzen.
(Hörner aufsetzen.)
Abraham a Santa Clara

Yankee-Doodle,
das in einem lebhaften Marschtempo komponierte Nationallied der Nordamerikaner.

Yellow press oder Yellow journalism, die gelbe Presse,
wird seit 1895, wo in der New Yorker Zeitung The World eine Reihe von Bildern erschien, in denen ein Kind mit einem gelben Hemde – Yellow kid – vorkam, jede Zeitung des ausgesprochenen Yankeetums genannt. Dies von Richard F. Outcault gezeichnete Yellow kid gebrauchte die drolligsten Ausdrücke und wurde bald der erklärte Liebling des Lesepublikums. Nachdem die World diese Bilder nicht mehr brachte und sie im New York Journal erschienen, entspann sich zwischen diesen beiden Sensationsblättern ein Streit über die Priorität des Kindes.

Ach, armer *Yorick!*
(Alas, poor Yorick!)
Hamlet in Shakespeare, Hamlet 5, 1

Yoricks empfindsame Reise.
(Yoricks sentimental journey.)
Von Sterne, siehe unter *sentimental*

Wie der »Tod von *Ypern*« aussehen.
Nach W. Borchardt-Wustmann Bezeichnung für einen abgemagerten, krankhaft aussehenden Menschen; wahrscheinlich nach einem großen Peststerben, das in Ypern und dessen Umgebung, einer nassen und sumpfigen Landschaft, einmal geherrscht haben soll.

Z

Zachäus auf allen Kirchweihen.
Nach Luk. 19, 1/10

Der Götter Fluch dem *Zagen!*
Freiligrath nach Viktor Hugo, Das Lied der Arena

Zaghaften Sinns ersteigst du nicht des Lebens Höhn.
Publilius Syrus, Spruchverse 426

Die *Zahl* ist das Wesen aller Dinge.
Pythagoras

Ich *zahle* dir in einem andern Leben. Schiller, Gedichte: Resignation

Zahlen beweisen! sagt Benzenberg.
Sprichwörtlich seit 1833. Der in Joh. Friedr. Benzenbergs (1777–1846) Schriften vielfach wiederkehrende Ausspruch lautet eigentlich: *Zahlen* entscheiden.

Man soll die Stimmen nicht *zählen.*
Siehe unter *wägen* und vgl. bei *Stimmen*

Man läßt sich gern schützen, aber man *zahlt* nicht gern.
Bismarck im Preuß. Abgeordnetenhause, 1. Juni 1865

Und da keiner wollte leiden, · Daß der andre für ihn *zahle,* · *Zahlte* keiner von den beiden.
Heine, Romanzero: Zwei Ritter

Auge um Auge, *Zahn* um Zahn.
2. Mos. 21, 24, 3; Mos. 24, 20; Matth. 5, 28

Es tut ihm kein *Zahn* mehr weh (er ist tot). Sprichwörtl. Redensart

Zahn der Zeit.
(Tooth of time.)
Herzog in Shakespeare, Maß für Maß 5, 1; vgl. Wieland, Abderiten 4, 12

Jemand auf den *Zahn* fühlen.
Sprichwörtl. Redensart

Die *Zähne* zusammenbeißen.
Matth. 8, 12; 22, 13; 24, 51; 25, 30

Gehege der *Zähne* –
Homer, Ilias 4, 350, Od. 1, 64 u. öfter

Da wird sein Heulen und *Zähneklappen.* Nach Apostelgesch. 7, 54

Haare auf den *Zähnen* haben.
Ein Haar auf den *Zähnen* wiegt tausend auf dem Kopfe auf.
Sprichwörtlich

Denn noch bis jetzt gab's keinen Philosophen, · Der mit Geduld das *Zahnweh* konnt' ertragen.
(For there was never yet philosopher · Who could endure the toothache patiently.)
Benedikt in Shakespeare, Viel Lärm um Nichts 5, 1

Friede erquickt, der *Zank* erstickt! · Zum *Zanke* gehören immer zwei, · Schweigst du, so ist der Zank vorbei. Alter Spruch

Einen *Zankapfel*
nennen wir einen Streitgegenstand (malum discordiae) nach Justinus (12, 15 und 16, 3), wie Erisapfel oder Apfel der Zwietracht nach Homers Ilias.

Zanke nicht mit einem Gewaltigen.
Jes. Sirach 8, 1

Zanke nicht mit einem Schwätzer, daß du nicht Holz zutragest zu seinem Feuer. Jes. Sirach 8, 4

Zankt, wenn ihr sitzt beim Weine, · Nicht um des Kaisers Bart!
Geibel, Jugendgedichte: Von des Kaisers Bart

Ich will einst, bei Ja und Nein! · Vor dem *Zapfen* sterben.
G. A. Bürger, Zechlied (Verdeutschung des mittelaterlichen Vagantenliedes »Meum est propositum, in taberna mori«)

Du bist ein richtiger *Zappel-Philipp,*
sagt man zu unruhigen Kindern (vgl. Hoffmanns *Struwwelpeter,* 1845)

Der Himmel ist hoch, und der *Zar* ist weit.
Nicht jeder ist *Zar,* der im Kreml wohnt. Russische Sprichwörter

Der weiße *Zar*
wird der russ. Kaiser schon in einer Urkunde von 1536 genannt.

Gott sei des *Zaren* Schutz!
Frühere russische Nationalhymne von Al. Lwow, Musik von Glinka

Geh den Weibern *zart* entgegen.
Goethe, Gedichte: Antworten bei einem gesellsch. Fragespiel

Allzu große *Zartheit* der Gefühle ist ein wahres Unglück.
C. J. Weber, Demokritos 3, 3: Das Modetemperament

Zärtliche Verwandte.
Nach dem Lustspiel von Roderich Benedix (1866)

Der fremde *Zauber* reißt die Jugend fort.
Attinghausen in Schiller, Wilhelm Tell 2, 1

Nimm mit deinem *Zauberdunkel* · Diese Welt von hinnen mir, · Daß du über meinem Leben · Einsam schwebest für und für.
Nik. Lenau, Bitte

Und an diesem *Zauberfädchen,* · Das sich nicht zerreißen läßt, · Hält das liebe, lose Mädchen · Mich so wider Willen fest.
Goethe, Gedichte: Neue Liebe, neues Leben

Wein und schöne Mädchen · Sind zwei *Zauberfädchen,* · Die auch die erfahrnen · Vögel gern umgarnen.
Rückert, Östl. Rosen: Die zwei Mächte

Ja, wäre nur ein *Zaubermantel* mein! · Und trüg' er mich in fremde Länder.
Faust in Goethe, Faust 1122/23

Mondbeglänzte *Zaubernacht,*
siehe unter *Mondbeglänzte.*

Ließe doch ein hold Geschick · Mich in deinen *Zaubernähen,* · Mich in deinem Wonneblick · Still verglühen und vergehen.
Nik. Lenau, Stumme Liebe

Der Dichter steht mit dem *Zauberstab* · Auf wolkigem Bergesthrone.
Em. Geibel, Jugendgedichte: König Dichter

Die Natur ist eine versteinerte *Zauberstadt*. Novalis, Fragmente

Das *Zaudern*, das oft in ruhigen Zeiten nützlich ist, bringt Männern in unruhigen Zeiten den Untergang.
Alph. de Lamartine, Gesch. der Girondisten

Jemand im *Zaume* halten.
Sprichwörtl. Redensart

Was über den *Zaun* fällt, gehört dem Nachbar. Alter Rechtsgrundsatz

Was nützt der *Zaun*, und die Tür ist offen? Sprichwörtlich

Wo kein *Zaun* ist, wird das Gut verwüstet. Jes. Sir. 36, 27

Etwas vom *Zaune* brechen
(einen Streit).

Zaungast sein
(kein Eintrittsgeld zahlen).

Einen Wink mit dem *Zaunpfahl* geben. Sprichwörtl. Redensarten

Du treibst mir's gar zu toll, · Ich fürcht', es breche! · Nicht jeden Wochenschluß · Macht Gott die *Zeche*.
Goethe, Sprüche in Reimen: Sprichwörtlich

Im Kreise froher, kluger *Zecher*.
Lied von Christian Gottlob Otto (vor 1808)

Die oberen *Zehntausend*.
(The upper ten thousand)
Nach Nathaniel Parker Willis (New Yorker Zeitung »Evening Mirror« vom 11. Nov. 1844 Nr. 31)

Viel *zehren* und gasten · Leert Küche (Keller) und Kasten.

Viele sind bessere *Zehrer* als Mehrer.

Wer wenig *zehrt*, hat lang zu *zehren*. Sprichwörter

Zeichen der Zeit. Nach Matth. 16, 3

Am Himmel geschehen *Zeichen* und Wunder.
Kapuziner in Schiller, Wallensteins Lager. Nach 2. Mos. 7, 3; Matth. 24, 24; Mark. 13, 22 sowie 2. Thess. 2, 9

Wie anders wirkt dies *Zeichen* auf mich ein! Faust in Goethe, Faust 460

Treu wie der *Zeiger* am Uhrwerk.
Schiller, Gedichte: Der Genius

Zeihen ist leichter als beweisen.
Sprichwörtlich

Um Lebens oder Sterbens willen · Bitt' ich mir ein paar *Zeilen* aus.
Mephistopheles in Goethe, Faust 1714/15

Zwischen den *Zeilen* lesen
(d. h. tiefer in den Inhalt einer Schrift eindringen). Sprichwörtl. Redensart

Alles zu seiner *Zeit*.
Georg Friedrich von Brandenburg (Weidner, Apophth. 348)

Ein jegliches hat seine *Zeit*.
Pred. Salomo 3, 1

Kommt *Zeit*, kommt Rat.

Zeit bringt Rat. Sprichwörter

Die *Zeit* ist eine feine Herrin.
(Il tempo è un galant'uomo.) Mazarin

Die *Zeit* bringt Rat. Erwartet's in Geduld! · Man muß dem Augenblick auch was vertrauen.
Reding in Schiller, Wilhelm Tell 2, 2

Die *Zeit*, die alles vertilgt, legt dem Alter die Erfahrung zu.
Plutarch, Über die Erziehung der Kinder § 8

Die *Zeit* entlarvt den Bösen.
Euripides, Hippolyt 426 (Minckwitz)

Dreifach ist der Schritt der *Zeit*.
Siehe unter *dreifach*

Das war eine köstliche *Zeit!*
Stadinger in Lortzing, Der Waffenschmied

Die *Zeit* tut nichts zur Sache.
Molière, Misanthrope 1, 2

Wer einmal eine *Zeit* für sich gehabt, · Wird wieder einmal eine für sich haben.
Joh. Gabr. Seidl, Bifolien, Dichter-Alter

Der reifste Sohn der *Zeit*.
Schiller, Die Künstler

Zeit ist Geld.
(Time is money.)
Nach Theophrast bei Diogen. Laërt. V 2 n. 10, 40 heißt es schon:
Πολυτελὲς ἀνάλωμα εἶναι τὸν χρόνον.
(Zeit sei eine kostbare Ausgabe.)

Die *Zeit* ist aus den Fugen.
(The Time ist out of joint.)
Shakespeare, Hamlet 1, 5

Die *Zeit* geht aufrecht unter ihrer Last.
Prospero in Shakespeare, Der Sturm 5, 1

Oh! Mit der *Zeit* wären wir fertig.
Ferdinand in Schiller, Kabale und Liebe 5, 7

Wem *Zeit* wie Ewigkeit · Und Ewigkeit wie Zeit, · Der ist befreit · Von allem Leid.
Jakob Böhme (1575–1624)

Ein jeder ist ein Kind der *Zeit*.
L. Schefer, Laienbrevier, April 25

Gebraucht der *Zeit*, sie geht so schnell von hinnen, · Doch Ordnung lehrt Euch Zeit gewinnen.
Mephistopheles in Goethe, Faust 1908/09

Des Menschen Engel ist die *Zeit*.
Oktavio in Schiller, Wallensteins Tod 5, 11

Die *Zeit* heilt Wunden. Sprichwort
(Vgl. auch Augustinus Konfess. 4, 5: Tempore lenitum est vulnus meum.)

Benutze redlich deine *Zeit!* · Willst was begreifen, such's nicht weit.
Goethe, Sprüche in Reimen: Sprichwörtlich

Die *Zeit* und ich nehmen es mit zwei andern auf!
Soll Philipp II. von Spanien gesagt haben. (Vgl. Balthasar Gracián, Handorakel [1637], Schopenhauer.)

Jede *Zeit* ist um so kürzer, je glücklicher man ist. Plinius, Briefe 8, 14

Jede große *Zeit* erfaßt den ganzen Menschen.
Theodor Mommsen (1817–1903), Römische Geschichte

Mit der *Zeit* pflückt man Rosen.
Sprichwort

Schicket euch in die *Zeit!*
Röm. 12, 11

Kaufet die *Zeit* aus! Ephes. 5, 16

Laß der *Zeit* nur ihren Willen und vergönn ihr ihren Lauf.
Paul Fleming, Oden 4, 16

Unsere *Zeit* ist ein großer Wecker. Die große eiserne Wanduhr rasselt und ruft mit gewaltigen Schlägen.
Herder, Ideen zu Philosophie der Geschichte der Menschheit

Von *Zeit* zu Zeit seh' ich den Alten gern.
Mephistopheles in Goethe, Faust 350

Wer die *Zeit* verklagen will, daß so zeitig sie verraucht, · Der verklage sich nur selbst, daß er sie nicht zeitig braucht.
Logau, Sinngedichte: Flüchtige Zeit

Zeit ist Leben, und Leben ist Zeit.
Sprichwort

Unser *Zeitalter* ist das eigentliche Zeitalter der Kritik, der sich alles unterwerfen muß.
Kant, Kritik der reinen Vernunft 3, 7

Zeiten fordern wieder, was die Zeiten gaben: · Drum ist's nur gelehnet, was wir Menschen haben.
Logau, Sinngedichte, 3. Tausend

Die *Zeiten* sind vorbei!
Weislingen in Goethe, Götz von Berlichingen 1 (Szene auf Schloß Jaxthausen)

Die *Zeiten* sind nicht mehr, wo Berta spann.
Bismarck nach dem alten Sprichwort im Nordd. Reichstage, 24. Mai 1870. Vgl. unter *Berthe*.

Wer weiß, · Was in der *Zeiten* Hintergrunde schlummert!
Carlos in Schiller, Don Carlos 1, 1

Lieben Freunde, es gab schönre *Zeiten* · Als die unsern, das ist nicht zu streiten.

Schiller, Gedichte: An die Freunde (1803)

Was ihr den Geist der *Zeiten* heißt, · Das ist im Grund der Herren eigner Geist, · In dem die Zeiten sich bespiegeln.

Faust in Goethe, Faust 577/79

Alte Leute sagen mir, · Die *Zeiten* werden schlimmer, · Ich sage aber nein; · Denn es trifft viel besser ein, · Die Zeiten sind wie immer, · Die Leute werden schlimmer.

Hausinschrift zu Seefeld (Alpen)

So gib mir auch die *Zeiten* wieder, · Da ich noch selbst im Werden war.

Dichter in Goethe, Faust 184/85

Allwaltend herrscht der *Zeitgott*.

Der Chor in Sophokles, Elektra 178 (Donner)

Was früh *zeitig* wird, fault bald.

Alter Spruch

Wüßt' ich mein Herz an *zeitlich* Gut gefesselt, · Den Brand würf' ich hinein mit eigner Hand.

Gertrud in Schiller, Wilhelm Tell 1, 2

Das *Zeitliche* segnen (sterben).

Sprichwörtl. Redensart

Wie ist doch die *Zeitung* interessant · Für unser liebes Vaterland!

Hoffmann von Fallersleben, Unpolit. Lieder

Diese *Zeitung* ist nicht für einen zerbrechlichen Körper.

Franz in Schiller, Die Räuber 1, 1

Du warest stets der Vater guter *Zeitung*.

König in Shakespeare, Hamlet 2, 2

Wenn man einige Monate die *Zeitungen* nicht gelesen hat und man liest sie alsdann zusammen, so zeigt sich erst, wieviel Zeit man mit diesen Papieren verdirbt.

Goethe, Maximen und Reflexionen

Ersparen Sie's uns, aus dem *Zeitungsblatt* · Zu melden, was wir schaudernd selbst erlebt.

Wallenstein in Schiller, Die Piccolomini 2, 7

Zeitungsdeutsch.

Arthur Schopenhauer in seinen 1856–60 geschriebenen Materialien ... über den Unfug, der in jetziger Zeit mit der deutschen Sprache getrieben wird

Das notwendige Übel des *Zeitungslesens.*

Heinrich v. Treitschke, Freiheit (1839 bis 1896)

Ich hielt, sprach Haron, dich für einen Eselstreiber; · Allein nun merke ich, du bist ein *Zeitungsschreiber!*

G. K. Pfeffel, Poet. Versuche (1789/90)

Der *Zeitungsschreiber* ist ein Mensch, der seinen Beruf verfehlt hat.

Nach einer Äußerung Bismarcks am 10. Nov. 1862

Ist die Zeit das Kostbarste unter allem, so ist *Zeitverschwendung* die allergrößte Verschwendung.

Franklin, Der Weg zum Reichtum 3

Ach, wenn in unsrer engen *Zelle* · Die Lampe freundlich wieder brennt, · Dann wird's in unserm Busen helle, · Im Herzen, das sich selber kennt.

Faust in Goethe, Faust 1194/97

Manche Ehe ist ein *Zellengefängnis* der Sorge. Peter Hille, Aphorismen

Ein *Zensor* ist ein menschgewordener Bleistift oder ein bleistiftgewordener Mensch.

Die *Zensur* ist die jüngere von zwei schändlichen Schwestern, die ältere heißt Inquisition.

Ultra in Nestroy, Freiheit in Krähwinkel (1848) 1, 14

Von anvertrauten *Zentnern* (Pfunden)

sprechen wir nach Luk. 19, 12/23; siehe unter *Pfund*.

Ich bin dein Vater *Zephises* · Und habe dir nichts zu sagen als dieses.
Raimund, Der Diamant des Geisterkönigs 2, 19

Mit einem eisernen *Zepter* zerschlagen. Nach Psalm 2, 9

Sonst spielt' ich mit *Zepter*, mit Krone und Stern.
Zar in Lortzing, Zar und Zimmermann 3, 14 (1837)

Zerbrich den Kopf dir nicht zu sehr, · Zerbrich den Willen, das ist mehr!
Matthias Claudius (1798), Ein gülden Abc

Das *Zeremoniell* an Höfen, im Umgange – was ist es andres als Formalienjagd und Klauberei?
Imman. Kant, Werke 3 (1838/39)

Zeremonien sind des Herzens Härtigkeit wegen da.
Th. Gottl v. Hippel, Lebensläufe (1778/81)

Er sterbe, doch erst soll er wissen, · Wer ihm sein stolzes Herz *zerfleischt*.
Quartett in Beethovens, Fidelio 2, 1 (1805/14)

O welch ein edler Geist ist hier *zerstört!*
(O what a noble mind is here o'erthown.)
Ophelia in Shakespeare, Hamlet 3, 1

Wer weinte nicht, wenn das Unsterbliche · Vor der *Zerstörung* selbst nicht sicher ist?
Tasso in Goethe, Torquato Tasso 2, 4

In alle Winde *zerstreut*.
Nach Hesek, 17, 21 (5, 2 u. 12, 14)

Zerstreutes Wesen führt uns nicht zum Ziel.
Astrolog in Goethe, Faust 5050

Ich will mir eine fürchterliche *Zerstreuung* machen.
Karl in Schiller, Die Räuber 1, 2

Zertritt den Dorn nur, wenn du Schuhe trägst. Alter Spruch

Zeter schreien.
Jerem. 12, 6; Amos 3, 9; Judith 14, 16

Zettel, der Weber.
Komische Figur in Shakespeares Sommernachtstraum

Das *Zeug* zu etwas haben.

Man muß anfassen, was das *Zeug* hält.

Jemand etwas am *Zeuge* flicken.
Sprichwörtl. Redensarten

An schalem *Zeuge* kleben.
Siehe unter *Regenwürmer*

Ein *Zeuge* ist einäugig.
Alter Spruch

Durch zweier *Zeugen* Mund · Wird allerwegs die Wahrheit kund.
Mephistopheles in Goethe, Faust 3013/14 (Nach altem Rechtssatz.)

Himmel und Erde zu *Zeugen* anrufen.
Nach 5. Mos. 4, 26; 30, 19; 31, 28

Einen Haufen *Zeugen* haben.
Nach Hebr. 12, 1

Geh hin! Du sollst auf Erden für mich *zeugen!*
Johannas Monolog in Schiller, Jungfrau von Orleans 1, Prolog 4

Du sollst kein falsch *Zeugnis* reden wider deinen Nächsten!
2. Mos. 20, 16

Du sollst nicht falsch *Zeugnis* geben! Matth. 19, 18

Die echte *Zeugung* ist Entleerung · Des Einzelwesens von dem Weltenstoffe · Und geht mit ihrem Vater nicht zugrunde.
Fr. Hebbel, Sonett an die Kunst

Nie mag ja ein Mann *Zeus* hindern am Ratschluß, · Auch der Gewaltigste nicht; denn er ist mächtig vor allen. Homer, Ilias 8, 143/44 (Voß)

Bedecke deinen Himmel, *Zeus*, · Mit Wolkendunst.
Goethe, Gedichte: Prometheus

Die *Ziege* ist die Kuh des armen Mannes. Sprichwort

Wählerisch (mäkelig) wie eine *Ziege*.

Die *Ziege* muß grasen, wo sie angebunden ist.

Sprichwörtl. Redensarten

Lasset euch niemand das *Ziel* verrücken! Kolosser 2, 18

Das *Ziel* des Rechts ist der Friede, das Mittel dazu der Kampf.

Rudolf von Ihering (1818–1892), Der Kampf ums Recht

's ist ein *Ziel* · Aufs innigste zu wünschen.

('t is a consummation · Devoutly to be wished.)

Hamlet in Shakespeare, Hamlet 3, 1

Es geschieht gar viel · Zwischen Bolz und *Ziel!* Alter Schützenspruch

Weit vom *Ziel* ist gut vorm Schuß.

Sprichwort

Übers *Ziel* hinausschießen

(zu weit gehen). Sprichwörtl. Redensart

Vor dem *Ziele* am Ziele.

Tassos letzte Worte (25. April 1595)

Noch einen Schritt vom *Ziele* oder noch gar nicht ausgelaufen sein, ist im Grunde eines.

Appiani in Lessing, Emilia Galotti 2, 8

Zum *Ziele* führt dich diese Bahn.

Die drei Knaben in Mozarts Zauberflöte 1, 3

Willst du genau erfahren, was sich *ziemt*, siehe unter *Frauen*.

O du allerhöchste *Zier*, · Scheiden, das bringt Grämen.

Wunderhorn, Lebewohl

Zierlich Denken und süß Erinnern · Ist das Leben im tiefsten Innern.

Goethe, Sprüche in Reimen

Zieten aus dem Busch.

Bezeichnung des preußischen Reitergenerals Zieten, der meist unvermutet und im Sturm ins Gefecht eilte (schon seit 1744 gebräuchlich)

Bei *Zigarren* darf man ja den Preis sagen.

Paul Lindau, Maria u. Magdalena 1, 3 (1872)

Die Liebe von *Zigeunern* stammt, · Fragt nicht nach Recht, Gesetz und Macht; · Liebst du mich nicht, bin ich entflammt, · Und lieb' ich dich, nimm dich in acht!

Habanera aus Bizet, Carmen (1875) 1, Nr. 5

Zilletypen

nennt man nach den Lieblingsmotiven des Berliner Malers Heinrich Zille Originale und Figuren des Berliner Volks- und Straßenlebens.

Was ich in meinem *Zimmer* mache, · Schiert dies wohl einen andern was?

Benedikt v. Wangemann, Unten und oben

Die Axt im Haus erspart den *Zimmermann*.

Tell in Schiller, Wilhelm Tell 3, 1

Zimmerzier siehe unter *Klavier*

Er stand auf seines Daches *Zinnen*.

Schiller, Gedichte: Der Ring des Polykrates

Seht jenes Schloß mit seinen *Zinnen!*

Jenny in Boieldieus Oper Die weiße Dame 1 (1825)

Die *Zinnen* der Partei.

Siehe unter *Warte*

Zins und Miete schlafen nicht.

Sprichwort

Tochter *Zion*, freue dich! jauchze laut, Jerusalem!

J. Eschenburg, komp. von G. F. Händel

Nicht jeder greift die Sache beim rechten *Zipfel* an.

Man muß das Tuch bei allen vier *Zipfeln* nehmen. Sprichwörter

Zipollen un Lurbeerbläder verdarwen kein Gericht.

Fritz Reuter in Ut mine Festungstid 20

Schließt den heil'gen *Zirkel* dichter! · Schwört bei diesem goldnen Wein, · Dem Gelübde treu zu sein, · Schwört es bei dem Sternenrichter!
Schiller, Gedichte, An die Freude

Im engen *Zirkeltanz.*
Mephistopheles in Goethe, Faust 2163, siehe unter *Behagen.*

Wo man *zischelt*, ist der Teufel nicht fern. Sprichwort

Kunstwörter müssen dann der Dummheit Blöße decken, · Und ein gelehrt *Zitat* macht Zierden selbst zu Flecken.
Lessing, Fragmente Nr. 5

So ein paar grundgelehrte *Zitate* zieren den ganzen Menschen.
Heine, Das Buch Le Grand K. 13 (1826)

Durch viele *Zitate* vermehrt man seinen Anspruch auf Gelehrsamkeit, vermindert den auf Originalität, und was ist Gelehrsamkeit gegen Originalität? Man soll Zitate also nur gebrauchen, wo man fremder Autorität wirklich bedarf.
Arthur Schopenhauer, Neue Paralipomena, Kap. 18, § 537

Horch auf den Klang der *Zither!*
Ständchen in Mozart, Don Juan 2, 1 (1787)

Das Land, wo die *Zitronen* blühn.
Nach Goethes Mignon (Wilh. Meister)

Zittern wie Espenlaub.
Sprichwörtl. Redensart

Mit Furcht und *Zittern.*
Nach Psalm 2, 11 und Philipper 2, 12

Mit *Zittern* und Zagen.
Apostelgesch. 9, 6

Es gibt nur einen einzigen, mächtigen Hebel aller *Zivilisation*, die Religion.
Joh. Jak. Bachofen (1815–1887), Urreligion und antike Symbole

Die Menschen sind insgesamt je *zivilisierter*, desto mehr Schauspieler. Imm. Kant, Werke 9 (1838/39)

Zögern bringt Gefahr!
Alençon in Shakespeare, König Heinrich VI. 1. Teil 3, 2

Einen *Zoïlus*
nennt man einen schmähsüchtigen Kritiker nach dem griech. Rhetor gleichen Namens (um 270 v. Chr.), der Plato und Homer herabsetzte.

Unwissenheit, Armut und Aberglaube vereinigten sich mit der entsittlichenden Wirkung des im elften Jahrhundert eingeführten *Zölibats*, um die absolute Papstmacht immer stärker werden zu lassen.
L. Büchner, Überreligiöse und wissenschaftliche Weltanschauung (1887)

Ja, jeder *Zoll* ein König.
(Ay, every inch a king!)
Lear in Shakespeare, König Lear 4, 6

Nicht einen *Zoll*, siehe unter *Gebiet.*

Wer am *Zoll* sitzt, ohne reich zu werden, ist ein Pinsel!
Carlos in Goethe, Clavigo 4

Gedanken sind *zollfrei.*
Luther, Von weltlicher Oberkeit (1523); schon damals sprichwörtlich.
(Vgl. Ulpian, lib. III ad edictum: Cogitationis poenam nemo patitur (Für seinen Gedanken leidet niemand Strafe).

Ich danke dir, Gott, daß ich nicht bin wie die anderen Leute, Räuber, Ungerechte, Ehebrecher, oder auch wie dieser *Zöllner!* Luk. 18, 11

's war einer, dem's zu Herzen ging, · Daß ihm der *Zopf* so hinten hing, · Er wollt es anders haben
Chamisso, Tragische Geschichte
Daselbst auch: Der *Zopf*, der hängt ihm hinten.

Heute solln die *Zöpfe* dran!

Ludwig, schick ein Donnerwetter · In die *Zöpfe* dieser Zeit!
Freiligrath, Prinz Ludwig von Preußen

Wen en düchtigen *Zopp* maken, (jemand einen tüchtigen [richtigen] Zopf machen, ihn verhöhnen, ausschelten), auch: Sick 'nen richt-

gen Zopp drinken (sich einen tüchtigen Rausch antrinken).
Reuter, Läuschen un Rimels 1, 12 u. a.

Mit Wut beginnt, mit Reue schließt der *Zorn.*
Publilius Syrus, Spruchverse 161

Sobald der Mensch in *Zorn* gerät, gerät er in Irrtum. Talmud

Zorn mit Ohnmacht wird verspottet.
M. G. Lichtwer, Die zwei Kaninchen (Fabeln 4, 10)

Nicht durch *Zorn*, sondern durch Lachen tötet man.
Nietzsche, Also sprach Zarathustra: Vom Lesen und Schreiben

Lasset die Sonne nicht über euerm *Zorne* untergehen. Epheser 4, 26

Zornesglut färbt seine Wangen.
Schlußensemble von Akt 2 in Lortzing, Der Waffenschmied (1846)

Einen *Zornigen* erkennt man am besten auf dem Spiel, auf der Buhlschaft und auf der Jagd.
Luther, Tischreden Nr. 2469

Schale des *Zorns* siehe unter *Schale*

Dieser Tag ist ein Tag des *Zorns*
(Dies irae, dies illa).
Thomas v Celano (13. Jh.), nach Zephanja 1, 15

Drum, o Donna! laßt ihn laufen, · Er ist Euers *Zorns* nicht wert.
Leporello in Mozart, Don Juan 1, 4

Gute *Zucht* · Gute Frucht.

Wie die *Zucht,* · So die Frucht.

Zucht hat Zierde. Sprichwörter

Uns fehlt ein National-*Zuchthaus* · Und eine gemeinsame Peitsche!
H. Heine, Neue Gedichte: Der Tannhäuser Nr. 3

Züchtigen und loslassen.
Nach Luk. 23, 16 u. 22

Züchtigen, aber nicht entehren!
Sprichwort

Es ist nichts Lieberes auf Erden denn ein *züchtiges* Weib. Sir. 26, 19

Welchen der Herr liebhat, den *züchtiget* er. Hebräer 12, 6

Wer *zuerst* kommt, mahlt zuerst.
Nach Eyke von Repkow, Sachsenspiegel (Ausg. Homeyer 3. Aufl. 2. Art. 59, § 4)

Den *Zufall* gibt die Vorsehung – zum Zwecke · Muß ihn der Mensch gestalten.
Marquis in Schiller, Don Carlos 3, 9

Die zwei größten Tyrannen der Erde: der *Zufall* und die Zeit.
Herder, Ideen zur Philosophie der Geschichte der Menschheit

Auch der *Zufall* ist nicht unergründlich, er hat seine Regelmäßigkeit.
Novalis, Fragmente (3, 207)

Es gibt keinen *Zufall;* · Und was uns blindes Ohngefähr nur dünkt, · Gerade das steigt aus den tiefsten Quellen.
Wallenstein in Schiller, Wallensteins Tod 2, 3

Seine heilige Majestät, der *Zufall,*
siehe unter *Hazard.*

O Krösus, der Mensch ist eitel *Zufall.*
Solon bei Herodot, 1, 32 (Fr. Lange)

Das Wort *Zufall* ist Gotteslästerung. · Nichts unter der Sonne ist Zufall.
Orsina in Lessing, Emilia Galotti 4, 3

Auch das *Zufälligste* ist nur ein auf entfernterem Wege herangekommenes Notwendiges.
Schopenhauer, Parerga und Paralip. 1: Versuch über das Geistersehen und was damit zusammenhängt

Des *Zufalls* Gaben sind für schwache Seelen.
Gregor in F. von Saar, Kaiser Heinrich IV.; 1. Hildebrand 5, 7

Unsre Taten sind nur Würfe · In des *Zufalls* blinde Nacht.
Jaromir in Grillparzer, Ahnfrau 5

Herr Gott, du bist unsere *Zuflucht* für und für. Psalm 90, 2

Danach: Herr Gott, du bist ja für und für · Die Zuflucht deiner Herde.
Paul Gerhardt, Vom Tod und Sterben (zuerst 1667)

Zufrieden sein ist große Kunst, · Zufrieden scheinen bloßer Dunst, · Zufrieden werden großes Glück, · Zufrieden bleiben Meisterstück.
Alter Spruch

Gib dich *zufrieden* und sei stille · In dem Gotte deines Lebens.
Kirchenlied von Paul Gerhardt, Christliche Ergebung (1666)

Niemand ist *zufrieden* mit seinem Stande, · Jeder mit seinem Verstande.
B. H. Brockes, Versuch vom Menschen (1740), S. 198

Was frag' ich viel nach Geld und Gut, · Wenn ich *zufrieden* bin!
Johann Martin Miller, Gedichte: Zufriedenheit (1776)

Zufriedenheit geht über Reichtum.
Sprichwort

Der *Zug* des Herzens ist des Schicksals Stimme.
Thekla in Schiller, Die Piccolomini 3, 8

Einen *zugeknöpften* Menschen
nennt man einen verschlossenen wortkargen Mann. Sprichwörtl. Redensart

Wenn wir keine *Zugeständnisse* machen, so können wir wohl zugrunde gehen, aber niemals verderben.
Waldemar Bonsels, Menschenwege

Sich im *Zügel* halten.
Sprichwörtl. Redensart

Je größer deine Flügel, · So mehr halt dich im *Zügel!* · Unkraut auf gutem Acker · Gedeiht erst doppelt wacker. Em. Geibel, Sprüche

Der Übel größtes ist die *Zügellosigkeit.*
Kreon in Sophokles, Antigone 672 (Donner)

In den letzten *Zügen* liegen.
Nach 2. Makk. 3, 31

O Gott, aus diesen *Zügen* spricht kein Herz!
Maria in Schiller, Maria Stuart 3, 4

Wer zuerst *zugreift*, behält.
Sprichwort

Doch eh er geschaut, weissagt · Kein Mensch die Geschicke der *Zukunft.*
Schlußchor in Sophokles, Aias 1418–19 (Donner)

Die *Zukunft* allein ist unser Zweck, und so leben wir nie, wir hoffen nur zu leben.
Pascal, Moralistes Français p. 43

Du bist die *Zukunft*, großes Morgenrot!
Rainer Maria Rilke (1875–1926), Das Stundenbuch

Der Menschen ganzes Glück besteht in zweierlei, · Daß ihm gewiß und ungewiß die *Zukunft* sei.
Rückert, Weisheit des Brahmanen 8, 61

Euch Sterblichen zum Glücke · Verbarg der Götter Schluß die *Zukunft* euerm Blicke.
Gellert, Semnon und das Orakel

Vermauert ist dem Sterblichen die *Zukunft.*
Isabella in Schiller, Die Braut von Messina 2389

Nichts Wahres läßt sich von der *Zukunft* wissen.
Isabella in Schiller, Die Braut von Messina 4, 4

Man sichert sich die *Zukunft*, wenn man die Vergangenheit ehrt.
Kaiserin Augusta

Zukunftsmusik!

Nach Richard Wagners Schriften »Das Kunstwerk der Zukunft« (1850) und »Zukunftsmusik. Brief an einen französischen Freund« (1861).
Grillparzer verfaßte darüber folgende boshafte Stachelreime:

Ein Tor, wer der Torheit entgegenstrebt, · Man muß es der Zeit übergeben; · Habe die Hegelsche Philosophie überlebt, · Werd' auch die *Zukunftsmusik* überleben.

»Was denken Sie«, fragt mich der Meister · »Von meiner *Zukunftsmusik?*« · Nun – kämen wie Mozart noch Geister – · Das wäre der *Zukunft Musik.*

Den wortgewordenen Geistesblick · Zu sätt'gen mit gleichem Tone – · Das ist die *Zukunft* der wahren Musik, · Ist aller Künste Krone.

Wer *zuletzt* lacht, lacht am besten.

Sprichwort

Der brave Mann denkt an sich selbst *zuletzt!*

Tell in Schiller, Wilhelm Tell 1, 1

An Weisheit, Alter und Gnade *zunehmen.* Nach Luk. 2, 52

Was man *Zuneigung* nennt, ist in Wirklichkeit nichts andres als Sympathie der Gewohnheit.

(What is called affection, is in realty nothing but habitual sympathy.)

Adam Smith, Theorie der moralischen Empfindungen (1759)

Handwerk, Kunst und Wissenschaft, alles sucht sich seine *Zunft.* · Eine freie Meisterin kenn' ich noch – sie heißt Vernunft.

Wilh. Müller, Epigramme 2. Hundert Nr. 72: Die Zünfte und die Zukunftlose

Zunft siehe auch unter Vernunft

Männer von *Zünften* · Regieren mit schlechten Vernünften. Alter Spruch

Die *Zunge* ist der Degen der Frauen, sie lassen ihn nie rosten.

Chinesisch

Wer recht behalten will und hat nur eine *Zunge,* · Behält's gewiß.

Faust in Goethe, Faust 3069/70

Es ist · Der Menschen *Zunge,* nicht die Tat, die alles lenkt.

Odysseus in Sophokles, Philoktet 98/99 (Donner)

Seine *Zunge* im Zaum halten.

Nach Jak. 1, 26

So weit die deutsche *Zunge* klingt · Und Gott im Himmel Lieder singt.

(Wobei zu bemerken ist, daß Gott als Dativ aufzufassen ist, nicht etwa, daß man sich Gott als Sänger vorstelle. Dieses merkwürdige Mißverständnis findet sich bei Nietzsche, Götzendämmerung, Sprüche und Pfeile, 33, wo es heißt: »Der Deutsche denkt sich selbst Gott liedersingend.«

E. M. Arndt, Des Deutschen Vaterland

Laß deine *Zunge* gleich der Zunge sein der Waage; · Kind, wo sie stillesteht, ist ihre beste Lage.

Rückert, Weisheit des Brahmanen

Mit *Zungen* reden.

(γλώσσαις λαλεῖν.)

Nach Mark. 16, 17; 1. Kor. 14, 4, 5, 6; Apostelgesch. 2, 4 u. ö.

Zureden hilft. Sprichwörtlich

Wer *zürnt,* dem reiche kein Messer.

Sprichwort

Wer leichtlich *zürnt,* wird leicht berückt.

Lichtwer, Fabeln 5: Der Bäcker und die Maus

Zurück! Du rettest den Freund nicht mehr, siehe unter *rettest.*

Der Starke weicht (mutig) einen Schritt *zurück.*

Nach Minister v. Manteuffels (1805–82) Rede in der Zweiten preuß. Kammer 3. 12. 1850

Ehrenvolle *Zurückgezogenheit.*

(Cum dignitate otium.)

Cicero, Rede für Sestius 98

Mit *Zurückhaltung* muß man vorschreiten, wo tiefer Grund zu fürchten ist.

Balthasar Gracián, Handorakel (1637) Schopenhauer

Was nicht *zusammen* kann · Bestehen, tut am besten, sich zu lösen.

Lionel in Schiller, Die Jungfrau von Orleans 2, 2

Nimm alle Kraft *zusammen,* die Lust und auch den Schmerz.

Uhland, Gedichte: Des Sängers Fluch

Was Gott *zusammengefügt* hat, das soll der Mensch nicht scheiden.

Matth. 19, 6

Was nicht *zusammengeht,* das soll sich meiden!

Goethe, Epigrammatisch: Den Zudringlichen

Vom *Zusehen* wird niemand satt.

Zusehen ist umsonst.

Wer *zusieht*, dem ist keine Arbeit zu schwer. Sprichwörtlich

Aller *Zustand* ist gut, der natürlich ist und vernünftig.
Goethe, Hermann und Dorothea 5, 12

Ein Glück ist's, daß jedem nur sein eigner *Zustand* zu behagen braucht.
Goethe zu Riemer; Biedermann, Goethes ausgew. Gespräche 478

Zutraulichkeit an der Stelle der Ehrfurcht ist immer lächerlich.
Goethe, Maximen und Reflexionen 5

Man kann viel, wenn man sich nur recht viel *zutraut*.
W. v. Humboldt, Briefe an eine Freundin, 15. April bis 8. Mai 1834

Jesus, meine *Zuversicht*.
Kurfürstin Luise Henriette von Brandenburg (1627–67)

Dies ist meine *Zuversicht*.
Gellert, Osterlied (1757). Anfang: Jesus lebt, mit ihm auch ich.

Wer gar *zuviel* bedenkt, wird wenig leisten.
Tell in Schiller, Wilhelm Tell 3, 1

Zuwachs an Kenntnis ist Zuwachs an Unruhe.
Altes Sprichwort (vgl. Goethe, Dichtung und Wahrheit 2, 8)

Der tugendhafte Mensch wählt die Mitte und entfernt sich von den beiden Extremen: dem *Zuviel* und dem *Zuwenig*. Nach Aristoteles

Was man erhält mit einem *Zwang*, · Das währt selten lang. Alter Spruch

Wer Weisheit übt, legt andern keinen *Zwang* auf.
Bodenstedt, Die Lieder des Mirza-Schaffy: Lieder und Sprüche der Weisheit 1

Jeder *Zwang* ist Gift für die Seele.
L. Börne, Briefe aus Paris, 21. Brief

Eine Seele ohne *Zwang* ist auch ohne Laster. Peter Hille, Aphorismen

Wer den *Zweck* will, will auch die Mittel. Horaz, Briefe 1, 6, 51 (Wieland)

Der *Zweck* heiligt die Mittel.
Gilt als Jesuitengrundsatz nach Hermann Busenbaum, Medulla theologiae moralis oder Kern der Moraltheologie 1650 Lib. 4, Kap. 3, Dub. 7, Art. 2, § 3, doch schließt Busenbaum verwerfliche Mittel ausdrücklich aus.

Jeder Weg zum rechten *Zwecke* · Ist auch recht in jeder Strecke.
Goethe, Zahme Xenien 4

Im Reiche der *Zwecke* hat alles entweder einen Preis oder eine Würde.
Immanuel Kant, Grundlegung zur Metaphysik der Sitten (1785)

Es wächst der Mensch mit seinen größern *Zwecken*.
Schiller im Prolog zu Wallenstein (1798). Vgl. Seneca, Natur quaest. 3 praef: Crescit animus, quoties coepti magnitudinem attendit. (Es wächst der Mut mit jedem Blicke auf des Unternehmens Größe.)

Ordnung ist alles an uns, und *zwecklos* nicht das geringste.
Joh. Kaspar Lavater, Worte des Herzens (1834). Denkzeilen an einen Freund nach meinem Tode.

Niemand kann *zween* Herrn dienen.
Matth. 6, 24

Zwei Knaben suchten emsiglich · Am Baum nach einem Appel, · Sie fanden beide keinen nich, · Der Baum, das war 'ne Pappel.
Klapphornvers

Zwei Sterne kreisen nicht in einer Sphäre; · In einem England können *zwei* nicht herrschen: · Du, Heinrich Percy, und der Prinz von Wales.
Prinz Heinrich in Shakespeare, König Heinrich IV. 1. Teil 5, 4

Die *Zwei* ist *Zweifel*, Zwist, ist Zwietracht, Zwiespalt, Zwitter; · Die Zwei ist Zwillingsfrucht am Zweige süß und bitter.
Rückert, Weisheit des Brahmanen 1, 25

Wenn man zugleich *zwei* Werke tut, · Da werden selten *zweie* gut.
Freidanks Bescheidenheit (um 1200)

Zweierlei laß dir gesagt sein, · Willst du stets in Weisheit wandeln · Und von Torheit nie geplagt sein: · Laß das Glück nie deine Herrin, · Nie das Unglück deine Magd sein.

Fr. Bodenstedt, Mirza Schaffy: Verm. Gedichte und Sprüche 12

Auf Teufel reimt der *Zweifel* nur, · Da bin ich recht am Platze.

Der Skeptiker in Goethe, Faust 4361/62

Der Glaube ist zum Ruhen gut, · Doch bringt er nicht von der Stelle. · Der *Zweifel* in ehrlicher Männerfaust, · Der sprengt die Pforten der Hölle.

Th. Storm, Gedichte: Mannesmut

Der *Zweifel* ist's, der Gutes böse macht.

Iphigenie in Goethe, Iphigenie 5, 3

Zweifel ist der Weisheit Anfang.

(Dubium sapientiae initium.) Cartesius

Wem *Zweifel* an dem Herzen nagt, · Dem ist der Seele Ruh' versagt.

Wolfram von Eschenbach, Parzival 1, 1

Der *Zweifel* ist ein Falk mit scharfen Klauen.

Em. Geibel, Juniuslieder: Herbstblätter 3

Der *Zweifel* ist menschlichen Wissens Grenze, · Die nur der blinde Glaube überschreitet.

Chamisso, Faust

Ins Sichere willst du dich betten! · Ich liebe mir inneren Streit: · Denn wenn wir die *Zweifel* nicht hätten, · Wo wäre denn frohe Gewißheit?

Goethe, Zahme Xenien 1

Nur zu! und laß dich ins Gewebe · Der *Zweifelei* nicht törig ein; · Denn wenn es keine Hexen gäbe, · Wer, Teufel! möchte Teufel sein?

Mephistopheles in Goethe, Faust 7722/25

Erst *zweifeln*, dann untersuchen, dann entdecken!

(First to doubt, then to inquire, and then to discover.)
Henry Thomas Buckle, Geschichte der Zivilisation (1858/61, Kap. 7 nach Ritter)

Der schlimmste Wurm: des *Zweifels* Dolchgedanken.

H. Heine, Sonettenkranz an A. W. v. Schlegel, Nr. 1

Wer zuviel *zweifelt* der verzweifelt.

Christoph Lehmann, Polit. Blumengarten (1662) 2. Zweiffel Nr. 3

Zweifle an der Sonne Klarheit.

siehe unter *Doubt*.

Ein *Zweifler* ist unbeständig in allen seinen Wegen. Jak. 1, 8

Mancher kommt nie auf einen grünen *Zweig*.

Einen jungen *Zweig* biegt man, wie man will. Sprichwörtl. Redensarten

Nun bricht aus allen *Zweigen* · Das maienfrische Grün.

Jul. Rodenberg, Im Maien (1852)

Das ist Freude, das ist Leben, · Wenn's von allen *Zweigen* schallt.

Uhland, Gedichte: Freie Kunst

Wer *Zweikampf* sucht, der ist ein Tor.

Mag. Gottfr. Lichtwer, Die zween Hähne (1748)

Und nun ist's mir doch, · Als wäre Sünde jeder Kampf ums Leben, · Man nenn' ihn *Zweikampf* oder Mord.

Gouverneur in Christ. Dietr. Grabbe, Don Juan und Faust (1829) 3, 1

In unsern modernen Staaten ist der *Zweikampf* kaum für etwas anderes zu erklären als für ein gemachtes Sichzurückversetzen in die Roheit des Mittelalters.

Hegel Enzyklop. d. philosophischen Wissensch.: III. Die Philosophie des Geistes

Es ließe sich alles trefflich schlichten, · Könnte man die Sachen *zweimal* verrichten.

Goethe, Sprüche in Reimen: Sprichwörtlich

Ein *zweischneidiges* Schwert.

Nach Sprüchen Salom. 5, 4; Ebr. 4, 12; Offenb. 1, 16 und 2, 12

Zur *zweiten* Natur geworden.

Nach Ciceros Consuetudo quasi altera natura. (De finibus 5, 25, 74.) Die Gewohnheit ist gleichsam eine zweite Natur.

Zweites Ich

(Alter ego).

Sprichwörtlich nach Zeno, Aristoteles, Cicero, Seneca u. a.

Der Mensch ist ein armes, nacktes, *zweizinkiges* Tier.

Nach Shakespeare, Lear in König Lear 3, 4

Der *Zwerg* bleibt immerdar ein Zwerg · Und stünd' er auf dem höchsten Berg. Sprichwort

Steht erst der *Zwerg* auf eines Riesen Schultern frei, · Dann prahlt er, daß er größer als der Riese sei.

Jos. von Auffenberg, Gedichte (1843–47), Unvergoldete Pillen

Auf das Unrecht, da folgt das Übel, · Wie die Trän' auf den herben *Zwiebel*.

Kapuziner in Schiller, Wallensteins Lager 529

Es folgt dem Nachtbankett die trübe *Zwielichtstunde*.

Em. Geibel, Gelegenheitsgedichte: Auf eine Einsame

Erkläret mir, Graf Örindur, · Diesen *Zwiespalt* der Natur!

so wird meist zitiert; wörtlich aber heißt die Stelle: Und erklärt mir, Örindur, · Diesen Zwiespalt der Natur! · Bald möcht' ich im Blut sein Leben · Schwinden sehn, bald – ihm vergeben.

Valeros in Müllner, Die Schuld 2, 5

Apfel der *Zwietracht*

(Malum discordiae).

Justinus, Werke 12, 15 (Klotz); vgl. Näheres unter *Zankapfel*

Zwietracht ist die Vernichtung aller Kraft.

H. Zschokke, Stunden der Andacht (1809–16)

Wer *Zwietracht* säet, arbeitet für des Teufels Scheuer. Alter Spruch

Zwietracht ist der Zündstoff des Unrechts.

(Discordia fomes iniuriae.)

Wahlspruch der Herzöge von Sachsen-Weimar

Die rastlos lechzende *Zwietracht*.

Homer, Ilias 4, 440/43

Die Göttin *Zwietracht* fordert stets das letzte Wort.

Antigone in Äschylos, Sieben vor Theben 1035 (Minckwitz)

Welches Haus, welcher Staat stehen so fest, daß sie Haß und *Zwietracht* nicht von Grund aus umstürzen können?

(Quae domus tam stabilis, quae tam firma civitas est, quae non odiis et dissidiis funditus possit everti?)

Cicero, Lälius oder Über die Freundschaft 12, 15

Zwietracht ist und Kampf hienieden, · In der Poesie sei Frieden; · Darauf gründe sich ihr Reich, · Worin alle Menschen gleich, · Nicht wodurch sie sind verschieden.

Fr. Rückert, Haus und Jahr: Das Reich der Poesie

Der deutschen *Zwietracht* mitten ins Herz.

Gerhart Hauptmann, Florian Geyer

Jedwedes Übel ist ein *Zwilling*.

Adam in H. v. Kleist, Der zerbrochene Krug 10. Auftr.

Heil uns, die *Zwingburg* ist nicht mehr!

Arnold in Rossinis Oper Wilhelm Tell 4

Zur Liebe will ich dich nicht *zwingen*.

Sarastro in Mozarts Zauberflöte (1791). Aber schon am 9. Januar 1774 schrieb Wieland an Gleim: Ich begreife nichts von dem, was Herr H** (Heinse) von mir will. Man kann doch wohl niemand zur Liebe *zwingen!*

Ich will doch sehen, wer mich hält, – wer mich *zwingt* – wer der Mensch ist, der einen Menschen *zwingen* kann.

Emilia in Lessing, Emilia Galotti 5, 7

Fronvogt, wie wird die Feste denn sich nennen, · Die wir da baun? – · *Zwing* Uri soll sie heißen! . . . · Mit diesem Häuslein wollt ihr Uri *zwingen?*

Zweiter Gesell und Fronvogt in Schiller, Wilhelm Tell 1, 3

Über *Zwirnsfäden* stolpern.

Nach einem Wort Fieskos in Schiller, Verschwörung des Fiesko 2, 5

Über juristische *Zwirnsfäden* wird die Königliche Regierung nicht stolpern in der Ausübung ihrer Pflicht, für den Frieden des Staates zu sorgen.

Bismarck am 30. Januar 1869 im Abgeordnetenhause

Zwischen uns sei Wahrheit!

Orest in Goethe, Iphigenie 3, 1 und Friedrich Wilhelm IV. am 11. April 1847 in der vorm Vereinigten Landtage gehaltenen Thronrede.

Zwischen mich und mein Volk soll sich kein Blatt Papier drängen.

Friedrich Wilhelm IV. in derselben Rede. Wörtlich lautet der Ausspruch: »Es drängt mich zu der feierlichen Erklärung . . , daß ich es nun und nimmermehr zugeben werde, daß sich zwischen unsern Herrgott im Himmel und dieses Land ein beschriebenes Blatt, gleichsam als eine zweite Vorsehung, eindränge.«

Zwischen Berg und tiefem Tal · Saßen einst zwei Hasen.

Volkslied (1750, Simrock. Kinderbuch 3. A., 533)

Zwischen Lipp' und Kelchesrand · Schwebt der finstern Mächte Hand.

Fr. Kind, Gedichte: König Ankeos

Zwischen heut und morgen · Liegt eine lange Frist. Siehe unter *heut*

Zwischen Himmel und Erde.

Siehe unter *schweben*

Zwischen Furcht und Hoffnung schwebend.

Vergil, Äneis 1, 218: Spemque metumque inter dubil

Und *zwischen* Trug und Wahrheit schwebet · Noch zweifelnd jede Brust und betet.

Schiller, Gedichte: Die Kraniche des Ibykus

Zwischen Sinnenglück und Seelenfrieden · Bleibt dem Menschen nur die bange Wahl.

Siehe unter *Sinnenglück*

Angeber und *Zwischenträger* sind das erbärmlichste Gesindel, das Gottes Erdboden trägt.

Roderich Benedix, Die Dienstboten 12

Zwist unter Liebesleuten · Hat nicht viel zu bedeuten.

Zwist macht Zwist. Sprichwörter

Der *Zwist* von heute, sei er, wie er sei, · Ist beizulegen; doch das sichert uns · Nicht für die Zukunft, für den Morgen nicht.

Leonore in Goethe, Torquato Tasso 3, 2

Natur ist Sünde, Geist ist Teufel, · Sie hegen zwischen sich den Zweifel, · Ihr mißgestaltet *Zwitterkind*.

Kanzler in Goethe, Faust 4900/02

Es *zwittert* schon im Tale · Grau zwischen Tag und Nacht.

Nik. Lenau, Der Jäger

Zwischen *zwölf* und Mittag kann noch vieles geschehen.

Sprichwörtl. Redensart

In *zwölfter* Stunde.

(Im letzten Augenblick.)
Nach Matth. 20, 6, 9 sprichwörtl. Redensart (eigentlich: in *elfter* Stunde)

Windet zum Kranze die goldenen Ähren, · Flechtet auch blaue *Zyanen* hinein!

Schiller, Das eleusische Fest. Vgl. Rückerts Erntelied: Windet zum Kranze die goldenen Ähren, · Flechtet auch Blumen, die blauen, hinein. · Blumen allein · Können nicht nähren.

Dunkle *Zypressen* – · Die Welt ist gar lustig; · Es wird doch alles vergessen.

Th. Storm, Gedichte: Frauen-Ritornelle

Wohl bin ich ein Wald und eine Nacht dunkler Bäume: doch wer sich vor meinem Dunkel nicht scheut, der findet auch Rosenhänge unter meinen *Zypressen*.

Fr. Nietzsche, Also sprach Zarathustra: Das Tanzlied

3628/1

Management, Büro & Business

Kenneth Blanchard / Donald Carew / Eunice Parisi-Carew
Der Minuten-Manager schult Hochleistungsteams
128 Seiten. Gebunden

Kenneth Blanchard / William Oncken / Hal Burrows
Der Minuten-Manager und der Klammer-Affe *Wie man lernt, sich nicht zuviel aufzuhalsen*
128 Seiten. Gebunden

Kenneth Blanchard / Spencer Johnson
Der Minuten-Manager
128 Seiten. Gebunden

Kenneth Blanchard / Sheldon Bowles
Wie man Kunden begeistert *Der Dienst am Kunden als A und O des Erfolges*
128 Seiten. Gebunden

Spencer Johnson
Eine Minute für mich
128 Seiten. Gebunden

Spencer Johnson / Larry Wilson
Das Minuten-Verkaufstalent
128 Seiten. Gebunden

Kenneth Blanchard / D. W. Edington / Marjorie Blanchard
Der Minuten-Manager: Fitness
144 Seiten. Gebunden

Kenneth Blanchard / Patricia und Drea Zigarmi
Der Minuten-Manager: Führungsstile *Wirkungsvolles Managaement durch situationsbezogene Menschenführung*
128 Seiten. Gebunden

rororo sachbuch

René Bosewitz / Robert Kleinschroth
Manage in English *Business English rund um die Firma*
(rororo sprachen 60137)
Better than the Boss *Business English fürs Büro*
(rororo sprachen 60138)
How to Phone Effectively *Business English am Telefon*
(rororo sprachen 60139 / Buch mit Audio-CD 60146 / Toncassette 60147)
Let's go International *Business English rund um die Welt*
(rororo sprachen 60267)

Bryan Hemming
Business English from A to Z *Wörter und Wendungen für alle Situationen*
(rororo sprachen 60269)

Ingo Steinhaus
Online-Dienste sicher nutzen
(rororo computer 9849)
Internet sicher nutzen
(rororo 19861)

G. Hooffacker / P. Lokk
Online-Guide Beruf & Business *Findig reisen in den Netzen*
(rororo computer 9852)

Dieter Schnack / Rainer Neutzling

Dieter Schnack, geboren 1953, verheiratet, drei Kinder. Diplompädagoge und Journalist. Arbeit in der Erwachsenenbildung und beruflichen Fortbildung. **Rainer Neutzling**, geboren 1959, Soziologe und Journalist, lebt und arbeitet in Köln. Arbeit in der beruflichen Fortbildung zu Fragen männlicher Sozialisation und Sexualität.

Dieter Schnack /
Rainer Neutzling
Die Prinzenrolle *Über die männliche Sexualität*
(rororo sachbuch 9966)
«Zum Glück gibt es hin und wieder Sexual-Bücher, die neue Einsichten und Antworten auf bislang ungeklärte Fragen vermitteln ... Die beiden Autoren schreiben mit einer Leichtigkeit, die hierzulande ebenso selten ist wie als unseriös gilt: Der keineswegs oberflächliche Plauderton, dazu die vielen stimmigen Zitate, die authentischen Fallbeispiele und fiktiven, aber anschaulichen Schicksale erinnern an beste anglo-amerikanische Sachbuchliteratur.»
Psychologie heute

Kleine Helden in Not *Jungen auf der Suche nach Männlichkeit*
(mit kindern leben 8257)
«Trotz aller Kompetenz ist das Buch nicht trocken, sondern ein großer Lesespaß.» *Brigitte*

«Der Alte kann mich mal gern haben!» *Über männliche Sehnsüchte, Gewalt und Liebe*
(rororo sachbuch 60338)

rororo sachbuch

Rainer Neutzling
Herzkasper *Eine Geschichte über Liebe und Sex*
(rororo 13879)
Es geht um die Beziehung zu den Eltern, das Verhältnis zum eigenen Körper, Selbstbefriedigung und die sie begleitenden Phantasien, Gruppendruck, monströse Vorstellungen vom jeweils anderen Geschlecht, das erste Mal, die Erfahrungen danach, Angst vor Schwangerschaft, sich verändernde Freundschaften, Untreue, Eifersucht und heillosen Liebeskummer.

Dieter Schnack /
Thomas Gesterkamp
Hauptsache Arbeit? *Männer zwischen Beruf und Familie*
288 Seiten. Broschiert und als rororo sachbuch 60429
Die Autoren machen Vorschläge, unter welchen subjektiven und gesellschaftlichen Bedingungen Männer die verschiedenen Bereiche ihres Lebens ins Gleichgewicht bringen können.

3637/3